*Droit européen et international des droits de l'homme*

DROIT FONDAMENTAL

COLLECTION DIRIGÉE PAR

STÉPHANE RIALS

CLASSIQUES

# *Droit européen et international des droits de l'homme*

FRÉDÉRIC SUDRE
PROFESSEUR AGRÉGÉ DES FACULTÉS DE DROIT
UNIVERSITÉ DE MONTPELLIER

*13e édition mise à jour*

puf

DU MÊME AUTEUR

*Les Grands arrêts de la Cour européenne des droits de l'homme*, en collaboration avec J.-P. Marguénaud, J. Andriantsimbazovina, A. Gouttenoire, G. Gonzalez, L. Milano, H. Surrel, Puf, « Thémis », 7e éd., 2015.

*La Convention européenne des droits de l'homme*, Puf, « Que sais-je ? », n° 2513, 10e éd., 2015.

*Conseil constitutionnel et Cour européenne des droits de l'homme* (dir. D. Rousseau et F. Sudre), STH, 1990.

*Droit français et Convention européenne des droits de l'homme* (dir. F. Sudre), Engel, 1994.

*La protection des droits de l'homme par le Comité des droits de l'homme des Nations Unies. Les communications individuelles* (dir. F. Sudre), IDEDH, 1995.

*L'interprétation de la Convention européenne des droits de l'homme* (dir. F. Sudre), Némésis-Bruylant, « Droit et justice », n° 21, 1998.

*Réalité et perspectives du droit communautaire des droits fondamentaux* (dir. F. Sudre et H. Labayle), Némésis-Bruylant, « Droit et justice », n° 27, 2000.

*Le droit au respect de la vie familiale au sens de la Convention européenne des droits de l'homme* (dir. F. Sudre), Némésis-Bruylant, « Droit et justice », n° 38, 2002, 410 p.

*Le ministère public et les exigences du procès équitable* (dir. I. Pingel et F. Sudre), Némésis-Bruylant, « Droit et justice », n° 44, 2003.

*La diffusion du modèle européen du procès équitable* (dir. F. Sudre et C. Picheral), Mission de recherche « Droit et justice », La Documentation française, 2003.

*Le droit au respect de la vie privée au sens de la Convention européenne des droits de l'homme* (dir. F. Sudre), Némésis-Bruylant, « Droit et justice », n° 63, 2006, 336 p.

*Le droit à la non-discrimination au sens de la Convention européenne des droits de l'homme* (dir. F. Sudre et H. Surrel), Némésis-Bruylant, « Droit et justice », n° 81, 2008.

*Droit communautaire des droits fondamentaux. Recueil d'arrêts de la Cour de justice de l'Union européenne*, en collaboration avec R. Tinière, Némésis-Anthémis, « Droit et justice », 3e éd., n° 105, 2012.

*Les conflits de droits dans la jurisprudence de la Cour européenne des droits de l'homme* (dir. F. Sudre), Némésis-Anthémis, « Droit et justice », n° 109, 2014.

*Le principe de subsidiarité au sens du droit de la Convention européenne des droits de l'homme* (dir. F. Sudre), Némésis-Anthémis, « Droit et justice », n° 108, 2014.

ISBN 978-2-13-078583-5
ISSN 0299-2418

Dépôt légal — 1re édition : 1989
13e édition mise à jour : 2016, octobre


6, avenue Reille, 75014 Paris

# Sommaire

# Tableau des abréviations

| | |
|---|---|
| A | Cour européenne des droits de l'homme, arrêts et décisions, Série A (jusqu'au 31 décembre 1995 ; pour la suite voir *Rec.*) |
| AC | Avis consultatif |
| A/*n*/40 | Rapport annuel du CDH à la *n*[e] session de l'Assemblée générale des Nations Unies |
| *ADE* | *Annuaire de droit européen* |
| *AFDI* | *Annuaire français de droit international* |
| *AIDH* | *Annuaire international des droits de l'homme* |
| *AJIL* | *American Journal of International Law* |
| *Ann.* | *Annuaire de la CEDH* |
| *Ann. CDI* | *Annuaire de la Commission de droit international* |
| *Ann. Fac. dr.* | *Annales de la Faculté de droit de…* |
| *Ann. IDI* | *Annuaire de l'Institut de droit international* |
| BIT | Bureau international du Travail |
| *BYBIL* | *British Yearbook of International Law* |
| *Bull. civ.* | *Bulletin des arrêts des chambres civiles de la Cour de cassation* |
| *Bull. crim.* | *Bulletin des arrêts de la chambre criminelle de la Cour de cassation* |
| *Bull. dr. h.* | *Bulletin des droits de l'homme* (Institut luxembourgeois des droits de l'homme) |
| CADH | Convention américaine des droits de l'homme |
| CADHP | Charte africaine des droits de l'homme et des peuples |
| *CDE* | *Cahiers de droit européen* |
| CDFUE | Charte des droits fondamentaux de l'union européenne |
| CDH | Comité des droits de l'homme |
| CDI | Commission du droit international |
| CEDH | Convention européenne des droits de l'homme |
| CEDR | Convention sur l'élimination de toutes les formes de discrimination raciale |
| CIADH | Cour interaméricaine des droits de l'homme |
| CIJ | Cour internationale de justice |
| CJCE | Cour de justice des communautés européennes |

| | |
|---|---|
| Com. | Commission européenne des droits de l'homme |
| CPJI | Cour permanente de justice internationale |
| CPJI série A | Arrêts |
| CPJI série B | Avis consultatifs |
| CPJI série A/B | Arrêts, avis consultatifs et ordonnances (depuis 1931) |
| CSE | Charte sociale européenne |
| CSCE | Conférence sur la sécurité et la coopération en Europe |
| *D* | *Recueil Dalloz* (depuis 1945) |
| DADDH | Déclaration américaine des droits et devoirs de l'homme |
| *DCDF* | *Droit communautaire des droits fondamentaux. Recueil d'arrêts de la Cour de justice de l'Union européenne*, F. Sudre et R. Tinière, Némésis-Anthémis, « Droit et justice », 3e éd., n° 105, 2012. |
| DDH | Direction des droits de l'homme du Conseil de l'Europe |
| DEDH | Droit européen des droits de l'homme |
| Déc. | Décision sur la recevabilité de la Commission européenne des droits de l'homme ou de la Cour depuis le 1er novembre 1998 |
| *Déf. nat.* | *Défense nationale* |
| *D. et R.* | *Décisions et rapports de la Commission européenne des droits de l'homme* (depuis 1975) |
| DIDH | Droit international des droits de l'homme |
| DIUDH | Déclaration islamique universelle des droits de l'homme |
| *Dr. fam.* | *Droit de la famille* |
| *Dr. fisc.* | *Revue de droit fiscal* |
| *Dr. soc.* | *Droit social* |
| DUDH | Déclaration universelle des droits de l'homme |
| *EJIL* | *European Journal of International Law* |
| FI | Feuille d'information, Droits de l'homme, Conseil de l'Europe |
| *GACEDH* | *Les grands arrêts de la Cour européenne des droits de l'homme* (F. Sudre, J.-P. Marguénaud, J. Andriantsimbazovina, A. Gouttenoire, M. Levinet, Puf, « Thémis », 6e éd., 2011) |
| *Gaz. Pal.* | *Gazette du Palais* |
| HPC | Hautes parties contractantes |
| *HRLJ* | *Human Rights Law Journal* |
| *ICLQ* | *International Comparative Law Quaterly* |
| *ILM* | *International Legal Materials* |
| *JDI* | *Journal du droit international* |
| *JCP* | *Jurisclasseur périodique (Semaine juridique)*, édition générale |
| *JO* | *Journal officiel de la République française* |
| *JTDE* | *Journal des tribunaux. Droit européen* |
| *Jur. Cl. int.* | *Jurisclasseur de droit international* |
| *Jur. Cl. Proc. pén.* | *Jurisclasseur de procédure pénale* |

| | |
|---|---|
| *LCDP* | *Les Cahiers de droit public* |
| *LPA* | *Les Petites Affiches* |
| *NILR* | *Netherlands International Law Review* |
| NOEI | Nouvel ordre économique international |
| *NQHR* | *Netherlands Quaterly Human Rights* |
| OEA | Organisation des États américains |
| OIT | Organisation internationale du travail |
| ONG | Organisation non gouvernementale |
| ONU | Organisation des Nations Unies |
| OUA | Organisation de l'Unité africaine |
| PIDCP | Pacte international relatif aux droits civils et politiques |
| PIDESC | Pacte international relatif aux droits économiques, sociaux et culturels |
| *PPS* | *Problèmes politiques et sociaux* |
| Rapp. | Rapport de la Commission européenne des droits de l'homme (ou autre, selon contexte) |
| *RBDI* | *Revue belge de droit international* |
| *RCADE* | *Recueil des cours de l'Académie de droit européen* |
| *RCADI* | *Recueil des cours de l'Académie de droit international de La Haye* |
| *RCDIP* | *Revue critique de droit international privé* |
| *RDIDC* | *Revue de droit international et de droit comparé* |
| *RDH* | *Revue des droits de l'homme* |
| *RDP* | *Revue du droit public et de la science politique en France et à l'étranger* |
| *RDSS* | *Revue de droit sanitaire et social* |
| *Rec.* | *Recueil des arrêts et décisions de la Cour européenne des droits de l'homme* (depuis le 1er janvier 1996) ; aussi, selon contexte, *Recueil des arrêts de la CIJ, de la CJCE, des décisions du Conseil d'État (Rec. Lebon), des décisions du Conseil constitutionnel* |
| *Rec. Déc.* | *Recueil de décisions de la Commission européenne des droits de l'homme* (jusqu'en 1974) |
| req. | requête |
| Rés. | Résolution |
| *Rev. aff. eu.* | *Revue des affaires européennes* |
| *Rev. jur. et pol.* | *Revue juridique et politique d'Outre-mer* |
| *Rev. jur. et pol.* | *Revue juridique et politique. Indépendance et coopération* |
| *Rev. Sc. crim. Dr. pén.* | *Revue de science criminelle et de droit pénal comparé* |
| *RFDA* | *Revue française de droit administratif* |
| *RFDC* | *Revue française de droit constitutionnel* |
| *RGDIP* | *Revue générale de droit international public* |
| RI | Règlement intérieur |

| | |
|---|---|
| *RIDC* | *Revue internationale de droit comparé* |
| *RIEJ* | *Revue interdisciplinaire d'études juridiques* |
| *RJDA* | *Revue jurisprudentielle de droit des affaires* |
| *RMC* | *Revue du Marché commun* |
| *RTD civ.* | *Revue trimestrielle de droit civil* |
| *RTDE* | *Revue trimestrielle de droit européen* |
| *RTDH* | *Revue trimestrielle des droits de l'homme* |
| *RUDH* | *Revue universelle des droits de l'homme* |
| *Série B* | *Cour européenne des droits de l'homme, mémoires, plaidoiries et documents* |
| TANU | Tribunal administratif des Nations Unies |
| TUE | Traité sur l'Union européenne |
| TFUE | Traité sur le fonctionnement de l'Union européenne |

# Introduction

1 TERMINOLOGIE. — Si, selon le mot de Mallarmé, la mission du poète est de « donner un sens plus pur aux mots de la tribu »[1], cette mission peut aussi être assignée au juriste et vaut tout particulièrement pour l'expression « droits de l'homme ». La simplicité apparente des mots explique sans doute la fortune de leur utilisation dans le langage courant. Référence obligée de tout discours moderne, les « droits de l'homme » semblent être devenus une nouvelle idéologie, une « troisième voie » entre le marxisme sommaire et le libéralisme traditionnel ; à moins qu'ils ne soient un carrefour auquel on aboutit à partir d'idéologies difficilement conciliables. Il est alors nécessaire, pour effectuer une approche scientifique de la notion de droits de l'homme, de bien distinguer les différents niveaux d'analyse impliqués par la notion. Nous en dégagerons principalement trois.

Celui, d'abord, de la philosophie et de la morale des droits de l'homme (on parle plus volontiers aujourd'hui de l'éthique des droits de l'homme), source matérielle de la formulation juridique de ces droits.

Celui, ensuite, de l'idéologie politique des droits de l'homme, telle qu'elle est pratiquée, au plan interne comme au plan international, par les partis politiques, les syndicats, les associations humanitaires, les gouvernements et les organisations internationales. Dans le cadre de la société internationale, la « diplomatie des droits de l'homme » offre un visage particulièrement contrasté. Les droits de l'homme, enjeu d'une médiatisation tous azimuts, objet aussi de la

1. S. Mallarmé, *Le tombeau d'Edgar Poe*, Gallimard, « NRF Poésie », 1992, p. 60.

désinformation opérée par des régimes dépourvus d'opinion publique, semblent être devenus un instrument de combat devant les opinions publiques et paraissent subir une extrême politisation générant leur perversion. Pour autant, il ne faut pas mésestimer les mérites de cette diplomatie des droits de l'homme : sans oublier que le dénouement de douloureuses affaires d'atteintes aux droits de l'homme est le plus souvent à porter à son crédit, il faut particulièrement souligner que les textes juridiques protecteurs des droits de l'homme sont les fruits de ces débats diplomatiques, souvent difficiles.

Celui, enfin, du droit positif des droits de l'homme, avec les mécanismes institutionnels de garantie qui s'y rattachent. Le droit positif des droits de l'homme est, en quelque sorte, la partie émergée de l'iceberg « droits de l'homme », qui n'existerait pas sans les strates inférieures (bases philosophiques, expressions politiques, discussions diplomatiques). L'intervention du juriste porte sur ce dernier aspect, sans qu'il puisse négliger cependant les fondements philosophiques et moraux des droits de l'homme et faire abstraction du poids de l'environnement idéologique et politique.

S'agissant du droit positif des droits de l'homme, il convient de relever que l'expression « libertés publiques » a longtemps été préférée par la plupart des auteurs (en ce sens, les titres des manuels mentionnés dans la bibliographie à la fin de l'introduction) à celle de « droits de l'homme » pour désigner, de manière générale, les droits et facultés assurant la liberté et la dignité de la personne humaine et bénéficiant de garanties institutionnelles. La distinction droits de l'homme – libertés publiques ainsi opérée emporte une double signification. Il s'agit d'abord de signifier, le plus souvent, que seules les libertés publiques relèvent du droit positif et sont une réalité juridique alors que les droits de l'homme, parce qu'ils renvoient à la notion de « droits naturels », sont du domaine de l'éthique, voire de l'« imaginaire ». Or, mis à part le fait qu'il serait sans doute peu souhaitable de laisser aux non-juristes le monopole de l'expression « droits de l'homme », semblant exclure par là du Droit les droits de l'homme, rien ne justifie, si l'on a pris soin de distinguer les différents niveaux d'analyse de la notion « droits de l'homme », l'évacuation de l'expression « droits de l'homme » du champ d'étude du droit positif. Il s'agit ensuite d'opposer le droit interne et le droit international : on parle de libertés publiques en droit interne quand on étudie un pays donné mais on évoque les droits de l'homme à propos de la société internationale. Le résultat d'une telle présentation est de réduire le droit positif des droits de l'homme (dénommé libertés publiques) au seul droit interne. Relevons d'ailleurs que la tendance la plus récente est désormais d'adopter l'expression « droits de l'homme » ou « droits fondamentaux », sans doute plus mobilisatrice, parfois accolée à celle de « libertés publiques » ou de « libertés fondamentales », pour continuer à traiter à titre principal du régime juridique de droit interne des différentes libertés.

L'expression doit être, à notre sens, d'autant plus conservée dans le cadre d'une étude du droit international que les textes internationaux les plus importants relatifs à la matière se réfèrent aux « droits de l'homme » et non aux libertés publiques. L'expression « droits de l'homme » sera donc retenue dans cet ouvrage, sous la réserve mentionnée plus haut que notre analyse se situe au plan du droit positif.

2 TITRE DE L'OUVRAGE ET DÉFINITION. — Le titre choisi – *Droit européen et international des droits de l'homme* – peut sembler redondant (l'international recouvre nécessairement l'européen) et appelle quelques précisions.

Les droits de l'homme, entendus comme *les droits et facultés assurant la liberté et la dignité de la personne humaine et bénéficiant de garanties institutionnelles*, n'ont été introduits que récemment (un peu plus d'un demi-siècle) dans le corpus international. Ce n'est qu'après la Seconde Guerre mondiale et ses atrocités qu'émerge le Droit international des droits de l'homme avec la multiplication d'instruments internationaux énonçant les droits garantis. La Déclaration universelle des droits de l'homme du 10 décembre 1948 donne le « coup d'envoi » à ce processus d'internationalisation. Les droits de l'homme deviennent en droit international une catégorie juridique à laquelle les textes adoptés ultérieurement attacheront un régime protecteur. Mais il est vrai que l'affirmation internationale des droits et libertés est une chose et que la garantie du respect de ces droits en est une autre. Or, en matière de droits de l'homme plus encore qu'ailleurs, *la « justiciabilité » de la règle conditionne l'effica-*

*cité de la garantie et de sa sanction. Aucune protection internationale des droits de l'homme ne peut être sérieusement mise en œuvre si elle ne s'accompagne pas de mécanismes juridictionnels appropriés.* L'analyse du droit international des droits de l'homme conduit alors à constater que les mécanismes régionaux (européen et américain) de protection des droits de l'homme satisfont le mieux à cette condition : plus précisément, *la Convention européenne des droits de l'homme,* élaborée dans le cadre du Conseil de l'Europe et adoptée à Rome le 4 novembre 1950, *fournit le modèle le plus perfectionné de garantie effective des droits de l'homme proclamés au plan international.* Le droit international positif des droits de l'homme est principalement celui mis en œuvre au plan européen. D'où le titre choisi, *Droit européen et international des droits de l'homme,* afin de mettre l'accent sur la branche européenne du droit international des droits de l'homme, qui est celle où se situe une jurisprudence abondante permettant de faire état d'une véritable pratique.

Nous définirons alors le droit européen et international des droits de l'homme comme *l'ensemble des règles juridiques internationales qui reconnaissent sans discrimination aux individus des droits et facultés assurant la liberté et la dignité de la personne humaine et bénéficiant de garanties institutionnelles.*

**3** PLAN DE L'OUVRAGE. — L'introduction récente des droits de l'homme en droit international conduit, dans un premier temps, à s'interroger sur *Les fondements du droit européen et international des droits de l'homme* (Ire Partie). Il s'agira moins ici de rechercher les fondements idéologiques des droits de l'homme, question largement étudiée dans les manuels classiques de libertés publiques, que d'envisager le problème de la place des droits de l'homme en droit international et de la spécificité d'un droit européen et international des droits de l'homme, qui se distingue du droit international général.

Il conviendra ensuite de s'intéresser aux dispositions de droit positif, en droit européen et international, permettant à l'individu de jouir de ses droits et libertés. Un système de protection des droits de l'homme n'est crédible que s'il offre aux individus des garanties efficaces pour la défense de leurs droits ; des droits et libertés reconnus ou proclamés mais non garantis n'ont d'intérêt que théorique.

*Le droit européen des droits de l'homme,* pour les raisons soulignées plus haut (*supra*, n° 2), *constitue alors le champ privilégié de l'étude.* L'analyse de *La garantie des droits* (II° Partie) précédera celle des *droits garantis* (III^e^ Partie).

## Pour aller plus loin

4 SUR LES LIBERTÉS PUBLIQUES ET LES DROITS FONDAMENTAUX. — Outre les manuels de libertés publiques, on se reportera, pour des analyses originales, à : J. Mourgeon, *Les droits de l'homme*, Puf, « Que sais-je ? », n° 1728, 6e éd., 1996 ; D. Lochak, *Les droits de l'homme*, La Découverte, « Repères », 3e éd., 2009 ; Y. Madiot, *Droits de l'homme*, Masson, 2e éd., 1991 ; M. Levinet, *Théorie générale des droits et libertés*, Bruylant-Némésis, 4e éd., 2012, n° 102, et *Droits et libertés fondamentaux*, Puf, « Que sais-je ? », 2010. Lire aussi M. Villey, *Le droit et les droits de l'homme*, Puf, « Questions », 1983, pour une critique philosophique de la notion de « droits de l'homme ».

Les textes de référence sont rassemblés par J. Robert, H. Oberdoff, *Libertés fondamentales et droits de l'homme. Textes français et internationaux*, LGDJ, 13e éd., 2015.

Sur la distinction droits de l'homme et libertés publiques, il faut se référer à l'analyse proposée par J. Rivero, *Les libertés publiques* (Puf, « Thémis », t. 1, 8e éd., 1997 ; t. 2, 6e éd., 1997). Selon J. Rivero, les deux notions ne se « situent pas sur le même plan ». La liberté se manifeste en un pouvoir d'agir ou de ne pas agir et toutes les libertés « sont des libertés publiques en ce qu'elles n'entrent dans le droit positif que lorsque l'État en a consacré le principe, aménagé l'exercice et assuré le respect ». Le terme « droits de l'homme » a, lui, une signification plus large : il relève de la conception du droit naturel selon laquelle l'homme, parce qu'il est homme, possède un ensemble de droits inhérents à sa nature ; peu importe que le droit positif ne les consacre pas, ils n'en subsistent pas moins. En bref, les libertés publiques « correspondent à des droits de l'homme que leur reconnaissance et aménagement par l'État ont insérés dans le droit positif » (t. 1, p. 22 et s.).

L'imprécision du concept de « droits fondamentaux » est clairement relevée par J. Rivero, *in* La protection des droits fondamentaux par les juridictions constitutionnelles en Europe, *RIDC*, 1981, p. 659. Selon L. Favoreu, les « droits fondamentaux » sont « l'ensemble des droits et libertés reconnus aux personnes physiques comme aux personnes morales (de droit privé et de droit public) en vertu de la Constitution mais aussi de textes internationaux et protégés tant contre le pouvoir exécutif que contre le pouvoir législatif par le juge constitutionnel ou le juge international » (L'élargissement de la saisine du Conseil constitutionnel aux juridictions administratives et judiciaires, *RFDC*, 1990, p. 581 ; aussi, L. Favoreu *et al., Droit constitutionnel*, Dalloz, 9e éd., 2006, n° 1218). On objectera, toutefois, que les droits fondamentaux ne sont pas une catégorie formelle du droit et qu'un droit peut être « fondamental » sans avoir été consacré comme tel par le juge constitutionnel ou le juge international. Selon E. Picard, « les droits fondamentaux sont des droits assez essentiels pour fonder et déterminer plus ou moins directement les grandes structures de l'ordre juridique tout entier en ses catégories » (L'émergence des droits fondamentaux en France, *in* Les droits fondamentaux, une nouvelle catégorie juridique ?, *AJDA*, numéro spécial,

1998, p. 8) ; dans le même sens, B. Mathieu et M. Verpeaux, *Contentieux constitutionnel des droits fondamentaux*, LGDJ, 2002, p. 10-12. Lire, G. Peces-Barba Martinez, *Théorie générale des droits fondamentaux*, LGDJ, « Droit et société », vol. 38, 2003.

5 SUR LE DROIT INTERNATIONAL DES DROITS DE L'HOMME. — Voir les manuels de droit international public (notamment P. M. Dupuy et Y. Kerbrat, *Droit international public*, Dalloz, 12^e^ éd., 2014) et M. Hertig Randall et M. Hotellier (dir.), *Introduction aux droits de l'homme*, Schulthess, 2014. Le petit ouvrage de P. Wachsmann, *Les droits de l'homme*, Dalloz, « Connaissance du droit », 5^e^ éd., 2008, permet une bonne approche de la question. Se reporter aussi aux Actes du Colloque de la SFDI, *La protection des droits de l'homme et l'évolution du droit international*, Pedone, 1998 (partic. G. Cohen-Jonathan, Conclusions générales, p. 307) et aux cours de : H. Thierry, L'évolution du droit international (*RCADI*, 1990, III, t. 222) ; J. Y. Morin, L'État de droit : émergence d'un principe du droit international, *RCADI*, 1995, t. 254 ; Th. Meron, International law and the age of human rights, *RCADI*, 2003, t. 301 ; A. Cancado Trindade, International law for Humankind towards a new jus gentium, *RCADI*, 2006, t, 316, et t. 317, p. 9-312.

La tentative de construction théorique de la matière par K. Vasak (Le droit international des droits de l'homme, *RCADI*, 1974. 4, t. 140, p. 333 à 415), intéressante, reste cependant très formelle et néglige trop la réalité juridique : la question des limites apportées aux droits de l'homme et de l'efficacité des garanties n'est guère soulevée. La même critique vaut pour l'ouvrage collectif, sous la direction du même auteur, *Les dimensions internationales des droits de l'homme*, Unesco, 1978 (cité par la suite *Manuel Unesco*), avec une très importante bibliographie, qui ne présente pas une analyse d'ensemble cohérente de la matière.

L'utilisation des textes internationaux est indispensable. Pour les textes fondamentaux : Conseil de l'Europe, *Droits de l'homme en droit international. Textes de base*, 3^e^ éd., 2007 ; Haut-Commissariat des Nations Unies aux droits de l'homme, *Principaux instruments internationaux relatifs aux droits de l'homme*, Nations Unies, 2006 ; E. Decaux, Les grands textes internationaux des droits de l'homme, La Documentation française, 2008.

Voir aussi Conseil de l'Europe, *L'émergence des droits de l'homme en Europe. Anthologie de textes*, Éd. Conseil de l'Europe, avril 2001 ; Unesco, *Le droit d'être un homme*, Lattès, 1984.

6 SUR LA DÉFINITION DU DROIT INTERNATIONAL DES DROITS DE L'HOMME. — On ne saurait passer sous silence la définition, très abstraite mais d'une grande élévation de pensée, donnée par René Cassin, prix Nobel de la paix 1968, et « père fondateur » de la Déclaration universelle des droits de l'homme, de « la science des droits de l'homme » : « Branche particulière des sciences sociales qui a pour objet d'étudier les rapports entre les hommes en fonction de la dignité humaine, en déterminant les droits et les facultés dont l'ensemble est nécessaire à l'épanouissement de la personnalité de chaque être humain » (Colloque de Nice, 1971, Science des droits de l'homme : méthodologie et enseignement, *RDH*, 1972, vol. V).

7 LA JURISPRUDENCE EUROPÉENNE DES DROITS DE L'HOMME. — Pour les décisions de la Cour se reporter à : Série A. *Arrêts et décisions de la Cour* (Série A), et *Série B. Mémoires, plaidoiries et documents* (*Série B*), et, depuis 1996, *Recueil des arrêts et des décisions*, Köln, Carl Heymanns Verlag. Les décisions et arrêts de la Cour sont disponibles sur son site Internet, http://www.echr.coe.int.

Pour les décisions de la Commission : Conseil de l'Europe, *Recueil de décisions de la Commission européenne des droits de l'homme (Rec. Déc.)*, vol. 1 à 46 (1960-1974), et

Conseil de l'Europe, *Décisions et Rapports de la Commission européenne des droits de l'homme (D. et R.)*, vol. 1 (1975) et s. Pour les décisions du Comité des ministres : *Recueil des Résolutions du Comité des ministres adoptées en application des articles 32 et 54 de la CEDH, 1959-1983 et s.*, Strasbourg, Conseil de l'Europe, 1984 et s.

Un sommaire des principales décisions de la Commission et des arrêts de la Cour figure dans l'*Annuaire européen*, La Haye, Martinus Nijhoff (depuis 1955).

Pour l'analyse de la jurisprudence européenne, on utilisera en priorité, F. Sudre (dir.), J.-P. Marguénaud, J. Andriantsimbazovina, A. Gouttenoire, G. Gonzalez, L. Milano, H. Surrel, *Les Grands arrêts de la Cour européenne des droits de l'homme*, Puf, « Thémis », 7e éd., 2015.

Une présentation non critique des arrêts de la Cour est faite par V. Berger, *Jurisprudence de la Cour européenne des droits de l'homme*, Sirey, 12e éd., 2011. Voir aussi M. De Salvia, *Compendium de la CEDH. Les principes directeurs de la jurisprudence relative à la CEDH*, éd. N. P. Engel, 2e éd., 2003, et G. Dutertre, *Extraits clés de jurisprudence. Cour européenne des droits de l'homme*, Conseil de l'Europe, 2003.

On utilisera aussi les chroniques de la jurisprudence de la Cour européenne par D. Szymczak et S. Touzé, *AFDI* ; E. Decaux et P. Tavernier, *JDI* ; F. Sudre, *JCP*, éd. gén. ; IDEDH (dir. F. Sudre), *RDP* ; J.-P. Marguénaud, *RTD civ.* Pour l'étude de la CEDH, *infra*, n° 124.

# Première partie

# Les fondements du droit européen et international des droits de l'homme

Le droit européen et le droit international des droits de l'homme ont des fondements communs. L'étude de ces fondements suppose que soient d'abord précisés les rapports qu'entretiennent le droit international et les droits de l'homme (chap. 1). L'examen de la spécificité du droit européen et international des droits de l'homme pourra ensuite être entrepris (chap. 2) avant de dégager les sources formelles de ce droit (chap. 3).

# Chapitre 1
# Les rapports entre droit international et droits de l'homme

8 Droit de subordination et droit de coopération. — Face à la distinction fondamentale entre droit international et droit interne, les règles internationales des droits de l'homme se situent différemment ou ailleurs. Le droit interne est un droit de subordination qui donne naissance à un seul ordre juridique dont les sujets sont subordonnés au pouvoir de l'État dans sa triple fonction législative, exécutive et judiciaire. Le droit international public est un droit de coordination entre États souverains et ne connaît ni législateur, ni juge, ni sanction obligatoire, en dehors du consentement des États visés. Les règles internationales des droits de l'homme n'appartiennent pas au droit de subordination puisque, comme toute règle de droit international, elles se développent dans le cadre de la société internationale ; mais elles ne participent pas seulement du droit de coordination puisqu'elles visent à donner naissance à un droit de la protection de l'individu. L'impuissance originaire du droit international général à assurer cette fonction protectrice engendre l'apparition de règles internationales spécifiques qui traduisent un dépassement de la conception classique du droit international.

## Section I
## Droit international général et droits de l'homme

Le caractère politique du droit international emporte des conséquences essentielles quant à la protection des droits de l'homme.

### I | Le droit international est un droit politique

9 La théorie des deux sphères. — Le droit international est traditionnellement défini comme l'ensemble des règles qui régissent les rapports entre les États. Ainsi entendu comme droit des relations interétatiques, le droit international classique s'est édifié sur ce que le Pr Virally, dont il faut suivre la démonstration, appelle « la théorie des deux sphères » (Droits de l'homme et théorie générale du droit international, *Mélanges René Cassin*, Pedone, 1969, t. 4, p. 323 à 330). Celle-ci postule la distinction irréductible entre la sphère des relations intra-étatiques, qui délimite l'ordre interne et est régie par le droit interne étatique, et la sphère des relations interétatiques, qui définit l'ordre international et est régie par le droit international public. Une telle division fondamentale exclut la possibilité d'existence d'une troisième sphère, qui serait celle des « relations transétatiques » auxquelles correspondrait un « droit transnational » applicable aux relations privées à travers les frontières des États. Cette distinction traditionnelle de deux ordres juridiques distincts – droits étatiques d'une part, droit interétatique d'autre part – conduit, au plan doctrinal, au dualisme qui implique une séparation radicale entre droit national et droit international ou, pour être plus exact, au « pluralisme à suprématie du droit international » (M. Virally).

Le droit international positif moderne a consacré cette présentation doctrinale. L'article 15, § 8 du Pacte de la Société des Nations stipule, en matière de règlement pacifique des différends internationaux, que « si l'une des Parties prétend et si le Conseil reconnaît que le différend porte sur une question que le droit international laisse à la compétence exclusive de cette Partie, le Conseil le constatera dans un rapport, mais sans recommander aucune solution ». La Cour permanente de justice internationale, dans son avis consultatif du 7 février 1923 sur les décrets de nationalité en Tunisie et au Maroc (*Série B*, n° 4), entérine cette séparation entre l'ordre interne et l'ordre international en déclarant que les questions de nationalité, « dans l'état actuel du droit international », sont comprises dans le domaine réservé à la compétence exclusive de l'État. Ultérieurement, l'article 2, § 7 de la Charte des Nations Unies ne fera que reprendre la disposition du Pacte de la SDN, telle que la CPJI l'avait interprétée. Selon la Cour, la délimitation des deux sphères – domaine international, domaine réservé soumis à la souveraineté de l'État – est susceptible de variations : le domaine laissé par le droit international à la compétence exclusive des États dépend de l'évolution des rapports internationaux et est, de ce fait, lié à la conjoncture internationale ; ce domaine se rétrécit lorsque de nouveaux secteurs de la vie étatique subissent l'attraction des rapports internationaux et sont investis par des règles de droit international, d'origine conventionnelle ou coutumière.

**10** CARACTÈRES POLITIQUES DU DROIT INTERNATIONAL. — Le droit international classique, conçu comme droit de la société des États, est construit tout entier en considération des intérêts des États. Ordre politique international et ordre juridique international sont ainsi intimement mêlés : il suffit, par exemple, d'évoquer le droit public européen tel qu'il s'est développé au XIX^e^ siècle dans le cadre du Concert européen ou, à l'époque contemporaine, le droit international de la décolonisation. Certes, les intérêts des États ne sont pas exclusivement politiques (ainsi les intérêts économiques), mais « ils sont toujours politiquement marqués, parce que les intérêts dominants de l'État sont bien de nature politique » (M. Virally, *op. cit.*, p. 325) : ainsi, toute règle de droit international a une dimension et une signification politiques. De plus, le droit international est entièrement frappé du sceau de la souveraineté étatique, que l'on envisage sa création ou sa mise en œuvre. Droit consensuel, le droit international procède, quant à sa création, de la volonté politique des États. Comme l'affirme le juriste soviétique Tunkin, « le droit international est l'expression ou le soutien de la politique étrangère, de la diplomatie » (*Droit international public, problèmes théoriques*, trad. franç., Pedone, 1965, p. 184) ; cela vaut pour le traité international que l'État conclut en fonction des impératifs de sa politique étrangère, comme pour la coutume internationale qui exprime la pratique de la politique extérieure étatique (voir G. de Lacharrière, *La politique juridique extérieure*, Economica, 1983). La mise en œuvre, enfin, du droit international n'est pas confiée à des autorités extérieures mais aux organes politiques étatiques que sont les gouvernements. Ces caractéristiques fondamentales du droit international classique retentissent nécessairement sur la protection que ce droit est susceptible d'offrir à l'individu.

## II | Conséquences quant à la protection des droits de l'homme

**11** Le principe de la compétence nationale exclusive. — Toute l'ossature du droit international est conçue en dehors de la perspective des droits de l'homme. Comme le déclare en 1927 l'éminent juriste grec Nicolas Politis, « l'État souverain était pour ses sujets une cage de fer d'où ils ne pouvaient juridiquement communiquer avec l'extérieur qu'au travers de très étroits barreaux » (*Les nouvelles tendances du droit international*, Paris, 1927, p. 91-92). Selon la conception classique du droit international et des relations internationales, la question des droits de l'homme reste en effet de la compétence exclusive des États. C'est à son Prince, à son gouvernement, que l'homme confie sa conservation : la participation de l'individu à la vie internationale est ainsi médiatisée par l'État. Le principe de la compétence nationale exclusive, jointe à l'absence de principe de personnalité internationale de l'individu, constitue alors un obstacle théorique insurmontable à la prise en compte par le droit international de l'intérêt proprement individuel. Cela ne signifie pas pour autant que les préoccupations d'ordre humanitaire soient totalement absentes du droit international, mais que « la protection de l'homme ne sera assurée qu'en fonction des intérêts politiques envisagés » (M. Virally, *op. cit.*, p. 325). En témoigne le fait que c'est bien souvent dans le contexte de la colonisation que la question du respect des droits de la personne est abordée : il suffit d'évoquer les admirables *Leçons sur les Indiens et sur le droit de la guerre* (trad. franç., Genève, Droz, 1966) qui permettent à Francisco de Vitoria de rappeler les droits des Indiens à l'époque de la conquête de l'Amérique ; en droit positif, l'Acte général de 1890 pour l'abolition de l'esclavage ou les articles 22 et 23 du Pacte de la SDN, assignant aux puissances coloniales comme « une mission sacrée de civilisation » d'assurer le bien-être et le développement des peuples placés sous mandat, illustrent cette tendance. D'une manière générale, les relations internationales demeurent fondées sur l'idée d'une coopération entre entités étatiques souveraines : le Pacte de la SDN, qui apparaît comme l'équivalent du pacte social et est censé fonder l'existence de toute la société internationale, a pour objet fondamental la sécurité (en ce sens, son Préambule) et non le respect des droits de l'homme.

**12** LE RATTACHEMENT NATIONAL DE L'INDIVIDU. — Abandonnés purement et simplement aux États, les droits de l'homme vont alors dépendre étroitement des relations qui existent entre l'homme à protéger et l'État concerné et de la qualité des relations que les États en cause entretiennent. Le rattachement national de l'individu à un État déterminé conditionne le déclenchement d'une éventuelle protection : l'individu est alors un simple « point de référence » du pouvoir étatique et apparaît comme « objet » ou « bénéficiaire » d'une disposition de droit international protectrice qui, en principe, obéit à la règle générale de réciprocité qui fonde le droit international conventionnel. C'est le cas, par exemple, des privilèges et immunités accordés aux agents diplomatiques, dont la Convention de Vienne du 18 avril 1961 sur les relations diplomatiques définit le régime. Mais le principe du rattachement national trouve une application principale dans la protection des nationaux à l'étranger qui constitue, durant la phase de développement de la société internationale (1648-1945) antérieure à la proclamation internationale des droits de l'homme, le domaine essentiel de l'intervention protectrice du droit international. Cette pratique séculaire démontre à l'évidence le caractère indirect des garanties que le droit international général accorde aux particuliers.

Trois institutions anciennes du droit international – le système des capitulations, la protection diplomatique, la pratique des interventions d'humanité – se rattachent, directement ou indirectement, à la protection des nationaux à l'étranger.

La protection diplomatique, institution coutumière du droit international ressort exclusivement de la souveraineté étatique. La Cour permanente de justice internationale dans son arrêt du 30 août 1924 (*Série A*, n° 2), dans l'affaire Mavrommatis, a reconnu le droit de l'État de protéger ses nationaux dans ces termes : « C'est un principe élémentaire du droit international que celui qui autorise l'État à protéger ses nationaux lésés par des actes contraires au droit international commis par un autre État, dont ils n'ont pu obtenir satisfaction par les voies ordinaires. » L'arrêt de la Cour montre clairement que l'exercice de la protection diplomatique est totalement discrétionnaire : sous réserve que soient satisfaites les conditions relatives à l'épuisement des voies de recours internes et à la règle dite des « mains propres », l'État n'est nullement obligé par le droit international de faire usage de la protection diplomatique quand un de ses nationaux le réclame. La protection offerte par le droit international général à l'individu apparaît ici dans tout son dépouillement : seul un lien national effectif de rattachement de l'individu à l'État est susceptible de fonder l'exercice de la protection diplomatique, comme l'a rappelé la CIJ dans son arrêt Nottebohm du 6 avril 1955 (*Rec.*, 1955) ; encore faut-il, pour que l'État endosse la réclamation, que des considérations d'opportunité politique, tenant aux nécessités de sa politique étrangère, ne l'incitent pas à renoncer ou à accepter une solution de compromis qui n'assurera pas nécessairement la réparation équitable du préjudice subi. L'institution de la protection diplomatique, en raison du pouvoir discrétionnaire reconnu à l'État national, est moins un mécanisme de protection des droits de l'individu qu'un système de régulation des rapports interétatiques, d'autant qu'elle s'inscrit dans le cadre général de la responsabilité internationale qui occulte ici la protection des droits individuels.

La CIJ peut être amenée à connaître des différends liés à des violations des droits de l'homme, notamment lorsque la protection diplomatique est exercée dans le champ des « droits de l'homme internationalement garantis ». Dans l'affaire A. Diallo, la CIJ se réfère notamment à la jurisprudence du CDH, considérant qu'elle doit « accorder une grande considération à l'interprétation adoptée par ces organes indépendants, spécialement établis en vue de superviser l'application de ce traité » (§ 66), et constate la violation de droits individuels (droit à la liberté et à la sûreté ; droit de ne pas être expulsé de manière arbitraire) consacrés par des instruments internationaux applicables aux parties (PIDCP, Charte africaine) (CIJ, 30 nov. 2010, *République de Guinée c/ République démocratique du Congo*, *AFDI*, 2010, 277, note S. El Boudouhi).

**13** DE LA PROTECTION DES VICTIMES DES CONFLITS ARMÉS AUX CRIMES INTERNATIONAUX. — Divers régimes particuliers de protection conventionnelle, s'adressant, à l'origine, aux victimes des conflits armés et, dans le cadre de la Société des Nations, aux minorités et aux travailleurs, ont été mis en place. Seul le régime de protection des victimes des conflits armés retiendra notre attention, du fait de la proximité du droit international humanitaire – et du droit international pénal qui en est complémentaire – avec le droit international des droits de l'homme.

1° *Le droit international humanitaire.* La publication en 1862 de l'ouvrage du Suisse Henri Dunant, *Un souvenir de Solférino*, est à l'origine de l'entreprise de codification, entamée à Genève le 22 août 1864 (convention sur l'amélioration du sort des militaires blessés) et poursuivie au XX^e^ siècle, du droit international humanitaire des conflits armés dit « droit de Genève » (conventions de 1864, 1906, 1929, 1949, 1977). Ce droit représente la partie la plus considérable du droit humanitaire traditionnel. Droit humanitaire puisqu'il vise à garantir la vie, la santé et la dignité des victimes (combattants, prisonniers de guerre, personnes civiles) des conflits armés internationaux (entendus de manière extensive par le Protocole I du 10 juin 1977, additionnel aux quatre conventions de Genève du 12 août 1949, comme désignant les « guerres de libération » contre la domination coloniale ou les régimes racistes) et, subsidiairement, non internationaux (art. 3 commun aux quatre conventions de Genève et Protocole II). Mais droit traditionnel construit sur la réciprocité des intérêts des États entre lesquels les hostilités ont été déclenchées. S'appliquant aux relations interétatiques qui, par excellence, sont frappées du sceau de la souveraineté – les relations de guerre –, le droit international humanitaire est fondamentalement un droit « classique » dont la mise en œuvre demeure confiée aux États (par les art. 8, 9 et 10 des trois premières conventions et 9, 10 et 11 de la quatrième). Les Conventions de Genève sont appliquées « avec le concours et sous le contrôle des puissances protectrices chargées de sauvegarder les intérêts des parties au conflit ». Tout le système des Conventions de Genève est en effet fondé sur l'idée que les États belligérants désignent, car ils y ont avantage, des puissances mandataires pour sauvegarder leurs intérêts auprès de leurs adversaires. L'institution de la puissance protectrice, institution bien connue du droit des gens et dont la pratique s'est développée en cas de rupture des relations diplomatiques (Convention de Vienne du 18 avril 1961 sur les relations diplomatiques, art. 45) est ainsi le socle principal du mécanisme de protection de Genève : fondée sur le consentement des États, elle suppose l'accord des États belligérants et de l'État tiers puissance protectrice [1]. Le système des puissances protectrices n'a guère été utilisé depuis 1949 (par ex. : Suez, 1956 ; Goa, 1961 ; Bangladesh, 1971) : la rareté des conflits interétatiques « classiques » avec rupture des relations diplomatiques, la multiplication des conflits armés non internationaux et, surtout, la méfiance à l'égard d'un système de contrôle qui fait intervenir un État, qui plus est mandataire de l'adversaire en sont des causes explicatives. Par contre, le rôle humanitaire du CICR s'est considérablement affirmé ainsi que celui, d'une manière générale, des ONG à but humanitaire (*infra*, n° 76).

2° *Le droit international pénal.* La violation des règles établies par les Conventions de Genève peut engager la responsabilité pénale des individus auteurs d'« infractions graves » constitutives de « crimes de guerre » [2], que la Convention du 26 novembre 1968 (entrée en vigueur le 11 novembre 1970) déclarera ultérieurement imprescriptibles avec les crimes contre l'humanité, et est, pour partie, à l'origine de la formation du droit international pénal dont l'objet, plus large, est la répression des crimes internationaux. La répression par une juridiction pénale internationale n'a concerné au départ, mais antérieurement aux Conventions de Genève, que les grands criminels de guerre allemands et japonais, jugés par les tribunaux de Nuremberg et de Tokyo, respectivement établis par la Convention de Londres du 8 août 1945 (*JO*, 7 octobre 1945, p. 6314) et par la décision du commandant en chef des troupes d'occupation du Japon du 19 janvier 1946. Il s'agissait là de juridic-

1. Des « substituts » peuvent être mis en place : État neutre, organisme de remplacement, organisme humanitaire tel le comité international de la Croix-Rouge. Le CICR peut, comme substitut, assurer, avec le consentement des parties au conflit, les fonctions dévolues à la puissance protectrice, mais aussi, toujours avec l'agrément des parties, exercer ses propres activités humanitaires pour la protection des victimes des conflits armés internationaux. Le mécanisme de la puissance protectrice et du substitut n'est pas étendu aux conflits armés non internationaux par le Protocole II, qui exige le consentement préalable du gouvernement en cause pour toute assistance humanitaire ou sanitaire (art. 18, § 2).
2. Le Protocole I de 1977 (art. 85) élargit la définition des crimes de guerre donnée par l'article 6 b du statut de Nuremberg, qui vise globalement « les violations des lois et coutumes de guerre », comprenant « sans y être limitées : l'assassinat, les mauvais traitements ou la déportation pour des travaux forcés ou tout autre but des populations dans des territoires occupés, l'assassinat ou les mauvais traitements des prisonniers de guerre ou des personnes en mer, l'exécution des otages, le pillage des biens publics ou privés, la destruction sans motif des villes et villages, la dévastation que ne justifient pas les exigences militaires ».

tions *ad hoc*, à compétence limitée. Il en est de même du Tribunal pénal international créé par le Conseil de sécurité, par sa Résolution 808 du 22 février 1993 (*RGDIP*, 1993, p. 534), pour connaître des « violations graves du droit international humanitaire commises sur le territoire de l'ex-Yougoslavie depuis 1991 » et du Tribunal pénal international pour le Rwanda, créé par la Résolution 955 du Conseil de sécurité du 8 novembre 1994 (*RUDH*, 1995, p. 160). De nature différente, puisque c'est une juridiction permanente créée par voie conventionnelle, est la Cour pénale internationale instituée par le traité adopté à Rome le 17 juillet 1998 et entré en vigueur le 1er juillet 2002 (voir les obs. de G. Cottereau, *AFDI*, 2002, p. 129).

Le statut du Tribunal de Nuremberg établit une distinction tripartite entre crimes contre la paix, crimes de guerre et crimes contre l'humanité, distinction que reprend peu ou prou le statut du Tribunal pénal international pour l'ex-Yougoslavie (adopté par le Conseil de sécurité, Rés. 827, 25 mai 1993 ; *RGDIP*, 1993, p. 552) : le Tribunal est compétent pour connaître des violations graves des Conventions de Genève – qui font l'objet d'une mention particulière (art. 2) –, des crimes de guerre (*supra*), des crimes contre l'humanité [1] et du crime de génocide [2]. La compétence du Tribunal *ad hoc*

1. Les crimes contre l'humanité sont définis par l'article 6 *c* du statut du Tribunal de Nuremberg comme : « L'assassinat, l'extermination, la réduction en esclavage, la déportation, et tout autre acte inhumain commis contre toutes populations civiles, avant ou pendant la guerre, ou bien les persécutions pour des motifs politiques, raciaux ou religieux, lorsque ces actes ou persécutions, qu'ils aient constitué ou non une violation du droit interne du pays où ils ont été perpétrés, ont été commis à la suite de tout crime rentrant dans la compétence du Tribunal, ou en liaison avec ce crime » mais le tribunal n'a réprimé les crimes contre l'humanité que s'ils se rattachaient à des crimes contre la paix ou à des crimes de guerre. L'article 5 du statut du Tribunal pour l'ex-Yougoslavie confirme cette approche : les crimes contre l'humanité sont ceux « commis au cours d'un conflit armé, de caractère international ou interne, et dirigés contre une population civile quelle qu'elle soit ». La liste des actes prohibés inclut, notamment, l'expulsion et le viol ; le viol contre des civils en temps de guerre, utilisé comme outil de « purification ethnique », a été, pour la première fois, qualifié de « crime contre l'humanité » par le TPIY dans sa décision Kunarac, Kova et Vukovic du 22 février 2001 (*RGDIP*, 2001, 465). Dans son arrêt Tadic, le TPIY a cependant souligné que « le droit international coutumier n'exige plus de lien entre les crimes contre l'humanité et le conflit armé » (Ch. d'appel, 2 oct. 1995, § 78, *RGDIP*, 1996, 101, obs. M. Sassoli) et le statut de la Cour pénale internationale (art. 7) n'affirme plus la nécessité d'un lien avec une situation de guerre.
2. Le génocide (*infra*, n° 64), qualifié de crime contre l'humanité par la Convention du 26 novembre 1968 sur l'imprescriptibilité des crimes de guerre et des crimes contre l'humanité (Nations Unies, *Série des traités*, vol. 754, p. 73), est, selon la Convention de 1948 pour la prévention et la répression du crime de génocide, « un crime du droit des gens », « qu'il soit commis en temps de paix ou en temps de guerre » (art. 1). Le TPIY retient la qualification de « génocide » dans sa décision Krstic du 2 août 2001 (chron. H. Ascensio et R. Maison, *AFDI*, 2001, p. 241).

pour le Rwanda est identique et celle de la Cour pénale internationale est ordonnée de manière similaire (crime d'agression, en sus) ; le statut de cette dernière vient définir de manière systématique les principaux crimes internationaux des individus en codifiant le droit préexistant : crime de génocide (art. 6), crime contre l'humanité (art. 7), crime de guerre (art. 8).

Il convient de noter que la Commission du droit international est chargée, depuis 1947, d'établir un projet unique de Code des crimes contre la paix et la sécurité de l'humanité. La CDI estime que ces derniers se distinguent « par leur caractère particulier d'horreur et de cruauté, de sauvagerie et de barbarie » (Rapp., 36e session, § 64) et son projet adopté en seconde lecture en 1996 retient cinq crimes contre la paix et la sécurité de l'humanité : l'agression, le génocide, les crimes contre l'humanité, les crimes contre le personnel des Nations Unies et le personnel associé (dont la place ici surprend), les crimes de guerre (Y. Daudet, Travaux de la CDI, *AFDI*, 1996, 589).

3° *Distinction avec le droit international des droits de l'homme.* Construit à partir du système des relations diplomatiques traditionnelles, le droit international humanitaire des conflits armés est un droit interétatique où l'individu demeure simple « objet » de la règle de droit. Il ne revêt pas, à ce titre, les caractères qui font la spécificité du droit international des droits de l'homme (*infra*). N'ayant pas la même nature, le droit humanitaire des conflits armés et le droit international des droits de l'homme sont distincts. Il n'en reste pas moins que droit international des droits de l'homme et droit humanitaire des conflits armés ont une préoccupation identique, malgré un champ d'application matériel différent – assurer la protection de la personne humaine, en situation « ordinaire » ou « au quotidien », si l'on peut dire, dans un cas, et en situation de conflits armés, dans l'autre – et convergent nécessairement sur un certain nombre de règles fondamentales que nous rencontrerons ultérieurement) : obligation de protéger tout individu quelle que soit sa nationalité, inopposabilité de la règle de l'exception d'inexécution (*infra*, n° 44), obligation de respecter (et, même, selon l'article 1 des Conventions de Genève, de « faire respecter ») « en toutes circonstances » certains droits substantiels (*infra*, n° 145). La Cour internationale de justice, dans la ligne de son avis du 8 juillet 1996 sur la licéité de la menace ou de l'emploi d'armes nucléaires (*infra*, n° 56), met l'accent, dans son avis du 9 juillet 2004 sur les conséquences juridiques de l'édification d'un mur dans le territoire palestinien occupé (*RGDIP*, 2004, 1017, chron. P. Weckel), sur la complémentarité de ces « deux branches du droit international », considérant que « la protection offerte par les conventions régissant les droits de l'homme ne cesse pas en cas de conflit armé » (§ 106), si ce n'est par l'effet des clauses dérogatoires inscrites dans ces conventions (*infra*, n^os^ 155 et 173).

Néanmoins, la Cour européenne, au prix d'un affaiblissement manifeste de la protection offerte par l'article 5 de la Convention, juge, dans le cadre d'un conflit armé international, que l'État partie est autorisé à déroger, sous couvert des conventions de Genève, à l'article 5… sans recourir à la clause dérogatoire de l'article 15 de la Convention (*Hassan c/ Royaume-Uni,* 16 sept. 2014, GC ; *JCP G* 2014-41, act, 1022, B, Pastre-Belda ; *RTDH* 2015-102, 481, note P. Frumer).

Le droit international pénal doit également être distingué du droit international des droits de l'homme, même si son champ d'action est limitrophe. Son objet n'est pas d'assurer à l'individu la protection internationale de ses droits mais de réprimer les violations particulièrement graves des droits essentiels de la personne humaine ou des principes du droit humanitaire (de ce fait, les infractions internationalement définies portent sur des sujets – assassinats, traite des êtres humains, esclavage, torture, viols… – intéressant également la protection internationale des droits de l'homme) commises par des personnes privées agissant en tant qu'agents publics. De plus, si, par l'affirmation de la responsabilité pénale internationale de l'individu, le droit international pénal confère à l'individu la qualité de sujet de droit international (*infra*, n° 57), ce n'est qu'en tant que titulaire d'obligations et non comme titulaire de droits ; il est caractéristique, à cet égard, que la Convention de Rome du 17 juillet 1998 ne donne pas qualité aux individus pour saisir la Cour pénale internationale et déclencher l'action pénale.

Il n'est question, dans cet ouvrage, que du droit international des droits de l'homme, tel que nous l'avons défini précédemment (*supra*, n° 2).

La consécration internationale des droits de l'homme ne se réalisera qu'après le conflit planétaire de la Seconde Guerre mondiale.

## Section II
## Droit international des droits de l'homme et droit international général

Le DIDH dépasse la contradiction inhérente au droit international classique, selon laquelle la protection de l'homme ne peut être assurée que par le biais d'un droit interétatique fait par et pour les États, et sort de la problématique générale du droit international qui est celle des relations interétatiques. Cette innovation fondamentale du droit international de la seconde moitié du XX^e^ siècle, avec l'affirmation du droit des peuples à disposer d'eux-mêmes, n'est pas sans conséquences sur la nature même du droit international.

### I | Le droit international des droits de l'homme est un droit idéologique

#### *A – Un droit construit en fonction de l'intérêt de l'homme* [1]

**14** Le postulat de l'égalité de tous les hommes. — Le caractère idéologique du DIDH réside dans son inspiration même : « déduit d'une certaine conception de l'homme et de ses rapports avec les autres hommes et la société » (M. Virally, *op. cit.*), le DIDH aspire à exprimer une idéologie commune à l'humanité tout entière, dont le principe premier est celui de l'égalité de tous les hommes. L'homme, indépendamment de son statut politique, est considéré comme partout identique, quels que soient sa race, son sexe, sa religion, son opinion. À cet égard, les racines profondes de la proclamation internationale des droits de l'homme sont les mêmes que celles des proclamations nationales : il suffit de rappeler ici à titre principal, que le principe d'identité de tous les hommes anime aussi bien la doctrine chrétienne que l'école du droit naturel. Selon la doctrine chrétienne, origine et fin étant communes à tous,

1. Nous reprenons là l'expression de Michel Virally, Droits de l'homme et théorie générale du droit international, *Mélanges René Cassin*, préc., p. 328.

tous les hommes participent également à la dignité qu'elles fondent : c'est l'affirmation de l'égalité de tous les hommes dans une même dignité, telle que saint Paul la formule dans l'épître aux Galates (III, 28) : « Il n'y a plus ni juif, ni grec ; il n'y a plus ni esclave, ni homme libre. » Quant à l'école du droit naturel, qui se développera particulièrement aux XVII^e^ et XVIII^e^ siècles avec les disciples de Grotius, l'hypothèse de l'état de nature la conduit à affirmer l'existence de droits « qui appartiennent originairement et essentiellement à l'homme, qui sont inhérents à sa nature, dont il jouit par cela même qu'il est homme, indépendamment d'aucun fait particulier de sa part » (Burlamaqui, *Principes du droit naturel*, 1747, chap. VII, § 8). Le droit naturel domine ainsi les premières proclamations solennelles et systématiques des droits de l'homme. Qu'il s'agisse, d'abord, des déclarations américaines : la Déclaration des droits de la Virginie, du 12 juin 1776, affirme que « tous les hommes sont par nature libres et indépendants » alors que le Préambule de la Déclaration d'indépendance des États-Unis d'Amérique, du 4 juillet 1776, proclame que «… tous les hommes sont créés égaux ; ils sont doués par le Créateur de certains droits inaliénables ». Qu'il s'agisse, en second lieu, de la Déclaration française des droits de l'homme et du citoyen, du 26 août 1789, qui a pour objet d'exposer « les droits naturels, inaliénables et sacrés de l'homme » : la nature humaine étant identique chez tous les hommes, les droits qui en découlent se retrouvent chez tous ; l'égalité, postulée par le caractère naturel des droits, est ainsi le premier des droits proclamés (art. 1 : « Les hommes naissent et demeurent libres et égaux en droits »). Tout en étant dépouillée de toute référence formelle à « la nature », la Déclaration universelle des droits de l'homme du 10 décembre 1948 affirme, à son tour, dans son Préambule l'unité de la famille humaine et proclame dans son article 1^er^ que « tous les êtres humains naissent libres et égaux en dignité et en droits ». Tels qu'ils sont énoncés, à partir de 1948, dans les principaux textes internationaux, les droits de l'homme renvoient à l'identité universelle de la personne humaine et, par là même, ont une valeur transcendant la politique : les fondements idéologiques du DIDH déterminent, « le principe de l'unité et de l'intemporalité du droit » (M. Virally, *op. cit.*, p. 328).

### *B – Unité et intemporalité du droit*

Parce que l'homme est partout le même, les mêmes règles doivent valoir pour tout homme, à toute époque et en tous lieux.

**15** PERMANENCE DES DROITS DE L'HOMME. — Il est fort remarquable que les textes nationaux comme les textes internationaux relatifs aux droits de l'homme apparaissent comme des « reconnaissances » ou, ce qui est similaire, comme des « déclarations » de droits : si la formulation des droits est contingente et dépend de décisions politiques, et, de ce fait, en constante évolution, elle n'est pas une activité de création mais de reconnaissance du « droit d'être un homme », valeur permanente et antérieure à tout acte politique. La notion de droits de l'homme transcende sa reconnaissance par les textes : les textes internationaux (ou nationaux) ne « créent » pas les droits de l'homme mais les reconnaissent et, pour certains, les érigent en catégorie juridique et leur confèrent un régime protecteur. Ainsi de la DUDH, proclamée par l'Assemblée générale des Nations Unies (Rés. n° 217-A-III), qui s'ouvre par un Préambule « considérant que la reconnaissance de la dignité inhérente à tous les membres de la famille humaine et de leurs droits égaux et inaliénables constitue le fondement de la liberté, de la justice et de la paix dans le monde ». Ainsi, encore, de la CEDH par laquelle les États parties « reconnaissent à toute personne relevant de leur juridiction les droits et libertés » définis dans la Convention (art. 1). Cette permanence des droits de l'homme détermine largement le contenu des droits.

**16** CONSÉQUENCES QUANT AU CONTENU DES DROITS PROCLAMÉS. — Profondément imprégnées par l'idéologie définie par Locke et Rousseau, les déclarations américaine et française constatent les droits inhérents à l'être humain et antérieurs à la société : elles reconnaissent des « droits de » (de vivre, de circuler, d'opinion) et non des « droits à » (à l'emploi, à la protection sociale, à un niveau de vie suffisant), des « droits-résistances », supposant une liberté de choix et d'action de l'individu et une abstention de l'État, et non des « droits-créances », supposant une créance de l'individu contre la société et des prestations positives de l'État. En effet, les droits naturels de l'homme ne peuvent consister en des créances sur la société puisqu'ils préexistent à la société ; comme l'affirme J. Rivero, « il ne saurait y avoir de créance là où n'existe pas de créancier » (*Les libertés publiques*, Puf, 1984, t. 1, p. 60). S'esquisse ici la distinction, sur laquelle nous reviendrons plus loin, entre les droits civils et politiques, compris comme des droits de résistance au Pouvoir et dénommés parfois « droits de la première génération », et les droits économiques, sociaux et culturels, dits « droits de la deuxième génération », qui ne s'analysent pas en des libertés mais en des droits à l'obtention de prestations. La proclamation internationale des droits de l'homme, telle qu'elle est faite par la Déclaration universelle de 1948, ne reproduit pas une opposition aussi radicale et n'exclut pas les « droits-créances ». Il faut y voir le résultat d'un compromis entre la tradition libérale et le marxisme. D'une part, la conception libérale a profondément évolué depuis 1789, perdant progressivement tout fondement idéologique et passant, selon le mot du doyen Vedel, à « un socialisme individualiste » qui, à la fois, affirme les libertés individuelles contre l'État et réclame l'intervention de l'État pour la réalisation des droits économiques, sociaux et culturels. Les constitutions modernes des États démocratiques consacrent cet élargissement et, par exemple, le Préambule de la Constitution française du 27 octobre 1946 affirme « les principes politiques, économiques et sociaux particulièrement nécessaires à notre temps, qui s'articulent autour de l'entreprise et des travailleurs, des droits à la sécurité et à la culture ». Par ailleurs, la critique marxiste d'une conception libérale ignorant l'homme concret et sa dénonciation des libertés formelles vidées de tout contenu réel par les conditions matérielles d'existence de l'individu (en ce sens, l'apostrophe de Vychinsky : « De quelles libertés dispose un chômeur américain ? ») impose, quant à la conception des droits de l'homme, la complémentarité des libertés et des créances, qui permettent de demander à la collectivité la satisfaction de besoins fondamentaux par laquelle les libertés prennent corps. Il n'en reste pas moins que la Déclaration universelle demeure principalement individualiste.

L'analyse du contenu de la DUDH fait apparaître de manière significative la prééminence des droits individuels « classiques ». Sur les 27 articles énonçant des droits, mis à part l'énoncé des principes généraux de liberté, d'égalité, de fraternité et de non-discrimination (art. 1 et 2), 19 articles consacrent les libertés traditionnelles : droits et libertés d'ordre personnel (art. 3 à 11) ; droits définissant le statut privé de la personne (art. 12 à 17) ; facultés spirituelles, libertés publiques et droits politiques fondamentaux (art. 18 à 21). Seulement 5 articles sont relatifs aux droits économiques, sociaux et culturels (art. 22 à 27) (nous reprenons la classification proposée par René Cassin lui-même, la Déclaration universelle et la mise en œuvre des droits de l'homme, *RCADI*, 1951, t. 79, p. 241 à 367). Surtout, le caractère individualiste de la Déclaration se marque par la place très sommaire faite aux devoirs de l'individu envers la collectivité [1] : l'article 29, alinéa 1 déclare que « l'individu a des devoirs envers la communauté dans laquelle seule le libre et plein développement de sa personnalité est possible », mais l'accent est mis sur la fonction de la collectivité, lieu d'épanouissement de l'individu, et ces devoirs sont moins précis que le devoir qu'a l'homme de respecter les droits d'autrui (art. 29, al. 2 ; en ce sens, chaque droit porte en lui des devoirs correspondants). L'opposition avec la doctrine marxiste, qui prétend subordonner la jouissance des droits de l'homme à certaines conditions et notamment à l'accomplissement de certains devoirs est ici très nette (et se traduira, lors du vote de la Déclaration par l'abstention de l'URSS et de cinq démocraties populaires). La Constitution de l'URSS, de 1977, offre un exemple significatif : son chapitre VII, intitulé « Les droits, libertés et devoirs fondamentaux des citoyens de l'URSS », énonce un catalogue de droits et libertés mais contient un article 59 qui stipule que « l'exercice des droits et libertés est inséparable de l'exécution de ses devoirs par le citoyen. Le citoyen de l'URSS est tenu de se conformer à la Constitution de l'URSS et aux lois soviétiques, de respecter les règles de la vie en société socialiste et de porter dignement le haut titre de Citoyen de l'URSS ». Les droits sont donc subordonnés aux devoirs, qui sont des devoirs de l'homme envers l'État. Ajoutons, en quittant le domaine du droit, que l'Union soviétique n'a pas été le seul État à mettre l'accent davantage sur les devoirs que sur les droits de l'homme : il en était ainsi dans l'Espagne franquiste, la

1. Voir Y. Madiot, *Considérations sur les droits et devoirs de l'homme*, Bruylant, 1998.

Grèce des colonels, ou le Chili de Pinochet. L'engouement pour les devoirs de l'homme, voire pour une éventuelle Déclaration universelle des devoirs de l'homme, que partagent les régimes totalitaires de tous bords ne peut alors que paraître hautement suspect.

**17** UNIVERSALITÉ DES DROITS DE L'HOMME. — Comme l'affirme Jean Rivero, « au cœur du concept de droits de l'homme, il y a l'intuition de l'irréductibilité de l'être humain à tout son environnement social » (Rapport général, in *Les droits de l'homme, droits collectifs ou droits individuels ?*, LGDJ, 1980, p. 23). L'universalité tient à ce que partout est perçue cette exigence fondamentale que quelque chose est dû à l'être humain parce qu'il est un être humain. Ainsi, la Déclaration de 1789 n'est pas la déclaration des droits des citoyens français mais vaut pour tous les hommes. La DUDH incarne cette vocation d'universalité : selon l'un de ses principaux inspirateurs, René Cassin, elle « est universelle par son inspiration, par son expression, par son contenu, par son champ d'application, par son potentiel, et elle proclame directement les droits de l'être humain au regard de tous autres, à quelques groupes sociaux auxquels ils appartiennent les uns et les autres » (L'homme sujet de droit international et la protection universelle de l'homme, *Mélanges Georges Scelle* – La technique et les principes du droit public –, LGDJ, 1950, t. 1, p. 77). Les droits de l'homme ainsi proclamés sont des prérogatives que chaque ordre juridique reconnaît, non seulement à ses ressortissants, mais à tout homme. Cette perspective universaliste n'est pas sans affadir, par certains côtés, la proclamation internationale des droits de l'homme qui, pour concilier tradition libérale et doctrine marxiste, se prête à des accommodements discutables. Dans la forme, d'abord : la Déclaration combine des formules très générales, inspirée de la Déclaration de 1789 (tel l'art. 1 : « Tous les êtres humains naissent libres et égaux en dignité et en droit. Ils sont doués de raison et de conscience et doivent agir les uns envers les autres dans un esprit de fraternité ») avec des énumérations précises censées donner un contenu concret aux droits (ainsi, l'art. 18 sur la liberté de religion ou l'art. 25 sur le droit à un niveau de vie suffisant). Dans l'énoncé des droits, surtout : l'article 17, sur le droit de propriété, fournit un bon exemple de formulation bâtarde (al. 1 : « Toute personne, aussi bien seule qu'en collectivité, a droit à la propriété ») alors que le Préambule et l'article Ier illustrent la contradiction entre la conception fondamentale du marxisme (le Préambule voit dans les libertés non une donnée à respecter mais une conquête à effectuer et son § 2 évoque « l'avènement d'un monde où les êtres humains seront libres… ») et la tradition des droits naturels (la liberté est inhérente à l'homme). Il n'en reste pas moins que la DUDH est avant tout l'expression de l'individualisme occidental et qu'affirmer son universalité c'est affirmer que la conception occidentale a vocation à l'universalité, ce qui ne peut que nourrir le grief d'européo- (ou d'occidentalo-) centrisme. En d'autres termes, le concept d'universalité des droits de l'homme n'est pas admis par tous et n'est pas… universel. Comme en témoigne la position de principe des États asiatiques ou la montée des intégrismes, les droits de l'homme n'ont pas encore acquis l'universalité à laquelle ils prétendent. Il paraît donc plus juste de dire, avec Patrick Waschmann, que si « les droits de l'homme sont donc un universalisme (ils s'adressent à tous les hommes, sans distinction), ils ne sont pas universels » (*Les droits de l'homme*, « Connaissance du droit », Dalloz, 5e éd., 2008, p. 49). Reste l'essentiel : la Déclaration formule au plan universel des droits de l'homme qu'aucune déclaration ou constitution nationale n'a pu formuler, si ce n'est par référence à un pays donné. Elle donne ainsi aux droits de l'homme une dimension internationale qu'aucun document national ne pouvait donner, ne serait-ce que parce que certains droits proclamés débordent le seul cadre étatique (ainsi, le droit de quitter tout pays – art. 13 –, le droit de chercher asile – art. 14 –, ou la liberté d'opinion et d'expression « sans considération de frontières » – art. 19). Par-delà le cadre étatique, la Déclaration de 1948 « élargit à la communauté mondiale tout entière le champ d'exercice des droits de l'homme » (J. Rivero, *Les libertés publiques*, Puf, 1984, t. 1, p. 109).

Cette reconnaissance à tout être humain, en tout lieu et à toute époque, d'un minimum consistant de droits fondamentaux jette la base d'un nouveau droit commun international : en ce sens, le droit international des droits de l'homme prétend exprimer des valeurs – la dignité de l'homme, l'égalité des hommes – qui constituent un fonds commun à toutes les civilisations et à toutes les religions. L'attestent le rayonnement de la DUDH qui va irradier à la fois les législations nationales (certains États nouveaux l'incorporeront dans leurs constitutions : Indonésie, Costa Rica, Haïti) et les textes internationaux ; activité pure de reconnaissance, la Déclaration énonce les droits qui appellent une garantie mais n'organise pas cette garantie des droits. Destinée à être complétée par d'autres textes conventionnels, universels ou régionaux, la Déclaration est à l'origine du processus d'internationalisation des droits de l'homme : comme en droit interne, la reconnaissance des droits précède l'organisation de leur protection.

L'unité et l'intemporalité du droit international des droits de l'homme dans son fondement idéologique contrastent avec la pluralité des sociétés étatiques et la diversité des règles de droit international qui régissent leurs rapports.

## II | Conséquences sur le droit international général

### *A – L'interpénétration de l'ordre interne et de l'ordre international*

L'introduction de la protection des droits de l'homme dans l'ordre juridique international implique la négation de la théorie des deux sphères sur laquelle s'est édifié le droit international classique. Cette négation se marque tant au plan des origines que du contenu du DIDH.

**18** Dans les origines du DIDH. — L'apparition du Droit international des droits de l'homme tient à la reconnaissance de l'unité de la politique intérieure et de la politique extérieure des États. Les atrocités de la Seconde Guerre mondiale ont provoqué la prise de conscience des gouvernements alliés que la violation des règles de droit les plus élémentaires sur le plan national entraîne au-dehors la violation symétrique des règles du droit international ; en bref, que le totalitarisme interne appelle une politique étrangère agressive et impérialiste. Trois textes principaux, élaborés dans le contexte immédiat du conflit mondial, annoncent la Déclaration de 1948. D'abord, la déclaration du président Roosevelt du 6 janvier 1941 sur les « quatre libertés » : liberté d'opinion et d'expression, liberté confessionnelle (« de rendre à Dieu le culte de son choix »), liberté d'échapper à la misère, liberté d'échapper à la peur (comprendre, à la guerre). Ensuite, la Charte de l'Atlantique du 14 août 1941, signée par Roosevelt et Churchill, qui ajoute aux quatre libertés la nécessité du progrès économique et l'aspiration à la sécurité sociale (la Déclaration des Nations Unies du 1er janvier 1942 reprend le contenu de la Charte et lui donne une portée multilatérale). Enfin, et surtout, la Charte des Nations Unies du 26 juin 1945 qui internationalise, dans un texte conventionnel multilatéral, la question des droits de l'homme.

**19** LES DISPOSITIONS DE LA CHARTE DES NATIONS UNIES RELATIVES AUX DROITS DE L'HOMME. — L'interdépendance entre, d'une part, la paix et la sécurité internationale, et, d'autre part, des conditions meilleures de bien-être économique et social et le respect des libertés de l'homme, est le socle sur lequel repose la Charte de San Francisco. Dans le Préambule de la Charte, les États membres proclament leur « foi dans les droits fondamentaux de l'homme, dans la dignité et la valeur de la personne humaine, dans l'égalité de droit des hommes et des femmes, ainsi que des nations, grandes et petites ». L'article 1, § 3 de la Charte assigne à l'ONU comme but fondamental de « réaliser la coopération internationale… en développant et en encourageant le respect des droits de l'homme et des libertés fondamentales pour tous, sans distinction de race, de sexe, de langue ou de religion » ; la même idée est énoncée par l'article 55 (*c*), au titre de la coopération économique et sociale internationale. La protection internationale des droits de l'homme fait ainsi partie des devoirs primordiaux incombant aux organes principaux des Nations Unies : Assemblée générale (art. 13, § 1 (*b*)), Conseil économique et social (art. 62, § 2 ; l'art. 68 prévoit, par ailleurs, la création d'un organe subsidiaire chargé de veiller aux droits de l'homme), Conseil de tutelle (art. 87). Surtout, mis à part le devoir général des États membres « de remplir de bonne foi » les obligations assumées dans la Charte (art. 2, § 2), l'article 56 stipule que « les Membres s'engagent, en vue d'atteindre les buts énoncés à l'article 55, à agir, tant conjointement que séparément, en coopération avec l'Organisation ». C'est là l'énoncé d'une obligation générale de coopération pour « le respect universel et effectif des droits de l'homme » (art. 55). Cependant les lacunes de la Charte demeurent considérables : la Charte reconnaît aux organes des Nations Unies la mission de « favoriser », de « développer », d'« encourager » le respect des droits de l'homme, elle leur donne le pouvoir de faire des études et des recommandations, mais elle ne met en place aucune garantie particulière en la matière et elle ne définit aucunement le contenu des droits à protéger (ce sera l'œuvre, ultérieurement, de l'Assemblée générale elle-même et des Institutions spécialisées, principalement l'OIT et l'Unesco, ainsi que des organisations régionales). Néanmoins, et c'est un tournant capital, la Charte des Nations Unies fait pénétrer les droits de l'homme dans l'ordre international et transperce l'écran de l'État qui séparait droit interne et droit international.

**20** DANS LE CONTENU DU DIDH. — En énonçant les droits protégés, la Déclaration universelle du 10 décembre 1948, adoptée par l'Assemblée générale par 48 voix et 8 abstentions (Afrique du Sud, Arabie Saoudite, pays de l'Est dont l'URSS), confirme cette interpénétration : le Préambule développe l'idée que la reconnaissance des droits de l'homme constitue « le fondement de la liberté, de la justice et de la paix dans le monde » et l'article 28 affirme la nécessité d'un ordre international tel que les droits et libertés de la personne puissent y trouver leur plein effet. Désormais, « le droit international pénètre au cœur même du sanctuaire de la souveraineté » (M. Virally, Cours général de Droit international public, *RCADI*, 1983, t. 183, p. 124). En effet, les dispositions du Droit international des droits de l'homme sont applicables aux relations entre l'État et ses propres nationaux, alors même qu'aucun intérêt étranger n'est directement engagé ou touché : le droit international met à la charge des États des obligations vis-à-vis de leurs propres nationaux et ces derniers peuvent faire appel du droit interne au droit international, parfois devant des instances internationales. Se marque là l'originalité profonde de l'objet du DIDH qui, comme le note le Pr Combacau, « est moins d'instituer des relations interétatiques entre les parties qui ont contribué à la formation des traités que de poser du droit d'origine international mais à objet interne, dans les rapports des sujets entre eux et avec l'État » (*Droit international public*, Montchrestien, 1995, 2e éd., p. 394). Plus généralement, ces dispositions peuvent même être applicables à l'organisation politique de l'État. Ce sont là deux éléments constitutifs classiques de l'État (population, appareil politique) qui sont atteints. D'un autre côté, les États parties aux instruments internationaux protecteurs ont le droit de dénoncer les violations des droits de l'homme commises par d'autres États et, éventuellement, de poursuivre ces derniers devant des juridictions spéciales (ainsi, dans le cadre du Conseil de l'Europe ou de l'OEA). Cette double « révolution » emporte des conséquences inéluctables.

21 POLITISATION DU DIDH. — Si le droit international des droits de l'homme n'est pas un droit politique mais idéologique, il est un droit « politisé ». En accédant au niveau du droit international, la question du respect des droits de l'homme a revêtu un intérêt politique majeur pour l'indépendance de l'État et est devenue un enjeu politique : les accusations de violations des droits de l'homme traduisent plus une volonté de déstabilisation des régimes politiques qu'une prise en considération réelle des intérêts des victimes. C'est là l'ambiguïté des droits de l'homme : à la fois objet du droit international (la définition des droits et des mécanismes de protection) et facteur des relations internationales (les suites de l'Acte d'Helsinki, la politique étrangère du président américain Jimmy Carter, la dénonciation de la répression de la manifestation place Tian An Men par la Chine en juin 1989 ou de l'attitude des États « terroristes », tels la Libye ou l'Irak, les candidatures au Conseil de l'Europe après 1989, par exemple). Cette ambivalence des droits de l'homme explique le décalage existant, non seulement dans le cadre de l'ONU mais aussi du Conseil de l'Europe (il suffit d'évoquer la Bosnie ou la Tchétchénie), entre les objectifs proclamés par les États (le respect des droits de l'homme) et les objectifs réellement poursuivis par leur politique étrangère. Constatons avec lucidité que si les droits de l'homme sont devenus une dimension du milieu international, ils n'exercent pas de réelle influence sur les relations internationales : « utilisés » par les États, les droits de l'homme « sont des instruments au service de politiques qui poursuivent

d'autres objectifs que la sauvegarde de la dignité des individus » (P. H. Imbert, *in*SFDI, *op. cit.*, sous n° 5, p. 282 à 285).

**22** MUTATION DU DROIT INTERNATIONAL. — Sur le plan des principes, l'introduction de la protection des droits de l'homme dans l'ordre juridique international bouleverse la nature même du droit international, comme l'a bien montré le P^r^ Virally (cours préc., p. 123 et s.) dont il faut suivre l'analyse. Désormais, la souveraineté est arrêtée par des droits appartenant à d'autres sujets de droit que les États : le droit international évolue alors d'un droit interétatique, élaboré en fonction des intérêts des États, vers un droit superétatique chargé d'assurer, au nom de valeurs communes et supérieures aux États, la protection d'intérêts infra-étatiques (ceux des individus vivant sous l'autorité nationale). À terme, la logique de ces développements conduit au plan théorique à une redéfinition du droit international qui consacrerait le monisme juridique cher à Georges Scelle, où l'homme est à la fois sujet du droit international et du droit interne : le droit international ne se définirait plus comme le droit de la société des États mais comme le droit de la société humaine universelle et comprendrait deux parties essentielles, le statut fondamental de l'homme à l'intérieur des diverses unités étatiques, d'une part, et, d'autre part, le droit des relations interétatiques. Mais, le droit positif a maintenu ces changements « révolutionnaires », sur le plan des principes, dans des limites qui en réduisent la portée pratique, pour l'essentiel, au seul continent européen.

### *B – « Positivité » du droit international des droits de l'homme*

**23** UNE CONTRADICTION MAJEURE. — La coexistence au sein du droit international général de deux ensembles normatifs d'inspiration très différente, le droit international des droits de l'homme et le droit international des relations interétatiques, soulève la contradiction majeure entre la formulation internationale des droits de l'homme et la garantie internationale des droits de l'homme, en bref entre la proclamation et la réalité. C'est opposer l'aspect « irréel » des droits de l'homme et leur « impuissance manifeste » (M. Villey, *Le droit et les droits de l'homme*, Puf, 1983, p. 11) à la triste réalité des violations quotidiennes, et c'est poser la question du caractère positif du droit international des droits de l'homme. Cela conduit à évoquer une double dialectique, vraie aussi bien sur le plan interne que sur le plan international, mais rendue plus aiguë par la spécificité du milieu international.

**24** Droits de l'homme et pouvoir politique. — Les droits de l'homme mettent d'abord en cause les rapports de l'individu avec le pouvoir : comme le rappelle J. Mourgeon (*Les droits de l'homme*, Puf, « Que sais-je ? », n° 1728, 1996, p. 10), « le pouvoir est simultanément le pourvoyeur et le fossoyeur des droits de l'homme ». À l'origine, la problématique des droits de l'homme est d'abord une problématique de limitation au pouvoir. C'est la signification du célèbre passage de l'Évangile (Mat. 22, 21), « Rendez à César ce qui est à César, et à Dieu ce qui est à Dieu », qui, en refusant une part à César, fonde la limitation des droits de la Cité au bénéfice de la personne. De même, la théorie du contrat social conduit à la définition des droits fondamentaux que l'homme conserve au sein de la société et qui sont opposables au pouvoir : ainsi, dans les déclarations américaines ou françaises, influencées par la philosophie de Locke et de Rousseau, l'accent est mis sur la relation entre le régime constitutionnel et l'organisation des droits du sujet face au pouvoir. Selon l'article 6 de la Déclaration de 1789, c'est la participation du citoyen à la formation de la volonté générale qui exclut toute possibilité d'oppression de la part du pouvoir politique. Le lien entre une certaine forme d'organisation du pouvoir, la démocratie, et le respect de la liberté des individus est donc clairement affirmé dès l'origine de l'État libéral : la prééminence des droits civils et politiques, arme défensive contre le pouvoir, est indiscutable dans les premières proclamations solennelles des droits de l'homme. De ce point de vue, la filiation de la Déclaration universelle avec les déclarations nationales est claire, avec la place déterminante (*supra*) offerte aux droits civils et politiques et avec la référence de l'article 21, § 3 aux principes fondamentaux de la démocratie, qui proclame que « la volonté du peuple est le fondement de l'autorité des pouvoirs publics » ; ici, le compromis entre conception libérale et conception marxiste se réalise dans… les arrière-pensées.

Alors que les droits « classiques » supposent une restriction des pouvoirs de l'État, les droits économiques et sociaux, que la Déclaration de 1948 accueille timidement et que la proclamation universelle ultérieure consacrera, nécessitent au contraire l'intervention croissante de l'État et donc son renforcement. Certes, il y a d'abord complémentarité entre les uns et les autres : les seconds ajoutent aux droits civils et politiques des droits dans le domaine économique et social (droit de grève, liberté syndicale, protection sociale…) et, plus généralement, donnent aux droits de l'homme les moyens matériels qui leur permettent de s'exercer plus « réellement ». Il n'en reste pas moins que la demande des droits de l'homme vis-à-vis de l'État est contradictoire : l'État doit à la fois respecter la liberté et s'abstenir d'intervenir dans la sphère individuelle mais aussi pourvoir à tous les besoins de l'individu et le libérer des aléas de l'existence, ce qui suppose une intervention « tous azimuts ». Il y a là opposition entre deux aspirations différentes, entendues au sens large : la liberté, comprise comme l'absence de contrainte, et la sécurité, comprise comme prestation de l'État. Comme l'indique Jean Rivero, « plus l'État est sollicité d'accroître son rôle de Providence, plus il lui faut faire appel au gendarme » (Idéologies et techniques dans le droit des libertés publiques, *Études offertes à J.J. Chevallier*, Cujas, 1977, p. 254).

Cette contradiction entre les deux catégories de droits, qui tient à la nature ambivalente des rapports que les droits de l'homme entretiennent avec le pouvoir, est considérablement amplifiée au plan international par l'hétérogénéité politique, idéologique, culturelle, économique, sociale des entités étatiques composant la société internationale : non seulement les priorités ne sont pas les mêmes d'un État à l'autre (ici les atteintes à la liberté, là les conditions de vie dégradantes dues à la misère) mais, surtout, les systèmes de valeurs sur lesquels reposent ces communautés étatiques sont trop différents pour que les notions fondamentales de « liberté » ou de « sécurité » (au sens large) soient comprises de manière identique partout dans le monde. Ce serait une grande erreur de penser, malgré la multiplication des textes de proclamation internationale, que l'unification des concepts (et donc de l'interprétation des règles et de leur application) est réalisée. Dès lors, la société des États se cantonne avec réalisme « en amont » de la protection des droits de l'homme : recensements d'informations, suggestions, rapports multiples, vaste machinerie de circuits et d'organes ; l'activité est essentiellement incitative et prénormative et ne débouche que difficilement sur des règles positives.

25 Droits de l'homme et droit. — La multiplication des déclarations de principe, qu'elles se situent au plan interne ou au plan international, ne signifient rigoureusement rien du point de vue des obligations juridiques, susceptibles d'être sanctionnées. Nous sommes là dans la zone imprécise du souhaitable, de l'éthique, de la conception d'un certain type de civilisation, d'un système virtuel. Or, comme le souligne justement le Pr Lochak (Mutation des droits de l'homme et mutation du droit, *RIEJ*, 1984, 13, p. 54), « les droits de l'homme ne sont pas de pures et simples propositions idéologiques, même s'ils sont l'expression d'une philosophie politique… (Ils) ont besoin du droit pour exister concrètement ». Le point de vue positiviste est ici le seul véritablement opérationnel : *il n'y a droit de l'homme que par l'intervention du droit positif, lorsqu'un régime juridique est organisé tel que le droit soit protégé par une action en justice.* L'obligation juridique en elle-même n'est pas susceptible de degrés et le test décisif est fourni par l'épreuve judiciaire : seule une obligation juridique peut fonder la décision d'un tribunal de sanctionner sa violation. Le Conseil d'État français fait également le constat que « le droit souple » est « impuissant à assurer seul la protection d'une liberté fondamentale », cette protection impliquant « de contraindre ceux qui pourraient menacer la liberté à la respecter, le titulaire de la liberté pouvant l'invoquer devant un juge » [1].

La protection des droits ne peut être que l'œuvre de l'ordre juridique positif émanant du pouvoir institué. Se marque là la contradiction entre la revendication des droits, qui est avant tout limitation du pouvoir de l'État, et l'organisation des droits, qui passe par le pouvoir politique. Ceci soulève, au plan du droit international, une

1. Conseil d'État, *Le droit souple*, étude annuelle 2013, La documentation française, 2013, nº 64, p. 138.

grande question : est-il possible qu'un ensemble juridique et idéologique comme le DIDH soit mis en œuvre de façon satisfaisante par des organes politiques ? Il faut en effet relever dès à présent que le DIDH emprunte des mécanismes de protection qui sont ceux du droit international classique et d'une société internationale sans « pouvoir commun » : c'est-à-dire, pour l'essentiel, des mécanismes étatiques. Toute la question de la crédibilité du DIDH résulte du décalage entre la proclamation des droits et la garantie des droits, qui est leur traduction dans l'ordre juridique positif. De ce point de vue, l'évolution internationale des droits de l'homme est freinée par des obstacles inhérents à la structure même de la société internationale et dont certains sont pratiquement irréductibles ; le DIDH est aujourd'hui encore plus un droit virtuel qu'un droit opérationnel. On ne peut toutefois négliger totalement la protection assurée par les mécanismes classiques, de nature diplomatique (la négociation, la médiation, la conciliation), qui suppléent l'absence d'une garantie judiciaire, impensable à l'échelle des relations Est-Ouest (hier) ou Nord-Sud. Le « *test judiciaire* » évoqué plus haut conduit à constater que *seul le droit européen (et, plus récemment, le droit interaméricain) offre aux droits de l'homme les pleines conditions de leur réalisation* ; ce qui ne signifie pas pour autant que le développement du droit positif européen implique un égal développement de tous les droits de l'homme et n'aille pas sans sérieuses lacunes ou limites qu'il conviendra de relever.

## Pour aller plus loin

**26** SUR LA DISTINCTION ENTRE L'ORDRE INTERNATIONAL ET L'ORDRE INTERNE. — On se réferera principalement à M. Virally : Droits de l'homme et théorie générale du Droit international, *Mélanges René Cassin*, Pedone, 1969, t. 4, p. 323 à 330 ; Sur un pont aux ânes : les rapports entre droit international et droits internes, *Mélanges Henri Rolin*, Pedone, 1964, p. 488 à 505.

**27** SUR LE DROIT INTERNATIONAL HUMANITAIRE. — La consultation de J. Pictet, *Développements et principes du droit international humanitaire*, Pedone, 1983, p. 117, est indispensable et pourra être complétée par P. Tavernier, et L. Burgorgue-Larsen, *Un* *siècle de droit international humanitaire*, Bruylant, 2001. Sur les rapports entre le droit international des droits de l'homme et le droit international humanitaire, voir M. El Kouhéne, *Les garanties fondamentales de la personne humaine en droit humanitaire et droits de l'homme*, Martinus Nijhoff, 1986, p. 258 ; G. Aivo, Convergences entre droit international humanitaire et droit international des droits de l'homme : vers une assimilation des deux corps de règles ?, *RTDH*, 2010, n° 82, 341 ; G. Malinverni, Le droit humanitaire rattrapé par les droits de l'homme, *Mélanges Jean-Paul Costa*, Dalloz, 2011, 401 ; S. Marmin, Les organes de contrôle du droit international des droits de l'homme et le droit international, *RTDH* 2012-92, 815.

**28** SUR LE DROIT INTERNATIONAL PÉNAL. — Voir O. de Frouville, *Droit international pénal*, Pedone 2012, et la bibliographie citée. Sur la notion de crime international, consulter P.-M. Dupuy, Observations sur le crime international de l'État, *RGDIP*, 1980, p. 449 à 486, et Action publique et crime international de l'État, *AFDI*, 1979, p. 539 à 554 ; G. Palmisano, Les causes d'aggravation de la responsabilité des États et la distinction entre « crimes » et « délits » internationaux, *RGDIP*, 1994, 629.

**29** SUR LES ORIGINES IDÉOLOGIQUES ET HISTORIQUES DU DIDH. — On se référera, outre les ouvrages cités *supra*, n° 4, à N. Mandelstam, La protection internationale des droits de l'homme, *RCADI*, 1931. IV, p. 129 à 231 ; E. Hamburger, Droits de l'homme et relations internationales, *RCADI*, 1959, vol. 97, p. 293-429 ; H. Golsong, Implementation of international protection of human rights, *RCADI*, 1963. 3, p. 1-151 ; I. Szabo, Fondements historiques et développement des droits de l'homme, in *Les dimensions internationales des droits de l'homme*, Unesco, 1978, p. 11-44 ; G. Marcou, Réflexions sur l'origine et l'évolution des droits de l'homme, *Mélanges Robert-Édouard Charlier, Service public et libertés*, Éd. de l'Université et de l'Enseignement moderne, 1981, p. 635 à 653 ; J.-M. Garrigues, La nature du droit, fondement des droits de l'homme, selon la doctrine de l'Église, revue *Droits*, n° 2, *Les droits de l'homme*, Puf, 1985, p. 45-59 ; Actes du IXe Colloque national des juristes catholiques de France, *Droits de Dieu, droits de l'homme*, Éd. Tequi, 1989 ; Fr. Rigaux, Les fondements philosophiques des droits de l'homme, *RTDH*, 2007-70, 307 ; P. Martens, La nouvelle controverse de Valladolid, *RTDH* 2014-98, 307.

**30** SUR LA NATURE IDÉOLOGIQUE DU DROIT INTERNATIONAL DES DROITS DE L'HOMME. — Se reporter à J. Renauld, Réflexions sur la nature des droits de l'homme, *RDIDC*, 1968, p. 149 à 167, et lire J. Rivero, Rapport général, in *Les droits de l'homme : droits individuels ou droits collectifs*, colloque de Strasbourg, 1979, LGDJ, 1980, p. 17 à 25, et M. Virally in *Mélanges René Cassin*, préc., p. 323 à 330. La conception marxiste des droits de l'homme est présentée très clairement par F. Przetacznik, L'attitude des États socialistes à l'égard de la protection internationale des droits de l'homme, *RDH*, 1974, vol. 7, p. 175 à 206, et V. Kartashkin, Les pays socialistes et les droits de l'homme, *Les dimensions internationales des droits de l'homme*, préc., p. 680 à 701.

**31** SUR LA DÉCLARATION UNIVERSELLE DES DROITS DE L'HOMME ET L'UNIVERSALITÉ DES DROITS DE L'HOMME. — On consultera en priorité les écrits de René Cassin, dont une bibliographie complète a paru in *RDH*, 1968, p. 365, notamment : la Déclaration universelle et la mise en œuvre des droits de l'homme, *RCADI*, 1951, t. 79, p. 241 à 367 ; L'homme sujet de droit international et la protection universelle de l'homme, *Mélanges Georges Scelle*, La technique et les principes du droit public, LGDJ, 1950, t. 1, p. 67 à 91. Voir aussi G. Vedel, La Déclaration universelle des droits de l'homme, *D*, 1949,

p. 372 ; B. Mirkine-Guetzevitch, Quelques problèmes de la mise en œuvre de la Déclaration universelle des droits de l'homme, *RCADI*, 1953, p. 255 à 375 ; M. Levinet La référence à la Déclaration universelle des droits de l'homme dans les instruments internationaux relatifs aux droits et libertés, Revue Aspects, Hors série, 2008, p, 83. Sur l'universalité des droits de l'homme, outre l'ouvrage de P. Wachsmann (préc. n° 22), on se reportera à : Actes du Colloque du Conseil de l'Europe, *L'universalité des droits de l'homme dans un monde pluraliste*, N. P. Engel, 1990 ; P. Tavernier, L'ONU et l'affirmation de l'universalité des droits de l'homme, RTDH, 1997, 379 ; D. Lochak, *Le droit et les paradoxes de l'universalité*, Puf, 2014.

32 SUR L'INTERPÉNÉTRATION DE L'ORDRE INTERNE ET DE L'ORDRE INTERNATIONAL. — On lira le Cours général de Droit international public de M. Virally, *RCADI*, 1983, t. 183, p. 25 à 378 (partic. p. 123 et s.) ; P. Chrestia, L'influence des droits de l'homme sur l'évolution du droit international contemporain, *RTDH*, 1999, p. 715 ; H. Ruiz-Fabri, Droits de l'homme et souveraineté de l'État : Les frontières ont-elles été substantiellement redéfinies ?, *Mélanges Michel Fromont*, Presses Universitaires de Strasbourg, 2001, p. 371 ; S. Touzé, Entre particularisme et autonomie : droit européen des droits de l'homme et droit international, *ADE*, vol. V, 2007, 119 ; L.A. Sicilianos, L'influence des droits de l'homme sur la structure du droit international, *RGDIP*, 2012, p. 5 et p. 241.

33 SUR LA « POSITIVITÉ » DU DIDH. — On se référera principalement à D. Lochak, Mutation des droits de l'homme et mutation du droit, *in* Les droits de l'homme dans la crise de l'État-providence, *RIEJ*, 1984·13, p. 49 à 88, et à A. Pellet, La mise en œuvre des normes relatives aux droits de l'homme : « souveraineté du droit » contre souveraineté de l'État, *in* E. Decaux et H. Thierry (dir.), *Droit internationalet droits de l'homme*, Montchrestien, 1990, p. 101 à 142. Lire aussi J. Rivero, Idéologie et techniques dans le droit des libertés publiques, *Études offertes à J.J. Chevalier*, Cujas, 1977, p. 247-258.

# Chapitre 2

# La spécificité du droit européen et international des droits de l'homme

La spécificité du droit européen et international des droits de l'homme tient à ce qu'il présente des caractères qui n'appartiennent qu'à lui dans l'ordre international. Cette spécificité se marque au regard de la norme de protection (section I), du titulaire des droits (section II) et du destinataire des obligations correspondantes (section III).

## Section I
## La norme de protection des droits de l'homme

La singularité de la norme de protection tient au caractère objectif des droits de l'homme, sur lequel on s'accorde. Par contre, reste très controversée la question de savoir si les normes qui incorporent les droits de l'homme dans l'ordre international sont des normes impératives, revêtant le caractère de normes de *jus cogens.*

### I | Caractère objectif des droits de l'homme

On examinera successivement le principe du caractère objectif des droits de l'homme et ses effets.

### *A – Le principe du caractère objectif des droits de l'homme*

34 Analyse de la notion. — Les droits de l'homme renvoient à l'identité universelle de la personne humaine et sont fondés sur le principe de l'égalité de tous les êtres humains (*supra*). Affirmer leur caractère objectif c'est signifier que ces droits ne sont pas attribués aux individus par le biais d'un statut juridique particulier révocable mais qu'ils sont attachés par principe à la seule qualité de personne humaine (ou, dans certains cas, à l'appartenance à un groupe défini). Le Préambule de la Charte des Nations Unies (*supra*, n° 24) et l'article 1 de la Déclaration universelle (*supra*, n° 19) reprennent formellement cette idée. Ce caractère objectif des droits de l'homme, qui vaut principalement pour les droits « classiques » qualifiés de « fondamentaux » par le Préambule de Charte des Nations Unies, implique que la jouissance des droits de l'homme, ou d'un droit de l'homme, par l'individu n'est pas en principe conditionnée par l'attitude des États à l'égard des instruments conventionnels qui proclament ces droits et conduit à la remise en question du principe général de réciprocité (*infra*).

35 L'affirmation du principe en droit positif. — 1° L'affirmation du principe a d'abord été le fait du droit européen. La Commission européenne des droits de l'homme, a reconnu expressément le caractère objectif de la Convention européenne dans sa décision du 11 janvier 1961 dans l'affaire *Autriche contre Italie* (req. n° 788/60, *Ann. de la CEDH*, vol. 4, p. 139 et s.). Les passages essentiels de cette décision de principe valent d'être reproduits :

> « Considérant… qu'en concluant la Convention, les États contractants n'ont pas voulu se concéder des droits et obligations réciproques utiles à la poursuite de leurs intérêts nationaux respectifs, mais réaliser les objectifs et idéaux du Conseil de l'Europe, tels que les énonce le statut, et instaurer un ordre public communautaire des libres démocraties d'Europe afin de sauvegarder leur patrimoine commun de traditions politiques, d'idéaux, de liberté et de prééminence du droit ;
>
> « Considérant (…) que les obligations souscrites par les États contractants dans la Convention ont essentiellement un caractère objectif, du fait qu'elles visent à protéger les droits fondamentaux des particuliers contre les empiétements des États

contractants plutôt qu'à créer des droits subjectifs et réciproques entre ces derniers ;

« Considérant que le caractère objectif desdits engagements apparaît également dans le mécanisme érigé dans la Convention pour en garantir le respect ; (...) que par cet article (art. 24) les HPC ont par conséquent autorisé l'une quelconque d'entre elles à saisir la commission de tout manquement allégué aux dispositions de la Convention, que les victimes dudit manquement soient ou non des ressortissants de l'État demandeur, et que le manquement prétendu lèse ou non particulièrement les intérêts de cet État ; qu'un État contractant, lorsqu'il saisit la commission en vertu de l'article 24, ne doit donc pas être considéré comme agissant pour faire respecter ses droits propres, mais plutôt comme soumettant à la commission une question qui touche à l'ordre public de l'Europe. »

La Cour européenne des droits de l'homme a fortement souligné, dans le premier arrêt rendu dans une affaire interétatique (*Irlande c/ Royaume-Uni*, 18 janv. 1978, A. 25, *JDI*, 1980, 449, obs. P. Rolland), que la Convention « à la différence des traités internationaux de type classique (...) déborde le cadre de la simple réciprocité entre États contractants. En sus d'un réseau d'engagements synallagmatiques bilatéraux, elle crée des obligations objectives qui, aux termes de son Préambule, bénéficient d'une "garantie collective" » (§ 239). Le juge européen met en évidence la spécificité de la Convention, liant intimement le caractère objectif de la norme conventionnelle et la « garantie collective », qui en est son expression institutionnelle.

La Convention est plus qu'un simple échange d'engagements interétatiques, elle assure au nom de valeurs communes et supérieures aux États la protection des intérêts des individus vivant sous l'autorité nationale et crée des « obligations objectives » dont le respect s'impose aux États non pas à titre de contrepartie des droits consentis par les autres États parties mais à raison des engagements pris à l'égard des individus. Le caractère objectif de la Convention, « instrument de protection des êtres humains » (*Berktay c/ Turquie*, 1er mars 2001, § 151), fonde la solidarité commune, qui s'exprime dans l'instauration d'une sauvegarde collective des droits de l'homme qui singularise aussi la Convention : « La Convention doit se lire en fonction de son caractère spécifique de traité de garantie collective des droits de l'homme et des libertés fondamentales » (*Soering c/ Royaume-Uni*, 7 juill. 1989, § 87, *GACEDH*, n° 16 ; *Al Adsani c/ Royaume-Uni*, 21 nov. 2001, § 55). Parce que le respect des droits de l'homme et des libertés fondamentales fait partie du « patrimoine commun d'idéal et de traditions politiques » des États membres du Conseil de l'Europe (Préambule, al. 5 ; *infra*, n° 95), la Convention, par le biais d'un recours étatique (art. 33, *infra*, n° 411), institue une véritable action publique et charge les États contractants d'assurer collectivement et solidairement la sauvegarde des droits qu'elle énonce. Agissant dans le cadre de la garantie collective, l'État partie ne fait pas valoir ses droits propres mais agit « dans l'intérêt de communauté de la Convention tout entière » (*Loizidou c/ Turquie*, 28 juill. 1998, art. 50, § 48).

La Cour européenne systématise cette analyse du « caractère singulier de la Convention », en qualifiant celle-ci d'« instrument constitutionnel de l'ordre public européen » (*Loizidou c/ Turquie*, 23 mars 1995, *GACEDH*, n° 1, § 70 et 75 ; *Al-Dulimi et Montana Management Inc c/Suisse*, 21 juin 2016, Gr. Ch., § 145).

2° L'affirmation du caractère objectif des droits de l'homme n'est pas restée circonscrite au cadre européen. La Cour interaméricaine des droits de l'homme, reprenant l'analyse de la juridiction européenne, est également fort nette :

> «... en règle générale, les traités actuels relatifs aux droits de l'homme, et en particulier la Convention américaine, ne sont pas des traités multilatéraux de type traditionnel conclus en vue d'un échange de droits, basés sur la réciprocité, pour le bénéfice mutuel des États contractants. (...) En adoptant ces traités relatifs aux droits de l'homme, les États se soumettent à un ordre légal au sein duquel ils assument, pour le bien commun, diverses obligations, non pas à l'égard d'autres États, mais à l'encontre de toute personne relevant de leur juridiction » (AC, 24 sept. 1992, Effet des réserves sur l'entrée en vigueur de la CADH, *RUDH*, 1992, p. 294, § 29).

Le Comité des droits de l'homme des Nations Unies va dans le même sens : les instruments relatifs aux droits de l'homme « ne constituent pas un réseau d'échanges d'obligations interétatiques. Ils visent à reconnaître des droits aux individus. Le principe de la réciprocité interétatique ne s'applique pas... » (Observation générale, n° 24, du 2 nov. 1994, sur les questions touchant les réserves au PIDCP, *RUDH*, 1995, p. 59).

Le caractère objectif du droit international des droits de l'homme est ainsi souligné, tant au plan de la jouissance des droits que de l'exercice des droits.

### *B – Les effets du caractère objectif des droits de l'homme*

Le caractère objectif des droits de l'homme conduit à la pleine soumission des États parties au mécanisme de contrôle international et fait échec aux mécanismes classiques du droit international – non-réciprocité, réserves, dénonciation – permettant à l'État de se soustraire à un tel contrôle.

#### *1. La non-réciprocité*

**36** LE PRINCIPE. — Le Droit international des droits de l'homme, à l'inverse du régime de principe du droit international général, est rebelle à toute idée de contrat et ignore le principe de réciprocité. La jouissance des droits de l'homme ne saurait être subordonnée au respect de la réciprocité des obligations contractées par les États les uns envers les autres. La Convention de Vienne du 23 mai 1969 sur le droit des traités entérine cette singularité du DIDH en spécifiant, dans son article 60, § 5, que la violation, même substantielle, par un État contractant de « dispositions relatives à la protection de la personne humaine contenues dans les traités de caractère humanitaire » n'autorise pas les autres parties contractantes à mettre fin au traité ou à en suspendre l'application. Les traités internationaux garantissant les droits de l'homme, à la différence des traités multilatéraux classiques qui imposent des obligations aux États dans leurs relations mutuelles, imposent des obligations aux États à l'égard des individus : la suspension ou l'extinction de ces accords sanctionnerait en réalité plus les individus que l'État contractant. La Cour internationale de justice, dans son avis consultatif du 21 juin 1971 sur les conséquences juridiques pour les États de la présence continue de l'Afrique du Sud en Namibie, exclut clairement les normes internationales protectrices des droits de l'homme du champ d'application du principe de réciprocité : si les États ont l'obligation de s'abstenir d'invoquer ou d'appliquer les traités ou dispositions des traités conclus par l'Afrique du Sud au nom de la Namibie ou en ce qui la concerne, cette obligation, selon la Cour, « ne peut s'appliquer à certaines conventions générales, comme les conventions de caractère humanitaire dont l'inexécution pourrait porter préjudice au peuple namibien » (*Rec.*, 1971, p. 55, § 122).

Précisons, néanmoins, que, dès lors que cela va dans le sens de l'intérêt des individus, rien n'interdit à un État de faire bénéficier, sous condition de réciprocité, aux ressortissants d'un autre État, des conditions d'exercice des droits de l'homme plus favorables que celles généralement appliquées (par exemple, dans le cadre de conventions d'établissement).

**37** NON-RÉCIPROCITÉ ET ARTICLE 55 DE LA CONSTITUTION. — L'article 55 de la Constitution du 4 octobre 1958 (« Les traités… ont une autorité supérieure à celle des lois, sous réserve, pour chaque accord ou traité, de son application par l'autre partie ») traduit dans l'ordre interne français le principe de réciprocité du droit international général. C'est donc à bon droit que le Conseil constitutionnel français a jugé que la réserve de réciprocité de l'article 55 était inapplicable au traité portant statut de la Cour pénale internationale en raison de l'objet même de ce traité, qui est « de protéger les droits fondamentaux appartenant à toute personne humaine, en sanctionnant les atteintes les plus graves qui leur seraient portées » (déc. n° 98-408 DC, 22 janv. 1999, Traité portant statut de la Cour pénale internationale)[1]. Cette solution s'impose, d'une manière générale, pour tout traité de protection des droits de l'homme.

L'application de la CEDH en droit français ne saurait donc être subordonnée à la condition de réciprocité de l'article 55 de la Constitution, la doctrine est unanime sur ce point[2]. Néanmoins, le Conseil d'État considérait qu'il n'appartenait pas au juge administratif d'apprécier la condition de réciprocité, cette compétence reve-

1. *AJDA*, 1999, p. 266, chron. J.-E. Schoettl, p. 230 ; *RDP*, 2000, p. 21, chron. D. Rousseau.
2. Dans son rapport *Droit international et droit français* (NEd, n° 4803, 1986, p. 17), le Conseil d'État rejoint la position de la doctrine.

nant au ministre des Affaires étrangères par le biais d'une question préjudicielle (CE, Ass., 9 avr. 1999, Mme Chevrol-Benkeddach)[1]. En jugeant cette solution contraire au droit à un tribunal garanti par l'article 6, § 1 de la CEDH, la Cour européenne a invité le Conseil d'État à changer de pratique (*Chevrol*, 13 févr. 2003, *D*, 2003, 931, note H. Moutouh ; *infra*, nº 249). Désormais, ce dernier s'estime compétent pour vérifier directement si la condition de réciprocité est ou non remplie (CE, Ass., 9 juillet 2010, Mme Cheriet-Benseghir, nº 317747)[2]. De plus, l'existence d'un mécanisme de contrôle interétatique (art. 33, ex-art. 24), permettant à l'État de faire constater la violation par un autre État partie de ses obligations conventionnelles, rend sans objet l'invocation de l'absence de réciprocité et le raisonnement suivi par la Cour de cassation, dans son arrêt Café Jacques Vabre du 24 mai 1975 (nº 73-13556), à propos du traité communautaire est applicable, *mutatis mutandis*, à la CEDH[3].

**38** NON-RÉCIPROCITÉ ET GARANTIE COLLECTIVE. — La garantie collective (*supra*) est indépendante du jeu de la réciprocité[4]. L'État partie à un traité de protection des droits de l'homme ne peut donc invoquer le principe de réciprocité pour neutraliser la garantie collective conventionnelle, ainsi qu'en témoigne le système de la CEDH. Comme l'affirme la Cour européenne, la nature de « traité de garantie collective » de la CEDH appelle « à comprendre et appliquer ses dispositions d'une manière qui en rende les exigences concrètes et effectives » (*Soering*, préc. nº 35, § 87).

1. *AJDA*, 1999, 459, chron. F. Raynaud et P. Fombeur, p. 401 ; *RFDA*, 1999, 937, note J.-F. Lachaume.
2. *AJDA*, 2010, 1635, obs, S.-J. Liéber et D. Botteghi ; *JCP G*, 2010, doctr, 1101, B, Plessix ; *RFDA*, 2010, 1133, concl, G. Dumortier, et p. 1146, note J.F. Lachaume.
3. « Attendu que, dans l'ordre juridique communautaire les manquements d'un État membre de la Communauté aux obligations qui lui incombent en vertu du traité du 25 mars 1957 étant soumis au recours prévu par l'article 170 dudit traité, l'exception tirée du défaut de réciprocité ne peut être invoquée devant les juridictions nationales » (*D*, 1975, p. 496, concl. A. Touffait ; *AJDA*, 1975, p. 564, note J. Boulouis).
4. Il faut, néanmoins, relever que le principe de réciprocité peut trouver à s'appliquer dans le cadre des dispositions conventionnelles relatives à la garantie des droits de l'homme : ainsi, la juridiction obligatoire de la Cour interaméricaine des droits de l'homme (comme, autrefois, celle de la Cour européenne : ex-art. 46, § 2, CEDH), peut être reconnue par les États contractants sous condition de réciprocité (art. 62, § 2 de la Convention américaine relative aux droits de l'homme du 22 nov. 1969).

1° L'État partie ne peut se réfugier derrière la non-réciprocité des engagements. Il ne peut exciper, pour se soustraire à un recours étatique, de ce que la requête concerne des faits survenus à une époque où l'État requérant n'était pas partie à la Convention et ne pouvait donc lui-même faire l'objet d'une plainte. Dans l'affaire *Autriche c/ Italie*, la Commission note que tout État contractant autre que l'Autriche avait à l'époque des faits incriminés le droit d'agir contre l'Italie et estime « qu'il est plus conforme au système de garantie collective prévu dans le Préambule de la Convention que l'Autriche, une fois devenue Partie à la Convention ait, en vertu, de l'article 24, les mêmes pouvoirs que les autres États contractants » (req. 788/60, *Autriche c/ Italie*, déc. 11 janv. 1961, *Ann. CEDH*, 1961, vol. IV, p. 141). C'est bien la notion d'effectivité du recours étatique (art. 33, ex-art. 24) qui amène la Commission à juger que l'exercice de l'action publique ne saurait être subordonné à une restriction *ratione temporis*, dès lors que l'article 24 n'a pas expressément prévu cette possibilité.

Dans le même esprit, un État partie ne peut se prévaloir, pour se soustraire à un recours étatique formé contre lui, de ce que la requête porte sur des questions que l'État requérant a lui-même exclues de son engagement par le moyen d'une réserve. La réserve française à l'article 15, § 1 de la Convention, relatif aux dérogations autorisées en cas de circonstances exceptionnelles (*infra*, n° 42), n'a pas ainsi interdit à la France d'agir en 1982, conjointement avec d'autres États, contre la Turquie à propos de la situation régnant dans ce pays depuis la prise de pouvoir par l'armée, le 12 septembre 1980, et l'instauration de l'état de siège. La décision rendue par la Commission est très nette : « Le caractère objectif de la Convention doit également être respecté lorsqu'il s'agit d'une réserve qui, comme ici, concerne le mécanisme de mise en œuvre de la Convention » (req. 9940 à 9944/82, *France, Norvège, Danemark, Suède et Pays-Bas c/ Turquie*, déc. 6 déc. 1983, *D. et R.*, 35, p. 143, § 41 et 42).

2° La reconnaissance mutuelle des États parties au litige n'apparaît pas comme le préalable nécessaire à l'engagement d'une instance et est sans conséquence sur l'exercice du droit de recours étatique. Ce dernier s'inscrit en effet dans le cadre d'un traité objectif et n'implique pas l'existence de droits et d'obligations réciproques entre les États parties concernés. L'État défendeur ne saurait donc se prévaloir de la non-reconnaissance du gouvernement de l'État requérant pour éluder la garantie collective, que celle-ci soit mise en œuvre directement par le biais du recours étatique (req. 8007/77, *Chypre c/ Turquie*, déc. 10 juill. 1978, *D. et R.*, 13, p. 85, § 10) ou indirectement par le moyen de l'ex-article 48, alinéa *b* (*Loizidou c/ Turquie*, 23 mars 1985, préc., § 41) [1] : ce serait aller « à l'encontre de l'objet de la Convention » (req. 8007/77, préc., § 13). La Turquie n'a pu ainsi s'opposer aux recours formés par Chypre.

L'ordre public européen, mettant en échec le principe général de réciprocité, tend ainsi à la pleine soumission de l'État partie au mécanisme conventionnel de contrôle.

### 2. *Les réserves*

On présentera la question générale des réserves dans les traités de protection des droits de l'homme avant d'envisager les effets du caractère objectif des droits de l'homme sur la validité des réserves.

**39** ENJEU. — Les réserves et déclarations interprétatives ont pour objet de faciliter l'acceptation des instruments conventionnels multilatéraux et de favoriser l'extension de leur champ d'application sans pour autant porter atteinte à leur intégrité, comme l'a noté la CIJ dans son avis consultatif du 28 mai 1951 sur les réserves à la Convention sur le génocide : il ne faut pas sacrifier « à la vaine recherche du nombre des participants les fins mêmes de la Convention » (*Rec.*, 1951, p. 23). En matière de droits de l'homme, il peut apparaître surprenant qu'un État partie à une convention protectrice ne remplisse pas, par le jeu de réserves, toutes ses obligations en la matière. Ici, peut-être plus encore qu'ailleurs, la réserve est un moindre mal : les traités relatifs aux droits de l'homme, par les procédures de contrôle qu'ils peuvent instituer, sont parmi ceux qui portent le plus atteinte à la souveraineté étatique ; seule la pratique des réserves, en autorisant les États à préci-

1. Cette disposition, supprimée par le Protocole 11 (*infra*, n° 181), donnait qualité à un État partie, dont un ressortissant alléguait une violation de la Convention, de saisir la Cour.

ser l'étendue de leurs obligations, rend possible une très large participation à ces traités, indispensable pour fonder l'autorité des principes qu'ils renferment.

**40** DÉFINITION DES RÉSERVES. — La Convention de Vienne sur le droit des traités définit, dans son article 2, § 1 *d*, la réserve comme « une déclaration unilatérale, quel que soit son libellé ou sa désignation, faite par un État (...) par laquelle il vise à exclure ou à modifier l'effet juridique de certaines dispositions du traité dans leur application à cet État ». La pratique a vu proliférer, à côté des réserves, les déclarations interprétatives qui, en principe, précisent seulement le sens d'une disposition du traité. La distinction, toutefois, n'est pas aisée à faire en pratique. La Commission européenne des droits de l'homme recherche l'intention du gouvernement auteur d'une « déclaration interprétative » à la CEDH et examine le contenu matériel de la déclaration pour déterminer si cette déclaration revêt ou non en réalité la nature d'une réserve : dans l'affaire *Temeltasch*, à propos d'une déclaration de la Suisse, la Commission relève que « si un État formule une déclaration et la présente comme une condition de son consentement à être lié par la Convention et comme ayant pour but d'exclure ou de modifier l'effet juridique de certaines dispositions, une telle déclaration, quelle que soit sa désignation, doit être assimilée à une réserve au sens de l'article 64 de la Convention » (Rapport du 5 mai 1982, *Déc. et Rapp.*, n° 31, p. 120 et s.). La Cour européenne a confirmé cette interprétation dans sa décision *Belilos c/ Suisse* du 29 avril 1988 (A. 132, § 48 et 49, *RGDIP*, 1989, 273, note G. Cohen-Jonathan ; voir aussi *Gradinger c/ Autriche*, 23 oct. 1995, A. 328 C). Le Comité des droits de l'homme adopte une position identique dans sa décision du 8 novembre 1989, *T. K. c/ France* (comm. n° 220/1987, *RUDH*, 1991, p. 167), et se fonde sur l'effet que vise la déclaration française relative à l'article 27 du PIDCP pour la qualifier de réserve [1].

1. Selon la « déclaration » française, « compte tenu de l'article 2 de la Constitution... l'article 27 n'a pas lieu de s'appliquer en ce qui concerne la République » ; c'est dire que, la Constitution interdisant toute distinction d'origine, de race ou de religion, il n'y a pas de minorités en France et que l'article 27, qui garantit le droit des minorités, est sans objet. Le CDH constate alors que cette « déclaration » entend « sans équivoque » exclure sa compétence (G. Cohen-Jonathan, Note sur les décisions et constatations du Comité des droits de l'homme des Nations Unies relatives à la France, 1989, *AFDI*, 1989, p. 424).

**41** LES CLAUSES DE RÉSERVES DANS LES CONVENTIONS INTERNATIONALES DES DROITS DE L'HOMME. — La diversité du droit positif offre trois types de situation, n'obéissant à aucun critère précis : l'interdiction, le silence, l'autorisation. Parmi les multiples traités relatifs aux droits de l'homme, seuls quelques textes, à portée spécifique, tel le Protocole n° 6 à la CEDH du 28 avril 1983 concernant l'abolition de la peine de mort [1], interdisent expressément toute réserve.

Pour les conventions ne contenant aucune disposition quant aux réserves (ainsi, les pactes des Nations Unies de 1966 ou la Charte africaine de 1981), le régime général trouve à s'appliquer : les réserves, dès lors qu'elles ne sont pas interdites ou limitées par le texte conventionnel, sont acceptables à condition de ne pas être incompatibles avec l'objet et le but de l'accord (AC, CIJ, 28 mai 1951, préc., p. 24 ; art. 19, al. *c* de la Convention de Vienne). C'est ce que confirme le CDH dans son importante observation générale, n° 24 du 2 novembre 1994 sur la question des réserves au PIDCP (préc. n^os^ 41 et 44 ; § 6-8). Prenant appui sur la spécificité du Pacte, qui vise « à protéger les personnes relevant de la juridiction des États », le CDH estime que des réserves aux dispositions du Pacte représentant « des règles de droit international coutumier (*a fortiori* lorsqu'elles ont le caractère de normes impératives) » – par exemple, l'interdiction de la torture, l'interdiction de la privation arbitraire de la vie, la présomption d'innocence, le droit à la liberté et à la sûreté – seraient incompatibles avec l'objet et le but du Pacte, qui sont de « créer des normes relatives aux droits de l'homme juridiquement contraignantes » [2].

Enfin, la plupart des conventions internationales des droits de l'homme contiennent des dispositions expresses autorisant la formu-

1. Aussi Convention supplémentaire du 7 septembre 1956 relative à l'abolition de l'esclavage, de la traite des esclaves et des institutions et pratiques analogues à l'esclavage ; Convention du 14 décembre 1960 sur la discrimination dans le domaine de l'enseignement ; Convention européenne sur l'exercice des droits des enfants, du 25 janvier 1996.
2. A cet égard les réserves des États-Unis aux articles 6 et 7 du Pacte, autorisant, d'une part, l'imposition de la peine de mort aux moins de 18 ans et précisant, d'autre part, que les termes « peines ou traitements cruels, inhumains ou dégradants » équivalent aux traitements « cruels et inusités » interdits par la Constitution, semblent inacceptables (voir W. Schabas, Les réserves des États-Unis d'Amérique au PIDCP en ce qui a trait à la peine de mort, *RUDH*, 1994, p. 137). Il faut souligner que la France a fait savoir, par une observation présentée en vertu de l'article 40, § 5 du PIDCEP, qu'elle ne partageait pas l'analyse d'ensemble du CDH sur les réserves au Pacte (CDH, Rapp., vol. 1, A/51/40, 1996, p. 106).

lation de réserves (art. 57 de la CEDH ; art. 75 de la CADH ; art. 20 de la Convention sur l'élimination de toutes les formes de discrimination raciale).

Les normes conventionnelles insusceptibles de dérogation (énoncées, par exemple, par l'art. 4, § 2 du PIDCP et par l'art. 15, § 2 de la CEDH) peuvent-elles faire l'objet de réserves ? La pratique suivie conduit à admettre, pour surprenant que cela soit, que l'interdiction de dérogation ne vaut pas interdiction de réserve : les réserves à des clauses insusceptibles de dérogation sont possibles dès lors qu'elles ne sont pas incompatibles avec l'objet et le but du traité (ainsi, la réserve de Malte à l'art. 2 de la CEDH sur le droit à la vie, la réserve du Portugal à l'art. 7, § 1 de la CEDH et celle de la RFA à l'art. 15, § 1 du PIDCP, en matière de non-rétroactivité des lois pénales). Le CDH paraît aller dans le même sens en admettant qu'il n'y a pas de « corrélation automatique » entre les réserves émises aux dispositions du Pacte insusceptibles de dérogation et celles qui portent atteinte à l'objet et au but du Pacte (Obs. préc., § 10).

**42** PRATIQUE DES RÉSERVES ET EXEMPLE DE LA FRANCE. — 1° L'utilisation fréquente par les États des réserves et déclarations aux conventions internationales des droits de l'homme engendre à l'évidence un morcellement du régime conventionnel. Près de la moitié des États parties au PIDCP ont formulé des réserves ou des déclarations portant, le plus souvent, sur les dispositions précises d'articles se rapportant soit à la procédure pénale, soit à la liberté de circulation, à la liberté de réunion, d'opinion ou encore à l'accès aux fonctions publiques. Un constat similaire peut être fait pour la CEDH, dont l'intégrité du champ d'application et de ses protocoles additionnels n'est aujourd'hui préservée qu'au regard de quelques États (Belgique, Islande, Norvège, Pologne, Slovénie). Nombreuses sont les réserves et déclarations faites sur la Convention et tous ses protocoles additionnels : les dispositions de la Convention les plus visées concernent, au premier chef, le droit à un procès équitable (art. 6) et le droit à l'instruction (art. 2 du Protocole 1), puis le droit à la liberté et à la sûreté (art. 5) et le droit de propriété (art. 1 du Protocole 1) (voir Conseil de l'Europe, CEDH, Liste complète des réserves, Série des Traités européens, n° 5).

2° Partagée entre un sentiment d'autosatisfaction hexagonale (« notre droit interne est suffisamment parfait ») et la crainte d'atteintes à la souveraineté nationale, la France s'est faite une spécialité des ratifications ou adhésions tardives, incomplètes et limitées aux principales conventions internationales des droits de l'homme. Ainsi, la France a ratifié, le 3 mai 1974, la CEDH mais non le Protocole 2 sur la compétence consultative de la Cour (alors qu'elle acceptait pour une durée de trois ans, renouvelable, et sous condition de réciprocité la juridiction obligatoire de la Cour de l'art. 46) et sans effectuer la déclaration de l'article 25 (compétence de la Commission en matière de recours individuels) : la situation ne sera régularisée que le 2 octobre 1981. De même, l'adhésion, le 4 novembre 1980, au PIDCP ne s'accompagne pas de la déclaration de l'article 41 sur la compétence du Comité des droits de l'homme (au motif que la France doit donner la préférence au système de contrôle institué par la Convention européenne !) comme l'adhésion à la Convention de 1965 sur l'élimination de la discrimination raciale ne s'adjoignait pas, à l'origine, la déclaration de l'article 14 sur la compétence du Comité pour l'élimination de la discrimination raciale (déclaration déposée le 16 août 1982).

Surtout les ratifications et adhésions françaises sont assorties de réserves qui en limitent singulièrement la portée. D'une manière générale, les réserves et déclarations au PIDCP reprennent, en substance, celles faites à la Convention de Rome afin d'éviter tout conflit entre les deux accords, qui traitent dans l'ensemble des mêmes droits sans les définir de manière identique (mais voir plus loin à propos du Protocole 7). Bien que les obstacles principaux à la ratification de la CEDH aient été levés (la « querelle scolaire » et le droit à l'instruction de l'art. 2 du Protocole 1 ; les lois d'exception adoptées à l'occasion de la guerre d'Algérie), la ratification française s'accompagne d'une déclaration interprétative selon laquelle les dispositions législatives relatives au monopole, à l'époque, de l'ORTF sont compatibles avec l'article 10 de la Convention sur la liberté de recevoir et de communiquer des informations (déclaration retirée le 24 mars 1988), et de deux réserves. L'une a pour objet d'écarter les articles 5 et 6 de la Convention (droit à la liberté et à la sûreté, droit à un procès équitable) au profit des dispositions nationales relatives au régime disciplinaire dans les forces armées : la prudence de la

France a été, *a posteriori*, justifiée par l'arrêt Engel de la Cour européenne des droits de l'homme du 8 juin 1976 qui se prononce, sous certaines conditions, pour l'applicabilité de la Convention en matière de discipline militaire (la législation néerlandaise était ici en cause ; *GACEDH*, n° 4). La seconde réserve, sur l'article 15, § 1 de la Convention relatif aux dérogations autorisées en cas de circonstances exceptionnelles, singularise la France. La réserve française comporte deux éléments. D'une part, elle prévoit que les circonstances permettant la mise en application de l'article 16 de la Constitution, de l'état de siège et de l'état d'urgence sont réputées « comme correspondant à l'objet de l'article 15 de la Convention » ; d'autre part, elle précise quant aux mesures prises en application de l'article 16, que l'article 15 de la Convention ne saurait « limiter le pouvoir du président de la République de prendre les mesures exigées par les circonstances ». La crainte du gouvernement français que le contrôle organisé par les organes de la CEDH au titre de l'article 15 (*infra*) ne permette de censurer les décisions prises par le président de la République sur la base de l'article 16 de la Constitution de 1958 motive cette réserve qui aboutit à substituer le champ d'application de l'article 16 à celui de l'article 15 de la CEDH.

Enfin la France a formulé une déclaration interprétative et des réserves au Protocole 7. La déclaration interprétative vise l'article 2, § 1 (du droit à un double degré de juridiction en matière pénale) et précise que l'examen par une juridiction supérieure peut se limiter à un contrôle de l'application de la loi, tel que le recours en cassation.

* La Cour de cassation s'est appuyée sur cette déclaration pour juger qu'il n'est pas contraire à la CEDH que les arrêts de la cour d'assises soient prononcés en dernier ressort (Cass. crim., 23 juin 1999, n° 98-80561, *D*, 1999, somm., p. 327, note J. Pradel ; Cass. crim., 22 nov. 2000, *D*, 2001, IR, 523) [1] .

Les réserves portent sur les articles 2 à 4 (le principe *non bis in idem* ne vaut que pour les infractions relevant des juridictions pénales) – toutefois, les requérants peuvent contourner la réserve française à l'article 4 du Protocole 7 en invoquant la disposition

1. La loi n° 2000-516 du 15 juin 2000 renforçant la protection de la présomption d'innocence et les droits des victimes (*D*, 2000, Lég., p. 253) institue un appel contre les arrêts d'assises devant une autre cour d'assises désignée par la Chambre criminelle de la Cour de cassation (*JCP*, 2000, Actualité, p. 1351).

similaire de l'article 14, § 7 du PIDCP, qui n'a pas fait l'objet de réserve – et sur l'article 5 (la transmission du nom patronymique est régie par les règles de l'ordre juridique français et par le droit local à Mayotte et dans les TOM). On précisera que la France a accepté, par déclaration expresse, la « clause coloniale » de l'article 63 (art. 56 nouveau) qui étend l'application de la CEDH aux TOM.

43 VALIDITÉ DES RÉSERVES ET INADÉQUATION DU RÉGIME GÉNÉRAL. — Fondé sur le principe de la réciprocité des engagements, le régime général des réserves défini par la Convention de Vienne du 23 mai 1969 est incompatible, en théorie, avec le caractère « objectif » des traités relatifs aux droits de l'homme : les obligations d'une partie ne sauraient être modifiées par l'attitude d'une autre partie. Ainsi, l'entrée en vigueur du traité à l'égard de l'État réservataire et l'appréciation de la validité des réserves ne devraient pas être subordonnées au consentement, exprès ou tacite, des autres États contractants, selon le système des acceptations-objections de la Convention de Vienne (art. 20, § 4 et 5), qui fait de l'État réservataire une partie au traité par rapport à l'autre État contractant et permet une diversité des relations entre parties à un même accord, mais à l'intervention d'organes de contrôle (quand ils existent). Néanmoins, la diversité est de règle en droit positif et, le plus souvent, c'est le système de droit commun qui s'applique, soit parce qu'il n'y a pas de mécanisme de contrôle, soit parce que les conventions relatives aux droits de l'homme contiennent des clauses soumettant les réserves au jeu des « acceptations-objections » (par ex. : convention sur les droits politiques de la femme du 31 mars 1953, art. 7 ; convention sur l'élimination de toutes les formes de discrimination à l'égard des femmes du 18 décembre 1979, art. 28), soit du fait de l'absence d'une clause spécifique. Le cas de la Convention de 1965 pour l'élimination de toutes les formes de discrimination raciale est topique de la flexibilité, voire de l'incohérence du système des réserves en la matière : bien qu'il s'agisse d'une convention relative aux droits de l'homme et qu'un mécanisme de contrôle ait été institué (le Comité pour l'élimination de la discrimination raciale), il incombe aux seules parties contractantes de se prononcer sur l'incompatibilité éventuelle d'une réserve (Rapp. *A/39/45*, vol. II, § 190, et annexe III, p. 61). Il en allait de même du PIDCP, le CDH

se déclarant compétent pour constater l'existence ou non d'une réserve mais ne s'estimant pas habilité à apprécier la validité de celle-ci au regard du Pacte (aff. *T. K. c/ France*, préc., n° 46) [1].

**44** APPRÉCIATION DE LA VALIDITÉ DES RÉSERVES PAR LES ORGANES DE CONTRÔLE. — 1° La Convention européenne répond à peu près au modèle théorique esquissé.

a) C'est en se fondant sur « la nature particulière de la Convention », qui crée des obligations objectives et organise « une garantie collective » des droits et libertés définis que la Commission européenne des droits de l'homme (Rapp. *Temeltasch c/ Suisse*, préc. ; G. Cohen-Jonathan et J.-P. Jacqué, chron., *AFDI*, 1982, p. 524 à 530) puis la Cour (*Belilos c/ Suisse*, 29 avril 1988, § 50 à 60 : déclaration interprétative de la Suisse sur l'art. 6, § 1 non valide) se reconnaissent compétentes pour se prononcer sur la conformité à la CEDH d'une réserve ou d'une déclaration interprétative donnée. À cet égard, l'article 57 (ex-art. 64) énonce deux conditions.

La réserve doit viser une loi en vigueur sur le territoire de l'État contractant lorsqu'elle est émise (elle ne peut donc s'appliquer à une loi postérieure : *Fischer c/ Autriche*, 26 avr. 1995, A. 312) : cela suppose qu'elle contienne un « bref exposé de la loi » et c'est, selon la Cour, une condition de fond qui offre la garantie que la réserve ne va pas au-delà des dispositions explicitement écartées (Belilos, préc., § 59, et *Weber c/ Suisse*, 22 mai 1990, A. 177, § 38).

En conséquence, une déclaration faite par l'État partie lors de la ratification de la Convention, qui ne se rapporte à aucune disposition particulière de la Convention et ne se réfère pas à une loi spécifique en vigueur, ne saurait être assimilée à une réserve et doit être réputée non valide (déc. 4 juill. 2001, *Ilascu et al. c/ Moldavie et Russie*, *RUDH*, 2001, 174) ; de même, est invalide la réserve italienne à l'article 4 du Protocole 7 qui ne précise pas quelles sont les lois exclues du champ d'application de cette disposition (*Grande Stevens et a. c/ Italie*, 4 mars 2014, § 210).

Ensuite, il ne doit pas s'agir d'une réserve « de caractère général », que la Cour définit comme « une réserve rédigée en termes

1. Voir les textes des objections présentées aux réserves faites au PIDCP (CCPR/C/2/Rev. 3, 12 mai 1993), notamment aux réserves américaines (préc., *RUDH*, 1994, p. 240).

trop vagues ou amples pour que l'on puisse en apprécier le sens et le champ d'application exacts » (*Belilos*, préc., § 55) [1] ; on notera que le principe de la prohibition des réserves de caractère général a été étendu « à l'égard de toute disposition d'un traité qu'un État contractant a conclu avant de ratifier la Convention et qui risque de ne pas cadrer avec certaines de ses dispositions » (déc. 23 janv. 2002, *Slivenko et al. c/ Lettonie*, n° 48321/99, § 61, à propos de la compatibilité avec la Convention d'une mesure d'expulsion prononcée en application d'un accord russo-letton antérieur à l'adhésion de la Lettonie à la CEDH).

Le contrôle de la Cour semble cependant très formel et ne porter que sur la clarté et la précision de la rédaction des réserves (par ex., *Fischer*, préc.) et non, au fond, sur le contenu matériel de la réserve (*Chorherr c/ Autriche*, 25 août 1993, A. 266 B, § 19-22 ; voir F. Sudre (dir.), chron., *RUDH*, 1996, p. 7, et 1993, p. 380). De plus, l'article 57 aboutit à dispenser expressément les États parties de mettre leur législation en harmonie avec la Convention ; cela va à l'encontre de l'efficacité même de la Convention, qui suppose que les législations nationales atteignent un niveau de protection minimum commun.

Cependant, la Cour veille à ce que l'État ne détourne pas la procédure de la réserve en restreignant, par l'introduction de réserves aux dispositions d'un protocole additionnel, « le champ d'application d'articles préalablement acceptés sans réserves et des garanties qui en découlent » (*Losonci Rose et Rose c/ Suisse*, 9 nov. 2010, § 27 : réserve à l'article 5 du Prot. 7, relative au nom de famille, visant en fait l'article 8 CEDH).

b) C'est également en se fondant sur « la nature particulière de la Convention » que les organes européens de contrôle, procédant à la dissociation de la réserve et de l'engagement conventionnel, jugent qu'en cas d'invalidité d'une réserve ou d'une déclaration interprétative, l'État reste lié par la Convention en faisant abstraction de la réserve (*Belilos*, § 60). En effet, la déclaration d'invalidité d'une réserve, comme le note le doyen Cohen-Jonathan (*op. cit.*),

1. Le CDH précise également que les réserves doivent être « spécifiques et transparentes » : la réserve ne saurait donc être « de caractère général » et doit « viser une disposition particulière du Pacte et indiquer précisément son champ d'application » (Obs. préc., § 19).

« est une “situation objective” dont la conséquence ne vise pas les relations bilatérales entre les États ».

Il appartient alors à l'État, sauf à dénoncer la Convention (*infra*, n° 46), de retirer ou de préciser la réserve invalidée [1]. Néanmoins, la pratique étatique n'est pas fixée en la matière (voir les réactions de certains États membres à la déclaration turque, préc., du 28 janv. 1987, *RUDH*, 1991, p. 196).

2° Il est également remarquable que la Cour interaméricaine des droits de l'homme, dans son avis consultatif du 24 septembre 1982 relatif à l'entrée en vigueur de la CADH, ait estimé que l'exigence de l'acceptation de la réserve par un État au moins ne s'appliquait pas aux conventions protectrices des droits de l'homme (alors même que l'art. 75 de la Convention renvoie à la Convention de Vienne ; *ILM*, 1983, p. 37).

3° Le changement radical d'attitude du CDH doit également être relevé. Dans son observation générale, n° 24 (2 nov. 1994, préc.), le Comité, arguant de la spécificité du Pacte (*supra*, n° 40), affirme à la fois l'inadéquation du régime des réserves défini par la Convention de Vienne aux instruments internationaux relatifs aux droits de l'homme et sa compétence pour apprécier la compatibilité d'une réserve à l'objet et au but du Pacte (§ 17) ; à l'instar de la Cour européenne des droits de l'homme, le Comité précise aussi qu'une réserve invalide est « dissociable » et ne délie donc pas l'État qui en est l'auteur de son engagement à l'égard du Pacte (§ 18). Le Comité fera application de cette doctrine, dans l'affaire *Kennedy c/ Trinité et Tobago*. La réserve formulée par cet État au Protocole facultatif reconnaissant le droit de recours individuel visait à exclure de la compétence du Comité l'ensemble des dispositions du Pacte pour un groupe particulier de requérants, les condamnés à mort. Le Comité juge que la réserve, en ce qu'elle constitue une discrimination, est contraire au Pacte et s'avère dès lors incompatible avec l'objet et le but du Protocole, puis s'affirme compétent pour examiner la communication (comm. n° 845/1999, déc. 2 nov. 1999, *A/55/40*, vol. II, 2000, 270, note M. Sastre, *RGDIP*, 2000, 781 ; *RUDH*,

1. Ce qu'a fait la Suisse en formulant une nouvelle déclaration interprétative, du 16 mai 1988 (Conseil de l'Europe, *Bulletin d'information des activités juridiques*, 1989, n° 30, p. 3) ; voir J.F. Flauss, *RUDH*, 1993, p. 297).

2000, 209, note G. Cohen-Jonathan ; *RTDH*, 2001, 209, obs. J.F. Flauss).

Désormais, l'appréciation de la validité des réserves aux trois instruments généraux principaux de protection des droits de l'homme – CEDH, CADH, PIDCP – obéit donc à la même conception « objective », qui marque la singularité des normes internationales de droits de l'homme (*supra*, n° 35). Et cela vaut non seulement pour les obligations normatives contractées par les États, mais aussi pour les obligations afférentes au mécanisme de contrôle.

45 INVALIDITÉ DES RÉSERVES À LA PROCÉDURE INTERNATIONALE DE CONTRÔLE. — Les réserves de fond à la procédure internationale de contrôle sont inacceptables. Dans le cadre de la CEDH, un État ne peut, à l'occasion de sa déclaration d'acceptation du droit de recours individuel (ex-art. 25) ou de la juridiction obligatoire de la Cour (ex-art. 46), réduire la portée de son engagement normatif initial en excluant de la compétence de l'organe de contrôle un certain nombre de domaines.

La Commission a ainsi jugé contraire à la Convention la déclaration interprétative de la Turquie jointe à son acceptation, le 28 janvier 1987, du droit de recours individuel [1] qui restreignait *ratione loci* (au seul territoire de la Turquie) et *ratione materiae* (régime disciplinaire des forces armées, mise en œuvre des mesures dérogatoires, notion de « société démocratique ») la compétence de la Commission : l'article 25 n'autorise que les restrictions temporelles, expressément permises dans son second paragraphe (déc. 11 janv. 1991, *Chrysostomos et al. c/ Turquie*, *RUDH*, 1991, p. 193). Transposant la solution dégagée à propos de l'article 64 (*supra*, n° 44), la Commission estime que la Turquie reste liée par sa déclaration d'acceptation de l'article 25 mais qu'elle ne peut se prévaloir des restrictions incompatibles avec la Convention qui l'accompagnaient ; en conséquence, la Commission se reconnaît compétente pour examiner les requêtes dont elle est saisie.

La Cour a confirmé cette analyse dans sa décision *Loizidou c/ Turquie* du 23 mars 1995 (*GACEDH*, n° 1) : la nature particulière de la Convention – « instrument constitutionnel de l'ordre public

1. *RUDH*, 1990, p. 78. Voir I. Cameron, Turkey and article 25 of the ECHR, *ICLQ*, 1988, vol. 37, part 4, p. 887 ; C. Zanghi, La déclaration de la Turquie relative à l'article 25 de la CEDH, *RGDIP*, 1989, p. 69.

européen » – la conduit à écarter les restrictions turques et à juger que l'invalidité desdites restrictions n'emporte pas pour autant l'invalidité des déclarations turques d'acceptation de la compétence des organes de contrôle.

Le CDH se prononce en faveur d'une solution identique dans le cadre du PIDCP : une réserve à une disposition du Pacte ne peut être émise à l'occasion de l'acceptation du Protocole facultatif reconnaissant le droit de communication individuelle (Obs. préc., § 13).

La démarche de la Cour a été vivement critiquée au motif qu'elle méconnaîtrait le caractère consensuel qui constitue l'essence même de l'engagement international et opérerait une « transsubstantiation » du traité en « législation » internationale s'imposant aux États contre leur gré [1]. Le « Guide de la pratique sur les réserves aux traités », adopté par la Commission du droit international en 2011, précise en ce sens qu'il appartient à l'État de tirer les conséquences du constat de l'invalidité d'une réserve et de décider s'il reste ou non lié par le traité [2].

### 3. *La dénonciation des traités de protection de droits de l'homme*

**46** DIVERSITÉ DES SOLUTIONS. — Le caractère objectif des traités de protection des droits de l'homme implique-t-il l'irréversibilité de l'engagement de l'État partie ? À cette question, le droit positif n'apporte pas de réponse vraiment claire.

1° La présence d'une clause de dénonciation ou de retrait vient à l'appui du caractère dénonçable des traités de protection des droits de l'homme. Parmi les conventions à portée générale, seules la CEDH (art. 58) et la CADH (art. 78) prévoient une clause, similaire, de dénonciation. Selon l'article 58 CEDH (ex-art. 65), l'État ne peut dénoncer la Convention que si elle est entrée en vigueur à son égard depuis plus de cinq ans et moyennant notification d'un

1. A. Pellet, Deuxième rapport sur les réserves aux traités, CDI, 48e session, Doc. A. G, A/CN 4/477/Add. 1 ; voir aussi, *RTDH*, 1998, 77, obs. J.-P. Cot.
2. Par. 4.5.3, Statut de l'auteur d'une réserve non valide à l'égard du traité, Rapp. CDI, A/66/10.

préavis de six mois au secrétaire général du Conseil de l'Europe ; seule la Grèce, a utilisé cette possibilité le 12 décembre 1969 (*Ann.*, vol. XII, p. 81), avant de redevenir partie le 28 novembre 1974. La dénonciation ne produit d'effet que pour l'avenir et ne libère pas l'État des obligations qu'il tenait de la Convention antérieurement à sa dénonciation (*Papamichalopoulos*, 24 juin 1993, A. 260 B). Par contre, aucun des Protocoles additionnels à la CEDH ne contient de disposition quant à son éventuelle dénonciation et la question de savoir si le pouvoir de dénonciation peut s'exercer à l'égard d'un Protocole seul est, en l'absence de pratique, discutée selon que l'on considère que le Protocole additionnel est ou non séparable de l'ensemble de la Convention.

* Le Conseil constitutionnel, confirmant en la précisant sa décision relative au Protocole 6 abolissant la peine de mort en temps de paix (déc. 85-188 DC, 22 mai 1985, *Rec.*, p. 15, note L. Favoreu, *AFDI*, 1985, p. 368), juge que le Protocole 13 abolissant la peine de mort en toutes circonstances, dont l'article 5 stipule que ses dispositions doivent être considérées comme des articles additionnels à la Convention, est solidaire de la Convention et qu'en conséquence, conformément à la clause de l'article 58, un État ayant ratifié le Protocole 13 peut s'y soustraire en dénonçant la Convention tout entière (déc. 2005-524/525 DC, 13 oct. 2005, Engagements internationaux relatifs à l'abolition de la peine de mort) [1] Cette faculté de dénonciation – rendue au demeurant très théorique par l'indissociabilité du Protocole avec la Convention – ménage selon le Conseil la souveraineté de l'État et assure la compatibilité du Protocole 13 avec la Constitution.

2° En l'absence de toute clause de dénonciation ou de retrait, le Comité des droits de l'homme, dans son observation générale, n° 26 (61), du 29 octobre 1997, portant sur les questions touchant à la continuité des obligations souscrites par les États parties en vertu du PIDCP (*A/53/40*, vol. I, 1998, p. 91), considère que la dénonciation d'un traité protecteur des droits de l'homme se heurte à la nature spécifique de ce traité. Se fondant sur l'article 56 de la Convention de Vienne sur le droit des traités, le Comité estime que l'absence d'une clause expresse signifie que les parties « avaient manifestement l'intention d'exclure toute possibilité de dénonciation » et, surtout, affirme que « le Pacte n'est pas le type de traité

1. *JCP G*, 2005, II, 10171, note B. Mathieu ; *Gaz. Pal.*, 20-22 nov. 2005, 15, note J.-E. Schoettl ; *RGDIP*, 2006, 117, note J.-F. Flauss.

qui, en raison de sa nature, implique un droit de dénonciation » : codifiant sous forme de traité les droits de l'homme universels consacrés par la DUDH, le Pacte n'a pas le « caractère provisoire caractéristique » des instruments qui peuvent être dénoncés en l'absence d'une clause explicite. Considérant que les droits consacrés dans le Pacte sont reconnus à des individus vivant sur le territoire de l'État partie, le CDH estime en conséquence que « dès lors que des individus se voient accorder la protection des droits qu'ils tiennent du Pacte, cette protection échoit au territoire et continue de leur être due, quelque modification qu'ait pu subir le gouvernement de l'État partie, y compris du fait d'un démembrement d'État ou d'une succession d'États… ». Le Comité se prononce donc nettement en faveur de l'irréversibilité de l'engagement conventionnel de l'État – l'État partie au Pacte ne peut le dénoncer ou s'en retirer – et, au-delà, se détermine dans le sens d'une succession automatique aux traités relatifs à la protection des droits de l'homme. Sur ce dernier point, la position du Comité, qui est en contradiction avec la solution de la non-transmissibilité des conventions multilatérales à l'État successeur retenue par la Convention de Vienne de 1978 sur la succession en matière de traités, paraît s'inscrire dans un processus de formation d'une règle coutumière [1], que la CIJ, cependant, s'est refusée à consolider [2].

Dans sa décision précitée 2005-524/525 DC, le Conseil constitutionnel, suivant l'analyse du CDH, estime que le Protocole facultatif n° 2 au PIDCP, abolissant la peine de mort en temps de paix, ne peut être dénoncé. Le Protocole porte alors atteinte aux conditions essentielles d'exercice de la souveraineté nationale car, touchant un domaine inhérent à la souveraineté nationale, il lie irrévocablement la France et sa ratification ne peut intervenir qu'après révision de la Constitution (opérée par la loi constitutionnelle n° 2007-239, du 23 févr. 2007). Selon le nouvel article 66-1 de la Constitution « Nul ne peut être condamné à la peine de mort ».

3° Enfin, le caractère objectif des droits de l'homme a reçu une consécration remarquable de la Cour interaméricaine des droits de

1. En ce sens, M. Kamminga, State succession in respect of Human rights treaties, *EJIL*, 1996-4, 469.
2. Ord. en mesures conservatoires dans l'Affaire relative à l'application pour la prévention et la répression du crime de génocide (8 avr. 1993) : alors que la Bosnie invoquait, à propos de Convention sur la prévention et la répression du génocide, cette règle coutumière en tant qu'État successeur de l'ex-Yougoslavie, la CIJ, avec prudence, n'a pas pris position (*Rec.*, 1993, pts 21 à 26 ; *AFDI*, 1996, 357, comm. S. Maljean-Dubois).

l'homme, dans un domaine voisin de la dénonciation du traité, à propos du retrait par l'État partie de son acceptation de la clause facultative établissant la compétence contentieuse de l'organe de contrôle. Dans deux décisions du 24 septembre 1999, *Bronstein* et *affaire relative au Tribunal constitutionnel* (Série C, n[os] 54 et 55, *RGDIP*, 2000, 785, chron. P. Weckel), la Cour interaméricaine, confrontée à la décision du Pérou de retirer sa déclaration d'acceptation de la juridiction obligatoire de la Cour, a maintenu sa compétence, refusant ainsi à l'État partie de se retirer du mécanisme contentieux parce qu'il met en œuvre une garantie collective des droits de l'homme.

## II | Le caractère de norme de *jus cogens* ?

47 Le concept de *jus cogens*. — Il existerait dans la collectivité interétatique certaines règles fondamentales d'origine coutumière que les États ne pourraient méconnaître ou modifier par leurs conventions ; pour une partie de la doctrine, les règles relatives aux droits de l'homme feraient partie de ces règles de *jus cogens.* La Cour internationale de justice a reconnu dès 1951, dans son avis du 28 mai sur les réserves à la Convention pour la prévention et la répression du crime du génocide, l'existence de règles fondamentales auxquelles les États ne pouvaient déroger : « Les principes qui sont à la base de la Convention sont des principes reconnus par les nations civilisées comme obligeant les États, même en dehors de tout lien conventionnel » (*Rec.*, p. 23). Cette idée de l'existence d'une hiérarchie entre des normes impératives et des normes modifiables par une convention postérieure n'est pas neuve : dans la doctrine, Georges Scelle avait affirmé l'existence de normes coutumières supérieures, d'un « droit commun international » incluant les normes garantissant les libertés individuelles (droit à la vie, liberté corporelle, liberté de circulation, de commerce et d'établissement) et la liberté collective (le droit des peuples à disposer d'eux-mêmes) (*Précis du droit des gens,* Sirey, 1934, t. II, p. 15 et s.). Mais le concept de *jus cogens* a été consacré par la Commission du droit international et la Convention de Vienne de codification du droit

des traités du 23 mai 1969, entrée en vigueur en 1980, dans ses articles 53 et 64 :

« Est nul tout traité qui, au moment de sa conclusion, est en conflit avec une norme impérative du droit international général. Aux fins de la présente Convention, une norme impérative du droit international général est une norme acceptée et reconnue par la communauté internationale des États dans son ensemble en tant que norme à laquelle aucune dérogation n'est permise et qui ne peut être modifiée que par une nouvelle norme du droit international général ayant le même caractère » (art. 53. Traité en conflit avec une norme impérative du droit international général (*jus cogens*)).

Ainsi défini, le *jus cogens* s'impose à la conscience collective et limite la souveraineté des États par la sanction qui lui est attachée (aussi, art. 64 : « Si une nouvelle norme impérative du droit international général survient, tout traité existant qui est en conflit avec cette norme devient nul et prend fin »). Le concept reste néanmoins singulièrement obscurci par les incertitudes qui pèsent sur lui.

**48** L'IDENTIFICATION DES NORMES IMPÉRATIVES. — 1° Les obligations de *jus cogens* restent sans contenu si elles ne portent pas sur des droits déterminés, or ceux-ci ne sont pas définis. La CDI donne comme exemples de traités contraires au *jus cogens* les traités tolérant la traite des esclaves ou le génocide et « comme autres exemples possibles » les traités violant les droits de l'homme (*Ann. CDI*, 1966. II, p. 270). Roberto Ago, quant à lui, estime que font partie du *jus cogens* les règles prohibant le recours à la force et « les règles fondamentales de caractère humanitaire (interdiction du génocide, de l'esclavage, de la discrimination raciale, protection des droits essentiels de la personne humaine en temps de paix et en temps de guerre), etc. » (Droit des traités à la lumière de la Convention de Vienne, *RCADI*, 1971. III, t. 134, p. 324, n. 27). On notera, au passage, l'imprécision des formules telles que « règles fondamentales » ou « droits essentiels ».

Dans un *obiter dictum* de l'arrêt du 5 février 1970 relatif à l'affaire de la Barcelona Traction, la Cour internationale de justice a utilisé la notion d'obligations *erga omnes* qui rejoint, sans se confondre avec elles, celles de *jus cogens* et de crime international.

La Cour met l'accent sur l'intérêt juridique que possèdent tous les États à la protection de certains droits et sur le caractère *erga omnes* des obligations correspondantes : « Une distinction essentielle doit en particulier être établie “entre les obligations des États envers la communauté internationale dans son ensemble et celles qui naissent vis-à-vis d'un autre État dans le cadre de la protection diplomatique”. » Par leur nature même, les premières concernent tous les États. Vu l'importance des droits en cause, « tous les États peuvent être considérés comme ayant un intérêt juridique à ce que ces droits soient protégés : les obligations dont il s'agit sont des obligations *erga omnes* » (*Rec.*, 1970, p. 32). Et la Cour énonce comme exemples de telles obligations, les obligations découlant « de la mise hors la loi des actes d'agression et du génocide mais aussi des principes et des règles concernant les droits fondamentaux de la personne humaine » (*ibid.*). La Cour semble consacrer ainsi le caractère juridiquement et universellement obligatoire des droits de l'homme dans l'ordre international et, par là même, rejeter la thèse selon laquelle la protection des droits de l'homme relèverait de la seule compétence des États concernés. La Cour émet ici des principes, sans rapport direct avec le fond de l'affaire dont elle était saisie, dont l'application pratique demeure du domaine de l'aléatoire. Ainsi, la Cour elle-même, dans sa décision du 24 mai 1980 relative à l'affaire du personnel diplomatique et consulaire des États-Unis à Téhéran, n'a pas saisi l'occasion offerte de qualifier d'obligations *erga omnes* les obligations découlant des règles de l'institution diplomatique relatives à l'inviolabilité des personnes ; de même, dans son ordonnance du 8 avril 1993 en indication de mesures conservatoires dans l'affaire relative à l'application de la Convention pour la prévention et la répression du crime de génocide (*Rec.*, 1993, p. 3), la Cour relève que le crime de génocide « est contraire à la loi morale ainsi qu'à l'esprit et aux fins des Nations Unies » (§ 49), mais se limite à qualifier l'obligation énoncée par l'article 1 de la Convention de « prévenir » et « punir » le génocide d'« incontestable obligation » (§ 45, *infra*, 3°).

Le texte de codification du droit de la responsabilité de l'État pour fait internationalement illicite, adopté par l'Assemblée générale des Nations Unies le 12 décembre 2001 (Rés. 56/83), ne permet pas de concrétiser le concept de *jus cogens*, puisque, abandonnant la distinction entre les « crimes » internationaux et les « délits internationaux » retenue par l'ex-article 19 du projet de la CDI [1] , il organise un régime de la responsabilité internationale pour « violations graves d'obligations découlant de normes impératives du droit international général » (art. 40 et 41) sans pour autant identifier ces dernières (P.-M. Dupuy et Y. Kerbrat, *Les grands textes de droit international public*, Dalloz, 7e éd., 2010, p. 908).

2° Selon l'article 53 de la Convention de Vienne et l'arrêt de la CIJ de 1970, le critère de définition de la norme impérative ou de l'obligation *erga omnes* réside dans la reconnaissance de l'importance de la norme par la communauté internationale des États. Mis à part l'affirmation de principe, que l'on peut discuter, qu'il existerait une collectivité d'États ayant des intérêts communs, comment identifier cette « communauté internationale » ? S'agit-il de tous les États ou seulement de certains ? Pour la CDI, il s'agirait de « toutes les composantes essentielles de la communauté internationale » : Cette formule désigne-t-elle l'Assemblée générale des Nations Unies et ouvre-t-elle alors la voie révolutionnaire, en droit international, de la formation majoritaire ou quasi unanimitaire de la règle de droit ? Si tel est le cas, il faut alors relever que le principe du respect des droits de l'homme ne semble pas reconnu par la « communauté internationale » comme une norme suffisamment importante – du moins en 1970 – pour figurer parmi les sept principes à valeur coutumière codifiés par la Résolution 2625 (XXV), adoptée par l'Assemblée générale des Nations Unies le 24 octobre 1970, au titre des « principes du Droit international touchant les relations amicales et la coopération entre les États conformément à la Charte des Nations Unies ».

Par ailleurs, la notion d'obligation *erga omnes* postule l'institution corollaire d'une sorte d'*actio popularis* – telle que tout État pourrait poursuivre les violations d'une obligation de ce type afin

1. L'article 19 définissait le crime international comme « le fait internationalement illicite qui résulte d'une violation par un État d'une obligation internationale si essentielle pour la sauvegarde d'intérêts fondamentaux de la Communauté internationale que sa violation est reconnue comme un crime par cette communauté internationale » (Rapp. de la CDI à l'AG de l'ONU, *Ann. CDI*, 1976, vol. II, 2e partie, p. 89). Quatre « obligations essentielles », dont la violation constituerait un crime international, étaient identifiées : maintien de la paix et de la sécurité internationale ; sauvegarde du droit des peuples à disposer d'eux-mêmes ; sauvegarde de l'être humain ; sauvegarde et préservation de l'environnement humain.

d'assurer le respect du droit –, qui supposerait un bouleversement radical de la structure de la société internationale et dont l'éventuelle application en matière de respect des droits de l'homme peut faire craindre les pires dérives. Il n'est donc guère possible d'affirmer aujourd'hui clairement qu'une seule règle de droit international a pu satisfaire le critère défini à l'article 53 de la Convention de Vienne, sans doute parce que le mécanisme d'objectivation de la Convention est totalement inopérant en un domaine où la résurgence du droit naturel est évidente.

3° Le droit positif marque sa réticence à consacrer la notion de *jus cogens* et, dans le domaine des droits de l'homme, la jurisprudence ne fournit jusqu'à présent que des indications partielles et limitées [1] . Ce n'est qu'implicitement que le tribunal arbitral constitué dans l'affaire de la *Détermination de la frontière maritime* entre la Guinée-Bissau et le Sénégal admet le caractère impératif du droit à l'autodétermination des peuples (sentence arbitrale du 31 juill. 1989, *RGDIP*, 1990, p. 234) et si la Commission d'arbitrage de la Conférence européenne pour la paix en Yougoslavie n'a pas hésité, dans ses avis n° 1 du 29 novembre 1991, et n° 2 du 11 janvier 1992 (*RGDIP*, 1992, p. 264 et obs. A. Pellet, *AFDI*, 1991, p. 329), à classer, parmi les « normes impératives du droit international général », « le respect des droits fondamentaux de la personne humaine et des droits des peuples et des minorités », il reste qu'il s'agit d'un organe simplement consultatif. De même, l'affirmation par la Cour interaméricaine des droits de l'homme que « le principe fondamental de l'égalité et de la non-discrimination a intégré le domaine du *jus cogens* » relève plus de l'analyse prospective que d'une démonstration prenant appui sur le droit positif (avis n° 18, Condition juridique et droits des travailleurs migrants en situation irrégulière, 17 septembre 2003) [2]. Enfin, c'est à l'occasion d'un arrêt d'incompétence que la CIJ s'est formellement ralliée à la notion

1. L'affirmation audacieuse du TPI de la Communauté européenne que relèvent du *jus cogens* « des normes impératives visant à la protection universelle des droits de l'homme » qui constituent « des principes intransgressibles du droit international coutumier » n'a guère de fondement tout comme l'examen de l'éventuelle appartenance au *jus cogens* du droit de propriété, du droit au juge, et des droits de la défense (TPI, 21 mars 2005, *Ali Yusuf et Al Barakaat International Foundation*, T.306/01, Europe 2005-12, p. 6, obs. D. Simon et F. Mariatte ; J.-P. Jacqué, *L'Europe des libertés*, 2006, n° 19, 2).
2. *RGDIP*, 2004, 267, chron. P. Weckel ; *RTDH*, 2004, 747, note L. Hennebel.

de *jus cogens*, qualifiant comme tel l'interdiction du génocide (CIJ, 3 février 2006, *Activités armées sur le territoire du Congo, RDC c/ Rwanda*) [1].

Plus précisément, la seule norme de protection des droits de l'homme à avoir été formellement reconnue comme norme de *jus cogens* par le droit positif est l'interdiction de la torture [2]. En effet, la jurisprudence des chambres de première instance du Tribunal pénal international pour l'ex-Yougoslavie a consacré explicitement l'interdiction de la torture comme étant « une norme impérative ou *jus cogens* » (*Furundzija,* 10 déc. 1998, § 144 et s., *RGDIP*, 1999, p. 491, chron. P. Weckel ; aussi, *Delacic et al.,* 16 nov. 1998, § 454, *Kunarac*, 22 févr. 2001, § 466). La Chambre des Lords britannique adopte la même position dans l'arrêt Pinochet du 24 mars 1999 (*RGDIP*, 1999, 309, obs. M. Cosnard). S'appuyant sur ces précédents jurisprudentiels, la Cour européenne des droits de l'homme a, à son tour, par son arrêt de Grande Chambre *Al Adsani c/ Royaume-Uni du 21 novembre 2001*, admis que « l'interdiction de la torture est devenue une règle impérative du droit international » (§ 61) [3]. En revanche, elle estime que les garanties du procès équitable, ne figurent pas « parmi les normes du jus cogens en l'état actuel du droit international » (*Al-Dulimi et Montana Management Inc c/ Suisse*, 21 juin 2016, Gr. Ch., § 136).

La question de la compatibilité du droit d'accès à un tribunal et du principe de droit international de l'immunité de juridiction des États était au cœur de l'affaire *Al Adsani* comme de l' affaire *Jones et a. c/ Royaume-Uni* (14 janv. 2014), les tribunaux anglais ayant accueilli la demande d'immunité présentée, respectivement, par le Koweït et l'Arabie saoudite à l'encontre de l'action civile en réparation engagée par les requérants pour des actes de torture que leur auraient infligé les autorités koweïtiennes ou saoudiennes sur leur territoire. La Cour opère une distinction discutable entre procédure pénale et procédure civile et recherche s'il apparaît en droit international et dans la pratique des juridictions internes une exception « *jus cogens* » au principe de l'immunité de l'État accusé de torture, dans le cadre d'une action civile dirigée contre lui ou contre ses agents. Se prévalant de l'arrêt de la CIJ du 3 février 2012 dans *l'affaire des Immunités juridictionnelles de l'État*

1. *RGDIP*, 2006, 487, obs. P. Weckel ; *AFDI*, 2005, 204, obs. F. Latty
2. La Cour interaméricaine des droits de l'homme étend la règle de *jus cogens* aux autres traitements inhumains, tels les châtiments corporels (Cour IADH, 11 mars 2005, *Caesar c/ Trinité et Tobago*, *RTDH*, 2006, 299, chron. H. Tigroudja).
3. *RGDIP*, 2002, 893, note I. Pingel ; *RTDH*, 2003, 139, obs. J.F. Flauss.

(*Allemagne c/ Italie*), la Cour conclut, au terme d'une recherche de droit comparé et malgré des précédents jurisprudentiels contraires en droit interne, que l'octroi dans le cadre d'une action civile pour faits de torture d'une immunité à l'État défendeur, d'une part, et à ses agents, d'autre part, reflète « les règles actuelles généralement reconnues de droit international public » et ne constitue donc pas « une restriction injustifiée » au droit d'accès des requérants à un tribunal qui emporterait violation de l'article 6, § 1 de la CEDH (*infra*, n° 264 ; aussi, déc. 27 juin 2013, *Stichting mothers of Sbrebrenica et a. c/ Pays-Bas*, n° 65542/12). De même, la Cour juge qu'aucune norme du droit international, qu'elle soit conventionnelle ou coutumière n'oblige un État partie à admettre une compétence universelle de nature civile, « en dépit de la nature incontestée de jus cogens de la prohibition de la torture en droit international » (*Nait-Liman c/Suisse*, 21 juin 2016, § 116).

Si la consécration de l'interdiction de la torture comme norme de *jus cogens* demeure purement formelle dans cette affaire, il n'en va pas de même dans la décision *Ould Dah c/ France* (n° 13113/03, 17 mars 2009, *JCP G*, n° 28, n° 114, p. 38, note C, Madelaine), où elle contribue à donner plein effet au principe de compétence universelle énoncé dans la Convention des Nations Unies contre la torture de 1984.

**49** LA PERTINENCE DU RECOURS AU CONCEPT DE *JUS COGENS* EN MATIÈRE DES DROITS DE L'HOMME. — Invoquer le concept de *jus cogens*, son mystère et ses contradictions ne paraît guère approprié en matière de droits de l'homme. Initialement inscrit dans le contexte du droit international des traités, le concept a un rôle assez restreint d'élément annulateur : le traité contraire au *jus cogens* est nul. Ainsi que le dit le Tribunal arbitral dans l'affaire de la frontière maritime Guinée-Bissau/Sénégal, « du point de vue du droit des traités, le *jus cogens* est simplement la caractéristique propre à certaines normes juridiques de ne pas être susceptibles de dérogation par voie conventionnelle » (préc., n° 54). Ainsi entendue, la notion de *jus cogens* ne pourrait guère prospérer dans le domaine des droits de l'homme, car on imagine mal deux ou plusieurs États concluant un traité international pour violer délibérément une norme fondamentale protectrice des droits de l'homme (par ex., pour pratiquer un génocide) ; cependant, il convient d'admettre, avec l'arrêt de la CIJ, du 3 février 2006, *Activités armées sur le territoire du Congo* (préc.), que le *jus cogens* est susceptible de déployer ses effets au-delà des articles 53 et 64 de la Convention de Vienne.

Surtout, l'indétermination du concept de *jus cogens* vient brouiller des notions claires en matière de droits de l'homme. La notion de *jus cogens* suppose nécessairement une hiérarchie des normes (*infra*, n° 146). Or, en matière de droits de l'homme, l'opinion dominante au plan universel, par ailleurs favorable au concept de *jus cogens*, refuse une quelconque hiérarchie des droits de l'homme, au nom de leur indivisibilité ; la conséquence en est, on l'a vu, que c'est l'« ensemble flou » des droits de l'homme qui est invoqué au titre des normes impératives du droit international général. Cette présentation n'est pas acceptable car les instruments conventionnels de protection des droits de l'homme reconnaissent que certains droits, et seulement eux (ce sont tous des droits civils et politiques), sont insusceptibles de dérogation (tel le droit de ne pas être torturé), édictant ainsi des « normes impératives » (*infra*, n° 144). Seules ces quelques normes, énonçant des droits « indérogeables » (que nous analyserons dans la deuxième partie de cet ouvrage), seraient susceptibles de relever du *jus cogens*, pour autant qu'on puisse fonder leur caractère impératif. Mais le fait que ces normes puissent faire l'objet de réserves (*supra*, n° 47) n'est guère conciliable avec leur hypothétique caractère de normes de *jus cogens*.

Le CDH, dans son observation générale, n° 24 (préc. n° 41), s'efforce de surmonter ces contradictions, et semble distinguer normes impératives et droits indérogeables : « Règles de droit international coutumier », les normes impératives n'énonceraient pas nécessairement des droits insusceptibles de dérogation (par ex., le droit à la liberté et à la sûreté) et seraient insusceptibles de réserves (§ 8 à 10 ; *infra*, n° 86).

Par ailleurs, dans son observation générale, n° 29 sur l'article 4 du PIDCP, adoptée le 24 juillet 2001 (CCPR/C/21/Rev. 1/Ass. 11), le Comité précise que si le caractère indérogeable d'un droit est le signe de son caractère impératif, la liste des normes impératives est plus large que celle des droits insusceptibles de dérogation ; elle inclurait alors, par exemple, le droit à des conditions de détention conformes à la dignité humaine (art. 10), le respect des garanties judiciaires fondamentales telle la présomption d'innocence (art. 14, § 2), l'interdiction de toute propagande en faveur de la guerre ou de tout appel à la haine nationale, raciale ou religieuse (art. 20)...

**50** TENDANCES. — Il nous semble que la notion de *jus cogens* n'est susceptible que de produire des effets supplétifs dans le domaine du droit conventionnel des droits de l'homme, comme en témoigne la jurisprudence de la Cour européenne (préc.). Son intérêt est autre et se situe, *de lege ferenda*, dans la perspective de la formation progressive du droit international. À cet égard, le mouvement engagé par la création des tribunaux pénaux internationaux pour l'ex-Yougoslavie et le Rwanda et de la Cour pénale internationale marque une convergence significative dans l'identification des crimes internationaux [1]. Il faut relever que la Chambre d'appel du TPI pour l'ex-Yougoslavie, dans son arrêt *Tadic* du 2 octobre 1995, indique que l'article 3 commun aux Conventions de Genève (*infra*, n° 144) est une règle de droit humanitaire de caractère coutumier (§ 94 et 98) et que la CIJ, dans son avis du 8 juillet 1996 relatif à la *licéité de la menace ou de l'emploi d'armes nucléaires*, juge, dans le prolongement de son arrêt du 27 juin 1986 sur les *activités militaires et paramilitaires au Nicaragua*, qu'« un grand nombre de règles du droit humanitaire applicables dans les conflits armés (...) constituent des principes intransgressibles du droit international coutumier » (*Rec.*, § 79) [2]. On peut y voir la confirmation de l'affirmation progressive et coutumière d'obligations de droit humanitaire et, partant, d'une catégorie de droits de l'homme « dotés d'une portée juridique éminente » (P.-M. Dupuy, *op. cit.*, sous n° 5, § 227). Notons alors que ce mouvement, qui tend à évoquer une hiérarchie des normes, s'opère dans le cadre du droit humanitaire des conflits armés et non dans celui, *stricto sensu*, du droit international des droits de l'homme (mais on a relevé, *supra*, n° 16, l'identité d'objet – la protection de la personne humaine – de ces deux droits), ainsi que le confirme la consécration formelle du *jus cogens* par la CIJ (CIJ, 3 févr. 2006, *Activités armées sur le territoire du Congo,* préc.). En dépassant le strict fondement volontariste du droit, l'affirmation que des normes coutumières relatives aux droits de l'homme ont la qualité de normes impératives de *jus cogens*, parce que d'intérêt commun supérieur, participe à l'ancrage du principe du respect des droits de l'homme comme élément constitutif d'un ordre public international en devenir.

1. Notons, cependant, que le Tribunal pénal international pour le Rwanda opère, dans sa décision *Kambanda* du 4 septembre 1998, une hiérarchie entre ces crimes : les crimes de guerre sont « moindres » que le génocide ou le crime contre l'humanité (§ 14) et le génocide apparaît comme « le crime des crimes » (§ 16).
2. Voir P.-M. Dupuy, Les « considérations élémentaires d'humanité » dans la jurisprudence de la Cour internationale de justice, *Mélanges Valticos*, Pedone, 1999, p. 117.

## Section II
## Le titulaire des droits

Attachés à la qualité même de personne humaine (*supra*, n° 40), les droits de l'homme sont des droits individuels, dont l'individu est titulaire. Il convient alors de distinguer les droits individuels des droits des collectivités.

### I | L'INDIVIDU

La promotion des droits de l'homme en droit international renouvelle la question traditionnelle de la place de l'individu dans l'ordre juridique international.

#### *A – La qualité de sujet de droit international*

51 POSITION DU PROBLÈME. — Sur un plan général, les droits de l'homme ne peuvent être conceptualisés hors des catégories juridiques, notamment de la catégorie du sujet de droit : comme l'indique justement D. Lochak (Mutation des droits de l'homme et mutation du droit, *RIEJ*, 1984. 13, p. 55), « on ne peut penser les droits de l'homme qu'à partir du moment où l'on postule que l'homme est un sujet de droit, doté de la capacité d'avoir des droits et de s'en prévaloir face au pouvoir ». Sur le plan du droit international, la question de l'attribution à l'individu de la qualité de sujet de droit international, après avoir soulevé des controverses doctrinales très vives, se heurtait à une réponse de principe : l'ordre juridique international ne connaît comme sujets de droit que les États et, par extension, les organisations interétatiques, l'individu ne pouvant accéder au droit international que par le biais de la protection diplomatique. En bref, parce que le droit international régit les relations interétatiques, l'individu ne pourrait être sujet de droit international : il s'agit là d'« une pétition de principe » (M. Virally, cours

préc., *RCADI*, 1983, V, t. 183, p. 134). Rien ne s'oppose, en théorie, parce qu'un individu est sujet de droit interne à ce qu'il soit sujet de droit international. La Cour permanente de justice internationale dans son avis du 3 mars 1928, rendu dans l'affaire de la Compétence des tribunaux de Dantzig, a affirmé :

« Selon un principe de droit international bien établi (un) accord international ne peut, comme tel, créer directement des droits et des obligations pour des particuliers. Mais on ne saurait contester que l'objet même d'un accord international, dans l'intention des parties contractantes, puisse être l'adoption, par les parties, de règles déterminées créant des droits et des obligations pour des individus, et susceptibles d'être appliquées par les tribunaux nationaux » (*Série B*, n° 15, p. 17).

En d'autres termes, l'État, pour des raisons tenant au développement historique du droit international, est le sujet de droit commun du droit international et on ne peut présumer qu'il a accepté de faire de ses sujets des sujets de droit international, sauf s'il en a clairement manifesté l'intention. Ainsi, la norme internationale n'atteint l'individu que si elle est « individualisée » : lors de son adoption, les États doivent avoir exprimé leur intention de conférer aux particuliers des droits et des obligations dans l'ordre juridique international. Cette condition est évidemment remplie par les normes internationales de droits de l'homme qui confèrent aux individus des droits spécifiques : c'est l'objet de la proclamation internationale des droits de l'homme. On ne saurait pourtant en déduire, hâtivement, que les personnes physiques sont des sujets du droit international, et que ce dernier est devenu un véritable « droit des gens », au sens où l'entendait Georges Scelle. En effet, pour que l'individu soit un sujet actif de l'ordre juridique international, il faut non seulement qu'il soit titulaire de droits et d'obligations créés par le droit international mais encore que lui soit reconnue l'aptitude à agir au plan du droit international.

**52** LA CAPACITÉ D'AGIR DE L'INDIVIDU AU PLAN INTERNATIONAL. — La capacité d'agir est le critère déterminant de la personnalité juridique. L'individu doit pouvoir agir directement, par le moyen de procédures adaptées, pour se prévaloir des droits dont il bénéficie et en faire respecter l'exercice effectif. Il faut bien constater alors que l'« individualisation » normative internationale est plus fréquente que l'institution de mécanismes internationaux de protection. Le droit international général n'offre aux individus que des possibilités d'action très réduites et les cas dans lesquels la participation de l'individu à une véritable procédure judiciaire est prévue demeurent l'exception : à titre historique, on mentionnera la Convention de Washington du 20 décembre 1907 conclue entre les Républiques de Costa Rica, Guatemala, Honduras, Nicaragua et Salvador qui créa une éphémère (1907-1918) Cour de justice centre-américaine à laquelle les individus pouvaient accéder, à condition d'avoir épuisé préalablement les voies de recours internes (condition qui motiva le rejet des quatre recours individuels dont la Cour fut saisie).

Le droit européen et international des droits de l'homme offre à l'individu certaines possibilités d'agir directement : le fait que des personnes physiques se voient reconnaître, en tant qu'êtres humains, le droit d'adresser des requêtes, indépendamment de leur nationalité, à des organes internationaux constitue une innovation remarquable dans l'ordre international. Cette capacité d'agir reconnue à l'individu demeure toutefois limitée et précaire. Limitée parce que l'individu ne s'est généralement pas vu reconnaître le droit d'intenter directement une action judiciaire au plan international : la capacité d'agir de l'individu reste bornée à des procédures internationales de contrôle extrajudiciaires, à la seule exception remarquable de la Convention européenne des droits de l'homme (*infra*, n° 62). Précaire, ensuite, parce que le pouvoir d'agir de l'individu demeure subordonné à la volonté de l'État : que celui-ci décide de dénoncer le traité international garantissant des droits procéduraux aux individus (possibilité prévue, par exemple, par l'art. 58 de la CEDH et par l'art. 78 de la CADH), ou de ne pas renouveler son acceptation, généralement facultative (exceptions faites de la CEDH et de la CADH), de la compétence des organes à connaître des requêtes individuelles, et le pouvoir d'agir de l'individu est réduit à néant (sous réserve des remarques, *supra*, n° 51).

Il apparaît donc que les individus peuvent être des sujets du droit international et européen des droits de l'homme, mais qu'ils sont toujours des sujets mineurs.

### *B – Le droit d'action internationale de l'individu*

53 MODALITÉS DIVERSES. — Le droit d'action internationale de l'individu est fréquemment désigné par le terme générique de « pétition ». Ce terme prête à confusion car il sert à désigner des catégories d'action fort différentes. D'une part, les pétitions-vœux qui désignent toutes communications adressées aux organismes internationaux et explicitement rédigées sous la forme d'une sollicitation, d'une demande ou d'une prière d'intervention. Elles ne font pas l'objet d'un traitement individualisé, restent des données de fait sans pertinence juridique et n'ont d'autre valeur que celle d'une information. À titre d'exemple, on citera la procédure instituée par la Résolution 1503 (XLVIII) du 27 mai 1970 du comité économique et social des Nations Unies qui autorise la Commission des droits de l'homme (organe intergouvernemental prévu par l'article 68 de la Charte, devenu Conseil des droits de l'homme en mars 2006) à examiner, dans le cadre d'une procédure confidentielle, les renseignements concernant les violations flagrantes des droits de l'homme contenues dans les communications reçues par l'ONU. D'autre part, les pétitions-plaintes qui portent sur des faits constituant une violation de certains engagements bien définis et adressées, selon une procédure déterminée, à l'instance spécialement et expressément chargée de la protection des droits lésés (N. Feinberg, La pétition en droit international, *RCADI*, 1932. II, p. 525 à 644). La catégorie dite des pétitions-plaintes est elle-même composite, puisqu'elle recouvre deux catégories d'action, les plaintes individuelles et les recours contentieux. Seules les premières peuvent être qualifiées, *stricto sensu*, de « pétition » : il n'y a véritablement droit de pétition que lorsque la violation d'un droit individuel peut être dénoncée, sur la base d'un texte – généralement mais non nécessairement conventionnel [1] – auprès d'un organe non juridictionnel compétent pour en connaître et adopter un acte individualisé dépourvu de force obligatoire (H. Surrel, *Le pétitionnement. Étude de droit inter-*

1. Par exemple, le droit de pétition devant le Parlement européen a eu pour base juridique exclusive le règlement intérieur du Parlement avant d'être consacré par le Traité sur l'Union européenne du 8 février 1992 (art. 8 D, al. 1).

*national public, infra*, n° 77). Ces plaintes individuelles doivent être distinguées des recours contentieux, qui sont des actions susceptibles de déboucher, sous certaines conditions, sur une procédure judiciaire et une décision obligatoire.

Il est donc possible de distinguer deux catégories d'actions principales relatives aux droits de l'homme : les plaintes, les recours contentieux.

**54** LES PLAINTES. — La procédure de plainte est aujourd'hui particulièrement développée dans le cadre des Nations Unies, bien que l'ONU ait d'abord manifesté, en raison de l'attachement des États au principe de la compétence nationale, une grande réticence à admettre le droit de pétition individuelle en matière de droits de l'homme. Alors même que le droit de pétition avait été reconnu pour la protection catégorielle des minorités, par le Pacte de la SDN, et celle des habitants des territoires sous tutelle, par l'article 87 de la Charte des Nations Unies (droit étendu en pratique aux habitants des territoires sous mandat, par une décision du Conseil de la SDN du 31 janvier 1923, et des territoires non autonomes, par le Comité de décolonisation dit « des 24 »), ce droit ne fut pas inscrit dans la Déclaration universelle des droits de l'homme. Il a fallu attendre 1965 et 1966 pour que le droit de pétition individuelle soit officiellement consacré en matière de droits de l'homme : d'abord, dans le domaine spécifique de la discrimination raciale, par l'article 14 de la Convention internationale du 21 décembre 1965 sur l'élimination de toutes les formes de discrimination raciale, devant le Comité éponyme (CERD) ; ensuite, sur un plan général, par le Protocole facultatif se rapportant au Pacte international relatif aux droits civils et politiques, du 16 décembre 1966, devant le Comité des droits de l'homme (CDH) [1]. L'organisation par la Convention contre la torture et autres peines ou traitements cruels, inhumains ou dégradants, du 10 décembre 1984, d'une procédure de plainte individuelle devant le Comité contre la torture (CAT ; art. 22) a ouvert la voie à une multiplication de procédures similaires devant divers comités institués par les Nations Unies dans le domaine des

1. Et, fort tardivement, par le Protocole facultatif au Pacte international sur les droits économiques, sociaux et culturels, adopté le 10 décembre 2008 et entré en vigueur le 5 mai 2013.

droits de l'homme [1]. Il suffit de mentionner maintenant que ces mécanismes présentent des caractéristiques similaires qui limitent substantiellement la portée du droit de pétition. En premier lieu, ils reposent sur des déclarations d'acceptation à caractère facultatif : l'article 14 est entré en vigueur le 3 décembre 1982 (57 déclarations au 7 mars 2016), le Protocole le 23 mars 1976 (115 ratifications au 7 mars 2016), et l'article 22 de la CAT le 26 juin 1987 (72 déclarations au 7 mars 2016). En second lieu, le Comité pour l'élimination de la discrimination raciale, le Comité des droits de l'homme (créé par l'art. 28 du PIDCP) et le Comité contre la torture examinent les communications individuelles et, au vu des explications ou déclarations de l'État concerné, font part de leurs « suggestions et recommandations » (Convention de 1965) ou de leurs « constatations » (Protocole et Convention contre la torture) à l'État intéressé et au pétitionnaire ; les Comités incluent dans leur rapport annuel à l'Assemblée générale un résumé de leurs activités en la matière. La procédure, confidentielle jusqu'au rapport annuel, est donc dépourvue de toute portée juridique. Par ailleurs, l'activité « contentieuse » de ces comités reste, globalement, très modeste (voir, Y. Kerbrat et L. Hennebel, chron. *AFDI* 2013, p. 700).

Indiquons que la Charte africaine des droits de l'homme et des peuples adoptée à Nairobi le 27 juin 1981 organise sous des conditions très restrictives une procédure de pétition individuelle devant la Commission africaine des droits de l'homme et des peuples (*infra*, n° 112) et que la Commission interaméricaine des droits de l'homme, en dehors de ses fonctions d'organe de contrôle de la CADH, est compétente – en tant qu'organe permanent de la Charte de l'OEA (Protocole de Buenos Aires du 27 février 1967) – pour recevoir des pétitions individuelles alléguant de la violation de l'un des droits reconnus dans la Déclaration américaine des droits de l'homme, adoptée lors de la conférence de Bogota en 1948, et dirigées contre un État membre de l'OEA mais non partie à la CADH. La

1. Outre ces trois comités (CERD, CDH, CAT), d'autres comités sont compétents pour recevoir des plaintes individuelles : Comité pour l'élimination de la discrimination à l'égard des femmes (CEDAW), Comité des droits des personnes handicapées (CRDP), Comité des disparitions forcées, Comité des droits économiques, sociaux et culturels. Adopté le 19 décembre 2011, le Protocole facultatif à la Convention relative aux droits de l'enfant établit également une procédure individuelle devant le Comité des droits de l'enfant. Voir J. Dhommeaux, « Les recours individuels devant les neuf organes conventionnels des Nations unies : étude comparative », *Mélanges Jean-François Flauss*, Pedone, 2014, p. 271.

procédure se termine par un rapport de la Commission, assorti de ses recommandations, susceptible d'être publié.

55 Les recours contentieux. — Ils n'existent que dans le cadre des mécanismes régionaux de protection des droits de l'homme, européen (Convention de sauvegarde des droits de l'homme et des libertés fondamentales adoptée à Rome le 4 nov. 1950), américain (Convention américaine relative aux droits de l'homme du 22 nov. 1969) et africain (Charte africaine des droits de l'homme et des peuples du 27 juin 1981). Dans le cadre européen, le recours contentieux est désormais direct puisque l'article 34 de la CEDH telle qu'amendée par le Protocole 11 (entré en vigueur le 1er nov. 1998) autorise de plein droit l'individu à saisir la Cour européenne. Dans le cadre américain, le recours contentieux est indirect. S'inspirant de la Convention de Rome dans sa version originaire (art. 25), la Convention de San José reconnaît aux individus le droit de saisir un organe d'instruction et de conciliation, la Commission interaméricaine des droits de l'homme (art. 44), par une requête relative à la violation par l'un des États parties des droits protégés par la Convention. Quoique n'offrant pas aux particuliers la possibilité de saisir directement la juridiction internationale compétente (Cour interaméricaine des droits de l'homme) cette voie de recours aboutit, à l'issue d'une procédure complexe, à une décision obligatoire revêtue de l'autorité de la chose jugée. Relevons toutefois que la CADH, à la différence de la CEDH à l'origine (art. 25), ne subordonne pas le droit de recours individuel à une déclaration d'acceptation préalable de l'État et lève formellement l'obstacle de la compétence nationale de l'État ; en pratique, cet obstacle avait disparu du système européen dès 1987, tous les États parties à la Convention ayant reconnu le droit de recours individuel. Dans le cadre africain, la Cour africaine des droits de l'homme et des peuples a été instituée par le Protocole de Ouagadougou, du 10 juin 1998, additionnel à la Charte et entré en vigueur en 2004 (30 États parties au 10 févr. 2016 ; *infra*, n° 102). La Cour peut être saisie par les individus et les ONG, sous réserve de l'acceptation préalable de sa compétence par l'État partie (art. 5 § 3 et 34 § 6 ; 7 acceptations au 8 oct. 2015). L'arrêt de la Cour, revêtu de l'autorité relative de la chose jugée, est définitif. La Cour a rendu son premier arrêt

(compétence), le 15 décembre 2009 (*RTDH*, 2010-89, p. 749, note A.-D. Olinga).

Seuls ces recours contentieux mis en place dans le cadre régional correspondent à un réel droit d'action internationale de l'individu, lui permettant de faire respecter l'exercice effectif de ses droits et éventuellement, d'obtenir réparation si la violation de l'un d'eux est établie.

Précisons que la Cour de justice de la Communauté économique des États de l'Afrique de l'Ouest (CEDEAO) est compétente, en vertu du Protocole d'Accra (19 janv. 2005), pour connaître de plaintes individuelles alléguant la violation des droits garantis par la Charte africaine ou les autres instruments de protection ratifiés par l'Etat partie (V. CJCEDEAO, 5 nov. 2013, *H. Habré c/Sénégal*).

## II | La distinction des droits individuels et des droits des collectivités

**56** Il faut affirmer nettement que *seuls les droits individuels* relèvent sans discussion du droit en vigueur, ainsi que l'atteste l'expérience concrète de l'application des droits et de leur contrôle (*infra*, Troisième Partie). Comme le souligne Jean Combacau, « en droit positif, on ne peut parler de façon utile de » droit de l'homme « que là où une règle reconnaît à un particulier un droit subjectif qu'il puisse opposer à l'État et, éventuellement, à d'autres particuliers » (*Droit international public*, Montchrestien, 1995, 2e éd., p. 393). Droits de l'individu, les droits de l'homme ne sauraient être confondus avec les droits des collectivités.

### *A – Les droits individuels à dimension collective*

**57** Droits collectifs et droits des collectivités. — Les droits collectifs peuvent être définis comme des *droits individuels dont l'exercice est collectif* (*infra*, n[os] 559 ss.) : l'individu est titulaire de ces droits qui ne peuvent être exercés qu'en groupe (par ex., la liberté syndicale). Ces libertés de l'action collective s'inscrivent dans l'esprit de la DUDH qui proclame les seuls droits de l'individu mais prend en considération la dimension communautaire ou collective des droits de l'homme, en affirmant que c'est seulement dans la communauté que le plein développement de la personnalité de l'individu est possible (art. 29, § 1).

Très différents sont les droits dont le groupe est directement titulaire : il ne s'agit plus de droits collectifs mais de droits des collectivités. De tels droits visant à *préserver l'intégrité de la collectivité*, déjà reconnus par le Pacte de la SDN à certaines minorités (*supra*, n° 17), ont été, après la Seconde Guerre mondiale, consacrés simultanément mais, et cela est significatif, *distinctement* des droits de l'homme. Après avoir affirmé dans sa Rés. 95. I du 11 décembre 1946 que « le génocide est le refus du droit à l'existence à des groupes humains tout entiers, de même que l'homicide est le refus du droit à l'existence à un individu », l'Assemblée générale des Nations Unies adoptait le 9 décembre 1948 la Convention pour la prévention et la répression du crime de génocide. Qualifié de « crime du droit des gens » (*supra*, n° 16), le génocide est défini (art. 2) comme l'acte « commis dans l'intention de détruire, en tout ou partie, un groupe national, ethnique, racial ou religieux » et recouvre à la fois des actes commis contre le groupe lui-même (destruction physique totale ou partielle) et contre les membres du groupe (meurtre, atteinte à l'intégrité physique, par ex.). La protection de l'intégrité du groupe complète celle de l'intégrité individuelle, du moins au plan de l'énoncé des droits (la Convention est dépourvue de mécanisme de garantie) : le droit à la vie, le droit à ne pas être torturé, le droit à ne pas être placé en état de servitude, le droit à la non-discrimination bénéficient ainsi à l'individu (comme tel, au titre des droits individuels, et comme membre du groupe) et au groupe dont il est membre.

La CIJ dans son ordonnance du 13 septembre 1993 en indication de mesures conservatoires dans l'affaire relative à l'application de la Convention pour la prévention et la répression du crime de génocide reprend cette définition (*Rec.*, 1993, p. 325, § 42). Il en va de même du projet de la CDI de Code des crimes contre la paix et la sécurité de l'humanité (art. 17 ; *supra*, n° 43). Dans sa première décision, du 2 septembre 1998 (*le Procureur c/ Jean-Paul Akayesu*), le Tribunal pénal international pour le Rwanda fait application de la Convention de 1948 pour qualifier de génocide les massacres commis au

Rwanda en 1994 visant à exterminer les Tutsis et relève, en l'espèce, l'« intention génocidaire de l'accusé » ; on notera que le tribunal inclut dans le crime de génocide les viols et violences sexuelles (note R. Maison, *RGDIP*, 1999, 129) ; pour le TPIY, voir notamment TPIY, 2 août 2001, *Krstic* (chron. H. Ascensio et R. Maison, *AFDI*, 2001, p. 266). La CIJ insiste également sur l'« intention de détruire » dans son arrêt du 26 février 2007, *Affaire relative à l'application de la convention pour la prévention et la répression du crime de génocide entre la Bosnie-Herzégovine et la Serbie et Monténégro*, où, pour la première fois, elle constate la responsabilité d'un État (la Serbie) pour manquement à ses obligations de prévention et de répression d'un génocide (*RGDIP*, 2007-2, p. 243 et s., obs. P.-M. Dupuy *et al.*). La Cour européenne des droits de l'homme, quant à elle, se rallie à une interprétation large du crime de génocide, estimant que l'« intention de détruire un groupe » signifie sa destruction en tant qu'« unité sociale » mais ne nécessite pas une « destruction physique et biologique » (*Jorgic c/ Allemagne*, 12 juillet 2007).

La Convention sur l'élimination et la répression du crime d'apartheid du 30 novembre 1973 s'inscrit dans la même tendance : le crime d'apartheid, qualifié de crime contre l'humanité (art. 1), est défini par une liste d'actes inhumains, voisine de celle du génocide, commis en vue d'instituer ou d'entretenir la domination d'un groupe racial sur un autre.

Avec la démocratisation des États d'Europe centrale et orientale a resurgi au plan international la question de la protection des minorités et la problématique droit du groupe / droit de l'individu.

**58** LES DROITS DES MINORITÉS. — La Commission d'arbitrage de la conférence européenne pour la paix en Yougoslavie, qui, envisageant le droit des minorités comme droit des peuples, n'hésite pas à y voir une « norme impérative du droit international général », au respect de laquelle devrait être subordonnée la reconnaissance des États, se place à l'avant-garde du droit international en formation. Celui-ci se montre fort prudent et se situe dans le droit fil de l'article 27 du PIDCP, qui demeure le seul instrument conventionnel à portée générale garantissant les droits des minorités : « Dans les États où il existe des minorités ethniques, religieuses ou linguistiques, les personnes appartenant à ces minorités ne peuvent être privées du droit d'avoir en commun avec les autres membres de leur groupe, leur propre vie culturelle, de professer et de pratiquer leur propre religion, ou d'employer leur propre langue. » On relève ainsi que le document de Copenhague de la Conférence pour la sécurité et la coopération en Europe (CSCE), du 29 juin 1990 (*infra*, n° 88), la Convention cadre pour la protection des minorités nationales adoptée par le Conseil de l'Europe le 1er février 1995 [1], prennent soin de concilier les revendications minoritaires avec l'exigence d'unité et de cohésion de l'État : la protection des minorités n'est envisagée que dans le respect du principe de l'intégrité territoriale de l'État (par ex., § 35, Déclaration Copenhague, et art. 8, § 4, Déclaration des Nations Unies). Prudence aussi dans l'approche de la notion de minorité (qui n'a jamais fait l'objet d'une définition universellement reconnue) soit qu'elle ne soit pas définie (Déclaration des Nations Unies et Convention cadre), soit qu'elle reçoive une définition suffisamment large pour s'adapter à la variété des situations : « Le terme "minorité" désigne un groupe numériquement inférieur au reste de la population d'un État, dont les membres, qui ont la nationalité de cet État, possèdent des caractéristiques ethniques, religieuses ou linguistiques différentes de celles du reste de la population et sont animés de la volonté de préserver leur culture, leurs traditions, leur religion ou leur langue » [2]. La notion de minorité est donc abordée sur la base de critères objectifs (le nombre [3] ; les particularismes des langues, des religions, des cultures ; la nationalité, qui permet d'exclure les étrangers et les travailleurs migrants : *contra*, observation générale du CDH, *infra*) et, surtout, d'un critère subjectif – le sentiment d'identité du groupe minoritaire et la volonté de ses membres de conserver cette identité –, qui implique le principe du libre choix de la personne de revendiquer, ou non, son appartenance à une minorité nationale (art. 3, § 1 de la Convention cadre).

1. Entrée en vigueur le 1er février 1998, la convention est ratifiée par 39 États au 7 mars 2016.
2. Art. 2 de la proposition de convention européenne pour la protection des minorités élaborée par la Commission européenne pour la démocratie, le 8 février 1991 (commentaire, G. Malinverni, *RUDH*, 1991, p. 157).
3. Le CDH a utilisé ce critère dans un sens restrictif, considérant que « les minorités visées à l'article 27 sont les groupes minoritaires à l'échelle de l'État (...) et non pas des minorités dans une province » : ainsi, les citoyens canadiens anglophones ne peuvent être considérés comme une minorité linguistique au Québec (nos 359 et 385/1989, déc. 31 mars 1993, *McIntyre et al. c/ Canada*, *RUDH*, 1993, p. 156).

**59** DROITS DES MEMBRES DES MINORITÉS. — La protection internationale des minorités, selon l'article 27 du PIDCP et les divers textes précités, s'organise autour de deux lignes de force. S'agissant des titulaires des droits reconnus, ces textes s'accordent pour conférer des droits non pas à la collectivité, le groupe minoritaire, mais aux *individus* qui la composent [1] : « Les personnes appartenant à des minorités ont le droit de... » L'observation générale adoptée par le CDH sur l'article 27 du Pacte, le 6 avril 1994, est particulièrement nette (CCPR/C/21/Rev. 1/Add. 5). Le CDH y affirme que les droits garantis par l'article 27 sont des *droits individuels*, distincts donc du droit des peuples à disposer d'eux-mêmes (§ 3. 1), bénéficiant aux « personnes qui appartiennent à un groupe et ont en commun une culture, une religion et/ou une langue ». Les droits énoncés par le Pacte étant, par ailleurs (art. 2, § 1), garantis à toute personne sans considération, notamment de nationalité, le CDH estime, en conséquence, que les droits reconnus aux membres des minorités ne sauraient être limités aux seuls « citoyens » ou nationaux de l'État (et valent, ainsi, pour les travailleurs migrants ; § 5. 1 et 2). Cependant, ces droits individuels s'inscrivent nécessairement dans un contexte collectif (l'identité du groupe) et peuvent être exercés aussi bien individuellement que collectivement, avec les autres membres du groupe (art. 3 de la Déclaration des Nations Unies et de la Convention cadre) : en ce sens, on peut parler de *droits collectifs* (*supra*, n° 57). Ce choix en faveur du membre du groupe comme titulaire des droits est commandé par les nécessités d'un contrôle efficace du respect des droits des minorités et permet seul de mettre en œuvre un droit de recours individuel : dans sa décision du 26 mars 1990, *B. Ominayak et la bande du lac Lubicon c/ Canada*, le Comité des droits de l'homme a clairement indiqué que les droits énoncés à l'article 27 du PIDCP, en tant que droits individuels, pouvaient faire l'objet d'un recours devant lui, présenté, au besoin, par « un groupe de personnes, s'estimant victimes d'un même préjudice (...) alléguant une atteinte à leurs droits » (n° 167/84, *RUDH*, 1991, p. 69).

1. Seul, l'article 3 du projet de Convention européenne de 1991 reconnaît à la minorité en tant que telle le droit d'être protégé contre toute activité susceptible de menacer son existence et le droit au respect, à la préservation et au développement de son identité.

En second lieu, les droits garantis ont un double fondement. C'est d'abord le principe général de non-discrimination qui assure une garantie d'uniformité de traitement de tous les individus et permet aux personnes appartenant aux minorités de jouir, sur un strict pied d'égalité, des mêmes droits que les autres citoyens. Ce n'est là que la réaffirmation d'un droit garanti à quiconque – et donc aux membres des minorités – par les conventions à portée générale (art. 14 CEDH, art. 26 PIDCP ; *infra*, n° 265) : notons, cependant, que l'article 4 de la Convention cadre du Conseil de l'Europe édicte, à l'instar de l'article 26 du PIDCP, une clause générale de non-discrimination (« Toute discrimination fondée sur l'appartenance à une minorité nationale est interdite ») et va au-delà de la CEDH, qui interdit toute forme de discrimination uniquement à propos des droits qu'elle énonce [1]. C'est ensuite l'octroi aux membres des minorités de droits spéciaux, leur permettant de bénéficier d'un traitement préférentiel visant à préserver leurs caractéristiques et leurs traditions. De telles mesures spéciales, qui tendent à assurer une égalité réelle entre les membres du groupe minoritaire et les autres individus, ne sauraient elles-mêmes passer pour discriminatoires : le principe de « discrimination positive », déjà consacré par la Convention de 1965 sur l'élimination de toutes les formes de discrimination raciale (art. 1, al. 4, et 2, al. 2), est affirmé par le CDH dans son observation précitée (§ 6) et est aussi retenu par la Convention cadre (art. 4, § 2) ou la Déclaration des Nations Unies (art. 8, § 3). Les droits spécifiques reconnus par ces textes sont en nombre limité et, dans l'esprit de l'article 27 du Pacte, ont pour objet de protéger les caractéristiques culturelles, linguistiques et religieuses des minorités : droit d'utiliser librement sa langue maternelle, en public comme en privé ; droit d'apprendre sa langue maternelle ; droit de pratiquer librement sa religion ; droit d'association et droit d'entretenir des contacts avec d'autres membres du groupe minoritaire, y compris au-delà des frontières ; droit de participer aux affaires publiques ; droit à un recours effectif en cas de violation des droits protégés.

1. Voir les arrêts de la Cour européenne des droits de l'homme relatifs au droit à l'instruction (23 juillet 1968, *Affaire « linguistique » belge*, *GACEDH*, n° 8) et au droit à des élections libres (2 mars 1987, *Mathieu-Mohin et Clerfayt*, A. 113, *GACEDH*, 3ᵉ éd., n° 62).

La jurisprudence du Comité des droits de l'homme fournit des indications sur ces droits spécifiques. Selon le CDH, le droit d'avoir sa « propre vie culturelle », au sens de l'article 27 du Pacte, inclut notamment le droit pour une femme indienne, ayant perdu son statut légal d'Indienne du fait de son mariage avec un non-Indien, de retourner vivre dans son milieu culturel (la réserve Tobique ; n° R. 6/24, déc. 30 juill. 1981, *Lovelace c/ Canada*, *RUDH*, 1989, p. 89, § 15) et, surtout, le droit d'exercer une activité économique dès lors que celle-ci est « un élément essentiel de la culture d'une communauté ethnique » [1] (en l'espèce, l'élevage du renne pour un membre de la communauté sami [2], n° 197/1985, déc. 27 juill. 1988, *Kitok c/ Suède*, *RUDH*, 1989, p. 84, § 9. 2 ; activités de prospection de ressources énergétiques menaçant le mode de vie traditionnel – chasse et pêche – et la culture de la bande du lac Lubicon, n° 167/84, déc. 26 mars 1990, *Ominayak c/ Canada*, *ibid.*, 1991, p. 69, § 32. 2).

Au même titre que les autres droits individuels, les droits des minorités sont susceptibles de restrictions (par ex., art. 19 de la Convention cadre). Dans le cadre de l'article 27 du Pacte, le CDH estime que les restrictions affectant le droit d'une personne appartenant à une minorité (en l'espèce de résider dans une réserve) « doivent être raisonnablement et objectivement justifiées et être compatibles avec les autres dispositions du Pacte, pris dans son ensemble » ; cela suppose que ladite limitation s'avère nécessaire pour préserver l'identité et le bien-être de la minorité dans son ensemble (*Lovelace*, préc., § 16 ; aussi *Kitok*, préc., § 9. 8).

S'agissant plus particulièrement de mesures affectant l'exercice des activités économiques traditionnelles d'une minorité, leur compatibilité avec l'article 27 est notamment subordonnée au respect du principe de proportionnalité, qui implique que les mesures adoptées ne menacent pas les moyens de subsistance de la communauté minoritaire et de ses membres, et à la participation effective de ceux-ci

1. Ce qui implique l'existence d'un lien entre le mode de vie des intéressés et l'activité économique en cause ayant donné naissance à une culture spécifique (pour un exemple contraire : n° 760/1997, *Diegaardt et al. c/ Namibie*, déc. 25 juill. 2000, *A/55/40*, vol. II, 2000, p. 149).
2. Voir aussi, à propos de projets d'exploitation forestière dans une zone d'élevage du renne par la communauté sami, n° 779/1997, *Aärelä c/ Finlande*, déc. 24 oct. 2001, *A/57/40*, vol. II, 2002, p. 105 ; n° 1023/2001, *Länsmann III c/ Finlande*, déc. 17 mars 2005, A/60/40, vol. II, 2005, p. 96.

au processus décisionnel débouchant sur la mesure litigieuse ; l'État doit donc prendre des mesures positives pour organiser cette garantie procédurale (n° 511/1992, *Ilmari Länsman c/ Finlande*, déc. 26 oct. 1994, *A/50/40*, vol. II, p. 69 ; n° 547/1993, déc. 27 oct. 2000, *Apirana Mahuika et consorts c/ Nouvelle-Zélande*, *A/56/40*, vol. II, 2001, p. 11 ; n° 1457/2006, déc., 27 mars 2009, *Poma c/ Pérou*, A/ 64/40, vol. II, p. 239).

**60** PROTECTION PAR LA CEDH. — La CEDH, bien qu'elle ne contienne pas de disposition spécifique relative aux droits des minorités, est néanmoins susceptible de protéger indirectement ceux-ci. Sur un plan procédural, la Commission européenne des droits de l'homme, puis la Cour, ont accepté que les villages samis aient, sous couvert de la notion d'« organisation non gouvernementale » (ex-art. 25, *infra*, n° 200), la qualité de requérants, ouvrant ainsi le droit de recours individuel – et, partant, le mécanisme de protection de la Convention – à une collectivité (déc. 25 nov. 1996, *Könkäma et 38 autres villages sames c/ Suède*, *D. et R.*, 87 B, 78 ; *Handölsdalen Sami village et a. c/ Suède*, 30 mars 2010). Le juge européen reconnaît aussi le droit d'un membre d'un groupe ethnique d'agir individuellement pour la défense de l'identité collective (*Aksu c/ Turquie*, 15 mars 2012 : requérant d'origine rom se prévalant d'une atteinte au droit au respect de sa vie privée du fait de passages d'un livre dévalorisants pour la communauté rom). Sur le plan matériel, le droit de propriété et le droit à un procès équitable ont permis, dans un premier temps, de protéger le droit d'avoir sa « propre vie culturelle », le juge européen considérant que les droits exclusifs de chasse et de pêche revendiqués par des villages samis en Suède sont des « biens », au sens de l'article 1 du Protocole 1, et des « droits de caractère civil », au sens de l'article 6, § 1 de la Convention.

C'est l'arrêt de Grande Chambre de la Cour européenne, *Chapman c/ Royaume-Uni*, du 18 janvier 2001 (*GACEDH*, n° 48), qui marque l'ouverture véritable de la Convention à la question des droits des minorités. Confrontée à la question du refus d'accorder à une famille Tsigane un permis d'aménagement foncier lui permettant de vivre en caravane sur le terrain qu'elle possède, la Cour, revenant sur sa jurisprudence antérieure (*Buckley c/ Royaume-Uni*, 25 sept. 1996, *RTDH*, 1997, 47, note O. De Schutter), considère que

« la vie en caravane fait partie intégrante de l'identité tsigane de la requérante car cela s'inscrit dans la longue tradition du voyage suivie par cette minorité », et juge que les mesures prises à l'encontre de Mme Chapman « influent aussi sur sa faculté de conserver son identité tsigane et de mener une vie privée et familiale conforme à cette tradition » (§ 73). C'est reconnaître que le droit au respect de la vie privée et familiale (art. 8 CEDH) garantit aux membres d'une minorité le droit d'avoir un mode de vie traditionnel (en ce sens, Comm., déc. 3 oct. 1983, *G et E c/ Norvège*, *D. et R.*, 35, 38).

Le juge européen s'engage dans la voie de la protection directe des droits des minorités, n'hésitant pas à affirmer que l'appartenance à une minorité « peut influer sur la manière d'appliquer (les) lois » et que les autorités nationales ont l'obligation, en raison de la situation de vulnérabilité des personnes appartenant à des minorités nationales, « d'accorder une attention spéciale à leurs besoins et à leur mode de vie propre tant dans le cadre réglementaire (...) que lors de la prise de décision dans des cas particuliers ». En conséquence, l'article 8 impose aux États parties l'« obligation positive de permettre aux Tsiganes de suivre leur mode de vie » (§ 96).

Toutefois, en l'espèce, la Cour juge que l'article 8 n'implique pas l'obligation positive pour le Royaume-Uni de mettre à la disposition de la communauté tsigane un nombre adéquat de sites convenablement aménagés où les Tsiganes pourraient installer légalement leur caravane ; le respect de l'article 8 suppose néanmoins que l'expulsion d'une famille tsigane soit assortie des garanties procédurales requises et réponde à l'obligation de motivation (*Connors c/ Royaume-Uni*, 27 mai 2004). Dans le cas de l'expulsion d'une communauté rom occupant illégalement des terrains municipaux, la Cour prend en compte la situation de la communauté, en tant que groupe social défavorisé, pour apprécier la nécessité de la mesure d'expulsion, au regard notamment de solutions alternatives envisageables (*Yordanova c/ Bulgarie*, 24 avr. 2012, *JCP G*, 2012, act. 582, C. Picheral ; *Winterstein et a. c/ France*, 17 oct. 2013, *D* 2013, 2678, note J.-P. Marguénaud et J. Mouly, et, pour une application en droit interne, Cass. civ. 3e, 17 déc. 2015, n° 14-22.095, *JCP G* 2016, 188, avis O. Bailly ; *JCP G* 2016, 189, note P-Y. Gautier).

Pour un exemple de sanction de l'obligation procédurale, en matière de prestation sociales, *Munoz Diaz c/ Espagne,* 8 déc. 2009 (*JCP G*, 2010, doctr. 70, F. Sudre).

Une avancée importante est réalisée par l'arrêt de Grande Chambre *Gorzelik et al. c/ Pologne*, du 17 février 2004 (*JCP G*, 2004, I, 161, n° 13, chron. F. Sudre). Faisant valoir que le principe du pluralisme, qui caractérise la « société démocratique », suppose la reconnaissance et le respect des « identités ethniques et culturelles », l'arrêt consacre le droit des membres d'une minorité de se prévaloir de la liberté d'association, garantie par l'article 11 de la Convention, afin d'agir collectivement pour la défense de l'identité minoritaire (solution déjà retenue implicitement par *Sidiropoulos et al. c/ Grèce*, 10 juill. 1998 ; confirmée par *Ouranio Toxo et al. c/ Grèce*, 20 oct. 2005). Dans la même ligne, l'intégrité physique des groupes minoritaires est désormais intégrée dans le champ de protection de l'article 3 de la Convention (interdiction de la torture) dès lors que le « risque réel » de traitements contraires à l'article 3 résultant de l'éloignement forcé d'un étranger peut résider « dans l'appartenance à un groupe minoritaire particulièrement menacé » (*Salah Sheek c/ Pays-Bas*, 11 janv. 2007 ; *Sultani c/ France*, 20 sept. 2007). En sanctionnant une discrimination frappant un groupe (art. 14), la Cour européenne, en Grande Chambre, confirme pleinement cette évolution (*D. H. et al. c/ République tchèque*, 13 nov. 2007 ; *infra*, n° 282).

On le constate, la proclamation internationale des droits des minorités s'efforce de concilier la reconnaissance des particularismes et l'universalisme des droits de l'homme. Pour ce faire, elle promeut des *droits individuels à dimension collective*, dont la finalité est la protection du groupe minoritaire.

D'une inspiration très différente est le glissement progressif de l'individuel vers le collectif qui s'effectue, par ailleurs, sous l'effet de la multiplication des résolutions incantatoires émanant des Organisations universelles. Avec les « droits de solidarité », qualifiés approximativement par leurs promoteurs de « droits collectifs » afin de mieux les distinguer des droits classiques, une confusion s'opère car il s'agit en réalité de promouvoir les droits des collectivités au détriment des droits individuels.

### *B – Les pseudo-droits de solidarité*

**61** LA CLASSIFICATION TROMPEUSE DES DROITS DE L'HOMME EN TROIS GÉNÉRATIONS. — Il convient de rejeter la classification ternaire des droits de l'homme, en vogue dans les organisations universelles : droits de la première génération (droits civils et politiques), droits de la deuxième génération (droits économiques, sociaux et culturels), droits de la troisième génération (« droits de solidarité »). Cette présentation relève du discours mystificateur : la numérotation des droits de l'homme suggère à la fois l'idée de progression (la « troisième génération » sous-entend que les droits de la première et de la deuxième générations représentent déjà un acquis), et d'anachronisme (les droits de la première génération, plus encore que ceux de la deuxième génération, semblent d'un autre âge et paraissent relever de la « préhistoire » des droits de l'homme) [1]. Un tel discours, qui met l'accent sur des préoccupations nouvelles qui seraient celles des pays majoritaires à l'ONU (paix, désarmement, développement, environnement...), évite l'interrogation sur la réalité des droits « anciens » au sein des États membres de l'ONU et atteint un premier résultat : marginaliser les droits dits de la première et de la deuxième génération, et principalement les premiers fondés, pour l'essentiel, sur le critère de la liberté. Surtout, la nature même de droits de l'homme des « droits de solidarité » soulève de sérieuses interrogations.

**62** LA COLLECTIVISATION DES DROITS DE L'HOMME. — Elle s'effectue dans le sillage de la décolonisation au nom du droit des peuples à disposer d'eux-mêmes. Mentionné par la Charte des Nations Unies comme un des buts de l'Organisation (art. 1, § 2), le droit des peuples va pénétrer les droits de l'homme en deux temps. D'abord, la Déclaration du 14 décembre 1960 sur l'octroi de l'indépendance aux pays et aux peuples coloniaux (Rés. 1514. XV) réalise le lien entre libre détermination et droits de l'homme, en affirmant

1. Y. Madiot note que la question est moins « de savoir si une troisième génération de droits est née ou va naître (les droits de solidarité) » que « de détecter, par rapport à une représentation théorique et, en quelque sorte, idéale de la personne humaine, les "manques", les "vides" et les "insuffisances" » (Vers une « territorialisation » du droit, *RFDA*, 1995, p. 950).

(§ 2) que « la sujétion des peuples à une subjugation, à une domination et à une exploitation étrangères constitue un déni des droits fondamentaux de l'homme ». Ensuite, les pactes internationaux de 1966 inscrivent le droit des peuples dans un instrument conventionnel de proclamation des droits de l'homme (art. 1) et en font le premier des droits de l'homme (*infra*, n° 63). Des raisons d'opportunité politique expliquent cette démarche : il s'agit, d'une part, de favoriser l'élimination du colonialisme en opposant le droit des peuples comme droit de l'homme aux métropoles européennes, « patries » des droits de l'homme, et, d'autre part, de permettre aux nouveaux pays de participer à une définition des droits de l'homme qui réponde à leurs aspirations. Ainsi, dès le départ (art. 1, § 2 des pactes), le droit des peuples est lié aux objectifs de développement économique des pays décolonisés. Les textes ultérieurs amplifieront cette tendance : par exemple, la Rés. 32/130, adoptée par l'Assemblée générale le 16 décembre 1977 (intitulée Autres méthodes et moyens qui s'offrent dans le cadre des organismes des Nations Unies pour mieux assurer la jouissance effective des droits de l'homme et des libertés fondamentales), proclame que la réalisation d'un nouvel ordre économique international est « un élément essentiel pour une promotion effective des droits de l'homme et des libertés fondamentales » (§ 1. *f*), et la Déclaration sur le droit au développement du 4 décembre 1986 (Rés. 41/128) définit ce droit comme « un droit inaliénable de l'homme » qui suppose « la pleine réalisation du droit des peuples à disposer d'eux-mêmes » (Nations Unies, *Droits de l'homme. Recueil d'instruments internationaux*, 2003). Néanmoins, subsiste une question essentielle : le droit des peuples a-t-il sa place dans le corpus conventionnel des droits de l'homme ?

63 LE DROIT DES PEUPLES : DROIT DE L'HOMME OU DROIT DE L'ÉTAT ? — 1° Si les droits de l'homme régissent les rapports entre l'individu et le groupe (État, collectivité) et les individus eux-mêmes, le droit des peuples à disposer d'eux-mêmes se situe au niveau des relations entre les groupes eux-mêmes (métropole coloniale – peuple colonisé). Surtout, le sujet de droit n'est pas identique dans l'un et l'autre cas. Les droits de l'homme ont pour titulaire l'individu ; le droit des peuples à la libre détermination a pour titu-

laire théorique les peuples. *Le droit des peuples est un droit de la collectivité et non un droit de l'homme.* Mais de quelle collectivité s'agit-il ? L'ambivalence de la notion de peuple doit être relevée. Le peuple, en tant que sujet de droit, n'existe que dans le droit de la décolonisation, sous réserve qu'il présente une triple caractéristique : former un peuple (ce qui suggère une certaine unité nationale) ; être sous domination, subjugation ou exploitation ; que celle-ci soit étrangère. Ce dernier élément est déterminant et permet d'écarter le droit des peuples lorsqu'il est invoqué au détriment des États issus de la décolonisation : la pratique des Nations Unies consacre l'obligation de décoloniser et non le droit des peuples à disposer de leur sort. Le droit des peuples a une utilité transitoire : permettre l'accès à l'indépendance des peuples colonisés. Une fois cet objectif atteint, les droits politiques et économiques éventuellement reconnus aux peuples sont en réalité exercés par les États, seuls sujets de droits : l'État « s'identifiant au peuple libéré, se subordonne le principe comme une traduction nouvelle de la souveraineté » (J. Charpentier, Autodétermination et décolonisation, *Mélanges Chaumont*, Pedone, 1984, p. 130). Keba M'Baye en convient aussi : « Les peuples sont les titulaires des droits. Mais ce sont les États qui les exercent en leur nom par l'intermédiaire des gouvernements » (*Les droits de l'homme en Afrique*, Pedone, 1992, p. 173). N'est-ce pas là, sous couvert des « droits de l'homme », favoriser l'accentuation des droits des États au détriment des droits des individus et opérer une perversion de la proclamation internationale des droits de l'homme et un dangereux retour en arrière ?

Cette tendance à la collectivisation des droits de l'homme a été exprimée nettement, sur le plan universel, par la Proclamation de Téhéran du 13 mai 1968, qui fait figurer la Rés. 1514 parmi les instruments universels de proclamation des droits de l'homme ayant édicté des normes obligatoires (§ 3), et par la Rés. précitée 32/130, qui n'hésite pas à placer le droit « de chaque *nation* à l'exercice de sa pleine souveraineté sur ses richesses et ressources naturelles » (§ 1 *e*) parmi les priorités en matière de droits de l'homme. Dans les deux textes, l'application des droits de l'homme est subordonnée à « une politique nationale et internationale rationnelle et efficace de développement économique et social » (§ 13 et § 1 *b*) Sur le plan régional, la Charte africaine des droits de l'homme et de peuples fait une place importante aux droits des peuples – analysés par F. Ouguergouz (*La Charte africaine des droits de l'homme et des peuples*, Puf, 1993, p. 135 et s.) à la fois comme des droits de liberté (droit des peuples à l'existence, à disposer d'eux-mêmes, à la libre disposition de leurs richesses et ressources naturelles) et des droits de solidarité (*infra*, n° 69) – sans dissiper les incertitudes relatives à la notion de « peuple », qui apparaît dans la Charte comme « un terme caméléon au contenu tributaire de la fonction du droit concerné » (*ibid.*) [1].

Le droit positif s'inscrit en faux contre ces tentatives : une jurisprudence constante du Comité des droits de l'homme, organe de contrôle du PIDCP, affirme nettement que le droit des peuples n'est pas un droit individuel. Selon le Comité des droits de l'homme, le droit de recours ouvert aux individus par le Protocole facultatif au Pacte ne vaut que pour la défense des droits individuels, énoncés aux articles 6 à 27 du Pacte ; dès lors l'individu, auteur du recours, « ne peut se prétendre victime d'une violation du droit des peuples à disposer d'eux-mêmes, tel que ce droit est proclamé à l'article premier du Pacte » [2].

Néanmoins, le CDH estime que les dispositions de l'article 1 du Pacte peuvent être pertinentes pour interpréter d'autres droits protégés par le Pacte. Ainsi, dans sa décision *Gillot c/ France* (n° 932/2000, déc. 15 juill. 2002, *A/57/40*, vol. II, 2002, p. 257), ayant à connaître de la compatibilité des modalités de définition du corps électoral pour les élections locales en Nouvelle-Calédonie résultant de la mise en œuvre de l'accord de Nouméa (5 mai 1998) avec l'article 25 du Pacte (droit à des élections libres), le Comité examine au regard de l'article 1 les critères de définition des corps électoraux et juge ces critères « raisonnables dans la mesure où ils s'appliquent strictement et uniquement à des scrutins s'inscrivant dans un processus d'autodétermination » (§ 13. 16).

La CEDH ne garantissant pas le droit des peuples à disposer d'eux-mêmes, il est plus surprenant que la Cour européenne, dans une affaire identique, considère que le processus d'autodétermination suivi en Nouvelle-Calédonie caractérise des « nécessités locales » justifiant des restrictions particulières au droit de vote (*Py c/*

1. F. Ouguergouz distingue quatre acceptions du mot « peuple » dans la Charte africaine : le « peuple-État » (l'ensemble des nationaux d'un État), la population de l'État, l'ethnie, le peuple sous domination coloniale ou raciale (p. 138).
2. Rapp. à l'Assemblée générale, 1987, *A/42/40*, § 401-402. Voir les décisions du CDH : n° 167/84, *B. Ominayak et la bande du lac Lubicon c/ Canada*, 26 mars 1990, *RUDH*, 1991, p. 69 ; n° 318/1988, *E et P c/ Colombie*, 25 juillet 1990, Rapp. à l'AG, 1990, vol. II, *A/45/40*, p. 204, § 8. 2 ; n° 413/1990, *A et B c/ Italie*, 2 novembre 1990, *RUDH*, 1991, p. 166.

*France*, 11 janv. 2005, *JCP G*, 2005, I, 159, n° 20, chron. F. Sudre ; *RFDA*, 2006, 139, note A. Roblot-Troizier et J.-G. Sorbara).

S'il convient d'admettre que le droit à l'autodétermination est bien « un principe protecteur des droits de l'homme » (avis n° 2 de la Commission d'arbitrage de la Conférence européenne pour la paix en Yougoslavie, 11 janv. 1992, *RGDIP*, 1992, p. 266), dont la réalisation conditionne la jouissance des droits de l'individu [1], on ne saurait faire du droit des peuples un droit de l'homme : comme le dit le Pr Madiot, « c'est confondre un pouvoir d'agir remis aux individus leur permettant de faire respecter leurs droits par des moyens juridiques avec une revendication collective non sanctionnée juridiquement » (*Droits de l'homme*, Masson, 1991, p. 56).

2° Envisagé jusqu'à présent comme le droit des nations de former un État indépendant – issu du principe des nationalités du XIXe siècle –, le droit des peuples se rattache aussi à la notion d'idée démocratique et implique le droit pour la population de choisir librement ses institutions politiques et ses dirigeants. L'ère postcommuniste a donné une nouvelle vitalité à cette seconde acception, principalement en Europe. Très significative de cette tendance est la Charte de Paris pour une Nouvelle Europe, du 21 novembre 1990 (*infra*, n° 88), par laquelle les États participants à la CSCE s'engagent à « édifier, consolider et raffermir la démocratie comme seul système de gouvernement de nos nations » ou encore la référence de la Déclaration de la Conférence mondiale sur les droits de l'homme, du 25 juin 1993 (*infra*, n° 128), à la démocratie « fondée sur la volonté, librement exprimée, du peuple qui détermine le système politique, économique, social et culturel qui sera le sien et sur sa pleine participation à tous les aspects de la vie de la société » (§ 8). On constate également que l'« impératif démocratique » prend progressivement place parmi les priorités de l'ONU (voir L. A. Sicilianos, *L'ONU et la démocratie de l'État*, Pedone, 2000). Interprété comme un principe de légitimité démocratique, le droit des peuples

1. En ce sens, l'observation générale 12 (21) adoptée par le CDH le 5 octobre 1984 : le droit à l'autodétermination « revêt une importance particulière parce que sa réalisation est une condition essentielle de la garantie et du respect effectif des droits individuels de l'homme ainsi que de la promotion et du renforcement de ces droits ».

se situerait alors au point de rencontre des droits de la collectivité et des droits individuels civils et politiques.

**64** L'IMPOSSIBLE IDENTIFICATION DES « DROITS DE SOLIDARITÉ ». — 1° Touchant aux grandes préoccupations de notre temps (paix, développement, environnement), les droits de solidarité traduiraient « une certaine conception de la vie en communauté » : à la fois opposables à l'État et exigibles de lui, ils ne pourraient « être réalisés que par la conjonction des efforts de tous les partenaires sociaux », aussi bien sur le plan interne qu'international (K. Vasak, Le droit international des droits de l'homme, *RCADI*, 1974, t. 140, p. 344). Les individus comme les peuples, les États ou d'autres entités publiques ou privées pourraient se prévaloir du droit à l'environnement pur, du droit au développement, du droit à la paix, ou du droit au respect du patrimoine commun de l'humanité. Ces droits ne relèveraient ni de la tradition individualiste (« première génération »), ni de la tradition socialiste (« deuxième génération ») mais ils incarneraient une troisième voie, tiers-mondiste (la « troisième génération ») : ces droits, selon Keba M'Baye, « sont essentiellement de nature mixte en ce sens qu'ils participent des exigences de l'individu et des peuples et appartiennent autant au domaine des droits civils et politiques que des droits économiques sociaux et culturels » (*op. cit.*, p. 38). La Charte africaine des droits de l'homme et des peuples, du 28 juin 1981, fournit l'expression la plus achevée de ces droits de solidarité auxquels elle donne un contenu résolument collectif : les peuples, proclame la Charte, ont droit au développement économique, social et culturel (art. 22), à la paix et à la sécurité sur le plan national et international (art. 23), à un environnement satisfaisant et global (art. 24).

Le Pr Rivero a parfaitement mis en évidence l'incertitude juridique qui affecte ces prétendus droits : « Aux nouveaux droits, en effet, font défaut certains des caractères que la notion même de droit implique nécessairement : tout droit doit avoir un titulaire certain, un objet précis et possible, et doit être opposable à une ou plusieurs personnes déterminées tenues de les respecter » (*Les libertés publiques*, Puf, t. 1, 1984, p. 134). S'agissant des titulaires, la plupart des nouveaux droits semblent attribués à des collectivités, mais lesquelles : les peuples, l'État, les composantes collectives de l'ensemble national, la communauté internationale ? Ainsi, du droit au développement : la Déclaration du 4 décembre 1986 (préc.) affirme tout à la fois que « l'être humain est le sujet central du développement », que « les peuples ont le droit de participer et de contribuer au développement » et que les États ont « la responsabilité première » de la réalisation de ce droit. L'objet de ces nouveaux droits soit sort du champ de l'humainement possible (la paix), soit est général et imprécis : le droit au développement, notion en soi évolutive, engloberait non seulement le droit à « une participation effective » à tous les aspects du développement et à « une répartition équitable » des fruits du développement, mais aussi les droits civils, politiques économiques, sociaux et culturels et « le droit à un environnement international où tous ces droits puissent être réalisés » (Rapport du secrétaire général, *La réalisation du droit au développement*, Nations Unies, 1991, § 143). Quant aux débiteurs, on ne peut les désigner : le droit au développement est-il opposable à l'État, à la communauté internationale ou aux seuls États développés ?

La définition que donne Kéba M'Baye du *droit au développement* est révélatrice de ces équivoques : le droit au développement est « la prérogative reconnue à chaque peuple et à chaque individu de pouvoir satisfaire ses besoins en accord avec ses aspirations dans toute la mesure que permet la jouissance équitable des biens et services produits par la Communauté » (*op. cit.*, p. 209). Dire de ce droit qu'il est un « droit *sui generis* » (*ibid.*, p. 187) ou encore un « droit synthèse » (K. Vasak, *op. cit., infra*, n° 79, p. 304) ne fait que masquer la fragilité de la construction juridique.

On ne peut, certes, nier le lien entre le développement, ou la paix, et les droits de l'homme : sans un niveau de vie minimum, en l'absence d'une situation pacifique, l'exercice et le respect des droits de l'homme restent illusoires ; plus particulièrement, le besoin de développement est consubstantiel à l'homme et la revendication au développement apparaît bien comme une exigence éthique fondamentale relevant de l'égale dignité de l'être humain [1]. Mais il ne suffit pas d'une déclaration pour ajouter un nouveau droit à la liste des droits de l'homme. Les pseudo-droits de solidarité n'ont ni sujet,

1. Voir H. Decker, *in* D. Maugenest et P.-G. Pougoué (dir.), *Droits de l'homme en Afrique centrale*, UCAC-Karthala, 1996.

ni objet, ni débiteur : ce sont des vœux – légitimes –, des revendications, des incantations (« les peuples de la Terre ont un droit sacré à la paix », Déclaration de l'Assemblée générale des Nations Unies sur le droit des peuples à la paix du 12 nov. 1984, Rés. 39/11, *Recueil*, préc., p. 403) mais non des droits (la Déclaration sur le droit au développement insiste ainsi sur le caractère « progressif » de sa réalisation, art. 10). Qualifier de « droit de l'homme » le droit à la paix, le droit au respect du patrimoine commun de l'humanité ou le droit au développement, c'est parler la « langue de bois » des droits de l'homme : il n'y a ni droit, ni homme titulaire du droit.

2° Seul, le droit à l'environnement, issu de la prise de conscience des menaces que l'activité humaine fait peser sur le milieu naturel (Déclaration de Stockholm de la Conférence des Nations Unies sur l'environnement, 16 juin 1972), nous paraît susceptible de relever de la technique juridique des droits de l'homme. D'abord, parce que ce droit a un contenu spécifique, distinct à notre sens du droit à la santé (art. 12 PIDESC), qui peut s'analyser en un droit à la préservation d'un environnement sain ; cela implique alors des droits procéduraux, le droit d'être informé des projets de décision des autorités publiques susceptibles de porter atteinte à l'environnement et le droit à des voies de recours appropriées (en ce sens le principe 10 de la Déclaration de Rio, adoptée le 13 juin 1992 par la Conférence des Nations Unies sur l'environnement et le développement). Opposable à l'autorité publique, le droit à l'environnement l'est aussi, comme nombre de droits individuels, aux individus eux-mêmes, qui ont alors le « devoir » de protéger l'environnement. Enfin, si la Charte africaine en fait un droit des peuples (art. 24), le Protocole de San Salvador additionnel à la CADH traitant des droits économiques, sociaux et culturels, du 17 novembre 1988, est le premier instrument conventionnel (entré en vigueur le 16 nov. 1999) à inscrire le droit à un environnement salubre dans le *corpus* des droits de l'homme : « Toute personne a le droit de vivre dans un environnement salubre et de bénéficier des équipements collectifs essentiels » (art. 11, § 1) ; cependant, le droit de recours devant la Commission interaméricaine n'est pas ouvert à l'individu aux fins de défendre ce droit, protégé seulement par la voie des rapports périodiques de l'État partie sur les mesures adoptées (art. 19, § 6).

Plus prometteuse, à cet égard, est la jurisprudence européenne des droits de l'homme, examinée plus loin, qui s'est déployée sur le terrain du droit au respect de la vie privée (*infra*, n° 493). La promotion du droit à l'environnement paraît donc s'opérer, en droit positif, au titre des droits individuels et non de la catégorie, au contenu douteux, des « droits de solidarité ».

**65** LA DÉNATURATION DES DROITS DE L'HOMME. — L'introduction des « droits de solidarité » dans la catégorie des droits de l'homme fait perdre à celle-ci toute unité conceptuelle et toute cohérence intellectuelle et menace la notion même de droits de l'homme. Le processus d'adjonction des « droits de solidarité » aux droits de l'homme se révèle en effet autodestructeur, à un double titre. En premier lieu, ce processus produit une extension et, par là, une dilution du concept de droits de l'homme en un concept globalisant, « attrape-tout » (le droit à la liberté d'opinion mais aussi le droit à l'air pur), couvrant l'ensemble des problèmes politiques et sociaux (voir la Proclamation de Téhéran), mais au détriment de toute signification précise. Les droits de l'homme deviennent alors « un ensemble flou » : selon la formule du Pr Loschak, « la catégorie des droits de l'homme se dénature à force d'enfler » (Mutation des droits de l'homme et mutation du droit, *RIEJ*, 1984, p. 51). En second lieu, l'existence des droits individuels est directement remise en cause. Le discours sur les « droits de solidarité » autorise un amalgame entre des droits positifs (le droit à ne pas être torturé, par ex.) et de simples aspirations (le « droit » au désarmement), qui vise à priver les droits individuels de leur crédibilité, de leur « positivité ». De plus, la promotion des « droits de solidarité » postule une hiérarchie entre les droits individuels et les droits des collectivités telle que ces derniers sont posés comme des droits fondamentaux, comme la condition d'accès aux autres droits de l'homme. L'État, exonéré d'une responsabilité précise dans la mise en œuvre des droits de l'homme, confiée à une mythique solidarité internationale, est le grand bénéficiaire de cette tentative de rénovation de la proclamation internationale des droits de l'homme qui, paradoxalement, contredit la finalité initiale des droits de l'homme : la protection de l'individu contre le pouvoir. La logomachie « onusienne » oublie l'essentiel : les droits et libertés individuels.

Toutefois, du fait de l'effacement de la conception socialiste des droits de l'homme, la tendance en faveur de la collectivisation des droits de l'homme paraît sur le déclin. La Déclaration de Vienne de la Conférence mondiale sur les droits de l'homme, du 24 juin 1993, est l'expression d'un nouveau syncrétisme : « La démocratie, le développement et le respect des droits de l'homme et des libertés fondamentales sont interdépendants et se renforcent mutuellement » (§ 8).

## Section III
## Les destinataires des obligations

Le droit international et européen des droits de l'homme reconnaît des droits aux individus et, corrélativement, fait naître à la charge des États des obligations correspondantes ; il porte ainsi atteinte aux principes classiques de la compétence nationale exclusive et de la non-ingérence dans les affaires intérieures.

### I | L'EFFACEMENT DU PRINCIPE DE LA COMPÉTENCE NATIONALE EXCLUSIVE

66 SINGULARITÉ DES OBLIGATIONS. — Les droits de l'homme font naître à la charge des États des obligations dont la singularité réside dans le fait que leur exécution n'est pas soumise, comme en droit international général, au principe de réciprocité. Ces obligations emportent en effet des conséquences remarquables : elles conditionnent tant l'exercice, en principe exclusif, par l'État de sa compétence territoriale que l'organisation des rapports entre la Puissance publique et les particuliers placés sous son autorité. Plus précisément, l'État partie à une convention internationale protectrice des droits de l'homme n'est pas soumis seulement à l'obligation de garantir les droits protégés à ses propres nationaux : il doit se conformer à cette obligation à l'égard de tous les individus se trou-

vant sur son territoire, quelle que soit leur nationalité (art. 2 du PIDCP ; les art. 1 de la CEDH et de la CADH emploient des formules voisines : « Toute personne relevant de la juridiction », ou de « la compétence » de l'État). Cette obligation générale qui pèse sur l'État n'a de réel contenu que si elle est assortie des modalités destinées à la faire respecter : elle suppose qu'un droit d'action internationale soit reconnu non seulement aux individus, ainsi qu'on l'a vu précédemment, mais encore aux autres États. Un État partie à une norme internationale des droits de l'homme doit pouvoir engager contre un autre État partie une procédure relative à la violation d'une obligation conventionnelle par cet État, au bénéfice de ses propres ressortissants comme au bénéfice d'individus qui ne sont pas ses propres ressortissants. On mesure, au plan théorique, l'innovation que constitue cette procédure par rapport à la protection diplomatique traditionnelle : l'action étatique permet à n'importe quel État partie d'exercer la garantie des droits de l'homme dans l'intérêt de la communauté en vue de la protection des valeurs communes que le système consacre.

**67** MODALITÉS DU DROIT D'ACTION ÉTATIQUE. — Quelques régimes conventionnels relatifs aux droits de l'homme prévoient la possibilité pour un État de mettre en question la manière dont un autre État contractant exécute ses obligations. Mais, comme le droit d'action individuel, le droit d'action étatique reste de peu de portée quand il ne permet pas le déclenchement d'un contrôle judiciaire.

Les procédures prévues sur le plan universel par le PIDCP (art. 41 et 42), la Convention sur l'élimination de toutes les formes de discrimination raciale (art. 11, 12 et 13) et la Convention contre la torture (art. 21) restent dans la logique des modes diplomatiques de règlement des différends et se limitent à une tentative de bons offices et de conciliation, après constatation et études des faits, aboutissant au mieux à des propositions facultatives (*infra*, n° 400).

Sur le plan régional, la Charte africaine des droits de l'homme et des peuples met en place une procédure sommaire de « communications » étatiques qui permet à un État partie de dénoncer les violations de la Charte commises par un autre État partie. Deux possibilités sont offertes : la « communication-négociation »[1] est celle que l'État « plaignant » adresse à l'État visé afin d'obtenir des explications satisfaisantes de ce dernier, une solution négociée et, à défaut, de porter l'affaire devant la Commission (art. 47) ; la « communication-plainte » permet à l'État demandeur de saisir directement la Commission (art. 49). Dans les deux cas, la procédure, de nature diplomatique, est tendue vers la recherche du règlement amiable et ne peut qu'aboutir à un rapport de la Commission adressé aux États concernés et, assorti de ses recommandations, à la Conférence des chefs d'État et de gouvernement de l'OUA.

C'est dans le cadre de la Convention européenne des droits de l'homme que l'action étatique trouve son expression la plus raffinée. Tout État membre peut, conformément au nouvel article 33 de la Convention, saisir unilatéralement la Cour d'une requête à propos de la violation de la Convention par un autre État : à défaut de règlement amiable, l'affaire sera jugée par la Cour européenne, qui prendra une décision à caractère obligatoire (selon l'ancien système, ex-art. 24, la requête étatique, portée d'abord devant la Commission, pouvait être jugée soit par le Comité des ministres soit par la Cour). Un système similaire est prévu par la Convention américaine des droits de l'homme réserve faite que la compétence de la Commission pour connaître des requêtes étatiques (art. 45) est subordonnée, sous condition de réciprocité, à une déclaration d'acceptation des États parties (10 acceptations au 7 mars 2016). D'une manière générale, ces recours étatiques n'ont fait l'objet que d'une utilisation parcimonieuse.

## II | L'obstacle du principe de la non-ingérence dans les affaires intérieures de l'État

68 **Formulation du principe.** — Le principe de non-intervention dans les affaires intérieures de l'État fait partie intégrante de l'ordre juridique international. Énoncé par l'article 15, § 8

1. D'après les termes (de même pour ceux de « communication-plainte ») du règlement intérieur de la Commission africaine des droits de l'homme et des peuples, adopté le 13 février 1988 (art. 87 et s., *RUDH*, 1989, p. 489).

du Pacte de la SDN puis par l'article 2, § 7 de la Charte des Nations Unies, qui définit un « domaine réservé » à l'État, le principe a été confirmé solennellement par la suite par la Déclaration sur l'inadmissibilité de l'intervention dans les affaires intérieures des États et la protection de leur indépendance et de leur souveraineté (Rés. 2131 XX de l'Assemblée générale du 21 déc. 1965) et par la Déclaration du 24 octobre 1970 sur les principes devant régir les relations amicales entre les États (Rés. 2625 XXV), dans une formulation identique : « Aucun État ni groupe d'États n'a le droit d'intervenir, directement ou indirectement, pour quelque raison que ce soit, dans les affaires intérieures ou extérieures d'un autre État. En conséquence, non seulement l'intervention armée, mais aussi toute autre forme d'ingérence ou toute menace, dirigées contre la personnalité de l'État ou contre ses éléments politiques, économiques et culturels, sont contraires au droit international (…). » Or, la protection internationale des droits de l'homme implique une responsabilité collective des États quant à l'application des normes relatives aux droits de l'homme et se heurte de front au principe de non-ingérence. L'Acte final d'Helsinki, du 1er août 1975, sur la sécurité et la coopération en Europe est révélateur de cette contradiction puisqu'il énonce à la fois, au titre de la « première corbeille », le principe VI de « non-intervention dans les affaires intérieures » et le principe VII du « respect des droits de l'homme et des libertés fondamentales, y compris la liberté de pensée, de conscience, de religion ou de conviction », sans faire prévaloir l'un ou l'autre de ces principes. Mieux, dans le dixième principe (« Exécution de bonne foi des obligations assumées conformément au droit international »), l'Acte stipule que : « Tous les principes énoncés ci-dessus sont dotés d'une importance primordiale, et en conséquence ils s'appliquent également et sans réserve, chacun d'eux s'interprétant en tenant compte des autres. » On ne saurait mieux ne pas trancher la question essentielle : Le principe de non-ingérence couvre-t-il ou non les droits de l'homme ?

**69** CONTROVERSES DOCTRINALES. — On doit considérer, avec la majorité de la doctrine occidentale, que les droits de l'homme échappent en principe au champ d'application du principe de non-ingérence, dans la mesure où ils abolissent la distinction tranchée entre ordre interne et ordre international. Les affaires relatives aux droits de l'homme ne peuvent être considérées comme « essentiellement nationales » (art. 2, § 7) en raison de la singularité substantielle des droits de l'homme et de leur caractère objectif (*supra*, n° 40). Ceci est confirmé par l'extension, par les articles 55 et 56 de la Charte des Nations Unies, du champ de la coopération internationale aux droits de l'homme et par le fait que les États sont liés par des normes internationales en la matière. Cette interprétation est étayée par l'arrêt de la CIJ du 5 février 1970 dans l'affaire de la *Barcelona Traction*, où la Cour reconnaît que les États ont « un intérêt juridique » à ce que les droits fondamentaux de la personne soient protégés (*Rec.*, 1970, p. 32). Cette analyse est pleinement confirmée par la résolution adoptée par l'Institut de droit international à Saint-Jacques-de-Compostelle, le 13 septembre 1989, sur « la protection des droits de l'homme et le principe de non-intervention dans les affaires intérieures des États »[1]. Il faut donc conclure, avec P.-M. Dupuy, à « la non-pertinence de l'invocation du principe de non-ingérence à l'encontre des contrôles internationaux de l'application des droits de l'homme » (manuel préc., n° 5, § 203).

La doctrine socialiste était radicalement différente : les droits de l'homme sont par principe une affaire intérieure et « le contrôle international sur l'activité des États pour garantir les droits de l'homme et les libertés fondamentales doit s'exercer en respectant d'une manière stricte leur souveraineté et le principe de non-ingérence dans leurs affaires intérieures » (V. Kartashkin, Les pays socialistes et les droits de l'homme, *Manuel Unesco*, préc., p. 691). Selon les juristes des pays socialistes, les individus ne sont pas sujets du droit international : la reconnaissance aux particuliers de la capacité juridique internationale entraînerait un affaiblissement de la souveraineté des États et une ingérence dans les affaires intérieures des États. Les accords internationaux ne sauraient alors confier directement des droits aux individus : c'est à l'État partie au

1. Selon cette résolution, « les droits de l'homme bénéficiant désormais d'une protection internationale, cessent d'appartenir à la catégorie des affaires qui relèvent essentiellement de la compétence nationale des États ». L'obligation « internationale » qu'a l'État d'assurer le respect des droits de l'homme est une « obligation *erga omnes* », telle que « tout État a un intérêt juridique à la protection des droits de l'homme » (art. 1 ; *Ann. IDI*, vol. 63, 1989. II, p. 338).

traité, et à lui seul de prendre les mesures d'application internes lui permettant de s'acquitter de ses obligations internationales. Aussi, la création d'organes spéciaux chargés d'assurer un contrôle international direct du respect des droits de l'homme n'est admissible que dans des « situations bien précises et concrètes » de violations flagrantes ou de violations massives et systématiques des droits de l'homme, telles que l'agression, le colonialisme, le fascisme, le racisme, le génocide ou l'apartheid.

D'une manière générale, bon nombre de pays en voie de développement, dont la Chine, mais aussi la Russie, ont une position voisine et se réclament toujours de la primauté du principe de non-ingérence.

**70** LA PRATIQUE INTERNATIONALE. — 1° Les États occidentaux ont estimé qu'ils avaient un droit de surveillance sur le respect des normes internationales de protection des droits de l'homme et qu'ils pouvaient adopter des sanctions économiques à l'encontre d'un État violant les droits de l'homme à l'égard de sa propre population ; ainsi, contre la Pologne en 1982, en raison des « mesures de répression prises par le gouvernement polonais contre son propre pays ». Relevant de pratiques étatiques ponctuelles, conjoncturelles et souvent réversibles, dont il est difficile de tirer des enseignements généraux, l'adoption de ces « contre-mesures » apparaît comme un substitut aux sanctions prévues par la Charte des Nations Unies et tend à signifier que le non-respect des droits de l'homme s'inscrit dans l'illicite. Par ailleurs, l'insistance mise par les États occidentaux, dans leurs relations avec certains pays de l'Europe de l'Est, sur le principe VII « du respect des droits de l'homme et des libertés fondamentales » de l'Acte d'Helsinki adoptée par la Conférence sur la sécurité et la coopération en Europe (1er août 1975), a sans doute contribué à l'évolution interne des pays socialistes durant les années 1980 (*infra*, n° 88).

2° Plus systématique est la démarche de l'Union européenne dans le cadre des accords de coopération au développement conclus avec les pays tiers. S'agissant d'abord des Conventions de Lomé (CEE-ACP), si la 3e Convention, du 8 décembre 1984, incluait timidement (en annexe à son art. 4) une « déclaration » sur le respect des droits de l'homme par les États ACP, la 4e Convention du 15 décembre 1989 intègre les droits de l'homme dans le corps du texte (art. 5) [1], affirmant expressément que « la politique de développement et la coopération sont étroitement liées au respect et à la jouissance des droits et libertés fondamentales de l'homme ». On peut toutefois s'interroger sur l'importance réelle du thème des droits de l'homme dans cette coopération CEE-ACP, même si un dispositif de suspension de la coopération en cas de violations graves des droits de l'homme et des principes démocratiques a été négocié dans le cadre de la révision à mi-parcours de Lomé IV. La pratique d'introduction d'une clause de conditionnalité « droits de l'homme » a ensuite, à compter des accords conclus avec les États baltes (le 21 déc. 1992) et la Bulgarie (8 mars 1993), été systématisée : la clause de respect des droits de l'homme constitue « un élément essentiel » de l'accord et sa violation autorise la suspension ou la cessation de l'accord par l'Union européenne ; une telle clause est également inscrite dans l'accord de Cotonou du 23 juin 2000 (révisé en 2005) entre l'Union européenne et les États ACP (art. 9, § 2 et 96, § 2). La CJCE a validé cette pratique (CJCE, 3 décembre 1996, *Portugal c/ Conseil*, aff. C-268/94, *Rec.*, I-6177).

Dans cet arrêt, la Cour juge que la clause « droits de l'homme » ne déborde pas l'objectif énoncé à l'article 177, § 2 CE (« La politique de la Communauté dans ce domaine (coopération au développement) contribue à l'objectif général de développement et de consolidation de la démocratie et de l'État de droit, ainsi qu'à l'objectif du respect des droits de l'homme et des libertés fondamentales ») et trouve une base juridique dans l'article 181 CE.

De manière plus systématique, le traité de Lisbonne intègre cet objectif général dans les dispositions générales relatives à l'action extérieure de l'Union (art 21 § 2 b TUE) et, dans cette ligne, l'Union a adopté en 2009 des « lignes directrices sur les dialogues en matière de droits de l'homme avec les pays tiers ».

Du fait du caractère discrétionnaire de l'adoption des mesures de suspension, un particulier ne peut se prévaloir d'une clause « droits de l'homme » au soutien

1. L'article 5 de la Convention de Lomé IV apparaît comme une disposition « balai » rassemblant, sans grande cohérence, des éléments très disparates : droits individuels et droits des peuples, apartheid et travailleurs migrants, droits civils et politiques et droits économiques, sociaux et culturels, moyens financiers à mettre en œuvre.

d'une action en carence et en responsabilité contre l'Union (Trib. UE, ord. 6 sept. 2011, *Muhamad Mugraby c/ Conseil et Commission, RTDH,* 2012-92, p. 395, obs. C. Maubernard).

3° La pratique des Nations Unies jusqu'à la fin des années 1980 témoigne d'une interprétation à la fois souple et très sélective du principe de non-ingérence et de l'article 2, § 7 de la Charte des Nations Unies. Le principe de non-ingérence ne fait pas obstacle aux interventions de l'Assemblée générale lorsque la condamnation de la violation des droits de l'homme se fonde sur la condamnation du colonialisme (colonies portugaises, Rhodésie, Namibie, territoires occupés par Israël) ou sur la condamnation de l'apartheid (par ex., la Rés. 2506 XXIV du 21 nov. 1969 condamne l'Afrique du Sud pour « crime contre l'humanité »). Par contre, l'article 2, § 7 demeure un verrou protecteur de la souveraineté étatique qui autorise alors la majorité des membres de l'Assemblée générale des Nations Unies à affirmer que l'action internationale en faveur des droits de l'homme ne justifie pas une ingérence dans les affaires intérieures de l'État : qu'en est-il des violations massives commises par la Guinée, l'Ouganda, l'Éthiopie, le Cambodge, l'Iran… ? Il est vrai que les Résolutions déclaratoires de l'Assemblée générale des Nations Unies, confortent alors la souveraineté étatique et le principe de non-ingérence au détriment du principe du respect des droits de l'homme. On a déjà relevé que l'importante Résolution 2625 (XXV) du 24 octobre 1970 omet de mentionner, parmi les principes devant régir les relations internationales qu'elle « codifie », le respect des droits de l'homme alors qu'elle consacre les principes de non-intervention et d'égalité souveraine des États. Surtout, la Résolution 36/103 du 9 décembre 1981, qui porte « Déclaration, sur l'inadmissibilité de l'intervention et de l'ingérence dans les affaires intérieures des États » traduit l'alignement de l'Assemblée universelle sur les conceptions les plus rigides de la souveraineté étatique. Adoptée par 120 voix contre 22 et 6 abstentions (tous les États occidentaux, le Japon et Israël s'y sont opposés), la Résolution fait du respect des droits de l'homme une affaire purement interne. Est ainsi reconnu « le droit et le devoir des États d'observer, de promouvoir et de défendre tous les droits de l'homme et libertés fondamentales *sur leur propre territoire national…* » ; par contre,

« exploiter et déformer des questions relatives aux droits de l'homme afin d'exercer des pressions sur des États ou de susciter la méfiance ou le désordre intérieur d'États ou de groupes d'États et entre eux constitue une intervention dans les affaires intérieures des États ». De plus, le principe de non-ingérence est renforcé par le principe d'autodétermination de l'État, tel qu'il est formulé par les grandes Résolutions de l'Assemblée générale des Nations Unies (Rés. 2131 XX du 21 déc. 1965 sur la non-intervention, Rés. 2625 XXV sur les relations amicales, Rés. 3281 XXIX du 12 déc. 1974 portant Charte des droits et devoirs économiques des États) : « Chaque État a le droit souverain et inaliénable de choisir son *système* économique, de même que ses *systèmes* politique, social et culturel, conformément à la volonté de son peuple, sans ingérence, pression ou menace extérieure d'aucune sorte » (art. 1 de la Charte de 1974). L'obligation de respecter la liberté et la spécificité d'un « système » interdit, par elle-même, de contester la politique d'un État en matière de droits de l'homme, partie intégrante de ce « système », et fait du respect de la non-ingérence le garant des droits de l'homme.

Ces résolutions portent la marque de leur époque et des réticences de l'URSS et des pays du Tiers Monde au sujet des droits de l'homme. La dislocation de l'Empire soviétique et l'évolution radicale des relations Est-Ouest qui en découle à compter de 1989 vont totalement renouveler la question des rapports entre non-ingérence et droits de l'homme comme en témoigne la première décision, le 2 octobre 1995, de la Chambre d'appel du Tribunal pénal international pour l'ex-Yougoslavie (affaire *Tadic*, compétence, *RGDIP*, 1996, p. 101, obs. M. Sassoli) : « Ce serait une parodie du droit et une trahison du besoin universel de justice que le concept de la souveraineté de l'État puisse être soulevé avec succès à l'encontre des droits de l'homme » (§ 58). Elles vont aussi favoriser la revendication, très médiatisée, d'un « devoir » ou d'un « droit d'ingérence humanitaire ».

**71** DE L'« INGÉRENCE HUMANITAIRE » AU DROIT D'ASSISTANCE HUMANITAIRE. — Si la notion de « devoir d'ingérence », notion a-juridique qui est l'expression d'une indignation morale [1], peut être ici écartée, l'analyse juridique conduit à constater que la notion de « droit d'ingérence humanitaire » n'a aucunement été consacrée par le droit positif. Les Résolutions adoptées par l'Assemblée générale des Nations Unies, à l'initiative de la France, 43/131 du 8 décembre 1988 sur l'« assistance humanitaire aux victimes des catastrophes naturelles et situations d'urgence du même ordre », 45/100 du 14 décembre 1990 sur les « couloirs d'urgence humanitaire » et 46/182 du 19 décembre 1991 sur le « renforcement de la coordination de l'aide humanitaire d'urgence de l'ONU » ébauchent en effet un droit d'assistance humanitaire (ce qui est déjà un progrès appréciable). Ce droit présente quatre caractéristiques majeures. Il faut, d'abord, souligner son fondement consensuel et son caractère subsidiaire [2] : l'assistance humanitaire s'opère dans le respect de la souveraineté de l'État, dont le consentement est requis (on ne saurait donc parler d'ingérence) [3], et l'aide n'intervient qu'à titre subsidiaire, si les moyens matériels de l'État concerné, à qui il incombe au premier chef d'agir, sont défaillants. On relèvera ici que la CIJ, dans son arrêt du 27 juin 1986 relatif aux activités militaires et paramilitaires au Nicaragua, était allée plus loin en affirmant que « la fourniture d'une aide strictement humanitaire à des personnes ou à des forces se trouvant dans un autre pays (...) ne saurait être considérée comme une intervention illicite » (§ 242) [4]. En second lieu, l'objet du droit est strictement limité : fournir de la nourriture, des médicaments ou des soins médicaux aux victimes de situations d'urgence (catastrophes naturelles ou conflits armés). Cette aide humanitaire est encadrée par « les principes d'humanité ou de neutralité et d'impartialité » (Rés. 43/131), qui sont l'écho de disposi-

1. Il s'agit, selon son promoteur, d'une « commodité de langage pour désigner une attitude éthique » (M. Bettati, Un droit d'ingérence ?, *RGDIP*, 1991, p. 643).
2. La Résolution 43/131 réaffirme « la souveraineté des États affectés et le rôle premier qui leur revient dans l'initiative, l'organisation, la coordination et la mise en œuvre de l'assistance humanitaire sur leurs territoires respectifs ».
3. La Résolution 46/182, qui énonce les principes directeurs en matière d'aide humanitaire, affirme même que « l'aide humanitaire devrait être fournie avec le consentement du pays touché et en principe sur la base d'un appel lancé par ce dernier ».
4. De même, l'IDI, dans sa Résolution précitée (n° 74), paraît admettre qu'il ne saurait y avoir ingérence lorsqu'il y a aide humanitaire au respect des droits de l'homme : « L'offre par un État, un groupe d'États, une organisation internationale ou un organisme humanitaire impartial tel que le CICR, de secours alimentaire ou sanitaire à un État dont la population est gravement menacée dans sa vie ou sa santé ne saurait être considérée comme une intervention illicite dans les affaires intérieures de cet État... » (art. 5).

tions familières au droit international humanitaire [1]. En troisième lieu, c'est un droit de porter secours, dont sont titulaires les organisations internationales et les ONG et (accessoirement) les États, qui est énoncé et non un droit des victimes à être secourues : il s'agit d'un droit de proposer son assistance à l'État en cause. Enfin, les débiteurs de ce droit d'assistance humanitaire sont clairement identifiés, l'État territorial et les États voisins : pèse sur eux l'obligation de faciliter la mise en œuvre de l'assistance humanitaire. Ainsi défini, le droit d'assistance humanitaire se présente comme un droit d'assistance à la sauvegarde des droits fondamentaux de l'homme.

D'un fondement juridique fragile (les résolutions de l'Assemblée générale) ce droit d'assistance humanitaire n'a pas été confirmé par la pratique de l'ONU elle-même et paraît, pour l'instant, être un droit mort-né.

En effet, on notera, à titre d'exemples, que les Résolutions du Conseil de sécurité 688 du 5 avril 1991 (Kurdistan irakien), 770 du 13 août 1992 (Bosnie-Herzégovine), 794 du 3 décembre 1992 (Somalie), 929 du 29 juin 1994 (Rwanda) ou 1973 du 17 mars 2011 (Libye) sont prises au titre du chapitre VII de la Charte des Nations Unies. Agissant dans le cadre du maintien de la paix, le Conseil de sécurité décide d'opérations militaires à des fins humanitaires : il s'agit de permettre l'accès des organisations humanitaires internationales aux victimes (Kurdistan, Bosnie) [2], d'assurer les conditions de sécurité pour les opérations de secours humanitaire (Somalie) de protéger les personnes déplacées en danger (Rwanda) ou de protéger les populations et zones civiles menacées d'attaque (Libye).

La consécration juridique du droit d'assistance humanitaire fait défaut et celle d'une « responsabilité collective de protéger » les populations civiles contre le génocide, les crimes de guerre, le nettoyage ethnique et les crimes contre l'humanité, énoncée avec prudence par les Nations unies (Rés. AG 60/1, 16 sept. 2005, § 138-140), reste à établir.

1. La CIJ, dans son arrêt précité de 1986, définit l'aide humanitaire, qui doit être assurée « sans discrimination aucune », par seule référence aux fins de la Croix-Rouge : « Prévenir et alléger les souffrances de l'homme et protéger la vie et la santé (et) faire respecter la personne humaine » (§ 243).
2. Le mandat de la FORPRONU en Bosnie a été ultérieurement recentré sur la seule action humanitaire pour la Bosnie-Herzégovine (Rés. 815 et 819 des 30 mars et 16 avr. 1993).

L'extension de la notion de maintien de la paix – et par là un élargissement du mandat du Conseil de sécurité [1] – aux violations massives des droits de l'homme et le renforcement du lien établi par la Charte des Nations Unies et la DUDH entre la paix internationale et le respect des droits de l'homme sont toutefois notables ; la création par le Conseil de sécurité, sur le fondement du chapitre VII de la Charte, d'un tribunal criminel international pour l'ex-Yougoslavie ou pour le Rwanda (*supra*, n° 13), conforte cette analyse.

La faveur qu'a connue (que connaît encore ?) le principe de non-ingérence auprès de nombreux États s'est longtemps opposée à l'adoption de mécanismes internationaux de garantie effective des droits de l'homme dans le cadre universel : on ne saurait donc s'étonner que les instruments internationaux de protection des droits de l'homme adoptés dans le cadre des Nations Unies ne reconnaissent que très sommairement le droit à l'individu et à l'État d'agir au plan international pour le respect des droits proclamés. L'obstacle de la non-ingérence n'est réellement levé que par les mécanismes régionaux de contrôle de l'application des normes relatives aux droits de l'homme, qui ménagent des possibilités de sanction judiciaire.

## Pour aller plus loin

72 SUR LE CARACTÈRE OBJECTIF DES DROITS DE L'HOMME. — Voir K. Vasak, Vers un droit international spécifique des droits de l'homme, *Les dimensions internationales des droits de l'homme*, Unesco, 1978, p. 707 ; R. Provost, Reciprocity in human rights and humanitarian law, *BYBIL*, 1994, 383. *Sur l'ordre public européen*, on se reportera à F. Sudre, L'ordre public européen, *in* M.-J. Redor (dir.), *L'ordre public : ordre public ou ordres publics. Ordre public et droits fondamentaux*, Bruylant, « Droit et justice », n° 29, 2001, p. 109 ; C. Picheral, *L'ordre public européen. Droit communautaire et droit européen des droits de l'homme*, La Documentation française, « Monde européen et international », 2001.

73 SUR LES RÉSERVES. — Voir d'abord, P.-H. Imbert, *Les réserves aux traités multilatéraux*, Pedone, 1979 ; La question des réserves et les conventions en matière de droits de l'homme, *Actes du V<sup>e</sup> colloque international sur la CEDH*, Francfort, 1980, Pedone,

1. Comme le confirme la Résolution 940 du 31 juillet 1994 (Haïti) qui, en vertu du chapitre VII, a pour finalité de rétablir la démocratie et d'assurer le respect des droits de l'homme, mis en péril par un coup d'État militaire.

1982, p. 97 ; Les réserves à la CEDH devant la Commission de Strasbourg (l'affaire Temeltasch), *RGDIP*, 1983, p. 580 à 625. On consultera également : O. de Frouville, *L'intangibilité des droits de l'homme en droit international. Régime conventionnel des droits de l'homme et droit des traités*, Pedone, 2004 ; F. Coulée, À propos d'une controverse autour d'une codification en cours : les réactions aux réserves incompatibles avec l'objet et le but des traités de protection des droits de l'homme, *Mélanges G. Cohen-Jonathan*, Bruylant, 2004, 501 ; G. Cohen-Jonathan, Les réserves dans les Traités relatifs aux droits de l'homme, *RGDIP*, 1996, p. 915 ; S. Marcus-Helmon, L'article 64 de la Convention de Rome ou les réserves à la CEDH, *RDIDC*, 1968. 1, p. 1 ; J. Dhommeaux, La coordination des réserves et des déclarations à la CEDH et au PIDCP, *in* J.F. Flauss et M. De Salvia, *La CEDH : développements récents et nouveaux défis*, Bruylant, 1997, p. 13, qui présente une typologie des réserves.

**74** DÉNONCIATION DES TRAITÉS. — Voir, principalement, O. de Frouville, *op. cit.*, sous n° 78 ; J.F. Flauss, La protection des droits de l'homme et les sources du droit international, SFDI, *La protection des droits de l'homme et l'évolution du droit international*, Pedone, 1998, p. 30 et s. ; M. Kamminga, State succession in respect of Human rights treaties, *EJIL*, 1996-4, 469 ; E. Suy, Droit des traités et droits de l'homme, *Mélanges Mosler*, Springer-Verlag, 1983, p. 935.

**75** SUR LE CONCEPT DE *JUS COGENS*. — À propos des notions « modernes » du droit international (normes impératives, crime international…) et des incertitudes qu'elles font naître il importe de lire l'article fondamental de P. Weil, Vers une normativité relative en droit international, *RGDIP*, 1982, p. 5 à 47. S'agissant des normes impératives il faut rappeler que Georges Scelle s'est particulièrement illustré dans la recherche de l'existence de normes supérieures venant limiter la liberté conventionnelle des États, soit en se plaçant sur le terrain de la moralité internationale (le « droit objectif » comme fondement à un ordre public international), soit sur le terrain des normes coutumières (le « droit commun international ») : *Précis de droit des gens (principes et systématiques)*, Sirey, 1932-1934, 2 vol. La notion de *jus cogens* sera abordée principalement avec M. Virally, Réflexions sur le *jus cogens*, *AFDI*, 1966, p. 5 à 29, et C. de Visscher, Positivisme et *jus cogens*, *RGDIP*, 1972, p. 692 à 697. Voir aussi, S. Marcus-Helmons, *Jus cogens* et noyau intangibles, *in* P. Meyer-Bisch (dir.), *Le noyau intangible des droits de l'homme*, Fribourg, Éd. Universitaires, 1991, p. 63 ; E. Bribosia et L. Hennebel (dir.), *Classer les droits de l'homme*, Bruylant, « Penser le droit », 2004 ; Th. Meron, *op. cit.*, n° 5 ; A. Cancado Trindade, *op. cit.*, n° 5 ; G. Cohen-Jonathan, Le *jus cogens* et les droits de l'homme, *Mélanges Jean Charpentier*, Pedone, 2009, p. 61 ; R. Kolb, Observation sur l'évolution du concept de jus cogens, *RGDIP*, 2009-4, p. 754 ; L.A. Sicilianos, L'influence des droits de l'homme sur la structure du droit international, *RGDIP*, 2012, p. 5 et p. 241.

**76** SUR L'INDIVIDU COMME SUJET DE DROIT INTERNATIONAL. — On se reportera principalement à J. de Soto, L'individu comme sujet du droit des gens, et P. Reuter, Quelques remarques sur la situation juridique des particuliers en droit international public, in *Mélanges Georges Scelle. Techniques et principes du droit public*, LGDJ, 1950, p. 687 et p. 532 ; G. Sperduti, L'individu et le droit international, *RCADI*, 1956. II, vol. 90, p. 733 ; J. Barberis, Nouvelles questions concernant la personnalité juridique internationale, *RCADI*, 1983. I, vol. 179, p. 145 ; P.-M. Dupuy, L'individu et le droit international, *Archives de philosophie du droit*, t. 32, 1987, 119.

**77** SUR L'ACTION INTERNATIONALE DE L'INDIVIDU. — Voir deux thèses et la bibliographie citée : H. Surrel (*Le pétitionnement. Étude de droit international public*, thèse de l'Université de Montpellier I, 1994, 720 p. dact.), qui présente une analyse exhaustive des mécanismes internationaux de pétition sur la base d'une typologie fondée sur la distinction majeure entre le pétitionnement non introductif d'examen (« qui ne saisit pas obligatoirement l'organe compétent ») et le pétitionnement introductif d'examen ; A. Weber, *Les mécanismes de contrôle non contentieux du respect des droits de l'homme*, Pedone, 2008, 411 p.

Signalons aussi que le Traité sur l'Union européenne du 7 février 1992 donne une base conventionnelle, par ses articles 8 D, al. 1 (art. 21 nouveau) et 138 D (art. 194 nouveau) au droit de pétition devant le Parlement européen, jusque-là exclusivement fondé sur le règlement intérieur de l'Assemblée. Cette procédure, qui tend à la recherche d'une transaction, permet à toute personne physique ou morale résidant ou ayant son siège sur le territoire de la Communauté de présenter une réclamation « sur un sujet relevant des domaines d'activité de la Communauté » (art. 138 D). Voir H. Surrel, *op. cit., supra*, p. 315 et s.

Le droit de recours individuel devant la Cour européenne des droits de l'homme sera examiné de manière approfondie dans la deuxième partie de ce manuel.

**78** SUR LES DROITS DES MINORITÉS. — Sur les droits des minorités, consulter G. Alfredsson, Égalité et non-discrimination : droits des minorités, in *7e Colloque international sur la CEDH*, Conseil de l'Europe 1990 ; Y. Ben Achour, Souveraineté étatique et protection internationale des minorités, *RCADI*, 1994. I, t. 245, p. 321 ; I.-O. Bokatola, Le statut des minorités au sein de l'ONU, *in* L.A. Sicilianos (éd.), *Nouvelles formes de discrimination*, Pedone, 1995, p. 245 ; P. Thornberry, Minority rights, *RCADE*, 1995, vol. VI. 2, 307 (étude des différents instruments de protection) ; F. Benoît-Rohmer, *Les minorités, quels droits ?*, Éd. du Conseil de l'Europe, 1999 ; La protection des minorités, *RTDH*, numéro spécial, 1997, n° 30. Consulter *Annuaire international des droits de l'homme*, Colloque Diversité culturelle et droits de l'homme, Ant. N. Sakkoulas-Bruylant, vol. III, 2008, p. 11 à 452.

Sur l'article 27 du PIDCP, voir M. Levinet, *in* F. Sudre (dir.), *La protection des droits de l'homme par le Comité des droits de l'homme des Nations Unies. Les communications individuelles*, IDEDH, 1995, p. 61 ; S. Ramu, Le statut des minorités au regard du PIDCP, *RTDH*, 2002, 587.

Pour le droit européen, voir en priorité J. Ringelheim, *Diversité culturelle et droits de l'homme. La protection des minorités par la CEDH*, Bruylant, 2006. Aussi, F. Benoît-Rohmer, La Cour européenne des droits de l'homme et la défense des droits des minorités nationales, *RTDH*, 2002, p. 563 ; F. Tulkens et S. Piedimonte, La protection des minorités nationales dans la jurisprudence de la Cour EDH, *Mélanges J.-P. Jacqué*, Dalloz, 2010, p. 653 ; C. Picheral, Pluralisme et droits des minorités dans la jurisprudence de la Cour EDH, *in* M. Levinet (dir.), *Pluralisme et juges européen des droits de l'homme*, Bruylant-Némésis, « Droit et justice », n° 91, 2010, p. 295. La Convention-cadre du Conseil de l'Europe est commentée par P. Tavernier (*RGDIP*, 1995, p. 385), et H. Klebes (*RUDH*, 1995, p. 165).

Voir les avis de la Commission d'arbitrage de la Conférence pour la paix en Yougoslavie, n° 1 du 29 novembre 1991, n° 2 du 11 janvier 1992, et n° 10 du 4 juillet 1992 (*RGDIP*, 1992, p. 264 et 266, et 1993, p. 594, et les observations de A. Pellet, *AFDI*, 1991, p. 329). Consulter E. Decaux et A. Pellet, *Nationalité, minorités et succession d'États en Europe de l'Est*, Montchrestien, 1996.

La CPJI définit la minorité comme une « collectivité de personnes vivant dans un pays ou une localité donnés, ayant une race, une religion, une langue et des traditions qui leur sont propres, et unies par l'identité de cette race, de cette religion, de cette langue et de ces traditions dans un sentiment de solidarité, à l'effet de conserver leurs traditions, de maintenir leur culte, d'assurer l'instruction et l'éducation de leurs enfants conformément au génie de leur race et de s'assister mutuellement » (AC, 31 juill. 1930, Question des « communautés » gréco-bulgares, *Série B*, n° 17, p. 21).

**79** SUR LES « DROITS DE SOLIDARITÉ ». — La construction doctrinale des *« droits de solidarité »* est très sommaire. Voir K. Vasak, Les différentes catégories des droits de l'homme, *in* A. Lapeyre, F. de Tinguy, K. Vasak, *Les dimensions universelles des droits de l'homme*, Bruylant, 1990, p. 297 (l'auteur n'hésite pas à « récupérer », comme droit de solidarité, le droit à l'assistance humanitaire…) ; D. Uribe Vargas, La troisième génération des droits de l'homme, *RCADI*, 1984. 1, p. 355. En droit interne, voir toutefois D. Rousseau, Les droits de l'homme de la troisième génération, in *Droit constitutionnel et droits de l'homme*, Economica, 1987, p. 125 à 137. Pour une critique de la notion : H. Golsong, Évolution de la conception des droits collectifs dans la politique internationale, in *Les droits de l'homme, droits individuels ou droits collectifs ?*, LGDJ, 1980, p. 137 à 147 ; R. Pelloux, Vrais et faux droits de l'homme, *RDP*, 1981, p. 52 et s. ; J. Rivero, Vers de nouveaux droits de l'homme, *Rev. des sc. morales et pol.*, 1982, p. 673 et s., et Déclarations parallèles et nouveaux droits de l'homme, *RTDH*, 1990, p. 323 ; P. Alston, Conjuring up new human rights : À proposal for quality control, *AJIL*, 1984, vol. 78, p. 607 à 621.

Sur *le droit au développement*, on verra surtout M. Bedjaoui, La difficile avancée des droits de l'homme vers l'universalité, *RUDH*, 1989, p. 5 ; K. M'Baye, *Les droits de l'homme en Afrique*, Pedone, 1992 ; A. Amor, Le droit de l'homme au développement, *in* Colloque AUPELF-UREF, *L'effectivité des droits fondamentaux dans les pays de la communauté francophone*, 1994, p. 133 et 107 ; M. Kamto, Retour sur le « droit au développement » au plan international : droit au développement des États ?, *RUDH*, 1999, p. 1.

**80** SUR LE DROIT À L'ENVIRONNEMENT. — (*infra*, n° 522), Voir M. Dejeant-Pons, L'insertion du droit de l'homme à l'environnement dans les systèmes régionaux de protection des droits de l'homme, *RUDH*, 1991, p. 461. Selon le Principe 10 de la Déclaration de Rio (*RGDIP*, 1992, p. 975, obs. A. C. Kiss et St. Dombé-Billé, *AFDI*, 1992, p. 823) : « Au niveau national, chaque individu doit avoir dûment accès aux informations relatives à l'environnement que détiennent les autorités publiques (…). Un accès effectif à des actions judiciaires et administratives, y compris à des sanctions et réparations, doit être assuré. » Il s'agit là de la seule disposition faisant mention de droits individuels ; pour le reste, ce texte purement déclaratoire inscrit la protection de l'environnement dans la perspective du droit au développement.

**81** SUR LE PRINCIPE DE NON-INGÉRENCE ET LES DROITS DE L'HOMME. — La doctrine socialiste est très clairement présentée par V. Kartashkin, Les pays socialistes et les droits de l'homme, *Les dimensions internationales des droits de l'homme*, Unesco, 1978, p. 680 à 701, et F. Przetacznik, L'attitude des États socialistes à l'égard de la protection internationale des droits de l'homme, *RDH*, 1974, vol. 7, p. 175 à 206. Dans le cadre du processus d'Helsinki, voir G. Arangio-Ruiz, Human rights and non intervention in the Helsinki final Act, *RCADI*, 1977, vol. 157, p. 195. Sur la politique américaine, O. Schachter, Les aspects juridiques de la politique américaine en matière de droits de l'homme, *AFDI*, 1977, p. 53.

Sur les relations extérieures de l'Union européenne, voir A. Fenet (dir), *Droit des relations extérieures de l'Union européenne*, Litec, 2006 ; M. Candela Soriano, L'Union européenne et la protection des droits de l'homme dans la coopération au développement : le rôle de la conditionnalité, *RTDH*, 2002, 875 ; J.F. Akandji-Kombé, Accords entre l'Union européenne et les États d'Afrique, des Caraïbes et du Pacifique (Accord de Cotonou), *in* P. Tavernier (dir.), *Recueil juridique des droits de l'homme en Afrique*, Bruylant, 2002, 475 ; J.F. Flauss, Droits de l'homme et relations extérieures de l'Union européenne, *in* S. Leclerc (dir.), *L'Union européenne et les droits fondamentaux*, Bruylant, 1999, p. 156.

**82** SUR LE DROIT D'ASSISTANCE HUMANITAIRE ET LA RESPONSABILITÉ DE PROTÉGER. — Consulter principalement M. Bettati et B. Kouchner (éd.), *Le devoir d'ingérence*, Denoël, 1987, 300 p. ; M. Bettati, Un droit d'ingérence ?, *RGDIP*, 1991, p. 639, et Intervention, ingérence ou assistance, *RTDH*, 1994, p. 307 ; L. Boisson de Chazournes et L, Condorelli, Quelles perspectives pour la responsabilité de protéger ?, *Mélanges Giorgio Maliverni*, Schultess, 2007, 329. On complétera ces lectures par SFDI, *Le chapitre VII de la Charte des Nations Unies*, Pedone, 1995 ; G. Cohen-Jonathan, Le Conseil de sécurité et les droits de l'homme, *Mélanges Jacques Schwob. Le droit des organisations internationales*, Bruylant, 1997, 19.

# Chapitre 3

# Les sources formelles du droit européen et international des droits de l'homme

83 Diversité des sources formelles. — La proclamation internationale des droits de l'homme, d'origine récente, procède des sources écrites : depuis la fin de la Seconde Guerre mondiale, plusieurs centaines de textes participent de cette proclamation. À cet égard, la situation des droits de l'homme semble satisfaisante. La reconnaissance des droits de l'homme revêt un caractère global et universel, qui traduit un consensus apparent de la société internationale, une bonne conscience collective : les droits de l'homme *urbi et orbi.* Cette mondialisation du discours de proclamation ne saurait cependant gommer les différences entre les instruments de proclamation. La diversité des sources formelles se marque d'abord dans la variété des champs d'application géographique des instruments de proclamation des droits de l'homme et il convient alors de distinguer les instruments à vocation universelle (section I), s'adressant à tous les États, et les instruments à vocation régionale (section II), exprimant à la fois la solidarité et les particularismes idéologiques, politiques, économiques, culturels, voire religieux, de certains États ou groupes d'États ; nous évoquerons les particularités des textes principaux de proclamation, sans entrer dans le détail des droits ou des mécanismes institutionnels, examinés ultérieurement. Par ailleurs, la disparité juridique des instruments de proclamation doit également être relevée (section III).

## Section I
## La proclamation universelle

Les instruments à vocation universelle trouvent leur origine dans l'activité de l'ONU et des Institutions spécialisées et peuvent avoir une portée générale ou une portée spécifique, selon qu'ils s'adressent à l'homme considéré comme tel ou à une catégorie particulière d'individus.

### I | Les instruments à portée générale

**84** La « Charte internationale des droits de l'homme ». — La Déclaration universelle des droits de l'homme du 10 décembre 1948, déclaration de principes en forme solennelle, était destinée dès son origine à être complétée par d'autres textes : ce furent, après une élaboration difficile, les deux Pactes relatifs aux droits de l'homme, adoptés par l'Assemblée générale des Nations Unies le 16 décembre 1966. Le Pacte international sur les droits économiques, sociaux et culturels (PIDESC) est entré en vigueur le 3 janvier 1976, après le dépôt du 35e instrument de ratification (art. 27, § 1) ; 164 États l'avaient ratifié au 7 mars 2016. Le Pacte international sur les droits civils et politiques (PIDCP) est entré en vigueur le 23 mars 1976, après le dépôt du 35e instrument de ratification (art. 49, § 1) : 168 États l'avaient ratifié au 7 mars 2016 ; son Protocole facultatif (*supra*, n° 54), adopté le même jour, est également entré en vigueur le 23 mars 1976. Le Pacte a été complété par un deuxième Protocole facultatif, du 15 décembre 1989, visant à abolir la peine de mort, entré en vigueur le 11 juillet 1991 (81 États parties au 7 mars 2016). L'ensemble de ces textes forme ce que l'on a coutume d'appeler abusivement « la Charte internationale des droits de l'homme », présupposant une unité d'inspiration et de contenu des textes qui, en réalité, fait défaut.

**85** Infléchissement. — Les Pactes de 1966 traduisent des préoccupations différentes de celles de la DUDH et un infléchissement de l'idéologie des droits de l'homme, qui tient à deux chiffres : l'Assemblée générale des Nations Unies compte 58 membres en 1948 et 122 membres en 1966 ; l'idéologie majoritaire n'est plus la même. La démarche suivie par les pactes est d'abord différente de celle de la Déclaration puisqu'ils distinguent, en deux instruments séparés, les droits civils et politiques, qui sont les droits inhérents à la personne et ceux permettant la participation de l'individu à la vie de la Cité, et les droits économiques, sociaux et culturels, qui recouvrent un grand nombre de droits intéressant la situation matérielle de l'individu. Alors que la Déclaration universelle s'efforçait de concilier conception libérale et conception marxiste, les pactes traduisent en termes juridiques l'opposition marxiste entre libertés formelles et libertés réelles, « oubliant que si le nazisme a ignoré les premières, c'est au nom des secondes que le stalinisme les a supprimées toutes » (M. Bettati, De Pénélope à Antigone ?, *Projet*, 1981, n° 151, p. 34). Ensuite, et surtout, les pactes consacrent un phénomène de collectivisation des droits de l'homme. La DUDH est tout entière axée sur la personne individuelle : les droits de l'homme sont d'abord les droits de l'individu et la Déclaration s'adresse aux individus et non aux États (« Tout individu, ou toute personne, a droit… »). Les pactes s'adressent aux États et non aux individus (« Les États s'engagent à… ») et la dimension sociale de l'individu est d'abord prise en considération. L'homme ne peut voir réaliser ses droits *qu'à* l'intérieur d'une société libérée de toute contrainte externe (la colonisation) ou interne (l'oppression) : l'intérêt de l'individu se confond avec celui de la société dans laquelle il vit. Ainsi les deux pactes énoncent-ils, dans un article 1er commun, que le droit des peuples est le préalable nécessaire à la reconnaissance des autres droits de l'homme : l'exercice individuel des droits suppose que l'exercice collectif des droits soit d'abord assuré. Le droit des peuples à disposer d'eux-mêmes est à la fois affirmé dans sa dimension politique (art. 1, § 1), et les pactes viennent raffermir la Résolution 1514 du 14 décembre 1960 qui porte « Déclaration sur l'octroi de l'indépendance aux pays et aux peuples coloniaux », et dans sa dimension économique (art. 1, § 2), et le droit à la libre disposition des richesses et ressources naturelles trouve la base conventionnelle qui lui manquait. Ce faisant, les pactes négligent le fait qu'il n'y a de jouissance possible des droits de l'homme que dans une « société démocratique » et que l'émancipation des peuples peut conduire à la constitution de sociétés « libres » mais oppressantes pour l'homme. Enfin, la définition des droits civils et politiques n'est plus la même en 1966 qu'en 1948 : le droit de propriété, le droit d'asile, le droit de ne pas être arbitrairement privé de sa nationalité, proclamés par la DUDH (art. 17, art. 14, § 1 ; art. 15, § 2), disparaissent des droits énoncés en 1966.

## II | Les instruments à portée spécifique

**86** La protection catégorielle. — Alors que les textes à portée générale procèdent d'une démarche globale et systématique, les présents textes relèvent d'une démarche analytique qui traduit une tendance à un morcellement de l'homme : ce sont des droits particuliers ou des catégories particulières d'individus qui sont ainsi protégés. On peut ainsi citer à titre d'exemples : les Déclarations de l'Assemblée générale des Nations Unies sur les droits de l'enfant (20 nov. 1959), sur l'élimination de toutes les formes de discrimination raciale (20 nov. 1963), sur l'élimination de la discrimination à l'égard des femmes (7 nov. 1967) ou sur la protection de toutes les personnes contre la torture et autres peines et traitements cruels, inhumains et dégradants (9 déc. 1975) ; les conventions pour la prévention et la répression du crime de génocide (9 déc. 1948), relative à l'esclavage (7 déc. 1953), sur l'élimination de toutes les formes de discrimination raciale (21 déc. 1965), relative au traitement des prisonniers de guerre (12 août 1949), relative au statut des réfugiés (28 juill. 1951), sur les droits politiques de la femme (31 mars 1953), sur les droits de l'enfant (20 nov. 1989), pour la protection de toutes les personnes contre les disparitions forcées (20 déc. 2006), sur la liberté syndicale et la protection du droit syndical (OIT, 9 juill. 1948), ou concernant la lutte contre la discrimination dans le domaine de l'enseignement (Unesco, 14 déc. 1960)…

## Section II
## La proclamation régionale

**87** Caractéristiques communes. — La proclamation régionale des droits de l'homme, circonscrite d'abord à l'Europe puis élargie à l'Amérique et à l'Afrique est l'œuvre des organisations régionales concernées : Conseil de l'Europe, Organisation des États américains, Organisation de l'Unité africaine. Les instruments régionaux ont une portée générale et intéressent l'ensemble des droits de l'homme, exception faite d'un nombre limité de textes à portée spécifique : ainsi, la Convention européenne sur l'exercice des droits des enfants, du 25 janvier 1996 (*infra*, n° 122), les différentes conventions de l'OEA sur l'asile (20 févr. 1928 ; 26 déc. 1933 sur l'asile politique ; 28 mars 1954 sur l'asile diplomatique ; 28 mars 1954 sur l'asile territorial ; toutes entrées en vigueur), la Convention de l'OUA du 10 septembre 1969 régissant les aspects propres aux problèmes des réfugiés en Afrique (entrée en vigueur le 20 juin 1974) ou la Charte africaine des droits et du bien-être de l'enfant (11 juill. 1990).

La Charte arabe des droits de l'homme, adoptée par le Conseil de la Ligue des États arabes au Caire, le 15 septembre 1994, (*RUDH*, 1995, 212), révisée le 23 mai 2004 et entrée en vigueur le 15 janvier 2008 se démarque radicalement des autres instruments régionaux de proclamation. Se référant dans son Préambule aux « principes éternels définis par le droit musulman » et à la Déclaration du Caire sur les droits de l'homme en Islam (adoptée le 5 août 1990 par l'Organisation de la conférence islamique), il s'agit en effet d'une proclamation des droits de l'homme prescrits par l'Islam, ordonnés par la loi divine. En ce sens, c'est une déclaration « islamique » – de la religion musulmane, dogmatique (relative au dogme) –, dont le fondement est la Loi divine, la *Charia*. La Cour européenne des droits de l'homme a souligné avec netteté l'incompatibilité de la loi islamique avec la Convention européenne des droits de l'homme, dans son arrêt de Grande Chambre *Refah Partisi (Parti de la prospérité) et al. c/ Turquie*, du 13 février 2003 (*GACEDH*, n° 57), relevant que la *Charia* « se démarque nettement des valeurs de la Convention », en raison notamment de la distinction fondée sur la religion qu'elle opère entre les individus, des règles de droit pénal et de procédure pénale, de la place réservée aux femmes dans l'ordre juridique et de l'intervention des normes religieuses dans tous les domaines de la vie privée et publique (§ 119 et s. ; dans le même sens, déc. 11 déc. 2006, *Kalifatstaat c/ Allemagne*, n° 13828/04).

Le continent asiatique, quant à lui, présente la particularité, contrairement aux autres régions, de ne s'être doté d'aucune convention régionale et d'aucun mécanisme institutionnel destiné à promouvoir et à protéger les droits de l'homme sur une base régionale ou sous-régionale.

## I | La proclamation européenne

**88** La protection des droits de l'homme en Europe a longtemps été l'apanage du Conseil de l'Europe avant que l'Union européenne s'engage à son tour dans la voie de la reconnaissance formelle des droits fondamentaux. Malgré cette dualité, la proclamation européenne trouve son unité substantielle dans la Convention européenne des droits de l'homme qui, instrument de référence tout à la fois du Conseil de l'Europe et de l'Union européenne, apparaît comme le véritable pivot de la protection européenne des droits de l'homme.

Les instruments paneuropéens adoptés dans le cadre la Conférence sur la sécurité et la coopération en Europe – qui trouve son origine dans l'Acte d'Helsinki du 1er août 1975 –, à compter de la Conférence de Vienne de 1989, dans un contexte de désintégration du « bloc de l'Est », ont contribué à la reconnaissance des droits de l'homme sur l'ensemble du continent européen, encourageant par là même le mouvement d'adhésion des États postcommunistes au système de la CEDH. Ainsi, le document de Copenhague, du 29 juin 1990 et la Charte de Paris pour une nouvelle Europe, du 21 novembre 1990, placent la « Dimension humaine » de la CSCE sous le triptyque Droits de l'homme / Démocratie pluraliste / État de droit, rejoignant en cela les principes directeurs du Conseil de l'Europe (voir E. Decaux et L.-A. Sicilianos (dir.), *La CSCE : dimension humaine et règlement des différends,* Montchrestien, 1993).

### *A – Le Conseil de l'Europe*

Œuvre majeure du Conseil de l'Europe, la Convention européenne des droits de l'homme trouve un complément en matière de droits sociaux dans la Charte sociale européenne.

**89** La Convention européenne de sauvegarde des droits de l'homme et des libertés fondamentales, du 4 novembre 1950. — 1° *Les valeurs communes.* La volonté de défendre et de promouvoir la liberté et la démocratie imprègne tout le statut du Conseil de l'Europe, adopté à Londres le 5 mai 1949.

Selon le Préambule du statut, les États signataires sont : « Inébranlablement attachés aux valeurs morales et spirituelles qui sont le patrimoine commun de leurs peuples et qui sont à l'origine des principes de liberté individuelle, de liberté politique et de prééminence du Droit, sur lesquels se fonde toute démocratie véritable. »

L'article 3 du statut précise que « tout membre du Conseil de l'Europe reconnaît le principe de la prééminence du Droit et le principe en vertu duquel toute personne placée sous sa juridiction doit jouir des droits de l'homme et des libertés fondamentales ».

Ce lien établi entre respect des droits de l'homme et régime démocratique est renforcé par la CEDH, entrée en vigueur le 3 septembre 1953, qui est le premier traité multilatéral conclu dans le cadre du Conseil de l'Europe, dont elle développe les bases statutaires. Rappelant que la sauvegarde et le développement des droits de l'homme sont l'un des moyens d'atteindre le but du Conseil de l'Europe, qui est de « réaliser une union plus étroite entre ses membres », le Préambule souligne l'attachement des États européens à « un *patrimoine commun* d'idéal et de traditions politiques, de respect de la liberté et de prééminence du droit » et réaffirme que le maintien des libertés fondamentales repose essentiellement, d'une part, « sur un régime politique véritablement démocratique » et, d'autre part, sur « une *conception commune* et un *commun respect* des droits de l'homme ». Est exprimé là ce qu'il y a de fondamental, dans les règles que formule la Convention, pour la communauté des États contractants. En mettant fortement l'accent sur la prédominance de l'intérêt commun le Préambule marque formellement que la matière des droits de l'homme, « touche aux intérêts essentiels de la collectivité ». C'est ce qu'exprime la Cour européenne dans son arrêt Loizidou contre Turquie du 23 mars 1995 (*GACEDH*, n° 1), qui consacre formellement la notion d'ordre public européen. Qualifiant la Convention d'« instrument constitutionnel de l'ordre public européen », la Cour pose le postulat de l'existence d'un ordre public européen, c'est-à-dire d'un ensemble de règles perçues comme fondamentales pour la société européenne et s'imposant à ses membres.

2° *L'élargissement du Conseil de l'Europe.* Axe privilégié de la construction d'une Europe unie et démocratique, la Convention fait figure de « constitution » du Conseil de l'Europe. Conçu comme le « club » des démocraties, ce dernier, depuis l'effondrement de l'Empire soviétique, s'est singulièrement élargi, accueillant désormais 47 États. Si l'appartenance au Conseil de l'Europe détermine la participation à la Convention, l'adhésion, depuis 1989, des États « postcommunistes » (dont la Russie le 28 février 1996) au Conseil de l'Europe a clairement montré que celle-ci était subordonnée à de véritables conditions « statutaires » – État de droit, régime démocratique et parlementaire « véritable », garantie des droits de l'homme –, impliquant l'engagement de l'État de ratifier rapidement la CEDH (en reconnaissant, tant que le Protocole 11 n'était pas en vigueur, le droit de recours individuel et la juridiction obligatoire de la Cour).

Cependant, l'élargissement du Conseil de l'Europe opéré au bénéfice d'États (en dernier lieu, l'Arménie, l'Azerbaïdjan, la Bosnie-Herzégovine et la Serbie-Monténégro) qui sont incapables de respecter l'engagement fondamental inscrit dans l'article 3 du statut marque un abaissement des standards du Conseil de l'Europe, qui porte atteinte à la crédibilité du système européen (V. H. Klebes, Le Conseil de l'Europe survivra-t-il à son élargissement ?, *Mélanges J. Schwob*, Bruylant, 1997, 175) et soulève également le problème du respect des engagements pris par les États membres du Conseil de l'Europe.

Une procédure de suivi a été instaurée permettant au Comité des ministres d'examiner une question relative à la situation de la démocratie, des droits de l'homme et de l'État de droit dans tout État membre qui lui serait déférée par les États membres, le secrétaire général ou l'Assemblée parlementaire du Conseil de l'Europe, de formuler une recommandation ou un avis et « de prendre toute autre décision conformément à ses pouvoirs statutaires » (Déclaration du 10 novembre 1994, et « Modalités de mise en œuvre » de celle-ci du 20 avril 1995 ; *FI*, n° 35, 1995, p. 146). De plus, l'Assemblée parlementaire du Conseil de l'Europe a créé, en janvier 1997, une commission spéciale chargée du suivi des engagements pris par les États membres (Résolution 1115) ; suite au rapport de la Commission et si l'État persiste à ne pas respecter ses engagements, l'Assemblée peut adresser une recommandation au Comité des ministres afin qu'il engage l'action prévue par l'article 8 du statut du Conseil de l'Europe (suspension ou invitation à se retirer de l'Organisation). Le Comité des ministres n'a pas jugé nécessaire d'entreprendre une telle action à l'encontre de la Russie au regard des opérations militaires menées par cette dernière en Tchétchénie (Doc. 8783, 27 juin 2000), malgré les recommandations en ce sens de l'Assemblée parlementaire (*Rec.*, 1444 (2000), 27 janv. 2000 ; *Rec.*, 1456 (2000), 6 avr. 2000).

3° *L'économie de la Convention.* Telle qu'amendée par le Protocole 11, entré en vigueur le 1er novembre 1998, et assortie de huit protocoles additionnels (tous en vigueur à l'exception des protocoles 15 et 16), la Convention possède une double dimension, normative et institutionnelle.

Les Protocoles additionnels sont de deux types. Les protocoles élargissant le champ des droits protégés par la CEDH ou reconnus à l'individu dans le cadre du mécanisme de sauvegarde sont purement facultatifs. Leur entrée en vigueur est subordonnée à un nombre déterminé de ratifications et, une fois en vigueur, ils ne lient que les seuls États qui les ont ratifiés ; ainsi, au 16 mars 2016, le Protocole 1 lie 45 États (Monaco et Suisse ne l'ont pas ratifié) ; le Protocole 6, sur l'abolition de la peine de mort, 46 États (la Russie fait exception) ; et le Protocole 7, seulement 43 États. L'entrée en vigueur du Protocole 16, ouvert à la signature le 20 octobre 2013, est subordonnée à la ratification de 10 États parties (6 ratifications au 16 mars 2016).

Les protocoles amendant les dispositions de la Convention relatives au système de contrôle doivent être ratifiés par tous les États parties et, dès lors, chaque État dispose de la faculté de s'opposer à l'entrée en vigueur du protocole d'amendement ; les Protocoles 11 et 14, signés le 11 mai 1994 et le 13 mai 2004, ne sont entrés en vigueur que le 1er novembre 1998 et le 1er juin 2010, du fait de l'opposition, respectivement, de l'Italie et de la Russie. Le Protocole 15, ouvert à la signature le 24 juin 2013, était ratifié par 26 États au 16 mars 2016.

Ce sont principalement la Convention de 1950 et les protocoles 1, 4, 6, 7, 12 et 13 qui énumèrent les droits protégés, que l'on peut qualifier de « classiques » : il s'agit de droits individuels (dont l'individu est titulaire) ayant pour objet essentiel de préserver l'intégrité et la liberté de la personne humaine. L'inspiration de la Convention européenne est ici identique à celle de la Déclaration universelle et procède du postulat de l'égalité de tous les hommes (*supra*, n° 14). Mais, à la différence de la Déclaration universelle, la Convention européenne est un instrument juridique obligatoire pour les États parties. Elle ne se contente pas de reconnaître les droits individuels mais elle les érige en catégorie juridique et, pour la première fois en droit international, leur confère un régime protecteur. L'originalité de la Convention européenne, en effet, réside moins dans la liste des droits énumérés que dans le mécanisme institutionnel de protection mis en place, qui a son siège à Strasbourg : à l'origine, un organe d'enquête et de conciliation (la Commission), un organe politique de décision (le Conseil des ministres du Conseil de l'Europe) et un organe judiciaire de décision (la Cour européenne des droits de l'homme). Le Protocole 11 restructure ce mécanisme de contrôle et substitue aux trois organes existants un seul organe, la Cour (*infra*, n° 181).

De la ratification de la Bulgarie (7 sept. 1992), à celle de la Serbie-Monténégro (3 mars 2004), en passant par celle de la Russie (5 mai 1998), ce sont en tout 22 États d'Europe centrale et orientale qui sont venus grossir le nombre des parties contractantes. Depuis le 30 novembre 2005 (ratification de Monaco), la Convention lie les 47 États membres du Conseil de l'Europe (Albanie, Allemagne, Andorre, Arménie, Autriche, Azerbaïdjan, Belgique, Bosnie-Herzégovine, Bulgarie, Chypre, Croatie, Danemark, Espagne, Estonie, Finlande, France, Géorgie, Grèce, Hongrie, Irlande, Islande, Italie, Lettonie, Liechtenstein, Lituanie, Luxembourg, Malte, Moldova, Monaco, Monténégro, Norvège, Pays-Bas, Pologne, Portugal, « ex-République yougoslave de Macédoine », République tchèque, Roumanie, Royaume-Uni, Russie, Saint-Marin, Serbie, Slovaquie, Slovénie, Suède, Suisse, Turquie, Ukraine).

4° *Le droit de la Convention européenne des droits de l'homme.* La CEDH fait pleinement entrer les droits de l'homme dans le domaine du droit positif et fonde la protection européenne des droits de l'homme, offrant aux individus le bénéfice d'un contrôle juridictionnel du respect de leurs droits. Riche de plusieurs milliers d'arrêts, la jurisprudence de la Cour européenne a enrichi et vivifié la Convention, donnant plein effet aux droits proclamés par celle-ci. Telle qu'interprétée et appliquée par la Cour européenne, la Convention donne naissance au droit de la Convention européenne des droits de l'homme, qui puise tant à la source conventionnelle qu'à la source jurisprudentielle.

**90** La Charte sociale européenne du 18 octobre 1961. — 1° Adoptée à Turin dans le cadre du Conseil de l'Europe, la CSE est entrée en vigueur le 26 février 1965 et lie, au 7 mars 2016, 27 États membres du Conseil de l'Europe. Destinée à compléter la CEDH, qui consacre principalement des droits civils et politiques, la Charte sociale européenne énonce sept droits sociaux prééminents (art. 20, § 1 *b* : droit au travail ; droit syndical ; droit à la négociation collective ; à la Sécurité sociale ; à l'assistance sociale et médicale ; droit de la famille ; droits des travailleurs migrants). L'originalité de la CSE se marque dans une curieuse possibilité d'acceptation partielle (art. 20, § 1) : la ratification de la Charte est en effet subordonnée à la condition que l'État se déclare lié par un minimum d'articles (10) ou de paragraphes (47) de la Charte, la liberté de l'État étant limitée par l'obligation qui pèse sur lui d'accepter cinq des sept articles formant le « noyau dur » de la Charte. Les droits énoncés dans la Charte sont en principe garantis aux seuls ressortissants des États contractants (annexe à la Charte, § 1) et, d'une manière générale, les intéressés ne peuvent se prévaloir directement devant les juridictions nationales des dispositions de la Charte (*infra*, n° 120), les engagements souscrits par les États étant uniquement des engagements interétatiques (annexe, partie III).

2° Soucieux de faire de la CSE l'instrument européen de référence dans le domaine de la politique et de la protection sociales, le Conseil de l'Europe a procédé en une dizaine d'années à une rénovation tant substantielle que procédurale de la Charte. La rénovation substantielle vise à prendre en compte l'évolution du droit du travail et des politiques sociales depuis 1961 et se traduit par l'adjonction de droits nouveaux. Ainsi, le Protocole additionnel du 5 mai 1988 (entré en vigueur le 4 septembre 1992 ; 13 ratifications au 7 mars 2016) ajoute quatre droits – droit à l'égalité des chances et de traitement en matière d'emploi et de profession, droit des travailleurs à l'information et à la consultation au sein de l'entreprise, droit des travailleurs de prendre part à la détermination et à l'amélioration des conditions de travail et du milieu du travail, droit des personnes âgées à une protection sociale – au catalogue initial. La « CSE révisée », adoptée le 3 mai 1996 et entrée en vigueur le 1er juillet 1999 (33 États parties, dont la France, au 7 mars 2016), qui réunit dans un seul traité les droits inscrits dans la Charte de 1961 et le Protocole de 1988, amplifie cet élargissement et fait place au droit à la dignité dans le travail, au droit à la protection contre la pauvreté et l'exclusion sociale ou encore au droit au logement.

La rénovation procédurale a eu pour effet de créer une deuxième procédure de contrôle de l'application de la CSE. La procédure normale demeure le contrôle par voie de rapports, prévu par la partie IV de la Charte, modifiée par un Protocole d'amendement du 21 octobre 1991 : les parties contractantes ont l'obligation, tous les deux ans, d'adresser un rapport sur l'application des dispositions de la Charte qu'elles ont acceptées. Les rapports sont examinés par un comité d'experts indépendants – dénommé depuis fin 1998 Comité européen des droits sociaux –, dont les conclusions, publiques, sont transmises à un comité gouvernemental qui présentera au Comité des ministres du Conseil de l'Europe un rapport qui sera rendu public ; le Comité des ministres peut alors, par voie de résolution adoptée à la majorité des deux tiers, adresser toute recommandation utile à chaque État partie. La deuxième procédure, inspirée du système spécifique de l'OIT, est issue du Protocole additionnel à la CSE du 9 novembre 1995, entré en vigueur le 1er juillet 1998 (15 États parties au 7 mars 2016, dont la France), qui instaure un système de réclamations « collectives », par ailleurs intégré dans la CSE révisée. Le droit de réclamation est ouvert aux seules « organisations » (organisations internationales d'employeurs et de travailleurs, ONG dotées du statut consultatif auprès du Conseil de l'Europe, organisations nationales représentatives d'employeurs et de travailleurs relevant de la juridiction de l'État partie). La réclamation doit avoir un objet général et porter nécessairement sur une application non satisfaisante par l'État en cause d'une ou plusieurs dispositions de la Charte ; elle ne saurait concerner des situations individuelles. Il s'agit donc de vérifier la conformité à la CSE de la législation et de la pratique d'un État membre et non pas de dénoncer la violation d'un droit individuel garanti par la Charte ; le contrôle par voie de réclamations collectives apparaît ainsi complémentaire du contrôle « normal » par voie de rapports. La procédure de contrôle se déroule en deux temps. La réclamation fait d'abord l'objet, dans le cadre d'une procédure contradictoire, d'un examen préliminaire par le Comité européen des droits sociaux (CEDS), qui se prononce sur la recevabilité de la réclamation, par une décision définitive et, si la réclamation est recevable, sur son bien-fondé, par un avis consultatif. Par cet avis, rendu sous forme d'un rapport, le Comité se prononce en droit sur la question de savoir si le droit interne de l'État en cause est ou non conforme à la CSE. Dans un second temps, le rapport du CEDS est transmis au Comité des ministres du Conseil de l'Europe, qui détient le pouvoir de décision et pourra par une résolution soit constater l'application satisfaisante de la Charte soit, en cas d'application non satisfaisante de la Charte, adopter à la majorité des deux tiers une recommandation adressée à l'État en cause et l'invitant à rendre sa législation et ses pratiques conformes à la CSE.

3° Le CEDS a rendu sa première décision au fond le 10 septembre 1999, dans l'affaire n° 1/1998 *Commission internationale des juristes c/ Portugal* : l'article 7, § 1 de la CSE interdit le travail des enfants âgés de moins de 15 ans, à l'exception des « travaux légers » qui ne risquent pas de porter atteinte à la santé, la moralité ou l'éducation des enfants ; au vu, notamment, des durées de travail déclarées, le Comité conclut que la situation au Portugal n'est pas conforme à l'article 7, § 1. Cette décision montre sans ambiguïté que le CEDS entend exercer un contrôle effectif de la conventionnalité du droit interne. Ce souci est désormais partagé par le Comité des ministres.

Initialement, le Comité des ministres a eu une attitude très réservée, se contentant, lorsque le CEDS a conclu à la violation de la Charte, de prendre note dans une simple résolution de la décision du CEDS mais aussi, au risque de sembler remettre en cause celle-ci, des arguments de l'État partie. Outre l'affaire précitée (Rés. ChS (99) 4, 15 déc. 1999), voir, par exemple : récl. n° 10/2000, *STTK ry c/ Finlande*, déc. 17 oct. 2001, fond : violation de l'article 2, § 4 de la CSE (droit des travailleurs employés à des occupations dangereuses ou insalubres soit à une réduction de la durée du travail soit à des congés payés supplémentaires) du fait des conditions d'emploi de certains salariés dans le secteur de la santé (Res. ShS (2002) 2, 21 févr. 2002) ; récl. n° 9/2000, *CGC c/ France*, déc. 11 déc. 2001, fond : violation des articles 2, § 1 (droit à une durée raisonnable du travail journalier et hebdomadaire) et 4, § 1 (droit à une rémunération équitable) de la CSE révisée par la « loi Aubry II » du 19 janvier 2000 établissant des régimes spécifiques pour la réduction de la durée du travail des cadres (Res. ChS (2002), 26 mars 2002).

Depuis la récl. n° 12/2002, *Confédération des entreprises suédoises c/ Suède* (déc. 15 mai 2003, fond : violation de l'art. 5 CSE, monopole syndical à l'embauche), le Comité reprend les conclusions du CEDS, prend note des informations fournies par l'État partie et demande à ce dernier de l'informer dans le prochain rapport relatif aux dispositions pertinentes de la Charte du règlement ou de l'amélioration de la situation (Rés. ChS (2003) 1, 24 sept. 2003).

4° La CEDH et la Charte sociale européenne ne sont pas sans liens et une interpénétration normative se réalise progressivement sous l'effet des jurisprudences des organes de contrôle. En témoigne manifestement le fait, par exemple, que la Cour européenne n'hésite pas à se prévaloir de l'article 1, § 2 de la CSE (« droit pour le travailleur de gagner sa vie par un travail librement entrepris ») et de son interprétation par le CEDS pour affirmer qu'une interdiction d'exercer un emploi dans le secteur privé porte atteinte à la « vie privée » (*Sidabras et Dziautas c/ Lituanie*, 27 juill. 2004, § 47), des articles 5 et 6 de la CSE révisée pour garantir le droit de négociation collective (*Demir et Baykara c/ Turquie*, 12 nov. 2008, Gr. Ch., *GACEDH*, n° 64) ou à s'appuyer sur l'interprétation du CEDS pour préciser l'étendue de la liberté syndicale des fonctionnaires (*Tüm Haber Sen et Cinar c/ Turquie*, 21 févr. 2006). Comme le fait que le CEDS s'appuie dans ses décisions sur la CEDH et la jurisprudence de la Cour (*infra*, index).

### *B – L'Union européenne*

**91** La reconnaissance des droits de l'homme s'est opérée progressivement dans l'ordre communautaire. Du silence initial du traité de Rome à l'adoption d'une charte « communautaire » des droits fondamentaux en décembre 2000, s'ébauche un système communautaire de protection des droits fondamentaux [1], qui reste encore très imparfait dès lors que fait défaut une voie de recours spéciale offerte aux individus pour la garantie de leurs droits (*infra*, n° 397). En l'état, la CEDH demeure l'« épine dorsale de l'ordre normatif européen » [2].

1. L'expression « droits fondamentaux », utilisée par la CJCE et reprise par l'article 6, § 2 TUE, doit être tenue pour équivalente à celle de « droits de l'homme ».
2. Selon l'expression du Pr G. Cohen-Jonathan, *Aspects européens des droits fondamentaux*, Montchrestien, 3e éd., 2002, p. 204.

### 1. *La CEDH, source substantielle de la protection communautaire des droits fondamentaux*

**92** LE RECOURS DE LA CJCE AUX PRINCIPES GÉNÉRAUX DU DROIT COMMUNAUTAIRE. — 1° Le traité de Rome du 25 mars 1957 instituant la Communauté économique européenne ne contient aucune disposition formelle en matière de droits de l'homme. Si certaines de ses dispositions sont protectrices des droits individuels – le principe de non-discrimination à raison de la nationalité (art. 7), le principe de libre circulation des personnes (art. 48), le droit à l'égalité de rémunération pour les hommes et les femmes (art. 119) –, ces dispositions sont conçues dans la perspective de la constitution d'une communauté économique et les droits qu'elles consacrent ne peuvent être qualifiés de fondamentaux en ce qu'ils sont compris comme les moyens de la réalisation de cet objectif économique. Cette lacune du traité, que l'on a tenté d'expliquer par le fait que l'action purement économique de la CEE ne pouvait porter atteinte aux droits fondamentaux, est d'autant plus surprenante que le traité instituant la Communauté européenne de défense, du 27 mai 1952, imposait l'obligation de respecter « les libertés publiques et les droits fondamentaux des individus » (art. 3) et que le projet de traité, du 26 février 1953, portant création de la Communauté politique européenne intégrait à son statut les dispositions substantielles de la CEDH (art. 3) et conférait à la Cour de justice une compétence en la matière (art. 43).

Au silence du traité originaire fait alors écho le refus de la Cour de justice des Communautés européennes, au nom du principe de l'autonomie de l'ordre juridique communautaire, de contrôler la légalité des actes communautaires au regard des droits fondamentaux garantis par les constitutions nationales, au motif qu'il ne lui appartient pas « d'assurer le respect des règles de droit interne, même constitutionnelles, en vigueur dans l'un ou l'autre des États membres » (CJCE, 15 juill. 1960, *Comptoirs de vente du charbon de la Ruhr* aff. jtes 36 à 38/59 et 40/59, *Rec.*, 857 ; aussi, CJCE, 4 févr. 1959, *Storck*, aff. 1/58, *Rec.*, 43, *DCDF*, n° 1). Cette attitude provoquera la fronde des juridictions constitutionnelles allemande [1] et italienne [2], qui émirent une réserve de constitutionnalité par laquelle elles signifiaient leur ferme volonté de contrôler la constitutionnalité du traité et des normes communautaires de droit dérivé au regard des droits de l'homme garantis par la constitution nationale.

2° Face à la nécessité d'assurer le respect par les autorités communautaires de droits fondamentaux équivalents à ceux que les constitutions nationales des États membres garantissent à leurs ressortissants, la réponse du droit communautaire, dans un premier temps, se situera, à titre principal [3], non dans l'adoption d'un catalogue propre des droits fondamentaux ou dans l'adhésion, à plusieurs reprises envisagée, de la Communauté à la Convention européenne des droits de l'homme (*infra*, n° 100), mais dans la construction jurisprudentielle d'une protection des droits fondamentaux au titre des « principes généraux du droit communautaire ». Dans le cadre d'une jurisprudence dont les jalons majeurs sont les arrêts *Stauder* (12 nov. 1969, aff. 29/69, *Rec.*, p. 419, *DCDF*, n° 3 : « Les droits fondamentaux sont compris dans les principes généraux de l'ordre juridique communautaire »), *Internationale Handelsgesellschaft* (17 déc. 1970, aff. 11/70, *Rec.*, p. 1125, *DCDF*, n° 4) et *Nold* (14 mai 1974, aff. 4/73, *Rec.*, p. 491, *DCDF*, n° 5), la CJCE affirme que « le respect des droits fondamentaux fait partie intégrante des principes généraux du droit dont (elle) assure le respect ».

3° Ainsi garanti, le respect des droits fondamentaux est aménagé en fonction des exigences propres du droit communautaire. Le postulat énoncé par la CJCE, selon lequel la sauvegarde des droits de l'homme « doit être assurée dans le cadre de la structure et des

1. Ordonnance du 29 mai 1974, *RTDE*, 1975, 316, note M. Fromont ; *CDE*, 1975, 173, note G. Cohen-Jonathan ; Ordonnance du 22 octobre 1986, *RTDE*, 1987, 537, note V. Constantinesco. Rappelons la fameuse motivation de la décision du 29 mai 1974, dite *Solange I* : « Tant que le processus d'intégration de la Communauté n'a pas atteint un stade suffisamment avancé pour que le droit communautaire comporte également un catalogue en vigueur des droits fondamentaux, arrêté par un Parlement et correspondant au catalogue des droits fondamentaux consacrés par la Loi fondamentale… »
2. Arrêt *Frontini*, 27 décembre 1973, *CDE*, 1975, 122, obs P. de Caterini ; arrêt *SPA Granital*, 8 juin 1984, *RTDE*, 1985, 313, note A. Barav ; *CDE*, 1986, 185, note J.-V. Louis.
3. D'autres dispositifs, à caractère marginal, existent, tels que le droit de pétition devant le Parlement européen et la clause de conditionnalité « droits de l'homme » inscrite dans les accords de coopération et de développement (*supra*, n$^{os}$ 54 et 70).

objectifs de la Communauté » (*Internationale Handelsgesellschaft*, pt 4, préc.), signifie, comme le relève à juste titre le Pr Labayle, que « la finalité communautaire des droits fondamentaux détermine à la fois leur incorporation et leur utilisation, voire parfois leur limitation » [1]. La CJCE affirme ainsi que les droits fondamentaux ne sont pas « des prérogatives absolues, ils doivent être considérés, comme dans le droit constitutionnel de tous les États membres, en vue de la fonction sociale des biens et activités protégées » et, en conséquence, ils peuvent supporter « certaines limites justifiées par les objectifs d'intérêt général poursuivis par la Communauté, dès lors qu'il n'est pas porté atteinte à la substance de ces droits » (*Nold*, préc., pt 14 ; en dernier lieu, CJCE, 10 juill. 2003, *Booker Aquaculture Ltd*, aff. C.20/00 et C-64/00, *JDI*, 2004, 548, obs. R. Mehdi). En bref, la protection des droits de l'homme dans l'ordre communautaire obéit à la « prééminence de la logique communautaire » [2].

**93** LES SOURCES MATÉRIELLES DES PRINCIPES GÉNÉRAUX DU DROIT. — La variété des sources matérielles des droits fondamentaux en tant que principes généraux du droit communautaire préserve le libre choix du juge communautaire dans la mobilisation des sources.

1° Après avoir, dans un premier temps, puisé la substance des droits fondamentaux communautaires dans le droit interne des États membres en s'inspirant des « traditions constitutionnelles communes aux États membres » (CJCE, 17 déc. 1970, *Internationale Handelgesellchaft*, préc.), la Cour de justice, à compter de l'arrêt *Nold* du 14 mai 1974 (préc.), ajoute au nombre de ses sources d'inspiration « les instruments internationaux concernant la protection des droits fondamentaux auxquels les États membres ont coopéré ou adhéré ». La convention 111 OIT concernant la discrimination en matière d'emploi et de profession (CJCE, 15 juin 1978, Defrenne *c/ Sabena*, aff. 149/77, *Rec.*, 1365, pt 28, *DCDF*, n° 8), le Pacte international sur les droits civils et politiques (CJCE, 18 oct. 1989, *Orkem c/ Commission*, aff. 374/87, *Rec.*, 3343, pts 18

1. H. Labayle, Droits fondamentaux et droit européen, *AJDA*, 1998, numéro spécial : *Les droits fondamentaux*, p. 81.
2. Voir F. Picod, Le juge communautaire et l'interprétation européenne, *in* F. Sudre (dir.), *L'interprétation de la CEDH*, Bruylant, « Droit et justice », n° 21, 1998, p. 289, spéc. p. 305 et s.

et 31, *DCDF*, n° 21)[1] ; la Charte sociale européenne (*Defrenne*, préc., pt 28 ; CJCE, 2 févr. 1988, *Blaizot*, *Rec.*, 398, pt 17), la Convention européenne des droits de l'homme (CJCE, 28 oct. 1975, *Rutili*, aff. 36/75, *Rec.*, 1219, pt 32, *DCDF*, n° 6) seront ainsi, tour à tour, mobilisés par le juge communautaire. Il faut cependant noter que l'utilisation des instruments internationaux de protection des droits de l'homme autres que la CEDH est demeurée exceptionnelle et limitée à quelques affaires.

2° À compter de l'arrêt *Rutili* du 28 octobre 1975 (préc.), où la Cour de justice, prenant acte de ce que tous les États membres de la CEE sont désormais parties à la CEDH[2], se réfère pour la première fois expressément à la Convention européenne des droits de l'homme, le juge communautaire va singulariser la Convention comme instrument international de référence : la CJCE, après avoir tiré de la Convention des « indications » (*Rutili*, préc.), accordera ensuite à la Convention « une signification particulière » (CJCE, 21 sept. 1989, *Hoescht*, aff. 46/87 et 227/88, *Rec.*, 2859, pt 13, *DCDF*, n° 20). Cette position singulière de la CEDH est confirmée solennellement par l'avis 2/94 de la Cour de justice, du 28 mars 1996, relatif à l'adhésion de la Communauté européenne à la Convention (*infra*, n° 100)[3]. L'arrêt *ERT*, du 18 juin 1991, systématise cette construction jurisprudentielle :

« Selon une jurisprudence constante, les droits fondamentaux font partie intégrante des principes généraux du droit dont la Cour assure le respect. À cet effet, la Cour s'inspire des traditions constitutionnelles communes aux États membres ainsi que des indications fournies par les instruments internationaux concernant la protection des droits de l'homme auxquels les États membres ont coopéré ou adhéré. La convention européenne des droits de l'homme revêt, à cet égard une signification particulière » (aff. C-260/89, *Rec.*, I, 2951, pt 41, *DCDF*, 33).

1. Aussi, CJCE, 10 novembre 1993, *Otto Bv c/ Postbank NV*, aff. C-60/92, *Rec.*, I-5683, pt 11, *DCDF*, n° 26 ; CJCE, 18 octobre 1990, *Dzodzi c/ État belge*, aff. C-297/88 et C-197/89, *Rec.*, I-3763, pt 68, *DCDF*, n° 262 ; CJCE, 17 février 1998, *Grant c/ South-West Trains Ltd*, aff. C-249/95, *Rec.*, I-621, pts 43, 44, 46, 47, *DCDF*, n° 38.
2. Rappelons que la France a ratifié la CEDH le 3 mai 1974.
3. *RTDE*, 1996, 625. Voir, notamment, les commentaires de P. Wachsmann, *RTDE*, 1996, 467 ; D. Simon, *Europe*, juin 1996, chron. n° 6 ; O. De Schutter et Y. Lejeune, *CDE*, 1996, 555.

**94** LA RÉFÉRENCE AU DROIT DE LA CONVENTION EUROPÉENNE DES DROITS DE L'HOMME. — 1° La CEDH est devenue la source matérielle principale des droits fondamentaux en tant que principes généraux du droit communautaire [1].

a) L'atteste le *corpus* des droits fondamentaux garantis par référence aux dispositions de la Convention européenne (parfois visée en combinaison avec un principe commun aux droits internes) [2].

On peut citer, sans être exhaustif [3], le droit de propriété (CJCE, 13 déc. 1979, *Hauer*, aff. 44/79, *Rec.*, 3727, *DCDF*, n° 10), le droit au respect de la vie privée (CJCE, 26 juin 1980, *National Panasonic*, aff. 136-79, *Rec.*, 2033, *DCDF*, n° 11), le droit à la non-rétroactivité de la loi pénale (CJCE, 10 juill. 1984, *Kent Kirk*, aff. 63/83, *Rec.*, 2689, *DCDF*, n° 13), le droit au juge (CJCE, 15 mai 1986, *Johnston*, aff. 22/84, *Rec.*, 1651, *DCDF*, n° 15), le droit au respect de la vie familiale (CJCE, 18 mai 1989, *Commission c/ RFA*, aff. 249/86, *Rec.*, 1263), le droit à la liberté d'expression (CJCE, 18 juin 1991, *ERT*, préc., n° 99), le principe de la légalité des délits et des peines (CJCE, 12 déc. 1996, *Procédures pénales poursuivies c/ X*, aff. C-74/95 et C.129/95, *Rec.*, I-6609, *DCDF*, n° 35, *Europe*, févr. 1997, comm. n° 30, note A. Rigaux et D. Simon), le droit à un procès équitable dans un délai raisonnable (CJCE, 17 déc. 1998, *Baustahhlgewebe GmbH c/ Commission*, aff. C-185/95 P, *DCDF*, n° 39 ; *RTDH*, 1999, 487, obs. F. Sudre, n° 39), le droit à la présomption d'innocence (CJCE, 8 juill. 1999, *Montecatini SpA c/ Commission*, C.235/92 P, *DCDF*, n° 40, *RTDH*, 2000, 503, obs. F. Sudre), le droit de choisir librement sa résidence (art. 2, § 1 Prot. 4 CEDH ; CJCE, 25 janv. 2007, *Festersen*, C-370/05, *Europe*, 2007-3, 84, comm. L. Idot).

b) Le respect des droits fondamentaux, tels qu'ils sont inscrits dans les dispositions de fond de la Convention, constitue dès lors une condition de la légalité des actes communautaires mais la CEDH, si elle une source d'inspiration privilégiée pour le juge communautaire, n'est pas pour autant une source contraignante. D'une part, la Communauté européenne (ou l'Union européenne) n'a pas

1. En témoigne éloquemment l'arrêt de la CJCE du 5 octobre 1994, *TV 10 SA c/ Commissariat voor de Media* : « Selon une jurisprudence constante, les droits fondamentaux, parmi lesquels figurent ceux garantis par la convention précitée (la CEDH), font partie intégrante des principes généraux du droit dont la Cour assure le respect » (*Rec.*, 1994, vol. 10, I, p. 4795, att. 24).
2. Voir F. Sudre et R. Tinière, *Droit communautaire des droits fondamentaux. Recueil d'arrêts de la Cour de justice de l'Union européenne*, Némésis-Anthémis, « Droit et justice », 3e éd., n° 105, 2012.
3. Pour un inventaire des droits fondamentaux protégés, voir J. Rideau, *Droit institutionnel de l'Union et des Communautés européennes*, LGDJ, 5e éd., 2006, p. 351 et s.

adhéré à la Convention et n'est pas soumise, comme telle, au mécanisme de contrôle établi par cet instrument. D'autre part, la Convention ne trouve à s'appliquer qu'au travers du droit communautaire, qui sert de « relais » à son application, dans une « logique communautaire » (*supra*, n° 92).

Ainsi, le juge communautaire interprète la Convention de manière autonome – ce qui peut générer des conflits d'interprétation, au demeurant exceptionnels, avec la Cour européenne des droits de l'homme (par ex., *infra*, n° 464) – et n'assure le respect des normes substantielles de la Convention par les États membres que « dans le champ d'application du droit communautaire » (CJCE, 18 juin 1991, *ERT*, préc., n° 99). En conséquence, le juge communautaire se reconnaît compétent pour contrôler la compatibilité à la CEDH des mesures nationales d'exécution du droit communautaire (CJCE, 13 juill. 1989, *Wachauf*, aff. 5/88, *Rec.*, 2609, *DCDF*, n° 19) et des mesures nationales prises en application de la clause d'ordre public du traité communautaire en vue de limiter les libertés reconnues par ce dernier mais exclut de son contrôle « une réglementation nationale qui ne se situe pas dans le cadre du droit communautaire » (*ERT*, préc., pt 42 et 43). De même, le juge communautaire, saisi par la voie préjudicielle, se déclare incompétent pour interpréter les dispositions de la Convention « en soi », dès lors que la réglementation nationale dont la conformité avec la Convention est mise en cause devant le juge national « concerne une situation qui ne relève pas du champ d'application du droit communautaire » (CJCE, 29 mai 1997, *Kremzow*, aff. C-299/95, *Rec.*, I-2659, *DCDF*, n° 36 ; est en cause une peine privative de liberté dont le lien avec le droit à la libre circulation des personnes s'avère insuffisant). Hors du « champ » du droit communautaire, dont la délimitation peut parfois soulever des difficultés, comme en témoigne l'arrêt *SPUC c/ Grogan*[1], l'action des États est alors soumise au système propre de la CEDH.

1. CJCE, 4 octobre 1991, aff. C-159/90, *Rec.*, I, 4685, *DCDF*, n° 24 : l'interruption de grossesse est un service mais l'interdiction de diffuser des informations sur l'avortement ne peut être considérée comme une restriction à la libre prestation de services et ne se situe pas dans le cadre du droit communautaire ; dès lors la Cour n'en contrôle pas la conformité à l'article 10 de la CEDH (*Rev. dr. san. soc.*, 1992, 49, note L. Dubouis). La Cour européenne des droits de l'homme se prononcera, dans la même affaire, sur l'atteinte à la liberté d'expression (29 octobre 1992, *Open door et al.*, A. 146, *RFDC*, 1993, 216, note F. Sudre). Il n'y a pas eu

2° De l'application « en substance » de la CEDH, la CJCE passe insensiblement à une application directe du droit de la Convention, c'est-à-dire de la Convention telle qu'interprétée par la Cour européenne des droits de l'homme, le « passage » par les principes généraux du droit communautaire apparaissant purement formel[1]. On assiste à une appropriation du droit de la Convention par le juge communautaire, comme en témoigne le fait que, de plus en plus souvent, la Cour de justice s'appuie directement sur la jurisprudence de la Cour européenne des droits de l'homme, qu'elle cite expressément.

Il en va ainsi, par exemple, dans ses décisions relatives au droit à l'égalité de traitement des transsexuels (CJCE, 30 avr. 1996, *P/S, et Cornwall County Council*, aff. C-13/94, *Rec.*, I-1763, *DCDF*, n° 31, *RAE*, 1996, 171, chron. F. Picod), au principe de la légalité des délits et des peines (CJCE, 12 déc. 1996, *Procédures pénales*, préc.), à la liberté de la presse (CJCE, 26 juin 1997, *Vereinigte Familiapress Zertungsverlags-und Vertriebs GmbH*, aff. C-368/95, *DCDF*, n° 37, *Europe*, août-sept. 1997, comm. n° 273, D. Simon), au droit à l'égalité de traitement des homosexuels (CJCE, 17 févr. 1998, *Grant c/ South West Trains Ltd*, aff. C-249/96, *Rec.*, I-621, *DCDF*, n° 38, *JTDE*, 1998, 110, note A. Weyembergh), au droit à un procès équitable dans un délai raisonnable (CJCE, 17 déc. 1998, *Baustahhlgewebe GmbH*, préc.), au principe de la présomption d'innocence (CJCE, 8 juill. 1999, *Montecatini*, préc.), à la protection des locaux commerciaux d'une société (CJCE, 22 oct. 2002, *Roquette Frères SA*, aff. C-94/00, pt 29, *DCDF*, n° 49, *Europe*, 2002, n° 12, comm. 422, L. Idot), à la protection des données à caractère personnel (CJCE, 20 mai 2003, *Rechnungshof, Osterreichischer Rundfunk*, aff. C-465/00, C.138/01, *DCDF*, n° 52, *RTDH*, 2004, 724, obs. C. Maubernard), au régime des preuves en droit interne dans le cadre d'un procès équitable (CJCE, 10 avr. 2003, *Steffensen*, C.276/01, *DCDF*, n° 61), au droit au respect de la vie familiale des étrangers sous le coup d'une mesure d'éloignement du territoire (CJCE, 24 sept. 2003, *Akrich*, aff. C-109/01, *D*, 2004, 1063, obs. M. Sousse ; CJCE, 29 avr. 2004, *Orfanopoulos et Oliveri*, aff. C-482/01 et C.493/01, *DCDF*, n° 56, Europe, 2004, n° 6, comm. 194 et 200, D. Simon), au principe du contradictoire (CJCE, 7 janv. 2004, *Aalborg Portland c/ Commission*, aff. C-204/00), au droit de propriété (CJCE, 12 mai 2005, *Regione autonoma Friuli-Venezia Giula et Agenzia regionale per lo sviluppo rurale (ERSA)*, aff. C-347/03, *DCDF*, n° 68), au droit de vote et d'éligibilité au Parlement européen (CJCE, 12 sept. 2006, *Eman et Sevinger*, aff. C-300/04).

ici de conflit entre les deux juridictions, qui se sont prononcées chacune dans leur domaine de compétences respectif.

1. Selon le Juge Jean-Pierre Puissochet « tout se passe comme si la Cour de justice appliquait directement la Convention », Conclusions, *in* J. Rideau (dir.), *De la Communauté de droit à l'Union de droit*, LGDJ, 2000, p. 497.

Cette « banalisation » de l'usage du droit de la Convention par le juge communautaire est manifeste lorsque la CJCE, dans son arrêt *Baustahlgewebe GmbH* (préc.), malgré une référence au « principe général de droit communautaire selon lequel toute personne a droit à un procès équitable », se fonde exclusivement sur l'article 6 de la CEDH tel qu'interprété par la Cour de Strasbourg – reprenant à son compte les critères du délai raisonnable dégagés par celle-ci – pour se prononcer sur le caractère raisonnable de la durée de la procédure devant le TPI (*infra*, n° 408).

L'évolution jurisprudentielle montre, d'une manière générale, que le juge communautaire, s'il prend soin de rappeler, dans une stricte orthodoxie, que « dans l'ordre juridique communautaire, les droits fondamentaux garantis par la CEDH sont protégés en tant que principes généraux du droit communautaire », estime « qu'il doit tenir compte » de la jurisprudence de la Cour européenne des droits de l'homme dans son interprétation des droits fondamentaux (CJCE, 15 oct. 2002, *Limburgse Vinyl Maatschappij NV (LVM)*, et DSM, C.238/99 P, pts 170 et 275) et procède à une application le plus souvent très fidèle du droit de la CEDH.

Par exemple : CJCE, 20 mai 2003, *Rechnungshof*, préc. ; CJCE, 28 juin 2005, *Dansk Rorindustrie*, aff. C-189/02, pts 215 s. : principe de légalité des délits et des peines ; CJCE 27 juin 2006, *Parlement européen c/ Conseil*, aff. C-540/03, *DCDF*, n° 62 : droit au respect de la vie familiale ; CJCE, 19 février 2009, *Atxalandabaso c/ Parlement*, aff. C-308/07 P, pt. 46, *Europe*, 2009-4, comm. 147, E. Bernard : droit à un tribunal impartial.

* L'imbrication des ordres juridiques communautaire et conventionnel en matière de protection des droits de l'homme conduit le Conseil d'État à contrôler directement la conventionnalité d'une directive communautaire, sans passer par le filtre des principes généraux du droit communautaire, et à vérifier dans le cadre d'une exception d'invalidité la compatibilité de la directive avec les stipulations de la CEDH (CE, 10 avr. 2008, *Conseil national des barreaux*, *RFDA*, 2008, 575, concl. M. Guyomar).

### *2. L'inscription du principe du respect des droits fondamentaux dans le traité sur l'Union européenne*

**95** La consécration de l'acquis jurisprudentiel. — Faisant suite à divers textes déclaratoires marquant l'attachement des institutions communautaires et de leurs États membres au respect des droits de l'homme [1] ainsi qu'au Préambule (§ 3) de l'Acte unique européen du 17 février 1996, qui mentionnait les droits fondamentaux reconnus dans les constitutions nationales, la Convention européenne des droits de l'homme et la Charte sociale européenne, le traité de Maastricht sur l'Union européenne, du 7 février 1992, procède à l'inscription des droits de l'homme dans les traités en énonçant que « l'Union respecte les droits fondamentaux, tels qu'ils sont garantis par la Convention européenne des droits de l'homme et des libertés fondamentales (...) et tels qu'ils résultent des traditions constitutionnelles communes aux États membres, en tant que principes généraux du droit communautaire » (art. F. 2). Ce faisant, le traité ne fait que « constitutionnaliser » la construction prétorienne de la CJCE en matière de respect des droits de l'homme [2], et souligner la place privilégiée qu'y tient la CEDH [3], puisque toute référence textuelle aux autres « instruments internationaux » est gommée. Il n'en reste pas moins que la Convention n'est pas incorporée directement dans l'ordre juridique communautaire et qu'elle ne lie pas, comme telle, la Communauté européenne. Source matérielle principale, par le biais des principes généraux du droit, des droits fondamentaux dans l'ordre juridique communautaire, la Convention européenne des droits de l'homme n'est pas, en l'état actuel du droit communautaire, une source formelle de ce droit.

**96** LA CONSOLIDATION DE LA PROTECTION DES DROITS FONDAMENTAUX. — Signé le 2 octobre 1997 et entré en vigueur le 1er mai 1999, le traité d'Amsterdam, qui porte révision du TUE et du traité instituant la Communauté européenne, reprend intégralement (art. 6 § 2 UE) l'ex-article F § 2 (préc.) et, dès lors, ne modifie

1. Déclaration de Copenhague, du 14 décembre 1973, des chefs d'État et de gouvernement des pays membres de la CEE sur l'identité européenne, Déclaration interinstitutionnelle du 5 avril 1977, Déclaration de Copenhague du Conseil européen, du 8 avril 1978, sur la démocratie, Déclaration des droits et libertés fondamentaux adoptée par le Parlement européen le 12 avril 1989.
2. La portée juridique de l'article F § 2 restait néanmoins faible dès lors que cette disposition était exclue par ailleurs (art. L) de la compétence de la CJCE.
3. Comme le constatait déjà la Déclaration interinstitutionnelle du 5 avril 1977, précitée : « L'Assemblée, le Conseil et la Commission soulignent l'importance primordiale qu'ils attachent au respect des droits fondamentaux tels qu'ils résultent notamment des constitutions des États membres ainsi que de la Convention européenne de sauvegarde des droits de l'homme et des libertés fondamentales » (*JOCE*, n° C. 103, 27 avril 1977, p. 1).

pas formellement le statut de la Convention en droit communautaire.

La formulation de l'article 6 § 3 du Traité sur l'Union européenne (TUE) révisé par le traité modificatif de Lisbonne (*infra*, n° 97) est légèrement différente de l'article 6 § 2 UE : « Les droits fondamentaux, tels qu'ils sont garantis par la CEDH et tels qu'ils résultent des traditions constitutionnelles communes aux États membres, font partie du droit de l'Union en tant que principes généraux. ». De plus, l'article 6 § 1 TUE révisé stipule que « L'Union reconnaît les droits, les libertés et les principes énoncés dans la Charte des droits fondamentaux du 7 décembre 2000... » (*infra*, n° 97).

Néanmoins, il donne à cette disposition une tout autre portée en l'inscrivant dans la perspective de la formation d'un système communautaire propre de protection des droits fondamentaux [1].

1° Le traité d'Amsterdam réalise d'abord un renforcement normatif des droits de l'homme. En premier lieu, en affirmant que « l'Union est fondée sur les principes de la liberté, de la démocratie, du respect des droits de l'homme et des libertés fondamentales, ainsi que de l'État de droit, principes qui sont communs aux États membres » (art. 6 § 1 UE), il érige les trois principes – respect des droits de l'homme, démocratie, prééminence du droit – qui forment le « patrimoine commun » de valeurs énoncé par le statut du Conseil de l'Europe et la CEDH (*supra*, n° 89) en véritables principes constitutionnels de l'Union européenne (en ce sens, CJCE, 3 septembre 2008, *Kadi,* aff. C-402/05 P et C-415/05 P, pt 285, *DCDF*, n° 73, *RTDE* 2009, 161, note J.-P. Jacqué), et dont le respect devient une condition statutaire de l'adhésion à l'Union (art. 49 TUE).

Plus précis, l'art. 2 TUE résultant du traité de Lisbonne est en substance similaire : « L'Union est fondée sur les valeurs de respect de la dignité humaine, de liberté, de démocratie, d'égalité, de l'État de droit, ainsi que de respect des droits de l'homme, y compris des droits des personnes appartenant à des minorités. Ces valeurs sont communes aux États membres dans une société caractérisée par le pluralisme, la non-discrimi-

1. Voir notre étude, La Communauté européenne et les droits fondamentaux après le traité d'Amsterdam : vers un nouveau système européen de protection des droits de l'homme ?, *JCP G*, 1998, I, 100).

nation, la tolérance, la justice, la solidarité et l'égalité entre les femmes et les hommes ».

C'est assigner à ces principes dans le cadre de l'ordre communautaire, et notamment au principe du respect des droits de l'homme, la fonction objective qui est la leur dans un État de droit : celle de principes directeurs de toute activité de l'État, de valeurs prééminentes auxquelles est soumise l'action de l'ensemble des pouvoirs publics. Cela conduit à assujettir l'Union, et plus particulièrement la Communauté européenne, dans l'exercice de toutes ses activités au respect des droits de l'homme.

Il est, par exemple, significatif que l'application du règlement n° 2679/98 du Conseil du 7 décembre 1998, qui a pour objet de défendre le marché intérieur contre des entraves à la libre circulation des marchandises résultant d'actions menées par des personnes privées, soit tout entière subordonnée à l'exigence du respect des droits fondamentaux : « Le présent règlement ne peut être interprété comme affectant d'une quelconque manière l'exercice des droits fondamentaux, tels qu'ils sont reconnus dans les États membres, y compris le droit ou la liberté de faire grève » (art. 2) [1].

Surtout, la CJCE a clairement affirmé que des mesures incompatibles avec les droits de l'homme ainsi reconnus ne sauraient être admises dans la Communauté pour en déduire que la protection des droits fondamentaux « constitue un intérêt légitime de nature à justifier, en principe, une restriction aux obligations imposées par le droit communautaire même en vertu d'une liberté fondamentale garantie par le traité telle que la libre circulation des marchandises » (CJCE, 12 juin 2003, *Schmidberger*, C-112/00, pt 74 ; *DCDF*, n° 53 ; *Europe*, 2003, n° 8-9, comm. 272, A. Rigaux et D. Simon ; *RTDH*, 2004, 435, note C. Vial ; *JDI*, 2004, 545, obs. R. Mehdi). La mise en œuvre de ce principe passe par une distinction importante (pt 79) entre les droits intangibles garantis par la CEDH, qui ne tolèrent aucune restriction (*infra*, n° 125), et ceux qui peuvent faire l'objet de limitations, tels que les libertés d'expression et de réunion (art. 10 et 11, CEDH). Si les libertés fondamentales garanties par le Traité doivent s'effacer devant les premiers, il convient, face aux seconds,

1. *JOCE*, n° L. 337, 12 décembre 1998, p. 8 ; *Europe*, février 1999, chron. n° 2, R. Munoz.

de « mettre en balance les intérêts en présence » et, par le biais d'un contrôle de proportionnalité familier à la Cour EDH, de déterminer si un « juste équilibre » a été respecté entre ces intérêts (pt 81). Il ressort de cette « conciliation » des exigences de la protection des droits fondamentaux avec celles d'une liberté communautaire que cette dernière n'a plus nécessairement vocation à prévaloir dans la logique communautaire et qu'un droit fondamental permet d'apporter une restriction à une liberté fondamentale communautaire, dès lors que cette restriction est nécessaire et respecte le principe de proportionnalité [1]. Néanmoins, le juge communautaire, sans aller jusqu'à affirmer expressément la « supraconstitutionnalité » des droits fondamentaux, paraît parfois admettre que ces derniers priment sur le droit communautaire originaire (CJCE, 12 sept. 2006, *Espagne c/ Royaume-Uni*, aff. C-154/04, concl. A. Tizzano (§ 121), *DCDF*, n° 65 ; TPI, 27 sept. 2006, *Archer Daniels Modland Co c/ Commission des communautés européennes*, aff. T-59/02, pt 262 ; CJCE, 3 sept. 2008, Kadi, préc.).

Cette consolidation normative résulte également de l'extension de l'emprise matérielle des droits de l'homme, favorisée par l'inscription d'une clause générale de non-discrimination dans le traité de Rome (art. 13 CE ; nouvel art. 19 Traité sur le fonctionnement de l'UE – TFUE) qui confère à la Communauté une compétence normative en la matière, et par la « communautarisation » des politiques migratoires (nouveau titre IV CE). Elle procède aussi du Protocole sur le droit d'asile (annexé au traité CE), qui, dans une disposition étrange, incorpore purement et simplement l'article 15 de la CEDH au traité de Rome, en disposant qu'un État membre de l'Union pourra examiner une demande d'asile présentée par un ressortissant d'un autre État membre si ce dernier a eu recours à la clause dérogatoire de l'article 15 de la CEDH (*infra*, n° 149) [2].

1. Pour des confirmations : CJCE, 14 oct. 2004, *Omega*, aff. C-36/02, *Europe*, 2004-12, n° 407, note D. Simon ; *RTDH*, 2005, n° 63, 649, obs. C. Picheral : libre prestation de services ; CJCE, 11 déc. 2007, *International Transport Worker's Federation*, aff. C-438/05 : liberté d'établissement ; CJCE, 14 févr. 2008, *Dynamic Medien Vertriebs Gmbh c/ Avides Media AG*, aff. C-244/06, *D.* 2008, 1855, obs. A. Gouttenoire et P. Bonfils : libre circulation des marchandises.
2. De plus, le Préambule du Protocole – erreur de rédaction ? – fait de la CEDH une source directe du droit de l'Union, puisqu'il fait obligation à l'Union de respecter la Convention en tant que telle.

2° En second lieu, le traité d'Amsterdam réalise un renforcement institutionnel en instaurant une garantie des droits fondamentaux qui jusque-là faisait défaut.

a) Garantie juridictionnelle, d'abord, puisque la CJCE devient compétente expressément (art. 46 *d* UE) pour connaître de l'article 6 § 2 UE. Le traité d'Amsterdam procède ainsi à une « intégration douce » de la CEDH dans les normes de référence que le juge communautaire doit mettre en œuvre en matière de contrôle des droits fondamentaux [1]. La compétence de la Cour était cependant limitée par l'article 46 *d* UE à « l'action des institutions » et ne pouvait s'exercer que dans les domaines relevant déjà, au titre du traité communautaire ou du TUE, de sa juridiction ; on sait, cependant, que la Cour de justice s'est reconnue compétente pour connaître des mesures nationales prises en application du droit communautaire (*supra*, n° 94).

Cette limite est levée par le TUE résultant du traité de Lisbonne, qui abroge l'article 46 UE. La Cour de justice de l'Union européenne dispose désormais d'une compétence de principe pour connaître de l'ensemble du droit de l'UE (art. 19 TUE), sauf exception expresse (ainsi pour les actes de la PESC : art. 24 § 1 TUE et art. 275 TFUE). L'article 6 TUE relève donc, par principe, de la compétence de la CJUE. Par contre, l'article 7 TUE (*infra*) ne peut être invoqué devant la CJUE que par l'État mis en cause ou le Conseil (art. 269 TFUE).

b) Garantie politique [2], ensuite, avec l'instauration d'une procédure de contrôle du respect par un État membre des principes du « patrimoine commun » (art. 7 UE). Aménagé par le traité de Nice (26 févr. 2001) puis par le traité de Lisbonne (13 déc. 2007), le contrôle politique comporte deux volets, préventif et répressif. La procédure préventive permet au Conseil, statuant à la majorité de quatre cinquièmes de ses membres et après avoir entendu l'État concerné, de « constater qu'il existe un risque clair de violation grave par un État membre des valeurs visées à l'article 2 » TUE révisé et, s'il y a lieu, d'adresser des « recommandations appro-

1. Dans le même sens, D. Simon, *Le système juridique communautaire*, Puf, 3e éd., 2001, n° 288.
2. I. Pingel-Lenuzza, La garantie politique, *in* F. Sudre et H. Labayle, *Réalité et perspective du droit communautaire des droits fondamentaux*, Bruylant, « Droit et justice », 2000, n° 27, p. 429.

priées » à l'État membre concerné (art. 7, § 1 TUE). La procédure à finalité répressive est duale puisque, engagée dans le cadre de l'Union européenne, elle a des implications proprement communautaires. En bref, l'article 7, § 2 TUE, autorise le Conseil de l'Union européenne, statuant à l'unanimité sur proposition d'un tiers des États membres ou de la Commission et après approbation du Parlement européen, à « constater l'existence d'une violation grave et persistante par un État membre » des valeurs communes de l'article 2 TUE et à suspendre l'État fautif de certains droits, y compris le droit de vote, découlant de l'application du traité sur l'Union européenne. La conséquence en est que le Conseil de la Communauté européenne peut alors, à son tour et à la majorité qualifiée, prononcer une sanction similaire dans le cadre du traité communautaire (art. 354 TFUE). Malgré ses limites – nécessité d'un très fort accord politique, exigence d'une violation massive des droits de l'homme, sanction ne pouvant entraîner l'exclusion –, le contrôle politique ainsi organisé marque de la manière la plus nette le lien désormais établi entre le respect des « valeurs communes » et la qualité d'État membre de la Communauté européenne (et, plus largement de l'Union) avec les droits qui y sont attachés.

### 3. *La Charte des droits fondamentaux de l'Union européenne*

**97** Présentation générale. — Issue d'une procédure d'élaboration originale et adoptée par le Conseil européen de Nice, le 7 décembre 2000 [1], la Charte des droits fondamentaux de l'Union européenne (CDFUE) marque la volonté de l'Union de se doter d'un catalogue de droits fondamentaux propres à l'ordre communautaire, destiné à se voir conférer une valeur « constitutionnelle », et confirme qu'une profonde rénovation de la protection des droits fondamentaux dans l'Union européenne est engagée.

1° La Charte souffrait à l'origine d'une faiblesse essentielle en ce qu'elle était dépourvue de toute force juridique contraignante (en

1. Le Conseil européen de Cologne (juin 1999) a confié l'élaboration de la Charte à un organe *ad hoc*, dénommé « Convention », composé de représentants des parlements nationaux, de représentants du Parlement européen, de représentants personnels des chefs d'État et de gouvernement, et d'un représentant de la Commission.

ce sens, CE, 5 janv. 2005, *Mlle Deprez*, *RFDA*, 2005, 56, obs. B. Bonnet ; *AJDA*, 2005, 845, obs. L. Burgorgue-Larsen). Les États n'ayant pas souhaité l'intégrer dans les traités, sa valeur était celle d'un accord interinstitutionnel, sous la forme duquel elle est publiée (*JOCE*, n° C 364, 18 déc. 2000, p. 1) [1], et d'un engagement politique des États membres. La question du statut juridique de la Charte et de son inscription dans les sources du droit de l'UE est désormais résolue avec l'entrée en vigueur, le 1er décembre 2009, du TUE révisé par le traité de Lisbonne [2]. La Charte a valeur de droit primaire puisque le nouvel article 6, § 1 TUE lui confère « la même valeur juridique que les traités » (CJCE, 19 janvier 2010, *Seda Kücükdeveci / Swedex GmbH & Co. KG*, aff. C 555/07, point 22). Avant même cette entrée en vigueur, la Charte est devenue un élément d'interprétation du droit communautaire pour le juge communautaire.

À la suite du TPI et des conclusions des avocats généraux considérant la Charte comme un outil d'interprétation essentiel [3], la CJCE a fini par se réfèrer à la Charte, d'abord de manière indirecte, en précisant que « le législateur communautaire en a reconnu l'importance » (CJCE, 27 juin 2006, *Parlement européen c/ Conseil*, aff. C.540/03, *DCDF*, n° 62), puis de manière directe et abstraite (CJCE, 13 mars 2007, *Unibet (London) Ltd c/ Justitiekanslern*, aff. C-432/05, pt 37 ; CJCE, 11 déc. 2007, *International Transport Worker's Federation*, aff. C-438/05, pts 43 et 44), ouvrant ainsi la voie à des « applications de la Charte en dehors de toute référence législative » (Cl. Blumann, *JCP G*, 2007, I, 175). Plus étonnant, sans doute, est que la Cour européenne des droits de l'homme se soit elle-même appuyée sur la Charte (pour reconnaître le droit au mariage des transsexuels, *C. Goodwin c/ Royaume-Uni*, 11 juill. 2002, *GACEDH*, n° 49 ; pour inter-

1. La Charte a été « réadoptée » le 12 décembre 2007 par le Conseil, le Parlement et la Commission.
2. Le traité modificatif européen, dit traité de Lisbonne, signé le 13 décembre 2007, devrait entrer en vigueur, après ratification par les États membres, le 1er janvier 2009.
3. Notamment, TPI, 30 janvier 2002, *Max mobil Telekommunikation service Gmbh*, T-54/99 (*Europe*, 2002, chron. 4, D. Simon), et TPI, 3 mai 2002, *Jego-Quéré et Cie SA c/ Commission*, T-177/01 (*D*, 2002, somm., 2575, obs. M. Sousse) : le TPI s'appuie sur la Charte pour garantir le droit à une bonne administration (art. 41, § 1) et le droit à un recours juridictionnel effectif (art. 47). Voir, entre autres, les conclusions de A. Tizzano sur CJCE 26 juin 2001, *BECTU*, aff. C-173/99, et de P. Léger sur CJCE, 6 décembre 2001, *Hautala*, aff. C-353/99 P. Pour une étude complète, voir L. Burgorgue-Larsen, La « force de l'évocation » ou le fabuleux destin de la Charte des droits fondamentaux de l'Union européenne, in *Mélanges Pierre Pactet*, Dalloz, 2003, 78.

préter le principe *non bis in idem*, déc. 3 oct. 2002, *Zigarella c/ Italie*, n° 48154/99).

2° La Charte s'applique dans l'ordre juridique de l'Union, « dans le respect des compétences et des tâches de la Communauté et de l'Union, ainsi que du principe de subsidiarité » (Préambule, al. 5). À ce titre, elle est applicable aux institutions et organes de l'Union dans le cadre de l'exercice de leurs compétences et aux États membres « uniquement lorsqu'ils mettent en œuvre le droit de l'Union » (art. 51, § 1) [1] – entendu par la CJUE de manière extensive comme signifiant « lorsqu'une réglementation nationale entre dans le champ d'application du droit de l'Union » (CJUE, 26 févr. 2013, *Aklagaren c/ Akerberg Fransson*, aff. C-617/10, *JCP G* 2013, act, 312 F. Picod). La Charte ne s'applique donc pas dans l'ordre juridique national dès lors qu'il s'agit de compétences propres des États membres, et elle ne crée aucune compétence nouvelle pour l'Union et la Communauté (art. 51, § 2 ; art. 6, § 1, al. 2 TUE révisé) ; la Charte n'autorise pas l'Union à légiférer en matière de droits de l'homme mais a pour objectif d'éviter que la législation adoptée par l'Union dans le cadre de ses compétences ne porte atteinte aux droits fondamentaux. C'est un instrument de proclamation des droits fondamentaux dans le champ d'application du droit communautaire (*supra*, n° 94). Son champ d'application *ratione personae* est celui du droit de l'Union et, en conséquence, est à géometrie variable : les droits proclamés bénéficient ainsi, selon les cas, soit à toute personne placée sous la juridiction d'un État membre, soit au seul citoyen de l'Union, soit au citoyen de l'Union et à toute personne résidant dans l'Union.

**98** L'APPORT DE LA CHARTE. — 1° Se réclamant de « valeurs communes » (droits de l'homme, démocratie, État de droit), la Charte vient solennellement proclamer les droits fondamentaux de l'Union européenne et donner à ces derniers, dans une formulation actualisée, « une plus grande visibilité » ; l'intérêt de la Charte est ici d'attribuer un contenu précis aux droits fondamentaux visés à l'article 6 § 3 du TUE révisé (*supra*, n° 96). La Charte présente le

1. À l'exception, toutefois, de la Grande-Bretagne et de la Pologne, en vertu du Protocole sur l'application de la Charte à ces deux États.

mérite de rassembler dans un instrument unique et commun à tous les États membres de l'Union européenne un ensemble de droits fondamentaux reconnus en Europe et, jusqu'alors, dispersés dans des instruments différents ; à ce titre, elle exprime le droit existant en la matière et fait œuvre de codification. Par ailleurs, la Charte est le premier instrument international à donner corps au principe d'indivisibilité des droits de l'homme et à rassembler dans un seul texte les droits civils et politiques et les droits sociaux, qui se voient ainsi reconnaître la même qualité de « valeurs communes » que les premiers. La modernité de la Charte tient aussi à sa présentation formelle et au fait que, renonçant à la distinction classique entre les droits civils et politiques et les droits économiques et sociaux, elle regroupe les droits proclamés autour de six valeurs fondamentales : dignité, liberté, égalité, solidarité, citoyenneté, justice.

2° La valeur ajoutée de la Charte, quant à son contenu, est très relative. Les droits de la personne et les droits du justiciable sont repris pour l'essentiel de la CEDH. La Charte, qui s'ouvre sur le principe de la dignité de la personne humaine (art. 1), consacré de longue date par la jurisprudence de la Cour européenne des droits de l'homme[1], comporte ici peu d'innovations. Celles-ci tiennent à l'énoncé de droits qui ne figurent pas expressément dans le texte de la CEDH (principes de bioéthique, art. 3) mais sont parfois garantis par la jurisprudence de la Cour de Strasbourg (protection des données à caractère personnel, art. 8 ; droit d'asile, art. 18 ; droits des enfants, art. 24), et à la portée plus large donnée à certains droits figurant dans la Convention (droit au mariage, art. 9 ; droit à l'éducation, art. 14 ; interdiction de la discrimination, art. 21 ; droit à un recours juridictionnel effectif, art. 47).

Quant aux droits spécifiques du citoyen européen qu'énonce la Charte, ceux-ci étaient déjà reconnus par les traités, soit au titre de la citoyenneté européenne (art. 17 à 21 CE ; art. 39, 40, 42 à 46 Charte), soit à un autre titre (art. 255 CE, droit d'accès aux documents ; art. 42 Charte) ; la seule nouveauté tient à l'insertion dans la Charte du droit à une bonne administration (art. 41), déjà connu de la jurisprudence communautaire[2].

1. En ce sens, *S. W c/ Royaume-Uni*, 22 novembre 1995, *GACEDH*, n° 39, qui affirme que « l'essence même (de la Convention) est le respect de la dignité humaine » (§ 44).
2. Par exemple, TPI, 6 juillet 2000, *Alsace International Car Service c/ Parlement*, T-139/99, *Rec.*, II-2849 ; CJCE, 30 mars 2000, *VBA c/ Florimex*, C-266/97 P, *Rec.*, I-2135).

Les droits sociaux (droit de négociation et d'action collectives, conditions de travail juste et équitable, protection de la santé...), sont largement inspirés de la CSE révisée, du 3 mai 1996 (*supra*, n° 96) [1] . Ces droits sont de nature juridique diverse, la Charte ayant opéré une distinction entre les « droits » et les « principes » (Préambule, al. 7 ; art. 52, § 5). Certains droits sociaux sont des droits subjectifs directement invocables par un particulier devant le juge, telle la liberté syndicale (art. 28). Mais la plupart des droits sociaux sont des principes qui s'adressent au législateur et doivent être mis en œuvre par les États membres. Ces principes ne peuvent être invoqués directement devant le juge tant qu'ils n'ont pas donné lieu à des mesures législatives d'application ; la Charte renvoie ainsi largement, quant aux modalités d'exercice de ces droits, au droit communautaire et au droit interne (par ex., art. 34 : « L'Union reconnaît et respecte le droit d'accès aux prestations de sécurité sociale et aux services sociaux... selon les modalités établies par le droit communautaire et les législations et pratiques nationales »).

La CJUE juge ainsi que l'article 27 de la Charte (droit à l'information et à la consultation des travailleurs au sein de l'entreprise) est un principe dépourvu d'effet direct horizontal et ne peut être invoqué dans un litige entre particuliers (CJUE, Gr. Ch., 15 janv. 2014, *Assoc. de médiation sociale c/ Union locale des syndicats CGT et a.*, aff. C-176/12, *JCP G* 2014, note 319, H. Surrel).

**99** L'ARTICULATION AVEC LA CONVENTION EUROPÉENNE DES DROITS DE L'HOMME. — 1° La question des rapports entre la CDFUE et la CEDH se pose nécessairement dès lors que les champs des deux textes se recoupent principalement sur la matière des droits civils et politiques et que la Charte s'est, en ce domaine, très largement nourrie de la Convention. Les écarts de rédaction entre les deux textes et la nature prétorienne du droit de la CEDH font néanmoins craindre d'éventuelles divergences d'interprétation sur les droits garantis à la fois par la Convention et par la Charte. Afin de prévenir le risque de doubles standards et, plus précisément, d'éviter que la Charte offre un niveau de protection inférieur à celui de la Convention, la Charte aménage la coexistence

1. Exception faite des articles 37 et 38 de la Charte qui précisent qu'« un niveau élevé de protection » de l'environnement, d'une part, et des consommateurs, d'autre part, doit être assuré dans les politiques de l'Union.

entre les deux textes sur la base du respect de l'acquis de la Convention européenne telle qu'interprétée par la Cour européenne (le Préambule de la Charte fait mention de la jurisprudence de la Cour)[1]. Cette articulation normative repose sur deux séries de dispositions.

2° La Charte contient une clause générale de limitation des droits, qui prévoit que les restrictions aux droits doivent avoir pour objectif l'intérêt général de l'UE ou la protection des droits et libertés d'autrui, être proportionnées et respecter le contenu essentiel du droit (art. 52, § 1). Cette clause de limitation, de par sa généralité, apparaît moins protectrice que la Convention qui, pour chaque droit, précise quelles sont les restrictions autorisées (*infra*, n° 131). Afin d'éviter une distorsion dans la protection des droits, la Charte introduit alors une « clause de renvoi » à la CEDH et prévoit que si les droits énoncés dans la Charte « correspondent » à des « droits garantis » par la CEDH, ces droits ont le même sens et la même portée que ceux que leur confèrent la Convention et sa jurisprudence (art. 52, § 3) ; la Convention trouve alors à s'appliquer, à moins que le droit de l'Union offre une protection plus étendue. La clause de renvoi réalise ainsi l'absorption du droit de la Convention européenne dans la Charte et, par là même, dans le droit primaire, la Charte ayant une valeur juridique identique à celle des traités.

La difficulté va néanmoins résider dans l'identification des droits « correspondants », d'autant que les droits énoncés par la Convention n'ont de sens qu'à la lumière de la jurisprudence de la Cour européenne[2].

Par exemple, le droit de l'enfant d'entretenir des relations avec ses parents (art. 24, § 3 Charte) n'est pas énoncé comme tel par la Convention mais est garanti par la Cour européenne au titre du droit au respect de la

1. Dans le même souci, la Charte précise que lorsqu'un droit est tiré des traditions constitutionnelles communes aux États membres, il doit être interprété en harmonie avec les dites traditions (art. 52, § 4).
2. Pour un bon exemple de cette difficulté, voir la décision 2004-505 DC du Conseil constitutionnel, du 19 novembre 2004 (Traité établissant une Constitution pour l'Europe) où le Conseil apprécie la constitutionnalité de l'article Charte en se référant de manière approximative et sélective à la CEDH (voir les obs. de J. Andriantsimbazovina, *Les Cahiers du Conseil constitutionnel*, 2005, n° 18, 148 ; F. Sudre, *RFDA*, 2005, 34). Voir R. Tinière, Le principe d'alignement sur le standard conventionnel pour les droits correspondants, *in* C. Picheral et L. Coutron, *Charte des droits fondamentaux de l'Union européenne et CEDH*, Bruylant, 2012, p. 3.

vie privée et familiale (art. 8, CEDH), dont l'énoncé est reproduit « en substance » par l'article 7 de la Charte (CJCE, Gr. Ch., 29 janv. 2008, *Promusicae*, aff. C-275/06, pt. 64) ; est-ce alors un droit « correspondant » ? Se fondant sur l'article 52 § 3 de la Charte, la CJUE juge que l'article 7 de la Charte « contient des droits correspondants à ceux garantis par l'article 8 § 1 CEDH » et que l'article 7 de la Charte doit être lu en liaison avec l'article 24 de la Charte qui impose de prendre en considération l'intérêt supérieur de l'enfant (CJUE, 5 oct. 2010, *J. McB c/ L.E*, aff. C-400/10 PPU, *JCP G*, 2010-52, note 1327, F. Boulanger ; *infra*, n° 514).

La même question peut être posée à propos du droit à la protection des données à caractère personnel (art. 8, Charte), que la Cour EDH protège sous couvert du droit au respect de la vie privée (art. 8, CEDH)... de même que la CJCE, qui reprend à son compte cette solution (CJCE, 20 mai 2003, *Rechnungshof, Osterreichischer Rundfunk*, aff. *DCDF* C-465/00, C-138/01, *DCDF*, n° 52) ; la CJUE précise que « les limitations susceptibles d'être légitimement apportées au droit à la protection des données à caractère personnel, correspondent à celles tolérées dans le cadre de l'article 8 de la CEDH » (CJUE, 9 nov. 2010, *Volket und Markus Schecke GbR et Hartmut Eifert*, C-92/09, C-93/09, pt 52, *DCDF* n° 76 ; *Europe*, 2011, comm.2, D. Simon).

Ou encore pour le droit au respect du domicile, à propos duquel la CJUE juge qu'« il y a lieu de relever que le droit fondamental à l'inviolabilité du domicile constitue un principe général du droit de l'Union (...) qui est maintenant exprimé à l'article 7 de la Charte, lequel correspond à l'article 8 de la CEDH » (*CJUE, 18 juin 2015, Deutsche Bahn e.a. c/ Commission*, aff. C-583/13, § 19).

3° La Charte contient, en second lieu, une « clause de non-recul » ou clause de l'instrument de protection des droits de l'homme le plus favorable (art. 53), qui prévoit que, pour chacun des droits reconnus, la Charte ne peut restreindre la protection dudit droit accordée par d'autres instruments nationaux (les constitutions nationales) ou internationaux (conventions internationales auxquelles l'Union, la Communauté ou les États membres sont parties), dont la Convention européenne des droits de l'homme. En bref, la CEDH est érigée en standard minimum de référence et le niveau de protection de la Charte ne pourra être inférieur à celui du droit de la Convention.

La CJUE, au nom de la primauté du droit de l'Union, juge que l'article 53 ne peut être interprété comme permettant « à un État membre de faire obstacle à l'application d'actes du droit de l'Union pleinement conformes à la Charte, dès lors qu'ils ne respecteraient pas les droits fondamentaux garantis par la Constitution de cet État » (CJUE, 26 févr. 2013, *Melloni,* aff. C-399/11, § 58, *Europe* 2013-4, comm. 166, p. 23, F. Gazin).

**100** PERSPECTIVES. — La Charte des droits fondamentaux ne modifie pas directement la situation juridique relative aux rapports entre le droit de l'Union et la CEDH (*supra*, n° 94) mais elle s'inscrit dans la perspective de la formation d'un système communautaire propre de protection des droits fondamentaux. La Charte est destinée, depuis l'entrée en vigueur le 1er décembre 2009 du TUE révisé (*supra*, n° 96), à devenir la source formelle principale des droits fondamentaux dans l'ordre juridique communautaire, en vertu du nouvel article 6, § 1 TUE, qui stipule que « L'Union reconnaît les droits, les libertés et les principes énoncés dans la Charte des droits fondamentaux… »[1].

1° La Charte ne constitue pas la source exclusive des droits fondamentaux de l'Union européenne, le TUE révisé établissant une dualité des sources. En effet, en reprenant l'économie de l'ancien article 6, § 2, UE le TUE révisé fait également place à la CEDH et aux traditions constitutionnelles des États membres « en tant que principes généraux » (art. 6, § 3 TUE ; *supra*, n° 96), n'instituant aucune hiérarchie formelle entre ces sources. C'est dire, d'une part, que le juge communautaire ne sera pas « enfermé » dans la Charte mais pourra continuer à « découvrir » des droits fondamentaux en tant que principes généraux du droit de l'Union, et, d'autre part, que les droits garantis par la CEDH se verront conférer dans l'ordre juridique communautaire soit une valeur de droit originaire, s'ils sont repris par la Charte (art. 52, § 3), soit une valeur de principes généraux du droit, lorsqu'ils ne sont pas incorporés dans la Charte (art. 7, § 3) ; la même solution vaut pour les droits résultant des traditions constitutionnelles communes (art. 52, § 4).

Topique est l'arrêt du 11 décembre 2007, *International Transport Worker's Federation* (aff. C-438/05), où la CJCE reconnaît le droit de grève comme droit

1. L'Agence des droits fondamentaux, créée par le règlement n° 168/2007 du Conseil, du 15 février 2007, est chargée de dispenser informations et assistance aux institutions communautaires et aux États membres dans le cadre de l'élaboration et de l'exécution du droit communautaire et devrait être un instrument de promotion de la Charte (*Europe*, 2007-4, comm. 109, F. Kauff-Gazin).

fondamental en tant que principe général du droit communautaire, en se référant à la fois aux instruments internationaux (CSE, convention OIT n° 87) et à la CDFUE (non encore obligatoire, il est vrai).

2° Depuis le 1er décembre 2009, la CJUE tend à privilégier la référence à la Charte, lui accordant parfois une place exclusive (par ex. : CJUE, 23 déc. 2009, *Deticek*, C-403/09 PPU ; CJUE, 24 nov. 2011, *Scarlet Extended SA*, C-70/10). Le mouvement de « délaissement du droit de la Convention »[1] au profit de la jurisprudence propre de la CJUE (par ex., à propos du droit à un recours effectif, CJUE, 28 juill. 2011, *Samba Diouf*, C-69/10), est cependant loin d'être systématique, la CJUE continuant à s'appuyer expressément sur la Convention et la jurisprudence de la Cour EDH.

Par exemple : CJUE, 17 déc. 2015, *WebMindLicenses*, (C-419/14, *Europe*, 2016-2, comm. 37, D. Simon : art. 8 CEDH), CJUE, gde ch., 16 juill. 2015, *Lanigan* (C-237/15 PPU : art. 5 CEDH). De plus, la référence privilégiée à la Charte comme cadre d'interprétation des droits n'exclut pas la référence à la CEDH pour apprécier la proportionnalité des atteintes aux droits fondamentaux (CJUE, 15 févr. 2016, *J. N. c/ Staatssecretaris van Veiligheid en Justitie*, C-601/15, *JCP G* 2016, act. 237, F. Picod).

Se confirme ainsi l'appropriation du droit de la CEDH – dont le juge communautaire ne s'éloigne guère – par voie d'absorption pure et simple dans l'ordre juridique communautaire.

3° Seule une articulation procédurale des deux instruments permettrait d'éviter une concurrence sur le terrain de la garantie des droits.

Les mérites supposés de l'adhésion de l'Union européenne à la Convention mettent en exergue la cohérence du système global de garantie des droits de l'homme qui serait ainsi constitué à l'échelle du continent européen. En conférant une compétence *ratione personae* à la Cour EDH pour connaître de requêtes dirigées contre les actes de l'Union, l'adhésion superposerait au « contrôle interne » du respect des droits fondamentaux assuré au sein de l'Union par la CJUE sur le fondement principal de la Charte des droits fondamentaux un « contrôle externe » exercé par la Cour EDH

1. Cl. Vial, La méthode d'ajustement de la CJUE : quand indépendance rime avec équivalence, *in* C. Picheral et L. Coutron, *Charte des droits fondamentaux de l'Union européenne et CEDH*, Bruylant, 2012, p. 93.

qui, contrôlant l'interprétation de la Convention faite par la CJUE à l'occasion de l'application de la Charte, garantirait l'harmonie entre la Convention et la Charte, et ce dans l'intérêt tant des justiciables que des États membres. Le TUE révisé habilite juridiquement l'Union européenne à adhérer à la convention et lui en fait obligation *(art. 6, § 2 : «* L'Union adhère *»)*. Par ailleurs, le protocole 14 additionnel à la Convention européenne des droits de l'homme, adopté par le Comité des ministres du Conseil de l'Europe le 12 mai 2004 et entré en vigueur, prévoit expressément que l'Union européenne peut adhérer à la convention *(art. 17)*.

On ne peut cependant pas ignorer que l'adhésion projetée repose quasi mécaniquement sur une articulation verticale, de type hiérarchique, des rapports entre l'ordre juridique de l'UE et celui de la Convention. L'adhésion de l'Union à la Convention dessinerait une nouvelle architecture juridictionnelle telle que la CJUE, à l'instar des juridictions des États membres, serait soumise à l'autorité de la Cour européenne des droits de l'homme en matière de droits fondamentaux. La CJUE ne s'y est pas trompée, qui par son avis 2/13 du 18 décembre 2014 [1], se prononce négativement, affirmant, au titre de la préservation des « caractéristiques spécifiques et (de) l'autonomie du droit de l'Union » que l'intervention de la Cour EDH « ne doit pas avoir pour effet d'imposer à l'Union et à ses institutions, dans l'exercice de leurs compétences internes, une interprétation déterminée des règles du droit de l'Union » (§ 183), – notamment, de la Charte des droits fondamentaux (§ 186). Et la Cour de justice de dénoncer tout ce qui, à ses yeux, serait susceptible de porter atteinte à sa compétence exclusive de statuer sur les droits fondamentaux dans l'Union européenne…

En l'état, les rapports entre les deux systèmes restent régis par le principe de la protection équivalente des droits fondamentaux (*infra*, n° 212 s).

1. Avis qui fait suite à l'avis 2/94 du 28 mars 1996 de la CJCE qui, considérant que la Communauté n'a pas compétence – notamment, sur la base de l'article 235 du traité de Rome – pour adhérer à la Convention, estime qu'une telle adhésion entraînerait un « changement substantiel » du régime communautaire (pt 34) et « revêtirait une envergure constitutionnelle » néces-

## II | Hors d'Europe

**101** La Convention américaine relative aux droits de l'homme, du 22 novembre 1969. — Adoptée par les États membres de l'Organisation des États américains à San José, elle est entrée en vigueur le 18 juillet 1978, avec le dépôt du onzième instrument de ratification (art. 74, § 2) ; 24 États étaient parties à la Convention au 21 janvier 2014 : *Argentine, Barbades, Bolivie, Brésil, Chili, Colombie, Costa Rica,* Dominique, *Équateur, El Salvador,* Grenade, *Guatemala, Haïti, Honduras,* Jamaïque, *Mexique, Nicaragua, Panama, Paraguay, Pérou, République dominicaine, Surinam, Uruguay, Venezuela* ; on relèvera l'absence des États-Unis. La Convention américaine reflète la même inspiration idéologique que la CEDH : son Préambule affirme que « les droits fondamentaux de l'homme ne découlent pas de son appartenance à un État donné, mais reposent sur les attributs de la personne humaine » et qu'un régime de liberté individuelle et de justice sociale ne peut être établi que dans le cadre des institutions démocratiques. Les droits proclamés sont similaires : un seul instrument traite des droits civils et politiques (23 articles) et des droits économiques, sociaux et culturels (1 seul article) ; les devoirs de l'homme sont passés sous silence. Surtout, le mécanisme institutionnel de protection est décalqué de celui de la CEDH : Commission et Cour interaméricaines des droits de l'homme. La Commission, dont les statuts avaient été approuvés par le Conseil de l'OEA le 25 mai 1960, est devenue avec l'entrée en vigueur de la Convention l'un des organes de la CADH : à ce titre (art. 41 à 51), elle a à la fois des fonctions de promotion (recommandation, étude, rapport) et de protection des droits de l'homme (droit de recours des individus et des États ; art. 44 et 45 ; *supra*, n^os^ 55 et 67). La Cour ne peut être saisie que par la Commission ou un État partie (art. 61) mais sa compétence est subordonnée à une acceptation préalable de l'État (art. 62, § 3) : seuls 21 États parties à la Convention ont reconnu la compétence de la Cour (en italique *supra*). La Cour a rendu son premier arrêt au fond le 29 juillet 1988

sitant une révision du traité (pt 35 ; *DCDF,* n° 30 ; *CDE*, 1996, 555, obs. O. De Schutter et Y. Lejeune ; *RTDE*, 1996, 467, obs. P. Wachsmann).

(Velasquez Rodriguez c/ Honduras, *Série C*, n° 7, note G. Cohen-Jonathan, *RGDIP*, 1990, p. 455). La Convention a été complétée par deux protocoles additionnels, l'un, du 8 juin 1990, relatif à l'abolition de la peine de mort (entré en vigueur le 28 août 1991), l'autre, du 17 novembre 1988, traitant des droits économiques, sociaux et culturels (entré en vigueur le 16 novembre 1999). Ce Protocole, dit de San Salvador, se distingue des textes similaires (PIDESC) par une définition plus généreuse des droits proclamés (par ex., le droit à un environnement salubre, art. 11, ou le droit à une protection spéciale pour les personnes âgées et les handicapés, art. 17 et 18). Est prévu un système, classique, de contrôle par voie de rapports périodiques ; soulignons, cependant, que les atteintes portées par un État partie à la liberté syndicale (art. 8 a) et au droit à l'éducation (art. 13) sont justiciables de la procédure de contrôle de la CIADH (art. 19).

**102** LA CHARTE AFRICAINE DES DROITS DE L'HOMME ET DES PEUPLES DU 27 JUIN 1981. — Adoptée à Nairobi par la Conférence de l'Organisation de l'Unité africaine, la Charte africaine (dite Charte de Banjul), entrée en vigueur le 21 octobre 1986 (54 ratifications au 7 mars 2016), constitue un apport important au développement du droit régional africain et comble une lacune essentielle en matière de proclamation des droits de l'homme. Il faut noter, au demeurant, que la Convention européenne des droits de l'homme excluait de son champ d'application les territoires colonisés, sauf déclaration expresse de l'État colonial (art. 56 ; ex-art. 63).

La Charte accorde une attention prioritaire aux droits des peuples : « La réalité et le respect des droits du peuple doivent nécessairement garantir les droits de l'homme » (Préambule, § 5). Il faut y voir d'abord la survivance de l'anticolonialisme et de la nécessité de lutter contre les derniers bastions coloniaux. L'introduction de ce concept est alors paradoxale, dans la mesure où la décolonisation est pratiquement achevée sur le continent africain : or le droit des peuples est conçu comme un droit à l'indépendance (art. 20) et non comme un droit à la sécession, auquel la pratique de l'OUA est totalement hostile au nom des principes de l'intangibilité des frontières et de l'intégrité territoriale. Les dispositions de la Charte relatives au droit des peuples (art. 21 à 26) sont aussi l'expression la plus achevée de la tendance moderne à la collectivisation des droits de l'homme, déjà évoquée (*supra*, n° 62). À cet égard, la Charte présente la singularité de faire cohabiter des concepts apparemment antinomiques : individu et peuple, droits individuels et droits collectifs, droits de la « troisième génération » et droits classiques.

1° L'intérêt principal de la Charte tient à la volonté des États africains de prendre en compte leurs traditions historiques et les valeurs de civilisation africaines, selon lesquelles l'individu est inconcevable comme être singulier mais existe par le groupe et s'accomplit dans le groupe, qui est à la fois condition matérielle de son existence, cadre naturel de son épanouissement et finalité de son accomplissement. L'impact juridique de cette conception sociale est l'existence de *droits et de devoirs* de l'individu vis-à-vis de la communauté et réciproquement. Le Préambule de la Charte établit ainsi une relation dialectique entre les droits et les devoirs (« la jouissance des droits et libertés implique l'accomplissement des devoirs de chacun ») et la Charte énonce le devoir de « solidarité sociale » (art. 27, § 1), ancré dans le respect des valeurs fondamentales de la culture africaine (art. 29, § 7 ; art. 17, § 3). Les droits individuels énoncés présentent peu de particularités par rapport à ceux proclamés dans des instruments similaires : notons, toutefois, que le droit au respect de la vie privée ou la liberté syndicale ne sont pas protégés par la Charte alors que le droit à l'égal accès aux biens et services publics (art. 13, § 3) est, pour la première fois, consacré par un instrument conventionnel. Leur intérêt vient de leur consécration formelle, qui montre un changement d'attitude des États africains par rapport à la question des droits de l'homme et de leur signification pratique compte tenu de la réalité prévalant dans de nombreux États africains. Ainsi, il est important que soient proclamés le droit à l'égalité (art. 3), alors que des minorités ethniques font l'objet de discriminations, voire de génocide dans certains pays, le droit de ne pas faire partie d'une association (art. 10, § 32), alors que le parti unique est souvent de règle ainsi que l'embrigadement des citoyens en son sein, ou le droit de tout être humain à l'intégrité physique (art. 4), alors que les pratiques traditionnelles de l'excision et de l'infibulation portent directement atteinte à celle de la femme.

2° La Charte africaine crée, par son article 30, une Commission africaine des droits de l'homme et des peuples, organe technique indépendant placé auprès de l'OUA. La Commission peut être saisie, pour tout manquement d'un État aux dispositions conventionnelles, par un autre État partie (art. 47 ; *supra*, n° 67) ou par des particuliers (art. 55), selon une procédure très restrictive. Elle ne peut en effet connaître d'une communication individuelle (art. 114) – présentée soit par un individu qui se prétend victime d'une violation de l'un des droits énoncés par la Charte, soit par un individu ou « une organisation » alléguant une « situation de violations graves ou massives des droits de l'homme et des peuples » – communication qu'à la demande de la majorité absolue de ses membres. De plus, la Charte ne prévoit pas de traitement individuel des pétitions recevables (art. 58), mais la Commission s'est toutefois reconnue compétente pour examiner des communications « même lorsqu'elles ne révèlent pas une série de violations graves et massives » (n^os^ 147/95 et 149/95, 11 mai 2000, Sir Dawda K. Jawara c/ Gambie). Le mécanisme est néanmoins fortement verrouillé puisqu'il appartient à l'organe intergouvernemental suprême (la Conférence de l'OUA) de décider en dernier ressort du sort à réserver aux rapports de la Commission relatifs aux violations commises (art. 59).

La juridictionnalisation des droits de l'homme sur le continent africain balbutie. La Cour africaine des droits de l'homme et des peuples, créée par le Protocole de Ouagadougou de 1998 et mise en place en 2006 (*supra* n° 55), est une juridiction en sursis puisque le Protocole de Sharm El-Sheikh adopté par les États membres de l'Union africaine le 1^er^ juillet 2008 (non en vigueur) abroge le Protocole de Ouagadougou et, fusionnant ladite Cour avec la Cour de justice de l'Union africaine, prévoit la création d'une Cour africaine de justice et des droits de l'homme, en tant qu'organe judiciaire principal de l'Union africaine, dont la compétence matérielle serait élargie [1].

La Cour africaine a jusqu'à présent (fin 2015) adopté six arrêts : un arrêt sur les exceptions préliminaires, trois sur le fond (le premier en 2013) et deux sur les réparations.

1. La Cour serait dotée d'une section des affaires générales et d'une section des droits de l'homme ; le protocole de Malobo, adopté le 27 juin 2014, amendant le protocole de Sharm El-Sheikh, étend la compétence de la Cour aux affaires criminelles en créant une section pénale. Ces deux protocoles n'ont pas encore obtenu les 15 ratifications nécessaires pour leur entrée en vigueur.

## Section III
## La disparité juridique des instruments de proclamation

Cette disparité tient à la nature juridique de l'instrument de proclamation. De fait, la variété des dénominations des textes de proclamation (Déclaration, Charte, Convention, Pacte, Acte) camoufle, au plan juridique, des instruments de nature très différente : tous les droits proclamés ne le sont pas de manière identique et ne bénéficient pas d'une reconnaissance égale par le droit international. Il convient de distinguer les textes qui ne sont pas susceptibles d'obliger les États de ceux qui le sont.

**103** LES TEXTES DÉCLARATOIRES. — Les Déclarations internationales émanant des organisations internationales universelles (DUDH de 1948 et déclarations de l'Assemblée générale citées, *supra*, n° 86) et régionales (Déclaration américaine des droits et devoirs de l'homme de 1948, *supra*, n° 101) ne sont pas des instruments juridiques contraignants mais sont des résolutions ayant valeur de recommandation. Ces textes déclaratoires sont donc insusceptibles de faire naître des droits au bénéfice des individus et des obligations juridiques à la charge des États et ne présentent, *prima facie*, qu'une portée purement morale ou politique : selon le Pr Mourgeon, ils « traduisent une éthique internationale de l'avenir plus qu'un constat, une espérance plus qu'un fait » (*Les droits de l'homme*, Puf, « Que sais-je ? », 1996, p. 77).

Toutefois, ces recommandations, bien que n'étant pas en mesure, isolément, de créer la règle de droit, sont à même de participer à un processus de formation du droit, encore inachevé, par leur contribution à la formation de règles coutumières : pour ce faire, selon une inversion du processus coutumier, les recommandations doivent exprimer une *opinio juris* et être suivies d'une pratique conforme aux règles qu'elles énoncent. Qu'en est-il pour la principale des recommandations en la matière, la DUDH ?

**104** NATURE ET PORTÉE DE LA DÉCLARATION UNIVERSELLE DES DROITS DE L'HOMME. — En dépit de son importance historique et politique exceptionnelle, la DUDH a la même valeur juridique que les autres résolutions de l'Assemblée générale des Nations Unies : en tant que recommandation, elle ne crée pas d'obligations pour les États et n'est pas source directe du droit. Déclaration de principes, elle constitue l'expression de l'accord des États sur « un idéal commun à atteindre par tous les peuples et toutes les nations » (Préambule). Par sa formulation, le Préambule est l'aveu même que la Déclaration proclame des principes qui ne sont pas dès à présent pleinement obligatoires pour les États membres de l'ONU. Cela est pleinement confirmé par la présentation que Mme Eleanor Roosevelt (qui présidait le comité de rédaction de la Déclaration) fait du texte devant l'Assemblée générale : « Ce n'est pas un traité, ce n'est pas un accord international. Il n'a pas et ne vise pas à avoir force de loi. C'est une déclaration de principes sur les droits et libertés fondamentales de l'Homme destinée à être approuvée par vote formel des membres de l'Assemblée générale » (cité par R. Cassin, La Déclaration universelle et la mise en œuvre des droits de l'homme, *RCADI*, 1951, t. 79, p. 289). Les juridictions nationales confirment cette analyse et dénient toute force juridique obligatoire à la Déclaration, parce qu'elle ne constitue pas un traité international. Selon le Conseil d'État français, la seule publication de la DUDH au *Journal officiel* « ne permet pas de ranger cette dernière au nombre des textes diplomatiques qui, ayant été ratifiés et publiés en vertu d'une loi, ont aux termes de l'article 55 de la Constitution du 4 octobre 1958, une autorité supérieure à celle de la loi interne » ; dès lors, la Déclaration ne peut utilement être invoquée à l'appui d'un recours devant les juridictions internes (CE, 23 nov. 1984, *Roujansky*, *Leb.*, 383 : recours tendant à l'annulation des élections de 1984 à l'Assemblée des Communautés européennes). Cette décision de la Haute juridiction s'inscrit dans une jurisprudence fermement établie depuis l'arrêt du 18 avril 1951, *Élections de Nolay* (*Leb.*, 189 ; CE, 11 mai 1960, *Car*, *Leb.*, 319).

* De même la Cour de cassation, dans l'affaire Barbie, fait référence aux « principes généraux de droit reconnus par l'ensemble des nations » mais rattache ceux-ci aux conventions internationales (PIDCP, art. 15, § 2 ; CEDH, art. 7, § 2) auxquelles la France est partie (Crim., 6 oct. 1983, n° 83-93194, *Barbie*, *JCP*, 1983, II, 20107, obs. D. Ruzié).

Néanmoins, peut-on voir dans la DUDH un élément constitutif d'une règle coutumière ? La réponse doit être nuancée et comporte trois éléments. D'abord, la DUDH n'a pas en soi une valeur coutumière : du fait de son caractère entièrement novateur, elle ne vient pas confirmer ou « réciter » des règles coutumières préexistantes. Ensuite, on ne peut voir dans la Déclaration un élément formateur de la coutume car les deux éléments constitutifs de la coutume sont, au moins partiellement, défaillants. Si l'on considère, avec la sentence arbitrale *Texaco-Calasiatic* du 19 janvier 1977 (*JDI*, 1977, p. 350 à 389), que les conditions d'adoption de la recommandation en cause sont des éléments déterminants de l'expression d'une *opinio juris*, celles de la Déclaration de 1948 posent alors problème : l'absence, par hypothèse, des États nouveaux ne saurait empêcher la formation d'une règle coutumière, mais l'abstention de l'Union soviétique et des États socialistes interdit d'admettre que la DUDH a été votée par la « généralité » des États de la communauté internationale du moment et exprime une réelle *opinio juris* sur le plan international. De plus, à la différence de la Déclaration du 14 décembre 1960 sur l'octroi de l'indépendance aux pays et aux peuples coloniaux qui a reçu une application concrète dénuée d'ambiguïté et a joué un rôle puissant dans la formation du droit des peuples à disposer d'eux-mêmes, dont, dira la CIJ, « le *corpus juris gentium* s'est beaucoup enrichi » (*AC sur la Namibie*, 21 juin 1971, *Rec.*, 1971, p. 31-32 ; aussi, *AC sur le Sahara occidental*, 16 oct. 1975, *Rec.*, 1975, p. 12), il est malheureusement clair que la DUDH n'a pas produit une pratique étatique abondante de respect des droits de l'homme. Certes, la CIJ a nuancé le rôle de la pratique : pour qu'une règle soit coutumièrement établie, il n'est pas besoin que la pratique correspondante soit « rigoureusement conforme » à cette règle mais il suffit « que les États y conforment leur conduite d'une manière générale… » (arrêt du 27 juin 1986, *Activités militaires et paramilitaires au Nicaragua et contre celuici,Rec.*, § 186). Le fait que la Résolution 2625 (XXV) du 24 octobre 1970 sur les principes du Droit international relatifs aux relations amicales entre États ne fasse pas mention du principe du respect des droits de l'homme et de la Déclaration de 1948 est alors un élément décisif pour refuser – du moins à l'époque – valeur coutumière à la DUDH : adoptée par consensus, la Résolution 2625 a une autorité particulière et constitue une codification de la pratique des Nations Unies ; la CIJ (arrêt du 27 juin 1986, préc.) accorde d'ailleurs à la Résolution 2625 une place privilégiée dans la formation de *l'opinio juris* (l'« *opinio juris* peut se déduire entre autres, quoiqu'avec la prudence nécessaire, de l'attitude des parties et États à l'égard de certaines résolutions de l'Assemblée générale, notamment de la Résolution 2625 (XXV)... », *Rec.*, p. 100, § 188). Cela explique que la Cour internationale de justice, lorsqu'elle se réfère à la DUDH, prenne soin de la rattacher à une norme conventionnelle indiscutable : ainsi, dans sa décision du 24 mai 1980 relative à l'affaire du *Personnel diplomatique et consulaire des États-Unis à Téhéran*, la Cour note que « le fait de priver abusivement de leur liberté des êtres humains et de les soumettre, dans des conditions pénibles, à une contrainte physique est manifestement incompatible avec les principes de la Charte des Nations Unies et avec les droits fondamentaux énoncés dans la Déclaration universelle des droits de l'homme », *Rec.*, 1980, p. 42, § 91, *infra*, n° 104)[1]. Mais, en dernier lieu, les principes énoncés par la DUDH ont reçu une consécration juridique et se sont enracinés dans le droit international (et aussi dans le droit interne de certains États, notamment du Tiers Monde, qui, tel le Niger, incorporent la DUDH au Préambule de leur Constitution) ; mais cette consécration s'est opérée plus par la voie conventionnelle que par la voie coutumière (les conventions de protection des droits de l'homme, citées dans la section précédente, se réfèrent expressément dans leur Préambule à la DUDH), au plan régional plus qu'au plan universel pour les instruments à portée générale (les conventions européenne et américaine sont plus fidèles à l'esprit de la Déclaration que ne le sont les pactes, *supra*, n° 85).

La Déclaration universelle a été le ferment du processus de création du droit international des droits de l'homme : source d'inspiration des règles juridiques en la matière, la Déclaration ne fait pas partie de ces règles et s'analyse comme un instrument préjuridique. Mais si l'impact du droit est faible, il reste le poids des mots : « Tous

1. Cependant la version anglaise de l'arrêt semble faire de la DUDH une source formelle des droits de l'homme : « Is in itself manifestly incompatible with the principles of the Charter of the United Nations, *as well as* with the fundamental principles enunciated in the Universal Declaration of Human Rights. »

les êtres humains naissent libres et égaux en dignité et en droits » (art. 1).

**105** LES TEXTES CONVENTIONNELS. — Seuls les textes conventionnels ont vocation à avoir un caractère obligatoire et à traduire la volonté des États de s'engager de façon explicite dans le domaine des droits de l'homme. Cependant, rien ne sert de brandir à tout propos, et souvent hors de propos (le discours médiatique sur les droits de l'homme), les grands textes sur les droits de l'homme pour dénoncer les violations commises par tel ou tel État : encore faut-il s'assurer au préalable que l'État concerné est juridiquement lié par telle ou telle convention protectrice des droits de l'homme. Cela suppose que deux conditions soient remplies. En premier lieu, l'État doit être partie à la Convention et, donc, avoir exprimé son consentement définitif à être lié par elle (art. 11 de la Convention de Vienne du 23 mai 1969 sur le droit des traités). La plupart des conventions de droits de l'homme à portée générale prévoient deux modalités d'expression du consentement de l'État (art. 26 PIDESC ; art. 48 PIDCP ; art. 8 Protocole facultatif au Pacte ; art. 74 CADH ; art. 63 Charte africaine) : la signature et la ratification (seule modalité retenue par l'article 59 CEDH), ou l'adhésion. En second lieu, la Convention doit être entrée en vigueur afin que ses dispositions soient intégrées dans l'ordonnancement juridique international (art. 24 de la Convention de Vienne préc.) : cette entrée en vigueur est subordonnée au dépôt d'un nombre déterminé d'instruments de ratification ou d'adhésion (35 pour le PIDESC, art. 27, et le PIDCP, art. 49, et 10 pour son Protocole, art. 9 ; 10 pour la CEDH, art. 59, § 2 ; 11 pour la CADH, art. 74, § 2 ; 26 pour la Charte africaine, art. 63, § 3).

**106** APPLICATION SPATIO-TEMPORELLE. — De cette double condition, qui n'est pas spécifique aux conventions internationales en matière de droits de l'homme, découle un double décalage, préjudiciable à la protection des droits de l'homme, quant à l'application du texte conventionnel. D'abord, un décalage temporel, plus ou moins important, entre le moment de l'adoption de la convention et celui de son entrée en vigueur.

Neuf ans pour les pactes des Nations Unies (16 déc. 1966 – 3 janv. 1976 et 23 mars 1976) ; trois ans pour la Convention européenne (4 nov. 1950 – 3 sept. 1953) ; neuf ans pour la Convention interaméricaine (22 nov. 1969 – 18 juill. 1978) ; cinq ans pour la Charte africaine (28 juin 1981 – 21 oct. 1986). De plus, ce délai est toujours accru pour l'entrée en vigueur des dispositions facultatives, qui énoncent les dispositions les plus contraignantes pour les États, de ces conventions : treize ans pour l'article 41 du PIDCP (compétence du Comité des droits de l'homme, 28 mars 1979) ; cinq ans pour l'ex-article 25 de la CEDH (droit de recours individuel, 5 juill. 1955) et huit ans pour l'ex-article 46 (juridiction de la Cour, 3 sept. 1958). Le cas de la Convention du 21 décembre 1965 sur l'élimination de toutes les formes de discrimination raciale est topique : l'entrée en vigueur de la Convention a eu lieu trois ans après sa conclusion (4 janv. 1969), mais celle de son article 14 (compétence du Comité) dix-sept ans après (3 déc. 1982).

Ensuite se produit un décalage spatial, quant au champ d'application géographique du texte, dû à l'entrée en vigueur échelonnée de la convention.

Le texte entré en vigueur n'est obligatoire que pour les États qui ont exprimé leur consentement définitif à être lié et non pour l'ensemble des signataires. Par exemple, le PIDCP est devenu obligatoire pour la Jamaïque en 1976, pour le Pérou en 1978, pour l'Islande en 1979, pour la République centrafricaine en 1981, pour la Belgique en 1983, pour la Zambie en 1984, etc. ; par ailleurs, un État signataire du Pacte en 1966 n'a ratifié qu'en 1997 (le Honduras). Le cas de la France est malheureusement révélateur de cet échelonnement de l'entrée en vigueur du texte conventionnel, générateur d'un morcellement de son champ d'application géographique : la France n'a ratifié la CEDH que vingt-quatre ans après sa signature (le 3 mai 1974) et n'a adhéré aux pactes des Nations Unies que le 4 novembre 1980 et au Protocole facultatif le 17 février 1984.

La portée géographique du texte conventionnel, universel ou régional, est ainsi très relative. La situation des instruments conventionnels de protection des droits de l'homme est de plus très disparate quant à leur application spatio-temporelle.

Si la CEDH et la CADHP lient la totalité des États qui entrent dans leur champ d'application potentiel (les 47 États membres du Conseil de l'Europe pour l'une, les 54 États membres de l'OUA pour l'autre), par contre, le PIDESC et le PIDCP n'engagent que 164 et 168 des

192 membres de l'ONU alors que la CADH n'est entrée en vigueur que pour 21 des 35 membres de l'OEA.

La réticence des États à s'engager définitivement en la matière n'est pas encore vaincue malgré une évolution très positive depuis les années 1990. En bref, une première et importante sélection des droits proclamés s'opère en droit. Les droits de l'homme énoncés au plan international ne sont susceptibles de s'imposer à un État donné qu'à la triple condition qu'ils figurent dans un texte à caractère obligatoire, que ce texte soit entré en vigueur et que l'État concerné l'ait ratifié ou y ait adhéré. Même dans ce cas de figure, texte obligatoire entré en vigueur pour des États donnés, certains droits énoncés n'obligeront pas lesdits États.

**107** LE CHAMP DE PROTECTION DU DROIT EUROPÉEN ET INTERNATIONAL DES DROITS DE L'HOMME. — La prolifération des textes internationaux de proclamation des droits de l'homme ne doit pas faire illusion car la portée réelle de ces textes, quant à la garantie des droits, est très variable. Cette portée peut être appréciée par le biais de quatre critères : nature juridique du texte (valeur obligatoire ou non) ; existence d'un droit d'action individuelle et nature de ce droit ; existence d'un droit d'action étatique et nature de ce droit ; possibilité de sanction judiciaire à une éventuelle violation. De plus, considérée isolément, chaque convention entrée en vigueur a, par le jeu de réserves, un champ d'application *ratione materiae* à « géométrie variable » : les articles du texte ne seront pas applicables dans tous les États engagés (*supra*, n° 42).

Si l'on s'en tient aux textes à portée générale (parmi les textes à portée spéciale, la Convention de 1965 sur l'élimination de toutes les formes de discriminations raciales et la Convention des Nations Unies contre la torture offrent un modèle de protection assimilable au modèle 5 du tableau), le tableau suivant montre que le champ de protection du DIDH est loin d'être uniforme et en présente sa dégradation, de la Convention européenne à la Déclaration universelle. Il y a moins une proclamation internationale des droits de l'homme que divers systèmes de proclamation, où se distinguent les systèmes européen et interaméricain.

## Le champ de protection du droit européen et international des droits de l'homme (1)

| *Textes internationaux et européens à portée générale* | *Valeur juridique obligatoire* | *Action individuelle à caractère contentieux* | *Droit de pétition individuelle* | *Action étatique à caractère contentieux* | *Action étatique à caractère diplomatique* | *Sanction judiciaire possible* | *Contenu variable (réserves)* |
|---|---|---|---|---|---|---|---|
| 1. CEDH | OUI | OUI | | OUI | | OUI | OUI |
| 2. CADH | OUI | OUI | | OUI (art. 45) | | OUI (art. 62) | OUI |
| 3. Charte africaine + protocole facultatif | OUI | OUI (art. 34 § 6) | | OUI | | OUI | OUI |
| 4. CDFUE (2) | OUI | | | | | OUI | Protocoles (2) |
| 5. PIDCP + protocole facultatif | OUI | | OUI | | OUI (art. 41) | | OUI |
| 6. PIDCP seul | OUI | | | | OUI (art. 41) | | OUI |
| 7. Charte africaine seule | OUI | | OUI | | OUI | | OUI |
| 8. PIDESC | OUI | | | | | | OUI |
| 9. DUDH | NON | | | | | | Sans objet |

(1) Entre parenthèses figurent les articles des clauses facultatives.

(2) La Charte des droits fondamentaux de l'Union européenne n'est pas dotée d'une voie de recours spécifique visant à la sanction de la violation d'un droit protégé (*infra*, n° 179). Si elle ne comporte pas une clause de réserve, la Charte est flanquée de deux protocoles concernant son application à la Pologne et au Royaume-Uni et à la République tchèque.

## *Pour aller plus loin*

Les principaux instruments internationaux de proclamation des droits de l'homme mentionnés dans ce chapitre se trouvent, sauf indication contraire, dans les recueils de texte mentionnés, *supra*, n° 5. On consultera aussi la classification très utile établie par V. Volodin, *Droits de l'homme. Les principaux instruments internationaux. État au 31 mai 2007*, Unesco, 2007.

**108** Sur la DUDH et les pactes des Nations Unies. — Sur la nature juridique de la DUDH, voir E. Decaux, Droit déclaratoire et droit programmatoire, *in* SFDI, *op. cit.*, sous n° 5, p. 81 ; L.A. Sicilianos, La portée de la Déclaration universelle, *in* Commission nationale consultative des droits de l'homme, *La Déclaration universelle des droits de l'homme, 1948-1998*, La Documentation française, 1999, p. 321.

Sur les Pactes, il faut en premier lieu lire J. Mourgeon : Les pactes internationaux relatifs aux droits de l'homme, *AFDI*, 1967, p. 326 à 363, et L'entrée en vigueur des pactes internationaux relatifs aux droits de l'homme, *AFDI*, 1976, p. 290 à 304. Voir E. Decaux (dir.), *Le Pacte international relatif aux droits civils et politiques*, Commentaire article par article, Bruylant, 2011 ; P. Tavernier, Destin du Pacte international relatif aux droits civils et politiques vingt ans après son entrée en vigueur, *Mélanges J. Mourgeon*, Bruylant, 1998, 479 ; E. Decaux, Les droits fondamentaux en droit international, *AJDA*, 1998, numéro spécial, Les droits fondamentaux. Une nouvelle catégorie juridique ?, p. 66 ; G. Cohen-Jonathan, Les rapports entre la CEDH et le Pacte des Nations Unies sur les droits civils et politiques, in *Régionalisme et universalisme dans le droit international contemporain*, Pedone, 1977, p. 313. *Infra*, n° 262.

**109** SUR LA CONVENTION EUROPÉENNE DES DROITS DE L'HOMME. — On se reportera principalement à L.-E. Pettiti, E. Decaux, P.-H. Imbert (dir.), *La Convention européenne des droits de l'homme. Commentaire article par article*, Economica, 1995 (cité par la suite *La CEDH*...) et à : J.F. Renucci, *Droit européen des droits de l'homme*, LGDJ, 6e éd. 2015 ; J. Velu et R. Ergec, *La Convention européenne des droits de l'homme*, Bruylant, 2015 ; P. Tavernier (dir.), *Quelle Europe pour les droits de l'homme ?*, Bruylant, 1996 ; C. Teitgen-Colly (éd.), *La CEDH, 60 ans et après ?*, LGDJ, « Systèmes », 2013. Aussi, S. Greer, *The European Convention on Human Rights, Achievements, problems and prospects*, Cambridge University Press, 2006 ; Cl. Ovey et R. White, *The European Convention on Human Rights*, Oxford University Press, 4e éd., 2006.

Pour une analyse synthétique, voir : L. Burgorgue-Larsen, *La Convention européenne des droits de l'homme*, LGDJ, « Systèmes »,2e éd., 2015 ; J.-P. Marguénaud, *La Cour européenne des droits de l'homme*, Dalloz, « Connaissance du droit », 7e éd., 2016 ; F. Sudre, *La Convention européenne des droits de l'homme*, Puf, « Que sais-je ? », n° 2513, 10e éd., 2015. Voir les *Mélanges en l'honneur de* : *Poly Modinos*, Pedone, 1968 ; *Gérard Wiarda*, Carl Heymanns, Cologne, 1988 ; *Georges Levasseur*, Litec, 1992 ; *Jacques Velu*, Bruylant, 1992 ; *Marc-André Eissen*, Bruylant, 1995 ; *Louis-Edmond Pettiti*, Bruylant, 1998 ; *Rolv Ryssdal*, Carl Heymanns, Cologne, 2000 ; *Pierre Lambert*, Bruylant, 2000 ; *Gérard Cohen-Jonathan*, Bruylant, 2004 ; *Jean-Paul Costa*, Dalloz, 2011 ; *Paul Tavernier*, Bruylant, 2012. Pour la jurisprudence, bibliographie citée *supra*, n° 7.

Sur la procédure « de suivi », voir A. Drzemczewski, La prévention des violations des droits de l'homme : les mécanismes de suivi du Conseil de l'Europe, *RTDH*, 2000, p. 385, et Le « monitoring » du Comité des ministres du Conseil de l'Europe : un aperçu de son évolution, *Mélanges G. Cohen-Jonathan*, préc., 127.

Sur l'élargissement du Conseil de l'Europe, voir en priorité C. Gauthier, *L'élargissement du Conseil de l'Europe. Étude des mutations d'une organisation internationale*, thèse Bordeaux IV, déc. 2002, 634 p. dact ; aussi, F. Benoît-Rohmer, L'application de la CEDH dans les pays d'Europe centrale et orientale, *Mélanges G. Cohen-Jonathan*, Bruylant, 2004, 219.

**110** SUR LA CHARTE SOCIALE EUROPÉENNE ET LES DROITS SOCIAUX. — Voir en priorité : C. Nivard, *La justiciabilité des droits sociaux fondamentaux, Étude de droit conventionnel européen*, Bruylant, 2012 ; J.-F. Akandji-Kombé, S. Leclerc (éd.), *La Charte sociale européenne*, Bruylant, « Rencontres européennes », 2001 ; Fl. Benoit-Rohmer, De l'impact de la CEDH sur la juridictionnalisation du Comité européen des droits sociaux, *in* N. Aliprantis, *Les droits sociaux dans les instruments européens et internationaux*, Bruylant 2009, p, 235 ; *RDSS*, 2007, p. 197 et s., Conseil de l'Europe et protection sociale ;

L. Samuel, *Droits sociaux fondamentaux. Jurisprudence de la Charte sociale européenne*, éd. Conseil de l'Europe, 1997 ; Actes du colloque, *La Charte sociale du XXI^e^ siècle*, éd. Conseil de l'Europe, 1997 ; C. Pettiti, La Charte sociale européenne révisée, *RTDH*, 1997, p. 3 ; F. Sudre, Le Protocole additionnel à la CSE prévoyant un système de réclamations collectives, *RGDIP*, 1996, p. 715. Sur la jurisprudence du CEDS (http://www.humanrights.coe.int/cse.web), voir J.-F. Akandji-Kombé, L'application de la Charte sociale européenne : la mise en œuvre de la procédure de réclamations collectives, *Droit social*, 2000, 888, et les chroniques du même auteur à la *RTDH* (depuis 2001) ; J.-P. Marguénaud et J. Mouly, Le CEDS, un laboratoire d'idées sociales méconnu, *RDP*, 2011, 685 ; B. Boissard, La contribution du CEDS à l'effectivité des droits sociaux, *RDP*, 2010, 1083.

Dans une perspective plus large, C. Grewe et F. Benoît-Rohmer, *Les droits sociaux ou la démolition de quelques poncifs*, PU de Strasbourg, 2003 ; J.F. Flauss (dir.), *Droits sociaux et droit européen. Bilan et prospective de la protection normative*, Bruylant-Némésis, « Droit et justice », n° 39, 2002. Aussi, A. Lyon-Caen et P. Lokiec, *Droits fondamentaux et droit social*, Dalloz, « Thèmes et commentaires », 2005, 145 ; L. Gay, E. Mazuyer, D. Nazet-Allouche (dir.), *Les droits sociaux fondamentaux. Entre droits nationaux et droit européen*, Bruylant, 2006.

111 L'UNION EUROPÉENE ET LES DROITS FONDAMENTAUX. — 1° *Sur la protection des droits fondamentaux dans l'ordre communautaire*, voir en priorité : J. Rideau, Le rôle de l'Union européenne en matière de protection des droits de l'homme, *RCADI*, 1997, t. 265 ; F. Sudre et H. Labayle (dir.), *Réalité et perspectives du droit communautaire des droits fondamentaux*, Bruylant, « Droit et justice », n° 27, 2000 ; Ph. Alston, *L'Union européenne et les droits de l'homme*, Bruylant, 2001 ; J.-P. Jacqué, Droits fondamentaux et compétences internes de la Communauté européenne, *Mélanges G. Cohen-Jonathan*, Bruylant, 2004, 1007 ; F. Picod, Doit de l'Union européenne des droits de l'homme et des libertés fondamentales, *Jurisclasseur Libertés*, fasc 120, 2007 ; R. Tinière et Cl. Vial (dir.), *La protection des droits fondamentaux dans l'Union européenne. Entre évolution et permanence*, Bruylant, 2015.

2° *Sur les rapports entre la CEDH et l'ordre communautaire*, voir particulièrement : H. Labayle, Droits fondamentaux et droit européen, *AJDA*, 1998, numéro spécial, Les droits fondamentaux. Une nouvelle catégorie juridique ?, p. 75 ; F. Picod, Le juge communautaire et l'interprétation européenne, *in* F. Sudre (dir.), *L'interprétation de la Convention européenne des droits de l'homme*, Bruylant, « Droit et justice », n° 21, 1998, p. 289 ; D. Simon, Des influences réciproques entre CJCE et CEDH : « Je t'aime, moi non plus » ?, *Pouvoirs*, n° 96, 2001, 91 ; F. Sudre, L'apport du droit international et européen à la protection communautaire des droits fondamentaux, *SFDI*, *Droit international et droit communautaire, perspectives actuelles*, Pedone, 2000, p. 169 ; L. Dubouis, Les principes généraux du droit communautaire, un instrument périmé de protection des droits fondamentaux ?, *Mélanges Benoit Jeanneau*, Dalloz, 2002, 77 ; F. Tulkens, L'Union européenne devant la Cour européenne, *in* F. Benoît-Rohmer (dir.), La Charte des droits fondamentaux de l'Union européenne, *RUDH*, 2000, p. 50 ; L. Potvin-Solis, *La conciliation des droits et libertés dans les ordres juridiques européens*, Bruylant, 2012, p. 509-555 ; D. Dero-Bugny, *Les rapports entre la CJUE et la Cour EDH*, Bruylant, 2015.

3° *Sur le traité d'Amsterdam*, voir J. Andriantsimbazovina, La CEDH et la CJCE après le traité d'Amsterdam : de l'emprunt à l'appropriation, *Europe*, 1998, n° 10, chron. n° 7 ; F. Sudre, La Communauté européenne et les droits fondamentaux après le traité d'Amsterdam : vers un nouveau système européen de protection des droits de l'homme ?, *JCP G*,

1998, I, 100 ; P. Wachsmann, Les droits de l'homme, *RTDE*, 1997, numéro spécial Le traité d'Amsterdam, 883.

4° *Sur la Charte des droits fondamentaux de l'Union européenne,* voir en priorité, L. Burgorgue-Larsen, A. Levade, F. Picod (dir.), *Traité établissant une Constitution pour l'Europe. Partie II, La Charte des droits fondamentaux de l'Union. Commentaire article par article*, t. 2, Bruylant, 2005. Aussi, J. Dutheil de la Rochère, Droits fondamentaux : quelle place dans l'architecture de l'Union, *Mélanges Jean-Paul Jacqué*, Dalloz, 2010, 263 ; B. Favreau (dir.), *La Charte des droits fondamentaux de l'Union européenne après le Traité de Lisbonne*, Bruylant, 2010 ; L. Burgorgue-Larsen, Le destin judiciaire strasbourgeois de la Charte des droits fondamentaux de l'Union européenne, Vices et vertus du cosmopolitisme normatif, *Mélanges Jean-Paul Jacqué*, Dalloz, 2010, 145 ; B. Genevois, La CEDH et la Charte des droits fondamentaux de l'Union européenne : complémentarité ou concurrence ?, *RFDA*, 2010, p. 437 ; C. Picheral et L. Coutron, *Charte des droits fondamentaux de l'Union européenne et CEDH*, Bruylant, 2012 ; J-P. Jacqué, La Charte et la Cour de justice de l'Union, Un premeir bilan sur l'interprétation des dispositions horizontales de la Charte, *Mélanges Jean-François Flauss*, Pedone, 2014, 403.

5° *Sur les droits fondamentaux dans le traité de Lisbonne,* voir les commentaires de D. Simon (*Europe*, 2008-2, n° 2), F. Kauff-Gazin (*Europe*, 2008-7, comm. n° 5) ; J. Rideau (*RAE* 2007-2008/2, p. 185 ) ; F. Picod, Pour un développement durable des droits fondamentaux de l'Union européenne, *Mélanges Jean-Paul Jacqué*, Dalloz, 2010, 527.

6° *Sur l'adhésion de l'Union à la CEDH*, voir B. Bertrand, Cohérence normative et désordres contentieux. À propos de l'adhésion de l'Union européenne à la CEDH, *RDP* 2012, 181 ; A. Potteau, Quelle adhésion de l'UE à la CEDH, Pour quel niveau de protection des droits et de l'autonomie de l'ordre juridique de l'UE ?, *RGDIP* 2011, 77 ; *RTDE*, n° spécial, L'adhésion de l'UE à la CEDH, 2011-47, p. 7 et s. Sur l'avis 2/13 de la CJUE, voir notamment les commentaires de : F. Picod, *JCP 2015, note 145 ;* H. Labayle et F. Sudre, *RFDA 2015-1, p.3 ss. ;* D. Simon, *Europe* 2015-2, étude 2 *;* D, Szymczak, *RAE,* 2015/1, p. 11.

7° *Pour l'étude de la jurisprudence communautaire en matière de droits fondamentaux*, voir : F. Sudre et R. Tinière, *Droit communautaire des droits fondamentaux*, Némésis-Anthémis, « Droit et justice », 2012, 3e éd., n° 105 ; R. Tinière (dir.), Droits fondamentaux, *Annuaire de droit de l'Union européenne,* depuis 2011, éd. Panthéon-Assas ; la chronique annuelle de jurisprudence de la CJCE puis de la CJUE à la RTDH (depuis 1998, dir. F.Sudre puis H. Surrel).

**112** SUR L'OEA ET LA CONVENTION AMÉRICAINE. — Voir d'abord L. Hennebel, *La Convention américaine des droits de l'homme. Mécanismes de protection et étendue des droits et libertés*, Bruylant, 2007, et la bibliographie citée ; H. Gros-Espiell, Le système interaméricain comme régime régional de protection internationale des droits de l'homme, *RCADI*, 1975. II, t. 145, p. 1 à 56 ; L. Hennebel et H. Tigroudja (dir.), Le particularisme interaméricain des droits de l'homme, Pedone, 2009. Sur la Cour et sa jurisprudence, voir en priorité L. Burgorgue-Larsen et Amaya Ubeda de Torres, *Les grandes décisions de la Cour interaméricaine des droits de l'homme*, Bruylant, 2008 ; H. Tigroudja et I. K. Panoussis, *La Cour interaméricaine des droits de l'homme. Analyse de la jurisprudence consultative et contentieuse*, Bruylant-Némésis, « Droit et justice », n° 41, 2003 ; L. Burgorgue-Larsen, Les méthodes d'interprétation de la Cour IADH. *Justice in context*, *RTDH* 2014, 97, 31 ; L. Hennebel et H. Tigroudja, Chronique de la jurisprudence de la Cour interaméricaine des droits de l'homme, *RTDH*, 2008-76, 1007 et *RTDH*, 2010-84, 815 ; L. Seminara, *Les effets des arrêts de la cour interaméricaine des droits de l'homme*, Bruylant-Némésis, « Droit et justice », 2009, n° 85.

113 SUR L'OUA ET LA CHARTE AFRICAINE. — Pour une étude d'ensemble, se reporter à M. Kamto (dir.), *La Charte africaine des droits de l'homme et des peuples et le protocole y relatif portant création de la Cour africaine des droits de l'homme*, Bruylant, 2011 ; M. Mubiala, *Le système régional africain de protection des droits de l'homme*, Bruylant, 2005 ; K. M'Baye, *Les droits de l'homme en Afrique*, Pedone, 2e éd., 2002 ; F. Ouguergouz, *La Charte africaine des droits de l'homme et des peuples*, Puf, 1993, 478 p. Voir aussi A.-D. Olinga, Les emprunts normatifs de la Commission africaine des droits de l'homme et des peuples aux systèmes européen et interaméricain de garantie des droits de l'homme en 2004, *RTDH*, 2005, 499 ; J.F. Flauss et E. Lambert-Abdelgawad (dir.), *L'application nationale de la Charte africaine des droits de l'homme et des peuples*, Bruylant-Némésis, « Droit et justice », nº 54, 2004 ; G-F. Ntwari, La Cour africaine des droits de l'homme et des peuples à la croisée des chemins. Bilan des cinq premières années d'activités judiciaires (2009-2014), RTDH 2015-102, 367.

114 SUR LA FRANCE ET LES CONVENTIONS RELATIVES AUX DROITS DE L'HOMME. — À propos de l'adhésion de la France aux pactes internationaux et au Protocole facultatif, voir : P.-H. Imbert, La France et les traités relatifs aux droits de l'homme, *AFDI*, 1980, p. 31 à 43 (avec le texte des réserves et déclarations interprétatives au PIDCP) ; V. Coussirat-Coustère, L'adhésion de la France au Protocole facultatif se rapportant au PIDCP, *AFDI*, 1983, p. 510-532. La France a ratifié la CEDH le 3 mai 1974 (décret 74-360 du 3 mai 1974 portant publication de la CEDH, *JO*, 4 mai 1974, p. 4750) après l'adoption de la loi 72-1227 du 31 décembre 1973 autorisant cette ratification (*JO*, 3 janv. 1974, p. 67). Voir A. Pellet, La ratification française de la CEDH, *RDP*, 1974, p. 1319 ; R. Goy, La ratification par la France de la CEDH, *NILR*, 1975, p. 31 ; V. Coussirat-Coustère, La réserve française à l'article 15 de la CEDH, *JDI*, 1975, p. 269 à 293.

# Deuxième partie

# La garantie des droits

**115** DÉFINITION DU CHAMP DE L'ÉTUDE. — Le droit européen des droits de l'homme participe pleinement du droit positif et réalise dans l'ordre international la « juridicisation » des droits de l'homme, opérant leur réception et leur traduction dans un véritable instrument normatif.

Caractérisé par le contrôle juridictionnel du respect de la Convention européenne des droits de l'homme, substantiellement enrichi par une jurisprudence florissante [1], *le droit de la Convention européenne des droits de l'homme s'impose comme modèle de référence de la garantie des droits.*

Relayé par la jurisprudence des juridictions nationales, le droit de la Convention irrigue aujourd'hui largement l'ordre juridique interne. Il convient alors de prendre en considération cette dimension interne, en soulignant les applications remarquables de la Convention par les juridictions internes, afin de ne pas donner une vision réductrice du droit de la CEDH [2].

On ne saurait, par ailleurs, négliger les apports de la « branche universelle » du droit international des droits de l'homme et on envi-

1. Dans le texte de l'ouvrage, les arrêts de la Cour européenne antérieurs à 1996 sont cités par référence à leur numéro de publication dans la série A des arrêts et décisions de la Cour. Depuis 1996, les arrêts rendus au cours d'une même année civile sont publiés dans le Recueil des arrêts et décisions de l'année ; il a semblé inutile de renvoyer au Recueil dès lors que tous les arrêts de la Cour sont disponibles sur son site Internet, www.echr.coe.int. Pour les arrêts de principe, se reporter à F. Sudre (dir.), J.-P. Marguénaud, J. Andriantsimbazovina, A. Gouttenoire, G. Gonzalez, L. Milano, H. Surrel, *Les grands arrêts de la Cour européenne des droits de l'homme*, Puf, « Thémis », 7e éd., 2015.
2. Les développements relatifs au droit interne sont signalés par *.

sagera systématiquement à titre comparatif le PIDCP et la jurisprudence du Comité des droits de l'homme [1].

Le contrôle du respect des droits garantis par la Convention exercé par la Cour européenne des droits de l'homme obéit à des principes directeurs qui viennent définir le régime juridique des droits reconnus par le texte conventionnel, déterminant leur étendue et, partant, les conditions qui permettent à l'individu de jouir réellement de ses droits et libertés.

L'étude des *principes directeurs* (chap. 1) précédera celle du *contrôle juridictionnel* (chap. 2).

1. Rappelons toutefois que les décisions du CDH, à la différence des arrêts de la Cour européenne des droits de l'homme, ne sont pas dotées d'une force juridique obligatoire.

# Chapitre 1

# Les principes directeurs

**116** Les principes directeurs qui gouvernent l'interprétation et l'application de la Convention européenne des droits de l'homme – applicabilité directe, subsidiarité et effectivité de la norme conventionnelle de protection des droits – sont d'origine tout à la fois conventionnelle et jurisprudentielle.

## Section I
## L'applicabilité directe de la norme conventionnelle

**117** L'impact d'un droit reconnu par une disposition internationale est d'autant plus grand que la règle internationale est directement applicable : l'individu peut alors s'en prévaloir directement devant les juridictions internes, tant à l'encontre de dispositions normatives du droit interne que d'actes individuels.

### I | Les conditions de l'applicabilité directe

L'applicabilité directe de la règle internationale est subordonnée à deux conditions cumulatives.

#### *A – L'incorporation de la norme conventionnelle dans l'ordre juridique interne*

**118** Diversité de statut. — L'applicabilité directe suppose, en premier lieu, que la règle internationale n'a pas besoin, pour être applicable, d'être introduite dans l'ordre juridique interne par une disposition spéciale. Cette question de la « réception » de la règle conventionnelle relève du régime constitutionnel des États, qui définit l'attitude générale de l'État face au droit international. À cet égard, la lettre de la CEDH (tout comme celle du Pacte) n'impose pas l'intégration de la Convention en droit interne, et les juges de Strasbourg n'ont développé aucune doctrine sur l'applicabilité directe, bien que la Cour, dans sa décision *Irlande c/ Royaume-Uni* du 18 janvier 1978, ait noté que l'intention des rédacteurs du texte « se reflète avec une fidélité particulière là où la Convention a été incorporée à l'ordre juridique interne » (A. 25, § 239). La situation de la Convention en droit interne est ainsi fort diverse. La Convention est aujourd'hui incorporée dans l'ordre juridique interne des autres États membres soit directement par l'effet des dispositions constitutionnelles nationales (Belgique, Pays-Bas, Portugal, Espagne, France, Bulgarie...), soit indirectement après transposition dans l'ordre interne par une loi spéciale (Malte, Finlande, Danemark, Irlande, Islande, Suède, Norvège, Royaume-Uni) [1]. En conséquence, la CEDH, comme telle dans le premier cas de figure, et ses normes substantielles, dans le second cas de figure, y sont d'applicabilité directe.

De même, le rang de la Convention dans l'ordre juridique interne, lorsqu'elle y est incorporée, est variable, puisque déterminé par les solutions constitutionnelles nationales : rang supraconstitutionnel (Pays-Bas), constitutionnel (Autriche), infraconstitutionnel mais supralégislatif (Belgique, Grèce, Suisse, Espagne, France, Bulgarie, République tchèque...) ou législatif (Allemagne, Italie, Turquie, Finlande, Hongrie...). À ce jour, les dispositions de la CEDH ont au moins force de loi dans tous les États membres du Conseil de l'Europe [2].

Par exemple, en Allemagne, la Convention a valeur législative mais la Cour constitutionnelle fédérale lui confère une certaine priorité, même sur les lois posté-

1. Le *Human Rights Act 1998* (adopté le 9 novembre 1998 par le Parlement) procède à l'incorporation de la CEDH en droit anglais, écossais et nord-irlandais (*infra*, n° 168). Il en va de même, pour l'Irlande du ECHR Act, adopté le 30 juin 2003 (*Ann. dr. eur.*, vol. 1, 2003, 791).
2. Toutefois, le statut de la CEDH dans les nouveaux États de l'Europe de l'Est n'est pas toujours clairement défini (ainsi, en Pologne). Voir Commission européenne pour la démocratie par le droit, *Les rapports entre le droit international et le droit interne*, Conseil de l'Europe, 1993, et Actes du séminaire de Leyde, La mise en œuvre interne de la CEDH en Europe de l'Est et de l'Ouest, *RUDH*, 1992, 354.

rieures, dans la mesure où il peut être présumé que le législateur n'a pas entendu y déroger expressément (CCFA, arrêt du 26 mars 1987, *BVerfGE*, 74, 358) ; d'autre part, les droits fondamentaux de la Loi fondamentale doivent être interprétés et appliqués à la lumière de la Convention (id. ; CCFA, déc. de la seconde Ch., 14 oct. 2004, 2, *BvR*, 1481/04, *RUDH*, 2004, 139) ; *RTDH*, 2006, 713, obs. J. Gerkrath.

S'agissant de la France, c'est de l'article 55 de la Constitution du 4 octobre 1958 que résultent l'intégration directe de la règle conventionnelle – CEDH ou PIDCP – dans l'ordre juridique interne et la définition de son rang dans la hiérarchie des normes : « Les traités ou accords régulièrement ratifiés ou approuvés ont, dès leur publication, une autorité supérieure à celles des lois, sous réserve, pour chaque accord ou traité, de son application par l'autre partie » (sur la condition de réciprocité, *supra*, n° 37). Le traité international se situe donc à un rang supralégislatif mais, nécessairement, infra-constitutionnel, puisque c'est de la Constitution que procède son autorité juridique en droit interne (*infra*, n° 119).

**119** PRIMAUTÉ DE LA NORME CONVENTIONNELLE. — La question de la primauté de la règle conventionnelle se dédouble selon qu'on l'aborde dans l'ordre international ou dans l'ordre interne.

1° Dans l'ordre international, s'agissant de la Convention européenne des droits de l'homme, la Cour européenne a clairement affirmé la primauté de la Convention sur tous les actes internes, quelles que soient leur nature et la qualité de l'organe dont ils émanent. La Convention l'emporte donc sur les actes constitutionnels [1], comme le rappelle fort nettement l'arrêt *Parti communiste unifié de Turquie*, du 30 janvier 1998 (*GACEDH*, n° 6) : les États répondent du respect de la Convention à raison de l'exercice de « l'ensemble de leur "juridiction" », quel que soit le type de normes ou de mesures en cause ; ils ne disposent donc d'aucune immunité constitutionnelle et leur « organisation institutionnelle et politique (…) doit respecter les droits et principes inscrits dans la Convention » (§ 29-30). Une confirmation éclatante en est donnée par l'arrêt

1. Par exemple, *Open Door c/ Irlande*, 29 octobre 1992, *GACEDH*, n° 72 ; *Ruiz-Mateos c/ Espagne*, 23 juin 1993, *GACEDH*, n° 24.

*Zielinski et Pradal et Gonzalez et autres c/ France*, du 28 octobre 1999, par lequel la Cour européenne considère qu'une loi de validation jugée conforme à la Constitution par le Conseil constitutionnel français est néanmoins contraire à la Convention (en son article 6, § 1 ; *GACEDH*, n° 29 ; *infra*, n° 382).

2° Dans l'ordre interne français, la solution est autre. L'article 55 de la Constitution implique que la Constitution ait primauté sur le traité international (*supra*, n° 118). Le Conseil d'État, dans son arrêt d'Assemblée du 30 octobre 1998, *Sarran, Levacher et autres*, énonce clairement le principe que « la suprématie conférée (par l'article 55 de la Constitution) aux engagements internationaux ne s'applique pas, dans l'ordre interne, aux dispositions de nature constitutionnelle »[1]. La Cour de cassation se prononce de manière similaire (Cass. Ass. plén., 2 juin 2000, *Fraisse*, n° 99-60274)[2]. Reconnaissant à la Constitution la qualité de norme supérieure de l'ordre juridique français[3], les juridictions supérieures refusent ainsi de s'engager dans la voie d'un contrôle de conventionnalité de la Constitution, c'est-à-dire d'un contrôle de la compatibilité d'une disposition constitutionnelle avec une stipulation conventionnelle.

* Doit être réservée la question de la transposition des directives communautaires en droit interne, érigée en exigence constitutionnelle par l'article 88-1 de la Constitution. Dans la ligne des décisions du Conseil constitutionnel (déc. n° 2004-496 DC, 10 juin 2004, confiance dans l'économie numérique, *AJDA*, 2004, 1385, obs. P. Cassia ; déc. n° 2006-540 DC, 27 juill. 2006, droit d'auteur, *JCP G*, 2007, II, 10066, note M. Verpeaux ; déc. n° 2006-543 DC, 30 nov. 2006, secteur de l'énergie, *Europe*, 2007-2, étude 2, J.-P. Kovar) – mais aussi du juge constitutionnel allemand et de la Cour EDH (*infra*, n° 432) – le Conseil d'État fonde son contrôle de la constitutionnalité des actes de transposition des directives sur la notion d'équivalence des protections assurées, respectivement, par la Constitution et par le droit communautaire primaire tel qu'interprété par la CJCE (CE, Ass., 8 févr. 2007, *Société Arcelor Atlantique et Lorraine et al.*, *RFDA*, 2007, 384, concl, M. Guyomar ; *Europe*, 2007-3, étude n° 3, D. Simon ; *RDP*, 2007-4, 1031 note J. Roux).

1. *RFDA*, 1998, 1081, concl. C. Maugüé, et p. 1094, obs. D. Alland ; *RDP*, 1999, 919, note J.F. Flauss ; *RFDA*, 1999, 57, obs. L. Dubouis.
2. *RDP*, 2000, 1037, note X. Prétot ; *Europe*, 2000, chron. n° 8, A. Rigaux et D. Simon ; *D.*, 2000, Jur., 865, note B. Mathieu et M. Verpeaux ; *RTD civ.*, 2000, 672, chron. R. Libchaber.
3. Pour une solution implicite antérieure, CE Ass., 3 juillet 1996, *Koné*, *RFDA*, 1996, 870, concl. J.M. Delarue ; *RFDA*, 1996, 882 et s., notes L. Favoreu, P. Gaïa, H. Labayle et P. Delvolvé.

L'article 55 de la Constitution pose également le principe de la primauté du traité international sur la loi nationale et, en conséquence, sur les actes juridiques internes subordonnés à la loi. Par sa décision 74-54 DC du 15 janvier 1975 relative à la loi sur l'IVG[1], le Conseil constitutionnel refuse de contrôler la conventionnalité de la loi dans le cadre du contrôle de constitutionnalité, au motif, notamment, que la supériorité du traité sur la loi a un caractère « relatif et contingent » – ce qui est très discutable s'agissant d'un traité de « caractère objectif » (*supra*, n° 34) –, alors que la supériorité de la Constitution sur la loi a un caractère « absolu et définitif » ; en conséquence, le juge constitutionnel considère qu'il ne lui appartient pas, « lorsqu'il est saisi en application de l'article 61 de la Constitution, d'examiner la conformité d'une loi aux stipulations d'un traité ou d'un accord international ». Distinct donc du contrôle de constitutionnalité de la loi, qui est réservé au Conseil constitutionnel, le contrôle de conventionnalité de la loi incombe dès lors aux juridictions ordinaires[2], chargées de mettre en œuvre les exigences de l'article 55 de la Constitution en faisant prévaloir, s'il y a lieu, le traité international sur la loi nationale contraire (*infra*, n° 122). Les deux contrôles se concilient, le contrôle de constitutionnalité de la loi, même prioritaire, n'excluant pas le contrôle de conventionnalité.

La procédure de la question prioritaire de constitutionnalité (loi organique n° 2009-1523 du 10 décembre 2009 relative à l'application de l'article 61-1 de la Constitution) ne remet pas en cause ce partage des compétences, que le Conseil constitutionnel réaffirme à ce propos avec netteté, rappelant qu'une loi déclarée conforme à la Constitution peut néanmoins être jugée inconventionnelle par le juge administratif ou le juge judiciaire (Déc 12 mai 2010, n° 2010-605 DC, Loi relative à l'ouverture à la concurrence et à la régulation du secteur des jeux d'argent et de hasard en ligne, pt 13, *JCP G*, 2010, doctr. 576, B. Mathieu). Attaché à un litige particulier, le contrôle de conventionnalité est complémentaire du contrôle

1. *Rec.*, p. 19 ; L. Favoreu et L. Philip, *Les grandes décisions du Conseil constitutionnel*, Dalloz, 13e éd., 2005, n° 22 ; *AJDA*, 1975, 136, note J. Rivero.
2. Comme le Conseil constitutionnel, en tant que juge de droit commun du contentieux électoral, s'est attaché lui-même à le montrer : déc., 21 octobre 1988, *Val-d'Oise*, *Rec.*, 183 (compatibilité de la loi du 11 juillet 1986 sur le scrutin majoritaire à deux tours avec l'article 3 du Prot. 1 de la CEDH) et déc., 8 novembre 1988, *Seine-Saint-Denis*, *Rec.*, 196 (compatibilité avec l'article 6, § 1, CEDH du règlement applicable à la procédure suivie devant le Conseil constitutionnel pour le contentieux électoral). Voir B. Genevois, Le juge de l'élection, le traité et la loi, *RFDA*, 1988, 915.

de la constitutionnalité par voie de la QPC et permet d'épuiser le litige ; le juge ordinaire, « s'il n'a pas fait droit à l'ensemble des conclusions du requérant en tirant les conséquences de la déclaration d'inconstitutionnalité d'une disposition législative prononcée par le Conseil constitutionnel », doit, si un moyen en ce sens est soulevé devant lui, examiner la conventionnalité de la loi et écarter, s'il y a lieu, la disposition législative en cause du fait de son incompatibilité avec la CEDH (CE, Ass., 13 mai 2011, *Mme M'Rida*, *AJDA*, 2011, 1136, chron. X. Domino et A. Bretonneau ; *RFDA*, 2011, 789, concl E. Geffray : inconventionnalité du dispositif de cristallisation des pensions).

La primauté de la règle conventionnelle sur la loi est désormais admise sans discussion, que la loi nationale soit antérieure ou postérieure au traité. Après la Cour de cassation (Ch. mixte, 24 mai 1975, *Société des cafés Jacques Vabre*, n° 73-13556, *D*, 1975. 496, concl. A. Touffait), le Conseil d'État a jugé, dans sa décision *Nicolo* du 20 octobre 1989 (*RTDE*, 1989, p. 771, concl. J. Frydman), que la loi nationale postérieure ne pouvait faire obstacle à l'application d'une convention internationale antérieure (pour une illustration relative tant à la CEDH qu'au PIDCP, CE, 21 décembre 1990, *Confédération nationale des associations familiales catholiques et autres*, *AJDA*, 1991, p. 158, obs. C. M., F. D. et Y. A., p. 91).

Cette solution de principe – valeur infraconstitutionnelle mais supralégislative de la Convention de protection des droits de l'homme – vaut naturellement pour la CEDH comme pour le PIDCP.

Il n'en reste pas moins que le contrôle de conventionnalité de la loi concourt à un contournement du contrôle de constitutionnalité et tend à transformer les juges ordinaires en juges « du second degré de la constitutionnalité des dispositions législatives » (N. Molfessis, chron. *RTD civ.*, 1999, 241)[1]. Il en est particulièrement ainsi lorsque le juge ordinaire écarte l'application d'une loi, jugée conforme à la Constitution par le Conseil constitutionnel, au motif de son « inconventionnalité » (en pratique, de sa contrariété à la CEDH).

* Suite à l'arrêt *Zielinski et autres* de la Cour européenne, plusieurs juridictions ordinaires ont ainsi écarté l'application de la loi de validation litigieuse, car

1. Réserve faite, cependant, que le contrôle de conventionnalité permet seulement d'écarter l'application de la disposition législative contestée au litige.

contraire à l'article 6 de la CEDH (C. appel de Limoges, 13 mars 2000, *Polyclinique Saint-Damien c/ CMSA Corrèze*, *D*, 2000, IR, 127 ; CAA Nancy, 5 déc. 2000, *Caisse primaire d'assurance-maladie de Metz et Caisse régionale d'assurance vieillesse d'Alsace-Moselle*, *AJDA*, 2001, 278, note P. Rousselle ; *RFDA*, 2001, 752, obs. D. Giltard). Sur le contrôle des lois de validation, *infra*, n° 382.

### *B – La qualité propre de la norme conventionnelle*

La deuxième condition de l'applicabilité directe d'une règle internationale intéresse la norme conventionnelle elle-même, qui doit présenter un effet direct. L'effet direct détermine l'invocabilité de la règle et donc « l'aptitude de la règle à conférer des droits directement aux individus et sans autre intervention textuelle » [1]. Cette condition recouvre une double exigence.

**120** L'INTENTION DES PARTIES CONTRACTANTES. — D'abord, l'effet direct de la norme internationale demeure l'exception et tient à l'intention exprimée des parties contractantes de créer directement des droits pour les particuliers (*supra*, n° 51). Toutefois, l'appréciation de l'intention des parties est parfois délicate, même pour des conventions internationales de protection des droits de l'homme. Si la formulation de l'article 1 de la CEDH est explicite – « Les Hautes Parties contractantes reconnaissent à toute personne relevant de leur juridiction les droits et libertés » définis dans la Convention – et n'a pas soulevé de controverse, par contre, les termes utilisés par les Pactes des Nations Unies, la Charte sociale européenne ou la Convention des Nations Unies sur les droits de l'enfant prêtent à discussion : ici, les États ne « reconnaissent » pas des droits aux individus mais « s'engagent à respecter les droits » énoncés dans la convention pertinente ; le traité international s'adresse aux États et non aux individus [2].

1. A. Rouyère, Le juge administratif et les règles garantissant les libertés, *Jurisclasseur Libertés*, fasc. 250, 2009, n° 26 ss.
2. Pour des raisons identiques, le caractère directement applicable de la CADH et de la Charte africaine est discutable : les États parties à ces conventions « s'engagent » à prendre les mesures internes nécessaires pour faire respecter les droits proclamés. Le caractère programmatoire des droits économiques proclamés par la Charte africaine est, par ailleurs, une évidence.

* Le Conseil d'État s'est ainsi refusé à admettre qu'un requérant individuel puisse se prévaloir directement de l'article 4 de la Charte sociale européenne, aux termes duquel « en vue d'assurer l'exercice effectif du droit à une rémunération équitable, les parties contractantes s'engagent (...) à reconnaître le droit de tous les travailleurs à un délai de préavis raisonnable dans le cas de cessation de l'emploi » (CE, 20 avr. 1984, *Ministre du Budget c/ Mlle Valton et Mlle Crépeaux*, *Rec.*, p. 148). La rédaction de cette stipulation conduit la Haute Assemblée à l'interpréter comme un simple engagement étatique, laissant une grande latitude à l'État, et non comme une règle directement applicable telle quelle.

Soulignons que l'appréciation du volet subjectif de la condition tenant à la qualité de la norme conventionnelle, comme de son volet objectif (*infra*, n° 121), revient *in fine* au juge national.

En témoigne la nouvelle lecture, extensive, de la notion d'effet direct adoptée par le Conseil d'État (CE, Ass., 11 avril 2012, *Gisti*, *AJDA*, 2012, 936, chron, X. Domino et A. Bretonneau). Renversant la présomption de l'absence d'effet direct de la norme conventionnelle, le Conseil d'État énonce qu'une convention internationale est en principe d'effet direct sauf si elle a « pour objet exclusif de régir les relations entre États » et même si « la stipulation désigne les États parties comme sujets de l'obligation qu'elle définit ». Si la deuxième condition tenant à l'absence d'« acte complémentaire pour produire des effets à l'égard des particuliers » (*infra*, n° 139) subsiste, il est clair que, désormais, l'effet direct n'est plus subordonné à l'intention des parties telle qu'elle pouvait s'exprimer dans la rédaction du traité.

* En l'espèce, la rédaction de l'article 6-1 de la convention OIT n° 97 concernant les travailleurs migrants « Tout Membre (...) s'engage à appliquer... » ne fait pas obstacle à ce que cette stipulation soit d'effet direct.

**121** LA PRÉCISION DE LA NORME. — En second lieu, la règle en cause doit être suffisamment précise, à la fois dans son objet et dans sa forme, pour être directement applicable dans l'ordre interne sans mesures complémentaires d'exécution, elle doit être *self-executing*. Il en va ainsi des dispositions de la CEDH (Titre I et Protocoles 1, 4, 6 et 7) : par exemple, le caractère directement applicable du droit au respect de la vie privée (art. 8) est rappelé par la Cour dans son arrêt *Van Oosterwijck* du 6 novembre 1980

(A. 40, § 33). Ni le juge judiciaire, qui a ouvert la voie [1], ni le juge administratif [2] français n'ont fait de difficulté pour admettre l'applicabilité directe de la CEDH en toutes ses dispositions.

* On pouvait se demander si l'article 13, qui garantit « le droit à un recours effectif » en droit interne, était doté de l'effet direct dès lors que l'exercice de ce droit suppose qu'un recours ait été préalablement organisé par la loi nationale. Le juge interne admet néanmoins que l'article 13 peut être invoqué directement devant lui (par ex., CE, 12 mars 1999, *Lo*, n° 200012 ; CE, 24 juin 2002, *Préfet de la Haute-Garonne c/ M. Terzout-Yettou*, n° 215400 ; CE, 26 févr. 2003, *Merkhantar*, n° 241385).

Au contraire, les conventions internationales contenant des « dispositions-programmes », où la mise en œuvre des droits proclamés est subordonnée aux mesures d'exécution législatives ou réglementaires que les États doivent prendre, ne remplissent pas ces conditions ; elles énoncent des principes ou des règles de conduite pour les États signataires, manquant du caractère précis et complet des règles applicables en droit interne [3]. Cela est particulièrement le cas des conventions proclamant les droits économiques, sociaux et culturels, tel le Pacte international sur les droits économiques, sociaux et culturels, qui stipule que les États parties s'engagent « à agir (...) en vue d'assurer progressivement le plein exercice des droits reconnus dans le présent Pacte par tous les moyens appropriés (...) » (art. 2, § 1) [4]. Le Conseil d'État juge ainsi qu'un requérant ne peut invoquer directement les stipulations du PIDESC (CE, 5 mars 1999, *Rouquette*, *RFDA*, 1999, p. 357, concl. C. Maugüe, *AJDA*, 1999,

1. Cass. crim., 3 juin 1975, *Respino*, n° 75-90687, *Bull. crim.*, n° 141, p. 382 ; Cass. Crim., 30 juin 1976, *Eisner, Glaser, Munoz-Rojo*, n° 75-93296, *JCP*, 1976, II, 18435.
2. Voir les rapports de R. Abraham et F. Sudre, *in* Le juge administratif et la CEDH, *RUDH*, 1991, p. 275 et 259.
3. Au terme d'une étude de droit comparé, C. Grewe relève que lorsque les droits économiques et sociaux sont reconnus par les textes constitutionnels, « aucune constitution ne permet aux justiciables d'aller se plaindre devant un juge national au seul vu du texte constitutionnel ; autrement dit, les droits économiques et sociaux ne sont pas des droits subjectifs, ils ne sont pas directement applicables » (C. Grewe, La prise en compte des droits économiques et sociaux par les constitutions européennes, *Rev. fr. aff. soc.*, 1996, n° 4).
4. On notera cependant que le PIDCP contient une disposition similaire qui n'a pas fait obstacle à son applicabilité directe en droit interne : les États parties « s'engagent à prendre (...) les arrangements devant permettre l'adoption de telles mesures d'ordre législatif ou autre, propres à donner effet aux droits reconnus dans le présent Pacte qui ne seraient pas déjà en vigueur » (art. 2, § 2).

p. 420, chron. F. Raynaud et P. Fombeur ; CE, 26 janv. 2000, *Annad*, n° 170579).

La Convention des Nations Unies sur les droits de l'enfant contient également une disposition générale qui ne paraît pas créer une obligation d'application immédiate [1] et sur laquelle s'est appuyée la Cour de cassation pour, dans un premier temps, dénier à la Convention tout effet direct (« les dispositions de la Convention (…) ne peuvent être invoquées devant les tribunaux »), au motif qu'elle « ne crée des obligations qu'à la charge des États parties » (Civ. 1re, 10 mars 1993, *Le Jeune*, n° 91-11310) [2]. Le Conseil d'État est plus nuancé et procède à un examen sélectif (par article) de l'applicabilité directe de la Convention des Nations Unies sur les droits de l'enfant (par ex., CE, 29 juill. 1994, *Préfet de la Seine-Maritime*, *RFDA*, 1994, p. 1219, note D. Ruzié ; CE, 10 mars 1995, *Demirpence*, *D*, 1995, p. 617, note Y. Benhamou). La Cour de cassation a fini par se rallier à cette position (Cass. 1re civ., 18 mai 2005, n° 02-20613 [3] ; Cass. 1re civ., 14 juin 2005, *Maumousseau*, n° 04-16942) [4].

* Particulièrement, le Conseil d'État juge, par sa décision *Mlle Cinar*, du 22 septembre 1997 (concl. R. Abraham, *RFDA*, 1998, 562, note A. Gouttenoir-Cornut, *JCP G*, 1998, II, 10051), qu'est d'applicabilité directe l'article 3, § 1 de la Convention, qui dispose que « l'intérêt supérieur de l'enfant doit être une considération primordiale » dans toutes les décisions le concernant, que ces décisions règlent la situation personnelle d'enfants mineurs ou qu'elle affectent « de manière suffisamment directe et certaine, leur situation » (CE, 25 juin 2014, n° 359359) ; il en va de même de l'article 12 § 2 (CE, 27 juin 2008, *Etarh*, n° 291561, D 2009, 1919, obs. A. Gouttenoire). Pour une solution contraire relative aux articles 26, § 1 et 27, § 1 de la Convention, voir CE, 23 avr. 1997, *GISTI*, concl. R. Abraham, *RFDA*, 1997, 585 ; *AJDA*, 1997, 482, chron. D. Chauvaux et T.-X. Girardot ; et sur

1. Art. 4 de la Convention : « Les États parties s'engagent à prendre toutes les mesures législatives, administratives et autres qui sont nécessaires pour mettre en œuvre les droits reconnus dans la présente Convention. » L'applicabilité de la Convention européenne sur l'exercice des droits des enfants (*supra*, n° 122) est aussi très douteuse : selon l'article 12, les Parties « encouragent… la promotion et l'exercice des droits des enfants ».
2. *D*, 1993, 361, note J. Massip, obs. C. Neirinck et P. M. Martin, *JCP*, 1993, I, 3677, et M.-C. Rondeau-Rivier, *D*, 1993, chron. 203). Voir A.-D. Olinga, L'applicabilité directe de la Convention internationale sur les droits de l'enfant devant le juge français, *RTDH*, 1995, p. 673.
3. *JCP G*, 2005, II, 10081, note F. Granet-Lambrechts et Y. Strickler ; *D*, 2005, 1909, note V. Egéa ; *Dr. fam.*, 2005, n° 7-8, comm., 156, A. Gouttenoire.
4. *D*, 2005, 2790, note F. Boulanger.

l'article 9 de la Convention, CE, 10 oct. 2001, *Préfet de Police c/ Jacqueline Booh, ép Coulibaly*, n° 229998, *RFDA*, 2002, 403, obs., D. Ruzié.

En l'état actuel de notre droit, seuls la CEDH, comme en témoigne une jurisprudence florissante [1], et le PIDCP [2] bénéficient, en toutes leurs dispositions, d'une applicabilité directe certaine.

## II | La portée de l'effet direct

**122** Le juge national juge de droit commun de la Convention. — 1° L'effet direct emporte pour conséquence essentielle de conférer au justiciable un titre à agir et, corrélativement, de donner au juge national un titre à statuer. Le juge interne est en effet le juge de droit commun de la convention internationale d'effet direct : c'est à lui, au premier chef, qu'il appartient d'assurer la sanction du droit garanti par cette convention, tout particulièrement la Convention européenne des droits de l'homme. La Convention a un champ d'application matériel tel qu'elle a un rayonnement global dans l'ordre interne, déployant son influence sur l'ensemble des branches du droit et ignorant le partage des compétences entre les juridictions. Tout juge interne [3], le juge judiciaire, gardien de la liberté individuelle selon l'article 66 de la Constitution, comme le juge administratif, défenseur traditionnel des libertés publiques, a alors vocation à faire application de la Convention dans l'ordre juridique national.

2° Cette affirmation doit être éclairée par l'analyse des rapports entre le principe de primauté de la norme conventionnelle (*supra*,

1. Par exemple, parmi de très nombreuses décisions (voir l'index de jurisprudence), Cass. ass. plén., 11 décembre 1992, *Marc Y*, n° 91-12373, et *René X*, n° 91-11900, *JCP*, 1993, II, 21991, concl. M. Jéol ; Conseil d'État, Ass., 19 avril 1991, *Belgacem et Babas* (deux espèces), concl. R. Abraham, *RFDA*, 1991, p. 497.
2. Voir CE, 21 décembre 1990, *Confédération nationale des associations familiales catholiques et autres*, *Rec.*, p. 368 ; CE, 3 juin 1991, *SA Éts Bernstein c/ Ministre de l'Économie, des Finances et du Budget*, *Rec.*, p. 673 ; CE, 31 oct. 2008, *Section française de l'Observatoire international des prisons*, *RFDA*, 2009, 73, concl, M. Guyomar ; Cass. civ. 1re, 13 décembre 1989, *Association « Alma Mater » c/ Procureur de la République près le TGI de Paris*, n° 88-15655, *Bull.*, 1989, p. 260 ; Cass. civ. 1re, 28 novembre 1984, *Receveur général de Paris c/ Buisson*, n° 83-14046, *Bull.*, 1984, p. 272.
3. Réserve faite, on l'a vu, du Conseil constitutionnel (*supra*, n° 119).

n° 119) et le principe de subsidiarité (*infra*, n° 124). La primauté de la norme internationale protectrice des droits de l'homme ne doit pas en effet être comprise comme impliquant nécessairement que la règle internationale va devoir se substituer à la règle interne de rang inférieur. La CEDH, que l'on peut prendre ici en exemple, confie en premier lieu aux autorités nationales le soin d'assurer, dans leurs rapports avec les individus, le respect des droits qu'elle édicte : ses règles de fond ne visent pas à supplanter le droit interne mais, si besoin, à le compléter ou à pallier ses insuffisances. La Convention fixe ainsi un standard minimum en matière de droits et libertés, que les États sont tenus d'assurer tout en pouvant le dépasser (art. 53) ; en conséquence, la norme conventionnelle doit s'effacer devant la norme nationale plus protectrice. La Convention européenne (tout comme le Pacte) n'impose donc pas aux États d'introduire dans leur droit interne des règles juridiques identiques sur les droits de l'homme ; elle institue simplement un minimum de protection, qu'elle définit de façon uniforme pour tous les États contractants, et atteint son objectif en harmonisant les ordres juridiques nationaux en fonction de ce standard minimum.

3° Le juge national voit ainsi son office élargi, puisqu'il est le gardien des libertés individuelles reconnues au plan européen. D'une manière générale, il lui appartient d'interpréter et d'appliquer le droit interne à la lumière de la Convention. Par le jeu de la primauté-subsidiarité, le juge national est ainsi conduit à « enrichir » le droit interne, en en dégageant des potentialités nouvelles que la CEDH incite à révéler, à « compléter » la loi nationale, en faisant appel à la Convention pour combler une lacune ou pallier une insuffisance de celle-ci, et, enfin, s'il y a lieu, à « écarter » la loi nationale, lorsque celle-ci n'est pas compatible avec les exigences de la Convention [1]. Le contrôle de conventionnalité, comme le montre bien son usage en matière de validations législatives (*infra*, n° 382), vient modifier l'agencement des sources du droit entre elles, autorisant une norme infraconstitutionnelle – la CEDH – à paralyser l'applica-

1. Nous reprenons ici la typologie établie par Régis De Gouttes (La CEDH et le juge français, *RIDC*, 1999-1, 7). Pour un exemple, respectivement, de chacune de ces trois hypothèses : CE, 3 juillet 1998, *Bitouzet* (*infra*, n° 602) ; Cass. plén., 11 décembre 1992, *Marc Y. et René X.*, *infra*, n° 487 ; Cass. crim., 4 septembre 2001, *Amaury* (*infra*, n° 539). Sur la mise en compatibilité du droit interne avec le droit de la CEDH, *infra*, n° 251.

tion de la loi, alors même que celle-ci a pu être jugée conforme à la Constitution, et érigeant le juge en censeur de la loi.

* Par son arrêt d'Assemblée du 31 mai 2016, *Mme Gonzalez Gomez* (n° 396848), le Conseil d'État revient sur sa jurisprudence *Carminati* (CE, ord., 30 déc. 2002, *Carminati*, n° 240430, *AJDA* 2003, 1065, note O. Le Bot), consacrée en matière de référé-suspension et étendue au référé-liberté (CE, ord., 9 déc. 2005, n° 287777, *Mme Allouache*), selon laquelle, le juge des référés, eu égard à son office, ne peut examiner un moyen d'inconventionnalité de la loi, et admet que dans le cadre du référé-liberté (art. L 521-2 CJA), le juge de l'urgence puisse effectuer lui-même un contrôle de la compatibilité de la loi avec les stipulations de la CEDH. Il amplifie ainsi l'exception de sa décision *Lambert*, admettant que la protection du droit à la vie contre une atteinte irréversible autorise le juge du référé-liberté à examiner un moyen tiré de l'incompatibilité de la loi avec l'article 2 de la Convention (CE, Ass., 24 juin 2014, *Mme Lambert*, *AJDA* 2014, 1484, chron A. Bretonneau et J. Lassi). Il appartient au juge du référé-liberté de vérifier que la loi, prise dans son ensemble, est compatible avec la Convention et, si tel est le cas, de s'assurer que son application, concrètement, ne constitue pas « une ingérence disproportionnée dans les droits garantis par cette convention » (CE, 31 mai 2016, préc., pt 9 ; *infra* n° 491).

**123** MODALITÉS D'EXERCICE DE LA COMPÉTENCE DU JUGE INTERNE. — La compétence du juge interne pour appliquer la Convention européenne des droits de l'homme (ou le PIDCP) n'est pas soumise aux mêmes conditions que la compétence du juge européen (ou du CDH), notamment en matière de recevabilité du recours. Alors que dans l'ordre international la Convention s'applique, à titre principal, aux relations entre les individus et les États et que le juge européen est incompétent pour connaître d'une requête dirigée contre un particulier [1], rien n'interdit au juge national de faire application de la Convention aux contentieux interindividuels. La question de l'« effet horizontal » de la Convention (*infra*, n° 164) se confond ici avec celle de l'applicabilité directe en droit interne de la norme conventionnelle et de son application par les tribunaux internes à des litiges privés. Comme le note justement le Pr Coussirat-Coustère, « la Convention fait partie de la légalité que le juge doit respecter et, par conséquent, l'effet direct des droits

1. Cependant, la Cour européenne des droits de l'homme a admis, par le biais de la théorie des « obligations positives », l'applicabilité de la Convention aux relations interindividuelles (*infra*, n° 164).

garantis est autant vertical (contentieux de droit public) qu'horizontal (contentieux de droit privé) »[1]. La jurisprudence de la Cour de cassation est en ce sens.

* La Cour de cassation fait ainsi une application remarquable de l'article 8 CEDH (droit au respect de la vie privée et familiale) aux relations interindividuelles (aussi, Cass. civ. 1re, 23 oct. 1990, n° 89-13163, *Bull.*, I, n° 222 p. 158 : atteinte au respect de la vie privée par un organe de presse et art. 8 CEDH ; Cass. civ. 3e, 27 févr. 1991, *Camuset c/ Casino Guichard-Perrachon*, n° 89-18729, *Bull.*, III, n° 67 p. 39 : indemnité d'éviction due en cas de non-renouvellement du bail commercial et art. 1, Prot. 1 CEDH). Admettant que le droit des obligations tombe sous l'empire de la Convention, elle juge que les clauses d'un bail d'habitation ne peuvent, « en vertu de l'article 8, § 1 de la CEDH, avoir pour effet de priver le preneur de la possibilité d'héberger ses proches » (Cass. 3e civ., 6 mars 1996, *OPAC de la ville de Paris c/ Mme Mel Yedei*, n° 93-11113, *D*, 1997, 167, note B. de Lamy). La Cour de cassation fait également application de l'article 8 aux relations du travail (Cass. soc., 12 jan. 1999, *Spileers*, n° 96-40755, *infra*, n° 483).

## Section II
## La subsidiarité de l'instrument conventionnel

**124** NOTION. — Le principe de subsidiarité domine le droit international et européen des droits de l'homme. Il fonde l'économie de la Convention européenne des droits de l'homme, comme en atteste le Protocole 15 (non en vigueur) qui l'inscrit dans le Préambule de la Convention ; quant à lui, le juge européen affirme que « le mécanisme de sauvegarde instauré par la Convention revêt un caractère subsidiaire par rapport aux systèmes nationaux de garantie des droits de l'homme » (*Handyside c/ Royaume-Uni*, 7 décembre 1976, *GACEDH*, n° 7, § 48). Ainsi que l'illustre au plan procédural la règle classique de l'épuisement des voies de recours internes (*infra*, n° 220), la CEDH confie en premier lieu aux autorités nationales – plus particulièrement au juge national, juge naturel de la Convention – le soin d'assurer la jouissance des droits et libertés qu'elle consacre. La Convention a donc un caractère second par

1. Convention européenne des droits de l'homme et droit interne : primauté et effet direct, *in* L.E. Pettiti *et al.*, *La Convention européenne des droits de l'homme*, Éd. Némésis, 1992, 14.

rapport aux droits nationaux, ses règles de fond ne visant nullement à se substituer aux règles de droit interne.

Ce principe de subsidiarité – qui combine nécessairement ses effets avec l'effet direct de la Convention (*supra*, n° 122) – implique une application décentralisée de la Convention et, dès *l'affaire « linguistique belge »*, la Cour européenne affirme qu'« elle ne saurait se substituer aux autorités nationales compétentes, faute de quoi elle perdrait de vue le caractère subsidiaire du mécanisme international de garantie collective instauré par la Convention » (« *Affaire linguistique belge* », 23 juill. 1968, *GACEDH*, n° 9, § 10). C'est là la reconnaissance de l'autonomie nationale. Aucune uniformité absolue ne s'impose, et les autorités nationales demeurent libres de choisir les mesures qu'elles estiment appropriées pour la mise en œuvre de leurs obligations conventionnelles, sous réserve de respecter le standard minimum de la Convention. Le contrôle de la Cour européenne ne porte alors que sur la compatibilité à la Convention de ces mesures nationales (*infra*, n° 140).

Il en va d'autant plus ainsi que la Convention, à l'instar des autres conventions générales relatives aux droits de l'homme, confie aux États eux-mêmes le soin d'aménager le régime juridique des droits proclamés et de mettre en œuvre les limitations aux droits garantis qu'elle autorise ; en ce sens, le principe de subsidiarité est consubstantiel à l'instrument conventionnel. La CEDH reconnaît en effet un « espace de liberté » aux États, défini par le champ d'intervention des limitations (I), et autorise à la fois des restrictions (II) et des dérogations (II) aux droits reconnus.

## I | Le champ d'intervention des limitations aux droits garantis

125 DISTINCTION. — Échappant à l'emprise des limitations, les seuls droits de l'homme réellement et efficacement garantis par les conventions internationales, quoique l'État puisse en pratique formuler des réserves aux normes qui les énoncent (*supra*, n° 39), sont ceux auxquels l'État partie ne peut porter atteinte et

qu'il doit maintenir intacts : ce sont les *droits intangibles.* La présence formelle dans les conventions à portée générale d'une clause interdisant expressément toute dérogation à certains droits est un critère objectif permettant de distinguer, au sein de la catégorie des droits individuels, les droits intangibles des autres droits. Seuls quelques droits ne peuvent jamais être supprimés : ils forment le « noyau dur » des droits de l'homme et conduisent à poser le problème de la hiérarchie des droits de l'homme, que tout un courant doctrinal esquive par principe.

L'expression « droits intangibles » doit être préférée à celle de « droits fondamentaux », dont les contours sont très flous (*supra,* n° 4) : soit que les termes « droits de l'homme » et « droits fondamentaux » apparaissent interchangeables et soient indifféremment utilisés par la doctrine, soit que les « droits fondamentaux » désignent pour l'essentiel les libertés classiques, inhérentes à la dignité même de la personne. Une telle présentation ne peut qu'engendrer la confusion.

### *A – Le noyau dur des droits de l'homme*

**126** TABLEAU COMPARATIF. — À l'exception de la Charte africaine des droits de l'homme et des peuples[1], il est significatif que les conventions internationales à portée générale, Pacte international sur les droits civils et politiques, Convention européenne et Convention américaine des droits de l'homme, contiennent une liste de droits insusceptibles de dérogations (*infra*, n° 149). Bien que le nombre de droits intangibles figurant dans ces listes soit différent (huit pour le Pacte, sept pour la CEDH, douze pour la CADH), il y a une convergence remarquable des trois conventions générales, comme le fait apparaître le tableau suivant, sur les droits qui ne peuvent être supprimés sous aucun prétexte.

1. Il nous semble difficile de suivre Keba M'Baye qui estime que les articles 2 à 7 de la Charte consacrent des droits intangibles du fait de la forme (péremptoire) de rédaction utilisée (*Les droits de l'homme en Afrique*, Pedone, 1992, p. 167 et s.).

| | *PIDCP* | *CEDH* | *CADH* |
|---|---|---|---|
| *Droits auxquels aucune dérogation n'est permise* | *art. 4, § 2* | *15, § 2* | *27, § 2* |
| Droit à la vie | 6 art. | 2 art. | art. 4 |
| Droit de ne pas être torturé ni de subir de traitements inhumains ou dégradants | 7 art. | 3 art. | 5, art. § 1. 2 |
| Interdiction de l'esclavage et de la servitude | 8, art. § 1. 2 | 4, art. § 1 | 6 art. |
| Non-rétroactivité de la loi pénale | 15 art. | 7 art. | 9 art. |
| Abolition de la peine de mort en temps de paix | Protocole n° 2 (15 déc. 1989) | Protocole n° 6 (28 avr. 1983) | Protocole (8 juin 1990) |
| Règle *non bis in idem* | | 4, Prot. art. 7 | |
| Droit à la reconnaissance de la personnalité juridique | 16 art. | | 3 art. |
| Droit à la liberté de pensée de conscience et de religion | 18 art. | | 12 art. |
| Pas de prison pour dette | 11 art. | | |
| Abolition de la peine de mort en toutes circonstances | | Protocole n° 13 (2 mai 2002) | |
| Protection de la famille | | | 17 art. |
| Droit à un nom | | | 18 art. |
| Droits de l'enfant | | | 19 art. |
| Droit à une nationalité | | | 20 art. |
| Droits politiques | | | 23 art. |

**127** CONTENU. — Le noyau dur des droits de l'homme est très réduit : seuls quatre droits figurent, au titre des droits intangibles, dans les trois conventions d'origine. Ces quatre droits élémentaires sont des droits individuels relatifs à l'intégrité physique et morale de la personne humaine et à la liberté : droit à la vie, droit de ne pas être torturé ou de ne pas subir des traitements inhumains ou dégradants, droit de ne pas être tenu en esclavage ou servitude, droit à la non-rétroactivité de la loi pénale. Il s'agit là des normes fondamentales bénéficiant à tous et partout, en toutes circonstances. Ces quatre droits intangibles doivent être considérés comme les attributs inaliénables de la personne humaine, fondés comme tels sur des valeurs que l'on retrouve en principe dans tous les patrimoines culturels et systèmes sociaux : ils expriment la valeur du respect de la dignité inhérente à la personne. Cette analyse est renforcée par le fait que le droit à la vie, le droit de ne pas être torturé et le droit à la non-rétroactivité de la loi pénale (énoncé au titre des « garanties judiciaires indispensables ») figurent dans le « minimum humanitaire garanti » aux victimes des conflits armés internationaux et non internationaux par l'article 3 commun aux Conventions de Genève de 1949 (l'art. 3 interdit aussi la prise d'otages) : la CIJ, dans son arrêt du 27 juin 1986, souligne que ces règles se situent au rang des « considérations élémentaires d'humanité » et que l'obligation de les respecter en toutes circonstances « ne découle pas seulement des conventions elles-mêmes mais des principes généraux du droit humanitaire dont les conventions ne sont que l'expression concrète » (*Activités militaires et paramilitaires au Nicaragua et contre celuici*, *Rec.*, § 117-122 et 219-220).

Cette convergence entre les droits de l'homme et le droit humanitaire est illustrée par l'arrêt de la CIJ du 19 décembre 2005, *Activités armées sur le territoire du Congo* (RDC c/ Ouganda), qui conclut à la violation par l'Ouganda, du fait d'actes de torture et de traitements inhumains commis à l'encontre de la population civile, tant de la Convention de Genève que du PIDCP (*RGDIP*, 2006, 173, chron. P. Weckel).

Ces quatre droits, communs aux trois grands textes de proclamation, forment le standard minimum des droits de l'homme, expression de l'« irréductible humain » : ils sont applicables à toute personne, en tout temps et en tout lieu. Ce sont les droits intangibles *stricto sensu*. Seuls ces droits, à notre sens, sont susceptibles d'être élevés au rang de normes impératives du droit international ; on a vu que la règle de l'interdiction de la torture bénéficiait désormais d'une telle qualification en droit européen des droits de l'homme (*Al Adsani*, 21 nov. 2001, préc., n° 48).

Faisant partie de la liste des droits « indérogeables » dressée à la fois par le Pacte des Nations Unies et par la CADH, le droit à la liberté de pensée, de conscience et de religion et le droit à la reconnaissance de la personnalité juridique apparaissent dotés d'une autorité particulière (du moins au plan théorique) au regard des autres droits proclamés : ils ne peuvent toutefois figurer dans le « noyau dur », sorte de patrimoine commun de l'humanité, dès lors que la Convention européenne ne leur reconnaît pas la qualité de droits intangibles.

### *B – La hiérarchie des droits de l'homme*

**128** De l'indivisibilité des droits de l'homme. — Distinguer entre les droits de l'homme, c'est aller à l'encontre de la notion, chère à l'ONU, d'indivisibilité ou d'interdépendance des droits de l'homme. La Proclamation de Téhéran du 13 mai 1968, adoptée à l'unanimité par la Conférence internationale des droits de l'homme, affirme solennellement :

« Les droits de l'homme et les libertés fondamentales étant indivisibles, la jouissance complète des droits civils et politiques est impossible sans celle des droits économiques, sociaux et culturels. Les progrès durables dans la voie de l'application des droits de l'homme supposent une politique nationale et internationale rationnelle et efficace de développement économique et social » (§ 13, RDH, 1968, vol. I, p. 326, avec une présentation de R. Cassin, p. 324).

La duplicité du discours « onusien » de l'époque doit être dénoncée. D'abord, l'ONU a adopté en 1966, malgré l'artifice d'un article premier commun relatif au droit des peuples, deux pactes séparés qui vont à l'encontre du principe d'indivisibilité. Surtout, la Proclamation de Téhéran, qui tend à établir une relation entre les droits de l'homme de diverses natures et les problèmes politiques et économiques mondiaux (analphabétisation, sous-développement économique, progrès technologique, désarmement...), n'hésite pas, au mépris de l'indivisibilité affirmée, à distinguer soigneusement certaines violations des droits de l'homme, seules dénoncées : apartheid, discrimination raciale, colonialisme. Dans un climat plus serein, la Conférence mondiale sur les droits de l'homme a adopté à Vienne, le 25 juin 1993, une Déclaration qui réaffirme que « tous les droits de l'homme sont universels, indissociables, interdépendants et intimement liés » (§ 5, ONU, *A/Conf. 157/23*).

Si l'on doit s'accorder sur le principe d'une application cumulative et complémentaire des différents droits – les droits de l'homme concourent tous au respect de la dignité humaine et celle-ci n'est ni morcelable ni divisible –, il faut aussi éviter d'opérer une confusion entre le discours philosophique, qui est de l'ordre des valeurs, et le discours juridique : on doit alors constater, sur le terrain du droit positif, que tous les droits de l'homme proclamés par les conventions internationales ne sont pas, pour les États, placés sur le même pied et dotés d'un même régime juridique.

**129** Droits intangibles et autres droits individuels. — 1° Tous les droits intangibles sont des droits individuels de la personne humaine (droit à la vie, droit de ne pas être torturé, droit à ne pas être placé en esclavage ou servitude, droit à la non-rétroactivité de la loi pénale), et seuls les droits intangibles engendrent des obligations absolues pour les États. Les normes qui les énoncent sont obligatoires dans tous leurs éléments et interdisent aux États une application incomplète ; le premier arrêt rendu par la Cour européenne dans une affaire interétatique (*Irlande c/ Royaume-Uni*, 18 janv. 1978, A. 25) est à cet égard symbolique, puisque le juge européen sanctionne le Royaume-Uni pour avoir, dans le cadre des mesures exceptionnelles de maintien de l'ordre en Irlande du Nord, pratiqué des « traitements inhumains ou dégradants » en violation de l'interdiction absolue de l'article 3 de la Convention. La jurisprudence européenne est révélatrice d'une hiérarchisation des droits, puisque le juge européen, relevant la « convergence » des instruments internationaux de protection des droits fondamentaux, qualifie le droit à la vie de « valeur suprême dans l'échelle des droits de l'homme au plan international » (*Streletz, Kessler et Krenz c/ Allemagne*, 22 mars 2001, § 87 et 94, *Rev. sc. crim.*, 2001, 639, obs. F. Massias ; *RTDH*, 2001, 1109, note P. Tavernier) et qu'il identifie l'interdiction de la torture et des traitements inhumains et dégradants comme « l'un des droits absolus constituant le noyau dur de la Convention » (*Gägfen c/ Allemagne*, 1er juin 2010, Gr. Ch., § 165).

2° Comme le note justement P. Wachsmann, « l'existence même du lien social implique qu'il existe fort peu de libertés absolues, c'est-à-dire placées hors de toute atteinte du pouvoir, quelles que soient les circonstances » (*op. cit.*, n° 4, § 72). Ainsi, la plupart des autres droits de l'homme, que l'on peut qualifier de droits « conditionnels » ou « ordinaires », tombent dans le champ d'intervention de la compétence étatique pour limiter leur jouissance ou leur exercice et bénéficient d'une protection relative.

Ces droits conditionnels sont susceptibles, toujours, de non-application temporaire (les dérogations) et aussi, parfois, d'application imparfaite (les restrictions). Plus précisément, si l'on se réfère à la CEDH, il convient de distinguer les droits pouvant faire l'objet de dérogations mais non de restrictions (droit à un procès équitable, à l'exception du droit à la publicité des débats ; droit à la liberté de pensée, de conscience et de religion ; droit à un recours ; droit à l'instruction ; droit à des élections libres…), et les droits susceptibles à la fois de dérogations et de restrictions, ces dernières pouvant être spécifiques (droit à la liberté et à la sûreté ; droit au bénéfice du double degré de juridiction en matière pénale ; droit de propriété) ou générales (clause d'ordre public : liberté d'expression ; droit de manifester sa religion ou ses convictions ; liberté de réunion et d'association…).

Relevant du régime de droit commun des droits de l'homme, les droits conditionnels illustrent la dialectique classique entre la sauvegarde des droits individuels et la défense de l'intérêt général. Leur exercice est donc plus ou moins aléatoire selon l'ampleur des atteintes subies et la rigueur du contrôle exercé, comme en témoigne, au premier chef, la pratique jurisprudentielle européenne.

* Notons que la distinction droits intangibles/droits conditionnels est reprise par le Conseil d'État et fonde des pouvoirs différents du juge des référés, l'appréciation des conditions d'octroi d'une mesure de sauvegarde obéissant à des critères distincts pour les droits intangibles (atteinte caractérisée) et pour les autres droits (disproportion manifeste) (*CE, ord, 30 juil. 2015, Section française de l'OIP, Ordre des avocats au barreau de Nimes, n° 392043, AJDA 2015, 2216, note O. Le Bot*).

## II | Les restrictions aux droits garantis

Les restrictions trouvent leur fondement dans la nécessité de préserver en période normale les institutions démocratiques. La CEDH organise deux catégories de restrictions, l'une vise à se protéger contre les abus de droits et a un rôle marginal, l'autre tend à la protection de l'ordre public et tient une place fondamentale.

**130** LA PRÉVENTION DES ABUS DE DROITS ET LIBERTÉS RECONNUS. — Les clauses d'interdiction de l'abus de droit qui figurent dans les conventions générales (art. 5 PIDCP ; art. 17 CEDH ; art. 29 *a* CADH) trouvent leur origine dans l'article 30 de la Déclaration universelle.

Article 30 : « Aucune disposition de la présente déclaration ne peut être interprétée comme impliquant pour un État, un groupement ou un individu un droit quelconque de se livrer à une activité ou d'accomplir un acte visant à la destruction des droits et libertés qui y sont énoncés. »

1° Replacé dans le contexte d'élaboration de la Convention de sauvegarde, l'article 17 a pour but de protéger l'ordre public interne des États contractants contre le danger totalitaire, fasciste ou communiste, et de sanctionner les atteintes contre la sûreté intérieure de l'État. Il vise à « armer la démocratie » afin de la défendre contre ceux qui invoqueraient les droits de l'homme pour les détruire. L'article 17 (comme l'art. 5 PIDCP et l'art. 29a CIADH) énonce deux règles. La première, reprise de l'article 30 DUDH, s'adresse aux individus et aux groupements et vise à empêcher l'usage abusif d'un droit à des fins liberticides. Cette règle organise moins une restriction à un droit garanti que la déchéance du droit de s'en prévaloir dans le but de détruire les droits de l'homme. Dotée d'un effet couperet, elle soustrait à la protection de la Convention le droit en cause. La déchéance du droit garanti par la Convention implique la déchéance de la requête de l'intéressé, qui sera jugée incompatible *ratione materiae* avec les dispositions de la Convention. Elle exclut donc tout contrôle de proportionnalité et implique *de plano* l'irrecevabilité de la requête (voir déc., 20 octobre 2015, n° 25239/13, *M'Bala M'Bala c/France*, JCP G 2015, note 1405, H. Surrel).

La seconde règle, ajoutée au texte de l'article 30 DUDH, s'adresse aux États et, prohibant « des limitations plus amples des droits et libertés » que celles prévues dans la Convention, vise à interdire aux États un usage abusif des limitations aux droits. Sans application jurisprudentielle, cette règle est privée de tout effet utile du fait de la concurrence de la clause interdisant le détournement de pouvoir (art. 18 ; *infra* n° 137).

2° Le champ d'application *ratione materiae* de la clause de déchéance du droit est réduit aux droits positifs potentiellement liberticides et, en pratique, recoupe la sphère des droits passibles des restrictions prévues par la clause générale d'ordre public (infra n° 131).

Dès son arrêt *Lawless*, du 1er juillet 1961 (A.3, § 7), la Cour européenne circonscrit la portée de l'article 17 : « que cette disposition, qui a une portée négative, ne saurait être interprétée *a contrario* comme privant une personne physique des droits individuels fondamentaux garantis aux articles 5 et 6 de la Convention » et, précisa-t-elle ultérieurement, du droit garanti par l'article 7 (déc. 17 mars 2009, n° 13113/03, *Ould Dah* c/France). Il convient de considérer que sont exclus du champ d'application de la clause d'interdiction d'abus de droit tous les droits qui ne peuvent servir d'instruments à des activités liberticides – droits intangibles, droit à la liberté et à la sûreté, droits processuels notamment.

Selon la pratique jurisprudentielle, l'article 17 couvre à titre principal les abus du droit à la liberté d'expression – qu'ils empruntent la forme d'écrits, d'affiches, de spectacles – et, plus rarement, à la liberté d'association.

Pour la liberté d'expression, sont visés : la promotion du national-socialisme, « doctrine totalitaire incompatible avec la démocratie et les droits de l'homme » (Com., déc., 12 oct. 1989, *H, W, P et K c/ Autriche*, *D. et R.*, 62, p. 216), l'incitation à la haine ou à la discrimination raciale (*Soulas et a. c/ France*, 10 juill. 2008, *JCP G*, 2009, I, 104, obs. F. Sudre) – notamment par des écrits « révisionnistes » « jugés » incompatibles avec les valeurs fondamentales de justice et de paix exprimées dans le préambule de la Convention (déc., 18 oct. 1995, *Honsik c/ Autriche*, *D. et R.*, 83 B, p. 77 ; déc., 24 juin 1996, Marais c/ France, *D. et R.*, 86 A, 184) [1] –, l'apologie du terrorisme (*Leroy c/ France*, 2 oct. 2008, *RTDH*, 2009-80, 1109, note B. Nicaud), la justification des crimes de guerre -telles la torture et les exécutions sommaires (*Orban et a. c/ France*, 15 janv. 2009, *JCP G*, 2009, I, 143, obs. F. Sudre)-, mais aussi des affiches incitant à la haine

1. Pour une application de cette jurisprudence en droit interne : Cour d'arbitrage belge, déc. n° 45/96, 12 juillet 1996, Recours en annulation de la loi du 23 mars 1995 réprimant la négation, la minimisation, la justification ou l'approbation du génocide commis par le régime nazi (*RUDH*, 1997, 106). La jurisprudence du CDH est ici similaire (n° 550/93, 8 nov. 1996, Faurisson c/ France, *infra*, n° 135). À rapprocher de la décision du Conseil constitutionnel relative à la « loi Gayssot » (*déc. 2015-512 QPC, 8 janv. 2016, § 7 ; D 2016, 76, obs. P. Wachsmann*).

contre les homosexuels et la minorité rom (déc. 23 oct. 2012, *Molnar c/ Roumanie*, n° 16637/06) et des « spectacles » véhiculant des messages incitant à la haine ou à la discrimination raciale (*M'Bala M'Bala c/France*, préc. : condamnation de l'« humoriste » Dieudonné par les juridictions françaises pour injure publique envers des personnes d'origine ou de confession juive à raison d'un spectacle donné à Paris*)*.

Pour la liberté d'association : interdiction d'une association à caractère raciste et antisémite (déc., 2 sept. 2004, n° 42264/98, *W. P. et al. c/ Pologne* ; aussi, déc. 12 juin 2012, n° 31098/08, *Hizb Ut-Tahrir et a. c. Allemagne*, *JCP G* 2012, act. 835, M. Levinet).

3° Après avoir refusé de faire application de l'article 17, et donc de soustraire à la protection de l'article 10, la publication dans un grand quotidien d'un encart publicitaire glorifiant l'action du maréchal Pétain durant la période 1940-1945 (*Lehideux et Isorni c/ France*, 23 sept. 1998, *RTDH*, 1999, 351, obs. G. Cohen-Jonathan) ou la publication dans un journal basque d'une caricature avec une légende glorifiant les attentats du 11 septembre (*Leroy c/ France*, 2 oct. 2008), la Cour européenne a donné, pour la première fois, son plein effet à la clause de déchéance du droit dans sa décision *Garaudy c/ France*, du 24 juin 2003 (n° 65831/01 ; *RTDH*, 2004, 653, obs. M. Levinet), considérant que l'auteur d'un ouvrage au « caractère négationniste marqué » ne pouvait pas se prévaloir de la protection de la liberté d'expression (art. 10). Elle fait désormais usage de cette clause.

En témoignent les décisions précitées (déc., 2 sept. 2004, *W. P. et al. c/ Pologne* ; déc. 23 oct. 2012, *Molnar c/ Roumanie* ; déc. *Hizb Ut-Tahrir et a. c. Allemagne* ; aussi, déc. 13 déc. 2005, n° 7485/03, *Witzsch c/Allemagne n° 2* : négation de l'Holocauste) et, en dernier lieu, la décision du 20 octobre 2015 *M'Bala M'Bala c/France* (préc.). La Cour s'y déclare « convaincue qu'une prise de position haineuse et antisémite caractérisée, travestie sous l'apparence d'une production artistique, est aussi dangereuse qu'une attaque frontale et abrupte (…) et ne mérite donc pas la protection de l'article 10 de la Convention » (§ 40). À rapprocher de CE, ord., 11 janv 2014, SARL Les productions de la Plume et M. Dieudonné M'Bala M'Bala, n° 374552, (*AJDA* 2014, 866, note J. Petit).

**131** La protection de l'ordre public. — La portée d'un droit peut devenir très réduite, voire nulle, si les modalités de son exercice sont abandonnées à la législation interne des États ayant reconnu ce droit. Or, les textes conventionnels relatifs aux droits civils et politiques énoncent dans des termes similaires, habituellement au § 2 de la plupart des articles formulant ces droits, une clause générale autorisant l'État à restreindre l'exercice du droit proclamé ; il en est ainsi de la CEDH. Aux termes de la clause d'ordre public, l'exercice du droit concerné peut faire l'objet des seules restrictions prévues par la loi et qui sont nécessaires dans une société démocratique à la protection de la sécurité publique, de l'ordre, de la santé ou de la morale publique, ou à la protection des droits et libertés d'autrui (la Charte africaine est plus vague et contient une clause générale de limitation, dans son article 27, § 2, qui vaut pour tous les droits qu'elle énonce). Les plus importants parmi les droits civils et politiques, tels les droits au respect de la vie privée, à la liberté de pensée, de conscience et de religion, à la liberté d'expression, à la liberté de réunion et d'association, ou encore à la liberté de déplacement, peuvent faire l'objet d'une ingérence de l'État qui laisse subsister le droit mais en restreint l'exercice.

Dans le cadre de la CEDH, la clause d'ordre public définit les conditions que la mesure nationale restrictive doit remplir pour être compatible avec la Convention ; dans l'exercice de son contrôle sur ces restrictions, le juge européen, au nom du principe de subsidiarité, reconnaît aux États une certaine « marge d'appréciation » dans l'application de la Convention.

### *A – La compatibilité avec la Convention d'une ingérence dans un droit garanti*

Pour être admissible, l'ingérence est subordonnée à une triple condition (variable dans le détail d'un droit à l'autre), de légalité (elle doit être prévue par la loi), légitimité (viser un but légitime) et proportionnalité (présenter un caractère de nécessité dans une société démocratique). D'une manière générale, la Cour européenne des droits de l'homme a énoncé le principe de l'interprétation étroite des restrictions aux droits, une restriction ne devant jamais porter atteinte à la « substance même » d'un droit.

### 1. *L'ingérence doit être prévue par la loi*

**132** EXIGENCE DE LÉGALITÉ. — Le soin de définir les atteintes au droit reconnu est confié à l'État lui-même qui dispose ici d'une marge d'appréciation certaine. La Cour européenne des droits de l'homme a affirmé à plusieurs reprises (voir arrêt « *Affaire linguistique belge* », 23 juill. 1968, *GACEDH*, n° 9, § 10) qu'il incombe au premier chef aux autorités nationales, du fait du caractère second du mécanisme conventionnel, de mettre en œuvre ou de garantir les droits et libertés proclamés : les autorités nationales doivent disposer d'un pouvoir discrétionnaire pour apprécier les circonstances qui peuvent justifier, à un moment et à un endroit donné, les restrictions imposées au droit ou à la liberté d'un individu. Au regard de cette première condition, la Cour ne se contente pas de renvoyer au droit interne mais effectue un double contrôle, sur la base légale et la qualité de la loi (*infra*) : « Les mots "prévus par la loi" (...) veulent d'abord que la mesure incriminée ait une base en droit interne, mais ils ont trait aussi à la qualité de la loi en cause (...) » (*Kruslin c/ France*, 24 avr. 1990, *GACEDH*, n° 5, § 27).

Cette acception est étendue à toutes les hypothèses où la Convention pose une exigence de légalité : légalité de la privation de liberté (art. 5 : *Amuur c/ France*, 25 juin 1996), légalité des restrictions aux droits garantis par les protocoles additionnels – droit de propriété (art. 1er, Prot. 1 : *Lithgow c/ Royaume-Uni*, 8 juill. 1986, A. 102), liberté de circulation (art. 2, Prot. 4 : *Deniczi c/ Chypre*, 23 mai 2001), droits procéduraux de l'étranger sous le coup d'une mesure d'expulsion (art. 1 Prot. 7 : *Lupsa c/ Roumanie*, 8 juin 2006) – et, même, légalité des délits et des peines (*S. W. c/ Royaume-Uni*, 22 nov. 1995, *GACEDH*, n° 39).

L'exigence de légalité trouve, plus largement, son expression dans « le principe général de la sécurité juridique » (*Baranowski c/ Pologne*, 28 mars 2000, § 52), qui a fait l'objet d'une consolidation progressive dans la jurisprudence européenne (*infra*, n° 251). Après avoir relevé que ce principe est « nécessairement inhérent au droit de la Convention comme au droit communautaire » (*Marckx c/ Belgique*, 13 juin 1979, *GACEDH*, n° 51, § 58), la Cour affirme avec force que le principe de la sécurité juridique est « implicite dans la

Convention et constitue l'un des éléments fondamentaux de l'État de droit » (*Riad et Idiab c/ Belgique*, 24 janv. 2008, § 78).

Elle juge, de manière similaire, que le principe de confiance légitime est « inhérent » à l'ensemble de la Convention (*Adamsons c/ Lettonie*, 24 juin 2008).

**133** BASE LÉGALE. — Quant à l'existence même d'une base légale en droit interne, la Cour européenne, sous couvert de ne pas « forcer la distinction entre pays de *common law* et pays continentaux », a une conception singulièrement extensive de la notion de « loi », qu'elle entend dans son acception matérielle et non formelle : « Dans un domaine couvert par le droit écrit, la “loi” est le texte en vigueur tel que les juridictions compétentes l'ont interprété en ayant égard, au besoin, à des données techniques nouvelles » (*Kruslin*, préc., § 29). La « loi matérielle » désigne donc l'ensemble du droit en vigueur, qu'il soit législatif, réglementaire ou jurisprudentiel (par ex., *Ebrahimian c/France, 26 nov. 2015, § 51)*.

Un acte administratif peut ainsi fournir une base légale à une ingérence (par ex., le rapport d'un travailleur social à propos du placement d'un enfant dans un foyer d'accueil : 25 févr. 1992, *Andersson c/ Suède*, A. 226, § 84). Par contre, la Cour juge qu'une circulaire n'est rien d'autre qu'une « instruction de service adressée, en vertu de son pouvoir hiérarchique, par une autorité administrative supérieure à des agents subordonnés » et qu'on ne saurait donc voir dans un tel texte, « édicté en dehors de l'exercice d'un pouvoir normatif », une « loi » au sens de la Convention (*Frérot c/ France*, 12 juin 2007, § 52).

Si le Comité des droits de l'homme a une conception identique de la « loi » (n° R. 7/27, *Pinkney c/ Canada*, A/37/40, p. 17), la Cour interaméricaine des droits de l'homme a par contre exprimé l'avis que le mot « loi » doit être compris dans son sens formel et désigne un acte normatif adopté dans l'intérêt général par les autorités législatives élues démocratiquement conformément à la Constitution (AC 6/86, 9 mai 1986, *Série A*, n° 6, The word « law » in article 30 of the ACHR, *HRLJ*, 1986, p. 231).

* Le Conseil d'État accepte partiellement la conception européenne et juge que la « loi », au sens de la CEDH, désigne les « textes tant législatifs que réglementaires » (CE, 28 juill. 1995, *CGT*, *RFDA*, 1995, p. 1059) ou « les textes généraux pris en conformité avec les dispositions constitutionnelles » (ce qui inclut alors un décret de la convention nationale de 1792 : CE, 9 juin 1999, *Mlle Bouayad*, n° 191036) ou encore « un principe général » (CE, 6 mai 2015, *Torcheux, n° 377487,*

*AJDA 2015, 1698, note C. Braud* : pouvoir d'astreinte du juge administratif en matière de contravention de grande voirie).

**134** « Qualité de la loi ». — En second lieu, la Cour européenne apprécie la « qualité » de la loi qui, selon sa jurisprudence traditionnelle (*Sunday Times c/ Royaume-Uni,* 26 avr. 1979, § 49 et 50, *JDI*, 1980, 471, obs. P. Rolland), doit être accessible aux citoyens (il suffit, en pratique, que la « base légale » ait fait l'objet d'une publication), précise et prévisible dans ses conséquences : cela suppose qu'elle définisse avec une précision suffisante les conditions et modalités de la limitation au droit, afin de permettre au citoyen de régler sa conduite et de bénéficier d'une protection adéquate contre l'arbitraire (*Olsson c/ Suède*, 24 mars 1988, § 61 et 62, *JDI*, 1989, 789, obs. P. Tavernier). En bref, comme le dit la Cour, « la qualité de la loi doit être compatible avec la prééminence du droit » (*Halford c/ Royaume-Uni*, 25 juin 1997, § 49).

La Cour juge que les écoutes téléphoniques, compte tenu de la gravité de l'atteinte portée au respect de la vie privée et de la correspondance, doivent se fonder sur une « loi » d'une précision particulière. Cette condition n'était pas remplie dans l'affaire *Kruslin* (préc.) : le droit français, principalement d'ordre jurisprudentiel, n'indiquait pas avec « assez de clarté l'étendue et les modalités d'exercice du pouvoir d'appréciation des autorités dans le domaine considéré », de sorte que le requérant « n'a pas joui du degré minimal de protection voulu par la prééminence du droit dans une société démocratique » (§ 36) ; désormais, le droit national, tel qu'il a été modifié après l'arrêt *Kruslin* précité, satisfait en ses articles 100 et suivants du CPP à l'exigence de prévisibilité (*Lambert c/ France*, 24 août 1998).

De même, dans sa décision *Hentrich c/ France* (22 sept. 1994, A. 296 A), la Cour juge que l'article 668 du Code général des impôts (droit de préemption de l'Administration fiscale), tel qu'appliqué par la Cour de cassation, « ne satisfait pas suffisamment aux exigences de précision et de prévisibilité qu'implique la notion de loi » (§ 42).

Cependant, l'exigence de précision et de prévisibilité de la règle de droit [1] est relative : la clarté de la loi ne s'apprécie qu'à la condi-

1. Après avoir refusé de voir dans le principe de sécurité juridique, tout comme celui dit de confiance légitime, une norme de valeur constitutionnelle (déc. 97-391 DC, 7 novembre 1997, loi portant diverses mesures urgentes à caractère fiscal et financier, *AJDA*, 1997, 973, chron. J. E. Schoettl, p. 969 ; D. Rousseau, chron., *RDP*, 1998, 45 ; B. Mathieu et M. Verpeaux,

tion que l'intéressé se soit entouré de « conseils éclairés » (*Sunday Times*, préc.), et le niveau de précision requis de la législation dépend dans une large mesure du domaine en cause, du nombre et de la qualité des destinataires : la Cour européenne admet ainsi qu'en matière de concurrence (*Markt intern. Verlag Gmbh c/ RFA*, 20 nov. 1989, A. 165, § 30), dans le domaine technique des télécommunications (*Groppera radio AG c/ Suisse*, 28 mars 1990, A. 173, § 68), en matière de discipline militaire (*Vereinigung Democratischer Soldaten Osterreichs et Gubi c/ Autriche*, 19 décembre 1994, A. 302, § 31) ou d'industrie pharmaceutique (à propos de la définition du « médicament » : *Cantoni c/ France*, 15 novembre 1996, *Europe*, mars 1997, chron. 4, Y. Petit ; *RTDH*, 1997, 685, note D. Spielmann), le libellé des lois puisse ne pas présenter une précision absolue. De même, elle juge que le niveau de précision requis des dispositions constitutionnelles, en raison de la nature générale de celle-ci, « peut être inférieur à celui exigé d'une autre législation » (*Rekvény c/ Hongrie*, 20 mai 1999, *RTDH*, 2000, p. 107, note J. Callewaert).

On doit noter que le juge communautaire reprend à son compte l'exigence de prévisibilité de la loi « dégagée de la jurisprudence » de la Cour européenne (CJCE, 20 mai 2003, *Rechnungshof*, aff. C-465/00, C-138/01, *RTDH*, 2004, 724, obs. C. Maubernard). Il en va de même du CEDS (récl n° 32/2005, *Confédération des syndicats indépendants de Bulgarie*, déc. 16 oct. 2006, fond, § 35).

**135** INTERPRÉTATION JURISPRUDENTIELLE. — C'est donc une conception souple de la légalité, applicable également à la légalité pénale (*infra*, n° 443), qui prévaut en droit européen : « Le texte de la disposition légale, lue à la lumière de la jurisprudence

chron., *JCP G.*, 1998, I, 137), le Conseil constitutionnel, en reconnaissant que le principe « d'accessibilité et d'intelligibilité de la loi » est un objectif à valeur constitutionnelle, consacre implicitement le principe de sécurité juridique, rattachant ce dernier à la « garantie des droits » énoncée par l'article 16 de la Déclaration de 1789 (déc. 99-421 DC, 16 décembre 1999, Loi habilitant le gouvernement à procéder par voie d'ordonnances à l'adoption de certains codes, *JO*, 22 décembre 1999, p. 19041 ; *D*, 2000, n° 4, p. VII, note B. Mathieu). Abandonnant la référence à la clarté de la loi comme « principe constitutionnel » qui découle de l'article 34 de la Constitution (Déc. 2001-455 DC, 12 janvier 2002, *RDP*, 2002, 641, chron. D. Rousseau), le Conseil constitutionnel évoque seulement l'objectif de valeur constitutionnelle d'intelligibilité fondé sur la DDHC (déc. 2006-540 DC, 27 juill. 2006, droit d'auteur, *Rec.*, 88). Voir M.-A. Frison-Roche et W. Baranès, Le principe constitutionnel de l'accessibilité et de l'intelligibilité de la loi, *D*, 2000, chron., p. 361).

interprétative dont elle s'accompagne » doit être « raisonnablement » prévisible (voir *Cantoni*, préc., § 32 et 35) ; il en va de même de la jurisprudence, dans un système de *common law*, lorsqu'elle contribue à l'évolution du droit pénal (*S. W. c/ Royaume-Uni*, 22 nov. 1995, § 36, *GACEDH*, n° 39). Le juge européen assigne donc à la jurisprudence le soin de pallier les lacunes du droit écrit afin d'atteindre la « qualité » requise par la « loi » au sens européen (par ex., *Markt intern.*, préc., § 30 ; *Vogt c/ RFA*, 26 sept. 1995, § 48, *GACEDH*, n° 61). Cela peut le conduire à sanctionner l'insuffisante « qualité de la jurisprudence » (*Kruslin*, préc., *Hentrich*, préc.) ou, au contraire, à juger qu'une jurisprudence constante permet de satisfaire l'exigence de prévisibilité et d'accessibilité de la loi.

Par exemple : *Chauvy et al. c/ France*, 29 juin 2004, délit de presse ; *Parti nationaliste basque c/ France*, 7 juin 2007, financement des partis politiques ; *Dogru c/ France*, 4 déc. 2008, port de signes religieux dans les établissements scolaires.

La conception européenne de la « loi » vient surtout conforter l'office du juge national qui, dans le cadre du contrôle de conventionnalité, peut s'appuyer sur cette notion de « loi » pour s'ériger en « juge de la rédaction formelle de la loi » nationale (D. Mayer, Vers un contrôle du législateur par le juge pénal, *D*, 2001, chron., 1643).

* Ainsi, la Cour de cassation écarte l'application de dispositions législatives édictant des sanctions pénales au motif que l'interdiction énoncée est trop générale (Cass. crim., 16 janv. 2001, n° 00-83608, *D.*, 2001, jur., 1067, obs. J.F. Renucci : art. 2 de la loi du 2 juill. 1931, punissant d'une peine d'amende la publication d'informations relatives aux constitutions de partie civile avant jugement définitif ; dans le même sens, Cour EDH, 3 octobre 2000, *Du Roy et Malaurie c/ France,RTDH*, 2001, 1075, obs G. Tillement) ou ignore l'impératif de prévisibilité des actions (Cass. crim., 20 févr. 2001, *D.*, 2001, 908), ou, au contraire, conclut à la compatibilité avec la Convention (art. 7 et 10) de dispositions législatives après s'être assurée qu'elles étaient « claires et précises » (Cass. crim., 18 mars 2003, n° 02-83015 : dispositions du Code de la santé publique relatives à la publicité illicite en faveur du tabac).

Le Comité des droits de l'homme a une conception similaire de la « loi ».

Dans sa décision *Faurisson c/ France* du 8 novembre 1996 (n° 550/93), le CDH considère que la loi Gayssot « telle qu'elle a été lue, interprétée et appliquée dans le cas de l'auteur par les tribunaux français » est compatible avec l'article 19 (liberté d'expression) du Pacte (*RUDH*, 1997, 46 ; note G. Cohen-Jonathan, Négationnisme et droits de l'homme, *RTDH*, 1997, 571). Dans son observation générale sur l'article 17 du PIDCP (droit au respect de la vie privée et familiale), il se prononce dans un sens similaire, estimant que « même pour ce qui est des immixtions qui sont conformes au Pacte, une loi pertinente doit préciser dans le détail les circonstances précises dans lesquelles elles peuvent être autorisées » (§ 8, *in* Nations Unies, *Manuel relatif à l'établissement des rapports sur les droits de l'homme*, 1992, p. 80).

### *2. L'ingérence doit viser un but légitime*

**136** DIVERSITÉ. — Les restrictions aux droits garantis doivent être prises dans l'intérêt de la vie étatique (sécurité nationale, sûreté publique, bien-être économique ou général du pays), de la vie sociale (sécurité publique, ordre public, santé ou moralité publique) ou des droits d'autrui au sein de la société. Sous couvert d'une nomenclature sélective, les textes conventionnels utilisent les notions les plus extensibles du droit public, qui touchent, par leur somme, à la notion générale d'ordre public. On mesure combien ces vastes possibilités offertes aux États de limiter les droits garantis risquent de vider ceux-ci de leur substance, en l'absence de tout contrôle organisé, et rendent exceptionnel un constat de violation du texte conventionnel pour défaut de but légitime d'une ingérence dans un droit garanti (par ex., CDH, n° 518/1992, *Jong-Kyu Sohn c/ République de Corée*, 19 juill. 1995, *A/50/40*, vol. II, p. 104). La jurisprudence européenne est particulièrement abondante en la matière.

S'agissant, par exemple, du droit au respect de la vie privée et familiale (art. 8 CEDH), le souci de protéger la santé ou la morale de l'enfant est un but légitime à une mesure d'interdiction faite aux parents de reprendre leur enfant placé dans un foyer d'accueil (*Rieme c/ Suède*, 22 avr. 1992, A. 226 B), de même qu'une décision d'expulsion d'un criminel (*Beldjoudi c/ France*, 26 mars 1992, *RTDH*, 1993, 449, note J.-Y. Carlier) ou que des visites domiciliaires opérées par les agents des douanes (*Funke c/ France*, 25 févr. 1993, A. 256 A) visent bien, d'une part, le maintien de l'ordre et la prévention des infractions pénales, et d'autre part, « le bien-être économique du pays ».

En matière de droit à la liberté d'expression (art. 10), la Cour a considéré que la défense de l'ordre au sein des forces armées (*Engel c/ Pays-Bas*, 8 juin 1976, *GACEDH*, n° 4 : sanctions disciplinaires contre des soldats néerlandais ayant fait paraître dans une brochure des articles tendant à saper la discipline militaire) ou la protection de la morale des jeunes (*Handyside c/ Royaume-Uni*, 7 déc. 1976, *GACEDH*, n° 7 : saisie et destruction de livres pornographiques destinés à la jeunesse), de la réputation d'autrui (*Oberschlick c/ Autriche*, 23 mai 1991, A. 204 : condamnation d'un journaliste pour diffamation d'un homme politique), de la sécurité nationale ou de l'autorité du pouvoir judiciaire (*Observer et Guardian c/ Royaume-Uni*, 23 mai 1991, A. 216 : interdiction temporaire imposée à la presse par les tribunaux de publier des extraits du livre d'un ancien agent secret britannique) étaient des objectifs légitimes.

D'une manière générale, la Cour européenne est attentive à ne pas contester les objectifs invoqués par le gouvernement défendeur pour justifier une restriction à un droit garanti, se limitant à émettre « des doutes » en la matière.

Par exemple, sur le but légitime d'une privation automatique du droit de vote pour les détenus condamnés (*Hirst c/ Royaume-Uni*, 6 oct. 2005, Gr. Ch., § 75), sur le but d'« utilité publique » d'une privation de propriété (*Lecarpentier c/ France*, 14 févr. 2006, § 49). Pour un constat, rare, de défaut de « but légitime » : *Baka c/ Hongrie*, 23 juin 2016, Gr. Ch. (restriction à la liberté d'expression d'un magistrat, § 156) ; *Tadeucci et McCall c/Italie*, 30 juin 2016 (refus d'un permis de séjour à un couple homosexuel, § 93)..

**137** DÉTOURNEMENT DE POUVOIR. — Afin d'empêcher l'utilisation abusive de la clause d'ordre public, l'article 18 de la CEDH fait interdiction à l'État partie d'exercer sa faculté de restreindre l'exercice des droits garantis dans un but autre que celui pour lequel les restrictions ont été prévues, prohibant ainsi expressément le détournement de pouvoir (le Pacte civil des Nations Unies l'interdit implicitement). Après avoir longtemps refusé d'exercer son contrôle au titre spécial de l'article 18 (par ex., *Bozano c/ France*, 18 déc. 1986, A. 111, *RGDIP*, 1987, 533, obs. F. Sudre ; *Loukanov c/ Bulgarie*, 20 mars 1997), la Cour européenne est entrée en matière par un arrêt *Gusinskiy c/ Russie*, du 19 mai 2004, qui définit l'économie de cette disposition. L'article 18, à l'instar des articles 13 et 14 de la Convention, n'a pas d'existence indépendante – il ne peut s'appliquer que combiné avec d'autres articles de la Convention et ne peut entrer en jeu que si le droit garanti fait l'objet de restrictions autorisées par la Convention – mais a une portée autonome et trouve à s'appliquer en l'absence même de manquement au droit substantiel (§ 73). En l'espèce, était en cause une privation de liberté et la Cour conclut à la violation de l'article 18 combiné avec l'article 5, § 1 *c* (*JCP G*, 2004, I, 161, n° 2, chron. F. Sudre).

L'arrêt *Jafarov c/Azerbaïdjan* (17 mars 2016) conclut à une violation de l'article 18 combiné avec l'article 5, l'arrestation et la détention provisoire du requérant ayant eu pour véritable but de réduire au silence et de punir de ses activités un défenseur des droits de l'homme.

### *3. L'ingérence doit être nécessaire dans une société démocratique*

**138** SIGNIFICATION. — La signification d'une telle exigence dans une convention universelle (art. 21 et 22 du PIDCP) est peu claire dès lors que les sociétés politiques concernées sont d'une grande hétérogénéité. Quoique non définie par la CEDH, la notion de « société démocratique » est bien la valeur centrale de l'« ordre public européen », autour duquel s'ordonne aujourd'hui le droit européen des droits de l'homme. Après avoir opéré une identification entre la profession de foi du Préambule de la Convention en un régime « véritablement démocratique » et la notion de « société démocratique » (*Lawless c/ Irlande*, 14 nov. 1960, A. 1), la Cour a précisé les caractéristiques de la « société démocratique ». Dans sa très importante décision *Handyside c/ Royaume-Uni* du 7 décembre 1976 (*GACEDH*, n° 7), la Cour relève que les éléments constitutifs d'une société démocratique étaient « le pluralisme, la tolérance et l'esprit d'ouverture » (§ 50) et précise, dans l'arrêt *Young, James et Webster* (13 août 1981, A. 44 : liberté syndicale), que « la démocratie ne se ramène pas à la suprématie constante de l'opinion d'une majorité ; elle commande un équilibre qui assure aux minorités un juste traitement et qui évite tout abus d'une position dominante ». D'une manière générale, l'interprétation des droits et libertés énumérés dans la Convention doit se concilier avec l'« esprit général » de celle-ci, à savoir « sauvegarder et promouvoir les idéaux et valeurs d'une société démocratique » (*Kjeldsen, Busk Madsen et Pedersen c/ Danemark*, 7 déc. 1976, *GACEDH*, n° 58). Le cœur des valeurs communes à garantir réside sans conteste, selon la jurisprudence européenne, dans « les principes propres à une société démocratique » (*Handyside*, préc., § 72).

La Cour a reconnu ainsi que le droit à la vie (*McCann c/ Royaume-Uni*, 27 sept. 1995, *GACEDH*, n° 10), le droit de ne pas subir de torture ou de traitements inhumains ou dégradants (*Soering c/ Royaume-Uni*, 7 juill. 1989, A. 161, *GACEDH*, n° 16), l'interdiction de l'esclavage et du travail forcé (*Siliadin c/ France*, 26 juill. 2005, *GACEDH*, n° 17) – qui consacrent chacun « l'une des valeurs fondamentales des sociétés démocratiques qui forment le Conseil de l'Europe » –, le principe de la prééminence du droit – avec son corollaire, le droit au juge – (*Golder c/ Royaume-Uni*, 21 févr. 1975, *GACEDH*, n° 27), le principe de non-discrimination, énoncé par l'article 14 de la Convention (*Refah Partisi et al. c/ Turquie*, 13 févr. 2003, Gr. Ch., § 119, *GACEDH*, n° 55), constituaient « l'un des fondements essentiels », ou « l'un des principes fondamentaux » d'une société démocratique. La même analyse est faite pour les droits qui garantissent le pluralisme, tels la liberté d'expression (*Handyside*, préc.), la liberté de pensée de conscience et de religion (*Kokkinakis c/ Grèce*, 25 mars 1993, *GACEDH*, n° 56), le droit à des élections libres (*Mathieu-Mohin et Clerfayt c/ Belgique*, 2 mars 1987, A. 113) ou la liberté d'association pour les partis politiques (*PCU de Turquie c/ Turquie*, 30 janv. 1998, Gr. Ch., *GACEDH*, n° 6).

**139** PORTÉE. — Dans son important arrêt *Parti communiste unifié de Turquie* (préc.), relatif à la décision de la Cour constitutionnelle turque de dissolution immédiate (dès sa création) et définitive dudit parti, la Cour européenne, systématisant sa jurisprudence antérieure, affirme ainsi que la démocratie, « élément fondamental de » l'ordre public européen « » est « l'unique modèle politique envisagé par la Convention et, partant, le seul qui soit compatible avec elle » (§ 45). La conséquence est double.

D'une part, considérant, par référence à l'interdiction de l'abus de droit (art. 17, *supra*, n° 130), que nul ne peut se réclamer des dispositions de la Convention pour affaiblir ou détruire les idéaux et valeurs d'une société démocratique, le juge européen affirme que l'État partie peut se prévaloir du principe d'une « démocratie apte à se défendre » pour prendre des mesures concrètes pour protéger le régime démocratique. Il en va particulièrement ainsi lorsqu'il s'agit de « consolider » la démocratie dans un État ayant connu dans un proche passé un régime totalitaire (*Vogt c/ Allemagne*, 26 septembre 1995, § 51, *GACEDH*, n° 61, obligation de loyauté des fonctionnaires envers la Constitution)[1], ou de sauvegarder le principe de laïcité, qui, garant du pluralisme, du respect des droits d'autrui et, en particulier, de l'égalité entre hommes et femmes, est érigé en valeur fondamentale de la « société démocratique » européenne (interdiction d'un parti politique prônant l'instauration de la *Charia* : *Refah Partisi*, préc., § 125 ; interdiction du port du foulard islamique[2] : *Leyla Sahin c/ Turquie*, 10 nov. 2005, Gr. Ch., § 114 ; déc. 30 juin 2009, *Aktas c/ France*, n° 43563/08).

D'autre part, les droits « caractéristiques de la société démocratique » ne peuvent faire l'objet de restrictions que si celles-ci sont justifiées par des « raisons convaincantes et impératives » (*PCU de Turquie*, préc., § 46).

Le contrôle du juge européen sur la nécessité de la mesure restrictive s'organise autour de la notion de « marge nationale d'appréciation ».

### *B – La marge nationale d'appréciation*

Toute la dialectique du contrôle du juge européen réside dans le souci de faire place à l'autonomie nationale tout en préservant le droit commun et se résume dans la notion de « marge d'appréciation », qui vient définir le rapport de compatibilité devant exister entre les mesures nationales et la norme conventionnelle. Le principe de subsidiarité fonde la notion toute prétorienne de « marge

1. Voir aussi : *Rekvenyi c/ Hongrie*, 20 mai 1999, Gr. Ch. (*JCP G*, 2000, I, 203, n° 25, chron. F. Sudre, interdiction faite aux membres des forces armées, des services de police et de sécurité de se livrer à des activités politiques) ; *Zdanoka c/ Lettonie*, 16 mars 2006, Gr. Ch., *GACEDH*, n° 65 (inéligibilité permanente au Parlement letton frappant une ressortissante lettone en raison de ses activités passées au sein du Parti communiste letton).
2. L'interdiction concerne l'Université dans le premier arrêt (*AJDA*, 2006, 315, note G. Gonzalez) et un établissement scolaire dans la seconde décision (*AJDA*, 2009, 2077, note G. Gonzalez).

d'appréciation », qui confère aux États un pouvoir discrétionnaire dans la mise en œuvre des limitations aux droits protégés et marque *a priori* le contrôle européen du sceau de la retenue judiciaire.

### *1. L'expression jurisprudentielle du principe de subsidiarité*

**140** UNE NÉCESSITÉ FONCTIONNELLE. — La marge d'appréciation est d'abord l'expression d'une nécessité fonctionnelle. Le juge européen prend acte de ce que les autorités nationales ont la meilleure connaissance des circonstances et des conditions locales d'application de la Convention et constate que « grâce à leurs contacts directs et constants avec les forces vives de leur pays, les autorités de l'État se trouvent en principe mieux placées que le juge international pour se prononcer » sur le contenu des exigences de l'ordre public et la nécessité d'une restriction à une liberté (*Handyside c/ Royaume-Uni*, 7 déc. 1976, § 48, *GACEDH*, n° 7) : ainsi, en matière de privation de propriété, pour déterminer ce qui est d'« utilité publique » (*James et a. c/ Royaume-Uni*, 21 févr. 1986, § 46, *GACEDH*, n° 67) ou, dans le domaine de la liberté religieuse, pour réglementer le port des symboles religieux dans les établissements d'enseignement (*Leyla Sahin c/ Turquie*, 10 nov. 2005, Gr. Ch.) ou interdire de porter dans l'espace public une tenue destinée à dissimuler son visage (*SAS c/ France*, 1er juill. 2014, Gr. Ch.). Il en va de même, s'agissant de la présence d'un danger public nécessitant le recours à des mesures dérogatoires (art. 15 ; *Irlande c/ Royaume-Uni*, 18 janvier 1978, A. 25, *infra*, n° 152) [1]. De ce constat, la Cour européenne tire la conséquence – protectrice de la diversité nationale – que « dès lors » la Convention réserve aux États contractants une marge d'appréciation (*Handyside*, § 48). Le principe de subsidiarité peut cependant être parfois malmené par le juge européen ; il en va ainsi, par exemple, lorsque ce dernier n'hésite pas à substituer son appréciation à celle du juge interne dans l'interprétation d'un acte éminemment privé, une clause testamentaire (*Pla et Puncernau*

1. La notion de marge nationale d'appréciation est apparue initialement dans la jurisprudence de la Commission relative aux dérogations de l'article 15 (req. 176/56, *Grèce c/ Royaume-Uni*, déc. 2 juin 1956, *infra*, n° 151).

*c/ Andorre*, 13 juill. 2004 ; *JCP G*, 2005, II, 10052, note F. Boulanger).

Le CEDS reprend à son compte la doctrine de la « marge nationale d'appréciation » (récl. n° 31/2005, *Centre européen des droits des Roms c/ Bulgarie*, déc. 18 oct. 2006, fond, § 37 et 54).

**141** UNE EXIGENCE IDÉOLOGIQUE. — La marge d'appréciation est aussi la traduction d'une exigence idéologique. Composante de la « société démocratique », le « pluralisme » joue également à l'intérieur de la communauté des États européens. La Cour européenne se montre ainsi sensible à la diversité européenne, notamment des cultures juridiques, précisant qu'elle ne peut « négliger les caractéristiques de fond et de procédure (des) droits internes respectifs » (*Sunday Times c/ Royaume-Uni*, 26 avr. 1979, § 61, *JDI*, 1980, 471, obs. P. Rolland).

1° En premier lieu, l'application de la Convention s'accommode des particularismes locaux et, par exemple, le juge européen a égard à « la tradition dans les écoles écossaises » en matière de châtiments corporels (*Campbell et Cosans c/ Royaume-Uni*, 25 févr. 1982, A. 48, § 29, *JDI*, 1985, 191, obs. P. Tavernier), aux « traditions culturelles » relatives à la réglementation de la profession d'avocat en matière de publicité (*Casado Coca c/ Espagne*, 24 févr. 1994, A. 285, § 54, *JCP G*, 1995, I, 3823, n° 37, chron. F. Sudre) ou aux « facteurs historiques ou politiques propres à chaque État », à propos des conditions d'éligibilité des parlementaires (*Gitonas c/ Grèce*, 1er juill. 1997, § 39, *RFDA*, 1998, 1007, note M. Levinet). Les traditions locales peuvent même conduire la Cour à juger qu'une législation nationale isolée au regard des législations des autres États parties n'enfreint pas la Convention dès lors qu'elle concerne un domaine « étroitement lié aux traditions culturelles et historiques de chaque société », qu'il s'agisse de la question du remariage après divorce qui touche « aux conceptions profondes » de la société sur la cellule familiale » (*F. c/ Suisse*, 18 déc. 1987, A. 128, § 33, *JDI*, 1988, 892, obs. P. Tavernier) ou de celle de la transcription des noms et des prénoms d'origine étrangère dans les documents officiels (déc. 7 déc. 2004, *Mentzen alias Mencena c/ Lettonie*, n° 71074/01). Sous réserve, toutefois, que cette législation isolée ne soit pas contredite par une « tendance » évolutive suffisamment caractérisée au sein des ordres juridiques des États parties (*Vallianatos et a. c/ Grèce*, 7 nov. 2013, GC : loi excluant les couples homosexuels du pacte de vie commune, *JCP G* 2013, act. 1281, F. Sudre).

Précisons que le seul fait d'invoquer les particularités locales (tradition, usage approuvé par la population) ne suffit pas à assurer la conformité à la Convention d'une mesure nationale (*Tyrer c/ Royaume-Uni*, 25 avr. 1978, A. 26, *JDI*, 1980, 457, obs. P. Rolland : peine judiciaire de la fustigation infligée dans l'île de Man). Pour se prévaloir de la clause « coloniale » de l'article 56, qui permet d'appliquer la Convention aux territoires d'outre-mer « en tenant compte des nécessités locales » (§ 3), l'État doit faire « la preuve décisive et manifeste d'une nécessité » (*Tyrer*, § 38 ; *Piermont c/ France*, 27 avr. 1995, A. 314, § 58) et, lorsqu'est en cause le statut juridique particulier d'un territoire, les nécessités locales doivent « revêtir un caractère impérieux » (*Py c/ France*, 11 janv. 2005, § 60 ; préc. n° 68). Dans cette affaire *Py*, le juge européen estime que l'histoire tourmentée de la Nouvelle-Calédonie et son statut actuel, qui « s'inscrit dans un processus d'autodétermination » (§ 61), caractérisent des « nécessités locales » justifiant les restrictions apportées au droit du requérant de voter aux élections territoriales.

2° En second lieu, la Convention n'impose aucune « uniformité absolue » (*Sunday Times*, préc., § 61). C'est dire qu'il peut y avoir une grande variété de solutions nationales sans qu'il y ait pour autant violation de la Convention. Le juge européen a pu ainsi relever à plusieurs reprises l'absence d'uniformité européenne et noter « la diversité dans l'espace et la variabilité dans le temps » des lois nationales. L'impossibilité de dégager du droit interne des États parties « une notion uniforme de la morale » (*Handyside*, § 48), une « conception uniforme de la signification de la religion dans la société » (*Otto-Preminger-Institut c/ Autriche*, 20 sept. 1994, A. 295-A, § 50, *RUDH*, 1994, 441, note P. Wachsmann), une « conception uniforme » de la réglementation du port des symboles religieux dans les établissements d'enseignement (*Leyla Sahin*, préc.) ou une « approche européenne uniforme » dans le domaine de la réglementation du recours à la fécondation *in vitro* (*Evans c/ Royaume-Uni*, 10 avr. 2007, Gr. Ch., § 79, *RDSS*, 2007, 810, note D. Roman) ou « quant à la qualification juridique de l'entrave à la circulation routière sur une autoroute publique » (*Kudrevicius et a. c/Lituanie*, 15 oct. 2015, GC, *JCP G* 2016, doctr. 65, n° 25, chron. F. Sudre), a ainsi été soulignée.

**142** JEU DU PRINCIPE DE SUBSIDIARITÉ. — Ce principe devrait être un principe matriciel de la jurisprudence européenne et non une simple variable d'ajustement de son contrôle comme il tend à l'être. On ne peut que souligner l'usage pour le moins inconstant de ce principe par la Cour qui, au gré des affaires, l'ignore superbement (par exemple, en matière de droit au respect de la vie privée et familiale) ou l'invoque opportunément (ainsi, en matière de protection de l'environnement) selon qu'elle entend ou non soumettre la question de politique générale en jeu à sa propre lecture de la Convention. Toutefois, le récent arrêt *Austin*, rendu en Grande Chambre, paraît marquer un net infléchissement de la position de la Cour européenne, qui affirme que « découlant d'une lecture combinée des articles 1 et 19 de la Convention, la subsidiarité est l'un des piliers de la Convention » (*Austin et a. c/ Royaume-Uni*, 15 mars 2012, Gr. Ch., *JCP G*, 2012, act. 455, F. Sudre). C'est placer la mission de la Cour de contrôle du respect de la Convention sous l'égide du principe de subsidiarité. À cet égard, l'adoption du Protocole 15, qui lie intimement principe de subsidiarité et marge nationale d'appréciation, laisse craindre pour l'avenir un repli du contrôle de la Cour, à l'image de l'arrêt *Animal Defenders International c/ Royaume-Uni* (Gr. Ch., 22 avr. 2013).

Dans cet arrêt, au mépris de sa jurisprudence antérieure, la Cour juge en effet qu'une interdiction légale générale de toutes les publicités payantes sur des questions « politiques » à la radio et à la télévision ne constitue pas une atteinte disproportionnée à la liberté d'expression de la requérante et ne méconnaît pas l'article 10 (*JCP G* 2013, doctr. 855, chron. F. Sudre, n° 16).

Faisant suite à la Déclaration de Brighton, adoptée le 20 avril 2012 par la Conférence sur l'avenir de la Cour EDH, le Protocole 15 (ouvert à la signature le 24 juin 2013) ajoute un dernier paragraphe au Préambule de la Convention, ainsi libellé : « *Affirmant qu'il incombe au premier chef aux Hautes Parties contractantes, conformément au principe de subsidiarité, de garantir le respect des droits et libertés définis dans la présente Convention et ses protocoles, et que, ce faisant, elles jouissent d'une marge d'appréciation, sous le contrôle de la Cour européenne des Droits de l'Homme instituée par la présente Convention* ». (Voir F. Sudre, La subsidiarité « nouvelle frontière » de la Cour européenne des droits de l'homme, *JCP G* 2013, doctr. 1086).

*2. Le contrôle de la marge nationale d'appréciation*

La marge d'appréciation des États ne saurait être illimitée, et le juge européen affirme son aptitude à en contrôler l'étendue : « La marge nationale d'appréciation va donc de pair avec un contrôle européen » (*Handyside*, § 49).

**143** CONTRÔLE DE PROPORTIONNALITÉ. — La clause d'ordre public autorise un contrôle normal portant, à la lumière de toutes les circonstances de l'espèce, à la fois sur la finalité de la mesure litigieuse et sur sa « nécessité ». Selon une jurisprudence bien établie (arrêts *Handyside* et *Sunday Times*, préc.), « la notion de nécessité implique un besoin social impérieux ; en particulier, la mesure prise doit être proportionnée au but légitime poursuivi » (*Gillow c/ Royaume-Uni*, 24 nov. 1986, A. 109, § 55 : ingérence disproportionnée dans le droit au respect du domicile, art. 8). En premier lieu, quant à l'exigence d'un « besoin social impérieux », la Cour ne se borne pas à vérifier si l'État a usé de son pouvoir d'appréciation « de bonne foi, avec soin et de manière sensée ». Elle contrôle d'abord si les motifs invoqués à l'appui des ingérences sont « pertinents et suffisants » (*Olsson c/ Suède*, 24 mars 1988, § 68, *JDI*, 1989, 789, obs. P. Tavernier). En second lieu, la Cour recherche si l'ingérence est proportionnée au but légitime poursuivi et vérifie alors – contrôle de proportionnalité *stricto sensu* – qu'un « juste équilibre » a été ménagé entre l'intérêt général et les intérêts de l'individu (par ex., *Klass c/ RFA*, 6 sept. 1978, A. 28, § 59, à propos de la surveillance secrète de la correspondance et des télécommunications des citoyens aux fins de lutte contre le terrorisme).

Le principe de proportionnalité, qui traduit une exigence d'adéquation entre un objectif légitime et les moyens utilisés pour l'atteindre, se situe donc au cœur du contrôle de la marge nationale d'appréciation. La démarche de la Cour s'inspire – mais elle est moins rigoureuse – de celle de la Cour constitutionnelle allemande qui, en sus du contrôle de l'objectif légitime, distingue trois éléments du contrôle : de l'adéquation (ou de l'appropriation) de la mesure à l'objectif légitime poursuivi, de la nécessité de la mesure à la réalisation de cet objectif (le même objectif ne peut-il être atteint par des moyens moins contraignants ?), de la proportionnalité au sens strict (la mesure prise ne doit pas imposer des charges démesurées par rapport aux buts visés).

* Le Conseil constitutionnel affirme avec concision que les atteintes à l'exercice des libertés « doivent être adaptées, nécessaires et proportionnées à l'objectif de prévention poursuivi » (déc. n° 2008-562 DC, 21 févr. 2008, Loi relative à la rétention de sûreté et à la déclaration d'irresponsabilité pénale pour trouble mental).

Selon qu'elle énonce plus ou moins strictement la condition de proportionnalité – proportion rigoureuse, juste, raisonnable –, la Cour européenne module l'intensité de son contrôle et, en conséquence, fait varier l'étendue de la marge d'appréciation de l'État : comme l'affirme l'arrêt *Sunday Times*, « à une liberté d'appréciation moins discrétionnaire correspond donc ici un contrôle européen plus étendu » (préc., § 59).

L'affaire *Johansen c/ Norvège* (7 août 1996, *JCP G*, 1997, I, 4000, n° 35, chron. F. Sudre), relative à une mesure de placement d'un enfant dans un foyer d'accueil – analysée classiquement comme une ingérence dans le droit au respect de la vie familiale (*infra*, n° 518) –, fournit un bon exemple de la modulation de la marge d'appréciation : s'agissant de l'opportunité de la décision même de placement, la Cour exerce un contrôle minimum laissant aux autorités nationales une large marge d'appréciation, favorisée par la diversité dans les États contractants des traditions liées au rôle de la famille et à l'intervention des pouvoirs publics dans les affaires familiales ; par contre, le principe fondamental du droit des parents et enfants à une vie familiale effective commande l'exercice d'un « contrôle plus rigoureux » sur les modalités d'exécution de la mesure de placement – telles les restrictions apportées aux droits parentaux et au droit de visite –, et sur les garanties destinées à assurer la protection effective du droit des parents et enfants au respect de leur vie familiale dès lors que ces restrictions « comportent le risque d'amputer les relations familiales entre les parents et un jeune enfant » (§ 64 ; voir aussi *Gnahore c/ France*, 19 sept. 2000, § 54).

Le contrôle de proportionnalité varie en fonction de trois paramètres que la Cour combine – la nature du droit en cause, le but de l'ingérence, l'existence d'un « dénominateur commun ».

* La Cour de cassation, dans la ligne de la jurisprudence européenne, s'est engagée délibérément dans la voie de la promotion du contrôle de proportionnalité,

assignant au juge du fond la mission de procéder au contrôle de proportionnalité (Civ. 1re, 10 juin 2015, n° 14-20.790, *D* 2015, 2365, note H, Fulchiron ; Civ. 1re, 30 sept. 2015, n° 14-16.273, *JCP G* 2015, note 1385, P, Ducoulombier ; Civ. 3e, 15 oct. 2015, n° 14-23.612, *JCP G* 2016, note 51, M, Behar-Touchais. – Civ. 3e, 17 déc. 2015, n° 14-22.095, *JCP G* 2016, 188, avis O. Bailly et *JCP G* 2016, 189, note P-Y. Gautier ; Crim., 16 févr. 2016, n° 15-82732, *JCP G* 2016, note 401, J.-H. Robert).

**144** NATURE DU DROIT. — Le premier critère tient à la nature du droit en cause ou « des activités en jeu ».

1° Le contrôle de la Cour sera d'autant plus strict et la marge d'appréciation de l'État réduite que l'ingérence est relative à un droit qui touche à la sphère d'intimité de l'individu, tel le droit d'avoir des relations homosexuelles (*Dudgeon c/ Royaume-Uni,* 22 oct. 1981, *GACEDH*, n° 44) [1], le droit parental de visite (*B c/ Royaume-Uni*, 8 juill. 1987, A. 121) ou le droit à la confidentialité des données de caractère personnel relatives à la santé (*Z c/ Finlande,* 25 févr. 1997, *JCP G*, 1998, I, 107, n° 35, chron. F. Sudre).

À l'inverse, la Cour européenne accorde à l'État partie un large pouvoir discrétionnaire lorsque les activités en jeu sont techniques ou complexes (concurrence déloyale, *Markt Intern. Verlag GmbH c/ Allemagne*, 20 nov. 1989, A. 165, *JDI*, 1990, 719, obs. P. Rolland ; politique urbanistique, *Sporrong et Lönnroth c/ Suède*, 23 sept. 1982, *GACEDH*, n° 67) [2] et lorsque sont en cause des mesures d'ordre général en matière économique ou sociale (loi réformant le système de l'emphytéose, *James et al. c/ Royaume-Uni*, 21 févr. 1986, § 46, *GACEDH*, n° 68 ; législation fixant l'âge légal de la retraite, *Stec et al. c/ Royaume-Uni*, 12 avr. 2006, Gr. Ch., *AJDA*, 2006, 1715, chron, J.F. Flauss) ou « des questions scientifiques, juridiques et éthiques complexes », telle celle de la situation de fin de vie (*Lambert c/France,* 5 juin 2015, Gr. Ch., *§ 148 ; JCP G* 2015, note 805, F. Sudre).

1. Pour une approche similaire, en ce même domaine, du CDH, voir n° 488/1992, *N. Toonen c/ Australie*, déc. 31 mars 1994, § 8. 2, *A/49/40*, vol. II, p. 241.
2. Le Conseil d'État juge de même que l'article 1 du Protocole 1 laisse au législateur « une marge d'appréciation étendue, en particulier pour mener une politique d'urbanisme » (CE, 3 juill. 1998, *Bitouzet*, *RFDA*, 1998, 1243, concl. R. Abraham ; CE, 7 janv. 2000, *Sté Lady Jane*, *D*, 2000, jur. 301, obs. H. Charles).

Le CEDS se prononce dans le même sens (récl. n° 31/2005, *Centre européen des droits des Roms c/ Bulgarie*, déc. 18 oct. 2006, fond, § 54).

2° Par ailleurs, systématisant une jurisprudence casuistique (*Odièvre c/ France*, 13 févr. 2003, *JCP G*, 2003, II, 10049, note A. Gouttenoire et F. Sudre : droit à la connaissance de ses origines / droit de préserver le secret de son accouchement), la Cour pose le principe que la marge d'appréciation est de façon générale également ample lorsque l'État doit ménager un équilibre entre des intérêts privés concurrents se prévalant de droits – parfois identiques – protégés par la Convention qui entrent en conflit (*Evans c/ Royaume-Uni*, 10 avr. 2007, Gr. Ch., § 77, droit pour la femme de devenir mère / droit pour l'homme de ne pas être père ; *supra*, n° 153). Sur la résolution des conflits de droits, *infra* n° 167.

**145** BUT DE L'INGÉRENCE. — Le but de l'ingérence entre aussi en compte : si le but poursuivi par la restriction au droit s'analyse en une notion « objective » (telle la protection de l'autorité judiciaire en matière d'atteinte à la liberté d'expression : *Sunday Times*, préc., § 59), la marge d'appréciation de l'État sera moindre que si le but légitime a un caractère contingent (ainsi, la protection de la morale : *Handyside*, préc., § 48).

La jurisprudence européenne, sur le fondement de ces deux critères, est loin, toutefois, d'être pleinement cohérente. Par exemple, la Cour n'exerce pas un contrôle rigoureux sur la marge d'appréciation de l'État dans l'affaire *Laskey, Jaggard et Brown c/ Royaume-Uni* (19 févr. 1997, *RTDH*, 1997, 738, note M. Levinet), alors que le droit en cause touche à un aspect intime de la vie privée (liberté de se livrer à des pratiques sexuelles sadomasochistes), ou encore dans l'affaire *Worm c/ Autriche* (29 août 1997, *JCP G*, 1998, I, 107, n° 38, chron. F. Sudre), alors que l'ingérence (condamnation d'un journaliste à une amende) tend à la protection de l'autorité judiciaire et qu'il y a, selon la Cour, une « grande concordance de vues » du droit interne des États membres.

Cette jurisprudence est aussi très sophistiquée : ainsi, si l'État dispose d'une large marge d'appréciation dans le domaine de la concurrence déloyale ou dans celui de la protection de la morale, la Cour n'hésite pas à réduire celle-ci si, d'une part, le discours en cause n'est pas strictement commercial mais participe d'un débat touchant à l'intérêt général, par exemple à la santé publique (*Hertel c/ Suisse*, 25 août 1998, *D.*, 1999, somm., 239, obs. M.L. Niboyet) et si, d'autre part, la mesure restrictive interdit l'accès du public d'une langue donnée à une œuvre figurant dans le patrimoine littéraire européen (*Akdas c/ Turquie*, 16 février 2010).

**146** DÉNOMINATEUR COMMUN. — Enfin, « la présence ou absence d'un dénominateur commun aux systèmes juridiques des États contractants peut constituer un facteur pertinent » au regard de la variation de l'étendue de la marge nationale d'appréciation et, partant, du contrôle de la Cour, qui pratique ici une interprétation dite « consensuelle » (*Rasmussen c/ Danemark*, 28 nov. 1984, A. 87, § 40, *JDI*, 1986, 1074, obs. P. Tavernier).

1° La présence de principes juridiques communs réduit la marge d'appréciation de l'État : ainsi, pour l'égalité de traitement entre enfants légitimes et naturels (*Marckx c/ Belgique*, 13 juin 1979, § 41 et 58, *GACEDH*, n° 51).

Il en va de même pour la liberté de ne pas adhérer à un syndicat (*Sirgurjonsson c/ Islande*, 30 juin 1993, A. 264, § 41, *JCP G*, 1994, I, 3742, n° 34, chron. F. Sudre), la protection des sources journalistiques (*Goodwin c/ Royaume-Uni*, 27 mars 1996, *RTD civ.*, 1997, 1026, chron. J.-P. Marguénaud), la fixation d'un âge identique pour le consentement à des relations hétérosexuelles, lesbiennes et homosexuelles (*L. et V. c/ Autriche*, 9 janv. 2003, § 50, *JCP G*, 2003, I, 160, n° 16, chron. F. Sudre), le choix du nom de famille des époux sur un pied d'égalité (*Unal Tekeli c/ Turquie*, 16 nov. 2004, *RTD civ.*, 2005, 343, obs. J.-P. Marguénaud), la conservation de données personnelles dans un « fichier génétique »(*S. et Marper c/ Royaume-Uni*, 4 déc. 2008, Gr. Ch., *RFDA*, 2009, 741, note S, Peyrou-Pistoulet), l'égalité de traitement entre hommes et femmes en matière d'allocation de congé parental (*Konstantin Markin c/ Russie*, 22 mars 2012, GC, *JCP G* 2012-35, doctr. 924, n° 22, chron. F. Sudre), le régime des visites familiales dont bénéficient les détenus condamnés à perpétuité (*Khoroshenko c/Russie*, 30 juin 2015, *JCP G* 2015, act. 870, B. Pastre-Belda) ou l'absence de distinction aux fins de regroupement familial entre les « citoyens de naissance » et ceux qui ont acquis la nationalité ultérieurement (*Biao c/Danemark*, 24 mai 2016).

2° Inversement, l'absence d'un « dénominateur commun » aux systèmes juridiques nationaux laisse à l'État partie une « grande » ou une « large » marge d'appréciation quant à la nécessité de la mesure restrictive : ainsi, pour la réglementation du port des symboles religieux dans les établissements d'enseignement (*Leyla Sahin c/ Turquie*, 10 nov. 2005, Gr. Ch., § 109-110).

Cela vaut aussi, entre autres, pour le droit syndical de négociation collective (*Gustafsson c/ Suède*, 25 avr. 1996, § 45, *D.* 1997, J, 363, note J.-P. Marguénaud et J. Mouly), la protection des convictions religieuses contre le blasphème (*Wingrove c/ Royaume-Uni*, 25 nov. 1996, § 57, *RTDH*, 1997, 713, note J.M. Larralde), l'octroi de droits parentaux aux transsexuels (*X, Y et Z c/ Royaume-Uni*, 22 avr. 1997, *D.*, 1997, 582, note S. Grataloup), la réglementation du recours à la fécondation *in vitro* (*Evans*, préc.), l'accès des détenus à l'insémination artificielle (*Dickson c/ Royaume-Uni*, 4 déc. 2007, Gr. Ch., § 81), le droit au mariage des couples homosexuels (*Schalk et Kopf c/ Autriche*, 24 juin 2010, *JCP G*, 2010, act. 768, C. Picheral), l'exposition de crucifix dans les salles de classe de l'école publique (*Lautsi c/ Italie*, 18 mars 2011, Gr. Ch., *JCP G* 2011, note 601, G. Gonzalez), l'affiliation des détenus exerçant un travail au régime des pensions de retraite (*Stummer c/ Autriche*, 7 juill. 2011, Gr. Ch., *JCP G* 2012, doctr. 87, chron. F. Sudre), l'arrêt d'un traitement médical ayant pour effet d'entraîner la mort (*Lambert c/France,* 5 juin 2015, Gr. Ch., préc. n° 144) ou l'interdiction du don d'embryons à des fins de recherche scientifique (*Parrillo c/Italie, 27 août 2015, Gr. Ch., JCP G 2015, note 1187, G. Loiseau*).

**147** ALÉAS DE L'INTERPRÉTATION « CONSENSUELLE ». — L'interprétation « consensuelle » est un élément important de la variation des limites du pouvoir discrétionnaire reconnu aux États dans la mise en œuvre des restrictions aux droits. Elle est cependant fragilisée par l'indétermination du standard européen – dont on ne sait s'il doit s'entendre dans un sens quantitatif ou qualitatif – qui vient marquer les bornes de la diversité nationale. D'autant que le juge européen se reconnaît la faculté d'effectuer « à la lumière des conditions d'aujourd'hui » (*Marckx*, préc., § 41) sa lecture du « dénominateur commun » et d'adapter ce dernier à l'évolution des solutions juridiques nationales (*infra*, n° 154), se réservant au demeurant la possibilité de réviser à l'avenir sa solution quand « le droit paraît traverser une phase de transition » (*Rees c/ Royaume-Uni*, 17 oct. 1986, A. 106, § 47).

1° La jurisprudence la plus récente conforte le sentiment que l'interprétation « consensuelle » n'est que le masque du pouvoir discrétionnaire du juge européen [1], qui instrumentalise le « consensus »

1. Voir F. Sudre, À propos du dynamisme interprétatif de la Cour européenne des droits de l'homme, *JCP G*, 2001, I, 335, et La mystification du « consensus européen », *JCP G* 2015, doctr. 1369.

selon qu'il entend préserver ou réduire la marge d'appréciation de l'État au vu de la fin qu'il poursuit.

On peut distinguer trois cas de figure.

a / La neutralisation de l'absence de consensus : pour promouvoir une interprétation évolutive de la Convention, la Cour européenne, malgré l'absence de consensus européen, juge que les États ne disposent plus de nos jours d'une marge d'appréciation dans le domaine considéré.

Ainsi, pour refuser la reconnaissance juridique de la conversion sexuelle (*C. Goodwin c/ Royaume-Uni*, 11 juill. 2002, Gr. Ch., *GACEDH*, n° 45), priver les détenus condamnés du droit de vote (*Hirst c/ Royaume-Uni*, 6 oct. 2005, Gr. Ch., *AJDA*, 2006, 475, obs. J.-F. Flauss), refuser l'adoption « coparentale » aux couples homosexuels (*X et a. c/ Autriche*, 19 févr. 2013, Gr. Ch., *JCP G* 2013, doctr. 855, chron. F. Sudre, n° 17) ou refuser la reconnaissance juridique du lien de filiation entre un enfant né d'une gestation pour autrui à l'étranger et son père biologique (*Mennesson c/ France*, 26 juin 2014, *JCP G* 2014, note 877, A. Gouttenoire).

b / La neutralisation de l'existence d'un consensus : malgré l'existence ou « l'émergence » d'un consensus européen, la Cour ignore ce dernier et reconnaît à l'État une certaine marge d'appréciation.

Au motif que le consensus n'est pas « suffisamment solide » (*S.H. et a. c/ Autriche*, 3 nov. 2011, Gr. Ch. *Dr. fam.* 2012-1, étude 6, A. Gouttenoire : droit de recourir à la procréation médicalement assistée ; *Hristozov et a. c/ Bulgarie*, 13 nov. 2012 : droit des malades en phase terminal d'accéder à des médicaments expérimentaux) ; ou, au motif qu'il subsiste une « diversité des systèmes et traditions juridiques » ou une absence de « communauté de vues », alors que tel n'est pas le cas (*Odièvre c/ France*, 13 févr. 2003, Gr. Ch., *JCP G* 2003, II, 10049, note A. Gouttenoire et F. Sudre : aucun État européen autre que la France ne connaît l'accouchement sous X ; *Yumak et Sadak c/ Turquie*, 8 juill. 2008, Gr. Ch., *RFDC*, 2009-78, 423, note M, Levinet : seuil électoral pour l'obtention d'un siège de député très largement supérieur à celui retenu en moyenne dans les États européens ; *S.A.S c/France*, 1 jnuill.2014, Gr. Ch., *RTDEur* 2015-1, 95, note P. *Ducoulombier* : la France est le seul État, avec la Belgique, à avoir opté pour une interdiction générale du port du voile intégral dans l'espace public), ou qu'il existe une « minorité non négligeable » d'États ayant une règle contraire (*Ahrens c/ Allemagne*, 22 mars 2012, *Dr. fam.* 2012-5, comm. 80, M. Bruggeman : contestation de la paternité légale) ; ou encore, au motif que ce consensus ne permet pas, « même dans le cadre d'une interprétation évolutive de la Convention », de réduire de « manière décisive » l'ample marge d'appréciation reconnue traditionnellement à l'État lorsque sont en jeu des questions morales ou éthiques délicates (*A, B, C c/ Irlande*, 16 déc. 2010, Gr. Ch., § 232, 237, *JCP G*, 2011, act. 58, M. Levinet : motifs d'autorisation de l'avortement).

La négation du consensus peut, exceptionnellement, consister pour la Cour à aller à l'encontre du « dénominateur commun » aux droits internes des États parties existant en la matière pour juger qu'une règle de droit interne est contraire à la Convention (*B. et L. c/ Royaume-Uni*, 13 sept. 2005, *Dr. fam.*, 2005, comm. 234, note A. Gouttenoire et M. Lamarche ; *JCP G*, 2006, I, 109, n° 11, obs. F. Sudre : règle d'empêchement au mariage entre des beaux-parents et leurs beaux-enfants).

c/ La construction d'un consensus de substitution : afin de « forcer » l'absence de consensus et de réduire la marge d'appréciation de l'État, la Cour européenne va construire un consensus potentiel en s'appuyant sur une « tendance » qu'elle met à jour.

Il peut s'agir d'une « tendance » suffisamment caractérisée au sein des droits internes des États parties pour servir de support à une interprétation évolutive de la Convention. Ainsi, afin de promouvoir la reconnaissance juridique des relations entre personnes de même sexe (*Vallianatos et a. c/Grèce*, 7 nov. 2013, Gr. Ch., *JCP G* 2013, act. 1281, F. Sudre ; *Oliari et a. c/Italie*, 21 juill. 2015, *D* 2015, 2160, note H. Fulchiron).

Il peut aussi s'agir d'une « tendance » internationale que la Cour fait émerger en interprétant la Convention « à la lumière d'autres instruments internationaux », d'origine et de nature très diverses. La Cour se libère ainsi de la contrainte du seul dénominateur commun en internationalisant l'interprétation consensuelle et met à jour, par l'utilisation combinatoire et discrétionnaire des sources internationales, des sources européennes et de la pratique des États membres, « une communauté de vues dans les sociétés modernes » (*Demir et Baykara c/ Turquie*, 12 novembre 2008, Gr. Ch., *GACEDH*, n° 64 : droit de négociation collective).

Quand les sources externes sont clairement identifiées, la Cour peut légitimement s'appuyer sur la convergence des sources (*Demir et Baykara, préc. ; Stanev c/Bulgarie,* 17 janv. 2012, Gr. Ch., *JCP G* 2012, act. 142, B.

Pastre-Belda : droit d'accès à un tribunal pour demander le rétablissement de sa capacité juridique).

Beaucoup plus discutable est la décision de la Cour de faire prévaloir sur l'absence de consensus européen une « tendance internationale » dont les sources ne sont pas clairement identifiées (*Christine Goodwin c/ Royaume-Uni, 11 juill. 2002, Gr. Ch, GACEDH, n° 45 :* reconnaissance du changement de sexe à l'état civil ; *Y. Y c/Turquie, 10 mars 2015, JCP G* 2015-12, act. 336, A. Schahmaneche : accès au processus de conversion sexuelle*)*.

2° De plus, il faut déplorer une dérive de l'interprétation consensuelle lorsque le juge européen y recourt pour déterminer l'applicabilité – et non les conditions d'exercice – d'un droit garanti.

Il en est ainsi lorsque la Cour, invoquant l'absence de consensus européen, refuse de dire expressément si le droit à la vie (art. 2) est applicable à l'enfant à naître, abandonnant cette question à la marge d'appréciation des États (*Vo c/ France*, 8 juill. 2004, Gr. Ch., § 82-84, *JCP G*, 2004, II, 10158, note M. Levinet ; *Evans*, préc.) ou encore se retranche derrière l'appréciation des autorités nationales pour définir la notion de « privation de liberté » au sens de l'article 5 § 1 et déterminer si cette disposition est applicable en l'espèce (*Austin et a. c/ Royaume-Uni*, 15 mars 2012, Gr. Ch., préc. n° 142 : confinement d'un groupe de personnes à l'intérieur d'un cordon de police).

**148** ÉVOLUTION. — Dans le cadre de la Convention européenne des droits de l'homme, la jurisprudence de la Cour traduit peu ou prou la recherche d'un délicat équilibre entre la définition d'une norme commune en matière de droits de l'homme (d'un « standard » commun) et la préservation des particularismes étatiques et s'ordonne, globalement, autour de l'affirmation du principe, protecteur des droits individuels, que les mesures limitatives aux droits énoncés doivent faire l'objet d'une interprétation étroite. Celle-ci sera d'autant plus stricte si est en jeu un droit caractéristique de la société démocratique, telle la liberté de la presse (par ex., *Castells c/ Espagne*, 23 avr. 1992, A. 236, § 43, *RUDH*, 1993, 14, chron. F. Sudre *et al.*) ou la liberté d'association des partis politiques (*PCU de Turquie*, 30 janv. 1998, *GACEDH*, n° 63). L'État ne dispose alors, en principe, que d'une marge d'appréciation réduite, doublée d'un contrôle européen rigoureux portant à la fois sur la loi nationale et sur son application par les juridictions internes.

L'attention renouvelée portée par la Cour au principe de subsidiarité pourrait conduite cette dernière à faire évoluer sa jurisprudence. Il serait, selon nous, de beaucoup plus cohérent que la Cour, plutôt que de mobiliser un « consensus européen » dont elle ne définit ni les critères ni sa fonction réelle dans l'exercice de son contrôle, se limite à affirmer que lorsque sont en jeu de difficiles questions de société, soulevant de délicates interrogations d'ordre moral ou éthique, sur lesquelles les législations nationales soit se partagent, soit n'ont pas encore pris position, elle n'a pas à se substituer au législateur national et qu'il convient, au nom du principe de subsidiarité, de laisser à l'État une large marge d'appréciation.

Les arrêts de Grande Chambre *SAS c/ France* (1er juillet 2014) *et Lambert c/France* (5 juin 2015) s'inscrivent, selon nous, dans cette ligne. Dans l'arrêt *S.A.S,* la Cour rappelle que « lorsque des questions de politique générale sont en jeu, sur lesquelles de profondes divergences peuvent raisonnablement exister dans un État démocratique, il y a lieu d'accorder une importance particulière au rôle du décideur national » (§§ 129 et 154) et juge que l'interdiction du port du voile intégral dans l'espace public constitue « un choix de société », fondé sur la conception nationale du « vivre ensemble », qui relève de la marge d'appréciation du législateur national (§ 153). Dans l'arrêt *Lambert (*préc. n° 146), la Cour estime qu'elle n'a pas à se substituer au législateur national lorsqu'elle est « saisie de questions scientifiques, juridiques et éthiques complexes », telle celle de la fin de la vie (§ 144).

## III | Les dérogations

**149** La théorie des circonstances exceptionnelles. — Le Pacte international sur les droits civils et politiques (art. 4, al. 1), la Convention européenne (art. 15, al. 1) et la Convention américaine des droits de l'homme (art. 27, al. 1) contiennent une disposition similaire autorisant l'État partie à *suspendre* la jouissance et l'exercice des droits proclamés en cas de guerre ou de danger public exceptionnel menaçant la vie de la nation. La Charte africaine ne contient aucune disposition spécifique ; la faculté de déroger paraît alors devoir être réglée conformément au droit international. La clause dérogatoire, qui confie à l'État le soin d'apprécier les circonstances en cause et donc de se libérer des obligations relatives aux droits de l'homme, est d'autant plus lourde de menaces pour les droits de l'homme que c'est dans ces périodes exceptionnelles que les droits de l'homme sont les plus menacés, et les garanties pour leur protection les plus importantes. Toutefois, l'État ne dispose pas de pouvoirs arbitraires en la matière, et les textes internationaux stipulent que le recours à la clause dérogatoire par un État n'a pas pour effet de supprimer pour cet État toutes les obligations découlant de la Convention pertinente. La clause dérogatoire substitue à la légalité normale une légalité exceptionnelle adaptée aux circonstances. Le recours à la clause dérogatoire est subordonné à des conditions formelles – obligation pour l'État d'informer l'organe administratif compétent (secrétaire général de l'ONU, de l'OEA ou du Conseil de l'Europe) – qui font l'objet d'une interprétation stricte : ainsi, la Turquie ne peut invoquer l'article 15 de la Convention à propos des mesures adoptées dans le nord de Chypre « en l'absence d'un acte formel et public de dérogation » de sa part (Commission, Rapp. 4 oct. 1983, *Chypre c/ Turquie*, § 67, *RUDH*, 1992, p. 70) ; de même, la portée territoriale de la dérogation ne peut être étendue au-delà de la partie du territoire explicitement couverte par la notification (*Sakik c/ Turquie*, 26 nov. 1997 ; pour faire face aux activités terroristes dans le sud-est du pays, la Turquie a promulgué l'état d'urgence en 1990 et notifié au Conseil de l'Europe qu'elle se prévalait de l'article 15 de la CEDH). Il est également soumis à des conditions matérielles telles que l'État se trouve dans une situation de compétence liée.

Ces conditions n'atteignent leur objectif, limiter le pouvoir arbitraire de l'État, que dans la mesure où un organe de contrôle international est chargé d'apprécier si le danger public invoqué justifie le recours au droit de dérogation. À défaut, la clause dérogatoire aboutit à supprimer le principe de la prééminence du droit et à faire prévaloir la « raison d'État » sur la « raison démocratique ». La CEDH fournit l'exemple exceptionnel d'un tel contrôle effectivement exercé sur l'usage du droit de dérogation prévu à l'article 15 et d'une jurisprudence réaliste qui tend à concilier, sur la base du principe de la prééminence du droit, deux impératifs contradictoires : la sauvegarde des droits individuels et la défense de la société démocratique, ou de la vie de la nation, qui impose, dans certaines circonstances, de ne pas faire prévaloir le respect de la légalité ordinaire sur l'intérêt supérieur de l'État. Plusieurs États (Belgique, France, Grèce, Irlande, Royaume-Uni, Turquie) se sont prévalus du droit de dérogation [1] et ont fourni l'occasion aux organes de la Convention d'exercer leur contrôle et de sanctionner les manquements aux dispositions de l'article 15 (*infra*, n° 174).

Le Royaume-Uni a, par une déclaration du 18 décembre 2001, recouru à l'article 15 CEDH après avoir adopté, en réaction au danger public consécutif aux attentats de New York du 11 septembre 2001, une législation (*Anti-terrorism, Crime and Security Act 2001*) conférant aux autorités de police un pouvoir élargi d'arrestation et de détention d'un étranger non expulsable, que la Chambre des lords, par une décision du 16 décembre 2004, a jugé incompatible avec les articles 5 et 14 de la CEDH dans la mesure où les dispositions en cause « ne sont pas proportionnées et permettent la détention de personnes suspectées d'être des terroristes internationaux à partir d'une discrimination liée à la nationalité ou à un statut d'immigration » (*D*, 2005, 377, obs. Y. Laurin). La Cour EDH a confirmé cette solution (*A et a. c/ Royaume-Uni*, 19 févr. 2009, Gr. Ch., *GACEDH*, n° 8).

La France a recouru à l'article 15 à trois reprises, à l'occasion de la déclaration de l'état d'urgence : en Nouvelle-Calédonie, du 12 janvier 1985 au 30 juin 1985 *(décl. 3 sept. 1985)* ; en 2005 (décret du 8 nov. 2005), afin de faire face à une situation de violence urbaine ; en 2015, par le décret n° 2015-1475 du 14 nov. 2015, après les attentats terroristes de Paris du 13 novembre (prorogation par la loi n° 2015-1501 du 20 nov. 2015). La déclaration adressée au Secrétaire général du Conseil de l'Europe, le 24 novembre 2015, précise que certaines mesures prises dans le cadre de l'état d'urgence « sont susceptibles d'impliquer une dérogation aux obligations résultant de la CEDH », mais ne mentionne pas quels sont les droits (et articles de la convention) concernés. La prorogation de l'état d'urgence par la loi n° 2016-162 du 19 février 2016 a fait l'objet d'une seconde déclaration, datée du 25 févr. 2016 (V. *RFDA* 2016, 163, obs. C. Santulli)..

La première affaire, *Lawless contre République d'Irlande* (internement administratif ordonné en vertu d'une loi sur les atteintes à la sûreté de l'État ; req. 332/57, déc., 30 août 1957, *Ann.*, II, p. 309 à 3412 ; arrêt 1er juill. 1961, A. 3) a permis un examen systématique des trois conditions prévues par l'article 15.

1. Les liens étroits qui unissent l'article 15 de la CEDH et le Protocole sur le droit d'asile annexé au traité CE ont déjà été soulignés (*supra*, n° 96).

### *A – L'existence d'un danger public menaçant la vie de la nation*

Cette condition recouvre un double contrôle, sur le but et le motif de la mesure dérogatoire [1].

**150** BUT DE LA MESURE DÉROGATOIRE. — D'une manière générale, l'État ne peut exercer son droit de dérogation, comme d'ailleurs ses possibilités de restriction aux droits garantis, dans un but autre que celui pour lequel ce droit a été prévu. Interdisant le détournement de pouvoir (*supra*, n° 137), l'article 18 de la Convention de Rome vise à empêcher une utilisation abusive des mesures d'exception. S'agissant plus précisément des mesures dérogatoires, l'État doit agir « pour le but en vertu duquel ces dispositions ont été prévues » (arrêt *Lawless*, préc., § 30), à savoir sauvegarder « la vie » ou « l'existence » de la nation, et non pour un quelconque but d'utilité publique.

**151** MOTIF DE LA MESURE DÉROGATOIRE. — Le droit de dérogation existe seulement en cas de guerre ou de danger public, que la Cour définit dans son arrêt *Lawless* comme « une situation de crise ou de danger exceptionnel et imminent qui affecte l'ensemble de la population et constitue une menace pour la vie organisée de la communauté composant l'État » (§ 28) ; l'article 15 n'exige pas que le danger invoqué soit de nature temporaire et que les mesures dérogatoires soient « provisoires » (*A et a. c/ Royaume-Uni*, 19 févr. 2009, § 178, *GACEDH*, n° 8). En bref, le péril considéré doit avoir un caractère exceptionnel et menacer la vie de la nation, alors même que l'origine du danger public importe peu (catastrophes et calamités naturelles, insurrection, émeute, guerre internationale ou coup d'État : dans l'affaire grecque, la Commission a admis que le droit de dérogation pouvait être exercé aussi bien par un gouvernement légal que par un gouvernement révolutionnaire ; req. 3321/67 et s., déc., 24 janv. 1968, *Ann.*, 1968, XI, p. 691).

1. Sur les liens entre les dérogations et le droit international humanitaire, *infra* n° 173.

L'existence d'un tel danger public a, par exemple, été constatée dans l'affaire *Lawless* et à propos de la situation en Irlande du Nord, où la Cour relève l'ampleur de la violence terroriste (lois d'exception confiant aux autorités administratives des pouvoirs d'internement et de détention : *Irlande c/ Royaume-Uni*, 18 janv. 1978, A. 25 ; *Brannigan et Mac Bride c/ Royaume-Uni*, 26 mai 1993, A. 258 B), dans plusieurs affaires turques, à raison de l'activité terroriste du Parti des travailleurs du Kurdistan (*Aksoy c/ Turquie*, 18 déc. 1996 ; *Demir c/ Turquie*, 23 sept. 1998) ou encore à propos du danger terroriste créée par les attentats du 11 septembre 2001 (*A et a. c/ Royaume-Uni*, préc.) mais n'a pas été reconnue dans l'affaire grecque (à propos du coup d'État militaire du 21 avr. 1967).

Le contrôle s'exerce donc sur les éléments constitutifs du danger public mais préserve une certaine marge d'appréciation de l'État pour déterminer s'il existe un danger public, conformément au principe énoncé par la Commission dans l'affaire de Chypre (req. 176/56, *Grèce c/ Royaume-Uni*, déc., 2 juin 1956, *Ann.*, II, p. 175 à 179 et 183 à 187). Les mesures de dérogation se justifient exclusivement en cas de « guerre » ou de « danger public » : elles constituent une violation de la Convention si elles demeurent en vigueur après la disparition des circonstances exceptionnelles (Commiss., déc., 9 juin 1958, *De Becker c/ Belgique*, req. 214/65, *Ann.*, II, p. 215 et s.).

* Le Conseil d'État, reprenant la motivation de l'arrêt *Lawless* (§ 28, préc.), précise que la loi du 3 avril 1955 relative à l'état d'urgence « a pour objet de permettre aux pouvoirs publics de faire face à des situations de crise ou de danger exceptionnel et imminent qui constituent une menace pour la vie organisée de la communauté nationale » (CE (ord.), 14 nov. 2005, *Rolin*, *AJDA*, 2006, 501, note P. Chrestia) ; le décret du 8 novembre 2005 déclarant l'état d'urgence afin de faire face par des mesures limitées dans le temps et dans l'espace à une situation de violence urbaine n'est pas contraire à l'article 15 de la CEDH (CE, Ass., 24 mars 2006, *Rolin*, *Boisvert*, *AJDA*, 2006, 688 ; CE, ord, 9 déc. 2005, *Allouache et a.*, n° 287777).

### *B – Le caractère de nécessité des mesures dérogatoires*

**152** LE PRINCIPE DE PROPORTIONNALITÉ. — Les mesures dérogatoires doivent revêtir un caractère de nécessité absolue et être strictement indispensables pour faire face au danger public : elles doivent être prises « dans la stricte mesure où la situation l'exige » (art. 15). L'État ne peut, au titre de l'article 15, suspendre les droits et libertés garantis que dans la mesure où l'exercice de ceux-ci serait de nature à l'empêcher de faire face audit danger public : un lien concret doit exister entre la mesure dérogatoire et la menace pesant sur la vie de la nation (Rapp. de la Commission dans l'aff. *Irlande c/ Royaume-Uni*, 25 janv. 1976, *Ann.*, 1976, XIX, p. 513 à 949). Le contrôle européen semble particulièrement poussé : les organes de la Convention vérifient non seulement l'existence matérielle des faits servant de fondement aux mesures dérogatoires, mais encore la qualification juridique des faits. Toutefois, le contrôle exercé par les organes de la Convention n'exclut pas que l'État concerné puisse conserver une certaine marge d'appréciation quant à la stricte mesure exigée par la situation (*supra*, n° 153). La Cour l'affirme très nettement dans son arrêt du 18 janvier 1978, *Irlande c/ Royaume-Uni* (A. 25, *JDI*, 1980, 449, obs. P. Rolland) : « Les autorités nationales se trouvent en principe mieux placées que le juge international pour se prononcer sur la présence de pareil danger comme sur la nature et l'étendue des dérogations nécessaires pour le conjurer » (§ 207 ; *A et a. c/ Royaume-Uni*, *GACEDH*, n° 8).

Dans l'affaire *Lawless*, la Cour estime ainsi que l'arrestation et la détention administrative d'individus soupçonnés de participer à des activités terroristes constituent une mesure strictement limitée aux exigences de la situation, dès lors que le fonctionnement des juridictions pénales ordinaires et, même, des cours criminelles spéciales ou des tribunaux militaires ne suffisait pas à rétablir la paix et l'ordre public.

L'arrêt *Brannigan et Mac Bride* (préc.) conduit à se demander si la grande marge d'appréciation reconnue aux autorités nationales en la matière n'occulte pas largement le contrôle de la Cour.

Celle-ci considère qu'elle « n'a pas à substituer son opinion à celle du gouvernement (...) quant à la nature des moyens les plus adéquats ou opportuns » pour lutter contre le terrorisme (§ 59). Ainsi la Cour juge-t-elle l'exclusion de tout contrôle judiciaire sur la prolongation, jusqu'à sept jours au total, de la durée de la garde à vue de terroristes présumés conforme à la Convention (art. 15), après l'avoir qualifié dans une affaire antérieure, hors recours à l'article 15, de contraire au principe de la prééminence du droit (*Brogan c/ Royaume-Uni*, 29 nov. 1988, A. 145-B ; voir nos obs., *RUDH*, 1993, 225).

Cependant, dans des affaires turques similaires, la Cour se montre plus rigoureuse et juge que l'absence de tout contrôle judiciaire pendant la durée de la garde à vue (de quinze à vingt-trois jours ici) n'est pas une mesure strictement indispensable pour faire face au danger public (*Aksoy*, *Demir*, préc., n° 151) et, surtout, dans l'affaire *A et a. c/ Royaume-Uni*, elle juge que la loi de 2001 (*supra*, n° 151) a constitué une réponse inadaptée en se situant sur le terrain du droit des étrangers, alors que le risque terroriste émanait aussi bien de nationaux que d'étrangers, et « exposé un groupe particulier de terroristes présumés au risque disproportionné et discriminatoire d'une détention à durée indéterminée » (§ 186).

* Le Conseil d'État, saisi en référé, a contrôlé la compatibilité des mesures d'assignation à résidence prises en application de l'état d'urgence déclaré en novembre 2015 avec certains droits garantis par la Convention : liberté de circulation (art. 2 Prot. 4 : *CE, ord, 11 décembre 2015, n° 395009)*, droit au respect de la vie privée et familiale (art. 8 : *CE, ord, 6 janv. 2016, n° 395622*).

### *C – L'objet des mesures dérogatoires*

**153** Une double limite. — En premier lieu, les mesures dérogatoires doivent être compatibles avec les autres obligations découlant du droit international : la Cour européenne a examiné d'office cette condition dans l'affaire Lawless pour considérer qu'elle était respectée. La présence d'une clause dérogatoire similaire dans les textes universels et régionaux est un facteur d'harmonisation des régimes dérogatoires : ainsi, l'État partie à la fois à la CEDH et au PIDCP ne pourra recourir à l'article 15 de la CEDH que sous réserve d'adopter des mesures également conformes à la clause dérogatoire du Pacte ; or celle-ci contient une liste de droits « indérogeables » plus large que l'article 15 (*supra*, n° 126). Si, à l'inverse de la Convention européenne, le PIDCP et la CADH stipulent de surcroît que les dérogations ne doivent entraîner aucune discrimination, cette disposition est superfétatoire, car tous les textes conventionnels prévoient que la jouissance et l'exercice des droits garantis doivent être assurés sans discrimination aucune, quel qu'en soit le motif (art. 14 CEDH). En second lieu, les mesures dérogatoires ne doivent pas porter atteinte aux droits intangibles, énoncés limitativement par chacun des textes conventionnels (à l'exception de la Charte africaine) : les organes de contrôle examinent alors si les mesures prises n'ont pas violé l'une ou l'autre des dispositions garantissant ces droits (*supra*, n° 126). Par exemple, la Cour européenne a pu constater l'existence d'actes de torture à l'occasion d'une garde à vue pratiquée au titre de l'état d'urgence en Turquie (*Aksoy*, préc.).

La Convention américaine des droits de l'homme s'avère ici plus protectrice que la CEDH ou le Pacte, puisqu'elle prévoit de surcroît que la faculté de déroger n'autorise pas « la suspension des garanties indispensables à la protection des droits » insusceptibles de dérogation (art. 27, § 2). La Cour interaméricaine, dans son avis consultatif 8/87 du 30 janvier 1987, a précisé que la clause dérogatoire « ne comporte pas la suspension temporaire de l'État de droit » et se borne à modifier, et non à supprimer, « quelques-unes des limites légales à l'action des pouvoirs publics » : elle n'autorise donc pas la suspension des garanties judiciaires « indispensables », telles que l'*habeas corpus* ou le recours d'*amparo* (*ILM*, 1988. 2, p. 512).

Le Comité des droits de l'homme a une position similaire à celle de la Cour interaméricaine, puisqu'il estime, dans son Observation générale 29 « États d'urgence » adoptée le 24 juillet 2001, qu'un certain nombre de droits garantis par le Pacte, bien que ne figurant pas dans la liste des droits « indérogeables » de l'article 4 du Pacte, ne peuvent cependant faire l'objet de dérogation, notamment le droit d'une personne privée de liberté d'être traitée avec le respect de la dignité inhérente à la personne humaine, le droit à un recours interne utile, les garanties judiciaires fondamentales… (*CCPR/C/21/Rev. 1/Ass. 11 ; infra*, n° 173).

La Cour européenne semble se rallier, à son tour, à ce mouvement lorsqu'elle juge que la garantie procédurale de l'article 1 du Protocole 7, selon laquelle un étranger ne peut être expulsé qu'en exécution d'une décision prise conformément à la loi, « ne souffre aucune exception » (*Bolat c/ Russie*, 5 oct. 2006, § 81, *JCP G*, 2007, I, 106, n° 16, chron. F. Sudre).

## Section III
## L'effectivité des droits garantis

**154** LE DYNAMISME INTERPRÉTATIF [1]. — 1° Droit jurisprudentiel, le droit de la Convention européenne des droits de l'homme est profondément marqué par les méthodes d'interprétation de la Convention utilisées par le juge européen. Le souci de conférer au système de sauvegarde et aux droits garantis une véritable effectivité est au fondement de la démarche du juge européen : « la Convention a pour but de protéger des droits non pas théoriques ou illusoires, mais concrets et effectifs » (*Airey c/ Irlande*, 9 oct. 1979, *GACEDH*, n° 2). Cette exigence d'effectivité, également présente dans la jurisprudence du Comité des droits de l'homme (PIDCP), conduit le juge européen dans la voie d'une interprétation « dynamique » de la Convention, afin de donner tout son effet utile aux dispositions normatives de la Convention. Prenant appui sur le Préambule de la Convention, qui se réfère non seulement à la « sauvegarde », mais aussi au « développement » des droits de l'homme (al. 3), la Cour européenne définit dès son arrêt *Wemhoff c/ Allemagne* du 27 juin 1968 une directive générale d'interprétation et énonce que « s'agissant d'un traité normatif, il y a lieu d'autre part de rechercher quelle est l'interprétation la plus propre à atteindre le but et à réaliser l'objet de ce traité et non celle qui donnerait l'étendue la plus limitée aux engagements des Parties » (A. 7, § 8). L'arrêt *Golder c/ Royaume-Uni*, du 21 février 1975 (*GACEDH*, n° 27), qui explicite la méthodologie interprétative de la Convention en se référant aux canons fixés par les articles 31 à 33 de la Convention de Vienne sur le droit des traités, confirme le choix de la Cour de privilégier une interprétation finaliste, ou téléologique, du texte.

Cette interprétation finaliste est aussi une interprétation évolutive. Selon la Cour, la Convention est « un instrument vivant à interpréter à la lumière des conditions de vie actuelles » (*Tyrer c/ Royaume-Uni*, 25 avr. 1978, § 31, A. 26). L'« affichage » de cette

1. Voir notre étude, À propos du dynamisme interprétatif de la Cour européenne des droits de l'homme, *JCP G*, 2001, I, 335.

méthode d'interprétation est désormais systématique, depuis l'arrêt *Staffordc/ Royaume-Uni* du 28 mai 2002, rendu en formation solennelle (*JCP G*, 2002, I, 157, n° 7, chron. F. Sudre). La Cour européenne affirme que, si elle ne doit pas s'écarter sans motif valable des précédents, le souci de garantir l'effectivité des droits est primordial dans l'interprétation de la Convention et qu'il convient de « maintenir une approche dynamique et évolutive » et, en conséquence, de réévaluer « "à la lumière des conditions d'aujourd'hui", quelles sont l'interprétation et l'application de la Convention qui s'imposent à l'heure actuelle » en telle ou telle matière (§ 68-69 ; *C. Goodwin c/ Royaume-Uni*, 11 juill. 2002, Gr. Ch., § 74-75, *GACEDH*, n° 49). La Cour réalise ainsi, de manière prétorienne, l'adaptation de la Convention au changement social (droits des enfants naturels, répression pénale de l'homosexualité, châtiments corporels, transsexualisme, notion de « famille », environnement, esclavage domestique...). Seul interprète autorisé de la Convention, le juge européen se ménage, par le biais de cette interprétation dynamique – dont il précise, toutefois, qu'elle ne saurait aller (en principe) jusqu'à créer un droit qui n'est pas inséré au départ dans le texte (tel le droit au divorce, *Johnston c/ Irlande*, 18 déc. 1986, *JDI*, 1987, 812, obs. P. Rolland) –, la possibilité d'ajuster constamment la Convention à l'évolution des mœurs et des mentalités, afin de la préserver de tout anachronisme, et de dénoncer les législations désuètes à ses yeux.

On ne peut manquer de relever que, ce faisant, le juge européen s'aventure sur le terrain de la politique législative. Les arrêts *L. et V. c/ Autriche* (9 janv. 2003) et *B. et L. c/ Royaume-Uni* (13 sept. 2005, *supra*, n° 154) en fournissent des exemples patents. La Cour européenne juge respectivement contraire à la Convention la législation pénale autrichienne, qui fixe un âge différent pour le consentement, d'une part, à des relations homosexuelles, et, d'autre part, à des relations hétérosexuelles et lesbiennes (art. 14 combiné avec art. 8) et la législation britannique qui interdit le mariage entre alliés en ligne directe (art. 12).

Par ailleurs, l'interprétation évolutive n'est pas cantonnée aux dispositions substantielles de la Convention mais joue aussi pour les dispositions procédurales – droit de recours individuel, mesures provisoires – (*Loizidou c/ Turquie*, 23 mars 1995, § 71, *GACEDH*, n° 1 ; *infra*, n°s 195 s.).

La méthode d'interprétation finaliste et évolutive retenue par la Cour européenne a manifestement influencé les autres organes internationaux de protection des droits de l'homme. Ainsi du CDH, qui, dans une formulation très « strasbourgeoise », affirme que PIDCP doit être interprété « comme un instrument vivant et que les droits qu'il protège devraient être appliqués dans le contexte et à la lumière de la situation d'aujourd'hui » (CDH, n° 829/1998, *Judge c/ Canada*, déc. 5 août 2003, *A/58/40*, vol. II, 64 ; *RGDIP*, 2003, 969, chron. P. Weckel), du CEDR, qui estime que la Convention pour l'élimination de la discrimination raciale, « instrument vivant, doit être interprétée et appliquée en tenant compte des circonstances de la société contemporaine » (CEDR, n° 26/2002, *Stephen Hagan c/ Australie*, op. 20 mars 2003, *A/58/18*, 142) ou du CEDS qui affirme que la Charte sociale européenne « est un instrument vivant » qui « doit être interprétée de manière à donner vie et sens aux droits sociaux fondamentaux » (récl. n° 14/2003, *FIDH c/ France*, déc. 8 sept. 2004, *RTDH*, 2005, n° 63, 673, chron. J.F. Akandji-Kombé ; récl. n° 47/2008, *DEI c/ Pays-Bas*, déc. 20 oct. 2009, *RTDH*, 2012-51, 565, chron. J.F. Akandji-Kombé).

2° Cette interprétation évolutive était, à l'origine, censée prendre appui sur l'évolution convergente des droits internes des États parties et être une interprétation « consensuelle » (*supra*, n° 154) : « La Convention s'interprète à la lumière des conceptions prévalant de nos jours dans les États démocratiques » (*Guzzardi c/ Italie*, 6 nov. 1980, A. 39, § 95). Or la pratique jurisprudentielle montre sans ambiguïté que l'interprétation évolutive est peu fréquemment « consensuelle » mais est, le plus souvent, une interprétation proprement constructive de la Convention.

Pour des exemples d'interprétation évolutive et consensuelle : *Brauer c/ Allemagne* (28 mai 2009, égalité de traitement entre les enfants nés du mariage et nés hors mariage), *Bayatyan c/ Arménie* (7 juill. 2011, Gr. Ch., droit à l'objection de conscience, *infra*, n° 530), *Konstantin Markin c/ Russie* (22 mars 2012, Gr. Ch., attribution d'un congé parental aux hommes ; *JCP G*, 2012, doctr. 924, n° 22, chron. F. Sudre).

Par contre, dans ses arrêts *Stafford* (préc.) et *C. Goodwin* (préc. ; *supra*, n° 154), la Cour européenne montre bien qu'elle anticipe sur le « consensus » en affirmant que son interprétation répond à la nécessité de « réagir au consensus *susceptible de se faire jour* quant aux normes à atteindre » (voir aussi, *X et a. c/ Autriche*, 19 févr. 2013, adoption « coparentale » pour les couples homosexuels ; *JCP G*, 2013, doctr. 855, chron F. Sudre).

De même, l'arrêt L. et V. c/ Autriche (préc.) fait état d'un énigmatique « consensus croissant » au sein des pays européens en faveur de la fixation d'un âge identique pour les relations hétérosexuelles, homosexuelles et lesbiennes (§ 50) et l'arrêt *Vallianatos c/ Grèce* se prévaut d'une « tendance » en faveur de la reconnaissance juridique des relations entre personnes de même sexe (7 nov. 2013, « pacte de vie commune » ; *JCP G*, 2013, act, 1281, F. Sudre).

**155** COMBINAISON DES SOURCES. — Il faut noter la tendance, de plus en plus fréquente, du juge européen à mobiliser au soutien de la motivation de ses décisions des sources externes à la Convention et à sa propre jurisprudence, même si cette dernière demeure, sans conteste, la source première.

La fréquence des références aux instruments du Conseil de l'Europe, qu'il s'agisse de textes conventionnels, de textes déclaratoires ou de rapports émanant d'organes divers [1], est notable. La Charte sociale européenne et les rapports du Comité européen des droits sociaux comme les rapports du Comité européen pour la prévention de la torture ont aujourd'hui une place privilégiée.

Par exemple : la Cour s'appuie sur l'interprétation du Comité européen des droits sociaux pour préciser l'étendue de la liberté syndicale des fonctionnaires (*Tüm Haber Sen et Cinar c/ Turquie*, 21 févr. 2006) ; dans son arrêt *Ramirez Sanchez c/ France* (4 juill. 2006, Gr. Ch.), elle se réfère avec insistance aux Règles pénitentiaires européennes (*Rec.* 2006 (2) du Comité des ministres du Conseil de l'Europe et aux rapports du CPT et mentionne les conclusions du Commissaire aux droits de l'homme.

Le juge européen utilise également la source communautaire dans sa diversité – droit communautaire originaire et dérivé et jurisprudence de la CJCE (*Pellegrin c/ France*, 8 déc. 1999 ; *Stec et al. c/ Royaume-Uni*, 12 avr. 2006, Gr. Ch), Charte communautaire des droits sociaux fondamentaux, Charte des droits fondamentaux de l'Union européenne (*Sorensen et Rasmussen c/ Danemark*, 11 janv. 2006 ; *Aristimuno Mendizabal c/ France*, 17 janv. 2006).

L'exploitation croissante des sources internationales est patente. Outre la permanence de la référence à la Convention de Vienne

1. Les arrêts *Hasan et Eylem Znegin c/ Turquie* (9 octobre 2007) et *Tanase et Chirtoaca c/ Moldavie* (18 nov. 2008) font ainsi appel, respectivement, aux recommandations de la commission européenne contre le racisme et l'intolérance et de la commission de Venise du Conseil de l'Europe

sur le droit des traités – notamment à ses dispositions relatives à l'interprétation des traités (*Golder c/ Royaume-Uni*, 21 févr. 1975, § 34, *GACEDH*, n° 27 ; *Stoll c/ Suisse*, 10 déc. 2007, § 59, *GACEDH*, n° 60) –, la Cour européenne mobilise, notamment, la jurisprudence de la CIJ ou du Tribunal pénal international pour l'ex-Yougoslavie afin de soutenir sa propre interprétation évolutive de la Convention ou de justifier un revirement de jurisprudence. Les arrêts *Oçalan c/ Turquie* (12 mai 2005, Gr. Ch. : peine de mort), *Mamatkulov et Askarov c/ Turquie* (4 févr. 2005, Gr. Ch. : mesures provisoires), *M. C. c/ Bulgarie* (4 déc. 2003 : viol), en fournissent une bonne illustration. Plus banalement, le juge européen n'hésite plus à appuyer sa décision sur la jurisprudence des organes juridictionnels (CIADH) ou non juridictionnels (CDH) de protection des droits de l'homme (*Reiner c/ Bulgarie*, 23 mai 2006 ; *Ergin c/ Turquie (n° 6)*, 4 mai 2006 ; *Margus c/ Croatie*, 27 mai 2014, Gr. Ch.), voire, même, sur les observations faites par le CDH dans le cadre de la procédure de contrôle sur rapports (*Riad et Idiab c/ Belgique*, 24 janv. 2008).

Une mention toute particulière doit, par ailleurs, être réservée à la Convention de La Haye du 25 octobre 1980 sur les aspects civils de l'enlèvement international des enfants (*Sylvester c/ Autriche*, 24 avril 2003) et à la Convention internationale relative aux droits de l'enfant du 20 novembre 1989 (*Wagner et J. M. W. L. c/ Luxembourg*, 28 juin 2007), que la Cour incorpore dans les sources du droit de la Convention (art. 8 ; *infra*, n° 516).

Enfin, le juge européen n'hésite pas, de temps à autre, à se référer, dans les motifs même de son arrêt, à des décisions de juridictions nationales non européennes [1].

Cette « globalisation » des sources, au service de la motivation de son arrêt, révèle la grande latitude de la Cour européenne des droits de l'homme dans son interprétation de la Convention.

L'arrêt de Grande Chambre, *Demir et Baykara c/ Turquie*, du 12 novembre 2008 (*JCP G*, 2009, I, 10018, note F. Sudre ; *GACEDH*, n° 64), où la Cour mobilise tant les conventions OIT que la CSE révisée au

1. *Evans c/ Royaume-Uni*, 10 avril 2007, Gr. Ch., vise un arrêt de la Cour suprême israélienne et la jurisprudence de tribunaux américains (§ 80 ; *supra*, n° 154) ; *Vinter et a. c/ Royaume-Uni*, 17 janv. 2012, vise un arrêt de la Cour suprême du Canada (§ 89).

service de la consécration, au titre de l'article 11, du droit de négociation collective, en fournit un bel exemple (contra, *National Union of rail, maritime and transport workers (RMT) c/ Royaume-Uni*, 8 avril 2014, *infra*, n° 570), tout comme *Stanev c/ Bulgarie*, 17 janv. 2012, Gr. Ch. (droit d'une personne incapable d'accéder à un tribunal ; *JCP G*, 2012, doctr 924, F. Sudre).

**156** PLAN. — Aux fins du « développement » des droits protégés, le dynamisme interprétatif du juge européen mobilise des techniques qui s'appuient « essentiellement sur le développement logique d'un concept, d'un droit ou d'un principe fondamental, qui est laissé à la discrétion du juge » [1]. L'élargissement de l'applicabilité du droit et l'extension du contenu du droit sont les deux voies principales empruntées pour assurer l'effectivité des droits garantis. La technique des « notions autonomes » et celle des « obligations positives » en fournissent, respectivement, la meilleure illustration.

## I | LES NOTIONS AUTONOMES

**157** LES PRINCIPES DE L'INTERPRÉTATION « AUTONOME ». — 1° La technique des « notions autonomes » s'analyse comme une méthode de formation d'un droit commun, qui vient pallier l'imprécision des termes conventionnels et l'absence d'homogénéité des droits nationaux et permettre une définition uniforme des engagements étatiques. Considérant que les normes européennes protectrices des droits de l'homme ne sauraient varier selon les qualifications juridiques propres aux droits nationaux, la Cour européenne recourt aux « notions autonomes » afin d'assurer l'indispensable uniformité d'interprétation de la Convention [2]. Le juge

1. P. Rolland, Le contrôle de l'opportunité par la Cour européenne des droits de l'homme, *in* D. Rousseau et F. Sudre (dir.), *Conseil constitutionnel et Cour européenne des droits de l'homme*, STH, 1990, p. 71.
2. Le juge communautaire emploie une démarche similaire lorsqu'il donne un « sens communautaire » à la notion de « juridiction » figurant à l'article 234 (ex-art. 177) CE, qui stipule que la CJCE peut être saisie à titre préjudiciel par « une juridiction d'un des États membres » : CJCE, 30 juillet 1966, *Veuve Vaassen Göbbels*, aff. 61/65, *Rec.* 377 ; CJCE, 29 novembre 2001, *De Coster c/ Collège des bourgmestres et échevins de Watermael-Boitsfort*, C-17/00, *JCP G*, 2002, n° 42, II, 10160, note J. Pertek.

européen a fait usage principalement de cette interprétation « autonome » à propos du droit à un procès équitable et des notions d'« accusations en matière pénale » (*Engel c/ Pays-Bas*, 8 juin 1976, *GACEDH*, n° 4) et de « droits et obligations de caractère civil » (*König c/ RFA*, 28 juin 1978, *GACEDH*, n° 4), mais aussi pour le droit de propriété (notion de « biens » : *Gasus Dosier und Fördertechnik GmbH c/ Pays-Bas*, 23 févr. 1995, A. 306-B, § 53), le droit à la liberté et à la sûreté (notion d'« arrestation » : *Van der Leer c/ Pays-Bas*, 21 févr. 1990, A. 170-A ; notion d'« aliéné » : *Glien c/ Allemagne*, 28 nov. 2013, *JCP G*, 2014, doctr. 78, chron. F. Sudre), la liberté d'association (notion d'« association » : *Chassagnou c/ France*, 29 avr. 1999, *GACEDH*, n° 69), le principe de la légalité des délits et des peines (notion de « peines » : *Jamil c/ France*, 8 juin 1995, A. 317-B, § 30), le droit au respect du domicile (notion de « domicile » : *Prokopovich c/ Russie*, 18 nov. 2004, § 36, *JCP G*, 2005, I, 103, chron. F. Sudre), le droit à des garanties procédurales en cas d'expulsion (notion d'« expulsion » : *Bolat c/ Russie*, 5 oct. 2006, *JCP G*, 2007, I, 106, chron. F. Sudre) ou le droit de recours individuel (notion de « victime » : *Micallef c/ Malte*, 15 oct. 2009, Gr. Ch. § 84-85, *RTDH*, 2011-86, 295, note F. Krenc),

Confrontée à des notions au caractère vague ou indéterminé, revêtant des significations différentes selon les législations nationales, la Cour va détacher ces notions de leur contexte juridique national et les doter d'un sens « européen ». Ainsi, dans l'affaire *Feldbrugge c/ Pays-Bas* (29 mai 1986, *GACEDH*, n° 22), la Cour n'hésite pas à qualifier de « civil » un droit à une prestation d'assurance-maladie malgré « l'absence d'un dénominateur commun qui permette de dégager en la matière une notion européenne uniforme » (§ 29). Il s'agit pour le juge européen, quitte à « s'aventurer sur le terrain de la politique législative » (op. séparée du juge Matscher sous *König*), de retenir la définition qui lui semble la plus compatible avec « l'objet et le but de la Convention », afin de donner tout leur effet utile aux notions en cause.

2° Les « notions autonomes » présentent deux caractéristiques majeures. D'une part, elles ne concernent pas les conditions d'exercice d'un droit mais commandent son applicabilité : ainsi, des notions de « droits et obligations de caractère civil » et d'« accusation en matière pénale » pour le droit à un procès équitable, de la notion de « peine » pour le principe de la légalité des délits et des peines, de la notion d'« association » pour la liberté de réunion et d'association, de la notion de « biens » pour le droit de propriété, de la notion de « domicile » pour le droit au respect du domicile ou de celle de « victime » pour le droit de recours individuel. D'autre part, la notion en cause fait l'objet d'une qualification différente du droit interne : par exemple, dans l'affaire *Engel* (préc.) les sanctions incriminées sont des sanctions disciplinaires en droit néerlandais et non des sanctions « pénales » ; dans l'affaire *Gasus Dosier* (préc.), le gouvernement se fonde sur la distinction entre « sûreté réelle » et « bien », propre au droit interne, pour dénier à la réserve de propriété en cause la qualité de « bien » au sens de l'article 1 du Protocole 1. L'interprétation « autonome » permet alors de surmonter l'opposition du droit interne afin d'assurer l'applicabilité du droit garanti et d'éviter ainsi une « fraude à la Convention » (voir Engel, § 81). Pour ce faire, le juge européen opte pour une généreuse acception « matérielle », et non formelle, des notions à déterminer, qui lui permet de dépasser le sens habituel que le concept en cause revêt en droit national et de conférer à ce concept une signification extensive. En témoigne la démarche de la Cour en formation solennelle qui, en matière de répression disciplinaire pénitentiaire, s'attache « par-delà les apparences et le vocabulaire employé (...) à cerner la réalité », pour qualifier de « pénale » une condamnation à des jours de détention supplémentaires (*Ezeh et Connors c/ Royaume-Uni*, 9 oct. 2003, Gr. Ch., *JCP G*, 2004, I, 107, n° 4, chron. F. Sudre).

Le CDH ne semble pas ignorer la technique des « notions autonomes », puisqu'il note « que pour interpréter et affirmer le Pacte, il doit partir du principe que les termes et les concepts de cet instrument sont indépendants de tout système juridique national et de toute définition du dictionnaire. Les termes du pacte découlent certes de longues traditions dans de nombreuses nations, mais le Comité doit à présent considérer qu'ils ont un sens autonome » (comm. n° 50/1979, Rapp. 1982, § 10. 2, p. 173). Dans une démarche similaire à celle de la Cour européenne, le CDH estime ainsi que la qualification d'« organisme de droit public » en droit interne ne doit pas avoir pour objet de « contourner les garanties » de l'article 22 du PIDCP (liberté d'association ; n° 1002/2001, déc. 1er avr. 2004, *Wallmann et consorts c/ Autriche*, *A/59/40*, vol. II, 2004, 195, § 9. 5).

**158** La portée de l'interprétation « autonome ». — La technique des « notions autonomes » emporte pour conséquence majeure d'étendre substantiellement le champ d'application des dispositions protectrices de la Convention et de provoquer une extension de l'ordre conventionnel. Les deux « concepts autonomes » de « matière pénale » et de « droits et obligations de caractère civil » en fournissent les exemples les plus éloquents [1]. Véritables « clés d'accès » aux garanties du procès équitable, ces deux notions autonomes (dont la signification sera précisée *infra*, n^os^ 360 et 370) ont favorisé la soumission aux exigences de l'article 6 de contentieux inédits. A ainsi été reconnu par le juge européen le caractère « pénal » des sanctions disciplinaires militaires ou pénitentiaires, des sanctions des infractions aux droits de la concurrence, des sanctions administratives ou encore de certaines sanctions fiscales. Sont « tombés » dans le champ d'attraction de l'article 6, au titre de la matière civile, le contentieux disciplinaire devant les juridictions ordinales, le contentieux des prestations sociales ainsi que des contentieux classiquement de droit public (actions en réparation de dommages du fait de l'Administration, décisions administratives touchant l'exercice du droit de propriété…), et, même, le contentieux préjudiciel de la constitutionnalité des lois. On ne peut aujourd'hui que constater l'emprise croissante de l'article 6 sur les procédures internes – l'exemple français de la « judiciarisation » des procédures devant les autorités administratives indépendantes (COB, Conseil de la concurrence, Conseil des marchés financiers…) est à cet égard topique – (*infra*, n° 373).

Visant à réduire les zones d'inapplicabilité de la norme conventionnelle, l'interprétation « autonome » renforce l'effectivité du droit garanti.

## II | Les obligations positives

### *A – Théorie des obligations positives*

#### *1. Notion d'« obligation positive »*

**159** « Droits de… » et « Droits à… ». — Forgée par les organes de contrôle de la CEDH, la notion d'« obligation positive » invite à dépasser le clivage artificiel, systématisé par les

1. Sur la notion de « biens », *infra*, n° 582, et *GACEDH*, n° 66.

Pactes de 1966, opéré au sein des droits individuels entre les droits civils et politiques et les droits économiques, sociaux et culturels. Outre que la distinction entre les droits civils et politiques et les droits économiques, sociaux et culturels, entre « les droits de... » supposant une abstention de l'État et « les droits à... » réclamant des prestations de l'État, procède d'une terminologie abusivement simplificatrice (nombre de libertés individuelles traditionnelles sont énoncées comme des « droits à » dans les conventions internationales pertinentes : droit à la liberté et à la sûreté, droit à un procès équitable, droit à la liberté d'expression...), il convient de remarquer qu'il n'y a pas d'opposition tranchée entre les deux catégories de droits. Les libertés individuelles ne sont pas irréductibles à l'environnement social : tous les droits sont vécus dans et par la société et sont des droits de l'homme en société (la liberté de communication des informations et des idées est un exemple topique). Les droits économiques, sociaux et culturels ne sont pas moins nécessaires que les droits civils et politiques, ils en sont complémentaires : l'absence des premiers compromet l'exercice réel des seconds[1]. Par ailleurs, la distinction « droits de » / « droits à », abstention/prestations, est démentie par la pratique des droits de l'homme. D'une part, certains droits sont de nature « mixte » et participent à la fois des droits économiques, sociaux et culturels et des droits « classiques », au titre desquels ils vont être garantis : il en est ainsi de la liberté syndicale, essentielle pour protéger les intérêts économiques et sociaux mais aussi variété du droit de réunion et d'association (elle est d'ailleurs proclamée à la fois par le PIDCP, art. 22, § 1, et par le PIDESC, art. 8, par la CEDH, art. 11, et par la Charte sociale européenne, art. 5) ou du droit à l'éducation, à la fois droit culturel et modalité de la liberté de pensée, de conscience et de religion. D'autre part, les prestations positives ne sont pas absentes des droits civils et politiques les plus classiques et en permettent l'exercice : le

1. L'audacieuse décision *Grootboom*, du 4 octobre 2000, de la Cour constitutionnelle d'Afrique du Sud mérite d'être signalée. Reconnaissant que les droits sociaux font partie du catalogue des droits fondamentaux et que l'interdépendance entre les droits oblige les pouvoirs publics à prendre en considération les droits économiques et sociaux lorsque leur non-réalisation menace d'autres droits, comme la dignité humaine ou l'égalité, la Cour consacre le droit à un logement décent pour les populations les plus démunies et l'obligation pour la puissance publique d'agir dans les situations les plus graves par la fourniture de moyens d'urgence (tentes, sanitaires décents, accès à l'eau, pour des personnes expulsées d'un bidonville) (www.conourt.gov.za/2000/grootboom.sthml ; *RFDC*, 2001, n° 46, p. 403, chron. X. Philippe).

droit à un procès équitable ou le droit à l'instruction, par exemple, supposent de telles prestations des pouvoirs publics. Le droit positif porte la marque heureuse de cette complémentarité entre les « droits de » et les « droits à ».

**160** FONDEMENT. — 1° Mettant l'accent sur l'*effectivité* des droits proclamés, la Cour européenne, dans une audacieuse décision du 9 octobre 1979, *Airey c/ Irlande* (*GACEDH*, n° 2), affirme que si la CEDH « énonce pour l'essentiel des droits civils et politiques, nombre d'entre eux ont des prolongements d'ordre économique et social », car « nulle cloison étanche » ne sépare la sphère des droits économiques et sociaux du domaine de la Convention : il s'agit de « protéger des droits non pas théoriques ou illusoires, mais concrets et effectifs » (§ 26) [1]. Le juge européen entend ainsi fournir à l'individu les conditions matérielles à l'exercice effectif de ses droits, en l'espèce le droit d'accès aux tribunaux. La réalisation des droits qu'énonce la Convention est donc susceptible de réclamer des « mesures positives » de la part de l'État, « qui ne saurait se borner à demeurer passif » (§ 25). L'« obligation positive » qui pèse sur l'État est alors celle d'« adopter des mesures raisonnables et adéquates pour protéger les droits » que l'individu tient de la Convention (*Lopez Ostra c/ Espagne*, 9 déc. 1994, § 51, *GACEDH*, n° 3).

2° Parce qu'elle est nécessaire à l'effectivité du droit, l'obligation positive est, selon le juge européen, « inhérente » au droit garanti, c'est-à-dire consubstantielle à ce dernier. Soit que l'obligation positive soit inhérente à un droit spécifique, et il en va ainsi, particulièrement, du droit au respect de la vie privée et familiale (art. 8). Selon la Cour, si l'article 8 « a » essentiellement « pour objet de prémunir l'individu contre des ingérences arbitraires des pouvoirs publics (...) il ne se contente pourtant pas d'astreindre l'État à s'abstenir de pareilles ingérences : à cet engagement plutôt négatif peuvent s'ajouter des obligations positives inhérentes à un "respect" effectif de la

1. Il n'est pas sans intérêt de relever que le Comité européen des droits sociaux reprend cette même affirmation à propos de la Charte sociale européenne (déc. 9 sept. 1999, *Commission internationale de juristes c/ Portugal*, préc. n° 96) et qu'il précise que celle-ci est « un instrument des droits de l'homme destiné à compléter la CEDH » (déc. 8 sept. 2004, *FIDH c/ France*, *supra*, n° 154).

vie familiale » (*Marckx c/ Belgique*, 13 juin 1979, § 31, *GACEDH*, n° 51). Soit que, plus largement, le juge européen découvre dans l'article 1° de la Convention une obligation positive inhérente à l'engagement général qu'ont les États de reconnaître « à toute personne relevant de leur juridiction les droits et libertés » consacrés par la Convention. L'arrêt de Grande Chambre, *Ilascu et al. c/ Moldavie et Russie* (8 juill. 2004, *GACEDH*, n° 70) systématise cette construction jurisprudentielle (Com., Rapp., 8 oct. 1991, *Costello-Roberts c/ Royaume-Uni*, n° 13134/87, § 37), et, liant intimement « obligations positives » et « juridiction » de l'État, au sens de l'article 1 de la Convention (*infra*, n° 206), vient définir de manière extensive l'obligation positive inhérente à l'article 1. L'article 1 fonde désormais une obligation positive générale pesant sur l'État partie d'adopter des mesures adéquates pour protéger tout droit garanti par la Convention à toute personne placée sous sa juridiction formelle, quand bien même cette personne échapperait à son autorité réelle (en l'espèce, la responsabilité de la Moldavie est engagée pour faits de torture et détention arbitraire subis par des ressortissants moldaves aux mains d'un mouvement sécessioniste).

Le CDH procède à une interprétation similaire de l'article 2 du PICP et estime que l'article 2 fait peser sur les États parties une obligation juridique générale qui est « à la fois négative et positive » ; plus précisément, « les États parties doivent prendre des mesures d'ordre législatif, judiciaire, administratif, éducatif et autres appropriées pour s'acquitter de leurs obligations juridiques » (Obs. gén. n° 31 (80) sur l'article 2 du Pacte, 29 mars 2004, *A/59/40*, vol. I, 191, § 2).

Par ailleurs, élargissant son action, le juge européen estime que la prise en compte du « juste équilibre à ménager entre l'intérêt général et les intérêts de l'individu » est décisive pour « déterminer s'il existe une obligation positive » (*C. Goodwin c/ Royaume-Uni*, 11 juill. 2002, § 72, *GACEDH*, n° 45).

La Cour se reconnaît donc la possibilité de faire jouer la théorie des obligations positives pour tout droit et confère à celle-ci un champ d'application général.

* Le juge interne français fait usage de la notion d'obligations positives. Soit qu'il s'y réfère expressément : voir Cass. crim., 29 avr. 2004, n° 03-83783, précisant que les « obligations positives inhérentes à un respect effectif du droit à la vie ou

bien du droit à la vie privée ou familiale au sens des articles 2 et 8 de la Convention européenne des droits de l'homme, ne peuvent avoir d'autre objet que d'obliger les États membres à prévoir les dispositions législatives *ad hoc...* ». Soit, implicitement : par ex., CE, 17 déc. 2008, *Section française de l'OIP*, n° 305594 (*infra* n° 303) ; CE, ord., 22 déc. 2012, *Section française de l'OIP*, n° 364584 (*infra* n° 325). Soi qu'il utilise une technique remplissant une fonction similaire : ainsi, le grief d'incompétence négative permet au Conseil constitutionnel de sanctionner l'obligation du législateur d'assurer l'effectivité des droits et libertés constitutionnels (par ex, déc n° 2011-113/115 QPC, 1 avr. 2011, *infra* n° 381 ; déc. n° 2014-393 QPC, 25 avr. 2014, *infra* n° 325) ; voir, V. Goesel-Le Bihan, *Contentieux constitutionnel*, Elipses, 2e éd, 2016, n° 152-7.

### 2. *Portée des obligations positives*

**161** REDÉFINITION DES OBLIGATIONS DES ÉTATS. — Bouleversant l'économie de la Convention, les « obligations positives » emportent une redéfinition des obligations des États parties. La responsabilité de l'État peut être engagée non seulement du fait de son ingérence « active » dans tel ou tel droit, mais aussi, par le jeu de la théorie des « obligations positives », du fait de son ingérence « passive », en raison de la non-adoption des mesures positives que l'application concrète du droit réclamait, qu'il s'agisse de mesures d'ordre matériel – par exemple, l'absence de soins médicaux fournis à un détenu (art. 3 : *Ilhan c/ Turquie*, 27 juin 2000, *JCP G*, 2001, I, 291, n° 11, chron. F. Sudre) – ou d'ordre normatif – ainsi, l'absence d'une législation protectrice du statut juridique de l'enfant né hors mariage (art. 8 : *Marckx c/ Belgique*, 13 juin 1979, *GACEDH*, n° 51). Cette ingérence passive recouvre deux modalités, selon que l'abstention de l'État entraîne en soi une atteinte au droit garanti ou qu'elle permet aux tiers de s'immiscer dans le droit garanti (c'est alors la question de l'« effet horizontal » de la Convention, qui fait l'objet de développements spécifiques, *infra*, n° 164).

Par le biais des « obligations positives », c'est donc l'inertie des pouvoirs publics – quelle que soit l'autorité en cause (législative, gouvernementale, administrative, juridictionnelle) – qui est susceptible d'être sanctionnée et, plus précisément, celle du législateur. En conséquence, même si l'État a théoriquement le « choix des moyens à utiliser » pour assurer l'exécution d'un arrêt le condamnant

(*Marckx,* préc., § 58), un constat de manquement trouvant sa source dans un déficit législatif (absence de législation, défaillance de la législation existante) ne lui laissera que la seule possibilité de mettre sa législation en conformité avec la Convention afin de s'acquitter de l'obligation qu'il tient de l'article 46 de la Convention (*infra*, n° 244 et s.).

Au bout du compte, la Convention impose à l'État partie une triple obligation : obligation de respecter (de ne pas porter atteinte au droit), obligation de mettre en œuvre (prendre les mesures législatives, réglementaires, autres, afin d'assurer la jouissance concrète du droit), obligation de protéger (prendre des mesures afin que des tiers ne portent pas atteinte au droit) [1].

**162** GÉNÉRALISATION DES OBLIGATIONS POSITIVES. — Bien qu'elle se refuse à élaborer une théorie générale des obligations positives de nature à découler de la Convention, la Cour européenne fait un usage quasi systématique de la technique des obligations positives. Celles-ci sont tant des obligations substantielles que procédurales et elles se déploient aujourd'hui sur un très large éventail de droits.

1° La jurisprudence européenne témoigne d'une très large diffusion des *obligations positives substantielles*, qui impliquent l'adoption de mesures propres à permettre la réalisation effective du droit garanti, dans le champ de la Convention [2].

Le droit à l'instruction (*Affaire linguistique belge,* 23 juill. 1968, § 3, *GACEDH*, n° 9), le droit au respect de la vie privée et familiale (*Marckx*, préc.), le droit à un procès équitable (*Guincho c/ Portugal*, 10 juill. 1984, A. 81, § 38, *JDI*, 1986, 1062, obs. P. Tavernier), le droit à des élections libres (*Mathieu-Mohin et Clerfayt c/ Belgique,* 2 mars 1987, A. 113, § 50), le droit à la liberté de réunion (*Plattform « Arzte für das Leben » c/ Autriche*, 21 juin 1988, A. 139, § 50, *JDI*, 1989, 824, obs. P. Tavernier), le droit à la liberté syndicale (*Gustafsson c/ Suède*, 25 avr. 1996, *D.* 1997, jur., 362, note J.-P. Marguénaud), le droit à la vie (*L. C. B c/ Royaume-*

1. Nous reprenons là la typologie établie par le Comité des droits économiques, sociaux et culturels dans ses observations générales sur le PIDESC (par ex., Obs. gén. n° 16 (2005), Le droit égal de l'homme et de la femme au bénéfice de tous les droits économiques, sociaux et culturels, E/2006/22).
2. Le contenu de ces obligations positives sera précisé à l'occasion de l'étude de chacun des droits garantis dans la 3° partie de l'ouvrage.

*Uni*, 9 juin 1998, § 36, *JCP G*, 1999, I, 105, n° 7, chron. F. Sudre), le droit à ne pas subir de torture ou de traitements inhumains et dégradants (*Ilhan*, 27 juin 2000, préc.), le droit à la liberté d'expression (*Fuentes Bobo c/ Espagne*, 29 février 2000, *D*, 2001, jur., p. 574, note J. Mouly et J.-P. Marguénaud), le droit de propriété (*Oneryildiz c/ Turquie*, 30 nov. 2004, Gr. Ch., *GACEDH*, n° 66), le droit à la liberté et à la sûreté (*Storck c/ Allemagne*, 16 juin 2005, *GACEDH*, n° 18), l'interdiction de l'esclavage et du travail forcé (*Siliadin c/ France*, 26 juill. 2005, *GACEDH*, n° 17), la liberté de pensée, de conscience et de religion (*97 membres de la Congrégation des témoins de Jéhovah de Gldani et al. c/ Géorgie*, 3 mai 2007), le droit à la réputation (*Petrina c/ Roumanie*, 14 oct. 2008), attestent d'un mouvement de généralisation des obligations positives. C'est, sans nul doute, le contenu du droit au respect de la vie privée et familiale qui a le plus bénéficié de cet enrichissement.

* Sur le fondement de l'article 2 de la CEDH, le Conseil d'État met à la charge des autorités pénitentiaires l'obligation positive « de prendre les mesures propres à protéger (la) vie » des détenus, notamment en mettant à la disposition des détenus des quartiers ordinaires des matelas ininflammables (CE, 17 déc. 2008, n° 305594, *Section française de l'Observatoire international des prisons*).

2° De surcroît, le juge européen a « découvert » des *obligations positives procédurales* au sein de droits matériels – droit à la vie, interdiction de la torture, liberté d'expression, etc. –, réalisant un dédoublement de l'obligation positive qui pèse sur l'État : obligation active substantielle et obligation procédurale de procéder à une enquête officielle, approfondie et effective en vue de l'identification et de la punition des responsables en cas de recours à la force par les agents de l'État ayant entraîné mort d'hommes (art. 2 : *McCann c/ Royaume-Uni*, 27 sept. 1995, § 161, *GACEDH*, n° 11), d'allégation défendable de traitements contraires à l'article 3 commis par des agents de l'État (art. 3 : *Assenov c/ Bulgarie*, 28 oct. 1998, § 102, *JCP G*, 1999, I, 105, n° 12, chron. F. Sudre), ou encore lorsque des actes de violence répétés ou prévisibles ont été commis à l'encontre d'un journal (art. 10 : *Ozgür Gundem c/ Turquie*, 16 mars 2000, § 42-43, *JCP G*, 2001, I, 291, n° 38, chron. F. Sudre) ou d'un parti politique (art. 11 : *Ouranio Toxo et al. c/ Grèce*, 20 oct. 2005).

Le juge européen semble bien considérer que tous les droits substantiels énoncés par la Convention renferment une obligation positive implicite de mettre en place et de rendre effectives des procédures permettant à la personne concernée de revendiquer au niveau national le droit en cause et de contester les mesures y portant atteinte : ainsi, en matière d'autorité parentale et d'assistance éducative (art. 8, *infra*, n° 517), en matière environnementale (art. 8, *infra*, n° 494), en matière de droit de propriété (art. 1, Prot. 1, *infra*, n° 588 ss.). Cette « procéduralisation » atteint aussi le droit à la non-discrimination, que soit en cause une discrimination raciale (*Natchova et al. c/ Bulgarie*, 6 juill. 2005, Gr. Ch., *JCP G*, 2006, I, 109, n° 12, chron. F. Sudre) ou une discrimination d'une autre nature (*Danilenkov c/ Russie*, 30 juill. 2009, *JCP G*, 2010, doctr. 70, obs. F. Sudre : liberté syndicale).

Ce mouvement de « procéduralisation » des droits substantiels ne doit pas cependant s'opérer au détriment du contrôle au fond, auquel se substituerait un simple contrôle procédural (par ex., *Koch c/ Allemagne*, 19 juill. 2012 : assistance au suicide ; *RTD civ.* 2012, 700, chron. J.-P. Marguénaud).

3° Cette conception exigeante du respect des droits de l'homme est partagée par d'autres organes internationaux de contrôle. Le Comité des droits de l'homme des Nations Unies estime ainsi, dans son observation générale sur l'article 6 du PIDCP (droit à la vie), que cette disposition exige que l'État adopte « des mesures positives » (texte, *in* Nations Unies, *Manuel*, cité *infra*, n° 492, p. 69, § 5). Selon le Comité, l'État doit prendre « des mesures spécifiques et efficaces pour empêcher les disparitions de personnes » (n° 181/1984, *A. et H. Sanjaun Arevalo c/ Colombie*, déc. 3 nov. 1989, *A/45/40*, vol. II, p. 36, § 10) et a le devoir de mener des enquêtes approfondies en cas de disparitions forcées et d'atteintes au droit à la vie (n° 612/1995, *J. Vicente, A. Chapparo et autres c/ Colombie*, déc. 29 juill. 1997, *RUDH*, 1997, 196). Le CDH procède également à un encadrement procédural de l'article 27 du PIDP, en considérant que l'État doit prendre des mesures positives pour garantir la participation effective des membres de la communauté minoritaire au processus décisionnel débouchant sur des mesures affectant l'exercice de leurs activités économiques traditionnelles (n° 511/1992, *Ilmari Länsman c/ Finlande*, déc. 26 oct. 1994, *A/50/40*, vol. II, p. 69 ; *supra*, n° 65).

Dans le même sens, la Cour interaméricaine des droits de l'homme, dans une affaire de « disparition », affirme « la nécessité d'une action gouvernementale assurant dans les faits une garantie efficace du libre et plein exercice des droits de l'homme » (arrêt *Velasquez Rodriguez c/ Honduras*, 29 juill. 1988, Série C, n° 7, § 167, obs. G. Cohen-Jonathan, *RGDIP*, 1990, p. 455) ; cette obligation de « garantie » qui pèse sur l'État implique, comme le note la Cour, une obligation de « diligence » afin de prévenir « raisonnablement » toute violation des droits de l'homme (§ 172 et s.). Dans son arrêt *Bamaca Velasquez*, du 25 novembre 2000, la Cour se fait plus exigeante et définit l'obligation positive qui pèse sur l'État comme celle de « prendre toutes les mesures nécessaires pour lever les obstacles qui empêchent tout individu de jouir des droits reconnus par la Convention » (série C n° 70, § 194).

De même, le Comité européen des droits sociaux considère que pour l'application de la Charte sociale européenne, « l'obligation incombant aux États parties est de prendre non seulement des initiatives juridiques mais aussi des initiatives concrètes propres à permettre le plein exercice des droits reconnus par la Charte » (récl. 13/2002, *Autisme-Europe c/ France*, déc. 4 nov. 2003, § 53 : violation des articles 15, § 1 et 17, § 1 de la CSE révisée du fait de l'insuffisance des mesures prises par la France pour garantir aux enfants autistes le droit à l'éducation ; *supra*, n° 160).

**163** LIMITES DU RECOURS AUX OBLIGATIONS POSITIVES. — Ces limites sont à la discrétion du juge européen, comme en témoigne l'usage par ce dernier de l'interprétation « consensuelle » (*supra*, n° 147).

Ou encore l'opposabilité à l'État partie, pour des faits très antérieurs à la jurisprudence de principe de la Cour consacrant l'effet horizontal de la Convention, d'une obligation positive issue de l'article 3 de protection des enfants contre des abus sexuels en milieu scolaire (*O'Keeffe c/ Irlande*, 28 janv. 2014, Gr. Ch., *JCP G* 2014, act. 174, C.Picheral ; *infra*, n° 314).

1° L'absence de principes communs aux droits internes justifie en principe, fort commodément, le refus d'ériger une obligation positive.

Ainsi, sur le terrain de l'article 8, de l'obligation d'adopter des mesures autorisant le divorce et le remariage (*Johnston c/ Irlande*, 18 déc. 1986, § 57, *JDI*, 1987, 812, obs. P. Rolland), d'accorder des droits parentaux aux transsexuels (*X, Y, Z c/ Royaume-Uni*, 22 avr. 1997 ; *D*, 1997, 582, note S. Grataloup), d'autoriser un changement de nom patronymique (*Stjerna c/ Finlande*, 25 nov. 1994, A. 299-B, *JCP G*, 1995, I, 3823, n° 31, chron. F. Sudre), de divulguer le secret de la naissance (*Odièvre c/ France*, 13 févr. 2003, *JCP G*, 2003, II, 10049, note A. Gouttenoire et F. Sudre) ou de reconnaître aux homosexuels le droit de se marier (*Schalk et Kopf c/ Autriche*, 24 juin 2010, *RTD civ.*, 2010, 738, obs. J.-P. Marguénaud). Aussi, à propos de l'article 6, de l'obligation d'aménager les délais de prescription afin de permettre aux enfants victimes de sévices sexuels d'engager une action civile (*Stubbings c/ Royaume-Uni*, 22 oct. 1996, *JCP G*, 1997, I, 4000, n° 22, chron. F. Sudre) et, pour le droit à des élections libres (art. 3 Prot. 1) de l'obligation d'instaurer un système permettant l'exercice du droit de vote à l'étranger pour les citoyens expatriés (*Sitaropoulos et al. c/ Grèce*, 15 mars 2012, Gr. Ch.).

2° Néanmoins, la Cour peut aussi considérer comme peu significatif l'absence de consensus européen et mettre à jour une obligation positive à la charge de l'État, telle celle de procéder à la reconnaissance juridique de la nouvelle identité sexuelle d'un transsexuel, au motif qu'il y a une « tendance internationale » (ce qui est pour le moins vague) en ce sens (*C. Goodwin c/ Royaume-Uni*, 11 juill. 2002, § 85, *GACEDH*, n° 49). Par contre, il est exceptionnel que la Cour dégage une obligation positive en procédant à une interprétation véritablement consensuelle *et* évolutive.

L'arrêt *M. C. c/ Bulgarie* (4 déc. 2003, *RDP*, 2004, 803, obs. H. Surrel) fournit un tel exemple, n'hésitant pas à mêler les articles 3 et 8 de la Convention pour découvrir une nouvelle obligation positive « inhérente » à ces deux dispositions, la Cour, se fondant à la fois sur la législation de plusieurs États membres, la jurisprudence du Tribunal pénal international pour l'ex-Yougoslavie [1] et l'évolution de la société, juge, « eu égard aux normes et tendances contemporaines », que les États membres ont l'obligation positive « d'établir et d'appliquer de manière effective un système de droit pénal réprimant toutes les formes de viol et d'abus sexuels » (§ 185).

3° On notera aussi la réticence du juge européen à pénétrer pleinement sur le terrain des droits sociaux (*infra*, n° 482), refusant de considérer, dans une affaire de grande pauvreté, que l'article 8 oblige l'État à « intervenir positivement pour rétablir les conditions de vie familiale dégradées » (Comm., déc., 9 mai 1990, *Van Volsem c/ Belgique*, *RUDH*, 1990, 349, note F. Sudre) [2].

1. TPIY, 22 févr. 2001, *Kunarac, Kovac et Vukovic*, *AFDI*, 2001, 241, chron. H. Ascensio et R. Maison.
2. Comparer avec la décision *Grootboom*, du 4 octobre 2000, de la Cour constitutionnelle d'Afrique du Sud (*supra*, n° 149).

### B – « Effet horizontal » de la Convention

164 NOTION. — Quoiqu'intimement liée à la théorie des obligations positives, la question dite de l'« effet horizontal » de la CEDH (ou de toute autre convention internationale de protection des droits de l'homme) en est cependant distincte. L'« effet horizontal » consiste dans l'application de la Convention dans les relations privées et s'analyse comme « une extension de l'opposabilité des droits de l'homme aux rapports interindividuels » (J.-P. Marguénaud (dir.), *CEDH et droit privé*, La Documentation française, 2001, 77), conduisant inéluctablement le juge – et en premier lieu le juge européen – à connaître, en sus du conflit classique qui oppose l'individu à l'État, du conflit entre deux droits ou intérêts individuels. Inspirée de la théorie allemande de la *Drittwirkung* (« effets vis-à-vis des tiers »), selon laquelle les droits fondamentaux définis dans les textes constitutionnels doivent être respectés aussi bien par les pouvoirs publics que par les particuliers vis-à-vis d'autres particuliers, cette construction prétorienne vise à assurer l'effectivité des droits protégés, y compris contre les agissements des tiers. Alors que la CEDH ne semble régir que les rapports entre État et particuliers (la Cour européenne n'est compétente *ratione personae* que pour connaître de recours individuels dirigés contre un État contractant ; art. 34), la Cour européenne – à la suite de la Commission [1] – a admis l'applicabilité de la Convention aux rapports interindividuels dans sa décision *Young, James et Webster* du 13 août 1981 (*CDE*, 1982, 226, chron. G. Cohen-Jonathan, *JDI*, 1982, 220, obs. P. Rolland). Lorsque l'atteinte au droit protégé n'est pas directement imputable à l'État mais est le fait d'un tiers – personne privée –, l'« effet horizontal » de la Convention permet la mise en jeu de la responsabilité de l'État si la législation de ce dernier rend possible la violation d'un droit garanti par cette personne privée. Le fondement de la responsabilité de l'État se situe dans l'article 1 de la Convention, qui stipule que chaque État contractant reconnaît « à toute per-

1. Rapp. 14 décembre 1979, *Young, James et Webster c/ Royaume-Uni*, § 168 : « Il est bien établi désormais que la Convention contient des articles qui non seulement protègent l'individu contre l'État, mais obligent l'État à protéger des droits de l'homme même contre les agissements d'autrui. »

sonne relevant de (sa) juridiction les droits et libertés définis (dans) la présente Convention ».

La responsabilité de l'État au regard de la Convention peut donc être mise en jeu non en raison du fait lui-même du particulier mais de la défaillance de son droit interne : *l'effet horizontal peut être dit « indirect »*. Ainsi compris, l'effet horizontal de la Convention recouvre, au vu de la pratique jurisprudentielle, deux cas de figure.

* Devant le juge interne, la question de l'applicabilité de la Convention aux relations entre personnes privées se pose dans des termes très différents et se confond, comme on l'a relevé précédemment (*supra*, n° 123), avec la question de l'applicabilité directe en droit interne de la Convention. On peut alors parler *d'effet horizontal « direct »*.

**165** INACTION DE L'ÉTAT. — L'hypothèse la plus fréquente est celle où les violations privées sont imputables à l'État du fait de son inaction. La responsabilité de l'État se situe ici sur le terrain des obligations positives : les organes de l'État ont fait preuve de manque de diligence et n'ont pas pris les mesures adéquates pour prévenir, ou pour limiter, les atteintes individuelles au droit garanti. L'arrêt *X et Y contre Pays-Bas*, du 26 mars 1985, relatif à l'impossibilité d'intenter des actions pénales à l'égard de l'auteur de violences sexuelles sur une mineure mentalement handicapée, ouvre la voie à une telle solution ; selon la Cour, les obligations positives inhérentes au droit au respect de la vie privée et familiale (art. 8) « peuvent impliquer l'adoption de mesures visant au respect de la vie privée jusque dans les relations des individus entre eux » (A. 91, § 23, *JDI*, 1986, 1086, obs. P. Rolland).

Par la suite, la jurisprudence européenne a largement diffusé, sur le fondement des obligations positives, l'effet horizontal de la Convention au bénéfice des autres droits garantis.

Se sont ainsi vus dotés d'un tel effet horizontal le droit de manifester (*Plattform « Arzte für das Leben » c/ Autriche*, 21 juin 1988, A. 139, § 32, *JDI*, 1989, 824, obs. P. Tavernier : manifestation licite perturbée par des contre-manifestants), le droit à l'instruction (*Costello-Roberts c/ Royaume-Uni*, 25 mars 1993, A. 247-C, *JCP G*, 1994, I, 3742, n° 2, chron. F. Sudre : punition corporelle infligée par le directeur d'une école privée), le droit au respect de la vie privée et familiale et du domicile (*Lopez-Ostra c/ Espagne*, 9 déc. 1994, *GACEDH*, n° 3 : pollution causée par une entreprise privée), la liberté syndicale (*Gustafsson c/ Suède*, 25 avr. 1996, préc. n° 163 : pressions d'un syndicat pour contraindre un commerçant à signer une convention collective), le droit à la vie (Com., déc., 28 févr. 1983, *W c/ Royaume-Uni, D. et R.*, 32, p. 190 ; *Osman c/ Royaume-Uni*, 28 oct. 1998, *JCP G*, 1999, I, 105, n° 8, chron. F. Sudre : menaces d'un individu sur la vie des membres d'une famille), l'interdiction de la torture et des traitements inhumains et dégradants (*A c/ Royaume-Uni*, 23 sept. 1998 : châtiments corporels infligés à un enfant par son beau-père, chron. préc. n° 11), le droit à la liberté d'expression (*Fuentes Bobo c/ Espagne*, 29 févr. 2000, *D*, 2001, jur., 574, note J. Mouly et J.-P. Marguénaud : licenciement d'une journaliste par son employeur), le droit de propriété (*Sovtransavto Holding c/ Ukraine*, 25 juill. 2002, § 96, *JCP G*, 2003, I, 109, n° 24, chron. F. Sudre : agissements des dirigeants d'une société ayant entraîné la dévalorisation des actions de la requérante), le droit à la liberté et à la sûreté (*Storck c/ Allemagne*, 16 juin 2005, *supra*, n° 163 : internement d'une jeune fille à la demande de son père), la liberté d'association (*Ouranio Toxo et al. c/ Grèce*, 20 oct. 2005 : saccage des locaux d'un parti politique), l'interdiction de l'esclavage et du travail forcé (*Siliadin c/ France*, 26 juill. 2005, préc. n° 166 : esclavage domestique), le droit à la réputation (*Petrina c/ Roumanie*, 14 oct. 2008, *JCP G*, 2009, I, 104, obs. F. Sudre : articles de presse diffamatoires) ou encore la liberté de religion (*Siebenhaar c/ Allemagne*, 3 févr. 2011, *D* 2011, 1637, note J.-P. Marguénaud et J. Mouly : licenciement d'une salariée par son employeur).

La volonté d'assurer l'effectivité des droits garantis en leur conférant un effet horizontal peut toutefois conduire la Cour dans la voie d'une interprétation constructive mais... rétroactive (*O'Keeffe c/Irlande*, 28 janv. 2014, Gr. Ch., *JCP G* 2014, act. 17, C.Picheral).

C'est en effet à la lumière d'une jurisprudence très postérieure aux faits en cause (*A c/ Royaume-Uni*, 23 sept. 1998, préc. ; *Z et a. c. Royaume-Uni*, 10 mai 2001, Gr. Ch.), que la Cour juge que l'Irlande a violé l'article 3 pour ne pas avoir mis en place à l'époque des faits – 1973 – un cadre juridique adéquat qui aurait protégé les élèves d'établissement d'enseignement primaire, financés par l'État et placés sous administration et patronage religieux, contre des sévices sexuels perpétrés par un enseignant.

Cette doctrine de l'« effet horizontal » a été reprise par le CDH, qui, par exemple, juge que le droit à la liberté et à la sécurité (art. 9 du PIDCP) impose à l'État de prendre les mesures de protection adéquates pour assurer la sécurité d'un individu victime de menaces de mort (n° 195/1985, *Delgado c/ Colombie*, déc. 12 juill. 1990, § 5. 5, *RUDH*, 1990, p. 448). Dans sa décision n° 468/1991 du

20 octobre 1993, le Comité précise qu'« une interprétation de l'article 9 du Pacte qui autoriserait les États parties à ignorer les menaces qui pèsent sur la sécurité de personnes non détenues relevant de leur juridiction priverait les garanties prévues par le Pacte de toute efficacité » (*Angel N. Olo Bahamonde c/ Guinée équatoriale*, *A/49/40*, vol. II, p. 194, § 9. 2 ; n° 859/1999, *Jimenez Vaca c/ Colombie*, déc. 25 mars 2002, A/57/40, vol. II, 175). De même, le CDH considère que l'État a l'obligation de protéger les droits des membres des minorités contre les agissements des particuliers (obs. gén. Sur l'art. 27 du Pacte, préc. n° 65, § 6. 1). Plus largement, le CDH considère que l'article 2 du Pacte fait peser sur l'État partie l'obligation positive de prendre les mesures appropriées pour prévenir ou punir des atteintes individuelles aux droits garantis (Obs. gén. n° 31 (80) sur l'art. 2 du Pacte, § 8, préc. n° 160).

De même, la Cour interaméricaine affirme nettement que lorsque l'atteinte au droit protégé n'est pas directement imputable à l'État mais est le fait d'un particulier, la responsabilité internationale de l'État peut néanmoins être engagée, « non en raison du fait lui-même mais en raison du manque de diligence » de l'État (*Velasquez Rodriguez c/ Honduras*, 29 juill. 1988, préc., § 172).

Relevons aussi que la CIJ, dans son arrêt du 19 décembre 2005 *Activités armées sur le territoire du Congo (RDC c/ Ouganda),* retient la responsabilité de l'Ouganda pour violation du PIDCP (ainsi que des Conventions de Genève) en raison du « défaut de la vigilance requise pour prévenir les violations des droits de l'homme et du droit international humanitaire » par des particuliers ou autres catégories de tiers (§ 179 ; *RGDIP*, 2006-1, 173, chron. P. Weckel).

**166** CAUTION DE L'ÉTAT. — La deuxième hypothèse est celle où les violations privées sont imputables à l'État pour avoir fourni au particulier les moyens de porter atteinte au droit garanti d'une autre personne. Le recours à la théorie des obligations positives n'est plus ici utile, puisque la violation privée résulte, si ce n'est d'une action proprement dite de l'État, du fait que le droit interne a légitimé ou favorisé la violation en cause. Ainsi, dans l'affaire *Young, James et Webster* (préc.), où était en cause le licenciement de trois cheminots n'appartenant pas à l'un des syndicats avec lesquels leur employeur avait conclu un accord de *closed shop* (monopole syndical d'emploi), la Cour, sans se référer à la notion d'obligations positives, retient la violation de l'article 11 de la Convention au motif que « le droit en vigueur à l'époque… a rendu licite le traitement dont se plaignent les intéressés » (§ 49).

Reprise dans une affaire similaire de liberté syndicale « négative » (*Sigurjonsson c/ Islande*, 30 juin 1993, A. 264, *JCP G*, 1994, I, 3742, n° 34, chron. F. Sudre), cette démarche a également été appliquée en matière de liberté d'information (*VGT Verein Gegen Tierfabriken c/ Suisse*, 28 juin 2001 : refus de la société privée responsable de la publicité télévisée en Suisse de diffuser un spot publicitaire de l'association requérante), de droit à l'image (*Sciacca c/ Italie*, 11 janv. 2005 : publication dans la presse, grâce à la collaboration des autorités, de la photographie d'une personne poursuivie), de droit de propriété (*J. A. Pye (Oxford) LTD c/ Royaume-Uni*, 30 août 2007, Gr. Ch : perte du droit de propriété par le jeu de la prescription acquisitive), et, avec une audace certaine, à propos d'une discrimination en matière successorale trouvant sa source dans une disposition testamentaire, validée par le juge national (*Pla et Puncernau c/ Andorre*, 13 juill. 2004, *RTD civ.*, 2004, 804, obs. J.-P. Marguénaud).

La frontière avec les obligations positives reste cependant très incertaine, puisque dans l'affaire *Odièvre* la Cour européenne choisit, sans s'en expliquer, de se placer sur le terrain des obligations positives, alors même que c'est le droit interne qui, organisant le système de l'accouchement anonyme, fournit à la mère biologique les moyens de porter atteinte au droit de l'enfant de connaître ses origines (*Odièvre c/ France*, 13 févr. 2003, *supra*, n° 162).

**167** Conséquences. — 1° La diffusion de l'effet horizontal « indirect » de la Convention favorise l'apparition des *conflits de droits* devant le juge européen, que ce soit au titre de l'une ou l'autre des deux hypothèses envisagées. On en donnera quelques exemples. Pour la première hypothèse : droit de manifester de l'un c/ droit de contre-manifester de l'autre (*Plattform « Arzte für das Leben »*), droit à la vie familiale des parents c/ droit des enfants à la protection de leur intégrité physique (*Z et a. c/ Royaume-Uni*, 10 mai 2004), droit de l'enfant de connaître ses origines c/ droit de la mère de conserver l'anonymat (*Odièvre*), droit à la liberté d'expression de l'un c/ droit à l'image de l'autre (*Von Hannover c/ Allemagne*, 24 juin 2004, *GACEDH*, n° 43), droit pour la femme de devenir mère c/ droit de l'homme de ne pas devenir père (*Evans c/ Royaume-Uni*, 10 avr. 2007, Gr. Ch.). Pour la seconde : liberté de l'un de transmettre ses biens c/ droit de l'autre à la non-discrimination en matière successorale (*Pla et Puncernau*), droit de propriété de l'un c/ droit de propriété de l'autre (*J.A. Pye (Oxford) LTD*), droit à la liberté d'information de l'un c/ droit à la liberté d'information de l'autre (*VGT*).

Afin de résoudre le conflit de droits, il nous semble que la tendance actuelle du juge européen, dans le but d'échapper au dilemme de devoir trancher entre deux intérêts privés difficilement conciliables, est non de pratiquer (ou rarement), comme il l'annonce (*Chassagnou c/ France* 29 avr. 1999, § 113), une « mise en balance des intérêts » individuels au cas par cas mais, par le jeu des obligations positives, de privilégier une mise en balance de l'intérêt individuel et de la norme générale, choisissant de situer le « juste équilibre » dans le cadre d'une évaluation globale des normes (*categorical balancing*). Ainsi, dans les affaires *Odièvre* et *Evans* (préc.), la Cour a égard à « l'intérêt général » d'une législation protégeant la santé de la mère et de l'enfant lors de la grossesse et de l'accouchement et visant à éviter les avortements clandestins ou établissant un cadre juridique en matière de fécondation *in vitro*.

De surcroît, le recours aux obligations positives procédurales tend à être la méthode privilégiée de résolution des conflits de droit. La Cour déserte alors le fond et ne procède pas à une mise en balance des intérêts pour se cantonner au simple contrôle des exigences procédurales et vérifier la qualité du processus décisionnel mis en œuvre (*Tysiac c/ Pologne*, 20 mars 2007, *RDSS* 2007, 643, note D. Roman : droit de la femme d'avorter/droit de l'enfant à naître ; *Moretti et Benedetti c/ Italie*, 27 avr. 2010 : droit d'une famille d'adopter/droit de la famille adoptive).

2° Quoi qu'il en soit, même si la Cour refuse d'« élaborer une théorie générale concernant la mesure dans laquelle les garanties de la Convention doivent être étendues aux relations entre les personnes privées » (*VGT*, préc., § 46), il est clair que la responsabilité de l'État peut être mise en jeu, sur le fondement principal des obligations positives, dès lors que le droit interne rend possible l'atteinte à un droit conventionnel par des particuliers. Même si la Cour européenne fait preuve de réalisme en considérant que l'étendue de l'obligation positive mise à la charge de l'État dépend, inévitablement, des circonstances de l'affaire et de la nécessité d'interpréter cette obligation de manière à ne pas imposer aux autorités nationales un fardeau insupportable ou excessif (*Osman c/ Royaume-Uni*, préc.), cette construction doctrinale a pour effet d'étendre sensiblement les obligations de l'État au regard de la Convention : la violation d'un droit protégé par la Convention peut résulter d'une ingérence de l'État, d'une abstention de l'État constitutive d'une méconnaissance des droits garantis et d'une abstention de l'État permettant aux tiers de s'immiscer dans le droit garanti.

## *Pour aller plus loin*

168 Sur l'applicabilité directe. — C. Sciotti-Lam, *L'applicabilité des traités internationaux relatifs aux droits de l'homme en droit interne*, Bruylant, 2005 ; D. Szymczak, Droits de l'homme et droit national, in Maya Hertig Randall et M, Hotellier (dir.), *Introduction aux droits de l'homme*, Schulthess, 2014, p. 124. Pour la CEDH, consulter : Ganshof van der Meersch, La CEDH a-t-elle, dans le cadre du droit interne, une valeur d'ordre public ?, in *Les droits de l'homme en droit interne et en droit international*, 2e coll. sur la CEDH, Vienne, 1965, Presses Universitaires de Bruxelles, 1968, p. 155 à 251 ; H. Golsong, L'effet direct ainsi que le rang en droit interne des normes de la CEDH et des décisions prises par les organes institués par celle-ci, in *Les recours des individus devant les instances nationales en cas de violation du droit européen des Communautés européennes et de la CEDH*, Bruxelles, Lancier, 1978, p. 64 et s. ; J.F. Flauss, La condition spécifique des traités relatifs aux droits de l'homme dans les constitutions contemporaines, *Mélanges Pierre Pactet*, Dalloz, 2003, 163.

Pour la France, voir R. Abraham, L'applicabilité de la CEDH en droit interne, *in* Le juge administratif français et la CEDH, *RUDH*, 1991, p. 275 ; G. Cohen-Jonathan, La place de la CEDH dans l'ordre juridique français, *in* F. Sudre (dir.), *Droit français et CEDH*, Engel, 1994, p. 1 ; L. Dubouis, La portée des instruments internationaux de protection des droits de l'homme dans l'ordre juridique français, *in* E. Smith (éd.), *Les droits de l'homme dans le droit national en France et en Norvège*, Economica, 1990, p. 131.

Sur le *Human Rights Act 1998*, voir A. Duffy, *La protection des droits et libertés au Royaume-Uni. Recherche sur le Human Rights Act, 1998 et les mutations du droit constitutionnel britannique face aux exigences de la CEDH*, th. dact., Aix-Marseille III, déc. 2006, 662 p. ; V. Barbé, Le débat sur l'effet horizontal des droits de l'homme au Royaume-Uni depuis l'entrée en vigueur du Human rights Act, 1998, *RDP*, 2007-2, 495.

169 Sur l'application de la CEDH par le juge français. — On se reportera à F. Sudre (dir.) et alii, *Les grands arrêts de la Cour européenne des droits de l'homme*, Puf, « Thémis », 7e éd., 2015. Consulter F. Sudre (dir.), *Le droit français et la CEDH, 1974-1992*, Engel, 1994. Sur les affaires françaises devant la Cour EDH, voir P. Tavernier (dir), La France et la Cour européenne des droits de l'homme, Bruylant, collection du CREDHO (no 5, 2003, et s.). *Infra*, no 462.

1o Pour le juge judiciaire, voir en priorité A. Debet, *L'influence de la Convention européenne des droits de l'homme sur le droit civil*, Nouvelle bibliothèque de thèses, Dalloz, 2002, et J.-P. Marguénaud (dir.), *CEDH et droit privé. L'influence de la jurisprudence de la Cour européenne des droits de l'homme sur le droit privé français*, Mission de recherche « Droit et justice », La Documentation française, 2001. Se reporter aussi à : J.-P. Marguénaud, Le juge judiciaire et l'interprétation européenne, *in* F. Sudre (dir.), *L'interprétation de la CEDH*, Bruylant-Némésis, « Droit et justice » no 21, 1998, p. 231 et La CEDH et le droit français : approches par le droit privé, *Mélanges J.C. Gautron*, Pedone, 2004, 155 ; G. Canivet, La Cour de cassation et la CEDH, C. Teitgen-Colly (éd.), *Cinquantième anniversaire de la CEDH*, Bruylant-Némésis, « Droit et justice », no 33, 2002, 257 ; F. Marchadier, *Les objectifs généraux du droit international privé à l'épreuve de la Convention européenne des droits de l'homme*, Bruylant, 2007.

2° Pour le juge administratif, voir d'abord S. Braconnier, *Jurisprudence de la Cour européenne des droits de l'homme et droit administratif français*, Bruylant, 1997, et colloque IDEDH, Le juge administratif français et la CEDH, *RUDH*, 1991, p. 258. Consulter aussi : Conseil d'État, *Le droit européen des droits de l'homme*, La Documentation française, « Droits et débats », n° 1, 2011 ; J.F. Flauss, Les incidences du droit européen sur les théories du droit administratif français, *LPA*, 1989, n° 143, p. 21 ; J.-P. Costa, L'application par le Conseil d'État français de la CEDH, *RTDH*, 1997, 395 ; B. Pacteau, Le juge administratif et l'interprétation européenne, *in* F. Sudre (dir.), *L'interprétation de la CEDH*, Bruylant-Némésis, « Droit et justice », n° 21, 1998, p. 251 ; B. Genevois, Le Conseil d'État et la Convention européenne des droits de l'homme, *Gaz. Pal.*, 10-12 juin 2007, p. 13 ; F. Sudre, Du « dialogue des juges » à l'euro-compatibilité, *Mélanges Bruno Genevois*, Dalloz, 2009, 1015, et Défense des droits et libertés et dialogue des juges de l'urgence, *Mélanges Jean-Louis Autin*, Université Montpellier I, 2012, 1293 ; P. Wachsmann, Le dialogue au lieu de la guerre, *Mélanges Bruno Genevois*, Dalloz, 2009, 1121 ; B. Genevois, Cour européenne des droits de l'homme et juge national : dialogue et dernier mot, *Mélanges Jean-Paul Costa*, Dalloz, 2011, 281 ; M. Guyomar, Le dialogue des jurisprudences entre le Conseil d'État et la Cour de Strasbourg : appropriation, anticipation, émancipation, *ibid.*, 311.

3° Pour le juge constitutionnel, voir d'abord, D. Szymczak, *La CEDH et le juge constitutionnel national*, Bruylant, 2007 ; C. de Aranjo, *Justice constitutionnelle et justices européennes des droits de l'homme. Étude comparée : France, Allemagne*, Bruylant, 2009. Aussi (par ordre chronologique) : D. Rousseau et F. Sudre (dir.), Conseil constitutionnel et Cour européenne des droits de l'homme, STH, 1990 ; E. Saillant, Conseil constitutionnel, Cour européenne des droits de l'homme et protection des droits et libertés : sur la prétendue rivalité de systèmes complémentaires, *RDP*, 2004, 1497 ; D. Szymczak, CEDH et cours constitutionnelles nationales : « fortune et infortunes du pluralisme juridictionnel », *ADE*, vol. VI, 2008, 1141 ; O. Dutheillet de Lamothe, Conseil constitutionnel et Cour européenne des droits de l'homme : un dialogue sans paroles, *Mélanges Bruno Genevois*, Dalloz, 2009, 403 ; *Les nouveaux Cahiers du Conseil constitutionnel*, Le Conseil constitutionnel et la CEDH, 2011 n° 32 p. 7 à 96 ; R. Tinière (dir.), Question prioritaire de constitutionnalité et droit européen des droits de l'homme, Entre équivalence et complémentarité, *RFDA*, 2012-4, 621 ; D. Szymczak, L'européanisation des griefs d'inconstitutionnalité : les droits-garantie dans la jurisprudence QPC du Conseil constitutionnel, *Les Nouveaux Cahiers du Conseil Constitutionnel*, 2013, n° 39, 259. ; P. Wachsmann, QPC et Convention européenne des droits de l'homme, *Mélanges Jean-François Flauss*, Pedone, 2014, 797. Consulter la chronique de H. Surrel, Conseil constitutionnel et jurisprudence de la CEDH, *Les Nouveaux Cahiers du Conseil Constitutionnel*, depuis 2013, n° 40. Se reporter à V. Goesel-Le Bihan, *Contentieux constitutionnel*, Ellipses, 2e éd., 2016.

4° Sur le contrôle de conventionnalité, on se reportera pour des études récentes à : J. Andriantsimbazovina, L'enrichissement mutuel de la protection des droits fondamentaux au niveau européen et au niveau national, Vers un contrôle de « fondamentalité » ?, *RFDA*, 2002, p. 124 ; D. de Béchillon, Conflits de sentences entre les juges de la loi, *Pouvoirs*, 2001, n° 96, p. 107, et Cinq cours suprêmes ? Apologie (mesurée) du désordre, *Pouvoirs*, 2011, n° 137, p. 33 ; F. Lichère, L. Potvin-Solis, A. Raynouard (dir.), *Le dialogue entre les juges européens et nationaux : incantation ou réalité ?*, Bruylant-Némésis, « Droit et justice », n° 53, 2003 ; F. Sudre, À propos du « dialogue des juges » et du contrôle de la conventionnalité, *Mélanges J.C. Gautron*, Pedone, 2004, 207 ; O. Gabarda, *Essai sur le principe de conventionnalité internationale en droit public français*, PUAM, 2005.

**170** SUR LA HIÉRARCHIE DES DROITS. — La question n'est guère abordée en doctrine. Voir M. Afroukh, *La hiérarchie des droits et libertés dans la jurisprudence de la Cour EDH*, Bruylant, 2012. Aussi, T. Méron, On a hierarchy of International Human Rights, *AJIL*, 1986, vol. 80, p. 1 à 23, qui considère que les droits intangibles (*peremptory*) relèvent du *jus cogens* ; P. Meyer-Bisch (éd.), *Le noyau intangible des droits de l'homme*, Éd. Universitaires, Fribourg, 1991 ; F. Sudre, Droits intangibles et/ou droits fondamentaux : y a-t-il des droits prééminents dans la CEDH ?, *Mélanges M.-A. Eissen*, Bruylant, 1995, p. 381, et L'ordre public européen, *in* M.-J. Redor (dir.), *L'ordre public : Ordre public ou ordres publics. Ordre public et droits fondamentaux*, Bruylant, « Droit et justice », n° 29, 2001, p. 109 ; E. Bribosia et L. Hennebel (dir.), *Classer les droits de l'homme*, Bruylant, « Penser le droit », 2004 ; P. Tavernier, L'indivisibilité des droits de l'homme, *AIDH*, 2009, p. 143 ; P. Ducoulombier, Conflit et hiérarchie dans la jurisprudence de la Cour EDH, *in* L, Potvin-Solis, *La conciliation des droits et libertés dans les ordres juridiques européens*, Bruylant, 2012, p. 319.

**171** SUR LES RESTRICTIONS. — 1° *Sur la clause d'ordre public* dans la CEDH, voir V. Coussirat-Coustère, art. 8, § 2, in *La CEDH*..., p. 323 (*supra*, n° 124). Pour une étude de la notion de « société démocratique », voir en priorité, Fl. Jacquemot, *Le standard européen de société démocratique*, Faculté de droit de Montpellier, collection Thèses, t. 4, 2006. Aussi, P. Wachsmann, La prééminence du droit dans la jurisprudence de la Cour européenne des droits de l'homme, *Mélanges J. Schwob*, Bruylant, 1997, 241 ; V. Fabre-Alibert, La notion de « société démocratique » dans la jurisprudence de la Cour européenne des droits de l'homme, *RTDH*, 1998, 465 ; F. Sudre, L'ordre public européen, *in* M.-J. Redor (dir), *L'ordre public : Ordre public ou ordres publics. Ordre public et droits fondamentaux*, Bruylant, « Droit et justice », n° 29, 2001, p. 109 ; J. Andriantsimbazovina, L'État et la société démocratique dans la jurisprudence de la Cour européenne des droits de l'homme, *Mélanges G. Cohen-Jonathan*, Bruylant, 2004, p. 57 ; M. Levinet, La CEDH, socle de la protection des droits de l'homme dans le droit constitutionnel européen, *RFDC*, 86, 2011, 227. Sur la notion de « loi », P. Wachsmann, De la qualité de la loi à la qualité du système juridique, *Mélanges G. Cohen-Jonathan*, préc., p. 1687. Aussi, Conseil constitutionnel, Les critères de la limitation des droits de l'homme dans la pratique de la justice constitutionnelle, Rapport de la France, XIIIe Conférence des Cours constitutionnelles européennes (Nicosie, Chypre), 2005, *RUDH*, 2005, vol. 17, 186.

2° *Sur l'abus de droit*, G. Cohen-Jonathan, Abus de droit et libertés fondamentales, *Mélanges Louis Dubouis*, Dalloz, 2002, p. 517 ; M. Levinet, Le pluralisme confronté à la clause d'interdiction de l'abus de droit de l'article 17 de la CEDH, in M. Levinet (dir.), *Pluralisme et juges européen des droits de l'homme*, Droit et justice n° 91, 2010, Bruylant-Némésis, p.125 ; J. Andriantsimbazovina, L'abus de droit dans la jurisprudence de la Cour EDH, *D* 2015, 1854

3°*Sur le contrôle de la Cour* en général, voir en priorité : P. Rolland, Le contrôle de l'opportunité par la Cour européenne.des droits de l'homme, *in* D. Rousseau et F. Sudre (dir.), *Conseil constitutionnel et Cour européenne des droits de l'homme*, STH, 1990, p. 47 ; F. Ost, Originalité des méthodes d'interprétation de la Cour européenne des droits de l'homme, *in* M. Delmas-Marty (dir.), préc., p. 405.

**172** SUR LA THÉORIE DE LA MARGE NATIONALE D'APPRÉCIATION. — Consulter : J. Callewaert, Quel avenir pour la marge d'appréciation ?, *Mélanges R. Ryssdal, Protection des droits de l'homme : la perspective européenne*, Carl Heymanns Verlag KG, 2000, p. 147 ; M. De Salvia, Contrôle européen et principe de subsidiarité : faut-il encore (et toujours) émarger à la marge d'appréciation ?, *Mélanges R. Ryssdal*, préc. p. 373 ;

P. Lambert, Marge nationale d'interprétation et contrôle de proportionnalité, *in* F. Sudre (dir.), *L'interprétation de la CEDH*, Bruylant, « Droit et justice », n° 21, 1998, p. 63 ; E. Kastanas, *Unité et diversité : notions autonomes et marge d'appréciation des États dans la jurisprudence de la Cour européenne des droits de l'homme*, Bruylant, 1996 ; C. Rozakis, Through the looking glass : an « insider »'s view of the margin of appreciation, *Mélanges Jean-Paul Costa*, Dalloz, 2011, 527.

Sur le principe de proportionnalité, se référer à S. Van Drooghenbroeck, *La proportionnalité dans le droit de la Convention européenne des droits de l'homme, Prendre l'idée simple au sérieux*, Bruylant, Publications des Facultés universitaires Saint-Louis, Bruxelles, 2001 ; P. Muzny, *La technique de proportionnalité et le juge de la Convention européenne des droits de l'homme, Essai sur un instrument nécessaire dans une société démocratique*, PUAM, 2005 ; D. Szymczak, Le principe de proportionnalité comme technique de conciliation des droits et libertés en droit européen, *in* L, Potvin-Solis, *La conciliation des droits et libertés dans les ordres juridiques européens*, Bruylant, 2012, p. 445.

Sur l'interprétation « consensuelle », voir V. Claude, *L'interprétation consensuelle de la Convention européenne des droits de l'homme*, IDEDH, 1998, 178 p. ; F. Sudre, À propos du dynamisme interprétatif de la Cour européenne des droits de l'homme, *JCP G*, 2001, I, 335. H. Surrel, Pluralisme et recours au consensus dans la jurisprudence de la Cour EDH, in M. Levinet (dir), *Pluralisme et juges européens des droits de l'homme*, Bruylant-Némésis, « Droit et justice », n° 91, 2010, p. 61 ; G. Gonzalez, Le jeu de l'interprétation consensuelle, in F. Sudre (dir,), *Le principe de subsidiarité au sens du droit de la CEDH*, Némésis-Anthémis, « Droit et justice » n° 108, 2014, p, 117 ; B. Pastre-Belda, Et si la Cour EDH renonçait à l'interprétation consensuelle ?, *RTDH* 2015-101, 89.

Sur le principe de subsidiarité, J. Andriantsimbazovina, La subsidiarité devant la CJCE et la Cour EDH, *RAE*, 1998 n° 1 et 2, p. 28 ; B. Pastre-Belda, La Cour EDH entre promotion de la subsidiarité et protection effective des droits, *RTDH*, 2013-94, p. 251 ; F. Sudre, La subsidiarité, « nouvelle frontière » de la Cour EDH, *JCP G*, 2013, doctr. 1086 ; F. Sudre (dir), *Le principe de subsidiarité, au sens du droit de la Convention européenne des droits de l'homme*, Némésis-Anthémis, « Droit et justice », n° 108, 2014.

**173** SUR LES DÉROGATIONS. — Consulter en priorité R. Ergec, Les droits de l'homme à l'épreuve des circonstances exceptionnelles. Étude sur l'article 15 de la CEDH, Bruylant, 1987. Compléter par G. Gonzalez, Dérogation en cas d'urgence à la CEDH, *ADE*, vol. VII, 2009 (2012), p. 613 ; P. Tavernier, Persistance de la Raison d'État dans le système de la CEDH, *Annuaire international des droits de l'homme*, 2008, III, p. 639 ; O. De Schutter, La CEDH à l'épreuve de la lutte contre le terrorisme, *RUDH*, 2001, 185.

Le DIDH et le droit international humanitaire des conflits armés (*supra*, n° 13) se complètent en cas de conflit armé. Si l'État partie à un traité international de protection des droits de l'homme a usé de sa faculté de dérogation, la protection du DIDH, sous réserve des droits qui ne peuvent faire l'objet de dérogation (voir P. Lambert, La protection des droits intangibles dans des situations de conflit armé, *RTDH*, 2000, p. 241), est suppléée par celle du droit humanitaire en cas de conflits armés internationaux et non internationaux (dans ce dernier cas joue l'article 3 commun aux Conventions de Genève de 1949, dont les conditions d'application ont été précisées dans un sens restrictif par l'article 1 du Protocole II du 10 juin 1977), comme le confirme l'Observation générale 29 « États d'urgence » du CDH (24 juill. 2001, préc. n° 153) ; dans le cas contraire, la protection offerte par le DIDH ne cesse pas, comme l'a rappelé la CIJ dans son avis du 9 juillet 2004 sur les Conséquences juridiques de l'édification d'un mur dans le territoire palestinien occupé (préc. n° 13).

Cependant, dans le cadre d'un conflit armé international, la Cour européenne, hors de tout recours à l'article 15, érige une exception à l'article 5 § 1 en jugeant que les motifs de privation de liberté autorisés doivent « s'accorder avec la capture de prisonniers de guerre et la détention de civils représentant un risque pour la sécurité sur la base des troisième et quatrième Conventions de Genève » (*Hassan c/Royaume-Uni,* 16 sept. 2014, Gr. Ch., § 104 ; *RTDH* 2015-102, 481, note P. Frumer).

**174** LA JURISPRUDENCE EUROPÉENNE EN MATIÈRE DE DÉROGATIONS. — À propos de l'affaire de Chypre (déc., 2 juin 1956, Grèce c/ Royaume-Uni, *Ann.*, II, p. 183), précisons que le Royaume-Uni a étendu en 1953 l'application de la Convention aux 43 territoires dont elle assurait les relations internationales, notamment Chypre ; la Grèce a allégué que les autorités de Chypre avaient pris, au titre de lois d'urgence, des mesures contraires à la Convention (req. 176/56 et 299/57, *Ann.*, II, p. 182 à 187) ; le Comité des ministres, au vu du règlement général du problème de Chypre, devait clore l'affaire par ses Résolutions (59) 12 et (59) 32 (Conseil de l'Europe, *Rec. des Rés. du Comité des ministres adoptées en application des articles 32 et 54 de la CEDH*, 1959-1983, Strasbourg, 1984, p. 13 et 14). L'affaire De Becker c/ Belgique posait le problème de déchéances infligées en 1946, dans le domaine de la liberté d'expression, pour faits de collaboration avec l'occupant et renouvelée postérieurement à l'entrée en vigueur de la Convention à l'égard de la Belgique (14 juin 1955) (arrêt de la Cour du 27 mars 1962, A. 4, obs. R. Pelloux, *AFDI*, 1962, p. 330 à 346). On consultera particulièrement les commentaires suivants. Sur l'affaire Lawless, R. Pelloux, *AFDI*, 1961, p. 251 ; A. Robertson, *BYBIL*, 1961, p. 536. Sur l'affaire grecque, P. Martens, *RBDI*, 1971, p. 118 ; A.-C. Kiss et P. Vegleris, *AFDI*, 1971, p. 889 ; se reporter aux décisions de la Commission sur la recevabilité des req. 3321/67 et s. introduites par le Danemark, la Norvège, la Suède et les Pays-Bas en septembre 1967 (*Rec.*, *Déc.* 25, p. 92) et de la req. 4448/70 introduite par les trois États scandinaves en avril 1970 (*Rec.*, *Déc.* 26, p. 80), et aux Résolutions (70) 1, qui décide qu'il y a eu violation de la Convention, et (74) 2, qui constate les changements fondamentaux intervenus en Grèce et clôt la procédure (Conseil de l'Europe, *Rec. des Rés.*, préc., p. 36 et 51). Sur l'affaire Irlande c/ Royaume-Uni, R. Pelloux, *AFDI*, 1978, p. 379 ; P.-M. Martin, *RGDIP*, 1979, p. 104 ; P. Rolland, *JDI*, 1980, p. 449. À l'issue de l'arrêt Brogan le condamnant (29 nov. 1988, A. 145-B, obs. P. Rolland, *JDI*, 1989, p. 843), le Royaume-Uni, dans le but évident de ne pas appliquer cet arrêt, a notifié au Conseil de l'Europe le 23 décembre 1988 qu'il usait de l'article 15. La Commission est parvenue à un règlement amiable (Rapport du 7 décembre 1985, Commission européenne des droits de l'homme, *Bilan de la CEDH*, supplément 1985, p. 28) dans l'affaire turque (req. 9940/82 et s., France, Norvège, Danemark, Suède et Pays-Bas c/ Turquie, relatives à la situation ayant régné en Turquie depuis la prise du pouvoir par l'armée, le 12 septembre 1980 ; déc., 6 déc. 1983, *D.* et *R.*, 35, 143) : il est constaté que le champ d'application géographique de la loi sur l'état de siège a été progressivement réduit ; conformément à l'article 15, § 3 de la CEDH, la Turquie informera le 25 mai 1987 le secrétaire général du Conseil de l'Europe de la levée de l'état de siège dans la totalité du pays à compter du 19 juillet 1987.

**175** SUR L'INTERPRÉTATION DE LA CEDH. —*Supra* n° 171, 172. Sur les méthodes d'interprétation de la Cour, consulter les thèses de : K. Grabarczyk, *Les principes généraux dans la jurisprudence de la Cour européenne des droits de l'homme*, PUAM, 2008 ; M. Boumghar, *Une approche de la notion de principe dans le système de la CEDH*, Pedone, 2010 ; B. Delzangles, *Activisme et autolimitation de la Cour EDH,* LGDJ, 2009 ; A. Schahmaneche, *La motivation des décisions de la Cour EDH*, Pedone, 2014. Se reporter en priorité à : F. Sudre, À propos du dynamisme interprétatif de la Cour européenne des droits de l'homme, *JCP G*, 2001, I, 335 ; F. Sudre (dir.), *L'interprétation de la CEDH*, Bruylant, « Droit et justice », n° 21, 1998 ; P. Wachsmann, Les méthodes d'interprétation des conventions internationales relatives à la protection des droits de l'homme, *in* SFDI, *La protection des droits de l'homme et l'évolution du droit international*, Pedone, 1998, 157 ; P. Rolland, Le contrôle de l'opportunité par la Cour EDH, *in* D. Rousseau et F. Sudre (dir.), Conseil constitutionnel et Cour européenne des droits de l'homme, STH, 1990, et L'interprétation de la Convention, *in* Le juge administratif français et la CEDH, *RUDH*, 1991, p. 280 ; F. Ost, Originalité des méthodes d'interprétation de la Cour EDH, *in* M. Delmas-Marty, *Raisonner la raison d'État*, Puf, 1989, p. 405.

Voir aussi F. Matscher, Idéalisme et réalisme dans la jurisprudence de la Cour européenne des droits de l'homme, *Mélanges R. Ryssdal*, 2000, p. 881 et La Cour EDH, hier, aujourd'hui et demain, au lendemain de son cinquantième anniversaire, *RTDH*, 2009-80, 901 ; J.-P. Costa, La Cour européenne des droits de l'homme : un juge qui gouverne ?, *Mélanges Gérard Timsit*, Bruylant, 2004, p. 67 ; F. Sudre, La motivation des décisions de la Cour européenne des droits de l'homme, *in* H. Ruiz-Fabri et J.M. Sorel (dir.), *La motivation des décisions des juridictions internationales*, Pedone, 2008, p. 171 ; M. Levinet (dir.), *Pluralisme et juges européens des droits de l'homme*, Bruylant-Némésis, « Droit et justice » n° 91, 2010 ; F. Sudre, La réécriture de la Convention par la Cour EDH, *Mélanges Jean-Paul Costa*, Dalloz, 2011, 597 ; P. Wachsmann, Réflexions sur l'interprétation « globalisante » de la CEDH, *Mélanges Jean-Paul Costa*, Dalloz, 2011, 667 ; F. Tulkens *et alii*, La soft law et la Cour EDH : questions de légitimité et de méthode, *RTDH*, 2012-91, 433.

Sur les conflits de droits, voir : P. Ducoulombier, *Les conflits de droits fondamentaux devant la Cour EDH*, Bruylant, 2011 ; F. Sudre (dir.), Les conflits de droits de la jurisprudence de la cour européenne des droits de l'homme, Nemesis-Anthemis, coll. « Droit et justice », 2014, n° 109 ; D. Szymczak, Le principe de proportionnalité comme technique de conciliation des droits et libertés en droit européen, *in* L. Potvin-Solis, *La conciliation des droits et libertés dans les ordres juridiques européens*, Bruylant, 2012, p. 445 ; L. Zucca, Conflicts of fundamental rights as constitutionnal dilemnas, *AIDH*, IV, 2009, p. 95.

**176** SUR LES NOTIONS AUTONOMES. — IDEDH, *Les notions autonomes*, Cahiers de l'IDEDH, Montpellier, 1997, n° 6 ; E. Kastanas, *Unité et diversité : notions autonomes et marge d'appréciation des États dans la jurisprudence de la Cour européenne des droits de l'homme*, Bruylant, 1996 ; M. Melchior, Notions « vagues » ou « indéterminées » et « lacunes » dans la Convention européenne des droits de l'homme, *Mélanges G. Wiarda*, Carl Heymanns Verlag, 1988, p. 411 ; F. Sudre Le recours aux « notions autonomes », *in* F. Sudre (dir.), *L'interprétation de la Convention européenne des droits de l'homme*, Bruylant, « Droit et justice », n° 21, 1998, p. 93.

**177** SUR LES OBLIGATIONS POSITIVES ET L'« EFFET HORIZONTAL ». — C. Madelaine, *La technique des obligations positives en droit de la Convention européenne des droits de l'homme*, Dalloz, « Nouvelle Bibliothèque des thèses », 2014 ; B. Moutel, *L'« effet horizontal » de la Convention européenne des droits de l'homme en droit privé français. Essai sur la diffusion de la CEDH dans les rapports entre personnes privées*, Th. dact., Limoges, 2006, 501 p. Voir aussi, J. Marchand, Prévention et dissuasion dans la jurisprudence de la Cour EDH, *RFDA* 2014, 1149 ; K. I. Panagoulias, *La procéduralisation des droits substantiels garantis par la CEDH*, Bruylant-Némésis, 2011, 114 p. ; B. Pastre-Belda, La généralisation de la technique prétorienne des obligations positives, *ADE*, vol. VII, 2009, p. 633 ; E. Dubout, La procéduralisation des obligations relatives aux droits fondamentaux substantiels par la Cour européenne des droits de l'homme, *RTDH*, 2007-70, 397 ; J.F. Akandji, Les obligations positives en vertu de la CEDH. Un guide pour la mise en œuvre de la

CEDH, Conseil de l'Europe, *Précis sur les droits de l'homme*, n° 7, 2006 ; D. Spielmann, Obligations positives et « effet horizontal » des dispositions de la Convention, *in* F. Sudre (dir.), *L'interprétation de la CEDH*, Bruylant, 1998, 133 ; D. Spielmann, *L'effet potentiel de la Convention européenne des droits de l'homme entre personnes privées*, Bruylant, 1995 ; F. Sudre, Les « obligations positives » dans la jurisprudence européenne des droits de l'homme, *RTDH*, 1995, p. 363. La lecture de D. Capitant, *Les effets juridiques des droits fondamentaux en Allemagne*, LGDJ, 2001, est vivement conseillée.

# Chapitre 2
# Le contrôle juridictionnel

**178** DIVERSITÉ DES MÉTHODES DE CONTRÔLE. — Aux procédures traditionnelles, diplomatiques et juridictionnelles, de règlement des différends, qui peuvent évidemment être utilisées si une question concernant les droits de l'homme donne lieu à un différend interétatique, s'est juxtaposée une très grande variété de mécanismes internationaux de contrôle spécifiques aux droits de l'homme. Ces mécanismes peuvent être répartis, selon qu'ils présentent ou non un caractère contraignant, en deux grandes catégories : techniques non juridictionnelles et techniques juridictionnelles. Les premières sont caractéristiques du système universel, dont le Pacte international sur les droits civils et politiques fournit le meilleur exemple, les secondes du système de la Convention européenne des droits de l'homme et font l'objet de ce chapitre.

Les techniques non juridictionnelles, utilisées dans le cadre des instruments universels des droits de l'homme, sont de caractère non contraignant et, n'aboutissant jamais à des décisions obligatoires en droit, restent respectueuses des souverainetés étatiques. Ces méthodes de contrôle, mises en place dans le cadre des Nations Unies, sont multiples et diverses. On peut toutefois dégager de cette diversité deux grands types de contrôle – le contrôle sur plaintes et le contrôle sur rapports –, qu'illustre parfaitement le système de contrôle du PIDCP.

*1° Le contrôle sur plaintes* porte sur des faits précis constituant une violation alléguée par un État donné d'obligations conventionnelles définies. Le PIDCP, du 16 décembre 1966, avec son Protocole facultatif (*supra*, n° 84) est la seule convention universelle à portée générale à instaurer un tel contrôle et, par là même, à entrer dans le champ du droit international des droits de l'homme tel que nous l'avons défini (*supra*, n° 107)[1] : fondé sur un instrument conventionnel obligatoire, le contrôle sur plaintes du Pacte permet l'exercice, devant le Comité des droits de l'homme – organe indépendant des États parties –, à la fois d'un droit d'action étatique et d'un droit d'action individuelle (pour les conventions à portée spéciale, *supra*, n° 54).

*2° Le contrôle sur rapport*, qui permet à l'organe compétent de se livrer seulement à un examen des situations générales, reste la « technique de droit commun du contrôle de l'application des droits de l'homme » (P.-M. Dupuy et Y. Kerbrat, *op. cit.*, *supra* n° 5, n° 219). Cette « protection par investigation », selon l'heureuse formule du Pr Mourgeon (Les pactes internationaux relatifs aux droits de l'homme, *AFDI*, 1967, p. 351), est confiée aux États eux-mêmes, chargés de fournir des renseignements sur les mesures législatives, administratives ou judiciaires prises pour mettre en œuvre les dispositions internationales protectrices des droits de l'homme. La procédure du rapport permet donc une évaluation périodique des résultats obtenus sur le plan interne et correspond à l'exercice d'une fonction internationale d'orientation des politiques nationales.

Sans être ignoré par la CEDH (art. 57, *supra*, n° 180 ; aussi, CSE, art. 21 et 22), le contrôle par voie de rapport a les faveurs très nettes des conventions universelles.

Sept instruments internationaux principaux relatifs aux droits de l'homme et adoptés sous les auspices des Nations Unies prévoient l'obligation pour les États parties de présenter, selon des procédures analogues, des rapports sur leur application, dont l'examen est confié à un organe indépendant[2] : Convention sur l'élimination de toutes les formes de discrimination raciale, PIDCP, PIDESC, Convention sur l'élimination et la répression du crime d'apartheid, Convention sur l'élimination de toutes les formes de discrimination à l'égard des femmes, Convention sur la torture

1. Le Protocole facultatif au Pacte international sur les droits économiques, sociaux et culturels, adopté le 10 décembre 2008, organise également un contrôle sur plaintes mais n'est entré en vigueur que le 5 mai 2013.
2. La Convention concernant la lutte contre la discrimination dans le domaine de l'enseignement, du 14 décembre 1960 et la Convention sur la protection des droits de tous les travailleurs migrants et de leur famille, du 18 décembre 1990, ont un mécanisme similaire de contrôle, de même que la Convention internationale pour la protection de toutes les personnes contre les disparitions forcées adoptée par l'Assemblée générale le 20 décembre 2006 (obs. C. Callejon, *RTDH*, 2006-66, 337).

(*infra*, n° 328), Convention sur les droits de l'enfant. Ce système paperassier gagnerait en efficacité s'il était uniformisé de manière telle que les États n'aient qu'à produire un ou deux rapports condensant l'ensemble des renseignements en la matière.

Par le moyen des « observations générales » qu'il adresse à l'ensemble des États parties, au vu des rapports examinés, le Comité des droits de l'homme procède à l'interprétation systématique de chacune des dispositions du Pacte (voir : obs. gén. n° 23 sur l'article 27 et les droits des minorités, *supra*, n° 58 ; obs. gén. n° 6 sur l'article 6 et le droit à la vie, *supra*, n° 307 ; obs. gén. n° 22 sur l'article 18 et la liberté de conscience, *supra*, n° 530 ; sur l'article 12 et la liberté de circulation ; obs. gén. n° 28 sur l'article 3 et l'égalité des droits entre hommes et femmes, *A/55/40*, vol. I, 146 ; obs. gén. n° 31 (80) sur l'article 2 et la nature de l'obligation juridique imposée aux États parties au Pacte, *A/59/40*, vol. I, 2005, 191 ; obs. gén. n° 32 (81) sur l'article 14 et le droit à l'égalité devant les tribunaux et les cours de justice et à un procès équitable, *A/62/40*, vol. I, 2007, 199). Le Comité élabore ainsi progressivement des normes uniformes pour l'application du PIDCP et contribue, plus généralement, à la formation d'un droit commun international des droits de l'homme.

Le contrôle par voie de rapports peut aussi, parfois, venir utilement au soutien du contrôle juridictionnel lorsque la Cour européenne des droits de l'homme s'appuie sur les observations finales faites par le CDH à l'issue de l'examen d'un rapport étatique pour étayer la motivation de sa décision (*Riad et Idiab c/ Belgique*, 24 janv. 2008, § 62, 65, 103 et s. : obs. du 30 juill. 2004 concernant la Belgique, à propos du maintien de personnes en attente d'éloignement en zone de transit).

**179** Singularité du contrôle juridictionnel. — 1° Peu répandues, les techniques juridictionnelles donnent lieu à des décisions rendues en droit et dotées d'une force juridiquement obligatoire. Seules, elles offrent une garantie effective des droits de l'homme et donnent tout son sens au droit d'action individuelle qui fonde le droit international des droits de l'homme : la protection juridictionnelle des droits de l'homme suppose qu'un organe de jugement statue sur un cas d'espèce (de violation des droits de l'homme) par une décision revêtue de l'autorité de la chose jugée. Seules trois conventions régionales – la Convention européenne, la Convention américaine des droits de l'homme, la Charte africaine des droits de l'homme et des peuples – organisent un contrôle juridictionnel de l'application de leurs dispositions (*supra* n° 55). La Convention européenne des droits de l'homme fournit le modèle le plus achevé de cette protection juridictionnelle des droits de l'homme, liant l'ordre public européen des droits de l'homme à un juge européen ayant une compétence obligatoire.

2^e^ La CEDH se singularise également dans le cadre régional européen en ce qu'elle est la seule à offrir un contrôle juridictionnel spécifique du respect des droits de l'homme. La protection juridictionnelle des droits fondamentaux dans le cadre de l'Union européenne (*supra*, n^os^ 91 et s.) demeure très imparfaite en raison du « déficit procédural » dont elle souffre, en l'absence d'une voie de recours spéciale et accessible ouverte aux individus lésés dans leurs droits fondamentaux. Le système général des voies de recours en droit communautaire s'avérait lacunaire, notamment parce qu'il n'offrait pas aux particuliers la possibilité de former un recours en annulation contre un acte communautaire de portée générale ne nécessitant aucun acte national d'exécution et que la Cour de justice interprétait strictement l'article 230 al. 4 du traité (CJCE, 25 juill. 2002, *Union de Pequenos Agricultores c/ Conseil*, aff. C-50/00P, *D.* 2002, 2825, note P. Cassia ; CJCE, 1^er^ avr. 2004, *Commission c/ Jégo-Quéré*, aff. C-263/02 P, *Europe*, 2004, n° 6, comm. 180, F. Mariatte), Le Traité modificatif européen (dit de Lisbonne) remédie à ce déficit judiciaire en ouvrant à toute personne physique ou morale le recours en annulation contre « les actes réglementaires qui la concernent directement et qui ne comportent pas de mesures d'exécution » (art. 263 TFUE).

Par ailleurs, il faut préciser que, dans le cadre de la coopération policière et judiciaire en matière pénale (Titre V TFUE), l'article 35, § 5 UE exclut que le contrôle de la Cour de justice puisse porter sur les mesures relatives au maintien de l'ordre public et à la sauvegarde de la sécurité intérieure ou sur la validité ou la proportionnalité des opérations menées par les services répressifs des États membres (art. 276 TFUE). D'autre part, l'article 275 TFUE continue d'exclure la compétence de la Cour de justice pour contrôler les dispositions relatives à la PESC (Titre V TUE) et les actes adoptés sur leur base, sous la seule réserve des recours en annulation dirigés contre les décisions comportant des mesures restrictives à l'encontre des personnes physiques et morales et des dispositions de l'article 40 TUE, qui permet à la Cour de vérifier qu'un acte pris sur la base du Titre V n'empiète pas sur les autres attributions de l'Union européenne.

Le système de contrôle de la Convention européenne des droits de l'homme permet néanmoins de pallier, pour partie, les lacunes de la protection communautaire (*infra*, n^os^ 208 et 212 ss.).

3° Confiée à une juridiction unique (section I), la procédure de contrôle est organisée en deux phases par la Convention : une phase d'examen préliminaire de la requête (section II), puis la phase du jugement au fond (section III).

À titre comparatif, on mettra en parallèle, lorsque cela est significatif, les caractéristiques de cette procédure avec celles du contrôle sur plaintes devant le Comité des droits de l'homme du PIDCP.

## Section I
## Une juridiction unique

La Convention européenne des droits de l'homme, telle qu'amendée par le Protocole 11 entré en vigueur le 1^er^ novembre 1998, institue une Cour européenne des droits de l'homme, dénommée « la Cour » (art. 19) et, ce faisant, restructure le mécanisme de contrôle mis en place à l'origine.

### I | Économie du mécanisme de contrôle de la CEDH

**180** Le système originaire de contrôle. — 1° Lancé par le Mouvement européen, lors du congrès de La Haye de mai 1948, le projet d'une Convention européenne des droits de l'homme devait se réaliser dans le cadre du Conseil de l'Europe. La Convention de Rome du 4 novembre 1950 (*supra*, n° 89) se caractérise par le système de contrôle, à bien des égards révolutionnaire en droit international, qu'elle institue et auquel sont consacrés plus de la moitié de ses articles. Ce système de contrôle repose sur la notion de *garantie collective* : comme l'affirme la Cour, la Convention, « en sus d'un réseau d'engagements synallagmatiques bilatéraux », crée des obligations objectives qui, aux termes de son Préambule, bénéficient d'une « garantie collective » (Irlande c/ Royaume-Uni, 18 janv. 1978, A. 25). Selon le Préambule de la Convention, les États membres du Conseil de l'Europe ont solidairement en charge « un patrimoine commun d'idéal et de traditions politiques, de respect de la liberté et de prééminence du droit » (§ 5). La Convention exprime ce « patrimoine commun » des démocraties occidentales et apparaît comme un instrument d'harmonisation minimale du droit interne des États contractants : la Convention ne vise pas à une uniformité absolue des droits internes, qui conservent leurs caractéristiques propres de fond et de procédure (arrêt *Sunday Times*, 26 avril 1979, A. 30, § 61, *GACEDH*, n° 57), mais a pour objectif d'harmoniser les ordres juridiques nationaux en fonction du minimum commun de protection qu'elle définit, et que les États peuvent dépasser (art. 53, ex-art. 60).

La mise en mouvement de la garantie collective est confiée à la fois aux États (ex-art. 24) et aux individus (ex-art. 25), dans le cadre d'un dispositif de compromis qui s'efforce de préserver les intérêts individuels tout en ménageant les intérêts étatiques : l'individu ne peut saisir directement la Cour mais seulement la Commission, intermédiaire obligé, qui se prononce sur la recevabilité de la requête et, s'il y a lieu, émet un avis sur le fond de l'affaire ; la Cour est dotée seulement d'une juridiction facultative et partage avec le Comité des ministres du Conseil de l'Europe, qui a un pouvoir subsidiaire au fond, le pouvoir de décision quant à une éventuelle violation de la Convention par l'un des États membres. Il résulte de ce compromis un édifice institutionnel complexe. Les organes de contrôle de la CEDH, dont le siège est à Strasbourg, sont au nombre de trois : deux organes spécifiques, la Commission et la Cour, et un organe préexistant, le Comité des ministres du Conseil de l'Europe.

De plus, le secrétaire général du Conseil de l'Europe est doté par la Convention de fonctions administratives (art. 58, 59) et d'un pouvoir d'enquête (art. 52). Ce pouvoir d'enquête est autonome et discrétionnaire et constitue un moyen complémentaire d'assurer l'application de la Convention. L'article 52 confère au Secrétaire général le pouvoir de demander aux États toutes explications sur l'« application effective » des dispositions de la Convention en droit interne. L'État a donc l'obligation, au vu de l'article 52, de fournir des explications précises et adéquates sur le respect effectif de la Convention en droit interne.

Dans un premier temps, l'article 52 a été utilisé pour demander des informations à tous les États contractants (par ex., en 1988, sur l'application de l'article 6, § 1 et § 3 à certaines procédures ; voir *Feuille d'information*, n° 23, 1989, p. 59). Pour la première fois, en 1999, le Secrétaire général a fait une utilisation individualisée de son pouvoir d'enquête en demandant à la Russie de fournir des explications sur la manière dont la CEDH est appliquée en Tchétchénie, dans le contexte de l'opération qu'y mènent les forces fédérales russes, et sur les risques de violation qui pourraient en résulter (aussi, *supra*, n° 71). Au vu des réponses fournies par les autorités russes, le Secrétaire général a confié à trois experts indépendants le soin d'apprécier si la Russie avait rempli ses obligations au titre de l'article 52. Le rapport d'expertise, transmis au Comité des ministres et à l'Assemblée parlementaire, conclut que les explications données par les autorités russes ne sont pas suffisantes et ne remplissent pas les exigences minimales de l'article 52 et que, en conséquence, la Russie a manqué aux obligations qu'elle tient de cette disposition (Rapp. consolidé contenant une analyse de la correspondance entre le Secrétaire général du Conseil de l'Europe et la Fédération de Russie au titre de l'article 52 de la CEDH, 26 juin 2000 ; *RUDH*, 2000, 356). Le pouvoir d'enquête de l'article 52 a également été mis en œuvre à propos des allégations de détention secrète dans les États membres du Conseil de l'Europe et de vols de restitution sur le territoire européen (Rapp. du secrétaire général, 1er mars 2006, *BI*, 2006, n° 67, 44).

2° Le mécanisme originaire de contrôle (schéma n° 1, *infra*) souffrait, dès son origine, de deux déficiences : sa complexité rendait la procédure de contrôle peu « lisible » pour le requérant ; son caractère hybride, mi-juridictionnel mi-politique, affectait sa crédibilité. Surtout, victime de son propre succès, le système initial de contrôle s'est avéré inadapté au volume de requêtes individuelles à traiter.

Qu'on en juge : de 1955 (date d'entrée en fonctions de la Commission) au 31 octobre 1998, 44 056 requêtes ont été enregistrées par la Commission, dont 5

006 pour la seule année 1998 ; si la moyenne annuelle de requêtes enregistrées est de 444 de 1975 à 1984, elle atteint 3 102 de 1990 à 1998 ; l'année 1988 voit le cap des 1 000 requêtes annuelles franchi, les années 1993, 1995, 1996 et 1998, successivement, celui des 2 000, 3 000, 4 000 et 5 000 requêtes. Parallèlement, l'augmentation des activités de la Cour est spectaculaire : 36 arrêts durant les vingt premières années (1960-1979), 119 arrêts pour les dix années suivantes (1990-1989) et 389 arrêts durant les cinq dernières années (1994-1998). À partir de 1991, la Cour va rendre en moyenne 75 arrêts par an soit plus, en une seule année, que pour toute la période 1959-1982.

Le résultat est un engorgement du rôle des organes de contrôle (plus de 7 000 affaires pendantes devant la Commission en octobre 1998) et une lenteur de la procédure telle que les exigences de la Convention en matière de « délai raisonnable » du procès équitable (art. 6, § 1) ne sont pas respectées par la Commission et la Cour européennes : la durée totale de la procédure (de la saisine de la Commission jusqu'à l'arrêt de la Cour) est en moyenne de cinq ans et demi, soit quatre ans et trois mois environ devant la Commission et quinze mois devant la Cour. Le mécanisme de garantie de la Convention était donc confronté à un véritable risque d'implosion, accru par l'élargissement, de 1992 à 1998, de la Convention aux PECO (*supra*, n° 89) et la perspective d'un flux nouveau de requêtes individuelles : il y a désormais, 800 millions de justiciables virtuels !

Le Protocole 11 de la CEDH, dont l'entrée en vigueur était subordonnée à la ratification de tous les États parties à la Convention, porte « restructuration du mécanisme de contrôle établi par la Convention ».

**181** La réforme du mécanisme de contrôle par les protocoles 11 et 14. — 1° Le protocole additionnel à la CEDH, adopté le 11 mai 1994 et entré en vigueur le 1er novembre 1998, réalise cette réforme autour de deux lignes de force. D'abord, le protocole supprime les clauses facultatives d'acceptation du droit de recours individuel et de la juridiction de la Cour et ouvre de plein droit à l'individu la saisine de l'organe judiciaire de contrôle. Ensuite, il procède à une unification organique en substituant aux trois organes de décision existants un seul organe – permanent –, la Cour européenne des droits de l'homme : la Chambre, formation ordinaire de jugement de la Cour, exercera les fonctions précédemment dévolues à la Commission : examen de la recevabilité de la requête, établissement des faits, conciliation, décision au fond (alors que la Commission rendait un avis, la Chambre rendra un arrêt obligatoire).

Le déroulement général de la procédure, dont la transparence est, toutefois, relative, est le suivant (schéma n° 2). Après avoir été « filtrée » par un comité de trois juges (qui, à l'unanimité, pourra la déclarer irrecevable), la requête individuelle sera portée devant une Chambre de sept juges qui décidera de la recevabilité de la requête puis, après tentative de conciliation, statuera au fond. Cet arrêt ne deviendra définitif que si, dans un délai de trois mois, l'une des parties n'a pas demandé le renvoi de l'affaire à une Grande Chambre de 17 juges : ce réexamen, subordonné à l'acceptation d'un collège de 5 juges, ne pourra avoir lieu qu'exceptionnellement, si une question grave d'interprétation ou d'application de la Convention se pose. La restructuration du mécanisme de contrôle laisse donc subsister la diversité fonctionnelle existante (recevabilité, conciliation, double examen au fond) et ne change pas fondamentalement le déroulement de la procédure (comparer les schémas 1 et 2).

2° La réforme opérée n'a cependant pas permis de répondre à la nouvelle situation créée par le processus d'élargissement du Conseil de l'Europe et la croissance continue du nombre de requêtes individuelles qu'il a engendrée. Du 1^er^ novembre 1998 au 31 décembre 2013, ce sont plus de 630 000 requêtes introduites (dont 66 000 en 2013) et plus de 19 000 arrêts rendus (dont plus de 3600 en 2013). Le Protocole 14, adopté et ouvert à la signature le 13 mai 2004 et entré en vigueur le 1^er^ juin 2010 après sa ratification par tous les États parties (en dernier lieu, la Russie en février 2010) amende le système de contrôle afin de faire face à la surcharge de travail de la Cour (64 850 requêtes pendantes devant elle à la fin de l'année 2015) et de tenter de garantir l'efficacité du mécanisme de contrôle établi par la Convention (schéma n° 3). Pour ce faire, le Protocole organise, en amont, un filtrage renforcé des requêtes individuelles et, en aval, consolide le contrôle de l'exécution des arrêts de la Cour (*infra*, n° 184 et 248).

3° L'aménagement réalisé par le Protocole 11 a pour conséquence principale d'exclure le Comité des ministres comme organe de décision (mais non de surveillance de l'exécution de l'arrêt de la Cour) et, partant, de réaliser la « juridictionnalisation » du système de contrôle.

Le Protocole 16, ouvert à la signature le 20 octobre 2013 et non en vigueur, élargit la compétence consultative de la Cour à des demandes d'avis émanant des juridictions nationales (*infra*, n° 185).

**182** La suppression du Comité des ministres comme organe de décision. — Le Comité des ministres du Conseil de l'Europe, dans le système originaire de garantie [1], ne disposait que d'une compétence subsidiaire, n'intervenant pour trancher l'affaire au fond que par défaut : soit que l'État partie n'ait pas accepté la compétence de la Cour, soit que la Cour n'ait pas été saisie dans un délai de trois mois à compter de la transmission du rapport de la Commission. (ex-art. 32). L'article 32 de la CEDH érigeait donc le Comité des ministres, organe politique intergouvernemental, en organe de contrôle, doté du pouvoir juridictionnel de prendre « une décision sur la question de savoir s'il y a eu ou non une violation de la Convention ».

Or, en pratique, le Comité des ministres a fait prévaloir sa nature politique sur la nature juridictionnelle de la fonction définie par l'article 32, jetant le discrédit sur un système dont la vocation première est judiciaire.

Ainsi, par exemple, lorsque le Comité, faute de pouvoir réunir, lors du vote sur l'existence ou non de la violation, la majorité requise des deux tiers, décidait qu'aucune autre mesure ne pouvait être prise et rayait l'affaire du rôle (par ex., Rés. DH (88) 12, 29 septembre 1988, Dobbertin c/ France : la Commission avait conclu à l'unanimité moins une voix à la violation de l'article 5, § 3, *Rec.*, 1990, p. 7).

1. Pour une analyse plus complète de l'ancien système, nous renvoyons à la 3e édition de cet ouvrage (1997, nos 245 à 259).

## Schémas de la procédure nos 1 et 2

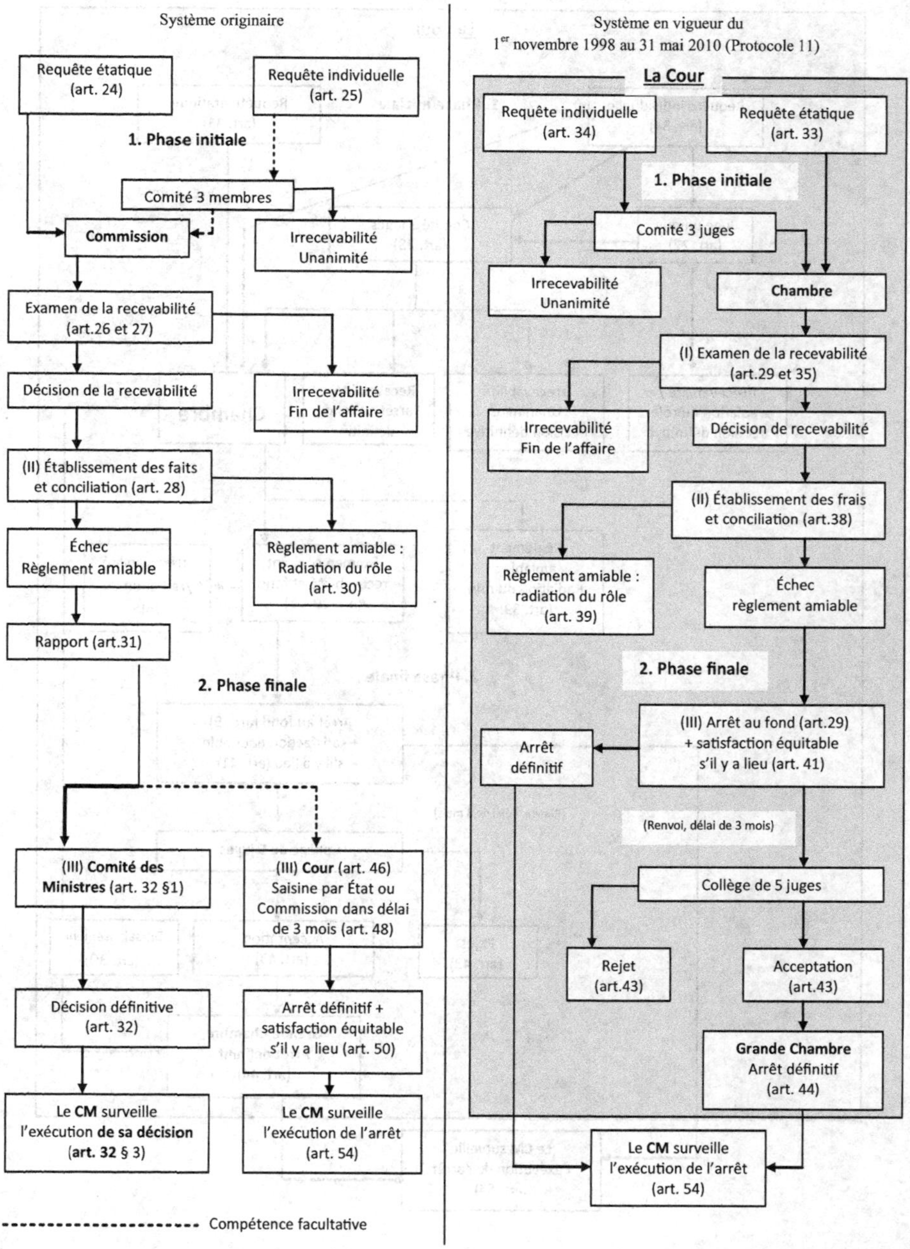

## Schéma de la procédure n°3

Système en vigueur à compter du 1er juin 2010
(Protocole 14)

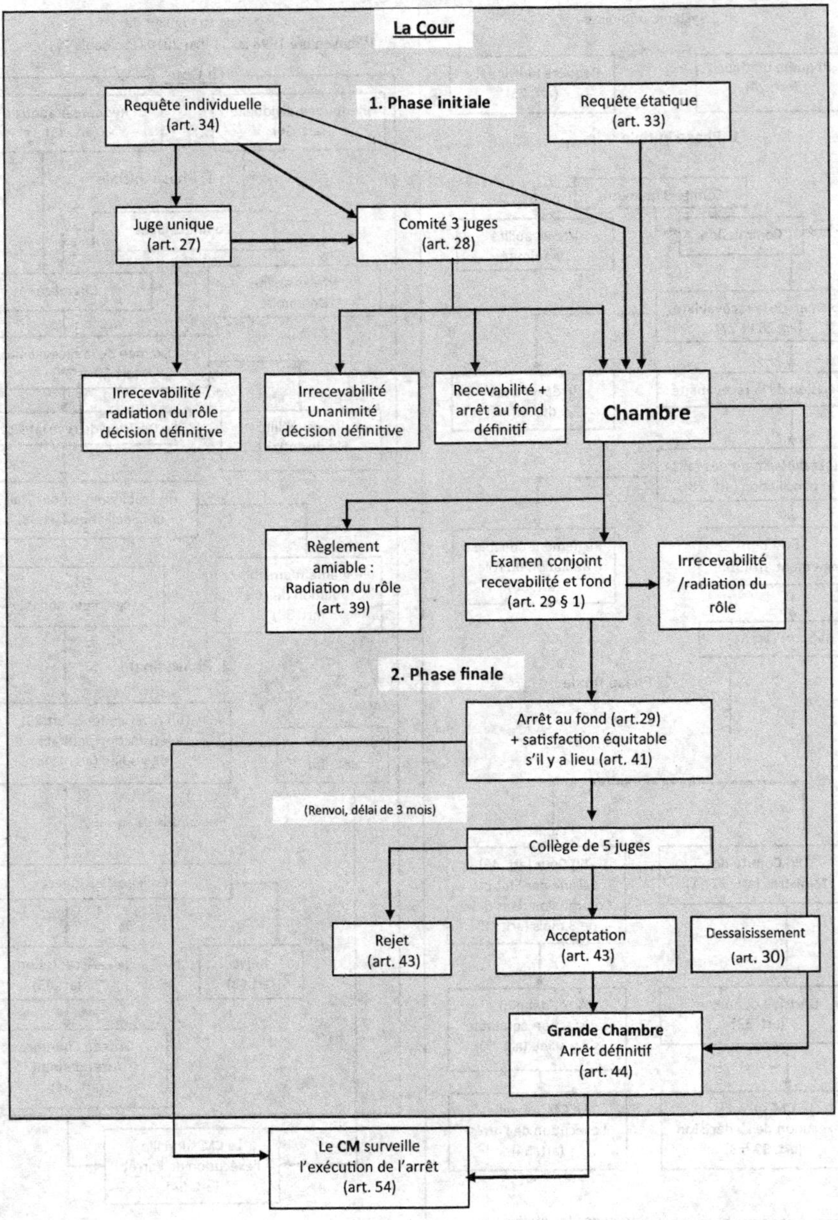

Le Protocole 11 supprime purement et simplement le Comité des ministres en tant qu'organe de décision, que ce soit pour les affaires individuelles ou pour les affaires interétatiques. Le mécanisme européen de garantie des droits de l'homme y gagne incontestablement en homogénéité : à l'organe judiciaire le pouvoir de dire le droit, à l'organe politique le contrôle de l'exécution des décisions de justice. Désormais, seule la Cour est compétente pour statuer en droit sur la violation alléguée de la Convention et le contrôle européen des droits de l'homme est pleinement juridictionnel.

## II | La Cour européenne des droits de l'homme

**183** Présentation. — Installée en 1959, après que huit États eurent accepté sa juridiction (condition constitutive fixée par l'ex-art. 56 de la CEDH), la Cour de Strasbourg est une juridiction internationale indépendante et, depuis le 1er novembre 1998, permanente. La Cour se compose d'un nombre de juges égal à celui des États parties à la Convention (et non pas, comme dans le système originaire, d'États membres du Conseil de l'Europe). Les juges siègent naturellement à titre individuel (art. 21). Leur indépendance est garantie par les qualifications requises (art. 21), des immunités très étendues (art. 51) et, surtout, leur mode de désignation. Les juges sont élus pour un mandat unique de 9 ans (art. 23 nouveau) par l'Assemblée du Conseil de l'Europe, à la majorité des voix exprimées, sur une liste présentée par chaque État membre du Conseil de l'Europe de trois candidats (art. 22).

La règle antérieure selon laquelle la Cour ne pouvait pas comprendre deux juges ayant la même nationalité ayant été supprimée, un État partie peut donc présenter à l'Assemblée parlementaire du Conseil de l'Europe, aux fins d'élection, la candidature d'un juge national d'un autre État partie plutôt que celle d'un juge ressortissant d'un pays tiers (par ex., l'actuelle Cour comprend deux juges italiens, l'un élu au titre de l'Italie et l'autre de San-Marin).

L'article 23, § 2 institue une règle originale (et sévère) de limite d'âge : le mandat des juges s'achève dès qu'ils atteignent l'âge de 70 ans. La Cour étant permanente, les juges sont à plein-temps et ne peuvent donc « exercer aucune activité incompatible avec les exigences d'indépendance, d'impartialité ou de disponibilité » requise par leur fonction (art. 21, § 3).

Dans son avis consultatif du 12 février 2008 sur certaines questions juridiques relatives aux listes de candidats présentées en vue de l'élection des juges de la Cour EDH, la Cour estime que la pratique de l'Assemblée parlementaire imposant la présence obligatoire d'un candidat de sexe féminin sur la liste n'est pas conforme à la Convention car elle aboutit à interdire à un État partie de proposer des candidats réunissant les critères de l'article 21, afin de satisfaire un critère – le sexe – qui n'est pas inscrit dans la Convention (§ 52 ; *RFDA*, 2008, 721, note H. Surrel). Dans son avis consultatif n° 2 sur le même sujet, du 22 janvier 2010, elle précise que le retrait par un État d'une liste de candidats après le délai imparti pour la soumission de cette liste à l'Assemblée parlementaire n'est pas possible.

L'indépendance collégiale de la Cour est également assurée. La Cour établit elle-même son règlement intérieur et fixe sa procédure (art. 26) : la Cour s'est dotée le 4 novembre 1998 de son règlement (*RUDH*, 1998, 358, note P. Mahoney), qu'elle a modifié en dernier lieu le 5 octobre 2015. Elle élit elle-même pour une durée de trois ans son président et son vice-président, qui sont rééligibles (art. 26) : l'actuel président de la Cour est M. Guido Raimondi (Italie). La Cour statue à la majorité, les juges pouvant joindre leur opinion individuelle à l'arrêt (art. 45, § 2) ; les délibérations revêtent un caractère secret. La Cour dispose enfin des services d'un greffe, qui jouit d'une très large autonomie par rapport au secrétaire général du Conseil de l'Europe (le greffier et le greffier adjoint sont élus par la Cour pour cinq ans, et rééligibles, après consultation du secrétaire général).

La Cour, lorsqu'elle siège en formation de juge unique (art. 24 § 2 nouveau), est assistée de rapporteurs qui font partie du greffe et sont nommés par le secrétaire général du Conseil de l'Europe avec l'accord du président de la Cour (art. 18 A du Règlement). Elle est également assistée d'un jurisconsulte chargé de veiller à la qualité et à la cohérence de la jurisprudence et, à cette fin, de fournir des avis aux formations de jugement et aux juges (art. 18 B, Règlement).

184 FORMATIONS DE LA COUR. — Le fonctionnement de la Cour unique fait appel à de nombreuses formations. L'Assemblée plénière de la Cour n'exerce que des tâches administratives (art. 26 : élire le président de la Cour, les présidents des chambres, le greffier, constituer des chambres, adopter le règlement intérieur), évitant l'écueil d'une formation de jugement pléthorique comportant une quarantaine de membres. La Cour est organisée en sections (la dénomination « sections » est substituée par l'article 25 du Règlement à celle de « chambres » prévue par l'article 26 *b* de la CEDH), au nombre de quatre (de dix juges chacune), constituées pour une période de trois ans et dont la composition doit assurer une représentation équilibrée des régions géographiques, des différents systèmes juridiques existants et, même, des sexes (art. 25, § 2, Règlement). Depuis l'entrée en vigueur du Protocole 14 (1er juin 2010), la Cour comporte quatre formations contentieuses. Les deux premières formations correspondent au souci manifeste d'écarter plus efficacement les requêtes individuelles dénuées de tout fondement et d'« expédier » les requêtes individuelles ne présentant *prima facie* aucune difficulté d'interprétation ou d'application de la Convention, que ce soit en matière de recevabilité ou sur le fond.

1° Institué par le Protocole 14 (art. 6, § 3 ; art. 7), le juge unique a pour unique fonction de rejeter une requête individuelle manifestement irrecevable (ou de la rayer du rôle) [1]. À défaut, la requête est transmise à un comité ou à une Chambre pour examen complémentaire. Le juge unique ne peut statuer sur les requêtes introduites contre l'État au titre duquel il a été élu.

2° Le comité des trois juges a une double compétence. D'abord, il peut, à l'unanimité, rejeter une requête individuelle manifestement irrecevable. Le Protocole 14 (art. 8) lui confère ensuite compétence pour, toujours à l'unanimité et par un même arrêt, déclarer la requête recevable, statuer au fond – dès lors que l'affaire fait l'objet d'une « jurisprudence bien établie » de la Cour, c'est-à-dire d'une jurisprudence constante ou fixée par un arrêt de principe, adopté notamment par la Grande Chambre, ainsi que sur la satisfaction

1. La procédure du juge unique est entrée en application en juillet 2009, pour les États ayant accepté le Protocole 14 bis, signé à Strasbourg le 27 mai 2009, conçu comme une mesure intérimaire et provisoire dans l'attente de l'entrée en vigueur du Protocole 14.

équitable (art. 53 § 2 et 75 Règlement). En l'absence d'unanimité, la procédure en Chambre s'applique (art. 29).

Les affaires répétitives (délai raisonnable), les affaires « clones » – découlant d'une même cause structurelle qu'une précédente requête pour laquelle un arrêt dit « pilote » a constaté une violation de la Convention – ont ainsi vocation à être traitées par le Comité. Les décisions sur la recevabilité et les arrêts du Comité sont définitifs et ne peuvent donc faire l'objet de la procédure de réexamen par la Grande Chambre (*infra*, n° 241).

Les comités sont constitués pour une période de douze mois au sein d'une même section (art. 27, Règlement). Précisons que le juge élu au titre de l'État partie au litige n'est pas membre de droit du comité mais que celui-ci peut néanmoins l'inviter à siéger en son sein, à la place de l'un de ses membres, notamment si l'État a contesté l'emploi de cette procédure simplifiée (art. 28, § 3).

3° Les chambres de sept juges[1] sont les formations ordinaires de jugement, compétentes pour statuer sur la recevabilité et le fond des requêtes individuelles, si ces dernières n'ont pas été tranchées par le juge unique ou le comité des trois juges, et des requêtes étatiques. Les chambres sont constituées à partir des sections (donc, pour une durée de trois ans) et ont une composition fixe, chaque section comportant trois chambres. Pour chaque affaire, la Chambre comprend de droit le président de la section et le juge élu au titre de l'État partie au litige (si ce dernier n'est pas membre de la section à laquelle la requête a été attribuée, il siège comme membre de droit de la Chambre ; art. 26, Règlement).

Si cette dernière condition ne peut être remplie, le président de la Cour choisit sur une liste proposée par l'État en cause (art. 26 § 4 nouveau), selon une pratique habituelle aux juridictions internationales (art. 31 du Statut de la CIJ) et protectrice des souverainetés nationales, un juge *ad hoc*, dont le statut est très similaire à celui du juge permanent (art. 27, § 2, CEDH). Institution du juge *ad hoc* et indépendance du juge ne sont pas antinomiques : à plusieurs reprises, le juge *ad hoc* a conclu, avec la majorité de la Cour, à une violation de la Convention (par ex., Berrehab c/ Pays-Bas, 21 juin 1988, A. 138).

1. Leur nombre peut être réduit à 5 par décision unanime du Comité des ministres (Protocole 14, art. 26, § 2 nouveau).

Les autres membres de la Chambre sont désignés par le président de la section, selon un système de rotation, parmi les membres de la section (l'art. 26 du Règlement ne dit rien de la représentativité de la Chambre).

4° La Grande Chambre de 17 juges est la formation supérieure de jugement (art. 27, CEDH). La Grande Chambre est constituée pour trois ans (art. 24, Règlement) mais sa composition, qui doit assurer un équilibre à la fois géographique et entre les différents systèmes juridiques existant dans les États parties, n'est pas fixe et varie d'une affaire à l'autre puisque, hormis les membres de droit (le président et les deux vice-présidents de la Cour, les présidents de section, le juge élu au titre de l'État partie au litige ou, à défaut, un juge *ad hoc*), les autres juges seront désignés pour chaque affaire par tirage au sort (art. 24 § 2 e) Règlement). Le caractère non permanent de cette composition est de nature à compromettre la fonction de la Grande Chambre, qui est de veiller à la cohérence et à la continuité de la jurisprudence de la Cour. Lorsqu'elle est saisie pour réexamen d'un arrêt rendu par une Chambre (art. 43, CEDH ; *infra*, n° 446), la Grande Chambre ne peut comporter de juges de ladite Chambre à l'exception du président de la section dont est issue la Chambre et du juge ayant siégé au titre de l'État partie au litige (art. 27, § 2 et 3, CEDH). La présence à la Grande Chambre de ces deux juges, qui auront déjà jugé l'affaire au fond, ne paraît guère conforme à l'exigence européenne de l'« impartialité objective » (*supra*, n° 397).

**185** Compétence consultative de la Cour. — 1° La Cour est dotée par l'article 47 de la CEDH d'attributions consultatives – exercées par la Grande Chambre (art. 31) –, relatives à l'interprétation de la Convention et de ses Protocoles, dont l'étendue est très réduite.

En premier lieu, la demande d'avis, qui ne peut émaner que du Comité des ministres, doit porter sur une « question juridique » concernant l'interprétation de la Convention et de ses protocoles. En second lieu, l'avis ne peut porter sur le contenu ou l'étendue des droits garantis ni sur les questions dont la Cour pourrait avoir à connaître *« par suite de l'introduction d'un recours »* (art. 47, § 2). Cette disposition vide pratiquement de son contenu la compétence consultative de la Cour, puisqu'il s'agit d'en exclure toute question relevant de sa compétence contentieuse, d'autant que la Cour interprète cette disposition, dans sa décision de Grande Chambre du 2 juin 2004 sur sa compétence pour rendre un avis consultatif (art. 48), comme visant non seulement tout recours déjà déposé mais aussi tout recours susceptible d'être introduit. Il s'agit, précise la Cour, d'éviter une situation dans laquelle l'avis consultatif serait « de nature à préjuger l'examen ultérieur par elle d'une requête introduite en vertu des articles 33 ou 34 de la Convention » (§ 33). La Cour vient donc borner strictement sa compétence consultative, en excluant « toute question juridique dont elle pourrait avoir à connaître à l'avenir dans l'exercice de sa fonction judiciaire première, à savoir l'examen de la recevabilité ou du fond d'une affaire concrète » (§ 33).

Saisie pour la première fois de son existence d'une demande d'avis consultatif par le Comité des ministres, la Cour, par sa décision du 2 juin 2004, se déclare incompétente. La demande avait pour objet de savoir si la Commission instituée par la Convention des droits de l'homme de la Communauté d'États indépendants (CEI), entrée en vigueur le 11 août 1998 et ratifiée notamment par la Russie, pouvait être considérée comme « une autre instance internationale d'enquête ou de règlement » au sens de l'article 35, § 2 *b* de la CEDH (*infra*, n° 225). Concernant les conditions de recevabilité des requêtes individuelles, la question posée est de celles dont la Cour pourrait avoir à connaître par suite de l'introduction d'un recours individuel et relève bien de la compétence contentieuse de la Cour. Ceci exclut donc, selon la Cour, sa compétence consultative, quand bien même la demande d'avis consultatif n'a pas trait à une requête pendante devant elle mais seulement virtuelle. La Cour a exercé pour la première fois sa compétence consultative dans l'avis de 2008, *supra*, n° 183.

2° Le Protocole 16[1] rénove la compétence consultative de la Cour, qu'il élargit à des demandes d'avis émanant des juridictions nationales, dans la logique du principe de subsidiarité. Visant, à long terme, à réduire le flux de requêtes individuelles portées devant la Cour par le mécanisme préventif qu'il instaure, le Protocole 16 amorce une réorientation du système de contrôle de la Convention, accentuant le rôle « constitutionnel » de la Cour, appelée à se pro-

1. Ouvert à la signature le 2 octobre 2013, le Protocole 16 est un protocole facultatif qui entrera en vigueur lorsque dix États parties l'auront ratifié (six ratifications au 14 mars 2016) et qui ne liera que les États l'ayant ratifié (art. 8 § 1).

noncer exclusivement en droit et à donner une solution de principe à une question grave d'interprétation ou d'application de la Convention, intéressant l'État partie mais pouvant aussi, plus largement, être d'intérêt général pour l'ensemble des États parties.

Originale, la nouvelle procédure présente trois caractéristiques principales.

Elle institutionnalise le dialogue des juges : seules les *« plus hautes juridictions »* nationales pourront saisir la Cour – ce qui inclut fois à la fois les juridictions constitutionnelles et les juridictions statuant en dernier ressort (art. 1 et 10) – et la Grande Chambre est compétente pour rendre l'avis (art. 2, § 2).

La procédure consultative est exclusivement facultative. D'une part, les juridictions pertinentes *« peuvent »* adresser à la Cour une demande d'avis consultatif (art. 1, § 1) et ne sont donc aucunement tenues de le faire. D'autre part, la Cour n'est pas tenue de donner suite à une demande d'avis et elle dispose d'un pouvoir discrétionnaire pour accepter ou non une telle demande, la décision émanant d'un collège de cinq juges (art. 2, § 1). Enfin, l'avis rendu n'est aucunement contraignant (art. 5) et il appartient donc à la juridiction qui a demandé l'avis de « décider des effets de l'avis consultatif sur la procédure interne ».

La demande d'avis consultatif doit porter sur une question de principe contextualisée. L'article 1 du Protocole énonce trois conditions que la demande d'avis doit satisfaire. En premier lieu, la demande d'avis ne peut être sollicitée par la juridiction nationale que « dans le cadre d'une affaire pendante devant elle » (art. 1, § 2) et ne peut en conséquence porter sur la compatibilité avec la Convention d'une législation qui n'a pas à s'appliquer dans ladite affaire. En second lieu, la demande d'avis doit concerner « des questions de principe relatives à l'interprétation ou à l'application des droits et libertés définis par la Convention ou ses protocoles » (art. 1, § 1). La procédure d'avis consultatif n'a ainsi vocation à jouer que pour les affaires les plus importantes et non dans l'hypothèse d'un cas isolé de violation factuelle. Enfin, la juridiction doit motiver sa demande d'avis, afin de démontrer que la question posée est déterminante pour l'issue de l'affaire et produire « les éléments pertinents du contexte juridique et factuel de l'affaire pendante », afin de fournir à la Cour des éléments précis lui permettant de se prononcer sur la question de principe qui motive la demande.

3° La situation de la Cour européenne est ici sensiblement différente de celle de la Cour interaméricaine des droits de l'homme. Celle-ci a élargi la compétence consultative que lui confère l'article 64 de la Convention de San José, considérant que cette disposition créait « un système parallèle » à la procédure contentieuse de l'article 62 de la CADH et offrait « une méthode judiciaire alternative de nature consultative » (AC, 3/83, 8 sept. 1983, Restrictions à la peine de mort, § 43, *RUDH*, 1992, p. 298).

Cela conduit la Cour à accepter qu'un État membre de l'OEA mais non partie à la Convention la consulte et à étendre sa compétence consultative non seulement à toute disposition protectrice des droits de l'homme de n'importe quel traité international applicable dans un État américain, que ce traité soit ou non conclu sous les auspices de l'OEA ou que des États non américains y soient parties (AC, 1/82, 24 sept. 1982, demandé par le Pérou en interprétation de l'article 64, *RUDH*, 1992, p. 226), mais aussi à la Déclaration américaine des droits et devoirs de l'homme (AC, 10/89, 14 juill. 1989, Interprétation de la DADDH, *ILM*, 1990, p. 379). De fait, la Cour interaméricaine a déployé une activité intense dans le cadre de sa compétence consultative.

4° La Cour européenne, quant à elle, n'a vraiment exercé, jusqu'à présent, que sa seule compétence contentieuse, dont nous préciserons les caractéristiques avant d'envisager la procédure devant la Cour.

### *A – La compétence contentieuse de la Cour*

Depuis le 1er novembre 1998, le système de contrôle de la Convention est devenu pleinement contraignant : est ainsi constitué un véritable espace européen de protection juridictionnelle des droits de l'homme.

**186** COMPÉTENCE OBLIGATOIRE. — L'adhésion à la Convention emporte par elle-même reconnaissance de la compétence obligatoire de la Cour, dès lors que la Convention, telle qu'amendée par le Protocole 11, supprime la clause facultative de juridiction obligatoire de l'ancien article 46, § 1. Selon cette disposition, la Cour était un rouage facultatif dans le mécanisme de la garantie collective des droits des individus et présentait, quant à sa saisine, les caractéristiques d'une juridiction internationale classique respectueuse des souverainetés nationales. En effet sa compétence ne s'exerçait qu'à l'égard des États qui l'ont reconnue par une déclaration d'acceptation (ex-art. 46 § 1). Cependant, à compter de la déclaration de la Turquie du 26 décembre 1989, tous les États parties à la Convention avaient accepté la juridiction obligatoire de la Cour (*supra*, n° 89). Il s'est agi là d'un réel succès du système européen de garantie des droits de l'homme qui, progressivement, a désarmé les réticences étatiques. À cet égard, la Convention révisée vient, en supprimant la clause facultative, mettre le droit en accord avec la réalité et institutionnaliser un état de fait.

Les déclarations faites au titre de l'ex-article 46 ne pouvaient, à l'inverse de la pratique suivie devant la CIJ, être assorties de réserves, autres que celles limitant la compétence de la Cour aux faits postérieurs à ladite déclaration (par ex., *Kefalas et autres c/ Grèce*, 8 juin 1995, A. 318 A). La Commission a clairement signifié que les réserves à l'article 46 étaient « inadmissibles » (Deuxième Mémoire dans l'« *Affaire linguistique belge* », *Série B*, vol. 1, p. 432 ; Mémoire dans l'affaire *Kjeldsen et autres*, *Série B*, vol. 21, p. 119). La déclaration de la Turquie (préc.), qui limite la compétence de la Cour de manière similaire à celle de la Commission a ainsi été jugée contraire à la Convention par la Cour européenne (*Loizidou*, 23 mars 1995, A. 310, *GACEDH*, n° 1, *supra*, n° 45).

Le Protocole 11 (art. 6) prévoit que les restrictions temporelles à la compétence de la Cour émises lors des déclarations effectuées au titre de l'ancien article 46 de la Convention demeurent applicables à la juridiction de la nouvelle Cour.

Par ailleurs, la compétence obligatoire de la Cour est étendue aux Protocoles additionnels à la Convention mais non à l'article 56 de la Convention, qui permet aux États membres d'étendre la Convention aux territoires dont ils assurent les relations internationales : pour ces territoires subsiste le système de déclaration facultative d'acceptation de la compétence de la Cour pour connaître des requêtes individuelles (art. 56, § 4).

**187** PLÉNITUDE DE JURIDICTION. — L'article 32 de la Convention fonde en des termes très larges la compétence *ratione materiae* de la Cour : celle-ci « s'étend à toutes les affaires concernant l'interprétation et l'application » de la Convention et de ses protocoles additionnels. La Cour a affirmé très nettement, dans sa jurisprudence antérieure, sa plénitude de juridiction : «... une fois régulièrement saisie (elle) peut connaître de chacun des problèmes de droit qui surgissent en cours d'instance à propos des faits soumis à son contrôle par un État contractant ou par la Commission : maîtresse de la qualification juridique à donner à ces faits, elle a compétence pour les examiner, si elle le juge nécessaire et au besoin d'office, à la lumière de l'ensemble de la Convention... » (*Handyside c/ Royaume-Uni*, 7 déc. 1976, § 41, *GACEDH*, n° 7). Se prévalant de l'adage *jura novit curia*, la Cour fait usage de son droit de requalifier le grief du requérant et de l'examiner sous l'angle de la disposition de la convention qu'elle juge pertinente (*Scoppola c/ Italie (n° 2),* 17 sept. 2009, Gr. Ch.).

Comme tout juge, la Cour est donc juge de sa propre compétence aux termes de l'article 32, § 2 de la Convention (identique à l'art. 36, § 6 du Statut de la CIJ) : « En cas de contestation sur le point de savoir si la Cour est compétente, la Cour décide. » Cette disposition est source de difficultés dans le cadre de la procédure de réexamen devant la Grande Chambre (*infra*, n° 241).

### *B – La procédure devant la Cour*

Les règles procédurales trouvent leurs sources dans le Titre II du règlement intérieur de la Cour, adopté le 4 novembre 1998 par l'Assemblée plénière.

**188** CARACTÉRISTIQUES GÉNÉRALES. — La procédure devant la Cour, dont les langues officielles sont l'anglais et le français, est publique (ce qui n'était pas le cas, dans le système originaire, de la procédure devant le Comité des ministres et la Commission [1]) : publicité des audiences, sauf décision contraire de la Cour à raison de circonstances exceptionnelles tenant à la nécessité de protéger la moralité, l'ordre public, la sécurité nationale ou les intérêts de la justice (art. 40, CEDH ; art. 33, Règlement) ; acces-

1. La Commission siégeait à huis clos (ex-art. 33, CEDH) et les parties étaient tenues de respecter la confidentialité de la procédure ; la violation par le requérant de cette obligation emportait la radiation de la requête du rôle de la Commission (DR, 5 mars 1996, *Malige c/ France, D. et R.*, 84-A, p. 156).

sibilité au public des documents déposés au greffe (*ibid.*) et des arrêts une fois prononcés (art. 76, Règlement ; l'arrêt n'est pas nécessairement lu en audience publique : art. 77, Règlement). L'arrêt définitif est par ailleurs publié (art. 78, Règlement). L'instance doit être introduite par une requête écrite signée par le requérant ou son représentant (art. 45, Règlement). La procédure est à la fois écrite et orale. La procédure d'examen de la recevabilité devant la Chambre est principalement écrite mais, avant de prendre sa décision sur la recevabilité, la Chambre peut décider, soit à la demande des parties, soit d'office, de tenir une audience ; dans ce cas, et s'il s'agit d'une affaire individuelle, les parties sont aussi invitées à se prononcer sur les questions de fond, ce afin de ne pas allonger la procédure (art. 54, § 3, Règlement). La procédure postérieure à l'examen de la recevabilité est principalement orale mais la Cour ne tiendra pas une nouvelle audience sur le fond si celle-ci a déjà eu lieu au stade de la recevabilité (art. 59, § 3, Règlement) ; lors de l'audience, le président de la formation de jugement dirige les débats.

D'une manière générale, la Cour a le pouvoir d'entendre toute personne en qualité de témoin (par ex. : *Brocisez c/ Italie*, 19 déc. 1989, A. 167) ou d'expert, d'ordonner une enquête, de procéder à une visite des lieux (*infra*, n° 230).

**189** PROCÉDURE CONTRADICTOIRE. — En conférant à l'individu le droit de saisir directement la Cour (*infra*, n° 197), la Convention révisée confère nécessairement au requérant individuel la qualité de partie devant la Cour (voir art. 1, Règlement), garantissant dans les affaires individuelles portées devant la Cour le respect du principe du contradictoire qui faisait initialement défaut.

En effet, selon le texte de 1950, il n'y a, dans les affaires individuelles, qu'une seule partie devant la Cour, l'État défendeur : l'ex-article 44 de la Convention est formel, l'individu requérant ne peut saisir directement la Cour et avoir la qualité de partie. Cependant, la Commission et la Cour ont réussi à tempérer les effets de l'article 44 par leurs règlements intérieurs et leur jurisprudence. Dans un premier temps (*Lawless c/ Irlande*, 14 novembre 1960), l'individu a été associé indirectement à la procédure, par le truchement des délégués de la Commission qui pourront présenter à la Cour les observations écrites faites par le requérant sur le rapport de la Commission et, ultérieurement (*De Wilde, Ooms et Versyp c/ Belgique*, 18 novembre 1970), recourir à l'assistance du conseil du requérant ou de ce dernier lui-même. Ensuite, avec l'entrée en vigueur, le 1er janvier 1983, d'un nouveau règlement intérieur de la Cour (adopté le 24 novembre 1982), l'individu pourra participer directement à la procédure pendante devant la Cour, soit qu'un conseil assure la défense de ses intérêts, soit qu'il soit autorisé à se défendre lui-même (voir *Schönenberger et Durmaz c/ Suisse*, 20 juin 1988). Telle une véritable partie à l'instance, l'individu est associé étroitement au déroulement de la procédure et comparaît pour son compte devant la Cour.

La Convention révisée vient normaliser la situation, inscrivant d'ailleurs à son article 38 la règle de l'examen contradictoire de l'affaire. L'article 36, § 3 du règlement de la Cour (du 4 nov. 1998) précise ainsi que le requérant doit, en principe, être « représenté à toute audience décidée par la chambre ou aux fins de la procédure consécutive à une décision de recevabilité ». L'« égalité des armes » (art. 6, CEDH) entre l'État et l'individu est désormais entière, le second pouvant notamment solliciter comme le premier l'interprétation ou la révision d'un arrêt (art. 79, § 1, et 80, § 1, Règlement).

**190** TIERCE INTERVENTION. — L'article 36 de la Convention révisée organise une procédure de tierce intervention et autorise, lors de la phase de la procédure postérieure à la décision sur la recevabilité (art. 44, Règlement), l'État dont un ressortissant est requérant et, dans « l'intérêt d'une bonne administration de la justice », tout État contractant et toute personne intéressée autre que le requérant, à présenter des observations écrites et à prendre part aux audiences (pour des premiers exemples, *Scozzari et Giunta c/ Italie*, 13 juill. 2000 ; *Église métropolitaine de Bessarabie et al. c/ Moldova*, 13 déc. 2001 ; *A c/ Royaume-Uni*, 17 déc. 2002).

Une procédure similaire d'*amicus curiae* avait déjà été consacrée par l'ancien règlement de la Cour (depuis le 1er janv. 1983). L'ancienne Cour a accepté une vingtaine d'« interventions », dont deux émanent d'États (*Ruiz-Mateos c/ Espagne*, 23 juin 1993, *GACEDH*, n° 24 ; *Lobo Machado c/ Portugal*, 20 févr. 1996) et les autres d'organisations non gouvernementales (au sens de la Convention), mais en limitant les observations à déposer : syndicat (*Malone*, 2 août 1984, A. 82), association (*Ashingdane*, 28 mai 1985, A. 93 ; *Open Door et al.*, 29 oct. 1992, A. 246 A), Ordre des avocats (*Pham Hoang*, 25 sept. 1992, A. 243), ONG (*Observer et Guardian*,

26 nov. 1991, A. 216 ; *Brannigan et Mac Bride*, 26 mai 1993, A. 258 B ; *Laskey, Jaggard et Brown*, 19 févr. 1997, *Rec.*, 1997, 120).

Le recours de plus en plus fréquent par la Grande Chambre à cette technique procédurale, qui se caractérise fréquemment par un usage marqué du droit comparé, mérite d'être noté (*Tahsin Acar c/ Turquie*, 6 mai 2003 ; *Assanidzé c/ Géorgie*, 8 avr. 2004 ; *Senator Lines GmbH c/ les 15 États membres de l'Union européenne*, 10 mars 2004 ; *Ilascu et al. c/ Moldavie*, 8 juill. 2004 ; *Vo c/ France*, 8 juill. 2004 ; *Tysiac c/ Pologne*, 20 mars 2007).

La Cour n'a pas hésité, parfois, à se référer, dans le dispositif de sa décision, aux observations présentées (par ex., celles d'Amnesty International dans les affaires *Soering*, 7 juill. 1989, § 101-102, *GACEDH*, n° 16, et *Aydin c/ Turquie*, 25 sept. 1997, *Tahsin Acar*, préc. ; *Mamatkulov et Askarov c/ Turquie*, 4 févr. 2005, Gr. Ch., § 72).

Pour des exemples récents d'interventions étatiques : *Markovic et al. c/ Italie*, 14 déc. 2006, Gr. Ch. ; Gr. Ch., déc., 2 mai 2007, *Behrami et Behrami c/ France et Saramati c/ Allemagne, France et Norvège* (2 aff.), n° 71412/01) ; *Lautsi c/ Italie*, 18 mars 2011, Gr. Ch. ; *Konstantin Markin c/ Russie*, 20 mars 2012, Gr. Ch. ; *Al-Dulimi et Montana Management Inc. c/ Suisse*, 21 juin 2016, Gr. Ch.. Voir aussi, *Taskin et al. c/ Turquie*, 10 nov. 2004, où la procédure d'intervention est utilisée, dans un litige « horizontal », par l'autre partie intéressée.

La possibilité de présenter des observations écrites ou orales est également offerte par le Protocole 14 (art. 13) au Commissaire aux droits de l'homme du Conseil de l'Europe dans toute affaire portée devant une Chambre ou la Grande Chambre.

Par exemple, voir *Centre de ressources juridiques au nom de Valentin Campeanu c/ Roumanie,* 17 juil. 2014, Gr. Ch. (§§ 92-93) ; *infra* n° 202.

## Section II
## L'examen préliminaire de la requête

Confié dans le système originaire de contrôle à la Commission européenne des droits de l'homme, l'examen préliminaire de la requête est, selon la Convention révisée, de la compétence de l'une des trois formations suivantes (*supra*, n° 184) : juge unique, comité de trois juges, Chambre de sept juges. L'analyse sera centrée sur la Chambre, qui est la formation ordinaire de jugement.

**191** De la Commission européenne des droits de l'homme à la Chambre. — Organe indépendant, la Commission se rapprochait par sa composition et son organisation d'une juridiction. Organe atypique, que l'on peut à défaut qualifier de « parajuridictionnel », elle était dotée d'attributions diverses qui lui donnaient un caractère hybride : elle contrôlait la recevabilité des requêtes introduites devant elles puis, pour les requêtes recevables, était chargée d'établir les faits, de rechercher un règlement amiable entre les parties et, en cas d'échec, de rendre un avis sur l'existence ou non d'une violation à la Convention.

La Commission s'est elle-même définie comme une « juridiction internationale qui n'est pas tenue au même formalisme que les juridictions nationales » (déc. 5 mars 1964 sur les *affaires linguistiques belges*, *Rec. Déc.*, 14, p. 11).

Le Protocole 11 réalise la mutation de la Commission en Chambre. Celle-ci reprend l'intégralité des fonctions de la Commission (mais elle se prononcera sur le fond par un arrêt et non par un avis) : au stade de l'examen préliminaire de la requête, la Chambre, une fois saisie, va se prononcer sur la recevabilité de la requête puis procéder à l'examen de la requête recevable.

## I | La saisine de la chambre

**192** Conditions. — 1° Quant au défendeur, d'abord, seul un État partie à la Convention peut faire l'objet d'une requête devant la Chambre. En effet, bien que la Cour ait reconnu que la Convention était applicable, dans les pays l'ayant incorporée dans leur ordre interne, aux relations interindividuelles (*supra*, n° 164), les organes de la Convention n'ont à contrôler que le respect des engagements des États contractants (art. 19, Conv.). En conséquence, la Cour, comme l'ancienne Commission, n'est pas compétente pour examiner une requête dirigée contre un particulier (par ex., déc. 12 janv. 1994, *Durini c/ Italie, D. et R.*, 76 A, p. 76).

2° S'agissant du demandeur, ensuite, la Chambre peut être saisie, dans le cadre de l'exercice de sa compétence principale, soit par les États (*infra*, n° 193), soit par les requérants individuels (*infra*, n° 195 et s.) [1].

### *A – Le recours interétatique*

**193** UN RECOURS « OBJECTIF ». — L'article 33 de la CEDH autorise *tout* État contractant à saisir la Cour (la Commission, avant le 1er nov. 1998) pour *tout* manquement à la Convention commis par un autre État partie. Il s'agit là d'une sorte d'action publique qui constitue l'essence même de la garantie collective et du caractère « objectif » des droits de l'homme (*supra*, n° 34, déc. Com. 11 janv. 1961, *Autriche c/ Italie*). L'État qui intervient au titre de l'article 33 « ne doit donc pas être considéré comme agissant pour faire respecter ses droits propres, mais plutôt comme soumettant à la Commission une question qui touche à l'ordre public de l'Europe » (*Autriche c/ Italie*, préc.). L'exercice du droit de recours interétatique ne saurait donc être soumis à une quelconque condition de réciprocité (déc. 6 déc. 1983, *France et autres c/ Turquie, D. et R.*, 35, p. 143, § 38 et s.). Néanmoins, il faut rappeler que, selon le système originaire de contrôle, la saisine de la Cour dans une affaire interétatique était subordonnée à l'acceptation de sa compétence par l'État défendeur (ex-art. 48 ; *supra*, n° 186). Chaque État partie a un droit de regard sur la politique pratiquée par les autres États contractants en matière de droits de l'homme et est responsable du respect des droits garantis sur tout le territoire d'application de la Convention : il peut intervenir, au nom de tous, au bénéfice de tout individu. C'est dire que la requête peut être introduite par un État contre un autre État en l'absence de tout

1. À titre comparatif, notons que la Commission interaméricaine des droits de l'homme s'est reconnue compétente pour, en l'absence d'une requête individuelle, entamer de sa propre initiative la procédure d'instruction d'une affaire à partir d'une information disponible appropriée (art. 26, § 2, Règlement intérieur ; voir P. Nikken, Le système interaméricain des droits de l'homme, *RUDH*, 1990, p. 97).

différend entre eux. L'État requérant n'a donc nul besoin d'être « victime » d'une violation de la Convention : peu importe que le manquement visé concerne ou non un de ses ressortissants.

Le droit pour les États membres du Conseil de l'Europe d'intervenir au nom des nationaux d'un autre État constitue en soi une innovation remarquable de la Convention. Les requêtes déposées en 1982 par la France, la Norvège, le Danemark, la Suède et les Pays-Bas contre la Turquie sont exemplaires de l'absence de lien national entre les personnes protégées (souvent indéterminées) et les États requérants (déc. 6 décembre 1983, préc.). Il y a là une rupture radicale avec le droit international traditionnel où l'État agit sur la base de son droit de protection diplomatique.

**194** APPLICATIONS. — Les requêtes interétatiques sont peu nombreuses (15), concernant seulement dix groupes d'affaires, et présentent trois caractéristiques majeures. En premier lieu ces requêtes, hormis la requête déposée en 1997 par le Danemark contre la Turquie (relative à la situation d'un citoyen danois détenu en Turquie qui alléguait de mauvais traitements contraires à l'article 3) et les requêtes désintéressées déposées contre la Grèce en 1967-1970 par les pays scandinaves et les Pays-Bas et contre la Turquie en 1982, s'inscrivent dans le cadre d'un différend politique plus vaste :

requêtes introduites par la Grèce contre le Royaume-Uni en 1956-1957 (statut de Chypre), par l'Autriche contre l'Italie en 1960 (problème du Haut-Adige), par l'Irlande contre le Royaume-Uni en 1971 et 1972 (Irlande du Nord), par Chypre contre la Turquie en 1974-1975-1977 et 1994 (intervention militaire turque dans la partie nord de l'île), par la Géorgie contre la Fédération de Russie en 2007 (harcèlement de la population géorgienne immigrée en Russie) et en 2008 (intervention militaire russe en Ossétie du sud en août 2008 ; déc. 30 juin 2009, n° 13255/07), par l'Ukraine contre la Russie en 2014 et 2015 (prise de contrôle de la Crimée par la Russie).

En second lieu, sans doute par crainte d'un éventuel « effet boomerang », les États, à l'évidence, usent avec circonspection du droit de regard mutuel que leur accorde l'article 33 : le contrôle du respect de la Convention semble se limiter ici aux seules violations aux droits intangibles relatifs à l'intégrité de la personne et il est significatif que toutes les requêtes étatiques (à l'exception de celle de l'Autriche en 1960) soient principalement fondées sur l'article 3 (torture). Enfin, le règlement de ces affaires s'est opéré plus souvent dans un cadre « diplomatique » (par exemple, les requêtes déposées contre la Turquie ont abouti à un règlement amiable devant la Commission, le 7 décembre 1985) que par la voie d'une décision judiciaire, illustrant ainsi les résistances étatiques à toute procédure contraignante : les arrêts *Irlande c/ Royaume-Uni* (18 janvier 1978, A. 25, *JDI*, 1980, 449, obs. P. Rolland), *Chypre c/ Turquie* (10 mai 2001, Gr. Ch., *RTDH*, 2002, 807, obs. P. Tavernier) et *Géorgie c/ Russie* (3 juillet 2014, Gr. Ch.) constituent les seules exceptions à cette dénaturation de la Convention européenne.

La faillite du recours interétatique est manifeste, comme en témoignent l'absence de requête étatique contre la Russie à l'occasion des opérations militaires menées en Tchétchénie et l'arrêt de radiation du rôle, du 4 avril 2000, constatant un règlement amiable dans l'affaire Danemark c/ Turquie.

L'arrêt fait état des regrets de la Turquie concernant « les cas occasionnels et individuels de torture et de mauvais traitements » ainsi que des mesures prises pour combattre ces pratiques depuis l'introduction de la requête en janvier 1997…

### *B – Le recours individuel*

#### *1. Caractéristiques*

**195** Usage du recours individuel. — Le droit de recours individuel institué par l'article 25 du texte de 1950 (art. 34 texte révisé) constitue l'innovation principale de la CEDH dans la mesure où il confère à l'individu un droit d'action directe devant un organe international de contrôle. La Cour a souligné que l'article 25 était, avec l'ex-article 46 (juridiction de la Cour, *supra*, n° 187), une disposition « essentielle » à l'efficacité du système de la Convention (*Loizidou, c/ Turquie*, 23 mars 1995, § 70, *GACEDH*, n° 1). Elle qualifie le droit de recours individuel de « clé de voûte du mécanisme de sauvegarde des droits » garantis par la Convention

(*Mamatkulov et Askarov c/ Turquie*, 4 févr. 2005, Gr. Ch., § 122) et précise que ces dispositions procédurales (art. 25 et 46) doivent, comme les dispositions normatives, bénéficier d'une interprétation évolutive (*Loizidou*, préc., § 71). La multiplicité des requêtes individuelles, facilitées par la gratuité de la procédure devant les organes de Strasbourg et l'instauration d'un système d'assistance judiciaire (art. 91 et s., Règlement), donne toute sa portée au mécanisme de garantie institué : 37 399 décisions rendues de 1955 au 31 octobre 1998 ; 93 396 décisions pour l'année 2013, 45 576 pour 2015. Le droit de recours individuel est la pierre angulaire du mécanisme de sauvegarde instauré par la CEDH : sans lui, l'appareil institutionnel fonctionnerait au ralenti. Pour remédier à l'engorgement du rôle de l'ancienne Commission, le Protocole 8 du 19 mars 1985 permettait à celle-ci de se constituer en chambres pour examiner les requêtes individuelles pouvant être traitées sur la base d'une jurisprudence établie ou ne soulevant pas de question grave relative à l'interprétation ou à l'application de la CEDH (art. 1). L'organisation de la nouvelle Cour (*supra*, n° 184) en chambres de sept juges obéit au même impératif mais le flux de requêtes individuelles menace d'asphyxie le mécanisme de contrôle (*supra*, n° 181).

Le texte de 1950 s'était néanmoins arrêté au milieu du gué : le droit de recours individuel était inscrit dans une clause facultative et il ne permettait pas de saisir la Cour. La Convention révisée corrige ces deux anomalies.

**196** UN DROIT DE RECOURS OUVERT DE PLEIN DROIT. — Aux termes de l'article 34 de la Convention, le droit de recours individuel n'est plus subordonné à une déclaration d'acceptation de la compétence de l'organe de contrôle par l'État défendeur. De même qu'elle supprime la clause facultative relative à la juridiction obligatoire de la Cour (ex-art. 46 ; *supra*, n° 186), la Convention révisée supprime la clause facultative de l'ancien article 25, inspirée également de l'article 36, § 2 du Statut de la CIJ.

Selon l'article 25, le droit de recours individuel était subordonné à une déclaration préalable d'acceptation de la compétence de la Commission en la matière, émanant de l'État mis en cause et faite, éventuellement, pour une durée déterminée, généralement de trois ou cinq ans (cette limitation temporelle est la seule autorisée par l'article 25). L'exercice du droit de recours se heurtait à une limite considérable, protectrice des souverainetés nationales, que la pratique des États membres du Conseil de l'Europe a progressivement effacée. La compétence de la Commission pour connaître des requêtes individuelles est devenue effective le 5 juillet 1955 avec le dépôt de six déclarations (art. 25, § 4). Si certains États, telles la Turquie (1954-1987), la Grèce (1974-1985) ou la France (3 mai 1974 – 2 oct. 1981), ont différé parfois longuement la déclaration d'acceptation de la compétence de la Commission, celle-ci deviendra, selon la pratique suivie depuis 1990, concomitante à la ratification de la Convention et, dès lors, *tous les États parties à la Convention seront liés par la clause de l'article 25*.

Le droit de recours individuel était donc pratiquement d'application automatique dans le cadre européen, et l'article 34 ne fait que traduire en droit cette réalité.

À titre indicatif, on notera que, de 1982 à 1998 (inclus), la France a été l'État le plus souvent traduit devant la Commission (4 873 requêtes enregistrées), devançant largement le Royaume-Uni (3 745 requêtes) et l'Allemagne (2 903 requêtes). À partir de 1991, la France se « détache » nettement par le nombre annuel des requêtes dirigées contre elle : 400 en 1991, 353 en 1992, 399 en 1993, 439 en 1994, 471 en 1995, 600 en 1996, 558 en 1997, 579 en 1998 (contre, respectivement, 202, 222, 205, 236, 413, 471, 451 et 330 requêtes contre le Royaume-Uni). En 1998, la France n'est « devancée » que par l'Italie (798 requêtes), mais dont le cas est particulier du fait d'un nombre très élevé de requêtes concernant des affaires similaires de durée de procédure, et par… la Turquie (656 requêtes). En 2015, 1 088 requêtes ont été enregistrées contre la France, 789 contre l'Allemagne, 575 contre le Royaume-Uni… mais plus de 4 000 contre la Hongrie et la Roumanie, plus de 6 000 contre la Russie et l'Ukraine. Au vu de ces chiffres, on peut affirmer qu'il y a à terme dans l'existence même du droit de recours individuel un véritable effet de dissuasion.

**197** UN DROIT DE SAISINE DIRECTE. — Le nouvel article 34 de la Convention permet désormais à l'individu de saisir directement la Cour : « La Cour peut être saisie d'une requête par toute personne physique… » (voir schéma, *supra*, n° 181).

1° *Un aboutissement logique*. Selon le texte de 1950, la Cour ne peut être saisie directement d'un litige. Il faut au préalable que la Commission ait clos l'examen de l'affaire par un rapport au fond, transmis au Comité des ministres. Dans un délai de trois mois (ex-article 32, § 1 de la Convention), l'affaire *peut* être déférée – par la Commission ou l'État défendeur

– à la Cour, qui dispose d'une compétence principale mais facultative ; à défaut, et à l'expiration de ce délai, la décision définitive appartient au Comité des ministres, qui dispose d'une compétence subsidiaire mais automatique (*supra*, n° 182). C'est dire que les litiges relatifs à l'interprétation et à l'application de la Convention sont susceptibles d'être tranchés non par l'organe judiciaire de la CEDH, mais par l'organe politique du Conseil de l'Europe.

En ne reconnaissant qu'aux seuls États contractants et à la Commission qualité pour saisir la Cour d'une affaire individuelle, la Convention originaire faisait curieusement du procès devant la Cour un procès n'ayant qu'une seule partie, l'État défendeur (ex-article 44 ; *supra*, n° 189). Le droit accordé à la Commission de saisir la Cour peut surprendre. Il a son fondement dans le refus par la Convention de donner à l'individu un droit d'accès direct à la Cour : comme, le plus souvent, la requête individuelle vise l'État national, aucun autre État contractant ne peut porter l'affaire devant la Cour (ex-art. 48). Le droit de saisine accordé à la Commission – qui n'a pas pour autant la qualité de « partie » et doit, sur la base de son rapport (art. 31), dire le droit en toute objectivité et assister la Cour dans sa fonction – corrige cette rupture de l'égalité de traitement entre l'individu requérant et l'État défendeur et apparaît comme le substitut du droit de recours individuel devant la Cour.

Le requérant individuel n'accédait donc à la Cour qu'indirectement, par le truchement de la Commission ou par celui, hypothétique, de son État national. Une telle solution était bâtarde alors même que le droit pour l'individu de saisir la Cour semble le prolongement naturel de son droit de recours devant la Commission.

2° *Un bouleversement institutionnel.* L'ancien système de contrôle reposait pour l'essentiel sur la Commission. Celle-ci, par le jeu combiné des anciens articles 32, § 1 et 48 de la CEDH est l'*organe pivot* du mécanisme de sauvegarde. L'article 48 n'établit en effet aucune obligation de saisine à la charge de la Commission (« ... la Cour peut être saisie ») : dès lors que les États contractants exercent fort peu leur droit de saisir la Cour, c'est la Commission qui décide discrétionnairement, sans avoir besoin de motiver sa décision, si une affaire sera jugée par la Cour ou par le Comité des ministres. La Commission se trouve ainsi investie du rôle de « gardienne de la Convention » : selon ses propres termes, elle « ne défend pas son propre intérêt, mais l'intérêt de tous les pays membres du Conseil de l'Europe dans le maintien des droits de l'homme et des libertés humaines » (aff. *Lawless*, compte rendu d'audience des 3-4 octobre 1960, éd. ronéo, p. 15).

L'agencement institutionnel de la Convention est profondément bouleversé par le nouvel article 34 : désormais, l'individu est au cœur du mécanisme de contrôle.

L'octroi à l'individu d'un droit de saisine directe emporte également pour conséquence la disparition de la faculté, prévue par l'ex-article 48, al. *b*, offerte à l'État demeuré à l'écart de la procédure devant la Commission et dont un ressortissant est victime d'une violation de la Convention de saisir la Cour : cette « protection judiciaire », très rarement utilisée, venait ici soit suppléer l'absence de droit de recours individuel devant la Cour (*Soering c/ Royaume-Uni*, 7 juill. 1989, *GACEDH*, n° 16), soit servir de substitut au recours étatique (*Loizidou c/ Turquie*, 23 mars 1995, *GACEDH*, n° 1). Cet État a désormais à sa disposition la procédure de tierce intervention de l'article 36 de la Convention (*supra*, n° 190).

**198** MESURES PROVISOIRES. — Dans le silence de la Convention de 1950, la Commission et la Cour (art. 39 du règlement intérieur) s'étaient reconnues le pouvoir de proposer à l'État incriminé des mesures conservatoires (par ex., *Soering c/ Royaume-Uni*, 7 juill. 1989, § 4, *GACEDH*, n° 16). Ainsi, avant de statuer sur la recevabilité de la requête, la Commission n'hésitait pas à intervenir auprès du gouvernement défendeur pour qu'il sursoie à l'exécution d'une décision litigieuse, dont les effets seraient irréversibles (par ex., expulsion, extradition, sentence de mort). Ces mesures, purement indicatives et habituellement suivies par les États (par ex., *Chahal c/ Royaume-Uni*, 15 nov. 1996 ; pour un exemple contraire, voir Rapp., 9 mars 1990, *Mansi c/ Suède*, *D. et R.*, 64, p. 253), étaient sans effet juridique sur la recevabilité de la requête et, *a fortiori*, sur le fond de l'affaire. La Convention révisée n'a apporté aucune innovation en la matière.

Jusque-là cantonnée au domaine de l'éloignement des étrangers, la pratique des mesures provisoires a été étendue à d'autres domaines : conservation des embryons (*Evans c/ Royaume-Uni*, 7 mars 2006 : demande faite à l'État de ne pas détruire des embryons issus d'une FIV) ; traitement médical d'un détenu (*Paladi c/ Moldova*, 10 mars 2009, Gr. Ch.) ; arrêt d'un traitement médical susceptible d'entraîner la mort du malade (*Lambert c/France*, 5 juin 2015, Gr. Ch.).

Il est évident que le non-respect des mesures provisoires rend très théorique le droit que possède l'individu de bénéficier de la protection de la Convention. La Cour européenne procède à un spectaculaire revirement de sa jurisprudence *Cruz-Varas c/ Suède* (20 mars 1991, *RUDH*, 1991, 205, note G. Cohen-Jonathan), par son arrêt de Grande Chambre du 4 février 2005 *Mamatkulov et Askarov c/ Turquie* (*RGDIP*, 2005, 421, obs. G. Cohen-Jonathan), confirmé ultérieurement (*Chamaïev et al. c/ Géorgie et Russie*, 12 avr. 2005 ; *Aoulmi c/ France*, 17 janv. 2006, *D*, 2006, 1151, note F. Lazaud). Elle juge que les mesures provisoires qu'elle indique à l'État, sur le fondement de l'article 39 de son Règlement intérieur, afin d'éviter qu'un préjudice irréparable ne soit causé à la victime de la violation alléguée, ont un caractère obligatoire et que leur non-respect s'analyse comme une entrave à l'exercice efficace du droit de recours individuel et une violation de l'article 34 (la Cour avait demandé à la Turquie, qui n'a pas obtempéré, de surseoir à l'extradition des deux requérants vers l'Ouzbékistan, où ils courraient un risque sérieux de subir des traitements contraires à l'article 3 de la Convention).

Le juge européen prend appui sur la spécificité de la Convention, « traité de garantie collective des droits de l'homme » (*supra*, n° 34), mais aussi sur les principes généraux du droit international, notamment la Convention de Vienne sur le droit des traités, et sur la jurisprudence internationale pertinente en matière de mesures conservatoires (*infra*), pour décider que « l'interprétation de la portée des mesures provisoires ne peut être dissociée de la procédure au cours de laquelle elles sont prévues et de la décision sur le fond qu'elles visent à protéger » (§ 123). Les mesures provisoires tendent à la fois à assurer l'exercice efficace du droit de recours individuel et l'effectivité de l'arrêt de la Cour au fond (art. 46). Dès lors, la « bonne administration de la justice » implique que l'État respecte ces mesures et s'abstienne de tout acte ou omission qui porterait préjudice à l'intégrité et l'effectivité de la procédure engagée devant la Cour (§ 124). L'inobservation d'une mesure provisoire décidée par la Cour constitue en soi une violation de l'article 34 – sauf à ce que l'État démontre qu'il y avait un obstacle objectif au respect de la mesure provisoire qu'il n'a pu surmonter (*Paladi*, préc.) –, même si le risque d'entraves à l'exercice effectif du droit au recours ne s'est pas réalisé (*Olaechea Cahuas c/ Espagne*, 10 août 2006, § 81 ; *Mostafa et al. c/ Turquie*, 15 janv. 2008, § 42).

Comme le souligne la Cour « une mesure conservatoire est, de par sa nature même, provisoire, et sa nécessité est évaluée dans un moment historique précis en raison de l'existence d'un risque qui pourrait entraver l'exercice effectif du droit de recours garanti par l'article 34 de la Convention » (*ibid.*).

Cette interprétation constructive, marquée du souci de donner tout son effet utile à la Convention, aboutit à lier le sort de l'article 39 RI à celui des articles 34 et 46 de la Convention et à promouvoir une simple règle de procédure au rang de norme conventionnelle. On notera, toutefois, que la portée de la solution adoptée semble limitée à l'hypothèse de la violation « de l'un des droits relevant du noyau dur des droits protégés par la Convention » (*Mamatkulov,* § 108).

La Cour européenne se réfère à la jurisprudence de la Cour interaméricaine, de la CIJ et du CDH.

La CIADH (art. 63, § 2) donne compétence à la Cour interaméricaine pour ordonner des mesures provisoires (Ord. des 15 et 19 janv. 1988, *Velasquez Rodriguez c/ Honduras*, *RUDH*, 1992, p. 165), y compris, sur requête de la Commission, dans une affaire dont elle n'est pas encore saisie (Ord. 8 août 1990, *Bustios et Rojas c/ Pérou*, *RUDH*, 1990, p. 347). La Cour interaméricaine souligne, dans une jurisprudence constante, que l'observation des mesures provisoires est nécessaire pour l'effectivité de ses décisions quant au fond.

La CIJ s'est reconnue compétente dans une affaire *LaGrand*, où un ressortissant allemand devait être exécuté aux États-Unis après avoir été condamné à la peine de mort sans avoir été informé de ses droits comme l'exige l'article 36, § 1 de la Convention de Vienne sur les relations consulaires, pour indiquer des mesures conservatoires et demander aux États-Unis de ne pas exécuter l'intéressé tant que la décision définitive au fond n'aura pas été rendue, considérant qu'une telle exécution porterait un préjudice irréparable aux droits de l'Allemagne. On peut néanmoins se demander si la CIJ, bien qu'elle s'en défende, n'agit pas ici « en tant que cour d'appel en matière criminelle » (§ 25), ce qui n'est pas sa fonction (CIJ, ord. 3 mars 1999, *Convention de Vienne sur les relations consulaires, Allemagne c/ États-Unis*, *RUDH*, 1999, p. 136 ; *D*, 2002, 823, note P.-M. Martin).

Selon l'article 92 de son règlement intérieur, le Comité des droits de l'homme peut suggérer à l'État l'adoption de mesures provisoires (telle surseoir à l'exécution d'une sentence de mort : n° 251/1987, *AA c/ Jamaïque*, déc. 20 oct. 1989, *A/45/40*, p. 160 ; pour un exemple de refus de surseoir à une extradition, n° 470/1991, *Kindler c/ Canada*,

30 juill. 1993, *RUDH*, 1994, 165) ; selon le Comité, le « critère essentiel » pour l'adoption de telles mesures est « le caractère irréversible des conséquences » (n° 538/1993, *C. Steward c/ Canada*, déc. 1er nov. 1996, *RUDH*, 1997, 181). Interprétant largement cette disposition, le Comité estime que l'État qui ne fait pas droit à une demande de mesures conservatoires enfreint l'obligation qui est la sienne de donner effet aux dispositions du Pacte et de son Protocole, en ce qu'il rend « l'action du Comité sans objet et l'expression de ses constatations sans valeur et de nul effet » (par ex., n° 504/1992, *Denzil Roberts c/ Barbade*, déc. 19 juill. 1994, *A/49/40*, vol. II, p. 342, § 6. 3 ; *Khalilova c/ Tadjikistan*, déc. 30 mars 2005, *A/60/ 40*, 2005, vol. II, 79 (exécution de condamnés à mort).

Le Comité contre la torture estime également que le non-respect de mesures provisoires « annule l'exercice effectif du droit de plainte conféré par l'article 22 de la Convention et rend la décision finale du Comité sur le fond vaine et vide de sens » (déc. 17 mai 2005, *Mafhoud Brada c/ France*, n° 195/2002, *A/60/44*, 131 ; déc. 11 mai 2007, *Dar c/ Norvège*, n° 249/ 2004, A/62/44, 178).

* Particulièrement remarquable est l'ordonnance de référé du Conseil d'État du 30 juin 2009 (*Ministre de l'Intérieur, de l'outre-mer et des collectivités territoriales c/ M. Djamel B*, n° 328879 : suspension de la procédure d'expulsion d'un étranger vers l'Algérie) qui se rallie à l'interprétation de la Cour et, considérant que l'inobservation des mesures provisoires prescrites par la Cour, qui ont pour objet de garantir l'effectivité du droit de recours individuel de l'article 34, constitue un manquement à cette disposition, juge qu'en l'absence « d'exigence impérieuse d'ordre public », l'exécution de la mesure d'expulsion en contrariété avec la mesure provisoire « constitue une atteinte grave et manifestement illégale à une liberté fondamentale ». C'est là la manifestation tangible d'un mouvement de coopération judiciaire au service de la défense effective des droits et libertés.

### *2. Les titulaires du droit de recours individuel*

Le droit de recours individuel est reconnu à « toute personne physique, toute organisation non gouvernementale ou tout groupe de particuliers » (art. 34).

**199** TOUTE PERSONNE PHYSIQUE. — 1° La Convention ne pose aucune condition relative à la nationalité, la résidence, l'état civil ou la capacité de l'individu. Autrement dit, la protection de la Convention peut être invoquée contre un État partie non seulement par ses nationaux, mais encore par les ressortissants d'un autre

État, partie ou tiers à la Convention, par les réfugiés et par les apatrides, dès lors que la violation invoquée a eu lieu dans les limites de la juridiction de l'État partie à la CEDH (par ex., 37 % des requêtes enregistrées contre la France entre 1981 et fin 1992 ont été déposées par des étrangers).

Par ailleurs, les personnes considérées comme incapables dans l'ordre interne (mineurs, aliénés) peuvent s'adresser à la Cour, même sans être représentées par un tuteur ou un curateur (*Zehentner c/ Autriche*, 16 juill. 2009) ; il en est de même des détenus, quel que soit le motif de leur condamnation (ainsi, pour une criminelle nazie dite « la chienne de Buchenwald », déc. 8 mars 1962, *Ilse Koch c/ RFA*, *Ann.*, 5, p. 127).

2° D'une manière générale, il faut considérer que les conditions régissant les requêtes individuelles ne coïncident pas nécessairement avec les critères nationaux du *locus standi*. Une personne n'ayant pas en droit interne le droit de représenter une autre personne peut donc, dans certains cas, agir au nom de cette dernière devant la Cour européenne.

Ainsi, une mère privée de l'autorité parentale a néanmoins en sa qualité de mère biologique le pouvoir de saisir la Cour au nom de ses enfants afin de protéger leurs propres intérêts, notamment en cas de conflit avec la personne investie par les autorités de la tutelle de ses enfants (*Scozzari et Giunta c/ Italie*, 13 juill. 2000, *JCP G*, 2001, I, 291, chron. F. Sudre).

Distinguant la notion de « victime » de celle de « qualité pour agir », la Cour admet qu'une ONG n'ayant pas la qualité de « victime » (directe ou indirecte) se voit néanmoins reconnaître la faculté d'agir devant elle en qualité de « représentant *de facto* » de la victime directe en cas de « circonstances exceptionnelles » tenant à l'extrême vulnérabilité de la victime et à son incapacité totale d'agir en justice (*Centre de ressources juridiques au nom de Valentin Campeanu c/ Roumanie*, 17 juil. 2014, Gr. Ch. ; *JCP G* 2014, act. 873, G. Gonzalez). Il s'agit d'assurer l'effectivité du droit d'accès à la justice des personnes vulnérables (en l'espèce, la victime est un handicapé mental, n'ayant ni proches ni tuteur ou représentant légal ; voir aussi, *N.Ts c/Géorgie*, 2 févr. 2016).

3° De plus, l'État mis en cause n'a aucun droit de contrôle sur le bien-fondé et, même, l'opportunité d'une requête individuelle.

Sauf à méconnaître l'article 34 de la Convention, il ne saurait entraver l'exercice efficace du droit de recours individuel, par exemple en contrôlant la correspondance d'un détenu avec la Cour ou l'ancienne Commission (*Campbell c/ Royaume-Uni*, 25 mars 1992, A. 233, § 66), en exerçant des pressions sur la victime (ou sur ses proches) susceptibles d'amener à la modification ou au retrait de la requête (*Sisojeva et al. c/ Lettonie*, 16 juin 2005, § 129), ou en menaçant son avocat de poursuites pénales (par ex. : *Akdivar c/ Turquie*, 16 sept. 1996 ; *Petra c/ Roumanie*, 23 sept. 1998 ; *Assenov c/ Bulgarie*, 28 oct. 1998), voire même en intervenant « amicalement » auprès de l'État national du requérant (*Ilascu et al. c/ Moldavie et Russie*, 8 juill. 2004, Gr. Ch.).

À cette fin, les États membres du Conseil de l'Europe ont signé à Londres le 6 mai 1969 l'Accord européen concernant les personnes participant aux procédures devant la Commission et la Cour européennes des droits de l'homme (entré en vigueur le 17 avr. 1971), qui accorde auxdites personnes (requérants eux-mêmes, leurs représentants, avocats, témoins…) certaines immunités et facilités (immunité de juridiction de leurs déclarations et de leurs pièces, droit de correspondre librement, spécialement pour les détenus, avec la Commission et la Cour). Dans le cadre de la Convention révisée par le Protocole 11 a été adopté le 5 mars 1996 un accord similaire (*JO*, 30 janv. 1999, p. 1557).

**200** TOUTE ORGANISATION NON GOUVERNEMENTALE. — Cette expression peu claire ne doit pas être entendue au sens international du terme mais, *a contrario*, comme excluant toute « organisation gouvernementale », dont les droits sont protégés par l'article 33. Se sont ainsi vus reconnaître le droit de saisir l'organe de contrôle, les personnes morales à but lucratif ou non lucratif : sociétés commerciales (*Autronic c/ Suisse*, 22 mai 1990, A. 178, § 47), syndicats (aff. syndicales citées *infra*, n° 567), organisations religieuses (déc. 5 mai 1979, *Church of Scientology c/ Suède*, *D. et R.*, 16, p. 68), partis politiques (déc., 15 mars 1984, *Association A et H c/ Autriche*, *D. et R.*, 36, p. 187), associations à but social ou caritatif (*Plattform « Arzte für das leben » c/ Autriche*, 21 juin 1988, A. 139), villages de groupes minoritaires (déc. 25 nov. 1996, *Könkämä et 38 autres villages samis c/ Suède*, *D. et R.*, 87 B, 78 ; *supra*, n° 59).

La même solution est retenue pour les personnes morales de droit public – et *mutatis mutandis* pour les personnes morales de droit privé exerçant une mission de service public (déc. 23 sept. 2003, *Radio France et al. c/ France*, n° 53984/00, *JCP G*, 2004, I, 162, n° 1, chron. F. Sudre ; déc. 18 déc. 2008, *Unedic c/ France*, n° 20153/04) – qui n'exercent aucune prérogative de puissance publique, ne poursuivent pas des « objectifs d'administration publique » et disposent d'une « autonomie complète » à l'égard de l'État (*Les Saints Monastères c/ Grèce*, 9 déc. 1994, A. 301 A ; Com., déc. 8 sept. 1997, *RENFE c/ Espagne, D. et R.*, 90-A, 179). Par contre, le bénéfice du droit de recours individuel est refusé aux collectivités locales. Pour ce faire, la Cour prend appui sur la qualité de personne morale de droit public, gérant « des biens et droits collectifs dans l'intérêt général de ses habitants » (déc. 23 nov. 1999, *Section de commune d'Antilly c/ France*, n° 45129/98 ; déc. 23 mars 2010, *Dösemealti Belediyesi c/ Turquie*, n° 50108/06).

Afin d'éviter un détournement de procédure, la Cour refuse également que des personnes physiques, membres d'un conseil municipal, puissent introduire des requêtes en leur nom (déc. 9 nov. 2010, *Demirbas et a c/ Turquie*, n° 1093/08).

La Commission se fondait sur le motif que « les collectivités locales comme les communes, qui exercent des fonctions officielles au nom de l'État, sont de toute évidence des » organisations gouvernementales « » (déc. 31 mai 1974, *Communes d'Autriche, Rec. Déc.*, 46, p. 118 ; déc. 2 déc. 1997, *Tsomtsos et autres c/ Grèce*, n° 20680/92). Cette argumentation très contestable vidait la notion de décentralisation de tout contenu par l'assimilation qu'elle opère entre collectivités locales et pouvoir central (déc. 7 janv. 1991, *Ayuntamiente de M. c/ Espagne, D. et R.*, 68, p. 209).

L'« organisation non gouvernementale » habilitée à saisir la Cour, sous condition qu'elle puisse se prétendre *elle-même* « victime » d'une violation de la Convention (*infra*, n° 202 ; déc. 4 juill. 1983, *Association X c/ France, D. et R.*, 34, p. 213), est donc, selon la jurisprudence européenne, toute personne morale autre que celles qui participent à l'exercice de la puissance publique ou qui gèrent un service public sous le contrôle des autorités publiques.

La Cour IADH, se fondant sur l'article 1 §§ 1 et 2 de la CIADH, refuse d'étendre la qualité de « victime » aux personnes morales (Cour IADH,

2 juil. 2004, Exceptions préliminaires, fond et réparations, *Herrera Ulloa c/Costa Rica*, série C n° 107 ; Cour IADH, 22 juin 2015, *Granier y otros (radio caracas television) c/Venezuela.*

* Le fait qu'une personne morale de droit public soit exclue du droit de recours individuel n'implique pas qu'elle n'est pas sujet de droit de la Convention dans l'ordre juridique interne. Le Conseil d'État admet que collectivités territoriales peuvent se prévaloir des droits garantis par la Convention (CE, 29 juill. 1994, *Département de l'Indre*, *RFDA*, 1995, 161, concl. J.-C. Bonichot ; CE, 30 oct. 1997, *Section de commune d'Antilly*, *Rec. Tab.*, 700). Il en va ainsi des communes, qui ne sauraient être regardées comme des « Hautes parties contractantes » au sens de la Convention (CAA Lyon, 29 mai 2002, *Commune d'Annecy*, *AJDA*, 2002, 758, concl. A. Bonnet) à qui serait dénié le droit d'invoquer la Convention (CE, 29 janv. 2003, *Ville d'Annecy*, *AJDA*, 2003, 613, concl. L. Vallée ; *RDP*, 2004, 547, note X. Dupré de Boulois ; *RFDA*, 2003, 961, note A. Potteau). La solution de l'applicabilité de la Convention aux personnes publiques doit cependant être nuancée. Le Conseil d'État juge en effet qu'un département ne peut invoquer le Protocole 1 « qui ne crée pas de droits dont les collectivités territoriales puissent se prévaloir » (CE, 23 mai 2007, *Département des Landes*, n° 288378, *AJDA*, 2008, 1036, note X. Dupré de Boulois ; CE, 19 nov. 2008, *Communauté urbaine de Strasbourg*, n° 312095, *AJDA* 2009, 425, note M. Verpeaux). Il juge également que les communes ne peuvent invoquer les stipulations de la Convention (art. 6, § 1 et art. 1, Prot. 1) « dans un litige relatif à la répartition de ressources financières publiques entre personnes publiques » compensant une perte de recettes fiscales (CE, 29 janv. 2003, *Commune de Champagne-sur-Seine*, *ibid.* ; CE, 22 sept. 2003, *Commune d'Étampes* n° 250422). Mais il en va autrement si la personne publique agit en qualité de contribuable (CE, 3 sept. 2008, *Ministre de l'équipement c/Aéroport de Bâle-Mulhouse*, n° 304375).

**201** TOUT GROUPE DE PARTICULIERS. — Est considérée comme telle une association informelle, le plus souvent temporaire, de deux ou plusieurs personnes partageant des intérêts identiques et se prétendant victimes d'une violation de la Convention à leur encontre (par ex., les recours d'habitants de localités belges dans l'« *affaire linguistique belge* », 23 juill. 1968, *GACEDH*, n° 9).

Seuls les « particuliers » peuvent adresser une communication au Comité des droits de l'homme (art. 1 du Prot. au PIDCP). Contrairement à l'article 34 de la CEDH, le Protocole ne permet pas l'examen de communications présentées par des groupements, qu'il s'agisse d'une association (n° 163/1984, *Groupe d'associations pour la défense des personnes handicapées c/ Italie*, déc. 10 avr. 1984, *Sélection*..., p. 50), d'un parti politique (n° 104/1981, *JRT et Parti WG c/ Canada*, déc. 6 avr. 1983, *Sélection*..., p. 26), d'une ONG (n° 136/1983, *X c/ Uruguay*, déc.

25 juill. 1983, *Sélection*..., p. 45) ou d'une société (n° 1002/2001, *Wallmann et consorts c/ Autriche*, déc. 1er avr. 2004, *A/59/40*, vol. II, 2004, 195), mais le Règlement intérieur du Comité (art. 90, § 1) autorise la présentation d'une communication commune à plusieurs particuliers, sous réserve que chacun des particuliers ait un intérêt personnel à agir (voir n° 196/1985, *Ibrahima Gueye et 742 autres retraités sénégalais de l'armée française c/ France*, déc. 3 avr. 1989, *RUDH*, 1989, p. 62).

### 3. *La qualité de victime*

**202** La notion de victime. — Le requérant individuel doit avoir été *victime* d'une violation des droits garantis pour être habilité à exercer le recours individuel. Il doit donc avoir, à l'inverse du requérant étatique, un intérêt personnel à agir : l'article 34 n'institue pas au profit des particuliers une sorte d'*actio popularis* et ne les autorise pas à demander à la Cour d'examiner *in abstracto* si une loi est ou non conforme à la Convention (*De Becker c/ Belgique*, 27 mars 1962, A. 4, *De Wilde, Ooms et Versyp c/ Belgique*, 18 juin 1971, *GACEDH*, n° 20, et *Klass c/ Allemagne*, 6 sept. 1978, A. 28). Les droits du requérant individuel doivent avoir été lésés d'une manière concrète par une décision ou une mesure interne.

1° Le droit de recours individuel a été très largement ouvert du fait de l'interprétation très extensive, que la Commission et la Cour ont donnée à la notion de victime. Comme le souligne la Cour, le « concept de victime » s'interprète « de façon autonome indépendamment de notions internes telles que celles d'intérêt ou de qualité pour agir » (*Micallef c/ Malte*, 15 oct. 2009, Gr. Ch., *JCP G*, 2010, doctr. 70, n° 6, F. Sudre ; déc. 4 déc. 1995, *Tauira et al. c/ France*, *D. et R.*, 83 A, p. 112 ; note E. Decaux, *RGDIP*, 1996, p. 741). *Supra* n° 200.

a) De jurisprudence constante (*Marckx c/ Belgique*, 13 juin 1979, § 27, *GACEDH*, n° 51), la « victime » désigne « la personne directement concernée par l'acte ou l'omission litigieux » et la qualité de « victime » peut exister même en l'absence de préjudice, cette question ne jouant un rôle que sur le terrain de la réparation (*Inze c/ Autriche*, 28 oct. 1987, A. 126, § 32). L'adoption d'une décision ou d'une mesure favorable au requérant ne prive donc pas ce dernier de la qualité de « victime » si les autorités nationales n'ont pas reconnu, explicitement ou en substance, puis réparé effectivement la violation de la Convention (*Eckle c/ Allemagne*, 15 juill. 1982, A. 51, § 66 ; *Amuur c/ France*, 25 juin 1996, § 36 ; *Chevrol c/ France*, 13 févr. 2003, § 36).

Ainsi, l'atténuation d'une peine (Rapp., 12 juill. 1985, *Pannetier c/ Suisse*, *D. et R.*, 46, p. 5 ; *Mathew c/ Pays-Bas*, 28 sept. 2005), l'adoption d'une mesure qui fait cesser provisoirement les effets directs de la violation (*Lopez Ostra c/ Espagne*, 9 déc. 1994, *GACEDH*, n° 3), une indemnisation sans rapport raisonnable avec la somme accordée par la Cour dans les affaires similaires (déc. 27 mars 2003, *Scordino et al. c/ Italie*, n° 36813/97) ne suffisent pas à faire perdre la qualité de « victime » au requérant (pour l'article 3, *infra*, n° 316).

b) Le statut de « victime », selon une jurisprudence bien établie, ne peut être accordé à une « organisation non gouvernementale » que si elle est directement touchée par la mesure litigieuse. Ce qui suppose qu'il existe « un lien suffisamment direct » entre elle et le préjudice qu'elle estime avoir subi du fait de la violation alléguée (déc. 4 juill. 1983, *Association X c/ France*, *D. et R.*, 34, p. 213) ; *infra* 2° b.

Un tel lien fait défaut, par exemple, pour ATD Quart Monde dans *Winterstein et a. c/ France*, 17 oct. 2013 (expulsion d'une famille rom). Par contre, la condition de « victime » est remplie par un syndicat de fonctionnaires dont des membres se sont vus infliger des sanctions disciplinaires pour avoir participé à une journée nationale de grève qu'une circulaire avait interdite (*Enerji Yapi-Sol Sen c/ Turquie*, 21 avr. 2009) mais non par des personnes morales actionnaires d'une société (*Agrotexim et autres c/ Grèce*, 24 oct. 1995, A. 330 A).

2° Le principe directeur de la jurisprudence européenne, selon lequel la spécificité de la Convention, traité de garantie collective des droits de l'homme, commande de l'interpréter « d'une manière qui en rende les exigences concrètes et effectives » (par ex., *Yasa c/ Turquie*, 2 sept. 1998, § 64), vaut particulièrement en la matière.

Ainsi, le comportement délictueux du requérant dans l'ordre juridique interne ne saurait le priver de sa qualité à agir devant la Commission ; la théorie des « mains propres » ne peut être invoquée dans le cadre du contentieux des droits de l'homme qui, par sa spécificité (*supra*, n° 40), échappe aux règles classiques de la responsabilité internationale (*Van der Tang c/ Espagne*, 13 juill. 1994, A. 321).

a) Dans cet esprit, la Cour européenne interprète de manière évolutive (*supra*, n° 154) la notion de « victime » et, notant que « dans les sociétés actuelles » le recours à des associations constitue l'un des moyens accessibles dont dispose le citoyen pour défendre efficacement ses intérêts particuliers, notamment contre des actes administratifs complexes, juge que la personne physique qui n'a participé à la procédure interne que par le truchement d'une association dont elle est membre a néanmoins, au même titre que l'association, la qualité de « victime » au sens de l'article 34 (*Gorraiz Lizarraga et al. c/ Espagne*, 27 avril 2004) ; elle étend cette solution aux personnes morales qui n'ont pas participé en leur nom propre à la procédure interne (*Union des cliniques privées de Grèce et a. c/ Grèce*, 15 oct. 2009, *D* 2010, 628, note D. Tharaud ; *infra*).

b) La Cour ouvre plus largement encore la voie du recours individuel aux associations, en admettant la recevabilité de la requête d'une association de défense de l'environnement dont l'objet est essentiellement la défense de l'intérêt général, au motif qu'en sus de l'intérêt général l'association défend l'intérêt particulier de ses membres qui peuvent être considérés comme directement affectés par la mesure contestée (*L'Erablière ASBL c/ Belgique*, 24 févr. 2009, *D* 2009, 2448, obs. F.-G. Trébulle ; déc. 28 mars 2006, *Collectif national d'information et d'opposition à l'usine Melox-Collectif stop Melox et Mox c/ France*, n° 75218/01). L'« intérêt général » défendu ici par le recours se rapproche fort de l'*actio popularis*.

Devant le CDH, le pétitionnaire doit se prétendre personnellement et effectivement victime d'une violation de l'un des droits énoncés dans le Pacte et avoir un intérêt personnel à agir. Comme la Cour européenne, le Comité affirme que l'article 1 n'ouvre pas d'*actio popularis* (n° R. 9/35, *Aumeeruddy-Cziffra et neuf autres femmes mauritiennes c/ Île Maurice*, déc. 9 avr. 1981, *RUDH*, 1989, p. 96) et ne permet pas l'examen *in abstracto* des législations nationales (n° R. 14/61, *Hertzberg et autres c/ Finlande*, déc. 2 avr. 1982, *A/37/40*, p. 178 ; n° 187/1985, *JH c/ Canada*, déc. 12 avr. 1985, *Sélection…*, p. 66). D'une manière générale, le Comité estime que la procédure de contrôle du Pacte n'a pas été conçue « pour donner l'occasion d'un débat public sur des sujets d'intérêts général », tels le déploiement de missiles nucléaires ou le désarmement (n° 429/1989, *EW et autres c/ Pays-Bas*, déc. 8 avr. 1993, *A/48/40*, p. 191 ; n° 524/1992, *ECW c/ Pays-*

*Bas*, déc. 3 nov. 1993, *A/49/40*, vol. II, p. 367), la décision de procéder à la reprise d'essais nucléaires (n° 645/1995, *Mme Vailhere Bordes et consorts c/ France*, déc. 22 juill. 1996, *A/51/40*, vol. II, 282) ou encore les dangers généraux de l'utilisation des cultures OGM (n° 1453/2005, *Brun c/ France*, déc. 18 oct. 2006, *A/62/40*, vol. I, 80).

**203** L'ÉLARGISSEMENT DE LA NOTION DE VICTIME. — Il s'est opéré dans deux directions.

1° En premier lieu, à la suite de la Commission (req. 6959/75, *Bruggemann et Scheuten c/ RFA*, déc. 19 mai 1976, *D. et R.*, 5, p. 103), la Cour a eu recours à la notion de *victime potentielle* ou éventuelle : elle admet comme victime d'une violation toute personne susceptible, le cas échéant, de tomber sous l'application d'une loi prétendue incompatible avec les dispositions de la Convention.

a) Selon la jurisprudence de la Cour issue de l'arrêt *Klass* (6 septembre 1978, A. 28, § 30 à 38, *JDI*, 1980, 464, chron. P. Rolland), un individu peut se prétendre victime au sens de l'article 34 du seul fait de l'existence d'une législation dont il risque de subir les effets mais indépendamment de toute application effective (*Marckx*, préc., *Burden c/ Royaume-Uni*, 29 avr. 2008, Gr. Ch.). Ou encore, lorsqu'il est placé devant le dilemme soit de se plier à la législation en cause et de changer de comportement, soit de ne pas s'y plier et de s'exposer à des sanctions pénales (*Dudgeon c/ Royaume-Uni*, 22 oct. 1981, *GACEDH*, n° 44 ; *SAS c/ France*, 1er juill. 2014). Dans les deux cas, la personne concernée subit une « ingérence permanente » dans l'exercice du droit en cause.

Par exemple, dans l'affaire *Burden*, la Cour reconnaît la qualité de « victime » à deux sœurs octogénaires au regard de la loi fiscale sur les droits de succession qui ne leur permet pas de bénéficier des exonérations applicables aux personnes vivant en couple, dès lors qu'en raison de leur âge avancé et de la haute probabilité que l'une d'elles sera soumise aux dits droits de succession, elles peuvent prétendre être directement affectées par la législation litigieuse (§ 29). De même, une femme qui souhaite porter le voile intégral pour des raisons religieuses peut se prétendre « victime » de l'interdiction de dissimuler son visage dans l'espace public posée par la loi (*SAS*, § 57).

b) Les organes de la Convention ont fait particulièrement application de la notion de victime potentielle pour protéger le droit des étrangers (*infra*, n° 612) ; est « victime », au sens de l'article 34, l'étranger qui court un « risque réel » de subir une violation de l'un de ses droits si une mesure d'éloignement du territoire prise à son encontre était exécutée (*Soering c/ Royaume-Uni*, 7 juill. 1989, *GACEDH*, n° 16, *Beldjoudi c/ France*, 26 mars 1992, *RTDH*, 1993, 499, note J.-Y. Carlier).

De même, au titre de l'article 2 et de l'obligation de protéger la vie, a la qualité de « victime » la personne vivante dont la vie est sous la menace d'un risque certain résultant d'une grave maladie (*LCB c/ Royaume-Uni*, 9 juin 1998), des agissements d'autrui (*Osman c/ Royaume-Uni*, 28 oct. 1998, *GACEDH*, n° 12) ou d'une catastrophe naturelle (*Budayeva et a. c/ Russie*, 20 mars 2008).

c) Doit être distingué le cas particulier des législations autorisant des mesures de surveillance secrète des communications. La Cour juge qu'en l'absence de recours effectif en droit interne, il convient « de déroger à la règle selon laquelle les particuliers n'ont pas le droit de se plaindre d'une loi *in abstracto* » (*Roman Zakharov c/Russie*, 4 déc. 2015, Gr. Ch., § 171 ; *JCP G* 2015, doctr. 65, F. Sudre) et admet qu'une personne peut se prétendre victime d'une violation du droit au respect de la vie privée et de la correspondance du seul fait de l'existence de cette législation et sans avoir à démontrer qu' elle courrait le risque de faire l'objet de telles mesures.

d) L'élargissement de la notion de victime potentielle rend parfois peu nette la frontière entre le droit de recours individuel et l'*actio popularis.* Ainsi la Cour considère-telle comme « victimes » d'une violation du droit de recevoir des informations en matière d'avortement des femmes non enceintes, mais « en âge de procréer » (*Open Door et Dublin Well Woman c/ Irlande*, 29 oct. 1992, § 44, *GACEDH*, n° 72) !

Le CDH admet également que la seule existence d'une législation, en l'absence d'application concrète (n° 385/1989, *McIntyre c/ Canada*, déc. 31 mars 1993, *RUDH*, 1993, p. 156, § 10. 4), puisse être constitutive d'une violation de l'un des droits protégés par le Pacte : l'applicabilité de la loi doit alors être telle que le risque encouru par la victime présumée dépasse le cadre des possibilités théoriques (*Aumeeruddy-Cziffra*, préc., § 9. 2). Il en va ainsi du fait du maintien en vigueur de dispositions législatives réprimant pénalement l'homosexualité, « qui risquaient à tout moment d'être appliquées et influaient en permanence sur les pratiques administratives et l'opinion publique » (n° 488/1992, *Toonen c/ Australie*, déc. 31 mars 1994, *A/49/40*, vol. II, p. 241), mais non d'un simple projet.

Le Comité pour l'élimination de la discrimination raciale, se référant à l'arrêt *Open Door*, reconnaît la qualité de « victimes potentielles » aux personnes susceptibles d'être exposées aux effets de la diffusion d'idées de supériorité raciale et d'incitation à la haine raciale, sans bénéficier d'une protection adéquate (déc. 15 août 2005, *La communauté juive d'Oslo et al. c/ Norvège*, n° 30/2003, Rapp. 2005, *A/60/18*, 167).

Dans une décision peu claire, la CJCE, contrôle curieusement la compatibilité des conditions de recevabilité de l'article 230, al. 4 CE avec la qualité de « victime » au sens de l'article 34 CEDH, tel qu'interprété par la Cour européenne (CJCE, 18 janv. 2007, *Ocalan*, au nom du PKK, C-229/05, *DCDF*, n° 79, *Europe*, 2007-3, comm. 82, E. Meisse).

2° En second lieu, la notion de *victime indirecte* permet aux organes de la Convention de considérer comme victime d'une violation toute personne qui a subi un préjudice en raison d'une violation des droits d'un tiers ou qui a un intérêt personnel valable à ce qu'il soit mis fin à la violation (Com., req. 1478/62, déc. 18 déc. 1963, *Ann.*, 6, p. 591). Le recours de l'article 34 est donc ouvert à la victime indirecte sous deux conditions : qu'il y ait une victime directe, effective ou potentielle, de la violation de la Convention ; qu'il y ait un lien étroit et personnel entre la victime directe et la victime indirecte (intérêt d'une mère, d'une épouse ou d'une veuve à agir en raison de la violation prétendue des droits de leur enfant ou de leur époux ; voir *Nolkenbockoff c/ Allemagne*, 25 août 1987, A. 123, § 33 ; *Burghartz c/ Suisse*, 22 févr. 1994, A. 280 B, § 18).

Toutefois, l'appréciation de ce lien n'est guère rigide (*Yasa c/ Turquie*, 2 sept. 1998 : intérêt d'un neveu à se prétendre victime d'une violation de l'article 2 à raison du meurtre de son oncle prétendument commis par les forces de sécurité), et, de plus, la frontière entre victime indirecte et victime directe est ténue.

Ainsi, la Cour admet, dans certaines circonstances, que le parent d'un « disparu » peut se prétendre lui-même victime d'une violation de la Convention (*Kurt c/ Turquie*, 25 mai 1998 ; *Caciki c/ Turquie*, 8 juill. 1999), qu'un père est « victime » d'un traitement dégradant du fait de la mutilation du corps de son fils tué (*Akkum et al. c/ Turquie*, 24 mars 2005), que l'époux de celle qui voulait se suicider est « victime » d'une atteinte à son droit propre de mettre fin à ses jours résultant du refus de délivrer à son épouse une dose létale de médicaments (*Koch c/ Allemagne*, 19 juill. 2012, *RTD civ.*, 2012, 700, chron. J.-P. Marguénaud).

Le bénéfice de la notion de *victime indirecte* est étendu aux personnes morales (*Union des cliniques privées de Grèce et a. c/ Grèce*, 15 oct. 2009, préc.).

Dans cette affaire, la Cour juge que les unions régionales des cliniques privées, dont les intérêts ont été défendus dans la procédure interne par une fédération nationale, ont qualité pour agir en tant que victimes indirectes du refus de l'administration de se conformer à un arrêt du Conseil d'État grec annulant une décision relative aux tarifs d'hospitalisation des cliniques privées.

Le Comité admet que les proches de la victime, si les liens familiaux sont établis, puissent le saisir (n° R. 1/5, *Massera c/ Uruguay*, *A/34/40*, p. 138 ; n° 16/1977, *D. Monguya Mbenge c/ Zaïre*, déc. 25 mars 1983, *Sélection…*, p. 80 ; n° 1186/2003, *Titiahonjo c/ Cameroun*, déc. 3 avr. 2008, A/63/40, vol. II, 2008, p. 20).

3° Ajoutons que, en cas de décès du requérant, les héritiers peuvent poursuivre la procédure si le grief est transmissible et s'ils ont un intérêt à voir établie la violation de la Convention (déc. 6 oct. 1988, *Funke c/ France*, *D. et R.*, 57, p. 5 ; *X c/ France*, 31 mars 1992, A. 234 C, § 26). Le juge européen estime que les affaires portées devant lui présentent généralement une « dimension morale » et que « les proches du requérant peuvent avoir un intérêt légitime à veiller à ce que la justice soit rendue même après le décès du requérant » (déc. 13 déc. 2000, Gr. Ch., *Malhous c/ République tchèque*) et interprète très souplement le caractère transmissible du grief en jugeant, par exemple, qu'un fils, par sa seule qualité d'héritier de la défunte, a un « intérêt suffisant » à poursuivre devant elle l'instance engagée par sa mère (*Andersson c/ Suède*, 27 août 1997 ; aussi, *Ahmet Sadik c/ Grèce*, 15 nov. 1996, *RUDH*, 1997, 10, obs. F. Sudre).

Des décisions récentes témoignent, cependant, d'une rigueur accrue, jugeant que les droits tirés « des articles 2, 3, 5, 8, 9 et 14 appartiennent à la catégorie des droits non transférables » (déc. 26 oct. 2000, *Sanles Sanles c/ Espagne*, n° 48335/99 ; aussi, déc. 28 févr. 2006, *Thévenon c/ France*, n° 2476/02 ; *Koch*, 19 juill. 2012, préc.).

4° Considérant que sa mission est non seulement de fournir une garantie individuelle mais est aussi, à l'instar de celle d'un juge constitutionnel, de déterminer dans l'intérêt commun les questions de principe permettant de « clarifier, sauvegarder et développer les normes de la Convention » (*Irlande c/ Royaume-Uni*, 18 janv. 1978, A. 25, § 158), la Cour européenne estime que la condition de « victime » à laquelle est subordonnée sa compétence *ratione personae* ne doit pas faire l'objet d'une « application rigide, mécanique et inflexible ». Ceci vient relativiser la prohibition de l'*actio popularis*.

Elle juge ainsi qu'il lui incombe de poursuivre l'examen d'une requête, après le décès du requérant et en l'absence d'héritier susceptible de poursuivre la procédure, si celle-ci a trait à une question d'intérêt général intéressant non seulement l'État partie mais aussi les autres États membres (*Karner c/ Autriche*, 24 juill. 2003, § 25-27 : transfert du bail, au décès de son titulaire, à son partenaire homosexuel) et, même, de connaître d'une requête alors que le requérant est décédé avant l'introduction de celle-ci (*Loyen c/ France*, 5 juill. 2005, *AJDA*, 2005, 1891, chron. J.F. Flauss ; *Micallef c/ Malte*, 15 oct. 2009, préc.).

Dans l'affaire *Loyen*, la compatibilité avec l'article 6, § 1 de la présence du commissaire du gouvernement au délibéré de la juridiction administrative est une question d'intérêt général qui confère qualité à des requérantes pour introduire une requête au nom de leur époux et père décédé, alors même qu'elles n'étaient pas parties à la procédure interne.

Relève du même esprit la technique des « arrêts pilote » qui permet à la Cour d'utiliser une requête individuelle pour statuer sur la conventionnalité d'une situation générale (*infra* n° 247).

## II | La recevabilité de la requête

**204** Filtrage des requêtes[1]. — Une fois introduite, la requête individuelle est examinée par un juge unique si les éléments produits par le requérant suffisent à la considérer comme

1. Est envisagée ici la procédure issue de l'entrée en vigueur du Protocole 14 ; *supra*, n° 181.

manifestement irrecevable ou devant être rayée du rôle (art. 49 § 1 Règlement). Dans les autres hypothèses, la requête est examinée par un juge rapporteur qui décide de la soumettre soit au juge unique, soit au comité de trois juges soit à la Chambre (art. 49 § 3 Règlement). Le juge unique (art. 27) et le comité de trois juges (art. 28) disposent du seul pouvoir de rejeter à l'unanimité les requêtes individuelles manifestement irrecevables, ou de les rayer du rôle (pour un exemple antérieur critiquable : DR, 9 mai 1990, *Van Volsem c/ Belgique*, note F. Sudre, *RUDH*, 1990, 349) ; la décision est alors définitive (art. 28). La volonté, qui sous-tend l'article 28, de désencombrer le rôle de la Cour en réalisant un filtrage efficace des requêtes individuelles (on notera que les requêtes étatiques sont portées directement devant la Chambre ; art. 29, § 2) n'a cependant pas conduit à l'introduction d'une règle dite *de minimis* préconisée par certains experts.

Toute requête individuelle qui n'a pas fait l'objet d'une décision d'irrecevabilité du juge unique ou du comité des trois juges (et d'un arrêt au fond de ce dernier ; art. 28), est transmise, comme toute requête étatique, à la Chambre, accompagnée du rapport du juge rapporteur qui contient un exposé des faits pertinents, l'indication des questions soulevées par la requête au regard de la Convention, une proposition sur la recevabilité et, s'il y a lieu, un avis provisoire sur le fond (art. 49, Règlement). Il appartient à la Chambre de contrôler la recevabilité de ladite requête. Comme antérieurement la Commission, la Chambre joue le rôle d'une véritable chambre des requêtes : elle retient les requêtes juridiquement recevables et rejette les autres. La Chambre ne tranche pas un litige au fond mais rend un jugement avant dire droit, qui s'impose aux parties à titre définitif (réserve faite de la procédure de renvoi, *infra*, n° 241).

La Cour a modifié son règlement intérieur (art. 41) en juin 2009 afin de mettre en œuvre une « politique de prioritisation » dans le traitement des requêtes, en fonction « de l'importance et de l'urgence des questions soulevées », distinguant en pratique sept catégories d'affaires : affaires urgentes impliquant un risque pour la vie, la santé, la situation personnelle ou familiale du requérant ou pour le bien être des enfants (niveau 1) ; affaires susceptibles d'avoir une incidence sur l'efficacité du système de la convention ou soulevant une question importante d'intérêt général (niveau 2) ; affaires comportant *prima facie* des griefs principaux portant sur les articles 2, 3, 4, 5 § 1 (*core rights* : cœur des droits ou noyau dur des droits ; niveau 3) ; affaires potentiellement bien fondées sur le terrain d'autres articles (niveau 4) ; questions déjà traitées dans un arrêt pilote ou de principe (affaires répétitives, niveau 5) ; affaires soulevant un problème de recevabilité (niveau 6) ; requêtes de comités manifestement irrecevables (niveau 7). Cela traduit une hiérarchisation des droits au bénéfice des droits garantis par les articles 2 à 5 § 1.

**205** COMPÉTENCE ET RECEVABILITÉ. — Statuant sur la recevabilité de la requête, la Chambre examine également sa compétence : sont irrecevables, car incompatibles avec les dispositions de la Convention, les requêtes qui ne ressortent pas de la compétence de la Chambre (art. 35 § 3 a). Il convient donc de distinguer les conditions relatives à l'établissement de la compétence de la Cour (A) et les conditions de recevabilité de la requête, *stricto sensu* (B), avant d'évoquer le sort de la décision de recevabilité (C).

### *A – L'établissement de la compétence de la Cour*

Quatre chefs d'incompétence peuvent être invoqués : *ratione personae*, *ratione loci*, *ratione materiae* et *ratione temporis* (*infra*, B).

#### *1. Compétence* ratione personae

**206** NOTION DE JURIDICTION. — Selon l'article 1 de la CEDH, les États parties « reconnaissent à toute personne relevant de leur juridiction » les droits énoncés par la Convention. Comme le souligne la Cour, l'exercice de la « juridiction » est une « condition *sine qua non* pour qu'un État contractant puisse être tenu pour responsable des actes ou omissions à lui imputables qui sont à l'origine d'une allégation de violation des droits et libertés énoncés dans la Convention » (*Al-Jedda c/ Royaume-Uni*, 7 juil. 2011, Gr. Ch., § 74, *RDP* 2012, 786, obs. F. Sudre).

1° Le juge européen a développé une conception extensive de la notion de « juridiction » qui ne se limite pas à l'applicabilité personnelle et territoriale de la Convention. Aux termes de l'article 1 de la

Convention, les États membres sont responsables de tous les actes et omissions de leurs organes internes, s'ils sont contraires à la Convention, qu'ils soient accomplis en application du droit interne ou d'obligations internationales (Com., déc. 9 déc. 1987, *E. Tete,D. et R.*, 54, p. 52 ; déc. 9 février 1990, *M et Co c/ RFA*, *RUDH*, 1991, p. 134). Les États répondent donc de leur respect de la Convention à raison de l'exercice de l'« ensemble de leur "juridiction" », quel que soit le type de normes ou de mesures en cause (Parti communiste unifié de Turquie, 30 janvier 1998, § 29, *GACEDH*, n° 6 ; *Bosphorus Airways c/ Irlande*, 30 juin 2005, Gr. Ch., § 153, *GACEDH*, n° 71.

2° En conséquence, les dispositions constitutionnelles se trouvent soumises à la Convention, et « l'organisation institutionnelle et politique des États membres doit respecter les droits et principes inscrits dans la Convention » (*ibid.*, § 30). Ainsi, dans un État décentralisé, le pouvoir central est responsable de la méconnaissance des dispositions de la Convention par les autorités locales (*Assanidzé c/ Géorgie*, 8 avril 2004, Gr. Ch.).

De la même manière, le gouvernement français ne saurait invoquer l'autonomie des collectivités territoriales pour faire échapper l'État aux obligations qu'il tient de la Convention (*Société de gestion du Port de Campoloro et Société fermière de Campoloro c/ France*, 26 sept. 2006).

De même, la conclusion par les États parties de traités internationaux ne permet pas de les libérer des obligations contractées dans le cadre de la CEDH (Com., déc. 10 juin 1958, n° 235/256, *Ann.*, 2, p. 257) ; plus précisément, le transfert de compétences à une organisation internationale ne délie pas les États de leurs responsabilités au regard de la Convention pour les compétences transférées car, comme le rappelle la Cour, cela « serait contraire au but et à l'objet de la Convention » (*Beer et Regan c/ Allemagne*, 18 févr. 1999, § 57).

**207** Appartenance de l'État partie à une autre organisation internationale. — La question de la responsabilité d'un État partie pour violation de la Convention du fait de son appartenance à une autre organisation internationale se pose d'abord en termes d'imputabilité de l'acte litigieux à l'État partie et trouve son point d'ancrage dans la notion de « juridiction ».

1° La requête est incompatible *ratione personae* avec la Convention lorsque le litige s'inscrit entièrement dans l'ordre juridique interne d'une organisation internationale possédant une personnalité juridique distincte de celle de ses États membres et que l'État partie s'est abstenu de toute intervention directe ou indirecte. La responsabilité de l'État partie à la Convention ne peut alors être engagée au regard de celle-ci en raison de ses actions ou omissions tenant à son appartenance à cette organisation internationale. Il en va ainsi en matière de contentieux de la fonction publique internationale et de justice pénale internationale

Voir : Déc. 9 sept. 2008, *Boivin c/ France, Belgique et 32 États membres du Conseil de l'Europe*, n° 73250/01, déc. 9 déc. 2008, *Connolly c/15 États membres de l'Union européenne*, n° 73274/01, déc. 16 juin 2009, *Beygo c/ 46 États membres du Conseil de l'Europe*, n° 36099/06 : litige entre un fonctionnaire international et, respectivement, Eurocontrol, la Commission européenne, le Conseil de l'Europe.

Et : Déc. 9 juin 2009, *Galic c/ Pays-Bas*, n° 22617/07, déc. 9 oct. 2012, *Djokaba Lambi Longa c/ Pays-Bas*, n° 33917/12 : détention et procès devant le TPIY et devant la CPI.

La Cour en a jugé de même, dans un premier temps, pour les actes nationaux d'application d'une résolution du Conseil de sécurité des Nations Unies prise en application du chapitre VII de la Charte (*infra*, 2°).

Par sa décision de Grande Chambre du 31 mai 2007, *Behrami et Behrami c/ France* et *Saramati c/ Allemagne, France et Norvège* (2 aff. ; n° 71412/01, *RGDIP* 2008, 85, obs. P. Lagrange), relative à l'intervention armée au Kosovo, la Cour s'est déclarée incompétente *ratione personae* pour connaître de tels actes, accordant par là même à ces actes une immunité de juridiction totale. Elle considère que de tels actes, qui sont primordiaux pour la réalisation par l'ONU du « but impératif de maintien de la paix et de la sécurité qui lui est assigné » et, partant, pour l'accomplissement par le Conseil de sécurité du mandat qui lui est confié par le chapitre VII (§ 149), sont directement imputables à l'ONU, qui « n'est pas une Partie contractante à la Convention », et ne sauraient relever de son contrôle car cela s'analyserait en « une ingérence dans l'accomplissement d'une mission essentielle de l'ONU ». Voir aussi, déc. 16 oct. 2007, *Beric et al. c/ Bosnie-Herzégovine*, n° 36257/04 : décisions du Haut Représentant pour la Bosnie agissant sur délégation de pouvoirs du Conseil de sécurité dans le cadre du chapitre VII).

2° La compétence *ratione personae* de la Cour est établie dès lors que l'État partie n'agit pas en tant et pour le compte de l'organisation internationale dont il est membre et exerce sa « juridiction » au sens de l'article 1 de la Convention. Le critère de l'imputabilité de l'acte litigieux à l'État partie réside peu ou prou dans une intervention quelconque de cet État.

Après avoir établi sa compétence *ratione personae* pour connaître des actes nationaux d'application du droit de l'Union européenne (*infra*, n° 208), la Cour, considère désormais, qu'elle est compétente *ratione personae* pour connaître d'actes nationaux d'application d'une résolution du Conseil de sécurité prise en vertu du chapitre VII de la Charte, dès lors que la résolution « charge les États d'agir en leur propre nom et de (la) mettre en œuvre au niveau national » (*Nada c/ Suisse*, 12 sept. 2012, § 121 ; *Al Dulimi et Montana Management Inc c/ Suisse*, 21 juin. 2016, Gr. Ch., §§ 94-95) [1]. De tels actes relèvent de la « juridiction » de l'État partie, quand bien même celui-ci ne disposerait que d'une latitude restreinte (*Nada*, § 180). *Infra*, n° 215.

3° L'imputabilité des actes litigieux à l'État partie – et, partant, l'établissement de la compétence *ratione personae* de la Cour – est la clé d'entrée d'un éventuel contrôle de la « protection équivalente » des droits fondamentaux offerte par l'autre organisation internationale (*Bosphorus*, préc.) ; *infra* n° 213.

**208** Requêtes dirigées contre l'Union européenne et/ou ses États membres. — Des interférences procédurales existent entre l'ordre juridique communautaire et le système de la CEDH. En effet, des recours mettant en cause, directement ou indirectement, la conventionnalité du droit communautaire peuvent être portés devant la Cour européenne des droits de l'homme. En termes de recevabilité, ces requêtes soulèvent en premier lieu la question de la compétence *ratione personae* de la Cour, qui s'organise en trois points (sur la compétence *ratione materiae, infra,* n° 212).

1. Dans ces deux affaires suisses, relatives à l'inscription sur les listes antiterroristes établies par le Conseil de sécurité, la Cour constate que les mesures imposées par les résolutions du Conseil de sécurité ont été mises en œuvre au niveau interne par décision du Conseil fédéral.De nature différente est la question de l'imputabilité à l'État partie, et non à l'ONU, d'actes extraterritoriaux : *Al Jedda c/ Royaume-Uni* et *Al-Skeini c/ Royaume-Uni*, 7 juill. 2013, *infra,* n° 210.

1° En premier lieu, échappe à la compétence de la Cour tout recours dirigé contre l'Union européenne (ou, autrefois, contre la Communauté) en tant que telle, celle-ci n'étant pas partie à la Convention (Comm., déc. 10 juill. 1978, *CFDT c/ Communautés européennes*, *D. et R.*, 13, p. 231 ; la même solution vaut pour l'Office européen des brevets, déc. 10 janv. 1994, *Heinz* c/ *États contractants*, *D. et R.*, 76 B, p. 125).

2° En second lieu, la question de la recevabilité d'une requête relative à un acte proprement communautaire et dirigée contre les États membres de l'Union (et, par ailleurs, parties à la CEDH), pris individuellement ou collectivement, n'est pas tranchée (Comm., déc. 10 juill. 1978, *CFDT*, préc. ; déc. 4 juill. 2000, *Sté Guérin Automobiles c/ les 15 États de l'Union européenne*, n° 51717/99 ; en dernier lieu, Gr. Ch., déc. 10 mars 2004, *Senator Lines GmbH*, n° 56672/00).

Ces requêtes étant, en l'espèce, irrecevables soit *rationae materiae*, soit par défaut de qualité de « victime », le juge européen ne se prononce pas sur sa compétence *ratione personae* (aussi, déc. 19 janv. 1989, *Dufay c/ Communautés européennes*, n° 13539/88, non publiée ; déc. 22 oct. 1998, *Garzilli c/ Les États membres de l'Union européenne*, *RUDH*, 1998, p. 438). Dans son arrêt *Matthews* (*infra*), la Cour évoque néanmoins la responsabilité du Royaume-Uni « conjointement avec l'ensemble des autres États parties au traité de Maastricht » (§ 33).

L'imputabilité aux États membres de l'Union, même pris collectivement, des actes de droit communautaire dérivé est juridiquement difficile et supposerait de « lever le voile » de la personnalité juridique de l'Union. Une telle solution, si elle était retenue, équivaudrait à une « adhésion forcée » de l'Union à la Convention, puisque les actes communautaires pourraient alors être contrôlés par la Cour européenne par le biais de recours dirigés contre les États membres.

Le contrôle de conventionnalité des actes adoptés par les États membres de l'Union européenne dans le cadre de la coopération intergouvernementale ne se heurte pas à ces difficultés et la Cour européenne n'a pas écarté le principe de sa compétence (déc. 23 mai 2002, *Segi et autres*, et *Gestoras pro-amnistia et autres c/ 15 États de l'UE*, n° 6422/02 et n° 9916/02, à propos de positions communes adoptées par le Conseil de l'UE en matière de lutte contre le terrorisme ; irrecevabilité pour défaut de qualité de « victime », *RUDH*, 2002, 48). À rapprocher de CJCE, 27 févr. 2007, *Segi c/ Conseil*, C-355/04 P, qui ouvre la voie du recours préjudiciel à « toutes dispositions prises par le Conseil, quelles qu'en soient la nature ou la forme, qui visent à produire des effets de droit vis-à-vis des tiers » (pt 53 ; *RTDH*, 2007-72, 1153, note S. Marciali ; *RFDA*, 2007, 1100, note F. Donnat).

3° Enfin, la Cour s'estime compétente pour connaître des actes nationaux d'application du droit communautaire, car l'État membre de l'Union européenne, également partie à la CEDH, n'agit pas ici en tant qu'organe de l'Union mais exerce sa « juridiction » au sens de l'article 1 de la Convention. Le juge européen fait là application du principe général de sa jurisprudence (*supra*, n° 206), selon lequel « la Convention n'exclut pas le transfert de compétences à des organisations internationales, pourvu que les droits garantis par la Convention continuent d'être "reconnus". Pareil transfert ne fait donc pas disparaître la responsabilité des États membres » (*Matthews c/ Royaume-Uni*, 18 févr. 1999, Gr. Ch., § 32, *RTDE*, 1999, 637, obs. G. Cohen-Jonathan et J.F. Flauss). Cette solution vaut tant pour les actes nationaux d'exécution du droit communautaire dérivé (Comm. déc. 9 déc. 1987, *E. Tete c/ France, D. et R.*, 54, 52 ; déc. 9 févr. 1990, *M. et Co c/ RFA*, *RUDH*, 1991, 134 ; Cour, 15 nov. 1996, *Cantoni c/ France*, *Europe*, mars 1997, chron. 4, Y. Petit) que pour les mesures nationales d'application du droit communautaire originaire ou « constitutionnel » (*Matthews*, préc.).

### 2. *Compétence* ratione loci

**209** JURIDICTION TERRITORIALE. — Pour entrer dans le champ de la compétence *ratione loci* de la Chambre, la requête doit être relative à des faits relevant de la « juridiction » de l'État partie (art. 1, CEDH). Celle-ci, au sens de l'article 1, est « principalement territoriale » (*Ilascu et al. c/ Moldavie et Russie*, 8 juill. 2004, Gr. Ch., *GACEDH*, n° 70) mais peut aussi être exceptionnellement extraterritoriale.

La CIJ reprend cette analyse à propos du PIDCP et affirme que « si la compétence des États est avant tout territoriale, elle peut parfois s'exercer hors du territoire national » (*Avis sur les Conséquences juridiques de l'édification d'un mur dans le territoire palestinien occupé*, 9 juill. 2004, § 109, *AFDI*, 2004, 292, obs. R. Rivier).

Le principe de la territorialité de la juridiction de l'État est affirmé par la Cour européenne en prenant appui sur le droit international public (déc. 12 déc. 2001, Gr. Ch., *Bankovic et al. c/ 17 États membres de l'OTAN*, *RTDH*, 2002, 1057, obs. G. Cohen-Jonathan). Il implique, naturellement, que la notion de « juridiction » couvre les faits survenus sur le territoire national de l'État mais suppose aussi que la Convention s'applique sur l'intégralité du territoire de l'État partie (art. 29 de la Convention de Vienne sur le droit des traités du 23 mai 1969). Il est donc « présumé » que la juridiction de l'État « s'exerce normalement sur l'ensemble de son territoire » (*Ilascu*, § 312).

Le juge européen admet toutefois que, « dans des circonstances exceptionnelles », la présomption de compétence territoriale peut être limitée lorsqu'un État est empêché d'exercer effectivement son autorité sur une partie de son territoire, notamment en raison d'agissements d'un mouvement séparatiste soutenus par un État étranger (*Ilascu*, préc.). Dans ce cas, l'État en cause, ne cesse pas pour autant d'exercer sa juridiction, au sens de l'article 1 de la Convention mais le contenu de sa responsabilité est néanmoins réduit aux seules obligations positives qu'il tient de l'article 1 (*supra*, n° 160).

L'exception créée par l'arrêt *Ilascu* ne saurait cependant jouer dans l'hypothèse d'un « *no man's land* », où l'État partie n'exerce pas réellement son autorité sur une fraction de son territoire sans pour autant que celle-ci soit sous le contrôle des forces armées d'un autre État ou d'un régime séparatiste. Afin « d'éviter l'apparition d'un vide dans la protection des droits garantis par la Convention », la Cour juge alors que l'État territorial exerce sa juridiction et assume une responsabilité pleine et entière au regard de la Convention » (*Sargsyan c/ Azerbaïdjan*, 16 juin 2015, Gr. Ch., §§ 148-150, RGDIP 2016, 153, obs. P-F. Laval).

Précisons que la Convention ne s'applique de plein droit qu'aux territoires métropolitains des États contractants. Selon la « clause coloniale » de l'article 56 (ex-art. 63), la Convention n'est applicable aux territoires non métropolitains que si l'État partie a fait une déclaration expresse en ce sens (pour les îles anglo-normandes : *Gillow c/ Royaume-Uni*, 24 nov. 1986, A. 109 ; pour la Nouvelle-Calédonie : *Py c/ France*, 11 janv. 2005, *supra*, n° 141.

**210** JURIDICTION EXTRATERRITORIALE. — La notion de « juridiction » au sens de l'article 1 ne se limite pas au territoire national de l'État partie et la responsabilité de celui-ci peut entrer en jeu en raison d'actes émanant de ses organes et déployant leurs effets en dehors de son territoire (*Drozd et Janousek c/ France*, 26 juin 1992, A. 240) [1].

1° Relèvent alors de la « juridiction » de l'État partie les actes de l'État accomplis dans l'ordre interne et ayant un effet extraterritorial, telle une extradition (*Soering, c/ Royaume-Uni*, 7 juill. 1989, *GACEDH*, n° 16) ou une « remise extraordinaire » (*El Masri c/ « l'ex-république yougoslave de Macédoine »,* 13 déc. 2012, Gr. Ch.).

2° En relèvent aussi des actes extraterritoriaux accomplis et ayant produit leurs effets en dehors du territoire de l'État partie. Ainsi, la possibilité pour un État d'exercer sa « juridiction » sur ses propres ressortissants à l'étranger, par le biais d'actes des agents diplomatiques ou consulaires (déc., 25 sept. 1965, *X c/ RFA*, req. n° 1611/62, *Rec.*, déc. 17, 42 ; déc. 15 déc. 1977, Royaume-Uni, req. n° 7547/76, *DR*, 12, 73) ou d'actes accomplis à bord de navires (déc. 11 janv. 2001, *Xhavara et 15 a. c/ Italie et Albanie*, req. 39473/98) ou d'aéronefs immatriculés dans l'État n'est pas contestée.

Hors de cette hypothèse, des actes extraterritoriaux peuvent, « dans des circonstances exceptionnelles », s'analyser en l'exercice par l'État contractant de sa « juridiction » (*Bankovic*, § 67 ; *Ilascu*, § 314). Deux situations doivent alors être envisagées.

a) L'État partie s'est livré à un exercice extra-territorial de sa compétence à l'égard d'un autre État partie. La responsabilité du premier État peut être engagée en raison d'actes ou de faits commis sur un territoire dont il exerce en pratique le *contrôle effectif*. Il en est ainsi, lorsqu'il assume « l'ensemble ou certains des pouvoirs

1. Cette affaire, où était invoquée la violation du droit au procès équitable par une juridiction andorrane, offre l'exemple d'une double incompétence, *ratione loci* et *personae*, de l'organe de contrôle : ni la France ni l'Espagne ne peuvent être tenues pour responsables des actes accomplis par un État non partie à la Convention dans l'exercice de sa propre juridiction (*RTDH*, 1994, p. 98, note G. Cohen-Jonathan et J.F. Flauss).

publics relevant normalement des prérogatives » du gouvernement local (*Bankovic*, préc., § 71), soit du fait d'une occupation armée (Rapp., 4 oct. 1983, *Chypre c/ Turquie*, *RUDH*, 1992, p. 70, § 63), soit par le biais d'une administration locale subordonnée (*Loizidou c/ Turquie*, 23 mars 1995, *GACEDH*, n° 1, § 62 ; *Chypre c/ Turquie*, 10 mai 2001, Gr. Ch., § 77, *RTDH*, 2002, 807, obs. P. Tavernier) ou d'un mouvement séparatiste qu'il soutient (*Ilascu*, préc. ; *Catan et a. c/ Moldova et Russie*, 19 oct. 2012, GC, § 107).

b) Les actes de l'État partie ont été accomplis sur le territoire d'un État non contractant. C'est la question délicate des actions armées ou de police accomplis par un État partie sur le territoire d'un État tiers à la Convention. En insistant, dans sa décision *Bankovic*, sur « la vocation essentiellement régionale du système de la Convention », la Cour semble vouloir réduire l'application extraterritoriale de la Convention au seul « espace juridique des États contractants » et exclure qu'un État partie puisse exercer sa « juridiction » sur un territoire non « couvert par la Convention » (§ 80). Instrument d'un ordre public *européen*, la Convention ne joue que « dans l'espace juridique des États contractants » et « n'a donc pas vocation à s'appliquer partout dans le monde, même à l'égard du comportement » desdits États (§ 80).

En conséquence, les personnes victimes des bombardements effectués à Belgrade en 1999 par les forces aériennes de l'OTAN ne relèvent pas de la « juridiction » des 17 États membres de l'OTAN parties à la CEDH du fait de l'« acte extraterritorial » en cause.

La solution relative aux forces armées des Nations Unies retenue sur le terrain de la compétence *ratione personae* va dans le même sens (Gr. Ch., déc. 31 mai 2007, *Behrami et Behrami c/ France* ; *supra*, n° 207).

La jurisprudence postérieure s'est cependant attachée à neutraliser la décision *Bankovic*. Soit que la Cour considère que les actes des agents d'un État partie relèvent de la « juridiction » de cet État, aux fins de l'article 1, même s'ils ont été commis à l'étranger (*Öcalan c/ Turquie*, 12 mai 2005, Gr. Ch., *GACEDH*, n° 13 : remise du requérant par des agents kenyans à des agents turcs dans la zone internationale de l'aéroport de Nairobi). Soit qu'elle n'exclut pas que les forces militaires d'un État partie menant une opération sur le territoire d'un État tiers (en l'espèce, l'Iraq) puissent engager la responsabilité de l'État partie au titre de la Convention dès lors qu'elles ont « exercé, temporairement, un contrôle effectif global sur une partie du territoire » de l'État tiers, que ces forces militaires agissent au nom du seul État partie (*Issa et al. c/ Turquie*, 16 nov. 2004, § 74, *AJDA*, 2005, 545, chron. J.F. Flauss) ou au titre d'une force multinationale (*Al-Jedda c/ Royaume-Uni*, 7 juill. 2011, Gr. Ch., *RDP*, 2012-3, obs. F. Sudre). Leurs agissements sont alors imputables à l'État partie.

Dans cette affaire, relative à l'intervention des forces multinationales en Irak, la Cour juge que l'internement d'un ressortissant iraquien dans un camp administré par les forces britanniques est imputable au Royaume-Uni, dont la responsabilité est engagée au regard de la Convention, et non à l'ONU, qui n'exerçait « ni un contrôle effectif ni l'autorité et le contrôle ultimes sur les actions et omissions des soldats de la force multinationale » (§ 84), le contrôle de la sécurité en Irak étant assumé par le Royaume-Uni et les États-Unis (aussi, *Al-Skeini c/ Royaume-Uni*, 7 juill. 2011, Gr. Ch., *RGDIP*, 2012-1, 61, note P.-F. Laval ; déc. 30 juin 2009, *Al-Saadoon et Mufdhi c/ Royaume-Uni*, n° 61498/08) ; *Jaloud c/ Pays-Bas*, 20 nov. 2014, Gr. Ch.

Une solution identique est retenue à propos de l'arraisonnement en haute mer par les forces militaires françaises d'un navire battant pavillon cambodgien sur lequel elles vont exercer « un contrôle absolu et exclusif » (*Medvedyev et a. c/ France*, 29 mars 2010, Gr. Ch., § 67 ; aussi, *Hirsi Jamaa et a. c/ Italie*, 23 févr. 2012, Gr. Ch., *JCP G*, 2012, act, 380, C. Picheral).

Cette jurisprudence paraît donc bien prendre parti en faveur de l'application de la Convention en dehors du seul territoire national des États contractants.

* La Cour de cassation se prononce dans le même sens (Cass. crim, 16 sept. 2009, n° 09-82,777 : des pirates interpellés par les forces militaires françaises sur le territoire somalien relèvent de la « juridiction » française au sens de l'article 1 de la CEDH) ; confirmé par *Hassan c/ France*, 4 déc. 2014.

Le Comité des droits de l'homme a également refusé de restreindre la « juridiction » de l'État partie (art. 1 PIDCP) à son seul territoire national (n° R. 12/52, *Lopez Burgos c/ Uruguay*, déc. 29 juill. 1981, *A/36/40*, p. 189), entendant la notion de « juridiction » au sens large de compétences étatiques. Selon le Comité, l'article 1 du Protocole ne vise pas le lieu où la violation a été commise mais la relation entre l'individu et l'État (n° 217/1986, *H. v. d. c/ Pays-Bas*, déc. 8 avr. 1987, *Sélection*..., p. 75), où que la violation ait été commise : la prétendue victime doit relever effectivement de l'autorité de l'État partie, que cette autorité s'exerce sur son territoire national ou à l'étranger.

Bénéficient donc du droit de communication. les particuliers alléguant de violations résultant d'actes ayant un effet extra-territorial (par ex., décision d'extradition : n° 469/1991, *Ng c/ Canada*, déc. 5 nov. 1993, *supra*, n° 367) ou d'actes extraterritoriaux tels des actes commis sur un territoire étranger par des agents relevant de l'État incriminé, que ceux-ci exercent une autorité légale (fonctions diplomatiques ou consulaires : n° R. 13/57, *Vidal Martins c/ Uruguay*, *A/37/40*, p. 174 ; n° 125/1982, *MMQ c/ Uruguay*, déc. 6 avr. 1984, *Sélection...*, p. 8) ou de pur fait (*Lopez Burgos*, préc. : enlèvement sur le territoire argentin d'un ressortissant uruguayen par des agents de l'Uruguay), et qu'ils aient agi avec ou sans le consentement de l'État local. Le CDH considère ainsi qu'un État partie peut être responsable de « violations extraterritoriales du Pacte, s'il constitue un lien dans la chaîne de causalité qui rendrait possibles des violations dans une autre juridiction » (n° 1539/2006, déc. 30 juillet 2009, *Munaf c/ Roumanie*, § 14.2, *A/64/40*, vol. II, p. 389).

### 3. *Compétence* ratione materiae

**211** RÈGLE COMMUNE. — 1° La compétence *ratione materiae* tient à l'allégation d'une violation d'un droit protégé par la Convention et ses Protocoles entrés en vigueur (un simple « manquement » aux dispositions de la Convention suffit dans le cas des requêtes étatiques) : sont ainsi irrecevables des requêtes relatives à la violation du droit à l'autodétermination (req. 7230/75), du droit à la protection de la nature (req. 7407/76) ou du droit à l'octroi du permis de conduire (req. 7462/76) et, évidemment, à une disposition de la Convention, objet d'une réserve de l'État défendeur (par ex., déc. 17 oct. 1985, *M c/ France*, *D. et R.*, 44, p. 54).

Le CDH est compétent *ratione materiae* pour connaître de toute allégation de violation ayant trait à l'un des droits énoncés par le PIDCP (il n'en est pas ainsi du droit de propriété, n° 381/1989, *LESK c/ Pays-Bas*, déc. 21 juill. 1992, *A/47/40*, p. 371 ; ou du droit de grève). Son interprétation audacieuse de l'article 26 du Pacte (*infra*, n° 274) lui a permis d'élargir sa compétence *ratione materiae* à des faits se rapportant à des droits protégés dans le Pacte international sur les droits économiques, sociaux et culturels et de renforcer incontestablement les garanties individuelles en étendant indirectement aux droits du PIDESC le système de contrôle par voie de plaintes individuelles. Par contre, le Comité – en l'absence de disposition spécifique du Pacte en la matière – décline prudemment sa compétence lorsque le grief allégué rentre dans le champ d'une réserve étatique (n° 347/1988, *SG c/ France*, déc. 1er nov. 1991, *A/47/40, p.* 343 ; *supra*, n° 40).

2° L'établissement de la compétence ratione materiae de la Cour pour connaître d'une requête alléguant la violation de la Convention à raison de l'appartenance de l'État partie à l'Union européenne ou à une autre organisation internationale soulève des difficultés spécifiques.

**212** ACTE NATIONAL PRIS EN APPLICATION DU DROIT DE L'UNION EUROPÉENNE. — La compétence *ratione materiae* de la Cour européenne pour connaître d'un tel acte est affirmée clairement par l'arrêt de Grande Chambre *Bosphorus Airways c/ Irlande*, du 30 juin 2005 (*GACEDH*, n° 71), qui tranche la question principale de la compatibilité au regard de la Convention d'une mesure prise par un État membre de l'Union européenne en application de ses obligations communautaires.

Est en cause dans cette affaire la saisie par les autorités irlandaises, en 1993, d'un avion de la compagnie aérienne turque Bosphorus Airways, effectuée en application du règlement 990/93 du Conseil de l'Union européenne, adopté conformément aux résolutions du conseil de sécurité de l'ONU soumettant la République fédérative de Yougoslavie à un embargo. La CJCE, saisie par la voie préjudicielle, jugea que la saisie « ne saurait passer pour inadéquate ou disproportionnée » au regard « d'un objectif d'intérêt général aussi fondamental pour la communauté internationale qui consiste à mettre un terme à l'état de guerre dans la région et aux violations massives des droits de l'homme et du droit international humanitaire dans la république de Bosnie-Herzégovine… » (CJCE, 30 juillet 1996, *Bosphorus*, *Rec.*, I-3953, pt 26). Devant la Cour européenne des droits de l'homme, la société requérante se prévaut d'une violation du droit au respect de ses biens, garanti par l'article 1 du Protocole 1.

1° Autrefois déniée au motif que le contrôle de la Cour européenne n'a pas lieu de s'exercer dès lors que le système juridique de la Communauté européenne assure aux droits fondamentaux une protection équivalente à celle qui résulte de la CEDH (Comm., déc. 9 févr. 1990, *M. et Co c/ RFA*, *RUDH*, 1991, 134), la compétence *ratione materiae* de la Cour pour contrôler la conventionnalité de mesures nationales prises en application du droit communautaire dérivé ou originaire a été clairement établie par ses arrêts *Cantoni c/ France* (15 nov. 1996, préc.) et *Matthews c/ Royaume-Uni* (18 févr. 1999, préc.).

Dans la première affaire, le juge européen examine la compatibilité à l'article 7 de la CEDH de la définition légale du médicament, reprise mot pour mot d'une directive communautaire ; dans la seconde, il contrôle, au regard de l'article 3 du Protocole 1 à la CEDH, des actes du droit communautaire originaire (déc. 76/787 du Conseil et Acte de 1976 portant élection des représentants au Parlement européen au suffrage universel direct), analysés comme des traités internationaux conclus au sein de l'ordre juridique communautaire – ne pouvant, comme tels, être attaqués devant la CJCE – et dont l'État partie reste responsable *ratione materiae* au regard de la Convention.

2° L'arrêt *Bosphorus* ancre solidement la compétence de la Cour dans la notion de « juridiction » (art. 1) et applique au droit de l'Union européenne, qui ne bénéficie d'aucun traitement particulier (§ 153), le principe selon lequel les États répondent de leur respect de la Convention à raison de l'exercice de l'« ensemble de leur juridiction », quel que soit le type de normes ou de mesures en cause, que celles-ci soient prises en application du droit interne ou d'obligations internationales (*supra*, n° 206). La Cour européenne est donc compétente pour contrôler la conformité à la Convention d'un acte national pris sur le fondement d'un règlement communautaire (en l'espèce).

Ce contrôle s'organise sur la base d'un dispositif – que nous nommerons dispositif « *Bosphorus* » – fondé sur une « présomption de protection équivalente ».

**213** LA MISE EN JEU DU DISPOSITIF « *BOSPHORUS* ». — La Cour réaffirme classiquement que la conclusion par les États parties des traités communautaires postérieurement à l'entrée en vigueur de la Convention ne permet pas de les libérer des obligations contractées dans le cadre de celle-ci et que le transfert de compétences à l'Union européenne ne les délie pas de leurs responsabilités au regard de la Convention pour les compétences transférées car cela « serait contraire au but et à l'objet de la Convention » ((*Bosphorus*, § 154 ; *Beer et Regan c/ Allemagne*, 18 févr. 1999, *supra*, n° 192). Sur cette base, deux situations doivent être distinguées.

1° *Le dispositif « Bosphorus » n'est pas applicable* lorsque l'État partie n'agit pas dans le cadre strict de ses obligations juridiques internationales, du fait notamment qu'il a exercé un pouvoir d'appréciation. L'État est alors « entièrement responsable au regard de la Convention » (*MSS c/ Belgique et Grèce*, 21 janv. 2011, Gr. Ch., § 338, *JCP G* 2011, note 466, E. Dubout). Le pouvoir d'appréciation de l'État emporte l'imputabilité de la violation alléguée à l'État partie et exclut le jeu de la protection équivalente des droits fondamentaux, ouvrant alors la voie d'un contrôle classique de conventionnalité sur une mesure nationale.

Il en va ainsi dans l'affaire *MSS* (préc.), relative au système d'asile « Dublin », où la Cour juge que « la présomption de protection équivalente ne trouve pas à s'appliquer en l'espèce » (§ 340). Le règlement 343/2003 sur la détermination de l'État en charge de l'examen d'une demande d'asile au sein de l'Union comporte en effet une clause de « souveraineté » qui laisse l'État membre libre de se désigner comme compétent pour traiter la demande d'asile. Exerçant un pouvoir d'appréciation, l'État membre demeure entièrement responsable au regard de la Convention et doit en conséquence s'assurer que la procédure d'asile de l'autre État membre de l'Union vers lequel le demandeur d'asile est transféré n'offre pas à ce dernier une protection illusoire contre une expulsion contraire à l'article 3 CEDH (*MSS*, préc. ; CJUE, 21 déc. 2011, *N. S.*, C-411/10, *Europe*, 2012-3, étude 4, F. Gazin). *Supra*, n° 368.

2° *Le dispositif Bosphorus est applicable et entre en jeu* lorsque l'État partie « ne fait qu'exécuter des obligations juridiques résultant de son adhésion à l'organisation » et, donc, ne dispose d'aucune « marge de manœuvre ». L'État est alors présumé « respecter les exigences de la Convention » dès lors que l'organisation internationale « accorde aux droits fondamentaux une protection à tout le moins équivalente à celle assurée par la Convention » (*Bosphorus*, § 155-156). S'inspirant de la fameuse jurisprudence « *Solange II* » de la Cour constitutionnelle allemande (ord. 22 oct. 1986, *RTDE*, 1987, 537, note V. Constantinesco), le juge européen énonce ainsi *une présomption de compatibilité à la Convention des mesures nationales d'application du droit de l'Union*, fondée sur la figure de la « protection équivalente ».

**214** L'ÉQUIVALENCE DE LA PROTECTION DES DROITS FONDAMENTAUX. —

1° *Le constat d'une protection équivalente.* Précision faite qu'une protection « équivalente » n'est pas une protection « identique » mais une protection « comparable », le juge européen considère que la protection des droits fondamentaux offerte par le droit de l'Union est « équivalente » à celle assurée par la Convention (*Bosphorus*, § 165).

a) La protection « équivalente » s'entend à la fois des garanties substantielles et des mécanismes de contrôle du respect des droits fondamentaux. Si le constat d'équivalence « matérielle » n'est guère discutable (*supra*, n° 92 et s.), celui de l'équivalence « procédurale » l'est beaucoup plus, en raison du déficit de protection juridictionnelle dont souffre le particulier dans l'ordre communautaire (*supra*, n° 179). Cependant, dans l'arrêt *Michaud c/ France* (6 déc. 2012, *JCP G*, 2013, note 188, C Picheral ; *infra*), la Cour indique clairement que l'équivalence de la protection procédurale repose pour l'essentiel sur la procédure du renvoi préjudiciel qui permet aux particuliers, via leurs juridictions nationales, de faire constater un manquement au droit de l'Union par un État membre. Ce faisant, elle subordonne la quasi-immunité des actes nationaux d'application du droit de l'Union « à une conditionnalité procédurale » qui, de fait, consolide aussi l'office de la CJUE.

Le TPICE reprend à son compte la notion d'« équivalence procédurale » en jugeant que la garantie du droit à une protection juridictionnelle effective est « assurée par le droit qu'ont les intéressés de former un recours devant le Tribunal contre une décision de gel de leurs fonds, conformément à l'article 230, 4e al., CE » prise en application d'un règlement du Conseil mettant en œuvre une résolution du Conseil de sécurité de l'ONU ordonnant le gel des fonds des personnes et entités commettant ou tentant de commettre des actes de terrorisme (TPICE, 12 déc. 2006, *Organisation des Modjahedines du peuple d'Iran c/ Conseil de l'UE*, T-228/02, pt 152, *Europe* 2007-2, comm. 45, F. Mariatte).

b) Le système communautaire de protection des droits fondamentaux se voit accorder par la Cour européenne des droits de l'homme un « brevet de conventionnalité », qui, délivré *in abstracto*, semble valoir pour l'avenir, même s'il est précisé que le constat de « protection équivalente » n'est pas définitif et peut faire l'objet d'une réappréciation « à la lumière de tout changement pertinent dans la protection des droits fondamentaux ». La notion de « protection équivalente » induit un contrôle du juge européen sur les mesures nationales d'application du droit de l'Union largement formel, dès lors que le juge européen entend accorder dans la mise en balance des intérêts en présence un « poids considérable » à l'intérêt communautaire (§ 150) qui rend peu probable le constat d'une restriction disproportionnée à un droit garanti et paraît conférer, en pratique, une immunité aux mesures nationales d'application du droit communautaire.

Au terme d'un examen rapide, la Cour, sous couvert de décisions d'irrecevabilité pour « défaut manifeste de fondement », rend des décisions de non violation de la Convention et prononce un constat de protection équivalente, « matérielle » (déc. 10 oct. 2006, *Coopérative des agriculteurs de Mayenne et coopérative laitière Maine-Anjou-France*, n° 16931/04 : prélèvement, fixé par un règlement communautaire, imposé pour dépassement des quotas laitiers ; déc., 9 déc. 2008, *Établissements Biret c/ France*, n° 13762/04 : mesures d'interdiction d'importation de viande de bœuf pris en application de directives communautaires) ou « procédurale » (déc. 20 janv. 2009, *Cooperatieve producentenorganisatie van de Nerelandse Kokkelvisserij U. c/ Pays-Bas*, n° 13645/05 (*infra*, n° 390). La Cour fait également preuve de souplesse en jugeant compatible avec l'article 6 § 1 les modalités d'application par les juridictions nationales du mécanisme de reconnaissance mutuelle établi par le Règlement « Bruxelles I » sur la reconnaissance et l'exécution des décisions de justice en matière civile et commerciale (*Avotins c/Lettonie*, 23 mai 2016, Gr. Ch., *JCPG*, 2016, note 898, L. Milano).

2° *Le constat d'une « insuffisance manifeste »*. La présomption de protection équivalente n'est pas absolue et peut être renversée si, « dans une affaire donnée », la Cour, au terme du contrôle de l'équivalence de la protection qu'elle effectue, estime que la protection des droits fondamentaux offerte par l'autre organisation est « entachée d'une insuffisance manifeste » (*Bosphorus*, § 156). La présomption de protection équivalente ne peut alors trouver à jouer. L'arrêt *Michaud* (préc.) constitue la première application « positive » du critère de l'insuffisance manifeste, la Cour jugeant que le mécanisme de contrôle du respect des droits fondamentaux de l'UE, « en principe équivalent à celui de la Convention », n'a pu « déployer l'intégralité de ses potentialités », du fait du refus du juge interne de procéder à un renvoi préjudiciel à la CJUE (§ 115).

Est en cause dans cette affaire la compatibilité avec l'article 8 de la Convention de l'obligation faite aux avocats de déclaration de soupçon d'activités de blanchiment de capitaux résultant de la transposition de directives de l'Union. La Cour constate que le mécanisme de contrôle prévu par le droit de l'UE n'est pas « pleinement entré en jeu » dès lors que le Conseil d'État a refusé de procéder à un renvoi préjudiciel afin que la CJUE se prononce sur la compatibilité de ladite obligation avec l'article 8 CEDH.

Cependant, l'absence de renvoi préjudiciel n'est pas en soi déterminante et est appréciée par la Cour en fonction des circonstances particulières de chaque affaire (*Avotins c/ Lettonie*, 23 mai 2016, Gr. Ch.).

3° L'action normative de l'Union européenne n'échappe donc pas totalement au contrôle de la Cour européenne des droits de l'homme par le biais des mesures nationales d'application du droit de l'Union. Il ne s'agit là que d'un contrôle indirect ou « par ricochet » de la conventionnalité du droit de l'Union européenne (par ex., dans l'affaire *Cantoni*, préc., la Cour européenne s'assure de la « qualité » – précision, prévisibilité – de la définition du médicament issue d'une directive communautaire). Seule l'adhésion de l'Union européenne à la CEDH permettrait d'assurer pleinement le contrôle de la compatibilité des normes communautaires elles-mêmes à la Convention (*supra*, n° 100).

**215** L'EXTENSION DU CRITÈRE DE LA PROTECTION ÉQUIVALENTE AUX AUTRES ORGANISATIONS INTERNATIONALES. —

1° Conçu pour l'Union européenne, puis appliqué à l'OTAN et à l'Office européen des brevets [1], le dispositif de la présomption de protection équivalente fonde implicitement le contrôle des actes nationaux d'application d'une résolution du Conseil de sécurité des Nations Unies (*Al-Dulimi et Montana Management Inc. c/ Suisse*, 21 juin 2016, Gr. Ch., *JCPG*, 2016, note 968, F. Sudre), dès lors que l'imputabilité des actes litigieux à l'État défendeur est établie (*supra*, n° 207).

a) Se prévalant d'un « esprit d'harmonisation systémique », la Cour énonce, la suite de son arrêt *Al-Jedda c/ Royaume-Uni* (Gr.

1. Déc., 12 mai 2009, *Gasparini c/ Italie et Belgique*, n° 10750/03 (OTAN) et déc. 16 juin 2009, *Rambus Inc c/ Allemagne*, n° 40382/04 (OEB) : la Cour conclut que la protection offerte par le mécanisme de règlement des conflits du travail interne à l'OTAN et par la procédure d'appel devant l'OEB n'est pas entachée d'une « insuffisance manifeste » au regard des exigences du procès équitable (art. 6).

Ch., 7 juil. 2011, n° 27021/08, § 102), une présomption d'interprétation conforme des résolutions du Conseil de sécurité aux exigences de la Convention, sauf « formule claire et explicite » en sens contraire (*Al-Dulimi,* § 140). Cette présomption emporte une double conséquence : la compatibilité présumée des mesures d'application des résolutions du Conseil de sécurité avec la Convention ; la négation de l'existence d'un conflit pour l'État partie entre les obligations découlant de la Charte des Nations Unies et celles résultant de la Convention. La Cour neutralise ainsi la règle de primauté des obligations fondées sur la Charte sur toute autre obligation née d'un autre accord international, inscrite à l'article 103 de la Charte, et évite de trancher la question de la hiérarchie entre la Convention et la Charte des Nations Unies (§ 149 ; *Nada c/Suisse,* 12 sept. 2012, Gr. Ch., § 197).

b) Néanmoins, le juge européen subordonne la mise en œuvre des mesures d'exécution des résolutions du Conseil de sécurité à la condition de l'existence d'un contrôle juridictionnel garantissant « l'absence d'arbitraire », ce qui le conduit à vérifier si le système de sanctions des Nations Unies offre ou non « une protection satisfaisante ».

L'affaire *Al-Dulimi* est relative au refus du Tribunal fédéral suisse, invoquant la primauté absolue des obligations résultant de la Charte des Nations Unies, de contrôler la compatibilité avec l'article 6 de la CEDH de la décision des autorités suisses de confisquer les avoirs des requérants suite à leur inscription sur les « listes noires » établies par le Conseil de sécurité des Nations Unies (Rés. 1483 (2003)). La protection offerte par l'ONU n'étant pas « satisfaisante » (§ 153), la Cour juge que la Suisse n'a pas assuré « un contrôle juridictionnel approprié » sur la décision de confiscation et constate une violation du droit d'accès à un tribunal.

Notons que l'affaire avait été examinée « à la lumière du critère de la protection équivalente » par la Chambre (26 nov. 2013, § 117, *JCP G* 2014, doctr. 79, obs. F. Sudre).

On se félicite que la Cour européenne des droits de l'homme rejoigne la CJUE dans son refus d'accorder une quelconque immunité juridictionnelle aux actes de mise en œuvre des résolutions du Conseil de sécurité prises au titre du chapitre VII et subordonne clairement l'exécution par l'État de ses obligations issues de son appartenance à l'ONU au respect du droit à un contrôle juridictionnel adéquat garanti par la Convention.

La CJCE affirme sa compétence pour contrôler au regard des droits fondamentaux la légalité d'un règlement communautaire mettant en œuvre les résolutions du Conseil de sécurité au titre du chapitre VII de la Charte des nations Unies, qui n'est pas un acte directement imputable à l'ONU, considérant qu'une immunité juridictionnelle « constituerait une dérogation importante au régime de protection juridictionnelle des droits fondamentaux prévu par le traité CE » qui ne serait pas justifiée (CJCE, 3 sept. 2008, *Kadi et Al Barakaat Foundation*, C-402/05 P et C-415/05, pt. 311-314, 322, *RTDE* 2009-1, 161, note J.-P. Jacqué). Le Comité des droits de l'homme se prononce dans le même sens et retient la responsabilité des États pour des actes d'exécution de décisions du Conseil de sécurité agissant dans le cadre du chapitre VII de la Charte des Nations Unies (inscription sur la liste des personnes suspectées de soutien au terrorisme international ; n° 1472/2006, déc. 22 oct. 2008, *Sayadi et Vick c/ Belgique*).

2° Le principe de la protection équivalente vise, comme le souligne la Cour, « à éviter qu'un État partie soit confronté à un dilemme lorsqu'il lui faut invoquer les obligations juridiques qui s'imposent à lui, en raison de son appartenance à une organisation internationale non partie à la Convention (...) pour justifier, au regard de la Convention, ses actions ou omissions résultant de cette appartenance » (*Michaud c/ France*, 6 déc. 2012, § 104 ; *Avotins c/ Lettonie*, 23 mai 2016, Gr. Ch., § 101). Or, ce dilemme peut se présenter pour un État aussi bien du fait de son appartenance à l'Union européenne qu'en sa qualité d'État membre des Nations Unies. Ainsi compris, le principe de la protection équivalente a vocation à devenir dans la cadre de la Convention « une sorte de "principe général" de régulation des rapports de systèmes »[1].

### *B – Les conditions de recevabilité*

**216** La Convention énonce trois séries de conditions de recevabilité des requêtes : les deux premières sont communes aux requêtes étatiques et individuelles, la dernière est propre aux requêtes individuelles. Les règles de recevabilité n'ayant pas été modifiées par la Convention amendée par le Protocole 11 (le Proto-

1. S. Platon, Le principe de protection équivalente, À propos d'une technique de gestion contentieuse des rapports entre systèmes, in L. Potvin-Solis, *La conciliation des droits et libertés dans les ordres juridiques européens*, Bruylant, 2012, p. 484.

cole 14 introduit une innovation, *infra*, n° 226), leur interprétation reste fixée, pour l'essentiel, par la jurisprudence des organes de contrôle antérieure au 1er novembre 1998.

*1. Condition de délai*

La requête adressée à la Chambre doit être présentée dans un délai de six mois à compter de la date de la « décision interne définitive » incriminée (art. 35) [1]. Cette condition de délai s'apprécie d'abord au regard de la compétence *ratione temporis* de la Chambre.

**217** COMPÉTENCE *RATIONE TEMPORIS*. — Conformément à la Convention de Vienne sur le droit des traités (art. 28), la CEDH n'a pas de portée rétroactive. En principe, la compétence de la Chambre s'étend à tous les faits postérieurs à l'entrée en vigueur de la Convention à l'égard de l'État mis en cause ou, plus exactement s'agissant de la Convention originaire, postérieurs à la date de prise d'effet de la déclaration d'acceptation du droit de recours individuel (par ex., *Podbielski c/ Pologne*, 30 oct. 1998, § 30).

1° Cette règle fait l'objet d'un assouplissement issu de la jurisprudence antérieure de la Commission (déc. 9 juin 1958, *De Becker c/ Belgique*, *Ann.*, 2, p. 215). La Commission comme la Cour ont accepté d'étendre leur compétence à des faits antérieurs à la date d'entrée en vigueur de la Convention à l'égard d'une Partie, si ces faits sont susceptibles d'entraîner une violation continue de la CEDH se produisant après cette date (par ex., *Papamichalopoulos c/ Chypre*, 24 juin 1993, A. 260 B, § 39 ; *Yagci et Sargin c/ Turquie*, 8 juin 1994, A. 319 A, § 40 ; *Loizidou c/ Turquie*, 18 déc. 1996, *RGDIP*, 1998, 123, obs. G. Cohen-Jonathan).

Par exemple, l'absence d'enquête effective menée par les autorités turques sur le sort de ressortissants chypriotes « disparus » lors de l'intervention armée turque en 1974 constitue une violation continue de l'article 2, dans le chef des victimes, et de l'article 3 en raison de l'angoisse

1. Le protocole 15 (non en vigueur) réduit à 4 mois ce délai (art. 4).

prolongée causée aux proches (*Varnava et al. c/ Turquie*, 18 sept. 2009, Gr. Ch.).

La jurisprudence européenne précise que la privation d'un droit de propriété ou d'un autre droit réel constitue en principe un acte instantané et ne crée pas une situation continue de « privation d'un droit » (déc. 13 déc. 2000, Gr. Ch., *Malhous c/ République tchèque*, n° 33071/96 ; *Smoleanu c/ Roumanie*, 3 déc. 2002 ; à propos de la restitution de biens confisqués par les autorités communistes).

2° Lorsque les faits incriminés se situent pour partie à l'intérieur et pour partie en dehors de la compétence temporelle de la Cour, celle-ci doit être établie par rapport aux faits constitutifs de l'ingérence alléguée et non par rapport à la date d'une décision de refus de redresser ladite ingérence résultant de l'exercice d'une voie de recours interne (*Blecic c/ Croatie*, 9 mars 2006, Gr. Ch., § 77, *RDP*, 2007, 868, obs. G. Gonzalez). Ainsi, lorsque l'ingérence alléguée est antérieure à la ratification et que le refus d'y remédier est postérieur, la date de ce refus ne saurait faire entrer l'ingérence dans la compétence temporelle de la Cour car ce serait alors rendre la Convention rétroactive pour l'État concerné. En bref, la compétence *ratione temporis* de la Cour n'est établie que si le droit interne de l'État partie en vigueur à l'époque des faits allégués « incluait la Convention » (*Blecic*, § 89).

3° Toutefois, lorsqu'est en jeu l'obligation procédurale d'enquête issu de l'article 2 (*infra*, n° 299), que la Cour considère comme « détachable » de l'acte matériel, la compétence temporelle de la Cour est établie dès lors que les actes inhérents à l'obligation procédurale en cause se situent, pour partie au moins, à l'intérieur de sa compétence, quand bien même les faits touchant au volet matériel du droit se situent hors de sa compétence *ratione temporis* (*Silih c/ Slovénie*, 9 avril 2009, Gr. Ch., *RTDH*, 2012-90, 271, note H. Surrel). À la condition, toutefois, qu'il existe un « lien véritable » entre le décès en tant que fait générateur et l'entrée en vigueur de la Convention (ce qui implique que le délai entre l'un et l'autre soit bref) ou que le fait générateur – tel un crime de droit international – constitue la négation des « valeurs de la Convention » (*Janowiec et a. c/ Russie*, 21 oct. 2013, Gr. Ch., *JCP* G 2013, act. 1218, M. Afroukh).

La Cour refuse cependant de faire application de ce dernier critère à des événements antérieurs à l'adoption de la Convention (4 nov. 1950) et se déclare incompétente *ratione temporis* pour connaître de l'absence d'enquête effective sur le massacre de Katyn perpétré en 1940 par l'armée russe (*Janowiec*, préc.).

4° D'une manière générale, la Cour européenne s'est efforcée de limiter la portée des déclarations d'acceptation de sa juridiction (ex-art. 46) restreignant *ratione temporis* sa compétence (voir *Zana c/ Turquie*, 25 nov. 1997) ; rappelons que, les restrictions temporelles à la compétence de la Commission ou de la Cour émises lors des déclarations effectuées au titre des anciens articles 25 et 46 de la Convention demeurent applicables à la juridiction de la nouvelle Cour (*supra*, n° 186).

Comment décompter le délai de six mois pour de telles requêtes individuelles ?

**218** LA COMPUTATION DU DÉLAI DE SIX MOIS. — La Cour européenne énonce le principe que la règle du délai de six mois est une « règle autonome » qui s'apprécie selon des « critères propres à la Convention, et non en fonction des modalités prévues par le droit interne de chaque État défendeur » (Gr. Ch., 29 juin 2012, *Sabri Günes c/ Turquie*). Il s'agit d'assurer la sécurité juridique et de fixer une règle uniforme de computation du délai pour l'ensemble des États parties. La règle de délai de six mois est, quant au point de départ du délai, en corrélation directe avec celle de l'épuisement des voies de recours internes (*infra*, n° 220) : la « décision interne définitive » est la décision ayant épuisé les voies de recours offertes dans l'ordre juridique interne (par ex., *A c/ France*, 23 nov. 1993, A. 277 B, § 30). Quoique la notion de « décision interne définitive » paraisse opérer un renvoi au droit interne, la Cour considère que cette notion doit s'entendre au sens de l'article 35 et non du droit national et affirme que « c'est au regard de la Convention et non du droit national qu'il lui appartient d'apprécier si et quand le droit revendiqué (par le requérant) a trouvé sa réalisation effective » (*Di Pede c/ Italie*, *Zappia c/ Italie*, 26 sept. 1996) : le délai de six mois ne saurait ainsi commencer à courir qu'à partir du moment où l'intéressé a une connaissance effective et suffisante de la décision interne définitive (*Baghli c/ France*, 30 nov. 1999).

En l'absence de recours internes efficaces et suffisants, le délai de six mois court dès que l'acte ou la décision qui font grief ont pris effet (par ex., déc. 6 juill. 1988, *Hilton c/ Royaume-Uni, D. et R.*, 57, p. 108 ; déc. 27 nov. 1995, *Worm c/ Autriche, D. et R.*, 83 B, p. 17). La règle des six mois fait l'objet de divers assouplissements.

Cette règle ne trouve pas à s'appliquer lorsque le grief porte sur une situation continue contre laquelle il n'existe aucun recours (par exemple, la durée d'une procédure ou d'une détention) tant que cette situation perdure (déc. 5 sept. 1994, *Cinar c/ Turquie*, *D. et R.*, 79 A, p. 5) ou lorsque les requérants sont des « victimes potentielles » susceptibles de subir les effets d'une disposition du droit interne qui leur est applicable (*Burden et Burden c/ Royaume-Uni*, 12 déc. 2006, § 43, *supra*, n° 203).

La Cour juge aussi qu'une « approche moins stricte » doit prévaloir dans des affaires de disparitions, qu'elles soient survenues dans un contexte de conflit armé international (*Varnava et al. c/ Turquie*, 18 sept. 2009, *supra* n° 210) ou dans un contexte national (*Er et a. c/ Turquie*, 31 juill. 2012), ou quand la victime est dans une situation de particulière vulnérabilité (*Mocanu et a. c/Roumanie*, 17 sept. 2014, Gr. Ch.). Elle substitue à la condition du délai de six mois celle de l'absence de « délai excessif » lorsque la requête est présentée « dans une situation de lendemain de conflit complexe » (*Chiragov et a. c/ Arménie*, 9 janv. 2012, Gr. Ch. : conflit du Haut-Karabakh opposant l'Arménie et l'Azerbaïdjan).

Le fait que le dernier jour du délai de 6 mois tombe un jour non ouvrable n'a aucune incidence sur la détermination du *dies ad quem* (*Sabri Günes*, préc.)

### 2. *L'épuisement préalable des voies de recours internes*

La CEDH, comme le PIDCP (art. 41, § 1 *c* et art. 2, Protocole facultatif) et la CADH (art. 46 *a*), stipule, dans son article 35, § 1 (ex.art. 26), que « la Cour ne peut être saisie qu'après l'épuisement des voies de recours internes ». Cette condition de recevabilité vaut pour les requêtes individuelles comme pour les requêtes étatiques (déc. 11 janv. 1961, Autriche c/ Italie, *Ann.*, 4, p. 117 ; déc. 28 juin 1996, Chypre c/ Turquie, *D. et R.*, 86-B, 104).

**219** Fondement de la règle. — L'article 35, § 1 renvoie aux « principes de droit international généralement reconnus ». La règle de l'épuisement des voies de recours internes est en effet empruntée au droit international général et la jurisprudence internationale a reconnu, à plusieurs reprises, son caractère coutumier (CIJ, 22 juill. 1952, *Anglo Iranian Oil Company*, 19 mai 1953, *Ambatielos*, 21 mars 1959, *Interhandel*, *Rec.*, 1952, p. 93, 1953, p. 10, et 1959,

p. 27). Cette règle, qui suppose que le requérant s'adresse d'abord au souverain territorial pour obtenir justice, a principalement pour objet de protéger les souverainetés nationales contre des procédures internationales intempestives. Ce caractère protecteur se marque notamment à deux égards dans la procédure devant les organes de Strasbourg. En premier lieu, conformément à la pratique internationale, rien n'empêche les États de renoncer au bénéfice de la règle de l'épuisement des voies de recours internes (*De Wilde, Ooms et Versyp c/ Belgique,* 18 juin 1971, A. 12, § 35, *AFDI*, 1972, 443, obs. R. Pelloux). En second lieu, bien que l'examen de l'épuisement des voies de recours internes comme condition de recevabilité relevait normalement, hier, de la compétence de la Commission, selon le principe de répartition des compétences énoncé par la Cour elle-même (*Artico c/ Italie*, 13 mai 1980, A. 37, § 27), la Cour européenne, dans une jurisprudence fixée depuis l'arrêt *De Wild*e (préc.), admettait que l'État défendeur soulève devant elle l'exception préliminaire de non-épuisement des voies de recours internes ; la Grande Chambre se trouve aujourd'hui dans la même situation (*infra*, n° 228).

Appartenant au domaine classique de la protection diplomatique, la règle de l'épuisement des voies de recours internes peut sembler, dans une convention protectrice des droits de l'homme, une scorie qui affaiblit les garanties procédurales offertes aux individus : en réalité, sa présence dans la CEDH, sécurisante pour les États, contrebalance et rend possible l'audace de la reconnaissance du droit de recours individuel.

La Cour de justice de la CEDEAO (*supra* n° 55) se singularise en dispensant les requérants de la condition d'épuisement des voies de recours internes (CJCEDEAO, 27 oct. 2008, *Dame Hadjidjatou Mani Koraou c/ Niger*).

**220** SUBSIDIARITÉ DU MÉCANISME DE GARANTIE. — La règle de l'épuisement des voies de recours internes emporte le caractère complémentaire du dispositif européen de protection et, en premier lieu, de la saisine de la Cour. La Cour européenne relève nettement, dans l'arrêt *Handyside*, du 7 décembre 1976, que « le mécanisme de sauvegarde instauré par la Convention revêt un caractère subsidiaire par rapport aux systèmes nationaux de garantie des droits de l'homme » (*GACEDH*, n° 7, § 48). La Convention a donc un caractère second par rapport au droit interne : elle ne vise pas à supplanter le droit interne mais à en pallier les défaillances. La CEDH confie en premier lieu à chacun des États contractants le soin d'assurer le respect des droits qu'elle énonce et, plus précisément, aux autorités juridictionnelles nationales la tâche du contrôle de l'application de ses dispositions (*De Cubber c/ Belgique*, 26 oct. 1984, A. 86, § 33). Comme l'a rappelé la Commission dans une jurisprudence constante, la règle de l'article 26 « se fonde sur la nécessité de donner d'abord à l'État défendeur la faculté de remédier à la situation litigieuse, par ses propres ressources et dans son ordre juridique interne » (déc. 16 déc. 1961, *Retimag*, et déc. 5 mars 1964, *Habitants de Louvain*, *Rec. Déc.*, 8, p. 29, et 13, p. 104). Sur ce plan, l'article 35, § 1 (ex-art. 26) a pour corollaire l'obligation faite aux États par l'article 13 d'offrir aux individus des voies de recours effectives devant les instances nationales, les deux dispositions étant étroitement liées (*infra*, n° 433).

De cette priorité du système national de protection des droits de l'homme, issue de la règle de l'épuisement des voies de recours internes, la Cour tire une conséquence qui va bien au-delà de l'article 35 de la Convention : selon elle, « les autorités de l'État se trouvent en principe mieux placées que le juge international pour se prononcer » sur les restrictions aux droits énoncés par la Convention (*Handyside*, préc., § 48). Cette analyse, qui fonde la théorie dite de « la marge d'appréciation » (*supra*, n° 140), autolimite, de manière quelque peu surprenante, le contrôle judiciaire européen.

**221** CONDITIONS D'APPLICATION DE LA RÈGLE. — Il faut au préalable noter que, conformément aux principes du droit international général en la matière, auxquels la pratique des organes de la CEDH renvoie, la preuve de l'épuisement des voies de recours internes pèse sur le requérant.

Il est remarquable que, à l'inverse, le CDH fasse peser la charge de la preuve de l'épuisement des voies de recours sur l'État défendeur et non sur le pétitionnaire (n° R. 17/70, *Cubas Simones c/ Uruguay*, *A/37/40*, p. 193 ; n° 67/1980, *EHP c/ Canada*, déc. 27 oct. 1982, *Sélection...*, p. 21). La condition d'épuisement des recours internes est considérée comme remplie si l'État n'apporte pas d'éléments de preuve attestant que des recours efficaces n'ont pas été utilisés (n° R/2/8, *Weisman, A/35/40*, p. 118) ou si l'usage des voies de recours internes impose des délais non raisonnables (art. 5, § 2 *b* du Protocole : n° R/7/28, *Weinberger Weisz c/ Venezuela, A/36/40*, p. 124 ; n° 195/1985, *Delgado c/ Colombie*, déc. 12 juill. 1990, *RUDH*, 1990, p. 448), à moins que les retards de la procédure soient dus à l'intéressé lui-même (n° 184/1984, *HS c/ France*, déc. 10 avr. 1986, *Sélection…*, p. 59).

De même, l'État défendeur qui soulève l'exception de non-épuisement doit prouver l'existence dans son ordre juridique interne d'une voie de recours effective qui n'aurait pas été exercée (*De Wilde et al. c/ Belgique*, 18 juin 1971, A. 12, § 60 ; *Hauschildt c/ Danemark*, 24 mai 1989, A. 154, § 41 ; *Akdivar et al. c/ Turquie*, 16 sept. 1996, *GACEDH*, n° 73). La Cour interaméricaine se prononce dans le même sens (26 juin 1987, *Velasquez Rodriguez*, Exceptions préliminaires, *C.* 1, § 88).

Classiquement, l'épuisement des voies de recours internes s'apprécie normalement à la date d'introduction de la requête devant la Cour.

L'exécution d'un arrêt « pilote » (*infra*, n° 247) constitue toutefois une exception très discutable à cette règle classique. Dans sa décision *Icyer c/ Turquie* (12 janv. 2006), la Cour juge irrecevable pour non-épuisement des voies de recours internes une requête introduite en 2002, au motif que le requérant n'a pas saisi, pour obtenir réparation du dommage subi, la commission d'indemnisation mise en place en 2004 afin d'exécuter un arrêt « pilote » rendu dans une affaire similaire (*Dogan et al. c/ Turquie*, 29 juin 2004, *JCP G*, 2004, I, 161, n° 16-17, chron. F. Sudre).

Le juge européen a fait une lecture *pro victima* de la règle de l'épuisement des voies de recours internes, estimant qu'elle doit s'appliquer « avec une certaine souplesse et sans formalisme excessif » (*Ringeisen c/ Autriche*, 16 juill. 1971, A. 13, § 89, *RGDIP*, 1972, 110, note C. Vallée). L'assouplissement de l'obligation d'épuiser les voies de recours internes d'épuisement le conduit à considérer que cette obligation recouvre deux exigences distinctes mais complémentaires, l'épuisement des griefs et l'épuisement des instances.

**222** L'ÉPUISEMENT DES GRIEFS. —Le requérant doit avoir articulé « en substance » devant le juge national, et en respectant les règles nationales de procédure, le grief qu'il entend faire valoir ensuite devant la Cour (voir déc. 10 mars 1977, *Guzzardi c/ Italie, D. et R.*, 8, p. 185). La notion de *grief « en substance »* est interprétée très souplement par les organes de contrôle de la Convention : il suffit que le requérant, en soulevant un grief « équivalent » à celui tiré de la Convention, ait fourni au juge interne l'occasion d'éviter ou de redresser la violation alléguée. Par exemple, la Cour juge que le requérant, en rendant le Conseil d'État attentif à des impératifs de sécurité juridique, a puisé dans le droit interne « des arguments qui équivalent à dénoncer, en substance » une atteinte au droit d'accès à un tribunal et au droit à un recours effectif (*Geouffre de la Pradelle c/ France*, 16 déc. 1992, A. 253 B, § 26, *D*, 1993, 562, note F. Benoît-Rohmer). C'est pratiquement contraindre le juge national à rechercher si les arguments du requérant mettent en jeu implicitement la CEDH (*Botten c/ Norvège*, 19 févr. 1996,*RUDH*, 1997, 11, obs. F. Sudre).

La Cour peut ainsi juger qu'une action en réparation des conséquences dommageables d'une intervention chirurgicale dirigée contre un centre hospitalier soulève devant le juge interne « de façon sous-jacente » un grief tiré de l'article 8 (déc. 5 oct. 2006, *Trocellier c/ France*, n° 75725/01) !

L'esprit de l'article 35 commande, à notre sens, de ménager la nécessaire autonomie du juge national, sauf à méconnaître le caractère subsidiaire du mécanisme de la Convention.

**223** L'ÉPUISEMENT DES INSTANCES. — L'obligation d'épuiser les voies de recours internes se limite à celle de faire un usage normal des recours utiles.

Le CDH considère aussi que la règle d'épuisement des voies de recours internes est satisfaite si le grief tiré de la violation du Pacte a seulement été soulevé en « substance » devant le juge national (n° 273/1989, *B. d. B. c/ Pays-Bas*, déc. 30 mars 1989, *A/44/40*).

1° L'usage *normal* suppose que la « voie de recours interne », au sens de l'article 35, § 1 de la Convention, doit être à l'initiative du requérant.

Tel n'est pas le cas de la purge par contumace qui réclame soit l'arrestation de l'accusé soit que celui-ci se constitue prisonnier (*Krombach c/ France*, 13 févr. 2001, § 67, *Rev. Sc. crim.*, 2001, 429, obs. F. Massias) ou d'un recours en exception d'inconstitutionnalité, dès lors que le justiciable ne dispose pas d'un accès direct à la Cour constitutionnelle et que celle-ci ne peut être saisie que par la seule juridiction du fond (*Spadea et Scalabrino c/ Italie*, 28 sept. 1995, A. 315 B, § 24 ; *Parrillo c/Italie*, 27 août 2015, Gr. Ch.).

Cette solution semble directement transposable à la question prioritaire de constitutionnalité dès lors que le justiciable ne dispose pas d'un accès direct au Conseil constitutionnel et que la saisine de ce dernier est à la discrétion du Conseil d'État ou de la Cour de cassation, appréciant si la question soulevée « est nouvelle ou présente un caractère sérieux ». Il aurait pu en être autrement si la Cour européenne avait jugé que le « filtrage » des QPC par le Conseil d'État et la Cour de cassation constituait une atteinte disproportionnée au droit d'accès à un tribunal et fait obligation aux juridictions suprêmes nationales de transmettre une QPC au Conseil constitutionnel, conférant alors en pratique au justiciable un accès direct au Conseil. Mais il n'en est rien puisque, par sa décision de principe *Renard c/France,* la Cour juge la procédure de filtrage d'une QPC compatible avec l'article 6 § 1 de la Convention (déc. 25 août 2015, n° 2569/12, *Renard c/France*, *JCP G* 2015, note 1257, F. Sudre). En l'état présent de la jurisprudence européenne, la procédure de la QPC devrait donc échapper au jeu de l'épuisement des voies de recours internes. Cependant, l'affirmation de la Cour selon laquelle il incombe à l'individu qui fait valoir un grief tiré de la violation de la Convention de « tester les limites » de la protection offerte par un recours prévu pour la protection des droits et libertés fondamentaux pourrait ouvrir la voie à une évolution dans la logique du principe de subsidiarité (déc. 30 avr. 2013, *Uzun c/ Turquie*, n° 10755/13, § 42 et 69 : recours individuel devant la Cour constitutionnelle).

Il implique aussi que seule la non-utilisation d'un recours essentiel – qui peut être un recours devant une juridiction constitutionnelle (par ex., *Ringeisen c/ Autriche*, 16 juill. 1971, A. 13 ; déc. 11 déc. 1987, *Union Alimentaria Sanders c/ Espagne*, *D. et R.*, 54, p. 101 ; déc. 7 oct. 1987, *Zedan c/ RFA*, *D. et R.*, 54, p. 133 ; déc. 27 juin 2006, D. c/ Irlande, n° 26499/02) – entraîne l'irrecevabilité de la requête.

En refusant de prendre en compte la durée d'une procédure préjudicielle devant la CJCE pour apprécier de la durée totale d'une procédure litigieuse, la Cour admet, implicitement, que les voies de recours devant la CJCE ne sont pas des voies de recours « internes » au regard de la CEDH (*Pafitis et autres c/ Grèce*, 26 févr. 1998, § 95 ; comp. déc. 10 juill. 1978, *CFDT c/ CEE*, *D. et R.*, 13, 231).

2° La notion de *recours « utile »* étroitement liée à celle de *recours « effectif »* (art. 13, *supra*, n° 436) – suppose que la règle de l'épuisement des voies de recours internes cesse d'être opposable lorsque les recours locaux existent mais sont illusoires. Les recours « utiles » sont ceux « à la fois relatifs aux violations alléguées, accessibles et adéquats » (*Van Oosterwijck c/ Belgique*, 6 nov. 1980, § 34) ; la formulation de la Cour rejoint celle de l'Institut de droit international, qui évoque les « voies de recours accessibles à la personne lésée et qui, vraisemblablement, sont efficaces et suffisantes » (*AIDI*, vol. 46, session de Grenade, 1956, p. 358). Sur la base de ces principes, la Commission et la Cour ont fait prévaloir une interprétation souple de l'article 35 (ex-art. 26), facilitant ainsi le droit d'accès, hier, à la Commission et, aujourd'hui, à la Chambre.

a) En premier lieu, le requérant est dispensé d'exercer un recours interne aléatoire dès lors que l'insuccès de la voie de recours est probable, soit en raison d'une jurisprudence bien établie qui le voue à l'échec, soit, au contraire, du fait de l'absence de jurisprudence attestant de sa réalité.

Il en va ainsi, dans le premier cas, d'un pourvoi en cassation devant le Conseil d'État fondé sur le défaut de publicité d'une décision d'une juridiction ordinale alors même que le Conseil d'État jugeait à l'époque l'article 6 inapplicable aux juridictions disciplinaires (*Gautrin et autres c/ France*, 20 mai 1998, *supra*, n° 362), d'un pourvoi devant la Cour de cassation se heurtant à une jurisprudence constante de la Chambre criminelle jugeant conforme au principe de la présomption d'innocence de l'article 6, § 2 de la Convention la présomption de responsabilité du directeur de publication de la loi du 29 juillet 1881 (art. 42 ; déc. 23 sept. 2003, *Radio France et al. c/ France*, § 34, n° 53984/00), ou d'un recours interne voué à l'échec en raison de l'autorité d'une décision d'une Cour constitutionnelle (*Pressos Compania Naviera SA c/ Belgique*, 20 nov. 1995, A. 332) ou d'un avis d'une juridiction suprême réglant clairement une question de droit nouvelle (*Maurice c/ France*, 6 oct. 2005, Gr. Ch.).

Dans le deuxième cas, ne sont pas des recours « utiles » à exercer, en l'absence de jurisprudence interne, le recours de l'article 175-1 CPP pour se plaindre de la durée d'une procédure relative à une plainte avec constitution de partie civile (déc. 8 oct. 2002, *Susini et al. c/ France*, n° 43716/98 ; *Schwarkmann c/ France*, 8 févr. 2005) ou le recours de plein contentieux devant les juridictions administratives visant la responsabilité de l'État du fait de l'activité du service public pénitentiaire (*Paradysz c/ France*, 29 oct. 2009).

Inversement, le recours en responsabilité pour fonctionnement défectueux du service de la justice de l'article L. 141-1 (ex art. L. 781. 1) du Code de l'organisation judiciaire comme le recours en responsabilité de l'État devant la juridiction administrative sont désormais considérés par le juge européen comme des recours « utiles » que doit exercer le requérant qui se plaint de la durée déraisonnable d'une procédure judiciaire (déc. 12 juin 2001, *Giummarra et autres c/ France* ; déc. Gr. Ch., 11 sept. 2002, *Mifsud c/ France*) ou d'une procédure administrative (*Broca et Tixier-Micault c/ France*, 21 oct. 2003 ; *infra,* n° 408 et 432) ou qui demande réparation du préjudice résultant d'un suicide en prison (déc. 15 sept. 2015, n° 51097/13, *Benmouna et a. c/France*).

La jurisprudence du CDH est similaire. Un recours qui n'offre pas « une perspective raisonnable de succès », à raison, notamment, d'une jurisprudence antérieure qui le voue à l'échec (n° 550/1993, *Faurisson c/ France*, déc. 8 nov. 1996, *RUDH*, 1997, 46), surtout si elle émane des plus hautes juridictions internes (n° 1002/2001, *Wallmann et consorts c/ Autriche*, déc. 1er avr. 2004, *A/59/40*, vol. II, 2004, 195), n'est donc pas un recours « utile » à épuiser, au sens des articles 2 et 5, Protocole facultatif (n° 458/1991, *Womah Mukong c/ Cameroun*, déc. 21 juill. 1994, *A/49/40*, vol. II, p. 181). Par contre, de simples doutes quant à l'utilité d'un recours ne dispensent pas de l'obligation de l'épuiser (n° 661/1995, *Triboulet c/ France*, déc. 29 juill. 1997, *A/52/40*, vol. II, § 58).

On notera, toutefois, que la Cour semble disposée à renverser la présomption d'ineffectivité d'un recours en l'absence de pratique jurisprudentielle, en jugeant, de manière inédite, qu'il incombe à l'individu lésé de donner aux juridictions nationales la possibilité de faire évoluer leur jurisprudence (Gr. Ch., déc. 9 juill. 2015, n° 42219/07, *Ghergina c/Roumanie*, § 101).

b) En second lieu, le requérant n'a pas à exercer non plus les recours inefficaces ou inadéquats, c'est-à-dire qui ne sont pas de nature à redresser les griefs allégués (*Stögmüller c/ Autriche*, 10 nov. 1969, A. 9, § 11), tel un recours qui n'a pas pour effet de suspendre l'exécution d'une décision de renvoi d'un étranger dans un pays déterminé lorsque le requérant allègue une violation de l'article 3 (déc. 13 déc. 1984, *M. c/ France, D. et R.*, 41, p. 104 ; déc. 5 déc. 1996, *Urrutikoetxea c/ France, D. et R.*, 87-A, 151 ; *Sultani c/ France*, 20 sept. 2007) ou, en matière de durée excessive d'une détention provisoire (art. 5, § 3), un recours qui vise la réparation du dommage et non pas la cessation de la détention (*Tomasi c/*

*France*, 27 août 1992, A. 241-A, *Rev. Sc. crim.*, 1993, 33, note F. Sudre).

Le recours ouvert en droit interne pour se plaindre de la durée excessive d'une procédure judiciaire doit également répondre à cette exigence d'adéquation (*infra*, n° 439).

* Alors que la Chambre criminelle jugeait que la question du caractère raisonnable ou non de la durée de la détention provisoire est « une appréciation de fait qui échappe au contrôle de la Cour de cassation » (Crim., 6 mars 1986, n° 85-96526, *Bull. crim.*, n° 94 ; Crim., 22 juill. 1997, *D*, 1998, somm., 171, obs. J. Pradel), le juge européen estime, de manière discutable à notre sens, que le pourvoi en cassation est bien un recours « utile » (Civet c/ France, 28 sept. 1999, § 43, *RDP*, 2000, p. 705, obs. D. Thomas ; Yahiaoui c/ France, 20 janv. 2000, *JCP G*, 2001, I, 291, n° 2, chron. F. Sudre).

Au vu de l'évolution de la jurisprudence du Conseil d'État (*CE, ord. 22 déc. 2012, Section française de l'OIP*, n° 364584), la Cour juge que le référé-liberté (art. L 521-2 CJA) est désormais une voie de recours effective que le détenu qui demande la cessation de conditions de détention contraires à l'article 3 a l'obligation d'épuiser (*Yengo c/France*, 21 mai 2015, § 68).

c) D'une manière générale, la jurisprudence européenne exige que les recours internes à utiliser existent « à un degré suffisant de certitude, en pratique comme en théorie » (*Vernillo c/ France*, 20 févr. 1991, A. 198, § 27) ; la Cour interaméricaine met également l'accent sur l'effectivité des recours à exercer (*Velasquez Rodriguez*, 29 juill. 1988, *C.* 4, § 63-68, *RUDH*, 1992, p. 146).

La Cour européenne juge ainsi que l'action en vue d'obtenir une déclaration d'incompatibilité de la législation britannique avec la Convention, prévue par l'article 4 du *Human Rights Act*, 1998, n'est pas un recours « utile » à exercer car il ne peut être considéré comme effectif dès lors qu'il dépend du pouvoir discrétionnaire de l'exécutif, mais elle n'exclut pas qu'à l'avenir elle puisse revenir sur cette appréciation si se faisait jour « une pratique ancrée et établie consistant pour les ministres à donner effet aux déclarations d'incompatibilité rendues par les tribunaux » (*Burden c/ Royaume-Uni*, 29 avr. 2008, Gr. Ch.).

**224** L'EXCEPTION À LA RÈGLE DE L'ÉPUISEMENT. — La règle de l'épuisement des voies de recours internes « ne s'accommode pas d'une application automatique et ne revêt pas un caractère absolu » (*Akdivar*, préc., § 69).

1° De jurisprudence constante (*Irlande c/ Royaume-Uni*, 18 janv. 1978, A. 25, § 159), la condition d'épuisement des voies de recours internes (et aussi, par conséquent, celle relative au délai de six mois) ne s'applique pas si le requérant, qu'il soit étatique (déc. 8 juin 1999, *Danemark c/ Turquie*, n° 34382/97) ou individuel (*Akdivar*, préc., § 67 ; déc. 13 juill. 2007, *Thiermann et al. c/ Norvège*, n° 18712/03), dénonce, non des cas individuels de violation dont les victimes sont identifiées, mais l'incompatibilité avec la Convention de mesures législatives ou d'une « pratique administrative » qui rendrait toute procédure vaine ou ineffective. La « pratique administrative » suppose à la fois la répétition d'actes contraires à la Convention (torture, mauvais traitements, dans les affaires en cause) et la tolérance officielle : par tolérance officielle, il faut entendre que les supérieurs immédiats des agents responsables des actes incriminés ne font pas cesser ces actes ou que l'autorité supérieure ne prend pas de mesure suffisante pour mettre fin à la répétition des actes.

Par exemple : déc. 2 juin 1956, *Grèce c/ Royaume-Uni*, *Ann.*, 2, p. 184 ; Rapp. Comm. dans la *1re aff. grecque*, *Ann.*, 12. 1, p. 196 ; déc. 1er oct. 1972, *Irlande c/ Royaume-Uni*, confirmée par l'arrêt de la Cour, préc., § 156 ; déc. 6 déc. 1983, *France et autres c/ Turquie*, *D. et R.*, 35, p. 143, § 18 et s. En dernier lieu, *Géorgie c/ Russie*, 3 juill. 2014, Gr. Ch. : politique coordonnée d'arrestation, de détention et d'expulsion de ressortissants géorgiens en violation des articles 3, 5, § 1 et 4, 4 du Protocole 4 de la Convention.

Il faut, pour exclure l'application de la règle de l'épuisement, que le requérant démontre « au-delà de tout doute raisonnable » l'existence d'une telle pratique (*Chypre c/ Turquie*, 10 mai 2001, § 115).

La Cour a fait un tel constat dans des affaires interétatiques (*Irlande c/ Royaume-Uni* : art. 3 ; *Chypre c/ Turquie* : art. 8, 13 et 6 ; *Géorgie c/ Russie*, préc.) mais s'y refuse dans les affaires individuelles (*Kurt c/ Turquie*, 25 mai 1998, § 169 ; *Tanrikulu c/ Turquie*, 8 juill. 1999, § 121), exception faite des affaires de délai déraisonnable du procès (*Botazzi c/ Italie*, 28 juill. 1999, *infra* n° 408 ; *Yuri Nikolayevich Ivanov c/ Ukraine*, 15 oct. 2009 ; *Vassilios Athanasiou c/ Grèce*, 21 déc. 2010).

2° Une appréciation « réaliste » des recours offerts en droit interne et de leur contexte juridique et politique conduit la Cour européenne à juger que « certaines circonstances particulières » – telle la passivité totale des autorités nationales face à des allégations sérieuses de violation de la Convention par les agents de l'État – dispensent le requérant de l'obligation d'épuiser les recours internes qui s'offrent à lui et lui permettent de s'adresser directement aux organes de contrôle de la Convention (*Akdivar*, préc. ; *Aksoy c/ Turquie*, 18 déc. 1996). La Cour a procédé à un élargissement de cette dispense.

D'une part, interprétant l'article 35 à la lumière de l'obligation procédurale tirée de l'article 3 de la CEDH (*infra*, n° 315), elle inclut dans son champ le manque de célérité des autorités nationales qui n'ont pas pris les mesures positives qu'imposait le respect de l'article 3 pour faire aboutir des poursuites engagées contre des policiers (*Selmouni c/ France*, 28 juill. 1999, *JCP G*, 1999, II, 10193, note F. Sudre).

De même, une plainte avec constitution de partie civile ne saurait passer pour un recours « utile » à exercer, dès lors que les autorités internes, en méconnaissance de l'obligation procédurale issue de l'article 3, n'ont effectué aucune enquête effective relative à l'allégation du requérant de violation de l'article 3 (*Henaf c/ France*, 27 nov. 2003).

D'autre part, elle admet que de telles « circonstances particulières » existent lorsque la pratique des autorités nationales autorisent à considérer que les appréhensions du requérant relatives à l'absence d'effectivité des recours offerts en droit interne sont « objectivement justifiées » (*Riad et Idiab c/ Belgique*, 24 janv. 2008, § 62). Le juge européen accueille ainsi, implicitement, la notion d'« effectivité objective du recours », par analogie à celle d'« impartialité objective » (*infra*, n° 397).

Dans cette affaire, relative à la détention arbitraire d'étrangers en zone de transit, la Cour s'appuie fortement sur les rapports du CPT et les observations finales du Comité des droits de l'homme des Nations Unies faisant suite au rapport présenté par la Belgique. Voir aussi, *Opuz c/ Turquie*, 9 juin 2009 : ineffectivité des voies de recours pour se plaindre des violences domestiques à l'encontre des femmes.

Ainsi comprise, la condition d'épuisement des voies de recours internes paraît être modulable selon la nature des griefs invoqués et devoir faire l'objet d'une interprétation souple, favorable au requérant, quand sont en cause, à tout le moins, des droits protégeant l'intégrité ou la liberté de la personne.

De plus, le lien étroit existant entre la règle de l'article 35, § 1 et le droit à un « recours effectif » de l'article 13 (*infra*, n° 433) a pour conséquence que le caractère théorique des voies de recours internes emporte une violation de l'article 13 (*Aksoy*, préc. § 99-100 ; *Salman c/ Turquie*, 27 juin 2000, § 88 et 123, *RTDH*, 2001, 845, note E. Van Nuffel).

### *3. Les conditions spécifiques aux requêtes individuelles*

Mis à part le fait que la requête ne doit pas être anonyme, l'article 35, § 2 et 3 énonce deux séries de conditions tenant au non-cumul des voies de recours et au fondement de la requête.

**225** LE NON-CUMUL DES VOIES DE RECOURS. — La requête soumise à la Cour ne doit pas être « essentiellement la même » qu'une requête déjà examinée par elle (ou, dans le passé, par la Commission : req. 13089/87, Rapp. 10 sept. 1991, *Dobbertin c/ France*, § 52 ; déc. 6 mars 1985, *Times, D. et R.*, 41, p. 123) ou déjà soumise à une autre instance internationale.

Cette règle ne s'applique pas aux requêtes interétatiques (déc., 19 déc. 2011, *Géorgie c/ Russie*, n° 38263/08).

1° *La coexistence des mécanismes internationaux de contrôle.* Est en cause plus précisément la coexistence du PIDCP et de la CEDH. Pour les États parties aux deux conventions, des risques de conflit existent entre les deux instruments du fait de l'identité partielle des droits garantis et des différences sensibles dans les procédures de contrôle, susceptibles de déboucher sur des résultats divergents. Sur le plan du droit interne, quand les deux séries de normes sont directement applicables, le problème de leur coexistence est résolu, sur le plan des principes, lorsqu'il se pose au juge national : celui-ci, aux termes des articles 5, § 2 du PIDCP, et 53 de la CEDH, doit appliquer la disposition la plus favorable à l'individu (ce qui laisse la voie ouverte à des difficultés d'interprétation).

Sur le plan international, la concurrence des deux mécanismes de contrôle soulève un délicat problème s'agissant des requêtes individuelles : lorsque l'État mis en cause a à la fois adhéré à la CEDH (et, avant le 1er novembre 1998, accepté l'ex-art. 25 de la Convention) et au Protocole facultatif au Pacte, qui ouvre à tout particulier le droit de présenter une communication écrite au Comité des droits de l'homme (art. 2 ; *supra*, n° 54), le requérant individuel, en cas de violation d'un droit garanti en substance par les deux traités, peut-il choisir entre les deux voies de recours ou les utiliser tour à tour ? On mesure l'enjeu de la question posée : en cas de cumul de procédures, l'instance internationale statuant en second est transformée en instance de réexamen, voire d'appel, des décisions de l'autre instance et, de ce fait, en position hiérarchiquement supérieure.

Malgré la supériorité institutionnelle de la Convention européenne, qui seule permet un règlement judiciaire, l'éventualité d'une préférence de la victime pour la procédure du Protocole facultatif n'a rien d'irréaliste. En effet, malgré l'élargissement des droits protégés par la CEDH opéré par le Protocole 7, la protection du Pacte paraît *prima facie* plus attractive. Le catalogue des droits garantis est plus fourni (par ex., le droit de chacun à la reconnaissance en tous lieux de sa personnalité juridique, le droit de l'enfant à un nom ou à une nationalité, le droit des personnes appartenant à des minorités ethniques, religieuses ou linguistiques figurent dans le Pacte et non dans la CEDH), et, pour des droits identiques, les définitions du Pacte semblent plus généreuses (ainsi pour le droit à la non-rétroactivité de la loi pénale ou le droit à la liberté d'opinion et d'expression). Par ailleurs, la requête individuelle a beaucoup plus de chances (environ 40 %) de franchir le cap de la recevabilité devant le Comité des droits de l'homme que devant la Chambre : le Comité fait une appréciation beaucoup plus libérale des conditions de recevabilité, notamment de celle relative à l'épuisement des voies de recours internes qu'il n'examine pas d'office.

La concurrence entre l'article 33 de la CEDH et la procédure facultative de l'article 41 du PIDCP (*supra*, n° 67) reste très théorique, du fait de la rareté de l'usage de ce type de recours, et vise l'hypothèse d'une requête interétatique opposant des États parties à la fois à la CEDH et à l'article 41 du Pacte et alléguant la violation d'un droit couvert, en substance, par les deux instruments. Dans cette hypothèse la préférence doit en principe, selon la Rés. (70) 17 du Comité des ministres du Conseil de l'Europe, être donnée à la procédure européenne (en ce sens, art. 33 de la Charte des Nations Unies et art. 55 CEDH).

2° *Restrictions à l'exercice successif des voies de recours.* En cas de violation d'un droit garanti par les deux traités, les individus disposent du libre choix de porter leur requête devant la Cour européenne ou devant le Comité des droits de l'homme, mais le cumul des deux procédures est partiellement interdit. La Cour européenne ne peut pas être saisie après le Comité des droits de l'homme : la CEDH fait application dans son article 35, § 2 *b* du principe *non bis in idem* et impose à la Chambre de rejeter pour irrecevabilité une requête individuelle qui serait identique quant aux faits et à la violation allégués (ce qui implique l'identité des parties : déc. 20 févr. 1995, *Peltonen c/ Finlande, D. et R.*, 80 B, p. 38) à une communication déjà portée devant « une autre instance internationale d'enquête ou de règlement », à moins que des faits nouveaux ne se soient produits.

Cette approche formaliste, impliquant à la fois identité d'objet et de cause, peut conduire à des dysfonctionnements lorsque, s'agissant d'une même affaire, les requérants ne sont pas les mêmes devant le CDH et la Cour, alors même que les juridictions internes ont joint l'ensemble des plaintes : la décision du CDH n° 1155/2003, 3 nov. 2004, *Leirväg et al. c/ Norvège* et l'arrêt de la Cour *Folgero et al. c/ Norvège*, 29 juin 2007 concernent la même affaire (*infra*, n° 535).

Cependant, le juge européen peut interpréter souplement la condition d'identité des faits. Il estime que lorsque le grief au regard de la CEDH se fonde sur une base factuelle beaucoup plus large que celui porté devant le CDH, ce n'est pas le même « en substance » que celui porté devant le CDH (déc. 3 oct. 2002, *Smirnova c/ Russie*, n° 46133/99, 48183/99).

Cela vise principalement, en pratique, le CDH (par ex., déc. 6 juill. 1992, *Calcerrada Fornieles et Cabeza Mato c/ Espagne, D. et R.*, 73, p. 214 ; déc. 9 janv. 1995, *Pauger c/ Autriche, D. et R.*, 80 B, p. 124), mais aussi le comité de la liberté syndicale de l'OIT (déc. 12 oct. 1992, *Cereceda Martin c/ Espagne, D. et R.*, 73, p. 120 ; déc, 21 mai 2013, *POA et a. c/ Royaume-Uni*, n° 59253/11), le comité contre la torture (CCT, déc. n° 247/2004, 25 nov. 2005, *A. A. c/ Azerbaidjan*, Rapp. 2006, *A/61/44*, 276) ou le Groupe de travail des Nations Unies sur la détention arbitraire (déc. 7 avr. 2009, *Peraldi c/ France*, n° 2096/05).

La Commission de l'Union européenne agissant dans le cadre de la procédure en manquement (art. 258 TFUE) ne constitue pas une « instance internationale d'enquête ou de règlement » au sens de l'article 35 § 2 b) de la Convention, la procédure en manquement ne pouvant « être assimilée, ni sous l'angle procédural, ni sous l'angle des effets potentiels, à la requête individuelle de l'article 34 de la CEDH » (*Karoussiotis c/ Portugal*, 1er févr. 2011, § 75).

La question du non-cumul des voies de recours est réglée différemment par le CDH.

3° *L'exception de recours parallèle devant le Comité des droits de l'homme.*

*L'article* 5, § 2 *a* du Protocole facultatif interdit au Comité d'examiner une affaire individuelle si « la même question » est « en cours d'examen devant une autre instance internationale d'enquête ou de règlement ». La communication individuelle ne sera irrecevable devant le Comité que si une procédure parallèle est en cours dans la même affaire.

a) L'exception de recours parallèle ne trouve à s'appliquer que si l'affaire portée devant le Comité des droits de l'homme est *« en cours d'examen »* devant la Cour européenne. Il ne s'agit pas là de la reprise du principe *non bis in idem* : le Comité peut traiter d'une affaire *déjà examinée* par une autre instance, et dont la procédure est close (voir R/7/28, *Weinberger Weisz*, *A/36/40*, 124 et n° 349/1989, *Clifton Wright c/ Jamaïque*, déc. 27 juill. 1992, *A/47/40*, p. 297, § 5. 2 : l'affaire n'était plus à l'examen devant la Commission américaine). Afin d'éviter un tel cumul des voies de recours, nombre des États membres du Conseil de l'Europe ayant accepté le Protocole facultatif (par ex., Danemark, Espagne, France, Islande, Norvège, Suède) ont formulé une réserve ou une déclaration interprétative visant à écarter la compétence du Comité des droits de l'homme pour des affaires déjà « examinées » par la Commission. Les Pays-Bas font exception : n° 201/1985, *Hendricks c/ Pays-Bas*, déc. 27 juill. 1988, *FI*, 24, 1989, p. 224 ; n° 401/1990, *JPK c/ Pays-Bas*, déc. 7 nov. 1991, *A/47/40*, p. 401. Par ailleurs, la réserve formulée par la Russie au sujet du Protocole facultatif n'empêche pas le Comité d'examiner une plainte déjà examinée par la Cour EDH (n° 712/1996, *Smirnova c/ Russie*, déc. 5 juill. 2004, *A/59/40*, vol. II, 2005, 7).

Le Comité a, dans un premier temps (*infra*), donné plein effet aux réserves européennes en se considérant incompétent dans une affaire *AM c/ Danemark* (R/26/121, déc. 27 juill. 1982, *A/37/40*, p. 233) alors que le pétitionnaire avait d'abord soumis sa requête à la Commission européenne, qui l'avait déclarée irrecevable (par contre, le Comité se déclare compétent si la Commission n'a pas examiné la requête et ne l'a pas inscrite à son rôle : n° 158/1983, OF c/ Norvège, déc. 26 oct. 1984, *Sélection…*, p. 46).

b) *Seule, l'identité de l'affaire* (« la même question ») interdit les recours successifs devant la Cour européenne ou la Commission américaine puis le CDH. Dans un premier temps, le Comité a interprété très souplement cette condition d'irrecevabilité. Dans l'affaire *Fanali c/ Italie* (n° 75/1980, *A/38/40*, p. 172), le Comité a estimé, le 31 mars 1983, qu'une « même question », selon les termes de l'article 5, § 2 du Protocole, s'entend d'une « même demande concernant le même individu, portée par lui ou par quelqu'un d'autre habilité à agir en son nom devant l'autre instance internationale ». La communication n'est donc irrecevable que s'il y a, à la fois, identité des parties et de l'objet de la cause (n° 191/1985, *Blom c/ Suède*, déc. 4 avr. 1988, *Sélection…*, p. 227, § 7. 2 : identité d'objet mais non de parties).

Le Comité se déclare ainsi compétent si le pétitionnaire n'a pas saisi lui-même la Commission (ou cour) régionale concernée (n° 777/1997, *Sanchez Lopez c/ Espagne*, déc. 18 oct. 1999, *A/55/40*, 2000, 216 ; n° 74/1980, *Angel Estrella c/ Uruguay*, déc. 29 mars 1993, *Sélection…*, p. 98, § 4. 3), si son cas est inclus dans un recours collectif porté devant ladite Commission (pour la Commission américaine, voir : R 1/4, *Torres Ramirez*, *A/35/40*, p. 128 ; aussi, n° 6/1977), si sa plainte est similaire à celle(s) déposée(s) par d'autres requérants devant le juge interne et examinée(s) dans le cadre d'une seule et même procédure (n° 1155/2003, *Leirväg c/ Norvège*, déc. 3 nov. 2004, *A/60/40*, vol. II, 2005, 214 ; *supra*).

Le Comité, en 1985, a restreint la possibilité de recours successifs, qu'il avait assez largement ouverte. Dans l'affaire *VO c/ Norvège* (n° 168/1984, déc. 17 juill. 1985, *Sélection…*, p. 51), où il se déclare incompétent, le Comité précise que l'identité d'objet concerne « (les) griefs énoncés et (les) faits invoqués pour les justifier » (aussi, n° 421/1990, *Trébutien c/ France*, déc. 18 juill. 1994, *A/49/40*, vol. II, p. 267).

c) *La notion d'affaire « examinée »* a nourri une jurisprudence fluctuante du CDH quant à la question de savoir si une requête déclarée irrecevable *ratione materiae* par la Commission (ou la Cour) européenne des droits de l'homme a bien été « examinée » au sens de l'article 5, § 2 du Protocole facultatif, dès lors que les droits reconnus par la Convention diffèrent de ceux inscrits dans le Pacte.

*i* – Dans un premier temps, le Comité s'est interdit de connaître d'une affaire déjà portée devant la Commission européenne des droits de l'homme et ayant fait l'objet d'une décision d'irrecevabilité pour manque de fondement au motif que le requérant alléguait la violation d'un droit non garanti par la Convention européenne (*AM c/ Danemark*, déc. 27 juill. 1982, *A/37/40*, p. 233 ; voir l'opinion individuelle contraire de M. Graefrath). La décision *Casanovas c/ France*, du 19 juillet 1994, opère un revirement de jurisprudence radical, qui semblait devoir priver de leur effet les réserves européennes [1], puisque le Comité se déclare com-

1. La motivation est en effet très générale : « Comme les droits que proclame la Convention européenne différaient, sur le fond comme au regard des procédures d'application, des droits proclamés par le Pacte, une affaire qui avait été déclarée irrecevable *ratione materiae* n'avait pas, au sens de la réserve, été » examinée « d'une façon qui excluait que le Comité l'examine

pétent pour connaître d'une requête précédemment déclarée irrecevable *ratione materiae* par la Commission (aussi, n° 965/2000, *Karakurt c/ Autriche*, déc. 4 avr. 2002, *A/57/40*, vol. II, 289).

*ii* – La portée de ce revirement a, ultérieurement, été doublement nuancée. D'une part, le Comité précise que pour conclure qu'une question n'a pas été « examinée » par le juge européen il convient qu'il y ait une « différence substantielle » entre les dispositions de la Convention et du Pacte applicables dans le cas d'espèce (n° 808/1998, *Rogl c/ Allemagne*, déc. 25 oct. 2000, *A/56/40*, vol. II, 251). Tel n'est pas le cas des articles 8 CEDH et 17 PIDCP (droit au respect de la vie privée et familiale ; *Rogl*, préc.), des articles 6, § 1 CEDH et 14, § 1 PIDCP (droit à un procès équitable ; n° 989/2001, *Kollar c/ Autriche*, déc. 30 juill. 2003, *A/58/40*, vol. II, 526) ou des articles 11 CEDH et 22, § 1 PIDCP (liberté d'association ; n° 1002/2001, *Wallmann et consorts c/ Autriche*, déc. 1er avr. 2004, *A/59/40*, vol. II, 2004, 195), dont la teneur et la portée convergent largement. À l'inverse, le Comité estime, à juste titre, que « le droit principal à l'égalité et à la non-discrimination consacré par l'article 26 du PIDCP a une plus grande portée que le droit accessoire à la non-discrimination énoncé à l'article 14 de la CEDH » (n° 998/2001, *Althammer et consorts c/ Autriche*, déc. 8 août 2003, *A/58/40*, vol. II, 305, § 8. 4) et, de manière plus contestable, que la Convention ne contient pas de disposition équivalente à l'article 10 du Pacte (droit d'une personne privée de la liberté au respect de sa dignité ; n° 944/2000, *Chanderballi Mahabir c/ Autriche*, déc. 26 oct. 2004, *A/60/40*, vol. II, 2005, 297).

D'autre part, le Comité considère que la plainte a bien été « examinée » si la Cour européenne « est allée plus loin qu'une simple décision technique ou procédurale concernant la recevabilité et a procédé à une appréciation du fond de l'affaire » (n° 1086/2002, *Weiss c/ Autriche*, déc. 3 avr. 2003, *A/58/40*, vol. II, 362 ; n° 1002/2001, *Wallmann*, préc. ; n° 1468/2006, *Winkler c/ Autriche*, déc. 24 juill. 2007, *A/62/40*, vol. I, 83).

En conséquence, le Comité juge recevable une plainte ayant fait l'objet d'une décision d'irrecevabilité de la Cour EDH pour non-épuisement des voies de recours internes (n° 1505/2006, *Vincent c/ France*, déc. 31 oct. 2007, A/63/40, vol. II, p. 434) et irrecevable une requête dont la Cour EDH a jugé qu'elle ne révélait « aucune apparence de violation des droits et libertés garantis par la Convention et ses protocoles » (n° 1419/2005, *Lorenzo c/ Italie*, 24 juillet 2007) ou une requête ayant trouvé sa solution dans un règlement amiable constaté par la Cour (n° 1384/2005, *Petit c/ France*, 24 juillet 2007).

**226** FONDEMENT DE LA REQUÊTE. — L'article 35, § 3 de la Convention énonce quatre causes d'irrecevabilité de la requête individuelle. Celle-ci ne doit pas être : « incompatible » avec les dispositions de la Convention, c'est-à-dire rentrer dans le champ

à son tour » (*RUDH*, 1994, p. 455, § 5. 1). La requête était relative à un délai de procédure dans une affaire concernant la révocation d'un fonctionnaire.

de la compétence de la Chambre (*supra*, n° 205) ; « abusive » ; « manifestement mal fondée » ; n'avoir causé « aucun préjudice important » au requérant.

1° *L'abus du droit de requête*, sanctionné par l'irrecevabilité, peut résulter du contenu même de la requête, qui poursuit un but autre que celui de la Convention (déc. 8 mars 1962, *Ilse Koch*, *Ann.*, 5, p. 127 : requête ayant pour but d'échapper aux conséquences d'une condamnation pénale et non de faire valoir un droit garanti) ou témoigne d'un usage chicanier (déc. 15 oct. 1987, *M. c/ Royaume-Uni*, *D. et R.*, 54, p. 214) ou frivole du droit de recours (déc. 30 sept. 1968, *X c/ RFA*, *Rec. Déc.*, 27, p. 117 : requête alléguant que les signaux lumineux de la circulation sont des traitements dégradants et contraires à la dignité humaine !). Il peut aussi, et surtout, résulter du comportement du requérant, qui met la Chambre dans l'impossibilité de statuer. Une requête peut ainsi être déclarée abusive si « elle se fonde délibérément sur des faits controuvés », si elle donne une « information incomplète et donc trompeuse », notamment relative au « au cœur de l'affaire », ou encore si sont dissimulés « des développements nouveaux importants » survenus au cours de la procédure suivie devant la Cour (*Gross c/ Suisse*, 30 septembre 2014, Gr. Ch. § 28). Dans tous les cas, le critère décisif réside dans l'intention délibérée de l'intéressé d'induire la Cour en erreur, sous réserve qu'elle soit « établie avec suffisamment de certitude » (*Gross.* § 28 ; *Predescu c/ Roumanie*, 2 déc. 2008).

Par contre, n'est pas un abus du droit de recours individuel le refus par un requérant d'entamer ou de poursuivre des négociations avec l'État en vue d'un règlement amiable (*Andronicou et Constantinou c/ Chypre*, 9 oct. 1997, § 165). Mais constitue un abus du droit de recours individuel la violation intentionnelle de la règle de confidentialité des négociations du règlement amiable (déc., 13 décembre 2011, n° 67037/09, *Mandil c/ France*).

2° *Le défaut manifeste de fondement* comme cause d'irrecevabilité traduit une extension surprenante du concept de recevabilité : la Chambre est amenée, dès le stade du contrôle de la recevabilité, à rechercher si les faits allégués révèlent *prima facie* une apparence de violation. Cela conduit fréquemment l'organe de contrôle à procéder en réalité à un examen assez poussé du fond de l'affaire. Selon la Commission, le mal-fondé de la requête doit « tomber sous le sens », mais que penser d'une décision d'irrecevabilité prise à une très faible majorité (déc. 17 déc. 1963, *Iversen*, *Ann.*, 6, p. 279 : 6 voix c/ 4) ?

Schématiquement, l'irrecevabilité est prononcée dans trois hypothèses : absence évidente de violation de la Convention d'après les faits allégués (déc. 13 déc. 1976, *X c/ Pays-Bas*, *D. et R.*, 7, p. 161 : l'obligation faite à un chômeur d'accepter un emploi normalement réservé aux handicapés n'est pas « un traitement dégradant ») ; absence de commencement de preuve à l'appui des faits invoqués (déc. 3 févr. 1971, *X c/ Royaume-Uni*, *Ann.*, 1971, p. 251, à propos de brutalités policières) ; absence de violation après exercice d'un contrôle au fond. Dans ce dernier cas, le juge européen, après avoir établi l'ingérence, n'hésite pas à contrôler la conformité de celle-ci à la Convention et, même, à apprécier la proportionnalité de la mesure restrictive.

Par exemple, pour le droit de propriété : déc. 29 févr. 1988, *Eriksson c/ Suède*, *D. et R.*, 55, p. 205, déc. 15 févr. 2001, *Aschan et autres c/ Finlande*, n° 37858/97 ; pour la liberté d'expression : déc. 16 avr. 1991, *Purcell et al. c/ Irlande*, *D. et R.*, 70, p. 262 ; pour le droit au respect de la vie familiale, déc. 27 avr. 2000, *Tiemann c/ France et Allemagne*, n° 47457/99 et 47458/99) ; pour le droit à un procès équitable (*Corbet et a. c/France*, 19 mars 2015).

La décision d'irrecevabilité devient une véritable décision au fond de non-violation.

3° *L'absence de préjudice important* subi par le requérant est une nouvelle condition de recevabilité introduite par le Protocole 14. Selon l'article 35 § 3b) CEDH, une requête peut être déclarée irrecevable du fait de l'absence de « préjudice important » pour le requérant, à condition que le respect des droits de l'homme n'exige pas un examen de la requête au fond et que « l'affaire » ait été « dûment examinée par un tribunal interne ».

a) La règle du « préjudice important », inspirée du principe général *de minimis non curat praetor*, suppose que « la violation d'un droit, quelle que soit sa réalité d'un point de vue strictement juridique, atteigne un seuil minimum de gravité pour justifier un examen par une juridiction internationale » (déc., 27 juillet 2010, *Korolev c/ Russie*, n° 25551/05, *JCP G*, 2011, doctr. 94, F. Sudre).

Pour apprécier, au cas par cas, si ce « seuil minimum de gravité » est atteint, la Cour prend en compte la nature du droit prétendument violé, la gravité de l'incidence de la violation alléguée dans l'exercice d'un droit et/ou les conséquences éventuelles de la violation sur la situation personnelle du requérant », 6 mars 2012, n° 23563/07, *Gagliano Giorgi c/ Italie*, 6 mars 2012).

La notion de « préjudice important » fait craindre que soient écartées des requêtes qui, pour mineures qu'elles soient quant au préjudice subi, peuvent néanmoins soulever des questions de principe tenant à l'application de la Convention ou à la « conventionnalité » du droit interne. Toutefois, la Cour a précisé qu'un préjudice important ne suppose pas nécessairement une incidence patrimoniale et peut résulter d'une « importante question de principe » (*Korolev*, préc ; *Cusan et Fazzo c/ Italie*, 7 janv. 2014, *JCP G* 2014, act., 108, H. Surrel).

b) La deuxième condition est satisfaite « lorsqu'il existe une jurisprudence claire et très abondante » sur la question soumise à la Cour (déc., 19 octobre 2010, *Rinck c/ France*, n° 18774/09).

c) La troisième condition est doublement précisée. D'une part, la notion d'« affaire » est distincte de celle de « requête ». Il suffit que le dû examen par un tribunal interne ait porté sur l'affaire portée à son examen et non sur les griefs soumis ensuite à la Cour. D'autre part, la condition tenant au « dûment examiné» ne saurait être interprétée strictement comme signifiant que les exigences de l'équité de la procédure ont été satisfaites (déc. 14 déc 2010, *Holub c/ République tchèque*, n° 24880/05, *JCP G*, 2011, doctr. 914, F. Sudre).

Le Protocole 15 (non encore en vigueur) supprime cette troisième condition, qui n'était qu'une garantie formelle.

4° Une différence de traitement existe ici entre les requêtes individuelles et les requêtes étatiques. Les causes d'irrecevabilité de l'article 35, § 3, ne sont pas applicables à ces dernières (déc. 28 juin 1996, *Chypre c/ Turquie*, *D. et R.*, 86-B, 104) : en conséquence, la Chambre n'a pas à procéder, au stade de la recevabilité, à un examen préliminaire du bien-fondé de la requête étatique comme elle le fait pour les requêtes individuelles (déc. 6 déc. 1983, *Affaire turque*, *D. et R.*, 35, p. 143, § 9 à 12).

### *C – La décision sur la recevabilité de la requête*

**227** MODALITÉS. — L'examen de la recevabilité est une phase essentielle de la procédure devant les organes de la CEDH. Le cap de la recevabilité est particulièrement difficile à franchir pour les requêtes individuelles, ainsi qu'en atteste le bilan des activités de la Commission (1955-1998) puis de la Cour : de 1959 à fin 2013, 22 865 requêtes, sur les 518 628 ayant fait l'objet d'une décision, ont été déclarées recevables (soit 4,40 % des requêtes).

L'entrée en vigueur du Protocole 14 (*supra*, n° 181) a entraîné une chute du nombre de requêtes recevables : 14 283 requêtes recevables de 2010 à 2015 sur 407 289 requêtes jugées (soit 3,50 %).

Cela pourrait faire douter de l'efficacité du système mais ce serait oublier, d'une part, que le nombre de requêtes recevables est en soi important, et, d'autre part, que la jurisprudence européenne en matière de recevabilité reflète une interprétation dynamique de la Convention, protectrice des intérêts individuels (l'interprétation de l'article 3 est significative : voir notre article, *RGDIP*, 1984, p. 825 à 889).

La décision de la Chambre sur la recevabilité d'une requête individuelle n'est plus en principe, depuis l'entrée en vigueur du Protocole 14 (1er juin 2010), distincte de l'arrêt sur le fond (art. 29, § 1). Par contre, pour les requêtes étatiques, la décision sur la recevabilité est prise séparément de l'arrêt sur le fond (art. 29 § 2).

La décision doit être motivée et indiquer si elle a été prise à l'unanimité ou à la majorité (art. 56, § 1, Règlement). Elle est en principe définitive, mais une nuance doit être apportée. La décision d'irrecevabilité est définitive : elle met fin à l'instance et ne peut faire l'objet d'aucun recours.

L'instance pourra, cependant, être rouverte si la décision d'irrecevabilité était fondée sur des faits inexacts (déc. 18 oct. 1985, *Ewing c/*

*Royaume-Uni, D. et R.*, 45, p. 269 ; déc. 5 juill. 2005, *Ölmez c/ Turquie*, n° 39464/98).

Par contre, la décision de recevabilité peut se heurter, ultérieurement, à une exception d'irrecevabilité.

**228** EXCEPTIONS D'IRRECEVABILITÉ. — La Cour peut accueillir, à un stade ultérieur de la procédure d'examen de la recevabilité, des exceptions préliminaires, sous réserve qu'elles aient été déposées par l'État défendeur *in limine litis* – c'est-à-dire devant la Chambre au stade de l'examen de la recevabilité – sous peine de forclusion (art. 55, Règlement). En effet, la décision de recevabilité peut être ultérieurement revue par la Chambre elle-même (comme, autrefois, par la Commission à la majorité des deux tiers de ses membres : ex-art. 29 ; déc. 7 avr. 1993, *Akhtar et Johangir* c/ Pays-Bas, *D. et R.*, 74, p. 29) et même, dans l'hypothèse d'un renvoi devant la Grande Chambre (art. 43), par la Grande Chambre, puisque l'article 35, § 4 de la Convention prévoit que la Cour (donc la Grande Chambre) peut « à tout stade de la procédure » prendre une décision d'irrecevabilité. De plus, la Convention révisée ne limitant pas la compétence de la Grande Chambre aux seules questions de droit, celle-ci dispose, comme l'ancienne Cour, d'une compétence de pleine juridiction (art. 32 ; *supra*, n° 187), qu'appelle d'ailleurs le système de juridiction unique. La Cour, dans son premier arrêt rendu sur renvoi en Grande Chambre, a affirmé qu'elle était compétente pour examiner « l'ensemble de l'affaire » renvoyée devant elle (*K et T c/ Finlande*, 12 juill. 2001, Gr. Ch.).

Les rapports entre la Grande Chambre et la Chambre en matière de recevabilité paraissent ainsi devoir obéir *mutatis mutandis* aux principes ayant régi les rapports entre la Cour et la Commission.

1° La juridiction de la Cour joue dans les limites définies par la décision de recevabilité de la Commission, qui fixe l'objet du litige porté devant la Cour (*Irlande c/ Royaume-Uni*, 18 janv. 1978, A. 25, § 157) : seuls les griefs jugés expressément irrecevables par la Commission échappent à la compétence de la Cour (*Philis c/ Grèce*, 27 août 1991, A. 209, § 56) ; la Cour estime ainsi qu'elle peut se prononcer sur des griefs soulevés « en substance » devant la Commission, parce qu'il ne s'agit pas, selon elle, de griefs « nouveaux et distincts » (*Findlay c/ Royaume-Uni*, 25 févr. 1997, § 63). De même, la Grande Chambre juge qu'elle ne peut examiner les parties de la requête déclarées irrecevables par la Chambre (*Syssoyeva et al. c/ Lettonie*, 15 janv. 2007, Gr. Ch., § 61).

2° Mais la compétence de la Cour ne saurait être dérivée de celle de la Commission : la Cour est juge de sa propre compétence (ex-art. 49 ; art. 32, § 2) et, à ce titre, est « maîtresse de la qualification juridique des faits de la cause » (ceci la conduit dans l'affaire *Guerra et autres c/ Italie*, 19 févr. 1998, § 44, à se placer sur le terrain de l'article 8 alors que les requérants formulaient leurs griefs au titre de l'article 10 ; *supra*, n° 493).

a) Un double correctif est ainsi apporté. — D'une part, la Cour se reconnaît compétente pour connaître d'exceptions préliminaires portant sur l'incompétence du juge ou l'irrecevabilité de la requête.

Que ces exceptions touchent à des conditions propres aux actions portées devant la Cour (par ex., le délai de trois mois pour saisir l'ancienne Cour, ex-art. 32, ou la Grande Chambre, art. 43, § 1 ; voir *Istituto di Vigilanza c/ Italie*, 22 sept. 1993, A. 265 C, *RTDH*, 1994, p. 569, note J.F. Flauss) ou à des questions de compétence (*ratione personae* : *Agrotexim c/ Grèce*, 24 oct. 1995, A. 330 A ; *ratione temporis* : *Kefalas c/ Grèce*, 8 juin 1995, A. 318 A) et de recevabilité relatives à la Commission, sous réserve qu'elles aient préalablement été soulevées devant cette dernière (par ex., *Schuler-Zgraggen c/ Suisse*, 24 juin 1993, A. 263, § 55) [1].

Sa compétence s'étend donc aux questions d'interprétation et d'application de l'ex-article 26 (art. 35, non-épuisement de voies de recours internes ; arrêts cités, *supra*, n° 221 et s. ; dépassement du délai de six mois fixé par l'ex-article 26 : *Oberschlick c/ Autriche*, 23 mai 1991, A. 204, § 37.43) ; de plus, la Cour juge que l'État n'est jamais forclos à soulever devant elle le problème de l'applicabilité d'une clause normative, car c'est là « un problème de fond à examiner indépendamment de l'attitude antérieure de l'État défendeur » (*H. c/ France*, 26 oct. 1989, A. 162 A, § 47).

1. La Cour admet cependant, au nom du principe de l'égalité des armes, que l'État n'est pas forclos à soulever pour la première fois devant elle une exception préliminaire portant, en l'espèce, sur l'absence de la qualité de victime du requérant, dès lors que cette question a été examinée d'office par la Commission dans son rapport (*Parti de la liberté et de la démocratie Ozdep c/ Turquie*, 8 décembre 1999, § 25).

— D'autre part, un grief n'échappe pas à l'examen de la Cour par cela seul que la Commission l'a déclaré manifestement mal fondé (art. 27, § 2) : l'exception pour défaut manifeste de fondement ne se détache pas du fond du litige (*Airey c/ Irlande*, 9 oct. 1979, A. 32, § 18 ; *Powell et Rayner c/ Royaume-Uni*, 21 févr. 1990, A. 172, § 33).

b) Pareillement, la Grande Chambre ne se considère pas liée par les conclusions de la Chambre sur la recevabilité et s'estime compétente pour connaître d'une exception d'irrecevabilité (*Göc c/ Turquie*, 11 juill. 2002, Gr. Ch. ; *Pisano c/ Italie*, 24 oct. 2002, Gr. Ch. ; *Odièvre c/ France*, 13 févr. 2003, Gr. Ch.). Nuançant la jurisprudence antérieure (*supra*, a), la Cour considère que l'incompatibilité *ratione temporis* touche à la compétence de la Cour et non à la recevabilité *stricto sensu*. La compétence de la Cour étant déterminée par la Convention elle-même (art. 32) et non par les parties, il appartient à la Cour, à chaque stade de la procédure, d'examiner la question de sa compétence. La Grande Chambre est donc compétente pour établir sa propre compétence temporelle et examiner une exception d'incompatibilité *ratione temporis* non soulevée devant la Chambre (*Blecic c/ Croatie*, 9 mars 2006, Gr. Ch.).

Cela peut alors conduire, comme par le passé (*Van Oosterwijk c/ Belgique*, 6 nov. 1980, A. 40 ; *Cardot c/ France*, 19 mars 1991, A. 200, *RUDH*, 1991, 529, note J.F. Flauss ; *Stamoulakatos c/ Grèce*, 26 oct. 1993, A. 271), à une distorsion choquante si la Grande Chambre, après que la Chambre a déclaré la requête recevable et a conclu à une violation de la Convention, accueille l'exception et se déclare incompétente pour examiner le fond du litige (*Azinas c/ Chypre*, 28 avr. 2004, Gr. Ch.). Une telle anomalie procédurale joue à l'encontre du requérant individuel.

La décision de recevabilité ouvre la phase d'examen de la requête recevable.

## III | L'examen de la requête recevable

**229** Radiation du rôle. — Une fois la requête recevable, la Chambre doit simultanément établir les faits et faciliter un règlement amiable entre les intéressés (art. 38). Elle peut aussi, à tout moment de la procédure, décider de rayer une requête du rôle (art. 37, § 1).

1° L'ancienne Cour s'était reconnue (art. 49 du règlement intérieur) un semblable pouvoir en cas de désistement exprès (*Sté Stenuit c/ France*, 27 févr. 1992, A. 232-A) ou implicite (*Farmakopoulos c/ Belgique*, 27 mars 1992, A. 235-A) du requérant (mais non de l'État défendeur : *Bunkate c/ Pays-Bas*, 26 mai 1993, A. 248-B), et de survenance d'un « fait de nature à fournir une solution du litige » (tel le décès du requérant suivi du silence de ses héritiers : *Scherer c/ Suisse*, 25 mars 1994, A. 287).

L'article 37, § 1 de la Convention autorise la Cour à rayer une requête du rôle pour trois motifs, que sa jurisprudence précise (déc., Gr. Ch., 4 oct. 2006, *Association SOS Attentats et Béatrix de Boëry c/ France*). En premier lieu, la renonciation du requérant à maintenir sa requête (al. *a*), si elle est établie de manière non équivoque (§ 30). En second lieu, la résolution du litige (al. *b*) suppose, d'une part, que ne persistent pas les faits dont les requérants font directement grief, et, d'autre part, qu'aient été effacées les conséquences qui pourraient résulter d'une éventuelle violation de la Convention à raison de ces faits (déc., Gr. Ch., 24 oct. 2002, *Pisano c/ Italie* ; *Chevanova c/ Lettonie*, 7 déc. 2007). Enfin, l'existence de « tout autre motif » justifiant de ne plus poursuivre l'examen de la requête (al. *c*), fait l'objet d'une interprétation souple. L'illustration de la diversité des motifs retenus (déclaration unilatérale du gouvernement défendeur, accord ou transaction entre les parties, décès du requérant en cours de procédure, manque de diligence du requérant, non-manifestation de la volonté du requérant ou des héritiers de poursuivre la procédure, etc.), démontre que la Cour dispose « d'une grande latitude quant à l'identification des motifs » susceptibles de justifier une radiation du rôle (*Association SOS Attentats*, préc., *RDP*, 2007, 869, obs. G. Gonzalez).

Pour des exemples de déclaration unilatérale : *Akman c/ Turquie*, 26 juin 2001 ; *Tahsin Acar c/ Turquie*, 6 mai 2003, Gr. Ch. (*Europe*, 2003, n° 8-9, comm. 307, I. Kitsou-Milonas).

Le nouvel article 62 A du règlement intérieur, entré en vigueur le 1er septembre 2012 institutionnalise la déclaration unilatérale en permettant à la Cour de décider de rayer l'affaire du rôle, malgré le désir du requérant de poursuivre l'examen de la requête, si l'État a fait une telle déclaration reconnaissant clairement la violation de la Convention en présence d'une jurisprudence suffisamment établie en la matière et offrant un redressement adéquat de la violation (409 déclarations unilatérales en 2013 ; 2 970 en 2015).

2° Par ailleurs, dans le cadre de la procédure de l'« arrêt pilote », la Cour peut rayer du rôle les requêtes répétitives lorsque l'État partie a adopté les mesures de portée générale permettant de remédier à la « défaillance structurelle » constatée par l'« arrêt pilote » (déc. 12 déc. 2007, *Wolkenberg et al. c/ Pologne*, n° 50003/99 ; *infra*, n° 451).

3° Enfin, la Cour peut refuser de rayer une affaire du rôle si elle estime que le respect des droits de l'homme lui commande de poursuivre l'examen d'une affaire soulevant une question de principe qui doit être tranchée « dans l'intérêt général » de l'ordre public européen (*infra*, n° 250).

Ainsi, malgré le décès du requérant et l'absence d'héritiers, la question d'une discrimination fondée sur l'orientation sexuelle en matière de droit au bail (*Karner c/ Autriche*, 24 juill. 2003, § 26) ou, malgré la déclaration unilatérale de l'État reconnaissant la violation, celle de l'interdiction par la Convention du trafic d'êtres humains (*Rantsev c/ Chypre et Russie*, 7 janv. 2010), ou encore, malgré l'octroi au requérant d'un congé parental et d'une aide financière, la question de la différence de traitement entre les militaires de sexe masculin et de sexe féminin pour l'octroi du droit au congé parental (*Konstantin Markin c/ Russie*, 22 mars 2012, Gr. Ch.).

### *A – L'établissement des faits*

**230** MESURES D'INSTRUCTION. — La Chambre est ici juge collégial d'instruction : l'article 38, § 1 *a* la charge d'établir les faits en procédant à un examen contradictoire de la requête avec les représentants des parties. Le caractère contradictoire de la procédure permet de garantir l'égalité entre les parties, à savoir l'individu et l'État. La Chambre, comme autrefois la Commission, dispose des plus larges pouvoirs pour conduire l'instruction (art. 42, Règlement) : demande de renseignements adressée aux parties, demande de production de preuves écrites, communication des mémoires, audition des parties, de témoins, d'experts... Surtout, la Chambre peut procéder à une enquête sur place (par ex., *Ilascu et al. c/ Moldavie et Russie*, 8 juill. 2004) ; elle peut ainsi effectuer une descente sur les lieux, visiter des centres de détention, auditionner sur place le requérant, des témoins ou toute personne (journalistes, syndicalistes...). La Commission a usé de cette faculté tant dans des affaires étatiques (relatives à Chypre, à la Grèce des colonels, à l'Irlande du Nord, à la Turquie) que dans des affaires individuelles (par ex., visite de prison en Belgique : Rapp. 14 mai 1987, *Dhoest c/ Belgique*, *D. et R.*, 55, p. 5).

Une fois la requête déclarée recevable, l'État défendeur a l'obligation de coopérer avec la Chambre et de faciliter la conduite efficace de l'enquête. Certains gouvernements refusent cependant, parfois, de collaborer, soit en empêchant la Commission (*aff. grecque*) ou la Cour (*Chamaïev et al. c/ Géorgie et Russie*, 12 avr. 2005), d'enquêter, soit en ne fournissant pas la documentation nécessaire à l'établissement des faits (*Tanrikulu c/ Turquie*, 8 juill. 1999 ; *Bitieva et al. c/ Russie*, 21 juin 2007), soit en refusant de participer à la procédure sur le fond (Rapp. 4 oct. 1983, *Chypre c/ Turquie*, § 39 et s., *RUDH*, 1992, p. 70). C'est là vouloir éluder « la garantie collective » de la Convention. Le défaut de coopération de l'État pour l'établissement des faits peut ainsi conduire à un constat de violation.

Par exemple, *Janowiec et a. c/ Russie*, 21 oct. 2013 : refus de la Russie de produire la décision classant sans suite l'enquête sur le massacre de Katyn (§ 216). Aussi, *Aktas c/ Turquie*, 24 avr. 2003 ; *Chamaïev*, préc. ; *Bitieva*, préc.

### *B – Le règlement amiable*

La fonction de conciliation de la Chambre constitue l'un des deux moyens, avec la décision judiciaire, de parvenir au règlement d'un litige relatif aux droits de l'homme.

**231** NATURE DU RÈGLEMENT AMIABLE. — L'article 38 de la Convention attribue à un organe judiciaire, la Chambre, la fonction de conciliation précédemment dévolue à la Commission.

Aux termes de l'article 38 (ex-art. 28), la Chambre « se met à la disposition des intéressés en vue de parvenir à un règlement amiable de l'affaire ». La conciliation instituée par la Convention en 1950 apparaît comme une modalité particulière de la conciliation internationale. Elle en a les caractéristiques principales : fondement conventionnel, organe pré-constitué, examen des faits, procédure contradictoire, proposition en vue d'un règlement. Mais elle présente deux particularités essentielles. Alors que la conciliation internationale est un mode de règlement des litiges interétatiques (art. 33 de la Charte des Nations Unies), la conciliation de l'article 28 trouve à s'appliquer non seulement aux requêtes étatiques (le PIDCP prévoit aussi une procédure de conciliation dans cette hypothèse, *supra*, n° 72), mais aussi aux requêtes individuelles : l'originalité du système réside ici dans le fait que l'individu peut mener de véritables négociations avec le gouvernement de l'État défendeur, dont il est le plus souvent le ressortissant. Surtout, le règlement amiable, s'il suppose nécessairement des négociations entre les parties et des concessions réciproques, doit s'inspirer « du respect des droits de l'homme, tels que les reconnaît la… Convention » (art. 38, § 1 *b*) : la transaction ne saurait porter sur les droits et libertés garantis mais seulement sur la réparation du dommage subi. La Chambre ne peut homologuer n'importe quel arrangement bâtard s'accommodant d'une méconnaissance des droits garantis, mais doit s'assurer que l'accord intervenu est conforme à la Convention.

La procédure de règlement amiable est confidentielle (art. 39 § 2). La Cour précise que la règle de confidentialité des négociations du règlement amiable revêt un caractère absolu et a pour objet de préserver les parties et la Cour « de toute tentative de pression politique ou de quelque autre ordre que ce soit ». La violation intentionnelle de cette règle s'analyse alors en un abus du droit de recours individuel au sens de l'article 35 § 3 (a) de la Convention (déc. 13 déc. 2011, *Mandil c/ France*, n° 67037/09, *D* 2012, 618, note J.F. Renucci).

La décision que prend la Chambre en cas de succès de la conciliation (art. 39) entérine le règlement amiable et lui donne un caractère définitif (il ne peut être remis en cause devant la Grande Chambre). Selon le système originaire, la décision de la Commission prenait la forme d'un rapport transmis au Comité des ministres et publié : le règlement amiable apparaissait alors comme un acte composite, s'analysant en un accord entre les parties au litige revêtu de l'approbation de la Commission et mettant fin à la procédure devant les organes de la CEDH. La Convention révisée change la nature de la fonction de conciliation en l'inscrivant dans une procédure judiciaire, qu'elle vient altérer.

**232** L'ALTÉRATION DE LA FONCTION JUDICIAIRE. — La décision de la Cour entérinant le règlement amiable prend la forme d'un arrêt de radiation du rôle (art. 39 § 3), communiqué au Comité des ministres afin qu'il en surveille l'exécution (art. 39 § 4). La Convention révisée institutionnalise, en son article 39, la pratique antérieure discutable de la Cour européenne.

1° Bien que la Convention ne l'ait pas investie, à la différence de la Commission, d'une mission de règlement amiable, la Cour s'est reconnu le pouvoir (art. 49 de l'ancien règlement intérieur) de rayer, par arrêt, une affaire de son rôle en cas de règlement amiable ou d'« arrangement ». Cette possibilité de règlement amiable, dont on comprend l'intérêt pour l'État défendeur, qui parvient ainsi à empêcher le constat judiciaire d'une violation de la Convention avec la publicité qui lui est attachée, apparaît comme une altération du caractère judiciaire de la procédure et de l'arrêt, puisque la Cour renonce à trancher le fond du litige.

a) Cette observation doit cependant être tempérée. D'abord, parce que la radiation du rôle n'est pas due (*De Becker c/ Belgique*, 27 mars 1962, A. 4), et la Cour, à l'instar de la Commission, n'entérine un règlement que s'il « s'inspire du respect des droits de l'homme tels que les garantit la Convention » (*Can c/ Autriche*, 30 sept. 1985, A. 96, § 18). Cela suppose que le règlement satisfait les intérêts individuels du requérant – par le versement d'une juste indemnité s'accompagnant, parfois, d'une mesure individuelle (par ex., abrogation d'un arrêté d'expulsion et octroi d'un titre de séjour : *Djeroud c/ France*, 23 janv. 1991, A. 191 B ; *Lamguindaz c/ Royaume-Uni*, 28 juin 1993, A. 258 C) – et, surtout, l'intérêt général : la Cour s'assure qu'un motif d'ordre public n'exige pas de poursuivre la procédure, malgré le règlement amiable (voir *Woukan Moufedo c/ France*, 11 oct. 1988, A. 141 B, § 15). La Cour estime que le règlement répond à l'intérêt général lorsqu'il porte reconnaissance explicite (*Vallon c/ Italie*, 3 juin 1985, A. 95, § 21) ou implicite de la violation constatée (ainsi quand il contient l'engagement de l'État de modifier sa législation interne afin de la rendre conforme à la Convention (*Muyldermans c/ Belgique*, 23 oct. 1991, A. 214 A). Ensuite, parce que la Cour n'hésite pas, afin de préciser la portée des engagements assumés par les États, à se référer à sa jurisprudence antérieure pertinente en la matière (*Can*, § 16-17, *Vallon*, § 23). Ce faisant, la Cour inclut dans un arrêt de radiation du rôle des considérations relatives au fond de l'affaire : tout en radiant, la Cour dit le droit.

b) La pratique n'exclut pas, cependant, des dérives, lorsque la Cour, sans mentionner sa jurisprudence antérieure, entérine des règlements amiables, alors que le gouvernement défendeur précise qu'il ne reconnaît aucun manquement à la Convention (*Y c/ Royaume-Uni*, 29 oct. 1992, A. 247 A ; *Hurtado c/ Suisse*, 28 janv. 1994, A. 280 A ; *Diaz Ruano c/ Espagne*, 26 avr. 1994, A. 285 B) et que de graves problèmes d'interprétation ou d'application de la Convention sont posés (sur le droit à la vie : *Diaz Ruano*, préc. ; sur les traitements inhumains et dégradants : *Hurtado*, préc.).

2° Pour faire face à l'engorgement de son rôle (99 900 requêtes pendantes au 1er janv. 2014 !), la nouvelle Cour a incontestablement tendance à favoriser la conclusion systématique de règlements amiables dans les affaires concernant le délai raisonnable d'une procédure (par exemple, les 123 arrêts de radiation du rôle du 23 juin 2000).

La portée pratique de la procédure officielle de conciliation ne doit pas être négligée. Au 31 octobre 1998, 412 requêtes avaient fait l'objet d'un règlement amiable devant la Commission, dont une seule requête interétatique (req. 9940 à 9944/82, *France, Norvège, Danemark, Suède et Pays-Bas contre Turquie*) ; devant la nouvelle Cour, du 1er novembre 1998 au 31 décembre 2015, 16 747 requêtes ont été rayées du rôle par une décision ou un arrêt à la suite d'un règlement amiable ou d'une déclaration unilatérale (1 658 règlements en 2015).

**233** LE CONTENU DES RÈGLEMENTS AMIABLES. — Les règlements amiables peuvent être rangés en deux catégories.

Les plus nombreux se bornent au cas d'espèce et visent à accorder satisfaction au requérant.

Par exemple : versement d'une indemnité en réparation du dommage subi (Rapp. 3 juill. 1985, *Farragut c/ France*, *Bilan de la CEDH, supplé-*

*ment*, 1985, préc., p. 36)[1], suspension conditionnelle ou remise d'une peine par voie de grâce (Rapp. 2 mai 1978, *Nagel c/ RFA*, *D. et R.*, 12, p. 97), réduction d'une peine de prison (*Peschke c/ Autriche,D. et R.*, 25, p. 182), report d'arrêtés d'expulsion ou d'extradition (Rapp. 9 juill. 1980, *Famille Sing/Uppal c/ Royaume-Uni, D. et R.*, 20, p. 29), délivrance d'un titre de voyage pour étrangers (Rapp. 17 juill. 1980, *Giama c/ Belgique, D. et R.*, 21, p. 73), etc.

Certains règlements amiables débordent le cas d'espèce et prévoient que des mesures d'ordre général, voire législatif, seront prises afin de faire disparaître en droit interne les règles qui sont constitutives d'une violation de la Convention (aussi, *supra*, n° 232).

Il en est ainsi des règlements qui contiennent l'annonce d'une révision de la réglementation concernant l'expulsion (Rapp. 8 déc. 1984, *Bulus c/ Suède, Bilan... Supplément 1984*, p. 42), du dépôt d'un projet de loi relatif aux internements en hôpitaux psychiatriques (Rapp. 7 mars 1985, *Schuurs et Van Waegeningh c/ Pays-Bas, Bilan... Supplément 1985*, p. 33) ou à la transsexualité (Rapp. 11 oct. 1979, *X c/ RFA*, *D. et R.*, 17, p. 21), de l'adoption d'une directive sur la correspondance des détenus (Rapp. 15 mai 1986, *Mac Comb c/ Royaume-Uni, Bilan... Supplément 1986*, p. 40), d'une modification législative autorisant l'accès direct des justiciables par le biais du recours d'*empara* au Tribunal constitutionnel sans l'autorisation préalable, comme par le passé, du ministère public (*Milani I Tornes c/ Andorre*, 6 juill. 1999).

Dans le cadre de la nouvelle procédure dite de l'arrêt « pilote », les règlements amiables en matière de satisfaction équitable (art. 41) ont nécessairement une portée générale (*Broniowski c/ Pologne*, 28 sept. 2005, Gr. Ch., *RDP*, 2006-791, obs. F. Sudre ; *infra*, n° 247).

**234** Absence de règlement amiable et fin de la procédure d'examen préliminaire de la requête. — L'échec du règlement amiable ouvre la phase du jugement sur le fond par la Chambre. Jusqu'à ce stade, le déroulement de la procédure dans le cadre de la Convention révisée par le Protocole 11 est très similaire à celui de l'ancienne procédure (la comparaison des

1. Le règlement amiable, s'accompagnant du versement d'une indemnité de 200 000 F, a été pour la France le mode privilégié de règlement des litiges concernant la durée des procédures engagées par des hémophiles contaminés par le virus du SIDA (30 règlements ont, par exemple, été conclus en 1995, *FI*, n° 36, p. 47, et n° 37, p. 5).

deux schémas de procédure, *supra*, n° 181, montre un parallélisme frappant), la première faisant simplement l'économie de la phase d'examen au fond de l'affaire par la Commission et privant en conséquence les justiciables du bénéfice d'un double examen du fond, qui, jusqu'alors, avait permis à la Commission de développer une jurisprudence originale et souvent audacieuse.

Cette dernière, selon l'ex-article 31 de la Convention, devait dresser un rapport qui mettait fin à la procédure officielle de conciliation et ouvrait une phase quasi juridictionnelle de la procédure. La Commission assumait alors un rôle de « juridiction consultative », chargée de formuler « un avis sur le point de savoir si les faits constatés révèlent, de la part de l'État intéressé, une violation des obligations qui lui incombent aux termes de la Convention ». L'avis ne possédait aucune force obligatoire, ne liant ni les parties ni les organes de décision de la Convention. Bien qu'ayant les apparences d'une sentence judiciaire, il lui manquait l'autorité de chose jugée ; néanmoins, par cet avis, la Commission se prononçait sur la conformité ou la non-conformité des faits, tels qu'ils ont été établis, avec la Convention et jouait le rôle d'une juridiction, au sens étymologique *jurisdictio*, dans la mesure où elle disait le droit. Le rôle de ce rapport était en pratique considérable dans la suite de la procédure, servant de base au travail ultérieur de la Cour ; par ailleurs, le Comité des ministres se bornait le plus souvent à l'entériner. Transmis au Comité des ministres et communiqué aux États intéressés, le rapport mettait fin à l'instance introduite devant la Commission par une requête étatique ou une requête individuelle.

L'instance introduite devant la Chambre peut donc connaître trois issues principales (comme autrefois devant la Commission), au stade de l'examen préliminaire de la requête : décision d'irrecevabilité ; décision de recevabilité, règlement amiable et radiation du rôle ; décision de recevabilité et poursuite de l'instance.

## Section III
## Le jugement sur le fond

La Convention de 1950 prévoyait l'alternative d'un règlement judiciaire et d'une décision rendue par un organe politique (ex-article 32 ; *supra*, n° 180) ; la Convention révisée « judiciarise » totalement la procédure et confie à la Cour seule le soin de se prononcer, selon des modalités diverses, sur le fond de l'affaire par un arrêt, dont la portée doit être précisée.

## I | La solution de l'instance

235 Un arrêt. — Le règlement de l'instance devant la Cour aboutit à l'adoption d'un arrêt, qui doit être motivé (art. 45). L'arrêt de la Cour est adopté à la majorité des juges présents ; en cas de partage des voix, celle du Président est prépondérante (art. 23, Règlement). Tout juge peut y joindre son opinion individuelle, qu'elle soit concordante ou dissidente (art. 45). Normalement, la décision sur le fond appartient à la Chambre [1] qui statue sur la recevabilité de la requête, mais elle peut, à titre exceptionnel, revenir à la Grande Chambre.

### *A – L'arrêt de la Chambre*

Formation ordinaire de jugement, la Chambre a une compétence de principe pour se prononcer sur la violation de la Convention et, s'il y a lieu, sur la satisfaction équitable (art. 41).

236 La constatation de la violation. — La Cour a pour fonction primordiale de statuer en droit sur la violation alléguée de la Convention : une décision ou une mesure émanant d'un État contractant a-telle ou non méconnu la Convention ? Selon les termes mêmes de l'article 41, la décision de la Cour « déclare » la compatibilité ou l'incompatibilité des mesures nationales avec la Convention. La Cour procède donc par la voie de *jugements déclaratoires.* Son pouvoir de décision est, en principe, limité à la constatation de la violation de la Convention (réserve faite de la question de la réparation, *infra*). Le contentieux des droits de l'homme est un contentieux de la légalité et non un contentieux de l'annulation :

1. Réserve faite des arrêts rendus par le comité des trois juges, *supra*, n° 184.

la Cour ne peut annuler la décision incriminée (*Pakelli c/ Allemagne*, 25 avr. 1983, § 45 ; *Dudgeon c/ Royaume-Uni*, 24 févr. 1983, A. 59, § 15). La déclaration d'incompatibilité que prononce la Cour n'entraîne pas *ipso facto* l'invalidité de l'acte illicite : il appartient à l'ordre interne de remédier à la violation constatée (*infra*, n° 244). La Cour n'a donc pas compétence, selon le texte même de la Convention, pour prescrire des mesures correctives à l'État ou lui adresser des injonctions.

Comme, par exemple : effacer des sanctions disciplinaires et pénales (*Le Compte*, 24 oct. 1983, A. 68, § 9) ; désavouer un arrêt de la Cour fédérale de justice (*Pakelli*, préc). ; modifier la législation (*Belilos c/ Suisse*, 29 avr. 1988, § 78) ; publier l'arrêt de la Cour dans la presse nationale (*Castells c/ Espagne*, 23 avr. 1992, A. 236, § 54) ; ouvrir un nouveau procès (*Saïdi c/ France*, 20 sept. 1993, A. 261 C, § 47).

Cependant, la Cour fait de plus en plus preuve d'activisme et n'hésite plus, que ce soit sur le terrain de la réparation (art. 41) ou au titre de la force obligatoire de ses arrêts (art. 46), à adresser des « suggestions » à l'État (*infra*, nos 238 et 245).

Si la Cour ne constate pas de manquement, sa décision est transmise pour information au Comité des ministres. Le constat de manquement implique que la Cour statue sur une seconde question de fond.

Signalons à titre indicatif que de 1959 au 31 décembre 2015 la Cour a effectué un constat de violation de la Convention dans plus de 83 % des cas : 15 568 arrêts de violation sur 18 577 rendus.

**237** LA RÉPARATION. — « C'est un principe de droit international que la violation d'un engagement entraîne l'obligation de réparer dans une forme adéquate » (CPJI, *affaire des usines de Chorzow*, 13 sept. 1928, *Série A*, n° 17, p. 17). La CEDH place la réparation dans le cadre classique du contentieux de l'indemnité : l'article 41 (ex-art. 50) donne à la Cour le pouvoir d'accorder à « la partie lésée », c'est-à-dire à l'individu, une « satisfaction équitable ».

1° Prenant appui sur les principes qui gouvernent la réparation en droit international public, la Cour européenne estime que l'article 41 ne saurait alors être interprété « dans un sens étroit et restrictif » et affirme qu'il « s'applique bien, en tant que tel, dans les affaires interétatiques » (*Chypre c/ Turquie*, 12 mai 2014, GC, § 43). Elle prend soin de préciser que c'est l'individu, et non l'État, qui est principalement « lésé » par la violation d'un droit garanti par la Convention et qu'en conséquence la satisfaction équitable doit toujours être accordée « au profit de victimes individuelles » (§ 46).

La Cour estime également qu'il est souhaitable d'accorder une satisfaction équitable dans les affaires interétatiques où les griefs tiennent à la violation des droits fondamentaux des personnes physiques par l'État défendeur et sont « comparables en substance » à ceux soulevés dans une requête individuelle mais non dans les affaires relevant de la défense de l'ordre public européen, où sont en cause des questions d'ordre général (défaillances systémiques, pratiques administratives, § 44).

2° La Cour a donc compétence, selon une tradition du droit judiciaire international, pour rendre un arrêt de prestation sur le terrain indemnitaire (il en est de même de la Cour interaméricaine ; art. 63 de la Convention de San José). C'est une solution novatrice dans les rapports de l'individu et de la justice internationale, puisque la Cour alloue une indemnité à un individu qui n'a pas (à l'origine) le droit de la saisir et de se présenter devant elle (du moins, jusqu'en 1983), mais aussi anachronique : l'allocation d'une indemnité, quelles que soient la nature, la gravité et la durée de la violation des droits de l'homme, cadre mal avec la vocation de la Convention d'instaurer un ordre public européen des droits et libertés.

3° Selon l'article 41, la Cour dispose en matière de réparation d'un pouvoir d'appréciation discrétionnaire (la réparation est accordée « s'il y a lieu ») mais *subsidiaire* : la satisfaction équitable ne peut être octroyée que si le droit interne ne permet pas, ou imparfaitement, par la remise des choses en l'état, d'effacer les conséquences de la mesure incriminée (voir *Zanghi c/ Italie*, 10 févr. 1991, A. 194 C, § 25).

En d'autres termes, la satisfaction équitable est le seul mode de réparation prévu par la Convention puisque l'octroi d'une éventuelle *restitutio in integrum* est du ressort du droit interne.

**238** La *RESTITUTIO IN INTEGRUM*. — 1° Se réclamant des principes dégagés par la CPJI dans son arrêt *Affaire des usines de Chorzow* (13 sept. 1928, série A n° 17, p. 47), la Cour affirme avec netteté, par son arrêt *Papamichalopoulos et autres c/ Grèce*, du 31 octobre 1995 (*GACEDH*, n° 75), le principe que la *restitutio in integrum* constitue le mode adéquat de réparation et qu'il s'agit d'une obligation juridique issue de l'article 46 (ex-art. 53) de la Convention : « Un arrêt constatant une violation entraîne pour l'État défendeur l'obligation juridique au regard de la Convention de mettre un terme à la violation et d'en effacer les conséquences de manière à rétablir autant que faire se peut la situation antérieure à celle-ci » (§ 34). La *restitutio in integrum* prend donc sa source, comme le confirme la jurisprudence postérieure (*Scozzari et Giunta c/ Italie*, 13 juill. 2000, Gr. Ch., § 249 ; *Brumarescu c/ Roumanie*, 23 janv. 2001, Gr. Ch., § 20, *JCP G*, 2001, I, 342, n° 8, chron. F. Sudre), dans l'obligation de résultat que l'État partie tient de l'article 46 (*infra*, n° 244), qui lui impose de prendre à l'égard de la victime les mesures individuelles – et/ou le cas échéant générales – propres à effacer la violation et à assurer une remise des choses en l'état.

Conformément à la théorie classique de la responsabilité internationale de l'État, pèse donc ici sur l'État une double obligation, obligation de cessation de l'illicite et obligation de réparation.

Antérieurement, la Cour s'était limitée à constater, dans son arrêt sur la satisfaction équitable, que telle solution adoptée par l'État défendeur avait conduit (*Piersack c/ Belgique*, 26 oct. 1984, A. 85, § 11 ; *Windisch c/ Autriche*, 28 juin 1993, A. 255-D, § 14) ou, au contraire, n'avait pas conduit (*De Cubber c/ Belgique*, 14 sept. 1987, A. 124-B, § 21) à « un résultat aussi proche d'une *restitutio in integrum* que la nature des choses s'y prêtait ». Elle avait aussi suggéré, dans une affaire de privation de propriété, que « la meilleure forme de réparation consisterait en principe dans la rétrocession du terrain par l'État » (*Hentrich c/ France*, 22 sept. 1994, A. 296-A, § 71, *JCP G*, 1995, I, 3823, n$^{os}$ 41 et 51, chron. F. Sudre).

L'article 41 doit donc être compris comme mettant à la charge de l'État défendeur une obligation de *restitutio in integrum*, si la nature de la violation le permet, ou, à défaut, de réparation pécuniaire.

On notera que l'arrêt de la CIJ du 31 mars 2004, *Avena et autres ressortissants mexicains* (Mexique c/ États-Unis), consacre la *restitutio in integrum* en tant que mode normal de réparation des atteintes aux droits des individus (*RGDIP*, 2004-3, 731, chron. P. Weckel).

2° En raison du caractère déclaratoire de l'arrêt constatant une violation, l'État défendeur reste en principe libre du choix des moyens pour s'acquitter de son obligation. Ce principe est, cependant, sensiblement aménagé par la jurisprudence récente de la Cour (*infra*, n° 244 ss.).

**239** LA RÉPARATION PÉCUNIAIRE. — L'octroi d'une réparation par équivalent par la Cour européenne n'intervient qu'en cas d'impossibilité d'une *restitutio in integrum* (*Papamichalopoulos c/ Grèce*, § 34 ; *Scozzari et Giunta c/ Italie*, § 250), que celle-ci résulte de l'état du droit interne de l'État condamné ou de la nature même de la violation (*De Wilde et al. c/ Belgique*, 10 mars 1972, A. 14, § 20).

1° La Cour subordonne la réparation du préjudice à trois conditions classiques.

Le préjudice doit être personnel (mais, en cas de décès du requérant, l'ayant droit a qualité de partie lésée ; *Colozza c/ Italie*, 12 févr. 1985, A. 89, § 38).

Le préjudice, en second lieu, doit être direct : la Cour exige une stricte causalité entre le manquement constaté et le préjudice allégué (par ex., *Éd. Périscope c/ France*, 26 mars 1992, A. 234 B ; *Vidal c/ Belgique*, 22 avr. 1992, A. 235 B), qu'elle apprécie avec rigueur, refusant ainsi de « spéculer » sur la décision qu'aurait pu prendre l'autorité judiciaire s'il n'y avait pas eu violation de l'article 6 de la Convention (*Saïdi c/ France*, 20 sept. 1993, A. 261 C, § 49).

Le juge européen accepte néanmoins, selon les circonstances de la cause, de considérer que la violation des garanties du procès équitable constitue une perte de chances réelle d'aboutir à un résultat plus favorable (*Colozza c/ Italie*, 12 févr. 1985, A. 89 ; *Barbera, Messegué et Jabardo c/ Espagne*, 13 juin 1994, A. 285 C ; *Dulaurans c/ France*, 21 mars 2000).

Enfin, le préjudice doit être certain. La Cour accepte de réparer aussi bien le préjudice matériel que le préjudice moral, résidant pour une personne physique dans un sentiment de détresse, d'inquiétude, de frustration ou d'injustice (par ex., *Megyeri c/ Allemagne*, 12 mai 1992, A. 237 A ; *Keegan c/ Irlande*, 26 mai 1994, A. 291), et résultant, pour une personne morale, d'éléments « subjectifs » tels que la réputation de l'entreprise, l'incertitude dans la planification des décisions à prendre, les troubles causés à la gestion de l'entreprise elle-même (*Comingersoll SA c/ Portugal*, 6 avr. 2000, § 36 ; *Sovtransavto Holding c/ Ukraine*, 2 oct. 2003).

L'existence du préjudice moral semble de plein droit admise en cas de violation (même si celle-ci est « potentielle », *Soering c/ Royaume-Uni*, 7 juill. 1989, § 126, *GACEDH*, n° 16 ; *Beldjoudi c/ France*, 26 mars 1992, § 84 ; *supra*, n° 418), et il n'est alors guère compréhensible que la Cour refuse de réparer le dommage moral résultant d'une détention provisoire faite au mépris de l'article 5, § 3 et/ou § 4 (*Nikolova c/ Bulgarie*, 25 mars 1999 ; *T. W. c/ Malte*, 29 avril 1999). S'agissant du préjudice matériel, la Cour estime que l'exigence tenant à la fois à la causalité et à l'existence du préjudice est remplie lorsqu'il y a « une perte de chances réelles » (*Lechner et Hess*, 23 avr. 1987, préc., § 64 ; *O. c/ Royaume-Uni*, 9 juin 1988, A. 120, § 12), voire « douteuse » (*Sporrong et Lönnroth c/ Suède*, 18 déc. 1984, § 25, *GACEDH*, n° 67).

2° La satisfaction équitable peut revêtir plusieurs modalités. Elle peut consister dans le prononcé de l'arrêt lui-même, qui constate la violation (*Boden c/ Suède*, 27 oct. 1987, A. 125, § 41), mais prend généralement la forme d'un dédommagement des frais et dépens du requérant, s'ils sont réellement nécessaires et d'un taux raisonnable (par ex., *Demicoli c/ Italie*, 27 août 1991, A. 210, § 49) et d'une réparation pécuniaire du préjudice subi : l'évaluation de ce dernier est souvent délicate et la Cour, adoptant une démarche très subjective, n'hésite pas à évaluer le dommage matériel de manière globale et « en équité » (*De Cubber*, préc., § 64 ; *Sporrong et Lönnroth*, préc., § 32).

Selon une pratique inaugurée en 1991 (*Moreira de Azevedo c/ Portugal*, 28 août 1991, A. 208 C), la Cour prescrit systématiquement un délai impératif de trois mois à l'État pour s'acquitter de ses obligations financières au titre de l'article 41 et, après avoir adopté une position contraire (par ex., *Nibbio c/ Italie*, 26 févr. 1992, A. 228 A ; *Pine Valley Developments c/ Irlande*, 9 févr. 1993, A. 246, note J.F. Flauss, *RTDH*, 1993, p. 575), ordonne le versement d'intérêts moratoires en cas de dépassement du délai d'exécution (*A et autres c/ Danemark*, 8 févr. 1996 ; *Murray c/ Royaume-Uni*, 8 févr. 1996, *GACEDH*, n° 35 ; art. 75, § 3 Règlement).

La CIADH a une position identique (arrêt du 17 août 1990 en interprétation de l'arrêt *Velasquez Rodriguez c/ Honduras* du 21 juillet 1989 relatif aux indemnités compensatoires, *RUDH*, 1992, p. 171, § 42).

D'une manière générale, l'ampleur de l'indemnisation ne paraît pas être en rapport avec la nature du droit violé, et il est choquant que des atteintes aux biens (*Beyeler c/ Italie*, 28 mai 2002 : 1 300 000 €) puissent donner lieu à des indemnisations nettement plus élevées que des violations, par exemple, du droit de ne pas être torturé (*Selmouni c/ France*, 28 juill. 1999, *GACEDH*, n° 14, 500 000 F).

La question de savoir si la somme versée au titre de l'article 41 est ou non insaisissable est laissée à la décision des autorités nationales (*Allenet de Ribemont c/ France*, 7 août 1996, § 19) mais la Cour précise que, sauf à pervertir le système de l'article 41, la somme octroyée au titre du préjudice moral « devrait être insaisissable » (*Selmouni*, préc., § 133).

La Cour interaméricaine des droits de l'homme a fait preuve d'audace dans la fixation des modalités de réparation : dans son arrêt *Aloeboetoe c/ Suriname* (10 sept. 1993), elle ordonne à l'État défenseur de constituer deux fidéicommis, de créer une fondation chargée d'administrer les fonds constituant le montant de la réparation et, qui plus est, de réouvrir l'école dans le village où vivent les enfants des victimes (« disparues » après leur arrestation par la police militaire ; voir M. Pinto, La réparation dans le système interaméricain des droits de l'homme, *AFDI*, 1996, 733).

3° La Cour statue sur la satisfaction équitable par un arrêt qui peut être distinct de l'arrêt « au principal » et postérieur (par ex., *Miailhe c/ France*, 29 nov. 1993, A. 277 C). Cela est conforme au fait que c'est au droit interne qu'il appartient, au premier chef, de redresser la violation (voir *Schuler-Zgraggen c/ Suisse*, 24 juin 1993, A. 263). L'arrêt distinct sur l'article 41 (ex-art. 50) joue alors le rôle d'un instrument de contrôle et permet au juge européen de vérifier le caractère suffisant, ou non, des mesures adoptées par l'État défendeur pour exécuter l'arrêt de condamnation rendu contre lui au principal.

Par exemple, la Cour vérifie si l'exercice en droit interne d'une voie de révision contre la décision de justice génératrice d'une violation constatée de la Convention a constitué en soi une *restitutio in integrum* ou une complète réparation du dommage subi (*Barbera, Messegué et Jabardo c/ Espagne*, 13 juin 1994, A. 285 C ; *Schuler-Zgraggen c/ Suisse*, 31 janv. 1995, A. 305 A).

Cependant, la pratique dominante de la Cour, afin d'alléger et d'accélérer la procédure, a été de se prononcer par un seul arrêt sur la violation et la réparation si, toutefois, la question de la réparation est en l'état (par ex., *Papamichalopoulos c/ Grèce*, 24 juin 1993, A. 260 B). La Convention révisée par le Protocole 14 consacre cette politique jurisprudentielle (art. 29 § 1 conv. ; art. 75 § 1, Régl.), qui tend à faire du contentieux de l'indemnité, exceptionnel selon l'article 41, un contentieux ordinaire lié au contentieux de la légalité.

Selon le Protocole 14, le comité des 3 juges peut aussi à l'unanimité se prononcer par un seul arrêt sur la recevabilité, le fond et la satisfaction équitable (art. 28 ; *supra*, n° 184).

Cette interprétation constructive de l'article 41 (ex-art. 50) permet à la Cour de donner des suites immédiates à l'arrêt en manquement et renforce *prima facie* les garanties offertes aux victimes mais elle ne contribue pas, pour autant, à renforcer l'effectivité de la Convention. En effet, en statuant par un seul et même arrêt, la Cour se prive d'un instrument de surveillance de l'exécution de ses arrêts mis à sa disposition par la Convention.

Mais, la Cour excède, selon nous, sa compétence lorsqu'elle se mue en juge du fond pour juger insuffisante l'indemnisation allouée par une commission nationale censée réparer intégralement les dommages résultant d'une atteinte à la personne, constitutive d'une violation de la Convention (*Trévalec c/ Belgique*, 14 juin 2011, *JCP G* 2011, act. 796, H. Surrel), et accorde sur le fondement de la satisfaction équitable une réparation supplémentaire pour le dommage moral (*Trévalec c/ Belgique*, 25 juin 2013, *D* 2013, 2139, note O. Sabard). Cet arrêt isolé confère à la satisfaction équitable une finalité punitive qui lui est en principe étrangère.

4° Une innovation discutable dans la pratique de la Cour, motivée par le souci d'alléger son rôle des affaires répétitives, doit enfin être signalée, celle de l'« arrêt-pilote » (*infra*, n° 247) en matière de satisfaction équitable (*Xenides-Arestis c/ Turquie*, 22 déc. 2005). Il s'agit ici, afin d'alléger le rôle de la Cour, de transférer un contentieux de masse vers l'État partie.

Dans cette affaire, après avoir conclu à la violation de la Convention, la Cour n'octroie pas immédiatement une réparation pécuniaire à la victime mais fait obligation à la Turquie d'instaurer dans un délai de trois mois une voie de recours garantissant une réparation effective des violations constatées pour la requérante et l'ensemble des autres personnes intéressées (1 400 requêtes similaires), la réparation elle-même devant intervenir trois mois plus tard (§ 40 ; *AJDA*, 2006, 467, chron. J.F. Flauss).

### *B – L'arrêt de la Grande Chambre*

La Convention révisée donne compétence, à titre exceptionnel, à la Grande Chambre pour se prononcer sur les requêtes, qu'elles soient individuelles ou interétatiques, qui lui sont déférées (art. 31 *a*), soit que la Chambre se dessaisisse en sa faveur (art. 30), soit que l'une des parties demande le renvoi de l'affaire (art. 43).

**240** LE DESSAISISSEMENT. — Il n'est pas surprenant, dans le cadre d'une juridiction unique, que la Convention – soucieuse de garantir l'unité de la jurisprudence européenne – organise le dessaisissement de la Chambre au profit de la Grande Chambre, qui fait là office de formation plénière, lorsque l'affaire examinée soulève une question grave d'interprétation de la Convention ou de ses Protocoles, ou bien risque de conduire à une solution contraire à la jurisprudence établie (par exemple, *Maaouia c/ France*, 5 oct. 2000, Gr. Ch. ; *Vo c/ France*, 8 juill. 2004, Gr. Ch. ; *E. B. c/ France*, 22 janv. 2008, Gr. Ch ; *A. B. C. c/ Irlande*, 16 déc. 2010, Gr. Ch. ; *O'Keeffe c/ Irlande*, 28 janv. 2014).

Le règlement intérieur de l'ancienne Cour européenne (art. 51) prévoyait semblable dessaisissement d'une Chambre en faveur d'une Grande Chambre de 17 juges, cette dernière pouvant elle-même « dans des cas exceptionnels » se dessaisir au profit de la Cour plénière. Utilisé pour la première fois dans l'« affaire linguistique belge », le recours à la « plénière » ou à la Grande Chambre est resté assez rare (37 fois sur les 493 décisions rendues de 1991 à 1997 ; par ex., *B c/ France*, 25 mars 1992, A. 232-C ; *Ruiz Mateos c/ Espagne*, 23 juin 1993, *GACEDH*, n° 24 ; *Vogt c/ Allemagne*, 26 sept. 1995, *GACEDH*, n° 61 ; *H. L. R. c/ France*, 29 avr. 1997).

Toutefois, le nouvel article 30 ne reprend pas intégralement les dispositions antérieures. D'une part, il ne fait pas obligation à la Chambre de se dessaisir lorsqu'il y a un risque de contrariété de jurisprudence. D'autre part, la Chambre ne dispose pas de la maîtrise du dessaisissement puisque l'article 30 subordonne ce dernier à l'absence disposition des parties.

Le Protocole 15 supprime cette disposition discutable qui visait à éviter le dessaisissement automatique afin de permettre à l'État défendeur de disposer en toute hypothèse d'une faculté de réexamen (art. 43). En conséquence, le règlement intérieur de la Cour (art. 72) devrait être modifié afin de rendre obligatoire pour les Chambres de se dessaisir au bénéfice de la Grande Chambre lorsqu'elles envisagent de s'écarter d'une jurisprudence établie.

Pour un exemple, curieux, d'opposition du requérant à la proposition de dessaisissement, voir *Pellegrini c/ Italie*, 20 juill. 2001, § 7.

**241** LE RENVOI. — L'article 43 organise une procédure dite de « renvoi » : « Dans un délai de trois mois à compter de la date de l'arrêt d'une Chambre, toute partie à l'affaire peut, dans des cas exceptionnels, demander le renvoi de l'affaire devant la Grande Chambre » (§ 1).

1° Destinée à ne jouer que dans des « cas exceptionnels », la procédure de renvoi ne revêt aucune automaticité. La saisine de la Grande Chambre n'est pas laissée à la discrétion des parties mais appartient à un collège de cinq juges (qui ne peut comprendre de juges ayant eu à connaître de l'affaire dans la Chambre ; art. 24, § 5b), Règlement), constitué au sein de la Grande Chambre, chargé de filtrer les demandes de réexamen. Le réexamen n'est prévu que dans deux hypothèses (art. 43, § 2).

La première hypothèse, classique, concerne une affaire soulevant « une question grave relative à l'interprétation ou à l'application de la Convention ou de ses protocoles ». Le réexamen vise alors à assurer la cohérence de la jurisprudence et l'uniformité d'interprétation de la Convention : un arrêt de Chambre réglant une question inédite ou contraire à la jurisprudence antérieure de la Cour a vocation à être soumis à la Grande Chambre. Il s'agit ici du réexamen dans l'intérêt du droit de la Convention.

La deuxième hypothèse, originale, est relative à une affaire soulevant « une question grave de caractère général », ce qui vise « une question importante d'intérêt politique ou d'intérêt public » ou encore « une modification notable du droit national ou de la pratique administrative » imposée par un arrêt de la Chambre, ne soulevant pas pour autant une question grave d'interprétation de la Convention (rapport explicatif sur le Protocole 11, § 101-102). Il s'agit là, en somme, du réexamen dans l'intérêt de l'État.

2° D'une manière générale, le renvoi organise un transfert de compétence d'une juridiction à une autre, relève de la décision de la juridiction qui renvoie et se situe avant toute décision au fond. La procédure de l'article 43 est tout autre. Le « renvoi » a lieu postérieurement à l'arrêt rendu par la Chambre et n'est pas décidé par celle-ci mais doit être demandé par l'une des parties, dans un délai de trois mois ; seule une affaire (qu'elle soit individuelle ou interétatique) terminée par le jugement d'une Chambre peut faire l'objet du « renvoi » (une décision d'irrecevabilité prise par une Chambre en vertu de l'article 29 est définitive et ne peut donc être revue par la Grande Chambre, *supra*, n° 228). L'article 43 permet donc le réexamen par la Grande Chambre de la chose jugée par la Chambre.

La Grande Chambre dispose d'une compétence de pleine juridiction pour examiner l'« ensemble de l'affaire » qui est renvoyé devant elle. Sur le fond, comme sur la recevabilité (*supra*, n° 228), sa compétence est entière et ne saurait se limiter à l'examen de la seule question « grave » ayant motivé le renvoi ou aux questions ayant donné lieu à un constat de violation de la Chambre (*K et T c/ Finlande*, 12 juill. 2001, Gr. Ch.). La Grande Chambre peut prendre en considération tout élément nouveau, non produit devant la Chambre, qu'elle estime pertinent pour se prononcer sur le bien-fondé de la requête, elle peut examiner un grief sur lequel la Chambre n'avait pas jugé utile de se prononcer (*Leyla Sahin c/ Turquie*, 10 nov. 2005, Gr. Ch., § 129). Elle peut aussi clore la procédure autrement que par un arrêt au fond, notamment par un arrêt rayant l'affaire du rôle (art. 37 ; *Pisano c/ Italie*, 24 oct. 2002, Gr. Ch.) ou constatant un règlement amiable (art. 39 ; *Smoleanu c/ Roumanie*, 6 avr. 2006, Gr. Ch.), ou, inversement, revenir sur la radiation du rôle prononcée par la Chambre et décider de poursuivre l'examen au fond de l'affaire (*Tahsin Acar c/ Turquie*, 6 mai 2003, Gr. Ch.).

L'arrêt *Göc c/ Turquie* (11 juill. 2002, Gr. Ch.) donne un bon exemple de la pratique de la Grande Chambre. Celle-ci juge, contrairement à la Chambre ayant statué sur le fond (9 nov. 2000), que le grief du requérant relatif à l'absence d'audience dans le cadre d'une procédure d'indemnisation pour détention illégale est distinct de celui du défaut de procédure contradictoire et doit donc être examiné séparément au fond (constat de violation).

3° L'introduction de cette procédure de « renvoi » dans le mécanisme de contrôle nuit à la cohérence du système de contrôle de la CEDH car, introduisant un double contrôle, elle remet nécessairement en cause le principe d'une cour unique (*infra*, n° 242). Il appartient au collège de cinq juges, dont les décisions n'ont pas à être prises à l'unanimité et, s'il s'agit de décisions de rejet de la demande, n'ont pas à être motivées (art. 73, § 2, Règlement), de réguler strictement l'exercice du réexamen afin de limiter vraiment l'intervention de la Grande Chambre aux seuls « cas exceptionnels ». Ce, pour permettre un réel allégement de la procédure et afin de ne pas transformer *de facto* le nouveau système en un contrôle à double degré de juridiction.

La pratique semble aller heureusement en ce sens ; ainsi, en 2010, 11 demandes de renvoi sur 264 ont été acceptées, et, en 2011, 11 sur 239. Voir, notamment, les décisions de rejet de demande de renvoi dans des affaires de délai raisonnable (*NI*, 2000, n° 14, p. 24, et n° 15, p. 26), dans l'affaire *Slimane-Kaïd* (arrêt 25 janv. 2000, *NI*, 18, p. 37), dans l'affaire *Glaser* (arrêt 29 sept. 2000, *NI*, 25, p. 22).

Si le collège retient la demande de réexamen, la Grande Chambre statue par un arrêt sur le fond de l'affaire (violation et réparation ; *supra*, n^os^ 236 et 237).

## II | La portée des arrêts de la Cour

Il convient de distinguer les effets juridiques *stricto sensu* des arrêts de la Cour et leur autorité.

### *A – Les effets juridiques*

Définitif et obligatoire, l'arrêt de la Cour doit être exécuté par l'État partie.

**242** Caractère définitif. — Comme tout acte juridictionnel (AC, CIJ, 13 juill. 1954, *Effets des jugements du TANU*, *Rec.*, 1954, p. 53), l'arrêt de la Cour est revêtu de l'autorité de chose jugée. Définitif (art. 44, ex-art. 52, CEDH), l'arrêt n'est pas susceptible de contestation ou de modification. Une double précision doit ici être apportée.

1° La procédure de réexamen (*supra*) emporte pour conséquence que l'arrêt de la Chambre n'est pas immédiatement définitif. Cet arrêt ne devient définitif, et par voie de conséquence obligatoire, que dans les conditions suivantes : soit que les parties fassent expressément connaître, immédiatement ou avant l'expiration du délai de trois mois prévu pour la demande de renvoi, qu'elles ne demanderont pas un réexamen par la Grande Chambre ; soit, au bout du délai de trois mois, que le renvoi n'ait pas été demandé ; soit qu'une demande de réexamen ait été formulée mais rejetée par le collège de cinq juges (art. 44, § 2). Si la demande de réexamen est acceptée par le collège de cinq juges, l'arrêt définitif est celui de la Grande Chambre (art. 44, § 1). Seul l'arrêt définitif est publié (art. 44, § 3).

Dans l'hypothèse du réexamen, la nature exacte de l'arrêt de la Chambre, qui ne sera pas publié et n'aura jamais force de chose jugée, paraît incertaine : cet arrêt de la Chambre ressemble à l'avis que rendait antérieurement au Protocole 11 la Commission sur le fond de l'affaire, la Chambre paraissant alors jouer le rôle d'une juridiction consultative.

Une juridiction suprême – tel le Conseil constitutionnel – fait alors preuve d'une imprudence certaine en visant, dans une de ses décisions, un arrêt de chambre non définitif (déc. 2004-505 DC, 19 nov. 2004, *supra*, n° 527).

2° Le caractère définitif de l'arrêt ne fait pas obstacle à une demande en révision ou en interprétation (dans le même sens, art. 61 et 60 du Statut de la CIJ) adressée à la Cour elle-même. Selon la

Cour, l'ex-article 52 a pour seul but de soustraire l'arrêt « à tout recours à une autre autorité » (*Ringeisen c/ Autriche*, 23 juin 1973, A. 16, § 13).

La procédure de demande en révision (art. 80, Règlement) est ouverte à toute partie en cas de découverte d'un fait nouveau de nature à exercer une influence décisive sur la solution rendue (le délai pour saisir la Cour est de six mois à partir de la connaissance de ce fait nouveau). La Cour a mis l'accent sur le « caractère exceptionnel » de la procédure de révision, qui porte une atteinte grave à l'autorité de la chose jugée, et sur la nécessité d'un « examen strict » de la recevabilité d'une telle demande (*Pardo c/ France*, 10 juill. 1996, recevabilité).

Cette procédure a été peu utilisée, le plus souvent sans succès (*Pardo c/ France*, 29 avril 1997 ; *Gustafsson c/ Suède*, 30 juill. 1998, *McGinley et Egan c/ Royaume-Uni*, 28 janv. 2000 : rejet de la demande en révision ; *Stoicescu c/ Roumanie*, 21 sept. 2004 : révision de l'arrêt rendu le 4 mars 2003 en raison de la découverte d'un fait nouveau privant le requérant de sa qualité de « victime »).

La demande en interprétation (art. 79, Règlement) peut être faite, dans un délai d'un an suivant le prononcé de l'arrêt, par toute partie et doit tendre à faire clarifier par la Cour le sens et la portée d'une de ses décisions antérieures sans rien ajouter à la chose jugée. Dans sa décision *Allenet de Ribemont*, du 7 août 1996 en interprétation de l'arrêt du 10 février 1995 (*GACEDH*, n° 34), la Cour entend strictement sa compétence et se refuse à interpréter « de manière générale et abstraite » une disposition de la Convention (en l'espèce, l'article 50 ; comparer avec *Ringeisen*, préc., en interprétation de *Ringeisen*, 22 juin 1972, A. 15 ; voir opinions séparées des juges Verdross et Zekia) : une demande en interprétation ne saurait donc tendre à faire modifier le dispositif clair et précis d'un arrêt (*Hentrich c/ France*, 3 juill. 1997).

Le Protocole 14 prévoit, de surcroît, que le Comité des ministres peut, à la majorité des deux tiers, saisir la Cour pour se prononcer sur une difficulté d'interprétation d'un arrêt, entravant l'exécution de ce dernier (art. 16).

*1. Force obligatoire*

**243** Le caractère obligatoire de l'arrêt de la Cour européenne des droits de l'homme (art. 46, § 1) doit s'apprécier au regard de son caractère déclaratoire (art. 41). Le principe posé par le texte de la Convention d'un arrêt déclaratoire et obligatoire est sensiblement dépassé par la pratique jurisprudentielle.

**244** CARACTÈRE DÉCLARATOIRE. — 1° *Autorité relative de la chose jugée et libre choix des moyens.* Selon l'article 46, § 1 (ex-art. 53) de la Convention, « les HPC s'engagent à se conformer aux décisions de la Cour dans les litiges auxquels elles sont parties ». L'autorité de la chose jugée est donc relative et ne vaut pas *erga omnes* : l'arrêt n'oblige que les parties au litige et pour le seul cas tranché. De plus, ainsi que cela ressort de l'article 41 (ex-art. 50) de la Convention (*supra*, n° 236), les arrêts de la Cour ayant constaté une violation à la Convention ne valent pas titre exécutoire sur le territoire des États défaillants : leur exécution dépend des États eux-mêmes. Comme l'affirme régulièrement la Cour depuis l'arrêt *Marckx* du 13 juin 1979 (*GACEDH*, n° 51, § 58 ; voir *Pauwels c/ Belgique*, 26 mai 1988, préc., § 41 ; Z c/ Finlande, 25 févr. 1997, § 112), sa décision « *déclaratoire* pour l'essentiel (...) laisse à l'État le choix des moyens à utiliser dans son ordre juridique interne pour s'acquitter de l'obligation qui découle pour lui de l'article 53 » ; la Cour se refuse donc, en principe, à fixer les conséquences à tirer de son arrêt (*Soering c/ Royaume-Uni*, 7 juill. 1989, *GACEDH*, n° 16, § 125). De la combinaison du caractère obligatoire et déclaratoire de l'arrêt de la Cour, il résulte que pèse sur l'État défendeur une simple obligation de résultat : l'État partie doit prendre les mesures propres à mettre fin à la violation constatée dans le cadre du litige et à en effacer les conséquences, mais il a en principe *le libre choix des moyens* pour parvenir à ce résultat.

Plus précisément, la Cour ne statuant pas *in abstracto* sur la compatibilité de la norme interne avec la Convention, mais seulement sur l'application concrète de la norme à l'égard du requérant (*Golder c/ Royaume-Uni*, 21 févr. 1975, *GACEDH*, n° 27, § 39 ;

*Klass c/ Allemagne*, 6 sept. 1978, A. 28, § 33), l'État est tenu de prendre des mesures individuelles corrigeant la violation dans le cas d'espèce mais reste libre de prendre des mesures générales débordant le cas d'espèce (*infra*, n° 246). Le juge européen, cependant, s'efforce d'encadrer de plus en plus étroitement cette liberté.

2° *Dépassement.* D'ores et déjà, il apparaît que la jurisprudence de la Cour marque un dépassement du caractère déclaratoire de ses arrêts, dont l'origine semble se trouver, malgré l'absence de systématisation, dans l'utilisation combinée des articles 41 et 46 (ex.art. 50 et 53) – que le juge européen lie étroitement – et dans l'affirmation de principe que ces articles font obligation à l'État de choisir « les mesures générales et/ou, le cas échéant, individuelles à adopter dans son ordre juridique interne » afin de mettre un terme à la violation constatée et d'en effacer les conséquences (*Scozzari et Giunta c/ Italie*, 13 juill. 2000, Gr. Ch., § 249). De fait, la Cour européenne, selon une pratique récente, n'hésite pas à « interpréter » ses propres arrêts pour préciser les mesures, qu'elles soient individuelles ou de portée générale, que nécessite l'exécution de l'arrêt et à contrôler celle-ci (*VGT c/ Suisse*, 30 juin 2009, Gr. Ch., *infra*, n° 453).

**245** MESURES INDIVIDUELLES. — S'agissant des mesures individuelles, l'obligation de *restitutio in integrum* implique l'adoption de mesures appropriées afin de remettre les choses en l'état antérieur à la violation (*Papamichalopoulos c/ Grèce*, 31 oct. 1995, *supra*, n° 238). Ces mesures sont de nature diverse – modification, annulation, retrait de l'acte juridique à l'origine du manquement (par ex., retrait d'une décision d'expulsion), réparation pécuniaire si cela s'avère être la modalité la plus adéquate – en fonction de l'objet du litige. L'encadrement par la Cour du choix des moyens dont dispose l'État pour satisfaire l'obligation de *restitutio in integrum* est chose acquise. D'une manière générale, la Cour détermine la mesure individuelle que l'État doit prendre dès lors qu'il s'agit de la seule mesure susceptible d'assurer la *restitutio in integrum*.

1° Le juge européen se reconnaît, de manière ponctuelle, un véritable pouvoir d'injonction. D'abord, en matière de privation de propriété, où il place l'État devant l'alternative de restituer la propriété au requérant dans un délai déterminé ou de verser une indemnité appropriée (*Papamichalopoulos*, préc. ; *Beyeler c/ Italie*, 28 mai 2002).

En matière de privation de propriété, la Cour distingue entre expropriation licite et dépossession illicite. Seule cette dernière exige une *restitutio in integrum*, qui n'est pas une restitution *ex ante* mais une restitution en l'état (cette solution est toutefois nuancée en matière d'expropriation indirecte : *Guido-Gallisay c/ Italie*, 22 déc. 2009, Gr. Ch.). L'expropriation licite, « à laquelle n'aurait manqué pour être légitime que le paiement d'une indemnité équitable », n'implique pas une *restitutio in integrum* mais le paiement d'une indemnisation qui doit être « raisonnablement en rapport avec la valeur du bien » (*Papamichalopoulos*, préc., § 36 ; *Beyeler*, préc., § 20). Un remboursement inférieur à la pleine valeur marchande des biens peut alors être justifié par des objectifs légitimes d'« utilité publique », tels qu'en poursuivent des mesures de réforme économique ou de justice sociale (*James et al. c/ Royaume-Un*i, 21 févr. 1986, *GACEDH*, n° 68), ou encore par un changement radical du système constitutionnel du pays, tel le passage de la monarchie à la république (*Ex-roi de Grèce et al. c/ Grèce*, 28 nov. 2002, Gr. Ch., § 78).

Ensuite, lorsqu'il considère que la nature de la violation peut réduire à néant le libre choix de l'État et l'autorise à prescrire à ce dernier la mesure à prendre.

Par exemple, *Assanidzé c/ Géorgie*, 8 avr. 2004, Gr. Ch., § 203 : détention arbitraire et mise en liberté « dans les plus brefs délais » (art. 5) ; *Ghavtadze c/ Géorgie*, 3 mars 2009 : placement d'un détenu malade dans un établissement capable de dispenser le traitement médical nécessaire (art. 3) ; *Scoppola c/ Italie n° 2*, 17 sept. 2009, Gr. Ch. : substitution d'une peine n'excédant pas 30 ans d'emprisonnement à une peine de réclusion criminelle à perpétuité (art. 7) ; *Gluhakovic c/ Croatie*, 12 avril 2011, *JCP G*, 2011-18, act. 532, C. Picheral : mise en œuvre effective du droit de visite parental (art. 8) ; *Youth initiative for human rights c/ Serbie*, 25 juin 2013 : donner accès à des informations obtenues par le biais de la surveillance électronique (art. 10).

2° La Cour européenne s'est aussi reconnu un « pouvoir d'indication » dans le domaine du procès équitable.

a) Il est en effet des circonstances – particulièrement en cas de violation des articles 5, 6 ou 7 en matière pénale – dans lesquelles le réexamen d'une affaire ou la réouverture d'une procédure judiciaire s'avère être le moyen de redressement le plus approprié, voire le seul, pour atteindre l'objectif de la *restitutio in integrum*.

Il en est ainsi, comme la Cour l'indique à l'État partie, lorsqu'une condamnation pénale a été prononcée en violation de l'article 6, tenant au défaut d'indépendance et d'impartialité du tribunal (*Gençel c/ Turquie*, 23 oct. 2003, § 27 ; *Ocalan c/ Turquie*, 12 mai 2005, Gr. Ch., § 210), à l'absence d'un tribunal « établi par la loi » (*Claes et al. c/ Belgique*, 2 juin 2005), à une atteinte au droit de participer à son procès (*Somogyi c/ Italie*, 18 mai 2004, § 86 ; *Sejdovic c/ Italie*, 1er mars 2006, Gr. Ch., § 126) ou aux droits de la défense (*Salduz c/ Turquie*, 27 nov. 2008, Gr. Ch.).

Le CDH a une pratique similaire : n° 1363/2005, déc. 19 oct. 2009, *Gayoso Martinez c/ Espagne* ; n° 1797/2008, déc. 27 juill. 2010, *Mennen c/ Pays-Bas* ; n° 1641/2007, déc. 23 mars 2012, *Calderon Bruges c/ Colombie*.

Cependant, la Cour prend soin de préciser que la réouverture d'une procédure pénale ne peut « en soi automatiquement passer pour un redressement suffisant » et que, pour qu'il en soit ainsi, « la nouvelle procédure doit être conduite avec célérité et dans le respect des garanties de l'article 6 de la Convention » (*Sakhnovski c/ Russie*, 2 nov. 2010, Gr. Ch., § 83, *JCP G*, 2010, act. 1185, C. Picheral).

b) Bien que la Convention (art. 41) ne fasse pas obligation aux États de remettre en question l'autorité de chose jugée d'une décision de justice interne déclarée par la Cour européenne incompatible avec la Convention, près d'une trentaine d'États (Allemagne, Autriche, Belgique, Danemark, Lituanie, Luxembourg, Malte, Norvège, Suisse…) ont introduit dans leur législation interne des procédures *ad hoc* de réformation de telles décisions rendues en matière pénale (parfois, aussi en matière civile : Lituanie, Malte, Norvège…).

Par exemple, les arrêts *Piersack c/ Belgique* (1er oct. 1982, A. 53), *Unterpertinger c/ Autriche* (24 nov. 1986, A. 110 ; Rés. DH (89) 12), *Schuler-Zgraggen c/ Suisse* (24 juin 1993, A. 263) ont entraîné une réouverture de la procédure interne.

c) La France, suivant les recommandations en ce sens du Comité des ministres du Conseil de l'Europe (*Rec.*, R (2000) 2, 19 janv. 2000), a à son tour institué une procédure de réexamen d'une décision pénale définitive jugée par la Cour européenne des droits de l'homme contraire aux dispositions de la Convention, si la violation constatée par le juge européen entraîne pour le condamné, par sa nature et sa gravité, « des conséquences dommageables auxquelles la » satisfaction équitable « allouée sur le fondement de l'article 41 de la Convention ne pourrait mettre un terme » (art. 626. 1 et s., CPP).

* Le nouveau dispositif (issu de l'art. 89 de la loi du 15 juin 2000 renforçant la protection de la présomption d'innocence et les droits des victimes, *D*, 2000, Leg, p. 253) prévoit que le condamné ou ses ayants droit, le ministre de la Justice, le procureur général près la Cour de cassation peuvent demander, dans un délai d'un an à compter de l'arrêt de la Cour européenne, le réexamen de la décision pénale interne. Adressée à une commission composée de sept magistrats de la Cour de cassation, la demande en réexamen pourra déboucher sur un réexamen du pourvoi du condamné par la Cour de cassation ou sur un renvoi devant une autre juridiction du fond. Dans sa décision *Hakkar* (30 nov. 2000), la commission de réexamen juge qu'« il y a lieu de suspendre l'exécution de la peine de réclusion criminelle à perpétuité » (aussi, Comm., réexamen déc. pén., 15 févr. 2001, *Voisine*, *JCP G*, 2001, II, 10642, note J. Lefebvre). La Cour de cassation a précisé les modalités et les limites procédurales de la procédure en réexamen pour dire qu'elle « statue en l'état des seuls mémoires déposés lors de l'examen initial de ce pourvoi » (Ass. plén., 4 oct. 2002, X, *D*, 2002, IR, 2850 ; aussi, Ass. plén., 18 janv. 2006, *JCP G*, 2006, II, 10075, note J. Leblois-Happe ; Ass. Plén., 16 nov. 2007, n° 99-82. 117, *JCP G*, 2007, II, 10210, note J. Leblois-Happe).

Cette procédure de réexamen conduit la Cour de cassation à un revirement de jurisprudence : à la suite de l'arrêt *Pessino* de la Cour européenne (*Pessino c/ France*, 10 oct. 2006, *supra*, n° 442), elle juge que, la loi pénale étant d'interprétation stricte, le délit de construction sans permis n'est pas constitué dans l'hypothèse d'une construction poursuivie en méconnaissance d'un sursis à exécution décidé par un juge administratif (Ass. plén., 13 févr. 2009, *Pessino*, n° 01-85826, *AJDA*, 2009-21, 1164, note B. Pacteau).

Est aujourd'hui en débat la question de l'extension de la procédure de révision, qui heurte de front le principe de l'autorité de la chose jugée, au procès civil et au procès administratif. Il faut, cependant, noter que la Cour européenne a limité au seul domaine de la procédure pénale ses « invitations » adressées à l'État partie de rouvrir le procès (*supra*) et a clairement affirmé que la Convention n'énonçait aucun droit à la réouverture d'une procédure civile ayant abouti à une décision définitive (déc. 1er mars 2005, *Komanicky c/ Slovaquie*, req. n° 13677/03).

* Le Conseil d'État est parfaitement fondé à juger qu'« en l'absence de procédures organisées pour prévoir le réexamen d'une affaire définitivement jugée », l'exécution de l'arrêt de la Cour ne peut avoir pour effet de priver les décisions

juridictionnelles de leur caractère exécutoire et n'ouvre droit à aucun réexamen de la cause (CE, 4 oct. 2012, *Baumet*, n° 328502, *RFDA*, 2013, 103, note F. Sudre ; CE, 11 févr. 2004, *Mme Chevrol, D*, 2004, 1414, concl. R. Schwartz). La Cour de cassation se prononce dans le même sens (Cass. soc., 30 sept. 2005, *Lemoine c/ SNCF*, n° 04-47130, *D.*, 2005, 2800, obs. P.-Y. Gautier).

Le Conseil d'État précise que l'arrêt de la Cour européenne constatant une violation de la convention du fait d'une sanction administrative est « un élément nouveau » que l'autorité compétente saisie d'une demande de relèvement de cette sanction doit prendre en considération afin « d'apprécier si la poursuite de l'exécution de cette sanction méconnaît les exigences de la convention et, dans ce cas, d'y mettre fin, en tout ou en partie », eu égard, notamment, à la nature et à la gravité des manquements constatés par la Cour (CE, Ass., 30 juillet 2014, *Vernes*, n° 358564) ; une distinction doit être opérée entre violations de droits substantiels et violations de droits procéduraux, cette dernière devant être « d'une gravité telle qu'un doute sérieux serait jeté sur la sanction prononcée » (CE, 9 mars 2016, n° 392782, *AJDA* 2016, 944, chron. L, Dutheillet de Lamothe et G. Odinet).

3° L'avancée est significative mais manque de cohérence dès lors que la Cour n'a pas dégagé clairement la base juridique de ce pouvoir d'injonction-indication, qu'elle exerce soit au titre de l'article 41 (*Gencel*, préc. ; *Somogyi*, préc. ; *Sejdovic*, préc.), soit au titre de l'article 41 combiné avec l'article 46 (*Assanidzé*, préc. ; *Ilascu*, préc.), soit au titre de l'article 46 (*Ocalan*, préc.).

**246** MESURES DE PORTÉE GÉNÉRALE. — Trois obstacles théoriques s'opposent à ce que la condamnation de l'État pour violation de la Convention emporte obligation d'adopter des mesures de portée générale : le caractère déclaratoire de l'arrêt, le fait que la Cour ne juge pas de la conformité des règles de droit interne à la Convention mais statue *in concreto*, les termes de l'article 46, § 1 de la Convention qui définissent une stricte autorité relative de la chose jugée (*supra*, n° 244). La pratique du juge européen les a débordés.

1° *Le dépassement de l'autorité relative de la chose jugée.* Il appartient en principe à l'État, notamment lorsque la violation constatée résulte médiatement (*Engel c/ Pays-Bas*, 8 juin 1976, *GACEDH*, n° 4 ; *Duinhoff et Duijf c/ Pays-Bas*, 22 mai 1984, A. 79) ou directement de l'existence d'une norme législative (*Marckx c/ Belgique*, 13 juin 1979, § 27, *GACEDH*, n° 51 ; *Klass c/ Allemagne*, 6 sept. 1978, A. 28, § 33 ; *Dudgeon c/ Royaume-Uni*, 22 oct. 1981,

*GACEDH*, n° 48, § 42), de décider, ou non, d'abroger ou de modifier sa législation afin de la rendre conforme à la Convention.

Cependant, il ressort de l'arrêt *Vermeire c/ Belgique* du 29 novembre 1991 (A. 214 C, § 26) – rendu dans une espèce similaire à celle de l'arrêt *Marckx* (préc.) –, que l'État ne doit pas différer trop longtemps cette adaptation législative, sauf à s'exposer à une nouvelle condamnation. Dans ce même arrêt, la Cour paraît vouloir conférer à ses propres décisions un effet direct à l'égard du juge national : elle signifie à ce dernier que sa décision s'impose à lui dans les affaires soulevant des questions similaires au regard de la Convention (aussi *Vallée c/ France*, 22 févr. 1994, A. 289 A, § 47 ; *Grant c/ Royaume-Uni,* 23 mai 2006) et qu'il doit écarter la loi interne jugée contraire à la Convention, dès lors que la solution dégagée par la Cour n'est « ni imprécise ni incomplète » (§ 25). Toutefois, le principe de sécurité juridique dispense les autorités nationales de remettre en cause des actes ou situations juridiques antérieurs au prononcé de l'arrêt de la Cour (*Marckx*, préc. ; Comm., déc. 29 mars 1993, *Jacobsson c/ Suède, D. et R.*, 74, p. 220).

De plus, les arrêts *Modinos c/ Chypre* (22 avr. 1993, A. 259, § 20-24) et *Valenzuelas Contrera c/ Espagne* (30 juill. 1998) montrent clairement que la Cour entend condamner l'État qui laisse subsister dans son droit interne des dispositions législatives similaires à celles qui ont valu à un autre État partie un constat de violation de la Convention (*Dudgeon*, préc. ; *Malone c/ Royaume-Un*i, 2 août 1985, A. 82).

Plus généralement, la Cour considère que l'État partie ne peut ignorer l'acquis jurisprudentiel (voir *Kapetianos et a. c/Grèce,* 30 avr. 2015, § 70, *JCP G* 2015, act. 596, F. Sudre, à propos de la notion autonome d'« accusation en matière pénale »).

* En jugeant, à propos des droits du gardé à vue, que les États adhérents à la CEDH « sont tenus de respecter les décisions de la Cour européenne des droits de l'homme, sans attendre d'être attaqués devant elle ni d'avoir modifié leur législation », la Cour de cassation est sur la même ligne que la Cour européenne (Cass., Plén., 15 avr. 2011, n° 10-30.313, *infra,* n° 424).

La jurisprudence européenne marque donc un dépassement des termes de l'article 46 (ex-art. 53), tel que la Cour n'entend pas limiter au seul cas d'espèce et au seul État condamné les effets d'un arrêt constatant une violation du fait d'une norme générale contraire à la Convention.

2° *L'indication à l'État de mesures de portée générale.* La Cour européenne n'a pas attendu la procédure dite de l'arrêt « pilote » (*infra*) pour préconiser à l'État condamné l'adoption de mesures de portée générale.

a) Elle énonce un principe de « loyauté conventionnelle », issu de l'article 1 de la Convention, lorsqu'elle affirme qu'« il résulte de la Convention, et notamment de son article 1, qu'en ratifiant la Convention les États contractants s'engagent à faire en sorte que leur droit interne soit compatible avec celle-ci » (*Maestri c/ Italie*, 17 févr. 2004, Gr. Ch., § 47). Il découle nécessairement de cette interprétation constructive (aussi, *Scozzari et Giunta*, préc. n° 244) que l'État doit adopter des mesures de portée générale lorsque la violation constatée trouve son origine directement dans la règle de droit interne. Le juge européen franchit ainsi la barrière conventionnelle limitant l'obligation d'exécution de l'État à l'adoption de mesures individuelles et/ou au versement d'une satisfaction équitable et s'engage dans la voie de la prévention de « la répétition de l'illicite », rapprochant ainsi, de manière prétorienne, la Convention de la CIADH, dont l'article 2 énonce l'obligation d'adopter des mesures législatives afin de donner effet aux droits garantis.

L'obligation de l'État de se conformer à un arrêt de violation s'analyse donc non seulement comme une obligation de cessation de l'illicite et une obligation de réparation (*supra*, n° 236) mais aussi comme une obligation de prévention de l'illicite.

* Le Conseil d'État partage cette analyse, affirmant que « l'autorité qui s'attache aux arrêts de la Cour implique en conséquence » que l'État adopte « les mesures générales nécessaires pour mettre un terme à la violation constatée » (CE, 4 oct. 2012, *Baumet*, n° 328502, cons. 7, *RFDA*, 2013, 103, note F. Sudre).

b) La jurisprudence ultérieure confirme cette analyse. Au bout du compte, l'État ne dispose plus du « libre choix des moyens », la Cour lui laissant seulement le soin de prendre les mesures générales nécessaires qu'elle a déclinées dans son arrêt.

Par exemple, la Cour demande à l'État partie de rendre sa législation « claire et précise, de telle sorte que l'immunité parlementaire ne puisse plus empêcher dans la pratique la poursuite des délits de droit commun lorsque des parlementaires et leurs proches sont concernés en tant qu'éventuels témoins ou accusés » (*Güngör c/ Turquie*, 22 mars 2005, § 111) ; lui prescrit d'adopter dans un délai de trois mois les mesures législatives rendant effectif le droit des transsexuels de changer de sexe reconnu par une nouvelle disposition du Code civil (*L. c/ Lituanie*, 11 sept. 2007, § 74) ; lui signifie que la mise en conformité de son système éducatif avec la Convention est « une forme appropriée de réparation » (*Hasan et Eylem Zengin c/ Turquie*, 9 oct. 2007, § 84) ; lui intime de réformer par voie législative le régime d'incarcération applicable aux personnes condamnées à une peine perpétuelle (*Harakchiev et Tolumov c/ Bulgarie*, 8 juill. 2014) ; lui indique, après avoir relevé que sa législation pénale est « à la fois inadéquate par rapport à l'exigence de sanction des actes de torture en question et dépourvue de l'effet dissuasif nécessaire pour prévenir d'autres violations similaires de l'article 3 à l'avenir » (§ 225) de se doter d'un « cadre juridique adapté » (*Cestaro c/Italie*, 7 avr. 2015, § 243).

Le CDH évolue dans le même sens, demandant à l'État partie de procéder à des modifications législatives : n° 1338/2005, déc. 18 mars 2010, *Kaldarov c/ Kirghizistan* ; n° 1642-1741/2007, déc. 24 mars 2011, *Jeong et CRTS c/ République de Corée*).

**247** ARRÊT « PILOTE ». — 1° La procédure de l'arrêt « pilote », codifié par le nouvel article 61 du règlement de la Cour (févr. 2011), permet à la Cour de s'affranchir sans complexe de la lettre de l'article 46.

Selon l'art. 61-1 : « La Cour peut décider d'appliquer la procédure de l'arrêt pilote et adopter un arrêt pilote lorsque les faits à l'origine d'une requête introduite devant elle révèlent l'existence, dans la Partie contractante concernée, d'un problème structurel ou systémique ou d'un autre dysfonctionnement similaire qui a donné lieu ou qui est susceptible de donner lieu à l'introduction d'autres requêtes analogues ».

Cette procédure trouve son origine dans le souci de prévoir un dispositif spécifique pour le traitement des affaires répétitives. L'identification – qui caractérise l'arrêt « pilote » – du problème « structurel » ou « systémique » à la source de la violation et des mesures générales à adopter pour y remédier obéit à une finalité bien précise, qui est d'alléger la charge de la Cour. Il s'agit, d'une part – et c'est l'innovation spectaculaire –, de geler (sauf exception, *Ananyev et a. c/ Russie*, 10 janv. 2012) les affaires répétitives pendantes dans l'attente de la mise en œuvre des mesures générales pertinentes et de l'adoption par l'État des mesures de redressement nécessaires afin d'éviter à la Cour de répéter son constat de violation et de lui permettre, une fois ces mesures adoptées, de procéder à la radiation du rôle des affaires « clones », et, d'autre part, de faire obligation à l'État de mettre en place en droit interne un recours effectif afin d'éviter que ces affaires répétitives ne soient portées devant la Cour (*Xenides-Arestis*, 22 déc. 2005, *supra* n° 239). Si l'État partie ne se conforme pas au dispositif de l'arrêt « pilote », la Cour reprend l'examen des requêtes ajournées.

2° Anticipant l'entrée en vigueur du Protocole 14 (*supra*, n° 184), la Cour européenne met en œuvre cette procédure par son arrêt de Grande Chambre *Broniowski c/ Pologne*, du 22 juin 2004 (*GACEDH*, n° 74), qu'elle identifie clairement comme un « arrêt pilote ». Affirmant qu'il convient d'examiner « quelles conséquences peuvent être tirées de l'article 46 de la Convention pour l'État défendeur » sur le terrain de l'exécution de l'arrêt (§ 192), elle n'hésite pas à prescrire à l'État des mesures générales appropriées (à savoir « la réalisation effective et rapide » du droit à indemnisation des personnes concernées) afin de remédier à la « défaillance structurelle », résultant d'un « dysfonctionnement de la législation polonaise et d'une pratique administrative » (§ 189), constatée sur le terrain du droit de propriété [1].

Relevant que la Pologne a mis en œuvre un régime d'indemnisation effectif répondant aux critères définis dans son arrêt *Broniowski*, la Cour peut procéder à la radiation du rôle de 40 autres affaires identiques (déc. 12 déc. 2007, *Wolkenberg et al. c/ Pologne*, n° 50003/99, Witkowska-Tobola c/ Pologne, n° 11208/02).

3° Il est clair, de surcroît, que la Cour se reconnaît le pouvoir dans le cadre de cette procédure d'adresser des injonctions à l'État

1. Est en jeu dans cette affaire l'indemnisation des personnes « rapatriées » des territoires situées au-delà de la nouvelle frontière définie après la Seconde Guerre mondiale entre la Pologne orientale et l'ex-URSS. Environ 80 000 personnes sont concernées, et la Cour a déjà été saisie de 167 requêtes similaires. Dans son arrêt, la Cour fait référence à la Résolution (2004) 3, du 12 mai 2004, du Comité des ministres, qui l'invite à identifier dans ses arrêts de violation ce qui « révèle un problème structurel sous-jacent et la source de ce problème, en particulier lorsqu'il est susceptible de donner lieu à de nombreuses requêtes, de façon à aider les États à trouver la solution appropriée et le Comité des ministres à surveiller l'exécution des arrêts » (Conseil de l'Europe, *Bull. inf. sur les droits de l'homme*, 2004, n° 62, 92).

(*Ramadhi et al. c/ Albanie*, 13 nov. 2007) et qu'elle n'hésite pas à utiliser la procédure de l'arrêt « pilote » pour contrôler l'exécution de ses propres arrêts (*Greens et M. T c/ Royaume-Uni*, 23 nov. 2010).

Dans son arrêt *Ramadhi*, la Cour précise que les mesures préconisées pour remédier aux lacunes du système judiciaire local « doivent être prises d'urgence » (§ 94). Dans l'arrêt *Greens*, la Cour enjoint le Royaume-Uni de modifier sa législation, jugée contraire à la Convention (*Hirst*, 6 oct. 2005, Gr. Ch., *infra* n° 503), privant les détenus condamnés du droit de vote.

Le juge européen déborde là incontestablement sa compétence de rendre des arrêts déclaratoires. À cet égard, l'arrêt *Broniowski* constitue une réelle avancée en ce que, pour la première fois, la Cour se fonde sur le seul article 46 (sans le secours de l'article 41) pour déterminer les mesures de portée générale que doit prendre l'État partie.

La pratique de la Cour est cependant confuse, qui, dans le cadre d'un arrêt sur la satisfaction équitable (art. 41), précise les mesures de portée générale à prendre au titre de l'article 46 (*Scordino c/ Italie* n° 3, 6 mars 2007, § 15 : défaillance structurelle relative au système de l'expropriation indirecte constatée par l'arrêt au fond du 17 mai 2005).

4° Néanmoins, la procédure de l'arrêt « pilote », qui semble moins bien adaptée aux problèmes « structurels » qu'au traitement de problèmes spécifiques touchant un grand nombre de personnes, est très réductrice puisqu'elle paraît limiter le pouvoir de la Cour de prescrire des mesures de portée générale à la seule hypothèse des affaires répétitives. La confusion entretenue par la jurisprudence postérieure entre problème structurel, affaires répétitives, violation résidant dans une norme générale, est fâcheuse et mériterait d'être levée par l'affirmation simple que l'article 46 fait obligation à l'État partie d'adopter des mesures de caractère général afin de remédier à toute violation trouvant sa source dans une norme générale ou dans une lacune de la législation interne et par l'indication des mesures à prendre.

Dans son arrêt *Sejdovic c/ Italie* (1er mars 2006, Gr. Ch., § 120), la Cour évoque une « défaillance structurelle » concernant un grand nombre de personnes. Or, était en cause une violation du droit de comparaître et de se défendre résidant dans la législation italienne en matière de procès par contumace, dont on peut penser qu'elle n'était pas susceptible de générer la répétition de nombreuses violations analogues. Par contre, la « situation structurelle » ou le « problème systémique » identifié dans l'affaire *Lukenda c/ Slovénie* (6 oct. 2005 : durée déraisonnable des procès résultant d'une législation inadaptée et de l'inefficacité de l'administration de la justice), dans l'affaire *Scordino c/ Italie* (29 mars 2006, Gr. Ch. : dysfonctionnement de la législation interne relative à l'indemnisation des biens expropriés), dans l'affaire *Hutten-Czapska c/ Pologne* (19 juin 2006, Gr. Ch. : anomalie de la législation relative au contrôle des loyers), dans l'affaire *Gülmez c/ Turquie* (20 mai 2008 : défaut de conformité de la législation relative aux infractions disciplinaires commises en prison avec les Règles pénitentiaires européennes), dans l'affaire *Rumpf c/ Allemagne* (2 sept. 2010 : durée excessive des procédures judiciaires), dans l'affaire *Torreggiani et a. c/ Italie* (8 janv. 2013 : surpopulation carcérale) ou dans l'affaire *Gerasimov et a. c/ Russie* (1er juill. 2014 : inexécution de décisions judiciaires imposant des obligations en nature aux autorités) est bien susceptible de toucher à l'avenir un grand nombre de personnes.

### 2. *Le contrôle de l'exécution de l'arrêt*

Bien que la Convention attribue au Comité des ministres la fonction de surveillance de l'exécution des arrêts, la Cour n'est pas dépourvue de toute compétence en la matière.

**248** Par le Comité des ministres. — La Convention (art. 46, § 2) confie au Comité des ministres du Conseil de l'Europe le soin de surveiller l'exécution de l'arrêt (qu'il s'agisse d'un arrêt sur la violation, sur la satisfaction équitable ou de radiation du rôle), qui lui est transmis par la Cour : le Comité ne peut donc « décider des mesures à prendre pour faire exécuter l'arrêt » (à l'inverse du Conseil de sécurité pour les arrêts de la CIJ ; art. 94, § 2 Charte des Nations Unies). Aux termes des règles dont le Comité s'est doté en février 1976 pour l'application de l'article 46, § 2 (ex-art. 54), la procédure normale de contrôle se déroule en deux temps. En premier lieu, le Comité des ministres « invite » l'État à l'informer des mesures prises à la suite de l'arrêt ; si l'État néglige de répondre à cette invitation, le Comité réinscrit, de six mois en six mois, l'affaire à l'ordre du jour. En second lieu, le Comité, par une décision qui prend la forme d'une résolution finale, « constate », au vu des informations fournies par l'État, qu'il a rempli les fonctions que lui confère l'article 46, § 2.

1° On ne saurait s'étonner que l'organe politique intergouvernemental du Conseil de l'Europe ait longtemps borné sa mission de surveillance à une simple fonction d'enregistrement des informations fournies par l'État, s'interdisant d'apprécier si les mesures, individuelles (le plus souvent à caractère indemnitaire) ou générales prises par l'État à la suite de l'arrêt remédiaient effectivement à la violation. En inaugurant en 1988 la pratique des résolutions intérimaires, par lesquelles il déclare avoir rempli « provisoirement » ses fonctions et décide de reprendre l'examen de l'affaire à une date ultérieure qu'il fixe, le Comité des ministres abandonne ce contrôle de pure forme et se reconnaît désormais le pouvoir de vérifier si l'État a réellement pris les mesures redressant la violation constatée (Rés. DH (88) 13, *Ben Yaacoub c/ Pays-Bas* et Rés. finale DH (92) 58 ; Rés. DH (89) 8, *Oztürk c/ RFA* et Rés. finale DH (89) 31 ; Rés. DH (89) 9, *F c/ Suisse*).

Développant une pratique progressiste, le Comité des ministres contrôle non seulement l'exécution de la satisfaction équitable et l'adoption de mesures de restauration individuelle mais s'est aussi engagé dans le contrôle des mesures d'exécution générale. Les nouvelles règles adoptées le 10 janvier 2001 entérinent cette pratique (*RUDH*, 2001, 478).

Les Nouvelles Règles adoptées le 10 mai 2006 prévoient expressément que le Comité des ministres surveille l'exécution des décisions constatant un règlement amiable (règles 12 et 13 ; dans le même sens Protocole 14, nouvel art. 39, § 4).

a) Pour les premières mesures, relevons que le Comité des ministres a adopté en 1996 la première résolution intérimaire par laquelle il « invite instamment » l'État à payer dans les meilleurs délais la somme fixée par la Cour au titre de la satisfaction équitable (Rés. DH (96) 251, *Raffineries grecques Stran et Stratis Andreadis c/ Grèce*).

b) S'agissant du contrôle de l'exécution de mesures individuelles, le Comité des ministres se livre à une interprétation téléologique de l'article 46, § 2 qui le conduit maintenant à décider des modalités de l'exécution de l'arrêt.

Ainsi, en 1999, le Comité des ministres, après avoir pour la première fois pris une résolution intérimaire demandant à un État partie de procéder à la libération d'un détenu puis constaté qu'il n'en avait rien fait, a conclu que cet État avait violé ses obligations conventionnelles en ne donnant pas plein effet à l'arrêt de la Cour et à ladite résolution (Rés. DH (99) 245, 4 mars 1999, et Rés. DH (99) 529, 28 juill. 1999, aff. *Parti socialiste et autres c/ Turquie* : la décision de dissolution du Parti socialiste, jugée par la Cour dans son arrêt du 15 mai 1998 contraire à l'art. 11 de la CEDH, s'accompagnait de la condamnation pénale du président du parti ; *BI*, 47, 2000, p. 29).

c) Enfin, le Comité des ministres n'hésite pas désormais dans le cadre des résolutions intérimaires à reprendre l'examen d'une affaire (ou de plusieurs affaires similaires) sous l'angle des mesures de caractère général nécessitées par l'arrêt – ou les arrêts – de la Cour.

Pour contrôler, par exemple, l'achèvement d'une réforme législative (Rés. DH (99) 724, 3 déc. 1999, *SA Pressos Compania Naviera et autres c/ Belgique* : réforme de la loi sur le pilotage des bâtiments en mer ; Rés. DH (99) 677, 8 oct. 1999, *Kopp c/ Suisse* : projet de loi fédérale en matière d'investigation secrète ; *BI*, 47, 2000, p. 27 et 28) ou l'adoption de mesures de caractère général destinées à assurer le caractère équitable des procédures devant la Cour de cassation belge (Rés. DH (98) 133, 22 avr. 1998, *BI*, 43, 1998, p. 33) ou à remédier à la durée excessive des procédures concernant les droits et obligations de caractère civil devant les juridictions administratives et civiles en Italie (Rés. DH (99) 436 et 437, 15 juill. 1999, *BI*, 47, 2000, p. 31 ; Rés. DH (2000) 135, 25 oct. 2000, *BI*, 51, 2001, p. 21). Pour un exemple récent : Rés DH(2014)78 relative à l'arrêt *Medvedyev* c/France, du 29 mars 2010 (infra, n° 395) : adoption de la loi n° 2011-13, du 5 janvier 2011, relative à la lutte contre la piraterie et à l'exercice des pouvoirs de police de l'État en mer établissant un régime *sui generis* en cas de privation de liberté à bord d'un navire par les forces militaires françaises.

De surcroît, dans le cadre de nouvelles méthodes de travail applicables depuis janvier 2011, le Comité des ministres a mis en place une « surveillance à deux axes », distinguant une « surveillance soutenue » (arrêts impliquant des mesures individuelles urgentes ; arrêts pilotes ; arrêts révélant des problèmes structurels et/ou complexes importants ; affaires interétatiques) et une « surveillance standard ». La durée moyenne d'exécution des affaires est un peu supérieure à

4 ans (voir rapport annuel 2014 du CM sur la surveillance de l'exécution des arrêts de la Cour).

Au 31 décembre 2014 (voir rapport 2014), 6 718 affaires pendantes sont en surveillance soutenue et 3 834 en surveillance standard. Les principaux thèmes sous surveillance soutenue concernent les actions des forces de sécurité (20 %, les mauvaises conditions de détention (14 %) et la durée excessive des procédures (11 %). En règle générale – et réserve faite de certains États (Russie, Turquie, Ukraine…) –, les arrêts de la Cour, en raison de leur poids juridique et moral, ne paraissent pas soulever, au vu des résolutions du Comité des ministres, de grands problèmes d'exécution (pour des exemples contraire : Rés. DH (90) 23, *Brogan c/ Royaume-Uni* ; arrêt *Hirst c/Royaume-Uni*, 6 oct. 2005, *supra* n° 247) même si celle-ci est, parfois, fort tardive (par ex., neuf ans dans l'affaire *Marckx c/ Belgique*, Rés. DH (88) 3 ; dix ans dans l'affaire *Ilascu et a. c/Moldavie et Russie*, Rés.DH(2014)37).

Par exemple, durant la période 1990-2003, le Comité des ministres a été amené à contrôler environ 600 réformes d'ordre général dans les États défendeurs et a pu constater l'aboutissement d'environ 350 à 400 d'entre elles (voir F. Sundberg, *op. cit., infra*, n° 259).

L'Assemblée parlementaire du Conseil de l'Europe s'est également saisie de la question de l'exécution des arrêts de la Cour européenne des droits de l'homme (*Rec.* 1477 (2000) et 1226 (2000) du 28 sept. 2000), décidant de tenir un débat annuel autour d'un rapport d'activités concernant la mise en œuvre des décisions et, en cas de refus d'exécuter ou de retard excessif, d'ouvrir une « procédure de suivi » (le premier rapport concerne huit États ; *RUDH*, 2001, 471).

2° Instituant un recours en manquement (art. 46, § 4), le Protocole 14 renforce les compétences du Comité des ministres en cas de difficultés relatives à l'exécution de l'arrêt et associe désormais la Cour à la surveillance de l'exécution de l'arrêt. Outre qu'il peut saisir la Cour d'une difficulté d'interprétation de l'arrêt dont il surveille l'exécution (*supra*, n° 242), le Comité des ministres peut, à la majorité des deux tiers, lorsqu'un État partie refuse de se conformer à un arrêt de la Cour le condamnant et après l'avoir mis en demeure, saisir la Cour de ce manquement à l'article 46, § 1 de la Convention (art. 46, § 4 nouveau). L'efficacité de ce recours en « manquement sur manquement » apparaît douteuse ; en effet, le recours en manquement existe déjà sous la forme du recours interétatique de l'article 33 et est, en pratique, un échec manifeste (*supra*, n° 194).

On note, d'ailleurs, que la nouvelle Règle 11 précise que ce recours « ne devrait être utilisé que dans des situations exceptionnelles » (§ 2) et que le nouveau recours n'a pas été utilisé depuis l'entrée en vigueur du Protocole 14…

Le point positif réside, toutefois, dans le fait que la Cour se voit reconnaître formellement la compétence de contrôler l'exécution de l'arrêt, sur saisine du Comité des ministres. Si la Cour constate une violation de cette disposition, elle renvoie l'affaire au Comité des ministres afin qu'il examine les mesures à prendre (art. 46, § 5 nouveau). En l'absence de violation, elle renvoie l'affaire au Comité des ministres pour en clore l'examen.

On notera que la Cour n'a pas le pouvoir, contrairement à la CJUE dans le cadre de la procédure en manquement (art. 260 TFUE ; CJCE, 4 juill. 2000, *Commission c/ Grèce*, aff. C-387/97, *Rec.*, I.5047), de prononcer des astreintes à l'encontre de l'État fautif.

Ajoutons, mais cela reste une hypothèse d'école, que, refusant d'exécuter l'arrêt de la Cour, l'État violerait l'article 3 du statut du Conseil de l'Europe (principe de la prééminence du droit) et pourrait, sanction ultime, être suspendu de son droit de représentation par le Comité des ministres (art. 8 Statut).

**249** Par la Cour européenne des droits de l'homme. — Quoique non chargée par la Convention de contrôler l'exécution de ses arrêts, la Cour s'est, pour partie, reconnue implicitement ou indirectement cette compétence.

1° La question de la compétence de la Cour pour connaître du recours d'un individu invoquant une violation de l'article 46, § 1 du fait de l'inexécution d'un arrêt antérieur de la Cour constatant une violation de ses droits n'est pas clairement tranchée.

a) Saisie de cette question dans l'affaire *Olsson n° 2 c/ Suède*, la Cour n'a pas décliné sa compétence mais a jugé qu'aucune question distincte de celle tranchée au principal (art. 8) ne se posait au regard de l'ex-article 53 (27 nov. 1992, A. 250, § 94).

Ultérieurement, elle a précisé qu'elle n'avait pas « compétence pour examiner si une Partie contractante s'est conformée aux obligations que lui impose un de ses arrêts » (*Mehemi, n° 2 c/ France*, 10 avr. 2003, § 43) et, dans des décisions d'irrecevabilité, a jugé incompatible *ratione materiae* une requête invoquant la violation de l'article 46 (déc. 1er mars 2005, *Komanicky c/ Slovaquie*, req. n° 13677/03 ; déc. 12 févr. 2008, *Haase et a. c/ Allemagne*, n° 34499/04 ; déc. 2 juill. 2013, *Hulki Günes c/ Turquie*, n° 17210/09).

De même, sont irrecevables les requêtes individuelles relatives à la non-application par l'État partie des constatations du CDH (n° 1634/2007, déc. 26 mars 2012, *Korneenko c/ Bélarus*).

Néanmoins, la Cour paraît s'être arrogée le pouvoir de surveiller l'exécution de ses propres arrêts, soit par le biais d'une nouvelle affaire identique à une affaire précédemment tranchée (*Rinzivillo c/ Italie*, 21 déc. 2000), soit en acceptant de connaître dans une même affaire d'une requête ultérieure soulevant « un problème nouveau, non tranché par l'arrêt » (*Mehemi*, préc.). C'est là un moyen détourné pour en réalité contrôler l'exécution du premier arrêt, par le biais d'une décision d'irrecevabilité (déc. 12 janv. 2006, *Icyer c/ Turquie*) ou d'un règlement amiable conclu à l'issue d'un arrêt « pilote » (*Broniowski c/ Pologne*, 28 sept. 2005, Gr. Ch. ; *Hutten-Czapsa c/ Pologne*, 28 avr.2008, Gr. Ch. ; *infra*, 2°).

Dans l'affaire *Rinzivillo* (contrôle de la correspondance des détenus), la Cour relève que la modification législative rendue nécessaire par ses arrêts *Calogero Diana* et *Domenichini c/ Italie* (15 nov. 1996) n'est pas intervenue (voir aussi *Salah c/ Pays-Bas*, 6 juill. 2006, renvoyant à *Lorsé c/ Pays-Bas*, 4 févr. 2003, *infra*, n° 323 ; et *Greens et M. T. c/ Royaume-Uni*, 23 nov. 2010 renvoyant à *Hirst c/ Royaume-Uni*, 6 oct. 2005, *supra*, n° 247). Dans l'affaire *Mehemi*, le requérant se plaint que les autorités nationales n'ont pas mis fin à l'ingérence disproportionnée dans son droit au respect de la vie privée et familiale résultant d'une interdiction définitive du territoire national constatée par la Cour européenne dans son arrêt *Mehemi n° 1* du 26 septembre 1997. Dans son arrêt *Mehemi n° 2*, la Cour vérifie si les autorités nationales « ont pris rapidement toutes les mesures nécessaires que l'on pouvait raisonnablement exiger d'elles » à l'issue du premier arrêt (§ 47). Dans l'affaire *Icyer*, la Cour juge que la non-utilisation d'un recours ouvert en droit interne pour assurer l'exécution d'un arrêt « pilote » qu'elle a antérieurement rendu est une cause d'irrecevabilité de la requête (*supra*, n° 224).

b) Confirmation en est clairement donnée par une jurisprudence récente de la Cour, qui se déclare compétente pour « accueillir un grief selon lequel la réouverture d'une procédure au niveau interne, en vue d'exécuter l'un de ses arrêts, a donné lieu à une nouvelle violation de la Convention », au motif qu'il s'agit d'un « problème nouveau » non tranché par le premier arrêt (*Verein Gegen Tierfabriken Schweiz (VGT) c/ Suisse n° 2*, 30 juin 2009, Gr. Ch., *JCP G*, 2010, doctr. 70, F. Sudre). Acceptant de connaître d'une requête qui concerne manifestement l'exécution, au sens de l'article 46, d'un de ses arrêts, la Cour pose ainsi le principe de sa compétence pour contrôler l'exécution de ses propres arrêts. Mettant l'accent sur « l'importance que revêt la mise en œuvre effective des arrêts » dans le mécanisme de contrôle de la Convention (§ 84), la Cour énonce à la charge des États une obligation positive d'« exécution correcte et entière » de l'arrêt de la Cour, c'est-à-dire « conforme aux conclusions et à l'esprit » de l'arrêt à exécuter (§ 90). Le juge européen fait ainsi produire un effet direct à ses propres arrêts et exerce un contrôle au fond sur la procédure de révision en droit interne (aussi, *Emre c/ Suisse (n° 2)*, 11 oct. 2011, *JCP G*, 2011, act. 1219, H. Surrel ; *Bochan c/ Ukraine (n° 2)*, 5 févr. 2015, Gr. Ch.).

C'est dire que l'organe de révision doit donner effet à l'arrêt de condamnation de la Cour et viser la *restitutio in integrum* qui, selon la jurisprudence européenne, est une obligation juridique pesant sur l'État issue de l'article 46 (*supra*, n° 238). À défaut, le requérant est fondé à alléguer une nouvelle violation de la Convention devant la Cour. Le principe du libre choix des moyens dont dispose l'État pour s'acquitter de son obligation de « se conformer » aux arrêts de la Cour (art. 46, § 1) fait alors figure de règle anachronique.

Il aurait semblé logique que dans cette ligne, la Cour européenne affirme clairement, au titre de sa plénitude de juridiction (art. 32, § 2), sa compétence pour connaître d'une violation de l'article 46, § 1, d'autant qu'elle est chargée d'« assurer le respect des engagements résultant pour les Hautes parties contractantes de la présente Convention » (art. 19). Elle se refuse cependant à le faire afin de ne pas « empiéter sur les compétences du Comité des ministres » (déc. 6 juill. 2010, *Ocalan c/ Turquie*, n° 5980/07).

2° Il est désormais parfaitement clair, au vu de l'arrêt de Grande Chambre, du 28 septembre 2005, *Broniowski c/ Pologne* (*AJDA*, 2006, 467, chron. J.F. Flauss), que la Cour européenne s'est arrogé le pouvoir, en principe confié au Comité des ministres, de contrôler l'exécution de ses propres arrêts dans le cadre de la nouvelle procédure de l'arrêt « pilote » (*supra*, n° 246). Le juge européen définit clairement les termes de l'exécution d'un arrêt « pilote » et précise les conditions que doit remplir au regard du « respect des droits de l'homme » garantis par la Convention (art. 38, § 1 *b*) un règlement amiable en matière de satisfaction équitable (art. 41), conclu à la suite d'un arrêt « pilote » constatant au principal une violation de la Convention, résultant, par hypothèse, d'une défaillance « structurelle ou systémique » du droit interne (*Broniowski c/ Pologne*, 22 juin 2004, *GACEDH*, n° 74). L'examen de la compatibilité du règlement amiable avec la condition posée à l'article 38, § 1 *b*) « s'étend nécessairement au-delà des seuls intérêts du requérant » et s'effectue aussi « sous l'angle des mesures générales pertinentes », que l'État a pris ou s'est engagé à prendre pour résoudre la défaillance structurelle constatée (§ 36). Redressement individuel et redressement général vont donc de pair et le contrôle de la Cour porte tant sur les mesures de réparation individuelles concernant le requérant que sur les mesures générales concernant les autres demandeurs dans les affaires similaires que l'exécution de l'arrêt-pilote implique.

La dissociation fond – réparation, article 46 – article 41, prouve ici son efficacité (*supra*, 2°). Il serait souhaitable de ne pas la limiter au seul cas de figure des arrêts « pilote ».

### *B – L'autorité des arrêts*

La pratique étatique prouve que l'autorité des arrêts de la Cour, qu'il s'agisse des arrêts « au principal » ou des arrêts de radiation du rôle après règlement amiable, déborde largement leur stricte portée juridique.

**250** L'AUTORITÉ DE LA JURISPRUDENCE EUROPÉENNE. — Bien que les juges de Strasbourg, à la différence de ceux de Bruxelles, n'aient développé aucune doctrine sur l'applicabilité directe ou la primauté du droit européen des droits de l'homme, l'examen des résolutions du Comité des ministres montre que les autorités nationales sont enclines à se ranger à la jurisprudence de la Cour européenne, qui, à tout le moins, produit un « effet d'orientation » des droits internes (J. Gerkrath, *op. cit.*, *infra*, n° 251).

1° Cela conduit à accorder crédit à la doctrine selon laquelle les arrêts de la Cour seraient revêtus de l'*« autorité de la chose interprétée »*, qui est l'« autorité propre de la jurisprudence de la Cour en tant que celle-ci interprète les dispositions de la Convention » (J. Velu et R. Ergec, *La Convention européenne des droits de l'homme*, Bruylant, 1990, n° 1237). Cette autorité interprétative peut se prévaloir d'un fondement conventionnel puisque la Convention assigne à la Cour, dans son article 32, la tâche spécifique d'assurer l'interprétation de la Convention. L'efficacité du droit européen des droits de l'homme, en raison des caractéristiques qui sont les siennes (caractère objectif, non-réciprocité, garantie collective), ne saurait en effet varier selon les qualifications juridiques propres aux droits nationaux. La Cour affirme d'emblée la vocation de sa jurisprudence à être un instrument d'harmonisation des régimes juridiques nationaux des droits de l'homme, autour du standard minimum que représente la Convention : « Ses arrêts servent non seulement à trancher les cas dont elle est saisie, mais plus largement à clarifier, sauvegarder et développer les normes de la Convention, et à contribuer de la sorte au respect, par les États, des engagements qu'ils ont assumés en leur qualité de Parties contractantes » (*Irlande c/ Royaume-Uni*, 18 janv. 1978, A. 25, § 158).

Par ailleurs, le dynamisme interprétatif du juge européen (*supra*, n° 154) a favorisé une jurisprudence en phase avec l'évolution de la société et proche des préoccupations contemporaines des Européens. De plus, les méthodes d'interprétation de la Convention que la Cour utilise – notions autonomes, obligations positives (*supra*, n$^{os}$ 157 et s.) – visent à « européaniser » sa jurisprudence et, par là même, à renforcer sa cohérence et son autorité. Comme l'affirme Marc-André Eissen, cette « jurisprudence prospective (...) rapproche un peu la Cour d'un législateur chargé non de » déclarer « le droit en vigueur, mais de créer celui de demain » (La Cour européenne des droits de l'homme, *RDP*, 1986, 1583).

Aujourd'hui, la Cour européenne semble s'inscrire dans la perspective « constitutionnelle » d'un ordre public européen lorsqu'elle affirme que « si le système mis en place par la Convention a pour objet fondamental d'offrir un recours aux particuliers, il a également pour but de trancher, dans l'intérêt général, des questions qui relèvent de l'ordre public, en élevant les normes de protection des droits de l'homme et en étendant la jurisprudence dans ce domaine à l'ensemble de la communauté des États parties à la Convention » (*Karner c/ Autriche*, 24 juill. 2003, § 26, *RTDH*, 2004-59, 663, obs. P. Frumer).

On peut douter cependant que les États parties partagent tous cette conception du rôle de la jurisprudence de la Cour, comme en témoigne le fort accent mis sur le principe de subsidiarité et la marge nationale d'appréciation tant par la Déclaration de Brighton de 2012 que par le Protocole 15 (*supra,* n° 142).

2° Il nous semble, cependant, qu'avant de mobiliser la théorie de l'autorité de la chose interprétée, il convient de s'interroger sur la « jurisprudence » de la Cour européenne. L'enjeu véritable de l'effectivité du droit de la Convention européenne des droits de l'homme se situe dans la capacité de la Cour européenne à construire une véritable *jurisprudence*, c'est-à-dire un ensemble de solutions abstraites et générales à des questions de droit, ayant « l'autorité de ce qui a été jugé constamment dans le même sens », selon l'expression du doyen Carbonnier.

a) S'appuyant sur l'analogie des espèces, la Cour européenne a élargi la portée de l'effet direct de ses arrêts, tant à l'égard du juge national de l'État visé par un arrêt antérieur (*Vermeire c/ Belgique*, 29 nov. 1991) qu'à l'égard du juge d'un État tiers (*Modinos c/ Chypre*, 22 avr. 1993, A. 259 ; *Valenzuelas Contrera c/ Espagne*, 30 juill. 1998), dépassant l'autorité relative de la chose jugée (*supra*, n° 246). L'arrêt *Chapman c/ Royaume-Uni* (18 janv. 2001, Gr. Ch., *RTDH*, 2001, 887, obs. F. Sudre) vient systématiser cette pratique jurisprudentielle en se référant à la notion de « précédent » : « Sans être formellement tenue de suivre l'un quelconque de ses arrêts antérieurs, la Cour considère qu'il est dans l'intérêt de la sécurité juridique, de la prévisibilité et de l'égalité devant la loi qu'elle ne s'écarte pas sans motif valable des précédents » (§ 70). La référence au « précédent » signifie l'existence d'une solution stable à une question de droit et vient encadrer l'office du juge national, en lui permettant de déterminer quel arrêt de la Cour est applicable au cas qui lui est soumis. L'autorité du précédent conforte l'autorité de l'interprétation de la Convention donnée par la Cour et traduit en termes juridiques cette évidence que la jurisprudence de la Cour fait corps avec la Convention.

Participe du même souci d'affirmer l'existence d'une *jurisprudence* le fait que la Cour assume désormais clairement – notamment en formation solennelle – les revirements de jurisprudence et prend soin d'expliquer qu'ils contribuent à améliorer la cohérence de sa jurisprudence d'ensemble.

La motivation explicative retenue par la Grande Chambre (*Vilho Eskelinen et al. c/ Finlande*, 19 avr. 2007, *GACEDH*, n° 23), pour justifier l'abandon de la solution *Pellegrin* (8 déc. 1999, Gr. Ch.), est significative : l'arrêt *Pellegrin* est ainsi présenté comme le « dernier maillon important de la chaîne que constitue l'évolution de la jurisprudence » (§ 50) et comme « une première distanciation d'avec l'ancien principe d'inapplicabilité de l'article 6 à la fonction publique, et un premier pas vers l'applicabilité partielle » (§ 57) ; *infra*, n° 365.

b) Cependant, l'autorité de la jurisprudence européenne ne saurait être assimilée à celle du *stare decisis* au sens de la *common law*. En l'absence, dans le système juridique continental, de la règle du précédent obligatoire et compte tenu de la nécessité pour le juge européen de rendre une décision « commune », s'adressant à la fois aux « pays de *common law* et (aux) pays continentaux » (*Kruslin c/ France*, 24 avr. 1990, *GACEDH*, n° 5, § 29), le « précédent » dans la jurisprudence de la Cour ne saurait être, à notre sens, qu'« une indication donnée, une directive montrant une orientation »[1]. L'autorité jurisprudentielle, qui déborde l'autorité de la chose jugée en ce qu'elle s'adresse à l'ensemble des destinataires (autorités nationales, individus) de la norme conventionnelle, ne se « décrète » pas – à la différence de l'autorité de la chose interprétée dans le système juridique communautaire (art. 234 traité CE). Cette autorité jurisprudentielle ne peut être qu'une autorité persuasive, suscitant l'adhésion des destinataires – et au premier chef des juges nationaux – à la solution de droit donnée par la Cour. Cela implique, à tout le moins, le respect du principe de subsidiarité, car il est vain de vouloir construire un ordre juridique dans une relation conflic-

1. Pour reprendre une expression de M. Deguergue, Jurisprudence, *in* D. Alland et S. Rials, *Dictionnaire de la culture juridique*, Puf, 2003, 887.

tuelle avec les juridictions nationales chargées, au premier chef, du respect de la Convention, et nécessite une jurisprudence plus claire, plus stable, mieux motivée, en un mot plus cohérente (*supra*, n° 142-147).

3° Enfin, et peut-être surtout, des considérations d'ordre pratique expliquent le poids réel des arrêts de la Cour. Il est évident que la reconnaissance par les États du droit de recours individuel a un *effet incitatif*, amplifié par le poids de l'opinion publique dans des démocraties pluralistes, très médiatisées pour la plupart. Une condamnation par la Cour européenne d'un État membre peut déclencher, dans cet État comme dans les États voisins si la situation est comparable, de nombreuses requêtes similaires à celle qui est à l'origine de la condamnation. Cette perspective encourage les autorités nationales à respecter la jurisprudence de la Cour (de même que les rapports de la Commission sur la base de l'ex-article 30). Il en résulte pour les juges nationaux un véritable « impératif de discipline juridictionnelle » (B. Genevois, concl. CE, Ass., 11 juill. 1984, *Subrini*, *D*, 1985, p. 150), d'autant qu'il n'y a pas de procédure de renvoi préjudiciel en interprétation devant la Cour de Strasbourg, du type de celle instituée par l'article 234 du traité CE (art. 267 TFUE)[1]. Le mécanisme du recours individuel acquiert ainsi une puissance unificatrice et pousse l'État à s'aligner sur l'ordre public européen des droits de l'homme.

**251** LA MISE EN COMPATIBILITÉ DU DROIT INTERNE AVEC LE DROIT EUROPÉEN JURISPRUDENTIEL DES DROITS DE L'HOMME. — Elle s'opère par la voie législative (ou réglementaire) et/ou par la voie jurisprudentielle et permet de mesurer l'efficacité corrective des arrêts de la Cour. Les décisions de la Cour relevant une violation à la Convention provoquent fréquemment une « normalisation » des législations internes, aussi bien dans les États où la Convention fait partie du droit interne que dans ceux où elle n'en fait pas partie (*supra*, n° 117). Les États adoptent ainsi des mesures générales destinées à rendre leur législation compatible avec la Convention.

1. La procédure consultative instituée par le Protocole 16 palliera en partie cette lacune (*supra*, n° 185).

À titre d'exemples emblématiques, on citera : pour les Pays-Bas, la modification des dispositions du Code civil relatives au droit parental (*Kroon*, 27 oct. 1994 ; Rés. DH (98) 148, *BI*, 1998, n° 43, 31) ; pour l'Autriche, l'adoption d'une nouvelle loi supprimant l'exigence de la citoyenneté autrichienne en tant que condition obligatoire pour recevoir l'allocation d'urgence (*Gaygusuz*, 16 sept. 1996 ; Rés. DH (98) 372, 12 nov. 1998, *BI*, 1999, n° 45, p. 30) ; pour le Royaume-Uni, l'adoption d'une ordonnance modifiant la législation irlandaise réprimant l'homosexualité (*Dudgeon*, 22 oct. 1981 ; Rés. DH (83) 13) ; pour la Belgique, l'adoption d'une nouvelle législation en matière de filiation (huit ans, cependant, après l'arrêt *Marckx* du 13 juin 1979 ; Rés. DH (88) 3) ; pour le Danemark, l'adoption d'une loi sur l'administration de la justice tendant à éviter qu'un juge ayant pris des mesures d'instruction ne soit aussi juge du fond (*Hauschildt*, 24 mai 1989, Rés. DH (91) 9)…

Les arrêts de la Cour européenne produisent aussi un ajustement des jurisprudences nationales. Cela vaut tant pour les juridictions ordinaires – judiciaires et administratives – que pour les juridictions constitutionnelles.

Pour des exemples précurseurs, on mentionnera : l'introduction de nouvelles pratiques judiciaires (suite aux arrêts *Borgers et Vermeulen*, *infra*, n° 391, la Cour de cassation belge a autorisé les requérants à répondre à l'avis de l'avocat général ; de plus, celui-ci ne participe plus au délibéré ; Rés. DH (98) 133, *BI*, 1998, n° 43, 33) ; un revirement de la jurisprudence de la juridiction suprême (pour la Cour de cassation belge, voir *De Cubber*, 26 oct. 1984, A. 86, et Rés. DH (88) 20) ; pour la Cour suprême néerlandaise, voir *Lala*, 22 sept. 1994, A. 297 A, Rés. DH (95) 240) ou, de manière plus spectaculaire, l'annulation par cette dernière d'une décision judiciaire interne dont un arrêt de la Cour européenne constatait qu'elle avait été rendue en violation de la Convention (pour la Belgique, *Piersack*, 26 oct. 1984, A. 85, § 11 ; pour l'Autriche, *Unterpertinger*, 24 nov. 1986, A. 110, Rés. DH (89) 2 ; pour la Suisse, *Lüdi*, 15 juin 1992, A. 238, Rés. DH (92) 61) ; le revirement de jurisprudence de la Cour constitutionnelle autrichienne, à la suite de l'arrêt *Ringeisen* (16 juill. 1971, préc.), quant à l'interprétation des mots « droits et obligations à caractère civil », et, après l'arrêt *Bonisch* du 6 mai 1985 (préc.), la déclaration d'inconstitutionnalité de l'article 48 du Code de l'alimentation pour contrariété à l'article 6 de la Convention (Rés. DH (87) 1).

Pour un panorama d'ensemble, voir Assemblée parlementaire du Conseil de l'Europe, *Impact de la CEDH dans les États parties : exemples choisis* (AS/Jur/Inf (2016)04, 8 janv. 2016 ; http://website-pace.net/fr/web/as-jur/committee-documents).

Méritent d'être soulignées, la position de la Cour constitutionnelle espagnole, qui affirme nettement que la jurisprudence de la

Cour de Strasbourg « doit constituer un critère d'interprétation des normes constitutionnelles qui protègent les droits fondamentaux » (n° 303/93, 25 oct. 1993 ; Rés. DH (95) 93), et celle de la Cour constitutionnelle fédérale allemande, qui juge que les droits fondamentaux constitutionnels doivent être interprétés et appliqués à la lumière de la Convention et de la jurisprudence de la Cour européenne, dans la mesure où cela n'a pas pour effet de limiter ou d'amoindrir la protection des droits fondamentaux de la loi fondamentale (CCFA, arrêt du 26 mars 1987, *BVerfGE*, 74, 370 ; CCFA, déc. de la seconde Ch., 14 oct. 2004, 2 *BvR*, 1481/04, *RUDH*, 2004, 139 ; *RTDH*, 2006, 113, obs. J. Gerkrath).

Par ailleurs, les juridictions nationales (comme les législateurs nationaux) peuvent spontanément prendre en compte les décisions de la Cour.

L'attitude du Tribunal fédéral suisse (voir la chronique de G. Malinverni et M. Hotellier, La pratique suisse relative aux droits de l'homme, *Rev. suisse de droit international et de droit européen*) comme celle de la Cour de cassation belge (par ex., 15 févr. 1991, S c/ L et consorts, *RTDH*, 1992, p. 227, note M. Franchimont) peuvent ici être relevées.

**252** L'EXEMPLE FRANÇAIS. — La France n'est pas restée à l'écart de l'influence de la Convention européenne.

1° Les modifications législatives trouvant leur source dans des arrêts de condamnation de la France ou, plus largement, dans les exigences européennes sont désormais légion. La loi du 10 juillet 1991 relative au secret des correspondances émises par la voie des télécommunications (*Kruslin*, 24 avr. 1990) comme la loi du 3 décembre 2001 relative aux droits du conjoint survivant et des enfants adultérins abrogeant l'ensemble des articles du Code civil établissant une discrimination successorale à l'encontre de l'enfant naturel adultérin (*Mazurek*, 1er févr. 2000) en sont de parfaites illustrations.

Le décret du 5 février 1993 relatif à la publicité des audiences disciplinaires du Conseil national de l'ordre des médecins (*infra*, n° 362), l'adjonction, par la loi du 24 août 1993 (*JO*, 25 août 1993, p. 12196), à l'ordonnance du 2 novembre 1945 relative aux conditions d'entrée et de séjour des étrangers en France d'un article 27 *bis* qui interdit l'éloignement d'un étranger vers un pays où il serait « exposé à des traitements contraires à l'article 3 de la CEDH » (*infra*, n° 621 et l'instauration d'un recours suspensif contre l'arrêté d'expulsion (art. 27 *ter*) ou de reconduite à la frontière (loi du 10 janv. 1990, *JO*, 12 janv. 1990, p. 489, com., D. Turpin, *RDIDC*, 1990, p. 393 ; *supra*, n° 223), l'abrogation du droit de préemption fiscale prévu par l'article 18 du livre des procédures fiscales (*Hentrich*, 22 sept. 1994, *infra*, n° 414 ; art. 113 de la loi de finances n° 96/1181 pour 1997, Rés. DH (98) 86, *BI*, 1998, n° 43, 31), l'abrogation de l'article 36 de la loi de 1881 sur la presse (*infra*, n° 547), le décret n° 2005-531 du 24 mai 2005 réformant la procédure disciplinaire des avocats afin de la mettre en conformité avec les exigences de l'article 6, § 1 (*D*, 2006, 267, obs. B. Blanchard) fournissent des exemples suffisamment éloquents de la prégnance du droit de la Convention européenne des droits de l'homme sur l'ordre juridique français, dans des domaines très divers.

2° L'autorité de la jurisprudence européenne à l'égard des juridictions nationales est également incontestable, même si les juridictions supérieures entendent formellement s'en tenir à une conception stricte de l'autorité « relative » de la chose jugée par la Cour européenne des droits de l'homme.

Le Conseil d'État, transposant la notion d'identité de parties de l'article 1351 du Code civil (les mêmes parties, le même objet, la même cause), limite strictement aux parties la portée de la chose jugée par la Cour européenne (CE, 24 nov. 1997, *Société Amibu Inc.*, *RFDA*, 1998, 978, obs. J. Andriantsimbazovina ; *D*, 1998, J, 159, note G. Tixier et A.G. Hamonic-Gaux). La Cour de cassation, dans sa chambre criminelle, considère également qu'un arrêt de condamnation de la Cour européenne, « s'il permet à celui qui s'en prévaut de demander réparation, est sans incidence sur la validité des procédures relevant du droit interne » (Crim., 3 févr. 1993, n° 92-83443, *Kemmache*, *D*, 1993, 515, note J.F. Renucci) ou, plus généralement, n'a « aucune incidence directe en droit interne sur les décisions des juridictions nationales » (Crim., 4 mai 1994, n° 93-84547, *Saïdi*, *JCP G*, 1994, II, 22349, note P. Chambon). Le législateur, en introduisant en droit interne une procédure de réexamen d'une procédure pénale dénoncée par la Cour européenne (*supra*, n° 245), invite la Chambre criminelle à « nuancer » sa position.

Il faut en effet constater que les juridictions supérieures ne s'écartent qu'exceptionnellement de la jurisprudence européenne, dont elles reprennent les solutions, même lorsqu'elles nient expressément (tel le Conseil d'État) que les décisions de la Cour européenne sont revêtues de l'autorité de la chose interprétée (voir par ex., R. Abraham, concl. sur CE, Sect., 3 juill. 1998, *M. Bitouzet*, *RFDA*, 1998, 1243).

La troisième partie de cet ouvrage en fournira de multiples exemples. Il suffit de noter ici que, hors l'hypothèse d'une condamnation préalable de la France par la Cour européenne (708 arrêts de violation sur les 962 rendus contre la France, au 31 décembre 2015) ayant entraîné un changement de jurisprudence de la Cour de cassation ou du Conseil d'État (Cass. Ass. plén., 11 déc. 1992, *Marc Y*, n° n° 91-12373, *et René X*, n° 91-11900, *infra*, n° 487, et CE, Ass., 19 avr. 1991, *Belgacem*, *infra*, n° 640, font ici figure de décisions pionnières), le juge national fait une application spontanée du droit de la CEDH. On relève une « banalisation » de l'usage de la Convention, désormais inscrite dans le paysage juridique national.

En témoignent le propos du Premier Président de la Cour de cassation, affirmant que le juge national « doit appliquer le droit interne au regard des dispositions de la Convention telles qu'elles sont interprétées par la Cour européenne des droits de l'homme et si cette *interprétation conforme* est impossible, écarter purement et simplement la règle contraire, qu'elle soit légale ou réglementaire, qu'elle soit récente ou ancienne » (G. Canivet, La Cour de cassation et la Convention européenne des droits de l'homme, *in* C. Teitgen-Colly (éd.), *Cinquantième anniversaire de la Convention européenne des droits de l'homme*, Némésis-Bruylant, 2002, 260), comme celui du vice-président du Conseil d'État, déclarant que les juges nationaux ont « un devoir de coopération loyale » avec la Cour européenne, « qui doit conduire à envisager la reconnaissance de l'autorité interprétative de ses arrêts et donc d'effets *erga omnes*, indépendamment de l'autorité de chose jugée entre les parties » (J.M. Sauvé, Intervention lors de la rentrée solennelle de la Cour EDH, 29 janv. 2010).

De moyen subsidiaire, la Convention tend à devenir moyen principal de nombreuses décisions de justice [1]. L'extension des garanties du procès équitable à la procédure devant les autorités de régulation (Cass. ass. plén., 5 févr. 1999, *COB c/ Oury,* n° 97-16440), la jurisprudence tant du Conseil d'État que de la Cour de cassation en

1. Du 1er janvier 2000 au 20 septembre 2005, 5 461 décisions du Conseil d'État se réfèrent à l'article 8 ; 2 293 à l'article 3 (éloignement des étrangers) ; 447 à l'article 6, § 1 (Conseil d'État, *Rapport public 2006, Sécurité juridique et complexité du droit*, Études et documents n° 57, La Documentation française, 2006, p. 243).

matière de validations législatives, les arrêts de la Cour de cassation sur l'interdiction des sondages d'opinion (Crim., 4 sept. 2001, *Amaury,* n° 00-85429) ou le recours à la force par les gendarmes (Crim., 18 févr. 2003, *Consorts X,* n° 02-80095), les décisions du Conseil d'État relatives à l'applicabilité de l'article 6 au contentieux de la fonction publique (en dernier lieu, CE, Ass., 11 juill. 2001, *Préaud,* n° 219312) ou aux conditions de détention des prisonniers (CE, 30 déc. 2014, Section française de l'OIP, n° 364774), montrent bien que le juge national, lorsqu'il applique la Convention, est attentif à l'autorité interprétative des arrêts de la Cour européenne.

On peut, en ce sens, parler de « dialogue des juges » et noter que le juge interne l'approfondit manifestement. Soit qu'il n'hésite plus à se référer, dans ses propres décisions, à la jurisprudence de la Cour européenne.

On relève une accélération de cette pratique à la Cour de cassation, soit qu'elle applique la Convention « telle qu'interprétée par la Cour EDH », sans viser précisément le précédent européen (Soc., 14 janv. 1999, *Bozkurt*, n° 97-12487, *JCP G*, 1999, II, 10082, note F. Sudre ; Civ. 2e, 21 déc. 2006, *CRAMA c/ Germenot*, n° 04-30. 586, *Dr. fam.*, 2007-6, comm. 137, A. Devers), soit qu'elle mentionne expressément l'arrêt de la Cour européenne, en en reprenant parfois les termes mêmes (Com., 12 juill. 2004, n° 01-11403, *Bull. civ.*, IV, n° 153, p. 167 ; Soc., 13 juin 2007, *APAEI du Bocage Virois et de la Suisse normande*, n° 05-45. 694, *D*, 2007, 2440, note C. Pérès ; Civ. 1re, 4 nov. 2010, n° 09-69.955).

Le Conseil d'État a désormais franchi le pas. D'une part, des décisions du juge des référés au Conseil d'État sont rendues au visa d'un arrêt de la Cour européenne (voir CE, ord. 20 déc. 2005, *Meyet* ; CE, ord. 24 févr. 2006, *Association interdépartementale et intercommunale pour la protection du lac de Sainte-Croix, de son environnement, des lacs et site du Verdon* ; CE, ord. 6 mars 2006, *Association United Sikhs et M. Shingara Mann Singh*) ou encore un avis du Conseil d'État (CE, avis, 30 mars 2016, n° 395119). D'autre part, le Conseil d'État se réfère, pour la première fois dans un arrêt au fond, à une disposition de la Convention (art. 6, § 1) « tel qu'interprété par la cour européenne des droits de l'homme » (CE, 25 mai 2007, *Courty*, n° 296327, *AJDA*, 2007, 1424, concl. R. Keller ; voir, aussi, CE, 1 déc. 2012, *Sté des logements modulaires,* n° 339387, qui cite l'arrêt *Ravon c/ France* de la Cour EDH, du 21 févr. 2008).

Soit qu'il reconnaisse expressément aux arrêts de la Cour européenne une autorité qui déborde manifestement l'autorité relative de la chose jugée (Cass., Plén., 15 avr. 2011, n° F 10-30.313, *infra*, n° 424). Soit, encore, qu'il relève d'office un moyen tiré de la violation de la Convention que les parties n'avaient pas invoqué devant lui (Cass. civ. 3e, 9 nov. 2011, n° 10-30.291 ; Civ. 1re, 4 déc. 2013, n° 12-26.066, *D.* 2014, 179).

Il est clair, par ailleurs, que le Conseil constitutionnel n'ignore pas la jurisprudence européenne et qu'il procède, sous couvert des principes constitutionnels ou des « objectifs à valeur constitutionnelle », à une « transfusion » en droit interne des solutions consacrées par cette dernière (par ex., déc. 89-260 DC, *infra*, n° 388). La jurisprudence du Conseil relative à la QPC témoigne d'une attention particulière aux décisions de la Cour européenne (par ex., n° 2011-113/115 QPC, déc. 1er avr. 2011, *infra*, n° 381).

La diffusion du droit de la Convention européenne des droits de l'homme (la Convention telle qu'interprétée par la Cour) dans les ordres juridiques nationaux doit donc être constatée. Alors qu'il n'y est pas juridiquement contraint, l'État partie à la CEDH procède à la mise en conformité de son droit interne à la Convention. À l'instigation de la jurisprudence européenne des droits de l'homme, un mouvement général d'harmonisation de la règle européenne et de la règle interne est ainsi entrepris, concourant à la formation d'un droit commun européen des droits de l'homme, issu de la volonté conjuguée du juge, tant européen que national, du gouvernant et du législateur.

## *Pour aller plus loin*

On utilisera pour l'étude de chacun des articles de la CEDH cités dans ce chapitre, L. E. Pettiti, E. Decaux et P.-H. Imbert (dir.), *La Convention européenne des droits de l'homme. Commentaire article par article*, Economica, 1995.

**253** SUR LA COMMISSION ET LA COUR EUROPÉENNES DES DROITS DE L'HOMME. — Se reporter à la bibliographie générale (*supra*, n° 109). L'ouvrage de référence sur la Commission reste, F. Monconduit, *La Commission européenne des droits de l'homme*, Sijthoff, Leyden, 1965. Pour une vision d'ensemble des activités de la Commission, se reporter à la Commission européenne des droits de l'homme, *Bilan de la CEDH. Les trente premières années : 1954-1984*, et Supplément 1984 et s., *Conseil de l'Europe*, Strasbourg, 1985 et s., et à *Aperçu des travaux et statistiques* (annuel).

Sur la Cour européenne des droits de l'homme, voir J.-P. Costa, *La Cour européenne des droits de l'homme, Des juges pour la liberté*, Dalloz, 2013 et les thèses de M. Eudes (*La pratique judiciaire interne de la Cour EDH*, FMDH, n° 8, Pedone, 2005) et Fl. Rivière (*Les opinions séparées des juges à la Cour EDH*, Bruylant, 2004). Consulter en priorité : F. Matscher, Quarante ans d'activités de la Cour EDH, *RCADI*, t. 270, 1997, p. 241-398 ; M.-A. Eissen, La Cour EDH, *RDP*, 1986, p. 1539 à 1598 et 1773 à 1783. Voir aussi Ganshof Van Der Meersch, Aspects de la mise en œuvre d'une sauvegarde collective des droits de l'homme en droit international : la CEDH, *Mél. F. Dehousse*, F. Nathan, 1979, t. 1, p. 193 à 208 ; L. Wildhaber, Un avenir constitutionnel pour la Cour EDH ?, *RUDH*, 2002, 1 ; G. Cohen-Jonathan, La fonction quasi-constitutionnelle de la Cour EDH, *Mélanges Louis Favoreu*, Dalloz, 2006, 1127.

Pour des questions particulières, voir J.-P. Costa, La Cour EDH : un juge qui gouverne ?, *Mélanges Timsist*, Bruylant, 2004, 67 ; L. Wildhaber, La grande chambre de la Cour EDH, *Mélanges Jean-Paul Costa*, Dalloz, 2011, 687 ; J.-P. Marguénaud, L'opinion séparée du juge siégeant à la Cour européenne des droits de l'homme au titre de l'État défendeur, *ibid.*, 421 ; H. Tigroudja, La preuve devant la Cour EDH, *in* H. Ruiz-Fabri et J.M. Sorel (dir.), *La preuve devant les juridictions internationales*, Pedone, 2007, 115 ; C. Picheral, La légitimité du juge européen, *in* L. Fontaine (dir.), *Droit et légitimité*, Bruylant-Némésis, « Droit et justice », n° 96, p. 113 ; S. Touzé (dir.), *La Cour EDH et la doctrine*, Pedone, 2013 ; L-A. Sicilianos, La Cour EDH face à l'Europe en crise, *RTDH* 2016-105, 5.

**254** SUR LA RÉFORME DU SYSTÈME DE CONTRÔLE DE LA CEDH. — Voir O. Jacot-Guillarmod (éd.), *La fusion de la Commission et de la Cour européennes des droits de l'homme*, Engel, 1987.

Sur le Protocole 11, on consultera principalement : F. Sudre, La réforme du mécanisme de contrôle de la CEDH : le Protocole 11 additionnel à la Convention, *JCP G*, 1995, I, 3849 ; P. Wachsmann *et al.*, *Le Protocole 11 à la CEDH*, Bruylant, 1995 ; J.F. Flauss (dir.), *La mise en œuvre du Protocole n° 11 : le nouveau Règlement de la Cour EDH*, Bruylant, « Droit et justice », n° 28, 2000.

Sur le Protocole 14 : G. Cohen-Jonathan et J.F. Flauss (dir.), *La réforme du système de contrôle contentieux de la CEDH*, Bruylant-Némésis, « Droit et justice », 2005, n° 61 ; Fl. Benoit-Rohmer, Un préjudice préjudiciable à la protection des droits de l'homme : premières applications du Protocole 14 sur la condition de « préjudice », *RTDH*, 2011-85, 23 ; D. Szymczak, Le préjudice important… Un critère inquiétant ?, *RTDH* 2014-99, 555.

Sur les Protocoles 15 et 16 : Fr. Tulkens, La Cour EDH et la déclaration de Brighton, Oublier la réforme et penser l'avenir, *CDE* 2013, 306-343 ; F. Sudre, La subsidiarité, « nouvelle frontière » de la Cour européenne des droits de l'homme. À propos des Protocoles 15 et 16 à la Convention, *JCP G* 2013, doctr. 1086 ; L.-A. Sicilianos, L'élargissement de la compétence consultative de la Cour EDH. À propos du Protocole n° 16 à la CEDH, *RTDH*, 2014-1, n° 97, 9 ; G. Malinverni, Le protocole n° 15 à la CEDH, *RTDH* 2015-101, 51.

**255** SUR LE RECOURS INTERÉTATIQUE. — La doctrine est très pauvre en la matière ; voir H. Labayle, Article 24, in *La CEDH…*, p. 571 ; E. Muller-Rappard, Le droit d'action en vertu des dispositions de la CEDH, *RBDI*, 1968, 2, p. 485 à 517 ; A.-A. Cancado-Trindade, L'épuisement des voies de recours internes dans les affaires interétatiques, *CDE*, 1978, p. 139 à 157 ; P.-H. Imbert, Le Conseil de l'Europe. 60 ans d'indifférence respectueuse, *Annuaire français de RI*, 2010, 435.

256 Sur le recours individuel et la compétence de la Cour. — Voir J.-C. Soyer et M. de Salvia, *Le recours individuel supranational. Mode d'emploi*, LGDJ, 1992 ; W. Peukert, Le droit de recours individuel selon l'article 25 de la CEDH, *RUDH*, 1989, p. 41 ; O. de Schutter, La subsidiarité dans la CEDH : la dimension procédurale, *in* M. Verdussen (dir.), *L'Europe de la subsidiarité*, Bruylant, 2000, 63.

Sur la compétence de la Cour : M.-A. Eissen, Jurisprudence de la Commission… relative à sa compétence *ratione temporis, AFDI*, 1963, p. 722 à 733 ; G. Gonzalez, La responsabilité des États parties à la CEDH du fait de leurs actions extraterritoriales, *ADE*, vol. V, 2007, 755 ; A. Potteau, À propos d'un pis-aller : la responsabilité des États membres pour l'incompatibilité du droit de l'Union avec la CEDH, *RTDE*, 2009-4, 697 ; Fl. Benoît-Rohmer, Bienvenue aux enfants de Bosphorus : la Cour EDH et les organisations internationales, *RTDH*, 2010-81, 19 ; H. Surrel, L'extension audacieuse de la compétence *ratione temporis* de la Cour EDH en matière de protection des droits procéduraux garantis par les articles 2 et 3 de la Convention, *RTDH*, 2012-90, 271 ; L. Callejon-Sereni, La Cour EDH et l'imputation aux États parties des actes adoptés en vertu d'obligations internationales, *RTDH* 2015-102, 341 ; L-A. Sicilianos, Le Conseil de sécurité, la responsabilité des États et la Cour EDH : vers une approche intégrée ?, *RGDIP* 2015-4, 779.

Sur la recevabilité de la requête : Consulter A. M. Nay-Cadoux, *Les conditions de recevabilité des requêtes individuelles devant la Commission européenne des droits de l'homme*, LGDJ, 1966 et P. Dourneau-Josette, et E. Lambert Abdelgawad, *Quel filtrage des requêtes par la Cour européenne des droits de l'homme ?*, Conseil de l'Europe, 2011. Voir aussi, J. K. Jungwiert, Sur la requête abusive devant la Cour EDH, *Mélanges Jean-Paul Costa*, Dalloz, 2011, 329 ; E. Wyler, Victime « actuelle » et victime « virtuelle » d'une violation des droits de l'homme dans la jurisprudence relative à l'article 25 de la CEDH, *Rev. suisse de dr. int. et eur.*, 1993, 1, p. 3-38 ; P. Couvreur, L'épuisement des voies de recours internes et la Cour EDH, *RBDI*, 1981-1982, p. 130 à 171 ; M. Melchior, Les Cours constitutionnelles et l'épuisement des voies de recours internes à l'égard de la CEDH, *Mélanges Silvio Marcus Helmons*, Bruylant, 2003, 231 ; M. Puechavy, La règle de l'épuisement des voies de recours internes et la nouvelle Cour EDH, *Mélanges G. Cohen-Jonathan*, Bruylant, 2004, 1299 ; D. de Bruyn *et al.*, *Les exceptions préliminaires dans la CEDH*, Bruylant, « Droit et justice », n° 18, 1997 ; T. Larrouturou, La QPC est-elle une voie de recours à épuiser avant de saisir la Cour EDH ?, *RDP* 2015-1, 111.

Sur les mesures provisoires : G. Cohen-Jonathan et J.F. Flauss, *Mesures conservatoires et droits fondamentaux*, Bruylant-Némésis, « Droit et justice », n° 65, 2005 ; L. Burgorgue-Larsen, Retour sur Mamatkulov, De l'effectivité des mesures provisoires dans le système conventionnel européen, *Mélanges P. Manin*, Pedone, 2010, 833 ; Fr. Krenck, *Les mesures provisoires devant la Cour EDH, Un référé à Strasbourg ?*, Larcier, 2011 ; S. Watthée, *Les mesures provisoires devant la Cour EDH*, Anthémis-Némésis, « Droit et justice », n° 107, 2014.

Sur les interventions : L. Sicilianos, La tierce intervention devant la Cour EDH, *in* H. Ruiz-Fabri et J.M. Sorel (dir.), *Le tiers à l'instance devant les juridictions internationales*, Pedone, 2005, 123 ; L. Hennebel, Le rôle des *amici curiae* devant la Cour EDH, *RTDH*, 2007-71, 641 ; L. Burgorgue-Larsen, Les interventions éclairées devant la Cour EDH, *Mélanges Jean-Paul Costa*, Dalloz, 2011, 67.

Pour la pratique française, voir F. Sudre, Le « contentieux français » à Strasbourg, bilan de onze ans de recours individuel, *in* F. Sudre (dir.), *Le droit français et la CEDH*, 1974-1992, Engel, 1994, p. 61-99 ; P. Tavernier (dir), *La France et la Cour européenne des droits de l'homme*, Bruylant, collection du CREDHO (n° 5, 2003, et s.).

Sur la concurrence des recours internationaux, outre l'article de G. Cohen-Jonathan, cité (*supra*, n° 108), voir principalement les rapports de T. Opshal et J. de Meyer, in *Actes du Colloque sur la CEDHpar rapport à d'autres instruments internationaux pour la protection des droits de l'homme*, Athènes, 1978, Conseil de l'Europe, Strasbourg, 1979 ; J.M. Larralde, La concurrence de procédures dans le contentieux international des droits de l'homme, *in* Y. Kerbrat (dir.), *Forum shopping et concurrence des procédures contentieuses internationales*, Bruylant, 2011, 103.

**257** SUR LA RÉPARATION. — On lira avec profit, sur les rapports entre réparation et restauration de la légalité, P.-M. Dupuy, Responsabilité et légalité, *in* SFDI, *La responsabilité dans le système international*, Pedone, 1991, p. 263 ; aussi E. Wyler, *L'illicite et la condition des personnes privées. La responsabilité internationale en droit coutumier et dans la CEDH*, Pedone, 1995. Voir d'abord les riches études de E. Lambert, La pratique récente de réparation des violations de la Convention européenne de sauvegarde des droits de l'homme et des libertés fondamentales : plaidoyer pour la préservation d'un acquis remarquable, *RTDH*, 2000, p. 199 ; C. Tomuschat, Just satisfaction under article 50 of the ECHR, *Mélanges R. Ryssdal*, 2000, 1409 ; P. Frumer, La réparation des atteintes aux droits de l'homme internationalement protégés. Quelques données comparatives, *RTDH*, 1996, p. 329.

Aussi : M. De Salvia, La satisfaction équitable au titre des mesures individuelles et la pratique des organes de la CEDH : qu'en est-il du principe de sécurité juridique ?, *Mélanges Wolfang Strasser*, Bruylant-Némésis, « Droit et justice », 2007, n° 74, 45 ; P. Tavernier, La contribution de la jurisprudence de la Cour EDH relative au droit de la responsabilité internationale en matière de réparation, Une remise en cause nécessaire, *RTDH*, 2007-72, 945.

Sur la question de la réparation par les autorités françaises, voir C. Laly, Les aspects financiers de la violation de la CEDH, *La Rev. du Trésor*, 1996, p. 157.

**258** SUR LA PORTÉE DES ARRÊTS DE LA COUR. — La notion d'« autorité de la chose interprétée » est dégagée par J. Boulouis, À propos de la fonction normative de la jurisprudence, *Mélanges Waline*, LGDJ, 1974, p. 149 à 162.

Voir *supra*, n° 168 et, en priorité, E. Lambert, *Les effets des arrêts de la Cour EDH. Contribution à une approche pluraliste du droit européen des droits de l'homme*, Bruylant, 1999 ; K. Lucas, *Le revirement de jurisprudence de la Cour EDH*, Bruylant-Némésis, « Droit et justice », 2008. Aussi F. Sudre, L'effectivité des arrêts de la Cour EDH, *RTDH*, 2008-76, 917 ; M. De Salvia, La Cour EDH est-elle, par la nature de ses arrêts un véritable tribunal de pleine juridiction ?, *RTDH*, 2006-67, 483 ; S. Delicostopoulos Ionnis, L'autorité du précédent des arrêts de la Cour EDH, *Rev. hellénique des droits de l'homme*, n° 23/2004, 831 ; L. Burgorgue-Larsen, La jurisprudence de la Cour européenne ou la contrainte conventionnelle sur les systèmes juridiques, in G. Lebreton (dir.), *Regards critiques sur l'évolution des droits fondamentaux de la personne humaine en 1999 et 2000*, L'Harmattan, 2002, 55 ; G. Cohen-Jonathan, Quelques considérations sur l'autorité des arrêts de la Cour EDH, *Mélanges M.-A. Eissen*, Bruylant, 1995, p. 39 ; J. Velu, À propos de l'autorité jurisprudentielle des arrêts de la Cour EDH : vue de droit comparé sur des évolutions en cours, *Mélanges Rigaux*, Bruylant, 1993, p. 527 ; G. Ress, Effets des arrêts de la Cour EDH en droit interne et pour les tribunaux nationaux, in Conseil de l'Europe, *5^e^ colloque international sur la CEDH*, Francfort, 1980, Pedone, 1982, p. 235 à 313.

Sur la portée en droit national, voir *supra*, n° 169 et J. Andriantsimbazovina, *L'autorité des décisions de justice constitutionnelles et européennes sur le juge administratif français*, LGDJ, 1998 ; *ibid.*, L'autorité des arrêts de la Cour EDH vue par le Conseil d'État, *RFDA*,

1998, 909 et L'autorité de la chose interprétée et le dialogue des juges, *Mélanges Bruno Genevois*, Dalloz, 2009, 11 ; J.-P. Marguénaud, L'effectivité des arrêts de la Cour EDH en France, in UAE, *Le procès équitable et la protection juridictionnelle du citoyen*, Bruylant, 2001, 137 ; F. Sudre, L'influence de la CEDH sur l'ordre juridique interne, in Le juge administratif français et la CEDH, *RUDH*, 1991, p. 259, et Du « dialogue des juges » à l'euro-compatibilité, *Mélanges Bruno Genevois*, Dalloz, 2009, p. 1015 ; B. Genevois, Cour européenne des droits de l'homme et juge national : dialogue et dernier mot, *Mélanges Jean-Paul Costa*, Dalloz 2011, 281 ; M. Guyomar, Le dialogue des jurisprudences entre le Conseil d'État et la Cour de Strasbourg : appropriation, anticipation, émancipation, *ibid.*, 311.

Sur les relations avec les juridictions constitutionnelles, voir M.-A. Eissen, L'interaction des jurisprudences constitutionnelles nationales et de la jurisprudence de la Cour EDH, *in* D. Rousseau et F. Sudre, *Conseil constitutionnel et Cour EDH*, STH, 1990, p. 137 ; J.F. Flauss, La contribution de la jurisprudence des organes de la CEDH à la formation d'un droit constitutionnel européen, *RUDH*, 1995, p. 373 ; J. Robert, Protection constitutionnelle et protection internationale des droits de l'homme : concurrence ou complémentarité ?, Rapport général à la IX^e^ Conférence des Cours constitutionnelles européennes, *RUDH*, 1995, p. 256 ; F. Cocozza, Les droits fondamentaux en Europe entre justice constitutionnelle « transfrontière » de la CEDH et justice constitutionnelle nationale. Les lignes incertaines d'une relation structurée, *RFDC*, 1996, 707 ; C. Fercot, Les effets des arrêts de la Cour EDH en droit allemand, *RFDC*, 2007-71, 639 ; C. Haguenau-Moizard, La Cour suprême britannique et la Cour EDH : une nouvelle voix dans le dialogue des juges, *RTDH* 2012-91, 491.

G. Cohen-Jonathan et J.F. Flauss, *Le rayonnement international de la jurisprudence de la Cour EDH*, Bruylant-Némésis, « Droit et justice », n° 64, 2005.

**259** SUR L'EXÉCUTION DES ARRÊTS DE LA COUR. — Consulter le *Rapport annuel* du Comité des ministres du Conseil de l'Europe sur la surveillance de l'exécution des arrêts de la Cour. Voir X-B. Ruedin, *Exécution des arrêts de la Cour européenne des droits de l'Homme*, Helbing Lichtenhahn, LGDJ, Bruylant, 2009, 442 p. (très informatif) ; K. Blay-Grabarczyk et alii, Le contrôle de l'exécution des arrêts de la Cour EDH, Aspects européens : acteurs politiques et acteurs juridictionnels, *RFDA* 2014-5, 935 ; F. Sudre, À propos de l'obligation d'exécution d'un arrêt de condamnation de la Cour européenne des droits de l'homme, *RFDA*, 2013-1, 103 ; E. Lambert-Abdelgawad, L'exécution des arrêts de la Cour européenne des droits de l'homme (2014), *RTDH*, 2015-104, 970 et *L'exécution des arrêts de la Cour EDH*, Éd. du Conseil de l'Europe, Dossier sur les droits de l'homme, n° 19, 2008, 2^e^ éd. ; L. Milano, Le contrôle par la Cour EDH de l'exécution de ses arrêts, *ADE*, vol. V, 2007, 779 ; L. Sermet, Le rôle du Comité des ministres dans le système européen de protection des droits de l'homme : dérive ou orthodoxie, *Mélanges L. Dubouis*, Dalloz 2002, 159, et L'obscure clarté de la notion prétorienne d'arrêt pilote, *RGDIP*, 2007, 863 ; F. Sundberg, Le contrôle de l'exécution des arrêts de la Cour EDH, *Mélanges G. Cohen-Jonathan*, Bruylant, 2004, 1515. Aussi, F. Marchadier, L'exécution des arrêts de la Cour EDH en matière civile, *RTDH* 2015-104, 877 ; J.F. Flauss, L'effectivité des arrêts de la Cour EDH : du politique au juridique ou vice versa, *RTDH*, 2009-77, 27 ; C. Birsan, Les aspects nouveaux de l'application des articles 41 et 46 de la Convention dans la jurisprudence de la Cour EDH, *Mélanges Wolfang Strasser*, Bruylant-Némésis, « Droit et justice », 2007, n° 74, 19.

**260** SUR L'APPLICATION DE LA CEDH PAR LE JUGE FRANÇAIS. — Bibliographie, *supra*, n° 169.

**261** SUR LE COMITÉ DES MINISTRES ET LE SECRÉTAIRE GÉNÉRAL DU CONSEIL DE L'EUROPE. — Se reporter au *Recueil des résolutions du Comité des ministres adoptées en application des articles 32 et 54 de la CEDH, 1959-1983 et s.*, Conseil de l'Europe, Strasbourg. Consulter en priorité les rapports de G. Melander et J. Velu in *Actes du 6e Colloque international sur la CEDH*, Séville, 1985, Martinus Nijhoff, 1988, et les références citées *supra* n° 257 ; N. Chene, *La place du Comité des ministres dans le mécanisme de contrôle de la CEDH*, thèse, Université de Nice, 1992, 268 p., et J.F. Flauss, La pratique du Comité des ministres du Conseil de l'Europe au titre de l'article 54 de la CEDH (1985-1988), *AFDI*, 1988, p. 408. Voir aussi P. Rossy, *Le Comité des ministres du Conseil de l'Europe et la mise en œuvre de la CEDH : les articles 32 et 54 de la Convention*, Juris-Druck-Verlag, Zurich, 1982.

Sur le pouvoir d'enquête du Secrétaire général (art. 52), voir P. Mahoney, Article 57, *in* L.-E. Pettiti, E. Decaux, P.-H. Imbert, *La Convention européenne des droits de l'homme. Commentaire article par article*, Economica, 1995, p. 881.

**262** SUR LE COMITÉ DES DROITS DE L'HOMME. — Pour la jurisprudence citée dans ce chapitre, se reporter à : Nations Unies, *Sélection de décisions du CDH prises en vertu du Protocole facultatif*, vol. 2, octobre 1982 – avril 1988, New York, 1991 (cité *Sélection...* dans le texte), aux rapports annuels à l'Assemblée générale et aux comptes rendus de séance (cités *A/N/40* et *CCPR/C/SR n°...*). Pour les observations générales du Comité, voir Nations Unies, *Manuel relatif à l'établissement des rapports sur les droits de l'homme*, New York, 1992 (cité *Manuel...* dans le texte). Voir M. Nowak, *United Nations Covenant on Civil and Political Rights. CCPRCommentary*, Éd. Engel, 2e éd., 2005 ; J. Dhommeaux, Les recours individuels devant les neuf organes conventionnels des Nations Unies : étude comparative, *Mélanges Jean-François Flauss*, Pedone, 2014, 271, et Le Comité des droits de l'homme : 25 ans d'expérience, *Mélanges G. Cohen-Jonathan*, Bruylant, 2004, p. 653 ; Y. Kerbrat, Comité des droits de l'homme et autres comités mis en place par les conventions conclues dans le cadre de l'ONU, *Jurisclasseur Droit international*, fasc. 121-40, 2013, et, avec L. Hennebel, chron. *AFDI* 2012 et ss. ; T. Zwart, *The Admissibility of Human Rights Petitions. The Case Law of the European Commission of Human Rights and the Human Rights Committee*, M. Nijhoff, 1994, 246 p. ; F. Sudre (dir.), *La protection des droits de l'homme par le Comité des droits de l'homme des Nations Unies. Les communications individuelles*, IDEDH, 1995, 234 p. ; A. De Zayas, Les procédures de communications individuelles devant le CDH des Nations Unies, *RTDH*, 1990, p. 340.

# Troisième partie

# Les droits garantis

**263** DROITS PROGRAMMATOIRES ET DROITS GARANTIS. — 1° Tous les droits dont l'individu est titulaire n'ont pas reçu une autorité effectivement sanctionnée, et certains restent des droits virtuels. Il en est ainsi pour la majorité des droits économiques, sociaux et culturels. Énoncés brièvement par la Déclaration universelle (art. 22 à 27) et consacrés comme catégorie distincte des droits de l'homme par le PIDESC du 16 décembre 1966, au plan universel, et, au plan régional, par la Charte sociale européenne du 18 octobre 1961, ces droits peuvent être schématiquement regroupés en trois catégories : droits du travail, droits à la protection sociale, droits culturels. Les droits du travail recouvrent à la fois le droit au travail (droit d'obtenir un emploi et de choisir librement un emploi), dont la réalisation est nécessaire à la dignité et à l'existence matérielle de l'individu et de sa famille, le droit à des conditions de travail équitables, sûres et favorables (rémunération équitable, sécurité et hygiène, durée du travail et repos…) et les droits syndicaux. Les droits à la protection sociale ont pour finalité d'assurer à l'individu et à sa famille des conditions d'existence digne (art. 11 du Pacte : niveau de vie, nourriture, vêtement, logement suffisants) et supposent en premier lieu que toute personne soit « à l'abri de la faim » (art. 11, § 2) : en font partie le droit à la sécurité sociale et à l'assistance sociale, le droit à la protection et à l'assistance pour la famille, la mère et les enfants, le droit à la protection de la santé, compris comme droit à un ensemble de mesures étatiques visant à la prévention des maladies et au traitement du malade. Les droits culturels, enfin, englobent le droit de toute personne à l'éducation (art. 13 du Pacte : l'enseignement primaire doit être obligatoire et gratuit, l'enseignement secondaire et supérieur accessible à tous et progressivement gratuit) et le droit de « participer à la vie culturelle » et de « bénéficier du progrès scientifique » (art. 15).

Ainsi proclamés en droit international, ces droits économiques, sociaux et culturels souffrent d'une double infirmité, à la fois matérielle et juridique. Au plan matériel, la réalisation de ces droits suppose la mise en œuvre de moyens économiques, financiers, sociaux qui font largement défaut à un grand nombre d'États : ces droits sont des droits contingents, subordonnés aux possibilités matérielles d'une société donnée à un moment donné de son histoire. Au plan juridique, ces droits, de nature aléatoire (le travail, la santé) ou incertaine (la vie culturelle), sont énoncés pour la majorité d'entre eux en termes imprécis (l'article 11 du Pacte est topique : les États prendront les « mesures appropriées » pour assurer « l'amélioration constante des conditions d'existence de l'individu ») par des règles qui ne sont pas directement applicables en droit interne (*supra*, n° 119). Le Comité des droits économiques, sociaux et culturels, dans son observation générale sur la nature des obligations des États parties au Pacte (art. 2, § 1 du PIDESC), oppose ainsi le PIDCP qui énonce « une obligation immédiate de respecter et de garantir tous les droits pertinents » et le PIDESC qui prévoit une « réalisation progressive » : l'État partie a « l'obligation d'œuvrer aussi rapidement et aussi efficacement que possible pour atteindre l'objectif » d'assurer le plein exercice des droits économiques, sociaux et culturels (Rapp. sur la 5e session, Ecosoc, doc. off. 1991, suppl. n° 3, p. 86, § 9). Leur garantie institutionnelle, dépourvue de tout contrôle juridictionnel, est d'une efficacité relative. Le Protocole facultatif au PIDESC organisant un contrôle sur plaintes n'est entré en vigueur que le 5 mai 2013 (*supra*, n° 53) et la Charte sociale européenne ne reconnaît qu'un droit de réclamation collective (*supra*, n° 90) ; on peut aussi relever que le Comité pour l'élimination de la discrimination raciale s'estime incompétent pour connaître d'une plainte individuelle relative à une discrimination dans la jouissance des droits économiques, sociaux et culturels (art. 5, al. *e* de la CEDR ; en l'espèce, droit au travail), au motif que lesdits droits « s'inscrivent dans le cadre d'un programme et font l'objet d'une application progressive » (n° 2/1989, *D. Talibe Diop c/ France*, CERD/C/39/D/2/1989/Rev. 2). En bref, ces droits, dont la finalité générale est de donner à l'homme les moyens de vivre afin d'atteindre à l'idéal de l'homme libre envisagé par la Déclaration universelle, ne bénéficient pas d'un régime juridique organisé en droit européen et international des droits de l'homme tel que l'individu, qui en est le bénéficiaire virtuel, puisse atteindre à leur exercice effectif.

2° Les droits économiques, sociaux et culturels, en tant que catégorie distincte de la proclamation internationale des droits de l'homme, appartiennent au domaine des principes souhaitables mais ne s'inscrivent que difficilement dans le champ du droit. Cela ne signifie pas pour autant que tel ou tel droit économique, social ou culturel, pris isolément, soit exclu définitivement du droit positif. D'abord parce que la liste des droits individuels protégés n'est pas figée à tout jamais. Ensuite, parce qu'il suffit de constater que nombre de droits économiques, sociaux et culturels sont déjà garantis par les législations nationales et soumis au contrôle du juge pour admettre que ces droits ne sont pas, par nature, « injusticiables » ; la jurisprudence communautaire, ouverte par le célèbre arrêt *Defrenne* du 8 avril 1976 (aff. 43/75, *Rec.*, p. 455), sur le droit à l'égalité de traitement professionnel des hommes et des femmes confirme cette analyse. La Cour européenne des droits de l'homme va dans le même sens, puisque, outre qu'elle a récusé nettement l'opposition entre les droits civils et politiques et les droits économiques et sociaux (*Airey c/ Irlande*, 9 oct. 1979, *supra*, n° 159), elle admet que relèvent des garanties du droit à un procès équitable (art. 6) des procédures relatives à la légalité d'un licenciement (*Obermeier c/ Autriche*, 28 juin 1990, A. 179), à l'octroi de prestations d'assurance sociale (*Feldbrugge c/ Pays-Bas*, 29 mai 1986, A. 99) ou d'aide sociale (*Salesi c/ Ita*lie, 26 févr. 1992, A. 257 E), ou encore à l'attribution d'une pension (*F. Lombardo c/ Italie*, 26 nov. 1992, A. 249 B). On verra aussi que les organes de contrôle de la CEDH (y compris le juge interne) assurent, sous couvert du droit à la non-discrimination ou du droit de propriété, la protection de certains droits économiques et sociaux (*infra*, n$^{os}$ 266 ss. et 582 ss.).

**264** Classification. — La ligne de partage des droits individuels ne passe pas entre telle ou telle catégorie de droits abstraitement définie mais entre les droits virtuels et les droits réellement garantis en droit positif, quelle que soit la nature de ces derniers. C'est à l'étude de ces droits garantis, tels que la jurisprudence européenne des droits de l'homme, principalement, les précise [1], que cette troisième partie s'attache. Il faut au préalable rappeler que les droits proclamés par les conventions internationales de protection des droits de l'homme sont de nature juridique diverse et ne bénéficient pas d'une protection identique : protection absolue pour les *droits intangibles*, protection relative pour les *droits conditionnels*, dont l'exercice peut être réduit à néant par les limitations (restrictions/dérogations) les affectant (*supra*, n$^{os}$ 130 et s.). Mais, dans tous les cas, la réalité des droits garantis tient à l'effectivité du contrôle mis en œuvre.

Toute classification des droits emporte une part d'arbitraire, et aucune classification n'est en soi pleinement satisfaisante. On utilisera comme critère de distinction celui de l'objet du droit, qui permet d'établir une classification à la fois simple et fonctionnelle. Sur cette base, la classification suivante des droits garantis peut être retenue : intégrité de la personne, libertés de la personne physique, droits de procédure, droit au respect de la vie privée et familiale, libertés de la pensée, libertés de l'action sociale et politique, droit de propriété, droits des étrangers [2]. L'étude des droits garantis s'ouvrira par celle du droit à la non-discrimination qui fait figure de « droit transversal », l'ensemble des droits garantis étant en effet gouverné par le principe de l'interdiction de discrimination.

1. La jurisprudence européenne, volumineuse et sophistiquée, est la jurisprudence de référence (*supra*, n° 103) ; son étude est complétée, dès lors que cela est possible, par la jurisprudence du CDH – moins riche – et celle de la CIADH.
2. Il convient de préciser que les droits des étrangers ne sont pas énoncés, pour l'essentiel, par le texte de la CEDH et de ses protocoles additionnels mais ont été intégrés à la protection conventionnelle par la voie prétorienne ; cela explique leur étude distincte, après celle des droits expressément garantis par la Convention.

# Chapitre 1

# Le droit à la non-discrimination

**265** LE PRINCIPE DE NON-DISCRIMINATION. — Issu du postulat général de l'égale dignité de tous les êtres humains, posé par l'article 1 de la DUDH, le principe de non-discrimination est un principe matriciel de la protection internationale des droits de l'homme – affirmé tant par la Charte des Nations Unies (art. 1, § 3) que par tous les instruments internationaux de proclamation des droits de l'homme (DUDH, art. 2 ; PIDCP, art. 2, § 1 ; CEDH, art. 14 ; CADH, art. 1, § 1 ; Charte africaine, art. 2 ; Charte des droits fondamentaux de l'UE, art. 21). La Cour interaméricaine des droits de l'homme n'a pas hésité à l'élever au rang de norme de *jus cogens* (avis n° 18, Condition juridique et droits des travailleurs migrants en situation irrégulière, 17 septembre 2003, préc., n° 54) et la Cour européenne à affirmer qu'il s'agit d'un « principe fondamental » qui « sous-tend la Convention » (*Strain et al. c/ Roumanie*, 21 juill. 2005, § 59). Ce principe suppose initialement qu'un traitement égal soit réservé à des individus égaux et implique l'existence d'une norme prescrivant l'égalité de traitement. Forme moderne et perfectionnée du principe d'égalité devant la loi (affirmé comme tel par les textes précités, à l'exception de la CEDH, respectivement dans leurs articles 7, 26, 24, 3, § 1 et 20), « la clause de non-discrimination ne se borne pas à réclamer l'égalité mais indique également ce qui doit être égal et selon quels critères » (K. J. Partsch, *Manuel Unesco* ; § 49). La non-discrimination permet ainsi de définir concrètement le domaine d'application de l'égalité : celui-ci est constitué par l'ensemble des droits protégés par la convention pertinente, et l'interdiction de discrimination ne s'applique que pour autant qu'un droit garanti par ladite convention en est l'objet. Ainsi compris, le droit à la non-discrimination n'a pas d'existence indépendante, et la disposition qui l'énonce ne peut être invoquée par l'individu que conjointement à un autre article de la convention pertinente. C'est l'égalité devant le texte conventionnel et non devant le Droit en général qui est proclamé. Cependant, le Comité des droits de l'homme donne au principe de non-discrimination une portée générale en matière de protection des droits de l'homme (obs. gén. 18/37 sur l'art. 26, in *Manuel…*, p. 87) ; il en va de même du Protocole 12 à la CEDH (*infra*, n° 273).

La jurisprudence européenne est venue élargir très sensiblement le champ d'application du droit à la non-discrimination et en préciser les modalités d'application.

## Section I
## Le champ d'application du droit à la non-discrimination

**266** ABSENCE D'EXISTENCE INDÉPENDANTE. — La clause de non-discrimination inscrite à l'article 14 de la Convention n'a pas d'existence indépendante, puisqu'elle vaut uniquement pour les droits et libertés garantis par la Convention : l'article 14 n'ajoute pas à la liste des droits garantis mais renforce leur protection. Une violation de l'article 14, pris isolément, n'est donc pas concevable.

### I | CONDITIONS D'APPLICABILITÉ

**267** PORTÉE AUTONOME. — 1° N'étant pas un droit « en soi », le droit à la non-discrimination voit son applicabilité subordonnée au rattachement du grief de discrimination à l'un des droits garantis par la Convention ou ses protocoles. Néanmoins, l'applicabilité de l'article 14 ne saurait être limitée aux seules hypothèses de violation concomitante d'un autre article de la Convention : ce serait là le priver de tout effet utile. Selon la jurisprudence de la Cour, fixée dès sa décision du 23 juillet 1968 dans *l'Affaire linguistique belge*, l'article 14 a une portée autonome : il complète les autres clauses normatives de la Convention et fait « partie intégrante de chacune des dispositions garantissant des droits et libertés » (*GACEDH*, n° 9, § 9 ; aussi *Marckx c/ Belgique*, 13 juin 1979, *GACEDH*, n° 51, § 32 ; *Inze c/ Autriche*, 28 oct. 1987, A. 126, § 36). Le droit à la non-discrimination innerve ainsi chacun des droits garantis par la Convention.

2° De par la portée autonome qui lui est reconnue, la clause de non-discrimination peut alors entrer en jeu en l'absence même de manquement à l'un ou à l'autre des droits garantis : une mesure conforme, par exemple au droit au respect de la vie privée et familiale (art. 8), mais revêtant un caractère discriminatoire (art. 14), sera incompatible avec la Convention européenne, par le jeu combiné de l'article 14 et de l'article 8 (voir *Abdulaziz, Cabales, Balkandali c/ Royaume-Uni*, 28 mai 1985, A. 94, § 69 et 83, *JDI*, 1986, 1084, obs. P. Rolland). L'article 14 permet donc de censurer la discrimination dans la jouissance d'un droit respecté (par ex., du droit de propriété : *Pine Valley Developments Ltd c/ Irlande*, 29 nov. 1991, A. 222, *RUDH*, 1992, 9, chron. F. Sudre). En définitive, l'applicabilité de l'article 14 est soumise à la seule condition que les faits ou mesures litigieux « se situent dans le domaine » (*Abdulaziz et al.*, § 71, préc.) ou « tombent sous l'empire » (*Rasmussen c/ Danemark*, 28 nov. 1987, A. 87, § 29, *JDI*, 1986, 1074, obs. P. Tavernier) de l'une des dispositions substantielles de la Convention. Mais cette condition est entendue souplement par le juge européen.

L'interdiction de la discrimination de l'article 14 déborde la sphère des droits énoncés par la Convention et s'applique à un « droit additionnel », c'est-à-dire à un droit que l'État partie a volontairement décidé de protéger dans son droit interne de manière plus ample que ce que prévoit la Convention (*Stec et a. c/ Royaume-Uni,* 6 juill. 2005, Gr. Ch., *JCP G* 2006, I, 109, n° 14, chron. F. Sudre). Ainsi, si l'article 2 du Protocole 1 ne confère pas le droit d'obtenir des pouvoirs publics la création d'établissements d'enseignement, l'État qui crée de tels établissements doit en assurer l'accès sans discrimination (« Affaire linguistique belge », § 9). La clause de non-discrimination s'étend en conséquence à des droits non expressément garantis par la Convention et ses protocoles. Il en est ainsi du droit à indemnité de l'article 1 du Protocole 1 (*infra*, n° 587 : *James c/ Royaume-Uni*, 21 févr. 1986, *GACEDH*, n° 68, § 76 et *Lithgow c/ Royaume-Uni*, 8 juill. 1986, A. 102, § 176 à 189), des modalités d'exercice de la liberté syndicale (consultation, négociation et conclusion des conventions collectives, grève) qui, bien que laissées à la discrétion des États, doivent respecter l'exigence de non-discrimination (*infra*, n° 569 et les affaires syndicales citées). *Infra* n° 270.

Le CEDS interprète de manière identique la clause de non-discrimination de la CSE révisée (art. E), par référence à l'article 14 CEDH (récl. n° 26/2004, *Syndicat des agrégés de l'enseignement supérieur c/ France*, déc. 15 juin 2005, fond, § 34).

**268** EXAMEN DU GRIEF DE DISCRIMINATION. — Le grief de discrimination a été originairement compris par le juge européen comme étant un grief purement complémentaire. La Cour estime inutile, en règle générale [1], de se prononcer sur le grief de discrimination lorsqu'elle a constaté une violation séparée d'un droit garanti par la Convention, sauf « si une nette inégalité de traitement dans la jouissance du droit en cause constitue un aspect fondamental du litige » (*Dudgeon c/ Royaume-Uni*, 22 oct. 1981, § 67, *GACEDH*, n° 48). L'arrêt *Chassagnou c/ France* (29 avr. 1999, § 89, *GACEDH*, n° 69), qui examine sous l'angle de l'article 14 deux clauses normatives (art. 1, Prot. 1 ; art. 11) dont la violation a déjà été constatée isolément, en fournit le premier exemple (aussi, *Aziz c/ Chypre*, 22 juin 2004 : art. 3, Prot. 1) et s'inscrit dans une volonté, nous semble-t-il, de valoriser le droit à la non-discrimination. Ainsi, de simplement complémentaire, l'examen du grief de discrimination tend à devenir principal.

La Cour européenne a désormais tendance à examiner en priorité la question de la violation de l'article 14 et, après avoir constaté une violation, à juger inutile d'examiner séparément le grief tiré de la violation du droit principal : ainsi, pour le droit au respect de la vie privée et familiale (*Salgueiro Da Silva Mouta c/ Portugal*, 21 déc. 1999, *RTD civ.*, 2003, 313, obs. J. Hauser ; *Unal Tekeli c/ Turquie*, 16 nov. 2004, *RTD civ.*, 2005, 343, obs, J.-P. Marguénaud ; *Biao c/Danemark*, Gr. Ch., 24 mai 2016), le droit à l'instruction (*Cam c/Turquie*, 23 févr. 2016)… Mais cette démarche n'est pas systématique (par ex., *Folgero et al. c/ Norvège*, 29 juin 2007, Gr. Ch. ; *Van Der Heijden c/ Pays-Bas*, 3 avr. 2012, Gr. Ch.).

1. Voir, cependant, *Église catholique de la Canée c/ Grèce*, 16 déc. 1997, § 47 (art. 6, § 1).

## II | Extension du champ d'application

269 La jurisprudence la plus récente marque une extension remarquable du champ d'application de l'article 14, au terme d'un triple mouvement.

270 L'ASSOUPLISSEMENT DE LA CONDITION D'APPLICABILITÉ. — 1° L'interprétation très souple de la condition d'applicabilité de l'article 14 tenant à ce que les faits du litige « se situent dans le domaine » de l'une des dispositions substantielles de la Convention vient distendre le lien de rattachement de l'article 14 à un droit substantiel garanti par la Convention. Elle permet au juge européen, à titre principal, d'étendre le champ de la protection de l'article 14 aux droits sociaux : ainsi, la Cour rattache au droit de propriété le droit d'un chômeur arrivé en fin de droit à l'allocation d'urgence (*Gaygusuz c/ Autriche*, 16 sept. 1996, *D*, 1998, 438, note J.-P. Marguénaud et J. Mouly).

Il en va de même pour l'obligation faite aux hommes célibataires de plus de 45 ans et sans enfants de verser des cotisations au titre de la loi sur les allocations familiales (*Van Raalte c/ Pays-Bas*, 21 févr. 1997, *JCP G*, 1998, I, 107, n° 44, chron. F. Sudre), le droit à une pension (de vieillesse, *Wessels-Bergervoet c/ Pays-Bas*, 4 juin 2002 ; de veuve, *Willis c/ Royaume-Uni*, 11 juin 2002, *JCP G*, 2002, I, 157, n° 22, chron. F. Sudre ; de retraite, *Buchen c/ République tchèque*, 26 nov. 2002), le droit à une allocation pour handicapés (*Koua-Poirrez c/ France*, 30 sept. 2003, *RDP*, 2004, 845, obs. F. Sudre). La Cour relie au droit au respect de la vie familiale le droit à une allocation de congé parental (*Petrovic c/ Autriche*, 27 mars 1998, *RTDH*, 1998, 721, obs. S. Priso), le droit à des allocations familiales (*Okpisz c/ Allemagne*, 25 oct. 2005) ou le droit à l'assurance-maladie (*PB et JS c/ Autriche*, 22 juill. 2010, *JCP G*, 2010, doctr. 94, F. Sudre) et au droit au respect de la vie privée, le droit de gagner sa vie par le travail (*Sidabras et Dziautas c/ Lituanie*, 27 juill. 2004), le droit d'accéder à une profession réglementée (*Bigaeva c/ Grèce*, 28 mai 2009) ou le droit d'exercer une activité professionnelle (*Emel Boyraz c/ Turquie*, 2 déc. 2014).

2° Cette interprétation constructive de la Convention contribue à « autonomiser » le droit à la non-discrimination et aboutit, en garantissant le droit à la non-discrimination dans la jouissance d'un droit à une prestation sociale, à faire bénéficier, *in fine*, bon nombre de droits économiques et sociaux du mécanisme de protection de la CEDH.

* La Cour de cassation a repris à son compte cette interprétation audacieuse de l'article 14. D'abord, en jugeant que le refus, uniquement fondé sur sa nationalité étrangère, d'octroyer au requérant l'allocation supplémentaire du Fonds national de solidarité, alors qu'il remplissait toutes les conditions exigées pour l'attribution de cette prestation, constitue une violation de l'article 14 combiné avec l'article 1 du Protocole 1 (Cass. soc., 14 janv. 1999, *Bozkurt c/ CPAM de Saint-Étienne*, n° 97-12487, *JCP*, 1999, II, 10082, note F. Sudre).

Ensuite, en n'hésitant pas à utiliser le support du droit au respect de la vie familiale pour faire jouer l'article 14. Ayant à connaître du refus de faire bénéficier deux enfants étrangers des prestations familiales au motif qu'ils n'étaient pas titulaires des pièces justifiant de la régularité de leur situation sur le territoire, la Cour de cassation, en Assemblée plénière, interprétant les textes de droit interne (Code sécurité sociale) conformément aux articles 14 et 8 de la CEDH, tels qu'ils sont eux-mêmes interprétés par la Cour EDH, écarte la condition tenant à la régularité du séjour des enfants et affirme que la jouissance de prestations sociales telles les prestations familiales doit être assurée sans distinction aucune fondée notamment sur l'origine nationale (Cass. Ass. Pl., 16 avril 2004, *DRASS c/ M. et Mme Lingouala*, n° 02-30157, concl. R. De Gouttes ; Cass. 2e civ., 6 déc. 2006, *Mme Benyahia c/ CAF de Saône-et-Loire*, n° 05-12666, *Dr. fam.*, 2007, comm. 74, A. Devers). Afin de contrarier cette décision, le législateur, avec l'aval du Conseil constitutionnel (déc. 2005-528 DC, 15 déc. 2005, Loi de financement de la Sécurité sociale pour 2006, *RFDA*, 2006, 126, note J.-E. Schoettl), a subordonné le versement de prestations familiales aux étrangers à la condition que l'enfant, s'il n'est pas né en France, soit entré dans le respect de la procédure de regroupement familial (art. L. 512-2 nouveau Code de la sécurité sociale). La Cour de cassation a finalement jugé cette disposition compatible avec la Convention (Cass. 2° civ., 15 avr. 2010, n° 09-12911, *JCP G*, 2010, note 666, J.-P. Lhernould ; Cass. Plén., 3 juin 2011, n° 09-69.052, *Dr. fam.*, 20119, comm. 140, A. Devers ; Cass. Plén, 5 avr. 2013, n° 11-17520, *JCP G*, 2013, note 685, A. Bugada) tout comme, curieusement, la Cour européenne (déc., n° 76860/11 et 51354/13, 8 septembre 2015, *Okitaloshima Okonda Osungu et Selpa Lokongo c/France, JCP G* 2015, act. 1180, obs. F. Sudre) et le Conseil d'État, sauf circonstances exceptionnelles (tel, l'état de santé de l'enfant, CE, 11 mai 2016, *Ministre de l'intérieur*, n° 392191).

Le Conseil d'État admet également l'applicabilité de l'article 14 combiné avec l'article 1 du Protocole 1 à des griefs de discrimination en matière d'allocations familiales (CE, Ass., 5 mars 1999, *Rouquette,RFDA*, 1999, 357, concl. C. Maugüe), de pension militaire (CE, 30 nov. 2001, *M. Diop, AJDA*, 2001, 1039, chron. M. Guyomar et P. Collin) ou de pension de réversion (CE, 28 oct. 2002, *Veuve Hammoudi Mizzouni, AJDA*, 2003, 301). Il fait aussi application de l'article 14 combiné avec l'article 8 (droit à une pension de réversion au titre de conjoint survivant : CE, 27 juill. 2005, *Mme Margain*, n° 272443 ; CE, 6 déc. 2006, *Mme Ligori*, n° 262096, *AJDA*, 2007, 142, concl. L. Vallée ; *Dr. fam.*, 2007, comm. 27, V. Larribau-Terneyre).

3° Le juge européen fait un usage plus fréquent de la technique du « droit additionnel » (*supra* n° 267), dont il fait bénéficier le droit d'accès à l'adoption (*E. B. c/ France,* 22 janv. 2008, Gr. Ch., *JCP G*, 2008, II, 10071, note A. Gouttenoire et F. Sudre ; *X et a. c/ Autriche,* 19 févr. 2013, Gr. Ch., *JCP G* 2013, act. 316, H. Surrel), le droit au logement *(Bah c/ Royaume-Uni,* 27 sept. 2011*)* ou le droit au regroupement familial (*Hode et Adibi c/ Royaume-Uni*, 6 nov. 2012)

L'arrêt *E. B. c/ France* (préc.), nuançant l'arrêt *Fretté c/ France* du 26 février 2002 (*JCP G*, 2002, II, 10074, note A. Gouttenoire et F. Sudre), juge que le droit de demander l'agrément en vue d'adopter est un « droit additionnel » relevant du champ d'application général de l'article 8 que l'État partie, allant au-delà de ses obligations découlant de l'article 8, a volontairement décidé de protéger et qui, dès lors, tombe sous le coup de l'interdiction de discrimination.

**271** Application aux relations interindividuelles. — En conférant à l'article 14 un « effet horizontal » (*supra*, n° 164), la Cour européenne admet que le droit à la non-discrimination trouve à s'appliquer dans le cadre des relations interindividuelles et ouvre la voie à un contrôle de la compatibilité des actes purement privés, sources d'une différence de traitement, avec l'article 14.

Soit que les autorités nationales aient prêté la main à l'acte privé discriminatoire (*Pla et Puncernau c/ Andorre*, 13 juill. 2004, préc. n° 164 : confrontant, dans le cadre d'une interprétation évolutive la volonté de la testataire aux principes de la Convention, la Cour sanctionne l'interprétation faite par les tribunaux d'une disposition testamentaire excluant un enfant adopté de ses droits successoraux). Soit qu'elles n'aient pas pris les mesures nécessaires à la prévention ou à la répression des discriminations commises par des particuliers (*97 membres de la Congrégation des témoins de Jéhovah de Gldani et al. c/ Géorgie*, 3 mai 2007 : actes d'agression physique commis à l'encontre de témoins de Jéhovah par des orthodoxes extrémistes avec la tolérance des policiers ; *Danilenkov c/ Russie*, 30 juillet

2009 : licenciement par leur employeur des membres grévistes d'un syndicat, *JCP G*, 2010, doctr. 70, n° 23, F. Sudre ; *Identoba et a. c/Géorgie*, 12 mai 2015 : manifestation pacifique contre l'homophobie perturbée par des contre-manifestants homophobes et violents).

Pèse donc sur l'État l'obligation d'assurer une protection contre les traitements discriminatoires d'origine privée.

La CJUE juge également que le principe de non-discrimination en fonction de l'âge (art. 21 CDFUE) est invocable en tant que tel dans les litiges entre particuliers, lui conférant un effet direct horizontal (CJUE, gr. Ch., 19 avr. 2016, *Dansk Industri c/Succession Rasmussen*, C-441/14, pt. 36, *JCP G* 2016, act. 509, F. Picod).

**272** DIMENSION PROCÉDURALE. — Par ailleurs, l'article 14 se voit désormais conférer une dimension procédurale qui accroît son autonomie.

La Cour juge en effet qu'en cas d'actes de violence meurtrière (art. 2) ou de brutalités (art. 3) commis par des agents publics contre les membres d'une minorité ethnique, l'État partie a l'obligation procédurale, s'il y a des allégations de discrimination raciale, de procéder à une enquête officielle efficace et impartiale afin d'établir si des motifs racistes sont à l'origine de ces actes (*Natchova et al. c/ Bulgarie*, 6 juill. 2005, Gr. Ch., *RTDH*, 2006-67, 655, obs. D. Rosenberg ; *Bekos et Koutropoulos c/ Grèce*, 13 déc. 2005). Il en va de même si de tels actes ont été commis par des particuliers, les affaires à connotation raciste devant faire l'objet d'une attention particulière de la part des autorités (déc. 6 mai 2003, *Menson c/ Royaume-Uni*, n° 479116/99 ; *Anguelova et Iliev c/ Bulgarie*, 26 juill. 2007, *JCP G*, 2008, I, 110, n° 13, obs. F. Sudre) de même que les actes de violence motivés par la haine religieuse (*Milanovic c/ Serbie*, 14 déc. 2010, *JCP G*, 2010, doctr. 94, F. Sudre).

Après avoir cantonné cette dimension procédurale aux allégations de discrimination raciale, la Cour l'étend à d'autres domaines (*Danilenkov*, préc. : discrimination anti-syndicat).

Manquant à cette obligation procédurale, l'État viole l'article 14.

Le juge européen s'est peut-être inspiré là du Comité pour l'élimination de la discrimination raciale, qui a tiré de l'article 6 de la Convention de 1965 pour l'élimination de la discrimination raciale une obligation similaire (opinion n° 4/1991,

16 mars 1993, *LK c/ Pays-Bas*, CERD/C/390, 2000, 24 ; opinion n° 29/2003, 6 mars 2006, *Dragan Durmic c/ Serbie et Monténégro*, Rapport 2006, A/61/18, p. 94). Le CCT va dans le même sens : CCT, n° 261/2005, déc. 8 mai 2009, *Besim Osmani c/ Serbie, A/64/44*, 2009, p. 275.

## III | Interdiction générale

**273** Protocole 12. — Entré en vigueur le 1er avril 2005 pour les États l'ayant ratifié [1], le Protocole 12 énonce une interdiction générale de la discrimination qui vise à garantir la jouissance sans discrimination de « tout droit prévu par la loi » (art. 1). Le Protocole 12 va bien au-delà de la clause de l'article 14 puisqu'il garantit le droit à la non-discrimination dans la jouissance de tout droit individuel reconnu en droit interne ; il fait ainsi entrer dans le champ de la Convention, et dans celui du contrôle exercé par la Cour, tout droit accordé à l'individu par le droit national. Le droit à la non-discrimination devient alors un droit autonome au sein de la Convention, dont la portée déborde les seuls droits énoncés par celle-ci. Interdisant toute discrimination, quel qu'en soit le motif, de la part d'une autorité publique, le Protocole 12 fait, à tout le moins, peser sur l'État partie l'obligation générale, dans l'adoption et la mise en œuvre de toute législation, de veiller à ce que la loi ne soit pas discriminatoire. La protection offerte par le Protocole rejoint alors celle de l'article 26 du PIDCP.

Pour une première application du Protocole 12 : *Sedjic et Finci c/ Bosnie-Herzégovine*, 22 déc. 2009, Gr. Ch. (discrimination dans les règles d'éligibilité à la Présidence de l'État ; *JCP G*, 2010, doctr. 70, n° 25, F. Sudre). La Cour a cependant déjà fait implicitement application du protocole 12. Ainsi, dans son arrêt *Opuz c/ Turquie*, du 9 juin 2009 (*JCP G*, 2009, doctr. 143, n° 25, F. Sudre), où elle souligne que « le manquement – même involontaire – des États à leur obligation de protéger les femmes contre la violence domestique constitue une violation du droit de celles-ci à une égale protection de la loi » (§ 191 ; aussi, *97 membres de la*

1. Adopté le 26 juin 2000 par le Comité des ministres du Conseil de l'Europe, le Protocole 12 a été ouvert à la signature le 4 novembre 2000 ; son entrée en vigueur nécessitait la ratification de 10 États membres du Conseil de l'Europe (19 ratifications au 18 mars 2016 ; la France ne l'a pas signé).

*Congrégation des témoins de Jéhovah de Gldani et al. c/ Géorgie,* 3 mai 2007, § 140).

La CDFUE contient également une clause générale de non-discrimination (art. 21).

274 ARTICLE 26 DU PIDCP. — L'autonomie du droit à la non-discrimination résulte de l'interprétation constructive faite par le Comité des droits de l'homme de l'article 26 du PIDCP (« Toutes les personnes sont égales devant la loi et ont droit à une égale protection de la loi »). Refusant de voir dans cette disposition une simple réitération de la clause de non-discrimination de l'article 2, § 1 du Pacte, le Comité estime que l'article 26 consacre le principe général de l'égalité devant la loi, proclamé par l'article 7 de la DUDH, qui « interdit toute discrimination de droit ou de fait dans tous les domaines relevant de l'autorité et de la protection des pouvoirs publics » (*Broeks c/ Pays-Bas*, déc. 9 avr. 1987, *Sélection*..., p. 205, § 12. 3). L'article 26 vise la législation nationale de l'État et impose à l'État de ne pas adopter et mettre en œuvre une loi dont le contenu serait discriminatoire. Le droit garanti par l'article 26 est donc, au sein du Pacte, un droit autonome dont la portée n'est pas limitée aux seuls droits énoncés par le Pacte. Il s'analyse en un droit à la non-discrimination dans la jouissance de tout droit individuel, que celui-ci soit énoncé par le PIDCP ou par tout autre instrument international, tel le Pacte international sur les droits économiques, sociaux et culturels (droit à la Sécurité sociale et aux assurances sociales, art. 9 : *Broeks*, préc. ; n° 180/1984, *Danning c/ Pays-Bas*, déc. 9 avr. 1987, *Sélection*..., p. 215 ; pour une décision antérieure d'irrecevabilité relative au droit au travail, art. 6, voir n° 178/1984, *JDB c/ Pays-Bas*, 26 mars 1985, *Sélection*..., p. 58, § 4), ou encore, en l'absence de consécration internationale, simplement par une législation nationale (n° 191/1985, *Blom c/ Suède*, déc. 4 avr. 1985, droit à une allocation d'études, *Sélection*..., p. 227, § 10. 2 ; n° 941/2000, *Young c/ Australie*, déc. 6 août 2003, A/58/40, vol. II, 218, pension d'ancien combattant).

Ainsi, le Comité n'hésite pas à faire application du droit à la non-discrimination en matière de droit de propriété, alors même que ce droit n'est pas reconnu par le Pacte (n° 328/1988, *Zelaya Blanco c/ Nicaragua*, 20 juill. 1994, *A/49/40*, vol. II, p. 13) ; cela lui permet de connaître du contentieux né de l'application des lois de restitution des biens confisqués par les autorités communistes

Par exemple : n° 516/1992, *Simunek et autres c/ République tchèque*, déc. 19 juill. 1995, *A/50/40*, vol. II, p. 94 ; n° 566/1993, *Ivan Somers c/ Hongrie*, 23 juill. 1996, *A/51/40*, vol. II p. 150 ; n° 774/1997, *Brok c/ République tchèque*, 31 oct. 2001, *A/57/40*, vol. II, p. 98.

La même solution vaut pour le droit à l'objection de conscience (n° 295/1988, *Järvinen c/ Finlande*, déc. 25 juill. 1990, *RUDH*, 1990, 452, § 6. 2). Cette jurisprudence est formellement confirmée par l'observation générale 18 (37) sur l'article 26, adoptée par le Comité le 9 novembre 1989 (préc., § 12).

* Le Conseil d'État ignore la jurisprudence du CDH dans son avis, rendu en Assemblée, du 15 avril 1996 : il estime que l'article 26 « ne peut concerner que les droits civils et politiques » mentionnés par le PIDCP et n'est pas invocable à propos d'un droit à pension militaire, qui ne relève pas de la « catégorie des droits protégés » par le Pacte (*Mme Doukouré*, *AJDA*, 1996, p. 565, chron. D. Chauvaux et T.-X. Girardot, p. 507). Cette solution est radicalement contraire à celle retenue par le CDH en la matière (n° 196/1985, *Ibrahim Gueye et autres c/ France*, déc. 3 avr. 1989, *RUDH*, 1989, 62) et, de plus, semblait en contrariété avec la jurisprudence *Gaygusuz* (préc.) de la Cour européenne (voir F. Sudre, La portée du droit à la non-discrimination : de l'avis d'Assemblée du Conseil d'État du 15 avril 1996, Mme Doukouré, à l'arrêt de la Cour européenne des droits de l'homme du 16 septembre 1996, Gaygusuz c/ Autriche, *RFDA*, 1997, 966). L'arrêt *Rouquette* (Ass, 5 mars 1999, préc n° 270.) met fin à cette contrariété… sur le terrain de la CEDH. Le Conseil d'État, revenant sur sa jurisprudence antérieure (par ex. CE, 29 déc. 1999, *Ndiaye*, n° 207038), juge qu'une pension est un « bien » au sens de l'article 1 du Protocole 1 et que le refus opposé au requérant – ancien militaire, de nationalité sénégalaise, de l'armée française – de revaloriser sa pension dans les mêmes conditions que les agents français, qui repose exclusivement sur sa nationalité, constitue une différence de traitement dépourvue de justification objective et raisonnable et viole les articles 14 et 1 du Protocole 1 de la CEDH (CE, 30 nov. 2001, *M. Diop*, *AJDA*, 2001, 1039, chron. M. Guyomar et P. Collin ; CE, 7 juillet 2004, *Tahar Hendiri*, *AJDA*, 2004, 2014). Cependant, le Conseil d'État persiste à considérer que l'article 26 PIDCP ne peut être invoqué utilement en la matière (CE, 9 févr. 2001, *Soubeyrand*, n° 196040). Le Conseil constitutionnel a également jugé contraire au principe d'égalité le mécanisme de « cristallisation » des pensions de retraite (n° 2010-1 QPC, 28 mai 2010).

## Section II
## Les modalités d'application du droit à la non-discrimination

### I | Les motifs de distinction

**275** Conception extensive. — 1° Divers motifs de distinction ont été à l'origine d'un mouvement de protection catégorielle, caractéristique d'une certaine tendance de la proclamation internationale au « morcellement de l'homme » (J. Mourgeon, *Les droits de l'homme*, Puf, « Que sais-je ? », n° 1728, p. 54) : ont ainsi été adoptées des conventions spécifiques interdisant la discrimination fondée sur le sexe (Convention du 18 décembre 1979 sur l'élimination de toutes les formes de discrimination à l'égard des femmes), sur la race (Convention du 21 décembre 1965 sur l'élimination de toutes les formes de discrimination raciale), en matière d'emploi et de profession (Convention OIT, n° 111 du 25 juin 1958) ou encore dans le domaine de l'enseignement (Convention Unesco du 14 décembre 1960).

Les conventions à portée générale adoptent, à l'inverse, une démarche globale et s'efforcent de prendre en compte toute discrimination. S'inspirant de la Déclaration universelle, elles contiennent une liste indicative des motifs de distinction : sont, « notamment », mentionnés le sexe, la race, la langue, la religion, les opinions, la naissance, l'origine nationale ou sociale, l'appartenance à une minorité nationale, la fortune ou encore « toute autre situation ». Il convient de remarquer que seuls quatre de ces critères – le sexe, la race, la langue et la religion – sont retenus par la Charte des Nations Unies (art. 1, § 3).

2° La Cour européenne considère que la liste dressée à l'article 14 de la Convention n'est pas limitative (*Engel c/ Pays-Bas*, 8 juin 1976, *GACEDH*, n° 4, § 72 : distinction fondée sur le grade et les modalités d'exécution d'une sanction disciplinaire dans les armées). En bref, toute discrimination est interdite, quel que soit le motif qui la fonde (*Rasmussen c/ Danemark*, 28 nov. 1984, A. 87, § 34).

Le motif « autre situation » a une signification large et couvre en conséquence les différences de traitement fondées sur l'orientation sexuelle (*Salgueiro Da Silva Mouta c/ Portugal*, 21 déc. 1999, *RTD civ.*, 2000, 313, obs. J. Hauser), le statut parental (*Weller c/ Hongrie*, 31 mars 2009), le handicap (*Glor c/ Suisse*, 30 avril 2009, *JCP G*, 2009, doctr. 143, n° 26 et 27, F. Sudre), les caractéristiques génétiques (*G.N. et a. c/ Italie*, 1er déc. 2009, *JCP G*, 2010, act. 595, F. Sudre), le lieu de résidence (*Carson et a. c/ Royaume-Uni*, 16 mars 2010, Gr. Ch.), ou la séropositivité (*Kiyutin c/ Russie*, 10 mars 2011). De plus, comme le précise la Cour, « la protection conférée par l'article 14 ne se limite pas à des distinctions de traitement fondées sur des caractéristiques personnelles en ce sens qu'elles seraient innées ou inhérentes » (*Clift c/ Royaume-Uni*, 13 juill. 2010, § 59). Le fait qu'une situation est fixée par la loi et qu'elle n'est pas inhérente à l'individu ne l'empêche donc pas de constituer une « autre situation » aux fins de l'article 14.

Ainsi de la situation de prisonnier purgeant une peine déterminée, définie par la loi pénale *(Clift, préc.)* ou de la situation d'immigrant définie par la réglementation nationale sur l'immigration *(Hode et Abdi c/ Royaume-Uni,* 6 nov. 2012, *JCP G* 2012, act. 1281, C. Picheral*)*.

Le CDH a la même conception extensive des motifs de discrimination et estime que la notion « toute autre situation » couvre, par exemple, la nationalité (n° 196/1985, *Ibrahim Gueye et autres c/ France*, déc. 3 avr. 1989, *RUDH*, 1989, p. 62, § 9. 4) [1] ou l'orientation sexuelle (n° 488/1992, *N. Toonen c/ Australie*, déc. 31 mars 1994, § 8. 2, *A/49/40*, vol. II, p. 241).

Après avoir introduit en matière de discrimination fondée sur le sexe une distinction discutable, jugeant que le principe de non-discrimination interdit des discriminations trouvant leur origine dans l'identité sexuelle d'une personne (CJCE, 30 avr. 1996, *P. c/ S. et Cornwall County Council*, C-13/94, *Rec.*, p. I, 2159 ; *DCDF*, n° 31) mais ne s'applique pas à des différences de traitement fondées sur l'« orientation sexuelle » d'une personne (CJCE, 17 févr. 1998, *L.-J. Grant c/ South West Trains Ltd*, C-249/96, *DCDF*, n° 38 ; CJCE, 31 mai 2001, *D et Royaume de Suède c/ Conseil*, aff. C-122 et C-125/99P, *RTDH*, 2002, 663, obs. C. Maubernard), le juge communautaire est revenu sur cette position – incompatible avec la solution retenue par le juge européen (*Salgueiro Da Silva Mouta*, préc.) comme avec la CDFUE (art. 21) – en consacrant « le principe de non-discrimination en fonction de l'orientation sexuelle », sans se référer à l'article 21 CDFUE (CJUE, Gr. Ch., 10 mai 2011, *Römer*, C-147/08).

**276** HIÉRARCHISATION. — La Cour européenne s'oriente vers une hiérarchisation des motifs de distinction, qui ouvre la voie à une modulation de la protection offerte par l'article 14 de la convention. Elle stigmatise la discrimination raciale comme une

1. La France est « condamnée » dans l'affaire Ibrahim Gueye pour violation de l'article 26 du Pacte : un changement de nationalité n'est pas une raison suffisante pour justifier une différence de traitement dans l'octroi de droits à pension militaire (§ 9. 4) ; voir G. Cohen-Jonathan, Note sur les décisions et constatations du CDH des Nations Unies relatives à la France, *AFDI*, 1989, p. 424.

« forme de discrimination particulièrement odieuse » et estime qu'une différence de traitement fondée sur l'origine ethnique est inacceptable dans « la société démocratique contemporaine fondée sur le respect du pluralisme et la diversité culturelle » (*Timishev c/ Russie,* 13 déc. 2005, *RDP,* 2006-3, obs. F. Sudre ; *D. H. et a. c/ Rép. tchèque,* 13 nov. 2007, Gr. Ch., § 204, *RTDH,* 2008-75, 821, note E. Dubout).

Dans son avis consultatif du 21 juin 1971 sur la présence continue de l'Afrique du Sud en Namibie, la Cour internationale de justice a souligné que la discrimination raciale, définie comme « toute distinction, exclusion, restriction ou préférence fondée sur la race, la couleur, l'ascendance ou l'origine nationale ou ethnique » (art. 1 de la Convention du 21 décembre 1965, Nations unies, *Rec. Traités*, vol. 660, p. 195), constituait « un déni des droits fondamentaux de la personne humaine » et une violation flagrante de la Charte (*Rec.*, § 131).

Elle singularise aussi certains motifs lorsqu'elle considère que les États ne peuvent invoquer les traditions qui prévalent dans une société donnée pour justifier une différence de traitement fondée sur des « stéréotypes » liés au sexe – telle la répartition traditionnelle des rôles entre les sexes dans la société – ou à la race, l'origine, la couleur ou l'orientation sexuelle (*Konstantin Markin c/ Russie,* 22 mars 2012, Gr. Ch. § 143, *JCP G* 2012, doctr. 924, n° 22, chron. F. Sudre). *In fine,* elle établit une hiérarchie entre les motifs de différences de traitement, distinguant ceux qu'elle juge « inacceptables par principe » – tels que la race ou l'origine ethnique –, ceux qui sont « inacceptables en l'absence de considérations très fortes » – tels le sexe, l'orientation sexuelle, la nationalité (*infra*, n° 287) – et… les autres – telle la fortune foncière – pour lesquels l'État dispose d'une « importante marge d'appréciation » *(Chabauty c/ France,* 4 oct. 2012, Gr. Ch., § 50, *JCP G* 2012, note 1351, H. Surrel).

* Par sa décision 2005-557 DC du 15 novembre 2007, Loi relative à la maîtrise de l'immigration, l'intégration et l'asile, le Conseil constitutionnel condamne les distinctions fondées sur « l'origine ethnique ou la race », interdites par l'article 1 de la Constitution de 1958 (*D*, 2007, 3017, obs. F. Melin-Soucramanien).

## II | Les critères de la discrimination

277 Principe. — Distinguer n'est pas discriminer, et l'article 14 CEDH n'interdit pas toute distinction de traitement dans l'exercice des droits reconnus. Selon la Cour européenne des droits de l'homme, « la notion de discrimination englobe d'ordinaire les cas dans lesquels un individu ou un groupe se voit, sans justification adéquate, moins bien traité qu'un autre, même si la Convention ne requiert pas le traitement plus favorable » (*Abdulaziz, Cabales et Balkandali c/ Royaume-Uni*, 28 mai 1985, A. 94, § 82, *JDI*, 1986, 1084, obs. P. Rolland). La Cour retient deux critères cumulatifs de définition de la discrimination, mis à jour dans sa décision du 23 juillet 1968 sur *l'Affaire linguistique belge* (*GACEDH*, n° 9, § 10) : une différence de traitement dans l'exercice ou la jouissance d'un droit reconnu et un manque de justification objective et raisonnable.

* Le Conseil d'État, faisant application de l'article 14, reprend cette analyse (par ex., CE, 27 juin 2005, *Bahri*, *RFDA*, 2005, 894).

Le CEDS fait sienne la définition retenue par la Cour (récl. n° 6/1999, *Syndicat national des professions du tourisme*, déc. 10 oct. 2000, § 25)

### *A – Une différence de traitement.*

278 Évolution. — La différence de traitement bénéficie d'une approche renouvelée par le juge européen de la notion même, des modalités de la différence de traitement et de la charge de la preuve.

#### *1. Notion*

Le juge européen a progressivement élargi sa conception de la discrimination.

**279** ÉGALITÉ FORMELLE. — La différence de traitement est initialement comprise par le juge européen, selon une conception formelle de l'égalité, comme « une distinction introduite entre des situations analogues ou comparables » (*Marckx c/ Belgique*, 13 juin 1979, § 32, *GACEDH*, n° 51 ; *Van der Mussele c/ Belgique*, 23 nov. 1983, A. 70, § 46). Le CDH se prononce dans le même sens (n° 172/1984, *Broeks c/ Pays-Bas*, déc. 9 avr. 1987, *Sélection...*, p. 205, § 13).

Bien que le critère de l'analogie (ou la comparabilité) des situations soit au cœur de cette conception, la Cour européenne y a paru longtemps assez indifférente. Rarement établie expressément, l'analogie reste le plus souvent implicite et, parfois même, est délibérément omise.

Pour la première hypothèse : analogie de la situation d'un père et de celle d'une mère dans leurs relations avec un nouveau-né quant à l'obtention d'une allocation de congé parental (*Petrovic c/ Autriche*, 27 mars 1998, § 36, *RTDH*, 1998, 721, obs. S. Priso) ou, pour l'obtention d'une prestation sociale, de celle des nationaux et de celle des étrangers (*Koua-Poirrez c/ France*, 30 sept. 2003, § 48, *RDP*, 2004, 845, obs. F. Sudre).

Pour la seconde : situation de l'époux et de l'épouse quant au choix du nom de famille : *Burghartz c/ Suisse*, 22 févr. 1994, A. 280-B, *JCP G*, 1995, I, 3823, n° 31, chron. F. Sudre ; dans le même sens, CDH, n° 919/2000, *Müller et Engelhard c/ Namibie*, déc. 26 mars 2002, *A/57/40*, vol. II, 231.

Pour la dernière : *Fretté c/ France*, 26 février 2002, *JCP G*, 2002, II, 10074, note A. Gouttenoire et F. Sudre : accès à l'adoption d'un célibataire homosexuel.

La Cour fait désormais preuve de plus de rigueur dans l'examen de ce critère. Le défaut d'analogie des situations la conduit à conclure à l'absence de discrimination alors que l'analogie des situations ouvre la voie à l'examen de la justification de la différence de traitement.

Pour la première hypothèse : absence d'analogie, en matière fiscale, entre, d'une part, un couple marié ou en partenariat civil et, d'autre part, deux sœurs vivant sous le même toit (*Burden c/ Royaume-Uni*, 29 avr. 2008, Gr. Ch. *RTDH*, 2009-78, 513, note J.-P. Marguénaud) ou en matière d'adoption simple de l'enfant du conjoint, entre un couple homosexuel et un couple hétérosexuel marié, (*Gas et Dubois c/ France,* 15 mars 2012, *JCP G 2012*, note 589, A. Gouttenoire et F. Sudre).

Pour la seconde : situation comparable d'un détenu exerçant un travail et d'un salarié ordinaire au regard de l'affiliation à un régime de pension de retraite (*Stummer c/ Autriche*, 7 juill. 2011, Gr. Ch., *JCP G*, 2011, doctr. 87, F. Sudre) et comparabilité de la situation d'un couple homosexuel non marié et d'un couple hétérosexuel non marié au regard de l'adoption « coparentale » (*X et a. c/ Autriche*, 19 févr. 2013).

* Le Conseil d'État se fonde implicitement sur le défaut d'analogie pour juger que l'article 14 (combiné avec l'article 1 du Protocole 1) ne peut être invoqué à propos d'une différence de traitement, en matière fiscale, entre l'État et le contribuable, la spécificité de la puissance publique la plaçant hors du champ de l'article 14 (dans le même sens, Cass. com., 27 sept. 2005, *Sté Montroyal*, n° 03-15245) ; par contre, l'article 14 est applicable « horizontalement » à des « discriminations injustifiées entre contribuables » (CE, Ass., Avis, 12 avr. 2002, *SA financière Labeyrie*, *AJDA*, 2002, 410, chron. M. Guyomar et P. Collin ; *infra* n° 608). On note que la Cour de cassation (1re civ.) se réfère expressément à la comparabilité des situations (des enfants légitimes et des enfants naturels en matière successorale) dans son arrêt du 29 janvier 2002, *Rolland c/ Fourtier, Vve Thomas*, n° 99-21134;99-21135 (*infra*, n° 509).

**280** ÉGALITÉ SUBSTANTIELLE. — En jugeant, par son arrêt *Thlimmenos c/ Grèce* (Gr. Ch., 6 avr. 2000, *RTD civ.*, 2000, p. 434, chron. J.-P. Marguénaud), que le droit à la non-discrimination est également transgressé « lorsque, sans justification objective et raisonnable, les États n'appliquent pas un traitement différent à des personnes dont les situations sont sensiblement différentes » (§ 44) [1], la Cour européenne, retenant une approche concrète de l'égalité, accepte de prendre en compte la nature matérielle de la discrimination. Ainsi interprété, l'article 14 paraît énoncer une obligation de traiter différemment des personnes placées dans des situations différentes.

Constitue ainsi une discrimination fondée sur l'orientation sexuelle le fait de traiter un couple homosexuel ne pouvant accéder à un statut légal « de la même façon que des personnes se trouvant dans une situation sensiblement différente de la leur – à savoir des partenaires hétérosexuels ayant décidé de

1. La Cour sanctionne directement, pour violation des articles 14 et 9, la carence du législateur qui, excluant de la profession d'expert-comptable les personnes convaincues d'un crime, n'a pas établi de distinction entre les personnes condamnées en raison de leurs convictions religieuses et celles condamnées pour d'autres motifs.

ne pas régulariser leur situation » en matière d'octroi d'un permis de séjour pour raison familiale (*Tadeucci et McCall c/Italie*, 30 juin 2016, § 85).

Il apparaît, néanmoins, que la Cour s'est engagée prudemment dans la voie de la reconnaissance des discriminations « positives ».

1° D'une part, le juge européen admet sans conteste la compatibilité avec l'article 14 CEDH d'une législation « positive » accordant un traitement préférentiel à telle ou telle catégorie de personnes (en pratique, aux femmes), lorsqu'il juge, à propos des différences de traitement existant entre les hommes et les femmes au Royaume-Uni quant à l'âge légal de la retraite (65 et 60 ans), que « l'article 14 n'interdit pas à un État membre de traiter les groupes de manière différenciée pour corriger des "inégalités factuelles" entre eux », notamment les inégalités financières et économiques dont souffrent les femmes, qui, pour une très grande majorité, étaient des femmes au foyer (*Stec et al. c/ Royaume-Uni*, 12 avr. 2006, Gr. Ch., § 51 et 61, *RDP*, 2007, 872, obs. H. Surrel ; *Runkee et White c/ Royaume-Uni*, 10 mai 2007, § 40). L'inégalité compensatoire acquiert ainsi droit de cité en droit européen.

2° D'autre part, le juge européen semble désormais admettre que l'article 14 de la Convention est susceptible de faire naître à la charge de l'État une obligation d'adopter les mesures d'« action positive » adéquates pour garantir l'exercice effectif de l'égalité de traitement (*Cam c/Turquie*, 23 févr. 2016) mais fait encore défaut un arrêt de principe en la matière.

La Cour européenne a d'abord refusé de faire peser sur l'État une obligation d'adopter de telles mesures nécessaires à la jouissance du droit des membres de la minorité tsigane de suivre leur mode de vie traditionnel (*Chapman c/ Royaume-Uni*, 18 janv. 2001, Gr. Ch., § 95 et 129, *RTDH*, 2001, 999, note F. Benoît-Rohmer) ou de considérer que la situation des enfants roms exige un traitement différent afin de leur permettre de surmonter les désavantages liés à leur milieu culturel (*D. H. et al. c/ République tchèque*, 13 nov. 2007, Gr. Ch.). Puis, sur ce dernier sujet, l'arrêt *Orsus et a. c/ Croatie* (Gr. Ch., 16 mars 2010, *JCP G*, 2010, act. 394, C. Picheral) marque une évolution en se référant aux obligations positives qui pèsent sur l'État afin, notamment, d'aider les requérants à acquérir les compétences linguistiques nécessaires (aussi, *Sampani et a. c/ Grèce*, 11 déc. 2012, *RTDH* 2014-97, 195, note X.-B. Ruedin). Surtout, par son arrêt *Cam c/Turquie* (préc., *JCP G* 2016, doctr. 834, n° 22, F. Sudre), la

Cour fait un pas de plus en faisant obligation à l'État de procéder à des « aménagements raisonnables » permettant de corriger au bénéfice des personnes handicapées – notamment des enfants – « des inégalités factuelles qui, ne pouvant être justifiées, constituent une discrimination » (§ 65).

* Une telle conception ne se concilie pas exactement avec celle du principe d'égalité en droit interne. Si le Conseil constitutionnel juge que « le principe d'égalité ne s'oppose ni à ce que le législateur règle de façon différente des situations différentes, ni à ce qu'il déroge à l'égalité pour des raisons d'intérêt général pourvu que, dans l'un et l'autre cas, la différence de traitement qui en résulte soit en rapport direct avec l'objet de la loi qui l'établit » (déc. 96-375 DC, 9 avr. 1996, *Rec.* p. 60), il rejoint néanmoins (déc. 2003-489 DC, 29 déc. 2003, *Rec.*, p. 487, § 37, *D*, 2004, 1276, obs. D. Ribes) le Conseil d'État, qui affirme que « le principe d'égalité n'implique pas que des entreprises se trouvant dans des situations différentes doivent être soumises à des régimes différents » (CE, Ass, 28 mars 1997, *Sté Baxter, RFDA*, 1997, 458, concl. J.-C. Bonichot ; CE, 20 avr. 2005, *Union des familles en Europe,AJDA*, 2005, 2232, note L. Burgorgue-Larsen). En bref, le principe d'égalité implique non une obligation mais une simple faculté de différenciation.

Quant à l'article 14 CEDH, le Conseil d'État juge qu'il n'impose pas d'accorder un « traitement différent » à une catégorie de personnes (de confession sikhe : CE, 15 déc. 2006, *Association United Sikhs et al.*, *AJDA*, 2007, 313, concl, T. Olson). La position de la Cour de cassation (Ch. Crim.) est passablement ambiguë : l'article 14 « n'exige pas que la loi nationale applique des dispositions identiques à des situations différentes » (Crim., 12 mars 2002, n° 01-82. 510).

### 2. *Modalités*

**281** DISCRIMINATIONS DIRECTES ET INDIRECTES. — 1° L'article 14 interdit non seulement les discriminations directes, fondées sur un motif prohibé de distinction, mais aussi les discriminations indirectes résultant de mesures qui, sur le fondement d'un critère de différenciation en apparence neutre, ont un effet équivalent à une discrimination en ce qu'elles produisent un effet inégalitaire sur un nombre plus élevé, par rapport au reste de la population, de personnes appartenant à un groupe vulnérable. À la suite de l'arrêt de chambre du 7 février 2006 (*RTDH*, 2006-68, 851, obs. E. Dubout), l'arrêt de Grande Chambre D. H. *et al. c/ Rép. tchèque*, du 13 novembre 2007 (préc.) affirme avec netteté que peut « être considérée comme discriminatoire une politique ou une mesure générale qui (a) des effets préjudiciables disproportionnées sur un groupe de personnes même si elle ne vise pas spécifiquement ce groupe » (§ 175). La Cour européenne constate, pour la première fois, l'existence d'une discrimination indirecte dans son arrêt du 20 juin 2006, *Zarb Adami c/ Malte.*

Elle conclut à la violation de l'article 14 combiné avec l'article 4, § 3, au seul motif que l'obligation d'être juré pèse en pratique de manière beaucoup plus importante sur les hommes que sur les femmes (*RDP*, 2006, 872, obs. H. Surrel). Aussi, *Orsus c/ Croatie* (16 mars 2010, Gr. Ch. : le placement d'enfants dans des classes spéciales au motif de leur maîtrise insuffisante de la langue croate n'est appliqué qu'aux membres d'un groupe ethnique particulier) ; *Di Trizio c/Suisse* (2 févr. 2016 : méthode de calcul d'une rente d'invalidité discriminatoire « pour la grande majorité des femmes souhaitant travailler à temps partiel à la suite de la naissance des enfants », § 97) ; *Biao c/Danemark* (24 mai 2016, Gr. Ch. : règle subordonnant l'octroi du regroupement familial à une condition de durée dans la nationalité danoise discriminatoire pour les citoyens danois ayant acquis la nationalité danoise après la naissance).

Signe de l'interaction normative entre la CEDH et la CSE (*supra*, n° 90), le Comité européen des droits sociaux s'appuie expressément sur l'arrêt *Thlimmenos c/ Grèce* pour affirmer que la clause de non-discrimination de la CSE révisée (art. E) « interdit non seulement la discrimination directe, mais aussi toutes les formes de discrimination indirecte, que peuvent révéler soit les traitements inappropriés de certaines situations, soit l'inégal accès des personnes placées dans ces situations et des autres citoyens aux divers avantages collectifs » (récl. n° 13/2002, *Autisme-Europe c/ France*, déc. 4 nov. 2003, § 52 : sort fait aux enfants autistes en matière de droit à l'éducation ; *supra*, n° 162).

**282** DISCRIMINATION COLLECTIVE. — Relevé par le juge européen dès son arrêt *Abdulaziz* (*supra*, n° 277), la dimension collective du droit à la non-discrimination est fortement accentuée par la sanction de la discrimination indirecte comme par l'acceptation de la compatibilité des actions positives en faveur d'un groupe de personnes. C'est en effet, l'appartenance au groupe qui fonde le bénéfice du droit à la non-discrimination et c'est en tant que membre du groupe que l'individu peut se prévaloir de ce droit.

Dans l'affaire *D. H.* (préc), à propos de mesures de placement d'enfants d'origine rom dans des écoles spéciales destinées aux enfants atteints de déficiences intellectuelles et ne pouvant suivre un cursus scolaire ordinaire, la Cour européenne sanctionne pour la première fois expressément une discrimination (dans le droit l'instruction) à l'encontre d'un groupe ethnique.

Elle considère en effet que « dès lors qu'il a été établi que l'application de la législation pertinente avait à l'époque des faits des effets préjudiciables disproportionnés sur la communauté rom, les requérants en tant que membres de cette communauté ont nécessairement subi le même traitement discriminatoire » (§ 209) ; aussi, *Orsus c/ Croatie*, 16 mars 2010, Gr. Ch, préc.

De même, le CEDS estime que l'interdiction de la discrimination (art. E, CSE révisée) implique que la « jouissance effective des droits contenus dans la Charte soit garantie à tout groupe présentant des caractéristiques particulières, dont les Roms » (récl. n° 27/2004, *Centre européen des droits des Roms c/ Italie*, déc. 7 déc. 2005, fond, § 36).

C'est une discrimination à l'égard des femmes victimes de violence domestique que la Cour sanctionne (*Opuz c/ Turquie*, 9 juin 2009, jugeant discriminatoire la passivité des autorités turques pour remédier à cette violence ; *JCP G*, 2009, doctr. 143, n° 25, F. Sudre ; aussi, *Eremia et a. c/ Moldova*, 28 mai 2013, *JCP G* 2013, act. 714, C. Picheral), prenant désormais appui sur la Convention sur la prévention et la lutte contre la violence à l'égard des femmes et la violence domestique [1] (*M. G. c/Turquie*, 22 mars 2016) ; voir aussi, *Di Trizio c/Suisse*, 2 févr. 2016 (*supra* n° 281).

C'est également une discrimination à l'égard du « groupe particulièrement vulnérable » des étrangers séropositifs qui est en cause dans l'arrêt *Novruk et a. c/Russie* (15 mars 2016, *JCP G* 2016, act. 375, B. Pastre-Belda), qui juge discriminatoire l'interdiction systématique et inconditionnelle faite aux étrangers séropositifs d'entrée sur le territoire russe.

La convergence globale avec la jurisprudence communautaire doit ici être soulignée (CJCE, 17 juill. 1963, *Gouvernement de la République italienne c/ Commission*, aff. 13. 63, *Rec.*, p. 341 : discrimination matérielle ; CJCE, 12 févr. 1974, *Sotgiu*, aff. 152/73, *Rec.*, p. 153 : discrimination indirecte).

1. Convention d'Istanbul, entrée en vigueur le 1 août 2014.

*3. Charge de la preuve*

**283** CRITÈRE CLASSIQUE. — La Cour européenne a d'abord affirmé sa fidélité au critère classique de la preuve « au-delà de tout doute raisonnable » (*infra*, n° 311) : s'agissant d'une allégation de discrimination, il appartient en principe au requérant de prouver l'existence d'une différence de traitement et au gouvernement défendeur d'en démontrer la justification. Ainsi, à propos d'actes de violence motivés par des considérations raciales, et alors même qu'elle souligne que les sociétés démocratiques doivent être particulièrement vigilantes à l'égard de tels actes, la Cour refuse de renverser la charge de la preuve et de la faire supporter à l'État défendeur (*Natchova et al.*, 6 juill. 2005, Gr. Ch. § 157), rendant difficile le constat de violation de l'article 14 (combiné avec l'article 2 ou l'article 3) dans son aspect matériel (*Bekos et Koutropoulos c/ Grèce*, 13 déc. 2005).

**284** RÉÉQUILIBRAGE DE LA CHARGE PROBATOIRE. — En matière de discriminations « directes », le juge européen, après avoir indiqué qu'un transfert de la charge de la preuve n'était pas exclu, notamment en cas de grief de discrimination raciale en matière d'emploi ou de prestation de services (*Natchova*, § 157), recourt désormais à une présomption de discrimination qu'il incombe à l'État de renverser. Cette solution, retenue en premier lieu lorsque des commentaires ou des déclarations tendancieux des autorités administratives, policières ou judiciaires révèlent une « attitude globalement discriminatoire », que soit en cause le volet « procédural » (*Cobzaru c/ Roumanie*, 26 juill. 2007 ; *Petropoulou-Tskiris c/ Grèce*, 6 déc. 2007) ou le volet « matériel » de l'article 14 (*Timishev c/ Russie*, 13 déc. 2005, § 54 ; *Baczkowski et al. c/ Pologne*, 3 mai 2007, § 100, *JCP G*, 2007, I, 182, n° 13, chron. F. Sudre), est généralisée par l'arrêt *E. B. c/ France* (22 janv. 2008, Gr. Ch), où la Cour relève que l'État défendeur n'a pas été en mesure de produire des informations statistiques permettant d'établir que le refus d'agrément à l'adoption opposé à une homosexuelle n'est pas discriminatoire (§ 74 ; *JCP G*, 2008, II, 10071, note A. Gouttenoire et F. Sudre).

Dans l'affaire *Baczkowski* (préc.), le juge européen mobilise la « théorie des apparences », pour juger qu'« il est raisonnable de supposer » que le refus opposé par une municipalité à une association militant en faveur des homosexuels d'autoriser l'organisation d'un défilé constitue une discrimination

Dans l'hypothèse d'une discrimination indirecte frappant un individu ou un groupe, la Cour a clairement opté pour le renversement de la charge de la preuve, dans son arrêt *D. H et al.* (13 nov. 2007, préc. ; *Stoica c/ Roumanie*, 4 mars 2008 ; *Biao c/ Danemark*, Gr. Ch., 24 mai 2016, § 114). Abandonnant le critère de l'intentionnalité de la discrimination indirecte, privilégié dans un premier temps (*Hugh Jordan et al. c/ Royaume-Uni,* 4 mai 2001, § 154), et se rangeant à l'opinion commune que la preuve de la discrimination indirecte est très difficile sans renversement de la charge de la preuve, la Cour admet que des statistiques « fiables et significatives » suffisent à constituer le commencement de preuve à apporter par le requérant (§ 188 ; *Zarb Adami c/ Malte,* 20 juin 2006, § 78 ; *Di Trizio c/Suisse*, 2 févr. 2016, § 90, *supra* n° 281).

### *B – Un défaut de « justification objective et raisonnable »*

**285** NOTION. — La justification objective et raisonnable est celle qui poursuit un « but légitime » dans une société démocratique) et respecte « un rapport raisonnable de proportionnalité entre les moyens employés et le but visé » (Aff. linguistique belge, § 10). Reconnaissant à l'État une « certaine marge d'appréciation pour déterminer si et dans quelle mesure des différences entre des situations à d'autres égards analogues justifient des distinctions de traitement juridique » (*Rasmussen c/ Danemark*, 28 nov. 1984, A. 87, § 40, *JDI*, 1986, 1074, obs. P. Tavernier ; *Stec et al. c/ Royaume-Uni*, 12 avr. 2006, Gr. Ch., § 51), la Cour européenne contrôle à la fois la finalité de la différence de traitement et sa proportionnalité.

**286** L'APPRÉCIATION RELATIVE DE LA FINALITÉ DE LA DIFFÉRENCE DE TRAITEMENT. — Les données de droit et de fait caractérisant la vie de la société dans l'État, les circonstances, les domaines, le contexte entrent ici en jeu. Deux grands cas de figure peuvent être distingués.

1° Si la différence de traitement ne poursuit pas un but légitime, le contrôle exercé ne laisse alors pas de place à la marge d'appréciation nationale.

Il en est ainsi lorsque l'État justifie la différence de traitement par des raisons pratiques (*Darby c/ Suède*, 23 oct. 1990, A. 187, § 33, note J.F. Flauss, *RTDH*, 1992, 181 : différence de traitement fiscal entre résidents et non-résidents), par des considérations tenant à la nationalité (*Gaygusuz c/ Autriche*, 16 sept. 1996, préc. n° 266 : refus d'attribuer une allocation d'urgence à un chômeur au seul motif que celui-ci n'avait pas la nationalité autrichienne) ou lorsque le but avancé pour légitimer la distinction cache en réalité un but illicite car fondé sur un motif discriminatoire, tel le sexe (*Schuler-Zgraggen c/ Suisse*, 24 juin 1993, A. 263, § 67 : motivation d'une décision de justice fondée sur des considérations tenant au sexe de la requérante) ou la race (*Timishev c/ Russie*, 13 déc. 2005 : refus d'entrée sur le territoire fondé sur l'origine ethnique de la personne).

* Pour un exemple (rare) en droit interne : la Cour de cassation juge que la différence de traitement établie par l'article L. 30 du Code des pensions de retraite des marins entre les créanciers quant à la saisissabilité des dites pensions ne poursuit pas un but légitime et emporte violation des articles 14 et 1 Prot. 1 (Cass. 2e civ., 3 mai 2007, *Magueur c/ Rousseau*, n° 05-19439, *JCP G*, 2007, IV, 2133).

2° Si la différence de traitement poursuit un but légitime, la voie est alors ouverte à un contrôle de la proportionnalité de la distinction en cause et la Cour peut alors juger que la différence de traitement est soit disproportionnée, soit « raisonnable » et justifiée.

Les affaires « *Linguistique belge* » (préc. : condition de résidence interdisant aux enfants francophones, habitant la région unilingue néerlandaise, d'accéder aux écoles françaises situées dans six communes de la périphérie de Bruxelles), *Hoffmann c/ Autriche* (23 juin 1993, A. 225 C : décision de retrait à une mère, témoin de Jéhovah, de la garde de ses enfants), *Salgueiro Da Silva Mouta c/ Portugal* (21 déc. 1999, préc., n° 272 : attribution de l'autorité parentale exclusive à la mère parce que le père est homosexuel et vit en couple avec un autre homme), *Pajic c/Croatie* ( 23 févr. 2016 : refus d'octroi d'un permis de séjour pour regroupement familial d'un couple homosexuel) fournissent l'exemple d'une différence de traitement fondée sur un but légitime (favoriser l'unité linguistique ; protéger la santé et les droits des enfants ; contrôler l'immigration) mais disproportionnée, car procédant non de l'intérêt des établissements scolaires mais de considérations tenant à la langue (« *Affaire linguistique* »), « dictée pour l'essentiel par des considérations de religion » (*Hoffmann*), fondée sur la seule orientation sexuelle du requérant (*Salgueiro Da Silva Mouta ; Pajic*).

Par contre, des différences de traitement entre adultes et mineurs dans la procédure de détention préventive (*Bouamar c/ Belgique*, 29 févr. 1988, A. 129, § 67), entre syndicats dans le système de consultation syndicale (*Syndicat national de la police belge*, 27 oct. 1975, A. 19, § 49), entre ressortissants communautaires et ressortissants d'États tiers en matière d'expulsion (*Chorfic/ Belgique,* 7 août 1996, *RUDH*, 1997, 27, obs. M. Levinet), entre partis politiques quant à leur financement en fonction d'un niveau minimum de soutien électoral (*Özgürlük ve Dayanisma Partisi (ÖDP) 10 mai 2012),* sont « raisonnables » et justifiées, respectivement, par le caractère protecteur de la procédure applicable aux mineurs, par la volonté de lutter contre l'« anarchie syndicale » en prenant en compte la représentativité syndicale, par la spécificité de l'ordre juridique communautaire et l'instauration d'une citoyenneté de l'Union européenne, par le but de « renforcer l'opinion du peuple quant au choix du corps législatif ».

Quant à lui, le CDH juge discriminatoire la distinction opérée entre veufs et veuves par la loi autrichienne en matière de pension de réversion (n° 415/1990, *Dietmar Pauger c/ Autriche*, déc. 26 mars 1992, *A/47/40*, p. 322) et « déraisonnables » les conditions relatives à la citoyenneté ou à la résidence imposées par la loi tchèque aux propriétaires dépossédés de leurs biens par le régime communiste (n° 516/1992, *Simunek et autres c/ République tchèque*, déc. 19 juill. 1995, *A/50/ 40*, vol. II, p. 94) ou encore la distinction entre les ressortissants de l'Espace économique européen et les autres étrangers instituée en matière d'éligibilité à un comité d'entreprise (n° 965/2000, *Karakurt c/ Autriche*, déc. 4 avr. 2002, *A/57/40*, vol. II, 289). À l'inverse, il juge raisonnable la différence de traitement établie par la loi française, pour la définition du corps électoral pour les élections locales, entre les personnes résidents en Nouvelle-Calédonie selon leurs différentes formes d'attaches avec ce territoire (n° 932/2000, *Gillot et autres c/ France*, 15 juill. 2002, *A/57/40*, vol. II, 257, *supra*, n° 63) ; saisi de la même affaire, le juge européen ne jugera pas utile de se prononcer sur le grief de discrimination (*Py c/ France*, 11 janv. 2005, *infra*, n° 387). Est également raisonnable le traitement préférentiel accordé à l'enseignement public : les parents qui choisissent, en plaçant leurs enfants dans l'enseignement privé, de ne pas se prévaloir des prestations (manuels, repas scolaires gratuits…) offertes à tous ne peuvent invoquer une quelconque discrimination (n° 299/1988, *Lindgren et autres c/ Suède*, déc. 9 nov. 1990, *A/46/40*, p. 264 ; dans le même sens, Com., déc. 11 déc. 1985, *W. et K. L. c/ Suède, D. et R.*, 45, p. 143) ; par contre, ne saurait être jugé raisonnable le fait d'accorder un financement public à des écoles religieuses catholiques et non à des écoles de la religion hébraïque (n° 694/1996, *Waldman c/ Canada*, déc., 3 nov. 1999, *A/55/40*, vol. II, 91). Si le Comité estime que la différence de traitement établie par la loi néerlandaise sur l'assurance-maladie entre les prestations sociales versées aux couples mariés et celles versées aux couples hétérosexuels non mariés était raisonnable et objective, dans la mesure où les derniers pouvaient choisir de se marier ou non (n° 180/1984, *Danning c/ Pays-Bas,* déc. 9 avr. 1987, *Sélection...*, p. 215), il juge au contraire déraisonnable une différence de traitement entre les partenaires hétérosexuels non mariés, qui peuvent prétendre à l'attribution de pension de retraite, et les partenaires homosexuels, qui ne peuvent en bénéficier (n° 941/2000, *Young c/ Australie*, déc. 6 août 2003, *A/58/40*, vol. II, 218 : refus de verser une pension de retraite d'ancien combattant au motif que la définition de « personne à charge » ne s'appliquait pas au partenaire homosexuel).

On relèvera ici la proximité de la jurisprudence européenne (*Mata Estevez*, préc.) et de celle du CDH.

**287** LE RAPPORT RAISONNABLE DE PROPORTIONNALITÉ. — Le défaut de rapport raisonnable de proportionnalité est le critère décisif permettant de qualifier de discrimination une inégalité de traitement. La notion de « raisonnable » permet à la Cour de fixer les limites du pouvoir discrétionnaire des autorités nationales en corrigeant une disproportion manifeste. La présence d'un « dénominateur commun aux systèmes juridiques » des États membres (*supra*, n° 146) est, pour la Cour, un élément pertinent du caractère raisonnable ou non de la différence de traitement (*Rasmussen*, préc., § 40).

1° La Cour relève ainsi l'existence d'une « communauté de vues » entre les États membres du Conseil de l'Europe qui attachent une importance primordiale à l'égalité entre enfants issus du mariage et enfants nés hors mariage ainsi qu'à la progression vers l'égalité des sexes. Dès lors « seules de très fortes raisons » pourront justifier, dans une législation nationale, une distinction fondée sur la naissance ou sur le sexe.

N'en percevant pas, le juge européen sanctionnera comme discriminatoire non seulement la législation qui établit une différence de traitement dans l'établissement de la filiation maternelle des enfants légitimes et des enfants naturels (*Marckx c/ Belgique*, 13 juin 1979, *GACEDH*, n° 49, § 41), qui réduit la vocation successorale de l'enfant naturel (*Inze c/ Autriche*, 28 oct. 1987, A. 126, § 41 ; *Brauer c/ Allemagne*, 28 mai 2009, § 44) ou de l'enfant adultérin (*Mazurek c/ France*, 1er févr. 2000, *GACEDH*, n° 52, *infra*, n° *507*), mais encore une clause testamentaire qui, telle qu'interprétée par le juge national, exclut un enfant adopté d'une succession au bénéfice d'un enfant biologique (*Pla et Puncernau c/ Andorre*, 13 juill. 2004, *supra*, n° 182).

Pareillement, est discriminatoire la législation britannique sur l'immigration, opérant une distinction entre les étrangers selon leur sexe quant à l'entrée et au séjour de leur conjoint non national (*Abdulaziz et al.*, préc., § 78 ; dans le même sens, CDH, n° R. 9/35, *Aumeeruddy-Cziffra c/ Maurice*, déc. 9 avr. 1981, *RUDH*, 1989, p. 96), la législation turque qui impose à la femme mariée le patronyme de l'époux comme nom de famille (*Unal Tekeli c/ Turquie*, 16 nov. 2004, *RTD civ.*, 2005, 343, obs. J.-P. Marguénaud), la législation italienne qui interdit d'attribuer à un enfant, à sa naissance, le nom de famille de sa mère (*Cusan et Fazzo c/ Italie*, 7 janv. 2014, *JCP G*, 2014, act. 108, H. Surrel) ou encore la législation russe excluant du droit au congé parental les militaires de sexe masculin (*Konstantin Markin c/ Russie*, 22 mars 2012, Gr. Ch.)[1]. Faisant état de l'évolution en Europe du droit au congé parental et de l'apparition d'un « standard commun » entre les États parties, tel qu'une majorité de législations nationales prévoit que ce congé peut être pris aussi bien par la mère que par le père, la Cour revient ainsi sur sa jurisprudence antérieure (*Petrovic c/ Autriche*, 27 mars 1998 ; voir aussi *Weller c/ Hongrie*, 31 mars 2009, *JCP G*, 2009, doctr. 143, F. Sudre).

L'exigence de « très fortes raisons » a également été étendue aux différences de traitement fondées sur l'orientation sexuelle.

Est discriminatoire une législation fixant un âge différent pour le consentement à des relations hétérosexuelles, lesbiennes et homosexuelles (*L. et V. c/ Autriche,* 9 janv. 2003, § 50, *JCP G*, 2003, I, 160, n° 16, obs. F. Sudre ; dans le même sens, B. B c/ Royaume-Uni, 10 févr. 2004), une législation excluant les couples homosexuels : du bénéfice du transfert du bail d'habitation au concubin en cas de décès du preneur (*Karner c/ Autriche*, 24 juill. 2003, § 37, *RDP*, 2004, 821, obs. M. Levinet), de la couverture de l'assurance-maladie et accidents des fonctionnaires dont est titulaire l'autre membre du couple (*P.B. et J.S. c/ Autriche*, 22 juill. 2010), du champ de l'adoption coparentale (*X et a. c/ Autriche*, 19 févr. 2013, Gr. Ch., *JCP G*, 2013, act. 316, H. Surrel), de la possibilité de contracter un pacte de vie commune (*Vallianatos et a. c/ Grèce*, 7 nov. 2013, Gr. Ch., *JCP G* 2013, act. 1281, F. Sudre), du bénéfice du regroupement familial (*Pajic c/Croatie*, 23 févr. 2016, prec n° 286).

Procédant à un revirement de jurisprudence (*Fretté c/ France*, 26 févr. 2002, § 41-42, *JCP G*, 2002, II, 10074, note A. Gouttenoire et

1. Pour des exemples de violation de l'article 14 pour discrimination à l'égard des hommes, voir Burghartz c/ Suisse, 22 févr. 1994, A. 280 B (droit au nom), Karlheinz Schmidt c/ Allemagne (obligation d'accomplir un service de sapeur-pompier, A. 291-B), et Van Raalte c/ Pays-Bas (obligation de payer une cotisation sociale, 21 févr. 1997).

F. Sudre), la Cour, se réclamant d'une interprétation évolutive, juge que, dès lors que le droit interne ouvre la voie à l'adoption par une personne célibataire, un refus d'agrément à l'adoption fondé de manière décisive sur l'orientation sexuelle constitue une discrimination prohibée par la Convention (*E. B c/ France*, 22 janv. 2008, Gr. Ch., § 91-96, *JCP G*, 2008, II, 10071, note A. Gouttenoire et F. Sudre ; *contra*, CE, 5 juin 2002, Mlle Berthet, *AJDA*, 2002, 615, concl. P. Fombeur, *Dr. fam.*, 2003, comm. n° 19, P. Murat).

Selon une jurisprudence bien établie, la Cour juge également que « seules des considérations très fortes peuvent (l') amener à estimer compatible avec la Convention une différence de traitement exclusivement fondée sur la nationalité » (*Gaygusuz c/ Autriche*, 16 sept. 1996, § 42). Une discrimination indirecte fondée sur la nationalité doit être justifiée par « des considérations impérieuses ou très fortes non liées à l'origine ethnique » (*Biao c/Danemark*, 24 mai 2016, Gr. Ch).

Le refus d'attribution de prestations sociales à des étrangers fondé sur le seul critère de la nationalité est le terrain privilégié de cette jurisprudence : *Gaygusuz*, préc. ; *Koua-Poirrez c/ France*, 30 sept. 2003, § 46 ; *Dhahbi c/ Italie*, 8 avr. 2014, § 53. *Supra* n° 270.

Dans l'affaire *Biao* (préc.), la Cour s'appuie sur le consensus européen pour juger qu'une distinction aux fins de regroupement familial entre les citoyens de naissance et ceux qui ont acquis la nationalité ultérieurement constitue une discrimination fondée sur l'origine ethnique.

2° À l'inverse, la Cour juge que ne transgresse pas le principe de proportionnalité la législation danoise soumettant à un délai l'action en désaveu de paternité émanant du mari mais non celle faite par la mère (*Rasmussen*, préc., § 41), ou en raison de l'absence de « dénominateur commun » aux droits internes des États parties, la législation britannique fixant un âge légal différent de départ à la retraite pour les hommes et les femmes (*Stec et al. c/ Royaume-Uni*, Gr. Ch., 12 avr. 2006, *RDP*, 2007, 872, obs. H. Surrel) comme la législation autrichienne excluant les détenus exerçant un travail en prison de l'affiliation du régime des pensions de retraite (*Stummer c/ Autriche*, 7 juill. 2011, Gr. Ch., *JCP G*, 2011, doctr. 87, F. Sudre).

3° La malléabilité du « dénominateur commun » doit être soulignée puisque la Cour considère qu'en l'absence d'un dénominateur commun aux droits internes des États parties, une « tendance croissante » au sein de ces ordres juridiques vers la réalisation de l'égalité de traitement est susceptible de conduire aussi bien au constat que la législation en cause est discriminatoire (par ex., *Vallianatos*, préc.) ou qu'elle n'est pas discriminatoire (par ex. *Stummer*, préc.). En bref, il y a « tendance » et « tendance »…

4° Certains domaines, souvent marqués par une certaine technicité, échappent toutefois au jeu du « dénominateur commun ». Selon une jurisprudence bien établie, les États disposent d'une « ample latitude » pour prendre des mesures d'ordre général en matière économique ou sociale (*James c/ Royaume-Uni,* 21 févr. 1986, § 46, *GACEDH*, n° 68). La Cour ne sanctionne alors une différence de traitement que dans l'hypothèse où elle est manifestement dépourvue de base raisonnable (*Hode et Abdi c/ Royaume-Uni,* 6 nov. 2012, préc. n° 413).

Il en est ainsi en matière de politique sociale. Dans son arrêt *Stec* (préc.), la Cour estime que l'établissement d'un lien entre le régime des retraites et le droit à percevoir l'allocation pour diminution de la rémunération concerne des « questions d'économie et de cohérence administrative » relevant clairement de la marge d'appréciation de l'État, d'autant qu'il existe une absence d'uniformité parmi les États parties en matière de parité dans les vies professionnelles des hommes et des femmes, et n'est pas manifestement déraisonnable. De plus, elle juge compatible avec la Convention la fixation d'un âge légal différent pour le départ à la retraite pour les hommes et les femmes (65 et 60 ans), originellement destiné à corriger les inégalités factuelles dont souffraient les femmes (*supra*, n° 189).

* La jurisprudence interne est, en règle générale, en harmonie avec la jurisprudence européenne. Que soit jugée dépourvue de justification objective et raisonnable et contraire à l'article 14 une différence de traitement fondée sur la seule nationalité, en matière de pension (CE, 30 nov. 2001, *M. Diop*, *AJDA*, 2001, 1045), d'octroi d'une allocation aux harkis (CE, 27 juin 2005, *Bahri*, *Rec.* ; CE, 6 avr. 2007, *Comité harkis et vérité*, n° 283390, *AJDA*, 2007, 833), de renouvellement de bail commercial (Cass. 3° civ., 9 nov. 2011, n° 10-30.291, *D* 2012, 532, note J, Monéger), ou une différence de traitement fondée sur le sexe en matière d'assurance vieillesse ou de majoration de carrière entre hommes et femmes ayant élevé des enfants dans les mêmes circonstances (Cass. 2e civ., 21 déc. 2006, *CRAMA c/ Germenot*, n° 04-30.586 ; Cass. 2° civ., 19 févr. 2009, *CRAM des Pays de la Loire c/ Kierkowski,* n° 07-20.668, *Dr. fam.* 2009-5, comm. 61, C. Bidaud-Garon). Ou, au contraire, que la subordination du bénéfice de l'allocation aux adultes handicapés

à la condition de régularité du séjour en France (art. L. 821-9 du Code de la Sécurité sociale) soit jugée fondée sur « un critère objectif et rationnel » et ne contrevenant pas à l'article 14 de la CEDH et à l'article 1 du Protocole 1 (CE, 12 déc. 2003, *Ammouche et Mme Bangue Nambea*, *Rec. Tab*). Ou encore, que le juge national exploite la marge d'appréciation pour juger, à propos du dispositif de cristallisation des pensions des étrangers, que « la différence de traitement de portée limitée relève de la marge d'appréciation que les stipulations de l'article 14 réservent au législateur national » (CE, 18 juill. 2006, *GISTI* et CE (avis), 18 juill. 2006, *Ka*, *RFDA*, 2006, 1194, concl. L. Vallée ; *AJDA*, 2006, 1833, chron. Cl. Landais et F. Lenica).

## *Pour aller plus loin*

Pour la jurisprudence citée dans cette partie, on se référera pour la CEDH, en priorité, à F. Sudre (dir.) et alii, *Les Grands arrêts de la Cour européenne des droits de l'homme*, Puf, « Thémis », 7e éd., 2014, aux indications bibliographiques *supra*, n° 7, et, pour chacun des droits étudiés, au commentaire de l'article pertinent de la Convention, in *La CEDH…*, *supra*, n° 87. Pour le CDH, *infra*, n° 262.

**288** Sur les droits économiques et sociaux et la CEDH. — *Supra*, n° 110. Pour une réflexion d'ensemble, lire D. Roman, *Le droit public et la pauvreté*, LGDJ, 2002. Se reporter à : P.-H. Imbert, Droit des pauvres, pauvre(s) droits(s) ? Réflexions sur les droits économiques, sociaux et culturels, *RDP*, 1989, p. 739 ; J.-P. Costa, Vers une protection juridictionnelle des droits économiques et sociaux, *Mélanges Pierre Lambert*, Bruylant, 2000, p. 141 ; I. Daugareilh, La CEDH et la protection sociale, *RTDE*, 2001, 123 ; F. Sudre, La protection des droits sociaux par la Cour EDH : un exercice de « jurisprudence fiction » ?, *RTDH*, 2003, n° 55, 755, et La « perméabilité » de la CEDH aux droits sociaux, *Mélanges J. Mourgeon*, Bruylant, 1998, p. 467 ; J.-P. Marguénaud et J. Mouly, Le droit de gagner sa vie par le travail devant la Cour EDH, *D*, 2006, 477 ; Cl. Marzo, Controverses doctrinales quant à la protection des droits sociaux par la Cour européenne des droits de l'homme, *RTDE*, 2010, 95 ; D. Roman (dir.), *La justiciabilité des droits sociaux : vecteurs et résistances*, Pedone, 2012.

**289** Sur le droit à la non-discrimination. — L'ouvrage de référence demeure la thèse de M. Bossuyt, *L'interdiction de la discrimination dans le droit international des droits de l'homme*, Bruylant, 1976. Voir : F. Sudre et H. Surrel (dir.), *Le droit à la non-discrimination au sens de la CEDH*, Bruylant-Némésis, « Droit et justice », n° 81, 2008 ; Ezahraoui-Ait El Bacha, Le juge européen des droits de l'homme et le principe de non-discrimination, Thèse dact., Dijon, 2004, 569 p . Consulter : C. Picheral, Discrimination raciale et CEDH (L'apport de la jurisprudence), *RTDH*, 2001, 517 ; G. Gonzalez, Le Protocole additionnel n° 12 à la CEDH portant interdiction générale de discriminer, *RFDA*, 2002, 113 ; E. Dubout, Vers une protection de l'égalité « collective » par la Cour EDH ?, *RTDH*, 2006-68, 851, et L'influence du droit européen sur la preuve en matière de non-discrimination, *in* Fr. Fines *et alii* (dir.), *La non discrimination entre les européens*, Pedone,

2012, p. 61 ; Y. Lécuyer, L'utilisation « retenue » de la notion de genre par la Cour EDH, *RDP* 2015-4, 1327.

Voir aussi : H. Surrel, Les juges européens confrontés à l'interprétation des différences de traitement fondées sur le sexe, *RTDH*, 2004, 141 ; D. Martin, Strasbourg, Luxembourg et la discrimination : influences croisées ou jurisprudences sous influence ?, *RTDH*, 2007-69, 107 ; L. Potvin-Solis, La liaison entre le principe de non-discrimination et les libertés et droits fondamentaux des personnes dans la jurisprudence européenne, *RTDH*, 2009-80, 967.

F. Sudre, Le droit à la non-discrimination dans la jurisprudence du CDH des Nations Unies, *in* F. Sudre (dir.), *La protection des droits de l'homme par le Comité des droits de l'homme des Nations Unies. Les communications individuelles*, IDEDH, 1995, p. 32 ; E. Decaux, La jurisprudence européenne et internationale en matière de non-discrimination raciale, *in* E. Decaux (dir.), *Le droit face au racisme*, Pedone, 1999, p. 101.

# Chapitre 2
# L'intégrité de la personne

**290** Énoncés par des normes impératives (*supra*, n° 127), le droit à la vie, l'interdiction de la torture et l'interdiction de l'esclavage visent à la protection de l'intégrité physique et morale de la personne humaine. Ces droits concourent plus que tout autre au respect de la dignité de la personne humaine, dont la Cour européenne affirme qu'elle est avec la liberté de l'homme « l'essence même de la Convention » (*S. W. c/ Royaume-Uni*, 22 nov. 1995, § 44, *GACEDH*, n° 39 ; *C. Goodwin c/ Royaume-Uni*, 11 juill. 2002, § 90, *GACEDH*, n° 49 ; *Bouyid c/Belgique*, 28 sept. 2015, Gr. Ch., § 90).

La CJCE consacre également « le droit fondamental à la dignité humaine et à l'intégrité de la personne » au titre des principes généraux du droit communautaire (CJCE, 9 oct. 2001, *Pays-Bas c/ Parlement européen et Conseil de l'UE*, aff. C-377/98, *DCDF*, n° 45), et la Charte des droits fondamentaux de l'Union européenne proclame à son article 1 que : « La dignité humaine est inviolable. Elle doit être respectée et protégée. »

## Section I
## Le droit à la vie

**291** Prééminence du droit à la vie. — Le droit à la vie est le premier des droits de l'homme, la « valeur suprême dans l'échelle des droits de l'homme au plan international » (*Streletz,*

*Kessler et Krenz c/ Allemagne*, 22 mars 2001, § 87 et 94, *supra*, n° 147). Le statut singulier du droit à la vie est souligné par les organes internationaux de contrôle. Selon le Comité des droits de l'homme, le droit à la vie « est le droit suprême de l'être humain » (n° 146/1983, *Baboeram c/ Surinam*, déc. 4 avr. 1985, *A/40/40*, § 697), et la Cour européenne des droits de l'homme, après avoir affirmé que le droit à la vie est « l'une des valeurs fondamentales des sociétés démocratiques qui forment le Conseil de l'Europe » (*Mac Cann c/ Royaume-Uni*, 27 sept. 1995, *GACEDH*, n° 11, § 147), a consacré sa « prééminence » parmi les dispositions de la Convention qu'elle juge « primordiales » (*Pretty c/ Royaume-Uni*, 29 avr. 2002, § 37, *GACEDH*, n° 44), soulignant « le principe du caractère sacré de la vie protégé par la Convention » (*ibid.*, § 65).

* Notons que le Conseil d'État juge que le droit au respect de la vie « rappelé notamment par l'article 2 de la CEDH » constitue une liberté fondamentale au sens de l'article L. 521-2 CJA (CE, 16 nov. 2011, *Ville de Paris, société d'économie mixte parisienne*, n° 35317 ; CE, Ord., 13 août 2013, Ministre de l'Intérieur c/ Commune de Saint-Leu, n° 370902). *Infra*, n° 298

**292** CHAMP D'APPLICATION. — Malgré cette incontestable valorisation, le droit à la vie reste incertain, car si les textes internationaux énoncent le droit à la vie, ils ne définissent pas « la vie ».

Hormis la CADH qui stipule que le droit à la vie doit être protégé « en général à partir de la conception », les textes internationaux font état d'un droit protégeant l'être vivant et non l'être à naître : la Déclaration universelle fait prévaloir le critère de la vie spirituelle sur celui de la vie biologique pour définir l'être humain (art. 1 : « Tous les êtres humains… sont doués de raison et de conscience »). En cette matière, aujourd'hui bouleversée par le progrès médical, la jurisprudence européenne est d'une grande prudence, à l'instar de la Convention d'Oviedo sur les droits de l'homme et la biomédecine, qui se garde de définir le terme de « personne », renvoyant la question au droit interne des États membres (Rapp. explicatif, art. 1)[1].

1. Adoptée dans le cadre du Conseil de l'Europe le 4 avril 1997, la Convention est entrée en vigueur le 1er déc. 1999 (STE, n° 164 ; http://conventions.coe.int).

Ayant eu à connaître de la conventionnalité des législations nationales autorisant l'avortement, la Cour européenne, à la suite de la Commission (déc. 13 mai 1980, *X c/ Royaume-Uni*, *D. et R.*, 19, p. 244 ; déc. 19 mai 1992, H. c/ Norvège, *D. et R.*, 73, 155), s'est refusée à « déterminer si la Convention garantit un droit à l'avortement ou si le droit à la vie, reconnu par l'article 2, vaut également pour le fœtus » (*Open Door et al. c/ Irlande*, 29 oct. 1992, A. 146 A, § 66, note F. Sudre, *RFDC*, 1993, p. 216), sans cependant exclure que le fœtus puisse bénéficier d'une certaine protection au regard de la première phrase de l'article 2, et laisse à l'État un pouvoir d'appréciation discrétionnaire dans ce domaine « si délicat » (Déc., 5 sept. 2002, *Boso c/ Italie*, n° 50490/99, *RTD civ.*, 2003, 371, obs. J.-P. Marguénaud)[1].

Par son arrêt *Vo c/ France*, rendu en Grande Chambre (8 juillet 2004, *GACEDH*, n° 10), la Cour européenne transpose cette solution à la question, différente, de l'interruption brutale d'une grossesse, contre la volonté de la mère, du fait d'une erreur médicale. Relevant qu'« aucun consensus européen n'existe sur la définition scientifique et juridique des débuts de la vie », la Cour renonce à dire si l'article 2 de la Convention protège le droit à la vie de l'enfant à naître et renvoie opportunément à l'ample marge d'appréciation des États la question du « point de départ du droit à la vie » (§ 82). Ce renvoi au droit interne la conduit ainsi à juger, à l'instar du droit britannique, que l'embryon ne peut se prévaloir du droit à la vie (*Evans c/ Royaume-Uni*, 10 avr. 2007, Gr. Ch., § 56, *RDSS*, 2007, 810, note D. Roman). On comprend mal que la Cour européenne ne tranche pas clairement la question proprement juridique de l'applicabilité de l'article 2, qui relève de sa mission d'appliquer et d'interpréter la Convention (art. 46), et qui, à notre sens, n'implique pas de prendre position sur la définition de la « vie » et de la « personne ». Dire que l'article 2 est applicable à l'enfant à naître ne suppose pas pour autant d'affirmer que l'enfant à naître est une « personne » ; accorder à l'enfant à naître la protection de l'article 2 ne revient pas pour autant à lui conférer un droit à la vie absolu équivalent à celui de l'enfant né.

**293** RÉÉCRITURE. — Le respect du droit à la vie est la condition nécessaire à l'exercice de tous les autres droits. Selon les textes conventionnels, le droit à la vie doit être « protégé par la loi ».

1. Le Conseil constitutionnel fait également preuve d'une grande prudence. Dans sa décision 94-343/344 DC du 27 juillet 1994 (Lois sur la bioéthique), il considère qu'il ne lui appartient pas de « remettre en cause » les dispositions prises par le législateur, qui a estimé que « le principe du respect de tout être humain dès le commencement de la vie » n'était pas applicable aux embryons (note F. Luchaire, *RDP*, 1994, p. 1646 ; B. Mathieu, *RFDA*, 1994, p. 1019). On sait par ailleurs que le Conseil d'État a jugé que la législation autorisant l'IVG de détresse n'était pas contraire à l'article 2 de la CEDH (CE, 21 déc. 1990, *Association des médecins pour le respect de la vie,RUDH*, 1991, 1, note H. Ruiz-Fabri).

Introduisant une distinction décisive, la Cour européenne, à la suite de la Commission (req. n° 7154/75, déc. 12 juillet 1978, *X c/ Royaume-Uni*, *D et R*, 14, 31) interprète cette disposition comme signifiant que l'État doit non seulement « s'abstenir de provoquer la mort de manière volontaire et irrégulière, mais aussi prendre les mesures nécessaires à la protection de la vie des personnes relevant de sa juridiction » (*LCB c/ Royaume-Uni*, 9 juin 1998, § 36, *JCP G*, 1999, I, 105, n° 7, obs. F. Sudre ; dans le même sens, CDH, n° 546/ 1993, *Burrell c/ Jamaïque*, déc. 18 juill. 1996, *CCPR/C/ D/546/ 1993*). Au titre du droit à la vie, l'État a donc non seulement une responsabilité « négative » – ne pas porter atteinte à la vie –, mais aussi une responsabilité « positive » – protéger la vie (*supra*, n^os^ 161 et s.).

De la jurisprudence issue de l'arrêt *L.C.B.* procède une réécriture de l'article 2, telle que le « droit à la vie » est dédoublé et comporte deux branches. En premier lieu, le droit au respect de la vie, qui couvre le domaine « classique », visé par le texte même de l'article 2, des atteintes à la vie du fait de l'usage de la force publique et est le siège de la responsabilité tant « négative » que « positive » de l'État. En second lieu, un droit nouveau de création prétorienne, le droit à la protection de la vie, qui se déploie hors du domaine « classique » et où seule joue la responsabilité « positive » de l'État.

La question de la peine de mort est spécifique et fera l'objet d'une étude distincte.

## I | Le droit au respect de la vie

Le droit au respect de la vie s'analyse comme le droit de ne pas subir une atteinte intentionnelle à sa vie du fait des pouvoirs publics. La Convention impose ici une double obligation, substantielle et procédurale.

### *A – L'interdiction du recours excessif à la force publique meurtrière*

**294** Clause d'exception. — L'importance de l'article 2 n'exclut pas la possibilité d'atteintes au droit à la vie. L'article 2, § 2 de la CEDH contient une clause d'exception, qui ne figure pas dans les conventions générales similaires, selon laquelle un « recours à la force rendu absolument nécessaire » par la défense de l'ordre public (dans certaines hypothèses) et ayant provoqué la mort ne constitue pas une violation de la Convention. Il ressort de la jurisprudence européenne que l'usage de la force légale est strictement encadré.

**295** EXIGENCE DE PROPORTIONNALITÉ. — La Commission européenne a heureusement précisé que la clause de l'article 2, § 2 était d'interprétation restrictive et que « la force employée doit être strictement proportionnée à la réalisation du but autorisé », la proportionnalité s'appréciant notamment au regard du danger pour les vies humaines et l'intégrité corporelle (enfant tué par une balle en plastique tirée par l'armée lors de la répression d'une émeute en Irlande du Nord, déc. 10 juill. 1984, *Kathleen Steward c/ Royaume-Uni, D. et R.*, 39, p. 162 ; Rapp. 31 août 1993, *Diaz Ruano c/ Espagne*). La Cour confirme une telle analyse (*Mac Cann c/ Royaume-Uni*, 27 sept. 1995, *GACEDH*, n° 11, § 149 : terroristes, soupçonnés de vouloir perpétrer un attentat, abattus par les forces de sûreté à l'occasion de leur arrestation).

Elle juge ainsi disproportionné l'usage d'une mitrailleuse pour disperser des manifestants (*Gülec c/ Turquie*, 27 juill. 1998) ou celle d'armes automatiques lors d'une perquisition domiciliaire dans un immeuble (*Gül c/ Turquie*, 14 déc. 2000, § 82). Il en va de même de l'usage de la force armée pour arrêter une personne soupçonnée d'une infraction sans violence et dont on sait qu'elle ne représente pas une menace pour la vie ou l'intégrité physique de quiconque, « même s'il peut en résulter une impossibilité d'arrêter le fugitif » (*Natchovac/ Bulgarie,* 6 juill. 2005, § 103, préc. n° 266 : mort infligée lors de l'arrestation de deux hommes d'origine *rom*).

L'article 2 trouve à s'appliquer si la victime de l'usage de la force est décédée mais aussi si elle a survécu alors que les violences subies ont mis sa vie en danger (par ex., *Perisan et a. c/ Turquie*, 20 mai 2010 : répression d'un soulèvement dans une prison).

**296** OBLIGATION DE PRÉVENTION. — Pèse également sur l'État une obligation de prévention. La préparation et la conduite d'une opération armée menée par les forces de l'ordre doivent obéir à un *principe de précaution*, et il appartient aux autorités de prendre des « précautions suffisantes » pour réduire au minimum, autant que faire se peut, le recours à la force meurtrière afin, d'une part, d'épargner la vie des personnes suspectées de violence illégale (*Mac Cann*, préc.) et, d'autre part, de protéger la vie de la population civile (*Ergi c/ Turquie*, 28 juill. 1998, § 78 ; dans le même sens, CDH, n° 821/1998, *Chogwe c/ Zambie*, déc. 25 oct. 2000, *A/56/40*, vol. II, 142) [1].

Pour un exemple d'opération de maintien de l'ordre dont la Cour juge qu'elle a été planifiée, organisée et conduite de façon à assurer le niveau de protection requis : *Giuliani et Gaggio c/ Italie*, 24 mars 2011, Gr. Ch. (affrontements d'une grande violence entre militants altermondialistes et forces de l'ordre au cours d'une manifestation autorisée ; *JCP G*, 2011, act. 4549, G. Gonzalez). Pour un exemple contraire : *Finogenov c/ Russie*, 20 déc. 2011 (libération d'otages détenus dans le théâtre de Moscou par des terroristes, 125 morts).

La pratique jurisprudentielle montre cependant que le contrôle de la « nécessité » du recours à la force meurtrière s'avère relatif : par exemple, la Cour conclut à la non-violation de l'article 2 dans l'affaire *Andronicou et Constantinou c/ Chypre* (9 oct. 1997), alors que l'opération de police visant à délivrer une jeune femme prise en otage par son fiancé qui menaçait de la tuer a entraîné la mort des deux jeunes gens, criblés de balles de mitraillette.

En estimant que l'article 2, dans son « volet matériel », fait alors peser sur l'État l'obligation positive de mettre en place un cadre législatif et administratif adéquat fixant des critères clairs concernant le recours à la force en temps de paix, le juge européen s'engage dans la voie d'un contrôle *in abstracto* de la conventionnalité du droit interne (*Makaratzis c/ Grèce*, 20 déc. 2004, Gr. Ch., § 70). *Infra*, n° 313.

Pour des exemples : de réglementation défaillante de l'usage de la force ou de celle des armes à feu par la police, voir *Saoud c/ France*, 9 oct. 2007 (*JCP G*, 2008, I, 110, n° 2, obs. F. Sudre), *Alikaj c/ Italie*, 29 mars 2011 ; de réglementation compatible avec l'article 2, voir *Guerdner et a. c/ France*, 17 avr. 2014 (gendarmerie ; *JCP G* 2014, act. 562, B. Pastre-Belda).

1. Pour des exemples de recours à la force meurtrière en conformité avec l'article 2 : *Bubbins c/ Royaume-Uni*, 17 mars 2005 ; *Perk et al. c/ Turquie*, 28 mars 2006.

* La jurisprudence européenne inspire à l'évidence le revirement de jurisprudence de la Cour de cassation, qui juge désormais qu'un gendarme n'est autorisé à faire usage de son arme pour arrêter un véhicule (art. 174 du décret du 20 mai 1903) que si le recours à la force est « absolument nécessaire » et si la force employée est « strictement proportionnée au danger de la situation » (Crim. 18 févr. 2003, *Consorts X*, n° 02-80095 ; Crim., 14 juin 2005, *D*, 2006, 618, chron. J. Pradel). Tout comme elle est au cœur de l'arrêt du Conseil d'État du 2 sept. 2009, *Association réseau d'alerte et d'intervention pour les droits de l'homme* (n° 318584) qui juge que le décret autorisant l'emploi des pistolets à impulsion électrique au sein de la police nationale ne méconnaît pas l'article 2 de la CEDH dès lors « qu'il résulte du cadre juridique d'emploi » de ces pistolets « que leur utilisation doit (...) en tout état de cause, rester absolument nécessaire et proportionnée », mais, par contre, qu'il « méconnaît les principes d'absolue nécessité et de proportionnalité dans la mise en œuvre de la force publique » faute d'avoir défini le cadre juridique d'emploi de l'arme pour les agents de police municipale.

**297** PERSONNES PRIVÉES DE LIBERTÉ. — L'État a l'obligation positive de protéger la vie des personnes privées de liberté. La Cour juge que l'État a manqué à son obligation de protéger la vie lorsqu'un individu placé en garde à vue décède au cours de celle-ci (*Salman c/ Turquie*, 27 juin 2000) ou des suites de blessures infligées lors de la garde à vue (*Velikova c/ Bulgarie*, 18 mai 2000), ou trouve la mort alors qu'il est sous le contrôle des autorités de police après avoir été arrêté (*Ikincisoy c/ Turquie*, 27 juill. 2004) ou qu'il est placé en rétention administrative (*Slimani c/ France*, 27 juill. 2004).

Relevons ici que le CDH a également conclu à la violation du droit à la vie lors de la mort « inexpliquée » de prisonniers lors de leur détention par les autorités militaires (n° 194/1985, *L. Miango c/ Zaïre*, déc. 27 oct. 1987, *Sélection...*, 230 ; n° 84/1981, *H.G. Dermit c/ Uruguay*, déc. 21 oct. 1982, *ibid.*, p. 117).

* V. TA Marseille, 9 févr. 2006, *Mme Slimani*, qui, dans l'aff. *Slimani* préc., retient la responsabilité de l'État pour manquement à son obligation positive de protection issue de l'article 2 (*AJDA*, 2006, 1454, note F. Lazaud et M. Romnicianu) et CAA Marseille, 10 déc. 2007, *Mme Slimani*, *AJDA*, 2008, 37, obs. L. Marcovici.

Une solution similaire a été adoptée en matière de « disparition » lorsqu'une personne « disparaît » après avoir été arrêtée et détenue par la police (*Cakici c/ Turquie*, 8 juill. 1999), après que le juge européen, dans un premier temps, n'ait vu dans la « disparition » de personnes détenues qu'une atteinte au droit à la liberté et à la sûreté (Com., Rapp. 4 oct. 1983, *Chypre c/ Turquie*, *RUDH*, 1992, p. 70, § 77, 119 et s. ; Cour, *Kurt c/ Turquie*, 25 mai 1998).

Pour ce faire, la Cour retient une présomption de causalité et, en l'absence d'explications plausibles à la « disparition » fournies par les autorités, considère comme établi que la victime est décédée à la suite de sa garde à vue (*Bazorkina c/ Russie*, 27 juill. 2006) ou de son arrestation par des membres non identifiés de l'armée (*Alikhadzhiyeva c/ Russie*, 5 juill. 2007).

Les autorités nationales manquent aussi à leur obligation de prévention si elles ne prennent pas les mesures nécessaires afin d'empêcher l'exécution extrajudiciaire (*Akkoç c/ Turquie*, 10 oct. 2000, § 81) ou la « disparition » (*Koku c/ Turquie*, 31 mai 2005, § 132) de personnes qui étaient menacées du fait de leurs activités politiques.

Le Comité des droits de l'homme estime également que la « disparition involontaire » d'un individu révèle la carence de l'État à prendre des mesures « positives » de protection et constitue une violation du droit à la vie (CDH, n° 161/1983, *Herrera Rubio c/ Colombie*, déc. 2 nov. 1987, *Sélection*..., p. 201 ; n° 181/1984, *Sanjaun Arevalo c/ Colombie*, déc. 3 nov. 1989, *A/45/40*, vol. II, 36) [1].

**298** CONFLIT ARMÉ. — Les principes de la jurisprudence *Mac Cann c/ Royaume-Uni* ne paraissent pas adaptés à une situation de conflit armé. La Cour les a néanmoins appliqués pour conclure à la violation de l'article 2, § 2 *c* (répression d'une insurrection) pour usage disproportionné de la force par l'armée russe en Tchétchénie.

S'agissant, en l'espèce, d'un bombardement aérien à l'aide de missiles air-sol d'un convoi de civils (*Issaïeva, Youssoupova et Bazaïeva c/ Russie*, 24 févr. 2005) et de l'utilisation d'armes de combat lourdes dans une zone habitée sans évacuation préalable des civils (*Issaïeva c/ Russie*, 24 févr. 2005, *RTDH*, 2006, 111, obs. H. Tigroudja), l'article 2 de la Convention aurait pu être interprété à la lumière des « principes cardinaux » du droit international humanitaire, tel le principe de distinction

1. Selon l'article 1 de la Déclaration sur la protection de toutes les personnes contre les disparitions forcées, adoptée par l'Assemblée générale de l'ONU le 18 décembre 1992 (Rés. 47/33) : « Tout acte conduisant à une disparition forcée constitue un outrage à la dignité humaine ».

entre la population civile et les objectifs militaires (CIJ, avis 8 juill. 1996, *Licéité de la menace et de l'emploi de l'arme nucléaire, Rec.*, 1996, p. 257, § 78 ; v. H. Tigroudja, préc.) ; l'arrêt *Benzer c/ Turquie*, 12 nov 2013, marque une évolution en ce sens.

### *B – La protection procédurale*

**299** OBLIGATION D'ENQUÊTER. — 1° L'obligation « positive » de protéger la vie implique une *protection procédurale* du droit à la vie, et l'obligation pour les autorités nationales de mener une enquête effective sur tout recours à la force meurtrière par les agents de l'État permettant de conduire à l'identification et à la punition des responsables (*Mac Cann*, 27 sept. 1995, préc. n° 292 ; *Kaya c/ Turquie*, 19 févr. 1998). Cette obligation subsiste « même si les conditions de sécurité sont difficiles, y compris dans un contexte de conflit armé » (*Al-Skeini c/ Royaume-Uni*, 7 juill. 2011, Gr. Ch., *RGDIP*, 2012-1, 61, note P.-F. Laval).

Pour être « effective », l'enquête doit d'abord être « adéquate » et, pour ce faire remplir deux conditions. En premier lieu : permettre de déterminer si l'emploi de la force était justifiée. Le critère retenu est celui du recours à la force qui « se fonde sur une conviction honnête considérée, pour de bonnes raisons, comme valable à l'époque des événements mais qui se révèle ensuite erronée » (*Mac Cann*, § 200). L'existence de « bonnes raisons » doit s'apprécier de manière subjective, il s'agit de « déterminer l'honnêteté et la sincérité de la conviction » du policier de devoir recourir à la force (*Armani Da Silva c/Royaume-Uni,* 30 mars 2016, Gr. Ch., § 248). En second lieu, être apte à conduire à l'identification et à la punition des responsables, ce qui implique que soient prises les mesures « raisonnablement accessibles » pour recueillir les preuves (*Ramsahai et al. c/ Pays-Bas*, 15 mai 2007, Gr. Ch., § 324).

L'enquête doit également être indépendante, ce qui suppose « l'absence de tout lien hiérarchique ou institutionnel mais également une indépendance pratique » entre les personnes chargées de l'enquête et celles impliquées dans les événements, (*ibid.*, § 325) – mais l'exigence d'indépendance de l'enquête est relative et s'apprécie « à l'aune de l'objectif d'effectivité de l'enquête » (*Mustafa Tunç et Fecire Tunç c/Turquie,* 14 avr. 2015, Gr. Ch.) – et être « transparente », afin de conserver la confiance de la population et de dissiper ses craintes sur de telles pratiques (*McKerr c/ Royaume-Uni*, 4 mai 2001). En toute hypothèse, les proches de la victime doivent être « associés à la procédure dans la mesure nécessaire à la sauvegarde de leurs intérêts légitimes » (*Gülec c/ Turquie*, 27 sept. 1998, § 82 ; *Slimani c/ France*, 27 juill. 2004, § 32 et 47, *RDP*, 2005, 769, obs. M. Levinet). Pour des exemples de violation : *Salman c/ Turquie*, 27 juin 2000 ; *Velikova c/ Bulgarie*, 18 mai 2000 ; *Finucane c/ Royaume-Uni*, 1er juill. 2003.

La jurisprudence du CDH est dans le même sens : CDH, n° 612/1995, *Vicente, Chapparro et autres c/ Colombie*, déc. 29 juill. 1997, *RUDH*, 1997, 196 ; CDH, n° 1447/2006, *Amirov c/ Russie*, A/64/40, vol. I, 2009, § 146 ; *infra*, n° 315.

2° Cette protection procédurale vaut même dans les cas où il n'a pas été établi que la mort a été provoquée par un agent de l'État (*Ergi c/ Turquie*, 28 juill. 1998 ; *Tanrikulu c/ Turquie*, 8 juill. 1999). Elle se combine avec celle tirée de l'article 14 lorsqu'il s'agit d'établir si des motifs racistes sont à l'origine de la violence meurtrière ; une « vigilance particulière » est alors requise de l'État (*Natchova et al.*, 6 juill. 2005, § 158, *supra*, n° 272).

3° L'obligation procédurale d'enquêter est indépendante de la question de savoir si l'État est ou non responsable du décès en cause. Accentuant la « procéduralisation » de l'article 2, la Cour juge désormais que cette obligation est devenue une « obligation distincte et indépendante », « détachable » de l'acte matériel (*Silih c/ Slovénie*, 9 avr. 2009, Gr. Ch., § 159, *RDP* 2010-3, obs. G. Gonzalez).

Elle peut en conséquence donner lieu à « un constat d'"ingérence" distincte et indépendante » permettant d'établir la compétence temporelle de la Cour pour vérifier le respect de l'obligation procédurale (*supra*, n° 217).

## II | Le droit à la protection de la vie

**300** La Cour européenne et le Comité des droits de l'homme s'accordent pour considérer que la formulation conventionnelle – le droit à la vie « est protégé par la loi » – fait peser sur l'État l'obligation de protéger la vie de toute personne relevant de sa juridiction (*L.C.B. c/ Royaume-Uni*, 9 juin 1998, *supra*, n° 194 ; CDH, n° 859/1999, *Jimenez Vaca c/ Colombie*, déc. 25 mars 2002, *A/57/40*, vol. II, 175). Par une interprétation constructive de l'article 2 § 1, la Cour européenne a redéfini le champ d'application de l'article 2 et le régime juridique des obligations conventionnelles.

### *A – Champ d'application*

**301** EXTENSION. – L'affirmation, par l'arrêt *L.C.B.* d'une obligation positive de protection de la vie inhérente à l'article 2 favorise une extension du champ de protection de l'article 2, hors du domaine de l'emploi de la force publique, tant *ratione personae* – les atteintes à la vie ne sont pas le fait seulement des agents publics – que *ratione materiae* – les atteintes à la vie peuvent résulter d'une activité autre que l'usage de la force meurtrière.

**302** LES ATTEINTES DIRECTES À LA VIE DU FAIT DE PERSONNES PRIVÉES. — L'obligation positive de protection de la vie joue dans le cadre des relations interindividuelles et se déploie dans trois directions.

1° *Les agissements criminels d'autrui.* La protection de la vie, au sens de l'article 2, implique « de prendre préventivement des mesures d'ordre pratique pour protéger l'individu dont la vie est menacée par les agissements criminels d'autrui » (*Osman c/ Royaume-Uni*, 28 oct. 1998, *GACEDH*, n° 12, § 115-116 ; *supra*, n° 165).

Que les risques d'atteintes à la vie émanent de personnes placées directement ou indirectement sous l'autorité des pouvoirs publics.

Sont ici visés les agissements criminels des détenus, soit à l'égard de toute personne du fait d'une permission de sortie (*Mastromatteo c/ Italie*, 24 oct. 2002, Gr. Ch. : détenu dangereux qui lors d'une permission de sortie tue une personne à l'occasion d'un cambriolage, *JCP G*, 2003, I, 109, n° 1, obs. F. Sudre ; *Maiorano et a. c/ Italie*, 15 déc. 2009) ou d'une libération conditionnelle (*Choreftakis et Chpreftaki c/ Grèce*, 17 janv. 2012), soit à l'égard d'un autre détenu (*Edwards c/ Royaume-Uni*, 14 mars 2002 : détenu placé dans la même cellule qu'un dangereux malade mental qui va l'assassiner, *JCP G*, 2002, I, 157, n° 2, obs. F. Sudre).

Ou qu'ils émanent de personnes n'ayant aucun lien avec les autorités, qu'il s'agisse de tiers « ordinaires » (*Osman*, préc.) ou de proches de la victime, et c'est la violence domestique qui est en cause.

Par ex : *Kontrova c/ Slovaquie*, 31 mai 2007 ; *Opuz c/ Turquie*, 9 juin 2009 (*AJDA*, 2009, 1936, obs. J.F. Flauss) : menaces de mort, mises à exécution, d'un époux à l'encontre de sa femme, et/ou ses enfants.

2° *L'agissement de l'individu contre lui-même.* Bénéficient de cette protection les personnes en situation de vulnérabilité, placées sous l'autorité de l'État.

Il s'agit de prévenir le suicide des détenus (*Tanribilir c/ Turquie*, 16 nov. 2000, § 70, *JCP G*, 2001, 291, n° 4, chron. F. Sudre ; *A. A. et al. c/ Turquie*, 27 juill. 2004, § 18 ; *infra*, n° 214), notamment des malades mentaux (*Renolde c/ France*, 16 octobre 2008, § 83-84, *JCP G*, 2008, II, 10196, note B. Belda) ou des appelés au service militaire (*Kilinç et al. c/ Turquie*, 7 juin 2005, *JCP G*, 2005, I, 159, n° 2, chron. F. Sudre).

* À rapprocher de CE, 9 juill. 2007, *M. D.* n° 281205, jugeant, à propos du suicide d'un détenu que les défauts de vigilance de l'administration pénitentiaire sont constitutifs d'une faute de nature à engager la responsabilité de l'État (*AJDA*, 2007, 2094, note H. Arbousset).

Plus largement, la protection de l'article 2 semble pouvoir couvrir tout acte d'une personne vulnérable placée sous l'autorité directe ou indirecte des pouvoirs publics mettant en danger sa vie (*Dodov c/ Bulgarie*, 17 janv. 2008).

La Cour juge applicable l'article 2, le requérant alléguant que la négligence du personnel de la maison de retraite gérée par l'État a mis en danger la vie de sa mère qui, atteinte de la maladie d'Alzheimer, a disparu.

3° *Les situations de fin de vie.* La Cour européenne affirme avec netteté, dans une affaire de « suicide assisté », qu'il est impossible d'interpréter l'article 2, qui garantit le droit à la vie, « comme conférant un droit diamétralement opposé, à savoir un droit à mourir », que ce soit de la main d'un tiers ou avec l'assistance d'une autorité publique (*Pretty c/ Royaume-Uni*, 29 avr. 2002, §§ 39-40, *GACEDH*, n° 44). Elle se place, toutefois, sur le terrain de l'obligation de protection de la vie, mise en balance avec le droit à l'autonomie personnelle garanti par l'article 8 (*infra* n° 491), pour statuer sur la compatibilité avec la Convention de la décision médicale d'arrêt d'un traitement médical maintenant artificiellement en vie un malade (*Lambert c/France*, 5 juin 2015, Gr. Ch. *JCP G* 2015, doctr. 805, note F. Sudre). Eu égard au fait que la question de la fin de vie soulève « des questions scientifiques, juridiques et éthiques complexes », la Cour se retranche avec prudence derrière le principe de subsidiarité et la marge d'appréciation de l'Etat pour juger qu'une telle décision ne méconnaît pas l'obligation de protection de la vie de l'article 2 dès lors qu'elle s'inscrit dans un cadre législatif et procédural adéquat (*infra* n° 305).

Ce faisant, la Cour rend un arrêt très circonstancié qui ne vient pas dégager les principes généraux gouvernant les situations de fin de vie.

**303** LES ATTEINTES INDIRECTES À LA VIE. – L'État partie a l'obligation de prendre les mesures nécessaires pour que la vie des personnes placées sous sa juridiction ne soit inutilement mise en danger par la négligence des autorités publiques dans le cadre d'activités ou d'événements de nature diverse. Trois domaines sont principalement concernés.

1. *Les activités dangereuses.* Les autorités nationales doivent prévenir la mise en danger accidentel de la vie du fait, en premier lieu, des activités dangereuses par nature (*L.C. B. c/ Royaume-Uni*, 9 juin 1998) – ainsi des activités industrielles (*Oneryildiz c/ Turquie*, 30 nov. 2004, Gr. Ch., *GACEDH*, n° 64) ou des activités à risques, tel le transport ferroviaire (*Kalender c/ Turquie*, 15 déc. 2009, *JCP G*, 2010, doctr. 70, n° 3, F. Sudre) –, qu'elles soient ou non publiques, et, en second lieu, des risques liés à la sécurité publique (*Pasa Erkan Erol c/ Turquie*, 12 déc. 2006).

Dans l'affaire *L.C.B.*, la Cour accepte d'examiner le grief de la requérante qui, atteinte de leucémie, se plaint de ce que l'État défendeur n'avait pas informé ses parents ni surveillé sa santé après sa naissance, alors même que son père avait été, comme militaire de carrière, exposé à des rayonnements dus à des essais nucléaires britanniques. Dans la deuxième affaire, le requérant se plaint que l'accident qui a causé la mort de neuf membres de sa famille est dû à la négligence des autorités compétentes (une explosion de gaz méthane dans une décharge a entraîné l'ensevelissement sous une montagne d'ordures de son habitation, située dans un bidonville « sauvage » construit à proximité). Dans la troisième affaire, est en cause la mort de deux personnes qui, descendant d'un wagon du côté de la voie, ont été happées par un train. Dans la dernière, est en cause l'absence de mesures de sécurité afin d'interdire à des enfants de pénétrer dans la zone de pâturage d'un village où avaient été posées des mines antipersonnelles.

2. *La santé.* Après avoir énoncé que l'État partie avait l'obligation, au titre de l'article 2 § 1, de « protéger la vie de l'individu (...) contre le risque de maladie » (*Berktay c/ Turquie*, 1er mars 2001, *JCP G*, 2001, I, 342, n° 1, obs. F. Sudre), la jurisprudence européenne a circonscrit le jeu de l'article 2 en matière de préservation de la santé à deux champs bien distincts.

D'une part, la protection de la vie des malades contre les négligences médicales, que celles-ci se produisent « dans le cadre du secteur public » ou « dans des structures privées » (*Calvelli et Ciglio c/ Italie*, 17 janv. 2002, *JCP G*, 2002, I, 157, n° 1, obs. F. Sudre).

Dans cette affaire, les requérants allèguent une violation de l'article 2 en ce que la durée de la procédure pénale engagée par eux, en raison du décès de leur nouveau-né, contre le médecin accoucheur, a provoqué la prescription du délit (aussi, *Silih c/ Slovénie*, 9 avril 2009, Gr. Ch., § 192).

On notera que, dans sa décision *Chypre c/ Turquie* du 10 mai 2001, la Cour semble limiter l'obligation très générale, énoncée dans l'arrêt *Berktay* à une obligation de ne pas mettre en danger la vie d'une personne en lui refusant les soins médicaux fournis à l'ensemble de la population (§ 219 ; de même, déc. 21 mars 2002, *Nitecki c/ Pologne*, n° 65653/01).

D'autre part, la protection de la santé des personnes vulnérables, qu'il s'agisse de personnes privées de liberté – qu'elles soient détenues (*Huylu c/ Turquie*, 16 nov. 2006), placées en garde à vue (*Taïs c/ France*, 1er juin 2006), « retenues » (*Slimani c/ France*, 27 juill. 2004), en état d'arrestation (*Saoud c/ France*, 9 oct. 2007) ou placée dans un « centre de dégrisement » (*Mojsiejew c/ Pologne*, 24 mars 2009) – ou de personnes confiées aux soins de l'État (*Nencheva et a. c/ Bulgarie*, 18 juin 2013 : foyer pour handicapés). Cela implique de dispenser avec diligence des soins médicaux lorsque l'état de santé de la personne le nécessite afin de prévenir une issue fatale (*Anguelova c/ Bulgarie*, 13 juin 2002, § 130, *Scavuzzo-Hager et al. c/ Suisse*, 7 févr. 2006, § 65 ; aff. préc.).

Le CDH se prononce dans le même sens : n° 763/1997, *Lantsova c/ Russie*, 26 mars 2002, *A/57/40*, vol. II, 86 ; n° 1186/2003, *Titiahonjo c/ Cameroun*, 3 avr. 2008, A/63/40, 2008, vol. II, p. 20.

* Particulièrement remarquable est l'arrêt du Conseil d'État du 17 décembre 2008, *Section française de l'OIP* (n° 305594, concl. M. Guyomar), qui se fonde sur « un principe rappelé » par l'article 2 § 1 CEDH pour considérer « qu'eu égard à la vulnérabilité des détenus et à leur situation d'entière dépendance vis-à-vis de l'administration », celle-ci a l'obligation « de prendre les mesures propres à protéger leur vie », notamment en mettant à la disposition des détenus des matelas ignifugés.

3. *Les risques naturels.* Dans le prolongement direct de sa jurisprudence relative aux activités dangereuses, la Cour européenne étend le champ d'application de l'article 2 à l'hypothèse de la mise en danger de la vie du fait de risques naturels (*Budayeva et a. c/ Russie*, 20 mars 2008, *JCP G*, 2008, I, 167, n° 2, obs. F. Sudre ; *Özel et a. c/Turquie*, 17 nov. 2015) ou encore de situations constitutives de dommages de travaux publics (*Ciechonska c/ Pologne*, 14 juin 2011, *JCP G*, 2011, doctr. 914, F. Sudre).

Était en cause le décès de plusieurs personnes à la suite de coulées de boues ayant dévasté une commune située dans une zone à risques (*Budayeva*) et d'un séisme ayant entraîné l'effondrement d''immeubles (*Özel*) et le décès d'une personne du fait de la chute d'un arbre sur la voie publique (*Ciechonska*).

* Le Conseil d'État n'ignore pas cette jurisprudence. Considérant que le droit au respect de la vie, « rappelé » par l'article 2 de la CEDH constitue une liberté fondamentale au sens de l'article L. 521-2 du Code de justice administrative, il ouvre la voie du référé-liberté « lorsque l'action ou la carence de l'autorité publique crée un danger caractérisé et imminent pour la vie des personnes » (CE, 16 nov. 2011, *Ville de Paris, société d'économie mixte parisienne,* n° 353172, *RFDA*, 2012-2, 269, concl, D. Botteghi ; *JCP G*, 2012, note 24, O Le Bot : accident de travaux publics). Aussi, CE, Ord., 13 août. 2013, *Ministre de l'intérieur c/ Commune de Saint-Leu*, n° 370902, *AJDA* 2013, 2104, note O Le Bot).

Plus largement, la protection du droit à la vie contre une atteinte irréversible autorise le juge du référé-liberté à déroger à la jurisprudence Carminati (CE, ord., 30 déc. 2002, *Carminati*, n° 240430) pour se prononcer sur l'incompatibilité de la loi avec l'article 2 de la Convention (CE, Ass., 24 juin 2014, *Mme Lambert*). *Supra* n° 122.

### *B – Régime juridique des obligations conventionnelles*

**304** UNIFORMISATION. — Le droit à la protection de la vie n'est susceptible d'être méconnu qu'en cas d'inaction de l'État et est exclusivement soumis au régime des obligations positives.

Malgré la diversité de ses domaines d'intervention, il obéit à un régime juridique uniforme – avec quelques adaptations selon le domaine considéré – tel que les obligations positives de protection de la vie pesant sur l'État sont dédoublées.

**305** OBLIGATIONS SUBSTANTIELLES DE PROTECTION. — Ces obligations substantielles (ou matérielles) sont à la fois de prévention et d'information.

1° *Obligations de prévention.* a) En premier lieu, il appartient à l'État de mettre en place un cadre législatif et réglementaire propre à assurer :

- la protection de la vie des malades contre des négligences médicales (*Calvelli et Ciglio*, 17 janv. 2002, préc. ; *G.N. et a. c/ Italie*, 1er déc. 2009, *JCP G*, 2010, act. 595, F. Sudre) ou des dysfonctionnements des services hospitaliers ayant conduit à un défaut de soins d'urgence adéquats (*Asiye Genç c/Turquie*, 27 janv. 2015 ; *Lopes de Sousa Fernandez c/Portugal*, 15 déc. 2015) ;
- la protection de la vie et de la santé des habitants contre toute activité dangereuse ou à risques (*Oneryildiz*, 30 nov. 2004 ; *Kalender c/ Turquie*, 15 déc. 2009 ; préc.) ou contre les risques naturels – par exemple, par la mise en œuvre de politiques d'aménagement du territoire et de dispositifs d'alerte et de secours d'urgence dans la zone à risques (*Budayeva*, 20 mars 2008, préc.) ;
- ou encore la protection effective des appelés dans le domaine du service militaire obligatoire (*Kilinc*, 7 juin 2005, § 41), en assurant notamment l'aptitude professionnelle du personnel d'encadrement (*Abdullah Yilmaz c/ Turquie*, 17 juin 2008, § 57).

Dans son arrêt *Lambert* (5 juin 2015, supra n° 302), la Cour, exerçant un contrôle restreint, délivre un « brevet de conventionnalité » à la « loi Léonetti » (loi du 22 avril 2005) telle qu'interprétée par le Conseil d'État (Ass., 24 juin 2014, *Mme Lambert*, n° 375081, RFDA 2014, 657, concl. R. Keller). D'une part, elle considère que la loi constitue un cadre législatif qui, encadrant de façon précise la décision du médecin d'arrêter les traitements, est « propre à assurer la protection de la vie des patients, conformément à l'article 2 de la Convention » (§ 160). D'autre part, le processus décisionnel organisé par la « loi Leonetti » satisfait à la fois à la condition de la prise en compte des souhaits du patient – sur l'importance desquels la Cour insiste – et de la consultation des proches ainsi que des autres membres du personnel médical et à la condition de l'existence d'un recours juridictionnel effectif permettant un plein contrôle de la légalité de la décision d'arrêt des traitements.

b) En second lieu, l'État a l'obligation positive « de prendre préventivement des mesures d'ordre pratique pour protéger l'individu dont la vie est menacée ». Énoncée à propos des agissements criminels d'autrui (*Osman* 28 oct. 1998, préc. n° 303), cette obligation de prendre des mesures concrètes de prévention a ensuite été étendue aux autres domaines d'intervention du droit à la protection de la vie (*supra*, n° 302-305). La Cour précise que l'obligation de prévention doit être interprétée « de manière à ne pas imposer aux autorités un fardeau insupportable ou excessif » (*Osman*, § 116). Sa mise en œuvre est subordonnée à une double condition, dont le requérant devra établir qu'elle est remplie : d'une part, qu'il y ait eu un « risque certain et immédiat » pour la vie de la personne dont les autorités ont eu (ou auraient dû avoir) connaissance, et, d'autre part, que celles-ci n'aient pas pris les mesures que l'on pouvait raisonnablement attendre d'elles pour empêcher la matérialisation de ce risque. Cette obligation de diligence a donc un caractère relatif et dépend des circonstances de l'espèce.

Le juge européen va donc moduler l'obligation selon l'appréciation qu'il va porter du caractère prévisible du risque d'atteinte à la vie et du caractère raisonnable des mesures prises.

Son contrôle est particulièrement strict lorsque le risque d'atteinte à la vie réside dans les agissements criminels d'autrui (*Osman,* préc ; *Opuz*, 9 juin 2009) ; ainsi, les autorités nationales manquent à leur obligation de prévention en plaçant un détenu dans la même cellule qu'un dangereux malade mental qui va l'assassiner (*Edwards c/ Royaume-Uni*, 14 mars 2002, *JCP G*, 2002, I, 157, n° 2, obs. F. Sudre). Il en est de même en matière de protection de la santé des personnes privées de liberté, où le défaut de surveillance médicale, l'absence de soins adaptés sont sanctionnés (par ex., *Taïs c/ France,* 1er juin 2006 ; *Saoud c/ France*, 9 oct. 2007). On ne saurait cependant déduire de l'article 2, une obligation générale de libérer un détenu pour motifs de santé ; ainsi le refus de libérer un détenu, gréviste de la faim en phase terminale, n'emporte pas violation de l'article 2 alors même qu'il a bénéficié en prison des soins médicaux adéquats (*Horoz c/ Turquie*, 31 mars 2009, Rev. sc. Crim., 2009, 651, obs. J.-P. Marguénaud).

L'arrêt *Kayak c/ Turquie* (10 juill. 2012, *JCP G* 2012, act. 972, F. Sudre) élargit cette obligation de prévention en mettant à la charge des autorités scolaires une obligation générale de surveillance dans les établissements scolaires.

Par contre, l'appréciation du caractère « certain et immédiat » du risque pour la vie d'autrui apparaît plus fluctuant lorsqu'il résulte d'une permission de sortie accordée à un détenu dangereux (*Mastromatteo*, 24 oct. 2002 ; *contra*, *Maiorano*, 15 déc. 2009 ; préc. n° 303) ou de la tendance suicidaire d'une personne privée de liberté (*Tanribilir*, 16 nov. 2000 ; *Keenan*, 3 avril 2001 ; *contra*, *Renolde c/ France*, 16 oct. 2008 ; préc. n° 303). La Cour reconnaît également aux autorités nationales une large marge d'appréciation quant aux mesures à prendre pour empêcher la matérialisation du risque résultant d'activités dangereuses ou de risques naturel (*Oneryildiz*, *Budayeva*, préc.).

2° *Obligation d'information.* Pèse sur l'État une obligation d'information du public sur les dangers inhérents aux activités dangereuses ou aux phénomènes naturels (*Oneryildiz*, § 90 ; *Budayeva*, préc.). L'obligation de protection de la vie des malades inclut aussi l'obligation pour les médecins d'informer leurs patients sur le choix des actes médicaux qui leur sont prodigués et sur les risques encourus (*Lopes de Sousa Fernandez, préc*). Une telle obligation est déjà énoncée au titre de l'article 8, dans l'un (*infra*, n° 494) et l'autre (*infra* n° 462) domaines.

**306** OBLIGATIONS PROCÉDURALES DE PROTECTION. — L'État partie a l'obligation d'instaurer « un système judiciaire efficace » permettant d'établir les responsabilités et, selon les circonstances, d'engager des poursuites pénales. Cela implique de mener une enquête effective sur les circonstances de la perte de vie humaine, y compris lorsque l'article 2 déploie un « effet horizontal » (*Edwards*, 14 mars 2002, préc. ; *Güngör c/ Turquie*, 22 mars 2005 : fils d'un député assassiné dans un logement de fonction).

Par son arrêt *Girard c/ France* (30 juin 2011), la Cour semble élargir le champ d'application de l'obligation procédurale à une situation de risque virtuel d'atteinte à la vie (disparition de la fille des requérants).

La répression pénale s'impose en cas de négligences des autorités de l'État pour pallier les risques résultant des agissements criminels d'autrui (*Osman*, 28 oct. 1998, préc.) – notamment en cas de violence domestique (*Opuz*, 9 juin 2009, préc.) – comme les risques inhérents à une activité dangereuse (*Oneryilidiz*, 30 nov. 2004, préc.) ou du fait de risques naturels (*Budayeva*, 20 mars 2008, préc.).

En matière de santé publique, la protection procédurale du droit à la vie suppose que l'on puisse « établir la cause du décès d'un individu se trouvant sous la responsabilité de professionnels de la santé (...) et le cas échéant d'obliger ceux-ci à répondre de leurs actes » (pour des exemples de violation : *Altüg c/Turquie*, 30 juin 2015 ; *Lopes de Sousa Fernandez c/Portugal*, 15 déc. 2015, préc.), mais elle n'exige pas nécessairement un mécanisme de répression pénale (*Calvelli et Ciglio* c/ Italie, 17 janv. 2002, § 49, préc. ; *G.N. et a. c/ Italie*, 1er déc. 2009, préc.).

De manière similaire, la Cour juge que l'obligation de « protéger par la loi » le droit à la vie n'implique pas un recours de nature pénale en droit interne pour réprimer l'atteinte mortelle involontaire au fœtus commise par un médecin hospitalier et que le recours en responsabilité contre l'administration, qui permet d'établir la faute médicale et d'obtenir réparation du dommage causé par la faute du médecin, est un recours efficace satisfaisant aux exigences de l'article 2 (*Vo c/ France*, Gr. Ch., 8 juillet 2004).

## III | L'ABOLITION DE LA PEINE DE MORT

**307** RÉGULARITÉ DE L'INFLICTION DE LA PEINE DE MORT. — Bien que l'État ne puisse déroger au droit à la vie, les instruments conventionnels originaires n'excluent pas la peine de mort, même s'ils l'assortissent de conditions précises[1]. Alors que l'article 2 de la CEDH se contente de prévoir l'hypothèse de l'« exécution d'une sentence capitale prononcée par un tribunal au cas où le délit est prévu par la loi », l'article 6 du PIDCP (§ 2 à 6) est beaucoup plus restrictif et stipule que la peine capitale ne peut être imposée que pour « les crimes les plus graves » (commis par des personnes âgées de plus de 18 ans)[2].

1. Sur la question de savoir si la peine de mort est un traitement inhumain, *infra*, n° 327.
2. Dans son observation générale 6 (16) du 27 juillet 1982 sur l'article 6, le CDH estime que les termes de l'article 6 « suggèrent sans ambiguïté que l'abolition est souhaitable » et que la peine capitale « doit être une mesure tout à fait exceptionnelle » (*Manuel*..., préc., p. 69).

Le CDH a également précisé que la validité d'une sentence de mort était subordonnée au respect rigoureux de toutes les garanties du procès équitable (n° 250/87, *Carlton Reid c/ Jamaïque*, déc. 20 juill. 1990, *RUDH*, 1991, p. 17, § 11. 5 ; n° 253/1987, *P. Kelly c/ Jamaïque*, déc. 8 avr. 1991, *A/46/40*, 1991, p. 251) et qu'un système de condamnation obligatoire à la peine de mort dans tous les cas de meurtre, quelles que soient les circonstances et la situation personnelle du coupable, était incompatible avec l'article 6 du Pacte (n° 806/1998, *Thompson c/ Saint-Vincent et les Grenadines*, déc. 18 oct. 2000, § 8. 2, *A/56/40*, vol. II, 96 ; n° 845/1998, *Kennedy c/ Trinité et Tobago*, déc. 26 mars 2002, *A/57/40*, vol. II, 149).

Quant à elle, la Cour interaméricaine des droits de l'homme, dans son avis consultatif du 8 septembre 1983 sur l'interprétation des dispositions de la CADH relatives à la peine de mort (art. 4, § 2 et 4), a affirmé que la Convention américaine « contient une interdiction absolue faite à tout État partie d'appliquer la peine de mort à des crimes pour lesquels elle n'était pas prévue auparavant dans son droit national » (*ILM*, 1984. 2, p. 320 à 350). Elle juge également contraire à la Convention l'imposition obligatoire de la peine de mort pour une catégorie déterminée de crime (*Hilaire, Constantine et Benjamin et al. c/ Trinité et Tobago*, 21 juin 2002, *L'Europe des libertés*, 2002, n° 9, 55, obs. A. Ubeda de Torres).

Manifestement influencée par la jurisprudence internationale, la Cour européenne des droits de l'homme a, à son tour, jugé qu'une sentence capitale ne saurait en toute hypothèse être compatible avec l'article 2 que si elle a été prononcée au terme d'un procès équitable et si elle était bien « prévue par la loi », au sens de la Convention (*Ocalan c/ Turquie*, 12 mai 2005, Gr. Ch., § 166, *GACEDH*, n° 13). Selon le juge européen, une condamnation à mort à l'issue d'un procès inéquitable équivaut à soumettre « injustement » l'intéressé à la crainte d'être exécuté et s'analyse alors en un traitement inhumain contraire à l'article.

**308** ABOLITION DE LA PEINE DE MORT. — La peine de mort a été ultérieurement abolie – mais seulement en temps de paix – par le biais de protocoles additionnels : protocole 6 à la CEDH du 28 avril 1983, protocole 2 au Pacte du 15 décembre 1989 [1], protocole à la CADH du 8 juin 1990, respectivement entrés en vigueur le 1er mars 1985, 11 juillet 1991 et 28 août 1991. Ainsi, l'article 1 du Protocole 6 stipule : « La peine de mort est abolie. Nul ne peut être condamné à une telle peine ni exécuté. » Les États parties au

1. Sur la conformité de ces Protocoles à la Constitution française, *supra*, n° 46.

Protocole[1] ne peuvent donc plus se prévaloir de l'article 2, § 1. En dernier lieu, le Protocole 13 à la CEDH, adopté le 2 mai 2002 et entré en vigueur le 1er juillet 2003, abolit la peine de mort en toutes circonstances, y compris donc pour les actes commis en temps de guerre ou de danger imminent de guerre (44 ratifications au 21 mars 2016) ; de même que pour le Protocole 6, aucune dérogation au titre de l'article 15 CEDH (ni réserve) n'est autorisée.

Par une interprétation constructive de l'article 2, la Cour européenne, revenant sur sa jurisprudence *Soering* (7 juill. 1989, *GACEDH*, n° 16), juge que la pratique abolitionniste de la quasi-totalité des États contractants traduit l'accord de ceux-ci pour amender l'article 2 et abroger l'exception de la peine de mort, et considère, dans un premier temps, que la peine de mort, « forme de sanction inacceptable, voire inhumaine », n'est plus autorisée par l'article 2 en temps de paix (*Ocalan*, préc., § 163), puis, dans un second temps, en toutes circonstances (*Al-Saadoon et Mufdhi c/ Royaume-Uni*, 2 mars 2010, *JCP G*, 2010, act. 327, K. Grabarczyk).

3° Notons, enfin, que la jurisprudence européenne et celle du Comité des droits de l'homme convergent sur la question de la compatibilité avec le texte conventionnel d'une extradition d'une personne vers un pays où elle encourt la peine capitale (*infra*, n° 623).

Pour une violation des articles 2 et 3 combinés avec l'article 1 du Protocole 6, voir *Al Nashiri c/ Pologne,* 24 juill. 2014.

## Section II
## L'interdiction de la torture et des peines ou traitements inhumains et dégradants

**309** Énoncée en des termes lapidaires et similaires par les conventions générales (« Nul ne sera soumis à la torture ni à des peines… » : art. 7 PIDCP, 3 CEDH, 5, § 1 et 2 CADH)[2], cette

1. 46 États au 21 mars 2016, seule la Russie faisant exception.
2. Le PIDCP (art. 7), mais non la CEDH, mentionne de plus, selon les principes énoncés par le Tribunal de Nuremberg, l'interdiction de l'expérimentation médicale ou scientifique sans le libre consentement de l'intéressé (pour un ex. de violation, CDH, n° 110/1981, Viana Acosta

interdiction pêche par son imprécision. Au terme d'une lecture modernisée et exigeante de l'article 3 de la CEDH (Gr. Ch., *Selmouni c/ France*, 28 juill. 1999, *GACEDH*, n° 14), la Cour européenne a systématisé les principes relatifs à la portée de l'interdiction de la torture et à la qualification des mauvais traitements et, dans une démarche audacieuse, soumis au respect de l'article 3 les conditions de détention des prisonniers. Un contrôle complémentaire au contrôle juridictionnel du respect de l'interdiction est par ailleurs mis en place.

## I | Portée de l'interdiction

**310** Prohibition absolue. — Insusceptible de restrictions et de dérogations, l'article 3 CEDH (comme l'article 7 PIDCP) édicte une « prohibition absolue » qui, selon la Cour européenne, « consacre l'une des valeurs fondamentales des sociétés démocratiques » (*Soering c/ Royaume-Uni*, 7 juill. 1989, § 88, *GACEDH*, n° 16). Cette singularité est confirmée avec éclat par l'arrêt *Al-Adsani c/ Royaume-Uni*, qui reconnaît que « l'interdiction de la torture est devenue une règle impérative du droit international » (21 nov. 2001, § 61, *supra*, n° 48).

1° Dans un premier temps, le juge européen a néanmoins considéré que pour tomber sous le coup de l'interdiction, un mauvais traitement devait « atteindre un minimum de gravité » (*Irlande c/ Royaume-Uni*, 18 janv. 1978, A. 25, § 162, *JDI*, 1980, 449, obs. P. Rolland ; *RGDIP*, 1979, 104, note P.-M. Martin). Ce critère de l'intensité des souffrances infligées aux victimes a pour fonction initiale de déterminer l'applicabilité de l'article 3 : par exemple, dans sa décision Soering (préc.), la Cour européenne juge que la longue attente de l'exécution de la peine capitale par un condamné à mort dans « le couloir de la mort » constitue un traitement « dépassant

c/ Uruguay, déc. 29 mars 1984, *Sélection…*, p. 155). La CDFUE contient une disposition similaire (art. 3) au titre des principes relatifs à la bioéthique qu'elle énonce. Le juge communautaire a estimé que les dispositions de la directive 98/44/CE du 6 juillet 1998 relative à la protection juridique des inventions biotechnologiques assuraient une protection adéquate du droit fondamental à la dignité humaine (CJCE, 9 oct. 2001, *Pays-Bas c/ Parlement européen et Conseil de l'UE*, aff. C-377/98, *DCDF*, n° 45).

le seuil fixé par l'article 3 » de la CEDH (*infra*, n° 613 ss.). Le droit européen s'accommodait donc de ce que « certaines brutalités » puissent échapper à l'interdiction édictée par l'article 3 (Com., Rapp. 18 nov. 1969, *aff. grecque, Ann.*, 186).

2° La Cour a heureusement abandonné cette analyse, par son arrêt *Tomasi c/ France* (27 août 1992, A. 241 A, § 115, note F. Sudre, *Rev. Sc. crim. Dr. pén. comp.*, 1993, 33), à propos de brutalités policières commises sur une personne placée en garde à vue.

a) Elle énonce désormais le principe qu' « à l'égard d'une personne privée de sa liberté, tout usage de la force physique qui n'est pas rendu strictement nécessaire par le propre comportement de ladite personne porte atteinte à la dignité humaine et constitue, en principe, une violation du droit garanti par l'article 3 » (*Ribitsch c/ Autriche*, 4 déc. 1995, A. 336, § 38). Affirmant que l'intégrité physique de la personne bénéficie d'une garantie absolue, même dans les circonstances les plus difficiles, telles la lutte contre le terrorisme et le crime organisé, le juge européen considère, comme le confirme l'importante décision *Selmouni c/ France*, du 28 juillet 1999 (*GACEDH*, n° 14), que c'est *tout* usage de la force physique sur une personne en situation d'infériorité, car privée de liberté ou confrontée à des agents des forces de l'ordre, qui est prohibé et tombe sous le coup de l'article 3.

Peu importe, en conséquence, la nature de l'infraction reprochée à l'intéressé (*infra*, n° 618).

Ainsi, les menaces de mauvais traitements afin d'obtenir des informations pour sauver la vie d'une personne sont-elles contraires à l'article 3 (*Gäfgen c/ Allemagne*, 1er juin 2010, Gr. Ch.)

Établissant une « présomption de gravité », le juge européen estime qu'un tel recours à la force physique atteint, en soi, le « minimum de gravité » requis pour relever de l'article 3 et ne retient donc plus le critère originaire d'applicabilité de l'article 3. Et ce, quel que soit l'impact de l'usage de la force physique sur l'intéressé car, mettant l'accent sur le respect de la dignité (*supra* n° 290), la Cour juge que toute atteinte à la dignité humaine d'une personne par les forces de l'ordre – fût-ce une simple gifle – constitue une violation de l'article 3 de la Convention (*Bouyid c/ Belgique*, 28 sept. 2015, Gr. Ch., § 101, *RTDH* 2016-106, note F. Sudre).

Ce principe vaut également pour des brutalités policières commises lors d'une arrestation (*Rehbock c/ Slovénie*, 28 nov. 2000) ou à l'occasion d'une convocation au commissariat de police (*Bouyid*, préc) et pour les violences perpétrées par le personnel pénitentiaire sur les détenus (*Labita c/ Italie*, 6 avr. 2000, *RTDH*, 2001, 117, obs. A. Beernaert ; *Indelicato c/ Italie*, 18 oct. 2001, § 30, *JCP G*, 2002, I, 105, n° 2, chron. F. Sudre).

Une décision isolée élargit le champ d'application du principe, hors le cas de la privation de liberté, à l'usage disproportionné de la force par la police pour disperser un rassemblement illégal (*Güler c/ Turquie*, 10 janv. 2006).

b) Une telle approche emporte alors une extension du champ d'application de l'article 3 à des situations où le recours à la force n'est pas inspiré par les motivations qui sont généralement à l'origine d'un traitement contraire à l'article 3.

La Cour peut ainsi juger que le recours à une intervention médicale de force pour recueillir les éléments de preuve d'une infraction, qui auraient pu être obtenus par des méthodes moins intrusives, porte atteinte à l'intégrité physique et mentale du suspect, contre son gré, et constitue un traitement inhumain et dégradant (*Jalloh c/ Allemagne*, 11 juill. 2006, Gr. Ch., *JCP G*, 2007, I, 106, n° 1, chron, F. Sudre : administration forcée d'un vomitif à un trafiquant présumé de drogue ayant avalé des sachets de cocaïne).

c) Il appartient alors aux autorités nationales de démontrer de manière convaincante que le recours à la force n'a pas été excessif (*Caloc c/ France*, 20 juill. 2000 : usage de la force contre le requérant jugé nécessaire en raison de sa tentative de fuite lors de sa garde à vue ; pour des exemples contraires, relatifs à des interpellations « musclées », *R. L. et M.-J. D. c/ France*, 19 mai 2004).

Dans le même sens, CCT, n° 257/2004, *Keremedchiev c/ Bulgarie*, déc. 11 nov. 2008, A/64/44, 2009, p. 267.

**311** PREUVE. — Selon une jurisprudence constante, la preuve de mauvais traitements commis par des agents publics doit être établie « au-delà de tout doute raisonnable ».

D'abord affirmé dans le cadre de l'application de l'article 3, le standard de la preuve « au-delà de tout doute raisonnable » a été étendu à l'ensemble du champ de la Convention par l'arrêt Velikova c/ Bulgarie du 18 mai 2000 (« the standard of proof required under the Convention is proof beyond reasonable doubt » (voir F. Deshayes, *Contribution à une théorie de la preuve devant la Cour européenne des droits de l'homme*, Th. Montpellier, 2002, 534 p. dact., n^os^ 564 et s.). Selon la Cour, « un doute raisonnable n'est pas un doute fondé sur une possibilité purement théorique ou suscité pour éviter une conclusion désagréable ; c'est un doute dont les raisons peuvent être tirées des faits présentés » (Gennadiy Naumenko c/ Ukraine, 10 févr. 2004, § 109).

En pratique, une telle preuve peut résulter de certificats médicaux attestant de sévices corporels ou encore d'un faisceau d'indices suffisamment graves, précis et concordants (§ 88 ; pour un exemple d'éléments de preuve insuffisants, Martinez Sala c/ Espagne, 2 nov. 2004, § 145). Depuis sa décision Tomasi (préc.) [1], la Cour européenne procède à un renversement de la charge de la preuve et recourt à une véritable présomption de causalité pour considérer comme établies les allégations du requérant, sauf preuve contraire apportée par l'État défendeur (Ribitsch, préc. ; Selmouni, préc.).

La Cour considère donc, en l'absence d'explications plausibles du gouvernement, que les séquelles constatées par des rapports médicaux à l'issue d'une arrestation, d'une garde à vue ou d'une détention, ont pour origine un traitement contraire à l'article 3 (par ex., Rivas c/ France, 1^er^ avril 2004 ; *Ghedir et a. c/France*, 16 juil. 2015, *JCP G* 2015, act. 928, F. Sudre).

Sous couvert de cette prohibition absolue, l'article 3 édicte plus précisément à la charge de l'État une double obligation, substantielle et procédurale.

### *A – Obligation substantielle*

**312** DUALITÉ DE L'OBLIGATION. — L'obligation substantielle qui pèse sur les autorités nationales est d'abord une obligation « essentiellement négative » (*Pretty c/ Royaume-Uni*,

1. Voir aussi *Aydin c/ Turquie*, 25 septembre 1997 ; *Assenov c/ Bulgarie*, 28 octobre 1998, *D*, 1999, somm. comm., p. 266, note P. Hennion ; *Dikme c/ Turquie*, 11 juillet 2000. Le CDH procède de manière similaire (n° 255/1987, *Carlton Linton c/ Jamaïque*, *A/48/40*, vol. 1, 1993, § 800).

25 avr. 2002, § 50), de ne pas faire subir de mauvais traitements aux personnes relevant de leur juridiction. C'est aussi une obligation positive, à la fois de protection et de prévention.

**313** Obligation de protection et de prévention. – 1° Pèse d'abord sur l'État l'obligation, tirée de la combinaison de l'article 3 et de l'article 1 de la Convention (*supra*, n^os^ 161 et s.), de protéger l'intégrité physique et morale des personnes en situation de vulnérabilité, telles les personnes privées de liberté, qu'elles soient placées en garde à vue (*Selmouni*, préc.), en rétention administrative (*Slimani c/ France*, 27 juill. 2004), en zone de transit (*Riad et Idiab c/ Belgique*, 24 janv. 2008) - et, *a fortiori*, un enfant mineur détenu dans un centre de transit pour adultes (*Mubilanzila Mayeka c/ Belgique*, 12 oct. 2006, *RTDH*, 2007-71, 823, note B. Masson ; *Popov c/ France*, 19 janv. 2012, *JCP G*, 2012, act. 221, F. Sudre ; *infra*, n° 317)-ou détenues en prison (*Labita*, préc.) et celles confrontées aux agents des forces de l'ordre (*Bouyid*, préc.). La même obligation pèse sur l'État à l'égard des conscrits (*Placi c/ Italie*, 21 janv. 2014). Cela suppose de protéger la santé des intéressés, notamment en fournissant des soins appropriés aux personnes blessées lors d'une arrestation ou d'une détention (Com., Rapp. 8 juill. 1993, *H. c/ Suisse*, n° 17549/90, § 7 ; *Levinta c/ Moldova*, 16 déc. 2008 ; dans le même sens, CDH, obs. gén. n° 21 (44), du 6 avr. 1992, sur l'art. 10, *A/47/40*, p. 192).

Par exemple, dans l'affaire *Ilhan c/ Turquie*, la qualification de « torture » vient sanctionner non seulement des violences physiques ayant entraîné des lésions cérébrales, mais aussi une absence de soins médicaux pendant trente-six heures (Gr. Ch., 27 juin 2000, *JCP G*, 2001, I, 291, n° 11, chron. F. Sudre). L'étendue de cette obligation de protection est précisée par la Cour dans son arrêt *Algür c/ Turquie* (22 oct. 2002) : le droit de demander un examen par un médecin de son choix ainsi que l'accès à un avocat et à un membre de la famille et une prompte intervention judiciaire fournissent des « garanties fondamentales » assurant la détection et la prévention des mauvais traitements (§ 44 ; aussi, *A. A. et al. c/ Turquie*, 27 juill. 2004, § 38).

* Jugeant que la carence des autorités publiques pour assurer les « besoins élémentaires des migrants » vivant dans « la jungle » de Calais expose ces derniers « de manière caractérisée, à des traitements inhumains et dégradants », le juge des

référés du Conseil d'État est en parfait harmonie avec la jurisprudence européenne (CE, ord, *Ministre de l'Intérieur et commune de Calais*, 23 nov. 2015, n° 39540, *JCP G* 2015, act. 1328, L. Erstein).

D'une manière générale, la jurisprudence internationale en la matière s'accorde sur cette obligation positive qui pèse sur l'État de protéger toute personne contre un danger de violation de son intégrité physique (CIADH, *Velasquez Rodriguez*, 29 juill. 1988, *RUDH*, 1992, § 175 ; CDH, obs. gén. n° 20 (44) sur l'art. 7, 3 avr. 1992, *A/47/40*, p. 190).

2° L'État partie a aussi une obligation de prévention, identique à celle énoncée au titre du droit à la vie (*supra*, n° 296), qui est de mettre en place une réglementation appropriée du recours à la force et de l'usage d'armes à feu par les représentants de l'ordre, afin d'assurer une protection adéquate de l'intégrité physique des personnes.

L'usage de la force armée par les agents de l'État est ainsi doublement encadré, par les articles 2 et 3 ; il en résulte qu'il peut, à la fois, ne pas enfreindre l'article 2 et violer l'article 3, si la force employée n'est pas potentiellement meurtrière mais néanmoins excessive au regard du but légitime poursuivi (telle une interpellation : *Tzekov c/ Bulgarie*, 23 févr. 2006).

* En ce sens, l'arrêt du Conseil d'État du 2 sept. 2009, *Association réseau d'alerte et d'intervention pour les droits de l'homme* (n° 318584) qui juge que le décret autorisant l'emploi des pistolets à impulsion électrique au sein de la police nationale définit un cadre juridique d'emploi de cette arme compatible tant avec l'article 3 que l'article 2 de la CEDH (*supra*, n° 295).

**314** EFFET HORIZONTAL. – 1° Une interprétation dynamique de l'article 3 conduit le juge européen a mettre également à la charge de l'État partie l'obligation de prendre les mesures propres à empêcher que les personnes placées sous sa juridiction ne soient soumises à des traitements contraires à l'article 3, « même administrés par les particuliers » (*A. c/ Royaume-Uni*, 23 sept. 1998 : châtiments corporels infligés à un enfant par son beau-père ; *97 membres de la Congrégation des témoins de Jéhovah de Gldani et al. c/ Géorgie*) [1].

1. Le CDH (obs. gén. n° 31 (80) sur l'article 2 du Pacte), la CIJ (Activités armées sur le territoire du Congo (*RDC c/ Ouganda*, 19 déc. 2005), le CCT (n° 261/2005, déc. 8 mai 2009, *Besim Osmani c/ Serbie*, A/64/44, 2009, p. 275, § 10.4) se prononcent dans le même sens (*supra*, n° 167).

Applicable aux relations interindividuelles, l'article 3 vient alors protéger les enfants contre les actes de maltraitance commis par leurs proches (*Z. et al. c/ Royaume-Uni*, 10 mai 2001, *JCP G*, 2001, I, 342, n° 3, chron. F. Sudre ; *M. et M. c/Croatie*, 3 sept. 2015) ou les femmes contre les violences conjugales (*Opuz c/ Turquie*, 9 juin 2009, *AJDA*, 2009, 1936, obs. J.F. Flauss ; *M.G. c/Turquie*, 22 mars 2016).

L'Etat partie a l'obligation de mettre en place un cadre juridique adapté afin de prévenir et de punir ces actes de violence domestique et, lorsqu'ils ont été commis, d'appliquer en pratique la législation pertinente et de mettre en œuvre des enquêtes effectives et des procédures diligentes afin d'offrir une protection aux victimes et de punir les responsables (*Opuz, préc.* ; *M.G. c/Turquie, préc*). Plus précisément, les services sociaux, dès lors qu'ils ont été mis en mesure d'avoir connaissance des sévices incriminés, ont l'obligation de prendre les mesures propres à prévenir de tels actes ou à les faire cesser, (*D. P. et J. C. c/ Royaume-Uni*, 10 oct. 2002, *RTDH*, 2003, 1355, obs. A. Gouttenoire). Pèse particulièrement sur l'État une obligation de protection des enfants en milieu scolaire contre les sévices sexuels, impliquant la mise en place d'une législation pénale efficace et des mécanismes effectifs de détection et de signalement des sévices éventuel, avec un dispositif de contrôle public lorsque l'enseignement primaire est délégué à une entité privée (*O'Keeffe c/ Irlande*, 28 janv. 2014, GC, § 162, *JCP G* 2014, act. 174, C. Picheral).

De la même manière, les autorités pénitentiaires doivent prendre les mesures visant à empêcher qu'un détenu soit maltraité par ses codétenus (*Pantea c/ Roumanie*, 3 juin 2003, *JCP G*, 2003, I, 160, n° 3, chron. F. Sudre ; *D.F. c/ Lettonie*, 29 oct. 2013, sanctionnant un manquement à cette obligation bien que le risque ne se soit pas matérialisé).

* En retenant la responsabilité des services sociaux du fait de sévices infligés à un enfant dans sa famille d'accueil, le Conseil d'État fait peser sur les services sociaux d'aide à l'enfance une obligation de vigilance qui s'inscrit parfaitement dans le cadre de la jurisprudence européenne (CE, 13 oct. 2003, *Mme Vinot*, *Dr. fam.*, 2004-1, comm. 14, A. Gouttenoire).

Dans le même esprit, le CEDS, prenant appui sur la jurisprudence européenne, estime que l'article 17 de la CSE fait obligation aux États d'interdire par la loi toute forme de violence à l'égard des enfants et des adolescents, quels que soient le lieu et l'identité des auteurs (récl. n° 19/2003, 20/2003, *OMCT c/ Italie et OMCT c/ Portugal*, déc. 7 déc. 2004, *RTDH*, 2005, 673, chron. J.F. Akandji-Kombé ; récl n° 92-2013, *Association pour la protection des enfants (APPROACH) c/France*, déc. 12 sept. 2014, *D* 2015, 1920, obs. A. Gouttenoire).

2° Cet « effet horizontal » se déploie aussi dans le cadre d'une combinaison des articles 3 et 8, l'État partie ayant l'obligation positive d'offrir une protection adéquate aux victimes de violence domestique (*E.S. c/ Slovaquie*, 15 sept. 2009) ou de promulguer et d'appliquer une législation pénale permettant de punir effectivement le viol (*M. C. c/ Bulgarie*, 4 déc. 2003, *RDP*, 2004, 803, obs. H. Surrel) ou encore de réprimer effectivement les abus sexuels sur enfants (*M. et C. c/ Roumanie*, 27 sept. 2011).

Revenant sur sa jurisprudence antérieure (*X et Y c/ Pays-Bas*, 26 mars 1985, A. 91), la Cour accepte en effet dans son arrêt *M. C.* de se placer sur le terrain de l'article 3, combiné avec l'article 8, pour connaître d'une affaire de viol, admettant ainsi que le viol constitue à la fois une violation du droit à l'intégrité physique et morale, protégé par l'article 3, et une violation du droit à la liberté sexuelle, consacré au titre de l'article 8 (*infra*, n° 459).

La prise en considération de l'évolution de la société vers une égalité effective et le respect de l'autonomie sexuelle de chaque individu la conduit à juger que l'absence de consentement – et non le recours à la force – est l'élément de définition du viol et des abus sexuels et qu'en conséquence les États membres ont l'obligation, en vertu des articles 3 et 8 de la Convention, « de pénaliser et de poursuivre de manière effective tout acte sexuel non consenti, même si la victime n'a pas opposé de résistance physique » (§ 166 ; *supra*, n° 163). La Cour s'appuie notamment sur la décision du TPIY, du 22 février 2001, *Kunarac, Kovac et Vukovic* (*AFDI*, 2001, 241, chron. H. Ascensio et R. Maison), qui définit le viol comme toute pénétration sexuelle sans le consentement de la victime.

3° L'État partie ne saurait cependant se prévaloir de manière abusive de cette obligation de protection issue de l'article 3. Celle-ci ne l'autorise pas à prendre des mesures préventives qui porteraient atteinte aux droits de la personne vecteur du risque potentiel de mauvais traitements à l'encontre d'autres personnes.

L'obligation de prévention de l'article 3 ne saurait donc justifier une privation de liberté contraire à l'article 5, telle la prolongation de la détention de sûreté de l'intéressé dans le but de protéger des victimes potentielles contre les délits sexuels graves que le requérant pouvait à nouveau commettre (*Jendrowiak c/ Allemagne*, 14 avr. 2011, *JCP G*, 2011 act. 596, F. Sudre)

### *B – Obligation procédurale*

**315** Obligation d'enquêter. — 1° L'obligation procédurale issue de l'article 3 (*Assenov c/ Bulgarie*, 28 oct. 1998, § 102) – similaire à celle tirée de l'article 2 (*supra*, n° 299) – est celle de procéder à une enquête officielle approfondie et effective, respectant le principe du contradictoire (*Kmetty c/ Hongrie*, 16 déc. 2003), en vue de l'identification et de la punition des responsables, chaque fois qu'il y a des motifs raisonnables de croire que des traitements contraires à l'article 3 ont été commis par des agents de l'État sur des personnes privées de liberté – qu'elles soient en garde à vue (*Assenov*, préc. ; *Selmouni*, préc., § 79), détenues en prison (*Labita c/ Italie*, 6 avr. 2000, *Indelicato*, 18 oct. 2001, préc.) ou placées en rétention administrative (*Slimani c/ France*, 27 juill. 2004) – ou sur la base de motifs racistes (*Cozbaru c/ Roumanie*, 26 juill. 2007, préc. n° 272).

La Cour précise que l'obligation procédurale d'enquête sur des actes de violence à motifs racistes découle tant de l'article 3 que de l'article 14 combiné avec l'article 3 (*Abdu c/ Bulgarie*, 11 mars 2014, § 46 ; *JCP G* 2014, act. 400, B. Pastre-Belda).

Cette obligation positive, qu'énonce également la Convention des Nations Unies contre la torture du 3 décembre 1984 (art. 12) et que le CDH met aussi en œuvre dans le cadre du PIDCP (n° 625/1995, *Freemantle c/ Jamaïque*, déc. 24 mars 2000, *A/55/40*, vol. II, 11), s'impose en raison de la nécessité de rendre efficace en pratique l'interdiction générale de la torture et des traitements inhumains ou dégradants qu'édicte l'article 3 en privant de toute impunité les agents de l'État qui méconnaîtraient cette interdiction (*Assenov*, préc. ; *Caloc c/ France*, 20 juill. 2000, § 89). En ce sens, elle a vocation à s'étendre au-delà de l'enquête et à couvrir la phase de jugement, s'il y a lieu, l'article 3 imposant aux instances judiciaires internes de ne pas laisser impunies des atteintes à l'intégrité physique et morale des personnes (*Okkali c/ Turquie*, 17 oct. 2006). Cela suppose que la sanction permette de remédier de manière adéquate au mauvais traitement subi et ait un caractère dissuasif (*Zontul c/ Grèce*, 17 janv. 2012).

Par là même, la Cour procède à un « dédoublement » du jeu de l'article 3 : la responsabilité de l'État peut être engagée pour violation de l'article 3 en cas de non-respect des dispositions substantielles et/ou de non-respect de l'obligation procédurale. La transgression de cette obligation procédurale constitue en soi une violation de l'article 3, qu'il y ait, par ailleurs, violation de l'obligation substantielle (*Dikme c/ Turquie*, 11 juill. 2000) ou non (voir *Assenov*, préc. ; *Labita*, préc.).

Cette démarche peut néanmoins s'avérer contradictoire lorsque la Cour, après avoir relevé une violation de l'obligation procédurale issue de l'article 3, conclut à la non-violation de l'obligation substantielle au motif que les faits allégués n'ont pas été établis « au-delà de tout doute raisonnable », alors même que l'incapacité pour l'intéressé de fournir des preuves suffisantes tient, pour l'essentiel, à l'absence d'enquête diligentée par les autorités (*Labita*, préc ; aussi, *Martinez Sala c/ Espagne*, 2 novembre 2004, § 145).

2° L'obligation faite à l'État de poursuivre les auteurs d'actes contraires à l'article 3 – ou à l'article 2 – l'emporte sur le principe *non bis in idem* qui ne peut faire obstacle à de telles poursuites (*Margus c/ Croatie*, 27 mai 2014, Gr. Ch. ; *infra* n° 447).

**316** DISPOSITIONS VOISINES. — 1° Par son arrêt de Grande Chambre *Ilhan c/ Turquie* (27 juin 2000, § 92), la Cour limite le jeu propre de l'obligation procédurale tirée de l'article 3. L'obligation de mener une enquête effective est désormais absorbée en principe par la notion de recours effectif de l'article 13 (*infra*, n° 431) et doit être sanctionnée à titre principal sur le terrain de l'article 13 (*Berktay c/ Turquie*, 1er mars 2001, § 167, *JCP G*, 2001, I, 342, n° 2, chron. F. Sudre ; *Bati et al. c/ Turquie*, 3 juin 2004) ; cela vaut également dans l'hypothèse de mauvais traitements administrés par des particuliers (*D. P. et J. C. c/ Royaume-Uni*, préc.).

Les rapports de l'article 3 avec l'article 13 ne sont toutefois pas clairs. Le juge européen se réserve la faculté d'examiner ladite obligation procédurale sous l'angle de l'article 3 en fonction des « circonstances particulières de l'espèce », soit que le requérant n'ait pas invoqué l'article 13 (*Dikme c/ Turquie*, préc.), soit que le défaut d'enquête effective menée par les autorités nationales empêche la Cour de se prononcer sur le volet substantiel de l'article 3 (*Kachiev et Akaïeva c/ Russie*, 24 févr. 2005, § 178). Mais il peut aussi sanctionner à la fois la violation de l'article 3 dans son volet procédural et celle de l'article 13 (*Cozbaru*, préc.) ou s'en tenir au seul article 3 (*Koutcherouk c/ Ukraine*, 6 sept. 2007).

2° L'obligation procédurale de l'article 3 est aussi étroitement liée à la notion de victime (*supra*, n° 202) et à la règle d'épuisement des voies de recours internes (art. 35, § 1, *supra*, n° 221).

Ainsi, en cas de mauvais traitement délibéré infligé par les agents de l'État en violation de l'article 3, l'octroi d'une indemnisation en l'absence de poursuites pénales ayant entraîné l'impunité de l'auteur des mauvais traitements (*Camdereli c/ Turquie*, 17 juill. 2008) ou, alors que l'enquête et les poursuites pénales ont été diligentes, l'infliction d'une sanction très légère manifestement disproportionnée au regard de la gravité de la violation commise (*Gäfgen c/ Allemagne,* 1er juin 2010, Gr. Ch.) ne font pas perdre à l'intéressé la qualité de « victime ».

Une plainte avec constitution de partie civile ne saurait passer pour un recours « utile » à exercer au sens de l'article 35 dès lors que les autorités nationales ont manqué à leur obligation d'enquête « effective » (*Henaf c/ France*, 27 nov. 2003, *D*, 2004, 1196, note D. Roets).

## II | Qualification des mauvais traitements

**317** Critères de définition. — La torture a été définie par la Convention contre la torture et autres traitements cruels, inhumains ou dégradants, adoptée sans vote par l'Assemblée générale des Nations Unies le 3 décembre 1984 et entrée en vigueur le 26 juin 1987, comme un acte par lequel des souffrances aiguës physiques ou mentales sont intentionnellement infligées à une personne par un agent de la fonction publique, ou à son instigation, dans un but déterminé (aveu, punition, intimidation…). Cette définition, qui ne vise que la torture « officielle », reprend les trois éléments constitutifs (intensité des souffrances, intention délibérée, but déterminé) énoncés par la Commission européenne dans *l'Affaire grecque* (*Ann.*, XII, Affaire grecque, p. 186 et 461) et repris par la Cour dans une jurisprudence constante (par ex., *El Masri c/ « l'ex-république yougoslave de Macédoine »*, 13 déc. 2012, Gr. Ch., § 211), mais laisse dans l'ombre les notions de traitements inhumains ou dégradants, considérés comme « moins » que la torture [1].

1. Selon le CDH, l'interdiction de l'article 7 du PIDCP va au-delà de la « torture » et vise aussi les peines corporelles, « y compris les châtiments excessifs infligés à titre de sanction pénale ou de mesure éducative ou disciplinaire » ou l'isolement cellulaire prolongé (obs. gén. n° 20 (44), du 3 avr. 1992, *A/47/40*, p. 190).

Ainsi le CCT estime que la torture (art. 1 Conv. 1984) est « plus grave » que les traitements cruels, inhumains et dégradants visés par l'art. 16 de la Convention (CCT, n° 291/2006, *Saadia Ali c/ Tunisie*, déc. 21 nov. 2008, A/64/44, 2009, p. 296, § 15.5).

Les organes de la CEDH ont précisé les trois concepts visés par l'article 3 en se fondant sur deux critères.

1° Le critère de l'intensité des souffrances infligées aux victimes permet de distinguer entre les types de « traitements » relevant de l'article 3 [1], emportant une différenciation du champ d'application de chacun des concepts – torture, traitement inhumain, traitement dégradant.

La protection de l'intégrité physique et morale relève aussi de l'article 8 (*infra*, n° 459).

La Cour européenne définit le traitement inhumain comme celui qui provoque volontairement des souffrances mentales ou physiques d'une intensité particulière.

Par exemple, une sanction disciplinaire infligée à un appelé dans le but délibéré de provoquer d'intenses souffrances physiques – et qui, de fait, provoqua son invalidité – constitue une peine inhumaine en violation de l'article 3 (*Chember c/ Russie*, 3 juill. 2008)

Un traitement est dégradant « s'il humilie ou avilit un individu, s'il témoigne d'un manque de respect pour sa dignité humaine, voire la diminue, ou s'il suscite chez l'intéressé des sentiments de peur, d'angoisse ou d'infériorité propres à briser sa résistance morale et physique » (*MSS c/ Belgique*, 21 janv. 2011, GC, § 220, *RTDH*, 2011-88, 1023, note C. Raux : conditions de détention de demandeurs d'asile).

Est tel, le châtiment judiciaire de la fustigation infligé dans l'île de Man (*Tyrer c/ Royaume-Uni,* 25 avr. 1978, A. 26, § 29 et § 32, *JDI,* 1980, 457, obs. P. Rolland), l'obligation faite à une personne placée dans un

1. Comme le dit la Commission, « toute torture constitue en même temps un traitement inhumain et dégradant, et tout traitement inhumain est nécessairement dégradant » (req. n° 19092/91, *Yagiz c/ Turquie*, Rapp. 16 mai 1995, § 49).

centre de dégrisement de se déshabiller complètement devant une personne de l'autre sexe (*Wiktorko c/ Pologne*, 31 mars 2009) ou une gifle donnée par un policier à un mineur (*Bouyid c/Belgique*, 28 sept. 2015, Gr. Ch., § 101, *RTDH* 2016-106, 541, note F. Sudre). Par ailleurs, le caractère public de la sanction ou du traitement constitue un élément pertinent d'appréciation du traitement dégradant (port de menottes en public : *Raninen c/ Finlande*, 16 déc. 1997, § 55, *RTDH*, 1999, 277, note J.M. Larralde ; *Erdogan Yagiz c/ Turquie*, 6 mars 2007). La Cour juge ainsi que l'enfermement d'un détenu dans une cage de métal lors de son procès public constitue « un affront à la dignité humaine, contraire à l'article 3 » (*Svinarenko et Slyadnev c/ Russie*, 17 juill. 2014, Gr. Ch., 138 ; *Ashot Harutyunyan c/ Arménie*, 15 juin 2010).

La qualification de torture est réservée à « des traitements inhumains délibérés provoquant de fort graves et cruelles souffrances », qu'elle marque « d'une spéciale infamie » (*Irlande c/ Royaume-Uni*, 18 janv. 1978, préc., § 167 ; *Selmounic/ France*, 28 juill. 1999, § 96, *GACEDH*, n° 13).

2° Le critère de l'appréciation relative de la gravité du mauvais traitement permet au juge européen de qualifier *in concreto* le mauvais traitement incriminé. L'appréciation relative dépend, selon une formulation classique, « de l'ensemble des données de la cause, notamment de la durée du traitement et des effets physiques ou mentaux, ainsi que, parfois, du sexe, de l'âge, de l'état de santé de la victime, etc. » (*Irlande c/ Royaume-Uni*, § 162 ; *Selmouni*, § 100) [1]. Cette démarche conduisait, en pratique, le juge européen à qualifier de traitements « inhumains » ou « inhumains et dégradants » les mauvais traitements infligés aux personnes soumises à leur autorité par les agents de l'État (police, forces armées, personnel pénitentiaire) [2], que l'usage de la violence soit occasionnel (*Tomasi c/ France*, 27 août 1992 ; *Tekin c/ Turquie*, 9 juin 1998) ou qu'il soit organisé et réponde à un plan préétabli (ainsi, dans l'affaire *Irlande*

1. Le CDH adopte une démarche similaire : n° 265/1987, *Vuolanne c/ Finlande*, déc. 8 juill. 1988, *A/44/40*, p. 266, § 9. 2.
2. Dans la jurisprudence du CDH, le plus souvent, conditions « inhumaines » ou « dégradantes » de détention et sévices physiques graves se conjuguent et conduisent le Comité à conclure à la violation de l'article 7 du Pacte pour traitements contraires au « respect de la dignité inhérente à la personne humaine » (n° 80/1980, *S. Vasilskis c/ Uruguay*, déc. 31 mars 1983, n° 88/1981, *D. Larrosa c/ Uruguay*, déc. 29 mars 1983, n° 139/1983, *H. Conteris c/ Uruguay*, déc. 17 juill. 1985, *Sélection…*, p. 110, 124 et 176). Voir, cependant, pour un traitement « dégradant » infligé à un détenu, CDH, n° 320/1988, *Victor Francis c/ Jamaïque*, *A/48/40*, 1993, § 801).

*c/ Royaume-Uni*, à propos des « techniques » d'interrogatoires « approfondis » utilisées par les forces armées britanniques en Irlande du Nord).

De fait, jusqu'à sa décision *Selmouni*, du 28 juillet 1999 (préc.), la Cour européenne n'avait retenu la qualification de « torture » que deux fois (contre la Turquie : *Aksoy c/ Turquie*, 18 déc. 1996, *JCP G*, 1997, I, 4000, n° 8, chron. F. Sudre, à propos du traitement de la « pendaison palestinienne » infligé par la police au requérant durant sa garde à vue ; *Aydin c/ Turquie*, 25 sept. 1997, à propos du viol de la requérante par des policiers durant sa garde à vue), à la différence du CDH qui a eu à connaître de nombreux cas de torture « classique » infligée à des personnes aux mains des autorités militaires ou policières (n° 74/1980, *M.A. Estrella c/ Uruguay*, déc. 29 mars 1983, *Sélection...*, p. 98 ; n° 147/1983, *L. A. Gilboa c/ Uruguay*, déc. 1er nov. 1985, *ibid.*, p. 84 ; n° 176/1984, *J. Penarrieta et autres c/ Bolivie*, déc. 2 nov. 1987, *ibid.*, p. 211).

* La Cour de cassation juge que le maintien dans un centre de rétention d'un enfant en bas âge accompagné de ses parents ne constitue pas en soi, à défaut d'appréciation concrète, un traitement inhumain au sens de l'article 3 (Civ. 1re, 10 déc. 2009, n° 08-14141 et 08-21101, *JCP G*, 2010, 127, note N. Guimezanes). Comparer avec *Muskhadzhiyeva et a. c/ Belgique*, 19 janv. 2010 (*JCP G*, 2010, act. 194, L. Milano) et *Popov c/ France*, 19 janv. 2012 (*JCP G*, 2012, act. 221, F. Sudre).

**318** INTERPRÉTATION ÉVOLUTIVE. — 1° Par sa décision *Selmouni c/ France* (28 juill. 1999, *GACEDH*, n° 13), la Cour européenne signifie clairement que la notion de « torture » doit faire l'objet d'une interprétation « évolutive ». Rappelant que la Convention est « un instrument vivant à interpréter à la lumière des conditions de vie actuelles », la Cour juge que, en raison des exigences présentes en matière de droits de l'homme, des actes autrefois qualifiés de « traitements inhumains et dégradants » doivent désormais recevoir la qualification de torture (§ 101).

Dans cette affaire (coups, humiliations, menaces infligés par des policiers au requérant lors des interrogatoires effectués durant sa garde à vue), le caractère répété et prolongé, « odieux et humiliant » des sévices exercés sur le requérant conduit la Cour, qui s'appuie sur la Convention des Nations Unies sur la torture (préc.), à relever que les actes de violence physique et morale commis ont provoqué des « douleurs et souffrances » aiguës « et revêtent un caractère particulièrement grave et cruel » et à retenir la qualification de « torture » (§ 105).

C'est l'abandon d'une politique jurisprudentielle faite de retenue et le signe que, désormais, les violences policières échapperont moins aisément à la qualification infamante de « torture » (par ex., *Dikme c/ Turquie*, 11 juill. 2000 ; *Ilhan*, 27 juin 2000, préc.), dès lors qu'elles répondent aux critères établis – intensité des souffrances, intention délibérée, but déterminé (pour un exemple très net, *Bati et al. c/ Turquie*, 3 juin 2004).

2° Participe également de cette actualisation de l'article 3 par le juge européen, le fait, sous réserve de conditions particulières (telles que la proximité de la parenté, la nature de la relation, la tentative d'obtenir des renseignements sur le disparu, le silence ou la passivité des autorités) de voir dans la « disparition » d'une personne (*Kurt c/ Turquie*, 25 mai 1998, § 133-134 ; *Chypre c/ Turquie*, 10 mai 2001, § 157 ; *Bazorkina c/ Russie*, 27 juill. 2006) [1] ou dans la mutilation de son cadavre (*Akkum et al. c/ Turquie*, 24 mars 2005) un traitement inhumain et/ou dégradant infligé au proche parent.

Ou encore, le fait pour la Cour de qualifier de traitement dégradant des mauvais traitements collectifs révélateurs d'une « intention d'intimider, d'humilier et de rabaisser » les habitants d'un village (*Ahmet Ozkan c/ Turquie*, 6 avr. 2004) ou de « traitement inhumain » l'incendie volontaire des maisons d'habitation dans les villages kurdes par les forces de l'ordre turques (*Selçuk et Asker c/ Turquie*, 24 avr. 1998 ; *Biligin c/ Turquie*, 16 nov. 2000) [2], bien qu'elle refuse, jusqu'à présent, de se prononcer sur l'existence d'une « pratique administrative », alors même que les deux éléments constitutifs de celle-ci – la répétition des actes et la tolérance officielle – paraissent bien caractériser la situation de la Turquie (*Aydin c/ Turquie*, 25 sept. 1997 ; *Ayder et al. c/ Turquie*, 8 janv. 2004, § 110).

Dans le même esprit, le juge européen relève qu'est en formation une pratique étatique considérant que l'exécution de la peine de mort, en toutes circonstances, constitue désormais un traitement

1. Il en va de même, selon la Cour interaméricaine, de l'isolement prolongé et de la privation de communication inhérents à une disparition forcée (*Velasquez Rodriguez*, 29 juill. 1988, *RUDH*, 1992, 146, § 156 et 187) et, pour le CDH, de la disparition de personnes (n° 449/1991, *Barbarin Mojica c/ République dominicaine*, déc. 15 juill. 1994, *A/49/40*, vol. II, p. 151 ; n° 1422/2005, *El Hassy c/ Lybie*, déc., 24 oct. 2007, A/63/40, 2008, vol. II, 162) ou du secret total entourant la date d'une exécution ainsi que le lieu de l'ensevelissement d'un individu (n° 973/2001, *Khalilova c/ Tadjikistan*, déc. 30 mars 2005, *A/60/40*, 2005, vol. II, 79, § 7, 7).
2. Le CCT (*infra*, n° 196) se prononce dans le même sens : comm. n° 161/2000, déc. 21 nov. 2002, *Hajrizi Dzemajl et consorts c /Serbie et Monténégro*, § 9. 2, Rapp., *A/58/44*, 2003.

inhumain et dégradant contraire à l'article 3 (*Öcalan*, 12 mai 2005, § 165, *Al-Saadoon et Mufdhi*, 2 mars 2010, § 120 ; *infra*, n° 623).

**319** ÉLARGISSEMENT DU CHAMP DE PROTECTION. — L'interprétation dynamique des concepts de « traitement inhumain ou dégradant » ou de « traitement dégradant » emporte une extension de leur champ d'application qui déborde le secteur « répressif » – peine judiciaire de la fustigation (*Tyrer*, 25 avr. 1978, préc.) [1], brimades infligées aux détenus par le personnel pénitentiaire (mesures vexatoires à caractère raciste, Com., déc. 5 mars 1976, *Hilton c/ Royaume-Uni*, *D. et R.*, 4, p. 177) ou aux personnes en état d'arrestation par les forces de police (obligation faite au requérant de porter des vêtements souillés : Com., Rapp. 8 juill. 1993, *Hutardo c/ Suisse*, § 68) – pour couvrir, notamment par le jeu de l'effet horizontal de l'article 3 (*supra* n° 314), certains domaines de la vie sociale ou certains actes d'origine privée.

1° Les punitions corporelles à l'école (Com. Rapp. 18 juill. 1986, *Warwick c/ Royaume-Uni, D. et R.*, 60, 5, § 86 ; *Campbell et Cosans c/ Royaume-Uni*, 25 févr. 1982, A. 48 ; *Costello-Roberts c/ Royaume-Uni*, 25 mars 1993, A. 247 C ou en privé *(A c/ Royaume-Uni* 23 sept. 1998), les traitements discriminatoires fondés sur des motifs raciaux (*aff. Patel dite des Asiatiques de l'Est africain*, Com. Rapp. 14 déc. 1973, *D. et R.*, 78 B, 5 : législation britannique sur l'immigration) ou sur l'orientation sexuelle (*Identoba et a. c/Géorgie*, 12 mai 2015, JCP G 2015, act. 597, B. Pastre-Belda : propos et comportements homophobes) en fournissent, notamment, l'illustration.

Ainsi, dans sa décision *Chypre c/ Turquie* (Gr. Ch. 10 mai 2001, § 309-311 ; *RTDH*, 2002, 807, obs. P. Tavernier), la Cour juge que les autorités turques imposent aux Chypriotes grecs vivant dans le nord de l'île, en raison de leur origine ethnique, de leur race et de leur religion, des conditions de vie (surveillance, isolement, restriction à la liberté de circulation) avilissantes et contraires au respect de la dignité humaine de ses membres et qualifie la discrimination ainsi pratiquée de traitement dégradant (aussi, *Moldovan et al. c/ Roumanie,* n° 2, 12 juill. 2005, *infra*).

1. Selon la jurisprudence du CDH, une peine judiciaire corporelle, telle la peine de fustigation, constitue une peine « cruelle, inhumaine et dégradante » contraire à l'article 7 du Pacte (n° 759/1997, *Osbourne c/ Jamaïque*, déc. 15 mars 2000, *A/55/40*, vol. II, 142 ; n° 928/2000, *Sooklal c/ Trinité et Tobago*, déc. 25 oct. 2001, *A/57/40*, vol. II, 251).

2° L'extension du champ de protection de l'article 3 au domaine de la santé doit être soulignée. La Cour européenne juge en effet que les actes et omissions des autorités nationales sont susceptibles, dans certaines circonstances, d'engager leur responsabilité au regard de l'article 3 lorsqu'elles sont en défaut de fournir un traitement médical approprié (*R.R. c/ Pologne*, 26 mai 2011, *RTDH* 2012-91, 609, note J.M. Larralde) ou lorsqu'elles méconnaissent le droit à l'autonomie du patient (*V.C. c/ Slovaquie*, 8 nov. 2011, § 31, *Dr. fam.*, 2012-2, étude 4, p. 9, K. Garcia).

Dans la première affaire, le refus délibéré de médecins de pratiquer les tests génétiques auxquels la requérante avait droit constitue un traitement contraire à l'article 3 en ce qu'il a fait subir à la requérante une angoisse extrême tenant à la santé du fœtus et à la perspective d'avoir un enfant atteint d'une maladie incurable (§ 159). Dans la seconde, le juge européen condamne la stérilisation forcée qui représente « une ingérence majeure dans l'état de santé reproductive d'une personne » et nécessite le consentement éclairé de cette dernière.

* Le Conseil d'État juge que les dispositions du Code de la santé publique (art. L. 2123-2) relatives à la stérilisation d'une personne handicapée sont, eu égard aux garanties définies, compatibles avec l'article 3 de la CEDH (CE, 26 sept. 2005, *Association collective contre l'handiphobie*, *JCP G*, 2005, I, 197, obs. L. Levoyer)

3° Le juge européen prononce une condamnation de principe de la prostitution contrainte, jugée « incompatible avec les droits et la dignité de la personne humaine » (*Tremblay c/ France*, 11 sept. 2007, *JCP G*, 2008, I, 110, n° 3, obs. F. Sudre). Le fait pour une autorité, une administration ou un organisme interne de contraindre, d'une manière ou d'une autre, une personne à se prostituer ou à continuer à se prostituer « constitue alors un traitement inhumain et dégradant » (§ 26). Mais la Cour ne se prononce pas sur la question de savoir si la prostitution est en elle-même contraire à l'article 3.

* La jurisprudence européenne n'a pas été sans influencer le juge interne. La Cour de cassation juge ainsi, à propos de sanctions vexatoires infligées à de jeunes pensionnaires autistes par le personnel éducatif d'une institution spécialisée, que « ne peuvent constituer des mesures éducatives des traitements dégradants imposés à des êtres humains » (Cass. crim., 2 déc. 1998, n° 97-84937, *D*, 2000, somm. 32,

obs. Y. Mayaud) ; le Conseil d'État, au visa de la CEDH, inscrit « le respect de la dignité humaine » au titre « des composantes de l'ordre public » et juge que l'attraction du « lancer de nain » « porte atteinte à la dignité de la personne humaine » (Ass., 27 oct. 1995, *Commune de Morsang-sur-Orge*, *RFDA*, 1995, 1204, concl. J. Frydman ; *D*, 1996, 179, note G. Lebreton).

**320** LIMITES. — Cependant, la jurisprudence européenne reste décevante à certains égards. Il faut notamment regretter que le juge européen refuse d'étendre le champ de protection du traitement dégradant à des situations d'extrême pauvreté et d'exclusion sociale, qui portent atteinte à la dignité de l'homme (Com., déc. 9 mai 1990, *Van Volsem*, note F. Sudre, *RUDH*, 1990, p. 349 : irrecevabilité d'une requête relative à des conditions de vie misérables) ; l'affirmation générale, selon laquelle la privation de toute ressource « n'atteint pas le seuil de gravité nécessaire pour que l'article 3 trouve à s'appliquer », est pareillement critiquable (Com., déc. 10 oct. 1994, *FN c/ France*, n° 18725/91). Une évolution est cependant perceptible.

La Cour européenne, d'une part, admet désormais le principe que le montant totalement insuffisant d'une pension et d'autres prestations sociales pour maintenir un niveau de vie minimum est susceptible de soulever une question au titre de l'article 3 (déc. 23 avr. 2002, *Larioshina c/ Russie*, n° 56869/00). D'autre part, tout en rappelant que l'article 3 ne fait pas obligation aux États de « garantir un droit au logement à toute personne relevant de leur juridiction », elle admet qu'« une situation de dénuement extrême peut soulever un problème sous l'angle de l'article 3 » (*MSS c/ Belgique et Grèce*, 21 janvier 2011, *RTDH*, 2011-88, 1023, note C. Raux) et accepte de qualifier de traitement dégradant des conditions de vie précaires conjuguées avec une discrimination raciale (personnes d'origine contraintes de vivre dans des caves, des écuries, des poulaillers : *Moldovan et al. c/ Roumanie n° 2*, 12 juill. 2005) ou imposées à des demandeurs d'asile (*MSS*).

En contrepoint, doit être notée la décision du CEDS du 5 juin 2008, *ATD Quart-Monde c/ France* (n° 33/2006) qui, constatant une violation de l'art. 30 CSE (droit à la protection contre la pauvreté et l'exclusion sociale), relève que « le fait de vivre en situation de pauvreté et d'exclusion sociale porte atteinte à la dignité de l'être humain » (§ 163).

## III | Les conditions de détention

**321** Des règles *minima*. — Si elle garantit par son article 3 le droit du détenu, comme de toute autre personne placée sous la juridiction de l'État, à ne pas subir de sévices de la part des agents de l'État (*Labita c/ Italie*, 6 avr. 2000, *supra*, n° 310) ou de ses codétenus (*Pantea c/ Roumanie*, 3 juin 2003 ; *Rodic et a c/ Bosnie*, 27 mai 2008, *supra*, n° 314), la CEDH ne consacre pas en soi un droit à des conditions de détention déterminées, à la différence du PIDCP (art. 10, § 1) et de la CADH (art. 5, § 2) qui stipulent que le détenu doit être « traité avec humanité et avec le respect de la dignité inhérente à la personne humaine »[1].

L'article 10, § 1 du Pacte se combine avec l'article 7, qui interdit la torture et les traitements cruels, inhumains ou dégradants, et, de plus, l'article 10 prévoit que les prévenus et les jeunes délinquants doivent être détenus séparément, d'une part, des condamnés et, d'autre part, des adultes et bénéficier de régimes de détention particuliers (art. 10, § 2 *a* et *b*, et § 3). Le CDH précise que les règles *minima* pour le traitement des détenus doivent être observées « même si des considérations économiques ou budgétaires peuvent rendre ces obligations difficiles à respecter » (n° 458/1991, *Womah Mukong c/ Cameroun*, déc. 21 juill. 1994, *A/49/40*, vol. II, p. 181, § 9. 3).

Selon le CDH, le harcèlement et les humiliations infligées par les autorités pénitentiaires à un détenu à cause de ses plaintes pour violation des droits de l'homme (n° 512/1992, *D. Pinto c/ Trinité et Tobago*, déc. 16 juill. 1996, *CCPR/C/57/D/512/1992*), la détention d'un prévenu pendant sa détention provisoire dans la même cellule que des condamnés (n° 708/1996, *Lewis c/ Jamaïque,A/52/40*, vol. I, § 503), la détention d'un mineur avec des adultes condamnés pendant la détention avant jugement et après sa condamnation (n° 800/1998, *Damian Thomas c/ Jamaïque*, *A/54/40*, 1999, vol. I, p. 95), la détention vingt-trois heures par jour dans une cellule insalubre, sans ventilation, ni lumière (n° 705/1996, *D. Taylor c/ Jamaïque*, déc. 2 avr. 1998, *A/53/40*, vol. II, p. 182), ou des temps trop réduits

1. Dans son observation générale n° 21 (44) du 6 avril 1992, le CDH affirme fortement que « traiter toute personne privée de liberté avec humanité et en respectant sa dignité est une règle fondamentale d'application universelle, application qui, dès lors, ne saurait dépendre des ressources matérielles disponibles de l'État partie » (*A/47/40*, p. 192, § 4).

accordés pour l'hygiène et l'exercice physique (n° 410/1990, *Csaba Parkanyi c/ Hongrie*, déc. 27 juill. 1992, *A/47/40*, p. 314) méconnaissent cette disposition, de même que des soins médicaux de qualité insuffisante (n° 232/87, *D. Pinto c/ Trinité et Tobago*, déc. 20 juill. 1990, *A/45/40*, vol. II, p. 79) ou leur absence même (n° 527/1993, *U. Lewis c/ Jamaïque*, déc. 18 juill. 1996, *CCPR/C/57/D/527/1993*), ou encore le refus continu et inexpliqué d'autoriser le détenu à accéder à son dossier médical (n° 726/1996, *Zheludkov c/ Ukraine*, déc. 29 oct. 2002, *A/58/40*, vol. II, 1).

De même qu'est un traitement inhumain, violant à la fois l'article 10 et l'article 7 du Pacte, une mise au secret de longue durée (n° 49/1979, déc. 24 mars 1983, *D. Marais c/ Madagascar*, *RUDH*, 1989, p. 70 ; n° 440/1990, *El-Megreisi c/ Libye*, déc. 23 mars 1994, *A/49/40*, vol. II, p. 135), le fait de laisser un prévenu sans nourriture pendant quatre jours et de l'interner dans des conditions d'hygiène inacceptables (n° 242/1987, *Birindiwa ci Birhashwirwa c/ Zaïre*, déc. 22 nov. 1989, *A/45/40*, 89), ou des mauvais traitements infligés par le personnel pénitentiaire à un détenu lors d'une tentative d'évasion de ses codétenus (n° 481/1991, *Villacrés Ortega c/ Équateur*, *A/52/40*, vol. I, § 493). Est un traitement dégradant, contraire à la fois aux articles 7 et 10, le fait de présenter à la presse un détenu enfermé dans une cage (n° 577/1994, *Espinoza de Polay c/ Pérou*, 6 nov. 1997, *A/53/40*, vol. II, 38).

Dans sa jurisprudence récente, le CDH tend cependant à ne plus combiner les articles 10 et 7. L'article 10 *lex specialis* « absorbe » l'article 7 *lex generalis* : selon le Comité, l'article 10, § 1 qui porte « spécifiquement sur la situation des personnes privées de liberté » a une « portée qui s'étend, en ce qui concerne ces personnes, aux éléments énoncés en termes généraux à l'article 7 ». En conséquence, le CDH, lorsqu'il constate la violation de l'article 10, § 1, juge inutile d'examiner le grief tiré de l'article 7 (n° 677/1996, *Teesdale c/ Trinité et Tobago*, déc. 1er avr. 2002, *A/57/40*, vol. II, 26 ; n° 695/1996, *Simpson c/ Jamaïque*, déc. 31 oct. 2001, *A/57/40*, vol. II, 56).

Par contre, la Convention européenne ne contient aucune disposition spécifique concernant le traitement des personnes détenues. Néanmoins, le Comité des ministres du Conseil de l'Europe, s'inspirant d'un texte similaire de 1957 du Conseil économique et social des Nations Unies, a adopté, en 1973, l'« Ensemble des règles minima pour le traitement des détenus », révisées et modernisées en 1987 (*Rec.*, n° R. (87) 3) et, en dernier lieu, en 2006 par les « Règles pénitentiaires européennes » (*Rec.* (2006), 2, 11 janv. 2006, Comité des ministres, Conseil de l'Europe).

Ces règles *minima*, très détaillées (conditions d'hygiène, soins médicaux, contacts avec le monde extérieur), complétées notamment par la *Rec.*, N° R (98) 7 du Comité des ministres relative aux aspects éthiques et organisationnels des soins de santé en milieu pénitentiaires, constituent un véritable « Code de la détention pénitentiaire » ordonné autour de deux grands principes : les conditions de la détention doivent assurer le respect de la dignité humaine ; la détention doit être appliquée de manière impartiale et sans discrimination. Bien que ces règles ne soient pas juridiquement obligatoires pour les États membres et ne constituent qu'un terme de référence, la Cour européenne y « attache un grand poids » (*Rivière c/ France*, 11 juill. 2006, § 72, *RTDH*, 2007-69, 261, note J.-P. Céré) et s'y réfère constamment (pour une application en droit interne : Tribunal fédéral suisse, 5 juin 1998, E., *RUDH*, 1998, 205 ; *infra*, n° 322 ss.).

### *A – Le droit à des conditions de détention conformes à la dignité humaine*

**322** L'APPLICABILITÉ DE L'ARTICLE 3 DE LA CEDH. — 1° Malgré l'absence de disposition spécifique de la Convention concernant les détenus, la Commission européenne des droits de l'homme a affirmé très tôt le principe que la détention ne privait pas le détenu des droits garantis par la Convention (déc. 8 mars 1962, *Ilse Koch*, *Ann.*, 5, 127) et, utilisant le mécanisme de la « protection par ricochet » (pour son étude, *infra*, n° 612), a jugé que les conditions de détention « peuvent tomber sous le coup de l'article 3 » (déc. 9 mai 1977, *X c/ Suisse*, *DR*, 11, 216). Dès lors, une peine de prison est « susceptible de soulever un problème, sous l'angle de l'article 3, par la manière dont elle est exécutée et par sa durée » (déc. 6 mai 1978, *Kotälla c/ Pays-Bas*, *DR*, 14, 238). Il en est notamment ainsi des peines perpétuelles incompressibles (*Vinter et a. c/ Royaume-Uni* (9 juill. 2013, Gr. Ch, *JCP G* 2013, act. 918, F. Sudre ; *Murray c/Pays_Bas*, Gr. Ch., 26 avril 2016, *JCP G*, 2016, act. 569, F. Sudre)

Après avoir affirmé qu'une peine perpétuelle était compatible avec l'article 3 dès lors qu'elle était « compressible *de jure* et *de facto* » (*Kafkaris c/ Grèce*, 12 févr. 2008, Gr. Ch., § 98 ; *Léger c/ France*, 11 avr. 2006, § 92, *D.*, 2006, 1800, note J.-P. Céré ; Cass. crim., 20 janv. 2010, n° 08-88.301), la Cour, se livrant à une interprétation constructive, juge que « l'article 3 doit être interprété comme exigeant » que les peines perpétuelles soient « compressibles » (*Vinter*, § 119). Cela implique « que pour demeurer compatible avec l'article 3, une peine perpétuelle doit offrir à la fois une chance d'élargissement et une possibilité de réexamen » (§ 110), afin que les autorités nationales puissent « rechercher si, au cours de l'exécution de sa peine, le détenu a tellement évolué et progressé sur le chemin de l'amendement qu'aucun motif légitime d'ordre pénologique ne permet plus de justifier son maintien en détention » (§ 119). Le droit national doit donc offrir au détenu condamné à perpétuité une chance d'élargissement, la Cour insistant sur le fait qu'une « nette tendance » se dégage de la pratique des États contractants en faveur d'un premier réexamen dans un délai de 25 ans au plus après l'imposition de la peine. La Cour juge ainsi compatible avec l'article 3 la possibilité de réexamen de la peine de réclusion criminelle à perpétuité offerte par l'article 720-4 CPP (*Bodein c/ France*, 13 nov. 2014).

L'arrêt *Murray* vient préciser l'exigence de compressibilité *de facto* d'une peine perpétuelle. Prenant appui sur l'article 10 § 3 du PIDCP et les règles pénitentiaires européennes, la Cour met l'accent sur le principe de réinsertion des détenus et la possibilité pour ceux-ci de s'amender. Elle fait alors découler de l'article 3 une obligation positive à la charge de l'État de « mettre en place » un dispositif de réinsertion propre à donner aux détenus à vie « une possibilité réaliste de s'amender et de nourrir ainsi un espoir d'être remis en liberté » (§ 112).

L'existence de cette possibilité *réaliste* conditionne la compressibilité *de facto* de la peine perpétuelle et, partant, sa compatibilité avec l'article 3.

Cette exigence de « compressibilité » est absolue et s'impose même si le condamné est l'auteur de crimes terroristes particulièrement graves (*Öcalan c/ Turquie (n° 2),* 18 mars 2014, § 205).

* Le Conseil d'État reprend à son compte l'exigence d'incompressibilité de l'article 3 (CE, 9 nov. 2015, n° 387245).

2° La Cour européenne, par son arrêt *Kudla c/ Pologne* du 26 octobre 2000 (Gr. Ch., *GACEDH*, n° 14), va très au-delà de cette protection indirecte. Par une interprétation constructive de l'article 3, la nouvelle Cour consacre un nouveau droit, le droit de tout prisonnier à être « détenu dans des conditions qui sont compatibles avec le respect de la dignité humaine » (§ 94)[1]. Le bénéfice de ce droit est, « par analogie », étendu aux autres personnes privées de liberté, telles celles placées en rétention administrative (*Slimani c/ France*, 27 juill. 2004, § 28), en zone de transit en attente d'une mesure d'éloignement (*Riad et Idiab c/ Belgique*, 24 janv. 2008, § 98) ou dans un centre de rétention pour migrants (*Khlaifia et a. c/ Italie*, 1er sept. 2015, *JCP G* 2016, doctr. 65, n° 6, F. Sudre).

1. Le droit au respect de la vie privée et familiale des détenus est également garanti par le juge européen.

Les conditions d'applicabilité du droit sont celles définies initialement par la jurisprudence européenne relative à la torture et aux traitements inhumains et dégradants (Irlande c/ Royaume-Uni, 18 janv. 1978, *supra*, n° 305) : le mauvais traitement doit atteindre « un minimum de gravité » pour tomber sous le coup de l'article 3, l'appréciation de ce minimum étant « relative par essence » (par ex., *Enea c/ Italie*, 17 sept. 2009, Gr. Ch., § 67). Le contenu du droit s'ordonne autour d'une double obligation – d'abstention et d'action – pesant sur l'État.

* Se fondant sur l'article 3 de la CEDH et reprenant la motivation même de l'arrêt *Kudla* (préc), le Conseil d'État juge que « tout prisonnier a droit à être détenu dans des conditions conformes à la dignité humaine » (CE, 6 déc. 2013, *M.B.*, n° 363290, *AJDA*, 2014, 237, concl. D. Hedary ; CE, 30 déc. 2014, *Section française de l'OIP*, n° 364774). Le Conseil constitutionnel fait également référence, sur le fondement du Préambule de la Constitution de 1946, au « principe à valeur constitutionnelle » de « la sauvegarde de la dignité de la personne » (déc. n° 2009-593 DC, 19 nov. 2009, Loi pénitentiaire, *AJDA*, 2009, 2425, obs. P. Wachsmann).

**323** OBLIGATION NÉGATIVE. — L'État partie a l'obligation de ne pas soumettre les détenus à des conditions de détention constitutives d'un mauvais traitement contraire à l'article 3. Les modalités d'exécution de la peine de prison ne doivent pas soumettre l'intéressé « à une détresse ou à une épreuve d'une intensité qui excède le niveau inévitable de souffrance inhérent à la détention » (*Kudla c/ Pologne*, § 94 ;

* Le Conseil d'État fait application de cette jurisprudence : CE, 6 déc. 2013, *M.B.*, n° 363290 (préc : détenu handicapé) ; CE, 30 déc. 2014, *Section française de l'OIP*, n° 364774 (préc : quartiers disciplinaires).

Cette obligation négative reprend l'acquis jurisprudentiel de l'ancienne Commission mais, recourant au principe de l'interprétation évolutive posé par son arrêt *Selmouni c/ France* du 28 juillet 1999 (*supra*, n° 310), le juge européen abaisse le seuil minimum de gravité requis pour tomber sous le coup de l'article 3 et estime que certains actes autrefois exclus du champ d'application de l'article 3 en relèvent aujourd'hui ; ainsi, le fait d'enchaîner à son lit d'hôpital, la nuit précédant une intervention chirurgicale, un détenu âgé de

75 ans relève d'un « traitement inhumain » (*Henaf c/ France*, 27 nov. 2003, *D*, 2004-17, 1196, note D. Roets).

1° Le détenu ne doit pas être soumis à des traitements poursuivant le but – et ayant eu pour effet – de l'humilier ou de le rabaisser dans sa personnalité, créant un sentiment d'angoisse et d'infériorité. L'intention délibérée d'humilier est ici le critère décisif qui permet de qualifier, au sens de la jurisprudence européenne, un tel traitement de « dégradant » (*Raninen c/ Finlande*, 16 déc. 1997, § 55 ; par ex., *Duval c/ France*, 29 mai 2011, détenu entravé et menotté lors d'examens médicaux intimes en présence des surveillants). Il en va ainsi pour les fouilles corporelles « intégrales ».

Si une fouille « intégrale » peut parfois être nécessaire à la sécurité de l'établissement pénitentiaire ou à la défense de l'ordre et à la prévention des infractions pénales, elle doit être conduite de manière convenable dans le respect de la personne du détenu afin de ne pas « amoindrir sa dignité humaine » (*Valasinas c/ Lituanie*, 24 juill. 2001, fouille intégrale ; aussi, *Iwanczuk c/ Pologne*, 15 nov. 2001). La Cour européenne sanctionne le caractère arbitraire de fouilles intégrales systématiques, non justifiées par des impératifs de sécurité, pratiquées sur le détenu (*Frérot c/ France*, 12 juin 2007, *JCP G*, 2007, I, 182, n° 2 chron F. Sudre ; *Khider c/ France*, 9 juill. 2009, *JCP G*, 2010, doctr. 70, F. Sudre ; *El Shennawy c/ France*, 20 janv. 2011, *D.*, 2011, 1311, obs. J.-P. Céré).

* Le Conseil d'État affirme sa compétence pour contrôler les fouilles intégrales des détenus. Après avoir jugé les fouilles intégrales, prévues par la circulaire du garde des Sceaux du 14 mars 1986 prise en application de l'article D. 275 C. pr. pén., compatibles avec l'article 3 de la Convention, « compte tenu des mesures prévues pour protéger l'intimité et la dignité des détenus et eu égard aux contraintes particulières afférentes au fonctionnement des établissements pénitentiaires » (CE, 8 déc. 2000, *Frérot*, *RFDA*, 2001, 261), il encadre au fond le régime des fouilles intégrales et, se fondant sur l'article 3 de la CEDH, subordonne la légalité de ce régime à la double condition de la nécessité de telles fouilles (impératif de sécurité) et à la proportionnalité des modalités retenues (CE, 14 nov. 2008, n° 315622, *El Shennawy*, *RFDA*, 2009, 957 obs. D. Pollet-Panoussis ; CE, 26 sept. 2012, n° 359479).

2° L'isolement absolu du détenu est prohibé par l'article 3. La Cour européenne, suivant la jurisprudence de la Commission [1], dis-

1. Déc. 8 juill. 1976, *Ensslin, Baader et Raspe c/ RFA*, *DR*, 14, 64 ; déc. 9 juill. 1991, *Treholt c/ Norvège*, *DR*, 71, 168. Il faut toutefois préciser que la Commission, interprétant strictement le caractère « total » de l'isolement, n'a jamais retenu de violation de l'article 3 (Rapp. 16 déc. 1982, *Kröcher et Möller c/ Suisse*, *DR*, 34, 25 ; Rapp. 14 mai 1987, *Dhoest c/ Belgique*, *DR*, 55, 42).

tingue clairement entre l'exclusion d'un détenu de la collectivité carcérale pour des motifs de sécurité, de discipline ou de protection, qui ne constitue pas en elle-même une peine ou un traitement inhumain – il en va ainsi d'un placement en quartier de haute sécurité – et l'isolement total (à la fois sensoriel et social) qui « peut détruire la personnalité et constitue une forme de traitement inhumain qui ne saurait se justifier par les exigences de sécurité ou toute autre raison » (déc. 8 juin 1999, *Messina c/ Italie,* n° 25498/94 ; *Lorsé et autres c/ Pays-Bas,* 4 févr. 2003) [1]. Pour apprécier si l'isolement d'un détenu est compatible avec l'article 3, le juge européen tient compte de sa rigueur, de sa durée, de l'objectif poursuivi et de son effet sur le détenu.

Ainsi, l'isolement prolongé d'un détenu (huit ans), prononcé par mesure de précaution et de sécurité (art. D. 283-1 C. pr. pén.), dont la « personnalité et la dangerosité hors normes » justifient aux yeux de la Cour des « mesures extraordinaires de sécurité », n'atteint pas le minimum de gravité requis pour tomber sous le coup de l'article 3 (terroriste Carlos : *Ramirez Sanchez c/ France,* 4 juillet 2006, Gr. Ch. ; *RTDH,* 2007-69, 247, note P. Poncela ; en sens contraire, pour un isolement social relatif, *Öcalan c/ Turquie (n° 2)*, 18 mars 2014, § 146). Les décisions de prolongation d'une mesure d'isolement doivent obéir à une motivation qui doit être « au fil du temps, de plus en plus approfondie et convaincante » (*Bamouhammad c/Belgique,* 17 nov. 2015).

Des conditions de détention dans un quartier de haute sécurité portent atteinte à la dignité humaine du détenu et constituent un traitement inhumain et dégradant, du fait de la combinaison de mesures de sécurité rigoureuses et d'une pratique de fouilles corporelles systématiques ne reposant sur aucune justification convaincante en matière de sécurité (*Lorsé,* préc. ; voir aussi *G. B. c/ Bulgarie,* 11 mars 2004). De même, une garde à vue d'une durée excessive en isolement total est susceptible de constituer un traitement contraire à l'article 3 (*Sadak c/ Turquie,* 8 avr. 2004).

L'État a, en la matière, une obligation particulière de vigilance médicale (surveillance de l'état de santé, évaluation psychiatrique ; *Rohde c/ Danemark,* 21 juill. 2005).

Un placement en cellule disciplinaire d'un détenu souffrant de graves problèmes mentaux n'est alors pas compatible « avec les exigences d'un

1. Il en va de même du CDH : n° 458/1991, *Womah Mukong.*

traitement humain » (*Renolde c/ France*, 16 oct. 2008, § 128, *JCP G*, 2008, II, 10196, note B. Belda).

324 OBLIGATION POSITIVE. — Pèse sur l'État partie l'obligation d'assurer des conditions de détention conformes à la dignité humaine.

Cette obligation positive s'inscrit dans la ligne des obligations positives dégagées de l'article 3 par le juge européen en matière de mauvais traitements sur les personnes privées de liberté, notamment sur les détenus (*Labita c/ italie*, 6 avr. 2000 ; *Pantéa c/ Roumanie*, 3 juin 2003, *supra*, n^os^ 313 et 314) : obligation procédurale similaire (*supra*, n° 315) de mener une enquête effective en cas d'allégation défendable de conditions de détention contraires à l'article 3 (*Valasinas*, préc.) et, surtout, obligation substantielle d'assurer « eu égard aux exigences pratiques de l'emprisonnement, la santé et le bien-être du prisonnier (…) de manière adéquate » (*Kudla*, 26 oct. 2000, § 94). Il s'agit là d'une obligation relative, puisqu'elle prend en compte les contingences ordinaires de l'emprisonnement, qui se décline principalement au titre des conditions matérielles de détention et de la protection de la santé des détenus. *Infra* n° 437.

La CJUE reprend à son compte l'obligation positive d'assurer des conditions de détention garantissant le respect de la dignité humaine issue de la jurisprudence de la Cour EDH : CJUE, 5 avr. 2016, *Pál Aranosi et Robert Caldararu*, C-404/15 et C-659/15, § 90, *JCP G* 2016, act, 440, D. Berlin.

325 CONDITIONS MATÉRIELLES DE DÉTENTION. — Considérant que l'absence d'une véritable intention d'humilier ou de rabaisser l'intéressé n'exclut pas une violation de l'article 3, le juge européen admet désormais que des conditions de détention objectivement inacceptables portent atteinte à la dignité de la personne et, provoquant chez l'intéressé « des sentiments de désespoir et d'infériorité propres à l'humilier et le rabaisser, voire à briser sa résistance physique et morale », constituent un traitement dégradant (*Dougoz c/ Grèce*, 6 mars 2001, *Peers c/ Grèce*, 19 avr. 2001, *JCP G*, 2001, I, 342, n° 4, chron. F. Sudre ; *Riad et Idiab*, préc., § 107). Le critère des « effets cumulatifs » des conditions de détention – conditions matérielles (surpopulation des cellules, absence de lits, conditions

sanitaires déplorables, absence d'aération, insalubrité ; *Dougoz c/ Grèce*, § 46), effets préjudiciables sur la santé (*Nevmerjitsky c/ Ukraine*, 5 avr. 2005), durée de la détention (*Kalashnikov c/ Russie*, 15 juill. 2002, § 102) – est décisif pour une telle qualification.

La Cour pose le critère (dans un arrêt pilote) que l'absence d'un des trois éléments suivants – possibilité de couchage individuel dans la cellule, disposition pour chaque détenu d'au moins 3 m² au sol, surface globale de la cellule autorisant les détenus à circuler librement entre les meubles – créait une « forte présomption » que les conditions de détention sont constitutives d'un traitement dégradant contraire à l'article 3 du fait du manque d'espace personnel (*Ananyev et a. c/Russie*, 10 janv. 2012, § 148), mais admet toutefois que cette « forte présomption » peut dans certaines circonstances être renversée par les aspects cumulés des conditions de détention (*Mursic c/Croatie*, 12 mars 2015, § 56).

Par exemple, *Payet c/ France*, 20 janv. 2011 (*D*, 2011, 643, note J.-P. Céré) : l'insalubrité, le caractère exigu de la cellule, l'absence d'ouverture et l'éclairage insuffisant s'analysent en un « traitement inhumain et dégradant » (§ 85).

La Cour étend cette qualification aux transfèrements répétés (ou « rotations de sécurité ») d'une prison à l'autre, susceptibles de créer un sentiment d'angoisse aiguë chez le détenu (*Khider c/ France*, 9 juill. 2009, *JCP G*, 2010, doctr. 70, F. Sudre ; *Payet c/ France*, 20 janv. 2011, préc.).

Cette jurisprudence intègre *de facto* dans l'article 3 les « Règles pénitentiaires européennes » (*supra*, n° 321) et prend appui sur les rapports du Comité européen pour la prévention de la torture (par ex., *Slimani*, préc.) ; contrôle juridictionnel et contrôle préventif (*infra*, n° 327) conjuguent désormais leurs effets pour garantir la protection des droits des détenus.

* La jurisprudence européenne influence manifestement le juge administratif (*supra* n° 322). Se fondant sur les articles 2 et 3 de la CEDH, le juge des référés au Conseil d'État énonce l'obligation positive pour l'administration pénitentiaire de protéger la vie des détenus et de leur éviter tout traitement inhumain et dégradant et constate que la carence de celle-ci a créé à la prison des Baumettes une situation (état de dégradation des cellules, prolifération des espèces nuisibles) affectant la dignité des détenus et « de nature à porter une atteinte grave et manifestement illégale » à leurs libertés fondamentales (CE, ord., 22 déc. 2012, *Section française de l'OIP et a.*, n° 364584, *JCP G*, 2013, note 87, O. Le Bot). De même, il a été jugé

que, eu égard à la taille des cellules, la promiscuité et l'absence de respect de l'intimité, de telles conditions de détention n'assurent pas le respect de la dignité inhérente à la personne humaine, méconnaissent l'article D 89 CPP et engagent la responsabilité de l'État (CAA Douai, 12 nov. 2009, *AJDA*, 2010,, 42, note J. Lepers ; TA Rouen, 27 mars 2008, *Donat*, *D.* 2008, 1959, note M. Herzog-Evans).

Les Règles pénitentiaires comme la jurisprudence de la Cour ont également pesé sur certaines dispositions de la loi pénitentiaire n° 2009-1436 du 24 novembre 2009, s'agissant, notamment du régime des fouilles corporelles, du placement en cellule disciplinaire ou de la sécurité et de la santé des détenus (*D* 2010, 31, obs. M. Herzog-Evans).

Il faut également souligner que le Conseil constitutionnel, depuis sa décision n° 2014-393 QPC du 25 avril 2014 (M. Angelo R ; aussi, déc. n° 2015-485 QPC), affirme que les personnes détenues « bénéficient des droits et libertés constitutionnellement garantis dans les limites inhérentes à la détention » et fait peser sur le législateur l'obligation positive de « fixer les règles concernant les garanties fondamentales accordées aux personnes détenues ».

**326** PROTECTION DE LA SANTÉ DES DÉTENUS. — Les autorités pénitentiaires ont également une obligation de protéger la santé du détenu, qui, outre l'obligation de le nourrir convenablement (*Moisejevs c/ Lettonie*, 15 juin 2006), comporte trois volets (*Xiros c/ Grèce*, 9 sept. 2010).

Si le détenu est un mineur, l'État a l'obligation de protéger sa santé dans le respect des normes médicales énoncées, notamment, par les Règles européennes de 2008 pour les délinquants mineurs faisant l'objet de sanctions et par l'article 3 § 3 de la CIDE (*Blokhin c/Russie*, 23 mars 2016).

1° Obligation (qui se déploie aussi au titre de l'art. 2 ; *supra*, n° 302) d'administrer les soins médicaux appropriés requis par l'état de santé du détenu. L'intervention d'un médecin n'ayant aucun lien avec l'autorité pénitentiaire constitue alors, aux yeux du juge européen, une importante garantie contre les mauvais traitements physiques ou mentaux des détenus (*Mathew c/ Pays-Bas*, 29 sept. 2005). La Cour européenne ne se retranche plus, comme par le passé, derrière une commode présomption de conformité à l'article 3 des traitements médicaux administrés aux détenus, notamment aux aliénés, qui la conduisait à juger qu'une mesure dictée par une « nécessité thérapeutique » ne saurait, en général, passer pour inhumaine ou dégradante (*Herczegvalfy c/ Autriche*, 24 sept. 1992, A. 244, § 82, *JDI*, 1993, 748, obs. E. Decaux ; voir aussi, *Aerts c/ Belgique*,

30 juill. 1998). Elle affirme aujourd'hui le principe, par son arrêt *Keenan c/ Royaume-Uni* (3 avr. 2001), qu'un traitement infligé à un malade mental peut être « incompatible avec les normes imposées par l'article 3 s'agissant de la protection de la dignité humaine » (§ 112) et contrôle non seulement l'existence même des soins médicaux (*McGlinchey c/ Royaume-Uni*, 29 avr. 2003 : carence des soins procurés à une héroïnomane), mais encore le caractère « adéquat et raisonnable » du traitement médical (*Rivière c/ France*, 11 juill. 2006).

Dans l'affaire *Keenan* (atteint de paranoïa et manifestant des tendances suicidaires, M. Keenan s'est suicidé après avoir été placé par mesure disciplinaire en cellule d'isolement), la Cour, soulignant « les graves lacunes » dans les soins médicaux prodigués, juge que l'intéressé a subi un traitement et une peine inhumains et dégradants.

Désormais, le juge européen s'assure ainsi que la nécessité d'un traitement médical forcé administré à un détenu atteint de troubles psychiques est établie de manière convaincante (*Gennadiy Naumenko c/ Ukraine*, 12 févr. 2004). D'une manière générale, en l'absence de nécessité thérapeutique, un traitement médical imposé de force à un détenu constitue une « torture » (ainsi, l'alimentation forcée d'un détenu qui fait la grève de la faim : *Nevmerjitsky c/ Ukraine*, 5 avr. 2005, § 97 ; *Ciorap c/ Moldova*, 19 juin 2007) ou un « traitement inhumain » (*Ciorap c/ Moldova n° 4*, 8 juill. 2014 : intervention chirurgicale).

Plus généralement, les détenus atteints de graves troubles mentaux doivent pouvoir être placés et soignés dans un service hospitalier doté de l'équipement adéquat et disposant d'un personnel qualifié, conformément aux règles pénitentiaires européennes (*Slawomir Musial c/ Pologne*, 20 janv. 2009 ; G. c/ France, 23 février 2012).

De plus, la Cour procède à un renversement de la charge de la preuve et en l'absence de documents médicaux pertinents fournis par l'État défendeur et attestant que l'intéressé a bénéficié d'un diagnostic rapide et d'un traitement adéquat de sa maladie pendant sa détention, conclut à la violation de l'article 3 (*Metchenkov c/ Russie*, 7 févr. 2008, § 111 ; *Kotsaftis c/ Grèce*, 12 juin 2008, § 58).

2° Obligation de veiller à ce que le détenu a la capacité de purger sa peine. Cela suppose de ne pas maintenir un détenu en détention si celle-ci est inconciliable avec l'âge avancé du détenu ou son état de santé. Systématisant la jurisprudence antérieure de la Commission (rapp. 5 déc. 1979, *Bonnechaux c/ Suisse*, *DR*, 18, 124 ; rapp. 8 déc. 1982, *Chartier c/ Italie*, *DR*, 33, 41), la Cour apprécie la compatibilité du maintien en détention avec l'article 3 au regard de trois critères, « la condition du détenu, la qualité des soins dispensés, l'opportunité de maintenir la détention en vu de l'état de santé du requérant » (*Farbtuhs c/ Lettonie*, 2 déc. 2004, *RDP*, 2004, 770, obs. F. Sudre : violation ; pour un exemple de non-violation, déc. 7 juin 2001, *Papon c/ France*, *D*, 2001, 2335, note J.-P. Céré) [1].

Le maintien en détention d'un détenu cancéreux, contraint à des transferts en milieu hospitalier pour suivre une chimiothérapie, porte ainsi atteinte à la dignité de l'intéressé en lui faisant endurer « une souffrance allant au-delà de celle que comportent inévitablement une peine d'emprisonnement et un traitement anticancéreux » et constitue un traitement inhumain et dégradant (*Mouisel c/ France*, 14 nov. 2002, § 48, *RTDH*, 2003, 999, obs. J.-P. Céré).

* La Cour souligne que le port de menottes ou d'entraves imposé aux détenus pendant leur transport en vue d'une consultation médicale à l'extérieur de l'établissement pénitentiaire ainsi que lors de la consultation et des soins médicaux est susceptible de constituer un traitement contraire à l'article 3 s'il est disproportionné au regard des nécessités de la sécurité (§ 47) ; selon le Conseil d'État, de telles mesures ne sont pas contraires à l'article 3 dès lors qu'elles sont adaptées et proportionnées à la dangerosité du détenu et au risque d'évasion et ne constituent pas « un traitement excédant par lui-même le niveau de contrainte strictement nécessaire au déroulement d'une consultation médicale dans des conditions de sécurité satisfaisantes » (CE, 30 mars 2005, *Observatoire international des prisons*, n° 276017, *Rec.*).

Notons que la Cour relève que la possibilité de suspension de la peine en cas de dégradation de la santé du détenu offerte par le nouvel article 720-1-1 CPP (loi du 4 mars 2002) constitue désormais une garantie adéquate (aussi, *Matencio c/ France*, 15 janv. 2004).

* Dans l'esprit de la jurisprudence européenne et au visa de l'article 3 CEDH, la Cour de cassation juge qu'il résulte de l'article 63-3 CPP que la poursuite de la garde à vue d'une personne dans des conditions incompatibles avec son état de

1. La Cour juge que la situation du requérant (âgé de plus de 90 ans, cardiaque) n'atteint pas un niveau de gravité suffisant pour entrer dans le champ d'application de l'article 3, dès lors que les autorités nationales ont satisfait à leur obligation de soins médicaux.

santé « porte nécessairement atteinte à ses intérêts » (Crim. 27 oct. 2009, n° 09-82.505, *D* 2010, 245, note P.-J. Delage).

3° Obligation de fournir un environnement carcéral adapté à la santé du détenu, particulièrement en cas d'handicaps physiques, afin que ne soit pas porté atteinte à son intégrité morale. Une personne gravement handicapée (*Price c/ Royaume-Uni*, 10 juill. 2001) ou malade (Bragadireanu c/ Roumanie, 6 déc. 2007) doit alors bénéficier de conditions de détention adaptées à ses besoins spécifiques, sauf à constituer un traitement dégradant au sens de l'article 3.

Ainsi de la détention d'un handicapé, paraplégique, dans une prison où il ne peut ni quitter sa cellule, ni se déplacer par ses propres moyens (*Vincent c/ France*, 24 oct. 2006, *JCP G*, 2007, II, 10007, note J.-B. Thierry ; aussi, *Helhal c/France*, 19 févr. 2015, *JCP G* 2015, note 481, B, Pastre-Belda). Le Conseil d'État s'inscrit dans la droite ligne de la jurisprudence *Price* (CE, 6 déc. 2013, *M.B.*, n° 363290, *AJDA* 2014, 237, concl. D. Hedary).

De même, l'État partie a l'obligation positive de prendre des mesures appropriées afin de protéger un détenu contre les effets nocifs du tabagisme passif lorsque son état de santé l'exige (*Elefteriadis c/ Roumanie*, 25 janv. 2011).

Le juge européen prend néanmoins soin de préciser que l'on ne saurait déduire de l'article 3 une obligation générale de libérer un détenu, ou de le transférer dans un hôpital civil, pour motifs de santé (*Mouisel*, préc., § 40), dès lors qu'il bénéficie en prison de soins médicaux adéquats (*Scoppola c/ Italie*, 10 juin 2008, § 50).

**327** La détention dans le couloir de la mort. — La question spécifique de la détention, après une condamnation à mort, dans l'attente de l'exécution de la peine capitale fait également l'objet d'une appréciation renouvelée. Par son arrêt *Soering* du 7 juillet 1989 (*GACEDH*, n° 16) – dont s'est inspiré le Comité des droits de l'homme (n° 470/1991, *Kindler c/ Canada*, déc. 30 juill. 1993, § 15. 1, *RUDH*, 1994, 165)-, la Cour européenne, faisant application des principes classiques de sa jurisprudence *Irlande c/ Royaume-Uni* (préc.), avait jugé qu'une détention dans le « couloir de la mort » était susceptible, au vu de la situation personnelle du condamné (sexe, âge, état de santé), des conditions de détention dans l'attente de l'exécution et de la durée de la détention avant l'exécution, de constituer un traitement contraire à l'article 3 (*infra*, n° 623). Pour apprécier si une détention dans le « couloir de la mort » est compatible avec l'article 3, le juge européen conjugue désormais les principes de sa jurisprudence *Soering* relative au « syndrome du couloir de la mort » avec ceux de sa jurisprudence *Kudla* sur les conditions de détention.

Par exemple, dans sa décision *Ilascu et al. c/ Moldavie et Russie* (Gr. Ch., 8 juill. 2004, *GACEDH*, n° 70), l'angoisse omniprésente de l'exécution de la peine capitale ressentie par le requérant durant une longue détention se combine aux conditions de détention dans le couloir de la mort (régime d'isolement sévère, cellule non chauffée, absence de soins médicaux, pouvoir arbitraire des autorités pénitentiaires) pour constituer un traitement « particulièrement grave et cruel » méritant la qualification de torture (§ 440 ; aussi, *Poltoratskiy c/ Ukraine*, 29 avril 2003).

### *B – Le contrôle du respect de l'interdiction*

**328** Un mécanisme préventif. — 1° Dans le cadre du Conseil de l'Europe, le contrôle judiciaire de la CEDH a été complété par un mécanisme non judiciaire d'inspection préventive, instauré par la Convention européenne pour la prévention de la torture et des peines ou traitements inhumains ou dégradants du 26 novembre 1987 (entrée en vigueur le 1er février 1989 ; 47 ratifications)[1]. Son unique objet est d'instituer un Comité européen pour la prévention de la torture (CPT) chargé de visiter, après notification à l'État intéressé, n'importe quel lieu de détention des États parties sans qu'il y ait eu nécessairement de plainte. Le Comité pourra entendre toute personne privée de liberté et faire à l'État partie toute recommandation pour renforcer la protection des personnes privées de liberté contre la torture et les traitements inhumains et dégradants. Ce mécanisme préventif est très contraignant pour l'État partie : la Convention ne peut faire l'objet de réserves et, ne

1. Le Protocole additionnel 1 à la Convention, du 4 novembre 1993 (entré en vigueur le 1er mars 2002), autorise le Comité des ministres du Conseil de l'Europe à « inviter tout État non membre du Conseil de l'Europe à adhérer à la Convention » (art. 3).

comportant aucune clause dérogatoire, s'applique en temps de paix comme en temps de guerre ou de tout autre danger public ; les visites peuvent avoir lieu en toutes circonstances, l'État partie ayant seulement la faculté de demander le report de la visite du Comité dans des cas exceptionnels (art. 9). Outre des visites périodiques, le Comité peut procéder à des visites *ad hoc*, exigées par les circonstances, et à des visites de « suivi » (art. 33 du règlement intérieur). Le Comité n'a pas pour fonction de condamner un État pour violation de l'article 3 de la CEDH ; il agit par voie de recommandations, dépourvues de force obligatoire, adressées à l'État partie en vue de renforcer la protection des personnes privées de liberté contre la torture et les traitements inhumains ou dégradants, la jurisprudence européenne sur l'article 3 lui servant ici de « guide ». La confidentialité est de règle, mais le rapport du Comité peut être publié avec l'accord de l'État.

Le rapport publié le 19 janvier 1993 à l'issue de la visite en France est sans complaisance et relève que les conditions de détention dans certains établissements pénitentiaires (surpeuplement, sous-équipement sanitaire…) constituent un traitement inhumain et/ou dégradant (*RUDH*, 1993, p. 77, § 90, 93, 102, 133), ce que confirment les rapports du Comité (CPT/Inf (2007) 44, 10 déc. 2007) et du commissaire aux droits de l'homme du Conseil de l'Europe (rapp. n° (2006) 2, 15 févr. 2006) en 2006. Dans son rapport de février 2001 relatif à la Suisse, le CPT critique sévèrement les opérations de rapatriement forcé des étrangers par la voie aérienne, qui présentent un risque manifeste de traitement inhumain et dégradant (*BI*, 56, 2002, 29).

Si l'État ne coopère pas ou refuse « d'améliorer la situation » à la lumière des recommandations du Comité, celui-ci peut décider de faire « une déclaration publique » (art. 10, § 2) et de publier son rapport (art. 44, § 3 du RI).

Cette possibilité a été utilisée pour la première fois à l'encontre de la Turquie, le 15 décembre 1992, à la suite de deux visites *ad hoc* (*RUDH*, 1992, p. 522 ; note G. Cohen-Jonathan, *RGDIP*, 1993, p. 419) ; le Comité conclut à une pratique « largement répandue » de la torture par la police. Le Comité a également fait deux déclarations publiques, en 2001 et 2003, relative à la République tchétchène de la Fédération de Russie (*RUDH*, 2001, 323 et 2003, 78).

Le CPT s'est efforcé, à l'occasion de son rapport annuel général d'activités, d'élaborer un corps de « principes directeurs » généraux pour le traitement des personnes privées de liberté.

Ces principes sont relatifs : aux conditions de détention dans les locaux de la police et dans les prisons ; aux droits des personnes privées de liberté ; aux services de santé offerts ; aux conditions de rétention des étrangers et aux procédures d'éloignement du territoire ; au placement non volontaire en établissement psychiatrique ; aux mineurs privés de liberté (voir R. Morgan et M.-B. Evans, *Combattre la torture en Europe*, Éd. du Conseil de l'Europe, 2002).

2° À l'inverse du système européen, la Convention des Nations Unies sur la torture (CCT), du 10 décembre 1984 (158 ratifications au 20 mars 2016), contient des dispositions matérielles (les obligations de l'État sont de quatre ordres : prévention, incrimination et sanction, extradition ou poursuite, protection judiciaire des victimes et réparation) et met en place un contrôle qui se situe « en aval » de l'acte de torture. La Convention crée un Comité contre la torture qui est doté de pouvoirs plus étendus que les autres organes de contrôle existant jusqu'à présent dans le cadre des Nations Unies : le Comité peut non seulement examiner les rapports des États parties, les plaintes étatiques (art. 21) et les pétitions individuelles (art. 22), mais encore procéder de sa propre initiative à des enquêtes (art. 20) [1]. Toutefois, l'examen par le Comité des plaintes étatiques et des pétitions individuelles est lié à une déclaration facultative d'acceptation de cette procédure (*supra*, n° 54) ; de plus, les enquêtes ne peuvent avoir lieu que si le Comité « reçoit des renseignements crédibles qui lui semblent contenir des indications bien fondées que la torture est pratiquée systématiquement sur le territoire d'un État partie », et les États ont la possibilité, quand ils deviennent parties à la Convention, de rejeter globalement la compétence d'enquête du Comité (art. 28). C'est dire que le contrôle international reste totalement subordonné à l'acceptation étatique et, de ce fait, d'une portée pratique très aléatoire.

1. Cette procédure d'enquête confidentielle a été appliquée à la Turquie. Dans le compte rendu de ses travaux, le Comité constate une pratique systématique de la torture supposant « des éléments d'habitude, de généralité et de finalité déterminée au moins sur une portion non négligeable du territoire du pays en cause » (*RUDH*, 1994, p. 304, § 39).

Le contrôle du Comité trouve principalement à s'exercer à l'égard des articles 1, qui définit la torture, 2, § 1, qui fait obligation à l'État de prendre des mesures pour empêcher que des actes de torture soient commis sous sa juridiction (n° 212/2002, *Kepa Ura Guridi c/ Espagne*, déc. 17 mai 2005, A/60/44, 152), 16, qui vise les actes autres que la torture (n° 257/2004, *Keremedchiev*, 11 nov. 2008, A/64/44, 2009, 267), 12 et 3 de la Convention. Au titre de l'article 12, le Comité sanctionne le « retard abusivement long » mis par l'État pour ouvrir l'enquête impartiale sur les allégations de torture prévue par cette disposition (n° 8/1991, *Halimi-Nedzibi c/ Autriche*, 18 nov. 1993, *RUDH*, 1994, p. 11) ou le caractère inefficace ou incomplet de l'enquête (n° 60/1996, *Khaled Ben M'Barek c/ Tunisie*, 10 nov. 1999, *A/55/44*, 74 ; n° 113/98, *Radivoje Ristic c/ Yougoslavie*, déc. 11 mai 2001, *A/56/44*, 2001, 107). Au titre de l'article 3 (interdiction d'éloigner une personne vers un État où elle risque d'être soumise à la torture), le comité considère, dans une formulation de principe, que « l'existence d'un ensemble de violations flagrantes, graves ou massives des droits de l'homme dans un pays ne constitue pas en soi un motif suffisant pour conclure qu'un individu risquerait d'être victime de tortures à son retour dans son pays ; il faut qu'il existe des motifs supplémentaires de penser que l'intéressé serait personnellement en danger. De la même manière, l'absence d'un ensemble systématique de violations flagrantes des droits de l'homme ne signifie pas qu'un individu ne peut pas être considéré comme risquant d'être soumis à la torture dans sa situation particulière » ; il doit donc y avoir « des motifs sérieux de croire qu'existe dans le pays vers lequel le requérant est renvoyé un risque prévisible, réel et personnel pour celui-ci d'être torturé » (pour des exemples de violation : n° 203/2002, *A.R. c/ Pays-Bas*, déc. 21 nov. 2003, ; n° 226/2003, *TA c/ Suède*, déc. 6 mai 2005, *A/60/44*, 194 ; n° 258/2004, *Mostafa Dadar*, déc. 23 nov. 2005, *A/61/44*, 254 ; n° 297/2006, *Sogi c/ Canada*, déc. 16 nov. 2007, A/63/44, 217). Ainsi, dans l'une de ses premières décisions, le Comité estime que l'article 3 de la CCT fait obligation à la Suisse de ne pas extrader le requérant vers le Zaïre à raison à la fois du risque personnel d'être soumis à la torture encourue par l'intéressé à son retour dans son pays et d'une situation de « violations systématiques » des droits de l'homme dans ce pays (n° 13/1993, *Balabou Mutombo c/ Suisse*, 27 avr. 1994, *RUDH*, 1994, p. 268 ; aussi, n° 34/1995, *Seid Mortesa Aemei c/ Suisse*, déc. 9 mai 1997, *RUDH*, 1997, 360 : décision d'expulsion vers l'Iran ; n° 39/1996, *Tapia Paez c/ Suède*, déc. 28 avr. 1997, *RUDH*, 1997, 353 : décision d'expulsion vers le Pérou). La décision *Alan c/ Suisse* est identique mais son intérêt réside dans le fait que le pays de destination, la Turquie, est partie à la Convention et a reconnu la compétence du Comité (*RUDH*, 1997, 56). Par ailleurs, l'article 3 comporte une dimension procédurale et englobe le droit à un recours qui suppose qu'une « enquête effective, indépendante et impartiale » soit conduite sur les allégations de torture (n° 233-2003, *Agiza c/ Suède*, 20 mai 2005, *RUDH*, 2005, vol. 17, 197).

D'une manière générale, la jurisprudence du CCT sur l'article 3 semble assez restrictive (voir n° 197/2002, *M. U. S. c/ Finlande*, déc. 1er mai 2003 (renvoi vers le Sri Lanka) ; n° 201/2002, *M. V. c/ Pays-Bas*, déc. 2 mai 2003 (renvoi vers la Turquie), Rapp. *A/58/44*, 2003, p. 156 et 174).

L'article 7 de la convention fait obligation à l'État de poursuivre pénalement l'auteur présumé d'actes de torture ou de l'extrader (n° 181/2001, *Guengueng c/ Sénégal*, 17 mai 2006, *RUDH*, 2006-18, 11 : refus d'extrader Hissène Habré vers la Belgique).

Le Protocole facultatif à la Convention des Nations Unies contre la torture, adopté le 18 décembre 2002 (entré en vigueur le 23 juin 2006), complète ce mécanisme par un système préventif de visites régulières, au niveau international et national, des lieux de détention. Ce contrôle présente l'originalité d'être à la fois international (exercé par un sous-comité pour la prévention de la torture) et national (exercé par des organes nationaux habilités).

## Section III
## L'interdiction de l'esclavage, de la servitude et du travail forcé et obligatoire

**329** PRATIQUES INTERDITES. — La prohibition de cette forme d'exploitation et d'avilissement de l'homme figure dans toutes les conventions à portée générale, qui interdisent de manière absolue l'esclavage et la servitude (art. 4, § 1 CEDH, art. 8, § 1 PIDCP, art. 6, § 1 CADH), et est singulièrement renforcée par de nombreuses conventions spécifiques : Convention de Genève du 25 septembre 1926 relative à l'esclavage (amendée par le Protocole du 7 décembre 1953), Convention pour la répression de la traite des êtres humains et de l'exploitation de la prostitution d'autrui du 21 mars 1950, Conventions de l'OIT n° 29 concernant le travail forcé du 28 juin 1930 et n° 105 concernant l'abolition du travail forcé du 25 juin 1957, Convention internationale des droits de l'enfant du 20 novembre 1989…

La CDFUE (art. 65) fait œuvre novatrice en interdisant également la traite des êtres humains, répondant au souci contemporain de protéger des catégories de population particulièrement vulnérables (femmes, enfants) contre les formes modernes de crime organisé et d'exploitation de la personne (aussi, Convention du Conseil de l'Europe, adoptée à Varsovie le 16 mai 2005, sur la lutte contre la traite des êtres humains ; *RGDIP*, 2005, 771).

Ayant longtemps semblé obsolète, l'article 4 CEDH n'est véritablement devenu une disposition opératoire que par l'arrêt *Siliadin c/ France* (26 juill. 2005, *GACEDH*, n° 17), qui en constate pour la première fois la violation dans une affaire d'« esclavage domestique ». Procédant à une interprétation évolutive de l'article 4, le juge européen promeut l'interdiction de l'esclavage, de la servitude et du travail forcé au rang de « valeur fondamentale des sociétés démocratiques ». Le champ d'application de chacune des pratiques que l'article 4 interdit mais ne définit pas est précisé.

**330** INTERDICTION DU TRAVAIL FORCÉ. — 1° Selon la jurisprudence européenne, le « travail forcé ou obligatoire », au sens de l'article 4 § 2, se définit par référence expresse à la définition donnée par la Convention de l'OIT n° 29 (art. 2, § 2), comme « Tout travail ou service exigé d'un individu sous la menace d'une peine quelconque et pour lequel ledit individu ne s'est pas offert de son plein gré » (*Van der Mussele c/ Belgique*, 23 nov. 1983, A. 70, § 32 : l'obligation pour un avocat stagiaire d'assister gratuitement un prévenu ne peut être qualifiée de travail forcé et obligatoire ; *Siliadin*, § 116). La situation de « contrainte, physique ou morale » est caractéristique du travail forcé ; elle est patente dans l'affaire *Siliadin*[1], où la Cour constate que « la requérante a, *au minimum*, été soumise à un travail forcé » (§ 120 ; elle fait défaut dans *Roda et Bonfatti c/ Italie*, 21 nov. 2006, § 91).

2° Les textes internationaux (mais non la CDFUE) précisent que la notion « de travail forcé et obligatoire » ne couvre pas un certain nombre de cas limitativement énumérés : travail d'un détenu, service militaire ou service d'un objecteur de conscience (*infra*, n° 530), travail en cas de force majeure ou de sinistre, travail résultant des obligations civiques normales (art. 4 § 3 CEDH). Le juge européen souligne que ces exceptions à l'interdiction du travail forcé et obligatoire reposent sur « les idées maîtresses d'intérêt général, de solidarité sociale et de normalité » (*Van der Mussele c/ Belgique*, § 38) ; il en va ainsi de l'obligation d'accomplir un service de sapeur-pompier

1. Pendant plus de trois ans, la requérante, mineure, d'origine togolaise, travailla dans une famille française environ quinze heures par jour, sans jour de repos, sans être payée, sans être scolarisée, sans papiers d'identité (son passeport ayant été confisqué), sans que sa situation administrative soit régularisée, dormant par terre dans la chambre des enfants.

(*Karlheinz Schmidt c/ Allemagne*, 18 juill. 1994, A. 291 B, § 23) ou de l'obligation pour un avocat de faire fonction de curateur légal (*Graziani-Weiss c/ Autriche*, 18 oct. 2011), qui comptent parmi les obligations civiques « normales ». Cependant, ces exceptions ne doivent être discriminatoires ni par leur nature ni dans leur application : « un travail normal en soi peut se révéler anormal si la discrimination préside aux choix des groupes ou individus tenus de le fournir » (*Karlheinz Schmidt*, § 43 ; *Zarb Adami c/ Malte*, 20 juin 2006 : obligation d'être juré).

La Cour, se prévalant de l'absence d'un « consensus suffisant » en la matière, juge que si un travail en prison en dehors de toute affiliation au régime des pensions de retraite est bien un « travail forcé ou obligatoire » au sens de la définition donnée par la Convention de l'OIT (*supra*), il peut être considéré comme un « travail normalement requis d'une personne soumise à la détention » (art. 4 § 3 a) CEDH) et, en conséquence, ne méconnaît pas l'article 4 § 2 de la Convention (*Stummer c/ Autriche*, 7 juill. 2011, Gr. Ch. *JCP G*, 2012, doctr. 87, F. Sudre). Le même raisonnement vaut pour l'obligation faite à un détenu de travailler en prison après l'âge de la retraite (*Meier c/Suisse*, 9 févr. 2016, *JCP G* 2016, note 443, C. Blanc-Fily). Relève aussi de l'art. 4 § 3 a) le travail non rémunéré mais ouvrant droit à une réduction de la peine (déc., 12 mars 2013, *Floroiu c/ Roumanie*, n° 15303/10).

Précisant que l'exception de l'article 4 § 3 b) relative à « tout service de caractère militaire » est d'interprétation stricte et ne couvre pas le travail entrepris par des militaires de carrière, la Cour juge que l'obligation faite aux officiers de rester en service pendant une certaine période est « consubstantielle à la mission qui leur incombe » et n'enfreint pas l'interdiction de travail forcé de l'art. 4 § 2, sous réserve que des servitudes disproportionnées ne pèsent pas sur l'officier de carrière (telles des modalités de rachat des années de service restantes : *Chitos c/Grèce*, 4 juin 2015, *JCP G* 2015, act. 733, B. Pastre-Belda).

* Les applications de l'article 4 CEDH par le juge national sont rarissimes. La décision du Conseil d'État jugeant que le refus par le ministre de la Défense de l'autorisation de démission sollicitée par un médecin des armées n'a pas pour conséquence de placer ce dernier dans une situation de « travail forcé » au sens de l'article 4 de la CEDH, dès lors que l'intéressé s'était engagé à rester au service de l'État est en harmonie avec l'arrêt *Chitos*, préc (CE, 7 févr. 2001, *Beranger*, n° 215122). Mais non la décision 7/2000 *Fédération internationale des droits de l'homme c/ Grèce* (5 déc. 2000) du Comité européen des droits sociaux, qui estime que l'impossibilité faite aux officiers de carrière ayant bénéficié de périodes de

formation de démissionner pendant une période de vingt-cinq ans est contraire à l'article 1, § 2 de la CSE ; selon le CEDS, l'article 1, § 2, qui garantit le droit de gagner sa vie « par un travail librement entrepris », protège la liberté du travailleur de mettre un terme à son emploi.

Selon le juge des référés du Conseil d'État, « la liberté du salarié de ne pas être astreint à accomplir un travail forcé est une liberté fondamentale au sens de l'article L. 521-2 CJA » ; la mise en œuvre de la loi sur la journée de solidarité ne méconnaît pas l'article 4 de la CEDH et ne porte pas une atteinte grave et manifestement illégale à la liberté du travail du salarié (CE, 3 mai 2005, *CFTC, D*, 2005, 1465, note T. Guillemin).

3° La spécificité de la Charte africaine des droits de l'homme et des peuples doit être relevée. La Charte prohibe l'esclavage (art. 5) mais ne fait pas mention de l'interdiction du travail forcé et obligatoire, à la différence des autres conventions générales. Surtout, la Charte précise que l'individu, au nom de l'« obligation de solidarité » qui s'impose à lui (*supra*, n° 111), a le devoir de travailler et « de s'acquitter des contributions fixées par la loi pour la sauvegarde des intérêts fondamentaux de la société » (art. 29, § 6) : une telle disposition, aux contours mal définis, est lourde d'incertitudes et ne permet pas d'affirmer que la Charte africaine reconnaît à l'individu le droit fondamental de ne pas être contraint de faire un travail contre son gré.

**331** Interdiction de l'esclavage et de la servitude. — Énonçant un droit intangible, cette interdiction fait l'objet d'une lecture modernisée qui conduit la Cour à distinguer l'« esclavage », au sens classique, et la « servitude », forme moderne de l'esclavage.

1° L'esclavage traditionnel est défini, conformément à la Convention de 1926 (art. 1, préc.), comme « l'état ou la condition d'un individu sur lequel s'exercent les attributs du droit de propriété ou certains d'entre eux » ; la Cour ne peut que constater que Mlle Siliadin n'a pas été « tenue en esclavage au sens propre » (§ 122). Antérieurement compris par le juge européen, par référence étroite à la notion de « servage » de la Convention supplémentaire sur l'esclavage de 1956, comme « une forme de négation de la liberté, particulièrement grave » englobant, « en plus de l'obligation de fournir à autrui certains services (...) l'obligation pour le "serf" de vivre sur la propriété d'autrui et l'impossibilité de changer sa condition » (*Van Droogenbroeck c/ Belgique*, 24 juin 1982, A. 50, § 58, préc.), la notion de « servitude » fait l'objet d'une interprétation renouvelée. L'arrêt *Siliadin* retient une acception plus large et plus opérationnelle de la « servitude », qui est analysée, « en lien avec la notion d'"esclavage" », comme « une obligation de prêter ses services sous l'empire de la contrainte » (§ 124 ; aussi, déc. 7 mars 2000, *Séguin c/ France*, n° 42400/98 : l'obligation de secret professionnel prévue dans le contrat de travail qui se perpétue après le licenciement ne constitue pas une « servitude »).

2° Une différenciation du champ d'application de chacun des concepts de l'article 4 – travail forcé, servitude ou esclavage – en fonction de la gravité des traitements en cause est ainsi esquissée, telle que la « servitude » apparaît comme *moins* que l'« esclavage » mais comme *plus* que le « travail forcé ». Refusant une lecture globalisante de l'article 4, § 1, le juge européen fait de la notion de « servitude » un concept utile, permettant d'offrir la garantie de la Convention aux victimes des détestables formes contemporaines d'asservissement et d'exploitation de la personne (prostitution, esclavage domestique, exploitation de la mendicité, prélèvement d'organes) ; la situation de Mlle Siliadin est ainsi qualifiée d'« état de servitude au sens de l'article 4 de la Convention » (§ 129 ; aussi, *C.N. et V. c/ France*, 11 oct. 2012).

* La Cour de cassation fait une application remarquable, bien qu'implicite, de l'arrêt Siliadin et, incorporant l'interdiction de la servitude à l'ordre public international, juge que ce dernier justifie la compétence de la loi et des juridictions françaises pour sanctionner en France un état de servitude (Cass. soc. 10 mai 2006, n° 03-46593, *Épx Markarim c/ Isopehi*). Au visa ensemble des articles 225-14 du Code pénal et 4 CEDH, elle juge que « tout travail forcé est incompatible avec la dignité humaine » (Crim., 13 janv. 2009, n° 08-80.787, *D* 2009, 1935, note B. Lavaud-Legendre).

3° L'article 4 prohibe également le trafic d'êtres humains. La Cour souligne que « la traite porte atteinte à la dignité humaine et aux libertés fondamentales de ses victimes et qu'elle ne peut être considérée comme compatible avec une société démocratique ni avec les valeurs consacrées dans la Convention » (*Rantsev c/ Chypre et Russie*, 7 janv. 2010, § 282, *JCP G*, 2010, act. 132, F. Sudre ; *L.E. c/Grèce*, 21 janv. 2016, § 58). Mais elle juge cependant inutile de qualifier le trafic d'êtres humains comme « esclavage », « servitude » ou « travail forcé », considérant que « compte tenu de sa nature et des fins d'exploitation qu'il poursuit, [il] suppose l'exercice de pouvoirs comparables au droit de propriété » (*Rantsev c/ Chypre et Russie*, 7 janv. 2010, § 281 *JCP G*, 2010, act. 132, F. Sudre).

**332** Obligations de l'État. — L'interprétation faite par le juge européen de l'article 4 CEDH s'inspire manifestement de celle de l'article 3 CEDH et fait une place privilégiée aux « obligations positives ». L'État partie a d'abord l'obligation de « ne pas faire » et sa responsabilité peut être engagée du fait des agissements directs des autorités. Surtout, il a l'obligation positive de prendre les mesures nécessaires afin de protéger toute personne relevant de sa juridiction contre des pratiques privées contraires à l'article 4. En conférant à l'article 4 un « effet horizontal », le juge européen complète le dispositif prétorien mis en place qui, fondé jusqu'alors principalement sur les articles 2, 3 et 8, vise à assurer la protection de l'intégrité physique et morale de la personne contre des atteintes commises par des tiers. L'obligation positive issue de l'article 4 commande, selon la Cour, qui transpose ici la solution retenue sur le terrain des articles 3 et 8 en matière de viol (*M. C. c/ Bulgarie*, 4 déc. 2003, *supra*, n° 314), « la criminalisation et la répression effective » de tout acte tendant à maintenir une personne dans une situation contraire à l'article 4 (*Siliadin*, § 112). L'obligation positive apparaît à la fois de nature substantielle et procédurale. L'obligation substantielle est double : mettre en place un cadre légal et administratif visant à interdire et à punir les actes prohibés ; obligation pour les autorités nationales de prendre les mesures concrètes appropriées que l'on peut attendre d'elles pour protéger les victimes, ou les victimes potentielles, dès lors que les circonstances permettent légitimement de soupçonner qu'une personne court un risque certain et immédiat de subir de tels actes (*Rantsev*, 7 janv. 2010, préc.). L'obligation procédurale impose de promulguer une législation pénale permettant de punir effectivement le travail forcé et le maintien en état de servitude et de l'appliquer au moyen d'une enquête et de poursuites effectives.

* Les lacunes de la législation pénale française en vigueur à l'époque des faits ainsi que son application défaillante justifient un constat de violation dans l'arrêt *Siliadin* (pour un constat identique concernant le droit anglais, *C.N. c/ Royaume-*

*Uni*, 13 nov. 2012). La Cour relève, notamment, que les dispositions du Code pénal relatives aux conditions de travail et d'hébergement contraires à la dignité humaine (art. 225-13 et 225-14 CP) ne répriment pas en tant que tels l'esclavage et la servitude et elle souligne l'imprécision des notions d'« abus de la vulnérabilité ou de la situation de dépendance » de la personne, génératrice d'interprétations variables et plus ou moins restrictives. La loi n° 2013-711 du 5 août 2013 portant diverses dispositions d'adaptation dans le domaine de la justice tire toutes les conséquences de l'arrêt *Siliadin* et introduit dans le code pénal les nouvelles incriminations de réduction en esclavage (art. 224-1 A), de travail forcé (art. 225-14-1) et de réduction en servitude (art. 225-14-2), dont les définitions sont similaires à celles retenues par la Cour européenne.

## *Pour aller plus loin*

333 SUR LE DROIT À LA VIE. — Voir en priorité, M. Levinet (dir.), *Le droit au respect de la vie au sens de la CEDH*, Bruylant-Némésis, « Droit et justice », n° 93, 2010. Aussi : F. Tulkens, Le droit à la vie et le champ des obligations des États dans la jurisprudence récente de la Cour EDH, *Mélanges G. Cohen-Jonathan*, Bruylant, 2004, 1605 ; M. Afrouk L'article 2 de la Convention européenne des droits de l'homme dans la jurisprudence administrative, *RFDA*, 2011, p. 1153, et L'émergence d'un droit à la sécurité dans la jurisprudence de la CourEDH, *RDP* 2015-1, 139 ; J. Alix, Les obligations positives de pénalisation et de punition des atteintes à la vie imposées par la Cour EDH au titre de l'article 2 de la Convention, *in* G. Giudicelli-Delage (dir), *Devoir de punir ?*, UMR de droit comparé de paris, vol. 32, 2013, p. 223 ; D. Fallon, Le prisonnier, l'euthanasie et la CEDH, *AJDA* 2015-8, 437 ; G. Gonzalez, Les situations de fin de vie devant la Cour européenne des droits de l'homme, *RDP*, 2016-4, p. 1014.

*Sur le CDH*, I. Couzigou, L'incidence du droit à la vie sur le droit à un procès équitable dans la jurisprudence du CDH, *RGDIP*, 2010-2, 367. Sur *la peine de mort*, H. Labayle, L'abolition de la peine capitale, exigences constitutionnelles et mutations européennes, *RFDA*, 2006, 308.

334 SUR L'INTERDICTION DE LA TORTURE. — On consultera en priorité, B. Maurer, *Le principe de respect de la dignité humaine et la Convention européenne des droits de l'homme*, La Documentation française, « Monde européen et international », 1999. Aussi, L. Burgorgue-Larsen (dir.), *La dignité saisie par les juges en Europe*, Bruylant-Némésis, « Droit et justice », 2010 n° 95.

1° *Pour une analyse de l'article 3 de la CEDH*, voir P.-J. Duffy, Article 3 on the ECHR, *ICLQ*, 1983, vol. 32. 2, p. 316 à 346 ; F. Sudre, La notion de « peines et traitements inhumains ou dégradants » dans la jurisprudence de la Commission et de la Cour européennes des droits de l'homme, *RGDIP*, 1984, p. 195 à 259 ; J. Callewaert, L'article 3 de la CEDH : une norme relativement absolue ou absolument relative ?, in *Mélanges M.-A. Eissen*, Bruylant, 1995, p. 13 ; H. Fourteau, *L'application de l'article 3 de la CEDH dans le droit interne des États membres*, LGDJ, 1996 ; F. Tulkens, L'interdit de la torture et des peines ou traitements inhumains ou dégradants. Les développements récents de la jurisprudence de la Cour EDH, *Mélanges P. Couvrat*, Puf, 2001, p. 314 ; M.-A. Chassin (dir.), *La portée de l'article 3 de la Convention européenne des droits de l'homme*, Bruylant, 2006 ; C. Ruet, La vulnérabilité dans la jurisprudence de la Cour EDH, *RTDH* 2015-102, 317.

2° *Sur les conventions spécifiques*, voir D. Rouget, *La Convention européenne pour la prévention de la torture et des peines ou traitements inhumains ou dégradants*, thèse, Lille, 1995, 838 p., dact., et pour un utile bilan de l'activité du Comité européen, R. Morgan et M.-B. Evans, *Combattre la torture en Europe*, Éd. du Conseil de l'Europe, 2002 ; J.M. Delarue, Le Comité de prévention de la torture (CPT) et le contrôle général français des lieux de privation de liberté, Un essai de comparaison, *Mélanges Jean-Paul Costa*, Dalloz, 2011, 161. Aussi, J. Dhommeaux, Le Comité contre la torture des Nations Unies : 15 ans de jurisprudence, *L'Europe des libertés*, mai 2004, n° 13, p. 3 ; R. Kolb, La jurisprudence internationale en matière de torture et de traitements inhumains ou dégradants, *RUDH*, 2003, 254.

**335** SUR LES CONDITIONS DE DÉTENTION ET LES DROITS DES DÉTENUS. — Voir en priorité B. Belda, *Les droits de l'homme des personnes privées de liberté, Contribution à l'étude du pouvoir normatif de la Cour européenne*, Bruylant, 2010. Aussi : F. Sudre, L'article 3 *bis* de la Convention européenne des droits de l'homme : le droit à des conditions de détention conformes au respect de la dignité humaine, *Mélanges Gérard Cohen-Jonathan*, Bruylant, 2004, 1499 ; J.M. Larralde, L'article 3 CEDH et les personnes privées de liberté, *in* C.-A. Chassin, *op. cit.*, n° 334, p. 209 ; L. Dubouis, La protection de la santé des détenus à l'aune de la CEDH, *Mélanges Jean-François Flauss*, Pedone, 2014, 305 ; A. Jennequin, La dignité de la personne détenue, *RFDA* 2015-6, 1082 ; A. Leprieur, La protection par la Cour de cassation des droits et libertés fondamentaux en prison, à la lumière de la CEDH, *Mélanges Renée Koering-Joulin*, "Droit et justice" n° 110, Némésis Anthémis, 2015, 487.

Consulter : J.-P. Céré, M. Herzog-Evans, E. Pechillon, Droit de l'exécution des peines, *D*, 2006 et s. (chron. annuelle).

**336** SUR L'INTERDICTION DE L'ESCLAVAGE ET DU TRAVAIL FORCÉ. — C.-A. Chassin, L'article 4 CEDH : de la lettre à l'esprit, in *Mélanges Paul Tavernier*, Bruylant, 2013, p. 585 ; A. Crinon, La servitude domestique en France et au Royaume-Uni au regard de la CEDH, *RTDH* 2016-106, 461.

# Chapitre 3

# Les libertés de la personne physique

Le droit à la liberté et à la sûreté et le droit à la libre circulation sont, l'un et l'autre, susceptibles de faire l'objet de dérogations et de restrictions (*supra*, n° 129).

## Section I
## Le droit à la liberté et à la sûreté

**337** Le droit à la liberté et à la sûreté vise à protéger la liberté physique de la personne contre toute arrestation et détention arbitraire ou abusive (*Engel et al. c/ Pays-Bas*, 8 juin 1976, *GACEDH*, n° 4, § 58). Ce droit occupe une place centrale dans le dispositif protecteur des droits individuels, et la Cour européenne en a solennellement reconnu l'importance particulière dans une société démocratique (*De Wilde, Ooms et Versyp c/ Belgique*, 18 juin 1971, *GACEDH*, n° 20, § 64-65). L'État doit cependant pouvoir priver de liberté ceux qui représentent une menace pour l'ordre social.

### I | Les privations de liberté autorisées

Permise dans des cas déterminés, la privation de liberté est étroitement encadrée.

### *A – Les cas prévus*

**338** LISTE EXHAUSTIVE. — 1° Si le PIDCP (art. 9) et la CADH (art. 7) se contentent de préciser que la privation de liberté ne peut intervenir que dans les cas prévus par le législateur national, la CEDH (art. 5, § 1) dresse la liste de six cas autorisés de privation de liberté.

À savoir : détention après condamnation (*Van Droogenbroeck c/ Belgique*, 24 juin 1982, A. 50), détention après arrestation ou détention en vertu d'une ordonnance judiciaire ou d'une obligation légale (*Engel,* préc., § 69), détention provisoire (*Lawless c/ Irlande*, 1er juill. 1961, A. 3), détention d'un mineur, *Bouamar c/ Belgique*, 29 févr. 1988, A. 129), détention de personnes « catégorisées » (aliéné : *Ashingdane c/ Royaume-Uni*, 28 mai 1985, A.93 ; personne susceptible de propager une maladie contagieuse : *Einhorn c/ Suède*, 25 janv. 2005, *JCP G*, 2005, I, 159, n° 8, chron. F. Sudre ; vagabond : *De Wilde, Ooms et Versyp c/ Belgique*, 18 juin 1971, *GACEDH*, n° 19 ; alcoolique : *Witold Litwa c/ Pologne*, 4 avr. 2000 ; toxicomane) ; détention d'un étranger (en vue d'une expulsion : *Bozano c/ France*, 18 déc. 1986, A. 111, obs. F. Sudre, *RGDIP*, 1987, 533 ; afin de « l'empêcher de pénétrer irrégulièrement dans le territoire » : *Saadi c/ Royaume-Uni*, 29 janv. 2008, Gr. Ch).

Dans ce dernier arrêt, la Cour précise que cette formulation (art. 5, § 1 *f*) ne doit pas être interprétée de manière trop étroite et vise la détention d'un demandeur d'asile ou d'un autre immigrant avant l'octroi par l'État d'une autorisation d'entrée, quand bien même cette personne n'aurait pas tenté de se soustraire aux restrictions à l'entrée (§ 65) (*infra*, n° 642).

2° La Cour précise qu'il s'agit d'une liste exhaustive devant faire l'objet d'une interprétation étroite (*Engel*, préc.), ce qui ne laisse aux États qu'une très faible marge d'appréciation pour l'application de l'article 5.

Ainsi, une arrestation en vue d'une assignation à résidence ne correspond à aucune des hypothèses prévues (*Ciulla c/ Italie*, 22 févr. 1989, A. 148) ; la détention pendant six heures dans « un centre de désintoxication » d'une personne en état d'ébriété ne saurait être couverte par l'article 5, § 1 *e*, qui ne vise que les personnes dont le comportement sous l'influence de l'alcool représente une menace pour le public ou pour elles-mêmes (*Witold Litwa*, préc.) ; la détention d'une personne au motif qu'elle est aliénée ne relève de l'article 5 § 1 e) que si elle souffre d'un trouble mental d'une gravité telle qu'elle doit être internée dans un établissement spécialisé (*Glien c/ Allemagne*, 28 nov. 2013, *JCP G* 2014, doctr 78, F. Sudre) ; la détention d'un mineur en vue de la prévention d'actes de délinquance dans un centre de détention temporaire se caractérisant par son régime disciplinaire ne saurait passer pour une détention « décidée pour son éducation surveillée » (art. 5 § 1 d ; *Blokhin c/Russie*, 23 mars 2016, Gr. Ch.).

De même, l'invocation de la menace terroriste (*A et a. c/ Royaume-Uni*, 19 févr. 2009, Gr. Ch., *AJDA*, 2009, 881, obs. J.F. Flauss) ou le fait de se prévaloir de la résolution 1546 du Conseil de sécurité (intervention de la force multinationale en Irak) – dont la Cour précise qu'elle doit être présumée comme « n'entendant pas imposer aux États membres une quelconque obligation qui contreviendrait aux principes fondamentaux en matière de sauvegarde des droits de l'homme » (*Al-Jeda c/ Royaume-Uni*, 7 juill. 2011, Gr. Ch., § 102) – ne peut suffire à justifier une détention qui n'est pas couverte par la liste d'exceptions de l'article 5.

3° Cependant, dans le cadre d'un conflit armé international, la Cour européenne, hors de tout recours à la clause dérogatoire de l'article 15 (*supra* n° 149), érige une exception à l'article 5 § 1, au motif que les garanties énoncées dans la Convention doivent être interprétées « à l'aune des règles du droit international humanitaire », et juge que les motifs de privation de liberté autorisés doivent « s'accorder avec la capture de prisonniers de guerre et la détention de civils représentant un risque pour la sécurité sur la base des troisième et quatrième Conventions de Genève » (*Hassan c/Royaume-Uni,* 16 sept. 2014, Gr. Ch., § 104, *RTDH* 2015-102, 481, note P. Frumer : intervention des forces armées britanniques en Irak).

**339** Incertitudes. — 1° Néanmoins, la notion de « privation de liberté », qui est soumise à l'article 5, § 1, reste incertaine et nécessite d'être distinguée de celle de restriction à la liberté de circulation, qui relève de l'article 2 du Protocole 4 (*infra*, n° 351). La jurisprudence européenne précise que « la distinction à établir entre privation et restriction de liberté n'est que de degré ou d'intensité, non de nature ou d'essence » (*Guzzardi c/ Italie*, 6 nov. 1980, A. 39, § 92, *CDE*, 1982, 188, obs. G. Cohen-Jonathan). Pour déterminer si une personne se trouve privée de liberté, il faut alors partir de sa situation concrète et prendre en compte un ensemble de critères, tels le genre, la durée et les modalités d'exécution de la mesure considérée, afin d'apprécier le degré et l'intensité des restrictions à la liberté de déplacement de la personne.

Par exemple, le maintien d'un étranger en zone de transit s'analyse, en raison des contraintes subies, en une privation de liberté (art. 5, § 1 *f* ; *Amuur c/ France*, 25 juin 1996, *JCP G*, 1997, I, 4000, n° 11, chron. F. Sudre ; *Rev. sc. crim.*, 1997, 457, obs. R. Koering-Joulin ; *Shamsa c/ Pologne*, 27 nov. 2003 ; *Riad et Idiab c/ Belgique*, 24 janv. 2008) de même que le transfert par la police et la mise sous surveillance dans un hôtel de personnes soupçonnées d'appartenir à une secte (*Riera Blume et autres c/ Espagne*, 14 oct. 1999), une mesure préventive de confinement à domicile sous surveillance et avec interdiction de sortir pendant une période de onze mois (*Lavents c/ Lettonie*, 28 nov. 2002). Selon la jurisprudence de la Cour, une assignation à résidence est considérée, selon son degré d'intensité, comme une privation de liberté au sens de l'article 5 (*Buzadji c/ Moldavie*, 5 juil. 2016, Gr. Ch., § 104 ; par ex : *Mancini c/ Italie*, 2 août 2001, mesure de sûreté d'assignation à domicile se substituant à une détention provisoire (art. 5 § 1 c). Il en va de même de l'internement et du traitement dans un établissement psychiatrique d'une personne majeure contre son consentement (*Storck c/ Allemagne*, 16 juin 2005, *GACEDH*, n° 18 ; *Stanev c/ Bulgarie*, 17 janv. 2012, Gr. Ch. ; dans le même sens, CDH, n° 1061/2002, *Fijalkowska c/ Pologne*, déc. 26 juill. 2005, *A/60/40*, vol. II, 2005, 110) mais non du placement contre sa volonté d'une personne, en raison de l'état de grave abandon dans lequel elle se trouve, dans un foyer de personnes âgées (*H. M. c/ Suisse*, 26 févr. 2002, *JCP G*, 2002, I, 157, n° 4, chron. F. Sudre).

2° L'arrêt *Austin c/ Royaume-Uni* semble ouvrir la voie à un contrôle moins strict du respect de l'article 5 § 1 (Gr. Ch., 15 mars 2012, *JCP G*, 2012, act. 455, F. Sudre). En considérant qu'une mesure de maintien de l'ordre (en l'espèce, confinement d'une foule à l'intérieur d'un cordon de police) visant à prévenir des atteintes graves aux personnes et aux biens n'est pas, malgré sa nature coercitive, une « privation de liberté », la Cour européenne se montre particulièrement attentive à l'obligation d'assurer le maintien de l'ordre et la protection du public qui pèse sur la police et paraît admettre qu'une restriction de liberté prise dans un but légitime d'intérêt général ne constitue pas une privation de liberté et échappe à la protection de l'article 5.

**340** EXTENSION. — Par ailleurs, les organes internationaux de contrôle s'accordent pour considérer que le droit à la liberté et à la sûreté ne vise pas seulement les cas de privation formelle de liberté, mais doit être compris également comme une garantie contre les « disparitions involontaires » (*Kurt c/ Turquie*, 25 mai 1998 ; *Chypre c/ Turquie*, 10 mai 2001, *RTDH*, 2002, 807, obs, P. Tavernier ; *supra*, n° 318) ou les « remises extraordinaires » (*El Masri c/ « l'ex-république yougoslave de Macédoine »*, 13 déc. 2012, Gr. Ch.), qui constituent des violations particulièrement graves de ce droit.

La Cour européenne définit la « remise extraordinaire » comme le « transfert extrajudiciaire d'une personne de la juridiction ou du territoire d'un État à ceux d'un autre État, à des fins de détention et d'interrogatoire en dehors du système juridique ordinaire, la mesure impliquant un risque réel de torture ou de traitements cruels, inhumains ou dégradants » (*El Masri*, § 221 ; *JCP G* 2013, doctr, 64, F. Sudre ; *Al Nashiri c/ Pologne*, 24 juil. 2014 ; *Nasr et Ghali c/Italie*, 23 févr. 2016, Gr. Ch.). Comme le CDH (n° 185/1985, *Delgado c/ Colombie*, 12 juill. 1990, *A/45/40*, vol. II, 49) ou la CIADH (*Velasquez Rodriguez*, 29 juill. 1988, § 155 et 186, *RUDH*, 1992, 146), elle met l'accent sur l'obligation qui pèse sur l'État de prendre des mesures effectives pour pallier le risque d'une disparition (consigner la date et l'heure de l'arrestation, le lieu de la détention, le nom du détenu, etc.) et de mener une enquête rapide et efficace dans le cas d'une plainte plausible de disparition (*Kurt*, préc. ; *Caciki c/ Turquie*, 8 juill. 1999 ; *Alikhadzhiyeva c/ Russie*, 5 juill. 2007).

Le CDH développe une jurisprudence dynamique, qui n'a pas d'équivalent dans la Convention, sur le « droit à la sécurité de la personne », considérant que ce droit est garanti par l'article 9, § 1 PIDCP : « Toute interprétation de l'article 9 qui permettrait à un État partie de ne pas tenir compte des menaces à la sécurité personnelle de personnes non détenues relevant de sa juridiction rendrait totalement inopérantes les garanties prévues dans le Pacte » (n° 711/1996, *Carlos Dias c/ Angola*, déc. 20 mars 2000, *A/55/40*, 2000, 119, § 8. 3 ; n° 859/1999, *Jimenez Vaca c/ Colombie*, déc. 25 mars 2002, *A/57/40*, vol. II, 175).

### *B – Conditions à remplir*

**341** La privation de liberté, pour être conforme à la Convention, doit avoir respecté les « voies légales » et été « régulière » (*Winterwerp c/ Pays-Bas*, 24 oct. 1979, *GACEDH*, 3e éd., n° 16). Il faut aussi que l'État ait rempli les obligations positives qui lui incombent.

**342** LE RESPECT DES « VOIES LÉGALES ». — 1° Cette condition renvoie formellement à la législation nationale et implique la conformité aux normes internes de fond et de procédure (pour un exemple de violation : *Wassink c/ Pays-Bas*, 27 sept. 1990, A. 185 A, § 27). Cela suppose d'abord que la mesure privative de liberté ait une « base légale » en droit interne sauf à être arbitraire (par ex., *Raninen c/ Finlande*, 16 déc. 1997, *Rec.*, 1997, 2804, § 46, à propos de la détention d'un appelé objecteur de conscience). Cela suppose aussi la « qualité » des normes juridiques applicables aux intéressés : la « loi » nationale (*supra*, n° 150) doit être « suffisamment accessible et précise afin d'éviter tout danger d'arbitraire » (*Amuur*, § 50, préc. n° 339 ; aussi, *Steel et autres c/ Royaume-Uni*, 23 sept. 1998). En bref, lorsqu'il s'agit d'une privation de liberté, il est particulièrement important de satisfaire au principe général de la sécurité juridique, qui exige que les conditions de la privation de liberté en vertu du droit interne soient clairement définies et que la loi elle-même soit prévisible dans son application (*Baranowski c/ Pologne*, 28 mars 2000, § 52 ; *Riad et Idiab c/ Belgique*, 24 janv. 2008, § 72 et 78).

Tel n'est pas le cas, par exemple, de la législation polonaise qui, en l'absence de disposition ou jurisprudence spécifique, ne prévoit aucune règle précise pour prolonger le maintien en détention d'une personne au stade de la procédure judiciaire (*Baranowski*, préc. ; voir aussi, *X c/ Finlande*, 3 juill. 2012, *JCP G* 2013, doctr. 64, F. Sudre ; *Hassan et a. c/ France*, 4 déc. 2014, *JCP G* 2015, note 134, J. Pradel).

Curieusement, la Cour juge que, contraire au droit à un procès équitable, la non-assistance d'un avocat lors d'une garde à vue ne serait pas pour autant contraire au « principe général » de la prééminence du droit et, en conséquence, ne rendrait pas la détention de l'intéressé contraire à l'article 5 § 1 (déc. 28 août 2012, *Simons c/ Belgique* n° 71407/10, *JCP G* 2012, note 11221, C. Blay-Grabarczyk).

2° L'exigence des « voies légales » est toutefois entendue souplement en matière de coopération pénale, où le principe de liberté des États prévaut.

Comme le souligne la Cour européenne, « la livraison d'un fugitif résultant d'une coopération entre États ne constitue pas, en tant que telle, une atteinte à la légalité de l'arrestation » et, donc, « ne pose pas de problème sous l'angle de l'article 5 » (*Ocalan c/ Turquie*, 12 mai 2005, Gr. Ch., § 87, *GACEDH*, n° 13 : le requérant a été arrêté au Kenya et détenu dans ce pays par des agents turcs aux fins d'être ensuite jugé en Turquie). La condition des « voies légales » est alors satisfaite dès lors que l'État territorial a donné son consentement à l'arrestation et que l'État partie qui a procédé à celle-ci a respecté son droit interne.

**343** LA RÉGULARITÉ DE LA DÉTENTION. — La régularité de la détention réclame la conformité au but des restrictions autorisées par l'article 5, § 1, car « dans une société démocratique adhérant à la prééminence du droit, une détention arbitraire ne peut jamais passer pour » régulière « » (*Winterwerp*, préc., § 39). Comme le précise la Cour, la notion d'« arbitraire » que contient l'article 5, § 1 va au-delà du défaut de conformité avec le droit national (*Saadi c/ Royaume-Uni*, 29 janv. 2008, Gr. Ch, § 67). Bien qu'elle puisse varier suivant le type de détention en cause, la condition d'absence d'arbitraire implique, de manière générale, outre l'absence de tromperie ou de mauvaise foi des autorités, que la mesure privative de liberté, tant dans son adoption que dans son exécution, soit compatible avec le but de l'article 5, § 1, et que les circonstances soient de nature à justifier la privation de liberté et ses modalités particulières.

Par son arrêt *Conka c/ Belgique* (5 févr. 2002), le juge européen estime incompatible avec la finalité de l'article 5 le recours à la ruse par l'administration, dans le cadre d'une opération planifiée d'expulsion, pour tromper des personnes, même en situation illégale, sur le but d'une convocation afin de mieux pouvoir les priver de liberté (v. aussi, *Riad et Idiab c/ Belgique*, 24 janv. 2008, § 76).

* Pour une application remarquable de cette solution en droit interne : Cass. 1re civ., 6 févr. 2007, n° 05-10. 880, *D*, 2007, 917, note S. Trassoudaine (interpellation déloyale de l'étranger convoqué en préfecture ; aussi, Civ. 1°, 11 mars 2009, n° 08-11.177, *AJDA*, 2009, 1722, note O, Lecuq). Le Conseil d'État contrôle également la convocation à la préfecture d'un étranger en situation irrégulière ne consti-

tue pas « un procédé déloyal » contraire à l'article 5, § 1 (CE, 7 févr. 2007, *Ligue des droits de l'homme et al., AJDA*, 2007, 814, note O. Lecuq).

1° L'exigence de « raisons plausibles » de soupçonner une personne d'avoir commis une infraction est la condition *sine qua non* de la privation de liberté (art. 5 § 1 al. c)[1] : selon la jurisprudence européenne, la plausabilité des soupçons tient à l'existence « de faits ou renseignements propres à persuader un observateur objectif que l'individu en cause peut avoir accompli l'infraction » (*Fox, Campbell et Hartley c/ Royaume-Uni*, 30 août 1990, A. 182, § 32 ; voir *Loukanov c/ Bulgarie*, 20 mars 1997).

La Cour exerce ainsi un contrôle approfondi des atteintes au droit à la liberté et à la sûreté, n'hésitant pas, si le texte de l'article 5, § 1 est imprécis, à substituer sa propre appréciation à celle des autorités nationales. Elle subordonne ainsi la régularité de l'internement d'un aliéné à la triple condition qu'un trouble mental réel soit établi par une expertise médicale objective, que ce trouble revête un caractère et une ampleur légitimant l'internement, que celui-ci ne puisse se prolonger sans la persistance d'un pareil trouble (*Winterwerp,* préc., § 39 ; *Herczegfalvy c/ Autriche*, 24 sept. 1992, A. 242 B, § 63 ; *Glien*, § 39, préc. n° 338 ; *Stankov c/Bulgarie*, 17 mars 2015). Cependant, ce qui peut passer pour « plausible » dépend de l'ensemble des circonstances, et il arrive à la Cour de n'exercer qu'un contrôle marginal de la décision des autorités nationales (*Murray c/ Royaume-Uni*, 28 oct. 1994, A. 300 A, en matière d'infractions terroristes).

La condition des « raisons plausibles » ou des « motifs raisonnables » de croire à la nécessité d'une détention (art. 5, § 1 *c*) ne trouve pas à s'appliquer à une détention d'un étranger réalisée dans le cadre du contrôle de l'immigration (art. 5, § 1 *f*) tant que la procédure d'expulsion ou de demande d'asile est en cours mais seul le déroulement de cette procédure justifie la privation de liberté ; dès lors, la durée de la détention ne doit pas excéder le délai raisonnable pour atteindre le but poursuivi (*Chahal c/ Royaume-Uni*, 15 nov. 1996, § 74-75, *JCP G*, 1997, I, 4000, n° 9, obs. F. Sudre ; *Saadi c/ Royaume-Uni*, 29 janv. 2008, Gr. Ch., § 73).

La CJUE apprécie la validité du dispositif de rétention de la directive 2013/33/UE du 26 juin 2013 au regard de la seule CDFUE mais se réfère à la jurisprudence de

1. Il n'est pas sans intérêt de noter que le Conseil constitutionnel, dans sa décision 2003-467 DC du 13 mars 2003 (loi pour la sécurité intérieure), reprend à son compte la formulation européenne « raisons plausibles », témoignant ainsi de la « » circularité « des principes applicables en matière de droits fondamentaux » (*JCP G*, 2004, I, 135, n° 6, chron. B. Mathieu et M. Verpeaux).

la Cour EDH (relative à l'article 5 § 1 f) pour permettre au juge national d'apprécier la proportionnalité des mesures nationales au regard du contexte de l'affaire (CJUE, 15 févr. 2016, *J. N. c/ Staatssecretaris van Veiligheid en Justitie*, C-601/15, *JCP G* 2016, act. 237, F. Picod).

2° La « régularité » voulue par la Convention suppose un lien de causalité suffisant entre la condamnation et la détention, puisque la détention a lieu « après » condamnation (art. 5 § 1 al. a). Plus précisément, en matière d'exécution des peines et, notamment, des décisions de réincarcération et de non-élargissement, le lien de causalité entre ces décisions et le jugement initial se distend avec l'écoulement du temps et peut « se rompre à la longue si lesdites décisions en arrivaient à se fonder sur des motifs étrangers aux objectifs du législateur et du juge ou sur une appréciation déraisonnable au regard de ces objectifs » (*Van Droogenbroeck*, préc., § 40).

Se réclamant d'une interprétation évolutive, la Cour européenne revient, par son arrêt *Stafford c/ Royaume-Uni* (Gr. Ch., 28 mai 2002, *JCP G*, 2002, I, 157, n° 7, chron. F. Sudre), sur sa jurisprudence antérieure (*Wynne c/ Royaume-Uni*, 18 juill. 1994, A. 294-A) pour juger qu'« à présent », en droit anglais, la peine perpétuelle obligatoire ne constitue pas « une sanction à perpétuité » répondant aux exigences de l'article 5, § 1 ; ainsi, la Cour ne perçoit pas de lien de causalité entre le risque que le requérant ne commette des infractions à caractère non violent, invoqué pour justifier son maintien en détention après l'accomplissement de la partie fixe de la peine, et la condamnation initiale pour meurtre (aussi, *Von Bülow c/ Royaume-Uni*, 7 oct. 2003 ; *M c/ Allemagne*, 17 déc. 2009, maintien en détention de sûreté en violation de l'article 5, *JCP G*, 2010, note 334, M. Giacopelli, et *Bergmann c/Allemagne*, 7 janv. 2016, *JCP G* 2016, act. 94, K. Blay-Grabarczyk).

Par contre, le maintien en détention pendant quarante et un ans, avant de bénéficier d'une libération conditionnelle, d'un détenu condamné à la peine de réclusion criminelle à perpétuité n'enfreint pas l'article 5 dès lors qu'il n'a jamais cessé d'être lié à l'objectif répressif initial et a été justifié par des éléments liés au risque de récidive et à la dangerosité du requérant (*Léger c/ France*, 11 avr. 2006).

Il faut préciser que les modalités d'application d'une peine « ne sauraient, en principe, influer sur la "régularité" d'une privation de liberté » : il en va ainsi d'une décision d'internement d'un condamné récidiviste après l'expiration de sa peine d'emprisonnement, en raison de sa dangerosité (*Schepper c/ Belgique*, 13 oct. 2009, § 42).

3° La régularité de la privation de liberté suppose également une adéquation entre le motif invoqué pour la privation de liberté et le lieu et le régime de la détention. Sans recourir explicitement à la théorie des obligations positives, la Cour n'hésite pas à relever que le manque de place dans les établissements concernés constitue un problème structurel dans l'État partie, faisant peser sur ce dernier l'obligation de se doter des structures d'accueil adéquates (par ex., *Brand c/ Pays-Bas*, 11 mai 2004).

N'est pas régulière, par exemple, la détention pendant sept mois d'un aliéné dans un établissement pénitentiaire non approprié (*Aerts c/ Belgique*, 30 juill. 1998), la détention provisoire pendant plusieurs mois d'un mineur en prison, en l'absence de structure d'accueil appropriée à un régime d'éducation surveillée (*D. G. c/ Irlande*, 16 mai 2002) ou le placement en zone de transit durant une période indéterminée d'un étranger en attente d'éloignement (*Riad et Idiab c/ Belgique*, 24 janv. 2008). La détention d'un mineur étranger dans un centre fermé pour adultes étrangers en séjour illégal, qu'il soit (*Popov c/ France*, 19 janv. 2012, *JCP G*, 2012, act. 221, F. Sudre) ou non (*Mubilanzila Mayeka c/ Belgique*, 12 oct. 2006, *D* 2007, 771, note P, Muzny) accompagné de ses parents méconnaît l'intérêt supérieur de l'enfant et ne peut passer pour régulière au sens de l'article 5 § 1 al. f (*Rahimi c/ Grèce*, 5 avr. 2011).

4° Enfin, le juge européen subordonne la régularité de la privation de liberté à une exigence de proportionnalité : « La privation de liberté est une mesure si grave qu'elle ne se justifie que lorsque d'autres mesures, moins sévères, ont été considérées et jugées insuffisantes pour sauvegarder l'intérêt personnel ou public exigeant la détention » (*Witold Litwa*, § 78, préc. n° 338). Ainsi, la détention d'une personne infectée du VIH ne respecte pas cette exigence lorsqu'aucune mesure alternative moins sévère destinée à éviter la propagation de la maladie n'a été envisagée (*Enhorn* c/ *Suède*, 25 janv. 2005). En bref, pour être régulière, la privation de liberté doit avoir été « indispensable au vu des circonstances » (§ 116).

Il n'en va pas ainsi, par exemple, dans l'affaire *R. L. et M.-J. D. c/ France* (19 mai 2004), où le requérant, après avoir été conduit au commissariat de police pour tapage nocturne, a été maintenu pendant plus de six heures dans les locaux de l'infirmerie psychiatrique de la préfecture de police « pour des raisons purement administratives » (§ 128).

Le CDH a doublement précisé la portée de l'article 9 du Pacte : cette disposition ne vise pas seulement les personnes inculpées pour infraction pénale mais s'applique à « tous les cas de privation de liberté » (obs. gén. n° 8 (16), in *Manuel*, préc., p. 73) ; la notion d'« arbitraire » (« Nul ne peut faire l'objet d'une arrestation ou d'une détention arbitraire ») doit être interprétée de manière plus large que « contraire la loi » afin d'inclure des éléments inappropriés, injustes, imprévisibles et contraires à la légalité (n° 458/1991, *Mukong c/ Cameroun*, déc. 21 juill. 1994, § 9. 8, *RUDH*, 1994, p. 457) et, plus généralement, « une action qui n'est pas raisonnable » (n° 794/1998, *Jalloh c/ Pays-Bas*, déc. 26 mars 2002, *A/57/40*, vol. II, 132, § 8. 2).

**344** OBLIGATION POSITIVE. — La régularité de la privation de liberté suppose, enfin, que l'État n'a pas manqué à son obligation positive, fondée sur l'article 1 de la Convention, de protéger la liberté des personnes placées sous sa juridiction (*Storck c/ Allemagne*, 16 juin 2005, *GACEDH* n° 18, § 102). L'extension du champ d'application des obligations positives au droit à la liberté et à la sûreté répond, comme le souligne la Cour, à la nécessité d'assurer une protection efficace et complète de la liberté personnelle dans une société démocratique. Pèse sur les autorités nationales l'obligation de prendre des mesures positives afin d'assurer la protection des personnes vulnérables et, notamment, d'empêcher une privation de liberté dont elles auraient eu, ou dû avoir, connaissance. Par le jeu de l'« effet horizontal », une telle obligation vaut aussi lorsque les atteintes à la liberté sont le fait de particuliers (*Storck* : internement d'une jeune fille majeure, à la demande de son père, dans un service fermé d'une clinique psychiatrique privée). Dans le domaine de la santé, l'État partie ne saurait se soustraire à sa responsabilité en déléguant ses obligations à des organismes privés ou des particuliers mais conserve une obligation de surveillance et de contrôle sur ces derniers. Particulièrement, un contrôle doit être effectué sur la régularité des justifications des mesures de placement et du traitement médical dans les cliniques psychiatriques privées.

Le CDH juge également que l'État partie a « une obligation particulière de protéger les personnes vulnérables relevant de sa juridiction, y compris les déficients mentaux » (CDH, n° 1061/2002, *Fijalkowska c/ Pologne*, déc. 26 juill. 2005, préc., § 8. 3).

## II | Les garanties accordées aux personnes privées de liberté

345 Économie générale. — 1° Ces garanties ont pour objet de permettre à l'individu de se défendre contre une arrestation ou une détention injustifiée afin de recouvrer la liberté. Ces garanties sont diverses et recouvrent d'abord, dans la CEDH (art. 5, § 2) comme dans le Pacte (art. 9, § 2 ; CDH, n° 43/1979, *Drescher Caldas c/ Uruguay*, déc. 21 juill. 1983, *Sélection*..., p. 84), le droit de toute personne d'être informée des raisons de son arrestation et de toute accusation portée contre elle de la nature et de la cause de son arrestation. Par son arrêt *Van der Leer* (21 févr. 1990, A. 170, § 27), la Cour européenne a jugé que, malgré leur connotation pénale, les termes « arrestation » et « accusation » devaient recevoir une interprétation autonome conforme à l'objet et au but de l'article 5 – « protéger toute personne contre les privations arbitraires de liberté » – et que, dès lors, la garantie de l'article 5, § 2 devait bénéficier à la fois aux personnes privées de liberté par arrestation et à celles qui le sont par détention (et, en l'espèce, à une personne soumise à une détention forcée dans un hôpital psychiatrique). La garantie de l'article 5, § 2 est complémentaire du droit d'introduire un recours (art. 5, § 4) et elle implique que la personne arrêtée reçoive des informations suffisantes lui permettant l'exercice du recours prévu à l'article 5, § 4 (*Chamaïev et al. c/ Géorgie et Russie*, 12 avr. 2005, § 427).

* La Cour de cassation fait une application fidèle de la jurisprudence européenne en jugeant que « le terme » arrestation « au sens de l'article 5-2 de la Convention européenne des droits de l'homme, doit recevoir une interprétation autonome conforme à l'objet et au but de cet article qui est de protéger toute personne contre les privations arbitraires de liberté » et en jugeant l'article 5, § 2 applicable à une personne qui n'avait pas été seulement arrêtée mais aussi accusée, condamnée et incarcérée (Cass. com., 18 juin 2002, n° 00-13774). Pour une application de l'article 5, § 2 de la CEDH en droit interne, à propos de mesures de placement d'office de malades mentaux, voir : CE, 3 novembre 1997, ministre de l'Intérieur et de la Sécurité publique c/ M. G., n° 146447 ; Cour adm. d'appel de Paris, 24 septembre 1998, *Mme L.*, *AJDA*, 1998, 948 ; CE, 28 juillet 2000, *E. A.*, *RFDA*, 2001, n° 6, p. 1239, concl. S. Boissard.

2° Ces garanties s'analysent ensuite, et principalement, en une protection juridictionnelle dont la Cour européenne relève qu'elle est essentielle pour réduire le risque d'arbitraire et assurer la prééminence du droit (*Sakik et autres c/ Turquie*, 26 nov. 1997). Cette protection est double.

Rappelons que la Cour interaméricaine des droits de l'homme, dans un important avis consultatif du 30 janvier 1987 sur l'*Habeas corpus* dans les situations d'urgence, a élargi la liste des droits insusceptibles de dérogation à la procédure d'*habeas corpus*, *supra*, n° 159 ; le CDH se prononce dans le même sens, *Drescher Caldas*, préc., et n° 66/1980, *Campora Schweizer c/ Uruguay*, déc. 12 octobre 1982 (*Sélection…*, p. 94).

**346** Droit d'être aussitôt traduit devant un juge. — L'article 5, § 3 comporte deux volets – la phase initiale de la détention et la période de détention provisoire – conférant deux droits distincts (*McKay c/ Royaume-Uni*, 3 oct. 2006, Gr. Ch., *GACEDH*, n° 19).

1° S'agissant de la phase initiale de la détention, le droit d'être traduit « aussitôt » devant un juge vise avant tout à fournir des garanties effectives contre le risque de mauvais traitements et doit répondre à trois exigences : la promptitude, le délai de garde à vue sans contrôle judiciaire ne devant pas excéder quatre jours (*Brogan c/ Royaume-Uni*, 29 nov. 1988, § 59 ; *Murat Satik et al. c/ Turquie*, 22 oct. 2002 ; *Hassan et a. c/ France*, 4 déc. 2014) ; l'automaticité, le contrôle ne devant pas dépendre d'une demande formulée par la personne détenue ; l'intervention d'un « juge » ou d'un « magistrat » offrant les garanties appropriées à l'exercice des fonctions judiciaires (*Schiesser c/ Suisse*, 4 déc. 1979, A. 34). Ces garanties sont de deux ordres.

a) En premier lieu, le « magistrat » chargé de contrôler la régularité de la détention doit être indépendant de l'exécutif et des parties. La garantie d'indépendance de l'exécutif est transposée de l'article 6 et suppose de ne recevoir ni pressions ni instructions – notamment du pouvoir exécutif – dans l'exercice de ses fonctions (*infra*, n° 395). L'exigence d'indépendance à l'égard de la partie poursuivante a fait place à celle d'impartialité fonctionnelle et est fondée sur la notion d'impartialité objective et la théorie des apparences, issues de l'article 6, § 1 (*Huber c/ Suisse*, 23 oct. 1990, A. 188 ; *infra*, n° 397).

L'article 5, § 3 prohibe en conséquence le cumul des fonctions d'instruction et de poursuite : le magistrat qui instruit ne doit pas être susceptible d'intervenir dans la procédure ultérieure à titre de représentant de l'autorité de poursuite (*Huber*, préc. ; *Medvedyev c/ France*, 29 mars 2010, Gr. Ch., § 124, *JCP G*, 2010, doctr. 454, F. Sudre).

Il en résulte que la qualité d'« autorité judiciaire » ou de « magistrat », au sens de l'article 5, § 1 et § 3 est déniée au magistrat du parquet français, comme elle l'est au procureur de la République italien (*Brincat c/ Italie*, 26 nov. 1992), au procureur bulgare (*Assenov c/ Bulgarie*, 28 oct. 1998), polonais (*Niebdela c/ Pologne*, 4 juill. 2000), roumain (*Pantea c/ Roumanie*, 3 juin 2003) ou au juge d'instruction suisse (*H. B. c/ Suisse*, 5 avr. 2001) : le magistrat du parquet, membre du ministère public, ne remplit pas au regard de l'article 5 § 3, « les garanties d'indépendance exigées par la jurisprudence pour être qualifié… de "juge ou (…) autre magistrat habilité par la loi à exercer des fonctions judiciaires" » (*Moulin c/ France*, 23 nov. 2010, § 59, *JCP G*, 2010, act. 1206, F. Sudre, *D.* 2011, 277, note J.F. Renucci). La Cour de cassation, revenant sur sa position antérieure (Crim., 10 mars 1992, n° 91-86944, n° 92-80389, *Bull. crim.*, n° 105) entérine cette jurisprudence, jugeant que le ministère public n'est pas une « autorité judiciaire au sens de l'article 5 § 3 de la CEDH, alors qu'il ne présente pas les garanties d'indépendance et d'impartialité requises par ce texte et qu'il est partie poursuivante » (Cass. crim., 15 déc. 2010, n° 10-83674, *D* 2010, 338, note J. Pradel). Ne pouvant être qualifié de « magistrat », le magistrat du parquet n'a donc pas qualité pour contrôler la régularité de la privation de liberté avant jugement qu'impose l'article 5, § 3.

* Si le magistrat du parquet est une autorité judiciaire au sens de l'article 66 de la Constitution – comme le rappelle le Conseil constitutionnel (déc., 29 août 2002, n° 2002-461 DC, *Rec.* p. 204, § 74) –, il n'est pas pour autant un « magistrat » au sens de la Convention. Cependant, le Conseil constitutionnel se range implicitement à la position de la Cour EDH en considérant que lorsque la mesure de garde à vue a été prolongée par le Procureur de la République, la rétention dans les locaux du TGI pendant 20 heures d'une personne dont la garde à vue a été levée en vue de son déferrement (art. 803-3 CPP) méconnaîtrait la Constitution « si la personne retenue n'était pas effectivement présentée à un magistrat du siège » avant l'expiration de ce délai (n° 2010-80 QPC, 17 déc. 2010, pt 11).

b) En second lieu, le contrôle juridictionnel de l'article 5, § 3 nécessite des garanties de procédure et de fond. Le « magistrat » doit entendre personnellement la personne privée de liberté, et doit avoir compétence pour vérifier que la détention est compatible avec l'article 5, § 1 c), c'està-dire qu'elle est « régulière ». Clarifiant sa jurisprudence antérieure (*Letellier c/France,* 26 juin 1991, § 35, A. 207, *RUDH*, 1992, 5, obs. F. Sudre), la Cour considère désormais que dès la première décision ordonnant le placement en détention provisoire, c'est-à-dire « aussitôt » après l'arrestation », une double exigence s'impose (*Buzadji c/République de Moldova*, 5 juil. 2016, Gr. Ch., § 102). D'une part, l'existence de' raisons plausibles de soupçonner que la personne arrêtée a commis une infraction, et, si tel n'est pas le cas, d'ordonner sa libération.

Cela, toutefois, n'implique pas selon la Cour, qui infléchit sa jurisprudence antérieure (*T. W. c/ Malte*, 29 avr. 1999), le pouvoir d'accorder la mise en liberté provisoire à une personne détenue dès la première comparution après son arrestation (*McKay*, préc., § 47).

D'autre part, l'existence de « motifs pertinents et suffisants » à l'appui de la privation de liberté (*Buzadji*, préc., § 102).

2° Le deuxième volet du droit d'être jugé dans un délai raisonnable ou libéré vise la période de détention provisoire. Il existe ici « une présomption en faveur de la libération » (*McKay*, § 41) et le juge interne doit exercer un contrôle sur le maintien en détention provisoire garantissant, selon une jurisprudence constante de la Cour (*Neumeister c/ Autriche*, 27 juin 1968, A. 8 ; *Debboub alias Husseini Ali c/ France*, 9 nov. 1999, obs. D. Thomas, *RDP*, 2000, chron., p. 707), la libération de la personne détenue dès que le maintien en détention cesse d'être raisonnable : seule l'« existence d'une véritable exigence d'intérêt public » peut justifier, eu égard à la présomption d'innocence, une exception à la règle du respect de la liberté individuelle.

Sous réserve que persistent des raisons plausibles de soupçonner la personne arrêtée d'avoir accompli une infraction, la régularité du maintien en détention provisoire est subordonnée à deux conditions : des motifs « pertinents et suffisants » continuant au bout d'« un certain temps » à légitimer la privation de liberté ; la « diligence particulière » mise par les autorités nationales à la poursuite de la procédure (pour des exemples de violation par la France : *Letellier*, 26 juin 1991, préc. ; *Tomasi,* 27 août 1992, A. 241 A ; *Richet*, 13 févr. 2001, *RDP*, 2002, 678, obs. D. Thomas). Cependant, l'appréciation de la durée « raisonnable » d'une détention provisoire dépend des particularités de la cause (par ex., Contrada c/ Italie, 24 août 1998 : membres présumés de la mafia), le juge européen admettant même que les exigences de la lutte contre la grande criminalité puissent justifier un assouplissement des conditions du maintien en détention provisoire (*Pantano c/ Italie*, 6 nov. 2003 ; *Shabani c/ Suisse*, 5 nov. 2009).

Comme le précise l'article 5 § 3, *in fine*, « la mise en liberté peut être subordonnée à une garantie assurant la comparution de l'intéressé à l'audience ». Le cautionnement doit être approprié et tenir compte notamment de la situation de l'intéressé et de ses ressources (*Neumeister*, préc. ; *Mangouras c/ Espagne*, 28 sept. 2010, Gr. Ch., *JCP G* 2010, act, 1063, L. Milano).

* Soulignons que la Cour de cassation française estime que la question de la durée raisonnable de la détention provisoire (art. 5, § 3) est une question de fait qui échappe à son contrôle et revient à l'appréciation souveraine de la Chambre d'accusation (Crim., 6 mars 1986, Lamarque, n° 85-96526, *Bull. crim.*, n° 94 ; Crim., 12 déc. 1988, Perez del Socorro, *Bull. crim.*, n° 418). La Chambre criminelle ne contrôle que la motivation des juges : encourt alors la cassation l'arrêt de la chambre d'accusation qui ne répond pas aux conclusions invoquant la violation de l'article 5, § 3 (Cass. crim., 9 mai 1994, n° 94-81196, *Bull. crim.*, n° 173 ; Cass. crim., 14 mai 1996, n° 96-81045, *Bull. crim.*, n° 203).

**347** DROIT D'INTRODUIRE UN RECOURS. — L'article 5, § 4 garantit le droit d'introduire un recours afin de voir statuer à « bref délai » [1] sur la légalité de la détention. Il faut distinguer deux situations différentes.

1° S'agissant du recours contre la décision initiale de privation de liberté, la Cour a limité la portée de l'article 5, § 4 aux hypothèses où la décision privative de liberté est prise par une autorité administrative.

a) Le droit d'introduire un recours ne trouve en conséquence pas à s'appliquer lorsque cette décision est prononcée par « un tribunal statuant à l'issue d'une procédure judiciaire », car le contrôle voulu par l'article 5, § 4 se trouve alors « incorporé à la décision initiale » (*De Wilde, Ooms et Versyp c/ Belgique*, 18 nov. 1970, *GACEDH*, n° 20, § 76).

1. Par exemple, l'exigence de célérité n'est pas satisfaite lorsque, dans le cadre d'une procédure de référé visant à faire statuer sans délai sur une demande de sortie immédiate d'internement, le juge civil rend sa décision au bout de quatre mois (*Delbec c/ France*, 18 juin 2002).

La Cour européenne jugeait qu'il en allait ainsi pour les peines perpétuelles obligatoires du droit anglais, en raison de l'automaticité de leur application (*Wynne c/ Royaume-Uni*, 18 juill. 1994, A. 294 A) ; elle abandonne cette doctrine du « contrôle incorporé », par son arrêt *Stafford c/ Royaume-Uni* (Gr. Ch., 28 mai 2002, préc.), et juge au contraire que le maintien en détention, à l'issue de la période punitive, d'une personne frappée d'une telle peine peut soulever des questions nouvelles de légalité ouvrant au contrôle de l'article 5, § 4. De semblables questions peuvent se poser dans le cas de peines perpétuelles discrétionnaires, prononcées au vu de la dangerosité du délinquant ; un contrôle judiciaire périodique de la légalité d'une détention de longue durée s'impose alors (*Weeks c/ Royaume-Uni*, 2 mars 1987, A. 114 ; voir aussi, *Megyeri c/ Allemagne*, 12 mai 1992, A. 237 A, sur les « intervalles raisonnables » qui doivent séparer les contrôles entre eux). Il en va de même pour la peine de « détention pour la durée qu'il plaira à Sa Majesté » prononcée, en droit anglais, pour le crime de meurtre commis par un mineur (*Hussain et Singh c/ Royaume-Uni*, 21 févr. 1996 ; *T. et V. c/ Royaume-Uni*, 16 déc. 1999, *Dr. fam.*, 2000, comm. n° 46, note A. Gouttenoire-Cornut ; *RTDH*, 2002, n° 49, p. 111, note F. Massias).

b) Bien qu'affirmant que les garanties procédurales qu'exige l'article 5, § doivent être appropriées au type de privation de liberté en cause, le juge européen transpose les garanties de l'article 6 à l'article 5, § 4 et n'hésite plus à énoncer que « l'article 5 § 4 doit impliquer des garanties substantiellement identiques à celles que consacre le volet pénal de l'article 6 § 1 » (*A et a. c/ Royaume-Uni*, 19 févr. 2009, Gr. Ch., *AJDA*, 2009, 881, obs. J.F. Flauss § 218).

Procédure contradictoire (*Sanchez-Reisse c/ Suisse*, 21 oct. 1986, A. 107 : détention à titre extraditionnel)[1], « égalité des armes » (*Niebdela c/ Pologne*, 4 juill. 2000 : recours contre une détention provisoire ; *Mooren c/ Allemagne*, 9 juill. 2009, Gr. Ch.), tribunal indépendant et impartial (*D. N. c/ Suisse*, 29 mars 2001 : demande de libération d'une clinique psychiatrique) ; droit de communiquer sans entraves avec son défenseur (*Istratii et al. c/ Moldavie*, 27 mars 2007). Toutefois, la Cour juge que si l'article 5, § 4 exige la tenue d'une audience lorsqu'il s'agit de contrôler la légalité d'une détention provisoire, il n'impose pas, sauf circonstances

1. La Cour de cassation fait application de l'article 5, § 4 pour juger que la personne placée sous écrou extraditionnel à l'étranger pour l'exécution d'un mandat d'arrêt délivré par un juge d'instruction français doit être admise à présenter une requête en nullité (art. 173 CPP) aux fins de faire contrôler par la chambre d'accusation la légalité de ce mandat au regard de la loi française (Cass. crim., 7 nov. 2000, n° 00-85221).

particulières, la publicité d'une telle audience (*Reinprecht c/ Autriche*, 15 nov. 2005, § 41).

Cependant, la Cour apporte une substantielle limite à ce principe en affirmant que le « terrorisme relève d'une catégorie spéciale » et qu'en conséquence l'article 5 § 4 ne peut être appliqué d'une manière telle qu'il causerait aux autorités policières des difficultés excessives pour combattre de manière efficace le terrorisme organisé (*Sher et a. c/ Royaume-Uni*, 20 oct. 2015, § 149).

2° Selon une jurisprudence bien établie (*Winterwerp c/ Pays-Bas*, 24 oct. 1979, § 55), l'article 5 § 4 garantit également, lorsque la nature même d'une mesure privative de liberté l'exige – ainsi pour l'internement des aliénés (*Winterwerp*, préc.) – un contrôle judiciaire périodique, effectué « à des intervalles raisonnables » de la légalité du maintien de la mesure privative de liberté. Ceci, afin de s'assurer que l'évolution de la situation ne rend pas illégal le maintien en détention.

* Le Conseil constitutionnel juge que l'article 66 de la Constitution impose le contrôle automatique de l'autorité judiciaire sur le maintien de l'internement d'une personne souffrant de troubles mentaux au-delà de 15 jours (déc. n° 2010-71 QPC, 26 nov. 2010 ; déc. n° 2011-135/140 QPC, 9 juin 2011). La loi n° 2011-803 du 5 juillet 2011 intègre cette garantie.

D'une manière générale, l'article 5, § 4 exige un recours « efficace », c'est-à-dire existant avec « un degré suffisant de certitude » (pour un exemple de violation, à raison de l'incertitude affectant l'efficacité des recours destinés à faire valoir l'insolvabilité du détenu en vue d'obtenir la mainlevée de la contrainte par corps : *Soumare c/ France*, 24 août 1998, obs. D. Thomas, *RDP*, 1999, 862)[1]. De plus, le « tribunal » doit exercer son contrôle non seulement sur la légalité « formelle », mais aussi sur le bien-fondé de la privation de liberté (*E. c/ Norvège*, 29 août 1990, A. 181 A). À cet égard, le contrôle de l'article 5, § 4 est assimilable au contrôle de la « régularité » de la détention au sens de l'article 5, § 1 ; ainsi, les autorités nationales ne sauraient invoquer que l'affaire touche à la sécurité nationale pour échapper à tout contrôle juridictionnel (*Chahal c/*

1. La Cour de cassation considère également que la contrainte par corps est « une détention à part entière au sens de l'article 5-4 de la Convention » et qu'en conséquence le condamné doit bénéficier de la garantie de cette disposition (Cass. com., 18 juin 2002, n° 00-13774). *Infra*, n° 345.

*Royaume-Uni*, 15 nov. 1996, *JCP G*, 1997, I, 4000, n° 9, chron. F. Sudre ; *Al-Nashif c/ Bulgarie*, 20 juin 2002).

* La Cour juge ainsi que le contrôle exercé par le juge administratif n'est pas assez ample pour permettre de contrôler la régularité d'une mesure de placement d'un étranger en rétention administrative (*A.M.* c/ France, 12 juillet 2016, § 42).

**348** Droit à réparation. — De surcroît, toute personne privée de sa liberté contrairement aux dispositions de l'article 5 (§ 1 à 4) a, en vertu de l'article 5, § 5, droit à réparation (*Brogan*, 29 nov. 1988, préc. ; *Thynne, Wilson et Gunnell c/ Royaume-Uni*, 25 oct. 1990, A. 190 A)[1]. Cela suppose l'existence d'une voie de recours « efficace » en droit interne (*Sakik et a. c/ Turquie*, 26 nov. 1997), c'est-à-dire d'une voie de recours pouvant donner lieu à réparation du préjudice subi devant les tribunaux internes soit avant le prononcé de l'arrêt de la Cour dans l'affaire en cause, soit après cet arrêt (*Stankov c/ Bulgarie*, 17 mai 2015, § 122).

Faisant application des principes dégagés à propos de la condition générale d'épuisement des voies de recours internes (art. 35, § 1, *supra*, n° 219), la Cour considère que la victime doit avoir fait un « usage normal » des voies de recours utiles en droit interne (*R. L. et M. J. D. c/ France*, 19 mai 2004).

Le CDH, s'inspirant manifestement de la jurisprudence européenne, estime également que le maintien en détention provisoire doit être non seulement légal, mais aussi « raisonnable à tous égards » (n° 305/1988, *Van Alphen c/ Pays-Bas*, déc. 23 juill. 1990, *A/45/40*, vol. II, p. 124) et que « la détention avant jugement doit être l'exception » et ne se justifie que si « le suspect risque de se cacher ou de détruire des preuves, de faire pression sur les témoins ou de quitter le territoire de l'État partie » (n° 526/1993, *Michael et Brian Hill c/ Espagne*, 2 avr. 1997, *A/52/40*, vol. II, p. 6). Le Comité précise aussi que l'examen de la légalité de la détention ne doit pas se limiter à déterminer si la détention est conforme au droit interne mais impliquer la possibilité pour le tribunal d'ordonner la libération de l'intéressé (n° 560/1993, *A c/ Australie*, déc. 3 avr. 1997, *A/52/40*, vol. II, p. 139).

1. Pour des exemples de violation de l'article 9, § 3 et § 4 du Pacte, voir CDH : n° 43/1979, *Drescher Caldas*, préc. ; n° 84/1981, *H. Dermit c/ Uruguay*, déc. 21 octobre 1982 ; n° 90/1981, *Luyeye Magana ex-Philibert c/ Zaïre*, déc. 21 juillet 1983 ; n° 139/1983, *Hiber Conteris c/ Uruguay*, déc. 17 juillet 1985, *Sélection...*, p. 117, 130 et 176 ; n° 227/1988, Juan *Teran Jijon c/ Equateur*, déc. 26 mars 1992, *A/47/40*, p. 259 ; n° 336/1988, *Nicolas Fillastre c/ Bolivie*, déc. 5 novembre 1991, *ibid.*, p. 291 ; n° 386/1989, *Koné c/ Sénégal*, déc. 21 octobre 1994, *RUDH*, 1995, p. 26.

## Section II
## Le droit à la liberté de circulation

**349** Il convient de distinguer les règles générales qui gouvernent ce droit et les dispositions spécifiques à l'expulsion des étrangers.

### *A – Règles générales*

Ce droit est reconnu en des termes différents pour les nationaux et les étrangers par la CEDH (Prot. 4, art. 2 et 3) comme par le PIDCP (art. 12).

**350** Droit d'entrer sur le territoire. — Le droit d'entrer et de rester sur le territoire d'un État est réservé par la CEDH (Prot. 4, art. 3) au seul « ressortissant » de cet État, les étrangers ne bénéficiant donc pas de ce droit (Com., déc. 9 juill. 1993, *A. c/ San Marin, D. et R.*, 75, p. 245). Cependant, si le droit des non-nationaux d'entrer et de séjourner dans un pays n'est pas en tant que tel garanti par la Convention, les restrictions à l'immigration doivent être appliquées de manière conforme aux obligations posées par la Convention, notamment par son article 10 (*Cox c/ Turquie*, 20 mai 2010 : interdiction injustifiée d'entrée sur le territoire turc visant une ressortissante américaine en raison de ses opinions sur la question kurde).

Le Pacte est moins restrictif. Son article 12, § 4 fait référence au droit d'entrer dans « son propre pays », et le CDH considère que cette notion s'applique non seulement aux nationaux, mais aussi « à toute personne qui, en raison des liens particuliers qu'elle entretient avec un pays donné ou des revendications qu'elle a à cet égard, ne peut pas être considérée dans ce même pays comme un simple étranger ».

Cependant, si le pays d'immigration facilite l'acquisition de la nationalité et si l'immigrant n'acquiert pas celle-ci, soit par choix, soit du fait d'actes qu'il a commis le privant de cette faculté, ledit pays ne peut être alors considéré comme « son propre pays » au sens de l'article 12, § 4 (ainsi, en l'espèce, relative à un arrêté d'expulsion d'un immigré écossais arrivé à l'âge de 7 ans au Canada, où vit toute sa famille : n° 538/1993, *C. Steward c/ Canada*, 1er nov. 1996, *A/52/40*, vol. II, p. 53)[1].

Par ailleurs, l'article 3 du Protocole 4 interdit l'expulsion des nationaux. Comme le précise la Cour européenne, cette protection est « absolue et inconditionnelle », mais la Convention ne garantit pas pour autant un « droit à une nationalité », semblable à celui qui est inscrit à l'article 15 de la DUDH ou à l'article 20 de la CADH, et la « nationalité », aux fins de l'article 3 du Protocole 4, doit en principe être déterminée d'après le droit interne (déc. 23 janv. 2002, *Slivenko et al. c/ Lettonie*, n° 48321/99 : citoyens de l'ex-URSS expulsés de Lettonie en application d'un accord russo-letton antérieur à l'adhésion de la Lettonie à la CEDH).

La Cour IADH estime, dans son avis consultatif du 19 janvier 1984, que la nationalité est « un droit inhérent à tout être humain (qui) est non seulement le fondement même de l'exercice des droits politiques, mais a également une influence sur l'exercice des droits civils » (AC 4/84, *Modification des dispositions de la Constitution du Costa Rica relatives à la naturalisation*, *RUDH*, 1992, p. 308, § 32). L'expulsion par un État de son national est interdite mais l'efficacité de cette disposition peut être diminuée par la privation arbitraire de nationalité. Le PIDCP reconnaît le droit à la nationalité au bénéfice de l'enfant (art. 24, § 3).

**351** DROIT DE CIRCULER ET DE RÉSIDER. — Le droit de circuler et de résider librement sur le territoire d'un État, reconnu aux nationaux, n'est garanti aux étrangers que s'ils sont en situation « régulière » (Prot. 4, art. 2, al. 1). Cette disposition renvoie au droit interne et laisse le soin à l'État de définir les conditions rendant « régulière » la présence d'un étranger sur son territoire (par ex. *Piermont c/ France*, 26 avr. 1995, A. 314, *JCP*, 1996, I, 3910, n° 42, chron. F. Sudre).

1° Le droit de circuler librement et de choisir librement sa résidence est passible de la clause d'ordre public (art. 2, al. 3 ; *supra*, n° 131) et peut aussi faire l'objet de restrictions spécifiques (art. 2

1. Voir aussi l'observation générale n° 27 (67) sur l'article 12 du Pacte (*A/55/40*, vol. I, 140 ; n° 675/1998, *Toala et consorts c/ Nouvelle-Zélande*, déc. 2 nov. 2000, *A/56/40*, vol. II, 36), que cite la CIJ, dans son avis du 9 juillet 2004. Conséquences juridiques de l'édification d'un mur dans le territoire palestinien occupé, pour préciser que les restrictions à la liberté de circulation doivent respecter le principe de proportionnalité et « constituer le moyen le moins perturbateur parmi ceux qui pourraient permettre d'obtenir le résultat recherché » (§ 36).

al. 4). Les simples restrictions au droit de circuler relèvent donc de la liberté de circulation et non du droit à la liberté et à la sûreté (sur cette distinction, *Guzzardi*, 6 nov. 1980, *supra*, n° 339).

Il en va ainsi de mesures de prévention (assignation à résidence, placement sous la surveillance de la police, retrait du permis de conduire) prises à l'encontre d'un *mafioso* (*Raimondo c/ Italie*, 22 févr. 1994, A. 281 A), de l'obligation faite à des Chypriotes de signaler à la police leur déplacement vers le nord de l'île (*Deniczi c/ Chypre*, 23 mai 2001) ou d'un « arrêté anti-mendicité » interdisant pendant quatorze jours l'accès à une zone sensible du centre-ville à un individu trouvé en possession de drogues dures (*Oliveira c/ Pays-Bas*, 4 juin 2002).

La CJCE consacre le droit de choisir librement sa résidence garanti par l'article 2, § 1 du Protocole 4 CEDH (CJCE, 25 janv. 2007, *Festersen*, C-370/05, pt 34, *Europe*, 2007-3, 84, comm, L. Idot).

a) Classiquement, les restrictions (art. 2 al. 3) doivent remplir la condition de légalité, au sens de la CEDH (*supra*, n° 132 ; *Santoro c/ Italie*, 1er juill. 2004 ; *Timishev c/ Russie*, 13 déc. 2005), être « nécessaires dans une société démocratique » et satisfaire à l'exigence de proportionnalité (*supra*, n° 143).

Tel est le cas dans l'affaire *Oliveira* (préc.), l'intéressé ayant fait l'objet de plusieurs avertissements antérieurs et n'habitant ni ne travaillant ou n'ayant une boîte postale dans la zone en cause (pour des exemples de violation : *Deniczi*, préc. ; *Labita c/ Italie*, 6 avr. 2000, restrictions appliquées à une personne qui a été acquittée de l'accusation d'appartenir à la mafia).

L'exigence de proportionnalité impose, si la mesure restrictive se prolonge automatiquement dans le temps, des contrôles périodiques quant à la persistance des raisons justifiant la dite mesure (*Villa c/ Italie*, 20 avr. 2010).

b) Le droit garanti par l'article 2 du Protocole 4 peut aussi faire l'objet de restrictions « dans certaines zones déterminées », qui doivent aussi être « prévues par la loi » et justifiée par « l'intérêt public », et non pas par « l'ordre public », dans une société démocratique (al. 4).

La Cour fait curieusement, et pour la première fois, application de cette disposition dans son arrêt *Garib c/Pays-Bas* (23 févr. 2016, *JCP G* 2016, doctr.834, F. Sudre) à propos d'une autorisation de résidence dans un quartier urbain défavorisé, se limitant à un contrôle de la proportionnalité « raisonnable » de la restriction en cause (§ 128).

* Le juge des référés du Conseil d'État considère qu'une mesure d'assignation à résidence prise dans le cadre de l'état d'urgence déclaré en novembre 2015 (supra n° 149) constitue une restriction à la liberté d'aller et venir mais ne présente pas « le caractère d'une mesure privative de liberté au sens de l'article 5 de la convention » (CE, ord, 11 déc. 2015, *Domenjoud*, n° 395009, RFDA 2016, 105, concl. X. Domino ; *AJDA* 2016, 247, chron. L, Dutheillet de Lamothe et G. Odinet), sous réserve, précise le Conseil constitutionnel, qu'elle n'excède pas 12 heures par jour (déc. 22 déc. 2015, n° 2015-527 QPC, Cédric D, *RFDA* 2016, 123, note A. Roblot-Troizier).

2° La Cour européenne juge également que la liberté de circulation est inhérente à la liberté de réunion et analyse en conséquence des refus d'autorisation de déplacement afin de participer à une manifestation ou à une réunion comme une ingérence dans le droit à la liberté de réunion, garanti par l'article 11 (*Djavit c/ Turquie*, 20 févr. 2003, *AJDA*, 2003, 611, chron. J.F. Flauss ; *Yesilgöz c/ Turquie*, 20 sept. 2005).

L'atteinte à la liberté de circulation peut également trouver sa source dans la violation d'un droit processuel. Ainsi, lorsqu'une déclaration de faillite fait interdiction au failli de s'éloigner de son lieu de résidence, la durée excessive de la procédure de faillite (14 ans) fait subir à l'intéressé une ingérence disproportionnée au regard du but légitime de la protection des créanciers de la faillite dans son droit à la liberté de circulation (*Luordo c/ Italie*, 17 juill. 2003, *JCP G*, 2004, I, 107, n° 22, chron. F. Sudre).

Notons, par ailleurs, qu'une mesure de bannissement intérieur constitue une violation du droit de circuler (CDH, n^os^ 241 et 242/1987, *Birindwa ci Birhashwirwa et autres c/ Zaïre*, déc. 2 nov. 1989, *A/45/40*, p. 88).

**352** DROIT DE QUITTER TOUT PAYS. — Seul le droit de quitter tout pays, y compris le sien, est reconnu de manière identique, aux ressortissants d'un État et aux étrangers (art. 2, al. 2, Prot. 4 CEDH ; art. 12, § 2 PIDCP). À la suite du Comité des droits de l'homme (n° 106/1981, *Pereira Montero c/ Uruguay*, déc. 31 mars 1983, *Sélection...*, p. 142) et de la Commission européenne (déc. 20 févr. 1995, *Peltonen c/ Finlande*, *DR*, 80-B, 38), la Cour européenne a interprété ce droit comme impliquant le droit de se rendre dans un pays de son choix et incluant, en conséquence, un « droit au passeport ».

Dès lors, le refus de délivrance ou la dépossession d'un document d'identité tel un passeport constitue une ingérence dans l'exercice du droit à la liberté de circulation (*Baumann c/ France*, 22 mai 2001,RDP, 2002, 706, obs. H. Surrel ; voir *Iletmis c/ Turquie*, 6 déc. 2005). Cette ingérence s'avère disproportionnée au regard du but légitime poursuivi (par ex., assurer le paiement de l'impôt, prévenir une infraction pénale, satisfaire à une obligation alimentaire) si elle est de caractère automatique et n'est pas dès le départ et tout au long de sa durée, justifiée et proportionnée au regard des circonstances propres à l'intéressé (*Reiner c/ Bulgarie*, 23 mai 2006, citant CDH, n° 263/1987, *M. Gonzalez del Rio c/ Pérou*, A/48, § 809 ; *Battista c/ Italie*, 2 déc. 2014). Le juge européen intègre dans la condition de proportionnalité l'exigence d'un contrôle du pouvoir judiciaire – qui doit être un contrôle entier – sur la mesure en cause (*Gochev c/ Bulgarie*, 26 nov. 2008).

* La jurisprudence nationale s'est prononcée dans le même sens (Cass. 1re civ., 28 nov. 1984, *Bonnet et autres*, n° 83-16552, *Bull. civ.*, I, p. 321 ; TC, 9 juin 1986, *Eucat*, *JCP*, 1987, II, 20746, note B. Pacteau), bien que le Conseil d'État considère que le droit de quitter le territoire et d'y revenir est « reconnu » par la Déclaration des droits de l'homme de 1789 et seulement « confirmé » par le Protocole 4 à la CEDH (CE, 8 avr. 1987, *Peltier*, *RFDA*, 1987, p. 608, note B. Pacteau ; CE, 9 juin 1999, *Mlle Bouayad*, n° 191036 ; CE, 8 déc. 2000, *Rahal*, *RFDA*, 2001, 261). L'exigence d'un contrôle entier sur la mesure d'interdiction administrative du territoire est confirmée par le Conseil constitutionnel (déc. n° 2015-490 QPC, 14 oct. 2015, Omar K).

### *B – Dispositions spécifiques à l'expulsion des étrangers.*

Inscrites dans des protocoles additionnels, leur portée pratique est restée réduite jusqu'à présent.

**353** INTERDICTION DES EXPULSIONS COLLECTIVES. — L'article 4 du Protocole 4 interdit « les expulsions collectives d'étrangers » et impose donc aux États un examen spécifique de chaque cas individuel, afin d'éviter des expulsions en blocs ou… par « charter » ; ce droit est le premier qui bénéficie à un groupe de personnes et non à un individu, bien que l'individu puisse l'invoquer par le recours individuel. Dans son arrêt de principe, *Conka c/ Belgique*, du 5 févr. 2002 (*RTDH*, 2003, 177, obs. J.-Y. Carlier ; voir Com., déc. 3 oct. 1975, *Becker c/ Danemark*, *D. et R.*, 4, 215), la Cour définit l'« expulsion collective » comme « toute mesure contraignant des étrangers, en tant que groupe, à quitter un pays, sauf dans les cas où une telle mesure est prise à l'issue et sur la base d'un examen raisonnable et objectif de la situation particulière de chacun des étrangers qui forment le groupe » (§ 59). Pour être compatible avec l'article 4 du Protocole 4, la procédure suivie doit offrir des garanties suffisantes attestant d'une prise en compte « réelle et différenciée » de la situation individuelle de chacune des personnes concernées (par ex., *Sultani c/ France*, 20 sept. 2007).

Il n'en est pas ainsi dans l'affaire *Conka*, où la Cour conclut au « caractère collectif de l'expulsion critiquée » au vu notamment du grand nombre de personnes de même origine (tsigane) ayant connu le même sort que les requérants (convoqués par la police afin de « compléter leur dossier de demande d'asile », ils furent ensuite transférés dans un centre fermé de transit puis ramenés par avion en Slovaquie) et du déroulement des faits (annonce politique d'une opération de ce genre, convocations simultanées au commissariat, libellé identique des ordres de quitter le territoire...). Voir aussi, *Khlaifia et a. c/Italie*, 1er sept 2015 (refoulement de migrants).

Le champ d'application de l'article 4 du Protocole 4 est compris dans un sens extensif par la Cour. D'une part, elle juge que l'interdiction des expulsions collectives vise tout étranger se trouvant pour un motif quelconque sur le territoire de l'État partie, qu'il soit ou non en situation régulière (*Géorgie c/ Russie*, 3 juillet 2014, Gr. Ch.) et s'applique en conséquence à un refoulement ou à un refus d'admission sur le territoire de l'État (*Sharifi et a. c/ Italie et Grèce*, 21 oct. 2014). D'autre part, afin de ne pas soustraire à la protection de la Convention « une partie importante des phénomènes migratoires contemporains », elle confère à l'article 4 du Protocole 4 un effet extraterritorial (*infra*, n° 421) et juge cette disposition applicable à « un éloignement d'étrangers vers un État tiers effectué en dehors du territoire national » (*Hirsi Jamaa et a. c/ Italie*, 23 févr. 2012, Gr. Ch., *JCP G*, 2012, act. 380, C. Picheral : interception de migrants en haute mer et transfert vers la Libye). *Infra*, n° 438.

**354** GARANTIES PROCÉDURALES. — D'autre part, l'article 1 du Protocole 7 (adopté le 22 novembre 1984) accorde à l'étranger deux séries de garanties spécifiques, qui sont subordonnées à la condition, fixée par le droit interne, de la « régularité de la présence de l'étranger » sur le territoire de l'État contractant (Comm., déc. 13 janv. 1993, *Voulfovitch et al. c/ Grèce*, *DR*, 74, 199). En premier lieu, l'étranger ne peut être expulsé qu'« en exécution d'une décision prise conformément à la loi », le terme « loi » s'entendant au sens de la Convention comme désignant à la fois l'existence d'une base légale en droit interne et la qualité (accessibilité et prévisibilité) de la loi (*Lupsa c/ Roumanie*, 8 juin 2006, *JCP G*, 2006, I, 164, n° 14, obs. F. Sudre). Il s'agit là d'une « garantie fondamentale » qui, selon la Cour, ne souffre aucune exception et est « la condition *sine qua non* » du respect de la Convention (*Bolat c/ Russie*, 5 oct. 2006, *JCP G*, 2007, I, 106, n° 16, obs. F. Sudre). En second lieu, l'étranger bénéficie de garanties procédurales minimales, dont les conditions d'exercice relèvent de la législation nationale (§ 1 : droit de faire valoir les raisons qui militent contre son expulsion, droit de faire examiner son cas, droit de se faire représenter à cette fin devant l'autorité compétente), à moins que des raisons touchant à « l'intérêt de l'ordre public » ou à « la sécurité nationale » ne s'y opposent (§ 2 ; *Nolan et K. c/ Russie*, 12 févr. 2009). Mais, dans cette hypothèse, l'étranger doit être autorisé à exercer les droits énoncés au § 1 après son expulsion (*Lupsa* : expulsion en urgence).

De plus, le juge européen érige la notion d'expulsion en « notion autonome », définie comme « toute mesure contraignant un étranger à quitter le territoire sur lequel il séjournait régulièrement », à l'exception de l'extradition (*Bolat*, § 79).

L'article 13 du PIDCP a une portée similaire et le CDH a étendu sa garantie à « toutes les procédures tendant à contraindre un étranger à quitter un pays » (voir obs. gén. 15 (27) sur la situation des étrangers au regard du Pacte, § 9, *Manuel…*, p. 76, et n° 193/1985, *Giry c/ République dominicaine*, déc. 11 juill. 1988, *A/45/40*, vol. II, p. 43, § 5. 5 ; n° 155/1983, *Hammel c/ Madagascar*, déc. 3 avr. 1987, *RUDH*, 1989, p. 74).

## *Pour aller plus loin*

355 Sur le droit à la liberté et à la sûreté et la liberté de circulation. — Voir R. Mésa, Les mesures de sûreté *post sententiam* privatives et restrictives de liberté dans le droit de la CEDH, *RTDH*, 2011-88, 839 ; J.-P. Marguénaud, La rétention en droit européen, *in* O. Lecucq, *La rétention administrative des étrangers. Entre efficacité et protection*, L'Harmattan, 2011, p. 32 ; F. Bernard, La définition du champ d'application de l'article 5 de la CEDH, RTDH 2014-100, 959 ; K. Blay-Grabarczyk, La notion de « privation de liberté » au sens de l'article 5 § 1 de la CEDH, *RFDA* 2016-4, à paraître.

— *Sur le procès pénal en général et la CEDH (art. 5 et 6)*, voir M. De Salvia, Principes directeurs d'une procédure pénale européenne : la contribution des organes de la CEDH, *RCADE*, 1997, vol. V, t. 2, p. 59 ; S. Guinchard, et J. Buisson, *Procédure pénale*, Litec, 9e éd. 2013 ; S. Trechsel, *Human Rights in Criminal Proceedings*, Oxford University Press, 2006. Consulter : les contributions de M. Delmas-Marty, R. Koering-Joulin et J. Pradel aux *Mélanges Levasseur*, Litec, 1992 ; R. Koering-Joulin et J.F. Seuvic, Droits fondamentaux et droit criminel, in *AJDA*, numéro spécial, *Les droits fondamentaux. Une nouvelle catégorie juridique ?*, 1998, 106 ; Fl. Massias, Pénaliser : une obligation positive très circonscrite, *Mélanges Bernard Bouloc*, Dalloz, 2006, 745.

# Chapitre 4

# Les droits de procédure

356 Les droits de procédure constituent la seule catégorie de droits dont le contenu ne renvoie pas à une liberté matérielle mais aux garanties dont un individu dispose dans un État de droit afin de faire valoir ses droits et libertés. Le droit à un procès équitable et le droit à un recours sont insusceptibles de limitations en période normale (exception faite du droit à la publicité des débats judiciaires) et ne peuvent faire l'objet que de dérogations ; le principe de la légalité des délits et des peines est, quant à lui, un droit intangible (*supra*, n° 147).

## Section I
## Le droit à un procès équitable

357 PLACE ÉMINENTE. — La protection de la liberté serait vide de sens si elle n'était pas confiée à une justice indépendante et impartiale, garantie d'un procès équitable. « Le droit à un procès équitable », selon la terminologie forgée par la Cour européenne à propos de l'article 6, § 1 de la Convention (*Golder c/ Royaume-Uni*, 21 févr. 1975, § 34, *GACEDH*, n° 27) « consacre le principe fondamental de la prééminence du droit dans une société démocratique » (*Sunday Times c/ Royaume-Uni*, 26 avr. 1979, § 55). Reconnaissant au droit à un procès équitable une place « éminente » dans une société démocratique (*Kostovski c/ Pays-Bas*, 20 nov. 1989, A. 166, § 44), le juge européen en fait l'un des principes qui consti-

tuent l'ossature de l'ordre public européen des droits de l'homme (sur cette notion, *Loizidou c/ Turquie*, 23 mars 1995, *GACEDH*, n° 1). À ce titre, la Cour européenne pose le principe, par son arrêt *Pellegrini c/ Italie* (20 juill. 2001, *RTDH*, 2002, 463, note J.-P. Costa ; *Gaz. Pal.*, 21-23 juill. 2002, 2, note L. Sinopoli), que les juridictions d'un État partie ne peuvent, sans violer elles-mêmes l'article 6 de la Convention, accorder l'*exequatur* à un jugement d'un pays tiers méconnaissant les garanties essentielles de l'article 6 ; obligation leur est donc faite de vérifier que le jugement étranger a bien été adopté dans le respect de ces garanties et n'est pas constitutif d'un « déni de justice flagrant » (*Maumousseau et Washington c/ France*, 6 déc. 2007, § 99). Cette « exception d'ordre public européen » permet donc au juge interne de ne pas exécuter un jugement étranger contraire aux exigences du procès équitable.

* La Cour de cassation incorpore ainsi l'article 6 dans l'ordre public international français, au titre de l'ordre public de procédure (Cass. civ., 16 mars 1999, *Pordéa c/ Sté Times Newspapers limited*, n° 97-17598, *RCDIP*, 2000, 223 : refus d'accorder l'exequatur à des jugements étrangers méconnaissant le droit d'accès à un tribunal ; *infra*, n° 378). De même, la CJCE considère que le juge national d'un État contractant peut se prévaloir de la clause d'ordre public de l'article 27. 1 de la Convention de Bruxelles du 27 septembre 1968 concernant la compétence judiciaire et l'exécution des décisions de justice en matière civile et commerciale pour ne pas reconnaître une décision judiciaire d'un autre État contractant rendue en violation manifeste du « droit de se faire défendre sans comparaître personnellement » (CJCE, 28 mars 2000, *Krombach et Bamberski*, aff. C-7/98, *DCDF* n° 43 ; *infra*, n° 415) ; pour une solution similaire, Cass. 1re civ., 30 juin 2004, *Stolzenberg c/ Daimler Chrysler Canada*, n° 01-15452 (*D*, 2004, 2743, note N. Bouche).

Le droit à un procès équitable vise à assurer « le droit à une bonne administration de la justice », dont la Cour européenne affirme qu'il occupe dans une société démocratique « une place si éminente qu'on ne saurait le sacrifier à l'opportunité » (*Delcourt c/ Belgique*, 17 janv. 1970, § 25). L'affirmation de son effectivité gouverne la matière.

**358** ÉCONOMIE DE L'ARTICLE 6. — L'économie réelle du texte de l'article 6, tel qu'interprété par le juge européen, impose de distinguer la question du champ d'application (ou de l'applicabilité) du droit à un procès équitable, traitée par la première phrase du paragraphe 1 de l'article 6 (I) et celle des garanties du procès équitable, qu'elles soient générales (art. 6 § 1 ; II) ou propres à l'accusé (art. 6 § 2 et 3 ; III).

## I | Champ d'application du droit

**359** Des concepts autonomes. — Selon les textes conventionnels (PDCP, art. 14, § 1 ; CADH, art. 8, § 1 ; CEDH, art. 6, § 1) le droit à un procès équitable ne s'applique pas à tous les litiges, mais seulement aux « contestations sur les droits et obligations de caractère civil » et aux accusations « en matière pénale ». La Cour européenne estime que ces deux notions, peu claires, ne peuvent être interprétées par simple référence au droit interne de l'État défendeur et qu'il s'agit de « concepts autonomes » de la Convention, auxquels la Cour donne un sens « européen » (*supra*, n° 157). Ainsi entendues, la « matière civile » et la « matière pénale » vont servir de voies d'élargissement à l'applicabilité du droit à un procès équitable et être les vecteurs privilégiés de la diffusion des garanties du procès équitable en droit interne.

### *A – La matière civile*

**360** Critères. — 1° L'applicabilité de l'article 6, § 1 en matière civile est commandée en premier lieu par l'existence d'une « contestation » sur un « droit » que l'on peut dire, « au moins de manière défendable, reconnu en droit interne » (*James et autres c/ Royaume-Uni*, 21 févr. 1986, *GACEDH*, n° 68, § 81). La « contestation », comprise dans un sens matériel et non formel, doit être « réelle et sérieuse » et peut porter aussi bien sur l'existence même d'un droit que sur son étendue ou ses modalités d'exercice, sur des points de fait comme sur des questions juridiques. L'article 6 n'assure donc aucun contenu matériel déterminé au « droit » dans l'ordre juridique interne. Le juge européen est tenu, en principe, pour déterminer l'existence d'un « droit », de se référer au seul droit interne tel qu'interprété par les juridictions nationales afin de vérifier que le « droit » y a bien une base légale (par ex., *Masson et Van Zon c/ Pays-Bas*, 28 sept. 1995, A. 327, § 49).

Ainsi, un détenu ne peut se prétendre titulaire d'un « droit » à bénéficier d'autorisations de sortie reconnu dans l'ordre juridique interne (*Boulois c/ Luxembourg*, 3 avr. 2012, Gr. Ch.). Il faut, cependant, constater que la Cour européenne peut parfois faire abstraction du droit interne pour affirmer que la notion de « droit » est une « notion autonome » au sens de l'article 6 (*Mennitto c/ Italie*, 5 oct. 2000 ; *Posti et Rahko c/ Finlande*, 24 sept. 2002).

* Au motif que l'Autorité de la concurrence ne « tranche pas une contestation » lorsqu'elle délivre une nouvelle autorisation, le Conseil d'État écarte l'applicabilité de l'article 6 § 1 et, en conséquence, semble exclure les procédures administratives précontentieuses du champ de l'article 6 (CE, Ass., 21 déc. 2012, *Société Groupe Canal plus 1 et 2*, n° 362347, AJDA 2013, 215, chron, X. Domino et A, Bretonneau).

2° En second lieu, repoussant une interprétation étroite de la notion de « droits et obligations à caractère civil », la Cour européenne a estimé que l'expression couvrait « toute procédure dont l'issue est déterminante pour des droits et obligations de caractère privé » (*König c/ RFA*, 28 juin 1978, *GACEDH*, n° 4, § 90). L'issue de la procédure doit donc être directement déterminante pour le droit en question, et la Cour européenne considère qu'un lien ténu ou des répercussions lointaines ne suffisent pas à faire entrer en jeu l'article 6, § 1 mais peu importe la nature de la loi (civile, commerciale, administrative...) suivant laquelle la contestation doit être tranchée et celle de l'autorité compétente en la matière (juridiction, de quelque ordre qu'elle soit, organe administratif, autre).

La procédure de référé, qui vise à « régir une situation temporaire en attendant qu'il soit statué au principal » (*Maillard Bous c/ Portugal*, 28 juin 2001) comme la procédure de récusation, qui est une procédure incidente et indépendante de la procédure principale, n'entrent pas dans le champ d'application de l'article 6 ; de surcroît, le droit d'obtenir une décision judiciaire sur le remplacement d'un juge n'est pas, selon la Cour européenne, un droit de « caractère civil » (déc. 11 déc. 2003, *Schreiber et Boetsch c/ France*, no 58751/00).

* La Cour de cassation juge de même (Cass. 2e civ., 14 oct. 2004, *Aquigem (Sté) c/ Zanghellini*, n° 02-18708), ainsi que pour la procédure de renvoi pour

cause de suspicion légitime (Cass. 2e civ., 15 déc. 2005, *SARL Sodema c/ Sté CSF et al.*, n° 14-17166) ; Cass. soc., 21 mars 2006, *Dem's auto France (Sté) c/ Hernandez*, *D*, 2006, IR, 1001.

Se prévalant du « large consensus » existant au sein des États membres » et de la jurisprudence de la CJCE (CJCE, 21 mai 1980, *Denilauler c/ Couchet*, C 125/79), la Cour juge désormais que l'article 6 est applicable aux mesures provisoires – telle une injonction – à la double condition que le droit en jeu, tant dans la procédure au principal que dans la procédure d'injonction, soit « de caractère civil » et que la mesure provisoire soit, en raison de son objet, de son but et de ses effets, « déterminante » pour le droit ou l'obligation en cause (*Micallef c/ Malte*, 15 oct. 2009, Gr. Ch. § 84-85, *JCP G.* 2010, doctr. 70, F. Sudre).

* Le Conseil d'État semble se prononcer dans le même sens en jugeant l'article 6 applicable à une voie de recours spécifique devant un juge doté d'un pouvoir d'injonction et d'astreinte, dès lors qu'est en jeu un droit (le droit d'accès à un logement) relevant de la « matière civile » (CE, avis, 2 juill. 2010, *Maache*, *AJDA*, 2010, 1948, note S. Robert-Cuendet).

3° Seul compte le caractère « privé » du droit en cause, dont la Cour ne donne pas une définition abstraite, bien qu'elle souligne la nature personnelle ou patrimoniale du droit contesté. D'une manière générale, on doit considérer que toute contestation ayant un objet « patrimonial » et se fondant sur une atteinte alléguée à des droits eux aussi patrimoniaux relève de la notion de « droits et obligations de caractère civil » (*Éditions Périscope c/ France*, 26 mars 1992, A. 234 B, § 40, *JCP G*, 1993, I, 3654, n° 11, chron. F. Sudre).

En témoigne l'arrêt *Perez c/ France* (Gr. Ch., 12 févr. 2004, D, 2004, 2943, note D. Roets), par lequel la Cour européenne, soulignant que la plainte avec constitution de partie civile en droit français tend à la réparation d'un préjudice résultant d'une infraction et revêt un caractère patrimonial, pose le principe de l'applicabilité de l'article 6 « aux procédures relatives aux plaintes avec constitution de partie civile dès l'acte de constitution de partie civile » (§ 66 ; *Gorou c/Grèce (n° 2) 20 mars 2009, Gr. Ch., § 26*), sauf dans les hypothèses d'une action civile exercée à des fins purement répressives ou d'une renonciation non équivoque de la victime à l'exercice de son droit à réparation (*Beyazgül c/ Turquie*, 22 sept. 2009).

Le critère de l'*incidence* d'une situation ou d'un acte sur les droits patrimoniaux du justiciable (*Ortenberg c/ Autriche*,

25 nov. 1994, A. 295 B, § 28 ; *Procola c/ Luxembourg*, 28 sept. 1995, A. 326, § 39, *RFDA*, 1996, 677, note J.L. Autin et F. Sudre) apparaît donc comme le critère décisif de l'applicabilité de l'article 6 (réserve faite du contentieux de la fonction publique, *infra*, n° 365.

### *1. Extension*

**361** ACCEPTION MATÉRIELLE. — L'acception matérielle du droit « de caractère civil », que partage le CDH (n° 112/1981, *Y. L. c/ Canada*, déc. 8 avr. 1986, *Sélection...*, p. 30, § 9. 2), a conduit la juridiction européenne à procéder à une extension « tous azimuts » du champ d'application de l'article 6 et a favorisé une jurisprudence de neutralisation des conceptions nationales distinguant entre droit public et droit privé permettant d'asseoir l'emprise de la matière civile sur nombre de domaines fortement marqués par le droit public.

Le juge européen a intégré dans le champ d'application de l'article 6, § 1 le contentieux disciplinaire, le contentieux social, des contentieux classiquement de droit public, dont celui de la fonction publique, ou encore le contentieux des juridictions financières.

**362** CONTENTIEUX DISCIPLINAIRE. — L'article 6, § 1 est applicable aux sanctions disciplinaires (suspension, radiation) émanant de juridictions ordinales, dès lors qu'elles mettent en cause le droit d'exercer la profession (pour les médecins : *Le Compte, Van Leuven et De Meyere c/ Belgique*, 23 juin 1981, *GACEDH*, n° 21 et *Albert et Le Compte c/ Belgique*, 10 févr. 1983, A. 58 ; pour les avocats, *H. c/ Belgique*, 30 nov. 1987, A. 127).

* À la différence de la Cour de cassation (Civ. 1re, 10 janv. 1984, *Rennemann*, n° 82-16968, concl. Gulphe, *JCP*, 1984, II, 20210), le Conseil d'État français refusait d'appliquer l'article 6, § 1, qui impose la publicité des débats, aux juridictions disciplinaires (CE, 27 oct. 1978, *Debout*, *Rec.*, p. 395 ; CE, Ass., 11 juill. 1984, *Subrini*, concl. Genevois, *D*, 1985, p. 150 ; CE, 30 mars 1990, *Bottazzi*, *RFDA*, 1991, p. 109, chron. V. Berger, H. Labayle, F. Sudre) au risque de se trouver en opposition flagrante avec la juridiction européenne (CE, 29 oct. 1990, *Diennet* ; Cour EDH, 26 sept. 1995, *Diennet*, A. 325 A). Ses arrêts *Maubleu* (Ass., 14 févr. 1996, *Rec.*, p. 34, concl. M. Sanson ; *JCP G*, 1996, II, 22669, note M. Las-

combe et D. Vion) et *L'Hermitte* (30 déc. 1996, *RTDH*, 1998, 365, obs. J. Andriantsimbazovina) marquent sans ambiguïté l'abandon de la jurisprudence *Subrini* et signifie que les sanctions disciplinaires prononcées à l'encontre des membres de professions réglementées dont le Conseil d'État a connaissance portent sur des droits de « caractère civil » relevant de l'applicabilité de l'article 6, § 1 de la CEDH dès lors qu'elles emportent « interdiction temporaire ou permanente » du droit d'exercer la profession (par ex., pour le Conseil national de l'Ordre des pharmaciens, CE, 23 janv. 1998, *Doutres*, n° 175820 ; pour la Compagnie nationale des conseils en propriété industrielle : CE, 17 mai 1999, *Chereau*, n° 180537 ; *RFDA*, 2000, 1070, chron. L. Sermet). Le Conseil d'État vérifie donc, dans sa fonction de juge de cassation, la compatibilité du fonctionnement d'une juridiction ordinale avec l'article 6, § 1 (CE, 3 déc. 1999, *Leriche*, *Dr. soc.*, 2000, 194, concl. R. Schwartz).

Dans le même esprit, le Conseil d'État fait une exacte application de l'article 6 en jugeant que les sanctions disciplinaires prononcées par le Conseil supérieur de l'éducation à l'encontre d'un chef d'établissement d'enseignement privé (interdiction temporaire de diriger un établissement libre d'enseignement secondaire : CE, 10 janv. 2000, *Massard*, n° 190041) ou par le CNESER à l'encontre d'un étudiant (exclusion définitive de l'Université : CE, 19 janv. 2000, *Mlle Pawlowski*, n° 187353 ; CE, 3 nov. 1999, *Zurmely*, *RFDA*, 2000, 1079, concl. A.-F. Roul ; CE, 7 juin 2000, *Zurmely*, n° 206362), sont de nature, dans un cas, à remettre en cause la faculté pour l'intéressé d'exercer sa profession et, dans l'autre cas, « à priver l'intéressé de la liberté d'accéder aux professions soumises à une condition de diplôme » et mettent alors en jeu un droit de caractère civil. L'article 6 étant applicable à ces procédures, le Conseil d'État veille en conséquence à ce que la garantie de publicité de l'audience soit respectée.

Par contre, la Cour de cassation juge inapplicable l'article 6 « à l'organe disciplinaire d'un établissement d'enseignement privé examinant la violation du règlement intérieur par un élève » (Cass. 1re civ., 11 mars 2010, n° 09-12.453, *Dr. fam.*, 2010-5, comm. 95, P. Servant).

**363** CONTENTIEUX SOCIAL. — Parce qu'est en jeu le droit d'exercer une activité professionnelle, les procédures relatives au licenciement d'un employé par une entreprise privée (*Buccholz c/ Allemagne*, 6 mai 1981, A. 42), ou d'un agent contractuel par l'Administration (*Darnell c/ Royaume-Uni*, 26 oct. 1993, A. 272), ou à une autorisation d'emploi (*Coorplan-Jenni GmbH et Hascic c/ Autriche*, 27 juill. 2006) relèvent de l'article 6 § 1. Il en va de même de celles concernant l'attribution de prestations d'assurance sociale (*Feldbrugge c/ Pays-Bas*, 29 mai 1986, *GACEDH*, n° 22 et *Deumeland c/ RFA*, même date, A. 100) ou d'aide sociale (*Salesi c/ Italie*, 26 févr. 1993, A. 257 E), mais aussi l'obligation de cotisations de

Sécurité sociale (*Schouten et Meldrum c/ Pays-Bas*, 9 déc. 1994, A. 304), au motif que le régime desdites prestations ou cotisations révèle une prédominance des aspects de droit privé (nature personnelle et patrimoniale du droit contesté, rattachement au contrat de travail, affinités avec une assurance de droit commun) sur les aspects de droit public (caractère de la législation, intervention de la puissance publique).

* Cette jurisprudence a incité le Conseil d'État à juger l'article 6 applicable à une procédure devant la Commission centrale d'aide sociale, qu'elle soit relative à la récupération de dépenses d'aide sociale à domicile sur la succession du bénéficiaire des prestations (CE, 29 juill. 1994, *Département de l'Indre*, concl. J.-C. Bonichot, *RFDA*, 1995, p. 162), à une décision de la CCAS refusant l'octroi d'une prestation d'aide sociale (CE, 27 mars 1998, *CCAS de La Rochelle et Département de la Saône-et-Loire*, n° 161659) ou à la récupération d'un trop-perçu au titre du RMI (CE, Ass., 6 déc. 2002, *Trognon*, n° 240028) ; à une procédure relative à la prise en charge par l'État de cotisations patronales de Sécurité sociale acquittées par un collège privé sous contrat (CE, Avis, 5 déc. 1997, *OGEC de Saint-Sauveur Le Vicomte*, concl. L. Touvet, *RFDA*, 1998, 160) ; à une décision de la commission contentieuse des soins gratuits de refus de prise en charge d'une cure thermale (CE, 3 déc. 2003, *Lazennec*, n° 246134) ; à une procédure relative à l'allocation d'une pension de retraite (CE, Avis, 3 nov. 2003, *Montesinos et Gardon*, n° 257946). De même, le Conseil d'État juge, dans une motivation très « européenne », que les contestations tranchées par la Commission départementale des travailleurs handicapés, des mutilés de guerre et assimilés (CDTH), dont dépendent « le droit des intéressés à la garantie de ressources instituée pour les travailleurs handicapés, ainsi que leurs conditions d'accès à la vie professionnelle », sont relatives à « des droits et obligations de caractère civil » au sens de l'article 6 (CE, 6 déc. 2002, *Aïn-Lhout*, n° 221319).

De même, la Cour de cassation juge l'article 6 applicable à la procédure de contrôle du règlement de cotisations de Sécurité sociale (Cass. 2e civ., 16 nov. 2004, *Colas (Sté) c/ URSSAF de Paris*, n° 03-30426, *D*, 2005, 1067, note N. Fricero).

**364** CONTENTIEUX DE DROIT PUBLIC. — Le critère attractif de la patrimonialité du droit permet également de considérer comme « civil » de nombreux *contentieux classiquement de droit public*, le juge européen estimant qu'il faut « se référer à l'essence et aux effets d'un droit et non pas à sa classification juridique en vertu du droit interne de l'État concerné » (*Laidin c/ France*, 7 janv. 2003, § 73).

1° L'article 6 est ainsi applicable à des pans entiers de la matière administrative.

Il en va ainsi des décisions administratives touchant l'exercice du droit de propriété (refus d'un permis de construire, *Allan Jacobsson c/ Suède*, 25 oct. 1989, A. 163 ; refus de dérogation à un plan interdisant de construire à un endroit déterminé, *Skarby c/ Suède*, 28 juin 1990, A. 180 B ; arrêté de classement d'un site naturel, *Œrlemans c/ Pays-Bas*, 27 nov. 1991, A. 219 ; procédure de préemption fiscale, *Hentrich c/ France*, 22 sept. 1994, A. 296 A ; procédure d'expropriation, *Zanatta c/ France*, 28 mars 2000) ou portant atteinte à l'état de l'environnement (extension d'une décharge, *Zander c/ Suède*, 25 nov. 1993, A. 279 B) ; d'une décision administrative de refus ou de retrait d'autorisation d'exercer une activité professionnelle (exploitation d'une clinique, *König c/ RFA*, 28 juin 1978, *GACEDH*, n° 4 ; d'un débit de boissons, *Tre Traktörer Aktielobag c/ Suède*, 7 juill. 1989) ; d'une action en responsabilité civile contre l'État devant les juridictions administratives (traitement médical dans un hôpital public, *H c/ France*, 24 oct. 1989, A. 162, note O. Dugrip et F. Sudre, *RFDA*, 1990, p. 203 ; contamination d'un hémophile par le virus du Sida, *X c/ France*, 31 mars 1992, *JCP G*, 1993, I, 3654, n° 11 chron. F. Sudre) ou d'une action en annulation d'une décision administrative préjudiciant aux droits subjectifs du requérant (décret de classement d'un site naturel, *Geouffre de la Pradelle c/ France*, 16 déc. 1992, A. 253 B) ; d'une décision de placement ou d'admission en établissement psychiatrique, au motif que le droit à la liberté a « un caractère civil » (*Laidin*, préc.).

* Le Conseil d'État fait manifestement usage du critère de la patrimonialité lorsqu'il fait entrer dans le champ de la « matière civile » un litige relatif à l'institution d'une redevance pour service rendu à un usager du service public (en l'espèce, redevance aéroportuaire due par les entreprises de transport aérien public ; CE, Avis, 16 févr. 2001, *Syndicat des compagnies aériennes autonomes*, *AJDA*, 2002, 341, note D. Sabourault) ou le contentieux des intérêts moratoires contractuels dus aux entreprises titulaires de marchés publics (CE, 5 juill. 2004, *Société sud parisienne de construction*, *AJDA*, 2004, 2216, note J.-P. Markus).

2° Mérite particulièrement d'être soulignée l'applicabilité du volet civil de l'article 6 § 1 au contentieux pénitentiaire, au motif qu'une sanction disciplinaire frappant un détenu (*Gülmez c/ Turquie*, 20 mai 2008) ou une décision de placement d'un détenu sous un régime spécial de surveillance (*Enea c/ Italie*, 17 sept. 2009, Gr. Ch., *JCP G*, 2010, doctr. 70, F. Sudre) restreint l'exercice de droits « civils » du détenu (visites de la famille, correspondance, possibilité de cantiner...). Ceci a pour conséquence d'ouvrir aux détenus le bénéfice du « droit à un tribunal » (*infra*, n° 378) pour contester la mesure disciplinaire en cause (*Stegarescu et Bahrin c/ Portugal,* 6 avril 2010).

* Le Conseil d'État est en porte à faux : il admet que les disciplinaires sanctions portent sur « des contestations sur des droits à caractère civil » au sens de l'article 6 § 1 mais juge que la nature administrative de l'autorité prononçant ces sanctions fait obstacle à l'applicabilité de l'article 6 à la procédure disciplinaire dans les établissements pénitentiaires (CE, 11 juill. 2012, *Section française de l'OIP*, n° 347146).

3° Relève également de l'article 6 une procédure devant le juge constitutionnel, dès lors qu'elle est déterminante pour l'issue du litige – portant sur un droit « civil » – débattu devant le juge ordinaire (question préjudicielle en inconstitutionnalité, dans le cadre d'une procédure en restitution de biens expropriés, *Ruiz-Mateos c/ Espagne*, 23 juin 1993, *GACEDH*, n° 24).

L'article 6 est en conséquence applicable à la QPC dès lors que celle-ci est déterminante pour l'issue du litige débattu au fond devant le juge ordinaire, si ce litige porte sur un droit « de caractère civil » ou sur « le bien fondé d'une accusation en matière pénale » (déc., 25 août 2015, n° 3569/12, *Renard c/France*, § 16, *JCP G* 2015, note 1257, F. Sudre).

La Cour admet, par ailleurs, que les exigences de l'article 6 soient adaptées aux rôle et statut particulier d'une Cour constitutionnelle (*Süssmann c/ Allemagne*, 16 sept. 1996, *RFDC*, 1996, 377, obs. J.F. Flauss).

**365** CONTENTIEUX DE LA FONCTION PUBLIQUE. — 1° Initialement, le contentieux de la fonction publique (recrutement, carrière et cessation d'activités des fonctionnaires) était en principe exclu du champ d'application de l'article 6 (*Glasenapp c/ RFA*, 28 août 1986, A. 104) mais, par exception, l'article 6 était applicable lorsque l'objet du litige consistait en la revendication d'un droit purement patrimonial légalement né de l'activité professionnelle (par ex., droit à pension : *F. Lombardo c/ Italie*, 26 nov. 1992, A. 249 B).

2° Par son arrêt de Grande Chambre, du 19 avril 2007, *Vilho Eskelinen et al. c/ Finlande* (*GACEDH* n° 23), la Cour énonce le principe de l'applicabilité de l'article 6 aux litiges de la fonction publique [1].

Procèdant à un revirement de jurisprudence explicite, la Cour renonce au « critère fonctionnel » énoncé par son arrêt *Pellegrin c/ France*, 8 déc. 1999, Gr. Ch., *RTDH*, 2000, 819, note P. Wachsmann, qui posait l'exception de l'inapplicabilité de l'article 6 lorsque les agents occupaient des emplois comportant « une participation, directe ou indirecte, à l'exercice de la puissance publique et aux fonctions visant à sauvegarder les intérêts généraux de l'État ou des autres collectivités publiques » (tels, par exemple, les diplomates et hauts fonctionnaires du ministère des Affaires étrangères : déc. 7 mars 2000, *Martinez-Caro De La Concha Castaneda et al. c/ Espagne,* n° 42646/98 ; les magistrats : déc. 8 févr. 2001, *Pitkevitch,* n° 47936/99 ; les militaires tant d'active que de réserve : *Mostichio c/ Italie,* 5 déc. 2000 ; *R. c/ Belgique,* 27 févr. 2001).

Se fondant sur le droit à la non-discrimination (art. 14), la Cour affirme que toute personne relevant de la juridiction d'un État partie doit jouir « sans distinction aucune » des droits et libertés garantis par la Convention (§ 58) et qu'en conséquence tout fonctionnaire doit bénéficier du droit à un procès équitable. La Cour retient, curieusement, comme critère d'applicabilité de l'article 6 le critère de l'accès à un tribunal dans l'ordre juridique interne (§ 61) : l'accès à un tribunal ouvert au fonctionnaire par le droit interne entraîne l'applicabilité automatique de l'article 6 aux litiges de la fonction publique, entendus comme tous tous les types de litiges – recrutement, nomination, carrière, promotion, mutation, cessation de fonctions – concernant des fonctionnaires et des magistrats (*Baka c/Hongrie,* 23 juin 2016, Gr. Ch., § 106).

Il en va ainsi, notamment, pour les procédures disciplinaires à l'égard des magistrats (par ex., *Olujic c/ Croatie,* 5 févr. 2009).

3° Néanmoins, par « dérogation » (et retour de l'« exception Pellegrin », *supra*), la présomption d'applicabilité de l'article 6 est écar-

1. Il faut noter que le CDH estime qu'une procédure de révocation de la fonction publique met bien en jeu une procédure de « caractère civil » (n° 441/1990, *R. Casanovas c/ France,* déc. 19 juill. 1994, *RUDH*, 1994, 455).

tée si deux conditions cumulatives sont remplies (§ 62) : « Le droit interne de l'État concerné doit avoir expressément exclu l'accès à un tribunal s'agissant du poste ou de la catégorie de salariés en question » et, surtout, l'État devra démontrer que « l'objet du litige est lié à l'exercice de l'autorité étatique ou remet en cause le lien spécial » de confiance et de loyauté entre l'agent et l'État employeur (*infra*, n° 368). C'est dire, *in fine*, que la Cour maîtrise le jeu de cette dérogation. Comme par le passé, les litiges en matière de pensions relèvent tous du domaine de l'article 6, § 1, puisque, une fois admis à la retraite, l'agent a rompu le lien particulier qui l'unit à l'administration (*S. M. c/ France*, 18 juill. 2000).

Cette nouvelle solution ne s'intègre pas de manière cohérente dans la jurisprudence européenne, d'une part parce que, à rebours de l'interprétation « autonome » (*supra*, n° 359), elle paraît subordonner l'applicabilité de l'article 6 « volet civil » aux spécificités nationales, et, d'autre part, parce qu'elle tend à faire du droit d'accès à un tribunal non plus une des garanties du procès équitable dont le justiciable doit bénéficier dès lors que l'article 6 est applicable mais une condition d'application de ce dernier.

* Le Conseil d'État suit la jurisprudence européenne. Après avoir fait application du critère fonctionnel de la jurisprudence Pellegrin (CE, Ass., 11 juill. 2001, *Ministre de la Défense c/ M. Préaud, RFDA*, 2001, 1047, concl. C. Bergeal), il se rallie à la solution *Vilho Eskelinen* (CE, 12 déc. 2007, M. A., n° 293301 : applicabilité de l'article 6 à la procédure devant le CSM).

Par son arrêt *Z c/ Parlement européen*, du 27 novembre 2001 (Aff. C-270/99 P), la CJCE fait une application directe de l'article 6, § 1 à une procédure disciplinaire contre un fonctionnaire communautaire (*RTDH*, 2002, 660, obs. F. Sudre).

**366** CONTENTIEUX DES JURIDICTIONS FINANCIÈRES. — Le critère de la patrimonialité emporte, enfin, l'applicabilité de l'article 6 dans son volet « civil » aux *juridictions financières*. D'une part, la procédure de gestion de fait tombe dans le champ de l'article 6 : l'issue de la procédure est « déterminante » pour l'obligation de l'intéressé de restituer les sommes pour lesquelles il a été mis en débet à l'égard de l'État créancier et son enjeu patrimonial ne saurait être contesté (déc. 7 oct. 2003, *Richard-Dubarry c/ France*, *RFDA*, 2004, 378, note A. Potteau ; arrêt au fond, 1er juin 2004). D'autre part, l'article 6 est applicable à la procédure de jugement des comptes des comptables publics (*Martinie c/ France*, 12 avr. 2006, Gr. Ch., *RFDA*, 2006, 577, note L. Sermet).

Dans le premier cas, selon le juge européen, il s'agit « en réalité » d'un litige financier, où le comptable de fait peut être considéré « comme l'auteur d'un délit civil qui cause au Trésor public un dommage qu'il lui faut réparer ». Dans le second, la Cour interprète restrictivement l'exception « *Pellegrin* » (*supra*) d'inapplicabilité de l'article 6 au contentieux de la fonction publique et juge, de manière discutable, qu'un comptable public ne peut être regardé comme participant à l'exercice de la puissance publique, faisant ainsi litière de la fiction classique selon laquelle le juge financier « juge les comptes et non les comptables » (dans le même sens, Comm., Rapp., 2 oct. 1990, *Muyldermans*, arrêt en règlement amiable du 22 oct. 1991, A. 214 B). L'arrêt *Vilho Eskelinen* (préc.) confirme cette solution.

* Il est remarquable que le Conseil d'État, revenant sur sa jurisprudence antérieure d'inapplicabilité de l'article 6 à la procédure de gestion de fait (CE, 6 janv. 1995, *Nucci*, *Rec.*, 6 ; CE, 16 nov. 1998, *SARL Deltana et Perrin*, *RFDA*, 1999, 246), ait fait une immédiate et exacte application de la solution européenne : « Le juge des comptes, lorsqu'il prononce la gestion de fait puis fixe la ligne de compte de cette gestion de fait et met le comptable en débet, tranche, à chaque étape de cette procédure, des contestations portant sur des droits et obligations de caractère civil » (CE, 30 déc. 2003, *Beausoleil et Mme Richard*, *RFDA*, 2004, 365, concl. M. Guyomar, note A. Coutant ; CE, 20 avr. 2005, *Karsenty, Fondation d'Aguesseau et al.*, *AJDA*, 2005, 1732 note M. Lascombes et X. Vandendriessche). La décision *Richard-Dubarry* (préc.) précisait en effet qu'il n'était pas question de scinder la procédure de gestion de fait et que l'article 6 était applicable à l'ensemble des étapes de celle-ci (ainsi, pour apprécier la durée « raisonnable » de la procédure : *Siffre, Ecoffet, Bernardini c/ France*, 12 déc. 2006).

De même, après avoir refusé d'appliquer l'article 6 à la procédure de jugement des comptes des comptables publics (CE, 19 juin 1991, *Ville d'Annecy*, *Rec.*, p. 242, *RFDA*, 1992, p. 521, chron. H. Labayle et F. Sudre ; CE, 3 avr. 1998, *Mme Barthelemy*, concl. M. Lamy, *RFDA*, 1998, p. 1040 ; CE, Ass. 27 oct. 2000, *Mme Desvigne*, *RFDA*, 2001, 737, concl. A. Seban) – la même solution valant pour la procédure de contrôle du compte d'emploi des ressources collectées auprès du public par des associations reconnues d'utilité publique (CE, 19 janv. 2000, *Société International Development Communication*, *AJDA*, 2000, p. 358, concl. R. Schwartz, *JCP*, 2000, II, 10381, note S. Damarey) –, le Conseil d'État juge l'article 6 applicable « dès lors qu'est en cause la mise en debet du comptable » (CE, 30 mai 2007, *Garnier*, n° 270410). Sur la procédure d'amende, *infra*, n° 373-374.

*2. Exclusion*

**367** LIMITES. — Forçant à peine le trait, on serait tenté de dire que tout ce qui n'est pas « pénal » (*infra*, n° 370) est aujourd'hui « civil » au sens de l'article 6, § 1, tant la notion de « droits et obligations de caractère civil », en raison de sa plasticité, paraît avoir une vocation « attrape-tout ». Néanmoins, en affirmant récemment que le principe de l'interprétation évolutive des notions autonomes de la Convention « n'autorise pas la Cour à interpréter l'article 6, § 1 comme si l'adjectif "civil", avec les limites que pose nécessairement cet adjectif à la catégorie des » droits et obligations « à laquelle s'applique cet article, ne figurait pas dans le texte », le juge européen semble vouloir « verrouiller » le champ d'application « civil » de l'article 6 (*Ferrazzini c/ Italie*, 12 juill. 2001, § 30, *JCP G*, 2002, I, 105, n° 6, chron. F. Sudre). Il demeure ainsi des zones d'exclusion du procès équitable.

**368** PROCÉDURES « DE NATURE ADMINISTRATIVE ET DISCRÉTIONNAIRE ». — Sont aujourd'hui exclues du champ d'application de l'article 6 les procédures qualifiées par le juge européen « de nature administrative et discrétionnaire », impliquant l'exercice de prérogatives de puissance publique.

1° Il en va ainsi, de jurisprudence constante (*Shouten et Meldrum c/ Pays-Bas*, 9 déc. 1994, A. 304, § 50, *JCP G*, 1995, I, 3823, n° 12, chron. F. Sudre ; déc. 5 oct. 1999, *Grantzner c/ France), des procédures relatives aux taxations fiscales et, par assimilation, aux droits de douane (*déc. 13 janv. 2005, *Emesa Sugar N. V. c/ Pays-Bas*, n° 62023/00). En la matière, « le fait de démontrer qu'un litige est de nature » patrimoniale « n'est pas suffisant à lui seul pour entraîner l'applicabilité de l'article 6, § 1 sous son aspect » civil « » (*Ferrazzini*, préc., § 25), la Cour européenne considérant que « la matière fiscale ressortit au noyau dur des prérogatives de puissance publique, le caractère public du rapport entre le contribuable et la collectivité restant prédominant » (*ibid.*, § 29). Par extension, et de manière critiquable, la Cour européenne rattache au contentieux fiscal la procédure d'exécution de la décision de justice ordonnant la restitution d'une imposition privée d'une base légale (*Beires*

*Côrte-Real c/ Portugal*, 11 oct. 2011, *Rev. dr. fisc.* 2012, étude 166, L. Ayrault).

* Le Conseil d'État se prononce dans le même sens, considérant que « le juge de l'impôt ne statue ni sur des contestations relatives à des droits et obligations de caractère civil, ni sur des accusations en matière pénale » (CE, 2 juin 1989, *Bussoz, Rec.*, p. 563 ; CE, 28 avr. 1993, *Legros, RJF*, 06/93, p. 487), quand bien même il fait application d'une législation ayant pour effet de priver rétroactivement le contribuable de la possibilité d'obtenir la décharge d'une imposition (CE, 21 déc. 2001, SCI Le Complexe, *Rec.*, p. 663). Quant à elle, la Cour de cassation est plus audacieuse que le juge européen, puisqu'elle juge l'article 6 applicable, d'une manière générale, à l'ensemble du contentieux fiscal (Cass. Ass. plén., 14 juin 1996, *Kloeckner*, n° 93-21710, *JCP G*, 1996, II, 22692, concl. Y. Monnet). Cependant, la chambre commerciale, s'appuyant expressément sur l'arrêt *Ferrazzini* (préc.) adopte une solution contraire (Com., 12 juill. 2004, n° 01-11403, *Bull. civ.*, IV, n° 153, p. 167).

On comprend mal en quoi il est nécessaire d'exclure les contribuables des garanties procédurales élémentaires consacrées par l'article 6 pour préserver le pouvoir de l'État d'imposer une obligation fiscale, d'autant que la Cour admet, par ailleurs, que les pénalités fiscales relèvent de l'article 6 au titre de la « matière pénale » (*infra*, n° 374).

Cependant, la Cour limite le jeu de l'exception *Ferrazini* en jugeant l'article 6 applicable à la procédure des perquisitions fiscales, dissociant l'investigation, que permet la procédure en cause et qui porte atteinte à un droit de caractère « civil » – le droit au respect du domicile –, de l'établissement ou de la majoration d'une imposition (*Ravon c/ France*, 21 févr. 2008, *Dr. fiscal* 2009, n° 9, 222, obs. L, Ayrault ; *Dr. fiscal*. 2008, n° 227, note D. Ravon et C. Louit).

2° La même solution d'exclusion vaut en matière de police des étrangers, pour les procédures d'octroi de l'asile politique (Com., déc. 16 oct. 1986, *Lukka*, *DR*, 50, 268) ou d'éloignement du territoire (expulsion : Com., déc. 2 mai 1979, *Singh Uppal, DR*, 17, 165 ; extradition : déc. 16 avr. 2002, *Penafiel Salgado c/ Espagne*, n° 65964/01). Par son arrêt *Maouia c/ France* (Gr. Ch., 5 oct. 2000, *D*, 2001, somm., p. 2346, obs. B. de Lamy), la Cour confirme cette dernière jurisprudence et juge qu'une procédure en relèvement d'interdiction du territoire français ne relève ni de la « matière civile », bien qu'elle puisse entraîner des conséquences importantes sur la vie privée et familiale de l'intéressé, ni de la « matière pénale », car il s'agit d'« une mesure de prévention spécifique en matière de police des étrangers ».

* Le Conseil d'État juge également qu'il s'agit de mesures de police échappant à l'article 6 (par ex., CE, 7 nov. 1990, *Mme Serwaah*, *Rec.*, 311 ; CE, 28 avr. 2000, *Mme Aiyu Qu*, *RFDA*, 2000, 707). Dans le même esprit, la Cour de cassation estime l'article 6 inapplicable à une procédure en relèvement d'interdiction définitive du territoire français (Cass. crim., 4 mai 2000, n° 99-84001) ; il apparaît, pourtant, que l'interdiction du territoire français prononcée par un juge pénal en complément d'une peine de prison est bien une peine accessoire. Par ailleurs, la Cour européenne a précisé que la loi n° 2003-1119 du 26 novembre 2003, qui restreint les conditions dans lesquelles une peine complémentaire d'interdiction du territoire français peut être prononcée à l'encontre d'un étranger et exclut quatre catégories de personnes du système de la « double peine », prévient nécessairement les risques d'incompatibilité avec l'article 8 de la Convention (déc. 11 mars 2004, *Achour c/ France*, n° 67335/01).

3° Enfin, par le jeu – qui devrait être réduit – de la « dérogation » *Vilho Eskelinen* (19 avr. 2007, *supra*, n° 365), certains fonctionnaires peuvent être placés hors du champ de protection de l'article 6 (pour un premier exemple : déc., 11 sept. 2007, *Sukut c/ Turquie*, n° 59773/00, révocation de l'armée pour actes d'indiscipline).

**369** CONTENTIEUX ÉLECTORAL. — S'appuyant sur une distinction contestable entre les droits « civils » et les droits « politiques », la Cour européenne juge également l'article 6 inapplicable au contentieux électoral au motif que le droit en cause (droit d'être candidat et d'être élu) est un droit de caractère politique, étroitement lié au système électoral, et non un droit « civil » au sens de l'article 6 (*Pierre-Bloch c/ France*, 21 oct. 1997, *RFDA*, 1998, 999, note P. Jan ).

* Le Conseil d'État adopte une interprétation identique (CE, 7 juill. 1993, *Mme Roustan*, *Rec. Tab.*, 572 ; CE, 30 oct. 1998, *Sarran*, *RFDA*, 1998, 1081, concl. C. Maugüe : contestations relatives à l'inscription sur les listes électorales).

Il y a donc, par défaut, un contentieux de « pur » droit public et des pans entiers de l'intervention étatique qui échappent encore au principe du procès équitable. Cette situation d'exclusion qui frappe quatre catégories principales de justiciables – les contribuables, les étrangers, les fonctionnaires d'autorité, les électeurs – aboutit à un résultat pour le moins étrange au regard de l'idéal de justice qu'incarne le procès « équitable ».

### *B – La matière pénale*

**370** CRITÈRES. — L'applicabilité de l'article 6 en matière pénale suppose d'abord l'existence d'une « accusation ». Cette notion « autonome » se définit comme « la notification officielle, émanant de l'autorité compétente, du reproche d'avoir accompli une infraction pénale » (*Deweer c/ Belgique*, 27 févr. 1980, A. 35, § 42, *JDI*, 1982, 197, obs. P. Rolland), et renvoie à l'idée de « répercussions importantes sur la situation » de l'intéressé (par ex., *Serves c/ France*, 20 oct. 1997, à propos d'une assignation à comparaître comme témoin ; pour une application en droit interne, Cass. 1re civ., 4 nov. 2010, n° 09-69.955).

La garde à vue s'analyse en conséquence en une « accusation en matière pénale » relevant de l'article 6 § 1 (*Brusco c/ France*, 14 oct. 2010, *JCP G*, 2010, act. 1064, F. Sudre).

Quant à la « matière pénale », la Cour européenne l'a définie dans sa décision *Engel et autres* du 8 juin 1976 (*GACEDH*, n° 4 : sanctions disciplinaires contre des soldats néerlandais accomplissant leur service militaire) par trois critères alternatifs : la qualification donnée par le droit interne de l'État en cause (qui n'a qu'une valeur relative), la nature même de l'infraction – à savoir la transgression d'une norme générale ayant un caractère à la fois dissuasif et répressif –, la gravité de la sanction encourue.

**371** EXTENSION. — L'arrêt Engel engage ainsi un mouvement de « pénalisation », qui voit une même norme ne pas appartenir à l'ensemble « droit pénal national », mais néanmoins relever de la « matière pénale » au sens de l'article 6, § 1. Après avoir fait application de cette jurisprudence aux poursuites disciplinaires militaires (la protection de l'article 6, § 1 vaut donc pour les membres des forces armées ; dans le même sens, CDH, n° 265/1987, *Vuolanne c/ Finlande*, 7 avr. 1989, *A/44/40*, annexe X, section J), la Cour l'a étendue principalement aux sanctions administratives (*Oztürk c/ RFA*, 21 févr. 1984, *GACEDH*, n° 25) et aux pénalités fiscales (*Bendenoun c/ France*, 24 févr. 1994, *JCP G*, 1995, II, 22372, note S.N. Fromell). Cependant, la Cour vient moduler les garanties de l'article 6, qui « ne doivent pas nécessairement s'appliquer dans toute leur rigueur » aux sanctions « pénales » au sens de l'article 6 mais non pénales en droit interne (*Jussila c/ Finlande*, 23 nov. 2006, Gr. Ch, § 43, *GACEDH*, n° 26 : sanctions fiscales).

* Cette notion de modulation des garanties de l'article 6 dans son volet pénal n'est pas étrangère au Conseil d'État (CE, 27 oct. 2006, *Parent et al.*, concl. M. Guyomar, *AJDA*, 2007, 80, note M. Collet ; sanctions de l'AMF).

Il convient cependant de préciser que la Cour a formellement exclu de la « matière pénale » poursuites disciplinaires devant les juridictions ordinales (*Le Compte, Van Leuven et De Meyere c/ Belgique*, 23 juin 1981, § 42, *GACEDH* n° 21 ; déc. 31 janv. 2012, Durand c/France, n° 10212/07, § 56).

**372** LES SANCTIONS DISCIPLINAIRES PÉNITENTIAIRES. — La Cour européenne juge l'article 6 applicable dans son volet « pénal » à la répression disciplinaire pénitentiaire, affirmant que « la justice ne saurait s'arrêter à la porte des prisons » (*Campbell et Fell c/ Royaume-Uni*, 28 juin 1984, A. 80, § 69). Cette solution a reçu une confirmation solennelle par un arrêt *Ezeh et Connors c/ Royaume-Uni* (Gr. Ch., 9 oct. 2003, *Rev sc. crim.*, 2004, 165, obs. F. Massias), qui, faisant application des critères de la jurisprudence Engel (*supra*, n° 370) pour tracer la « ligne de démarcation » entre le « pénal » et le « disciplinaire », juge qu'une condamnation à des jours de détention supplémentaires constitue une nouvelle privation de liberté infligée à des fins punitives et revêt un caractère « pénal » (voir *Musumeci c/ Italie*, 11 janv. 2005). L'article 6 § 1 est donc applicable à la procédure disciplinaire pénitentiaire pour autant que la sanction prononcée a pour effet d'allonger la durée de la peine.

*Le Conseil d'État (CE, 24 oct. 2014, n° 368580, AJDA 2015, 1374, note J. Falxa) comme la Cour de cassation (Crim, 15 avr. 2015, n° 14-80.417, D 2015, 1400, chron. B. Laurent) admettent désormais que les décisions de retrait de réduction de peine (art. 721 CPP) relèvent de la matière pénale au sens de l'article 6. Par contre, le Conseil constitutionnel, sous l'angle du principe de légalité des délits et des peines, estime qu'un retrait de crédits de réduction de peine ne constitue « ni une peine ni une sanction ayant le caractère d'une punition » (déc. n° 2014-408 QPC, 11 juill. 2014, AJ pénal 2014, 545, obs. M. Herzog-Evans).

Par contre, s'agissant des sanctions disciplinaires, aucune des sanctions prévues au code de procédure pénale n'ayant pour effet l'allongement de la peine prononcée par les juridictions pénales, l'article 6 § 1 n'est en conséquence pas applicable à la procédure disciplinaire pénitentiaire française (*Payet c/ France*, 20 janv. 2011, D 2011, 643, note J.-P. Céré ; *Plathey c/ France*, 10 nov. 2011, § 66 : détention en cellule disciplinaire). Le Conseil d'État se prononce à l'identique (CE, 11 juill. 2012, *Section française de l'OIP*, n° 347146).

Paradoxalement, les exigences de la CEDH ne semblent pas étrangères au revirement de jurisprudence opéré par le Conseil d'État dans ses décisions d'Assemblée du 17 février 1995, *Pascal Marie et Philippe Hardouin* (*RFDA*, 1995, p. 353, concl. P. Frydman ; *RDP*, 1995, p. 1338, note O. Gohin). Renonçant à la qualification de mesures d'ordre intérieur, le Conseil d'État juge que certaines sanctions disciplinaires (dans un cadre pénitentiaire ou militaire) sont susceptibles de recours devant le juge de l'excès de pouvoir : « Eu égard à la nature et à la gravité de cette mesure, la punition de cellule constitue une décision faisant grief susceptible d'être déférée au juge de l'excès de pouvoir » (1re aff.). Infra, no 435.

**373** LES SANCTIONS ADMINISTRATIVES. — Le juge interne comme le juge communautaire a cédé progressivement au mouvement de « pénalisation » des sanctions administratives initié par le juge européen.

* S'agissant du retrait de points du permis de conduire, le juge européen, à la différence du juge français qui y voyait une sanction administrative (Cass. crim., 11 janv. 1995, *Malige*, n° 94-80556 ; CE, 8 déc. 1995, *Mouvement de défense des automobilistes, RFDA*, 1996, p. 166), estime que cette mesure s'apparente à « une peine accessoire », à raison de son « caractère punitif et dissuasif », tout en jugeant que les garanties de l'article 6 sont respectées (*Malige c/ France*, 23 sept. 1998, § 39, *JCP G*, 1999, II, 10086, note F. Sudre ; *infra*, n° 379). Le Conseil d'État s'est rallié à cette interprétation (CE, Avis, 27 sept. 1999, *Rouxel*, n° 208242) tout comme le Conseil constitutionnel (16 juin 1999, déc. n° 99-411 DC, Loi portant diverses mesures relatives à la sécurité routière,*AJDA*, 1999, p. 736, chron. J.-E. Schoettl, p. 694 ; *D*, 1999, JP, 589, note Y. Mayaud ; *RDP*, 2000, p. 68, chron. D. Rousseau). On sait que le Conseil constitutionnel juge que les principes de base du droit répressif, fondés sur l'article 8 de la Déclaration de 1789, s'appliquent à

toute sanction « ayant le caractère d'une punition » – quand bien même cette sanction n'aurait pas été prononcée par une autorité juridictionnelle – et, partant, aux sanctions administratives (30 déc. 1987, déc. n° 82-237 DC, Loi fin. rect. pour 1987, *Rec.*, 66 ; 29 déc. 1989, déc. n° 89-268 DC, Loi sur l'extension des pouvoirs de la COB, *Rec.*, 110).

Le Conseil d'État juge également que la contribution spéciale au bénéfice de l'Office des migrations internationales pour emploi irrégulier d'un travailleur étranger (art. L. 341. 6 C. du travail) a « le caractère d'une punition » et relève de la « matière pénale » au sens de l'article 6 (CE, 28 juill. 1999, *Groupement d'intérêt économique Mumm-Perrier-Jouet*, *AJDA*, 1999, p. 835, chron. P. Fombeur et M. Guyomar, p. 783 ; CAA Lyon, 1er avr. 1997, *Zekri*, *AJDA*, 1997, 512).

Surtout, il est désormais acquis que les autorités administratives indépendantes exerçant un pouvoir répressif tombent sous le coup de l'article 6 (*Grande Stevens et a. c/Italie*, 4 mars 2014, *JCP G* 2014, doctr. 832, F. Sudre ; *infra*, n° 376). Devançant le juge européen (déc. 27 août 2002, *Didier*, n° 58188/00, *RDP*, 2003-3, obs. G. Gonzalez : Conseil des marchés financiers ; *Dubus S.A. c/ France*, 11 juin 2009 ; *Menarini Diagnostics SRL c/ italie*, 27 sept. 2011), tant le juge judiciaire que le juge administratif internes admettent que les sanctions pécuniaires prononcées par ces autorités sont des « sanctions pénales ».

* Le juge judiciaire s'est engagé le premier dans la voie de la « pénalisation », à propos de la COB (Cass. com., 1er déc. 1998, *Oury*, n° 96-20189, *JCP*, 1999, II, 10057, note E. Garaud ; Cass. Ass. plén., 5 févr. 1999, *COB c/ Oury*, n° 97-16440, *Gaz. Pal.*, 24-25 févr. 1999, p. 8, concl. M.-A. Lafortune, *JCP*, 1999, II, 10060, note H. Matsopoulou), et pose le principe de l'applicabilité de l'article 6 « matière pénale » à l'ensemble des autorités de régulations sous son contrôle (pour le Conseil de la concurrence : Cass. com., 5 oct. 1999, *Campenon Bernard SGE*, n° 97-15617, *JCP G*, 2000, II, 10255, note E. Cadou ; Cass. com., 9 oct. 2001, *SA Unibéton*, n° 98-21987, *JCP G*, 2001, IV, 2870).

La jurisprudence du Conseil d'État est plus nuancée. Ce dernier a, dans un premier temps, privilégié le critère organique de juridiction (CE, Avis, 31 mars 1995, *SARL AutoIndustrie Méric* (*RJF*, 1995, p. 236, concl. J. Arrighi de Casanova ; G. Cohen-Jonathan, *RUDH*, 1995, p. 120) et jugé l'article 6 inapplicable à une décision n'émanant pas d'une juridiction et, partant, aux autorités administratives prononçant des sanctions (CE, Ass., 1er mars 1991, *Le Cun*, *RFDA*, 1991, p. 612, concl. M. de Saint-Pulgent). Puis, par son arrêt Didier (CE, Ass. 3 déc. 1999, *Didier*, *RFDA*, 2000, p. 584, concl. A. Seban, *JCP G*, 2000, II, 10267, note F. Sudre), le Conseil d'État abandonne le critère organique et se rallie à la lecture européenne de l'article 6, § 1 pour juger cette disposition applicable au Conseil des marchés financiers.

Cependant, l'applicabilité de l'article 6, § 1 aux autorités administratives indépendantes n'est pas générale mais est subordonnée à deux critères principaux. Le premier critère est celui de la nature des attributions : cela implique l'existence d'un pouvoir de sanction relevant de la matière pénale au sens de l'article 6. En conséquence, dès lors que la mesure prise n'est pas une sanction, l'article 6, § 1 n'est pas applicable dans son volet civil (CE, Ass., 3 déc. 1999, *Caisse de crédit mutuel de Bains-Tresbœuf*, *Rec.*, 397, à propos de la CNIL). Comme le souligne expressément le Conseil d'État, dans son arrêt *Sté Athis* du 22 juin 2001, les stipulations de l'article 6 « n'énoncent aucune règle ou aucun principe dont le champ d'application s'étendrait au-delà des procédures contentieuses suivies devant les juridictions et qui gouvernerait l'élaboration ou le prononcé de décisions par les autorités administratives qui en sont chargées par la loi » (retrait d'agrément prononcé par la COB, *RFDA*, 2002-3, 509, concl. F. Lamy ; aussi, CE, 30 déc. 2002, *Sté Vortex*, à propos d'une mise en demeure du CSA ; CE, 11 juill. 2012, *Section française de l'OIP*, n° 347146 : sanction disciplinaire pénitentiaire « non pénale » ; *supra* n° 364). Le second critère tient à la nature du vice allégué, qui doit contaminer l'ensemble de la procédure et être insusceptible d'être purgé en aval (par ex., le défaut d'impartialité).

Sous ces conditions, le Conseil d'État regarde l'organe administratif, alors même qu'il « n'est pas une juridiction au regard du droit interne », comme un « tribunal » au sens des stipulations de l'article 6, « eu égard à la nature, à la composition et aux attributions de cet organisme », et juge l'article 6 applicable dans son volet « pénal » : ainsi, pour le CMF (*Didier,* préc.), l'Autorité de régulation des télécommunications (CE, 28 juill. 2000, *Sté Copper Communication*, n° 199773), le Conseil supérieur de l'audiovisuel (CE, 29 juill. 2002, *Association Radio Deux couleurs, AJDA*, 2003, 475, étude J.-P. Thiellay ; CE, 6 janv. 2006, *Sté Lebanese Communication Group, Rec.*), la Commission de contrôle des assurances (CE, 28 oct. 2002, *Laurent, AJDA*, 2002, 1492, note D. Costa), le Conseil de discipline de la gestion financière (CE, 31 mars 2004, *Sté Etna Finance*, n° 243579, *Rec. Tab.* ; CE, 10 mai 2004, *Crédit du Nord*, n° 241587, *Rec. Tab.*), la commission des sanctions de l'Autorité des marchés financiers (CE, 4 févr. 2005, *Sté GSD Gestions, RFDA*, 2005, 1174, note D. Costa).

On se félicite de l'abandon récent de la notion de « tribunal au sens de » l'article 6, § 1 qui, bien que la Cour ait qualifié le CMF de « tribunal » au sens « autonome » de l'article 6 (déc. 27 août 2002, *Didier*, préc.), n'est pas un critère d'applicabilité de l'article 6 mais est une question de fond (CE, 27 oct. 2006, *Parent et al.,* préc. ; CE, 31 janv. 2007, *Cie Corsair International SA*, *RFDA*, 2007, 757, concl. I. de Silva), *infra*, n° 376.

### La CJCE s'est également ralliée aux critères décisifs de la « matière pénale » définis par la Cour EDH.

Après avoir jugé que l'article 6, § 1 était sans application en matière de répression des ententes (art. 85 et s., Traité CEE), dès lors que la Commission de la Communauté européenne n'avait pas le caractère d'une juridiction (CJCE, 29 oct. 1980, *Fedetab*, *Rec.*, p. 3125 ; CJCE, 18 oct. 1989, *Orkem*, aff. 374/87, *DCDF*, n° 21), la CJCE admet expressément que les sanctions pécuniaires infligées en matière de concurrence par la Commission de la Communauté européenne sont des sanctions pénales au sens de l'article 6, § 1 de la CEDH (CJCE, 17 déc. 1998, *Baustahhlgewebe GmbH c/ Commission*, C-185/95 P, *DCDF*, n° 39 ; CJCE, 8 juill. 1999, *Montecatini SpA c/ Commission*, C-235/92 P, *DCDF*, n° 40 ; CJUE, 18 juill. 2013, *Schindler Holding*, C-501/11).

**374** LES SANCTIONS FISCALES. — Si le contentieux fiscal échappe à l'article 6 dans son volet « civil » (*supra*, n° 368), les sanctions fiscales tombent néanmoins dans le champ de l'article 6 au titre de son volet « pénal » (*Bendenoun c/ France*, 24 févr. 1994, préc. : majoration d'impôts infligée par le fisc, art. 1729, § 1 du CGI ; voir aussi, *APMP et TP c/ Suisse*, 29 août 1997 : amende pour fraude fiscale), sans pour autant faire « partie du noyau dur du droit pénal au sens de la Convention » (*Segame SA c/ France*, 7 juin 2012, § 59). L'arrêt de Grande Chambre *Jussila* (23 nov. 2006, *GACEDH*, n° 26 ; *RTDH*, 2007-73, 239, note I. Costea), précise que les sanctions fiscales obéissent aux critères alternatifs définis par l'arrêt *Engel* (préc.) et ne bénéficient pas d'un régime spécifique tel que seules les sanctions d'une sévérité particulière relèveraient de la « matière pénale ». Le critère de la nature de l'infraction s'avère alors décisif : le caractère général de la norme pertinente, applicable à l'ensemble des contribuables, et la finalité à la fois préventive et répressive de celle-ci suffisent à conférer à une majoration d'impôts un caractère pénal, quel qu'en soit le montant. La neutralisation du critère de la gravité de la sanction emporte, à l'évidence, un « élargissement de la pénalisation des sanctions fiscales » et, plus largement, des sanctions administratives pécuniaires (I. Costea, *op. cit.*).

L'article 6 est également applicable à la procédure fiscale non contentieuse (*Miailhe c/ France*, 26 sept. 1996) et s'étend à la procédure administrative tendant à la « détermination des montants dus à titre d'impôt, sans complètement exclure qu'une amende soit prononcée » (*Chambaz c/ Suisse*, 5 avr. 2012, § 40).

Dans le premier arrêt, la Cour juge que « la procédure dans son ensemble » – à la fois devant la Commission des infractions fiscales et devant le juge pénal – respecte le principe du contradictoire (aussi, déc. 11 janv. 2000, *Le Meignen c/ France*, n° 41544/98). Dans le second, la Cour juge l'article 6 applicable à la procédure d'enquête administrative sur les obligations fiscales du requérant, au terme de laquelle des amendes furent infligées à ce dernier pour ses refus répétés de fournir aux autorités fiscales des documents financiers.

* Dans son avis du 31 mars 1995, *ministre du Budget c/ SARL AutoIndustrie Méric* (préc.) confirmé par son avis *Houdmond* du 5 avril 1996 (*RFDA*, 1997, 35, note J. Petit, *RFDA*, 1997, 843), le Conseil d'État estime que les majorations d'impôt pour manœuvres frauduleuses (art. 1729. 1, CGI) sont des « accusations en matière pénale » relevant de l'article 6. Revenant sur sa jurisprudence antérieure (CE, 27 mars 2000, *SARL Maurel et fils*, n° 187703), il juge, implicitement d'abord (CE, 24 mars 2006, *SA Martell et Co*, *JCP G*, 2007, II, 10206, note B. Belda), puis expressément (CE 27 février 2006, *Krempff*, *Dr. fisc.*, 2006-29, n° 513, concl. L. Olléon ; CE, 26 mai 2008, *Sté Norelec*, *Dr. fisc.*, 2008-28, n° 411, concl. F. Séners) que l'article 6 est applicable aux procédures administratives relatives à l'élaboration ou au prononcé des sanctions fiscales, notamment en son § 2 (CE, avis, 4 déc. 2009, n° 329173, *Sté Rueil Sports*, *Dr. fisc.*, 2010-6, n° 181, concl. E. Glaser) et en son § 3 (CE, 7 nov. 2012, *Roumiantsev*, n° 339441). De même, la Cour de cassation juge l'article 6 applicable, au titre de la « matière pénale », aux sanctions fiscales dont elle relève le caractère de « punition » (Cass. com., 29 avr. 1997, *Ferreira*, n° 95-20001, *JCP G*, 1997, II, 22935, note F. Sudre ; *RTDH*, 1998, 169, note J.-J. Louis), mais sa chambre criminelle refuse de faire application de l'article 6 à la commission des infractions fiscales « qui n'est pas un premier degré de juridiction mais un organisme consultatif destiné à donner son avis au ministre chargé des finances sur l'opportunité des poursuites » (Crim., 16 mai 2001, n° 00-82649).

Le Conseil d'État estime l'article 6 inapplicable aux intérêts de retard en se fondant sur leur finalité réparatrice et non répressive (CE, Ass., Avis, 12 avr. 2002, *SA financière Labeyrie*, *AJDA*, 2002, n° 5, 410, chron. M. Guyomar et P. Collin) ; la Cour de cassation fait la même analyse (Cass. com., 27 sept. 2005, *Octogone immobilier (Sté) c/ Directeur général des impôts*, n° 03-14636). La Cour européenne admet également que les intérêts de retard ne constituent pas une accusation en matière pénale au sens de l'article 6, § 1 (déc. 3 déc. 2002, *Mieg de Boofzheim c/ France* ; voir cependant, *Viezier*, 15 oct. 2002, *JCP G*, 2003, I, 109, n° 5, chron. F. Sudre).

**375** AUTRES DOMAINES. — Relèvent aussi de la « matière pénale » les dispositions répressives du droit douanier français (*Salabiaku c/ France*, 7 oct. 1988, A. 141 A ; *Funke c/ France*, 25 févr. 1993, A. 256 A), les sanctions des infractions au droit de la concurrence (Com., Rapp. 30 mai 1991, *Société Stenuit c/ France*, Cour, 27 févr. 1992, A. 232 A, règlement amiable), les sanctions infligées par une juridiction financière (*Guisset c/ France*, 26 sept. 2000, *RDP*, 2001, 667, obs. H. Surrel).

* S'agissant du contentieux financier (voir H. Surrel, La publicité des audiences et l'applicabilité de l'article 6 de la CEDH aux juridictions financières, *RFDA*, 1999, p. 1022), et réserve faite du volet « civil » (*supra*, n° 366), on précisera que le Conseil d'État juge que l'article 6 est applicable au titre de la matière pénale à l'infliction d'amendes par la Cour de discipline budgétaire et financière (CE, 30 oct. 1998, *Lorenzi, AJDA*, 1998, p. 1047, *RDP*, 1999, p. 633, note G. Eckert ; dans son arrêt Guisset, préc., la Cour européenne fait application de la jurisprudence *Lorenzi* du Conseil d'État) et d'amendes pour gestion de fait par le juge des comptes (CE, 16 nov. 1998, *SARL Deltana et M. Perrin, RFDA*, 1999, p. 246 ; CE, 19 mai 2000, Le Gall, *D*, 2000, IR, 267).

En l'absence de jurisprudence européenne en la matière, la Cour de cassation (Cass. 2e civ., 18 déc. 2003, n° 03-60315, *Bull. civ.*, II, n° 396) comme le Conseil d'État (CE, 1er juill. 2005, *Ousty et Gravier* (2 aff.), concl. E. Glaser, *D*, 2005, 2931, note J.-C. Jobart) jugent que la « peine accessoire » de l'inéligibilité sanctionnant les élus auteurs d'infraction à la morale publique (art. L 7, L 230 et L 236, du Code électoral) constitue, en raison de la nature, la portée et le degré de sévérité du régime d'inéligibilité, une sanction pénale au sens de l'article 6, § 1 et se prononcent en faveur de la compatibilité du régime d'inéligibilité avec l'article 6. Le Conseil constitutionnel estime également que cette sanction a « le caractère d'une punition », méconnaissant le principe d'individualisation des peines (déc., 2010-6/7, QPC, 11 juin 2010).

## II | Les garanties générales du procès équitable

**376** Les juridictions concernées. — 1° *Les juridictions ordinaires.* L'article 6 de la Convention ne s'applique pas nécessairement à tous les degrés de la procédure, que ce soit en matière civile ou en matière pénale. Selon le juge européen, « l'article 6, § 1 concerne d'abord les juridictions de première instance (et) ne requiert pas l'existence de juridictions supérieures » (*De Cubber c/ Belgique*, 26 oct. 1984, § 32). Si la juridiction ayant statué en premier degré est un tribunal classique, au sens formel et matériel, cette juridiction est tenue par les garanties de l'article 6. Celles-ci s'appliquent alors à tous les stades de la procédure. Bien que l'article 6 n'exige pas un double degré de juridiction en matière civile, l'État qui a institué des juridictions d'appel ou de cassation doit « veiller à ce que les justiciables jouissent auprès d'elles des garanties fondamentales de l'article 6 » (*Delcourt c/ Belgique*, 17 janv. 1970, A. 11, § 25). Néanmoins, le caractère équitable du procès fait l'objet d'une appréciation *in concreto*, selon les circonstances particulières de l'espèce, et *in globo*, au vu de l'ensemble de la procédure. Ainsi, le juge européen prend en compte les particularités des procédures d'appel et de cassation (*Delcourt*, préc., § 26) et admet aussi qu'une juridiction supérieure puisse « effacer la violation initiale d'une clause de la Convention » dès lors qu'il s'agit d'un vice de nature procédurale (*De Cubber*, préc., § 33 ; *Edwards*, 16 déc. 1992, A. 247 B). Par contre, un vice de nature organique affectant l'indépendance ou l'impartialité du tribunal de première instance ne saurait en principe être corrigé devant une juridiction supérieure (*De Cubber*, préc., § 31-33 ; *Riepan c/ Autriche*, 14 nov. 2000, § 40-41).

La Cour semble toutefois admettre, dans une décision qui demande confirmation, qu'il puisse en aller autrement si la juridiction supérieure est dotée de la plénitude de juridiction et offre les garanties de l'article 6 (*Vera-Fernandez-Huidobro c/ Espagne*, 6 janv. 2010, *JCP G*, 2010, act. 130, F. Sudre).

En matière pénale, l'article 2 du Protocole 7 garantit de surcroît le droit à un double degré de juridiction (Com., déc. 26 oct. 1995, *EM c/ Norvège*, *D. et R.*, 83 B, p. 5) ; il en va de même du PIDCP (art. 14, § 5 ; voir CDH, n° 253/1987, *Kelly c/ Jamaïque*, déc. 8 avr. 1991, *A/46/40*, 251, § 5. 12). Les États disposent d'un large pouvoir d'appréciation pour décider des modalités d'exercice du droit garanti par l'article 2 du Protocole 7 (qui renvoie, d'ailleurs, à la loi interne) sous réserve que la réglementation nationale de ce droit, ainsi qu'il en va pour le droit d'accès à un tribunal, poursuive un but légitime et ne porte pas atteinte à la substance même du droit ; la Cour précise que le recours doit être effectif, ce qui implique qu'il ne soit pas dépendant de l'action des autorités publiques et qu'il soit accessible aux intéressés (*Gurepka c/ Ukraine*, 6 sept. 2005). Par son arrêt *Krombach c/ France*, du 13 février 2001 (*D*, 2001, jur. 3302, note J.-P. Marguénaud), le juge européen conclut à l'incompatibilité de la procédure par contumace avec l'article 2 du Protocole 7 (ainsi qu'avec l'article 6, § 3, *infra*, n° 416).

Le droit garanti par l'article 2 du Protocole 7 « peut faire l'objet d'exceptions pour des infractions mineures prévues par la loi » (al. 2). La Cour précise qu'une infraction ne peut passer pour « mineure » si elle est passible d'emprisonnement (*Stanchev c/ Bulgarie*, 1er oct. 2009).

* L'article 636 CPP interdit au contumax de se pourvoir en cassation contre l'arrêt de condamnation rendu par la cour d'assises. La Cour relève que la déclaration interprétative de l'article 2, § 1 faite par la France lors de ratification du Protocole 7 (*supra*, n° 42), selon laquelle « l'examen par une juridiction supérieure peut se limiter à un contrôle de l'application de la loi, tel que le recours en cassation », ne vise aucunement l'article 636 CPP et elle ne peut que constater que le contumax n'a pas la possibilité de faire examiner sa condamnation par une juridiction supérieure (*Krombach*, préc.).

2° *Hors les juridictions ordinaires.* L'article 6, par contre, n'impose pas que les procédures de première instance, en matière civile ou pénale, devant des organes qui ne sont pas intégrés aux « structures judiciaires ordinaires » (*Gustafson c/ Suède*, 1er juill. 1997, § 45) – tels organes administratifs ou disciplinaires – remplissent les exigences du procès équitable. Le juge européen, de longue date, admet que des « impératifs de souplesse et d'efficacité » peuvent justifier l'intervention d'organes non juridictionnels ne satisfaisant pas aux garanties de l'article 6 (*Le Compte, Van Leuven et De Meyere c/ Belgique*, 23 juin 1981, *GACEDH*, n° 21, § 51) : dans ce cas, le justiciable doit disposer d'un recours devant un organe judiciaire indépendant, doté de la plénitude de juridiction (*infra*, n° 379) et offrant les garanties de l'article 6, § 1 (*Albert et Le Compte c/ Belgique*, 10 févr. 1983, A. 58, § 29 ; *Helle c/ Finlande*, 19 déc. 1997, § 46).

* Par contre, le juge interne choisit de déborder la CEDH lorsqu'il impose sans nuance une « juridictionnalisation » de la procédure devant les instances disciplinaires ordinales (Ordre des avocats : Cass. 1re civ., 31 mars 1998, *L. et al. c/ Proc. gén. près CA Rennes*, n° 95-17430, et 28 avr. 1998, *G c/ C et al.*, n° 96-11637, *JCP*, 1999, II, 10102, note J. Pralus-Dupuy ; Cass. 1re civ., 5 oct. 1999, *C c/ Proc. gén. près CA Basse-Terre*, n° 97-15277, *et D c/ Proc. gén. près CA Douai*, n° 96-19291, *JCP*, 1999, II, 10203, concl. M. Jerry Saint-Rose) ou les autorités administratives indépendantes (arrêts cités *supra*, n° 373) que l'article 6, § 1 de la CEDH ne requiert aucunement. Il est clair, en effet, que la jurisprudence européenne n'impose pas que ces dernières soient soumises en tout ou partie aux prescriptions de l'article 6, dès lors que les décisions qu'elles prennent dans l'exercice de leur pouvoir de sanction peuvent être déférées à un juge qui, d'une part, répond lui-même à l'ensemble des prescriptions de l'article 6 – Conseil d'État (Autorité des marchés financiers), cour d'appel de Paris (COB, Conseil de la concurrence), cours d'appel (Conseil de l'Ordre des avocats) – et, d'autre part, exerce un entier contrôle en droit et en fait des décisions incriminées (déc. 13 mars 2012, *Société Bouygues Telecom*, n° 2324/08 : Conseil de la concurrence ; *infra*, n° 379).

Le Conseil d'État adopte une position nuancée et complexe. D'une part, il considère que dès lors que l'autorité administrative statuant en « matière pénale » n'est pas une juridiction au regard du droit interne et que sa décision peut faire l'objet d'un recours de pleine juridiction devant le Conseil d'État, il n'est pas nécessaire que la procédure suivie devant cette autorité « soit en tous points conforme aux prescriptions de l'article 6 » (CE, 3 déc. 1999, *Didier*, *supra*, n° 317 : CMF ; CE, 27 oct. 2006, *Parent*, *supra*, n° 317 : AMF). Ainsi, le recours de plein contentieux assure le respect de la garantie de la publicité des audiences de l'article 6, § 1 (CE, 10 mai 2004, *Crédit du Nord*, n° 241587, *Rec. Tab.* : Conseil de discipline de la gestion financière ; CE, 2 nov. 2005, *Sté Banque privée Fideuram Wargny*, *Rec. Tab.* : Autorité des marchés financiers) ; sur ce point, la Cour de cassation va dans le même sens (Cass. com., 5 oct. 1999, *Campenon Bernard*, *supra*, n° 317 ; Cass. com., 28 juin 2005, *Sté Novartis Pharma*, *JCP G*, 2005, IV, 2926 : Conseil de la concurrence). D'autre part, le Conseil d'État estime que cet organisme, eu égard à sa nature, sa composition et ses attributions, doit respecter les principes de droit interne, rappelés par l'article 6, § 1, d'impartialité et du respect des droits de la défense (CE, 4 févr. 2005, *Sté GSD Gestions*, *RFDA*, 2005, 1174, note D. Costa : AMF ; CE, 2 nov. 2005, *Sté Banque privée Fideuram Wargny*, préc. ; CE, 6 janv. 2006, Sté *Lebanese Communication Group*, *Rec.* : CSA).

Par ailleurs, la jurisprudence européenne semble mouvante et la décision d'irrecevabilité *Didier c/ France*, du 27 août 2002 (*RDP*, 2003, 697, obs. G. Gonzalez), dans laquelle la Cour européenne s'assure que la procédure devant le Conseil des marchés financiers remplit les exigences de l'article 6, laisse perplexe.

On sait aussi (*supra*, n° 373) que la « juridictionnalisation » ne concerne, selon le Conseil d'État, que certaines autorités administratives : celles dont les décisions n'ont pas le caractère de sanction ne peuvent être qualifiées de « tribunal » au sens de l'article 6, et cette disposition ne leur est pas applicable (CE, 22 nov. 2000, *Mutuelle Inter-jeunes*, *AJDA*, 2001, 387, concl. S. Boissard : commission de contrôle des mutuelles ; CE, 10 avr. 2002, *Mme Zengerle, Société civile immobilière Katia*, n° 209476, *Rec.* : commission départementale d'aménagement foncier ; CE, 27 juin 2002, *SA Guimathosa Dijori*, n° 229187 : commission nationale de l'équipement commercial). Aussi, CE, 22 juin 2007, *M. Arfi*, *infra*, n° 379.

3° *L'arbitrage.* De jurisprudence constante, l'article 6 n'exige pas que toute décision relative à une constatation sur un droit civil soit prise par une juridiction de type classique intégrée aux « structures judiciaires ordinaires » (en dernier lieu, déc. 1er mars 2016, n° 41069/12, *Tabbane c/ Suisse*, § 25). Il ne s'oppose donc pas à «la création de tribunaux arbitraux afin de juger certains différends de nature patrimoniale opposant des particuliers » (*Suda c/ Rép. Tchèque*, 28 oct. 2010, § 48). La Cour a en effet très tôt considéré que les clauses contractuelles d'arbitrage, « présentant pour les intéressés comme pour l'administration de la justice des avantages indéniables », ne se heurtent pas en principe à la Convention (*Deweer c/ Belgique*, 27 févr. 1980, Série A n° 35, § 49). S'il s'agit d'un arbitrage forcé, imposé par la loi, le tribunal arbitral doit offrir les garanties prévues par l'article 6 § 1 (Comm., rapp. 12 déc. 1983, n° 8588/79 et 8589/79, *Bramelid et Malmström c/ Suède*, DR 38, p. 18, § 30). S'il s'agit d'un arbitrage volontaire, la Cour considère que « les parties à un litige sont libres de soustraire aux juridictions ordinaires certains différends pouvant naître de l'exécution d'un contrat » (*Tabbane*, préc, § 27) et analyse le compromis d'arbitrage comme une renonciation partielle à l'exercice de certains droits garantis par l'article 6 – notamment le droit d'accès à un tribunal, la publicité des débats. Cette renonciation ne heurte pas la Convention s'il y a absence de contrainte (*Deweer*, préc ; comm., déc. 4 mars 1987, n° 10881/84, *R. c/ Suisse*, DR 51, p. 83), si elle est « libre, licite et sans équivoque » (*Suda*, préc. § 48).

**377** PORTÉE DES GARANTIES. — L'article 6 énonce dans son § 1 les garanties générales du procès équitable. Pratiquant une interprétation dynamique, le juge européen, par le recours privilégié à la théorie des « éléments nécessairement inhérents à un droit », également utilisée en matière d'obligations positives (*supra*, n° 164), a enrichi sensiblement le contenu du droit à un procès équitable. Le droit à un procès équitable est ainsi « reconstruit » en trois volets. Au volet central des garanties procédurales *stricto sensu* (B à D), énoncées implicitement (égalité des armes) ou expressément (indépendance et impartialité du tribunal, publicité, célérité de la procédure) dans le texte de l'article 6, sont ajoutés deux droits « matériels », le droit d'accès à un tribunal (A), d'une part, et, d'autre part, le droit à l'exécution des décisions de justice (E). Ainsi, dans sa décision *Golder*, du 21 février 1975 (*GACEDH*, n° 27, la Cour, après avoir noté que « la prééminence du droit ne se conçoit guère sans la possibilité d'accéder aux tribunaux » (§ 34), affirme que « le droit d'accès constitue un élément inhérent au droit qu'énonce l'article 6, § 1 » (§ 36). Par un raisonnement similaire, fondé sur l'« inhérence », la Cour européenne, dans son arrêt *Hornsby c/ Grèce* du 19 mars 1997, juge que « l'exécution d'un jugement ou arrêt, de quelque juridiction que ce soit, doit donc être considérée comme faisant partie intégrante du procès au sens de l'article 6 » (§ 40, *GACEDH*, n° 33).

* De même nature, nous semble-t-il, est la démarche de la Cour de cassation qui, au seul visa de l'article 6 § 1 CEDH, consacre le principe du secret du délibéré comme garantie inhérente au procès équitable : « Attendu que si aucune disposition

légale ne protège spécifiquement le secret du délibéré, principe indissociable des fonctions juridictionnelles en tant que garantie de l'indépendance des juges et d'un procès équitable, il se déduit de la disposition conventionnelle susvisée et des principes généraux du droit que l'atteinte que constitue la saisie par un juge d'instruction, dans le cadre des pouvoirs qu'il tient de l'article 81 du code de procédure pénale, de documents couverts par ce secret, ne saurait être justifiée qu'à la condition qu'elle constitue une mesure nécessaire à l'établissement de la preuve d'une infraction pénale » (Cass. crim., 22 mars 2016, n° 15-83207).

### *A – Le droit à un tribunal*

**378** NOTION. — Comme l'affirme l'important arrêt *Golder c/ Royaume-Uni* du 21 février 1975 (*GACEDH*, n° 27), « la prééminence du droit ne se conçoit guère sans la possibilité d'accéder aux tribunaux ». Inhérent au droit à un procès équitable, *« le droit à un tribunal »*, implique d'une manière générale le droit d'avoir un accès concret et effectif à un tribunal.

« Le droit à un tribunal » est, selon une jurisprudence bien établie (v. L. Milano, *op. cit.*, *infra*, n° 451), l'une des garanties du procès équitable et non une condition d'applicabilité de l'article 6 de la CEDH (*contra*, pour le seul contentieux de la fonction publique, Vilho Eskelinen *et al.* c/ Finlande, 19 avr. 2007, *supra*, n° 365).

Le droit à un recours effectif devant une juridiction compétente a été reconnu par la CJCE au titre des principes généraux du droit dont elle assure le respect (*supra*, n° 92), en se fondant sur les traditions constitutionnelles communes aux États membres et les articles 6 et 13 de la CEDH (CJCE, 15 mai 1986, *Johnston*, aff. 222/84, *Rec.*, 1651). À la suite du TPI (TPI, 3 mai 2002, *Jégo-Quéré et Cie SA c/ Commission*, aff. T-177/01, *D*, 2002, Somm. 2575, obs. M. Sousse), elle se réfère désormais à la CCDF (art. 47 ; CJCE, 13 mars 2007, *Unibet (London) Ltd c/ Justitiekanslern*, C. 432/05, pt 37, *JCP G*, 2007, I, 175, obs. Cl. Blumann).

* Le Conseil constitutionnel fait découler de l'article 16 de la Déclaration de 1789 le droit d'exercer un recours effectif devant une juridiction (déc. 96-373 DC, 9 avr. 1996, Autonomie de la Polynésie française, *AJDA*, 1996, 371, obs. O. Schramek) comme le « droit à un procès équitable », qu'il consacre tardivement sans préciser quels droits il recouvre (déc. n° 2006-540 DC, 27 juil. 2006, *Rec.* p. 88), après avoir évoqué « le principe du procès équitable » (déc. n° 2004-510 DC, 20 janv. 2005, *Rec.*, p. 41). Le Conseil d'État fait de même et, bien qu'il recourt à une formulation « européenne » pour préciser que le droit à un recours juridiction-

nel effectif ne saurait être atteint dans « sa substance même », n'hésite pas à affirmer que « le droit à un procès équitable (est) *rappelé* par l'article 6, § 1 » ! (CE, 21 déc. 2001, *Hoffman*, n° 222862, *RFDA*, 2002, 1115, chron. L. Sermet).

* La garantie du droit d'accès à un tribunal est incorporée dans l'ordre public international par la Cour de cassation, qui juge qu'une décision de cour d'appel ayant accordé l'exequatur à deux décisions de la High Court of justice condamnant un plaideur à payer des frais de justice trop importants fait objectivement obstacle au droit d'accès à la justice et viole l'article 6, § 1 (Cass. 1re civ., 16 mars 1999, *Pordéa c/ Sté Times Newspapers limited*, n° 97-17598) ; que « l'impossibilité pour une partie d'accéder au juge, fût-il arbitral, chargé de statuer sur sa prétention, à l'exclusion de toute juridiction étatique, et d'exercer ainsi un droit qui relève de l'ordre public international consacré par les principes de l'arbitrage international et l'article 6, § 1 CEDH, constitue un déni de justice » (Cass. 1re civ., 1er févr. 2005, *État d'Israël c/ National iranian oil company (Sté)*, n° 01-13742, *JCP G*, 2005, II, 10101, note G. Kessler).

Seront envisagées successivement *les exigences* découlant du droit à un tribunal et *les limitations* au droit d'accès à un tribunal.

### *1. Les exigences découlant du droit à un tribunal*

**379** UN TRIBUNAL DE PLEINE JURIDICTION. — 1° *La notion de « tribunal »* — Le « tribunal » n'est pas nécessairement une juridiction de type classique et reçoit une acception « autonome » au sens de la Convention (déc. 27 août 2002, *Didier c/ France*, préc., n° 210 : la Cour qualifie le Conseil des marchés financiers de « tribunal »). Le « tribunal » se caractérise au plan matériel par sa fonction juridictionnelle : « Trancher, sur la base de normes de droit et à l'issue d'une procédure organisée, toute question relevant de sa compétence » (*Sramek c/ Autriche*, 22 oct. 1984, A. 84, § 36, *JDI*, 1985, 1070, obs. P. Tavernier à propos de l'Autorité régionale des transactions immobilières du Tyrol).

Cela suppose, selon la terminologie de la Cour, « un organe judiciaire de pleine juridiction » (*Albert et Le Compte c/ Belgique*, 10 févr. 1983, A. 58, § 29, *AFDI*, 1984, 447, obs. R. Pelloux).

2° *Une compétence de « pleine juridiction »* — Le contrôle du juge ne doit pas être trop limité, sous peine de vider le droit au tribunal de sa substance (un contrôle restreint à l'examen de la motivation des faits et au détournement de la procédure ne suffit pas, *Obermeier c/ Autriche*, 28 juin 1990, A 179, § 70) ; il importe, d'une manière générale, que soit exercé un contrôle complet de légalité et que le juge national soit compétent « pour les points de fait comme pour les questions de droit » (*Zumtobel c/ Autriche*, 21 sept. 1993, A. 268). Ce dernier ne dispose pas cependant du pouvoir de substituer sa propre appréciation à celle de l'administration, d'autant plus lorsque celle-ci exerce un pouvoir discrétionnaire (*CEDH, 15 sept. 2015, n° 43800/12, Tsanova-Gecheva c/ Bulgarie, JCP G 2015, act. 1037, L. Milano*).

Il s'ensuit que la compétence de décider, et plus précisément le pouvoir de rendre « une décision obligatoire, qu'une autorité non judiciaire n'aurait pas le pouvoir de modifier », est inhérente à la notion même de tribunal (*Van den Hurk c/ Pays-Bas*, 19 avr. 1994, A. 288, § 45 ; *Benthem c/ Pays-Bas*, 23 oct. 1985, A. 97).

* Sur cette base, la Cour européenne a procédé à une condamnation de principe du mécanisme de renvoi préjudiciel du juge administratif français au ministre des Affaires étrangères pour interprétation des traités internationaux dans sa décision *Beaumartin* du 24 novembre 1994 (A. 296 B, *D*, 1995, J, 235, note X. Prétot) : le Conseil d'État, abdiquant en la circonstance sa mission de juger et n'étant pas indépendant à l'égard de l'exécutif, ne saurait mériter l'appellation de « tribunal » (le Conseil d'État avait anticipé cette condamnation en se reconnaissant compétent pour interpréter les traités internationaux ; CE Ass., 29 juin 1990, *Gisti*, *Leb.*, p. 171). Suite à l'arrêt *Beaumartin*, la Cour de cassation s'est également reconnue une semblable compétence (Cass. civ. 1re, 19 déc. 1995, *Banque africaine du développement*, n° 93-20424, *RGDIP*, 1996, 867, obs. D. Alland, 599). Par son arrêt *Chevrol c/ France*, du 13 février 2003 (*D*, 2003, 931, note H. Moutouh), la Cour européenne étend sa jurisprudence *Beaumartin* à la question de l'appréciation de la condition de réciprocité dans l'application d'un traité international inscrite dans l'article 55 de la Constitution (*supra*, n° 37) et sanctionne la pratique du renvoi préjudiciel suivie par le Conseil d'État, qui « s'oblige à suivre obligatoirement » l'avis du ministre des Affaires étrangères, qui n'est soumis ni à la critique ni à un débat contradictoire. Procédant à un revirement de jurisprudence, le Conseil d'État se reconnaît compétent pour contrôler seul la condition de réciprocité, par son arrêt d'Assemblée du 9 juillet 2010, *Mme Cheriet-Benseghir* (n° 317747), au visa de la CEDH (*RFDA*, 2010, 1133, concl. G. Dumortier, et p. 1146, note J.F. Lachaume).

De même, la Cour juge que le pourvoi en cassation ouvert aux personnes ayant subi une visite domiciliaire en matière fiscale ne répond pas aux exigences de l'article 6, en ce qu'il ne permet pas d'obtenir un contrôle juridictionnel effectif, en fait comme en droit, de la régularité de la décision prescrivant la visite ainsi que des mesures prises sur son fondement (*Ravon c/ France*, 21 fév. 2008, *Dr. fisc.*,

2008-12, n° 227, note D. Ravon et C. Louit). L'article L. 16 B du Livre des procédures fiscales a été réécrit par la loi n° 2008-776 du 4 août 2008 afin d'organiser une voie de recours adéquate (*Dr. fisc.*, 2008, n° 36, comm. 473). La cour de cassation juge le nouveau dispositif compatible avec l'article 6 (Com., 8 déc. 2009, n° 08-21.017, *Sté Matex c/ Direction nationale d'enquêtes fiscales, JCP G*, 2010, note 193, C. Louit).

Au visa de la CEDH, le Conseil d'État affirme le principe que le juge du fond, saisi d'une contestation portant sur une sanction que l'Administration inflige à un administré, se prononce comme juge de plein contentieux (Ass., 16 févr. 2009, n° 27400, *Sté Atom, RFDA*, 2009, 259, concl. Cl. Legras). Le Conseil d'État exerce désormais, comme juge de l'excès de pouvoir, un plein contrôle de proportionnalité sur les sanctions professionnelles, qui relèvent de la « matière civile » au sens de l'article 6, infligées par une autorité administrative (CE, 22 juin 2007, *M. Arfi, RFDA*, 2007, 1199, concl. M. Guyomar) ainsi que sur les sanctions disciplinaires frappant les fonctionnaires (CE, Ass., 13 nov. 2013, *Dahan*, n° 347704, *JCP G* 2014, note 149, C. Vautrot-Schwarz ; voir aussi, pour les sanctions à un magistrat judiciaire, CE, 27 mai 2009, n° 310493, *Hontang*, *JCP G*, 2009, n° 317, doctr. B. Plessix).

3° *Un pouvoir de réformation en « matière pénale »* — Si le recours de « pleine juridiction » ne paraît pas impliquer, en matière civile, que le « tribunal » dispose d'un pouvoir de substitution (*Chaudet c/ France*, 29 oct. 2009, *JCP G*, 2010, act. 488, F. Sudre), par contre, il nécessite, en matière pénale, que le juge détienne « le pouvoir de réformer en tous points, en fait comme en droit, la décision entreprise » (*Schmautzer et al. c/ Autriche*, 23 oct. 1995, A. 328 A, à propos de sanctions administratives pour infractions routières).

Malgré cela, la Cour européenne juge que le système français du retrait de points du permis de conduire garantit un contrôle juridictionnel suffisant au regard de l'article 6, alors que le juge pénal exerce un contrôle sur la culpabilité de l'intéressé et non sur l'ampleur de la pénalité du retrait de points et qu'il ne peut individualiser la sanction de perte de points en l'adaptant aux circonstances et à la personnalité du délinquant (*Malige c/ France*, 23 sept. 1998, *JCP G*, 1999, II, 10086, note F. Sudre) ; le Conseil d'État (CE, Avis, 27 sept. 1999, *Rouxel*, n° 208242) et le Conseil constitutionnel (déc. n° 99-411 DC, 16 juin 1999) ont repris à leur compte cette analyse (*supra*, n° 373). On peut considérer, au vu de cette jurisprudence, que le juge interne doit avoir la plénitude de juridiction avec un pouvoir de réformation, incluant le pouvoir de substitution, pour les sanctions relevant de la « matière pénale » (en ce sens, *Menarini Diagnostics SRL c/*

*Italie*, 27 sept. 2011 : sanction pécuniaire prononcée par une autorité administrative indépendante), à l'exclusion des sanctions pour lesquelles le législateur a prévu une modulation par la loi elle-même (voir, toutefois, pour une position plus stricte, *Silverster's Horeca Service c/ Belgique*, 4 mars 2004).

À la suite du TPI (TPI, 14 mai 1998, *Enso Espanola c/ Commission*, aff. T-348/94, *Europe*, juill. 1998, comm. n° 230), la CJUE juge que le contrôle de légalité et le contrôle de pleine juridiction des décisions de la Commission infligeant des amendes en matière de concurrence satisfont aux exigences de l'article 6 § 1 de la CEDH et de l'article 47 de la Charte des droits fondamentaux (CJUE, 8 déc 2011, *Chalkor*, C-386/10 ; CJUE, 18 juill. 2013, *Schindler Holding*, C-501/11, Europe 2013-10, comm. 410 L. Idot).

Le contentieux fiscal, en raison de son « caractère particulier impliquant une exigence d'efficacité pour préserver les intérêts de l'État » obéit à un régime spécial et ne nécessite pas que le juge dispose du pouvoir de moduler l'amende fiscale, en l'absence de disposition légale le permettant, dès lors, comme le souligne la Cour, que dans le cadre d'un recours de plein contentieux, le juge administratif « apprécie tous les éléments de fait et de droit et peut non seulement annuler ou valider un acte administratif mais également le réformer, voire substituer sa propre décision à celle de l'administration et se prononcer sur les droits de l'intéressé » (*Segame SA c/ France*, 7 juin 2012, § 56).

* i) La Cour de cassation semble aller au-delà de la jurisprudence européenne en matière de sanctions fiscales, en affirmant qu'un « recours de pleine juridiction » doit permettre « au tribunal de se prononcer sur le principe et le montant de l'amende » (Cass. com., *Ferreira*, 29 avr. 1997, n° 95-20001, *supra*, n° 244) ; Cass. com., 17 nov. 1998, *Dupuis*, n° 96-21749, *Rev. gén. des procédures*, 1999, p. 237, note J. Lamarque ; Cass. com., 1er juin 1999, *Hascoet*, n° 97-18245, *Europe*, 1999, comm. n° 310).

Selon le Conseil d'État, les dispositions de l'article 6 n'exigent pas que le juge de l'impôt puisse moduler les pénalités fiscales pour tenir compte de la gravité de la faute commise par le contribuable (CE, Avis, 8 juill. 1998, n° 195664, *M. Fattell*, RJF 1998, n° 970, p. 637, concl. J. Arrighi de Casanova). La compatibilité avec l'article 6 est assurée par le fait que le juge de l'impôt, qui a le pouvoir « de prendre une décision qui se substitue à celle de l'Administration » (CE, Ass., 16 févr. 2009, n° 27400, *Sté Atom*, préc. ; CE, 27 juill. 2009, n° 295358, *Caisse interfédérale de Crédit mutuel*, *Dr. fisc.*, 2009-42, n° 506, concl. E. Glaser), « exerce un plein contrôle sur les faits invoqués et la qualification retenue par l'administration » et, à l'issue de celui-ci, décide soit de maintenir la pénalité, soit d'en prononcer la décharge. Il en va ainsi, que la loi ait assuré elle-même la modulation des peines en fonction de la gravité des comportements réprimés (CE, 30 nov. 2007, *Sté Sideme, Dr. fisc.*, 2008-7, n° 178, concl. L. Olléon ; CE, 26 mai 2008, *Sté Norelec, Dr. fisc.*, 2008-28, n° 411, concl. F. Séners) ou qu'elle ait fixé un taux unique pour l'amende en cause (CE, 27 juin 2008, n° 301432 *Melki* et 301343, *Sté Segame, Dr. fisc.*, 2008-38, n° 501, concl. L. Olléon ; CE, 26 déc. 2008, n° 282995 *Gonzales-Castrillo, Dr. fisc.*, 2009-10, n° 231, concl. P. Collin). Le Conseil constitutionnel se prononce dans le même sens (déc. n° 2010/105-106 QPC, 17 mars 2011).

La Cour européenne partage également cette analyse (*Segame SA c/ France*, 7 juin 2012 ; aussi, solution implicite, *Fattell c/ France*, 27 janv. 2005 et Comm., déc. 29 juin 1998, *Taddei c/ France, Déc. et Rapp.*, 94 A, p. 108).

ii) Selon le Conseil d'État, le régime d'inéligibilité des élus auteurs d'infraction à la morale publique est compatible avec l'article 6, § 1 : transposant la solution de l'arrêt *Malige* de la Cour européenne (23 sept. 1998, préc.), il considère que l'article 6, § 1 n'exige pas un contrôle judiciaire autonome de pleine juridiction sur la peine accessoire, dès lors qu'« un contrôle suffisant au regard de l'article 6, § 1 se trouve incorporé dans la décision » prononçant la peine capitale (CE, 1er juill. 2005, *Ousty et Gravier, supra* n° 317).

**380** UN ACCÈS EFFECTIF AU JUGE. — Le droit d'accès à un tribunal s'entend en droit européen d'un droit d'accès concret et effectif, qui suppose que le justiciable « jouisse d'une possibilité claire et concrète de contester un acte constituant une ingérence dans ses droits » (*Bellet c/ France*, 4 déc. 1995, § 36, *JCP*, 1996, II, 22648, note M. Harichaux).

1° *Aide judiciaire.* Le justiciable doit avoir les moyens concrets d'accéder au juge et, en premier lieu, bénéficier de l'assistance d'un avocat dans la procédure judiciaire (*infra*, n° 422). Bien que le droit à l'aide judiciaire gratuite ne soit expressément garanti que dans les procédures pénales (art. 6, § 3 *c*), le juge européen considère néanmoins que l'impossibilité d'obtenir l'assistance judiciaire gratuite dans le cadre d'une procédure « civile » enfreint le « droit à un tribunal » lorsque la complexité de la procédure ou de la cause rend cette assistance indispensable ou que la loi prescrit la représentation d'un avocat (*Airey c/ Irlande*, 9 oct. 1979, A. 32, *GACEDH*, n° 2). De surcroît, l'article 6 § 1 s'applique en principe à une procédure portant sur l'aide juridictionnelle lorsque cette procédure peut être considérée « comme déterminante pour le droit d'accès à un tribunal » (*Blandeau c/ France*, 10 juill. 2008, § 22). Ainsi, le défaut d'aide judiciaire peut entraîner une rupture de l'égalité des armes

(*Bertuzzi c/ France*, 13 févr. 2003), notamment lorsque l'adversaire dispose de moyens matériels importants pour assurer sa défense (*Steel et Morris c/ Royaume-Uni*, 15 févr. 2005, *AJDA*, 2005, 1895, chron. J.-F. Flauss).

On assiste cependant, en la matière, à un infléchissement regrettable de la jurisprudence européenne. La Cour européenne a d'abord jugé que le refus, dans une procédure dans laquelle la représentation par un avocat était obligatoire, d'accorder l'aide juridictionnelle au motif que la prétention ne paraissait pas sérieuse portait atteinte à la substance même du droit du requérant à un tribunal (*Aerts c/ Belgique*, 30 juill. 1998, *D*, 1998, Act. n° 38, obs. F. Rolin) puis elle a admis qu'un refus pour défaut d'un moyen sérieux de cassation était compatible avec l'article 6, d'abord dans une procédure sans représentation obligatoire (en matière d'assistance éducative), dès lors qu'un tel rejet n'empêche pas *ipso facto* la poursuite du pourvoi (*Gnahore c/ France*, 19 sept. 2000, *RDP*, 2001, 682, obs. A. Gouttenoire-Cornut), ensuite dans une procédure dans laquelle la représentation est obligatoire (divorce ; *Del Sol c/ France*, 26 févr. 2002, *RDP*, 2003, 699, note A. Gouttenoire). La Cour retient le principe qu'un système d'attribution sélective de l'aide juridictionnelle n'est pas en soi contraire à l'article 6 dès lors qu'il offre des garanties substantielles préservant les justiciables de l'arbitraire, tel, en France, le recours devant le Premier président de la Cour de cassation contre une décision de rejet de l'aide juridictionnelle (*Del Sol*, préc. ; *Santambrogio c/ Italie*, 21 sept. 2004). Une telle solution, qui ne soumet que les plus démunis à un examen préalable du caractère sérieux de leur pourvoi, porte atteinte à l'égalité des justiciables.

C'est en se fondant sur la jurisprudence de la Cour EDH que la CJUE juge que « l'octroi de l'aide juridictionnelle à des personnes morales n'est pas en principe exclu, mais qu'il doit être apprécié au regard des règles applicables à la situation de la personne concernée » (CJUE, 22 déc. 2010, *DEB*, C-279/09, pt. 52, *Europe*, 2011-2, comm. 38, *D.* Simon).

On doit toutefois s'étonner que la Cour européenne refuse de déduire du droit d'accès à un tribunal l'obligation pour les États de faire intervenir à la procédure les tiers dont les droits sont susceptibles d'être mis en cause par la décision et estime qu'il suffit que ces tiers puissent avoir accès à la procédure et que, pour ce faire, ils en aient été suffisamment informés (*Canete De Goni c/ Espagne*, 15 oct. 2002).

2° *Obstacles à l'accès au juge.* L'accès au juge peut être entravé par un obstacle juridique, tel que la complexité des modalités d'exercice du recours en annulation d'un décret de classement d'un site devant le Conseil d'État français (*Geouffre de la Pradelle c/ France*, 16 déc. 1992, A. 253 B, note F. Benoit-Rohmer, *D*, 1993, 562)

* Le Conseil d'État refuse néanmoins de modifier sa jurisprudence, jugeant que la fixation du point de départ du délai du recours contentieux à la date de publication et non de notification d'une déclaration d'utilité publique « n'est pas de nature à rompre l'équilibre entre les prérogatives nécessaires de l'administration et le droit de former un recours contentieux », et ne méconnaît pas les articles 6 et 13 CEDH (CE, 9 févr. 2000, *Chevalier, Rec.*, 45).

De même, le juge européen condamne le refus de la Cour de cassation d'admettre, faute d'intérêt à agir, que les personnes hémophiles, contaminées par le virus VIH et indemnisées par le fonds d'indemnisation saisissent une juridiction pour obtenir réparation de leur préjudice (Civ. 2e, 26 janv. 1994, *M. X. c/ Fondation nationale de transfusion sanguine,* n° 93-06009, *RD sanit. soc.*, 1994, 420, obs. J. S. Cayla) au motif que le mécanisme législatif d'indemnisation manquait de clarté quant aux modalités d'exercice des recours offerts et aux limitations découlant de leur exercice simultané (*Bellet c/ France*, 4 déc. 1995, § 37 ; F. E. c/ France, 30 oct. 1998, *RTD civ.*, 1999, 490, obs. J.-P. Marguénaud). La Cour de cassation s'est finalement inclinée (Civ. 1re, 6 juin 2000, n° 98-22117, *JCP G*, 2000, I, 280, chron. G. Viney ; *Bull.*, I, n° 179).

Le Conseil d'État juge que le recours contentieux DALO devant un juge doté d'un pouvoir d'injonction et d'astreinte « présente un caractère effectif au regard des exigences découlant de l'article 6 § 1 », quand bien même l'astreinte ne serait pas versée aux requérants (CE, avis, 2 juill. 2010, *Maache*, n° 332825, *AJDA*, 2010, 1948, note S. Robert-Cuendet).

Le droit effectif à un tribunal peut également être violé par la présence d'un obstacle de fait, tel que la carence des autorités pénitentiaires à transmettre l'appel du détenu dans les délais au greffe de la cour d'appel (*Barbier c/ France*, 17 janv. 2006, *D*, 2006, 1209, note F. Defferrard et V. Durtette) ou le délai d'examen d'un pourvoi rendant celui-ci sans objet (en matière d'autorité parentale, *Schmidt c/ France*, 26 juill. 2007).

**381** L'OBTENTION D'UNE DÉCISION DE JUSTICE. — Le droit d'accès à un tribunal implique le droit d'obtenir une décision motivée, tranchant définitivement le litige.

1° *Une décision motivée.* L'effectivité de la décision de justice suppose pour les parties au procès le droit non seulement de présenter leurs arguments, mais aussi le droit d'être vraiment « entendues ».

Le tribunal a dès lors l'obligation de se livrer à un examen effectif des moyens présentés par les parties, et une motivation appropriée des jugements est requise. Un moyen dont l'incidence peut être décisive pour la solution en l'espèce nécessite « une réponse spécifique et explicite » (*Ruiz Torija et Hiro Balani c/ Espagne*, 9 déc. 1994, A. 303-A et A. 303-B ; *Higgins c/ France*, 19 févr. 1998) ; il en va de même d'un moyen ayant trait aux droits garantis par la Convention (*Wagner et J. M. W. L. c/ Luxembourg*, 28 juin 2007).

Cependant, l'article 6, § 1 n'exige pas que soit motivée en détail une décision par laquelle une juridiction de recours, se fondant sur une disposition légale spécifique, écarte un recours comme dépourvu de chance de succès (*Gorou c/ Grèce (n° 2),* 20 mars 2009, Gr. Ch. ; déc. 28 janv. 2003, *Burg c/ France*, n° 34763/02, à propos de la procédure d'admission des pourvois en cassation instaurée en France par la loi du 25 juin 2001, art. L. 131-6 COJ ; même solution pour la procédure devant les juridictions administratives, déc. 9 mars 1999, *Immeuble Groupe Kosser*, n° 38748/97).

* Après s'être comportée en quatrième degré de juridiction en appréciant la notion de « moyen nouveau » pour juger l'obligation de motivation non satisfaite lorsque la Cour de cassation se bornait à déclarer irrecevable l'unique moyen de cassation au motif qu'il s'agissait d'un moyen nouveau (*Dulaurans c/ France*, 21 mars 2000, *JCP G*, 2000, II, 10344, note A. Perdiau), la Cour européenne se garde désormais, à juste titre, de procéder à une telle appréciation (*Tourisme d'affaires c/ France*, 16 févr. 2012).

L'obligation de motivation se concilie mal avec le principe de l'intime conviction des jurés d'assises. Selon le juge européen, attentif à la diversité des systèmes juridiques existants en Europe, l'absence de motivation des arrêts de cours d'assises n'est pas en soi incompatible avec l'article 6 § 1, sous réserve du respect d'une exigence minimale, à savoir que « l'accusé doit être à même de comprendre le verdict qui a été rendu » (*Taxquet c/ Belgique*, 16 nov. 2010, Gr. Ch., § 90, *JCP G*, 2010, note 1228, H. Matsopoulou), y compris la fixation de la peine (*Lhermitte c/Belgique*, 26 mai 2015, § 33).

Cette « garantie essentielle contre l'arbitraire » (§ 90) implique que le jury réponde à des questions précises et non équivoques afin de fournir

« une trame apte à servir de fondement au verdict ou à compenser adéquatement l'absence de motivation des réponses du jury » (*ibid.*, § 91).

* Brisant la résistance de la Chambre criminelle qui persistait à considérer que l'absence de motivation des arrêts de cour d'assises (art. 353 CPP) était compatible avec l'article 6 § 1 (Crim. 14 oct. 2009, n° 08-86.480, *JCP G*, 2009, n° 456, note H. Matsopoulou), le Conseil constitutionnel s'est rangé à la jurisprudence *Taxquet* (n° 2011-113/115 QPC, 1er avr. 2011). La Cour délivre un brevet de conventionnalité au nouvel article 365-1 du CPP, issu de la loi du 10 août 2011, prévoyant une motivation de l'arrêt rendu par la cour d'assises dans un document dit « feuille de motivation », implicitement d'abord (*Agnelet c/ France* et *Legillon c/ France*, 10 janv. 2013, *D.* 2013, 615, note J.-F. Renucci), expressément ensuite, considérant que « le nombre et la précision des éléments factuels énumérés dans la feuille de motivation (…) sont de nature à permettre à la requérante de connaître les raisons de sa condamnation » (déc. 6 oct. 2015, *Matis c/ France*, n° 43699/13, *JCP G* 2015, act, 1254, F. Sudre). Dans le même sens, Cass. crim., 16 déc 2015, n° 14-87234).

2° *Une décision tranchant définitivement le litige.* Le droit à un tribunal, tel que l'entend le juge européen, implique également le respect du *principe de la sécurité juridique* (*supra*, n° 134), qui s'exprime notamment au titre du droit à un procès équitable (*Brumarescu c/ Roumanie*, 28 oct. 1999). La sécurité juridique participe de la prééminence du droit et suppose que « la solution donnée de manière définitive à tout litige par les tribunaux ne soit plus remise en cause » (§ 61).

Par exemple, la Cour européenne juge que la procédure de *protest*, qui permet au président de la Cour suprême d'arbitrage d'Ukraine et au procureur général d'attaquer en permanence par la voie du recours en annulation un jugement définitif, est en soi incompatible avec le principe de la sécurité des rapports juridiques et constitue une violation de l'article 6, § 1 (*Sovtransavto Holding c/ Ukraine*, 25 juill. 2002).

3° *Revirement de jurisprudence.* Confrontée à la question des conséquences d'un revirement de jurisprudence sur la prévisibilité des situations juridiques et à la compatibilité du revirement avec l'article 6 § 1, la Cour européenne, s'inspirant de la Cour de cassation française (Civ. 1°, 21 mars 2000, n° 98-11.982, *Le Collinet c/ Cie d'assurance Rhin et Moselle*, D, 2000, jur., 593, note C. Attias), considère que « les exigences de la sécurité juridique et de protection de la confiance légitime des justiciables ne consacrent pas un droit acquis à une jurisprudence constante » (*Unedic c/ France*, 18 déc. 2008, *JCP G*, 2009, doctr. 143, obs. F. Sudre), tout en précisant que lorsqu'il y a « une jurisprudence bien établie » sur la question en jeu, la juridiction suprême « a l'obligation de donner des raisons substantielles » pour expliquer son revirement de jurisprudence, sauf à violer les droits du justiciable d'obtenir une décision suffisamment motivée (*Atanasovski c/ « l'ex-République yougoslave de Macédoine »*, 14 janv. 2010).

Rappelant que le rôle d'une juridiction suprême est de régler les divergences de jurisprudence inhérentes à tout système judiciaire, la Cour considère que « si une pratique divergente se développe au sein d'une des plus hautes autorités judiciaires du pays, cette dernière devient elle-même source d'insécurité juridique, portant ainsi atteinte au principe de la sécurité juridique et réduisant la confiance du public dans le système judiciaire » (*Ferreira Santos Pardal c/Portugal,* 30 juil. 2015, § 47 ; *S.C. Uzinexport S.A. c/Roumanie,* 31 mars 2015).

Le droit d'accès à un tribunal garanti par l'article 6 § 1 ne fait donc pas obstacle à l'application rétroactive d'un revirement de jurisprudence à une procédure en cours, sous réserve, toutefois, de la prévisibilité du dit revirement (*Legrand c/ France*, 26 mai 2011, *JCP G*, 2011, act. 730, C. Picheral).

* C'est en se fondant sur l'article 6, § 1 que la Cour de cassation limite la portée rétroactive d'un revirement de jurisprudence et juge que le revirement ne peut opérer que pour l'avenir lorsque son application immédiate aboutirait à priver le demandeur de l'accès au juge (Cass. Ass. Plén., 21 déc. 2006, *Sté La Provence c/ Mme X*, n° 00-20493, *D*, 2007, 834, note P, Morvan ; *JCP G*, 2007, II, 10111, note X. Lagarde ; Cass. 1re civ., 11 juin 2009, n° 07-14.932, *D* 2009, 2567, obs. N. Molfessis).

Dans la même ligne, une divergence de jurisprudence entre deux juridictions ne saurait en soi constituer un motif autonome de manquement aux exigences de l'article 6 § 1. Mais des divergences de jurisprudence persistantes au sein d'une « structure juridictionnelle hiérarchisée » en l'absence de mécanismes permettant de les résoudre sont de nature, par l'incertitude qu'elles engendrent, à porter atteinte au droit à un procès équitable, tout comme une divergence de jurisprudence dans l'application de la même règle de droit à partir de faits semblables entre deux juridictions indépendantes et sans rapport hiérarchique entre elles si elle résulte d'une décision « arbitraire » ou « déraisonnable » (*Nedjet Sahin et Perihan Sahin c/ Turquie*, 20 oct. 2011, Gr. Ch., *JCP G*, 2012, doctr. 87, F. Sudre).

C'est sur le terrain de lois rétroactives que s'est principalement développée la jurisprudence européenne relative au droit à l'obtention d'une décision de justice.

**382** LES LOIS RÉTROACTIVES. — Initié en matière de lois de validation, le contrôle européen des lois rétroactives a été étendu aux lois expressément rétroactives (*Draon c/ France et Maurice c/ France,* 6 oct. 2005, Gr. Ch., *JCP G*, 2006, I, 109, n° 16, chron. F. Sudre : application immédiate de la loi du 4 mars 2002, dite loi « anti-Perruche », aux instances en cours) ainsi qu'aux lois interprétatives (affaire dite du « tableau d'amortissement » : *Lecarpentier c/ France*, 14 févr. 2006 ; *Cabourdin c/ France*, 11 avr. 2006 ; *infra*).

1° Le droit à un procès équitable ne prohibe pas de façon absolue l'intervention du législateur dans le cours d'une procédure juridictionnelle pour en modifier l'issue. Après avoir paru condamner le principe même des validations législatives, au motif que « le principe de la prééminence du droit et la notion de procès équitable consacrés par l'article 6 s'opposent à toute ingérence du pouvoir législatif dans l'administration de la justice dans le but d'influer sur le dénouement judiciaire d'un litige » (*Raffineries grecques Stran et Sratis Andreadis c/ Grèce*, 9 déc. 1994, A. 301 B, § 49), la Cour européenne a nuancé sa position dans sa décision *National et Provincial Building Society et autres c/ Royaume-Uni* (23 oct. 1997). Analysant la loi de validation sous l'angle du droit d'accès à un tribunal, la Cour juge que l'article 6, § 1 ne saurait « s'interpréter comme empêchant toute ingérence des pouvoirs publics dans une procédure judiciaire pendante à laquelle ils sont parties » (§ 112).

Dans la première affaire était en cause l'annulation par un acte législatif d'une sentence arbitrale constatant l'existence d'une dette de l'État, dans la seconde la validation rétroactive des dispositions fiscales objet de procédures pendantes et orientait en faveur de l'administration fiscale des instances auxquelles celle-ci était partie.

Le choix de la base juridique retenue par la Cour pour se prononcer sur la compatibilité d'une loi de validation avec l'article 6 est sujet à de fâcheuses variations : droit d'accès à un tribunal (*Building Society*, préc. ; *Forrer-Niedenthal c/ Allemagne*, 20 févr. 2003), égalité des armes (*Raffineries grecques*, préc. ; *OGIS-Institut Stanislas et al. c/ France*, 27 mai 2004), ou, le plus souvent, l'équité de la procédure en général (*Zielinski et al. c/ France, infra*).

2° La conformité de la loi de validation à l'article 6, § 1 est alors subordonnée à la triple condition du caractère non définitif de la procédure juridictionnelle, de la proportionnalité de l'atteinte au droit d'accès à un tribunal et de l'existence d'un *« motif d'intérêt général impérieux »*. C'est l'appréciation rigoureuse de cette dernière condition – en principe, un motif financier ne permet pas à lui seul de justifier l'intervention du législateur (Cabourdin, préc. ; Arnolin *et al.* c/ France, 9 janv. 2007) – qui conduit la Cour européenne à juger qu'une loi de validation jugée conforme à la Constitution par le Conseil constitutionnel n'est pas pour autant compatible avec la Convention (Gr. Ch., 28 oct. 1999, Zielinski et Pradal, Gonzalez et autres c/ France, *GACEDH*, n° 28 ; pour des exemples d'application directe de cet arrêt par les juridictions inférieures, *supra*, n° 119 ; Lecarpentier, préc.).

* La jurisprudence *Zielinski* a manifestement fait évoluer le contrôle du juge interne sur les validations législatives.

Le Conseil d'État a, pour la première fois, par son arrêt d'Assemblée, du 28 juillet 2000, *Tête et Association du Collectif pour la gratuité contre le racket* (*AJDA*, 2000, 854, chron. M. Guyomar et P. Collin), déclaré l'incompatibilité d'une loi de validation avec l'article 6, § 1 au motif que l'intérêt financier avancé par le législateur ne constituait pas un « *intérêt général* suffisant » pour justifier la validation. On note, toutefois, que l'appréciation par le Conseil d'État du « motif d'intérêt général » peut être identique à celle de la Cour européenne du « motif impérieux » (CE, Avis, 5 déc. 1997, *OGEC de Saint-Sauveur Le Vicomte*, *RFDA*, 1998, 160, concl. L. Touvet et Cour EDH, 27 mai 2004, *OGIS-Institut Stanislas, OGEC Saint-Pie X et Blanche de Castille et al. c/ France*).

Dans un deuxième temps, le Conseil d'État s'est rallié à la notion d'*« impérieux motifs d'intérêt général »* (CE, 23 juin 2004, *Société « Laboratoire Génevrier »*, *RFDA*, 2004, 861 : équilibre financier du système de santé national) pour contrôler les lois rétroactives (CE, 5 juill. 2004, *Société sud parisienne de construction*, *AJDA*, 2004, 2216, note J.-P. Markus ; CE, Avis, 18 juill. 2006, *Ka*, *RFDA*, 2006, 1194, concl, L. Vallée), suivant en cela la Cour de cassation (Cass. 1re civ., 9 juill. 2003, *Épx Dolléans c/ SA Union de crédit pour le bâtiment*, n° 99-15369, *JCP G*, 2004, II, 10016, note X. Prétot : « Équilibre financier de l'ensemble des établissements de crédit » ; en dernier lieu, Cass. 1re civ, 17 févr. 2016, nº 15-12805, *JCP G* 2016, note 396, J. Knetsch).

Par une décision nº 2013-366 QPC du 14 févr. 2014, *SELARL PJA*, le Conseil constitutionnel substitue, enfin, au « but d'intérêt général suffisant » l'exigence d'un « motif impérieux d'intérêt général » qui, avec le respect des décisions de justice passées en force de chose jugée et le respect du principe de la non-rétroactivité des sanctions et des peines, conditionne, par référence à l'article 16 de la Déclaration de 1789, la conformité de la loi de validation à la Constitution (déc. nº 99-425 DC, 29 déc. 1999, Loi de finances rectificative pour 1999 ; déc. nº 2002/458 DC, 7 févr. 2002, Loi organique portant validation de l'impôt foncier sur les propriétés bâties en Polynésie française, *D*, 2002, chron., 1439, B. Mathieu ; *infra*, nº 584).

On observera, d'une manière générale, que la propension du juge interne à voir dans la nécessité de sauvegarder l'équilibre financier de tel ou tel secteur un « impérieux motif d'intérêt général » ne trouve pas grâce aux yeux de la Cour européenne.

Comparer *Lecarpentier*, préc. et Cass. 1re civ., 9 juill. 2003, préc. ; *Chiesi SA c/ France*, 16 janv. 2007 et CE, 23 juin 2004, *Société « Laboratoire Génevrier »*, préc. ; *Arnolin et al. c/ France*, 9 janv. 2007, *D*, 2007, 581, obs, J. Cortot, et Cass. Ass. plén., 24 janv. 2003, *infra*.

* Ceci conduit le juge national à se montrer plus strict en la matière (CE, 25 avr. 2007, *ministre de l'Équipement c/ M. Couegnat et c/ M. Hébert* (2 aff.), *RFDA*, 2007, 1019, concl. R. Keller ; CE, 21 déc. 2007, *Fédération de l'hospitalisation privée*, nº 298463, *JCP G*, 2008, IV, 1156). Néanmoins, le Conseil constitutionnel peut juger qu'une validation rétroactive est justifiée par un « motif impérieux d'intérêt général » « eu égard à l'ampleur des conséquences financières » qui sont en jeu (déc. 2014-695 DC, 24 juillet 2014, *Loi relative à la sécurisation des contrats de prêts structurés souscrits par les personnes morales de droit public*).

Soulignons que le contrôle de la conventionnalité des lois de validation est à l'origine directe du nouveau régime de responsabilité de l'État du fait de la méconnaissance par la loi des engagements internationaux de la France : la responsabilité de l'État est engagée par l'intervention d'une loi de validation jugée incompatible avec l'article 6 CEDH pour défaut de motif impérieux d'intérêt général (CE, Ass., 8 févr. 2007, *Gardelieu*, *RFDA*, 2007, 361, concl. L. Derepas ; CE, 17 déc. 2008, nº 307469, *Société La clinique des Charmilles*).

3º Parce qu'elle met fréquemment en jeu des intérêts patrimoniaux, la loi rétroactive est également susceptible de porter atteinte au droit de propriété et il faut alors souligner que le contrôle de la condition de l'existence d'un motif impérieux d'intérêt général est effectué indistinctement par la Cour au regard de l'article 6, § 1 et/

ou l'article 1 du Protocole 1, soit qu'elle juge inutile d'examiner séparément le grief tiré de l'article 6, § 1 qui « se confond » avec celui tiré de l'article 1 du Protocole 1 (*Draon et Maurice* ; préc.), soit qu'elle se place sur l'un ou l'autre terrain (*Cabourdin* : art. 6 ; *Lecarpentier* : art. 1 P. 1). Pour être compatible avec la Convention, la loi rétroactive, qu'elle porte atteinte au droit à un procès équitable ou au droit de propriété, doit obéir à un impérieux motif d'intérêt général.

* Le Conseil d'État n'a pas hésité, à contrôler la compatibilité des lois de validation avec l'article 1 du Protocole 1, et, ce, alors même que l'article 6 était inapplicable. Il écarte ainsi l'application d'une loi de validation excluant les primes de qualification et de service de la rémunération des personnels militaires en service à l'étranger pour incompatibilité avec l'article 1 du Protocole 1, jugeant que la loi ne comporte pas de « *motifs d'intérêt général* de nature à justifier l'atteinte » aux biens du requérant (CE, Ass., 11 juill. 2001, *ministre de la Défense c/ M. Préaud*, *RFDA*, 2001, 1047, concl. C. Bergeal ). Modulant désormais son contrôle sur les lois rétroactives, le Conseil d'État juge que seul un *impérieux intérêt général* permet de justifier une atteinte au droit à un procès équitable alors qu'un simple *intérêt général* suffit pour une atteinte au droit de propriété (CE, Avis, 27 mai 2005, *Provin*, *AJDA*, 2005, 1455, chron. C. Landais et F. Lenica ; CE, 30 nov. 2005, *Sievers*, n° 276068 ; CE, 25 avr. 2007, *ministre de l'Équipement c/ M. Couegnat et c/ M. Hébert*, préc.). Cette analyse ne s'accorde pas en principe avec la jurisprudence européenne la plus récente (préc.) mais, d'une part, il peut y avoir en pratique concordance entre l'appréciation de la Cour et celle du Conseil d'État (*Sud parisienne de construction c/ France*, 11 févr. 2010, *JCP G*, 2010, act. 262, G. Gonzalez) et, d'autre part, le Conseil d'État adopte implicitement le critère de l'impérieux intérêt général en matière de droit de propriété (CE, 21 oct. 2011, *Ministre du Budget c/ SNC Peugeot Citroën Mulhouse*, n° 314767, *Rev. dr. fisc.* 2011-50, n° 630, concl Cl. Legras, note O. Fouquet).

4° La question de savoir si l'application de l'article 6, § 1 aux lois rétroactives vaut pour les seules procédures où l'État est partie ou pour toute procédure [1] n'est clairement tranchée par la Cour européenne que depuis son arrêt *Cabourdin c/ France* (11 avr. 2006), précisant que sa jurisprudence sur les lois rétroactives « va au-delà des litiges dans lesquels l'État est partie » (confirmé par *Arnolin*, préc., § 70). En conséquence, l'ingérence du législateur dans une

1. Par exemple, les arrêts *Raffineries grecques*, § 49, *Zielinski*, § 57, *Anagnostopoulos c/ Grèce*, 7 novembre 2000, § 20, ne font pas mention de l'État partie au litige, à la différence des autres arrêts en la matière.

procédure en cours doit être compatible avec l'article 6, § 1, qu'il s'agisse de litiges auxquels l'État est partie ou de litiges de droit privé entre particuliers. La responsabilité de l'État au regard du droit à un procès équitable est engagée à un double titre : en sa qualité de législateur, car son intervention fausse le procès au bénéfice d'une des parties ou influe sur le dénouement du litige, et en sa qualité d'autorité judiciaire, en raison des atteintes portées aux règles du procès équitable, particulièrement de l'égalité des armes.

* Le juge interne avait ici ouvert la voie. Le Conseil d'État ne semblait pas limiter la portée de l'encadrement européen des lois rétroactives aux seules procédures auxquelles l'État est partie (CE, Avis, 16 févr. 2001, *Syndicat des compagnies aériennes autonomes*, *AJDA*, 2002, 341, note D. Sabourault). Surtout, la Cour de cassation, après avoir jugé en sens contraire (Cass. 1re civ., 20 juin 2000, *Crédit lyonnais et M. et Mme Lecarpentier* (2 aff.), n° 98-19319, *D*, 2000, Cahier Droit des affaires jur., p. 699, note M.-L. Niboyet ), fait application du contrôle de conventionnalité à une procédure à laquelle l'État n'est pas partie, concluant, contrairement à sa chambre sociale (Soc., 24 avril 2001, *Association Être enfant au Chesnay c/ Teki*, n° 00-44148, *Dr. soc.*, 2001, 723, note J.-P. Lhernould) à la compatibilité de la loi « Aubry » avec cette disposition, au motif que l'intervention du législateur destinée à aménager les effets d'une jurisprudence nouvelle de nature à compromettre la pérennité du service public de la santé et de la protection sociale obéit à d'*« impérieux motifs d'intérêt général »* (Cass. Ass. plén., 24 janv. 2003, *Assoc. Promotion des handicapés dans le Loiret et Fédération des syndicats nationaux d'employeurs des établissements et services pour personnes inadaptées et handicapées*, 2 aff., n° 01-41757, *RFDA*, 2003, 470, note B. Mathieu). La Cour européenne en jugera différemment, que ce soit au titre de l'article 6 (*Arnolin*, préc. ; suivi par Cass. soc., 13 juin 2007, *APAEI du Bocage Virois et de la Suisse normande*, *D*, 2007, 2440, note C. Pérès) ou de l'article 1 P. 1 (*Aubert et al. c/ France*, 9 janv. 2007).

Enfin, à la suite de la cour d'appel de Versailles (CA Versailles, 6 févr. 2003, *Castorama c/ Sté Le Bas Noyer*, *D*, 2003, jur., 720, note P.-Y. Gautier), l'Assemblée plénière affirme sans ambiguïté que la règle européenne gouvernant les validations législatives s'applique « même lorsque l'État n'est pas partie au procès » et « quelle que soit la qualification formelle donnée à la loi », et vaut donc pour une loi interprétative (en l'espèce, la loi MURCEF du 11 déc. 2001, Cass. Ass. plén., 23 janv. 2004, *SCI Le Bas Noyer c/ Sté Castorama*, n° 03-13617, *D*, 2004, 1108, note P.-Y. Gautier ; *RFDA*, 2004, 224, obs. B. Mathieu). Un tel usage de la CEDH n'est pas sans conséquences sur les sources du droit (*supra*, n° 121).

Le Tribunal des conflits fait une application remarquable de l'article 6 § 1 en jugeant que cette disposition, en l'absence d'impérieux motifs d'intérêt général, s'oppose à ce que le législateur qualifie rétroactivement de contrats administratifs des contrats de droit privé conclus entre deux personnes privées, faisant droit ainsi à la thèse de l'une des parties et violant le principe de l'égalité des armes (TC,

13 déc. 2010, *Société Green Yellow et a. c/ Électricité de France*, *AJDA*, 2011, 439, concl. M. Guyomar, et p. 444 note L. Richer).

### *2. Les limitations du droit d'accès à un tribunal*

**383** Principe. — 1° Le droit d'accès à un tribunal n'est pas absolu et peut faire l'objet de « limitations implicites » (*Golder*, 21 févr. 1975, § 38, préc.). Si l'État partie dispose en la matière d'une certaine marge d'appréciation, c'est sous réserve que ces limitations ne portent pas atteinte à la « substance même » du droit protégé et soient proportionnées au but légitime poursuivi (*Ashingdane c/ Royaume-Uni*, 28 mai 1985, A. 93, § 57).

Tel n'est pas le cas, par exemple, lorsqu'une mesure pénitentiaire de « surveillance renforcée » est analysée par le juge interne comme une manifestation du pouvoir discrétionnaire de l'administration pénitentiaire insusceptible de recours (*Musumeci c/ Italie*, 11 janv. 2005). Voir aussi, *Al-Dulimi c/ Suisse*, 26 nov. 2013, Gr. Ch., *supra* n° 215).

2° À la suite de la Commission européenne des droits de l'homme (déc. 12 mai 1993, *Divigsa c/ Espagne*, *D. et R.*, 74, 274), la Cour estime que le refus d'une juridiction nationale appelée à se prononcer en dernière instance de poser une question préjudicielle à une autre juridiction nationale (*Coëme c/ Belgique*, 22 juin 2000) ou à la CJUE (déc. 23 mars 1999, *Desmots c/ France*, n° 41358/98 ; *Dhahbi c/ italie,* 8 avr. 2014, § 33, *JCP G* 2014, act. 516, C. Picheral) n'est pas en soi contraire au « droit à un tribunal », sous réserve que cette décision de refus soit motivée et n'apparaisse pas entachée d'arbitraire.

La Cour se limite à un contrôle formel de l'existence de la motivation (*Ullens De Schooten et Rezabek c/ Belgique*, 20 sept. 2011, *JCP G*, 2011, note 1369, L. Milano) ; elle conclura à la violation de l'article 6 si la décision de refus ne comporte aucune référence à la demande de renvoi préjudiciel ni aux raisons pour lesquelles la question soulevée ne méritait pas d'être transmise à la CJUE (*Schipani et a. c/Italie*, 21 juil. 2015).

La procédure QPC est compatible avec l'article 6 § 1. La Cour juge en effet qu'une décision de refus de la Cour de cassation ou du Conseil d'État de transmettre une QPC au Conseil constitutionnel, dès lors qu'elle est motivée « au regard des critères de non-renvoi d'une QPC » – à savoir que la question n'est pas « nouvelle » ou est « dépourvue de caractère sérieux » –, n'est entachée d'« aucune apparence d'arbitraire » et ne porte donc pas une « atteinte injustifiée au droit d'accès au Conseil constitutionnel » (déc., 25 août 2015, *Renard c/France*, § 24, n° 3569/12, *JCP* G 2015, note 1257, F. Sudre).

Les limitations du droit d'accès relèvent de deux domaines principaux, les immunités de juridiction (n° 384) et les autres limitations implicites (n° 385-386).

**384** LES IMMUNITÉS DE JURIDICTION. — La jurisprudence européenne s'avère fort prudente en la matière.

1° Le juge européen analyse l'octroi de l'immunité de juridiction comme une « barrière procédurale » à la compétence des juridictions nationales pour statuer sur un droit à réparation. La « contestation » porte sur l'existence de cet obstacle procédural qui interdit à une revendication « civile » d'être portée devant un juge et, dès lors, l'article 6, § 1 trouve à s'appliquer. La référence au seul droit interne pour déterminer l'existence d'un « droit » au sens de l'article 6 (*supra*, n° 232) emporte pour conséquence la distinction entre les limitations matérielles d'un droit consacré par la législation interne, auxquelles l'article 6 ne s'applique pas (*Roche c/ Royaume-Uni*, 19 oct. 2005, Gr. Ch., *JCP G*, 2006, I, 109, n° 4, chron. F. Sudre), et les limitations procédurales, auxquelles l'article 6 s'applique au titre du droit d'accès à un tribunal.

Cette distinction est discutable. Dans l'affaire *Roche*, la Cour n'analyse pas l'immunité de juridiction de la Couronne à l'égard des actions en réparation des membres des forces armées comme une limitation procédurale du droit d'accès à un tribunal et juge l'article 6 inapplicable. Elle est aussi confuse, ainsi qu'en témoigne la jurisprudence européenne en matière d'acte de gouvernement. L'impossibilité de mettre en jeu la responsabilité de l'État pour un acte de gouvernement est analysée non comme une règle consacrant une immunité de juridiction mais comme une règle régissant « le droit d'action matériel en droit interne » qui ne méconnaît pas le droit d'accès à un tribunal, alors même que les requérants ne peuvent obtenir une décision sur le bien-fondé de leur demande (*Markovic et al. c/ Italie*, 14 déc. 2006, G. Ch., § 114, *JDI*, 2007, 677, obs. P. Tavernier).

La compatibilité des immunités de juridiction, en tant que « limitations implicites » avec le droit d'accès à un tribunal, est subordonnée, formellement, à la double condition de leur légitimité – que la Cour ne conteste pas – et de leur proportionnalité – que la Cour présume.

2° S'agissant des *immunités de droit international*, la Cour européenne juge que la règle de l'immunité de juridiction des organisations internationales, qui est destinée à assurer le bon fonctionnement de ces organisations (*Beer et Regan c/ Allemagne* et *Waite et Kennedy c/ Allemagne* (2 aff.), 18 févr. 1999, *RTDH*, 2000, 77, obs. H. Tigroudja) constitue une « limitation implicite » du droit d'accès à un tribunal compatible avec l'article 6 dès lors que les requérants disposent en droit interne d'autres voies de droit pour protéger leurs droits garantis par la Convention.

La Cour peut cependant faire l'impasse sur la condition de la voie de recours alternative : ainsi, à propos de l'ONU, déc. 11 juin 2013, *Stichting mothers of Sbrebrenica et a. c/ Pays-Bas*, n° 65542/12.

* La Cour de cassation juge dans le même sens (Soc., 11 févr. 2009, n° 07-44.240, *Beaugrenier c/ UNESCO*, *RGDIP*, 2009, 732, obs. J, Matringe). Elle s'oppose ainsi à ce qu'une organisation internationale se prévale de l'immunité de juridiction dans un litige l'opposant à l'un de ses salariés qu'elle a licencié dès lors qu'elle n'avait pas institué en son sein un tribunal compétent pour statuer sur des litiges de cette nature (Cass. soc., 25 janv. 2005, *Banque africaine de développement c/ Degboe*, n° 04-41012, *D*, 2005, 1540, note F. Viangalli). Elle juge également que l'immunité d'exécution d'une organisation internationale n'est pas incompatible avec l'article 6 § 1 dès lors que le justiciable dispose « d'une voie de droit propre à rendre effectif son droit d'accès à un tribunal » (Cass. 1re civ., 25 mai 2016, n° 15-18.646).

Cependant, le juge européen renonce à l'exercice d'un tel contrôle sur l'existence d'une voie de recours alternative en matière d'immunité de juridiction des États. Celle-ci ne saurait passer pour disproportionnée, puisque elle reflète « des principes de droit international généralement reconnus », destinés à favoriser la courtoisie et les bonnes relations entre États (*Fogarty c/ Royaume-Uni*, *Al-Adsani c/ Royaume-Uni*, et *Mac Ehinney c/ Irlande* (3 aff.), 21 nov. 2001, *GACEDH*, n° 27), comme la Cour persiste à l'affirmer, y compris au bénéfice des agents de l'État à raison des actes accomplis au bénéfice de ce dernier (*Jones c/ Royaume-Uni*, 14 janv. 2014, *supra* n° 48). Il en va de même pour l'immunité d'exécution des États (déc. 12 déc. 2002, *Kalogeropoulou et al. c/ Grèce et Allemagne*, n° 59021/00 ; déc. 3 mars 2005, *Manoilescu et Dobrescu c/ Roumanie et Russie*, n° 60861/00).

Le CDH se prononce dans le même sens (déc. 25 oct. 2010, *Sechremelis et consorts c/ Grèce*, n° 1507/2006).

L'arrêt de Grande Chambre *Cudak c/ Lituanie*, du 23 mars 2010, vient heureusement limiter la doctrine de l'immunité des États, peu conciliable avec les impératifs de la justice et de la prééminence du droit, et, se prévalant de la Convention des Nations Unies du 2 décembre 2004 sur les immunités juridictionnelles des États et de leurs biens [1], borne l'immunité de juridiction aux actes *de jure imperii* et en exclut les actes de pure gestion administrative (*JCP G*, 2010, act. 395, C. Picheral).

Il faut désormais considérer que l'application du principe de l'immunité juridictionnelle de l'État porte atteinte au droit d'accès à un tribunal lorsque sont en cause des procédures relatives à des contrats de travail conclus entre un État et une personne physique pour un travail accompli sur le territoire d'une autre État dès lors que les fonctions exercées par l'intéressé ne relèvent pas de la puissance publique ou ne sont pas liées aux intérêts supérieurs de l'État employeur (*Guadagnino c/ Italie et France*, 18 janv. 2011 ; *Sabeh El Leil c/ France*, 29 juin 2011, Gr. Ch., *JCP G*, 2011, act. 874, K. Grabarczyck).

* La Cour européenne rejoint ainsi la Cour de cassation qui refuse, à juste titre, de faire jouer l'immunité d'un État dans un litige concernant l'employée d'une ambassade n'exerçant aucune responsabilité particulière dans l'exercice du service public diplomatique (Soc., 10 nov. 1998, *Barrandon*, n° 96-41534, *RGDIP*, 2000, 445, note I. Pingel-Lenuzza ; *D*, 1999, 157, note Monjucq) et limite le domaine de l'immunité de l'État étranger employeur aux actes participant à l'exercice de la souveraineté de l'État, excluant les actes de gestion administrative (Ch. mixte,

1. La Convention des Nations Unies, non en vigueur au 4 mars 2014, interdit aux États de se prévaloir d'une immunité absolue et adopte une conception restrictive qui distingue entre les actes *de jure imperii* et les actes *de jure gestionis* (*JDI*, 2005, 1045, obs. I. Pingel). Toutefois, l'exception à l'immunité ne comprend pas les actes effectués en dehors du territoire de l'État du for, même s'il s'agit de violations des normes relatives aux droits de l'homme ayant le caractère de *jus cogens*.

20 juin 2003, *Mme Soliman c/ École saoudienne de Paris et al.*, n° 00-45629, *JDI*, 2003, 1115, note I. Pingel ; Civ. 1re, 20 sept. 2006, *Société Prony habitations c/ Guinée Bissau*, n° 05-14199, *RGDIP*, 2006, 971, obs. G. Le Floch) ; de même, pour l'immunité d'exécution (Civ. 1re, 25 janv. 2005, *République démocratique du Congo c/ Syndicat des copropriétaires de l'immeuble Résidence Antony Châtenay*, n° 03-18176, *D*, 2005, 616, avis J. Sainte-Rose).

3° La même analyse est suivie pour les *immunités de droit interne* – immunités parlementaires (*A. c/ Royaume-Uni*, 17 déc. 2002 ; *Cordova c/ Italie*, n° 1, 30 janv. 2003, *RDP*, 2004, 813, obs. G. Gonzalez), immunité du chef de l'État (*Urechean et Pavlicenco c/ Moldova*, 2 déc. 2014), immunités de fonctionnaires (*Ashingdane*, préc. ; *Fayed c/ Royaume-Uni*, 21 sept. 1994, A. 294-B), de magistrats (*Ernst c/ Belgique*, 15 juill. 2003, *JCP G*, 2004, I, 107, chron. F. Sudre ; déc. 5 avr. 2007, *Esposito c/ Italie*, n° 34971/02) –, la Cour vérifiant bien l'existence de la voie de recours de substitution offerte au particulier.

Par exemple, la règle de l'immunité parlementaire, dont la Cour observe qu'elle vise les buts légitimes de la protection de la liberté d'expression au Parlement et le maintien de la séparation entre les pouvoirs législatif et judiciaire, et qu'elle est en vigueur au sein des divers États membres, relève, selon le juge européen, de la marge d'appréciation de l'État et ne constitue pas une restriction disproportionnée au droit d'accès à un tribunal – y compris pour le parlementaire lui-même qui, objet de poursuites pénales, n'obtient pas la levée de son immunité afin de pouvoir se défendre en justice (*Kart c/ Turquie*, 3 déc. 2009, Gr. Ch.) – sous réserve que l'immunité se limite aux agissements liés à l'exercice des fonctions parlementaires *stricto sensu* (tel n'est pas le cas dans *Syngelidis c/ Grèce*, 11 fév. 2010) et que le requérant dispose d'autres voies de recours pour protéger ses droits « civils ».

Par contre, une immunité générale et absolue ayant pour objet de « soustraire à la compétence des tribunaux toute une série d'actions civiles ou (d')exonérer de toute responsabilité civile de larges groupes ou catégories de personnes » est condamnée par le juge européen (*Fayed*, § 65 ; *Osman c/ Royaume-Uni*, 28 oct. 1998 : services de police), du moins en principe (*supra*, *Roche* et *Markovic*).

**385** RÈGLES PROCÉDURALES. — 1° *Droit d'agir en justice* — Le juge européen sanctionne en premier lieu comme une atteinte à la substance même du droit d'accès à un tribunal les règles procédurales empêchant certains sujets de droit, qu'il s'agisse de personnes physiques ou de personnes morales, d'agir en justice (*Les Saints-Monastères c/ Grèce*, 9 déc. 1994, A. 301, *JCP*, 1995, I, 3823, chron. F. Sudre). Ceci conduit la Cour européenne, en prenant appui sur des sources extérieures à la Convention, à interpréter l'article 6 comme « garantissant en principe à toute personne déclarée partiellement incapable (...) un accès direct à un tribunal pour demander le rétablissement de sa capacité juridique » (*Stanev c/ Bulgarie*, 17 janv. 2012, Gr. Ch., § 245).

Par exemple, sanctionnant le régime antérieur qui limitait de manière excessive le droit d'accès à un tribunal, la Cour délivre un brevet de compatibilité avec l'article 6, § 1 au nouvel article L. 641-9 du Code de commerce qui accorde à l'ancien dirigeant le droit d'interjeter appel du jugement prononçant la liquidation judiciaire (*Arma c/ France*, 8 mars 2007, *JCP G*, 2007, II, 10187, note M.-C., Monsallier-Saint-Mleux). L'exigence, non prévue par la loi, d'une déclaration préalable en préfecture faite aux associations étrangères n'ayant pas « de principal établissement » en France afin de se constituer partie civile est jugée contraire au droit d'accès à un tribunal (*Ligue du monde islamique et organisation islamique mondiale du secours islamique c/ France*, 15 janv. 2009, *JCP G*, 2009, doctr. 143, F. Sudre), conduisant la Cour de cassation à changer de jurisprudence (Crim., 8 déc. 2009, n° 09-81.607, *D* 2010, 202, obs. M. Léna). Le Conseil constitutionnel se prononce dans le même sens (n° 2014-424, QPC, 7 nov. 2014) ; par voie de conséquence, la Cour de cassation fonde désormais sa décision sur l'article 5 de la loi de 1901 et non plus sur l'article 2 CPP (Crim, 1er déc. 2015, n° 14-80.394, D 2016, 156, obs. G. Barbier).

De même, le rejet par l'officier du ministère public d'une demande d'exonération d'une amende forfaitaire pour contravention routière ayant pour effet de convertir le paiement de la consignation en paiement de l'amende porte atteinte à la substance même du droit d'accès à un tribunal dès lors que l'amende a été payée et l'action publique éteinte sans qu'un « tribunal » ait pu examiner le fondement de l'« accusation » dirigée contre l'intéressé (*Peltier c/ France*, 21 mai 2002 ; *Celice c/ France*, 8 mars 2012, *D* 2012, 984, note J.-P. Céré ; dans le même sens, Cass. crim., 25 mars 2014, n° 13-80.170, *D* 2014, 1029, note J-P. Céré). Le Conseil constitutionnel juge également un tel système contraire au « droit à un recours juridictionnel effectif » (n° 2010-38 QPC, 29 septembre 2010).

* En harmonie avec la jurisprudence européenne, la Cour de cassation écarte à juste titre comme contraire à l'article 6, § 1 de la Convention la loi du 30 mai 1857 qui subordonne le droit d'agir en justice des sociétés étrangères à une autori-

sation délivrée par décret (Crim., 12 nov. 1990, *Sté Extraco Anstalt*, n° 89-81851, *Bull. crim.*, n° 377 ; Cass. com., 8 juill. 2003, *Banque internationale pour le commerce et l'industrie de la Guinée c/ Sté Gregori international*, n° 00-21591, *D*, 2004, 692, note G. Khairallah). C'est également au visa de l'article 6, § 1 qu'elle ouvre la voie de la tierce opposition à l'associé d'une société civile (Com., 19 déc. 2006, *Mutuelle Réunisolidarité*, 05-14816, *D*, 2007, 1321, note I. Orsini) et aux créanciers étrangers, écartant les conditions de recevevabilité de cette voie de recours prévues par le droit interne (art. 583 CPC ; Com., 30 juin 2009, n° 08-11.902, *Elliott International LP (Sté) c/ MJA (Sté),D* 2009, 2591, note S. Moreil).

2° *Formalités et délais* — Par ailleurs, au sens européen, le principe de la sécurité juridique intègre les règles procédurales de droit interne relatives aux formalités et aux délais à respecter pour former un recours.

a) Si la Cour européenne admet en principe que des délais de prescription, justifiés par les nécessités de préserver la sécurité juridique, viennent limiter le droit d'accès à un tribunal (*Stubbings c/ Royaume-Uni*, 22 oct. 1996, *RTDH*, 1998, 781, obs. J. Sace), elle considère toutefois que le droit d'accès à un tribunal est atteint dans sa substance lorsque la prescription est opposée au requérant à un stade très avancé de la procédure (*Yagtzilar c/ Grèce*, 6 déc. 2001), lorsque – du fait de circonstances exceptionnelles – l'action en réparation est prescrite avant même que les victimes aient pu avoir objectivement connaissance de leurs droits (*Howald Moor et a. c/ Suisse*, 11 mars 2014, § 74 ; *D* 2014, 1019, note J.-S. Borghetti), ou encore, liant droit d'accès à un tribunal et délai raisonnable de la procédure, lorsque le délai de la procédure a entraîné la prescription de l'action publique (*Anagnostopoulos c/ Grèce*, 3 avril 2003, plainte avec constitution de partie civile).

* La notion d'atteinte « à la substance » du droit à un tribunal n'est pas ignorée par la Cour de cassation, qui juge ainsi : que la condition de « bref délai » prescrit par l'article 1648 C. civ. (action en garantie des vices cachés) ne porte pas atteinte à la substance du « droit à un tribunal » (Cass. 1re civ., 21 mars 2000, *Le Collinet c/ Cie d'assurance Rhin et Moselle*, n° 98-11982, *D*, 2000, n° 28, jur., p. 593, note C. Attias) ; que les dispositions relatives au désendettement des rapatriés réinstallés dans une profession non salariée, en ce qu'elles organisent, sans l'intervention d'un juge, une suspension automatique des poursuites, d'une durée indéterminée, portent atteinte dans leur substance même aux droits des créanciers qui sont privés de tout recours, alors que le débiteur dispose de recours suspensifs devant les juridictions administratives (Cass. Ass. plén., 7 avr. 2006, *SCI Bernabé c/ SARL Building*, n° 05-11519, *RTDH*, 2006-68, 885, note F. Berenger). Aussi, Cass. 1re civ., 9 avr. 2013, n° 11-27.071, D 2013, 1100, avis P. Chevallier ; p. 1106, note

M. Douchy-Oudo : contrariété à l'art. 6 § 1 de l'art. L. 224-8 al 1 du code de l'action sociale et des familles).

b) La Cour admet que l'obligation de constituer avocat pour s'adresser à une juridiction suprême n'est pas incompatible avec le droit d'accès à un tribunal (*Gillow c/ Royaume-Uni*, 24 nov. 1986, A. 109, § 69. Elle en juge ainsi de l'obligation de se faire représenter par un avocat aux Conseils devant la Cour de cassation (*Meftah c/ France*, 26 juill. 2002, *JCP G*, 2003, I, 109, n° 14, chron. F. Sudre) et devant le Conseil d'État (déc. 6 mars 2003, *G. L. et S. L. c/ France ; Mocie c/ France*, 8 avr. 2003), la spécificité de la procédure justifiant de « réserver aux seuls avocats spécialisés le monopole de la prise de parole ». *Infra* n° 195.

* Par ailleurs, le juge européen estime que l'article 575 CPP qui, en dehors de sept cas limitativement énumérés, subordonne le droit pour la partie civile de former un pourvoi en cassation contre un arrêt de la Chambre d'accusation à l'exercice de cette voie de recours par le ministère public, ne porte pas atteinte à la substance même du droit du justiciable d'accéder à un tribunal (*Berger c/ France*, 3 déc. 2002, *RDP*, 2003-3, obs. C. Hugon). La Cour européenne est ici sensible à la place accessoire dévolue à l'action civile dans le procès pénal, qui ne justifie pas que la partie civile dispose d'un droit illimité à l'exercice du pourvoi en cassation contre des arrêts de non-lieu de la chambre de l'instruction ; elle note, d'autre part, que la partie civile conserve toujours la possibilité d'agir en réparation devant les juridictions civiles (dans le même sens, Cass. crim., 23 nov. 1999, *Bull.*, n° 268).

D'une manière générale, une interprétation déraisonnable, trop formaliste, ou une application erronée, par le juge interne d'une règle de procédure ayant entraîné l'irrecevabilité d'un recours constitue une violation du droit d'accès à un tribunal.

Voir *Miragall Escolano c/ Espagne*, 25 janv. 2000 : demande d'indemnisation ; *Zvolsky et Zvolska c/ République tchèque*, 12 nov. 2002 : recours constitutionnel. Pour des exemples d'un formalisme excessif : du juge pénal ( *Labergère c/ France*, 26 sept. 2006 : art. 380-9 CPP ; *Walchli c/ France*, 26 juill. 2007 : art. 173 CPP) ; du juge civil (*Henrioud c/France*, 5 nov. 2015, *JCP G* 2015, act. 1333, A. Gouttenoire) ; du Conseil d'État (*Guillard c/ France*, 15 janv. 2009, *AJDA*, 2009, 547, note B. Pacteau).

* Dans le même sens, la Cour de cassation juge qu'une erreur de pure forme dans la désignation de l'intimé ne doit pas être sanctionnée par l'irrecevabilité définitive de l'appel car cela serait contraire au droit d'accès à un tribunal garanti par l'article 6 (Cass. Ass. plén., 6 déc. 2004, *Banco di Sicilia*, n° 03-11053) ; elle juge également contraire à l'article 6, § 1 une interprétation excessivement formaliste

des conditions de dépôt des mémoires (art. 198 CPP ; Crim., 13 juin 2007, n° 07-82392).

3° *Conditions financières pour introduire un recours* — Elles portent atteinte à la substance du droit d'accès à un tribunal si elles sont d'un montant excessif au regard de la capacité financière du justiciable : ainsi, d'une consignation fixée pour une plainte avec constitution de partie (*Aït-Mouhoub c/ France*, 28 oct. 1998), ou de frais de procédure trop élevés (*Kreuz c/ Pologne*, 19 juin 2001 ; Cass 1re civ., 16 mars 1999, *Pordéa, supra*, n° 368).

**386** L'EXÉCUTION D'UNE DÉCISION ANTÉRIEURE. — Les exigences liées à l'exécution de décisions antérieures peuvent être sources d'entraves au droit d'accès à un tribunal.

En matière pénale, l'obligation de se constituer prisonnier, pour exercer une voie de recours, porte une atteinte disproportionnée au droit d'accès à un tribunal, en ce qu'elle a pour effet de subordonner le droit d'accès à « une caution constituée par la liberté physique du requérant ».

La Cour européenne juge en conséquence que la déchéance du pourvoi en cassation frappant le condamné qui n'a pas déféré au mandat d'arrêt décerné contre lui (*Poitrimol c/ France*, 23 nov. 1993, *GACEDH*, n° 36, confirmé par *Guérin c/ France*, 29 juill. 1998 et *Omar c/ France*, même jour, et *Van Pelt c/ France*, 23 mai 2000), ou qui ne s'est pas mis en état (*Khalfaoui c/ France*, 14 déc. 1999, *Rev. Sc. crim.*, 2000, p. 455, note F. Massias ; voir aussi Cass. crim., 21 oct. 1999, *Papon*, n° 98-82323, *RTDH*, 2000, 147, note F. Kuty), constitue une sanction disproportionnée qui rompt le juste équilibre qui doit exister entre le souci d'assurer l'exécution des décisions de justice et le droit d'accès au juge.

* La Chambre criminelle s'est tardivement inclinée en jugeant que l'accusé en fuite est recevable à former un pourvoi en cassation (Crim., 30 juin 1999, *Rebboah*, n° 98-80923, *Bull.*, n° 167), à former appel (Crim., 24 nov. 1999, *Zutter*, n° 97-85694, *JCP G*, 2000, I, 207, chron. A. Maron), ou à former opposition par représentation (Crim. 11 sept. 2007, n° 06-87. 864, *JCP G*, 2007, II, 10200, note E. Vergès). La Cour européenne en a pris acte (*Maat c/ France*, 27 avril 2004). La condamnation par la Cour européenne d'une décision de déchéance du pourvoi au motif que le prévenu ne s'était pas constitué prisonnier permet le réexamen de la décision en vertu de l'article 626. 1 du Code de procédure pénale (Ass. plén.,

24 oct. 2003, n° 97-85763 ; Ass. plén., 11 juin 2004, *Papon*, n° 98-82323, *JCP G*, 2004, act. 325) ; *infra*, n° 450.

La loi du 15 juin 2000 a abrogé les dispositions litigieuses du Code de procédure pénale (art. 583 et 583-1).

En matière civile, la situation financière précaire du justiciable doit être prise en compte en cas d'inexécution de la décision des juges du fond.

Ainsi, le système prévu à l'article 1009-1 du nouveau Code de procédure civile, qui permet au premier président de la Cour de cassation de procéder au retrait du rôle du pourvoi lorsque le demandeur n'a pas exécuté la décision frappée de pourvoi, s'avère compatible dans son principe avec l'article 6, § 1 sous réserve que l'ordonnance de retrait prenne dûment en considération la situation matérielle des intéressés pour apprécier les « conséquences manifestement excessives » que l'exécution des arrêts d'appel leur aurait causées (*Annoni Di Gussola et Omer c/ France*, 14 nov. 2000, *D*, 2001, 3369, note C. Hugon : situation financière précaire ; *Carabasse c/ France*, 18 janv. 2005 : âge avancé du requérant).

### *B – Le principe de l'égalité des armes*

**387** ÉNONCÉ DU PRINCIPE. — Dès son arrêt *Delcourt c/ Belgique,* du 17 janvier 1970 (A.11, § 28), le juge européen énonce que l'« égalité des armes » est le principe fondamental du procès équitable, qui caractérise l'ensemble du droit à la justice (« Toute personne a droit à ce que sa cause soit entendue équitablement »).

Le Comité des droits de l'homme a une conception similaire : selon lui, la notion de procès équitable exige « le respect d'un certain nombre de conditions tels l'égalité des armes, le respect du débat contradictoire, l'interdiction de l'aggravation d'office des condamnations et la rapidité de la procédure » (n° 207/1986, *Morael c/ France,* déc. 28 juill. 1989, *RUDH*, 1989, p. 64 ; pour un exemple de violation, n° 289/1988, *D. Wolf c/ Panama,* déc. 26 mars 1992, *A/47/40,* p. 274).

**388** PORTÉE DU PRINCIPE. — Au sens du droit européen, l'égalité des armes « implique l'obligation d'offrir à chaque partie une possibilité raisonnable de présenter sa cause... dans des conditions qui ne la placent pas dans une situation de net désavantage par rapport à son adversaire » (*Dombo Beheer B. V. c/ Pays-Bas*, 27 oct. 1993, A. 274, § 33). L'égalité des armes ne joue qu'entre les parties en litige et s'entend au sens de « juste équilibre entre les parties » (*ibid.*), comme le confirme la Cour européenne en excluant expressément l'application du principe de l'égalité des armes entre une partie et une juridiction indépendante, qui « ne saurait passer pour l'adversaire de l'une » des parties (*Nideröst-Huber c/ Suisse*, 18 févr. 1997, *GACEDH*, n° 30).

* Le Conseil constitutionnel français affirme, dans une formule d'inspiration « strasbourgeoise », que le respect des droits de la défense « implique, notamment en matière pénale, l'existence d'une procédure juste et équitable garantissant l'équilibre des droits des parties » (déc. 89-260 DC, 28 juill. 1989, Loi relative à la sécurité et à la transparence des marchés financiers, *Rec.*, p. 71).

Le Conseil d'État n'hésite pas à reprendre la définition de l'égalité des armes donnée, *supra*, par la Cour (CE, 6 juill. 2007, n° 270955, *Lemarinier*, *RFDA*, 2008, 746, obs. L. Sermet) ; de même, la Cour de cassation (par ex., (Com., 2 févr. 2010, n° 09-14.821, *Sté FBIO*, *JCP G*, 2010, note 300, B. Belda).

Ainsi entendu, le principe de l'« égalité des armes » permet de sanctionner toutes les inégalités dans la communication des pièces aux parties (par exemple, la transmission au seul procureur et non à la défense d'un rapport de police, *Kuopila c/ Finlande*, 27 avr. 2000).

1° Il implique que les parties puissent participer à égalité à la recherche de la preuve (*Dombo Beheer*, préc.).

Tel n'est pas le cas, par exemple, lorsque le juge accueille la demande du ministère public de non-divulgation d'éléments de preuve pertinents, privant les personnes poursuivies d'établir qu'elles avaient été incitées à commettre des infractions par des policiers inflitrés (*Edward et Lewis c/ Royaume-Uni,* 27 oct. 2004, Gr. Ch.).

* L'inspiration « européenne » est manifeste lorsque le Conseil d'État juge qu'il appartient au juge de vérifier si l'« équité du procès » a été viciée, notamment parce que l'une des parties aurait été favorisée dans l'administration de la preuve (CE, 13 févr. 2006, *Société Fiducial informatique, Société Fiducial expertise*, n° 279180). Voir Cass. com., 15 mai 2007, n° 06-10.606, *GMBA (Sté) c/ Cannard (Cts)* (*D*, 2007, 2775, obs. A. Lepape), qui, procédant à une mise en balance inédite du droit au respect de la vie privée (art. 8) et du principe de l'égalité des armes (art. 6), juge

que le fait d'interdire à une partie de faire la preuve d'un élément de fait essentiel pour le succès de ses prétentions emporte violation de ce principe (aussi, Civ. 1°, 16 oct. 2008, n° 07-15.778).

2° Il suppose, en outre, que les parties disposent des mêmes moyens pour faire valoir leurs arguments.

Il n'en est pas ainsi, par exemple, lorsque ne sont pas communiquées à la personne poursuivie des observations remises à la Cour suprême par le procureur général dans une procédure pénale dans laquelle ce dernier représentait l'autorité de poursuite (*Bulut c/ Autriche*, 22 févr. 1996, *JCP*, 1997, I, 4000, obs. F. Sudre ; aussi, *Fisher c/ Autriche*, 17 janv. 2002), lorsque l'Administration fiscale motive sommairement et de manière générale une décision de préemption (*Hentrich c/ France*, 22 sept. 1994, A. 296-A, § 56), ou lorsque le requérant ne bénéficie pas, contrairement à l'État, d'une suspension des délais de procédure pendant les vacances judiciaires (*Platakou c/ Grèce*, 11 janv. 2001, *JCP G*, 2001, I, 342, n° 10, chron. F. Sudre).

À l'inverse, l'impossibilité pour la partie civile, qui n'est pas assistée par un avocat, d'avoir accès au dossier d'instruction n'enfreint pas le principe de l'égalité des armes car la nécessité de préserver le secret de l'instruction justifie le fait de réserver l'accès au dossier aux avocats, qui sont tenus au secret professionnel, alors que les accusés et les parties civiles, en tant que personnes privées, ne sont pas soumis à une telle obligation (*Frangy c/ France*, 1er févr. 2005, *RTDH*, 2006, 99, note M. Puéchavy ; *Menet c/ France*, 14 juin 2005, *JCP G*, 2005, I, 159, n° 9, chron. F. Sudre).

* Au visa de l'article 6 § 1, la Cour de cassation juge que « la faculté de consultation du dossier au greffe, prévue par l'article L. 16 B du livre des procédures fiscales, ne dispense pas l'administration de communiquer à la partie qui le demande les pièces dont elle fait état » (Com., 2 févr. 2010, n° 09-14.821, *Sté FBIO*, préc.).

3° L'égalité des armes doit également être garantie dans l'exercice des voies de recours.

* Considérant que le principe de l'« égalité des armes », « impose que les parties au procès pénal disposent des mêmes droits », la Cour de cassation a jugé l'article 546 CPP incompatible avec l'article 6 dès lors qu'il réserve, dans le domaine des contraventions, au seul Procureur général le droit de saisir la juridiction supérieure (Cass. crim., 6 mai 1997, *Landry*, n° 96-83512, *JCP G*, 1998, II, 10056, note J.-Y. Lassale) ; la loi n° 99-515 du 23 juin 1999 a abrogé cette disposition. Dans le même esprit, est jugé irrecevable, car contraire au principe « de l'équilibre des droits

des parties », le mémoire en demande du ministère public produit tardivement (Cass. crim., 10 déc. 2002, n° 02-82540).

En revanche, la Cour européenne juge que la subordination par l'article 575 CPP de la recevabilité du pourvoi en cassation de la partie civile à l'existence d'un pourvoi formé par le ministère public ne porte pas atteinte à l'égalité des armes, car, « eu égard à la place dévolue à l'action civile dans le procès pénal et aux intérêts complémentaires de la partie civile et du ministère public », la partie civile ne peut être considérée comme l'adversaire du ministère public (*Berger c/ France*, 3 déc. 2002, § 38 ; *supra*, n° 377).

Mais, le Conseil constitutionnel juge que cette disposition « apporte une restriction injustifiée aux droits de la défense », contraire à la Constitution (déc. n° 2010-15/23 QPC, 23 juillet 2010, *Région Languedoc-Roussillon* ; *D* 2010, 2686, note C. Lacroix).

Par contre, le délai plus court (dix jours contre deux mois) dont dispose le prévenu pour interjeter appel, conjugué à son impossibilité d'interjeter un appel incident, le place en position de « net désavantage » par rapport au ministère public, qui a des intérêts « distincts et opposés » (*Ben Naceur c/ France*, 3 oct. 2006, *JCP G*, 2007, I, 106, n° 5, obs. F. Sudre ; dans le même sens, Cass. crim., 10 févr. 2009, n° 08-80.598, *D.* 2009, 44, obs. P. Chaumont, revenant sur Cass. crim., 27 juin 2000, *Bull. crim.*, n° 243) ; il en va différemment pour les parties civiles (déc. 6 janv. 2004, *Guigue et SGEN-CFDT*, n° 59821/00).

### 4° Exemples du contrôle par la Cour européenne de la compatibilité du droit interne avec le principe de l'égalité des armes.

La Cour européenne juge que la procédure pénale fiscale est compatible avec le principe de l'égalité des armes, aussi bien quant au recours à la procédure de citation directe en matière fiscale que quant au déroulement de la procédure pénale fiscale (discussion contradictoire des éléments à charge ; validation du refus des juridictions pénales d'attendre la production du rapport d'expertise) : *Versini c/ France*, 11 mai 2010 (*Rev. dr. fisc.*, 2010, n° 26, note 391, L. Ayrault).

À la suite de la Cour de cassation (Com., 8 juill, 2008, n° 07-16,761, *D* 2008, 3046, note M, Bandrac) et du Conseil constitutionnel (déc. n° 2011-126 QPC, 13 mai 2011, *JCP G*, 2011, note 717, A.-M. Luciani), elle juge également, en se référant aux « apparences », que le droit d'agir conféré au ministre de l'Économie par l'article L. 442-6 III, al. 2, du Code de commerce pour lutter contre les pratiques restrictives de concurrence n'est pas contraire aux droits de la défense et au principe de l'égalité des armes, considérant que le ministre « agit avant tout en défense de l'ordre public économique » : *GALEC c/ France*, 17 janv. 2012 (*JCP G*, 2012, note 462, A.-M. Luciani).

**389** DISTINCTION AVEC LE PRINCIPE DU CONTRADICTOIRE. — Suivant la Cour européenne, « le principe de l'égalité des armes constitue un élément de la notion plus large de procès équitable, qui englobe aussi le droit fondamental au caractère contradictoire de la procédure pénale » (*Brandstetter c/ Autriche*, 28 août 1991, A. 211, § 66)[1]. Il s'agit, fondamentalement, de garantir l'égalité des parties devant le juge et de protéger l'effectivité du débat contradictoire, aussi bien au civil qu'au pénal (*Nideröst-Huber*, préc. ; le CDH évoque « l'égalité de moyens entre l'accusation et la défense » ; n° 307/1988, *J. Campbell c/ Jamaïque, A/48/40*, 1993, vol. 1, § 811).

a) Le principe du contradictoire implique pour les parties à un procès « le droit de se voir communiquer et de discuter toute pièce ou observation présentée au juge, fût-ce par un magistrat indépendant, en vue d'influencer sa décision » (*J. J. c/ Pays-Bas*, 27 mars 1998, § 43) et vise toute intervention extérieure au juge. Il concerne donc non seulement les parties entre elles, mais aussi les parties et le ministère public, et même les parties et une juridiction indépendante[2], les parties et un tiers à la procédure (*Spang c/ Suisse*, 11 oct. 2005), et couvre toutes les phases de la procédure, notamment les phases de l'information préliminaire et de l'instruction (*Abdelali c/ France*, 11 oct. 2012, *JCP* 2012, note 1425, L. Milano) y compris celle de l'expertise technique, dès lors que celle-ci a une influence prépondérante sur la décision du juge (*Mantovanelli c/ France*, 18 mars 1997, *RTD civ.*, 1997, 1006, obs. J.-P. Marguénaud : expertise médicale ordonnée par le juge administratif dans le cadre d'une procédure en responsabilité contre un CHR ; *GB c/ France*, 2 oct. 2001).

Le principe d'une discussion contradictoire des pièces médicales par les parties doit néanmoins être concilié avec le droit au respect du secret médical de manière à ce qu'aucun des deux droits « ne soit atteint dans sa substance même » (Déc. 27 mars 2010, *Eternit c/ France*, n° 20041/10).

1. La loi n° 2000-516 du 15 juin 2000 renforçant la protection de la présomption d'innocence et les droits des victimes porte la marque manifeste de l'influence du droit de la CEDH (*D*, 2000, Leg, p. 253 ; *JCP G*, 2000). Il est révélateur qu'elle insère en tête du Code de procédure pénale un article préliminaire qui vient rappeler que « la procédure pénale doit être équitable et contradictoire et préserver l'équilibre des parties ».
2. Dans l'affaire *Nideröst-Huber* (préc.), la Cour européenne considère que les observations d'un tribunal cantonal transmises au tribunal fédéral saisi d'un recours en réformation visaient à influencer ce dernier et que, dès lors, le requérant devait avoir la possibilité de les commenter.

Le principe du contradictoire n'a pas une portée absolue et n'implique pas, en principe, que le débat ait lieu sur toute pièce produite mais seulement sur celles susceptibles d'avoir une incidence sur l'issue du litige (*Stepinska c/ France*, 15 juin 2004 ; voir, cependant, *Asnar c/ France*, 18 oct. 2007, § 26).

Le respect du principe du contradictoire s'impose également au juge lui-même, notamment au juge pénal lorsqu'il prononce la déchéance d'un pourvoi en cassation pour un motif d'irrecevabilité retenu d'office (*Skondrianos et al. c/ Grèce*, 18 déc. 2003). En matière civile, le juge de cassation doit respecter le principe du contradictoire et inviter les parties à présenter leurs observations lorsque, par un moyen de pur droit substitué à celui soulevé par les requérants, il rejette les pourvois de ces derniers (*Clinique des Acacias et al. c/ France*, 13 oct. 2005, *JCP G*, 2006, I, 109, n° 6, chron. F. Sudre).

Pour apprécier la conformité des règles procédurales nationales concernant le régime des preuves aux droits fondamentaux, la CJCE se réfère à la jurisprudence de la Cour européenne et, reprenant exactement la solution de l'arrêt *Mantovanelli*, fait application du principe du contradictoire au domaine de l'expertise technique (CJCE, 10 avril 2003, *Steffensen*, aff. C-276/01).

b) Bien que le principe de la contradiction et celui de l'égalité des armes soient tous deux issus du principe plus général du droit à un procès équitable, le juge européen distingue leur jeu respectif en matière de communication des pièces aux parties (*Nideröst-Huber*, préc.). Si le défaut de communication d'une pièce ne concerne qu'une partie, alors que l'autre a eu accès à la pièce en cause, la Cour se fonde sur l'égalité des armes, qui impose de traiter les parties de façon égalitaire sans que l'une puisse revendiquer un droit dont l'autre n'a pas bénéficié (voir les arrêts *Kuopila*, *Bulut*, *Fischer*, préc.). Par contre, si les deux parties ont été également privées de la possibilité de prendre connaissance d'une information utile fournie au juge, c'est le principe du contradictoire qui est mobilisé. En bref, le déséquilibre d'informations est sanctionné sur la base du principe de l'égalité des armes, et l'égal défaut de transmission d'informations sur la base du droit à une procédure contradictoire.

La distinction dans l'usage des deux principes n'est cependant pas toujours très nette dans la jurisprudence de la Cour : voir *Werner c/ Autriche*, 24 novembre

1997, § 65 à 69 ; *Belziuk c/ Pologne*, 25 mars 1998 (*JCP*, 1999, I, 105, obs. F. Sudre). De même, lorsque la Cour de cassation affirme que « le seul fait que le représentant du ministère public ait eu un entretien avec le juge des libertés et de la détention avant la tenue de l'audience ne pouvait faire naître, dans l'esprit de la personne mise en examen, un doute objectivement justifié quant au respect du contradictoire », elle paraît opérer une confusion avec le principe de l'égalité des armes (Crim., 9 juill. 2003, n° 03-82271, *D*, 2003, 22, note D. Mayer ; *D*, 2004, 669, obs. J. Pradel).

La Cour européenne fait une application remarquée de ces deux principes au « ministère public ».

**390** APPLICATION AU « MINISTÈRE PUBLIC ». — À compter de son arrêt *Borgers c/ Belgique*, du 30 octobre 1991 (*GACEDH*, n° 30), la Cour européenne des droits de l'homme a fondamentalement remis en cause le rôle du « ministère public » – parquets de cassation (*Reinhardt et Slimane-Kaïd c/France*, 31 mars 1998) et commissaire du gouvernement près le Conseil d'État (*Kress c/France*, 7 juin 2001) –, que ce soit dans le cadre de procédures pénales (*Borgers*, préc.), civiles[1] ou disciplinaires[2], jugeant contraire au principe de l'égalité des armes et/ou au principe du contradictoire l'intervention du ministère public au cours de la phase d'instruction comme au cours du délibéré.

1° *Analyse matérielle.* Le juge européen procède à une analyse matérielle de l'intervention du ministère public et met l'accent sur son « rôle réel » : si le statut et les fonctions du ministère public garantissent l'objectivité de son intervention, il n'en reste pas moins que ses conclusions ont une autorité particulière et ne sont jamais neutres pour l'intéressé. À la notion de partie *stricto sensu*, entendue au sens procédural habituel, se superpose celle de partie *lato sensu*, désignant celui dont l'intervention dans la procédure n'est pas neutre mais vise à influencer la décision du juge. Rien ne s'oppose alors, selon cette acception matérielle, à ce que le juge européen fasse application au ministère public de principes exclusivement (l'égalité des armes) ou principalement (le contradictoire) destinés à régir les rapports entre parties, s'il apparaît, à telle phase du dérou-

1. *Vermeulen c/ Belgique*, 20 février 1996 (*RTDH*, 1996, 621, obs. P. Lambert).
2. *Van Orshoven c/ Belgique*, 25 juin 1997.

lement de la procédure, que le ministère public se comporte en réalité comme une « partie », *lato sensu.*

* Le Conseil d'État a entendu prévenir une éventuelle mise en cause par la Cour européenne du rôle du commissaire du gouvernement près les juridictions administratives en jugeant que ce dernier « participe à la fonction de juger dévolue à la juridiction dont il est membre (et) que l'exercice de cette fonction n'est pas soumis au principe du contradictoire applicable à l'instruction » (CE, 29 juill. 1998, *Esclatine*, concl. D. Chauvaux, *D. jur.*, 1999, p. 85 ; *JCP G*, 1998, I, 176, note R. Abraham et J.-C. Bonichot). Autrement dit, les principes de l'« égalité des armes » et du contradictoire ne sauraient s'appliquer aux rapports entre les parties et le juge, même s'il s'agit d'un « juge qui parle » (pour une solution similaire à propos du rapporteur devant la section disciplinaire du conseil national de l'Ordre des médecins, CE, 3 déc. 1999, *Leriche*, *JCP G*, 2000, II, 10267, note F. Sudre, et à propos du rapporteur dans la procédure de jugement des comptes des comptables de fait devant la Cour des comptes, CE, Ass. 14 déc. 2001, *Sté Réflexions, Médiations, Ripostes*, *AJDA*, 2002, n° 2, p. 127, chron. M. Guyomar et P. Collin ; *JCP*, 2002, IV, 2637, obs. M.-C. Rouault).

Très différente est la situation du commissaire du gouvernement – représentant de l'administration auprès des juridictions spécialisées ou du juge de l'expropriation. Le commissaire du gouvernement a alors la qualité de partie à l'instance et le Conseil d'État considère ainsi que le commissaire du gouvernement devant la chambre nationale de discipline des experts comptables (CE, 27 oct. 2000, *Letarte*, *RFDA*, 2000, 1375), devant la Cour régionale des pensions (CE, 9 juill. 2003, *Djilani*, *AJDA*, 2003, 1791) ou auprès de la juridiction d'expropriation (CE, 13 déc. 1968, *Assoc. syndicale des propriétaires de Champigny-sur-Marne*, *RDP*, 1969, 512, note M. Waline) est soumis au principe de la contradiction. La Cour européenne sanctionne comme contraire au principe de l'égalité des armes la « position dominante » du commissaire du gouvernement (directeur des services fiscaux du département), « à la fois expert et partie », dans la procédure de fixation judiciaire de l'indemnité d'expropriation, qui « exerce une influence importante sur l'appréciation du juge », et conclut à l'inconventionnalité des articles pertinents du Code de l'expropriation (R. 13-32, R. 13-36 et R. 13-47) (*Yvon c/ France*, 24 avril 2003, § 37, *D*, 2003, 2456, note R. Hostiou). Revenant sur sa jurisprudence antérieure, la Cour de cassation a immédiatement tiré les leçons de cet arrêt pour juger que le rôle du commissaire du gouvernement était générateur d'un « déséquilibre incompatible avec le principe d'égalité des armes » (Cass. 3e civ., 2 juill. 2003, *Cts X c/ Département de la Drôme*, n° 02-70047, *AJDA*, 2003, n° 25, 1300). Suite à l'arrêt *Yvon*, le décret n° 2005-467 du 13 mai 2005 modifie la procédure judiciaire de l'expropriation, limitant la place et le rôle du commissaire enquêteur dans la procédure (*AJDA*, 2005, 1029) ; le Conseil d'État le juge compatible avec l'article 6 (CE, 3 sept. 2007, *Assoc. de sauvegarde du droit de propriété et al.*, *RFDA*, 2007, 1175, note R. Hostiou), de même que la Cour de cassation (Civ. 3e, 9 avril 2008, n° 07-14411 *SCI Saint-Martin de Seignans c/ Commune de Bayonne*).

La CJCE s'est manifestement inspirée de l'arrêt *Esclatine* du Conseil d'État (préc.) pour juger que les conclusions de l'avocat général à la Cour de justice ne sont pas soumises au principe du contradictoire (CJCE, Ord., 4 févr. 2000, *Emesa Sugar NV et Aruba*, Aff. C-17/98, *Europe*, 2000, n° 4, comm. 90, D. Simon ; *RFDA*, 2000, p. 415, note P. D.). La Cour EDH juge que l'article 61 du règlement de procédure de la CJCE qui offre la possibilité de rouvrir la procédure orale après avoir entendu les conclusions de l'avocat général satisfait aux exigences du contradictoire, considérant que la procédure préjudicielle devant la CJCE offre des « garanties d'équité équivalentes » à celles de l'article 6 § 1 (déc. 20 janv. 2009, n° 13645/05, *Cooperatieve producentenorganisatie van de Nerelandse Kokkelvisserij U.A. c/ Pays-Bas*, *JCP G*, 2009, doctr. 143, F. Sudre ; *infra*, n° 214).

2° *Infléchissement.* Après qu'elle ait produit l'essentiel de ses effets en droit interne (*infra* n° 391 ss.), cette analyse a été singulièrement infléchie à propos du rapporteur public près le Conseil d'État, que la Cour, rejoignant l'analyse du Conseil d'État (CE, 29 juill. 1998, *Esclatine*, préc.), renonce à qualifier « d'adversaire ou de partie dans la procédure » et à soumettre au principe du contradictoire et au principe de l'égalité des armes, soulignant la « particularité procédurale » de sa fonction (déc., 4 juin 2013, *Marc-Antoine c/ France*, n° 54984/09, § 32, *AJDA* 2013, 1580, note S. Platon ; *infra* n° 393). Voir CE, 21 juin 2013, *Communauté d'agglomération du pays de Martigues*, n° 352427, *RFDA* 2013, 805, concl. X de Lesquen).

« Particularité procédurale » en ce que les conclusions du rapporteur public, intégrant l'analyse du conseiller rapporteur, offrent aux parties la possibilité de percevoir les éléments décisifs du dossier et leur permettent « de saisir la réflexion de la juridiction pendant qu'elle s'élabore et de faire connaître leurs dernières observations avant que la décision ne soit prise » (§ 32).

**391** PARTICIPATION AU DÉLIBÉRÉ. — La Cour a jugé que la participation de l'avocat général au délibéré de la Cour de cassation (*Borgers*, 30 oct. 1991, préc.) ou celle du commissaire du gouvernement au délibéré du Conseil d'État (*Kress c/ France*, 7 juin 2001) [1] porte atteinte à l'égalité des armes. Relevant « la sensibilité accrue du public aux garanties d'une bonne administration de la justice », la Cour recourt à la « théorie des apparences » et considère

1. *RFDA*, 2001, 991, obs. B. Genevois ; *ibid.*, p. 1000, obs. J.L. Autin et F. Sudre.

que le magistrat du ministère public, parce qu'il recommande l'admission ou le rejet des moyens présentés par l'une des parties, « en devient l'allié ou l'adversaire objectif ». L'avocat général près la Cour de cassation et le commissaire du gouvernement près le Conseil d'État ont donc l'« apparence d'une partie » (*contra*, déc., 4 juin 2013, *Marc-Antoine c/ France*, n° 54984/09, préc. n° 390), et leur participation au délibéré est sanctionnée essentiellement parce qu'elle peut laisser au requérant un « sentiment d'inégalité ».

La Cour européenne a condamné clairement la seule « présence » au délibéré de l'avocat général (*Slimane-Kaïd c/ France*, n° 2, 27 nov. 2003, § 66-67, *RDP*, 2004, 816, obs. G. Gonzalez ) ou du commissaire du gouvernement, que celle-ci soit « active » ou « passive » (*Martinie c/ France*, 12 avr. 2006, Gr. Ch., *AJDA*, 2006, 986, note F. Rolin). Si l'avocat général ne participe plus au délibéré de la Cour de cassation (Vesque c/ France, 7 mars 2006), il n'en va pas de même du commissaire du gouvernement (devenu rapporteur public).

Le nouvel article R. 733-3 CJA, issu du décret du 1er août 2006 modifiant la partie réglementaire du CJA, satisfait aux exigences européennes. En disposant que « sauf demande contraire d'une partie, le commissaire du gouvernement assiste au délibéré (et) n'y prend pas part », le décret fournit au juge européen les assurances qui faisaient défaut quant au rôle réel du commissaire du gouvernement (censé n'intervenir qu'avec « une grande modération ») lors du délibéré et, levant toute incertitude sur ce rôle, ne laisse plus place aux « apparences ». Désormais, non seulement le justiciable dispose de la garantie que le commissaire du gouvernement ne peut plus prêter à la formation de jugement son assistance « technique » et qu'il n'est pas en mesure « d'exercer une certaine influence sur l'issue du délibéré » mais encore il peut, à tout moment de la procédure avant le délibéré, demander par écrit que le commissaire du gouvernement n'assiste pas au délibéré. Comme le Conseil d'État (CE, 25 mai 2007, *Courty*, *AJDA*, 2007, 1424, concl. R. Keller), la Cour juge que la renonciation tacite par le justiciable à la garantie de l'égalité des armes est compatible avec l'article 6, § 1 (déc. n° 11396/08, 15 sept. 2009, *Etienne c/ France*, *AJDA*, 2009, 2468, note S. El Boudouhi), sans toutefois juger utile de transposer le raisonnement qu'elle tient en matière de renonciation à la publicité des débats (*Hakansson et Sturesson*, 21 févr. 1990, *infra*, n° 404).

On précisera, de surcroît, que, devant les tribunaux administratifs et les cours administratives d'appel, le commissaire du gouvernement ne peut plus être présent au délibéré (art. R. 732-2 CJA).

* La participation du rapporteur au délibéré de la formation disciplinaire d'une autorité administrative indépendante est appréciée différemment par la Cour de

cassation et le Conseil d'État. La première se place sur le terrain des principes de l'égalité des armes et du contradictoire pour juger que la présence du rapporteur au délibéré de la décision de la COB ou du Conseil de la concurrence, « dès lors qu'il a procédé aux investigations utiles pour l'instruction des faits », viole l'article 6, § 1 de la CEDH (Cass. Ass. plén., 5 févr. 1999, *COB c/ Oury* ; Cass. com., 5 oct. 1999, *Campenon Bernard SGE* ; préc., n° 373). Cette jurisprudence (aussi, CA Paris, 7 mars 2000, *Société KPMG, D*, 2000, Cahiers Droit des affaires, AJ, p. 212, obs. M. Boizard) a conduit à une redéfinition de la procédure de sanction des autorités administratives indépendantes, qui tend, d'une manière générale, à la séparation des pouvoirs d'enquête, de poursuite et de sanction et prévoit, notamment, la communication du rapport du rapporteur à la personne mise en cause et la non-participation du rapporteur à la prise de décision de la sanction (COB : deux décrets du 1er août 2000, *D*, 2000, n° 31, Cahier Droit des affaires, p. III, obs. M. Boizard). Des solutions similaires ont été retenues pour le Conseil de la concurrence, l'ART, et le CSA (voir J.-P. Thiellay, L'évolution récente du régime des sanctions du CSA, *AJDA*, 2003, 475). Le Conseil d'État juge au contraire, mais sur le fondement d'un principe général d'impartialité tiré du droit interne, que la présence du rapporteur au délibéré du Conseil des marchés financiers ne méconnaît pas, en raison des pouvoirs d'investigation dont il dispose, le principe d'impartialité (CE, Ass. 3 déc. 1999, *Didier, supra*, n° 373).

**392** NON-COMMUNICATION DES CONCLUSIONS. — 1° La compatibilité à l'article 6 de la non-communication préalable aux parties des conclusions du ministère public (avocat général prés la Cour de cassation, commissaire du gouvernement près le Conseil d'État) et de l'impossibilité d'y répondre, après avoir été examinée (et sanctionnée) sur le terrain de l'égalité des armes (*Borgers*), est envisagée, depuis la décision de principe *Vermeulen c/ Belgique*, du 20 février 1996, au regard du principe du contradictoire (par ex., *Wynen c/ Belgique*, 5 nov. 2002) [1]. Les conclusions de l'avocat général (*Reinhardt et Slimane-Kaïd*, 31 mars 1998) [2], ou du commissaire du gouvernement (*Kress*, 7 juin 2001, préc.) ne se situent donc pas hors de la phase contradictoire du procès et doivent, selon le juge européen, être soumises à la contradiction.

1. L'arrêt *Kress* fait application de la jurisprudence *Nideröst-Huber* (préc., n° 388) pour juger que la requérante ne saurait se prévaloir du droit à l'égalité des armes dès lors que les conclusions ne sont communiquées à aucune des parties à l'instance, pas plus qu'au rapporteur ou aux juges et considérer que le principe du contradictoire est en jeu (§ 73).
2. *JCP*, 1999, I, 105, chron. F. Sudre et II, 10074, note S. Soler ; *RTD civ.*, 1998, p. 512, obs. J.-P. Marguénaud.

* En vertu du décret n° 2009-14 du 7 janvier 2009 relatif au rapporteur public (qui se substitue au commissaire du gouvernement), le sens des conclusions doit désormais être communiqué aux parties avant la tenue de l'audience (art. R. 711-3 et R. 112-1 CJA), les avocats au Conseil pouvant présenter de brèves observations orales après le prononcé des conclusions (art. R. 733-1). *RFDA*, 2009, 67, note B. Pacteau.

2° Dans sa décision *Reinhardt et Slimane-Kaïd*, du 31 mars 1998 (préc.), la Cour européenne a admis que la pratique des notes en délibéré (consacrée par l'art. 445 NCPC) pouvait remédier à l'impossibilité pour les parties de répondre aux conclusions de l'avocat général, dès lors que ce dernier informait avant le jour de l'audience les conseils des parties du sens de ses conclusions.

Cette solution a été étendue par l'arrêt *Voisine* (8 févr. 2000, *RTDH*, 2001, 825, note J.-P. Marguénaud), confirmé par l'arrêt *Meftah c/ France* (Gr. Ch., 26 juill. 2002, *D*, 2003, 594, obs. N. Fricero ; *RDP*, 2003-3, obs. S. Soler), à l'hypothèse d'une procédure sans représentation obligatoire, lorsque celle-ci est autorisée ; les justiciables qui veulent se défendre eux-mêmes doivent donc disposer des moyens de procédure aptes à leur garantir un procès équitable.

* La Cour de cassation en a immédiatement tiré les conséquences : désormais, les parties non représentées par un avocat au Conseil d'État et à la Cour de cassation comme les parties représentées ont, tant en matière civile que pénale, connaissance du sens des conclusions de l'avocat général ; les parties non représentées sont informées de la date de l'audience et peuvent répondre par une note écrite, soit en audience, soit en délibéré, aux observations de l'avocat général ; enfin, la note écrite est examinée par la Cour de cassation et visée dans son arrêt.

L'économie de cette solution a été transposée à la procédure devant le Conseil d'État par l'arrêt *Kress* [1], « sauvant » ainsi l'institution du commissaire du gouvernement, alors même que la pratique de la note en délibéré devant le juge administratif résultait d'un simple usage.

Selon l'arrêt *APBP c/ France* (21 mars 2002, *JCP G*, 2002, I, 157, n° 11, chron. F. Sudre), pour que la note en délibéré contribue au respect du principe du contradictoire, il convient que le justiciable puisse « déposer

1. Ainsi que par l'arrêt *Fretté c/ France* (26 févr. 2002), pour ce qui concerne les contentieux dispensés de ministère d'avocat devant le Conseil d'État.

une telle note indépendamment de la décision éventuelle du président d'ajourner l'affaire, tout en disposant d'un délai suffisant pour la rédiger » et, de surcroît, que l'arrêt du Conseil d'État vise expressément l'existence de la note en délibéré, ce qui, en pratique, implique l'obligation de la prendre en compte.

* Le Conseil d'État n'est pas resté sourd à cette jurisprudence. Par son arrêt *Leniau*, du 12 juillet 2002 (*RFDA*, 2003, 307, concl. D. Piveteau), il précise de façon constructive le régime de la note en délibéré. Saisi d'une telle note postérieurement aux conclusions du commissaire du gouvernement, le juge administratif « doit en prendre connaissance avant la séance au cours de laquelle sera rendue la décision » et, si cette note contient des circonstances de droit ou de fait nouvelles, il est tenu « de rouvrir l'instruction et de soumettre au débat contradictoire les éléments contenus dans la note en délibéré » (pour une application, CE, 21 nov. 2003, *Mme Biord-Genest*, n° 244820, *Rec. Tab.*). La jurisprudence ultérieure de la Cour a confirmé que la note en délibéré permettait de respecter le principe du contradictoire (déc. 6 mars 2003, *G. L. et S. L. c/ France*, n° 58811/00 ; déc. 13 janv. 2004, *Martinie c/ France*, n° 58675/00). Le nouvel art. R. 731-3 CJA (décret du 19 décembre 2005, *RFDA*, 2006, 286, obs. F. Sudre), codifie la pratique de la note en délibéré. Voir CE, 21 juin 2013, *Communauté d'agglomération du pays de Martigues*, n° 352427.

**393** COMMUNICATION DU RAPPORT DU CONSEILLER-RAPPORTEUR. — 1° La Cour européenne sanctionne également, sur le fondement du principe de l'égalité des armes, la non-communication à l'identique du rapport du conseiller rapporteur de la Cour de cassation à l'avocat général et aux parties (*Reinhardt et Slimane-Kaïd c/ France*, 31 mars 1998, *JCP*, 1999, I, 105, chron. F. Sudre et II, 10074, note S. Soler ; *RTD civ.*, 1998, p. 512, obs. J.-P. Marguénaud). En soulignant, notamment, que l'avocat général conseille les juges quant à la solution à adopter et « avec l'autorité que lui confèrent ses fonctions, peut influencer leur décision dans un sens soit favorable, soit contraire à la thèse des demandeurs » (§ 105), la Cour met l'accent sur le « déséquilibre » ainsi créé entre le ministère public et les parties au procès (aussi, *Berger c/ France*, 3 déc. 2002, *RDP*, 2003-3, obs. C. Hugon).

* La chambre criminelle de la Cour de cassation a d'abord refusé de s'incliner devant la jurisprudence européenne, jugeant qu'« aucune disposition légale n'impose au conseiller rapporteur de communiquer à quiconque son projet de rapport, ni le projet d'arrêt qu'il a préparé » (Cass. crim., 6 mars 2001, n° 00-87321).

La Cour de cassation a modifié ses pratiques pour rendre compatible sa procédure avec les prescriptions de la CEDH. Désormais, le « rapport enrichi » du conseiller rapporteur est communiqué à la fois à l'avocat général et aux parties ; l'avis du rapporteur sur la décision à adopter et le projet d'arrêt ne sont communiqués ni à l'un ni à l'autre. La Cour européenne valide cette pratique (*Pascolini c/ France*, 26 juin 2003, § 23 ; *Fabre c/ France*, 2 nov. 2004, § 31).

L'information privilégiée au bénéfice du ministère public est donc contraire à l'article 6.

2° La Cour en juge différemment s'agissant de la transmission du rapport du conseiller-rapporteur au rapporteur public et non aux parties, par sa décision du 4 juin 2013 *Marc-Antoine c/ France* (préc., n° 390). Elle écarte tout à la fois le jeu du principe du contradictoire, le projet de décision étant un « document de travail interne à la formation de jugement, couvert par le secret » (§ 31), et celui de l'égalité des armes, le rapporteur public ne pouvant être assimilé à une partie, contrairement à l'analyse faite dans l'arrêt *Kress* (préc., n° 391). Point de déséquilibre, donc, portant atteinte à l'équité du procès. Cette décision signe définitivement la compatibilité de la fonction de rapporteur public avec les exigences de l'article 6.

Par contre, la Cour juge que la communication préalable du rapport du magistrat rapporteur au ministère public et non au comptable intéressé, dans le cadre de la procédure de jugement des comptes des comptables patents devant la Cour des comptes, est source d'un « déséquilibre » portant atteinte à l'équité du procès (*Martinie c/ France*, 12 avr. 2006, Gr. Ch., *RFDA*, 2006, 577, note L. Sermet).

* Ce « déséquilibre » de la procédure au détriment du comptable a sa source dans la place tenue par le procureur général dans la procédure (présence à l'audience, à la différence du comptable ; participation aux débats à l'abri de la contradiction) ; par contre, la présence du rapporteur au délibéré est « légitime et justifiée » en tant que membre de la formation de jugement et dès lors qu'il ne prend pas de mesures d'instruction de nature à forger un préjugé (§ 49).

Une solution similaire est adoptée dans le cadre de la procédure de gestion de fait devant la Cour des comptes (*Tedesco c/ France*, 10 mai 2007 ; *Baumet c/ France*, 24 juill. 2007). En la matière, le Conseil d'État juge que le respect du principe du caractère contradictoire de la procédure n'implique pas que le rapport établi par le rapporteur, qui est « membre de la juridiction et participe à l'exercice de la fonction de juger » soit communiqué au requérant avant l'audience publique (CE, 27 juill. 2005, *Weygand et Bernardini*, *AJDA*, 2005, 2016, concl. M. Guyomar).

La procédure devant la Cour des comptes a été adaptée aux contraintes de l'article 6, d'abord par instruction du Premier président de la Cour des comptes (n° 610, 16 mai 2006 ;*RFDA*, 2007, 857, obs. M. Lascombe et X. Vandendriessche) puis par la loi n° 2008-1091 du 28 octobre 2008 relative à la Cour des comptes et aux CRC (*JORF*, 29 oct. 2008, p. 16416 ; E. Douat (dir.), La réforme des procédures des juridictions financières et la CEDH, *RFFP*, 2009, n° 106, 11).

### *C – Le droit à un tribunal indépendant et impartial*

**394** PRÉSENTATION. — Le droit à un procès équitable suppose que soient assurées *les garanties relatives à l'organisation et à la composition du tribunal.* Le tribunal, en premier lieu, doit être « établi par la loi ». Cette expression, qui selon le juge européen « reflète le principe de l'État de droit inhérent à tout le système de la Convention » (*Lavents c/ Lettonie*, 28 nov. 2002), concerne non seulement la base légale relative à l'existence même du tribunal et à sa compétence, mais aussi toute disposition de droit interne relative à la composition du tribunal dans chaque affaire – telles celles concernant les mandats, incompatibilité et récusation des magistrats –, dont le non-respect rend irrégulière la participation d'un juge à l'examen de l'affaire et emporte en principe violation de l'article 6, § 1 (*Lavents*, préc. ; *Coëme c/ Belgique*, 22 juin 2000).

Dans une jurisprudence très fournie, la Cour européenne a précisé les exigences d'indépendance et d'impartialité – qui sont « étroitement liées » –, mettant l'accent sur « la confiance que les tribunaux d'une société démocratique se doivent d'inspirer au justiciable » (*Remli c/ France*, 23 avr. 1996, § 48, *Rev. Sc. crim.*, 1997, 473, obs. R. Koering-Joulin).

La CJCE se réfère d'abondance à la jurisprudence européenne pour préciser les notions d'indépendance (pt. 51) et d'impartialité du tribunal (CJCE, 19 sept. 2006, *Wilson c/ Ordre des avocats du barreau de Luxembourg*, C-506/04, pt. 51, 53 et 57, Europe, 2006-11, comm. 315, E. Meisse).

#### *1. L'indépendance du tribunal*

**395** CRITÈRES. — L'indépendance s'apprécie, de jurisprudence constante (*Campbell et Fell c/ Royaume-Uni*, 28 juin 1984, A. 80, § 78), au regard de critères objectifs tenant au statut du juge

– mode de désignation et durée du mandat, inamovibilité ou quasi-inamovibilité de celui-ci, impossibilité juridique de lui donner des instructions dans l'exercice de ses fonctions, existence d'une protection contre les pressions extérieures (*Sramek c/ Autriche*, 22 oct. 1984, A. 84) – mais aussi d'un critère subjectif tenant à l'« apparence d'indépendance » aux yeux du justiciable (*infra*, n° 397 ; *Findlay c/ Royaume-Uni*, 25 févr. 1997). L'indépendance statutaire est la garantie de l'indépendance fonctionnelle du juge. Celle-ci est d'abord entendue comme le fait de ne recevoir ni pressions ni instructions dans l'exercice de ses fonctions, qu'elles émanent du pouvoir exécutif (*Campbell et Fell*, préc. : nomination des membres d'une commission disciplinaire par le ministre de l'Intérieur)[1], du pouvoir législatif (déc. 26 août 2003, *Filippini c/ Saint-Marin*, n° 10256/02 : élection des juges par le Parlement) ou des parties (*Langborger c/ Suède*, 22 juin 1989, A. 155 : assesseurs-échevins d'un tribunal des loyers ; *Holm c/ Suède*, 23 nov. 1993, A. 279 A : jury populaire). Elle s'oppose à la participation à une juridiction spécialisée de personnes ayant des relations étroites avec l'organisme partie au litige ou encore de responsables de cet organisme (par ex., *Thaler c/ Autriche*, 3 févr. 2005).

L'indépendance fonctionnelle exige aussi que chaque juge soit à l'abri d'une influence indue émanant de l'intérieur même du pouvoir judiciaire, notamment des juges exerçant des responsabilités administratives ou hiérarchiquement supérieurs (*Agrokompleks c/ Ukraine*, 6 oct. 2011).

S'appuyant tant sur des sources européennes qu'internationales, la Cour considère que l'intervention d'une autorité indépendante des pouvoirs exécutif et législatif pour toute décision touchant à la cessation du mandat d'un juge est une garantie de l'indépendance judiciaire de même que le principe de l'inamovibilité des juges est « un élément crucial pour la préservation de l'indépendance de la justice » (*Baka c/Hongrie*, 23 juin 2016, Gr. Ch., § 171).

1. Le CDH juge qu'« une situation dans laquelle les fonctions et les attributions du pouvoir judiciaire et du pouvoir exécutif ne peuvent être clairement distinguées ou dans lesquelles le second est en mesure de contrôler ou de diriger le premier est incompatible avec le principe d'un tribunal indépendant et impartial » (n° 486/1991, *Angel N. Olo Bahamonde c/ Guinée équatoriale*, déc. 20 oct. 1993, *A/49/40*, vol. II, p. 194).

* Sur le fondement des « apparences », la Cour européenne constate le défaut d'indépendance de la section du contentieux du Conseil d'État du fait que l'un de ses membres, ayant siégé lors du délibéré d'un arrêt rendu dans le cadre d'une procédure dirigée contre le ministère de l'Économie et des Finances, ait été nommé un mois plus tard secrétaire général de ce ministère. Étroitement liée aux circonstances de l'espèce, cette décision ne remet pas en cause « de manière générale » le mode de nomination des membres du Conseil d'État ainsi que le déroulement de leur carrière et ne saurait donc être interprétée comme une condamnation du manque d'indépendance du Conseil d'État (*Sacilor-Lormines c/ France*, 9 nov. 2006, § 68, *RFDA*, 2007, 342, obs. J.L. Autin et F. Sudre).

Les magistrats du ministère public ne remplissent par l'exigence d'indépendance à l'égard de l'exécutif en ce qu'ils sont subordonnés au procureur général et au ministre de la justice (*Vasilescu c/ Roumanie*, 22 mai 1998) ; sur le défaut d'indépendance du magistrat du parquet, *supra*, n° 346 (*Medvedyev c/ France*, 29 mars 2010, Gr. Ch., § 124, *JCP G*, 2010, doctr. 454, F. Sudre).

L'intervention du législateur en cours de procédure, par l'adoption de lois rétroactives, porte également atteinte à l'indépendance fonctionnelle du juge (*supra*, n° 382).

**396** Applications en droit interne. — Le principe d'indépendance[1] conduit à un « toilettage » en droit interne de la composition des juridictions spécialisées. Il s'oppose ainsi à la participation à une juridiction spécialisée d'un fonctionnaire soumis à l'autorité hiérarchique d'une des parties au litige (Cass. soc., 17 déc. 1998, *Madaci*, n° 97-15389, *RTD civ.*, 2000, 622, obs. J. Normand ; Cass. soc., 6 mars 2000, *Sba c/ CPAM de Grenoble*, *D*, 2000, n° 18, IR, p. 137 : tribunal du contentieux de l'incapacité présidé par un représentant du directeur des affaires sanitaires et sociales ; Cass. ass. plén., 22 déc. 2000, *Usclat*, n° 99-11615, *D*, 2001, J, 1652, note Y. Saint-Jours : Cour nationale de l'incapacité et de la tarification des accidents du travail ; la loi n° 2002-73 du 17 janvier 2002 a modifié la composition de la Cour qui ne compte plus ni médecin ni fonctionnaire) ou d'un fonctionnaire dont les fonctions « le font participer à l'activité des services en charge des questions soumises à celle-ci » (CE, Ass., 6 déc. 2002, *Trognon*, n° 240028 : Commission centrale d'aide sociale ; CE, 6 déc. 2002, *Aïn-Lhout*, n° 221319 : Commission départementale des travailleurs handicapés ; *AJDA*, 2003, 492, chron. F. Donnat et D. Casas ; CE, 3 déc. 2003, *Lazennec*, n° 246134, *Rec.* : commission contentieuse des soins gratuits). Le Conseil constitutionnel juge dans

1. On notera que le Conseil d'État invoque la notion d'« impartialité objective » (*infra*) de préférence à celle d'indépendance ; voir, cependant, CE, 7 août 2008, n° 278769, *Aguilar*, *AJDA*, 2008, 2181, concl. E. Glaser.

le même sens (déc. 2010-110 QPC, 25 mars 2011, *Commission départementale d'aide sociale*, *AJDA*, 2011, 1214, note I. Crépin-Dehaene).

De même, la présence dans une juridiction ordinale siégeant en formation disciplinaire du représentant du ministre, fût-ce avec voix consultative, est contraire aux exigences de l'article 6 (CE, 8 déc. 2000, *Mongauze*, *JCP*, 2001, II, 10556, concl. D. Chauvaux ; CE, 14 oct. 2002, *Berthelot*, *Rec. Tab.* : Conseil national de l'Ordre des pharmaciens) comme l'est celle d'une personne placée sous l'autorité hiérarchique directe du plaignant (CE, 29 mai 2002, *Vaillant*, *AJDA*, 2002, 1242, concl. D. Chauvaux : section des assurances sociales du Conseil national de l'Ordre des chirurgiens-dentistes). Le Conseil constitutionnel se prononce de manière identique (déc. n° 2014-457 QPC, 20 mars 2015, *AJDA* 2015, 1322, note E. Fouassier et H. Van den Brink).

L'exigence d'impartialité (« indépendance » semblerait plus exacte) implique également qu'un conseiller prud'homme n'exerce pas de mission d'assistance ou de mandat de représentation devant le conseil de prud'homme dont il est membre (Cass. soc., 3 juill. 2001, *Bonnaffé c/ Mme Ducrocq*, n° 99-42735, *JCP G*, 2002, II, 10047, note E. du Rusquec ; Soc., 2 févr. 2005, *Thomas c/ Groupe Tests (Sté)*, n° 03-40271) ou que ne participe pas à la délibération de la commission des sanctions de l'AMF l'un de ses membres appartenant au comité exécutif d'un groupe bancaire français dont l'une des filiales était impliquée dans un différend financier persistant avec la société visée par la sanction (CE, 30 mai 2007, *Société Europe finance industrie*, n° 288538).

Par contre, les stipulations de l'article 6, § 1, comme les règles générales de procédure de droit interne, ne s'opposent pas à ce qu'un dirigeant ou un administrateur d'une caisse de Sécurité sociale, dès lors qu'il n'a aucun lien de rattachement avec une partie à l'instance, siège dans la juridiction du contentieux technique de la Sécurité sociale (CE, 7 janv. 1998, *M. Trany*, concl. R. Schwartz, *AJDA*, 1998, 445). De même, la Cour de cassation considère que le fait qu'un ou plusieurs membres d'un conseil de prud'hommes appartiennent à la même organisation syndicale que l'une des parties au procès n'est pas de nature à « mettre en cause l'impartialité de ses membres » (Soc., 19 déc. 2003, *SA Mon logis*, n° 02-41429 (2 aff.), *D*, 2004, 1688, note M. Keller).

La Cour de cassation fait une application originale du principe, en jugeant que l'article 6, § 1 exige que l'expert qui assiste l'huissier lors d'une saisie-contrefaçon (art. L. 615-5 du Code de la propriété intellectuelle) soit indépendant des parties (Cass. com., 28 avr. 2004, *Sté Biomérieux c/ Sté Bio Rad Pasteur*, n° 02-20330, *JCP G*, 2004, II, 10171, note C. Caron).

### 2. *L'impartialité du tribunal*

**397** CRITÈRES. — L'impartialité fait l'objet d'une appréciation à la fois subjective et objective (*Piersack c/ Belgique*, 1er oct. 1982, A. 53, § 30 ; *JDI*, 1985, 210, obs. P. Tavernier).

1° L'impartialité subjective se présume « jusqu'à la preuve du contraire ».

Pour des exemples de violation, *Remli c/ France*, 23 avr. 1996 : juré d'une cour d'assises s'étant déclaré raciste ; *Lavents c/ Lettonie*, 28 nov. 2002 : déclaration à la presse d'un juge pénal dans le sens d'un constat de culpabilité de l'accusé.

2° L'impartialité objective consiste « à se demander si, indépendamment de la conduite personnelle du juge, certains faits vérifiables autorisent à suspecter l'impartialité de ce dernier » (*Hauschildt c/ Danemark*, 24 mai 1989, *GACEDH*, n° 31, § 48). Les « apparences » peuvent ici revêtir de l'importance, et le juge européen, dès son arrêt *Delcourt c/Belgique* (17 janv. 1970, A.11, § 31), se montre réceptif à l'adage anglais *« Justice must not only be done, it must be seen to be done »*[1]. Cette exigence d'une justice « qui se donne à voir » est essentielle.

Ainsi, le fait pour un civil de devoir répondre d'infractions pénales devant un tribunal composé notamment d'un magistrat militaire constitue par lui-même un motif légitime de redouter un manque d'indépendance et d'impartialité de cette juridiction (*Incal c/ Turquie*, 9 juin 1998 ; *Ergin c/ Turquie*, 4 mai 2006, se référant à Cour IADH, 16 août 2000, *Durand et Ugarte c/ Pérou*).

L'arrêt *Hauschildt* (24 mai 1989, préc.) marque le passage d'une conception abstraite à une conception concrète de l'impartialité objective : « L'élément déterminant consiste à savoir si les appréhensions de l'intéressé peuvent passer pour objectivement justifiées » (§ 48). S'attachant plus à la réalité du fonctionnement du système judiciaire, la Cour européenne refuse désormais de prohiber par principe le cumul de fonctions successives par un magistrat, sous réserve du caractère plus ou moins approfondi des investigations menées par le juge avant le jugement.

La CJCE reprend à son compte cette conception de l'impartialité objective, en se référant à la jurisprudence de la Cour EDH (CJCE, 1er juill. 2008, *Chronopost SA*, C-341/06, pt. 54, *AJDA*, 2008, 1533, chron. E. Broussy et al. ; CJCE, 19 févr.

1. « La justice ne doit pas seulement être rendue, mais il doit être visible qu'elle est rendue » (Lord Hewart).

2009, *Atxalandabaso c/ Parlement*, C-308/07 P, pt. 46, Europe, 2009-4, comm. 147, E. Bernard).

Il en va de même du CDH (n° 1437/2005, *Jenny c/ Autriche*, déc. 9 juill. 2008, A/63/40, 2008, vol. II, 199). Pour le CDH, l'impartialité du tribunal « exige que les juges n'aient pas d'idées préconçues au sujet de l'affaire dont ils sont saisis et qu'ils n'agissent pas de manière à favoriser les intérêts de l'une des parties » (no 387/1989, *Arvo Karttunen c/ Finlande*, A/48/40, vol. 1, 1993, § 812). Le Comité estime aussi que « le tribunal doit être et doit sembler être indépendant et impartial » : en conséquence, le système des « tribunaux sans visage » (les juges sont masqués afin de préserver leur anonymat et leur sécurité), institué par la législation antiterroriste spéciale au Pérou, ne garantit ni l'impartialité ni l'indépendance du tribunal (no 577/1994, *Polay Campos c/ Pérou*, déc. 6 nov. 1997, A/53/40, vol. II, 38 ; no 678/1996, *Gutierrez Vivanco c/ Pérou*, déc. 26 mars 2002, A/57/40, vol. II, 36).

* Selon la Cour de cassation, la motivation même de la décision de justice ne doit pas être empreinte de partialité : les termes injurieux d'un jugement sont « manifestement incompatibles avec l'exigence d'impartialité » (Cass. 2e civ., 14 sept. 2006, *Mathieu c/ Trifilo et al.*, n° 04-20. 524, *JCP G*, 2006-47, II, 10189, avis R. Kessous, *D*, 2007, 899, obs. V. Vigneau).

3° Les garanties du procès équitable s'appliquant aux phases de l'information préliminaire et de l'instruction judiciaire (*Imbrioscia c/ Suisse*, 24 nov. 1993, § 36, *infra*, n° 424), l'exigence d'impartialité s'impose en conséquence au juge d'instruction, dont la Cour souligne qu'il adopte des « mesures provisoires qui affectent les droits fondamentaux de la personne soumise à une instruction pénale » (*Vera Fernandez-Huidobro c/ Espagne*, 6 janv. 2010, § 113, *JCP G*, 2010, act. 130, F. Sudre).

**398** CUMUL DE FONCTIONS JURIDICTIONNELLES. — La portée du principe d'impartialité diffère selon la nature du cumul de fonctions. Trois hypothèses doivent être distinguées.

**399** EXERCICE SUCCESSIF DE FONCTIONS JURIDICTIONNELLES IDENTIQUES AU TITRE DU MÊME LITIGE. – Cet exercice n'est pas prohibé par l'article 6. La Cour européenne juge en effet que le magistrat qui siège à nouveau sur un même litige, après renvoi, ne méconnaît pas le principe d'impartialité de l'article 6, § 1, sauf si des dispositions de droit interne imposent le renouvellement de la composition de la formation de jugement (*Oberschlick c/ Autriche*, 25 avr. 1991, A. 204). Le principe est posé en matière civile par l'arrêt *Ringeisen c/ Autriche*, du 16 juillet 1971 : « On ne peut... voir un motif de suspicion légitime dans la circonstance que deux membres avaient pris part à la première décision de la Commission régionale, car on ne saurait poser en principe général découlant du devoir d'impartialité qu'une juridiction de recours annulant une décision administrative ou judiciaire a l'obligation de renvoyer l'affaire à une autre autorité juridictionnelle ou à un organe autrement constitué de cette autorité » (A. 14, § 97). Il en est fait application en matière disciplinaire (*Diennet c/ France*, 26 sept. 1995, A. 325, § 38) et en matière pénale (*Thomann c/ Suisse*, 10 juin 1996).

Les juges peuvent donc siéger en la même qualité pour connaître de la même affaire, sous réserve, d'une part, du nombre de magistrats concernés (*Cardonat Serrat c/ Espagne*, 26 oct. 2010, § 37 : deux des trois juges) et de leur rôle au sein de la formation collégiale (*Perote Pellon c/ Espagne*, 25 juill. 2002, § 51) et, d'autre part, que le tribunal ne soit « aucunement lié par sa première décision » et qu'il reprenne « à son point de départ l'ensemble de l'affaire, toutes les questions soulevées par celle-ci restant ouvertes » (*Thomann*, § 35). Toutefois, une décision isolée juge que ce n'est pas « le nombre ou la proportion des juges concernés » qui est déterminant pour l'impartialité objective mais l'existence ou non d'un « motif sérieux » rendant « absolument nécessaire » la participation des juges concernés à la formation de jugement avec voie délibérative (*Fazli Aslaner c/ Turquie*, 4 mars 2014, § 40).

* Au visa de l'article 6 § 1, la Cour de cassation juge qu'« un même juge ne peut connaître d'un recours afférent à une décision qu'il a précédemment rendue » (Civ. 1re, 26 janv. 1999, n° 96-04230, *RTD civ.*, 2000, 619, obs. J. Normand).

Le Conseil d'État fait une exacte application de la jurisprudence *Ringeisen-Thomann* en considérant que l'exigence d'impartialité « ne s'oppose pas à ce que les juges dont une décision a été annulée délibèrent à nouveau sur l'affaire en la même qualité » ; un tribunal administratif peut donc juger une affaire dans la même formation après qu'un premier jugement ait été annulé en appel et que l'affaire lui ait été renvoyée (CE, 11 févr. 2005, *Commune de Meudon*, concl. I. de Silva, *RFDA*, 2005, 760 ; aussi, CE, 27 juill. 2005, *Weygand et Bernardini*, *AJDA*, 2005, 2016, concl. M. Guyomar : Cour des comptes).

La CJCE se prononce dans le même sens (CJCE, 1er juill. 2008, *Chronopost SA*, C-341/06 ; CJCE, 19 févr. 2009, *Atxalandabaso c/ Parlement*, C-308/07 P, pt. 46, préc. n° 455).

Concernant les voies de rétractation, la Cour européenne n'a pris position que sur l'opposition, jugeant que l'article 6 ne fait pas obstacle à ce que la même juridiction, dans la même composition, statue dans un premier procès en l'absence de l'accusé, puis dans un second procès en sa présence (*Thomann*, préc.).

* Le juge judiciaire considère que le principe d'impartialité ne s'oppose pas à ce qu'une juridiction saisie d'une voie de rétractation siège dans une composition identique à celle de la juridiction dont on demande de rétracter la décision. Il en va ainsi pour le recours en rectification d'erreur matérielle (Cass. Ass. plén., 1er avr. 1994, nº 91-20250, *JCP*, 1994, II, 22256, concl. M. Jéol), pour le recours en révision (Cass. 2e civ., 5 févr. 1997, nº 95-10622, *Bull. civ.*, II, nº 34), pour le recours en opposition à un jugement rendu par défaut (Cass. 2e civ., 5 févr. 1997, nº 95-13504, *D*, 1998, 24, note S. Denoix de Saint-Marc ; Cass. crim., 23 oct. 1996, nº 95-85585, *Bull. crim.*, nº 370). Le Conseil d'État a une position identique pour le recours en tierce opposition (CE, 10 déc. 2004, *Sté Resotim*, *AJDA*, 2005, 782, note A.-M. Mazetizer) mais, curieusement, estime que le principe d'impartialité s'oppose à ce que participe au jugement d'un recours en rectification d'erreur matérielle un juge qui a participé à la décision qui en est l'objet (CE, 25 juin 2005, *M. et Mme Hespel*, *RFDA*, 2006, 58, concl. E. Glaser ; 64, note D. Pouyaud).

**400** Exercice successif de fonctions juridictionnelles différentes par un même juge dans une même affaire. — La Cour, dans un premier temps, a adopté une interprétation stricte de la règle de l'impartialité, posant le principe de l'interdiction d'un tel cumul.

Ainsi, l'exercice des fonctions de juge de poursuite (*Piersack c/ Belgique*, 1er oct. 1982, A. 53 ; *Findlay c/ Royaume-Uni*, 25 févr. 1997 : tribunaux militaires [1]) ou de juge d'instruction (*De Cubber c/ Belgique*, 26 oct. 1984, A. 86) s'avère incompatible avec celle de juge du fond, car il importe que ce dernier aborde l'affaire sans « préjugé ».

1º La conception concrète de l'impartialité objective conduit à une appréciation beaucoup plus souple du cumul des fonctions, qui

1. La Cour précise que l'article 6 « n'interdit pas qu'un tribunal militaire juge des membres de forces armées ayant commis des infractions pénales » dès lors que la procédure garantit la séparation des fonctions de poursuite, de convocation et de décision et que rien ne permet de douter de l'indépendance des membres de la cour martiale (*Cooper c/ Royaume-Uni*, 16 déc. 2003, § 110).

entraîne un effritement de la jurisprudence séparatiste de la Cour (par ex., *Bulut c/ Autriche*, 22 févr. 1996)[1].

— Le cumul des fonctions juridictionnelles en matière pénale est admis dès lors que l'« étendue », la « nature » ou la « portée » des mesures adoptées par le juge avant le procès pénal ne sont pas de nature, du fait du caractère sommaire des investigations effectuées, à laisser penser que ledit magistrat a un « préjugé » empêchant de le considérer comme impartial.

Il en va ainsi pour le cumul des fonctions de juge de la détention provisoire et de juge du fond (*Sainte-Marie c/ France*, 16 déc. 1992, A. 253 A ; *Saraiva de Carvalho c/ Portugal*, 22 avr. 1994, A. 286 B ; dans le même sens, Cass. Crim., 28 mars 2012, n° 11-85.225), des fonctions d'instruction et de jugement (*Fey c/ Autriche*, 24 févr. 1993, A. 255 ; *Padovani c/ Italie*, 26 févr. 1993, A. 257 B).

Revenant sur sa jurisprudence antérieure (*Nortier c/ Pays-Bas*, 24 août 1993, A. 267 ; *RTDH*, 1994, 429, note J. Van Compernolle ; dans le même sens, Crim., 7 avr. 1993, *JCP*, 1993, II, 22151, note M. Allaix), la Cour juge désormais que, malgré sa spécificité, la procédure applicable aux mineurs relève des règles communes gouvernant l'impartialité objective du tribunal : ainsi, elle sanctionne le cumul des fonctions de juge d'instruction et de juge du fond lorsqu'un JAF a fait durant l'instruction un ample usage de ses attributions et a conduit la procédure de rassemblement des preuves (*Adamkiewicz c/ Pologne*, 2 mars 2010, *D* 2010, 1324, note P. Bonfils ; le Conseil constitutionnel juge dans le même sens, déc. 2011-147 QPC, 8 juill. 2011 ; aussi, Crim., 14 mai 2013, n° 12-80.153, *D* 2014, 321, obs. G. Barbier.

* Mettant en exergue la spécificité du rôle de la Cour de cassation et de la nature du contrôle exercé par cette dernière, la Cour européenne juge qu'un magistrat peut successivement faire partie de la formation de la Cour de cassation qui a statué sur la décision de la Chambre d'accusation de renvoyer la personne poursuivie devant la cour d'assises et de celle qui statue sur la décision de condamnation rendue par cette dernière, ce magistrat ayant été conduit à examiner des points de droit différents – légalité de l'instruction, légalité du jugement – dans chacun des pourvois (*Depiets c/ France*, 10 févr. 2004).

Le même raisonnement est applicable à la « matière civile ».

1. Pour une analyse de cette jurisprudence « laxiste », voir notre chronique, *JCP G*, 1994, I, 3742, 1995, I, 3823, 1996, I, 3910.

À propos d'une procédure de redressement judiciaire, le juge européen estime que la nature et l'étendue des fonctions du juge-commissaire et les mesures qu'il est amené à prendre durant la phase d'observation n'impliquent pas nécessairement un préjugé sur la question à trancher par le tribunal de la viabilité du plan de redressement proposé par le requérant (*Morel c/ France*, 6 juin 2000, *D*, 2001, 1610, obs. M.-L. Niboyet ; dans le même sens, Cass. com., 16 oct. 2001, *Le Stum*, n° 98-12568, *D*, 2001, 3273, note Lienhard. Pour un exemple contraire, *Le Stum c/ France*, 4 oct. 2007). Voir aussi, *Merigault c/ France*, 24 sept. 2009 (procédure disciplinaire devant les juridictions ordinales).

— Inversement, la Cour européenne considère qu'il y a atteinte à l'impartialité objective dès lors que le juge a porté une appréciation préalable sur la question qu'il doit juger, l'appréciation préalable supposant une identité des faits dont le juge concerné a eu successivement à connaître [1].

Ainsi, n'est pas impartial un magistrat qui juge un accusé après avoir jugé et condamné dans un premier procès un co-accusé dont le cas avait été disjoint (*Ferrantelli et Santangeloc/ Italie*, 7 août 1996). De même, le cumul des fonctions de juge d'instruction et de juge du fond enfreint l'article 6 lorsque le juge a fait un usage très étendu de ses pouvoirs d'enquête (*Tierce et al. c/ Saint-Marin*, 25 juill. 2000, *JCP G*, 2001, I, 291, n° 24, chron. F. Sudre), et une conclusion identique s'impose lorsque le président et le juge-rapporteur d'une juridiction de jugement ont rejeté l'appel contre l'ordonnance d'inculpation prononcée à l'encontre du requérant et ont prorogé sa détention provisoire, en se fondant sur l'existence d'indices de culpabilité « solides et raisonnables » (*Perote Pellon c/ Espagne*, 25 juill. 2002, § 50).

2° Le cumul des fonctions de poursuite et de jugement demeure néanmoins sanctionné, en tant que tel. Le juge européen confirme le principe « qui saisit (ou poursuit) ne peut juger » (*Demicoli c/ Malte*, 27 août 1991, A. 210 ; *Findlay*, 25 févr. 1997, préc.). Cela la conduit à constater l'absence d'une « indépendance structurelle » entre ces deux fonctions dans le cadre d'une procédure disciplinaire pénitentiaire (*Whitfield et al. c/ Royaume-Uni*, 12 avr. 2005, *JCP G*, 2005, I, 159, n° 10, chron. F. Sudre) et à sanctionner la procédure

1. Cette exigence d'identité des faits est appliquée strictement par la Chambre criminelle de la Cour de cassation, qui rejette le soupçon de partialité lorsque les faits sont seulement connexes (Crim., 10 juill. 1997, *Bull.*, n° 271 ; Crim., 9 juin 1999, *Bull.*, n° 130).

sommaire de *contempt of court* (*Kyprianou c/ Grèce*, 15 déc. 2005, Gr. Ch.) [1].

* La Cour européenne sanctionne l'absence de distinction claire entre les fonctions de poursuite, d'instruction et de sanction dans l'exercice du pouvoir juridictionnel de la Commission bancaire, soulignant la confusion des rôles – notamment du secrétaire général – lors des phases d'ouverture de la procédure disciplinaire et de notification des griefs (*Dubus S.A. c/ France*, 11 juin 2009, *D* 2009, 2247, note A. Couret). Après avoir jugé que le cumul de la fonction de contrôle administratif et de l'exercice du pouvoir de sanction disciplinaire de la Commission bancaire était compatible avec l'article 6 (CE, 30 juill. 2003, *Société Dubus et Banque d'escompte et Wormser frères* (2 aff.), *AJDA*, 2004, 26, note A. Laget-Annamayer), le Conseil d'État s'est rallié à la position de la Cour (CE 8 nov. 2010, n° 329384, *D* 2011, 1643, obs, D. R. Martin et H. Synvet). Le Conseil constitutionnel fait également prévaloir une stricte séparation entre les fonctions de poursuite et les fonctions de jugement pour les autorités de régulation dotées de pouvoirs répressifs (déc. 2011-200 QPC, 25 nov. 2011, *AJDA*, 2011,578, note M. Lombard).

* La Cour de cassation prohibe également le cumul des fonctions de poursuite et de jugement et juge, par exemple, que le substitut du procureur devenu conseiller de cour d'appel ne peut connaître successivement d'une même affaire (Crim., 5 déc. 2001, n° 01-81407) et que le même magistrat ne peut représenter le ministère public lors d'une instance puis statuer en qualité de président lors de l'appel (Crim., 24 mai 2005, n° 04-86432, *D*, 2006, 619, chron. J. Pradel).

**401** CUMUL DES FONCTIONS CONSULTATIVES ET JURIDICTIONNELLES. — Cette question fait l'objet d'une approche nuancée. Après avoir sanctionné l'« impartialité structurelle » du Conseil d'État luxembourgeois du fait de ce cumul dans le chef de ses membres (*Procola c/ Luxembourg*, 28 sept. 1995, A. 326, § 45, *RFDA*, 1996, p. 777, obs. J.L. Autin et F. Sudre), la Cour européenne, refusant d'adopter une position dogmatique sur le principe de la séparation du pouvoir exécutif et de l'autorité judiciaire, affirme nettement que la dualité des fonctions consultatives et juridictionnelles dans une Haute Juridiction (en l'espèce, le Conseil d'État français) n'est pas en soi contraire à l'article 6 (*Sacilor-Lormines c/ France*, 9 nov. 2006, § 71, *RFDA*, 2007, 342, obs. J.L. Autin et F. Sudre ; déc. n° 39699/03, 15 juill. 2009, *Union fédérale Que Choisir de Côte d'Or c/ France*, *RFDA*, 2009, 885, note B. Pacteau ;

1. Procédure selon laquelle les faits potentiellement constitutifs d'« outrage à la cour » sont examinés par le juge devant lequel ils ont été commis.

CE, 11 juill. 2007, *Union syndicale des magistrats administratifs*, *AJDA*, 2007, 2218, note T. Gründler). Il en va de même de l'exercice successif des fonctions consultatives et juridictionnelles par un même juge, sous réserve que celui-ci n'ait pas de « préjugé », selon la conception de l'impartialité objective concrète (*supra*, *Kleyn et al. c/ Pays-Bas*, 6 mai 2003, Gr. Ch., *RTDH*, 2004, 365, obs. G. Gonzalez).

Dans le même esprit, la Cour européenne juge contraire au principe d'impartialité le cumul de fonctions législatives et juridictionnelles (par le bailli de Guernesey, *McGonnell c/ Royaume-Uni*, 8 févr. 2000) dès lors que l'implication directe d'un juge dans l'adoption d'une législation ou d'une réglementation administrative peut faire naître un doute sur son impartialité judiciaire s'il est appelé à statuer par la suite sur un litige relatif à l'application de cette législation ou réglementation (aussi, *Pabla Ky c/ Finlande*, 22 juin 2004).

Le cumul des fonctions ne sera incompatible avec l'exigence d'impartialité que si un même magistrat a siégé dans les deux formations – consultative et contentieuse – ayant eu à connaître de la « même question » (*Union fédérale Que Choisir de Côte d'Or*, préc.). Le critère décisif de la compatibilité de la dualité fonctionnelle avec l'exigence d'impartialité est alors un critère matériel résidant dans l'objet de l'avis consultatif et de la décision contentieuse : les deux procédures ne doivent pas concerner la « même décision », la « même affaire » ou des « questions analogues » (*Sacilor-Lormines*, § 73), mais porter sur une « question distincte », notion que le juge européen semble entendre souplement (*Kleyn*, § 199-200 ; *Sacilor-Lormines*, § 74).

* L'arrêt *Procola* n'est sans doute pas étranger à la décision du Conseil d'État de revenir sur sa jurisprudence antérieure (CE, 25 janv. 1980, *Gadiaga*, *Rec.*, p. 414, concl. M. Rougevin-Baville) pour considérer qu'un membre d'un tribunal administratif ayant participé à l'élaboration d'un avis ne peut ensuite siéger dans la formation de jugement qui a à connaître d'un litige où cet avis serait en cause (CE, 5 avr. 1996, *Syndicat des avocats de France*, *RFDA*, 1996, p. 1195, concl. J.-C. Bonichot ; aussi, CAA de Paris, 23 mars 1999, *Sarran*, *AJDA*, 1999, p. 623, note M. Chauchat).

## 402 RÉCEPTION DE L'IMPARTIALITÉ OBJECTIVE CONCRÈTE EN DROIT INTERNE.

* Le juge interne reprend à son compte la conception européenne de l'impartialité objective : ainsi, jugeant, au visa de l'article 6 § 1, que les liens étroits noués entre une partie civile à la procédure et l'un des juges siégeant dans la formation de jugement était « de nature à créer, dans leur esprit [des parties], un doute raisonnable objectivement justifié, sur l'impartialité de la juridiction » (Crim, 15 janv. 2015, n° 12-87,059, *JCP G* 2015, 221, note H. Matsopoulou et note 222, J. van Compernolle). Voir aussi, topique, Cass. 2e civ., 13 juill. 2005, *Banque Delubat et Cie c/ Menat*, n° 04-19962, *D*, 2005, 2656, avis R. Kessous

Cinq domaines (outre celui de la composition des juridictions spécialisées, *supra*, n° 265) illustrent particulièrement l'« importation » en droit interne de l'« impartialité objective concrète » ; on en donnera quelques exemples significatifs.

1° *Le juge des référés.* La Cour de cassation se réclame de la démarche objective pour apprécier l'impartialité du juge des référés qui connaît de l'appel dirigé contre le jugement sur le fond (Cass. Ass. plén., 6 nov. 1998, *Sté Bord Na Mona c/ SA Norsk hydro-azote,* n° 94-17709, *et Guillotel c/ Sté Castel et Fromaget*, n° 95-11006, concl. J.F. Burgelin, *D. jur.*, 1999, p. 1 ; *JCP G*, 1998, II, 10198, rapp. P. Sargos). Évitant de condamner par principe ce système, la Cour adopte une solution nuancée : le magistrat qui a statué en référé sur une demande tendant à l'attribution d'une provision ne peut ensuite juger au fond dès lors que le « référé-provision » implique une appréciation du fond même de l'obligation, l'attribution d'une provision en référé supposant que l'existence de l'obligation n'est pas sérieusement contestable (1re aff.) ; par contre, le magistrat qui a pris une véritable mesure conservatoire, alors que l'affaire n'est pas encore en état d'être jugée au fond, peut, sans manquer à l'exigence d'impartialité, statuer au fond (2e aff. : mesures de refus de rétractation de saisie conservatoire et de cantonnement prises par le juge des référés).

Le Conseil d'État rejoint la solution de la Cour de cassation en considérant que le principe d'impartialité ne fait pas obstacle, eu égard à la nature de l'office du juge des référés, à ce qu'un même magistrat se prononce successivement sur une demande de référé suspension et sur le litige au principal (CE, Avis, 12 mai 2004, *Commune de Rogerville*, concl. E. Glaser, *RFDA*, 2004, 723 ; solution contraire en matière de référé conservatoire, CE, 7 déc. 2006, *Mme Sene*, n° 294218) et, de même, ne s'oppose pas, eu égard à la nature de l'office du juge appelé à statuer sur une demande d'aide juridictionnelle, à ce qu'un même magistrat se prononce successivement sur une demande d'aide juridictionnelle et sur la requête pour la présentation de laquelle cette aide juridictionnelle était sollicitée (CE, 12 mai 2004, *Hakkar*, *AJDA*, 2004, 1354, chron. C. Landais et F. Lenica).

2° *Le cumul de fonctions*

a) *Cumul de fonctions juridictionnelles.* Une démarche similaire conduit la Chambre criminelle à considérer que ne peut siéger dans une cour d'assises un magistrat qui a déjà porté une appréciation sur la culpabilité de l'accusé en qualité de juge du divorce (Crim., 16 oct. 1991, n° 90-86527, *Bull.*, n° 351 ; Crim., 21 févr. 1996, *Bull.*, n° 82 ; *Dr. pénal*, 1996, n° 122, obs. Maron), mais qu'à l'inverse cela est possible dès lors qu'aucune appréciation de culpabilité n'a été portée par le juge du divorce sur le compte du demandeur avant sa mise en accusation (Crim., 13 sept. 2000, n° 00-80922). De même, la 1re chambre civile peut juger que n'enfreint pas l'exigence d'impartialité le fait qu'un magistrat ayant statué dans une instance disciplinaire engagée contre un avocat pour des faits de destruction de documents siège dans une instance distincte dirigée contre la même personne mais concernant des faits différents (Civ. 1re, 22 mai 2002, *M. c/ Conseil de l'Ordre des avocats au barreau de Saint-Brieuc*, n° 99-13871), mais que le magistrat qui a, dans un premier temps, participé à la condamnation pénale d'un père pour abandon de famille ne peut ensuite, en application de l'article 6, § 1, se prononcer sur la réduction de la pension alimentaire (Civ. 1re, 29 sept. 2004, *Pons c/ Scheper*, n° 02-16436, *Dr. fam.*, 2005, 23, obs., A. Gouttenoire). Selon la Cour de cassation, la qualité de juge délégué aux victimes ne fait pas en soi obstacle à ce qu'il statue comme juge correctionnel se prononçant sur les intérêts civils ; tout dépend de « la nature et de l'étendue des mesures qui, le cas échéant, ont été prises par le magistrat, en qualité de juge délégué aux victimes avant de statuer sur les intérêts civils » (Cass., Avis, 20 juin 2008, n° 080005P, *D.* 2008, 1902).

Dans le même esprit, le Conseil d'État juge que le principe d'impartialité s'oppose à ce qu'un membre de la CDBF ait à juger d'accusations relatives à des faits qu'il a déjà eu à apprécier dans le cadre d'autres fonctions juridictionnelles (CE, 4 févr. 2005, *Procureur général près la Cour des comptes*, *AJDA*, 2005, 1070, concl. M. Guyomar : procédure de gestion de fait mettant en cause la même personne) et prohibe l'exercice successif de fonctions juridictionnelles identiques ayant conduit les mêmes membres à juger des mêmes faits dans le cadre d'un contentieux disciplinaire, au titre de la section des assurances sociales du Conseil national de l'Ordre des médecins puis de la section disciplinaire dudit Conseil national (CE, 3 oct. 2003, *Patet*, *RFDA*, 2003, 1271). Le Conseil constitutionnel juge aussi que l'art. L. 36-11 du code des postes et télécom qui n'assure pas la séparation au sein de l'Autorité de régulation des communications électroniques et des postes entre les fonctions de poursuite et d'instruction et les fonctions de jugement méconnait le principe d'impartialité (n° 2013-331 QPC, 5 juill. 2013, *Société Numéricable SAS et a.*)

b) *Cumul de fonctions juridictionnelles et non juridictionnelles.* Le Conseil d'État sanctionne le cumul de fonctions administratives et de fonctions juridictionnelles par un même magistrat dans une même affaire (CE, Ass., 4 juill. 2003, *Dubreuil*, *RFDA*, 2003, 713, concl. M. Guyomar : membres de la Cour des comptes ayant pris part à l'adoption du rapport public de la Cour des comptes présentant ces faits comme établis et irréguliers).

Le défaut d'« impartialité structurelle » conduit le Conseil d'État à annuler sur le fondement du principe général d'impartialité de droit interne, un arrêt de la Cour des comptes prononçant la gestion de fait dans une affaire où l'irrégularité des faits avait été précédemment évoquée par le rapport public de la Cour (CE,

Ass., 23 févr. 2000, *Société Labor Metal et al.*, *RFDA*, 2000, p. 435, concl. M. Seban ; CE, 17 oct. 2003, *Dugoin*, *AJDA*, 2003, 2031, chron. F. Donnat et D. Casas). cette circonstance entache d'irrégularité la composition de la Cour des comptes, et le moyen tiré d'une telle composition irrégulière est d'ordre public (CE, 19 avr. 2000, *Lambert*, req. n° 199641, *Rec. Tab.*). Cette solution est d'autant plus remarquable que l'article 6, § 1 de la CEDH ne trouvait pas à s'appliquer en l'espèce. Précisons, enfin, que la Cour de discipline budgétaire et financière s'applique à elle-même la jurisprudence Dugoin relative à la Cour des comptes et, dans l'impossibilité de juger de façon impartiale dans sa composition actuelle, renvoie l'affaire au Conseil d'État (CDBF, 15 juin 2004, *Gestion du centre hospitalier spécialisé de Villejuif*, *AJDA*, 2004, 1602, note A. Maucour-Isabelle).

3° *La faculté d'autosaisine.* La question de la saisine de la juridiction par l'un de ses membres est également appréciée par le juge judiciaire au regard de l'impartialité objective. La Cour de cassation considère que le bâtonnier qui, dans le cadre d'une procédure disciplinaire, détient le pouvoir de décider soit du renvoi devant le Conseil de l'ordre soit du classement de l'affaire, ne peut participer au délibéré de la formation disciplinaire (Civ. 1re, 5 oct. 1999, *C c/ Proc. gén. près CA Basse-Terre*, n° 97-15277, *JCP G*, 1999, II, 10203, concl. J. Sainte-Rose ; Civ. 1re, 23 mai 2000, *Pasqualini c/ Procureur général près de la cour d'appel de Besançon*, n° 97-19169, *AJDA*, 2000, 762, obs. P. Sargos), mais estime, d'une manière générale, que la faculté pour une juridiction disciplinaire de se saisir d'office d'une instance disciplinaire n'est pas contraire à l'article 6, § 1 (Cass. 1re civ., 4 janv. 2005, n° 01-16464). La Cour de cassation semble admettre en matière de procédure collective que le juge qui procède à la saisine de la juridiction puisse en principe participer à un jugement sur le fond à condition que les citations adressées aux parties ne laissent pas transparaître son opinion (Cass. com., 3 nov. 1992, *Haillot c/ Soinne*, n° 90-16751, *D*, 1993, 538, note J.L. Vallens ; Com., 16 mai 2006, *Elisario X*, n° 05-16. 668).

Le Conseil d'État adopte un raisonnement similaire et juge que la faculté d'une juridiction ou d'une autorité administrative qualifiée de « tribunal » au sens de la Convention de se saisir d'office « n'est pas en soi contraire à l'exigence d'équité dans le procès » énoncée par l'article 6, § 1, qui n'impose aucunement « la séparation des phases d'instruction et de jugement au sein d'un même procès » (CE, 6 janv. 2006, *Sté Lebanese Communication Group*, *Rec.*). Encore faut-il que la condition d'impartialité objective soit respectée ; tel n'est pas le cas si la lecture de l'acte de saisine « donne à penser que les faits visés sont d'ores et déjà établis ou que leur caractère répréhensible (…) est d'ores et déjà reconnu » (CE, 20 oct. 2000, *Société Habib Bank limited*, *JCP G*, 2001, II, 10459, concl. F. Lamy ; CE, 22 déc. 2011, n° 323612, *Union mutualiste générale de prévoyance* ; CE, Ass., 21 déc. 2012, *Société Groupe Canal plus 1 et 2*, n° 353856, *AJDA* 2013, 215, chron. X. Domino et A. Bretonneau). Il juge également, au terme d'un raisonnement complexe, que la règle du double arrêt dans le cadre d'une procédure de gestion de fait sur saisine d'office du juge des comptes ne méconnaît pas le principe d'impartialité (CE, 20 avr. 2005, *Karsenty, Fondation d'Aguesseau et al.*, *AJDA*, 2005, 1732, note

M. Lascombes et X. Vandendriessche). À cette occasion, le Conseil d'État affirme expressément que le principe d'impartialité « fait partie des principes généraux du droit ».

Pour le Conseil constitutionnel, la saisine d'office par une juridiction, sous réserve que la procédure n'ait pas pour objet le prononcé de sanctions ayant le caractère d'une punition, n'est compatible avec le principe d'impartialité qu'à la condition qu'elle soit fondée sur un motif d'intérêt général et que soient instituées par la loi des garanties procédurales (n° 2012-286 QPC, 7 déc. 2012, *Société Pyrénées services et autres,* D 2013,28, note M.-A. Frison-Roche).

4° *La participation du rapporteur au délibéré de la formation de jugement.* Selon la Cour de cassation, le rapporteur ne saurait participer au délibéré de l'instance disciplinaire du Conseil de l'Ordre des avocats (Cass. 1re civ., 5 oct. 1999, *D. c/ Proc. gén. près CA Douai, JCP G,* 1999, II, 10203, concl. J. Sainte-Rose) [1].

Se fondant moins sur l'article 6, § 1 que sur un principe général d'impartialité de droit interne, opportunément « découvert » par l'arrêt *Didier* (CE, 3 déc. 1999, *Didier, JCP,* 2000, II, 10267, note F. Sudre, *supra,* n° 243), le Conseil d'État retient également le critère de la nature et de l'étendue des fonctions du rapporteur durant la phase d'instruction pour apprécier si ce dernier peut siéger ensuite dans la formation de jugement. Soit qu'il réponde positivement, qu'il s'agisse d'autorités administratives ayant la qualité de « tribunal » au sens de l'article 6 de la Convention (Conseil des marchés financiers : CE, 3 déc. 1999, *Didier,* préc. ; CE, 22 nov. 2000, *Société Crédit agricole Indosuez, JCP,* 2001, II, 10531, note R. Salomon ; Conseil de discipline de la gestion financière : CE, 31 mars 2004, *Sté Etna Finance,* n° 243579, *Rec. Tab.*) [2], de juridictions ordinales en formation disciplinaire (CE, 3 déc. 1999, *Leriche, JCP,* 2000, II, 10267, note F. Sudre ; CE, 10 avr. 2002, *Maure,* n° 204562, *Rec. Tab.*), des juridictions financières dans les procédures de gestion de fait (CE, Ass. 14 déc. 2001, *Société Réflexions, Médiations, Ripostes, AJDA,* 2002, 127, chron. M. Guyomar et P. Collin : rapporteur de l'affaire devant la Cour des comptes statuant en appel d'un jugement de chambre régionale intervenu en matière de gestion de fait ; solution étendue à la procédure de première instance, CE, 27 juill. 2005, *Balkany, AJDA,* 2005, 2016, concl. M. Guyomar), de juridictions spécialisées (CE, 6 févr. 2006, *Mme Lasserre née Ramado, Rec. Tab.* : commission centrale d'aide sociale), du Conseil supérieur de la magistrature statuant en formation disciplinaire des magistrats du siège (que l'article 6, § 1 ne soit pas applicable, CE, 6 nov. 2002, *Wargniez, AJDA,* 2002, 1443, chron. F. Donnat et D. Casas ; ou le soit, CE, 12 déc. 2007, M. A., *supra,* n° 365).

Soit que la réponse soit négative : le rapporteur d'une chambre régionale des comptes ne peut, non seulement, participer au jugement des comptes dont il a eu à connaître à l'occasion d'une vérification de gestion (CE, Ass., 6 avr. 2001,

1. Le décret n° 2005-531 du 24 mai 2005 réforme la procédure disciplinaire des avocats afin de la mettre en conformité avec les exigences de l'article 6, § 1 (*D,* 2006, 267, obs. B. Blanchard).
2. Désormais, la commission des sanctions de l'AMF « statue par décision motivée hors la présence des rapporteurs » (art. L. 621-15 IV du Code monétaire et financier ; voir Y. Reinhard et S. Thomasset-Pierre, Droit des marchés financiers, *D,* 2005, 2601).

*SA Entreprise Razel Frères et M. Le Leuch*, *RFDA*, 2001, 1299, concl. A. Seban) mais, plus généralement, prendre part à la procédure de gestion, à quelque stade que ce soit, et, notamment, participer « au délibéré de la formation de jugement chargée de se prononcer sur la fixation de la ligne de compte » (CE, 30 déc. 2003, *Beausoleil et Mme Richard*, *RFDA*, 2004, 365, concl. M. Guyomar, p. 371, note A. Coutant ; dans le même sens, Cour EDH, 10 mai 2007, *Tedesco c/ France*)[1]. Cette analyse du Conseil d'État est validée par la décision d'irrecevabilité *Didier* de la Cour européenne (*Didier c/ France*, 27 août 2002, *RDP*, 2003-3, obs. G. Gonzalez).

5° *La récusation.* Le demandeur n'est pas recevable à faire état d'une violation de l'article 6, § 1 devant la Cour de cassation dès lors qu'il n'a pas fait usage de la possibilité d'en obtenir le respect en récusant le magistrat par application de l'article 341-5° du nouveau Code de procédure civile (Ass. plén., 24 nov. 2000, *Comet*, n° 99-12412, *RTD civ.*, 2001, 192, obs. J. Normand ; dans le même sens, Civ. 2e, 6 mai 1999, *Laye*, n° 96-12964, *RTD civ.*, 1999, 685, obs. J. Normand) ; toutefois, les huit causes de récusation limitativement prévues par l'article 341 NCPC n'épuisent pas l'exigence d'impartialité (Cass. 1re civ., 31 mars 1998, *L. et al. c/ Proc. gén. près CA Rennes*, n° 95-17430, et 28 avr. 1998, *G. c/ C. et autres*, *JCP G*, 1999, II, 10102, note J. Pralus-Dupuy). De même, en matière pénale, l'accusé n'est pas recevable à mettre en cause devant la Cour de cassation l'impartialité d'un magistrat en invoquant une violation de la CEDH, dès lors qu'il n'a pas fait usage de la possibilité d'en obtenir le respect en le récusant (art. 668 CPP) et qu'en s'abstenant de le faire avant la clôture des débats, il a renoncé sans équivoque à s'en prévaloir (Ass. plén., 11 juin 2004, *Papon*, n° 98-82323, *JCP G*, 2004, IV, 2597).

### *D – La publicité et la célérité de la procédure*

Ces garanties visent à assurer le bon déroulement de l'instance.

#### *1. La publicité de la procédure*

**403** Portée. — La publicité de la procédure juridictionnelle garantit les justiciables contre une justice secrète et contribue à préserver la confiance dans la justice (*Pretto c/ Italie*, 8 déc. 1983,

1. La loi n° 2008-1091 du 28 octobre 2008 relative à la Cour des comptes et aux CRC vise à assurer la compatibilité des procédures des juridictions financières avec les exigences européennes du procès équitable (*JORF*, 29 oct. 2008, p. 16416 ; É. Douat (dir.), La réforme des procédures des juridictions financières et la CEDH, *RFFP*, 2009, n° 106, 11).

*GACEDH*, n° 32). Le respect de cette garantie s'apprécie au regard des circonstances de l'espèce (pour les juridictions ordinales, *H. c/ Belgique*, 30 nov. 1987, A. 127). L'article 6, § 1 confère au principe de publicité deux aspects, la publicité des débats et la publicité du prononcé du jugement.

* Rappelons que le grief tiré du défaut de publicité a été la « porte d'entrée » principale, en droit interne, des garanties du procès équitable dans le cadre des procédures devant les juridictions financières et les juridictions spécialisées (voir la jurisprudence citée, *supra*, n^os^ 362 et 366).

**404** PUBLICITÉ DES DÉBATS. 1° *Principes.* — Le droit d'être « entendu publiquement » implique, lorsque la procédure se déroule devant un tribunal statuant en premier et dernier ressort, le droit à une « audience », sauf circonstances exceptionnelles. Celles-ci peuvent résider dans l'absence d'un problème de droit ou de fait nécessitant une audience, la nature limitée des questions à trancher, l'absence d'intérêt public (*Allan Jacobsson c/ Suède*, n° 2, 19 févr. 1998 ; *Göc c/ Turquie*, 11 juill. 2002, Gr. Ch.).

Il en va ainsi en cas de contentieux hautement techniques, tel le contentieux de la sécurité sociale (*Schuler-Zgraggen c. Suisse*, 24 juin 1993, § 58, série A), sous réserve que la spécificité de la matière n'exige pas le contrôle du public (pour une illustration, *Nikolova et Vandova c/ Bulgarie*, 17 déc. 2013).

* La procédure de jugement des comptes des comptables publics devant la Cour des comptes viole l'article 6, § 1 en raison de l'absence de publicité des débats. La technicité du contentieux du contrôle des comptes ne saurait en effet justifier le principe absolu du huis clos, dès lors que le jugement des comptes peut aboutir à la mise en debet du comptable (*Martinie c/ France*, 11 avr. 2006, Gr. Ch., § 43-44).

— La solution inverse vaut pour une procédure d'appel ou de cassation (*K. D. B. c/ Pays-Bas*, 27 mars 1998, § 39). En effet, dès lors que des débats publics ont eu lieu en première instance, « leur absence au deuxième ou au troisième degré peut se justifier par les caractéristiques de la procédure dont il s'agit » (*Andersson c/ Suède*, 29 oct. 1991, série A n° 212-B, § 36 ; *Meftah et a. c/ France*, 26 juill. 2002). Toutefois, la publicité des débats est nécessaire lorsqu'une juridiction d'appel doit connaître de questions de fait comme de points de droit et se prononcer sur la culpabilité des prévenus (comparer *Helmers c/ Suède*, 29 oct. 1991, A. 212 A et *Andersson*, préc.).

— L'exigence de publicité fait l'objet d'une appréciation *in globo*, au vu de l'ensemble de la procédure. Le défaut de publicité en première instance (ou en appel) peut alors être compensé par des débats publics durant une autre phase de la procédure, à condition que le contrôle ultérieur soit assuré par un « organe judiciaire de pleine juridiction » (*Le Compte, Van Leuven et De Meyere*, 23 juin 1981, *GACEDH* n° 21, *supra* n° 379).

Ainsi, l'absence d'audience publique devant une autorité administrative indépendante dotée de pouvoirs répressifs ne méconnaît pas l'article 6 dès lors que les décisions de cette autorité sont soumises au contrôle d'un tribunal doté de la compétence de pleine juridiction (déc. 13 mars 2012, *Société Bouygues Telecom*, n° 2324/08 ; pour un exemple de violation, *Grande Stevens et a. c/ Italie*, 4 mars 2014, § 161).

* De même, la Cour de cassation juge que la garantie de la publicité ne s'applique pas au Conseil de la concurrence, parce que ses décisions « subissent *a posteriori* le contrôle effectif d'un organe judiciaire offrant toutes les garanties d'un tribunal au sens de la convention européenne », mais que les principes d'égalité des armes ou d'impartialité de l'article 6 lui sont applicables (Com., 5 oct. 1999, *Campenon Bernard SGE*, n° 97-15617, *JCP G*, 2000, II, 10255, note E. Cadou ; Com., 28 janv. 2003, *Sté Domoservices maintenance*, n° 01-00528, *D.*, 2003, 553, obs. E. Chevrier). Le Conseil d'État reprend cette solution, réserve faite qu'il fait application du principe d'impartialité de droit interne « rappelé » par l'article 6, § 1 (CE, 31 mars 2004, *Sté Etna Finance*, n° 243579, *Rec. Tab.* ; CE, 10 mai 2004, *Crédit du Nord*, n° 241587, *Rec.* : Conseil de discipline de la gestion financière ; CE, 6 janv. 2006, *Sté Lebanese Communication Group*, *Rec.* : CSA).

— Enfin, il faut noter que toute personne peut renoncer de son plein gré, de manière expresse ou tacite, à la publicité des débats judiciaires – mais cette renonciation doit être non équivoque et ne se heurter à aucun intérêt public important (*Hakansson et Sturesson c/ Suède*, 21 févr. 1990, A. 171 A, *RTDH*, 1991, p. 491, note J.F. Flauss ; *Schuler-Zgraggen c/ Suisse*, 24 juin 1993, A. 263).

2° *Modulation.* Le juge européen admet désormais que la garantie de la publicité des débats peut être modulée selon la nature « plus ou moins pénale » de l'affaire (*Jussila c/ Finlande*, 23 nov. 2006, Gr. Ch., *supra*, n° 374 : la tenue d'une audience ne s'impose pas en matière de sanctions fiscales).

3° *Limitations.* La publicité des débats – mais non la publicité du prononcé du jugement – est la seule des garanties du procès équitable qui peut faire l'objet de restrictions justifiées par l'intérêt général, que l'article 6 § 1 énumère.

La Cour affirme la nécessité d'une procédure à huis clos pour les mineurs délinquants (*T. et V. c/ Royaume-Uni,* 16 déc. 1999, *Dr. fam.* 2000, comm. 46, A. Gouttenoire) et estime qu'une procédure relative à la garde d'un enfant est, selon la Cour européenne, un « exemple type » d'une situation justifiant l'absence de publicité des débats en vue de protéger la vie privée de l'enfant concerné et des parties et d'éviter de porter atteinte aux intérêts de la justice (*B. c/ Royaume-Uni et P. c/ Royaume-Uni (*2 aff. jointes), 29 avr. 2001)[1].

* La Cour de cassation juge à juste titre que l'article 306, al. 3 CPP qui laisse à la partie civile, victime d'un viol, le soin de décider du huis clos est compatible avec l'article 6, § 1 (Crim., 4 janv. 2006, n° 04-86599).

**405** PUBLICITÉ DU PRONONCÉ DU JUGEMENT. — La Cour européenne interprète avec une grande souplesse cette exigence et considère que celle-ci est satisfaite dès lors que les intéressés ont pu se procurer le texte de l'arrêt auprès du greffe et que la publication de l'arrêt au recueil officiel a « rendu possible qu'un certain contrôle du public s'exerce sur la jurisprudence » de la juridiction en cause (*Ernst et al. c/ Belgique,* 15 juill. 2003, § 70 : conformément à la Constitution belge, la Cour de cassation statuant comme juridiction d'instruction a siégé à huis clos).

* La Cour de cassation interprète de manière identique la condition de publicité du jugement (Cass. 1re civ., 28 juin 2007, *Nodula c/ Assoc. Les Congés spectacles,* n° 06.12. 061).

*2. La célérité de la procédure*

**406** La célérité de la procédure suppose que l'on soit jugé dans un « délai raisonnable ». Cette durée « raisonnable » de la procédure préserve la crédibilité de la justice et son efficacité.

1. Pour une violation du Pacte, voir CDH, n° 74/1980, *M. A. Estrella c/ Uruguay,* déc. 29 mars 1983, *Sélection...,* p. 98.

* La loi du 15 juin 2000 a intégré cette exigence de célérité de la procédure dans l'article préliminaire du Code de procédure pénale. La Cour de cassation juge ainsi que la production tardive du mémoire du procureur général qui se pourvoit en cassation méconnaît le principe du délai raisonnable du jugement des affaires pénales (Crim., 10 déc. 2002, *Proc. gén. près CA Versailles*, n° 02-82540) ; néanmoins, de jurisprudence constante, la durée excessive d'une procédure « ne saurait entraîner sa nullité ou celle de l'acte de poursuite » (Crim., 30 juin 1998, n° 97-80842, *Rev. Sc. crim. Dr. pén. comp.*, 1999, 784, chron. J.-P. Dintilhac ; Crim., 26 sept. 2001, *D*, 2002, 1462, obs. J. Pradel).

**407** DÉTERMINATION DE LA DURÉE DE LA PROCÉDURE. — Le délai pris en compte a pour point de départ en matière civile la date de la saisine de la juridiction compétente (*Buccholz c/ Allemagne*, 6 mai 1981, A. 42).

Ce délai inclut la durée de la procédure administrative préliminaire lorsque la saisine de la juridiction est précédée par un recours préalable obligatoire (*X c/ France*, 31 mars 1992, A. 234 C ; *J. B. c/ France*, 26 sept. 2000) et englobe, en matière de successions, la durée de la procédure de liquidation de la succession devant le notaire qui « est si étroitement liée au contrôle du tribunal qu'elle ne peut être dissociée dudit contrôle » (*Dumas c/ France*, 23 sept. 2003).

En matière pénale, le *dies a quo* sera la date où l'« accusation », au sens de l'article 6, § 1 (*supra*, n° 370), aura été portée (*Eckle c/ Allemagne*, 15 juill. 1982, A. 51 ; *Bertin-Mourot c/ France*, 2 août 2000 : l'adoption par un procureur d'un réquisitoire introductif d'instance contre le requérant fait courir le délai). Le délai à apprécier couvrant l'ensemble de la procédure, y compris les instances de recours, le *dies ad quem* est, en matière pénale, la date de la décision judiciaire qui statue définitivement sur le bien-fondé de l'accusation et, en matière civile, la date d'exécution complète du jugement (*Horsnby c/ Grèce*, 19 mars 1997, *infra*, n° 410), ce qui implique que la période à considérer couvre la phase d'exécution de la décision (*Bouilly c/ France*, 7 déc. 1999 ; *Pinto de Oliveira c/ Portugal*, 8 mars 2002, *D*, 2002, 687, obs. N. Fricero).

* Le Conseil d'État se rallie à cette position et considère également que la durée totale de la procédure court « jusqu'à l'exécution complète du jugement » (CE, 26 mai 2010, n° 316292, *Mafille*, *AJDA*, 2010, 1784, note S. Théron).

La Cour européenne considère qu'elle n'a pas à prendre en compte dans l'appréciation de la durée totale d'une procédure litigieuse la durée d'une procédure préjudicielle devant la CJCE car cela « porterait atteinte au système institué par l'article 177 du traité CEE et au but poursuivi en substance par cet article » (*Pafitis et al. c/ Grèce*, 26 févr. 1998, § 95).

**408** APPRÉCIATION DE LA DURÉE « RAISONNABLE » DE LA PROCÉDURE. — 1° Le caractère raisonnable de cette durée s'apprécie suivant les circonstances de la cause et au regard de trois critères (*Pretto*, préc.) : la complexité de l'affaire, le comportement du requérant, le comportement des autorités nationales (particulièrement des autorités judiciaires), compte tenu du contexte politique et social : seules des lenteurs imputables à ces dernières permettent de conclure à l'inobservation du délai raisonnable (voir, *a contrario*, *Vernillo c/ France*, 20 févr. 1991, A. 198, où est relevé le manque de diligence du requérant). Cette appréciation n'est pas mécanique. Elle doit avoir égard, notamment quand l'affaire est d'une grande complexité, au « juste équilibre » à ménager entre l'exigence de célérité des procédures judiciaires et le principe général d'une bonne administration de la justice, que consacre aussi l'article 6 (*Boddaert c/ Belgique*, 12 oct. 1992, A. 235 D ; *C. P. et al. c/ France*, 1er août 2000). Elle doit aussi tenir compte de l'enjeu du litige pour l'intéressé.

En conséquence, une célérité particulière s'impose lorsque la procédure engagée risque d'être privée de tout effet utile (ainsi, quand l'espérance de vie du requérant est réduite : *X c/ France*, 31 mars 1992, préc.), si l'enjeu du litige dans les affaires concernant l'état des personnes met en cause la jouissance du droit au respect de la vie familiale (*Johansen c/ Norvège*, 7 août 1996, à propos d'une mesure de placement d'un enfant ; *Laino c/ Italie*, 18 févr. 1999 : procédure en matière de garde d'enfant ; *Cultraro c/ Italie*, 27 févr. 2001 : procédure en reconnaissance de paternité), si l'enjeu financier est tel qu'il met en cause l'activité professionnelle du requérant (*Doustaly c/ France*, 23 avr. 1998 ; *Garcia c/ France*, 26 sept. 2000) ou, dans le cadre de conflits du travail, sa situation professionnelle (*Delgado c/ France*, 14 nov. 2000), ou, en matière répressive, quand le sort d'un accusé détenu est en cause (*Stögmüller c/ Autriche*, 10 nov. 1969, A. 9 ; *Abdoella c/ Pays-Bas*, 25 nov. 1992, A. 248 A).

La CJCE se fonde sur l'article 6 de la CEDH pour garantir « le droit à un procès dans un délai raisonnable ». Dans le cadre d'un pourvoi formé contre un arrêt du TPI, elle accueille le moyen tiré de la durée excessive de la procédure devant le TPI et, reprenant la démarche même de la Cour de Strasbourg, n'hésite pas à utiliser les critères dégagés par celle-ci pour apprécier le délai « raisonnable » de la procédure (CJCE, 17 déc. 1998, *Baustahlgewebe GmbH c/ Commission*, C-185/95 P, *DCDF*, n° 39). La CJCE avait paru faire là application directe de l'article 6 de la CEDH mais, cependant, elle prend soin de préciser dans son arrêt *LVM*, du 15 octobre 2002 (aff. C-238/99 P), que le droit de toute personne à un procès équitable, et notamment dans un délai raisonnable, est bien un « principe général de droit communautaire ». Désormais, la CJUE se réfère à l'article 47 § 2 de la Charte « qui correspond » à l'article 6 § 1 CEDH (CJUE, 26 nov. 2013, *Gascogne Sack Deutschland GmbH,* aff. C-40/12 P, pt. 75, *AJDA* 2014, 683, note J.-Cl. Bonichot).

* Le Conseil d'État fait application des critères européens du « délai raisonnable » et considère que le caractère raisonnable du délai de jugement doit faire l'objet d'une appréciation à la fois globale, compte tenu de l'exercice des voies de recours, et segmentée en fonction de la durée propre de chaque instance (CE, 6 mars 2009, n° 312625, *Le Helloco*, *RFDA*, 2009, 546, concl. R. Keller, et 551, note B. Delaunay ; CE, 17 juill. 2009, n° 295653, *Ville de Brest*, *AJDA*, 2009, 1605, chron. S.-J. Liéber et D. Botteghi, CE, 26 mai 2010, n° 316292, *Mafille*, préc.). La Cour de cassation, au contraire, procède à une appréciation globale et abstraite de la durée des procédures (Cass. 1re civ, 25 mars 2009, n° 07-17.576, *JCP G*, 2009, act. 197, obs. L, Milano).

2° En toute hypothèse, il appartient à l'État, sauf à voir sa responsabilité internationale engagée, de prendre des mesures efficaces pour remédier à l'engorgement passager du rôle d'un tribunal (*supra*, n° 162 ; *H. c/ France* préc., § 56 ; dans le même sens, CDH, n° 336/1988, *N. Fillastre c/ Bolivie*, déc. 5 nov. 1991, *Sélection*..., p. 291, § 6. 6).

Depuis sa décision *Bottazzi c/ Italie*, du 28 juillet 1999, la Cour européenne relève désormais systématiquement l'existence d'une « pratique » (sur cette notion, *infra*, n° 428) italienne de violation de l'exigence du « délai raisonnable » de la procédure, mettant ainsi clairement les autorités italiennes devant leurs responsabilités. L'exemple français illustre aussi la fréquence des condamnations pour délai déraisonnable d'une procédure, qu'elle soit pénale (*Kemmache c/ France*, 27 nov. 1991, A. 218 ; *Tomasi c/ France*, 27 août 1992, A. 241 A ; *Dobbertin c/ France*, 25 févr. 1993, A. 256 D) ou administrative (*H. c/ France*, 26 oct. 1989, A. 162 A, *RFDA*, 1990, 203, note O. Dugrip et F. Sudre ; *Éd. Périscope*, 26 mars 1992, A. 234 B ; *X c/ France*, préc.).

3° L'article 6, § 1 entretient des liens étroits avec l'article 13 de la Convention, depuis que la Cour européenne, par son arrêt de Grande Chambre *Kudla c/ Pologne* du 26 octobre 2000 (*GACEDH*, n° 40), a jugé que l'article 13 garantissait le droit à un recours effectif pour se plaindre de la durée d'une procédure, incitant les États parties à organiser dans leur droit interne de tels recours (*infra*, n° 439).

### *E – Le droit à l'exécution des décisions de justice*

**409** Principe. — L'inexécution des décisions de justice crée une situation incompatible avec le principe de la prééminence du droit qui est au fondement même de la Convention. Étendant sensiblement les garanties du procès équitable, l'arrêt *Hornsby c/ Grèce*, du 19 mars 1997 (*GACEDH*, n° 33), énonce que le droit à un procès équitable suppose le droit à l'exécution des décisions de justice : « L'exécution d'un jugement ou arrêt, de quelque juridiction que ce soit, doit donc être considérée comme faisant partie intégrante du procès au sens de l'article 6 » (§ 40).

La Cour juge que « en s'abstenant pendant plus de cinq ans de prendre les mesures nécessaires pour se conformer à une décision judiciaire définitive et exécutoire, les autorités nationales ont, en l'occurrence, privé les dispositions de l'article 6, § 1 de la Convention de tout effet utile » (§ 45). Par la suite, la Cour consacrera expressément le « droit à l'exécution des jugements » comme partie intégrante du « droit à un tribunal » (*Lunari c/ Italie,* 11 janv. 2000, *RTD civ.*, 2001, 447, obs. J.-P. Marguénaud : refus de l'autorité administrative d'apporter le concours de la force publique pour exécuter une ordonnance d'expulsion).

* Le Conseil constitutionnel entend également le droit à un recours effectif comme comprenant le droit « d'obtenir l'exécution des décisions juridictionnelles » (déc. n° 2014-455 QPC, 6 mars 2015, Possibilité de verser une partie de l'astreinte prononcée par le juge administratif au budget de l'État).

**410** Portée. — 1° La notion de procès équitable couvre non seulement l'accès au juge et le déroulement de l'instance, mais également la mise en œuvre des décisions judiciaires, sous réserve que celles-ci soient définitives et obligatoires ; ne sont donc pas concernées « les décisions qui peuvent être soumises au contrôle de plus hautes instances et, éventuellement, infirmées » (*Ouzounis c/ Grèce*, 18 avr. 2002, *D*, 2002, 2572, obs. N. Fricero). Le juge européen entend donner au « droit à un tribunal » sa pleine effectivité : « Ce droit serait illusoire si l'ordre juridique interne d'un État contractant permettait qu'une décision judiciaire définitive et obligatoire reste inopérante au détriment d'une partie » (*Hornsby*, préc., § 40).

* Le Conseil d'État juge de manière identique que « l'exécution d'un jugement ou arrêt fait partie intégrante du droit au procès équitable » et que le droit à l'exécution des décisions de justice ne peut être invoqué à l'encontre d'un jugement qui n'est pas passé en force de chose jugée (CE, 15 mars 2000, n° 189042, *Allais* ; CE, 26 mai 2010, n° 316292, *Mafille*, *supra*, n° 271).

2° L'inexécution d'un jugement définitif emporte violation de l'article 6, § 1, qu'il soit dû au comportement de l'Administration (*Hornsby*, préc. ; *Antonetto c/ Italie*, 20 juill. 2000 : refus prolongé d'une municipalité d'exécuter un jugement ordonnant la destruction d'un immeuble ; *JCP G*, 2001, I, 291, n° 26, obs. F. Sudre) ou des autorités judiciaires elles-mêmes (*Dinu c/ Roumanie et France*, 4 nov. 2008), à la législation nationale elle-même (*Immobiliare Saffi c/ Italie*, 28 juill. 1999, *JCP G*, 2000, I, 203, n° 12, obs. F. Sudre : législation paralysant l'exécution d'une ordonnance judiciaire d'expulsion d'un immeuble), ou, plus largement, aux carences – notamment financières – de l'État (*Luntre et al. c/ Moldovie*, 15 juin 2004).

Le droit à l'exécution des décisions de justice peut alors venir en renfort du droit à un logement opposable, en cas d'inexécution d'un jugement définitif enjoignant à l'État d'assurer le logement du requérant dans le cadre de la loi DALO (*Tchokontio Happi c/France*, 9 avr. 2015, *JCP G* 2015, act. 480, G, Gonzalez).

L'exécution de la décision de justice « doit être complète, parfaite et non partielle » ; ainsi une indemnisation pour faute lourde de l'État du fait de son refus de prêter son concours à l'exécution de la décision de justice litigieuse ne saurait « combler la carence dans l'exécution de l'arrêt » en cause (*Matheus c/ France*, 31 mars 2005, § 58 ; *Europe*, 2005-6, 33, obs. N. Deffains ; aussi, *Sabin Popescu c/ Roumanie*, 2 juin 2004).

* Dans le même esprit, le Conseil d'État juge que le préfet « en cas de carence d'une collectivité territoriale à assurer l'exécution d'une décision juridictionnelle passée en force de chose jugée, et après mise en demeure à cet effet, a le pouvoir de se substituer aux organes de cette collectivité afin de dégager ou de créer les ressources permettant la pleine exécution de cette décision de justice » (CE, 18 nov. 2005, *Société fermière de Campoloro*, *RFDA*, 2006-2, 341, note P. Bon) ; cette analyse trouve une confirmation dans l'arrêt de la Cour (*Société de gestion du Port de Campoloro c/ France*, 26 sept. 2006, *D*, 2007, 545, note C. Hugon). Il juge également « qu'une décision administrative qui fait obstacle à l'exécution d'une décision de justice méconnaît la liberté fondamentale que constitue le droit au recours effectif devant un juge » (CE, ord, 4 mars 2010, *Mlle Soignet, Mlle Balezou*, n° 336700).

3° Circonscrit à l'origine à la procédure civile, le droit à l'exécution des décisions de justice concerne désormais également la procédure pénale.

Par sa décision *Assanidzé c/ Géorgie* (Gr. Ch., 8 avr. 2004), la Cour juge que la non-exécution, pendant plus de trois ans, d'une décision d'acquittement rend illusoires les garanties de l'article 6 dont la personne acquittée a pu bénéficier durant son procès et prive de tout effet utile les dispositions de l'article 6, § 1.

Par contre, la procédure d'exécution d'une décision de justice ordonnant le remboursement de sommes perçues à tort ou en l'absence de base légale par le fisc reste exclue du champ de l'article 6, la Cour européenne rattachant cette procédure au contentieux fiscal (*Beires Côrte-Real c/ Portugal*, 11 oct. 2011, *Rev. dr. fisc.* 2012, étude 166, L. Ayrault).

**411** Obligations positives. — 1° L'article 6, § 1 impose en conséquence à l'État une obligation positive « d'adopter les mesures adéquates et suffisantes » afin d'exécuter une décision de justice définitive et obligatoire (*Ruianu c/ Roumanie*, 17 juin 2003 : opposition de particuliers à l'exécution d'un jugement ordonnant de démolir une construction édifiée sur le terrain du requérant).

Ainsi compris, le droit à l'exécution d'une décision de justice se voit conférer un « effet horizontal » (*supra*, n° 165) par la Cour européenne, qui retient la responsabilité d'un État partie du fait de l'inexécution de décisions judiciaires trouvant leur cause principale dans les agissements d'une personne privée. Dans le cas d'un litige privé, l'État partie, en sa qualité de dépositaire de la puissance publique, doit faire preuve de diligence et prendre toutes les mesures que l'on peut raisonnablement attendre afin d'assister le justiciable dans l'exécution de la décision qui lui est favorable (*Ruianu*, préc ; *Ghibusi c/ Roumanie*, 23 juin 2005).

Le juge européen sanctionne ainsi l'inaction des autorités nationales, qui n'ont pris aucune mesure adéquate pour limiter les atteintes commises par un tiers au droit d'une personne à l'exécution des décisions de justice (*Pini et Bertani et Manera et Atripaldi c/ Roumanie*, 22 juin 2004 : obstacles mis par un établissement d'accueil d'enfants mineurs à l'exécution d'un jugement d'adoption ; *JCP G*, 2004, I, 161, n° 7, chron. F. Sudre).

2° Toutefois, le droit à l'exécution des décisions de justice n'est pas un droit absolu et les États disposent d'une certaine marge d'appréciation pour le réglementer, sous réserve que cette réglementation poursuive un but légitime et ne porte pas atteinte à la substance même du droit à un tribunal. Ainsi, « des considérations sérieuses d'ordre public et social » peuvent motiver un refus d'exécution d'une décision de justice (déc. n° 23516/08, 12 oct. 2010, *Sté Cofinco c/ France*, *RTDH*, 2011-86, 395, note N. Bernard).

Il en va ainsi, en l'espèce, du refus d'exécuter une ordonnance d'expulsion d'un immeuble des familles en « situation de précarité et fragilité », l'expulsion faisant courir des « risques sérieux de troubles à l'ordre public » (aussi, *Sofiran et BDA c/ France*, 11 juill. 2013).

3° Le droit à l'exécution des décisions de justice se déploie principalement sur le terrain de la protection du droit de propriété, qu'il vient conforter (*infra*, n° 595).

## III | Les garanties accordées à l'accusé

**412** Portée des garanties. — 1° Ces garanties, droit à la présomption d'innocence (art. 6 § 2) et droits de la défense (art. 6 § 3), représentent des éléments spécifiques du principe général du procès équitable, à la lumière duquel elles sont interprétées. Par une interprétation constructive, la Cour européenne a étendu le champ d'application des garanties du procès équitable – notamment celles tenant aux droits de la défense –, à la phase antérieure au procès, jugeant que ces garanties valent non seulement pour la phase de jugement, mais aussi pour la phase d'instruction, car « leur inobservation initiale risque de compromettre gravement le caractère équitable du procès » (*Imbrioscia c/ Suisse*, 24 nov. 1993, A. 275 : absence d'un avocat lors de l'interrogatoire de police ; *Vera Fernandez-Huidobro c/ Espagne*, 6 janv. 2010, *infra*, n° 266).

* La Chambre criminelle de la Cour de cassation s'est ralliée à cette analyse (comparer Cass. crim., 15 janv. 1992, *Grosu*, *Bull. crim.*, n° 15, et Cass. crim., 6 déc. 1994, n° 94-84235, *Bull. crim.*, n° 394).

2° On rattachera à l'équité de la procédure, *le droit d'indemnisation en cas d'erreur judiciaire* garanti par l'article 3 du Protocole 7, qui stipule que, lorsqu'une condamnation pénale définitive a été annulée en raison d'un fait nouveau ou nouvellement révélé, la personne qui a subi une peine en raison de cette condamnation doit être indemnisée « conformément à la loi ou à l'usage en vigueur dans l'État concerné ». Dans son seul arrêt au fond en la matière (*Poghosyan et Baghdasaryan c/ Arménie*, 12 juin 2012), la Cour interprète de manière extensive cette disposition et, malgré son renvoi explicite au droit interne, juge qu'une indemnisation est néanmoins due lorsqu'elle n'est pas prévue par le droit ou la pratique internes et que cette indemnisation doit couvrir non seulement le dommage matériel mais également le dommage moral – détresse, angoisse, désagréments divers et dégradation de la qualité de vie – subi du fait de cette erreur judiciaire.

### *A – Le droit à la présomption d'innocence*

**413** PRÉSENTATION. — Ce droit (art. 6, § 2 CEDH) constitue l'un des principes de base du droit pénal moderne. Il s'apprécie au regard de l'ensemble de la procédure pénale litigieuse, envisagée comme un tout et incluant, en conséquence, le mode d'administration des preuves (*Bernard c/ France*, 23 avr. 1998 : dépositions devant une cour d'assises de deux experts-psychiatres faisant état de la culpabilité de l'accusé). Selon le juge européen, il y a atteinte à la présomption d'innocence « si sans établissement légal de la culpabilité d'un prévenu [...], une décision judiciaire le concernant reflète le sentiment qu'il est coupable » (*Minelli c/ Suisse*, 25 mars 1983, A. 62, § 37). C'est le préjugement qui est critiquable, même si celui-ci ne prend pas la forme d'un constat formel mais d'une simple motivation donnant à penser que le juge considère l'intéressé comme coupable (*Sekanina c/ Autriche*, 25 août 1993, A. 266 A ; *Böhmer c/ Allemagne*, 3 oct. 2002) ou même d'une déclaration d'un magistrat à la presse allant dans le sens d'une reconnaissance de culpabilité de l'accusé (*Lavents c/ Lettonie*, 28 nov. 2002).

**414** PORTÉE. — Le droit à la présomption d'innocence ne se limite pas à une garantie procédurale propre au procès pénal *stricto sensu* mais a une portée plus étendue.

1° La garantie de l'article 6, § 2 s'applique à la « matière pénale » au sens de la Convention et est en conséquence applicable à une procédure relative à une fraude fiscale (*Hentrich c/ France*, 22 sept. 1994, *JCP*, 1995, II, 22374, obs. J.-P. Legall et L. Gérard) ou en matière de sanction administrative (*Lutz c/ Autriche*, 25 août 1987, A. 123).

* Dans le même sens, la Cour de cassation impose le respect de la présomption d'innocence aux membres d'une autorité administrative indépendante (Com., 1er déc. 1998, *Oury*, n° 96-20189, *JCP G*, 1999, II, 1005, note E. Garraud, pour la COB) et le Conseil d'État juge que l'article 6, § 2 est applicable à la phase administrative du prononcé de la pénalité fiscale (CE, 24 mars 2006, *SA Martell et Co*, *JCP G*, 2007, II, 10206, note B. Belda ; CE, avis, 4 déc. 2009, n° 329173, *Sté Rueil Sports*, *Dr. fic.* 2010-6, n° 181, concl. E. Glaser).

L'article 6 § 2 ne porte pas sur la peine et la Cour juge en conséquence qu'une procédure de confiscation après condamnation fait partie du processus de fixation de la peine et sort dès lors du cadre de l'article 6 § 2 (*Philips c/ Royaume-Uni*, 5 juill. 2001).

Il en va toutefois différemment lorsque l'ordonnance de confiscation est liée aux infractions mêmes pour lesquelles le requérant a été relaxé dans le cadre de la procédure pénale au fond (*Geerings c/ Pays-Bas*, 1er mars 2007, *JCP G*, 2007, I, 182, n° 5, obs. F. Sudre).

2° Le droit à la présomption d'innocence lie non seulement la juridiction chargée de l'affaire, mais aussi les autres organes de l'État. La présomption d'innocence est ainsi méconnue lorsque, sans établissement légal préalable de la culpabilité du prévenu, une déclaration d'un représentant de l'État laisse à penser que l'intéressé est considéré comme coupable (*Allenet de Ribemont c/ France*, 10 févr. 1995, *GACEDH*, n° 34 ; *Y. B. et al. c/ Turquie*, 28 oct. 2004)[1].

* Le Conseil d'État juge également que le respect de la présomption d'innocence, « s'impose, non seulement devant les instances chargées de l'instruction puis du jugement de l'affaire, mais également vis-à-vis d'autres autorités publiques » (CE, ord. 14 mars 2005, *Gollnisch*, *AJDA*, 2005, 1633, note L. Burgorgue-Larsen).

3° L'article 6, § 2 de la Convention s'impose également, en principe, aux personnes privées, notamment aux journalistes, en vertu de l'effet horizontal du traité (*Worm c/ Autriche*, 29 août 1997, *RTDH*, 1998, 609, obs. A. Berthe).

Néanmoins, le juge européen privilégie d'une manière générale la liberté de la presse et fait prévaloir celle-ci sur « les droits d'autrui » à la présomption d'innocence (*infra*, n° 547). Ce n'est que très rarement que la nécessité de protéger la présomption d'innocence permettra de justifier une atteinte à la liberté de la presse (*Tourancheau et July c/ France*, 24 nov. 2005, *JCP G*, 2006, I, 109, n° 10, chron. F. Sudre).

* Par cet arrêt, la Cour délivre un brevet de « conventionnalité » à l'article 38, al. 1 de la loi du 29 juillet 1881 sur la liberté de la presse, qui « interdit de publier les actes d'accusation et tous actes de procédure criminelle ou correctionnelle avant qu'ils aient été lus en audience publique », se fondant notamment sur le fait que cette interdiction n'est ni générale ni absolue puisque n'est interdite de manière temporaire, jusqu'à l'audience publique, que la seule reproduction littérale des actes de procédure (comparer avec *Du Roy et Malaurie c/ France*, 3 oct. 2000, *infra*, n° 547).

4° La garantie de la présomption d'innocence joue en aval du procès pénal et, en conséquence, s'applique non seulement aux juridictions pénales mais aussi aux autres juridictions. Comme l'affirme

1. Le CDH a une conception identique et estime que c'est « un devoir pour toutes les autorités publiques de s'abstenir de préjuger de l'issue d'un procès » (n° 770/1997, *Gridin c/ Fédération de Russie*, déc. 20 juill. 2000, *A/55/40*, II, 182).

la Cour « la présomption d'innocence signifie que si une accusation en matière pénale a été portée et que les poursuites ont abouti à un acquittement, la personne ayant fait l'objet de ces poursuites est considérée comme innocente au regard de la loi et doit être traitée comme telle » (*Allen c/ Royaume-Uni*, 12 juill. 2013, Gr. Ch., § 103, *JCP G* 2014, doctr. 78, F. Sudre).

a) L'article 6 § 2 est donc applicable à une procédure ultérieure à la procédure pénale achevée dès lors qu'il existe « un lien » entre celle-ci et l'action subséquente (§ 104). Il en est ainsi d'une procédure en réparation engagée contre l'État par une personne acquittée en raison du préjudice subi du fait de la procédure pénale introduite contre elle (*O. c/ Norvège*, 11 févr. 2003, *JCP G*, 2003, I, 160, n° 8, chron. F. Sudre). Notons que l'article 3 du Protocole 7, qui garantit le droit d'indemnisation en cas d'erreur judiciaire (*supra* n° 412), ne constitue pas une *lex specialis* qui aurait pour effet d'exclure l'action en réparation du champ d'application de l'article 6 § 2 (*Allen*, § 105).

Bien que l'intéressé ne soit pas, dans le cadre de cette procédure, « accusé d'une infraction en matière pénale », la Cour juge en effet que la question de la réparation coïncide largement avec celle de la responsabilité pénale tranchée dans le cadre du procès pénal. À l'inverse l'article 6, § 2 n'est pas applicable à une demande d'indemnisation introduite au civil par les victimes contre un accusé ayant été acquitté, la procédure en réparation n'étant pas une suite directe du procès pénal (*Ringvold c/ Norvège*, 11 févr. 2003), sous réserve, toutefois, que dans l'arrêt sur la réparation le juge ne jette pas le doute sur le bien-fondé de l'acquittement (*Orr c/ Norvège*, 15 mai 2008).

*La Cour de cassation s'inspire manifestement de cette jurisprudence pour juger que le juge répressif, saisi du seul appel d'un jugement de relaxe formé par la partie civile, ne peut rechercher si les faits qui lui sont déférés constituent une infraction pénale sans méconnaître le principe de la présomption d'innocence (Crim., 5 févr. 2014, n° 12-80154, D 2014, 1426, obs C. Moreau).

b) Ainsi compris, l'article 6, § 2 « consacre une règle générale selon laquelle, l'acquittement définitif d'un accusé une fois prononcé, l'émission de doutes relativement à son innocence n'est plus possible » (*O. c/ Norvège*, préc., § 39).

Dès lors, toute décision relative à la demande en réparation d'une détention provisoire après un acquittement définitif qui met en doute l'innocence de l'intéressé enfreint l'article 6, § 2 (*O. c/ Norvège*, préc., ; *Vostic c/ Autriche*, 17 oct. 2002).

La Cour tire les conséquences de cette règle en cas de cumul de sanctions administrative et pénale contraire au principe non *bis in idem* et considère que du fait de l'identité des infractions, la décision du juge administratif imposant une sanction administrative – mais « pénale » au sens de l'article 6 – méconnaît le principe de la présomption d'innocence établie par les jugements d'acquittement des tribunaux pénaux (*Kapetanios et a. c/ Grèce*, 30 avr. 2015, § 88, *JCP G* 2015, act. 596, F. Sudre).

5° Le juge européen, dans le cadre d'une interprétation finaliste fondée sur le principe de la prééminence du droit, a élargi le principe de la présomption d'innocence au respect de la « règle fondamentale du droit pénal, selon laquelle la responsabilité pénale ne survit pas à l'auteur de l'acte délictueux » (*E. L. et al. c/ Suisse*, 29 août 1997, § 53 : l'imposition d'une amende fiscale aux héritiers d'un contribuable pour fraude fiscale commise par le *de cujus* viole l'art. 6, § 2 ; aussi, *Lagardère c/ France*, 12 avr. 2012).

* Le Conseil d'État juge de même que le principe de personnalité des peines, qui trouve sa source, en droit interne, dans les articles 8 et 9 de la Déclaration de 1789 « découle du principe de la présomption d'innocence posé au § 2 de l'article 6 » CE, avis, 4 déc. 2009, n° 329173, *Sté Rueil Sports*, préc.

**415** Limites. — Il appartient en principe aux autorités poursuivantes de prouver la culpabilité de la personne poursuivie : « La charge de la preuve pèse sur l'accusation et le doute profite à l'accusé » (*Barbéra Mességué et Jabardo c/ Espagne*, 6 déc. 1988, A. 146, § 77). L'inversion de la charge de la preuve porte atteinte à cette règle. Néanmoins, selon la Cour européenne, les présomptions de fait ou de droit figurant dans les lois répressives ne sont pas en soi incompatibles avec la présomption d'innocence si elles sont enserrées « dans des limites raisonnables prenant en compte la gravité de l'enjeu et en préservant les droits de la défense » (*Salabiaku c/ France*, 7 oct. 1988, A. 141 A, § 28 : présomptions du Code des douanes français).

Le juge du fond ne doit donc pas procéder à un recours automatique aux dites présomptions et conserver un pouvoir d'appréciation. Le même raisonnement vaut pour les présomptions en matière fiscale, lorsque sont en cause des sanctions « pénales » au sens de l'article 6 (*Janosevic c/ Suède*, 23 juill. 2002, *JCP G*, 2003, I, 109, n° 13, chron. F. Sudre). En application de ces principes, la Cour juge que la présomption de responsabilité du directeur de publication pour tout propos diffamatoire tenu à l'antenne (art. 93-3 de la loi du 29 juillet 1982 sur la communication audiovisuelle) n'est pas contraire à l'article 6, § 2 (*Radio France c/ France*, 30 mars 2004).

La Cour européenne précise de surcroît que l'article 6, § 2 ne peut être interprété comme interdisant en principe l'exécution forcée de sanctions fiscales avant toute décision judiciaire définitive sous réserve que l'État maintienne cette faculté « dans des limites raisonnables » et que soit assuré « un juste équilibre » entre les intérêts en présence ; il en va notamment ainsi lorsque le droit interne offre à l'intéressé la possibilité d'obtenir par voie judiciaire le remboursement de tout montant versé au fisc (*Janosevic*, préc.).

* En énonçant que les présomptions de culpabilité en matière répressive peuvent être établies « à titre exceptionnel (...) dès lors qu'elles ne revêtent pas de caractère irréfragable, qu'est assuré le respect des droits de la défense et que les faits induisent raisonnablement la vraisemblance de l'imputabilité » (déc. 99-411 DC, 16 juin 1999, loi portant diverses mesures relatives à la sécurité routière), le Conseil constitutionnel interprète le principe de présomption d'innocence à la lumière de la jurisprudence européenne et « coule le contrôle de constitutionnalité dans le moule des exigences conventionnelles » (*JCP G*, 1999, I, p. 201, chron. B. Mathieu et M. Verpeaux).

### *B – Les droits de la défense*

**416** LIGNES DIRECTRICES. — 1° Reconnus aux articles 6, § 3 de la CEDH et 14, § 3 du PIDCP, ils visent à assurer à l'individu, spécialement en matière pénale, une défense « concrète et effective » (*Artico c/ Italie*, 13 mai 1980, A. 37, § 33). L'interprétation de l'article 6, § 3 suit deux lignes directrices. D'une part, analysant les exigences du § 3 de l'article 6 en des aspects particuliers du droit à un procès équitable garanti par le § 1, le juge européen prend en considération « l'objet et le but de l'ensemble de l'article 6 »

(*Colozza c/ Italie*, 12 févr. 1985, A. 89) ; dans cette perspective, le principe de l'égalité des armes et le principe du contradictoire (*supra*, n° 389) revêtent une importance particulière, l'intéressé devant pouvoir se faire entendre à tous les stades du débat judiciaire. D'autre part, le recours à la théorie des obligations positives (*supra*, n[os] 160 et s.), permet au juge européen de rappeler qu'il appartient aux États de prendre des « mesures positives » pour assurer le respect effectif des droits énoncés à l'article 6.

L'arrêt *Makhfi c/ France*, du 19 octobre 2004, illustre bien cette exigence d'effectivité. La Cour juge que l'article 6 (§ 1 et 3) commande, lors d'un procès d'assises, que les accusés, les défenseurs, les jurés et les juges, ne soient pas dans un état de fatigue excessif et bénéficient de leurs pleines capacités pour suivre les débats, plaider leur cause pour les uns, rendre un jugement éclairé pour les autres ; tel n'était pas le cas en l'espèce, où l'avocat de l'accusé avait dû plaider à 4 heures du matin, après quatorze heures environ de débats, et la cour délibérer entre 6 et 8 heures du matin !

* Le Conseil d'État fait « application du principe des droits de la défense, rappelé par l'article 6, § 1 de la Convention européenne et précisé » par les alinéas *a* à *e* du § 3 aux autorités administratives intervenant en « matière pénale » (CE, 27 oct. 2006, *Parent et al.*, concl. M. Guyomar, *AJDA*, 2007, 80, note M. Collet ; sanctions de l'AMF).

Conformément à sa jurisprudence de principe selon laquelle la procédure devant ces autorités n'a pas à être « en tous points conformes aux prescriptions de l'article 6 » (CE, 3 déc. 1999, *Didier*, *supra* n° 320°), il juge, modulant les garanties de l'article 6, § 3, que seules sont requises celles qui, dès la phase administrative de la procédure de sanction, garantissent « la conduite contradictoire des débats ». Cela le conduit à n'écarter que le seul droit à l'assistance gratuite d'un avocat (art. 6, § 3 *c* ; aussi, CE, 31 janv. 2007, *Cie Corsair International SA*, *RFDA*, 2007, 757, concl. I. de Silva : autorité de contrôle des nuisances sonores aéroportuaires).

Plus largement, la Cour européenne énonce le principe que l'utilisation dans le cadre d'une procédure pénale de déclarations obtenues en violation de l'article 3 – que la violation soit qualifiée de torture ou de traitement inhumain ou dégradant – ou de preuves matérielles recueillies à la suite directe d'actes de torture frappe automatiquement d'iniquité l'ensemble du procès (*Gäfgen c/ Allemagne*, 1er juin 2010, Gr. Ch., § 173 ; *Jalloh c/ Allemagne*, 11 juill. 2006, Gr. Ch., *JCP G*, 2007, I, 106, n° 1, obs. F. Sudre).

L'« accusé » n'a pas besoin d'établir « au-delà de tout doute raisonnable » que la preuve a été obtenue en violation de l'article 3 mais il suffit qu'il démontre qu'il existe « un risque réel » qu'il en soit ainsi pour que le juge interne soit dans l'obligation de l'écarter (*Othman c/ Royaume-Uni,* 17 janv. 2012, *JCP G* 2012, doctr. 624, F. Sudre). Si les déclarations litigieuses ont été obtenues dans un État tiers, la Cour précise que le juge interne doit vérifier si le système judiciaire de l'État tiers « offre des garanties réelles d'examen indépendant, impartial et sérieux » des allégations de traitements contraires à l'article 3 et, dans la négative, déterminer s'il y avait un « risque réel » que la preuve litigieuse a été obtenue par le biais de traitements contraires à l'article 3. Si tel est le cas, obligation lui est faite par l'article 6 § 1 d'exclure la preuve litigieuse (*El Haski c/ Belgique*, 25 sept. 2012).

Toutefois, l'article 6 n'est pas violé lorsque les éléments de preuve litigieux n'ont pas joué un rôle décisif dans le verdict de culpabilité et que leur admission n'a pas compromis les droits de la défense (*Gäfgen*, préc., § 178 ; *Bykov c/ Russie*, 10 mars 2009, Gr. Ch).

Selon le CDH, le droit de ne pas témoigner contre soi-même « signifie que l'accusé ne doit être soumis à aucune pression physique ou psychologique par les autorités qui enquêtent, afin d'en obtenir des aveux » (n° 248/1987, déc. 30 mars 1992, *Glenford Campbell c/ Jamaïque, A/47/40*, p. 230, § 67).

### *1. Le droit de ne pas s'incriminer*

**417** GARANTIE IMPLICITE. — 1° Dans la ligne de l'arrêt *Imbrioscia c/ Suisse* (24 nov. 1993, *supra*, n° 412), le juge européen a mis à jour des garanties implicites de l'équité procédurale. La Cour européenne affirme ainsi que le droit « de se taire et de ne point contribuer à sa propre incrimination » est une exigence élémentaire du procès équitable, bien que – contrairement au PIDCP (art. 14, § 3 *g* ; voir CDH, n° 139/1983, *H. Conteris c/ Uruguay,* déc. 17 juill. 1985 et n° 159/1983, *R. Cariboni c/ Uruguay,* déc. 27 oct. 1987, *Sélection…*, p. 176 et 198) – le droit de ne pas témoigner contre soi-même ne soit pas garanti expressément par l'article 6 de la Convention (*Funke c/ France,* 25 févr. 1993, A. 256 A, § 44, *JCP*, 1994, I, 3742, n° 13, chron. F. Sudre : procédures d'enquête des douanes françaises) [1].

1. La loi n° 2000-516 du 15 juin 2000 renforçant la protection de la présomption d'innocence et les droits des victimes (*JCP G,* 2000, Actualité, p. 1223, obs. F. Le Guhenec) garantit à la personne gardée à vue le droit de garder le silence (art. 8).

Le juge communautaire avait précédé le juge européen dans cette voie, puisque la CJCE avait consacré le droit de ne pas témoigner contre soi-même (au bénéfice des personnes morales dans le domaine des infractions au droit de la concurrence) comme élément d'un principe général du droit communautaire – les droits de la défense –, considérant que ni l'article 6 de la CEDH ni la jurisprudence de la Cour européenne (ni les droits internes) ne consacraient un tel droit (CJCE, 18 oct. 1989, *Orkem*, aff. 394/97, *DCDF*, n° 21).

2° Ainsi compris, le droit de garder le silence est intimement lié au droit à l'assistance d'un avocat (*infra* n° 418 et 424). Il constitue également une protection de la présomption d'innocence.

Les arrêts *Heaney et McGuiness et Quinn c/ Irlande* (21 déc. 2000, *JCP G*, 2001, I, 291, n° 27, chron. F. Sudre) soulignent le lien étroit existant entre la présomption d'innocence et le droit de ne pas s'auto-incriminer, la violation de ce dernier droit emportant violation de l'article 6, § 2.

**418** CHAMP D'APPLICATION. — Le droit de garder le silence et de ne pas contribuer à sa propre incrimination vise à soustraire le prévenu à la coercition abusive des autorités. Le domaine d'application du droit est circonscrit à la « matière pénale », au sens de la Convention et est ainsi susceptible de concerner une procédure fiscale (*JB c/ Suisse*, 3 mai 2001, *JCP G*, 2001, I, 342, n° 13, obs. F. Sudre ; *Chambaz c/ Suisse*, 5 avr. 2012). Le juge européen précise que le droit de ne pas contribuer à sa propre incrimination s'applique aux procédures pénales concernant « tous les types d'infraction criminelle, de la plus simple à la plus complexe » (*Saunders c/ Royaume-Uni*, 17 déc. 1996, *JCP G*, 1997, I, 4000, n° 18, obs. F. Sudre). Par ailleurs, ce droit, comme l'ensemble des garanties du procès équitable, est applicable en amont de la phase de jugement (*supra*, n° 412) et, en conséquence, couvre le droit de se taire lors de l'interrogatoire de police (*Murray c/ Royaume-Uni*, 8 févr. 1996, *GACEDH*, n° 35) – droit qui implique l'assistance d'un avocat (*Salduz c/ Turquie*, 27 nov. 2008, Gr. Ch., *GACEDH*, n° 37, *infra*, n° 424).

Le droit de se taire bénéficie à la personne placée en garde à vue, qui doit être informée de son droit de garder le silence (*Brusco c/ France*, 14 oct. 2010, *JCP G*, 2010, act. 1064, F. Sudre ; Cass. Crim., 19 oct. 2010, n° 10-85051, *D* 2010, 2809, note E. Dreyer ; *infra*, n° 424).

*A contrario*, le droit de ne pas s'incriminer ne s'applique pas dans une procédure civile (*Weh c/ Autriche*, 8 avr. 2004 ; *Rieg c/ Autriche*, 24 mars 2005).

La CJCE considère aussi que le droit de ne pas témoigner contre soi-même ne s'applique pas dans une procédure civile (CJCE, 10 nov. 1993, *Otto BV c/ Postbank NV*, aff. C-60/92, *Rec.*, I-5683, *DCDF*, n° 26).

**419** CONTENU DE LA GARANTIE. — 1° Placé par le juge européen « au cœur de la notion de procès équitable », le droit de se taire implique que le silence de la personne poursuivie ne peut entraîner de condamnation ou la reconnaissance des faits reprochés. Il en résulte que l'accusation doit « fonder son argumentation sans recourir à des éléments de preuve obtenus par la contrainte ou les pressions, au mépris de la volonté de l'accusé » (*Saunders*, préc., § 68).

Il n'en va pas ainsi, par exemple, lorsque les éléments de preuve consistent en des aveux faits par un accusé à un codétenu, informateur de la police, chargé par celle-ci, d'obtenir des informations de l'intéressé (*Allan c/ Royaume-Uni*, 5 nov. 2002).

Le droit de ne pas contribuer à sa propre incrimination ne se limite donc pas aux aveux de méfaits ou aux remarques auto-incriminatoires mais couvre toute déposition recueillie sous la contrainte et utilisée ensuite au cours du procès pénal ; par contre, il ne s'étend pas à l'usage dans une procédure pénale de données obtenues par la contrainte mais existant indépendamment de la volonté du suspect (par ex., prélèvements de sang ou d'ADN ; *Saunders*, préc.).

Systématisant sa jurisprudence, la Cour énonce trois critères permettant de définir si une contrainte constitue une atteinte à la substance du droit de se taire : la nature et le degré de la coercition, l'existence de garanties appropriées dans la procédure et l'utilisation faite des déclarations des intéressés (*O'Halloran et Francis c/ Royaume-Uni*, 29 juin 2007, Gr. Ch., § 55, *JCP G*, 2008, I, 110, n° 6, obs. F. Sudre : l'obligation faite aux propriétaires de véhicules photographiés en excès de vitesse d'indiquer le nom du conducteur du véhicule, sauf à faire l'objet de poursuites pénales, n'est pas incompatible avec le droit de se taire).

2° Le droit de garder le silence, cependant, n'est pas absolu, et il faut tenir compte de l'ensemble des circonstances, notamment du poids accordé aux divers éléments de preuve, pour rechercher si le fait de tirer de son silence des conclusions défavorables à l'accusé enfreint l'article 6 (*Murray*, préc.).

Tel est le cas, par exemple, lorsque le juge du fond qui a appelé l'attention du jury sur le silence de l'accusé l'a fait en des termes invitant le jury à tirer des conclusions en défaveur de l'intéressé (*Condron c/ Royaume-Uni*, 2 mai 2000 ; *Beckles c/ Royaume-Uni*, 8 oct. 2002).

En bref, si le silence de l'accusé ne peut à lui seul permettre de conclure à sa culpabilité, il peut venir corroborer d'autres éléments à charge.

### *2. Le droit de participer à son procès*

**420** EFFECTIVITÉ DU DROIT. — Le droit pour l'accusé de participer « réellement » à son procès, bien que ce droit ne soit pas garanti explicitement par l'article 6, est un droit inhérent au procès équitable. Les conditions d'une participation effective doivent être réunies.

1° L'accusé doit d'abord être informé « de la nature et de la cause de l'accusation portée contre lui », de manière détaillée et dans une langue qu'il comprenne (art. 6, § 3 *a* ; *Brocizek c/ Italie*, 19 déc. 1989, A. 167, § 41 ; *T. c/ Italie*, 12 oct. 1992, A. 245-C ; voir CDH, n° 16/1977, *D. Monguya Mbenge c/ Zaïre*, déc. 25 mars 1983, *Sélection…*, p. 80). Ce droit de l'accusé couvre non seulement les faits matériels qui sont mis à sa charge, mais aussi la qualification juridique donnée à ces faits.

Ainsi, la requalification juridique des faits en cours de délibéré par une cour d'appel porte-t-elle atteinte au droit garanti par l'article 6, § 3 (*Pelissier et Sassi c/ France*, 25 mars 1999 ; aussi, devant une cour d'assises, *Miraux c/ France*, 26 sept. 2006). De même, la possibilité de former utilement un recours contre une décision de condamnation ne doit pas être entravée par l'absence de motivation de ladite décision (*Hadjianastassiou c/ Grèce*, 16 déc. 1992, A. 252 ; CDH, n° 283/1988, *Aston Little c/ Jamaïque*, déc. 1er nov. 1991, *A/47/40*, p. 265, § 8. 5).

* La Chambre criminelle de la Cour de cassation, qui n'avait pas hésité à soulever d'office un moyen tiré de la violation de l'article 6, § 3 (Crim., 5 déc. 1998,

*Baroum, Bull. crim.* 346), applique la jurisprudence *Pelissier et Sassi* (préc.), pour juger que « s'il appartient aux juges répressifs de restituer aux faits dont ils sont saisis leur véritable qualification, c'est à la condition que le prévenu ait été mis en mesure de présenter sa défense sur la nouvelle qualification envisagée » (Crim., 16 mai 2001, n° 00-85066 ; Crim., 12 sept. 2001, *D*, 2002, 1460, obs. J. Pradel) ; devant une cour d'assises, Crim., 13 juin 2007, n° 06-89. 266 (*D*, 2008, 109, obs. D. Caron).

2° L'exercice effectif de ce droit suppose que l'intéressé puisse non seulement assister aux débats, mais aussi entendre et suivre les débats (*Stanford c/ Royaume-Uni*, 23 févr. 1994, A. 282 A). Les États doivent alors prendre les mesures positives nécessaires afin que la personne poursuivie soit en mesure de comprendre les accusations portées contre elle et de prendre les décisions relatives à la procédure qui sont conformes à ses intérêts (*Vaudelle c/ France*, 30 janv. 2001, *D*, 2002, 353, note A. Gouttenoire-Cornut et E. Rubi-Cavagna : nécessité de fournir une assistance ou une représentation à un accusé majeur sous curatelle dans un procès pénal) ou encore afin que la conduite du procès favorise la compréhension de la procédure.

Il en va particulièrement ainsi dans le cadre d'une procédure pénale à l'encontre d'un mineur, qui doit être organisée de sorte que le principe de l'intérêt supérieur de l'enfant soit respect, afin que ce dernier puisse saisir « dans les grandes lignes » la nature et l'enjeu pour lui du procès (*T. et V. c/ Royaume-Uni*, 16 déc. 1999, *Dr. fam.*, 2000, comm. n° 46, A. Gouttenoire-Cornut ; *Blokhin c/Russie*, 23 mars 2016, Gr. Ch., § 195) ; le juge européen fait ici obligation à l'État d'organiser son système judiciaire de sorte que l'enfant puisse être jugé « par une juridiction spécialisée capable de se montrer pleinement attentive aux handicaps dont il souffre, d'en tenir compte et d'adapter la procédure en conséquence » (*S. C. c/ Royaume-Uni*, 15 juin 2004, § 35).

* Dans le même sens, Cass. crim., 11 juill. 2007 (n° 07-83. 056) qui déduit de l'article 6, § 1 et § 3 *a* et *c* et de l'article préliminaire du CPP qu'il doit être sursis au renvoi devant la juridiction de jugement d'une personne mise en examen dont l'altération des facultés est telle qu'elle se trouve dans l'impossibilité absolue d'assurer effectivement sa défense.

3° Par ailleurs, l'article 6, § 3 *e* prévoit que l'accusé, s'il ne comprend pas la langue nationale, doit bénéficier à l'audience de l'assistance gratuite d'un interprète, afin que lui soit traduit ou interprété tout acte de la procédure engagée contre lui (*Kamasinski c/ Autriche*, 19 déc. 1989, A. 168, § 74, *RTDH*, 1991, p. 231, note J. Callewaert ; *Lagerblom c/ Suède*, 14 janv. 2003). la Cour élargitt l'application de ce droit à l'instruction préparatoire (*Baytar c/ Turquie*, 14 oct. 2014).

Voir, *a contrario*, CDH, n° 219/1986, *Guesdon c/ France*, déc. 25 juill. 1990, *A/ 45/40*, vol. II, p. 70, § 10. 2 et n° 221/1987, *Cadoret c/ France*, déc. 11 avr. 1991, *A/46/40*, p. 229).

* Pour des applications en droit interne : Cass. crim., 25 mai 2005, n° 05-81628 ; Crim., 21 mars 2007, qui précise que l'article 6, § 3 *e* « doit bénéficier également à la personne mise en examen lorsque l'expert reçoit ses déclarations » (n° 06-89. 554).

**421** COMPARUTION PERSONNELLE. – 1° Le droit de l'accusé de comparaître personnellement, quoique non mentionné expressément, est également garanti par l'article 6 (*Colozza c/ Italie*, 12 févr. 1985, A. 89). Cela emporte « obligation positive » pour l'État d'assurer la comparution personnelle de l'accusé au procès, lorsque la question en jeu revêt une importance particulière (*Kremzov c/ Autriche*, 21 sept. 1993, A. 268 B ; dans le même sens, CDH, n° 139/1983, H. Conteris, préc.). Cependant, l'article 6, § 3 n'exige pas la présence physique de l'accusé dans la salle d'audience.

La participation à distance, par vidéoconférence, d'un accusé aux débats de son procès devant la cour d'assises d'appel est compatible avec les exigences des droits de la défense si elle poursuit un but légitime (prévention du crime, protection des témoins…) et si les modalités de déroulement de la participation à distance sont respectueuses des droits de la défense, tels qu'établis par l'article 6 (*Marcello Viola c/ Italie*, 5 oct. 2006, *RTDH*, 2007-73, 223, note M. Chiavario : procès d'un membre de la mafia devant la cour d'assises d'appel).

2° L'article 6 ne condamne pas pour autant le principe même d'une procédure se déroulant en l'absence du prévenu.

La compatibilité d'une telle procédure avec l'article 6 est soumise à une condition alternative. Soit il est établi « que le condamné a renoncé à son droit de comparaître et de se défendre » (*Colozza*, préc., § 29). Mais cette renonciation doit être établie de manière non équivoque et entourée de garanties (pour un exemple de violation, *Somogyi c/ Italie*, 18 mai 2004 ; de non-violation, *Hermi c/ Italie*, 18 oct. 2006, Gr. Ch., *JCP G*, 2007, II, 10050, note D. Szymczak). Soit, il doit en toutes circonstances pouvoir « obtenir ultérieurement qu'une juridiction statue à nouveau, après l'avoir entendu, sur le bien-fondé de l'accusation porté contre lui ». La procédure italienne par contumace n'offre pas cette garantie et le juge européen y voit une cause « structurelle » de violation de l'article 6 (*Sejdovic c/ Italie*, 1er mars 2006, Gr. Ch.).

* Le Conseil d'État fait une exacte application de cette jurisprudence en jugeant que le fait que le droit italien n'offre pas la certitude d'obtenir d'être à nouveau jugé ne rend pas pour autant incompatible avec l'article 6 l'extradition de M. Battisti dès lors que celui-ci a « manifesté, de manière non équivoque, sa volonté de renoncer à comparaître en personne devant ses juges et de se soustraire à la justice » (CE, Ass., 18 mars 2005, *Battisti*, *JCP G*, 2005, I, 145, n° 12, obs. A. Ondoua ; confirmé par Cour EDH, déc. 12 déc. 2006, *Battisti c/ France*, n° 28796/05). Aussi, CE, 13 févr. 2006, *Peqini*, n° 258899 (procédure albanaise de contumace permettant un recours contre la condamnation prononcée).

### 3. *Le droit de se défendre de manière adéquate*

**422** EFFECTIVITÉ DU DROIT. — 1° L'accusé doit pouvoir bénéficier d'une défense « concrète et effective » (*Artico c/ Italie*, 13 mai 1980, A. 37). Cela implique le droit de disposer du temps et des facilités nécessaires à la préparation de sa défense (art. 6, § 3 *b* ; voir CDH, n° 226/1987, *M. Sawyers*, déc. 11 avr. 1991, *A/46/40, p. 235*, § 13. 6). Ainsi, la possibilité de former utilement un recours contre une décision de condamnation ne doit pas être entravée par l'absence de motivation de ladite décision (*Hadjianastassiou c/* Grèce, 16 déc. 1992, A 252).

L'arrêt *Baucher c/ France* (24 juill. 2007, *JCP G*, 2008, I, 110, n° 5, obs. F. Sudre) sanctionne ainsi la pratique de certains tribunaux correctionnels qui, malgré l'obligation de motivation de leurs décisions (art. 485 CPP), ne motivent leur jugement qu'après que les parties aient décidé de faire appel, privant ces dernières de la possibilité d'interjeter appel en connaissance de cause.

2° L'article 6, § 3 *c* garantit à l'accusé le droit soit de se défendre lui-même, soit d'avoir l'assistance d'un défenseur de son choix (voir

CDH, n° 74/1980, *M.-E. Estrella c/ Uruguay*, déc. 29 mars 1983, *Sélection…*, p. 98) ou commis d'office gratuitement (art. 6, § 3 *c* ; *Pakelli c/ Allemagne*, 25 avr. 1983, A. 64).

* Au visa de l'article 6, § 3 *c*, la Cour de cassation juge que « les juges ne peuvent, sans le motiver, refuser le renvoi d'une affaire sollicité par le prévenu en raison de l'absence de l'avocat choisi » (Crim., 24 mai 2006, n° 05-85.685, *D*, 2006, IR, 1704).

Le droit de se défendre soi-même n'est reconnu qu'en matière pénale par l'article 6, § 3 *c* et, à juste titre, la Cour de cassation juge que l'article 973 NCPC, qui prescrit que les parties sont tenues de constituer un avocat au Conseil d'État et à la Cour de cassation, ne porte pas atteinte à cette disposition (Cass. 1re civ., 10 mai 2000, *Rio*, n° 99-15696, *Bull.*, n° 136, *D*, 2000, jur., p. 649, note N. Fricero).

**423** Droit de se défendre personnellement. — Il implique un droit d'accès au dossier et de communication des pièces de la procédure (*Foucher c/ France*, 18 mars 1997, *JCP G*, 1998, I, 107, n° 30, chron. F. Sudre ; *Frangy c/ France*, 1er févr. 2005). *Infra*, n° 433).

Le monopole de représentation des avocats près la Cour de cassation (*Voisine c/ France*, 8 févr. 2000, *RDP*, 2001, 669, obs. S. Soler ; *Meftah et al. c/ France*, 26 juill. 2002, Gr. Ch., *D*, 2003, 594, obs. N. Fricero) et le Conseil d'État (*Mocie c/ France*, 8 avr. 2003 ; *supra* n° 375) ne saurait priver l'accusé qui choisit de se défendre personnellement de l'accès au dossier et du bénéfice du droit à une procédure contradictoire (*Voisine*, *Meftah*, préc.). Pèse également sur les autorités judiciaires l'obligation d'informer la personne poursuivie du point de départ et de l'échéance d'un délai pour produire son mémoire en cassation (*Vacher c/ France*, 17 déc. 1996, *JCP*, 1997, I, 4000, n° 29, chron. F. Sudre).

* La Cour de cassation, revenant sur sa jurisprudence antérieure, juge désormais que tout prévenu ou accusé est en droit d'obtenir en vertu de l'article 6, § 3 de la CEDH « non pas la communication directe des pièces de la procédure, mais la délivrance, à ses frais, le cas échéant par l'intermédiaire de son avocat, de la copie des pièces du dossier soumis à la juridiction » devant laquelle il doit comparaître (Cass. crim., 12 juin 1996, n° 96-80219, *Bull. crim.*, n° 248 ; *JCP*, 1997, I, 3998, n° 12, obs. Maron).

Au visa de l'arrêt *Mocie* (préc.), le Conseil d'État fait application de la solution dégagée par la Cour européenne (CE, ord. 24 févr. 2006, *Association interdépartementale et intercommunale pour la protection du lac de Sainte-Croix, de son environnement, des lacs et site du Verdon ; Parc naturel régional du Verdon, Rec. Tab.*).

**424** DROIT À L'ASSISTANCE D'UN AVOCAT. — Ce droit est applicable à l'ensemble de la procédure et, notamment, dès la phase de l'instruction préliminaire menée par la police (*Imbrioscia c/ Suisse*, 24 nov. 1993, *supra*, n° 377 ; *Murray c/ Royaume-Uni*, 8 févr. 1996, *GACEDH*, n° 34). Par ailleurs, les sanctions disciplinaires pénitentiaires relevant du volet « pénal » de l'article 6, § 1 (*supra*, n° 372), le droit à l'assistance d'un défenseur doit également être garanti aux détenus (*Ezeh et Connors c/ Royaume-Uni*, 9 oct. 2003, Gr. Ch.).

1° *Garde à vue.* — Le prévenu a droit à l'assistance d'un avocat dès les premiers stades de l'interrogatoire de police (*Salduz c/ Turquie*, 27 nov. 2008, Gr. Ch.) ou dès le début de la garde à vue (*Dayanan c/ Turquie*, 13 oct. 2009, *D*, 2009, 2897, obs. J.F. Renucci ; *Adamkiewicz c/ Pologne*, 2 mars 2010), car l'inobservation de ce droit risque de compromettre gravement l'équité du procès. Plus précisément ce droit garantit le droit du prévenu de ne pas s'incriminer lui-même (*Brusco c/ France*, 14 oct. 2010 ; *supra*, n° 408). Il en va de même du droit à l'assistance d'un interprète (*Baytar c/ Turquie*, 14 oct. 2014).

Au vu d'une jurisprudence récente, l'« assistance d'un avocat » implique la présence d'un avocat « de son choix » (*Dvorski c/Croatie*, Gr. Ch., 20 oct. 2015) dès le premier interrogatoire de police (*Dayanan*, § 30 ; *Adamkiewicz*, § 86, 91 ; *Brusco* § 54). Alors même qu'elle estime que « la discussion de l'affaire, l'organisation de la défense, la recherche des preuves favorables à l'accusé, la préparation des interrogatoires, le soutien de l'accusé en détresse et le contrôle des conditions de détention sont des éléments fondamentaux de la défense que l'avocat doit librement exercer » (*Dayanan* § 32 ; *Adamkiewicz* § 84), la Cour juge paradoxalement que l'article 6 § 3 c) ne garantit pas le droit d'accès de l'avocat à l'ensemble du dossier dès le premier interrogatoire de police (*A.T. c/Luxembourg*, 9 avr. 2015, *JCP G* 2015, doctr. 845, F. Sudre).

La Cour considère qu'un défaut d'accès au dossier avant ce premier interrogatoire ne prive pas d'effectivité l'assistance de l'avocat et n'est pas contraire à l'article 6, dès lors qu'il y a des raisons relatives à la protection des intérêts de la justice suffisantes pour justifier le défaut d'accès et que la garantie de l'accès au dossier est ensuite assuré devant les juridictions d'instruction et tout au long du procès au fond (*A.T*, préc.).

* La compatibilité avec la CEDH du nouveau régime de la garde à vue, issue de la loi du 14 avril 2011 (déc. 2011-191/194 à 197 QPC, 18 nov. 2011, *Mme Elise A et a.*, *D* 2011, 3034, note H. Matsopoulou ; *infra*), suscitait, malgré la position contraire de la Cour de cassation (Crim. 19 sept. 2012, n° 11-88111, *JCP G* 2012, note 1242, F. Fourment), des réserves quant au droit d'accès de l'avocat au dossier (art. 63-4-1 CPP) que l'arrêt *A.T c/Luxembourg* (préc.) paraît avoir levées.

— Pour être compatibles avec l'article 6 § 3 c, les restrictions au droit garanti doivent obéir à des raisons impérieuses et ne pas avoir porté une atteinte irrémédiable aux droits de la défense, la procédure étant considérée *in globo* (*Salduz*, § 52 et 54).

Une « menace exceptionnellement grave et imminente » d'attentats terroristes constitue de telle « raisons impérieuses » (*Ibrahim et a. c/ Royaume-Uni*, 16 déc. 2014).

La Cour tend aujourd'hui à considérer que l'absence d'un avocat lors de la garde à vue a « irrémédiablement nui au droit de la défense » alors même que la procédure ultérieure a garanti les droits de la défense (*Salduz*, § 57, 60, préc.). Enfin, une législation qui fait obstacle de manière systématique à l'assistance d'un conseil lors de la garde à vue est contraire à l'article 6.

* Le Conseil constitutionnel français consacre dans sa décision 93-226 DC du 11 août 1993, au titre des droits de la défense, « le droit de la personne à s'entretenir avec un avocat au cours de la garde à vue » (voir D. Rousseau, Chron., *RDP*, 1994, p. 108 ; aussi, déc. 2004-492 DC, 2 mars 2004, Loi portant évolution de la justice aux évolutions de la criminalité, *Rec.* 66).

La compatibilité avec la CEDH du régime français de la garde à vue était très douteuse. L'article 63-4 CPP, issu de la loi n° 2000-516 du 15 juin 2000 renforçant la protection de la présomption d'innocence et les droits des victimes (*D*, 2000, Leg, p. 253 ; *JCP G*, 2000, Actualité, p. 1223, obs. F. Le Guhenec), garantissait un entretien avec un avocat « dès le début de la garde à vue » (et non plus après la vingtième heure) mais l'entretien était limité à 30 minutes et l'avocat n'avait pas accès au dossier. Par ailleurs, la loi organisait des exceptions systématiques au principe de la présence immédiate de l'avocat pendant la garde à vue pour certaines catégories d'infractions (art. 63-4 et 706-73 CPP) s'accordant mal avec la jurisprudence européenne.

Les exigences européennes ont conduit à une évolution remarquable du juge interne. Dans un premier temps, la Cour de cassation juge que le régime de droit commun de la garde à vue méconnaît l'article 6 CEDH, d'une part, en ce qu'il ne permet pas au gardé à vue de bénéficier de l'assistance effective d'un avocat dans des conditions lui permettant de préparer les interrogatoires et à l'avocat de participer aux interrogatoires (Crim. 19 oct. 2010, n° 10-82306), et, d'autre part, en ce que la personne gardée à vue n'est pas informée de son droit de garder le silence (Crim. 19 oct. 2010, n° 10-85051). Il en va de même du régime spécial de garde à vue (Crim. 19 octobre 2010, n° 5699 ; *contra*, déc. 2010-31 QPC, 22 sept. 2010, *Bulent et a.*).

Dans un second temps, la Cour de cassation juge que, sans attendre l'entrée en vigueur de la nouvelle loi n° 2011-392 du 14 avril 2011 relative à la garde à vue, il convient de donner un effet immédiat à la jurisprudence *Salduz* et *Danayan* de la Cour EDH (*supra*), imposant la présence de l'avocat dès le début de la garde à vue et pendant les interrogatoires (Cass. Plén., 15 avr. 2011, n° 10-30.313), sauf renonciation non équivoque du prévenu (Crim., 31 janv. 2012, n° 11-85. 464, *D.* 2012, 503, obs. Lavric ; Crim, 7 mars 2012, n° 11-88.118). Elle fait en conséquence application de l'article 6 § 3 aux gardes à vue conformes à la législation antérieure (Crim., 31 mai 2011, n° 10-88.809, *D* 2011, 2084, note H. Matsopoulou ; Crim., 10 sept. 2014, n° 13-82.507).

Dans la ligne de la jurisprudence européenne, le Conseil constitutionnel juge contraire à la Constitution l'article 63-4 CPP, qui ne permet pas à la personne gardée à vue de bénéficier de l'assistance effective d'un avocat et ne lui garantit pas le droit de garder le silence (déc. 2010-14/22 QPC, 30 juill. 2010, *Daniel W et a.*, *D* 2010, pan., 2259, J. Pradel) de même que la prolongation exceptionnelle de la garde à vue pour des faits d'escroquerie en bande organisée (art. 706-73 8° bis du CPP : déc. 2014-420 et 2014-421 QPC, 9 oct. 2014, *D* 2014, 2278, note A, Botton). Par contre, il juge que le report de l'intervention de l'avocat au cours de la garde à vue en cas de criminalité organisée ne porte pas une atteinte disproportionnée aux droits de la défense et est conforme à la Constitution (art. 706-88 CPP al.6 à 8 : déc. n° 2014-428 QPC, 21 nov. 2014).

Voir B. Mathieu, Garde à vue : rapports entre les systèmes constitutionnel et conventionnel, *JCP G*, 2011, doctr. 705.

2° *Défense effective.* Le souci d'effectivité des droits de la défense conduit à reconnaître le droit pour l'accusé de communiquer sans entrave avec son défenseur, notamment hors de portée d'ouïe d'un tiers (*S. c/ Suisse*, 28 nov. 1991, A. 220, § 48 ; *Brennan c/ Royaume-Uni*, 16 oct. 2001 : présence d'un policier lors du premier entretien de l'accusé avec son conseil ; aussi, CDH, n° 109/1981, *Gomez de Voituret c/ Uruguay*, déc. 10 avr. 1984, *Sélection*..., p. 152, § 2. 8), et à lui garantir un nombre et une durée suffisants de visites de ses conseils pour préparer efficacement sa défense (*Öcalan c/ Turquie*, 12 mai 2005, Gr. Ch., § 135).

Dans le même esprit, le CDH sanctionne des conditions matérielles de détention empêchant l'accusé de disposer véritablement de l'assistance d'un conseil (CDH, n° 49/1979, *D. Marais c/ Madagascar*, déc. 24 mars 1983, n° 83/1981, *Martinez Machado c/ Uruguay*, déc. 4 nov. 1983, *Sélection...*, p. 86 et 114).

3° *Aide juridictionnelle.* Le droit d'être assisté d'un avocat d'office est soumis à la double condition que l'accusé n'ait pas les moyens de rémunérer un défenseur et que « les intérêts de la justice » l'exigent, par exemple pour permettre à l'intéressé de jouer un rôle réel dans la procédure (*Quaranta c/ Suisse*, 24 mai 1991, A. 205 ; *Pham Hoang c/ France*, 25 sept. 1992, A. 243 : refus de désigner un avocat d'office devant la Cour de cassation dans une procédure pénale) ou parce que l'accusé encourt la peine capitale (CDH, n° 223/1987, *Robinson c/ Jamaïque*, déc. 30 mars 1989, *RUDH*, 1989, p. 66).

* L'arrêt *Pham-Hoang* (préc.) a incité la Cour de cassation, en formation solennelle, à reconnaître le droit à l'assistance d'un défenseur, en se fondant, cependant, non sur l'article 6, mais sur le principe constitutionnel « du respect des droits de la défense » (déc. 86-224 DC, 23 janv. 1987, Conseil de la concurrence, *Rec.*, p. 8 ; Ass. plén., 30 juin 1995, *Belhomme*, n° 94-20302, *Bull.*, 1995, n° 4 ; *JCP*, 1995, II, 22478, concl. M. Jéol, note A. Perdriaud : refus du conseil de l'Ordre des avocats au Conseil d'État et à la Cour de cassation de commettre d'office un avocat pour la présentation d'une requête en rabat d'arrêts). Cependant, c'est au visa de l'article 6 § 1 de la Convention que la Cour de cassation paraît consacrer le droit à l'assistance effective d'un avocat pour le bénéficiaire de l'aide juridictionnelle (Cass, 1° civ., 20 février 2008, n° 07-12.650, *JCP G*, 2008, I, 140 n° 17, obs. F, G'sell Macrez).

Selon la jurisprudence européenne (*Artico*, préc.) comme pour le CDH (n° 315/1988, *R. M. c/ Jamaïque*, déc. 26 oct. 1990, *A/46/40*, p. 300, § 6. 3), cette assistance judiciaire doit être effective. La seule désignation d'un avocat d'office ne suffit pas à garantir une défense « concrète et effective », et, si l'on ne saurait imputer à l'État la responsabilité de toute défaillance de l'avocat d'office, il incombe néanmoins aux autorités judiciaires, en cas de « carence manifeste » d'un avocat d'office, de ne pas demeurer passives afin d'assurer à l'intéressé la jouissance effective du droit protégé.

Par exemple, en invitant l'avocat à corriger l'inexactitude formelle entraînant l'irrecevabilité d'un pourvoi (*Czekalla c/ Portugal*, 10 oct. 2002, *JCP G*, 2003, I, 109, n° 15, chron. F. Sudre ; voir *Daud c/ Portugal*, 21 avr. 1998). Néanmoins, le droit de choisir son avocat n'a pas un caractère absolu, et le juge national, lors de la désignation d'un avocat d'office, peut imposer le choix d'un conseil si les intérêts de la justice le commandent (*Croissant c/ Allemagne*, 29 sept. 1992, A. 237B ; Cass. crim., 30 mars 2005, *D*, 2006, 625, chron. J. Pradel) ; l'article 6, § 3 *c* ne peut non plus être interprété comme garantissant le droit de changer d'avocat commis d'office, une fois celui-ci désigné et si son assistance est effective (*Lagerblom c/ Suède*, 14 janv. 2003).

**425** DÉFAUT DE COMPARUTION PERSONNELLE. — 1° Le refus du prévenu de comparaître ne justifie pas qu'il soit privé du droit à l'assistance effective d'un défenseur. Il s'agit là d'une sanction disproportionnée au regard de la « place primordiale » que les droits de la défense occupent dans une société démocratique (*Poitrimol c/ France*, 23 nov. 1993, *GACEDH*, n° 36 : procédure pénale pour non-représentation d'enfants ; *supra*, n° 386). Dans une jurisprudence constante, la Cour européenne considère que le droit d'être « effectivement » défendu ne peut être subordonné à l'accomplissement de conditions excessivement formalistes et qu'un accusé ne saurait en perdre le bénéfice du fait de son absence aux débats devant la cour d'appel (*Van Geyseghem c/ Belgique*, 21 janv. 1999 ; *Van Pelt c/ France*, 23 mai 2000, *RDP*, 2001, 680, obs. C. Hugon), et, cela, même à défaut d'excuse (pour des accusés en fuite : *Karatas et Sari c/ France*, 16 mai 2002, *RDP*, 2003-3, obs. C. Hugon). La jurisprudence européenne néglige quelque peu l'obligation de comparaître du prévenu, qui garantit également le droit des victimes et parties civiles à un procès équitable.

* Après avoir refusé de se soumettre aux exigences de la Cour européenne (Crim., 21 juin 1995, *Bull.*, n° 230 ; Crim., 6 mai 1997, *Bull.*, n° 176), la Cour de cassation, suite à l'arrêt *Van Pelt* (23 mai 2000), opère un revirement de jurisprudence solennel, affirmant que « le droit au procès équitable et le droit de tout accusé à l'assistance d'un défenseur s'opposent à ce que la juridiction juge un prévenu non comparant et non excusé sans entendre l'avocat présent à l'audience pour assurer sa défense » (Ass. plén., 2 mars 2001, *Dentico*, n° 00-81388, *D*, 2001, 1899, note J. Pradel ; dans le même sens Crim., 16 mai 2001, n° 00-85066 ; pour une application à la procédure d'opposition sur itératif défaut, Crim., 19 févr. 2003, n° 01-88361). S'appuyant sur le nouvel art. 410 CPP, la Chambre criminelle ne

subordonne même plus le droit d'être entendu à l'existence d'un mandat de représentation (Crim., 12 déc. 2006, n° 05-86. 214, *D*, 2007, 445, obs. C. Girault ; *contra*, Crim., 11 juill. 2001, *D*, 2002, 1458, obs. J. Pradel). Aussi, Crim. 11 sept. 2007, n° 06-87. 864, *JCP G*, 2007, II, 10200, note *E. Vergès*), *supra*, n° 386.

2° L'arrêt *Krombach c/ France*, du 13 février 2001 (*D*, 2001, 3302, obs. J.-P. Marguénaud ; *Rev. Sc. crim.*, 2001, 429, obs. F. Massias) étend la solution « *Poitrimol* » à la procédure française de contumace (art. 630 CPP).

Celle-ci est jugée contraire à l'article 6 en ce qu'elle édicte une interdiction absolue de représenter le contumax (*supra*, n° 376). La purge de la contumace implique en effet, hors le cas de l'arrestation de l'intéressé, que l'accusé se constitue prisonnier pour pouvoir être rejugé dans des conditions conformes à l'article 6, or, comme la Cour l'a déjà affirmé (*Khalfaoui c/ France*, 14 déc. 1999, *supra*, n° 386), l'exercice du droit à un procès équitable ne saurait être subordonné à « une sorte de caution, la liberté physique de l'intéressé » (§ 87).

Il faut souligner la convergence de l'arrêt *Krombach* et de l'arrêt rendu dans la même affaire, à propos des intérêts civils, par la CJCE. Selon celle-ci, le refus d'entendre la défense d'un accusé absent justifie que le juge allemand puisse se prévaloir de la clause d'ordre public pour refuser l'exécution de la décision française (CJCE, 28 mars 2000, *Krombach et Bamberski*, af. C-7/98, *DCDF* n° 43). *Krombach*-version CEDH et *Krombach*-version communautaire attestent de l'existence d'un ordre public procédural européen.

* La loi n° 2004-204 du 9 mars 2004 a consacré la possibilité pour l'avocat présent d'être entendu en l'absence de la personne poursuivie (art. 379-3 CPP).

### *4. Le droit d'interroger les témoins*

**426** Principe du contradictoire. — Le droit d'interroger les témoins réside dans le droit de l'accusé de pouvoir contester un témoignage à charge et d'en interroger l'auteur, et de faire entendre des témoins à décharge « dans les mêmes conditions » que les témoins à charge (art. 6, § 3 *d* CEDH). Il constitue un aspect particulier du principe du contradictoire. Le principe, rappelé par une jurisprudence constante, est que les éléments de preuve – dont font partie les témoignages – doivent normalement être produits devant l'accusé en audience publique, en vue d'un débat contradictoire (*Kostovski c/ Pays-Bas*, 20 nov. 1989, *GACEDH*, n° 38 ; Windisch c/ Autriche, 27 sept. 1990, A. 186).

* La Cour condamne l'interprétation de l'art. 175 CPP par la Cour de cassation qui empêche l'accusé de contester la validité des preuves retenues contre lui : *Abdelali c/ France*, 11 oct. 2012, *JCP G* 2012, note 1425, L. Milano.

**427** RÉGIME GÉNÉRAL. — 1° *Notion de témoin*. Elle revêt un sens « autonome » au sens de la Convention et s'entend de toute personne dont les dires sont portés à la connaissance des juges, et dont ceux-ci tiennent compte pour fonder la condamnation (*Bönisch c/ Autriche*, 6 mai 1985, A. 92, § 31-32). Elle s'applique aux experts (*Bönisch, Brandstetter c/ Autriche*, 28 août 1991, A. 211), à la partie civile (*Bricmont c/ Belgique*, 7 juill. 1989, A. 158) ou à un co-inculpé (Luca c/ Italie, 27 févr. 2001).

2° *Portée de la garantie*. Le droit européen est gouverné par le principe que « eu égard à la place éminente qu'occupe le droit à une bonne administration de la justice dans une société démocratique, toute mesure restreignant les droits de la défense doit être absolument nécessaire » (*Doorson c/ Pays-Bas*, 26 mars 1996, § 58, *Rev. sc. crim.*, 1997, p. 484, obs. R. Koering-Joulin).

a) Le droit d'interroger les témoins n'est pas absolu et ne permet pas la convocation ou l'interrogation de tout témoin, qu'il soit à charge ou à décharge (voir CDH, n° 237/1987, *Denroy Gordon c/ Jamaïque*, *A/48/40*, 1993, vol. 1, § 816). Comme le souligne la Cour européenne, la recevabilité des preuves relève au premier chef du droit interne, et il revient au juge national de juger de l'utilité d'une offre de preuve par témoin, sous la réserve majeure, toutefois, que la procédure litigieuse « dans son ensemble » revête un caractère équitable (*Vidal c/ Belgique*, 22 avr. 1992, A. 235 B : refus de citation d'un témoin à décharge).

La CJCE se réfère expressément à la jurisprudence européenne pour préciser la portée du droit de citer les témoins, qui est un principe général du droit communautaire qui « s'inspire plus particulièrement » de l'article 6, § 3 *d* de la CEDH (CJCE, 28 juin 2005, *Dansk Rorindustri c/ Commission*, C 189/02).

Le droit d'interroger les témoins à charge ne peut être satisfait que si son exercice a été sollicité par l'accusé (*Kamasinski c/ Autriche*, 19 déc. 1989, A. 168) mais peu importe que cette demande de confrontation ne soit pas faite dans les formes légales (*Saïdi c/ France*, 20 sept. 1993, *JCP*, 1994, II, 22215, comm. P. Chambon).

* Au contraire, la Cour de cassation ne fait pas obligation aux juges d'appel d'ordonner l'audition contradictoire des témoins à charge lorsqu'ils n'ont pas été légalement requis par voie de conclusion (Crim., 12 janv. 1989, *Randhawa*, n° 88-81592, *Bull. crim.*, n° 13 ; Crim., 6 mars 1991, *Dobbertin*, n° 90-84990, *JCP*, 1992, II, 21920, note J.-Y. Lasalle).

b) Le principe selon lequel le témoin doit être interrogé durant l'audience publique peut connaître des exceptions, notamment lorsque le témoin est anonyme (*infra* n° 428), ou afin de protéger des témoins mineurs dans le cadre de procès pénal concernant des infractions à caractère sexuel (*P. S. c/ Allemagne*, 20 déc. 2001, *JCP*, 2002, I, 105, n° 10, chron. F. Sudre).

La déclaration d'un témoin ne doit donc pas nécessairement être faite en public dans le prétoire, et l'emploi de dépositions remontant à la phase de l'instruction préparatoire est permis dès lors que l'accusé a eu « une occasion adéquate et suffisante de contester un témoignage à charge et d'en interroger l'auteur au moment de la déposition ou plus tard » (*Kostovoski*, préc., § 41). En conséquence, la lecture à l'audience de la déposition du témoin recueillie lors de l'instruction est compatible avec l'article 6 § 3 lorsque la défense a pu contester un témoignage à charge avant l'audience, notamment au cours d'une confrontation(*Isgro c/ Italie*, 19 févr. 1991, A. 194 A, § 34) ou en interrogeant l'inspecteur ayant reçu la déposition (*Asch c/ Autriche*, 26 avr. 1991, A 203) ; dans le cas contraire, la simple lecture à l'audience des déclarations de témoins à charge porte une atteinte excessive aux droits de la défense (*Unterpertinger c/ Autriche*, 24 nov. 1986, A 110 ; *Delta c/ France*, 19 déc. 1990, A. 191, § 36, *RTDH*, 1992, p. 51, note J. Salce).

**428** Régime spécifique du témoignage anonyme. — 1° L'utilisation des témoignages anonymes n'est pas en soi incompatible avec l'article 6 de la Convention (*Doorson*, § 69, préc ; *Van Mechelen et al. c/ Pays-Bas*, 23 avr. 1997, § 58, *RTDH*, 1998, 158, obs. J. De Codt), sous réserve qu'elle ne fasse pas subir aux droits de la défense des limitations excessives. La compatibilité du recours au témoignage anonyme avec l'article 6 de la Convention est subordonnée à deux conditions cumulatives (*Doorson*, préc.) En premier lieu, les obstacles auxquels se heurte la défense doivent être suffisamment compensés par la procédure suivie devant les autorités judiciaires, ce qui suppose l'intervention d'un juge lors de l'interrogatoire du témoin anonyme et la possibilité offerte à la défense d'interroger le témoin, malgré l'anonymat. En second lieu, et surtout, « une condamnation ne peut se fonder uniquement, ni dans une mesure déterminante, sur des déclarations anonymes » (*Doorson*, § 76).

Il en est *a fortiori* ainsi quand, émanant de policiers (*Van Mechelen*, préc. ; *Lüdi c/ Suisse*, 15 juin 1992, A. 238), ces déclarations font subir à la défense un handicap insurmontable rompant l'égalité des armes.

2° D'une manière générale, une condamnation, qui se fonde à un *degré déterminant* sur les dépositions faites par une personne que l'accusé, ou son défenseur, n'a pu interroger à un quelconque stade de la procédure, restreint les droits de la défense de manière incompatible avec les garanties de l'article 6 (par ex., *Rachdad c/ France*, 13 nov. 2003).

Plus précisément, dans le cadre d'un procès pénal concernant des abus sexuels commis sur des mineurs, la parole de l'enfant ne saurait à elle seule suffire pour fonder une condamnation (*P. S. c/ Allemagne*, 20 déc. 2001, préc. ; *Bocos-Cuesta c/ Pays-Bas*, 10 nov. 2005 ; de même, CDH, n° 1089/2002, *Rouse c/ Philippines*, déc. 25 juill. 2005, *A/60/40*, vol. II, 2005, 130).

Cette *règle de la « preuve déterminante »*, comprise comme « une preuve dont l'importance est telle qu'elle est susceptible d'emporter la décision sur l'affaire » (§ 131), est désormais assouplie par la Cour qui, la replaçant dans le cadre général de l'équité de la procédure, estime qu'il convient de mettre en balance « les intérêts concurrents de la défense, de la victime et des témoins et l'intérêt public à assurer une bonne administration de la justice » (*Al-Khawaja c/ Royaume-Uni*, 15 déc. 2011, § 131 et 146). L'admission d'une telle preuve – qu'il s'agisse de la déposition d'un témoin absent (*Al-Khawaja*, préc.) ou d'un témoin anonyme (déc. 10 avr. 2012, *Ellis, Simms et Martin c/ Royaume-Uni*, n° 46099/06 et 46699/06) – ne rend pas automatiquement la procédure inéquitable s'il apparaît qu'il existe des « éléments compensateurs suffisants » permettant une appréciation équitable de sa fiabilité (§ 147).

La Cour estime qu'il en va ainsi ans l'affaire *Al-Khawaja* (aussi, *Gani c/ Espagne*, 19 févr. 2013 ; conclusion inverse dans *Tahery c/ Royaume-Uni*, 15 déc. 2011 ; *D* 2012, 586, note J.F. Renucci). La Cour précise sa nouvelle démarche dans *Schatschaswili c/Allemagne*, 15 déc. 2015, Gr. Ch. (*JCP G* 2016, doctr. 65, F. Sudre).

3° De même, l'intérêt public ne saurait justifier l'utilisation dans la procédure pénale d'éléments de preuve recueillis à la suite d'une provocation policière (*Teixeira de Castro c/ Portugal*, 9 juin 1998 : intervention de deux « agents infiltrés » ayant incité le requérant à leur fournir de la drogue ; *Edwards et Lewis c/ Royaume-Uni*, 27 oct. 2004, Gr. Ch.). Un tel procédé, comme le souligne la Cour européenne, « est susceptible de priver *ab initio* et définitivement l'accusé d'un procès équitable » (*Ramanauskas c/ Lituanie*, 5 févr. 2008, § 54).

* La Cour de cassation juge également, au visa de l'article 6, § 1 CEDH et de l'article préliminaire CPP, ensemble le principe de loyauté des preuves, que la provocation à la commission d'une infraction par un agent public (Crim., 7 févr. 2007, n° 06-87. 753, *D*, 2007, 2012, note J.-R. Demarchi ; Crim., 9 août 2006, n° 06-83. 219, *D*, 2007, 975, obs. J. Pradel) ou que le placement en garde à vue dans des cellules sonorisées (Crim. 7 janv. 2014, n° 13-85.246, *D* 2014 407, note E. Vergès) « porte atteinte au principe de loyauté des preuves et au droit à un procès équitable » (confirmé par Cass. Plén, 6 mars 2015, n° 14-84.339, *JCP G* 2015, note 558, E. Bonis-Garçon). Et au visa de l'article 9 CPC, ensemble l'article 6 § 1 CEDH et le principe de loyauté dans l'administration de la preuve, que l'enregistrement d'une communication téléphonique à l'insu de l'auteur des propos tenus est « un procédé déloyal rendant irrecevable sa production à titre de preuve » (Cass. Plén., 7 janv. 2011, *Philips France (Sté)*, n° 09-14.316, *D* 2011, 562, note F. Fourment).

Par contre, le Conseil d'État refuse de consacrer un principe de loyauté dans l'administration de la preuve devant le juge administratif (CE, 16 juil. 2014, *Ganem*, n° 355201).

## Section II
## Le droit à un recours effectif

**429** ÉCONOMIE GÉNÉRALE. — Inspiré de l'article 8 de la DUDH, l'article 13 de la Convention européenne stipule que « toute personne dont les droits et libertés reconnus dans la présente Convention ont été violés a droit à l'octroi d'un recours effectif devant une instance nationale… » (dans le même sens, art. 2, § 3 du PIDCP et art. 25 de la CADH). Cette disposition énonce moins un droit subjectif propre qu'un mode de sauvegarde des droits consacrés par la Convention (dans le même sens, CDH, n° 286/1987, M. G. P. et S. P. c/ Trinité et Tobago, déc. 3 nov. 1989, *A/45/40*, vol. II, p. 177).

### I | PORTÉE DE LA GARANTIE

Elle s'apprécie au regard du champ d'application du droit à un recours effectif et du principe de subsidiarité.

#### *A – Champ d'application*

**430** PORTÉE AUTONOME. — Le droit à un recours effectif est un droit complémentaire, qui n'a pas d'existence indépendante et ne peut être invoqué qu'en relation avec un autre droit reconnu par l'instrument conventionnel. Dans le cadre de la CEDH, cette absence d'indépendance n'a pas empêché la Cour de donner au droit à un recours effectif une portée autonome.

1° Le droit au recours n'est que la conséquence juridique d'un manquement à un des droits protégés par la Convention, mais subordonner ce droit à la constatation d'une violation d'un droit substantiel de la Convention serait le priver de tout effet, puisque c'est l'établissement de cette violation qui fait l'objet même du recours. À l'inverse du CDH, qui estime que « seule une violation établie d'un droit reconnu dans le Pacte ouvre droit à un recours » (n° 275/

1988, *S. E. c/ Argentine*, déc. 26 mars 1990, *A/45/40*, vol. II, p. 179), la Cour européenne, s'écartant d'une interprétation littérale du texte (*Syndicat suédois des conducteurs de locomotives*, 6 déc. 1976, A. 20), a entendu donner un effet utile à l'article 13 de la Convention en jugeant que le requérant pouvait se prévaloir de l'article 13 sans avoir à établir d'abord une violation d'un autre article de la Convention (*Klass c/ Allemagne*, 6 sept. 1978, A. 28, *JDI*, 1980, 463, obs. P. Rolland). Le droit à un recours effectif est ainsi reconnu à quiconque *allègue* d'une violation de ses droits et libertés protégés par la Convention (§ 64), dès lors que cette allégation est « *défendable* » au regard de la Convention (*Boyle et Rice c/ Royaume-Uni*, 27 avr. 1988, § 52 à 55 et *Plattform « Arzte für das Leben » c/ Autriche*, 21 juin 1988, § 25 à 27, A. 131 et 139, *JDI*, 1989, 801 et 824, obs. P. Tavernier).

* Au visa de l'arrêt *Boyle et Rice* (préc.), le juge des référés au Conseil d'État n'hésite pas, dans les motifs de sa décision, à se référer à « la jurisprudence de la Cour européenne des droits de l'homme » selon laquelle « l'article 13 de la convention » ne saurait s'interpréter comme exigeant un recours interne pour toute doléance « » (CE, ord. 20, déc. 2005, *Meyet*, *Rec.*).

2° Ce droit peut alors être violé seul sans qu'un autre droit ait subi le même sort (par ex., *Valsamis c/ Grèce*, 18 déc. 1996, *JCP G*, 1997, I, 4000, n$^{os}$ 43 et 45, chron. F. Sudre). En conséquence, la Cour européenne accepte de constater une violation de l'article 13, qu'il y ait ou non violation d'un droit substantiel de la Convention.

**431** DROITS CONCURRENTS. — Le droit à un recours effectif entre en concurrence avec d'autres droits de nature équivalente, particulièrement le droit au contrôle de la légalité de la détention (art. 5, § 4) et le droit à un procès équitable (art. 6, § 1). Le juge européen a alors tendance à considérer que l'article 13 fonde une garantie d'ordre général, ne s'appliquant pas dans les cas où jouent les garanties plus spécifiques et plus strictes de l'article 5, § 4 (*Brannigan et McBride c/ Royaume-Uni*, 26 mai 1993, A. 258 B, § 75-76 ; *Chahal c/ Royaume-Uni*, 15 nov. 1996, § 126, *JCP G*, 1997, I, 4000, n° 9, chron. F. Sudre) ou de l'article 6, § 1 (*Airey c/ Irlande*, 9 oct. 1979, § 35, *GACEDH*, n° 2 ; *Ganci c/ Italie*, 30 oct. 2003). La question de la durée raisonnable du procès (art. 6, § 1) fait toutefois exception, suite au revirement de jurisprudence de l'arrêt *Kudla c/ Pologne* (Gr. Ch., 26 oct. 2000, *GACEDH*, n° 40).

En la matière, selon une jurisprudence constante, l'article 6, § 1 constituait une *lex specialis* par rapport à l'article 13, dont les garanties se trouvaient absorbées par elle ; en conséquence, la Cour, après avoir constaté une violation de l'article 6 pour « délai déraisonnable » de la procédure, jugeait inutile d'examiner le grief tiré de l'article 13 relatif à l'absence de tout recours en droit interne permettant de dénoncer la durée excessive de la procédure (*Allan Jacobsson c/ Suède*, 25 oct. 1989, A. 163, § 78). L'arrêt *Kudla* élargit sensiblement le champ d'application de l'article 13. Le juge européen estime désormais que l'article 13 garantit « un recours effectif devant une instance nationale permettant de se plaindre d'une méconnaissance de l'obligation, imposée par l'article 6, § 1, d'entendre les causes dans un délai raisonnable » (§ 156). L'État partie a donc l'obligation d'instituer dans son système juridique interne une voie de recours spécifique permettant au justiciable de se plaindre de la durée de la procédure, sauf à enfreindre l'article 13 (par ex., *Konti-Arvaniti c/ Grèce*, 10 avr. 2003). L'arrêt *Kudla* dénote aussi la volonté de la Cour européenne de transférer vers le juge interne le contentieux du délai raisonnable (*infra*, n° 433 ss.).

La CJUE, se référant à l'arrêt Kudla, juge que l'action en responsabilité à l'encontre de l'Union constitue « un remède effectif » au non-respect du délai raisonnable de jugement par le juge de l'Union (CJUE, 26 nov. 2013, *Gascogne Sack Deutschland GmbH*, aff. C-40/12 P, pt. 89, *AJDA* 2014, 683, note J.-Cl. Bonichot).

**432** DROIT INTERNE. — * L'arrêt *Kudla* a conduit à des évolutions de la jurisprudence française, judiciaire comme administrative. Après avoir longtemps jugé le contraire (*Vernillo c/ France*, 20 févr. 1991, A. 198), le juge européen estime désormais que le recours en responsabilité pour fonctionnement défectueux du service de la justice de l'article L. 781-1 (L. 141-1 nouveau) du Code de l'organisation judiciaire est, au vu d'une jurisprudence interne suffisamment établie condamnant l'État pour « déni de justice » du fait du délai déraisonnable de la procédure (CA Paris, 20 janv. 1999, *Gauthier*, *D*, 1999, IR, 125), un « recours effectif », au sens de l'article 13 de la CEDH (déc. 11 sept. 2002, *Mifsud c/ France*, Gr. Ch., *RDP*, 2003, 690, obs. F. Sudre ; *Nouhaud c/ France*, 9 juill. 2002). Le requérant qui se plaint de la durée déraisonnable d'une procédure judiciaire doit donc, avant de saisir la Cour européenne (*infra*, n° 223), exercer ce recours, quel que soit l'état de la procédure au plan interne, qu'elle soit achevée ou pendante (déc. 12 juin 2001, *Giummarra et al. c/ France*, *JCP G*, 2002, I, 105, n° 9, chron. F. Sudre ; *Mifsud c/ France*, préc.). La Cour de cassation, en redéfinissant la faute lourde engageant la responsabilité de l'État comme « toute déficience caractérisée par un fait ou une série de faits traduisant l'inaptitude du service public de la justice à remplir la mission dont il est investi » (Ass. plén., 23 févr. 2001, *Cts Bolle-Laroche c/ Agent judiciaire du Trésor*, n° 99-16165, *JCP G*, 2001, I, 340, n° 7, chron. G. Viney ; Civ. 1re, 13 mars 2007, n° 06-13. 040, *D*, 2007, 1929, note J. Pradel), a sans doute favorisé ce revirement de jurisprudence de la Cour européenne.

Le Conseil d'État, qui n'acceptait l'engagement de la responsabilité de l'État pour fonctionnement défectueux des juridictions administratives qu'en cas de faute lourde commise par une juridiction administrative dans l'exercice de la fonction juridictionnelle (CE, Ass., 29 déc. 1978, *Darmont*, *Rec.*, 542, concl. Rougevin-Baville), a assoupli sa jurisprudence et, abandonnant la condition de faute lourde, admet, sur le fondement tant des articles 6 et 13 de la Convention que « des principes généraux qui gouvernent le fonctionnement des juridictions administratives », que la méconnaissance du « droit à un délai raisonnable de jugement » est un « fonctionnement défectueux du service public de la justice » ouvrant droit à réparation (CE, Ass., 28 juin 2002, *ministre de la Justice c/ M. Magiera*, *AJDA*, 2002, 596, chron. F. Donnat et D. Casas) ; de plus, le Conseil d'État retient les critères dégagés par la jurisprudence européenne pour apprécier le délai raisonnable. Au vu de cette évolution, la Cour reconnaît le caractère « effectif » du recours en responsabilité, que, jusque-là, elle lui déniait (*Lutz c/ France*, 26 mars 2002, *JCP G*, 2002, I, 157, n° 19, chron. F. Sudre), et, ce, à compter du 1er janvier 2003, date à laquelle l'arrêt *Magiera* ne pouvait plus être ignoré du public (*Broca et Tixier-Micault c/ France*, 21 oct. 2003, *RDP*, 2004, 822, obs. G. Gonzalez).

Il subsistait, cependant, des lacunes dans la protection accordée au justiciable, tenant à la dualité des ordres de juridiction. Ainsi, en cas d'imbrication des procédures judiciaires et administratives à propos d'une même demande, la Cour de cassation, jugeant que l'article L. 781-1 du Code de l'organisation judiciaire ne s'applique pas aux juridictions administratives, refuse d'apprécier la durée de la procédure devant ces dernières (Cass. 1re civ., 22 mars 2005, *Vallar c/ Agent judiciaire du Tréso*r, n° 03-10355, *Gaz. Pal.*, 5-6 oct. 2005, 10, note G. Gonzalez : litige de droit du travail). Le Tribunal des conflits, sur renvoi du Conseil d'État (CE, 5 décembre 2007, *M. et Mme Bernardet*, n° 297215, *AJDA*, 2008-10, 535, concl, R. Keller), a mis fin à cette anomalie et confie à l'ordre de juridiction compétent pour le fond le soin de régler de façon globale le recours intenté pour durée excessive de la procédure résultant d'instances successives introduites devant les deux ordres de juridiction, considérant que le juge du fond est compétent « pour porter une appréciation globale sur la durée de la procédure devant les deux ordres de juridiction et, le cas échéant, devant le tribunal des conflits » (Trib. confl., 30 juin 2008, *M. et Mme Bernardet*, n° 3682, *AJDA*, 2008, 1362). *Infra*, n° 433 ss.

### *B – Principe de subsidiarité*

**433** Lien avec la règle d'épuisement des voies de recours internes. — Énonçant le droit à un recours effectif devant une « instance nationale », l'article 13 consacre au plan procédural le caractère subsidiaire de la garantie européenne (*supra*, n° 123) et est intimement lié à la règle classique de l'épuisement des voies de recours interne (art. 35, § 1, *supra*, n° 221).

En raison des « étroites affinités » unissant l'article 13 et l'article 35, § 1, le recours « effectif » au sens de l'article 13 est un recours « utile » que le requérant doit exercer, avant de saisir le juge européen, afin de satisfaire la condition d'épuisement des voies de recours internes ; il en va désormais ainsi, suite à l'arrêt *Kudla* (préc, n° 432), lorsqu'existe en droit interne un recours « effectif » permettant de se plaindre de la durée d'une procédure (déc. 11 sept. 2002, *Mifsud c/ France*, Gr. Ch. ; *Broca et Tixier-Micault c/ France*, 21 oct. 2003, préc. n° 432).

L'« instance nationale » visée par l'article 13 peut, au sens de la jurisprudence européenne, être une instance non juridictionnelle (*Klass c/ Allemagne*, 6 sept. 1978, § 67) dès lors que cet organe présente certaines garanties d'indépendance, d'impartialité et de procédure (pour des exemples de violation : *Diana c/ Italie*, 15 nov. 1996 ; *Camenzind c/ Suisse*, 16 déc. 1997, *RTDH*, 1997, 639, obs. G. Malinverni).

L'ordre juridique communautaire offre ici une protection plus grande puisqu'il garantit le droit à un recours effectif devant un juge (CJCE, 15 mai 1986, *Johnston*, aff. 222/84, *Rec.*, p. 1651, *supra*, n° 378 ; CJCE, 25 juill. 2002, *Union de Pequenos Agricultores c/ Conseil*, aff. C-50/00P, *DCDF* n° 48). La Charte des droits fondamentaux de l'Union européenne consacre également ce droit (art. 47 ; *supra* n° 378).

* Curieusement le Conseil d'État semble considérer que l'article 13 garantit le « droit d'accès au juge » (CE, 21 déc. 2001, *Hofmann*, *Rec.*, *RFDA*, 2002, 1115, obs. L. Sermet ; CE, ord. 20 déc. 2005, *Meyet*, *Rec.*) et semble mêler droit à un recours et droit à un tribunal lorsqu'il se réfère au « principe constitutionnel du droit pour les personnes intéressées d'exercer un recours effectif devant une juridiction, rappelé par les stipulations de la CEDH » (CE, 22 avr. 2005, *Magerand*, *RFDA*, 2005, 1151, note C. Mayeur-Carpentier).

**434** OBLIGATION POSITIVE. — 1° L'article 13 fait donc peser sur l'État une obligation positive telle que soit offert en droit interne à l'individu un moyen de redressement d'une situation contraire à la Convention, quel que soit l'auteur de la violation.

En conséquence, l'absence de tout recours en droit interne contre une sanction disciplinaire, prononcée à l'encontre d'une élève (*Valsamis c/ Grèce*, 18 déc. 1996) ou d'un détenu frappé d'une mesure de prolongation de mise à l'isolement (*Ramirez-Sanchez c/ France*, 4 juill. 2006, Gr. Ch.), ou contre le refus d'un directeur de prison d'acheminer la lettre d'un détenu (*Frérot c/ France*, 18 juin 2007), au seul motif qu'il s'agit d'une mesure d'ordre intérieur, constitue une violation de l'article 13. En jugeant de même en cas de défaut de recours contre une décision du juge d'application des peines refusant une permission de sortie, la Cour paraît s'engager dans la voie d'un contrôle de l'exécution de la peine (*Schemkamper c/ France*, 18 oct. 2005).

* La loi du 9 mars 2004 opérant « une juridictionnalisation complète des décisions du JAP », la Cour européenne estime implicitement que les nouvelles dispositions du CPP concernant les permissions de sortie (art. 712-11) sont compatibles avec la Convention (Schemkamper, préc.).

Doit également être offert en droit interne un recours effectif permettant de dénoncer une atteinte à un droit garanti par un acte national d'application d'une résolution du Conseil de sécurité en application du chapitre VII de la Charte (*Nada c/ Suisse*, 12 sept. 2012, Gr. Ch.).

2° Cependant, il ne saurait y avoir automaticité de la violation du droit à un recours effectif quand la Convention n'est pas incorporée dans le droit interne, puisque, par hypothèse, la Convention ne peut être directement invoquée devant les juridictions nationales.

Renversant sa jurisprudence antérieure (en dernier lieu, *Abdulaziz, Cabales et Balkandali c/ Royaume-Uni*, 28 mai 1985, A. 94, § 93), la Cour juge, depuis ses décisions *James* et *Lithgow c/ Royaume-Uni* (21 févr. 1986, § 84, *GACEDH*, n° 68, et 8 juill. 1986, A. 102, § 205), que l'article 13 ne fait pas obligation aux États parties « d'intégrer la Convention aux systèmes juridiques nationaux » mais suppose, néanmoins, pour les États à système dualiste « l'existence en droit interne d'un recours permettant de s'y prévaloir en substance des droits » consacrés par la Convention (par ex., *Soering c/ Royaume-Uni*, 7 juill. 1989, *GACEDH*, n° 16, § 120 ; *Observer* et *Guardian* c/ Royaume-Uni, 26 nov. 1991, A. 216, § 76 ; *Costello-Roberts c/ Royaume-Uni*, 25 mars 1993, A. 247 C, § 40).

Par ailleurs, l'article 13 ne va pas jusqu'à exiger un recours par lequel on puisse dénoncer devant une autorité nationale les lois d'un État contractant comme contraires en tant que telles à la Convention (*ibid.* ; *Willis c/ Royaume-Uni*, 11 juin 2002). En bref, l'article 13 garantit un recours permettant de critiquer les modalités d'application de la législation interne mais non le contenu de la loi.

* Le Conseil d'État est à cet égard parfaitement fondé à juger que les stipulations de l'article 13 « n'exigent ni n'impliquent que les États parties instaurent un mécanisme de contrôle de constitutionnalité des lois, lequel, au demeurant, relève en droit interne du pouvoir constituant » (CE, 6 déc. 2000, *Hoffer et al.*, *AJDA*, 2000, 1065, chron. M. Guyomar et P. Collin).

**435** Droit interne. — * Dans la ligne de son arrêt Marie, du 17 février 1995 (*supra*, n° 372), revenant sur une jurisprudence bien établie (CE, 28 févr. 1996, *Fauqueux*, *Rec.*, 52 ; CE, 12 mars 2003, *Frérot*, *AJDA*, 2003, 521), le Conseil d'État, par son arrêt *Remli*, du 30 juillet 2003, renonce à la qualification de mesures d'ordre intérieur pour juger que la mise à l'isolement du détenu contre son gré est une décision faisant grief susceptible d'être déférée au juge de l'excès de pouvoir, ouvrant ainsi implicitement au détenu la voie des garanties du procès équitable, notamment celle du contradictoire (CE, 30 juill. 2003, *Remli*, *D*, 2003, 2331, note M. Herzog-Evans). Il étend cette solution, au visa de la CEDH, à une décision de changement d'affectation d'un établissement pénitentiaire et à une décision de déclassement d'emploi (CE, Ass., 14 déc. 2007, *Boussouar et Planchenault*, n^os^ 290730 et 290420 (2 aff.), *RFDA*, 2008, 87, concl. M. Guyomar ), au transfèrement répété (ou rotations de sécurité, CE, Ass., 14 déc. 2007, *Payet*, n° 306432) ou encore à une décision fixant les modalités de l'organisation des visites aux détenus (CE, 26 nov. 2010, n° 329564, *Bompard).* De plus, le juge administratif exerce désormais un contrôle de proportionnalité sur la sanction disciplinaire infligée à un détenu (CE, 1er juin 2015, n° 380449, *AJDA* 2015, 1596, concl. A. Bretonneau), identique à celui exercé sur les sanctions infligées aux fonctionnaires (CE, Ass, 13 nov. 2013, M. D. n° 347704, *AJDA* 2013, 2432, chron. A. Bretonneau et L. Lessi).

Au vu de cette évolution jurisprudentielle, la Cour EDH considère que pour la mise à l'isolement (*Khider c/ France*, 9 juill. 2009, *D* 2009, 2462, note M. Herzog-Evans) ou les rotations de sécurité (*Payet c/ France*, 20 janv. 2011, *D* 2011, 643, note J.-P. Céré), le détenu dispose désormais en droit interne d'un « recours effectif » mais qu'il n'en est pas de même pour les fouilles corporelles (art. D. 275 CPP), qui relèvent toujours du régime des mesures d'ordre intérieur (*Khider*, préc.). Par contre, la voie du référé-liberté, offerte au détenu qui souhaite contester le régime des fouilles auquel il est soumis (CE, 14 nov. 2008 *El Shennawy*, n° 315622, *supra*, n° 323), constitue un recours effectif au sens de l'article 13 (*El Shennawy c/ France*, 20 janv. 2011, *D.* 2011, 1311, note J.-P. Céré) ; de même, pour les sanctions disciplinaires, CE, 28 déc. 2012, *Théron*, n° 357494 (D, 2013, 1313, obs. J.-P. Céré).

Voir aussi, CE, 31 oct. 2008, n° 293785, *Section française de l'OIP* : absence de voie de recours effectif, au sens de l'article 13 CEDH, offerte au détenu mis à l'isolement et annulation partielle du décret n° 2006-338 du 21 mars 2006 relatif à l'isolement des détenus (*RFDA*, 2009, 73, concl, M. Guyomar).

## II | Effectivité du recours

**436** Appréciation. — Le recours doit être « effectif » en pratique comme en droit. D'une manière générale, un recours interne ne saurait passer pour « effectif » dès lors que le contrôle exercé par le juge national sur la mesure incriminée apparaît trop restreint au regard de celui qu'exerce la Cour européenne dans ce type d'affaires (*Smith et Grady c/ Royaume-Uni*, 27 sept. 1999).

L'effectivité du recours, qui implique que le recours ne soit pas dépendant de l'action des autorités publiques et qu'il soit accessible aux intéressés (*Gurepka c/ Ukraine*, 6 sept. 2005), s'apprécie en fonction de la nature du grief relatif au droit substantiel et ne dépend pas de la « certitude d'un résultat favorable » pour le requérant (par ex., *Observer* et *Guardianc/ Royaume-Uni*, 26 nov. 1991, A. 216, § 76 ; *Vilvarajah c/ Royaume-Uni*, 30 oct. 1991, A. 215, § 123). La portée de l'obligation découlant de l'article 13 est donc à « géométrie variable ». On en donnera trois exemples (*infra* n° 437 à 439).

Précisons que le juge européen renforce cette exigence d'effectivité en reliant le droit à un recours effectif au droit à l'exécution des décisions de justice pour juger que n'est pas effectif au sens de l'article 13 de la CEDH un recours de droit interne qui, ayant abouti à un résultat positif devant le juge national, se heurte au refus de l'administration d'exécuter le jugement (*Iatridis c/ Grèce*, 25 mars 1999).

* La jurisprudence interne d'application de l'article 13 n'est guère fournie. Pour un exemple de contrôle de la compatibilité du droit interne avec l'article 13 de la Convention, voir l'Avis du Conseil d'État du 3 novembre 2003, *Montesinos et Gardon* (n° 257946, *Rec. Tab.*), par lequel la Haute Assemblée, après avoir constaté que le droit à l'allocation d'une pension de retraite est un droit protégé par la Convention (art. 6, § 1 et 1, Prot. 1), s'assure que le Code des pensions civiles et militaires de retraire « ne comporte pas de dispositions telles qu'elles dénaturent la substance même » du droit à un recours effectif.

**437** Mauvais traitements. — L'exigence d'effectivité est d'autant plus forte qu'un droit intangible est en cause. En cas d'allégation défendable de sévices contraires à l'article 3 subis aux mains des agents de l'État, l'article 13 impose non seulement de « mener une enquête approfondie et effective », afin d'identifier et de punir les responsables comme l'exige l'obligation procédurale tirée de l'article 3 (*supra*, n° 315), mais aussi « un accès effectif du plaignant à la procédure d'enquête », une diligence raisonnable dans la conduite de l'enquête (*Bati et al. c/ Turquie*, 3 juin 2004), et le versement d'une indemnité s'il y a lieu (*Aksoy c/ Turquie*, 18 déc. 1996, *JCP G*, 1997, I, 4000, n° 44, obs. F. Sudre ; *Assenov c/ Bulgarie*, 28 oct 1998)[1] ; il en va de même en cas de décès imputable à l'État (*McCann c/ Royaume-Uni*, 27 septembre 1995, *supra*, n° 299), l'action en réparation étant un « élément essentiel » d'un recours au sens de l'article 13 (*Edwards c/ Royaume-Uni*, 14 mars 2002).

Afin de pouvoir se plaindre de conditions de détention contraires à l'article 3, le détenu doit pouvoir disposer à la fois d'un recours préventif permettant de mettre fin rapidement à une incarcération contraire à l'article 3 et d'un recours compensatoire aux fins de réparation de la violation subie « les remèdes préventifs et compensatoires doivent coexister de façon complémentaire » (*Torreggiani et a. c/Italie*, 8 janv. 2013 ; *Ananyev et a. c/Russie*, 10 janv. 2012). Le référé-liberté (art. L 521-2 CJA), dans le premier cas, et le référé-provision (art. R. 541-1 CJA), dans le second, sont, selon la Cour, des « recours effectifs » (*Yengo c/France*, 21 mai 2015, *JCP G* 2015, doctr. 845, F. Sudre).

Si les mauvais traitements sont le fait de simples particuliers (*supra*, n° 314), l'article 13 n'implique pas nécessairement l'obligation d'enquêter sur les allégations mais suppose que les intéressés disposent d'une voie de recours appropriée pour agir en responsabilité contre l'autorité locale qui a omis de les protéger contre ces sévices et obtenir réparation du dommage subi (*T. P. et K. M. c/ Royaume-Uni*, 10 mai 2001 ; *D. P. et J. C. c/ Royaume-Uni*,

1. Le CCT interprète dans le même sens les dispositions de la Convention des Nations Unies contre la torture (n° 161/2000, *Hajrizi Dzemajl et consorts c/ Serbie et Monténégro*, déc. 21 nov. 2002, Rapp., A/58/44, 2003, 83 ; n° 261/2005, *Besim Osmani c/ Serbie*, déc. 8 mai 2009, Rapp., A/64/44, 2009, 275).

10 oct. 2002, *JCP G*, 2003, I, 109, n° 23, chron. F. Sudre ; *O'Keeffe c/ irlande*, 28 janv. 2014, § 115 et 177).

**438** Éloignement des étrangers. — 1° En cas de mesures d'éloignement du territoire exposant l'étranger au risque de traitements contraires à l'article 3 dans l'État de destination – et, *a fortiori*, à un risque réel d'atteinte à son droit à la vie (*A.C. et a. c/ Espagne*, 22 avr. 2014) –, un recours « effectif » exige un examen attentif et rigoureux du bien fondé du recours – et pas seulement de la légalité formelle de la décision administrative – ainsi que la possibilité d'offrir un redressement approprié (*Chahal c/ Royaume-Uni*, 15 nov. 1996) et, au terme d'une évolution jurisprudentielle, un « recours de plein droit suspensif » (*Gebremedhin c/ France*, 26 avr. 2007, § 66, *D*, 2007, 2780, note J.-P. Marguénaud ; *Sultani c/ France*, 20 sept. 2007, § 50 ; *infra*, n° 619).

La formule restrictive selon laquelle l'article 13 ne requiert qu'un « recours aussi effectif qu'il peut l'être », applicable lorsque les nécessités de la sécurité nationale commandent de protéger certaines sources d'informations (*Klass c/ RFA*, 6 sept. 1978, A.28 ; *Leander c/ Suède*, 26 mars 1987, A. 116, § 84), ne saurait jouer en la matière, car les questions de sécurité nationale ne doivent pas alors entrer en ligne de compte (*Chahal*, préc. ; il en va de même si le droit au respect de la vie familiale est en cause, *Al-Nashif c/ Bulgarie*, 20 juin 2002).

Applicable aux mesures d'expulsion (*Chahal* : le pouvoir de contrôle des juridictions britanniques sur un arrêté d'expulsion pris pour des raisons de sécurité nationale est trop restreint pour être « effectif » au sens de la Convention ; *Jabari c/ Turquie*, 11 juill. 2000) et d'extradition (*Chamaïev et al. c/ Géorgie et Russie*, 12 avr. 2005), l'exigence du recours effectif, ainsi entendu, a été généralisée à toute mesure d'éloignement comportant un risque de violation de l'article 3 et protège en conséquence le demandeur d'asile contre un refoulement arbitraire vers son pays d'origine (*Gebremedhin* préc. : demandeurs d'asile à la frontière déboutés et placés en zone d'attente ; *MSS c/ Belgique et Grèce*, 21 janv. 2011, *Tarakhel c/Suisse*, 4 nov. 2014, Gr. Ch : système d'asile « Dublin ») ou encore la victime d'une mesure de « remise extrajudiciaire » (*El Masri c/ « l'ex-république yougoslave de Macédoine »*, 13 déc. 2012).

Ne répondant pas aux exigences requises « d'accessibilité, (…), de qualité, de rapidité et de suspensivité » (§§ 130-132), la procédure d'asile prioritaire (art. L. 741-4 CESEDA) n'offre pas les garanties procédurales effectives contre un refoulement arbitraire (*I.M. c/ France*, 2 févr. 2012, *JCP G*, 2012, act. 222, L. Milano).

* Suite à l'arrêt *Gebremedhin*, a été créé par la loi n° 2007-1631 du 20 novembre 2007 relative à la maîtrise de l'immigration, à l'intégration et à l'asile un nouveau recours suspensif contre les refus d'entrée au titre de l'asile (art. L. 213-9 CESEDA.

2° L'exigence du recours « effectif » implique aussi un recours qui s'oppose à l'exécution d'une mesure d'expulsion collective d'étrangers (art. 4, Prot. 4 ; *supra* n° 353) avant l'issue de l'examen par les autorités nationales de sa compatibilité avec la Convention ; la marge d'appréciation dont dispose l'État quant à la manière de respecter l'article 13 ne saurait avoir ici pour effet de soumettre au bon vouloir de l'administration le caractère suspensif du recours (*Conka c/ Belgique*, 5 févr. 2002, *RTDH*, 2003, 177, obs. J.-Y. Carlier ; *infra*, n° 611).

3° Par contre, un recours de plein droit suspensif n'est pas requis en cas d'atteinte alléguée à la vie privée et familiale (art. 8).

Il suffit ici d'un recours permettant « un examen suffisamment approfondi et offrant des garanties procédurales adéquates des questions pertinentes par une instance interne compétente fournissant des gages suffisants d'indépendance et d'impartialité » (*De Souza Ribeiro c/ France*, 13 déc. 2012, § 83, *JCP G* 2012, act. 1420, H. Surrel).

**439** Durée excessive d'une procédure. — Lorsqu'est ouverte en droit interne une voie de recours spécifique pour se plaindre de la durée excessive d'une procédure (tel le recours institué en Italie par la loi « Pinto » du 24 mars 2001 : déc. 6 sept. 2001, *Brusco c/ Italie*, *RUDH*, 2001, 81), le recours « effectif » est, selon le juge européen (déc. 11 sept. 2002, *Mifsud c/ France*, Gr. Ch., § 17, préc. n° 433), celui qui permet soit de faire intervenir plus tôt la décision des juridictions saisies, soit de fournir au justiciable une réparation adéquate pour les retards déjà accusés.

La Cour marque sa préférence pour un recours à caractère préventif, visant à faire accélérer la procédure, qui est à ses yeux la solution la plus efficace (*Sürmeli c/ Allemagne*, 8 juin 2006, Gr. Ch.). Dans le deuxième cas de figure, il convient de ne pas distinguer les procédures pendantes des procédures achevées : la voie de recours en réparation doit pouvoir être exercée « quel que soit l'état de la procédure » dont la durée paraît excessive, et une procédure pendante ne saurait donc y faire obstacle. La circonstance qu'« un recours purement indemnitaire ne permet pas d'accélérer la procédure en cours » ne prive donc pas ce recours de son caractère « effectif » (*Mifsud*, préc.).

Le caractère adéquat du recours ainsi ouvert peut se trouver affecté par la durée même de son examen (déc. 22 mai 2003, *Paulino Tomas c/ Portugal*, n° 58698/00) ou par une indemnisation d'un montant par trop inférieur aux sommes accordées par la Cour dans des affaires similaires (déc. 27 mars 2003, *Scordino c/ Italie*, n° 36813/97), ce qui, dans l'un et l'autre cas ouvre alors la voie à un recours possible devant la Cour en violation de l'article 6, § 1 (violation que constate la Cour à propos du recours indemnitaire mis en place, respectivement, par la « loi Pinto », *Scordino c/ Italie (n° 1)*, 29 mars 2006, Gr. Ch., et par l'art. R. 311-1 CJA, *infra*, *Sartory c/ France*, 24 sept. 2009).

L'indemnisation doit être « globalement adéquate et apte à réparer la violation subie » (déc. 3 juin 2004, *Cataldo c/ Italie*, n° 45656/99). Cela suppose qu'elle couvre tant le dommage matériel, c'est-à-dire les pertes effectivement subies en conséquence directe de la violation du délai raisonnable de la procédure, que le dommage moral tenant à l'état d'angoisse, aux désagréments et incertitudes résultant de cette violation (*Apicella c/ Italie*, 29 mars 2006, Gr. Ch. ; Scordino, préc.).

* Le décret n° 2005-911 du 28 juillet 2005, entré en vigueur le 1er septembre 2005 (*JCP G*, 2005, act. 471, obs. J.-J. Menuret), tire les conséquences de l'arrêt du Conseil d'État Magiera (28 juin 2002, préc. n° 432). Modifiant l'article R. 311-1 du Code de justice administrative, le décret donne compétence au Conseil d'État pour connaître en premier et dernier ressort « des actions en responsabilité dirigées contre l'État pour durée excessive de la procédure devant la juridiction administrative ». Le Conseil d'État a néanmoins assujetti ce nouveau recours à l'obligation de la décision administrative préalable du garde des Sceaux (CE, 7 juill. 2006, *Mangot*, n° 285669, *JCP G*, 2006, I, 170, n° 5, obs. B. Plessix). Les décisions rendues par le Conseil d'État en application de ce décret (CE, 25 janv. 2006, *SARL Potchou et al.*, *RFDA*, 2006-2, 299, concl. J.-Y. Struillou ; CE, 29 oct. 2007, *M. et Mme Decker*, n° 298781) sont en harmonie avec la jurisprudence européenne en matière d'indemnisation. (en ce sens, Déc. 25 mai 2010, *Boniface c/ France*, n° 28785/09).

## Section III
## Le principe de la légalité criminelle

**440** Effectivité du droit. — Voyant dans la garantie de l'article 7 un « élément essentiel de la prééminence du droit », la Cour européenne place de manière significative l'interprétation de l'article 7 sous le signe de l'effectivité du droit garanti. Il s'agit d'« assurer une protection effective contre les poursuites, les condamnations et sanctions arbitraires » (*S. W. c/ Royaume-Uni*, 22 nov. 1995, § 34, *GACEDH* n° 39).

### I | Le principe de la légalité des délits et des peines

**441** Pas de peine sans loi. — Le principe *nullum crimen, nulla poene sine lege* qui fonde l'interdiction de la législation pénale rétroactive est à la base du droit pénal moderne et est consacré dans des termes identiques par les conventions générales (art. 7 CEDH, art. 15 PIDCP). Selon le juge européen, l'article 7, § 1 de la Convention ne se borne pas à prohiber l'application rétroactive du droit pénal au détriment de l'accusé, « il consacre aussi, de manière plus générale, le principe de la légalité des délits et des peines » (*Kokkinakis c/ Grèce,* 25 mai 1993, § 52 ; *S. W,* préc. § 35).

**442** Champ d'application. — Le champ d'application du principe de légalité des délits et des peines est défini par référence à la notion de « peine » de l'article 7, qui, au même titre que la « matière pénale » (*supra*, n° 157) revêt un sens autonome (*Welch c/ Royaume-Uni*, 9 févr. 1995, A. 307 A, à propos d'une ordonnance de confiscation).

1° Outre le lien avec une condamnation pour une « infraction », les critères de la « peine » sont transposés de la « matière pénale » : la nature et le but (prévention, réparation, répression) de la mesure en cause, sa qualification en droit interne, les procédures associées à son adoption et à son exécution, sa gravité (*Welch*, § 28).

Ainsi, la Cour analyse la contrainte par corps non en une mesure d'exécution forcée d'une condamnation pécuniaire mais en une « peine », tant au sens de l'article 7 de la Convention (*Jamil c/ France*, 8 juin 1995, A. 317 B, § 30, *JCP G*, 1996, I, 3910, n° 29, chron. F. Sudre) que de l'article 4 du Protocole 7 (*Göktan c/ France*, 2 juill. 2002, § 48).

* La chambre commerciale de la Cour de cassation se rallie à cette interprétation (Cass. com., 16 mai 2000, n° 98-15196), mais la chambre criminelle voit dans la contrainte par corps une mesure de « caractère pénal » visant à assurer l'exécution des peines pécuniaires (Cass. crim., 29 févr. 1996, n° 93-84616, *Bull. crim.*, n° 100).

De même, une confiscation de biens immobiliers, bien que sanction administrative en droit interne, est une « peine » pour le juge européen (déc., *Sud Fondi SRL et a. c/ Italie*, 30 août 2007, n° 75909/01 ; *Varvara c/ Italie*, 29 oct. 2013).

Sont, par contre, exclues du champ de l'article 7 comme n'étant pas des sanctions « pénales », une interdiction définitive du territoire français (qualifiée de « mesure de police » : Com., déc. 26 févr. 1997, *Renna c/ France*, *RUDH*, 1997, 422 ; dans le même sens, CE, 24 mars 1997, *M. Errahali*, n° 162318)[1] ou une amende de nature disciplinaire (frappant un conseil juridique : déc. 24 nov. 1998, *Brown c/ Royaume-Uni*, n° 38644/97).

2° Au vu des critères posés par son arrêt *Welch* (prec), la Cour européenne distingue entre une peine, telle que la détention de sûreté du droit allemand qui vise davantage un but punitif que préventif (*M. c/ Allemagne*, 17 déc. 2009 ; *JCP G*, 2010, note 334, M. Giacopelli), et une mesure de sûreté échappant à l'article 7, telle l'inscription au fichier national automatisé d'auteur d'infractions sexuelles, qualifiée de « mesure préventive » (*Bouchacourt c/ France*, 17 déc. 2009, *JCP G*, 2010, act. 63, F. Sudre).

* Le Conseil constitutionnel qualifie également cette dernière mesure de « mesure de police » (déc., 2 mars 2004, n° 2004-492 DC, *Rec.* 66) et la Cour de cassation juge aussi que ce n'est pas une « peine » au sens de l'article 7 (Cass. crim, 31 oct. 2006, n° 05-87. 153). De même, le Conseil d'État considère que la mesure dite du bracelet électronique ne constitue ni une peine, ni une sanction au sens de l'article 7 CEDH (CE, 12 déc. 2007, *Section française de l'observatoire international des prisons*, n° 293993).

1. Cette mesure ne relève pas non plus de la « matière civile » au sens de l'article 6 (*Maouia c/ France*, 5 oct. 2000, Gr. Ch., *supra*, n° 368).

En conséquence, la prolongation rétroactive de la détention de sûreté au-delà de la durée maximale autorisée au moment de la commission de l'infraction méconnaît le principe de la non-rétroactivité de la loi pénale (*M. c/ Allemagne*, préc ; *Jendrowiak c/ Allemagne*, 14 avr. 2011, *JCP G*, 2011, act. 596, F. Sudre), sauf si le but préventif de la mesure ne devient déterminant (*Bergmann c/Allemagne*, 7 janv. 2016).

Par contre, la Cour considère que l'hospitalisation d'office et les mesures de sûreté prévues par les articles 706-135 et 706-136 CPP ne sont pas des « peines » au sens de l'article 7 § 1 mais des « mesures préventives » auxquelles le principe de non-rétroactivité de la loi pénale ne s'applique pas, relevant que ces mesures n'ont pas été ordonnées à la suite d'une condamnation pénale pour une « infraction » et qu'elles ont un objectif préventif (*Berland c/France*, 3 sept. 2015, *JCP G* 2015, act. 974, G. Gonzalez).

* La Cour de cassation se prononce dans le même sens (Crim, 16 déc. 2009, n° 09-85153). De même, le Conseil constitutionnel juge que la rétention de sûreté (art. 706-53-13 CPP) n'est « ni une peine, ni une sanction ayant le caractère d'une punition », mais, néanmoins, qu'elle ne peut faire l'objet d'une application rétroactive (déc. n° 2008-562 DC, 21 févr. 2008, *Rec.* 89). Mais, en jugeant que la rétention de sûreté (art. 706-53-19 CPP) ne méconnaît pas le principe de non-rétroactivité des peines et des sanctions énoncé par l'article 7 CEDH, le Conseil d'État admet implicitement que cette mesure relève bien du champ de l'article 7 (CE, 26 nov. 2010, *Section française de l'OIP*, n° 323694).

3° La jurisprudence européenne établit une distinction entre une mesure qui constitue en substance une « peine » et une mesure relative à l'« exécution » ou à l'« application » de la peine, qui, ne faisant pas partie intégrante de la « peine », ne relève pas du champ de l'article 7 (*Kafkaris c/ Grèce*, 12 févr. 2008, Gr. Ch.).

Relève ainsi du champ d'application de l'article 7 un mode de calcul des remises de peine applicables ayant pour effet pratique d'allonger la durée de la peine à purger (*Del Rio Prada c/ Espagne*, 21 oct. 2013, GC).

**443** NOTION DE LÉGALITÉ. — La notion de « légalité » de l'article 7 est « banalisée » par le juge européen qui l'interprète comme synonyme de la notion de « loi », figurant dans la clause d'ordre public (*supra*, n° 132 ss.) : la « loi » au sens de l'article 7 « englobe le droit écrit comme non écrit et implique des conditions qualitatives » (*S. W.*, préc., § 35 ; *Cantoni c/ France*, 15 nov. 1996, *RTDH*, 1997, 685, obs. D. Spielmann). Le principe de la légalité des délits et des peines suppose que l'infraction soit clairement définie par la loi. Cette exigence de « prévisibilité » de la règle de droit vise à sauvegarder le principe de sécurité juridique (Com., Rapp. 12 avr. 1995, *Gragnic c/ France*, n° 15312/89, § 61) et est remplie « lorsque l'individu peut savoir, à partir du libellé de la clause pertinente et, au besoin à l'aide de son interprétation par les tribunaux, quels actes et omissions engagent sa responsabilité pénale » (*S. W.*, § 35 ; pour un exemple de violation, *Kafkaris c/ Grèce*, 12 févr. 2008, Gr. Ch.). Le juge européen a donc une conception lâche du principe de la légalité criminelle, qui fait place à l'interprétation jurisprudentielle, chargée d'assurer la prévisibilité de la « loi ».

Reprenant à son compte cette conception (CJCE, 3 mai 2007, *Advocaten voor de Wereld VZW*, C-303/05, *DCDF*, n° 69), le juge communautaire, par référence à l'article 7 de la CEDH et à la jurisprudence européenne (arrêts *Kokkinakis* et *S. W.*, préc.), garantit également le respect du principe de la légalité des délits et des peines, qui « s'oppose à ce que des poursuites pénales soient engagées du fait d'un comportement dont le caractère répréhensible ne résulte pas clairement de la loi » (CJCE, 12 déc. 1996, *Procédures pénales c/ X*, C-74/95 et C.129/95, *DCDF* n° 35).

**444** INTERPRÉTATION JUDICIAIRE. — 1° La Cour juge classiquement que le principe de la légalité des délits et des peines impose une interprétation stricte de la loi pénale, refusant l'interprétation analogique *in malam partem* (*S. W.*, § 35 ; dans le même sens, CJCE, 12 déc. 1996, *Procédures pénales c/ X*, préc.). Par ailleurs, rapprochant l'article 7 de l'article 6 § 2 (présomption d'innocence), elle tire deux conséquences du principe de légalité pénale, l'interdiction de répondre pénalement pour le fait d'autrui et « l'interdiction d'infliger une peine sans constat de responsabilité » (*Varvara c/ Italie*, 29 oct. 2013, § 66-67).

Elle constate ainsi une violation de l'article 7 lorsqu'un éditeur se voit appliquer une peine d'emprisonnement pour atteinte à l'intégrité territoriale de l'État par « une interprétation extensive, par analogie, de la règle énoncée pour les rédacteurs en chef » (*Baskaya et Okçuoglu c/ Turquie*, 8 juill. 1999, § 42).

La Cour européenne affirme également que le résultat de l'interprétation judiciaire doit être « cohérent avec la substance de l'infraction et raisonnablement prévisible » (*S. W.*, § 36).

Par exemple, est jugée « raisonnablement prévisible » l'interprétation du juge national (Cass. crim., 8 juin 1999, n° 98-84175), selon laquelle la première diffusion d'un message diffusé de manière répétitive sur les ondes constitue une « fixation préalable » du message au regard des diffusions ultérieures permettant de retenir, dès la seconde diffusion, la responsabilité pénale du directeur de publication (art. 93-3 de la loi du 29 juill. 1982 sur la communication audiovisuelle ; *Radio-France c/ France*, 30 mars 2004, § 20, *RDP*, 2004, 778, obs. F. Sudre). De même, la Cour juge que la « jurisprudence claire et constante » de la Cour de cassation (Crim., 31 août 1893, *D*, 1896, 1, 137), qui retient le second terme de la récidive (la nouvelle infraction commise) pour résoudre la question de l'application dans le temps des lois relatives à la récidive, permet à la disposition légale (art. 132-9 NCP) en vertu de laquelle le requérant a été condamné pour avoir agi en état de récidive de remplir les conditions d'accessibilité et de prévisibilité à l'époque des faits exigées par l'article 7 (*Achour c/ France*, 29 mars 2006, Gr. Ch. ; *contra*, l'arrêt de Chambre, 10 nov. 2004, *D*, 2005, 1203, note D. Roets).

L'interprétation large du crime de génocide retenue par les juridictions allemandes est également jugée « raisonnablement prévisible » par la Cour, au vu notamment de la doctrine et de la résolution 47/121 du 18 décembre 1992 de l'Assemblée générale des Nations Unies sur la situation en Bosnie-Herzégovine (*Jorgic c/ Allemagne*, 12 juill. 2007, § 107-108 ; *supra*, n° 57) de même que l'interprétation de la notion de « crime de guerre » retenu par le juge letton, à propos de l'exécution de villageois lettons par un commando soviétique en 1944, se fondant pour se faire sur les principes du droit international coutumier (*Kononov c/ Lettonie*, 17 mai 2010, Gr. Ch., *JCP G*, 2010, act. 637, B. Belda). Par contre, tel n'est pas le cas de celle de « crime contre l'humanité » par le juge hongrois, à propos de la répression meurtrière d'une émeute lors de l'insurrection d'octobre 1956 (*Korbely c/ Hongrie*, 19 sept. 2008, Gr. Ch. ; *RDP* 2009, 907, obs. F. Sudre) ou de celle de « génocide » par le juge lituanien à propos des partisans victimes de la répression soviétique en 1953 (*Vasiliaukas c/Lituanie,* 20 oct. 2015, Gr. Ch., *JCP G* 2015, act. 1252, G. Gonzalez).

2° Il n'en reste pas moins que la notion d'interprétation « raisonnable » reste difficile à cerner. Le juge européen admet qu'une interprétation extensive *in malem partem* de la loi pénale, qu'elle résulte d'un revirement de jurisprudence consécutif à une évolution de la société (*S. W.*, préc. : reconnaissance judiciaire de l'absence d'immunité de l'époux pour le viol de sa femme) ou d'une évolution jurisprudentielle due à un changement radical de système juridique dans le cadre d'une succession d'États (*Streletz et autres c/ Allemagne* et *K. H. W. c/ Allemagne*, 22 mars 2001 [1]), peut-être compatible avec le principe de la légalité des délits et des peines, tout en en soulignant le caractère exceptionnel (*Pessino c/ France*, 10 oct. 2006, § 35-36, *D*, 2007, 124, note D. Roets : revirement de jurisprudence non prévisible ; Cass. Ass. plén., 13 févr. 2009, n° 01-85.826, *Pessino*, *supra*, n° 245).

La conception européenne de la légalité pénale n'est pas sans soulever le problème de la rétroactivité de l'interprétation de la loi pénale par le juge.

* Sur le fondement de l'article 7 CEDH, la Cour de cassation peut écarter la loi interne au motif que la formulation imprécise de l'incrimination « n'offre pas de garanties réelles quant à la prévisibilité des poursuites » (Cass. crim., 20 févr. 2001, n° 98-84846, *D*, 2001, 3001, note P. Wachsmann : art. 38, al. 3 de la loi du 29 juillet 1881, sanctionnant la publication ou la reproduction de « tout ou partie des circonstances d'un crime »). La Chambre criminelle a par ailleurs pris soin de préciser que « le principe de non-rétroactivité ne s'applique pas à une simple interprétation jurisprudentielle » (Crim., 30 janv. 2002, n° 01-82593, *D*, 2003, 173, obs. B. de Lamy).

## II | Le principe *non bis in idem*

**445** Énoncé de la règle. — La règle *non bis in idem*, consacrée par l'article 4 § 1 du Protocole 7 (aussi, art. 14, § 7 du PIDCP), a fait l'objet d'une définition fluctuante par le juge européen. Cette règle interdit aux juridictions d'un même État de poursuivre, de juger ou de punir pénalement pour *une même infraction* quiconque a déjà été acquitté ou condamné par un jugement défini-

1. *Rev. Sc. crim.*, 2001, 639, obs. F. Massias ; *RTDH*, 2001, 1109, obs. P. Tavernier. Dans ces deux affaires, qui s'inscrivent dans le contexte particulier de la réunification allemande, la Cour juge que les actions des requérants, condamnés par les juridictions allemandes pour avoir causé la mort de plusieurs personnes ayant tenté de fuir la RDA entre 1971 et 1989, constituaient, au moment où elles ont été commises, des infractions définies avec suffisamment de précision par le droit de la RDA, interprété « à la lumière des principes régissant un État de droit » (§ 81). Le CDH se prononce dans le même sens (n° 960/2000, déc. 31 juill. 2003, *Baumgarten c/ Allemagne*, *A/58/40*, 2003, vol. II, 248).

tif (*Gradinger c/ Autriche*, 23 oct. 1995, A. 328 C, *JCP G*, 1996, I, 3910, nº 43, chron. F. Sudre ; Cass. crim., 19 janv. 2005, nº 04-81686, *D*, 2006, 622, chron. J. Pradel).

L'interdiction ne s'applique pas aux juridictions nationales de deux États ou plus (Com., req. nº 24015/94, *EGM c/ Luxembourg*, déc., 20 mai 1994, *D. et R.*, 77 A, p. 144 ; CDH, nº 204/1986, *A. P. c/ Italie,* déc. 2 nov. 1987, *Sélection…*, p. 71)

**446** LA NOTION D'*IDEM*. — La Cour européenne a varié dans la détermination de l'*idem.* Elle a considéré, dans un premier temps, que le principe *non bis in idem* ne s'opposait pas à ce que des juridictions distinctes connaissent d'infractions différentes issues d'un même fait pénal (*Oliveira c/ Suisse*, 30 juill. 1998, *RTDH*, 1999, 623, obs. H. Mock ; *Göktan c/ France,* 2 juill. 2002, § 50) si ces infractions diffèrent dans leurs « éléments essentiels » (*Franz Fischer c/ Autriche*, 29 août 2001, § 25 ; *W. F. c/ Autriche*, 30 mai 2002, § 25). Par son arrêt *Zolotoukhine c/ Russie* (10 févr. 2009, Gr. Ch.), la Cour abandonne le critère des « éléments essentiels » et retient l'approche de la CJCE (CJCE, 9 mars 2006, *Van Esbroeck*, C-436/04, *DCDF,* nº 61) fondée non sur l'identité d'« infractions » mais sur l'identité des faits matériels, considérant que le critère de la qualification juridique des faits est trop restrictif et affaiblit la protection offerte par l'article 4 du Protocole 7. Cette disposition doit donc être comprise « comme interdisant de poursuivre ou de juger une personne pour une seconde "infraction" pour autant que celle-ci a pour origine des faits identiques ou des faits qui sont en substance les mêmes » (§ 82 ; *RTDH*, 2009, nº 79, 867, note H. Mock ; *Grande Stevens et a. c/ Italie*, 4 mars 2014, § 227, *JCP G* 2014, doctr. 832, F. Sudre).

**447** APPLICATION DE LA RÈGLE. — 1º Le caractère casuistique de la qualification de « peine » rend délicate l'application de la règle *non bis in idem*.

Ainsi la Cour européenne en a fait usage pour interdire le cumul de poursuites administratives ou fiscales (au sens du droit national) et pénales à raison des mêmes faits, après avoir requalifié l'infraction administrative en cause d'infraction pénale (*Gradinger*, préc. : condamnation pénale pour homicide par imprudence et sanction administrative pour conduite en état d'ébriété frappant l'auteur d'un accident de la circulation ; *Grande Stevens et a. c/Italie,* 4 mars 2014, préc. : sanction administrative, « pénale » au sens de l'art. 6, prononcée par une autorité de régulation, et poursuites pénales) ; *Lucky Dev c/ Suède,* 27 nov. 2014, *Rinas c/Finlande,* 27 janv. 2015 : pénalités fiscales et poursuites pénales).

Au contraire, la CJUE considère que l'article 50 de la Charte des droits fondamentaux ne s'oppose pas au cumul de sanctions administratives et de sanctions pénales en matière fiscale, si la première sanction fiscale ne revêt pas un caractère pénal et, contrairement à la Cour EDH, laisse aux juridictions internes le soin d'apprécier ce caractère (CJUE 26 févr. 2013, *Hans Akerberg Fransson,* aff. C-617/10, § 34, *Europe* 2013, comm. 154, D. Simon).

Par contre, la Cour européenne juge la règle inapplicable, au motif qu'il n'y a pas eu ouverture d'une nouvelle procédure, lorsqu'une sanction administrative « pénale » s'analyse comme une peine complémentaire à la condamnation pénale, dont elle fait partie intégrante (retrait de permis de conduire après condamnation pour infractions au Code de la route : déc., 13 déc. 2005, *Nilsson c/ Suède,* n° 73661/01 ; *Maszni c/ Roumanie,* 21 sept. 2006, § 69).

Par une réserve, la France a limité la portée de cette disposition aux seules infractions relevant, selon le droit national, de la compétence des juridictions pénales ((*supra* n° 42). Notons que la Cour a invalidé la réserve italienne, similaire, en raison de son « caractère général » (*Grande Stevens,* § 209, préc.).

* Les juridictions nationales ont une position divergente de celle de la Cour sur la question de la conformité du cumul des poursuites et sanctions administratives et pénales au principe *non bis in idem.* De jurisprudence constante, la Cour de cassation se fonde sur la réserve française pour juger que l'article 4 du Protocole 7 ne s'oppose pas au cumul d'une sanction pénale et d'une sanction fiscale (Cass. crim., 20 juin 1996, *Ponsetti, RJF,* 5/97, 287, note S. Austry ; Cass. crim., 6 nov. 1997, *JCP G,* 1998, II, 10087, note M. Cliquennois) et n'interdit pas l'exercice de poursuites devant le juge répressif parallèlement à une procédure conduite devant la COB aux fins de sanction administrative (Cass. crim., 1er mars 2000, n° 99-86299, *D,* 2000, 229, note A. Lienhard), alors que ces sanctions – fiscales ou administratives – sont de nature « pénale » au sens de la Convention (*supra,* n° 240). De plus, prenant appui sur la CJUE (CJUE 26 févr. 2013, *Hans Akerberg Fransson,* préc), la Cour de cassation considère que l'art. 50 de la CDFUE ne fait pas obstacle au cumul de sanctions administratives (de l'AMF) et pénales en matière financière, à condition que ce cumul garantisse la sanction effective, proportionnée et dissuasive (Cass. crim, 22 janv. 2014, n° 12-83.579, *JCP G,* 2014,

note 345, C. Mauro). Cette jurisprudence n'est guère compatible avec celle de la Cour européenne (*Grande Stevens*, préc. ; *Lucky Dev*, préc.).

Le Conseil d'État se prononce aussi en faveur du cumul d'une sanction pénale et d'une sanction fiscale (CE, 26 déc. 2008, n° 282995, *Gonzales-Castrillo*, *Dr Fisc.* 2009-10, n° 231, concl. P. Collin). Il juge également, sans viser la réserve française, que les stipulations de l'article 4 du Protocole 7 (et de l'art. 14, § 7 du PIDCP) ne trouvent application qu'en ce qui concerne les procédures pénales (CE, 30 juill. 2003, *Houlle*, n° 232238, *Rec. Tab.*, CE, 7 janv. 2004, *Colombani*, *AJDA*, 2004, 1653, note A. Dord : cumul d'une condamnation pénale et d'une sanction disciplinaire ; CE, 10 mai 2004, *Crédit du Nord*, n° 241587, *Rec. Tab.* : cumul de deux sanctions administratives prononcées, au titre des mêmes faits, par le Conseil de discipline de la gestion financière statuant en « matière pénale » au sens de l'article 6, § 1).

Le non-cumul des sanctions pénales et administratives n'est érigé en principe constitutionnel que pour les sanctions administratives de nature pécuniaire (Cons. const., déc. n° 96-378 DC, 23 juill. 1996, Loi portant réglementation des télécommunications, *JO*, 27 juill. 1996, 11400).

Le Conseil constitutionnel ne confère pas au principe *non bis in idem* valeur constitutionnelle (*Déc. n° 82-143 DC, 30 juill. 1982, Loi sur les prix et les revenus*, cons. 13) et admet le cumul des sanctions administratives (ou fiscales) et pénales dans la limite du respect du principe de proportionnalité (*Déc. n° 89-260 DC, 28 juill. 1989, Loi relative à la sécurité et à la transparence du marché financier*, cons. 22 ; par ex., déc. n° 2012-266 QPC, 20 juill. 2012, déc. n° 2014-423 QPC, 24 oct. 2014). La décision n° 2014-453/454 QPC et 2015-462 QPC, 18 mars 2015 (*JCP G* 2015, note 368, F. Sudre et note 369, J-Y. Robert), établit une convergence apparente avec la jurisprudence *Grande Stevens* (préc) de la Cour européenne en jugeant contraire à la Constitution le cumul de poursuites et de sanctions administratives (en l'espèce sanctions de l'AMF) et pénales en matière financière. Mais la divergence persiste quant à la portée de l'interdiction du cumul que le Conseil constitutionnel borne aux seuls délits boursiers en subordonnant cette interdiction à une quadruple identité : des faits, de la nature des sanctions (dont il a une conception très restrictive, déc. n° 2015-513/514/526 QPC, 14 janv. 2016, D. 2016, 819, note O. Décima), de la finalité des régimes répressifs et d'ordre juridictionnel. Cette dernière condition que les poursuites et sanctions prononcées relèvent du même ordre de juridiction revient, en contrariété avec la jurisprudence de la Cour, à autoriser le cumul des sanctions administratives et pénales dans les nombreuses hypothèses où celles-ci relèvent de deux ordres de juridictions différents, la juridiction administrative et la juridiction pénale. Ainsi, le Conseil constitutionnel juge-t-il conforme à la Constitution, sous réserve du respect du principe de proportionnalité, le cumul des majorations d'impôts (art. 1729 CGI) et des sanctions pénales (art. 1741 CGI), au motif que ces dipositions « permettent d'assurer ensemble la protection des intérêts financiers de l'État ainsi que l'égalité devant l'impôt, en poursuivant des finalités communes, à la fois dissuasive et répressive » (pt. 18). Selon lui, les sanctions fiscales et les poursuites pénales sont deux éléments complémentaires d'un unique système répressif, écartant par là l'application du principe *non bis in idem*, en opposition à la Cour EDH (déc. 2016-545 QPC et 2016-546 QPC, 24 juin 2016, Pénalités fiscales pour insuffisance de déclaration et sanctions pénales pour fraude fiscale, *JCP G* 2016, act. 847, M. Collet et P. Collin).

Par contre, la Cour de cassation est fondée à juger que le cumul d'une sanction pénale et d'une sanction disciplinaire ne méconnaît pas l'article 4 § 1 du Protocole 7 (Cass. crim., 3 févr. 1998, n° 96-12035 ; Civ. 1re, 9 avr. 2015, n° 14-50.012, D 2015, 1192, note O. Décima) dès lors que la Cour européenne juge que les sanctions dicipli-naires ne sont pas des sanctions pénales relevant de l'article 4 § 1 du Protocole 7 (déc. 31 janv. 2012, n° 10212/07, Durand c/France : destitution d'un notaire ; *supra* n° 371).

2° Le juge européen précise que si l'article 4 § 1 du Protocole 7 interdit le renouvellement des poursuites – ne sont visées que les secondes poursuites engagées sciemment et non celles ouvertes par méprise (déc. 3 oct. 2002, *Zigarella c/ Italie*, n° 48154/99) – ou du procès, son paragraphe 2 autorise la réouverture du procès en raison de circonstances exceptionnelles, telle l'apparition de faits nouveaux ou la découverte d'un vice fondamental dans la procédure précédente (*Xheraj c/ Albanie*, 29 juill. 2008). La Cour subordonne toutefois le jeu du principe *non bis in idem* au respect des dispositions manifestement supérieures des articles 2 et 3 de la Convention. Elle écarte ainsi l'application de l'article 4 du Protocole 7 lorsque sont en cause des violations graves des droits de l'homme et juge, en prenant également appui sur l'évolution du droit international, que le principe *non bis in idem* ne peut faire obstacle à l'obligation qu'ont les États parties en vertu des articles 2 et 3 de la Convention de poursuivre les auteurs d'actes violant ces dispositions (*Margus c/ Croatie*, 27 mai 2014, Gr. Ch.).

## III | Le principe de la non-rétroactivité de la loi pénale

**448** Élargissement. — 1° Toute interprétation jurisprudentielle est nécessairement rétroactive pour l'affaire à partir de laquelle elle se forme et, dès lors qu'elle est plus sévère ou qu'elle présente un caractère extensif, elle se heurte en matière pénale au principe de la non-rétroactivité de la loi pénale, consacré expressément par l'article 7 (*S. W.*, § 35 ; *Pessino*, préc.). Sur le fondement de ce principe, consacré expressément par l'article 7, le juge européen sanctionne l'application rétroactive de la loi pénale qui s'est faite « au détriment de l'accusé » (*Kokkinakis c/ Grèce*, § 52 ; par ex., *Welch c/ Royaume-Uni*, 9 févr. 1995, et *Jamil*, 8 juin 1995, préc. : application de lois élevant les sanctions après les faits commis).

Bien que l'article 7, à la différence de l'article 15 du PIDCP, n'énonce pas le droit à l'application rétroactive de la loi pénale plus douce, la Cour européenne, à la différence de la Commission (déc. 6 mars 1978, *X c/ RFA*, *DR*, 13, 70), a reconnu, dans un premier temps, l'exception de la rétroactivité *in mitius* (*Gragnic c/ France*, 27 sept. 1995, A. 325 B, § 24 ; *JDI*, 1996, 249, obs. P. Tavernier) avant de procéder à une véritable réécriture de l'article 7. Se prévalant d'un « consensus » européen et international, la Cour estime que le principe de l'application immédiate de la loi plus douce est devenu « un principe fondamental du droit pénal » et que, dès lors, l'article 7 § 1 « ne garantit pas seulement le principe de non-rétroactivité des lois pénales plus sévères, mais aussi, et implicitement, le principe de rétroactivité de la loi pénale plus douce », dès lors que celle-ci a été adoptée avant le prononcé d'un jugement définitif (*Scoppola c/ Italie (n° 2)*, 17 sept. 2009, Gr. Ch., § 106 et 109 ; *RTDH*, 2010-84, 853, note S. Van Drooghenbroeck).

La CJCE se prononce dans le même sens (CJCE, 3 mai 2005, *Berlusconi*, C-387/02, pt. 68, *DCDF* n° 57).

Pour un exemple de violation de l'article 15 PIDCP : CDH, n° 1760/2008, *Cochet c/ France*, déc. 21 oct. 2010, *D* 2010, 2865, note A. Huet (loi du 17 juill. 1992 excluant expressément le principe de la rétroactivité *in mitius* pour des délits douaniers).

* Le Conseil constitutionnel tire du principe de la nécessité des peines énoncé par l'article 8 de la Déclaration de 1789 le principe d'application de la loi pénale plus douce (déc. 80-127 DC, 19 et 20 janv. 1981, Sécurité et liberté, § 75 ; déc. 2010-74 QPC, 3 déc. 2010, *JCP G*, 2011, note 82, E. Dreyer).

**449** MODALITÉS D'APPLICATION DU PRINCIPE. – 1° Elles ont été doublement précisées.

D'une part, la Cour juge que l'application immédiate d'une loi nouvelle allongeant les délais de prescription n'enfreint pas l'article 7 si elle respecte les prescriptions déjà acquises (*Coëme c/ Belgique*, 22 juin 2000, § 149). D'autre part, en cas d'infraction continue, l'application d'une loi nouvelle à des infractions antérieures à son entrée en vigueur n'est compatible avec l'article 7 que si, conformément au principe de la sécurité juridique, l'acte d'accusation énonce clairement les éléments constitutifs de cette infraction continue (*Ecer et Zeyrek c/ Turquie*, 27 févr. 2001, § 33 : actes de poursuite ne visant que des infractions antérieures à la loi nouvelle).

2° Toutefois, la CEDH – comme le Pacte (art. 15, § 2) – stipule que le principe de la non-rétroactivité ne trouve pas à s'appliquer aux actes, ou omissions, qui, au moment où ils ont été commis, étaient criminels « d'après les principes généraux de droit reconnus par les nations civilisées » (art. 7, § 2).

Cette expression renvoie au « droit de Nuremberg » et la Commission européenne des droits de l'homme souligne que le droit à la non-rétroactivité de la loi pénale « ne vise aucune condamnation juridique ou morale » des lois qui, dans les circonstances exceptionnelles de la fin de la Seconde Guerre mondiale, ont été adoptées « pour réprimer les crimes de guerre et les faits de trahison ou de collaboration avec l'ennemi » (déc. 20 juill. 1957, *X c/ Belgique*, n° 268/57, *Ann.*, I, p. 239). Cela vaut également pour les crimes contre l'humanité (Comm., déc. 13 janv. 1997, *Touvier c/ France*, *RUDH*, 1997, 100 ; déc. 17 janv. 2006, *Kolsk et Kislyiy c/ Estonie*, n[os] 23052/04 et 24018/04), dont le juge européen précise que la règle de l'imprescriptibilité a été posée par le statut du tribunal international de Nuremberg (déc. 15 nov. 2001, *Papon c/ France*, n° 54210/00).

Cependant, la Cour semble limiter la portée de l'article 7 § 2 aux seuls crimes de guerre nazis et choisit d'examiner la poursuite d'un crime international sur le terrain de l'article 7 § 1 (*Kononov c/ Lettonie*, 17 mai 2010, préc. ; *Korbely c/ Hongrie*, 19 sept. 2008, Gr. Ch ; *supra*, n° 222),), précisant que l'article 7 § 2 ne saurait constituer « une exception générale à la règle de la non-rétroactivité » (*Maktouf et Damjanovic c/ Bosnie-Herzégovine*, 18 juill. 2013, GC, § 72 ; *Vasiliaukas c/Lituanie,* 20 oct. 2015, Gr. Ch., § 190).

* Le principe de non-rétroactivité de la loi pénale fait toutefois obstacle à ce que les articles du Code pénal réprimant les crimes contre l'humanité s'appliquent aux faits commis avant la date de leur entrée en vigueur, le 1er mars 1994 (Cass. crim., 17 juin 2003, n° 02-80719, *JCP G*, II, 10146, note J.F. Roulot : refus d'informer du chef de crime contre l'humanité pour des faits liés à la guerre d'Algérie).

## *Pour aller plus loin*

**450** SUR LE CHAMP D'APPLICATION DU DROIT À UN PROCÈS ÉQUITABLE. — Sur les notions « autonomes » de l'article 6, *supra*, n° 176.

1° F. Matscher, La notion de « décision d'une contestation sur un droit ou une obligation de caractère civil » au sens de l'article 6, § 1 de la CEDH, *Mélanges Wiarda*, Carl Heymanns, 1988, p. 395, et G. Sperduti, Sur la notion de « droits et obligations de caractère civil » dans l'article 6, § 1 de la CEDH, *Mélanges Dupuy*, Pedone, 1991, p. 279 ; F. Sudre, Dix ans d'applicabilité de l'article 6 par la Cour EDH, *Mélanges Serge Guinchard*, Dalloz, 2010, p. 393.

2° Groupe de recherche Droits de l'homme et logiques juridiques, La « matière pénale » au sens de la CEDH, flou du droit pénal, *Rev. Sc. crim. Dr. pén. comp.*, 1987, p. 819 ; Fl. Massias, Le champ pénal européen selon la Cour EDH : interprétation autonome et applicabilité des articles 6 et 7 de la CEDH, *Mélanges Reynald Ottenhof*, Dalloz, 2006, 89.

3° Le droit disciplinaire, *RTDH*, 1995, n° 22 ; J. Pralus-Dupuy, L'article 6 de la CEDH et les contentieux de la répression disciplinaire, *Rev. Sc. crim. Dr. pén. comp.*, 1995, p. 723 ; J. Sainte-Rose et A. Lalardrie, Procès équitable et procédure disciplinaire, Cour de cassation, *Rapport annuel*, 1999, La Documentation française, 2000.

4° E. Douat (dir.), La réforme des procédures des juridictions financières et la CEDH, *RFFP*, 2009 n° 106, p. 11 et s. ; V. Renaudie, Les juridictions financières face à l'article 6 de la CEDH, *RTDH*, 2007-73, 163 ; L. Sermet, Juge des comptes et article 6 de la CEDH : vers une juridictionnalisation accrue ?, *RFDA*, 2003, 109 ; H. Surrel, Le jugement des comptes des comptables de fait à l'épreuve des exigences de la CEDH, *RFDA*, 2002, p. 104.

5° L. Gérard, Sur l'applicabilité de l'article 6, volet civil, de la CEDH aux contentieux fiscaux, *Rev. dr. fisc.*, 2002, 438 ; Fr. Julienne, La CEDH et le contentieux fiscal : étude à l'exemple du droit français, *RTDH*, 2006-68, 1009 ;

6° L. Burgorgue-Larsen, L'« autonomie constitutionnelle » aux prises avec la CEDH, *Rev. belge de droit constitutionnel*, 2001-1, p. 31 ; J.F. Flauss, Le droit constitutionnel devant la Cour EDH, *RFDC*, 2000, 847 ; *supra*, n° 169.

7° Ch. Jarroson, L'arbitrage et la CEDH, Rev. Arb. 1989, 573 ; A. Cambi Favre-Bulle et autres, *L'arbitrage et la CEDH*, Némésis-Bruylant, « Droit et justice », 31, 2001 ; C. Chainais, Exigence du procès équitable et arbitrage, *in* L. Milano (dir,) *CEDH et droit de l'entreprise*, Némésis-Anthémis, « Droit et justice », à paraître.

8° Sur l'application de l'article 6 hors les juridictions ordinaires, F. Sudre et C. Picheral (dir.), *La diffusion du modèle européen du procès équitable*, La Documentation française, 2003.

**451** SUR LES GARANTIES DU PROCÈS ÉQUITABLE. — 1° *Sur les règles générales du procès équitable*, voir prioritairement : L. Milano, *Le droit à un tribunal au sens de la Convention européenne des droits de l'homme*, Dalloz, Nouvelle Bibliothèque des thèses, 2006, vol. 57, et la bibliographie citée. Compléter par : C. Viennot, Actualités et perspectives ouvertes par la jurisprudence récente de la Cour EDH en matière d'impartialité, *RTDH*, 2007-73, 179 ; E. Zoller, Procès équitable et *due process of law*, *D*, 2007, 517 ; F. Krenk, La notion de « tribunal » au sens de l'article 6 de la CEDH, *Mélanges Petros J. Pararas*, Ant. N. Sakkoulas, Bruylant, 2009, p. 305 ; E. J. Van Brustem, Les lois rétroactives et la CEDH, *Dr. fisc.*, 2009-25, n° 373 ; O. Schramek, Le principe d'impartialité en droit public français et la Cour EDH, *Mélanges Jean-Paul Costa*, Dalloz, 2011, 563 ; D. Spielmann, La reconnaissance et l'exécution des décisions judiciaires étrangères et les exigences de la CEDH, un essai de synthèse, *RTDH*, 2011-88, 761 ; J. Van Compernolle, Les exigences du procès équitable et l'administration des preuves dans le procès civil, *RTDH*, 2012-92, 729 ; R. Ergec, Les divergences de jurisprudence et le procès équitable, *Mélanges Albert Weitzel*, Pedone, 2013, p. 281 ; Fr. Tulkens et S, Van Drooghenbroeck, L'ombre de Marckx : pour un débat renouvelé sur les effets dans le temps des arrêts de la Cour EDH, *Mélanges Paul Tavernier*, Bruylant, 2013, p. 1089 ; L. Milano, Qu'est ce qu'une juridiction ? La question a-t-elle encore une utilité ?, *RFDA* 2014-6, 1119 ; N. Fricero, Le droit à une procédure civile contradictoire dans la jurisprudence de la Cour EDH, *RTDH* 2016-106, 381.

2° *Pour l'étude des garanties offertes par l'article 6, § 2 et 3 :* Voir Y. Capdepon, *Essai d'une théorie générale des droits de la défense*, Dalloz, Nouvelle bibliothèque de thèses, 2013, vol, 122, 504 p. M. Guerrin, Le témoignage anonyme au regard de la jurisprudence de la Cour EDH, *RTDH*, 2002, 45 ; M.-A. Beernaert, La recevabilité des preuves en matière pénale dans la jurisprudence de la Cour EDH, *RTDH*, 2007-69, 81 ; F. Krenk, De Schenk à Gäfgen : la preuve inconventionnelle à l'épreuve de l'article 6 de la CEDH, *Mélanges Paul Tavernier*, Bruylant, 2013, p. 781. Sur le problème de la preuve, en général, F. Deshayes, *Contribution à une théorie de la preuve devant la Cour européenne des droits de l'homme*, thèse, Montpellier, 2002, 525 p. ; B. Bulak, Grandeur ou décadence de la présomption d'innocence, *RTDH* 2015-103, 623.

**452** SUR L'APPLICATION DE L'ARTICLE 6 AU ET PAR LE JUGE ADMINISTRATIF FRANÇAIS (*supra*, n$^{os}$ 169 et 450). — Voir, en premier lieu, L. Sermet, *CEDH et contentieux administratif français*, Economica, 1996, et Bilan de la jurisprudence du Conseil d'État sur l'application de l'article 6 de la CEDH, *RFDA*, 1997, 1010. Aussi : J.-P. Costa, Convention européenne des droits de l'homme et contentieux administratif, *Rép. Cont. Adm. Dalloz*, 2002 ; M. Guyomar, Le droit au juge indépendant et impartial en matière administrative, Le principe vu par le Conseil d'État, *AJDA*, 2001, 518 ; E. Picard, La juridiction administrative et les exigences du procès équitable, *in* F. Sudre (dir.), *Le droit français et la CEDH*, Engel, 1994, p. 217 ; F. Sudre, Office du juge administratif et « déconventionnalisation », *Mélanges Jean-Philippe Colson*, PUG, 2004, p. 413, et Vers la normalisation des relations entre le Conseil d'État et la Cour EDH, *RFDA*, 2006-2, 286. Consulter les thèses de P. Idoux, *La contradiction en droit administratif français*, Faculté de droit de Montpellier, « Thèses », n° 2, 2005, et J.-G. Sorbara, *L'impartialité du juge administratif*, Paris II, 2005, dact.

Sur les sanctions administratives, voir J.F. Brisson, Les pouvoirs de sanction des autorités de régulation et l'article 6, § 1 de la CEDH, *AJDA*, 1999, p. 847 ; C. Mamontoff, La notion de pleine juridiction au sens de l'article 6 de la CEDH et ses implications en matière de sanctions administratives, *RFDA*, 1999, p. 1004 ; F. Moderne, Le pouvoir de sanction administrative au confluent du droit interne et des droits européens, *RFDA*, 1997 ; F. Sudre, Le droit à un procès équitable « hors les juridictions ordinaires », *Mélanges Louis Dubouis*, Dalloz, 2002, 205 ; J.M. Woehrling, Les sanctions administratives forfaitaires et l'article 6 de la CEDH, *in* J.F. Flauss et M. De Salvia, *La CEDH : développements récents et nouveaux défis*, Bruylant, 1997, p. 179 ; R. Tinière, La notion de « pleine juridiction » au sens de la CEDH et l'office du juge administratif, *RFDA*, 2009, 729 ; G. Eveillard, L'application de l'article 6 de la CEDH à la procédure administrative non contentieuse, *AJDA*, 2010-10, 531.

**453** SUR L'APPLICATION DE L'ARTICLE 6 AU ET PAR LE JUGE JUDICIAIRE FRANÇAIS (*supra*, n° 169). — Ionnis S. Deliicostopoulos, *Le procès civil à l'épreuve du droit processuel européen*, LGDJ, « Bibliothèque de droit privé », t. 401, 2003 ; S. Guinchard, Le procès équitable : droit fondamental ?, in *AJDA*, numéro spécial, *Les droits fondamentaux. Une nouvelle catégorie juridique ?*, 1998, p. 191 ; D. Karsenty, Le droit au procès équitable : évolution récente de la jurisprudence de la chambre criminelle, *Rapport de la Cour de cassation 2001*, La Documentation française, 2002, p. 111 ; J.-P. Marguénaud, La dérive de la procédure pénale française au regard des exigences européennes, *D*, 2000, chron., p. 249 ; L. Sinopoli, Le droit au procès équitable dans les rapports privés internationaux. Recherche sur le champ d'application de l'article 6, § 1 de la CEDH au droit international privé, thèse, Paris I, 2000, 462 p. dact. ; Justice et droits fondamentaux, *Mélanges Jacques Normand*, Litec, 2003.

**454** SUR LE DROIT À UN RECOURS EFFECTIF. — G. Cohen-Jonathan, J.F. Flauss, E. Lambert (dir.), *De l'effectivité des recours internes dans l'application de la Convention européenne des droits de l'homme*, Bruylant-Némésis, « Droit et justice », n° 69, 2006 ; D. de Bruyn, Le droit à un recours effectif, *Mélanges Pierre Lambert*, Bruylant, 2000, p. 185 ; J.F. Flauss, Le droit à un recours effectif. L'article 13 de la CEDH, *in* Le juge administratif français et la CEDH, *RUDH*, 1991, p. 324.

**455** SUR LE PRINCIPE DE LA LÉGALITÉ DES DÉLITS ET DES PEINES. — Fl. Massias, préc., *supra*, n° 450 2° ; C. Karakosta, *Ne bis in idem* : une jurisprudence peu visible pour un droit intangible, *RTDH*, 2007-73, 25 ; B. Belda, Le principe de la légalité des délits et des peines en droit de la CEDH, *ADE*, vol. VI, 2008, 913 ; H. Mock, *Ne bis in idem* : Strasbourg tranche en faveur de l'identité des faits, *RTDH*, 2009-79, 867 ; M. Puechavy (dir.), *Le principe ne bis in idem*, Némésis-Anthémis, « Droit et justice » n° 103, 2012 ; F. Tulkens, *Non bis in idem*, Un voyage entre Strasbourg et Luxembourg, *Mélanges Renée Koering-Joulin*, Némésis-Anthémis, « Droit et justice » n° 110, 2015, p. 729-748.

# Chapitre 5
# Le droit au respect de la vie privée et familiale

**456** INTERPRÉTATION DYNAMIQUE. — Protection de la vie privée et protection de la vie familiale se recouvrent assez largement dans les textes internationaux : le droit au respect de la vie privée et familiale est garanti contre les immixtions arbitraires ou illégales des autorités publiques (PIDCP, art. 17 ; CADH, art. 11 ; CEDH, art. 8), et la famille, « élément naturel et fondamental de la société » (art. 23 du PIDCP), se voit reconnaître le droit à la protection de la société et de l'État (affirmé tant comme un droit « économique et social », PIDESC, art. 10, que comme un droit « civil » : PIDCP : art. 23 ; CADH : art. 17 ; CEDH : art. 12). En cette matière particulièrement, les organes de la Convention se sont livrés à une interprétation dynamique et évolutive de la Convention, afin de préserver celle-ci de tout anachronisme et de tenir compte à la fois de l'évolution des mœurs et des nécessités sociales (*supra*, n° 160). Le principe d'interprétation défini par la Cour européenne, selon lequel la Convention est « un instrument vivant à interpréter à la lumière des conditions de vie actuelle » (*Tyrer c/ Royaume-Uni*, 25 avr. 1978, A. 26, § 31 ; *Marckx c/ Belgique*, 13 juin 1979, § 58, *GACEDH*, n° 51), trouve un domaine d'application privilégié avec le droit au respect de la vie privée et familiale.

Caractérisée par l'exigence d'effectivité, l'interprétation dynamique du droit au respect de la vie privée et familiale se déploie d'abord sur le terrain de la définition conceptuelle. En retenant une acception généreuse des concepts qui commandent l'applicabilité du droit garanti par l'article 8 – « vie privée », « vie familiale », « vie privée et familiale » –, le juge européen procède à l'élargissement de l'applicabilité de la norme conventionnelle et, partant, du champ d'application du droit. On le vérifiera par la suite (*infra*, n[os] 457 et 501).

L'interprétation dynamique de l'article 8, en second lieu, emporte, par un redéploiement des obligations des États, une extension du contenu du droit au respect de la vie privée et familiale. Deux lignes directrices doivent ici être dégagées.

1° *Le droit au respect de la vie privée et familiale tend pour l'essentiel à prémunir l'individu contre les ingérences arbitraires des pouvoirs publics.* Selon l'interprétation faite par la Cour européenne de la clause d'ordre public, autorisant de telles ingérences à un droit garanti (*supra*, n[os] 132 et s.), et de la marge d'appréciation dont dispose l'État en la matière, seules des exigences particulièrement graves peuvent justifier une limitation à un droit qui touche à la sphère d'intimité de l'individu.

Seront ainsi protégés contre des ingérences disproportionnées au but légitime poursuivi le droit d'avoir des relations homosexuelles (protection de la morale : *Dudgeon c/ Royaume-Uni*, 22 oct. 1981, *GACEDH*, n° 48 ; législation pénale d'Irlande du Nord interdisant les relations homosexuelles masculines), le droit parental de visite (protection de la santé : *B. c/ Royaume-Uni*, 8 juill. 1987, A. 181 ; enfant confié à l'assistance publique), ou encore le droit au respect du domicile (protection du bien-être économique du pays : *Gillow c/ Royaume-Uni*, 24 nov. 1986, A. 109 : refus d'accorder à des propriétaires le permis d'habiter leur maison à Guernesey). Par contre, l'État dispose d'une latitude plus grande pour choisir les moyens de sauvegarder la sécurité nationale (écoutes téléphoniques, *Klass c/ Allemagne*, 6 sept. 1978, A. 29).

On sait, en effet (*supra*, n° 143 ss.), que la marge nationale d'appréciation varie en fonction de plusieurs paramètres, la nature du droit en cause ou des activités en jeu, le but légitime de l'ingérence, l'existence ou non d'un « dénominateur commun » aux systèmes juridiques des États contractants. En toute hypothèse, la marge d'appréciation dont dispose l'État quant à la nécessité d'une restriction au droit garanti doit être compatible avec le « juste équilibre entre les intérêts concurrents de l'individu et de la société dans son ensemble » qu'il convient de ménager. Le contrôle de proportionnalité se déploie pleinement en la matière.

2° *Le droit au respect de la vie privée et familiale engendre aussi des « obligations positives » inhérentes à son respect effectif.* Juridiction européenne et Comité des droits de l'homme partagent la même analyse : les obligations imposées par l'article 8 de la CEDH et les articles 17 et 23 du Pacte « exigent de l'État l'adoption de mesures, d'ordre législatif ou autres, destinées à rendre effective l'interdiction de telles immixtions et atteintes à la protection de ce droit » (CDH, obs. gén. 16 (32) sur l'art. 17, § 1 ; aussi, obs. gén. 19 (39) sur l'art. 23, § 3, *Manuel...*, p. 80 et 84). L'abstention de l'État, en l'absence de toute ingérence, peut alors constituer une violation du droit protégé. La Cour a fait ici un usage particulièrement riche de la notion d'obligations positives [1] (*supra*, n^os^ 161 et s.), qu'elle a doublement systématisée.

D'une part, en énonçant qu'« il appartient à chaque État contractant de se doter d'un arsenal juridique adéquat et suffisant pour assurer le respect des obligations positives qui lui incombent en vertu de l'article 8 de la Convention » (*Ignaccolo-Zenide c/ Roumanie*, 25 janv. 2000, § 108 ; *JCP G*, 2001, I, 291, chron. F. Sudre).

Le juge européen reconnaît l'existence de telles obligations à la charge de l'État, pour assurer l'effectivité du respect de la vie familiale : obligation d'offrir à un enfant né hors mariage et à sa mère les moyens « de mener une vie familiale normale » (*Marckx*, préc., § 31, et Johnston c/ Irlande, 18 déc. 1986), à une femme la possibilité réelle d'assigner son mari en séparation de corps (*Aireyc/ irlande*, 9 oct. 1979, *GACEDH*, n° 2, § 31), à une mère celle de voir sa fille, placée par l'autorité publique dans un foyer d'accueil (Eriksson c/ Suède, 22 juin 1989, A. 156, § 71), ou à un père naturel celle d'obtenir la tutelle ou la garde de son enfant placé par la mère aux fins d'adoption (*Keegan c/ Irlande*, 26 mai 1994, A. 291, § 50 et s.)...

Il en va de même du respect de la vie privée et/ou du domicile : obligation d'assurer à une handicapée mentale une protection pénale efficace contre l'auteur de violences sexuelles subies par elle (*X et Y c/ Pays-Bas*, 26 mars 1985, § 23 et 27) [2], d'organiser l'accès des individus aux dossiers

1. Ce qui rend d'autant plus surprenante la décision *Van Volsem c/ Belgique* de la Commission, du 9 mai 1990 : « Cette disposition (l'art. 8) est surtout négative en ce sens qu'elle protège contre une ingérence injustifiée de l'autorité publique dans la vie familiale mais n'oblige pas l'État à intervenir positivement pour rétablir des conditions de vie familiale dégradées » (note F. Sudre, La première décision « quart-monde » de la Commission : une « bavure » dans une jurisprudence dynamique, *RUDH*, 1990, p. 349).
2. N'est guère conforme à cette jurisprudence la décision de la Cour de cassation jugeant que, lorsqu'il n'a pas été fait application de l'article 87-1 CPP permettant au juge d'instruction de désigner un administrateur *ad hoc*, une mineure non émancipée victime d'un viol incestueux n'est pas recevable à se constituer partie civile, au motif qu'elle ne dispose pas de la capacité juridique (Crim., 16 juin 1992, n° 92-80414, *D*, 1993, 75, note A. Prothais).

contenant des informations personnelles (*Gaskin c/ Royaume-Uni*, 7 juill. 1989, § 38, *JDI*, 1990, 715, obs. P. Tavernier), de prendre des mesures adéquates afin de faire cesser ou de réduire des pollutions (*Lopez Ostra c/ Espagne*, 9 déc. 1994, *GACEDH*, n° 3), de fournir aux intéressés des informations pertinentes en cas de risques majeurs pour l'environnement (*Guerra et autres c/ Italie*, 19 févr. 1998, *infra*, n° 493), de procéder à la reconnaissance juridique de la nouvelle identité sexuelle d'un transsexuel (*C. Goodwin c/ Royaume-Uni*, 11 juill. 2002, § 85, *GACEDH*, n° 49) ou encore de protéger la réputation de la personne (*Petrina c/ Roumanie*, 14 oct. 2008 (*JCP G*, 2009, I, 104, obs. F. Sudre).

D'autre part, en généralisant la « procéduralisation » de cette obligation positive (*supra*, n° 162) par l'affirmation que la jouissance effective du droit protégé par l'article 8 implique que « le processus décisionnel soit équitable et permette de respecter comme il se doit les intérêts qui y sont protégés » (*Tysiac c/ Pologne*, 20 mars 2007, § 113, *RDSS*, 2007, 643, note D. Roman).

De surcroît, l'« effet horizontal » de la Convention (*supra*, n° 164) concourt à une large application de l'article 8, d'autant que les atteintes au droit au respect de la vie privée et familiale sont fréquemment le fait de particuliers, et emporte l'obligation positive pour l'État d'assurer la protection de la vie privée et familiale contre les ingérences de simples particuliers (par ex., *Lopez Ostra*, préc.).

## Section I
## La protection de la vie privée

**457** La notion de vie privée. — La vie privée ne peut être définie avec précision. Il s'agit d'une notion contingente dont le contenu varie en fonction de l'époque, du milieu et de la société dans lequel l'individu vit. De plus, la laïcisation progressive des sociétés occidentales a contribué à élargir la sphère de la vie privée, qui recouvre aujourd'hui des actes considérés autrefois comme contraires à la morale sociale. La jurisprudence européenne porte la marque de ces incertitudes et a aujourd'hui une conception de la « vie privée » qui n'est plus simplement celle de la sphère d'intimité de l'individu, que retenait l'arrêt *X et Y c/ Pays-Bas*, du 26 mars

1985 : « la vie privée » recouvre l'intégrité physique et morale de la personne et comprend « la vie sexuelle » (A. 91, § 22). Convenant que « la notion de "vie privée" est une notion large non susceptible d'une définition exhaustive » (*Pretty c/ Royaume-Uni*, 25 avr. 2002, § 61, *GACEDH*, n° 44), le juge européen fait considérablement évoluer la notion de « vie privée » au sens de la Convention.

1° Adoptant une conception extensive de la vie privée, la Cour européenne, par sa décision *Niemetz c/ Allemagne* du 16 décembre 1992 (*GACEDH*, n° 45), a fait franchir un saut qualitatif considérable à la notion de « vie privée » en jugeant que la protection de l'article 8 ne couvre pas seulement la sphère intime des relations personnelles, mais englobe aussi « le droit pour l'individu de nouer et développer des relations avec ses semblables » (§ 29) ; de manière similaire, le CDH juge que « la notion de vie privée renvoie au domaine de la vie de l'individu où il peut exprimer librement son identité que ce soit dans les relations avec les autres ou seul » (n° 453/1991, *Coeriel et Aurik c/ Pays-Bas*, déc. 31 oct. 1994, *A/50/40*, vol. II, p. 21). Au droit à la « vie privée personnelle » vient désormais s'ajouter le droit à la « vie privée sociale » (J.-P. Marguénaud, *op. cit., supra*, n° 93, p. 60).

À défaut de proposer une véritable définition de la « vie privée », l'arrêt *Botta c/ Italie*, du 24 février 1998 (*RTDH*, 1999, p. 600, note B. Maurer), tente de concilier dimension personnelle et dimension sociale de la « vie privée » : « La sphère de la vie privée, telle que la Cour la conçoit, couvre l'intégrité physique et morale d'une personne ; la garantie offerte par l'article 8 de la Convention est principalement destinée à assurer le développement, sans ingérences extérieures, de la personnalité de chaque individu dans les relations avec ses semblables » (§ 32). Dès lors, « les choix faits quant à l'apparence que l'on souhaite avoir, dans l'espace public comme en privé » – tel le choix des vêtements – relèvent de l'expression de la personnalité de chacun et donc de la vie privée (*SAS c/ France*, 1er juil. 2014, Gr. Ch. § 107, *RTDH* 2015, 219, note G. Gonzalez et G. Haarscher : port du voile intégral).

2° Cet élargissement de la notion de « vie privée » aux relations sociales de l'individu ne va pas, cependant, sans une certaine confusion conceptuelle[1]. Semblant opter pour l'interchangeabilité des

1. Voir F. Sudre, La « construction » par le juge européen du droit au respect de la vie privée, *in* F. Sudre (dir.), *Le droit au respect de la vie privée au sens de la Convention européenne des droits de l'homme*, Bruylant-Némésis, « Droit et justice », n° 63, 2005, p. 11.

concepts de « vie privée » et de « vie privée et familiale », la Cour européenne se réfère de plus en plus fréquemment à la notion floue de « vie privée et familiale ».

Topique de cette confusion est le droit au respect de la décision de devenir parents génétiques que la Cour consacre au titre de la vie privée (*Evans c/ Royaume-Uni*, 10 avr. 2007, Gr. Ch., § 71, *RDSS*, 2007, 810, note D. Roman) comme de la vie privée et familiale (*Dickson c/ Royaume-Uni*, 4 déc. 2007, Gr. Ch., § 66). C'est sous couvert de ce concept gigogne que, tour à tour, le droit de vivre dans un environnement sain (*Lopez Ostra c/ Espagne*, 9 déc. 1994, *GACEDH* n° 3), le droit à l'identité (*Burghartz c/ Suisse*, 22 févr. 1994, A. 280-B, § 24, *RTDH*, 1995, p. 53, note P. Georgin), le droit à la santé (*McGinley et Egan c/ Royaume-Uni*, 9 juin 1998, *JCP G*, 1999, I, 105, n^os^ 40 et 43, chron. F. Sudre), le droit des membres d'une minorité d'avoir un mode de vie traditionnel (*Chapman c/ Royaume-Uni*, 18 janv. 2001, *GACEDH*, n° 46, *supra*, n° 59), ou encore – par combinaison avec l'article 14 de la Convention (*supra*, n° 181) – le droit de présenter une demande d'adoption (*Fretté c/ France*, 26 févr. 2002, *JCP G*, 2002, II, 10074, note A. Gouttenoire-Cornut et F. Sudre), tombent dans le champ d'application de l'article 8.

Se constitue ainsi une nébuleuse « vie privée et familiale », à la configuration baroque et au sein de laquelle la notion de « vie familiale » est singulièrement diluée. Sous l'effet de cette jurisprudence la distinction entre « vie privée » et « vie familiale » s'estompe, les frontières se brouillent et, progressivement, le concept de « vie familiale » semble perdre de sa spécificité au bénéfice d'un concept globalisant – qu'il soit nommé « vie privée et familiale » ou « vie privée et vie familiale » – couvrant le droit de développer et de nouer des relations interpersonnelles.

3° La question est aujourd'hui posée de la mutation de la « vie privée-intimité » en « vie privée-liberté », que semble vouloir favoriser la jurisprudence européenne la plus récente en contribuant à l'émergence d'un nouveau rameau du droit au respect de la vie privée, le droit à l'autonomie personnelle (*Pretty*, préc.).

Ainsi très largement entendu, le droit au respect de la vie privée s'analyse principalement comme un droit à la vie privée personnelle, un droit à la vie privée sociale et un droit à l'autonomie personnelle.

Dans sa formulation la plus récente, la notion de « vie privée » « englobe, entre autres, des aspects de l'identité physique et sociale d'un individu, notamment le droit à l'autonomie personnelle, le droit au développement personnel et le droit d'établir et entretenir des rapports avec d'autres êtres humains et le monde extérieur » (*Evans*, préc., § 71).

4° Par ailleurs, l'article 8 protège indirectement le droit de vivre dans un environnement sain.

* On notera que le Conseil constitutionnel a d'abord hésité à reconnaître franchement la valeur constitutionnelle du respect de la vie privée (déc. 93-325 DC, 13 août 1993 ; voir D. Rousseau, chron., *RDP*, 1994, p. 113 ; *contra*, déc. 92-316 DC, 20 janv. 1993, *RFDC*, 1993, 379, note T. Renoux), choisissant la voie de la consécration « par ricochet » du droit au respect de la vie privée (D. Rousseau, chron., *RDP*, 1996, p. 18), comme en témoigne l'ambiguïté de cette formulation : « La méconnaissance du droit au respect de la vie privée peut être de nature à porter atteinte à la liberté individuelle », laquelle figure parmi « les libertés publiques constitutionnellement garanties » (déc. 94-352 DC, 18 janv. 1995, Loi d'orientation et de programmation relative à la sécurité, note F. Lafay, *JCP G*, 1995, II, 22525). *In fine*, le Conseil constitutionnel juge que le principe du respect de la vie privée trouve son fondement dans l'article 2 de la Déclaration de 1789 qui garantit la liberté (déc. 99-416 DC, 23 juill. 1999, Loi portant création d'une couverture maladie universelle, *AJDA*, 1999, p. 738 et 700, chron. J. E. Schoettl ; *RDP*, 2000, p. 70, chron. D. Rousseau).

Le juge des référés au Conseil d'État qualifie le droit au respect de la vie privée de « liberté fondamentale » au sens de l'article L. 521-2 CJA (CE, ord. 25 oct. 2007, Mme Y., n° 310125).

## I | Le droit à la vie privée personnelle

Il vise à protéger la sphère intime des relations personnelles, intégrant le droit à la liberté de la vie sexuelle.

### *A – Le droit à l'intimité de la vie privée*

**458** Enrichissement. — Le droit à l'intimité de la vie privée est initialement compris comme le droit de « vivre à l'abri des regards étrangers » (Com. déc. 18 mai 1976, Islande, req. n° 6825/74, *D. et R.*, 5, 88). Revêtant une particulière importance face aux moyens modernes d'investigation dont disposent les autorités publiques mais doté aussi d'un « effet horizontal » (*supra*, n° 167) afin de protéger la vie privée de l'individu contre les atteintes commises par des tiers, ce droit bénéficie d'un enrichissement constant par la jurisprudence européenne et possède un large champ d'application.

En témoigne l'inclusion du droit à la sépulture dans le champ de l'article 8, sans que la Cour précise si c'est au titre de la vie privée ou de la vie privée et familiale (*Pannullo et Forte c/ France*, 30 oct. 2001, *RDP*, 2002, 702, obs. A. Gouttenoire-Cornut : droit des parents de se voir restituer le corps de leur petite fille, décédée dans le cadre d'une hospitalisation, afin de l'inhumer ; *Elli Poluhas Dödsbo c/ Suède*, 17 janv. 2006 : transfert de cendres funéraires ; *Abdulayeva c/ Russie*, 16 janv. 2014 : refus des autorités de remettre à la requérante la dépouille de son fils, terroriste présumé) ou encore le droit de donner ou de refuser son consentement au prélèvement d'organes ou de tissus sur le corps de son conjoint décédé (*Elberte c/Lettonie*, 13 janv. 2015).

* Le Conseil d'État va dans le même sens, précisant que le choix du mode de sépulture « est intimement lié à la vie privée » (CE, 6 janv. 2006, Martinot *et al.*, *AJDA*, 2006, 757, note L. Burgorgue-Larsen). Il fait une application dynamique de l'article 8, jugeant que les dispositions du code du sport instaurant une obligation de localisation pour certains sportifs faisant partie d'un « groupe cible » désigné pour un an par l'Agence française de lutte contre le dopage encadrent strictement la localisation des lieux dans lesquels les contrôles peuvent avoir lieu ainsi que la période durant laquelle ces contrôles peuvent être effectués (notamment au domicile privé) et ne portent au droit garanti par l'article 8 que « des atteintes nécessaires et proportionnées aux objectifs d'intérêt général poursuivis par la lutte contre le dopage, notamment la protection de la santé des sportifs ainsi que la garantie de l'équité et de l'éthique des compétitions sportives » (CE, 24 février 2011, n° 340122, Union nationale des footballeurs professionnels et a.)

### *1. L'intégrité morale et physique de la personne*

**459** SÉVICES ET INJURES. — Selon une jurisprudence constante (*X et Y c/ Pays-Bas*, 26 mars 1985), la « vie privée » est sans conteste mise en jeu lorsque « l'intégrité physique et morale de la personne » est en cause.

1° Portent en conséquence atteinte au droit au respect de la vie privée, des sévices sexuels (*Stubbings et al. c/ Royaume-Uni*, 22 oct. 1996, *RTDH*, 1998, 781, obs. J. Sace, violences sexuelles sur mineurs ; *M. C. c/ Bulgarie*, 4 déc. 2003, viol), des violences domestiques (*E.S. c/ Slovaquie*, 15 sept. 2009 ; *Kalucza c/ Hongrie*, 24 avril 2012) tout comme le fait de contraindre une femme, lors de sa garde à vue, à subir un examen gynécologique (*Y. F. c/ Turquie*, 22 juill. 2003, *RDP*, 2004, 826, obs. C. Picheral). Il en va également de même d'une fouille approfondie de la personne et de ses effets personnels effectuée sur la voie publique (*infra*, n° 475), le caractère public ajoutant un élément d'humiliation et d'embarras (*Gillan et Quinton c/ Royaume-Uni*, 12 janv. 2010). Ou encore, d'injures à caractère raciste en raison de l'appartenance à une minorité ethnique (*R.B c/Hongrie*, 12 avr. 2016).

2° Néanmoins, la frontière avec l'article 3 de la Convention n'est pas clairement tracée (*supra*, n° 314). Le juge européen admet le principe que le droit au respect de la vie privée peut faire figure de droit de substitution à celui garanti par l'article 3 afin de sanctionner une atteinte à l'intégrité physique et/ou morale qui, du fait de sa faible gravité, n'est pas contraire à l'article 3, établissant ainsi un continuum de la protection de l'intégrité physique et morale, de l'article 8 à l'article 3.

L'hypothèse d'une violation isolée de l'article 8, après être restée longtemps théorique – que ce soit en matière de châtiments corporels scolaires (*Costello-Roberts c/ Royaume-Uni*, 26 mars 1993, A. 247-C), de conditions d'arrestation (*Raninen c/ Finlande*, 16 déc. 1997, *JCP G*, 1998, I, 107, n° 33, chron. F. Sudre : usage de menottes lors d'une arrestation), de protection de la santé (*Bensaid c/ Royaume-Uni*, 6 févr. 2001, *JCP G*, 2001, I, 342, n° 17, chron. F. Sudre : expulsion d'un étranger atteint de schizophrénie) – est retenue pour la première fois par *Wainwright c/ Royaume-Uni*, 26 sept. 2006 (fouille à corps de personnes extérieures à la prison rendant visite à un détenu ; *JCP G*, 2007, I, 106, n° 11, obs. F. Sudre ; aussi, *A. c/ Croatie*, 14 oct. 2010 : violence domestique).

Il lui arrive également de procéder à une utilisation combinée des articles 3 et 8 (*M. C. c/ Bulgarie*, 4 déc. 2003 : viol ; *E.S. c/ Slovaquie*, préc ; *supra*, n° 314).

**460** Obligations positives. — L'État a l'obligation positive d'assurer une protection appropriée de l'intégrité physique et morale des personnes en situation de vulnérabilité, notamment des mineurs.

L'administration forcée d'un traitement médical dans une clinique psychiatrique porte atteinte au droit au respect de la vie privée de l'intéressé et l'État partie manque à son obligation positive en n'exerçant pas le contrôle approprié sur la clinique privée en cause (*Storck c/ Allemagne*, 16 juin 2005, *JCP G*, 2005, I, 159, n° 15, chron. F. Sudre ; *B. c/ Roumanie (n° 2)*, 19 févr. 2013). De même, une réponse pénale s'impose face à des agissements criminels qui font d'un mineur une cible pour les pédophiles (*K.U. c/ Finlande*, 2 déc. 2008 : annonce à caractère sexuel au sujet d'un enfant publiée sur un site de rencontres par internet), à des violences sexuelles sur mineur (*M. et C. c/ Roumanie*, 27 sept. 2011 ; aussi, dans la même ligne, *Söderman c/ Suède*, 12 nov. 2013 (*JCP G* 2013, act. 1282, C. Picheral) ou à des injures racistes (*R.B c/Hongrie*, 12 avr. 2016).

Cette obligation positive est comprise très largement par la Cour.

Elle juge ainsi que les autorités roumaines ont manqué à leur obligation de protéger la vie privée d'une personne âgée de 71 ans devenue handicapée après avoir été mordue par des chiens errants, en ne prenant pas les mesures adéquates pour traiter le problème des chiens errants à Bucarest (*Stoicescu c/ Roumanie*, 26 juill. 2011, *JCP G*, 2011, act. 997, K. Grabarczyck).

**461** Droit à la réputation. — Après avoir énoncé, que « le droit à la réputation figure parmi les droits garantis par l'article 8 de la Convention, en tant qu'élément du droit au respect de la vie privée » (*Radio France c/ France*, 30 mars 2004, § 31), la Cour a consacré expressément ce droit et sanctionne, comme tel, sa violation (*Pfeifer c/ Autriche*, 15 nov. 2007), précisant que la réputation d'une personne « représente une partie de son identité personnelle et psychique, qui relèvent de sa vie privée » (*Petrina c/ Roumanie*, 14 oct. 2008, § 29, *JCP G*, 2009, I, 104, obs. F. Sudre). Appelé à jouer principalement dans le cadre des relations interindividuelles, le droit à la réputation entre fréquemment en conflit avec la liberté d'expression. Procédant à la balance des intérêts en cause, la Cour borne le jeu de l'obligation positive de l'État de protéger la réputation d'autrui à l'hypothèse où « les affirmations en cause dépassent les limites des critiques acceptables sous l'angle de l'article 10 de la Convention » (*Petrina*, § 39).

**462** Droit à la protection de la santé. — 1° La protection de l'intégrité physique et morale recouvre, sous certaines conditions, le droit à la protection de la santé (*McGinley et Egan c/ Royaume-Uni*, 9 juin 1998 ; déc., 5 oct. 2006, *Trocellier c/ France*, n° 75725/01).

La voie a été ouverte par l'arrêt *McGinley et Egan* (préc.), où la Cour juge que la crainte que pouvaient avoir pour leur santé des soldats britanniques exposés à des radiations nucléaires « présente un lien suffisamment étroit avec leur vie privée et familiale » pour que l'article 8 trouve à s'appliquer (aussi, *Roche c/ Royaume-Uni*, 19 oct. 2005, Gr. Ch.).

2° Pèse sur l'État l'obligation positive substantielle d'organiser « un mode structuré » de divulgation de l'information, offrant à l'individu une « procédure effective et accessible » lui permettant d'avoir accès à l'ensemble des informations pertinentes et appropriées quant aux risques sanitaires encourus. Plus précisément, transposant les solutions retenues dans le domaine du droit à la vie (*supra*, n° 305), la Cour énonce l'obligation pour l'État partie de mettre en place une réglementation, tant pour les hôpitaux publics que privés, propre à assurer la protection des malades contre des atteintes graves à leur intégrité physique (*Codarcea c/ Roumanie*, 2 juin 2009).

Cela suppose pour les médecins une obligation d'informer leurs patients sur le choix des actes médicaux qui leur sont prodigués et sur les risques encourus du fait de l'intervention médicale projetée, afin qu'un accord éclairé puisse être donné. L'insuffisance d'une information préopératoire est dès lors susceptible de mettre en jeu la responsabilité des autorités hospitalières, et donc de l'État, au titre de l'article 8 si le malade souffre d'une atteinte à son intégrité physique à l'issue de l'intervention médicale –mais aussi au titre de l'article 2 (droit à la vie) si le malade est décédé à la suite de cette intervention (*Lopes de Sousa Fernandez c/Portugal*, 15 déc. 2015).

Dans la ligne de cette jurisprudence, la Cour juge que le droit des malades à un accès effectif à des informations relatives à leur santé est protégé par l'article 8 (*K.H. et a. c/ Slovaquie,* 28 avr. 2009), et étend aux bénéfices des salariés le droit d'accéder aux informations pertinentes leur permettant d'apprécier les risques pour leur santé et leur sécurité liés à l'exercice de leur profession (*Vilnes et a. c/ Norvège,* 5 déc. 2013, *JCP G,* 2014, doctr. 78, F. Sudre : en l'espèce, défaut des autorités étatiques d'informer les requérants, anciens plongeurs salariés, sur les risques liés à l'utilisation, par les compagnies pétrolières employeurs, de tables de décompression rapide).

3° C'est aussi une obligation positive procédurale de garantir que « le processus décisionnel soit équitable ».

Ainsi la législation autorisant l'accès à l'avortement thérapeutique lorsque la grossesse met en danger la vie ou la santé de la femme doit l'inscrire dans un cadre procédural qui en garantisse l'effectivité (droit de la femme enceinte d'être entendue en personne et de voir son avis pris en compte, motivation de sa décision par l'organe compétent, procédure particulière permettant de résoudre d'éventuels conflits entre les médecins eux-mêmes ou les médecins et l'intéressée...) (*Tysiac c/ Pologne,* 20 mars 2007, *RTDH,* 2007-71, 855, note J.M. Larralde ; *R.R. c/ Pologne,* 26 mai 2011).

La protection de la santé est, par ailleurs, liée à la protection de l'environnement (*infra,* n° 493).

* En jugeant que le droit à la santé n'est pas « au nombre des libertés fondamentales auxquelles s'applique l'article L. 521-2 CJA » le Conseil d'État est en retrait de la jurisprudence européenne (CE, ord. 8 sept. 2005, garde des Sceaux, ministre de la Justice c/ Bunel, *D,* 2006, 124, note X. Bioy).

### *2. Le respect du domicile*

**463** Importance. — L'intimité des lieux où s'exerce la vie privée doit d'abord être assurée. L'« importance » pour l'individu du droit au respect du domicile est affirmé par la Cour, qui souligne la dimension socio-économique de ce droit qui relève de la « sécurité et (du) bien-être personnel » (Gillow c/ Royaume-Uni, 24 nov. 1986, A. 109, § 55).

**464** NOTION DE DOMICILE. — Il s'agit d'une « notion autonome », au sens de l'article 8 de la Convention. Ainsi compris, le « domicile » ne se limite pas à celui qui est légalement occupé ou acquis mais désigne aussi le lieu d'habitation avec lequel la personne entretient des liens suffisants et continus (*Prokopovich c/ Russie*, 18 nov. 2004). L'illégalité de l'occupation des lieux ne fait pas alors obstacle à l'invocabilité du droit au respect du domicile (*Yordanova c/ Bulgarie*, 24 avr. 2012, *JCP G*, 2012, act. 582, C. Picheral).

D'une manière générale, la notion de « domicile » est entendue souplement et inclut, par exemple, une caravane pour les membres de la minorité tsigane (*Buckley c/ Royaume-Uni*, 25 sept. 1996 ; *Chapman c/ Royaume-Uni*, 18 janv. 2001, *GACEDH*, n° 46). Le « domicile » recouvre également le domicile professionnel des personnes physiques et des personnes morales, qui est ainsi protégé par l'article 8 contre les perquisitions et visites domiciliaires (*Chapell c/ Royaume-Uni*, 30 mars 1989, A. 152-A : perquisitions au domicile d'une personne physique qui est aussi le bureau d'une société contrôlée par elle).

Voir aussi : *Niemetz c/ Allemagne* (16 déc. 1992, *GACEDH*, n° 45, préc. : perquisitions opérées au cabinet d'un avocat dans le cadre de poursuites pénales engagées contre un tiers), *Funke c/ France* (25 févr. 1993, A. 256 A : visites domiciliaires des agents de douanes). L'arrêt *Sociétés Colas Est et al. c/ France* (16 avr. 2002) confirme expressément que l'article 8 est applicable au domicile des personnes morales. Se prévalant d'une « interprétation dynamique de la Convention », la Cour affirme « qu'il est temps de reconnaître » le droit d'une société « au respect de son siège social, son agence ou ses locaux professionnels » (§ 41 ; *RDP*, 2003, 707, obs. M. Levinet : visites domiciliaires et saisies dans les locaux des sociétés requérantes).

Malgré l'arrêt *Chapell*, la CJCE avait considéré que le droit au respect du domicile, garanti par l'article 8 de la CEDH, ne s'appliquait pas aux locaux commerciaux d'une société (*Hoechst*, 21 sept. 1989, Aff. 46/87 et 227/88, *Rec.*, 2859, *DCDF*, n° 20). La Cour de justice, affirmant qu'« il convient de tenir compte de la jurisprudence de la Cour européenne des droits de l'homme postérieure à l'arrêt *Hoechst* », s'est ralliée à la lecture de l'article 8 faite par le juge de Strasbourg (CJCE, 22 oct. 2002, *Roquette Frères SA*, aff. C-94/00, pt 29, *DCDF* n° 49).

**465** VISITES DOMICILIAIRES. — Le respect du domicile implique en premier lieu son inviolabilité et, de jurisprudence constante, des perquisitions domiciliaires opérées au domicile privé ou professionnel constituent une ingérence dans le droit au respect du domicile. Celle-ci ne peut passer pour « nécessaire dans une société démocratique » que si le droit interne offre des garanties adéquates et suffisantes contre les abus (*Funke,* préc.), qui doivent être appliquées « de manière concrète et effective et non pas théoriques et illusoires » (*Vinci Construction et GTM Génie civil et services c/France,* 2 avr. 2015, § 75, *JCP G* 2015, act. 479, obs. L. Milano).

Ces garanties sont des garanties procédurales, transposées de l'article 6 : un « mandat judiciaire » suffisamment précis pour encadrer les pouvoirs des fonctionnaires et officiers de police judiciaire (*Van Rossem c/ Belgique,* 9 déc. 2004, § 45 ; *André c/ France* 24 juill. 2008, § 45 ; *JCP G*, 2008, II, 10182, note C. Louit) ; un contrôle par le juge judiciaire du déroulement de l'opération, tel que la personne intéressée soit présente et puisse saisir le juge, que le juge puisse se rendre sur place ou soit présent, et, enfin, qu'il puisse suspendre ou arrêter la visite (*Keslassy c/ France*, 8 janv. 2002 ; *Ravon c/ France*, 21 févr. 2008 ; *Dr. fisc.*, 2008, comm. 227, note D. Ravon et C. Louit) ; un contrôle juridictionnel ultérieur de la régularité de l'autorisation elle-même, qui soit « efficace » et de nature à permettre l'annulation de la perquisition litigieuse (*Xavier Da Silveira c/ France*, 21 janv. 2010 ; *JCP G*, 2010, note 583, K. Grabarczyk). *Infra*, n° 472.

Cependant, la lutte contre le terrorisme et l'urgence de la situation peuvent justifier que soient assouplies les garanties procédurales habituellement requises (*Sher et a. c/Royaume-Uni*, 20 oct. 2015).

* Le Conseil constitutionnel est au diapason de la jurisprudence européenne lorsqu'il juge contraire à la constitution l'art. L. 8271-13 du code du travail dès lorsqu'aucune voie de droit ne permet à la personne intéressée, en l'absence de poursuites contre elle, de contester l'autorisation judiciaire d'effectuer une visite domiciliaire dans les lieux de travail et la régularité des opérations de visite, de perquisition ou de saisie (n° 2014-387 QPC, 4 avr. 2014, pt. 7). Mais non quand il estime que les mesures de perquisition prises au titre de l'état d'urgence (*supra* n° 149) « n'ont pas à être placées sous la direction et le contrôle de l'autorité judiciaire » (déc. n° 2016-536 QPC, 19 févr. 2016, *Ligue des droits de l'homme*).

**466** ACCÈS AU DOMICILE. — Le respect du domicile suppose également de pouvoir y accéder afin d'y habiter.

Ainsi, le refus d'accorder à des propriétaires le permis d'habiter leur maison à Guernesey, alors même qu'après avoir vécu à l'étranger ils souhaitent s'installer à Guernesey où ils n'ont pas d'autre domicile, constitue une ingérence disproportionnée au but légitime de fournir un logement aux personnes ayant des liens étroits avec l'île (*Gillow*, préc.).

Dans un contexte différent, la Cour européenne juge que les pratiques exorbitantes, aux fins de lutte contre le terrorisme, des forces de sécurité turques – incendie délibéré des maisons de villageois (*Akdivar c/ Turquie*, 16 sept. 1996, § 88 ; aussi, *Selçuk et Asker c/ Turquie*, 24 avr. 1998, § 86) pouvant s'accompagner du déplacement forcé des habitants (*Dogan et al. c/ Turquie*, 29 juin 2004, *JCP G*, 2004, I, 161, n° 16, chron. F. Sudre) constituent une violation du droit au respect de la vie familiale et du domicile (ainsi que du droit au respect de ses biens).

**467** OBLIGATIONS POSITIVES. — 1° La Cour européenne fait peser sur l'État l'obligation positive d'assurer le respect effectif du droit garanti par l'article 8 dans son volet matériel (*Cvijetic c/ Croatie*, 26 févr. 2004), y compris dans le cadre des relations interindividuelles (*Surugiu c/ Roumanie*, 20 avr. 2004), comme dans son volet procédural (*H. M. c/ Turquie*, 8 août 2006, *RTDH*, 2007-70, 573, note M. Hotellier).

Elle sanctionne ainsi l'inertie de l'État défendeur pour ne pas avoir pris toutes les mesures nécessaires pour permettre à un propriétaire d'entrer en possession, pour y habiter, de son domicile, lorsque celui-ci est occupé illégalement par une tierce personne qui fait l'objet d'une mesure d'expulsion (1re aff.), pour ne pas avoir fait cesser les ingérences commises par des tiers (intrusion sur le terrain où était située la maison d'habitation, obstacles mis à l'accès à celle-ci, troubles…) dans le droit au respect du domicile (2e aff.) ou en raison de l'insuffisance de l'enquête menée à propos d'une perquisition domiciliaire par les forces de police (3e aff.).

2° Lorsqu'est en cause le risque de perdre son domicile (expulsion, vente judiciaire) qui représente, selon la Cour, « une forme des plus extrêmes d'atteinte au droit au respect de son domicile », le droit interne doit garantir une protection procédurale suffisante des droits de la personne courant ce risque, telle qu'elle puisse faire déterminer par un tribunal la proportionnalité de la mesure en question (*Connors c/ Royaume-Uni*, 27 mai 2004 ; *Mc Cann c/ Royaume-Uni*, 13 mai 2008 ; *Zehentner c/ Autriche*, 16 juill. 2009).

Le principe de proportionnalité suppose d'apprécier différemment une mesure d'expulsion concernant un groupe social défavorisé (communauté rom) implantée depuis longtemps sur les lieux et de prendre en compte le statut d'un tel groupe quant aux délais et aux modalités de l'expulsion ainsi qu'aux possibilités de relogement (*Yordanova c/ Bulgarie,* 24 avr. 2012 ; *Winterstein et a. c/ France,* 17 oct. 2013, *D* 2013, 2678, note J.-P. Marguénaud et J. Mouly).

* La Cour de cassation se rallie au contrôle de proportionnalité en application de la jurisprudence de la Cour (Cass. civ. 3e, 17 déc. 2015, nº 14-22.095, *JCP G* 2016, 188, avis O. Bailly, et, 189, note P-Y. Gautier).

3° C'est, toutefois, en matière de protection de l'environnement que le recours à la théorie des obligations positives a produit son effet le plus spectaculaire (*infra*, nº 494).

**468** DROIT AU LOGEMENT. — Après avoir semblé l'inclure implicitement dans le droit au respect du domicile, le juge européen hésite à promouvoir le droit au logement, au motif qu'il s'agit là d'une question qui « relève du domaine politique et non judiciaire » (*Chapman*, § 99, préc.).

La Cour a analysé en effet comme une ingérence dans le droit au respect de la vie privée et familiale une décision de justice refusant d'accueillir la demande du requérant de résilier le bail locatif d'une maison dont il est propriétaire afin de pouvoir s'y loger (*Velosa Barreto c/ Portugal,* 21 nov. 1995, A. 334, *RUDH*, 1996, p. 17, obs. M. Levinet) et dans le droit au respect du domicile une décision judiciaire d'expulsion d'un locataire de son logement (*Larkos c/ Chypre,* 18 févr. 1999, *JCP G,* 2000, I, 203, nº 20, obs. F. Sudre).

Cependant, la Cour européenne inscrit indirectement le droit au logement opposable dans le *corpus* des droits protégés par la Convention en jugeant que la protection du droit au logement de familles en difficulté est une « considération sérieuse d'ordre public et social » justifiant de limiter le droit à l'exécution des décisions de justice (déc. 12 oct. 2010, *Société Cofinco c/ France,* nº 23516/08, *supra*, nº 411) et, *a contrario*, que l'inexécution d'un jugement définitif enjoignant à l'État d'assurer le logement du requérant dans le cadre de la loi DALO méconnaît le droit à l'exécution des décisions de justice (*Tchokontio Happi c/France,* 9 avr. 2015, *supra* nº 410).

* Le juge français est plus audacieux que le juge européen. La Cour de cassation juge en effet que l'article 8 CEDH fait obstacle à ce que les clauses d'un bail d'habitation aient pour effet de priver le preneur de la possibilité d'héberger ses

proches (Cass. civ. 3e, 5 mars 1996, *Mel Yedei*, *RTD civ.*, 1996, 580, obs. J. Hauser ; Civ. 3e, 22 mars 2006, *Zaline (Mme) c/ Élisée*, n° 04-19349). Le Conseil constitutionnel, quant à lui, considère que « la possibilité pour toute personne de disposer d'un logement décent est un objectif de valeur constitutionnelle », qu'il fonde d'abord sur le principe à valeur constitutionnelle de « la sauvegarde de la dignité de la personne humaine contre toute forme de dégradation » (déc. 94-359 DC, Loi relative à la diversité de l'habitat, 19 janv. 1995, *JORF*, 21 janv. 1995, p. 1166, *AJDA*, 1995, 455, not B. Jorion) puis sur le Préambule de 1946, al. 10 et 11 (déc. n° 2009-578 DC, Loi de mobilisation pour le logement et la lutte contre l'exclusion, 18 mars 2009, Rec, 73). Cependant, arguant de ce que le Conseil constitutionnel « n'a pas consacré l'existence d'un droit au logement ayant rang de principe constitutionnel », le Conseil d'État juge que le droit au logement, à la différence du droit à l'hébergement d'urgence (CE, ord., 10 févr. 2012, n° 356456, *JCP G*, 2012, act. 217, M. Thouzeil-Divina), n'a pas « le caractère d'une liberté fondamentale » au sens de l'article L. 512 du Code de justice administrative (procédure de référé-liberté ; CE, ord. 3 mai 2002, *Assoc. de réinsertion sociale du Limousin et autres*, *AJDA*, 2002, 818, note E. Deschamps).

### 3. *Le secret de la correspondance*

**469** Principe. — Le secret des opinions privées doit aussi être préservé, et l'article 8 protège le droit au respect de la correspondance, qu'elle soit orale, écrite, électronique ou via internet. Comme le souligne solennellement le juge européen, à propos de législations anti-terrorisme, le pouvoir de surveiller en secret les citoyens, « caractéristique de l'État policier (…) comporte le risque de saper, voire de détruire la démocratie au motif de la défendre » (*Klass c/ Allemagne*, 6 sept. 1978, A. 29, §§ 42 et 49 : écoutes téléphoniques aux fins de lutte contre le terrorisme). Un tel pouvoir n'est tolérable que, d'une part, si la mesure de surveillance secrète répond à la condition de « stricte nécessité » à la fois pour la préservation des institutions démocratiques (*Klass*, § 42 ; *Roman Zakharov c/Russie,* 4 décembre 2015, *Gr. Ch.*) mais aussi pour l'obtention de renseignements vitaux dans le cadre d'une opération individuelle donnée (*Szabó et Vissy c/ Hongrie,* 12 janv. 2016, § 73, *JCP G,* 2016, act.93, A. Schahmaneche) et, d'autre part, s'il s'accompagne de garanties adéquates et suffisantes contre les abus (conditions prévues par la loi, contrôle d'institutions indépendantes sur le déclenchement et l'exercice des mesures de surveillance ; Klass, § 50).

Plus précisément, la loi doit renfermer les « garanties minimales » suivantes : « la nature des infractions susceptibles de donner lieu à un mandat d'interception, la définition des catégories de personnes susceptibles d'être mises sur écoute, la fixation d'une limite à la durée d'exécution de la mesure, la procédure à suivre pour l'examen, l'utilisation et la conservation des données recueillies, les précautions à prendre pour la communication des données à d'autres parties, et les circonstances dans lesquelles peut ou doit s'opérer l'effacement ou la destruction des enregistrements » (*Roman Zakharov c/ Russie,* préc., § 231).

**470** SURVEILLANCE SECRÈTE. – 1° De jurisprudence constante, les écoutes téléphoniques, qu'il s'agisse d'écoutes policières (*Malone c/ Royaume-Uni*, 2 août 1984, *GACEDH*, n° 41, A c/ France, 23 nov. 1993, A. 277 B) ou d'écoutes ordonnées par l'autorité judiciaire : *Kruslin c/ France*, 24 avr. 1990, *GACEDH*, n° 5, *supra*, n° 133) constituent des ingérences dans le droit au respect de la vie privée – même si elles visent des appels téléphoniques émanant de locaux professionnels (*Halford c/ Royaume-Uni*, 25 juin 1997, § 44) –, le plus souvent sanctionnées pour manque de base légale ou défaut de « qualité » de la loi (*supra*, n° 134).

En revanche, la Cour estime que l'intervention d'un agent infiltré ayant provoqué les conversations écoutées ne touche pas à la sphère de la vie privée (*Lüdi c/ Suisse*, 15 juin 1992, A. 238, § 40).

* Les arrêts *Kruslin* (préc.) et *Huvig c/ France* (du même jour) sont directement à l'origine de la loi du 10 juillet 1991 relative au secret des correspondances émises par la voie des télécommunications (*RUDH*, 1991, 427 ; *D*, 1992, chron. 49, J. Pradel), dont les dispositions ont été jugées compatibles avec l'article 8 de la Convention (*Lambert c/ France*, 24 août 1998, *JCP G*, 1999, I, 105, n° 45, chron. F. Sudre) sous réserve, toutefois, que la personne placée sur écoutes bénéficie des garanties d'« un contrôle efficace tel que voulu par la prééminence du droit » ; ce qui n'est pas le cas, lorsque sont annexées à une procédure des écoutes téléphoniques pratiquées dans une autre procédure et de nature à éclairer le juge sur les faits dont il est saisi (*Matheron c/ France*, 29 mars 2006, *JCP G*, 2005-27, II, 10091, note L. Di Raimondo ; *contra*, Cass. crim., 6 oct. 1999, *Matheron*, n° 99-85045, *Bull. crim.*, n° 210 ; Crim. 15 janv. 2003, *Bull. crim.*, n° 10).

2° La protection de l'article 8 s'étend à d'autres formes de surveillance

Constituent ainsi une ingérence dans le droit au respect de la vie privée l'interception par la police de messages enregistrés sur un « bipeur » (*Taylor-Sabori c/ Royaume-Uni*, 22 oct. 2002), l'utilisation de dispositifs d'écoute cachés dans un poste de police (*P. G. et J. H. c/ Royaume-Uni*, 25 déc. 2001), la « sonorisation » par la police, sur commission rogatoire, d'un appartement (*Vetter c/ France*, 31 mai 2005, *D*, 2005, 2575, note P. Hennion-Jacquet), de la fouille et de la saisie de données électroniques par la police (*Wieser et Bicos Beteiligungen GmbH c/ Autriche*, 16 oct. 2007) et, par extension, la surveillance par GPS (*Uzun c/ Allemagne*, 2 sept. 2010, *D* 2011, 724, note H. Matsopoulou ; *Cass. crim.*, 22 nov. 2011, n° 11-84.308, *JCP G*, 2012, note 49, A. Bonnet).

La Cour européenne considère que la méthode de surveillance par GPS est une intrusion dans la vie privée moins grave que d'autres méthodes de surveillance visuelles ou acoustiques. Ceci la conduit à considérer que, à la différence des écoutes téléphoniques, la « géolocalisation » ne requiert pas la délivrance d'un mandat par un organe indépendant, un contrôle judiciaire ultérieur de la surveillance offrant à ses yeux une protection suffisante contre l'arbitraire.

*Au visa de l'article 8 CEDH, la Cour de cassation juge que « la technique dite de "géolocalisation" constitue une ingérence dans la vie privée dont la gravité nécessite qu'elle soit exécutée sous le contrôle d'un juge », et se montre plus exigeante que la Cour EDH quant à l'autorité de contrôle et à la nature du contrôle (Crim., 22 oct. 2013, n° 13-81945 ; 13-81949, *JCP G* 2013, note 1378, F. Fourment).

La loi n° 2014-372 du 28 mars 2014 relative à la géolocalisation confie soit à un juge soit au procureur de la république, selon la nature des lieux visés, le soin d'autoriser la géolocalisation (voir J. Pradel, *JCP G* 2014, act. 415).

3° L'article 8 déploie ici un « effet horizontal » (*supra*, n° 164), et les autorités nationales ont l'obligation positive de prendre les mesures nécessaires afin de prévenir la divulgation (par la presse) de conversations téléphoniques de nature privée et, également, de procéder à une enquête effective pour découvrir les causes de tels faits (Craxi n° 2 c/ Italie, 17 juill. 2003, *JCP G*, 2004, I, 107, n° 12, chron. F. Sudre).

Le secret de la correspondance peut également entrer en conflit avec les droits de la défense et le droit à la preuve (*N.N. et T.A. c/ Belgique*,

13 mai 2008 : production d'une correspondance intime dans le cadre d'une procédure en divorce).

* La Cour de cassation au visa des articles 9 du code civil et du CPC ensemble les articles 6 et 8 de la CEDH, fait prévaloir le droit à la preuve sur le droit au respect de la vie privée et de la correspondance, à la double condition que la preuve litigieuse soit « indispensable » et que sa production soit « proportionnée aux intérêts antinomiques en présence » (Cass. civ. 1re, 5 avr. 2012, n° 11-14.177, D 2012, 1596, note G. Lardeux ; comparer avec Cass. civ. 1re, 31 oct. 2012, n° 11-17,476, D 2013, 227, note N. Dupont). Pour une atteinte disproportionnée au droit au respect de la vie privée : Cass. civ. 1re, 25 févr. 2016, n° 15-12.403, *JCP G* 2016, note 583, A, Aynes.

**471** CORRESPONDANCE DES DÉTENUS. — 1° Le juge européen est particulièrement attentif aux atteintes au respect de la correspondance des détenus, qu'elle soit écrite ou orale. Selon une jurisprudence bien établie, un simple obstacle à la possibilité même des détenus de correspondre (*Golder c/ Royaume-Uni*, 21 févr. 1975, *GACEDH*, n° 27 ; *Campbell et Fell c/ Royaume-Uni*, 28 juin 1984, A A. 80) ou la saisie même de leur correspondance (*Silver c/ Royaume-Uni*, 25 mars 1983, A. 61 ; *Campbell c/ Royaume-Uni*, 25 mars 1992, A. 223) constituent une ingérence dans le droit au respect de la correspondance. Mettant l'accent sur l'importance que revêt le droit au respect de la correspondance dans le monde carcéral, la Cour européenne, d'une part, recourt à une véritable présomption de causalité et conclut à la violation de l'article 8 dès lors que l'État défendeur n'est pas en mesure d'apporter la preuve que les lettres adressées au détenu lui sont bien parvenues (*Messina c/ Italie*, 26 février 1993, A. 257 H ; aussi, CDH, n° 74/1980, *M.A. Estrella*, déc. 29 mars 1983, *Sélection*..., p. 98, § 1. 13) et, d'autre part, fait peser sur l'État l'obligation positive de fournir au détenu le matériel nécessaire pour sa correspondance (*Cotlet c/ Roumanie*, 3 juin 2003).

* La notion de « correspondance » retenue par la circulaire du 29 décembre 1986, relative aux correspondances écrites et télégraphiques des détenus, qui exclut « les lettres (...) dont le contenu ne concerne pas spécifiquement et exclusivement le destinataire », est incompatible avec l'article 8 en ce qu'elle permet d'exclure d'office du champ de protection du droit au respect de la correspondance une catégorie entière de lettres privées dont l'envoyeur ou le destinataire est un détenu (*Frérot c/ France*, 12 juin 2007, § 61, *JCP G*, 2007, I, 182, n° 8, obs. F. Sudre).

2° Les conversations tenues dans un parloir de prison (ou dans la cellule) relèvent de la « vie privée » et de la « correspondance » au sens de l'article 8 et leur enregistrement systématique, en ce qu'il « dénie à la fonction du parloir sa seule raison d'être, celle de maintenir une » vie privée « du détenu – relative », constitue une ingérence dans le droit garanti par l'article 8 (*Allan c/ Royaume-Uni*, 5 nov. 2002 ; *Wisse c/ France*, 20 déc. 2005 ; *contra*, Cass. crim., 12 déc. 2000, n° 00-83852, *D*, 2001, 1340, note D. Mayer et J.F. Chassaing).

* La loi du 9 mars 2004 (*D*, 2004, 737), dans ses dispositions sur la criminalité organisée, réglemente désormais la « sonorisation » (art. 706-96 et s. CPP). La Cour de cassation juge en conséquence que la sonorisation d'un parloir selon les conditions prévues par les articles 706-96 et s. CPP n'est pas contraire à l'article 8 CEDH (Crim., 1er mars 2006, n° 05-87251, *D*, 2006, 1504, note J. Pradel).

**472** DROIT AU SECRET PROFESSIONNEL. — En affirmant que des perquisitions et des saisies chez un avocat – qualifiées classiquement d'ingérence dans le droit garanti par l'article 8 – « portent incontestablement atteinte au secret professionnel, qui est la base de la relation de confiance qui existe entre l'avocat et son client » (*André c/ France* 24 juill. 2008, § 41, préc. n° 465), la Cour à la suite du Conseil d'État (CE, 10 avr. 2008, *Conseil national des barreaux*, *RFDA*, 2008-3, 575, concl. M. Guyomar), inclut expressément dans le champ de la protection du droit au respect de la vie privée, du domicile et de la correspondance le droit au secret professionnel, déjà protégé sous couvert des droits de la défense (art. 6 § 3 ; *supra*, n° 424).

Ainsi, la consultation par l'administration fiscale des comptes bancaires d'une avocate, dans le cadre d'une enquête pour fraude fiscale, constitue une « ingérence dans son droit au respect du secret professionnel » (*Brito Ferrinho Bexiga Villa-Nova c/Portugal,* 1er déc. 2015, § 44).

Lorsque la préservation du secret professionnel des avocats est en jeu, l'intervention du bâtonnier constitue alors une « garantie spéciale de procédure » (*Michaud c/ France*, 6 déc. 2012, *JCP G* 2013, note 188, C. Picheral). Le secret professionnel des avocats « n'est pas pour autant intangible » et il peut y être porté atteinte sous la condition expresse que les droits de la défense du client ne soient pas altérés (*Versini-Campinchi et Crasnianski c/France*, 16 juin 2016, § 77).

* La Cour de cassation a anticipé la jurisprudence européenne (voir, *Vinci Construction et GTM Génie civil et services c/France,* 2 avr. 2015, préc. n° 465) puisqu'aux visas des articles 6 et 8 de la Convention, elle a développé une jurisprudence sur les saisies pour délimiter leur étendue, prévoir la restitution des documents couverts par le secret professionnel (Cass. crim., 24 avr. 2013, n° 12-80331) et garantir la présence de l'avocat lors des saisies en matière de concurrence (Cass. crim., 25 juin 2014, n° 13-18471).

Par contre, le Conseil constitutionnel se situe très en retrait de la jurisprudence européenne, puisqu'il estime « qu'en revanche, aucune disposition constitutionnelle ne consacre spécifiquement un droit au secret des échanges et correspondances des avocats et un droit au secret des sources des journalistes » (déc. n° 2015-478 QPC, 24 juillet 2015, *Association French Data Network*).

### *4. La protection de l'image*

**473** Droit à l'image. — 1° La Cour européenne a fait entrer, l'image de la personne dans la sphère de la vie privée (*Von Hannover c/ Allemagne*, 24 juin 2004, *GACEDH*, n° 43), précision faite que la sphère de la vie privée est plus étendue pour une « personne ordinaire » que pour une personne agissant « dans un contexte public » (personnage public ou personnalité politique) (*Sciacca c/ Italie*, 11 janv. 2005). Le droit de la personne à la protection de son image présuppose principalement la maîtrise de celle-ci par l'individu et, ainsi compris, comporte alors deux volets : le droit de refuser la diffusion de son image et le droit de s'opposer à la captation, la conservation et la reproduction de celle-ci par autrui (*Reklos et Davourlis c/ Grèce*, 15 janv. 2009).

2° L'article 8 de la Convention européenne déploie ici un « effet horizontal » et assure la protection du droit à l'image contre les atteintes commises par des tiers, plus particulièrement des journalistes. Deux cas de figure sont à distinguer. Soit la violation privée du droit à l'image est imputable à l'État pour avoir fourni au particulier – le journaliste – les moyens de porter atteinte à l'image d'une personne, « ordinaire » ou « publique » ; est alors en cause, une ingérence « active » de l'État dès lors que la publication de la photographie tire son origine « d'une activité ou collaboration des organes de l'État » (*Sciacca,* § 27 : la photo avait été remise à la presse par la police du fisc). Soit la violation privée du droit à l'image est imputable à l'État du fait de son inaction et la Cour juge que l'État partie doit, au titre de ses obligations positives, garantir à toute personne, même connue du grand public, « une "espérance légitime" de protection et de respect de sa vie privée » contre les pratiques de la presse à sensation (*Von Hannover*, préc., § 69 : publication de photos de Caroline de Monaco).

**474** CONCILIATION AVEC LA LIBERTÉ DE LA PRESSE. — Après avoir borné plus strictement qu'à l'ordinaire la liberté de la presse (*infra*, n° 547), lorsque cette dernière vise non à contribuer à un débat d'intérêt général mais à satisfaire, à des seules fins commerciales, « la curiosité d'un certain public », sur les détails de la vie privée et les activités quotidiennes d'une célébrité (aussi, déc. 1er juill. 2003, *Société Prisma Presse c/ France*, n° 66910/01), la Cour européenne a infléchi sa jurisprudence au détriment de la protection des droits d'autrui en relativisant sensiblement le poids du critère du « débat d'intérêt général ».

1° Elle subordonne en effet le respect par l'État de ses obligations positives à la condition que les juridictions nationales aient procédé à une mise en balance circonstanciée des intérêts en présence (droit à l'image/liberté de la presse), conformément à une grille de critères définie par la Cour (*Von Hannover c/ Allemagne n° 2*, 7 févr. 2012, Gr. Ch., et *Alex Springer AG c/ Allemagne*, 7 févr. 2012, Gr. Ch., *JCP G*, 2012, note 650, M. Afroukh).

La Cour énonce six critères : la contribution à un débat d'intérêt général ; la notoriété de personne privée et l'objet du reportage (distinction entre personnes privées et personnalités politiques ou personnes publiques) ; le comportement antérieur de la personne concernée (a-telle ou non coopéré avec la presse ?) ; le contenu, la forme et les répercussions de la publication ; les circonstances de la prise des photos (consentement ou non de la personne concernée, nature et gravité de l'intrusion) ou le mode d'obtention des informations et leur véracité (respect de la déontologie journalistique) ; la gravité de la sanction imposée à l'organe de presse.

La Cour considère ainsi que la technique de la caméra cachée est un mode d'obtention des informations particulièrement intrusif et attentatoire à la vie privée, qui doit être utilisé dans le respect des règles déontologiques et en faisant preuve de retenue ; tel n'est pas le cas lorsque la diffusion de l'image de la personne est effectuée sans floutage ni voilage (*Bremner c/ Turquie,*13 oct. 2015, § 76 ; aussi, *Haldimann et a. c/Suisse, 24 févr. 2015, JCP G 2015-12, act. 337, H. Surrel*).

2° Mais cette grille de critères laisse aux autorités nationales une liberté d'appréciation plus favorable à la liberté de la presse qu'aux droits d'autrui, dès lors que le juge européen tend à galvauder la notion de « débat d'intérêt général », dont elle a une conception fort laxiste.

En effet, ont trait à un intérêt général « les questions qui touchent le public dans une mesure telle qu'il peut légitimement s'y intéresser, qui éveillent son attention ou le préoccupent sensiblement (...), notamment parce qu'elles concernent le bien-être des citoyens ou la vie de la collectivité (...), qui sont susceptibles de créer une forte controverse, qui portent sur un thème social important (...), ou encore qui ont trait à un problème dont le public aurait intérêt à être informé » (*Couderc et Hachette Filipacchi Associés c/France,* 10 nov. 2015, Gr. Ch., § 103, *JCP G* 2015, act. 1332, H, Surrel). Ainsi, pour la Cour, la maladie du prince Rainier de Monaco (*Von Hannover n° 2,* préc), l'arrestation pour possession de cocaïne d'un acteur de télévision connu (*Alex Springer,* préc), la tendance des personnes célèbres de mettre leur résidence de vacances en location (*Von Hannover c/ Allemagne n° 3,* 19 sept. 2013), une liaison intime du Prince Albert de Monaco (*Couderc,* préc), sont autant de « questions d'intérêt général »...

* La solution européenne rejoint celle adoptée par le juge interne qui, de jurisprudence constante, considère, sur le fondement de l'article 9 du Code civil, que le droit au respect de la vie privée inclut la protection de l'image, attribut de la personnalité (CA Paris, 25 oct. 1982, *D,* 1983, 363, note D. Lindon ; aussi, CE, 27 avr. 2011, n° 314577), et juge que porte atteinte au droit au respect de l'image d'une personne la publication d'une photographie d'elle sans que cette publication soit justifiée par l'implication de cette personne dans un événement dont l'importance rend légitime cette divulgation pour l'information du public (Civ. 2e, 24 avr. 2003, n° 01-01186). Cependant, doit être relevée une tendance à l'extension de la liberté de la presse, au nom du droit à l'information du public, au détriment de la protection du droit à l'image (Cass. 2e civ., 4 nov. 2004, *Sté Hachette Filipacchi,* n° 03-15397, *D,* 2005, 696, note I. Corpart ; Cass. 1re civ., 5 avr. 2005, *SNC Hachette Filipacchi associés c/ M, JCP G,* 2005, II, 10123, note D. Bakouche). *Infra,* n° 547.

### *5. La confidentialité des données à caractère personnel*

**475** Champ de la protection. — 1° La mémorisation et/ou la communication de données à caractère personnel constituent une atteinte au droit au respect de la vie privée (*Leander c/*

*Suède*, 26 mars 1987, A. 116, § 48 : fichier secret de la police utilisé en cas de candidature d'une personne à un emploi important pour la sécurité nationale ; *Amman c/ Suisse*, 16 févr. 2000). Cependant, l'article 8 ne garantit pas un droit général d'accès à des données et renseignements personnels mais autorise un tel accès lorsque l'individu y a un intérêt primordial.

Le juge européen estime ainsi que l'accès à des informations concernant l'enfance et les années de formation relève de la « vie privée et familiale » et que pèse sur l'État l'obligation positive de permettre à l'individu l'accès aux dossiers le concernant et, en cas de non-divulgation de certains éléments du dossier motivée par le devoir de confidentialité vis-à-vis des tiers, l'obligation procédurale d'organiser un recours devant un organe indépendant pour contester un tel refus (*Gaskin c/ Royaume-Uni*, 7 juill. 1989, *JDI*, 1990, 715, obs. P. Tavernier ; *M. G. c/ Royaume-Uni*, 24 sept. 2002). La même exigence procédurale s'impose s'agissant de l'accès à un dossier détenu par les services de sécurité (*Turek c/ Slovaquie*, 14 févr. 2006).

2° Doivent être distinguées, les données personnelles, qui sont des « données intimes ou liées étroitement à son identité [de la personne] », et d'autres données – telles des données bancaires ou fiscales – qui, bien qu'étant « des données personnelles protégées par l'article 8 », ne méritent pas « une protection accrue », à la différence des premières (*G.S.B. c. Suisse*, 22 déc. 2015, §§ 51 et 93 ; *M.N et a. c/San Marin*, 7 juill. 2015).

3° Une redéfinition de la frontière qui sépare le domaine « public » du domaine « privé » autorise une extension sensible du champ de protection de la vie privée personnelle. La collation et la mémorisation systématique de données de nature publique (relatives, en l'espèce, à l'activité politique du requérant) dans des fichiers tenus par les pouvoirs publics (*Rotaru c/ Roumanie*, 5 mai 2000 ; *Segerstedt-Wiberg et A. c/ Suède*, 6 juin 2006) comme l'enregistrement, la mémorisation et la divulgation publique de données visuelles obtenues par vidéosurveillance de lieux publics (*Peck c/ Royaume-Uni*, 28 janv. 2003, *JCP G*, 2003, I, 160, n° 9, obs. F. Sudre) relèvent alors de la « vie privée ».

Les critères de la distinction « public »/« privé » sont précisés : l'objet de la surveillance – événements d'ordre privé ou d'ordre public, lieux privés ou lieux publics –, les modalités de la surveillance – existence ou non d'enregistrement des données visuelles –, la finalité de la surveillance – usage limité à la seule surveillance des lieux ou divulgation des données visuelles au public (*Peck*, préc.).

La Cour condamne la pratique du « fichage génétique » et sanctionne la législation britannique qui autorise la conservation illimitée dans le temps des empreintes digitales, échantillons biologiques et profils ADN des personnes soupçonnées d'avoir commis des infractions mais non condamnées, quelles que soient la nature et la gravité de l'infraction que la personne est soupçonnée avoir commise et indépendamment de son âge (*S. et Marper c/ Royaume-Uni*, 4 déc. 2008, Gr. Ch., *GACEDH*, n° 42).

Par son arrêt du 20 mai 2003, *Rechnungshof, Osterreichischer Rundfunk* (aff. C-465/00, C-138/01, *DCDF*, n° 52), la CJCE reprend totalement à son compte l'interprétation de l'article 8 de la CEDH par la Cour de Strasbourg relative à la vie privée et à la protection des données à caractère personnel, subordonnant la portée juridique de la législation communautaire (directive 95/46 CE du 24 octobre 1995) à la stricte application du droit de la Convention. Il en va de même lorsqu'elle fonde son contrôle sur la Charte des droits fondamentaux (art. 7 et 8 ; CJUE, 9 nov. 2010, *Volket und Markus Schecke GbR*, C-92/09, *DCDF* n° 76 ; CJUE, 8 avr. 2014, *Digital Rights Ireland*, C-293/12, *infra* n° 477).

Les articles 7 et 8 de la Charte garantissent le droit d'une personne à ce que ne soit plus mise à disposition du grand public l'information qui lui est relative résultant de son inclusion dans une liste de résultats obtenus à la suite d'une recherche effectuée à partir de son nom sur un moteur de recherche, sous réserve de l'intérêt prépondérant du public à a voir accès à cette information en raison du rôle joué par cette personne dans la vie publique (CJUE, 13 mai 2014, aff. C-131/12, *Google Spain SL et Google Inc c/ AEPD et Gonzalez*, *JCP G* 2014, act. 629, F. Picod).

**476** DONNÉES MÉDICALES. — À la suite de la CJCE, qui juge que le droit au respect de la vie privée, « consacré par l'article 8 de la CEDH », comporte le droit d'une personne de tenir son état de santé secret (*X c/ Commission*, 5 oct. 1994, *RTDH*, 1995, 97, note O. De Schutter), la Cour européenne a posé les principes de la protection par l'article 8 des données à caractère personnel relatives à la santé, affirmant que le principe de la confidentialité des informations sur la santé est un « principe essentiel du système juridique » de tous les États parties à la Convention (*Z. c/ Finlande*,

25 févr. 1997, *JCP G*, 1998, I, 107, n° 35, chron. F. Sudre ; *M. S. c/ Suède,* 27 août 1997, *D*, 2000, jur., 521, note I. Laurent-Merle). La Cour renforce la protection de ce principe en lui conférant un effet horizontal. Pèse alors sur l'État l'obligation positive d'assurer la protection adéquate contre l'accès non autorisé à des données médicales confidentielles (*I c/ Finlande,* 17 juill. 2008).

Pour un exemple de violation de l'article 8, résultant de l'utilisation surabondante par le juge d'une pièce médicale comme moyen de preuve dans le cadre d'une procédure en divorce : *LL c/ France,* 10 oct. 2006.

* La Cour de cassation, au visa de l'article 8 CEDH, et de l'article 9 du Code civil ensemble, juge que des informations relatives à l'état de santé de travailleurs « relèvent de la vie privée » et, écartant l'application de l'article R. 323-10 du Code du travail, qu'elles ne peuvent en conséquence être communiquées par les dirigeants d'une entreprise employant des travailleurs handicapés au comité d'établissement, au motif (étrangement formulé) que ce dernier « n'est pas une autorité publique » au sens de l'article 8 (Civ. 2e, 10 juin 2004, *Atofina*, n° 02-12926, *D*, 2005, 469, note J.-P. Marguénaud et J. Mouly). Au visa des articles 6 et 8 CEDH, la chambre commerciale juge que la production d'une pièce médicale relative à la santé de l'une des parties peut être justifiée par la protection du principe de l'égalité des armes (Com., 15 mai 2007, *GMBA (Sté) c/ Cannard (cts)*, n° 06-10606, *D* 2007, 2775, obs. A. Lepape ; comp., Cass. 1re civ., 16 oct. 2008, n° 07-15.778).

**477** Contrôle de proportionnalité. — La protection des données à caractère personnel appelle un contrôle « des plus rigoureux » de la proportionnalité de l'ingérence au but poursuivi, qui implique que pour être conforme à l'article 8 toute conservation ou utilisation de données à caractère personnel sans le consentement de la personne concernée doit s'accompagner de garanties adéquates contre les abus et tendre « à défendre un aspect primordial de l'intérêt public » (*Z.* c/ Finlande, préc., § 96 ; *S. et Marper*, préc., § 103-104).

La Cour juge ainsi que l'inscription au fichier national automatisé d'auteurs d'infractions sexuelles fournit de telles garanties, notamment parce que l'effacement des données est de droit, une fois le délai de conservation écoulé (20 ou 30 ans selon la gravité de la condamnation), que la procédure judiciaire d'effacement des données assure un contrôle indépendant de la justification de la conservation des données, que la consultation est exclusivement réservée à des « autorités astreintes à une obligation de confidentialité et dans des circonstances précisément déterminées » (*Bouchacourt c/ France*, 17 déc. 2009, § 68-69, *JCP G*, 2010, act. 62, F. Sudre ; dans le même esprit, CE, 16 avr. 2010, n° 320196, *Association Aides et a.* ; Conseil constitutionnel, déc. 2010-25 QPC, 16 sept. 2010). La conclusion est contraire pour le fichier automatisé des empreintes digitales (*M. K. c/ France*, 18 avr. 2013, *JCP G* 2013, act. 576, B. Pastre-Belda) et pour le fichier STIC (système de traitement des infractions constatées, *Brunet c/ France*, 18 sept. 2014, *JCP* 2014, act. 1023, K. Blay-Grabarczyk).

La jurisprudence de la CJUE est en adéquation avec les exigences européennes en matière de contrôle de proportionnalité, qui invalide la directive 2006/24 relative à la protection des données au motif que celle-ci excède les limites qu'impose le respect du principe de proportionnalité au regard des articles 7 et 8 de la Charte du fait de l'absence de dispositions claires et précises en régissant la portée et de garanties suffisantes offertes aux personnes contre les risques d'abus (CJUE, 8 avr. 2014, *Digital Rights Ireland*, CJUE, 8 avr. 2014, *Digital Rights Ireland*, C-293/12, § 54- 65).

* Il est va de même de la jurisprudence du Conseil d'État : CE, 24 août 2011, *Sté HSBC Private Bank*, n° 336382 (fichier des comptes bancaires détenus hors de France par des personnes physiques ou morales) ; CE, Ass., 26 oct. 2011, *Association pour la promotion de l'image et a.*, n° 317827, (*AJDA*, 2012, 35, obs. M. Guyomar et X. Domino : passeport biométrique) ; CE, 11 avr. 2014, *Ligue des droits de l'homme*, n° 360759, et CE, avis, 30 mars 2016, n° 395119 (fichier de « traitement des antécédents judiciaires » TAJ ; *JCP G* 2016, note 630, K. Blay-Grabarczyk).

Comme de celle du Conseil constitutionnel : déc. n° 2012-652, 22 mars 2012, Loi relative à la protection de l'identité, (Rec. P. 122) ; déc. n° 2014-690 DC, 13 mars 2014, Loi relative à la consommation. Voir V. Goesel-Le Bihan, *Contentieux constitutionnel*, Ellipses, 2e éd., 2016, n° 174.

### *B – Le droit à la liberté de la vie sexuelle*

**478** PRINCIPE. — 1° Le droit au respect de la vie privée suppose « le droit d'établir et d'entretenir des relations avec d'autres êtres humains, notamment dans le domaine affectif pour le développement et l'accomplissement de sa propre personnalité » (Com. dr., 13 mai 1976, *X c/ Islande*, *D. et R.*, 5, p. 86) et inclut donc la vie sexuelle. C'est à l'occasion d'affaires où elle eût à connaître des situations de détresse des minorités sexuelles (voir aussi *Rasmussen c/ Danemark*, 28 nov. 1984, A. 87, action en désaveu de paternité) que la Cour a reconnu le droit à la liberté de la vie sexuelle, qui trouve son fondement dans la tolérance et le pluralisme, valeurs cardinales de la démocratie (*supra*, n° 152, *Young, James et Webster c/ Royaume-Uni*, 13 août 1981, A. 44).

De même, pour le CDH, « il est incontestable que la sexualité consentante, en privé, est couverte par la notion de vie privée » (n° 488/1992, *N. Toonen c/ Australie*, déc. 31 mars 1994, § 8. 2, *A/49/40*, vol. II, p. 241).

La Cour affirme clairement le droit de chacun de mener la vie sexuelle de son choix en conformité avec son identité profonde.

**479** LIMITES. — La vie privée connaît cependant ses limites qui, selon la jurisprudence européenne, se trouvent dans la publicité des comportements et dans la protection des droits ou intérêts d'autrui[1].

S'agissant *de l'orientation sexuelle*, la loi peut intervenir, par exemple, pour interdire la manifestation publique d'une attitude homosexuelle, pour protéger directement ceux dont le consentement est tenu pour nul (incapables majeurs, mineurs ; *Dudgeon c/ Royaume-Uni*, 22 oct. 1981, *GACEDH*, n° 48), mais elle ne peut interdire et sanctionner pénalement des activités homosexuelles menées en groupe et ayant donné lieu à l'enregistrement de cassettes vidéo, dès lors que ces activités revêtaient un caractère purement privé (*A. D. T. c/ Royaume-Uni*, 31 juill. 2000, *RTDH*, 2002, 345, note M. Levinet).

S'agissant de *comportements sexuels « au caractère extrême »*, le juge européen, après avoir reconnu à l'État le droit de réprimer pénalement des pratiques sexuelles sadomasochistes entraînant des dommages corporels, sans exclure qu'il ait le droit « de chercher à détourner de l'accomplissement de tels actes au nom de la morale » (*Laskey, Jaggard et Brown c/ Royaume-Uni*, 19 févr. 1997, *RTDH*, 1997, 738, note M. Levinet), infléchit sa jurisprudence pour interdire en principe l'intervention du droit pénal, au nom d'un principe d'autonomie personnelle exacerbé (*K. A. et A. D. c/ Belgique*, 17 févr. 2005 ; *infra*, n° 491).

La répression pénale des *relations sexuelles consenties entre adultes d'une même fratrie* relève de l'ample marge d'appréciation dont disposent

1. Ainsi, la grossesse et son interruption ne relèvent pas exclusivement de la vie privée de la mère et n'interdisent pas une réglementation législative de l'avortement visant à protéger les intérêts de l'enfant à naître et l'intérêt général de la collectivité (Com., Rapp. 12 juill. 1977, *Brüggemann et Scheuten c/ RFA*, *D. et R.*, 10, p. 100).

les États parties, en raison à la fois de l'absence de consensus entre les États parties sur le principe même de la répression pénale et du consensus existant pour bannir les relations sexuelles entre membres d'une même fratrie (*Stubing c/ Allemagne*, 12 avril 2012, § 61).

**480** ORIENTATION SEXUELLE. — 1° L'accomplissement d'actes homosexuels en privé entre adultes consentants ne saurait faire l'objet d'une répression pénale même s'il peut « heurter, choquer ou inquiéter des personnes qui trouvent l'homosexualité immorale » (*Dudgeon c/ Royaume-Uni*, 22 oct. 1981, *GACEDH*, n° 48, § 30 ; *Modinos c/ Chypre*, 22 avr. 1993, A. 259). D'une manière générale, « les relations lesbiennes ou homosexuelles durables » relèvent en premier lieu de la vie privée (Com. déc. 10 févr. 1990, *B c/ Royaume-Uni*, *D. et R.*, 64, p. 278 ; Cour, déc. 10 mai 2001, *Mata Estevez c/ Espagne*, n° 56501/00. Sur la qualification de « vie familiale », *infra*, n° 506.) ; la jurisprudence du CDH est similaire (n° 488/1992, préc.).

2° La Cour européenne condamne également toute politique visant de manière générale et absolue à l'exclusion d'une catégorie de personnes sur le seul fondement de son orientation sexuelle.

Elle juge, notamment, que la révocation de militaires de l'armée du fait de leur seule orientation sexuelle enfreint l'article 8 (*Smith et Grady c/ Royaume-Uni et Lustig-Prean et Beckett c/ Royaume-Uni*, 27 sept. 1999, *RTD civ.*, 1999, 917, chron. J.-P. Marguénaud). Les discriminations motivées par l'orientation sexuelle sont, par ailleurs, sanctionnées par application combinée de l'article 14 et de l'article 8 (*Salgueiro Da Silva Mouta c/ Portugal*, 21 déc. 1999 : refus de confier la garde d'un enfant à un parent homosexuel ; *supra*, n° 287).

Compte tenu de la position de la plupart des États européens en la matière, la loi nationale doit désormais retenir le même âge pour le consentement à des relations sexuelles et fixer de manière identique l'âge des majorités hétérosexuelle, homosexuelle et lesbienne (*L. et V. c/ Autriche*, 9 janv. 2003, *D*, 2003, 2278, note L. Burgorgue-Larsen ; aussi, *B. B. c/ Royaume-Uni*, 10 févr. 2004).

## II | Le droit à la « vie privée sociale »

### *A – Le droit de nouer et d'entretenir des relations avec ses semblables*

**481** Notion. — Par son arrêt de principe *Niemetz c/ Allemagne*, du 16 décembre 1992 *GACEDH*, n° 47, *supra*, n° 290), la Cour européenne signifie clairement que la vie privée ne se limite pas à « un » cercle intime « où chacun peut mener sa vie personnelle à sa guise » à l'écart du monde extérieur, mais qu'elle englobe aussi « le droit pour l'individu de nouer et de développer des relations avec ses semblables » (§ 29).

Alors que la Convention, à la différence du PIDCP (art. 24 § 3), ne garantit pas à tout enfant « le droit d'acquérir une nationalité », la Cour juge néanmoins que l'impact du droit d'acquérir une nationalité sur « l'identité sociale » de l'individu est tel que ce droit relève de « la portée générale et du champ d'application de l'article 8 » (*Genovese c/ Malte*, 11 oct. 2011, § 33, note F. Marchadier, *Rev. crit. DIP*, 2012, 61 ; *Mennesson c/ France*, 26 juin 2014, *JCP G* 2014, note 877, A. Gouttenoire). Il en va de même de la déchéance de nationalité (*Ramadan c/Malte*, 21 juin 2016).

* Le Conseil d'État se prononce dans le même sens (CE, 12 déc. 2014, *Association Juriste pour l'enfance*, n° 367324 et a.). De plus, il juge désormais l'article 8 invocable dans le contentieux de la nationalité (CE, 8 juin 2016, n° 394348, *AJDA* 2016, 1148).

Dès lors la notion de « vie privée » – comme celle de « correspondance » (*Halford c/ Royaume-Uni*, 25 juin 1997, § 44) – couvre aussi les activités professionnelles ou commerciales, car c'est dans leur travail que la plupart des gens ont le plus d'occasions de « resserrer leurs liens avec le monde extérieur », et celle de « domicile » inclut les locaux où s'exercent ces activités (*supra*, n° 464). En conséquence des restrictions apportées à la vie professionnelle peuvent tomber sous le coup de l'article 8 « lorsqu'elles se répercutent dans la façon dont l'individu forge son identité sociale par le développement des relations avec ses semblables » (*Özpinar c/ Turquie*, 19 oct. 2010, *JCP G*, 2010, act. 1126, G. Gonzalez : révocation d'une magistrate).

Cette ouverture audacieuse de la « vie privée » aux relations sociales ne semble toutefois pas avoir encore atteint sa pleine portée en pratique.

La CJUE se rallie à la jurisprudence de la Cour EDH pour juger qu'« aucune raison de principe ne permet d'exclure les activités professionnelles de la notion de "vie privée" » (CJUE, 9 nov. 2010, *Volker und Markus Schecke GbR*, C-92/09, *DCDF* n° 76).

Le CDH estime aussi que le « domicile » est le « lieu où une personne réside ou exerce sa profession habituelle » (obs. gén. 16 (32), préc., § 5).

**482** Droits sociaux. — Le juge européen, après avoir fait preuve de réticence, s'est engagé dans la voie de l'intégration partielle des droits sociaux, par ailleurs garantis par la Charte sociale européenne, dans le droit au respect de la « vie privée sociale ».

1° La Cour européenne a d'abord tracé une frontière stricte entre l'article 8 et la CSE, jugeant l'article 8 inapplicable dans une affaire où était en jeu le droit pour un handicapé d'avoir des relations de nature récréative avec ses semblables – par ailleurs garanti par la CSE révisée[1] –, en raison du contenu « ample et indéterminé » des relations sociales en cause et de l'absence de « lien direct » entre les mesures positives réclamées de l'État et la vie privée de l'intéressé (*Botta c/ Italie*, 24 févr. 1998, § 35, *RTDH*, 1999, 600, obs. B. Maurer)[2].

S'agissant des droits des handicapés, une évolution de la jurisprudence européenne est néanmoins perceptible. Après avoir admis que l'article 8 est susceptible de faire peser sur l'État une obligation positive de prendre les mesures nécessaires pour assurer l'accès des personnes handicapées aux établissements publics ouverts au public « dans les cas exceptionnels » où le défaut d'accès empêcherait l'intéressé de « mener sa vie de façon telle que le droit à son développement personnel et son droit d'établir et d'entretenir des rapports avec d'autres êtres humains » serait mis en cause (déc. 14 mai 2002, *Zehnalova et Zehnal c/ République tchèque*, req. n° 38621/

1. L'article 15 de la CSE révisée protège le droit des personnes handicapées « à l'autonomie, à l'intégration sociale et à la participation à la vie de la communauté ».
2. Le requérant – handicapé physique – invoque l'atteinte à sa vie privée résultant de la non-adoption par l'État de mesures propres à remédier à l'absence d'équipements et de services dans des établissements de bains privés permettant aux personnes handicapées d'accéder à la plage et à la mer.

97 ; aussi, déc. 14 sept. 2010, *Forcas c/ Roumanie*, n° 32596/04), la Cour juge pour la première fois, dans sa décision *Bayrakci c/ Turquie* (5 févr. 2013, n° 2643/09), que l'existence d'un lien direct et immédiat entre les mesures exigées par le requérant et sa vie privée rend l'article 8 applicable à la situation en cause (absence de toilettes adaptées au handicap du requérant sur son lieu de travail).

La prudence de la Cour est cependant manifeste, lorsqu'elle refuse de trancher la question de savoir si l'organisation par l'État d'un régime de compensation des charges particulières découlant du handicap d'un enfant relève du champ de l'article 8 (au titre de la « vie familiale ») et estime, en toute hypothèse, que l'État partie dispose en la matière d'une importante latitude (*Draon c/ France*, 6 oct. 2005, Gr. Ch.).

2° Grâce à la technique de la « protection par ricochet » (*infra*, n° 365), certains droits sociaux apparaissent donc désormais susceptibles de bénéficier de la protection indirecte de l'article 8. En témoigne le fait que le juge européen affirme aujourd'hui nettement que « la question des conditions de vie » des personnes entre dans le champ d'application du droit garanti par l'article 8 (*Moldovan et al. c/ Roumanie*, n° 2, 12 juill. 2005, *JCP G*, 2006, I, 109, n° 7, chron. F. Sudre : personnes d'origine rom chassées de leurs villages et contraintes de vivre dans une grande précarité).

Aussi, *Dogan et al. c/ Turquie*, 29 juin 2004, où la Cour juge que des mesures de déplacement imposées à des villageois portent atteinte à leur droit au respect de la vie familiale et du domicile, ainsi qu'à leur droit de propriété, en ce qu'elles les privent de leurs moyens de subsistance (§ 159 ; v., J.-P. Marguénaud et J. Mouly, Le droit de gagner sa vie par le travail devant la Cour européenne des droits de l'homme, *D*, 2006, 477).

**482-1** DROIT D'EXERCER UNE ACTIVITÉ PROFESSIONNELLE. — En affirmant que les « relations personnelles, sociales et économiques sont constitutives de la vie privée de tout être humain », la Cour, en formation solennelle, s'est départie de sa réserve initiale (*Slivenko c/ Lettonie*, 9 oct. 2003, Gr. Ch.) [1] pour ensuite faire entrer le droit d'exercer une activité professionnelle dans le champ de « la vie privée » (*Sidabras et Dziautas c/ Lituanie*, 27 juill. 2004, *RTDH*,

1. La Cour juge que l'éloignement forcé de « citoyens de l'ex-URSS » qui, depuis leur naissance, avaient noué en Lettonie de telles relations porte atteinte au droit au respect de la vie privée des intéressés (*JCP G*, 2004, I, 107, n° 16, chron. F. Sudre).

2005, 363, note S. Garcia-Jourdan ; *Bigaeva c/ Grèce,* 28 mai 2009). Bien qu'on ne puisse déduire de l'article 8 « un droit générique à l'emploi ou au renouvellement d'un contrat de travail à durée déterminée » (*Sodan c/Turquie,* 2 févr. 2016, § 37), il est désormais bien établi que l'article 8 est applicable « à la sphère de l'emploi ».

Est en cause, dans l'affaire *Sidabras et Dziautas,* une interdiction faite à des nationaux anciens agents du KGB de travailler dans la fonction publique et dans divers domaines du secteur privé de 1999 à 2009). Tout en rappelant que le droit d'avoir accès à une profession particulière n'est pas, comme tel, garanti par la Convention, la Cour, qui s'appuie sur l'article 1, § 2 de la CSE (droit de gagner sa vie par un travail librement entrepris) et son interprétation par le Comité européen des droits sociaux, affirme qu'une large interdiction d'exercer un emploi dans le secteur privé porte atteinte à la « vie privée » (§ 47), en ce qu'elle compromet la possibilité de développer des relations avec le monde extérieur, qu'elle cause de graves difficultés pour gagner sa vie, et qu'elle a de graves répercussions sur le respect de la vie privée.

Cette évolution est confirmée par la jurisprudence ultérieure. La Cour européenne juge ainsi que relèvent de la sphère de la vie privée les incapacités – telles l'impossibilité d'être nommé tuteur, l'incapacité d'exercer la profession de syndic, d'agent de change, d'arbitre – découlant selon la loi italienne de l'inscription dans le registre des faillis qui influencent la possibilité de l'intéressé de « développer des relations avec le monde extérieur » (*Campagnano c/ Italie,* 23 mars 2006 ; aussi *D.M.T. et D.K.T. c/ Bulgarie,* 24 juill. 2012), le non-renouvellement d'un contrat de travail annuel compromettant gravement les « possibilités d'exercer (une) activité professionnelle spécifique » (*Fernandez Martinez c/ Espagne,* 12 juin 2014, GC, § 110) ou la mutation d'un fonctionnaire de la capitale en province (*Sodan, préc.*).

**483** RELATIONS DU TRAVAIL. — Le droit du salarié au respect de sa vie privée sur le lieu du travail est désormais garanti par l'article 8. Par un récent arrêt *Copland c/ Royaume-Uni,* du 3 avril 2007 (*JCP G,* 2007, I, 182, n° 7, obs. F. Sudre), la Cour européenne juge en effet que la collecte et la conservation d'informations personnelles par un employeur (en l'espèce, une personne publique) concernant l'utilisation faite par un salarié du téléphone, du courrier électronique et d'Internet, pendant son travail, constituent une ingérence dans l'exercice par l'intéressé de son droit garanti par l'article 8. Le juge européen, suivant l'exemple de la Cour de cassation française qui se montre audacieuse, commence à exploiter avec prudence les potentialités que recèle l'« effet horizontal » du droit au respect de la vie privée dans le domaine des relations du travail (*Barbulescu c/Roumanie*, 12 janv. 2016).

Dans cette affaire, le requérant a été licencié par son employeur (une société privée) pour avoir utilisé à des fins personnelles et pendant ses heures de travail la messagerie Internet de la société. La Cour considère qu'un juste équilibre a été ménagé entre le droit du salarié et les intérêts de son employeur, dès lors que l'employeur n'a vérifié que les messages professionnels et que le relevé des communications n'a été utilisé par le juge interne que pour prouver que le requérant avait utilisé sa messagerie à des fins privées pendant ses heures de travail et sans que l'identité des correspondants soit divulguée (§§ 57-58).

* Dans une affaire relative au licenciement d'un salarié qui avait refusé de transférer son domicile familial dans sa nouvelle région d'activité, la Chambre sociale juge que « le libre choix du domicile personnel et familial est l'un des attributs » du droit au respect du domicile garanti par l'article 8, et qu'en conséquence « une restriction à cette liberté par l'employeur n'est valable qu'à la condition d'être indispensable à la protection des intérêts légitimes de l'entreprise et proportionnée, compte tenu de l'emploi occupé et du travail demandé, au but recherché » (Cass. soc., 12 janv. 1999, *Spileers*, n° 96-40755, *D*, 1999, Jur., p. 645, note J.-P. Marguénaud et J. Mouly ; Soc., 24 janv. 2007, *Negri c/ SA Omnium de gestion et de financement*, n° 05-40639, *JCP G*, 2007, II, 10110, note J. Mouly ; au seul visa des articles 9 du Code civil et L. 120. 2 du Code du travail : Cass. soc., 12 juill. 2005, *Ordre des avocats de Bayonne c/ Fidal (Sté)*, n° 04-13342). C'est, cependant, au seul visa de l'article 9 du Code civil que la Chambre sociale affirme que « le salarié n'est tenu ni d'accepter de travailler à son domicile, ni d'y installer ses dossiers et ses instruments de travail » (Soc., 2 oct. 2001, *Abram c/ SA Zurich Assurances*, n° 99-42727, *JCP G*, 2002, II, 10035, note D. Corrignan-Carsin ; *D*, 2002, somm., 2297, obs. A. Lepage). Voir aussi, Cass. 2e civ., 10 juin 2004, *Atofina*, *supra*, n° 476.

S'agissant du droit de l'employeur de surveiller les communications Internet des salariés pendant leur temps de travail, la Chambre sociale, après avoir jugé, en s'appuyant expressément sur l'article 8 de la CEDH, que « le salarié a droit, même au temps et au lieu de travail, au respect de l'intimité de sa vie privée » et qu'un employeur ne peut dès lors « prendre connaissance des messages émis par le salarié et reçus par lui grâce à un outil informatique mis à sa disposition pour son travail » (Soc., 2 oct. 2001, *Société Nikon France SA*, n° 99-42942, *D*, 2001, jur., 3148, note P.Y. Gautier ; voir aussi, Cass. soc., 26 nov. 2002, n° 00-42401), a nuancé sa position. Elle considère désormais que les données informatiques (fichier, connexions sur des sites internet, courriels) contenus dans un ordinateur mis à la disposition du salarié par l'employeur pour les besoins de son travail « sont présumées avoir un caractère professionnel », de sorte que l'employeur peut les rechercher ou les consulter hors de sa présence, sauf s'ils sont identifiés comme personnels (Cass.

soc., 17 mai 2005, n° 03-40. 017 ; Cass. soc., 17 juin 2009, n° 08-40.274 ; Cass. soc., 9 févr. 2010, n° 08-45.253 ; aussi, Com., 10 févr. 2015, n° 13-14. 779, *JCP G* 2015, note 407, B. Bossu).

### *B – Le droit au développement personnel*

**484** NOTION. — La Cour européenne consacre le droit au développement personnel, affirmant que le droit au respect de la vie privée protège, en sus de « l'intégrité physique et morale » de la personne et de son « identité physique et sociale », « le droit au développement personnel et le droit d'établir et d'entretenir des rapports avec d'autres êtres humains et le monde extérieur » (*Pretty c/ Royaume-Uni*, 25 avr. 2002, § 61, *GACEDH*, n° 44).

Après avoir jugé de manière contestable que le refus d'agrément à l'adoption opposé à un homosexuel « ne saurait en soi être considéré comme portant atteinte au droit du requérant au libre développement et épanouissement de sa personnalité » et ne relève pas du champ de la « vie privée », alors qu'est bien en cause le droit d'entretenir des relations avec autrui dans le domaine affectif (*Fretté c/ France*, 26 févr. 2002, § 31 ; dans le même sens, CE, 5 juin 2002, *Mlle Berthet*), la Cour adopte implicitement une solution contraire dans son arrêt *E. B. c/ France*, 22 janv. 2008 (Gr. Ch., § 43 et 49) ; *supra*, n° 284.

Originairement compris comme se réalisant dans les relations avec les autres, et prolongeant, en ce sens, la jurisprudence *Niemetz* (voir *Botta*, 24 févr. 1998, § 32, *supra*, n° 469 ; *Pretty*, § 31), le droit au développement personnel se décline sous deux formes principales.

#### *1. Le droit à l'identité*

**485** DROIT AU NOM. — Alors même qu'il n'est pas énoncé expressément par la CEDH, au contraire du PIDCP et de la CADH (art. 24, § 2 et 18), le droit au nom, compris comme un moyen d'identification personnelle et de relations avec autrui, relève du droit au respect la « vie privée et familiale » (et non de la « vie privée »). Tel est l'apport essentiel de l'arrêt *Burghartz c/ Suisse* (22 févr. 1994, A. 280 B, § 24, *RTDH*, 1995, 53, note P. Georgin), relatif à la dévolution du nom patronymique des époux, qui, partant, fait tomber le droit au nom sous le coup de l'interdiction de la discrimination en raison du sexe (aussi, *Unal Tekeli c/ Turquie*, 16 nov. 2004, *supra*, n° 268).

Le droit au nom – et, par extension, le droit au prénom (*Guillot c/ France*, 24 oct. 1996) – n'est cependant pas un droit au libre choix du nom (*Stjerna c/ Finlande*, 25 nov. 1994, A. 299 B, § 39), les autorités étatiques disposant d'une large marge d'appréciation en matière d'attribution, reconnaissance et usage des noms et prénoms (déc. 7 déc. 2004, *Mentzen alias Mencena c/ Lettonie*, n° 71074/01), sous réserve, toutefois, que le droit interne offre des sauvegardes adéquates contre les abus (pour des ex. de violation de l'art. 8, *Johansson c/ Finlande*, 6 sept. 2007 ; *Güzel Erdagöz c/ Turquie*, 21 oct. 2008) et que soit pris en compte « l'aspect identitaire » de la demande de l'intéressé lors de la mise en balance de l'intérêt public en jeu et de l'intérêt personnel (*Kismoun c/ France*, 5 déc. 2013).

La CJUE, sur le fondement de l'art. 8 CEDH et de l'art. 7 de la Charte, est dans la ligne de la Cour EDH (CJUE, 12 mai 2011, *Malgozata Runevic-Vardyn*, C-391/09, *Europe*, 2011-7, comm. 238, D. Simon).

*Le Conseil d'État se montre attentif à l'arrêt *Kismoun* (préc), en prenant en considération « les motifs d'ordre affectif » pouvant justifier un changement de nom (CE, 31 janv. 2014, *Reterrer*, n° 362444, *RFDA* 2014, 30, concl. X. Domino).

**486** IDENTITÉ PERSONNELLE. — La notion d'« identité personnelle » est entendue largement par la Cour européenne qui considère que la détermination des relations juridiques d'un père – légal ou présumé – avec son enfant concerne une partie importante de son identité personnelle et relève de la « vie privée » au sens de l'article 8, que soit en jeu une action en contestation de paternité (*Rasmussen c/ Danemark*, 28 nov. 1984 ; *Iyilik c/ Turquie*, 6 déc. 2011, *JCP G*, 2012, note 296, G. Gonzalez et A. Gouttenoire) mais aussi le droit d'avoir des contacts (droit de visite et d'information) avec l'enfant (*Anayo c/ Allemagne*, 21 déc. 2010 ; *Schneider c/ Allemagne*, 15 sept. 2011, *JCP G*, 2012, doctr. 87, F. Sudre). Il en va de même de la détermination juridique de la filiation biologique d'un enfant né d'une gestation pour autrui à l'étranger qui met en cause un aspect essentiel de son identité (*Mennesson c/ France* et *Labassee c/France*, 26 juin 2014, *JCP G* 2014, note 877, A. Gouttenoire).

La notion d'intérêt supérieur de l'enfant (*infra*, n° 510) gouverne la jurisprudence européenne en la matière et conduit la Cour, lorsque les intérêts de l'enfant et du père putatif, coïncident à faire prévaloir la réalité biologique sur une présomption légale de paternité (*Schneider*, préc : refus d'accorder un droit de visite à un père biologique présumé ; *Paulik c/ Slovaquie*, 10 oct. 2006, *Ostace c/ Roumanie*, 25 févr. 2014 : impossibilité de contester une déclaration judiciaire de paternité malgré des expertises biologiques contraires) ou, à l'inverse, si les intérêts divergent, à donner la préférence à la présomption légale de paternité (*Iyilik*, préc. : refus d'obliger la fille putative du requérant à se soumettre à un test ADN afin d'établir la preuve biologique de sa non-paternité), même en présence d'éléments de preuve génétiques (*A.L c/ Pologne*, 18 févr. 2014).

Toutefois, la Cour juge, contre la volonté de l'enfant en l'espèce, que l'intérêt de l'enfant à voir établie sa filiation biologique prime sur le maintien d'une filiation établie par une reconnaissance de paternité (*Mandet c/ France,* 14 janv. 2016 ; dans le même sens, Cass. civ. 1re, 24 octobre 2012, n° 11-22.202).

L'intérêt supérieur de l'enfant impose également la reconnaissance de la filiation paternelle fondée sur la vérité biologique d'un enfant issu d'une GPA pratiqué à l'étranger (*Mennesson*, préc., § 100 ; *contra*, Civ. 1re, 6 avr. 2011, *Mennesson,* n° 10-19.053 ; Civ. 1re, 13 sept. 2013, n° 12-18315 et n° 12-30138).

* Suite à l'arrêt *Mennesson*, la Cour de cassation a infléchi sa jurisprudence antérieure et, ne faisant pas dépendre la transcription de l'acte de la preuve de la paternité biologique du père indiqué sur l'acte de naissance, autorise la transcription sauf s'il s'avère que l'acte est irrégulier, falsifié ou mensonger (Cass. Plén., 3 juillet 2015, n° 15-50002, *JCP G* 2015, note 965, A. Gouttenoire).

Participe du même esprit l'affirmation que le lien d'une mère avec son enfant mort-né relève de la vie privée, plus précisément du droit à l'établissement de sa descendance (*Znamenskaya c/ Russie*, 2 juin 2005 (*JCP G*, 2005, I, 159, n° 14, chron. F. Sudre).

**487** IDENTITÉ SEXUELLE. — L'identité est aussi l'identité sexuelle.

1° La jurisprudence européenne relative au droit au respect de la vie privée des transsexuels a fait l'objet d'un revirement de jurisprudence spectaculaire, par l'arrêt de Grande Chambre *C. Goodwin c/ Royaume-Uni*, du 11 juillet 2002 (*GACEDH*, n° 49). Se réclamant sans fard d'une méthode d'interprétation dynamique et évolutive (*supra*, n° 154) et malgré l'absence de « communautés de vues » des

États parties à la Convention en matière de reconnaissance juridique de changement de sexe (§ 85), qui l'avait conduite antérieurement à une solution contraire (*Rees c/ Royaume-Uni*, 17 oct. 1986, A. 106, § 37, *JDI*, 1987, 796, chron. P. Rolland ; *Cossey c/ Royaume-Uni*, 27 sept. 1990, A. 184, § 37) [1], la Cour estime que le « juste équilibre à ménager entre l'intérêt général et les intérêts de l'individu » commande d'ériger à la charge de l'État une obligation positive de procéder à la reconnaissance juridique de la conversion sexuelle, l'État ne disposant plus d'une marge d'appréciation que quant aux moyens à mettre en œuvre pour assumer cette obligation (§ 93 ; pour une application, *Grant c/ Royaume-Uni*, 23 mai 2006). Le juge européen fonde à titre principal sa décision sur l'existence d'un « droit au développement personnel », que sa jurisprudence la plus récente fait émerger (*Mikulic c/ Croatie*, 7 févr. 2002 ; *Pretty c/ Royaume-Uni*, 25 avr. 2002, *infra*, n° 490). Il s'agit, selon la Cour, de « permettre à des personnes de vivre dans la dignité et le respect, conformément à l'identité sexuelle choisie par elles aux prix de grandes souffrances » (§ 91).

2° Considérant que « la liberté pour le requérant de définir son appartenance sexuelle » est « l'un des éléments les plus essentiels du droit à l'autodétermination », le juge européen reconnaît au transsexuel non opéré le droit d'accéder à un traitement de conversion sexuelle et juge que l'exigence de l'incapacité de procréer n'est aucunement nécessaire pour justifier l'encadrement des opérations de changement de sexe (*Y. Y. c/Turquie,* 10 mars 2015, § 102. *D* 2015, 1875, note P. Reigné). *Infra* n° 490.

* Dans sa décision *B. c/ France* (25 mars 1992, A. 232 C, § 44, *D*, 1992, chron., 323, note C. Lombois ; *JCP*, 1992. II. 21955, note T. Garé), la Cour n'avait cependant pas hésité à condamner la France, au motif que l'impossibilité faite à une transsexuelle d'obtenir la rectification de son état civil place cette dernière « quotidiennement… dans une situation globale incompatible avec le respect dû à sa vie privée » (§ 63), contraignant par là la Cour de cassation à une volte-face complète (Civ. 1re, 21 mai 1990, *Jocelyne A. et al., JCP*, 1990, II, 21588, Rapp. J. Massip et concl. F. Flipo, puis Cass., Ass. plén., 11 déc. 1992, Marc Y, n° 91-12373, et René X., n° 91-11900, *JCP*, 1993, II, 21991, concl. M. Jéol, note G. Mémeteau).

1. La Commission était beaucoup plus audacieuse : « L'article 8 doit être interprété comme protégeant l'individu contre la non-reconnaissance de son sexe modifié comme partie de sa personnalité » (déc. 15 mars 1984, *Rees c/ Royaume-Uni*, *D. et R.*, 36, p. 78, et Rapp. 1er mars 1979, *Van Oosterjwick*, *Série B*, vol. 36).

Celle-ci, écartant les allégations relatives à l'identité de genre, exige que la personne intéressée fournisse la preuve par le recours à une expertise judiciaire, de « la réalité du syndrome transsexuel dont elle est atteinte ainsi que le caractère irréversible de la transformation de son apparence » (Civ. 1re, 7 juin 2012, no 11-22490), affirmant que cette exigence ménage « un juste équilibre entre les impératifs de sécurité juridique et d'indisponibilité de l'état des personnes d'une part, de protection de la vie privée d'autre part » et n'est pas contraire à l'article 8 de la CEDH (Civ. 1re, 13 fév. 2013, no 11-14515, *RTD civ.* 2013, 344, obs. J. Hauser).

### 2. *Le droit à la connaissance de ses origines*

**488** CONSÉCRATION. — Après avoir reconnu le droit d'accès à des informations concernant la prime enfance (*Gaskin c/ Royaume-Uni*, 7 juill. 1989, *supra*, no 346), la Cour européenne, se prévalant expressément d'une « interprétation extensive » de la notion de « vie privée », a clairement inclus dans le champ d'application de l'article 8 le « droit à la connaissance de ses origines » (*Odièvre c/ France*, 13 févr. 2003, § 44, *GACEDH*, no 40). Par ses arrêts *Mikulic c/ Croatie* (7 févr. 2002, *JCP G*, 2002, I, 157, no 13, chron. F. Sudre) et *Odièvre c/ France* (préc.), la Cour juge l'article 8 applicable, d'une part, à la détermination, par la voie d'une action en recherche de paternité, du lien de filiation entre un enfant né hors mariage et son père naturel – y compris quand cette action est menée par la mère (*Kalacheva c/ Russie*, 7 mai 2009) —, et, d'autre part, à l'impossibilité de voir lever le secret de sa naissance du fait de l'accouchement sous X. Comme le souligne l'arrêt *Odièvre*, l'« établissement des détails de son identité d'être humain » participe du droit à l'« épanouissement personnel », protégé par l'article 8 (§ 29). Au même titre que le droit à l'identité, le droit de connaître ses origines apparaît ainsi comme la déclinaison d'un « droit au développement personnel ».

**489** CONFLITS DE DROITS. — La Cour est ici conduite à un délicat exercice de mise en balance des intérêts en cause afin de concilier ces derniers – d'un côté le droit d'une personne à connaître ses origines, de l'autre, selon les cas de figure, le droit des tiers à ne pas être contraint de se soumettre à des examens médicaux de quelque nature que ce soit (*Mikulic* : tests ADN ; aussi, *Pascaud c/*

*France*, 16 juin 2011, *JCP G*, 2011, act. 797, L. Milano), le droit des tiers à l'intangibilité du corps du défunt (*Jäggi c/ Suisse*, 3 juill. 2006 : prélèvement d'ADN sur le cadavre du père présumé), le droit de la mère de préserver le secret de son identité (*Odièvre ; Godelli c/ Italie*, 25 sept. 2012, *RTDH* 2014, 153, note V. Bonnet).

Cela la conduit, dans le cas du système français de l'accouchement anonyme, à tempérer les conditions d'exercice du droit de connaître ses origines. Au terme d'un raisonnement discutable (*JCP G*, 2003, II, 10049, note A. Gouttenoire-Cornut et F. Sudre), la Cour juge que l'accouchement sous X est compatible avec l'article 8 de la CEDH, le « droit de savoir » n'impliquant pas l'« obligation de divulguer ». Arguant curieusement de l'absence d'un consensus européen en la matière (alors qu'aucun autre État européen ne connaît l'accouchement sous X ; *supra*, n° 163), le juge européen reconnaît à l'État une « certaine marge d'appréciation » pour décider des mesures propres à assurer le respect du droit à la connaissance de ses origines et refuse de mettre à sa charge l'obligation positive de divulguer le secret de la naissance lorsqu'il a été expressément demandé, faisant *in fine* prévaloir le droit au secret de la mère[1].

Si dans l'affaire *Odièvre*, la Cour refuse de faire jouer pleinement l'« effet horizontal » de l'article 8 (*supra*, n° 164), dans l'arrêt *Mikulic*, où était en cause l'absence de mesure procédurale propre à contraindre un père présumé à se conformer à une ordonnance de justice lui intimant de se soumettre à des tests, elle met à la charge de l'État l'obligation positive de mettre en place « des moyens alternatifs permettant à une autorité indépendante de trancher la question de la paternité à bref délai » (§ 64 ; aussi, *A.M.M. c/ Roumanie*, 14 févr. 2012).

* Se fondant sur l'article 8 CEDH et en phase avec la démarche de la Cour EDH, le Conseil d'État considère que le législateur, en interdisant la divulgation d'informations sur les données personnelles d'un donneur de gamètes aux intéressés eux-mêmes, a établi un juste équilibre entre les intérêts en présence (CE, 12 nov. 2015, n° 372121, *JCP G* 2016, note 62, A, Mirkovic ; voir aussi CE, avis contentieux, 13 juin 2013, M.M., n° 362981, *RFDA* 2013, 1051, concl. E. Crépey).

Le Conseil constitutionnel, en subordonnant le recours à l'identification par empreintes génétiques sur une personne décédée au consentement exprès donné par cette dernière de son vivant fait prévaloir le respect dû aux morts sur le droit à la connaissance de ses origines (déc. 2011-173 QPC, 30 sept. 2011), se situe en retrait de la Cour européenne qui juge, dans son arrêt *Jäggi* (préc.) que, eu égard

1. La loi n° 2002-93 du 22 janvier 2002 relative à l'accès aux origines (*JCP*, 2002, I, 119, obs. B. Mallet-Bricout) n'est pas revenue sur le droit de la mère de conserver le secret sur son identité, mais des mesures incitatives ont été prises pour que les mères rendent ce secret réversible.

à « l'intérêt prépondérant » en jeu pour le requérant, les autorités nationales manquent à leur obligation positive de protéger la vie privée de l'intéressé en refusant de faire effectuer une analyse ADN sur un défunt afin d'établir s'il s'agit de son père biologique. Il est, par contre, sur la même ligne que la Cour, en jugeant que le dispositif de l'accouchement anonyme (articles L. 147-6 et L. 222-6 du Code l'action sociale et des familles, issus de la loi du 22 janvier 2002) est conforme à la Constitution et qu'« il ne lui appartient pas de substituer son appréciation à celle du législateur sur l'équilibre ainsi défini entre les intérêts de la mère de naissance et ceux de l'enfant » (déc. 2012-248 QPC, 16 mai 2012).

### III – Le droit à l'autonomie personnelle

**490** Notion. — Dans un considérant de principe de son arrêt *Pretty c/ Royaume-Uni*, du 29 avril 2002 (*GACEDH*, n° 44), la Cour prend soin d'énoncer que « la notion d'autonomie personnelle reflète un principe important qui sous-tend l'interprétation des garanties de l'article 8 » (§ 61 ; aussi, *C. Goodwin*, préc., n° 487, § 90).

1° La notion d'autonomie personnelle semble ainsi érigée en principe matriciel du droit garanti par l'article 8 et l'on est alors tenté de penser que la jurisprudence européenne, s'inspirant de la *Privacy américaine*, a franchi le pas, du « droit d'être laissé seul » au droit à l'autodétermination, ou au « droit à l'autonomie personnelle » que la Cour reconnaît désormais comme tel (*Tysiac c/ Pologne*, 20 mars 2007, § 107 ; *Evans c/ Royaume-Uni*, 10 avr. 2007, Gr. Ch., § 71). Confirmation en est donnée par l'arrêt *K. A. et A. D. c/ Belgique*, du 17 février 2005, où la Cour européenne consacre, le « droit de disposer de son corps » et affirme que « la notion d'autonomie personnelle peut s'entendre au sens du droit d'opérer des choix concernant son propre corps » (§ 83, *D*, 2005, 2973, note M. Fabre-Magnan). Va dans le même sens, l'affirmation que le droit à l'autodétermination inclut « la liberté pour le requérant de définir son appartenance sexuelle » (*Y. Y. c/ Turquie,* 10 mars 2015, § 102 ; *supra*, n° 487).

2° La démarche de la Cour européenne révèle une grande confusion conceptuelle, où les notions de « développement personnel », « autonomie personnelle », « épanouissement personnel » semblent indistinctement employées.

En témoignent, parmi d'autres, l'arrêt *Evans* (*infra* n° 491) qui se réfère aussi au droit au développement personnel et au droit d'établir et entretenir des rapports avec les autres (§ 71), l'arrêt *Petrina c/ Roumanie* (14 oct. 2008), qui rattache le droit à la réputation au « droit au développement de la personnalité de chaque individu » (§ 27), l'arrêt *Daroczy c/ Hongrie* (1 juill. 2008), qui fait relever le droit à l'identité non du droit au développement personnel mais de « l'auto-détermination » personnelle (§§ 32-33), et, surtout, l'arrêt *Bigaeva c/ Grèce* (28 mai 2009) où, à propos du droit d'exercer une activité professionnelle, la Cour énonce que l'article 8 « protège le droit à l'épanouissement personnel, que ce soit sous la forme du développement personnel ou sous l'aspect de l'autonomie personnelle » (§ 22, *JCP G*, 2009, doctr. 143, F. Sudre).

Plus largement, on peut se demander si le principe d'autonomie personnelle n'a pas vocation à devenir un principe général d'interprétation de la Convention, puisque la Cour y fait aussi référence en matière de liberté syndicale (*Sorensen et Rasmussen c/ Danemark*, 11 janv. 2006 ; *infra*, n° 568).

3° La Cour fait une application contrastée de ce nouveau droit.

**491** VIE ET MORT. — Le droit à l'autonomie personnelle, tel que la jurisprudence européenne l'a décliné jusqu'à présent, paraît recouvrir deux facettes, la maîtrise de la vie ou de la mort, la qualité de la vie.

1° Quand l'enjeu est la maîtrise de la vie ou de la mort, le juge européen fait prévaloir, d'une manière générale, le principe de subsidiarité et reconnaît à l'État un certain pouvoir discrétionnaire pour régler les « questions de société ».

a) Dans l'affaire *Pretty*, où la requérante a revendiqué sans succès au titre du droit à la vie (art. 2) le droit de cesser de vivre et de bénéficier d'un « suicide assisté », la Cour européenne juge que le droit au respect de la vie privée, garanti par l'article 8, inclut le droit pour une personne en fin de vie ou atteint d'une maladie mortelle de choisir le moment et les modalités de sa mort afin d'éviter une fin de vie indigne, sous réserve que l'intéressé « soit en état de prendre sa décision librement et d'agir en conséquence ». Mais, se retranchant derrière la marge d'appréciation de l'État, elle juge que l'interdiction légale du suicide assisté s'avère « nécessaire dans une société démocratique » à la protection de la santé et de la sécurité publiques.

La Cour étend le bénéfice de ce droit aux personnes âgées qui, ne souffrant d'aucune pathologie clinique, souhaitent mettre fin à leurs jours (*Gross c/ Suisse*, 14 mai 2013, § 59, *JCP G* 2013, act. 650, G. Gonzalez) ; la grande chambre a cependant conclu à l'irrecevabilité de la requête (Gross, 30 sept. 2014). Dans une décision peu claire, la Cour semble mettre à la charge de l'État une obligation positive d'adopter les mesures permettant de faciliter un suicide dans la dignité, dont on ne sait si elle est fondée sur l'article 8 ou sur l'article 2 (*Haas c/ Suisse*, 20 janv. 2011, *JCP G*, 2011, doctr. 914, F. Sudre). Elle se retranche, par contre, derrière le principe de subsidiarité dans une autre affaire d'assistance au suicide pour reconnaître à l'État une large marge d'appréciation en la matière du fait de l'absence de consensus dans les États parties et juge inutile d'examiner le grief tiré de l'article 8 dans son volet matériel (*Koch c/ Allemagne,* 19 juill. 2012, *RTD civ.* 2012, 700, chron. J.-P. Marguénaud). Il en va de même, sur le terrain du droit à la vie, quant à l'arrêt d'un traitement médical maintenant artificiellement en vie un malade (*Lambert c/France*, 5 juin 2015, Gr. Ch., *supra* n° 302).

La Cour juge aussi que la capacité de choisir son mode de traitement médical en vue de prolonger si possible sa vie relève du champ de l'article 8, mais laisse à l'État une large marge d'appréciation en la matière (*Hristozov et a. c/ Bulgarie*, 13 nov. 2012, § 116, *RTDH* 2013-96, 945, note J.-P. Marguénaud : accès à un traitement expérimental pour des malades en fin de vie).

b) De même, si, par référence au droit à l'autodétermination, le juge européen inclut dans le droit au respect de la vie privée « le droit au respect des décisions de devenir ou de ne pas devenir parent », au sens génétique du terme (§ 71-72), il considère, au vu de l'absence de communautés de vue des États européens sur la réglementation de la FIV et l'utilisation des embryons, que nulle obligation positive de garantir aux femmes qui se sont soumises à une fécondation *in vitro* la possibilité de se faire implanter un embryon lorsque leur ex-partenaire a révoqué l'engagement pris ne pèse sur l'État partie, qui dispose en la matière d'une « ample marge d'appréciation » (*Evans c/ Royaume-Uni*, 10 avr. 2007, Gr. Ch., *RDSS* 2007, 810, note D. Roman).

Dans une démarche similaire, le juge européen estime que le droit du parent biologique de décider du sort des embryons relève de la « vie privée » et reconnaît à l'État une large marge d'appréciation en matière de dons d'embryons à des fins de recherche scientifique (*Parrillo c/ Italie,* 27 août 2015, Gr. Ch., *JCP G* 2015, note 1187, G. Loiseau).

* Le Conseil d'État (CE, 31 mai 2016, n° 396848, *Mme Gonzalez-Gomez, D* 2016, 1472, note H. Fulchiron ; *AJDA* 2016, 1398, obs. O. Dutheillet de Lamothe et G. Odinet, préc. n° 122.) est dans la ligne de la jurisprudence européenne, lorsqu'il juge, en se référant à la marge nationale d'appréciation, que les dispositions législatives interdisant l'insémination post-mortem en France et l'exportation de gamètes conservés en France en vue d'une insémination post mortem sont compatibles avec l'article 8 de la Convention mais que, dans des circonstances particulières, leur application peut, concrètement, porter une atteinte disproportionnée au droit au respect de la vie privée et familiale (il en va ainsi du refus opposé à une ressortissante espagnole, vivant en Espagne, de procéder à l'exportation des gamètes de son mari défunt aux fins d'une insémination post-mortem que la loi espagnole autorise). Voir aussi, CE, 12 nov. 2015, n° 372121, préc. n° 489.

2° Selon l'arrêt *Pretty*, « c'est sous l'angle de l'article 8 que la notion de qualité de la vie prend toute sa signification » (§ 65). Prenant en considération la sophistication médicale croissante et l'augmentation de l'espérance de vie, la Cour met l'accent sur la situation des personnes maintenues en vie « jusqu'à un âge très avancé ou dans un état de grave délabrement physique ou mental » (*ibid.*). En jugeant, dans son arrêt *McDonald c/ Royaume-Uni* (20 mai 2014), qu'une décision qui contraint une personne âgée et à mobilité réduite à vivre en conflit avec « la perception aiguë qu'elle a d'elle-même et de son identité personnelle » (§ 47) constitue une ingérence dans son droit au respect de la vie privée, la Cour ouvre la voie à la protection du droit à une qualité de vie conforme à la dignité humaine.

Dans cette affaire est en cause la décision de l'autorité locale de remplacer la garde de nuit chargée d'aider la requérante à se rendre aux toilettes par la fourniture de protections d'incontinence pour la nuit alors même que l'intéressée n'est nullement incontinente. Eu égard à la large marge d'appréciation de l'État en matière de politique sanitaire, notamment quand il s'agit d'allouer des « ressources limitées », la Cour considère que l'ingérence n'est pas disproportionnée.

**492** Sexe. — L'application du droit à l'autonomie personnelle est, par contre, débridée dans le domaine des relations sexuelles. Après avoir affirmé que le « droit à l'autodétermination sexuelle » est un des aspects du droit au respect de la vie privée (*Van*

*Kück c/ Allemagne*, 12 juin 2003), la Cour juge, dans l'affaire *K. A. et A. D c/ Belgique* (17 févr. 2005, préc.)., que des pratiques sexuelles sadomasochistes d'une violence et d'une cruauté inouïes, accomplies sur une « esclave » (la femme de l'un des requérants), relèvent de la « vie privée ». Le droit à l'autodétermination ainsi promu conduit à interdire en principe l'intervention du droit pénal dans « le domaine des pratiques sexuelles consenties qui relèvent du libre arbitre des individus » et à ne l'autoriser, par exception, qu'à la seule fin de veiller à ce que les pratiques sexuelles en cause se déroulent dans des conditions qui permettent le respect de la volonté de la « victime », « dont le propre droit au libre choix quant aux modalités d'exercice de sa sexualité doit aussi être garanti » (§ 85).

Ainsi entendue au sens d'autonomie personnelle, la « vie privée » signifie « la faculté pour chacun de mener sa vie comme il l'entend » (*Pretty,* § 61) et affranchissement de toute limite dans tous les choix existentiels – sexe, corps, vie et mort – de l'individu. Il n'est pas certain qu'en faisant le choix de promouvoir le droit de disposer de soi-même le juge européen ait pour autant pris le parti de défendre la dignité humaine.

## IV | Le droit à un environnement sain

**493** Base juridique. — La « construction » du droit à un environnement sain dans le champ de la Convention est proprement prétorienne. En effet, la CEDH ne garantit pas, comme tel, le droit à l'environnement, mais le mécanisme de la « protection par ricochet » (*infra*, n° 612) permet aux organes de contrôle de protéger, indirectement, le droit de l'individu à l'environnement lorsqu'une atteinte à l'environnement enfreint un droit garanti par la Convention.

Le CEDS, se prévalant d'une interprétation évolutive, adopte une démarche similaire et interprète l'article 11 de la CSE (droit à la protection de la santé) comme garantissant le droit à un environnement sain (récl. n° 30/2005, *Fondation Marangopoulos pour les droits de l'homme*, déc. 6 déc. 2006, fond).

1° Il a d'abord été jugé que des atteintes environnementales avérées – telles des nuisances sonores causées par l'exploitation d'un aéroport à proximité du domicile du requérant (*Powell et Rayner c/ Royaume-Uni*, 21 févr. 1990, A. 172 ; Com., Rapp. 8 juill. 1987, *Baggs c/ Royaume-Uni*, *D. et R.*, 52, p. 29), ou des émanations nauséabondes d'une station d'épuration des eaux et de traitement des déchets d'une tannerie (*Lopez Ostra c/ Espagne*, 9 déc. 1994, *GACEDH*, n° 3) – constituaient, du fait de leur ampleur, une ingérence dans le droit au respect de la vie privée et familiale. Par une formulation de principe – « il va pourtant de soi que des atteintes graves à l'environnement peuvent affecter le bien-être d'une personne et la priver de la jouissance de son domicile de manière à nuire à sa vie privée et familiale » (§ 51) – le juge européen, dans sa décision *Lopez-Ostra* (§ 51), affirme que la jouissance effective du droit au respect de la vie privée et familiale et du domicile, garanti par l'article 8, implique le droit de vivre dans un environnement sain.

Précisons que les détenus, dont la prison est le seul « espace de vie », peuvent également se prévaloir du droit d'être détenu dans un environnement sain (*Branduse c/ Roumanie*, 7 avr. 2009, *JCP G*, 2009, I, doctr. 143, F. Sudre).

Le champ d'application de l'article 8, au titre de la « vie privée et familiale », a ensuite été élargi aux risques environnementaux.

Ainsi, après avoir jugé que les émissions nocives d'une usine chimique ont une « incidence directe » sur le droit au respect de la vie privée et familiale (*Guerra et al. c/ Italie*, 19 févr. 1998, § 57, *Rev. eur. dr. env.*, 1998, 318, note J.-P. Marguénaud), la Cour admet que la crainte que les intéressés peuvent avoir du fait des effets dangereux d'une activité sur l'environnement présente « un lien suffisamment étroit avec la vie privée et familiale » pour que l'article 8 trouve à s'appliquer (*Taskin et al. c/ Turquie*, 10 nov. 2004, *RDP*, 2005, 788, obs. C. Picheral).

2° Un infléchissement significatif est opéré par l'arrêt *Moreno Gomez c/ Espagne*, du 16 novembre 2004 (*GACEDH*, n° 47), qui privilégie désormais le « domicile » comme base juridique principale – mais non exclusive – pour garantir le droit de vivre dans un environnement sain. Appréhendant le domicile comme le « lieu, l'espace physiquement déterminé où se développe la vie privée et familiale », la Cour affirme que le droit au respect de son domicile est non seulement « le droit à un simple espace physique » mais aussi « celui à la jouissance, en toute tranquillité, dudit espace », à l'abri d'atteintes tant matérielles ou corporelles que « immatérielles ou incorporelles, telles que les bruits, les émissions, les odeurs ou autres ingérences » (§ 53 ; *Giacomelli c/ Italie*, 2 nov. 2006).

**494** OBLIGATIONS POSITIVES. — Technique privilégiée par le juge européen pour garantir le droit à un environnement sain, les obligations positives sont tant substantielles que procédurales (*supra*, n^os^ 161 et s.).

1° Les obligations substantielles sont à la fois de protection et d'information.

a) La jouissance effective du droit au respect de la vie privée et familiale et du domicile implique d'abord que l'État adopte des mesures positives pour protéger les individus contre des atteintes graves à leur environnement, et ces obligations positives trouvent à s'appliquer dans le cadre des relations interindividuelles afin de garantir le droit à un environnement sain contre les ingérences d'autres particuliers.

L'Espagne est ainsi condamnée pour ne pas avoir pris les mesures nécessaires pour garantir l'effectivité du droit des requérants au respect de la vie privée et familiale, d'une part, contre les émanations nauséabondes d'une station d'épuration des résidus de tanneries (*Lopez-Ostra*, préc.), d'autre part, du fait de la passivité de l'administration face au tapage nocturne causé par des établissements privés (*Moreno Gomez*, préc.).

Cette obligation positive est étendue aux risques environnementaux résultant d'activités dangereuses, telles « la collecte, le traitement et l'élimination des déchets » (*Di Sarno et a. c/ Italie*, 10 janv. 2012, *JCP G*, 2012, act. 79, C, Picheral ; *infra*, n° 495).

Décalquée de l'obligation de protection de la vie contre les dangers accidentels résultant des activités dangereuses (*supra*, n° 304), l'obligation positive substantielle est double : mettre en place un cadre législatif et réglementaire propre à assurer la protection des personnes contre les risques d'atteintes graves à l'environnement ; prendre des mesures concrètes de prévention pour protéger l'individu « dont la vie risque d'être exposée aux dangers inhérents au domaine en cause » (*Bacila c/ Roumanie*, 30 mars 2010, § 61, *JCP G*, 2010, act. 452, F. Sudre).

b) L'arrêt *Guerra* consolide la construction prétorienne en consacrant, sous couvert du droit au respect de la vie privée et familiale, le droit d'être informé des risques graves de pollution causés par telle ou telle activité dangereuse pour l'environnement.

L'Italie viole ainsi l'article 8 parce que les autorités nationales n'ont pas fourni aux requérants les informations essentielles relatives aux risques majeurs causés par l'implantation à proximité de leur commune d'une usine chimique (voir aussi, McGinley et Egan, 9 juin 1998, *supra*, n° 462 ; *Tatar c/ Roumanie*, 27 janv. 2009, § 118, visant la Convention d'Aarhus du 25 juin 1998).

Pèse donc sur l'État une obligation positive non seulement de prendre des mesures afin de faire cesser ou de réduire des pollutions, mais encore de fournir aux intéressés des informations pertinentes quant aux risques graves de pollution.

2° L'État est également tenu par les exigences procédurales déduites de l'article 8 par la Cour qui, au terme d'une démarche identique à celle suivie en matière d'assistance éducative (*infra*, n° 518) opère une « procéduralisation » de l'article 8.

En matière de politique environnementale et économique, « le processus décisionnel doit nécessairement comporter la réalisation d'enquêtes et d'études appropriées » permettant de prendre en compte les points de vue des intéressés (*Hatton et al. c/ Royaume-Uni*, 8 juill. 2003, Gr. Ch., § 128 ; *RDP*, 2004, 832, obs. C. Picheral), le public doit accéder aux conclusions de ces études, les intéressés doivent pouvoir former un recours contre toute décision portant atteinte à leurs intérêts (*Taskin*, préc.).

* Comme le Tribunal fédéral suisse (ATF 129, II, 420, *Rev. suisse de dr. int. dr. eur.*, 2004-3, 328, chron. G. Malinverni et M. Hotellier), le Conseil d'État, après avoir hésité à se prononcer clairement (CE, 9 juill. 1997, *Commune de Meudon*, n° 155448 ; CE, 16 mars 2001, *Collectif national Stop Melox et Mox*, n° 212930) fait application de l'article 8 en matière de protection de l'environnement dans l'esprit de la jurisprudence européenne, procédant à un contrôle normal de l'usage ou du non usage du pouvoir de police spéciale de l'autorité administrative, qui le

conduit à apprécier le « bon équilibre entre le droit des personnes au respect de leur vie privée et familiale et les intérêts notamment économiques liés à l'activité nocturne d'un aéroport » (CE, 26 oct. 2007, *Association de défense contre les nuisances aériennes (Advocnar)*, n° 297301, concl. F. Lénica, *AJDA*, 2008, 95). La Cour de cassation accepte de connaître d'un moyen tiré de la violation de cette disposition, tout en limitant la portée au titre des obligations positives (Crim., 29 avr. 2004, n° 03-83783, aff. dite des « faucheurs volontaires », *supra*, n° 160).

**495** LIMITES. — 1° Le contrôle exercé par le juge européen sur les atteintes environnementales au droit garanti par l'article 8 est doublement limité. En premier lieu, pour constituer une violation de l'article 8 (par ex., *Moreno Gomez*, préc.), les nuisances doivent atteindre un seuil de gravité élevé, apprécié notamment au regard de leurs répercussions néfastes sur la santé (*Lopez-Ostra*, préc. ; *Fadeïeva c/ Russie*, 9 juin 2005 ; *Bacila c/Roumanie*, 30 mars 2010).

Un infléchissement est cependant perceptible avec l'arrêt *Di Sarno et a. c/ Italie* (10 janv. 2012, préc.), où la Cour juge que l'incapacité des autorités à assurer le fonctionnement régulier du service de ramassage des ordures qui a contraint les requérants à vivre pendant plusieurs mois dans un environnement pollué par les déchets abandonnés sur la voie publique, sans pour autant que leur vie et leur santé aient été menacées, constitue une violation de l'article 8 « sous son volet matériel » (§ 112).

En second lieu, le juge européen n'entend pas accorder un « statut spécial (...) aux droits environnementaux de l'homme » (*Hatton*, préc., § 122). Considérant qu'il s'agit là d'une question de politique générale, la Cour européenne renonce à l'exercice d'un strict contrôle de proportionnalité sur la nécessité des mesures à prendre en matière de protection de l'environnement pour reconnaître à l'État une marge d'appréciation étendue en la matière (Hatton, préc. : la réglementation adoptée pour protéger les riverains des nuisances sonores causées par les vols de nuit à l'aéroport d'Heathrow est « globalement raisonnable »). Ce n'est donc que dans des circonstances exceptionnelles que la responsabilité de l'État peut être engagée sur le terrain de son obligation positive substantielle (par ex., *Fadeïeva*, préc. : absence de mesures prises pour éloigner et reloger les occupants d'appartements municipaux situés dans le périmètre de sécurité d'une aciérie géante ; aussi, *Dubetska et a. c/ Ukraine*, 10 févr. 2011).

Au bout du compte, la réalité du contrôle exercé par la Cour porte principalement sur le volet « procédural » de l'article 8 (*supra* ; *Giacomelli c/ Italie*, 2 nov. 2006).

2° Si le juge européen s'est bien engagé dans la protection du droit à l'environnement, d'autant qu'il admet que le fait de vivre « dans la hantise de la pollution » est constitutif d'un préjudice moral (*Zander c/ Suède*, 25 nov. 1993, A. 279 B, § 31), la construction de ce droit dans le cadre de la CEDH n'est pas pour autant achevée. D'abord, on notera que dans l'affaire *Guerra* la Cour se situe sur le terrain de l'article 8 et non sur celui de l'article 10, qu'elle juge inapplicable, refusant ainsi de tirer de la liberté de recevoir des informations une obligation « positive » imposant à l'État de collecter et de diffuser des informations en matière d'activités dangereuses pour l'environnement. Ensuite, sur le terrain des droits procéduraux, la jurisprudence européenne n'est pas stabilisée.

Après avoir audacieusement jugé dans une affaire relative à la pollution de l'eau d'un puits causée par les activités d'une décharge publique, que « le droit de jouir de l'eau de son puits comme boisson » est un élément du droit de propriété revêtant, à ce titre, un caractère « civil » au sens de l'article 6, § 1 (*Zander*, préc., § 27), la Cour européenne semble hésiter à admettre que le droit à un environnement sain est un « droit civil » permettant aux riverains d'une installation potentiellement dangereuse de se prévaloir du droit à un procès équitable. À une réponse négative donnée par deux arrêts de Grande Chambre (*Balmer-Schafroth et al. c/ Suisse*, 26 août 1997, *RTDH*, 1998, p. 799, note P. Frumer ; *Athanassoglou et al. c/ Suisse*, 6 avr. 2000, *RTDH*, 2000, p. 553, note P. Lambert) s'oppose désormais la réponse positive d'un arrêt de Chambre (*Okyay et al. c/ Turquie*, 12 juill. 2005).

Dans les deux affaires suisses, les requérants se plaignaient de ce que le droit suisse ne leur offrait aucun recours juridictionnel afin de contester la légalité d'une décision du Conseil fédéral suisse de prolonger l'autorisation d'exploitation d'une centrale nucléaire sise à proximité de leurs communes de résidence. La Cour juge que le lien entre cette décision et les droits à la protection de la vie, de l'intégrité physique et de la propriété est « trop ténu et lointain » pour mettre en jeu l'application de l'article 6, § 1 (*supra*, n° 360). La solution contraire, dans l'affaire turque (similaire), s'appuie sur le droit des intéressés à la protection de la santé et sur le fait que le droit turc impose de préserver l'environnement.

## Section II
## La protection de la vie familiale

Elle s'ordonne autour de deux grands axes.

### I | Le droit au mariage

**496** Conditions d'exercice du droit. — À la différence de la Déclaration universelle (art. 16) et du PIDCP (art. 23) qui visent aussi les droits égaux des époux durant le mariage et lors de sa dissolution, la CEDH (art. 12) se limite à énoncer le droit de l'homme et de la femme, à partir de l'âge nubile, de se marier et de fonder une famille.

L'article 23 du PIDCP précise que le mariage ne peut être conclu sans le libre et plein consentement des futurs époux : ce principe est développé par la Convention des Nations Unies du 10 décembre 1962 sur le consentement au mariage, l'âge minimum du mariage et l'enregistrement des mariages (Nations Unies, *Rec. Traités*, vol. 521, p. 231).

L'article 12 vise à la fois *le droit de se marier et de fonder une famille*, mais ces deux éléments ne sont pas liés.

1° Par son arrêt *C. Goodwin c/ Royaume-Uni* (Gr. Ch., 11 juill. 2002, *GACEDH*, n° 49), la Cour européenne, confirmant la jurisprudence de la Commission (Rapp. 1er mars 1979, Van Oosterwijck c. Belgique, Série B, vol. 36, § 59), dissocie droit de se marier et droit de fonder une famille, relevant à juste titre que « l'incapacité pour un couple de concevoir ou d'élever un enfant ne saurait en soi passer pour le priver du droit (de se marier) » (§ 98)

La Commission européenne, considérant que l'impossibilité d'avoir des rapports conjugaux n'est pas un obstacle au mariage, estime que « l'essence du droit de se marier consiste… à former une association juridiquement solidaire entre un homme et une femme » et, en conséquence, juge que l'interdiction faite aux détenus de se marier porte une atteinte excessive à l'article 12 (Rapp. 13 déc. 1979, *Hamer c/ Royaume-Uni*, *D. et*

*R.*, 24, p. 5). La Cour consacre le droit des détenus de se marier en prison, affirmant que le fait d'être en liberté n'est pas une condition préalable nécessaire à l'exercice du droit de se marier (*Frasik c/ Pologne*, 5 janv. 2010, *GACEDH*, n° 50).

Le juge européen rappelle néanmoins que le droit de fonder une famille « ne se conçoit guère sans celui de vivre ensemble » (*Abdulaziz, Cabales et Balkandali c/ Royaume-Uni*, 28 mai 1985, A. 94, § 62), et que l'article 12 exige que préexiste un couple « et ne saurait être interprété comme incluant le droit d'adopter pour une personne célibataire » (Com., déc. 10 juill. 1997, *Di Lazzaro c/ Italie, D. et R.*, 90 A, 134 ; *Fretté c/ France*, 26 févr. 2002, § 32, *JCP G*, 2002, II, 10074, note A. Gouttenoire-Cornut et F. Sudre).

2° L'exigence d'une différence de sexes entre les membres du couple a été sensiblement assouplie. Contrairement à la Commission [1], la Cour européenne a longtemps refusé de reconnaître le droit au mariage d'un transsexuel, au motif que «… en garantissant le droit de se marier l'article 12 vise le mariage traditionnel entre deux personnes de sexe biologique différent. (…) le but poursuivi consiste essentiellement à protéger le mariage en tant que fondement de la famille » (*Rees c/ Royaume-Uni*, 17 oct. 1986, A. 109, § 49 ; *Sheffield et Horsham c/ Royaume-Uni*, 30 juill. 1998, *supra*, n° 487).

Le CDH partage une semblable conception et considère que « le droit de fonder une famille implique, en principe, la possibilité de procréer et de vivre ensemble » (obs. gén. 19 (39) sur l'article 23, *Sélection…*, p. 84, § 5 ; CDH, n° 201/1985, *Hendriks c/ Pays-Bas*, 27 juill. 1988, *RUDH*, 1989, p. 93).

Par son arrêt *C. Goodwin* (préc.), la Cour européenne procède à une relecture des termes mêmes de l'article 12 – « l'homme et la femme ont le droit de se marier » –, qui la conduit à considérer que ces termes n'impliquent plus que le sexe doit être déterminé « selon des critères purement biologiques » (§ 100) et à reconnaître le droit

1. Rapp. 1er mars 1979, *Van Oosterwijck*, préc. Dans la curieuse affaire *Eriksson et Goldschmidt*, relative à la prétention d'une transsexuelle (née de sexe masculin) de se marier avec une autre femme, la Commission affirme cependant que le droit de se marier « ne vise que le droit d'épouser quelqu'un du sexe opposé. Cette conclusion s'applique aussi lorsque, comme en l'espèce, les deux partenaires ne sont pas biologiquement du même sexe, mais que l'un a obtenu à l'état civil le même sexe que l'autre par un acte de volonté reconnu en droit interne » (déc. 9 nov. 1989, *D. et R.*, 63, p. 213).

de se marier aux personnes qui ont changé de sexe. Cette interprétation constructive de l'article 12 s'appuie notamment sur l'article 9 de la Charte des droits fondamentaux de l'Union européenne, qui, excluant toute référence à l'« homme » et à la « femme », admet implicitement le mariage homosexuel.

La CJCE reprend à son compte cette solution (CJCE, 7 janv. 2004, *KB*, aff. C-117/01, pt. 33-35, *DCDF* n° 54 : exclusion du partenaire transsexuel du bénéfice d'une pension de réversion dont l'octroi est limité au conjoint survivant).

3° En l'état actuel de la jurisprudence européenne, l'article 12 ne saurait fonder la revendication d'un droit au mariage homosexuel. Selon la Cour européenne des droits de l'homme, « l'article 12 de la Convention consacre la notion traditionnelle de mariage entre un homme et une femme. Certains États contractants ont certes étendu le mariage à des personnes du même sexe, mais cela reflète leur propre vision du rôle du mariage dans la société et ne découle pas d'une interprétation du droit fondamental tel que les États contractants l'ont énoncé en 1950 » (déc., 28 nov. 2006, *Parry c/ Royaume-Uni*, n° 42971/05). Dès lors, « en l'absence d'un dénominateur commun amplement partagé » et malgré l'évolution constatée dans plusieurs États européens autorisant le mariage homosexuel (Pays-Bas, Belgique, Espagne…), on ne saurait tirer de l'article 12 une obligation faite à l'État de reconnaître aux homosexuels le droit de se marier (*Oliari et a. c/Italie,* 21 juill. 2015, *D* 2015, 2160, note H, Fulchiron ; *Chapin et Charpentier c/France*, 9 juin 2016, § 38). Les États jouissent donc en la matière d'une large marge d'appréciation, l'article 12 ne leur interdisant pas, par ailleurs, d'autoriser le mariage entre personnes du même sexe – ainsi que le permet, au demeurant, l'article 9 de la Charte des droits fondamentaux de l'Union européenne (*Schalk et Kopf c/ Autriche*, 24 juin 2010, *JCP G*, 2010, act. 1013, H. Fulchiron ; *H. c/ Finlande*, 13 nov. 2012).

Identique est la position du Comité des droits de l'homme, qui prend appui sur l'emploi des termes « l'homme et la femme » dans l'article 23, § 2 PIDCP pour estimer que cette disposition fait seulement obligation à l'État partie de « reconnaître comme constituant un mariage l'union entre un homme et une femme qui souhaitent se marier » (n° 902/1999, déc. 17 juill. 2002, *Joslin c/ Nouvelle-Zélande, A/57/40*, vol. II, 201, § 8. 2).

* Le Conseil constitutionnel, qui considère qu'il n'a pas en la matière à substituer son appréciation à celle du législateur, est parfaitement en phase avec la juridiction européenne (déc. n° 2010-92 QPC, 28 janv 2011, *Dr. fam.*, 2011-3, n° 3, obs. B. Beignier). Il l'est moins quand il considère que l'ouverture du mariage aux personnes de même sexe constituerait "une question de société" et ne concernerait pas les droits et libertés fondamentaux (déc. 17 mai 2013, n° 2013-669 DC, Loi autorisant le mariage homosexuel, *JCP G* 2013, act. 588, B. Mathieu).

Doit être relevée la décision de la Cour suprême des États-Unis du 26 juin 2015, *Obergefelle et al. V. Hodges et al.*, (576 US (2015), 135 S.CT. 2584), affirmant que « le droit au mariage est un droit fondamental inhérent à la liberté de la personne », décide que « les couples de même sexe ont un droit fondamental au mariage ».

**497** STATUT SPÉCIAL DU MARIAGE. — Le législateur national demeure en conséquence libre d'accorder un statut spécial au mariage, dont la Cour rappelle avec constance, qu'il « confère un statut particulier à ceux qui s'y engagent », emportant « des conséquences sociales, personnelles et juridiques » (*Burden c/ Royaume-Uni*, 29 avr. 2008, Gr. Ch., § 63, *GACEDH* n° 53, *supra*, n° 188 ; *Gas et Dubois c/ France*, 15 mars 2012, § 68, *JCP G*, 2012, note 589, A. Gouttenoire et F. Sudre).

Par exemple, la Cour juge que le fait de subordonner l'ouverture du droit à pension de survivant au lien du mariage (et, donc, d'en interdire le bénéfice au partenaire homosexuel) poursuit le « but légitime de la protection de la famille fondée sur les liens du mariage » et relève de cette marge d'appréciation (déc. 10 mai 2001, *Mata Estevez c/ Espagne*, n° 56501/00 ; déc., 21 sept. 2010, *Manenc c/ France*, n° 66686/09).

Il faut toutefois relever que la Cour, intervenant sur d'autres terrains que celui de l'article 12, s'oriente vers une assimilation des couples mariés et des couples liés par un partenariat qu'elle oppose aux couples qui n'ont pas contracté d'engagement public juridiquement contraignant (art. 14 : *Burden*, préc.). En ce sens, *Van Der Heijden c/ Pays-Bas* (Gr. Ch., 3 avr. 2012, *JCP G* 2012, act. 525, B. Pastre-Belda) où la Cour juge légitime que la dispense de l'obligation de témoigner bénéficie au conjoint et au partenaire enregistré mais non au concubin (§ 76 ; art. 8). De plus, après avoir fait état d'une « tendance sociale » en Europe à la reconnaissance de « communautés de vie stable » en dehors des liens traditionnels du mariage (art. 8 : *Serige Yigit c/ Turquie*, 20 janv. 2009), elle fait désormais obligation à l'État partie à la Convention de reconnaître juridiquement le couple homosexuel (*Oliari et a. c/Italie,* 21 juill. 2015). *Infra*, n° 506.

La CJCE considère qu'« il est constant que le terme de » mariage « selon la définition communément admise par les États membres, désigne une union entre deux personnes de sexe différent » et refuse en conséquence d'assimiler le statut, de droit suédois, de « partenariat enregistré » à celui du mariage et d'« inclure dans la notion statutaire de » fonctionnaire marié « des personnes soumises à un régime de droit distinct du mariage » (CJCE, 31 mai 2001, *D. et Royaume de Suède c/ Conseil*, aff. C-122 et C.125/99P, pts 34 et 37, *RTDH*, 2002, 663, obs. C. Maubernard).

**498** LIMITATIONS DU DROIT AU MARIAGE. — 1° L'article 12 ne fait pas l'objet des limitations spécifiques de la clause d'ordre public mais confie aux législations nationales le soin de réglementer les conditions d'exercice du droit au mariage [1], sous réserve, selon la jurisprudence européenne, de pas le restreindre ou le réduire d'une manière qui l'atteindrait « dans sa substance même » (*Rees*, préc., § 50 ; *C. Goodwin*, préc., § 99).

Ainsi, les autorités nationales ne sauraient imposer aux détenus des restrictions au droit de se marier pour des motifs tenant à la nature et à la qualité des relations des intéressés, la décision d'épouser une personne de son choix étant une question « strictement privée et personnelle » (*Frasik c/ Pologne*, 5 janv. 2010, *GACEDH*, n° 50). Elles ne sauraient non plus fixer des conditions exorbitantes aux unions de nationaux avec des ressortissants étrangers afin de prévenir les mariages de complaisance (*O'Donoghue et a. c/ Royaume-Uni*, 14 déc. 2010, *JCP G*, 2010, act. 1321, C. Picheral).

* Dans le même esprit, la Cour de cassation juge que l'ancien article 275-2 du Code civil, subordonnant le prononcé du divorce au paiement de la prestation compensatoire, « n'instaure pas un empêchement au mariage et n'est pas contraire

1. Pour une illustration en droit interne relative à la réglementation du droit au mariage des militaires, voir CE, 15 décembre 2000, *Nerzic*, *RFDA*, 2001, 725, concl. C. Bergeal et p. 730, note J. Gourdou et S. Perdu.

à l'article 12 de la CEDH » (Civ. 1re, 13 mars 2007, n° 06-12. 419, *Dr. fam.*, 2007-4, comm. 82, V. Larribau-Terneyre).

Malgré le renvoi de l'article 12 au droit interne, le juge européen s'attache parfois à anéantir la marge d'appréciation reconnue par la Convention aux autorités nationales, prenant le risque de déstabiliser l'institution du mariage.

Soit qu'en l'absence de « dénominateur commun » aux systèmes juridiques internes en matière de mariage des transsexuels (*supra*, n° 147), il juge que l'État ne saurait « aller jusqu'à interdire en pratique l'exercice du droit de se marier », énonçant implicitement l'obligation positive pour l'État partie d'adopter une législation autorisant le mariage des transsexuels (*C. Goodwin*, préc., § 103).

Soit que, malgré l'existence d'un « tel dénominateur commun », il juge que la règle d'empêchement au mariage entre alliés en ligne directe, partagée par un grand nombre d'États parties, constitue une atteinte à la substance même du droit au mariage et viole l'article 12 (*B. et L. c/ Royaume-Uni*, 13 sept. 2005, *Dr. fam.*, 2005-11, Comm. 234, note A. Gouttenoire et M. Lamarche).

*Au seul visa de l'article 8 (et non de l'article 12) de la CEDH, la Cour de cassation, dans un arrêt d'espèce, écarte ponctuellement la règle de l'article 161 du code civil de la prohibition du mariage entre alliés (Civ. 1re, 4 déc. 2013, n° 12-26.066, *D* 2014, 179, note F. Chénedé).

2° Le droit interne, lorsqu'il reconnaît le divorce, ne doit pas limiter de manière « déraisonnable » le droit du divorcé de se remarier (*F c/ Suisse*, 18 déc. 1987, A. 128, § 38 : interdiction de remariage durant trois ans après divorce frappant le conjoint jugé responsable de la désunion ; *V.K. c/ Croatie*, 27 nov. 2012) mais l'article 12 ne garantit en aucune manière le droit au divorce. La Cour européenne refuse de se livrer à une « interprétation évolutive » de la Convention afin d'en dégager « un droit qui n'y a pas été inséré au départ » et juge que le droit de se marier vise « la formation des relations conjugales et non leur dissolution » (*Johnston et al. c/ Irlande*, 18 déc. 1986, § 52-53). Néanmoins, la jurisprudence européenne consacre un droit pour les couples mariés de vivre séparés en cas d'échec du mariage.

La Cour européenne, se plaçant sur le terrain des obligations positives afférentes à l'article 8 de la Convention, estime en effet que la séparation des conjoints doit pouvoir bénéficier d'une « consécration juridique » (*Airey c/ Irlande*, 9 oct. 1979, *GACEDH*, n° 2, § 33) et que « la protection de la vie privée et familiale peut parfois exiger des moyens permettant de relever les époux du devoir de cohabitation » (*Johnston*, préc., § 57 ; *Airey*, § 33).

**499** ÉGALITÉ DE DROIT DES ÉPOUX. — C'est l'article 5 du Protocole 7 de la CEDH qui reconnaît l'égalité de droits et de responsabilités des époux durant le mariage et lors de sa dissolution, mais aussi dans les relations avec les enfants (art. 23, § 4 PIDCP).

La jurisprudence européenne en la matière est fort réduite mais précise, néanmoins, que cette disposition ne s'applique qu'en droit civil *stricto sensu* et non à d'autres domaines du droit, tels que le droit administratif, le droit fiscal ou le droit du travail (Com., déc. 18 janv. 1996, *Klöpper c/ Suisse*, *D. et R.*, 84 B, p. 101), et implique essentiellement pour l'État « une obligation positive d'offrir un cadre juridique satisfaisant » garantissant aux époux l'égalité de droits et d'obligations, notamment dans leurs relations avec les enfants, et qu'elle n'empêche pas les États de prendre les mesures nécessaires dans l'intérêt des enfants, particulièrement en cas de dissolution du mariage des parents (Com., 9 sept. 1998, *Purtonen c/ Finlande*, *D. et R.*, 94 B, p. 93).

L'article 5 du Protocole 7 a fait l'objet d'une application remarquable en droit interne en matière de conflit de lois.

* Après avoir inscrit le principe de l'égalité des droits des époux garanti par la CEDH parmi les exigences de l'ordre public international français afin d'écarter l'application d'une décision marocaine de répudiation et de faire prévaloir la Convention sur une convention bilatérale (Cass. 1re civ., 11 mars 1997, n° 94-19447, *Mme X c/ Y*, *D*, 1997, p. 400, note M. L. Niboyet), la Cour de cassation s'est contentée de subordonner la reconnaissance de la répudiation musulmane au respect de l'ordre public alimentaire (garanties pécuniaires satisfaisantes) et de l'ordre public procédural (principe du contradictoire et droits de la défense, Cass. 1re civ., 5 janv. 1999, n° 96-14535, *Mme L.*, *Dr. fam.*, 2000, comm. n° 54, note H. Fulchiron), abandonnant toute référence au principe d'égalité (Cass. 1re civ., 3 juill. 2001, n° 00-11968, *Mme X c/ Y*, *D*, 2001, 3378, note M.-L. Niboyet ; Cass. 2e civ., 14 mars 2002, n° 99-21639, *A c/ Mme C*, *JCP G*, 2002, II, 10095, note H. Fulchiron). Elle renoue heureusement avec le principe européen d'égalité des époux afin d'écarter les répudiations étrangères, dès lors que la femme (ou *a fortiori* les deux époux) est domiciliée en France, tempérant ainsi par l'ordre public de proximité le jeu de l'exception d'« ordre public européen » (Cass. 1re civ., 17 févr. 2004, n° 02-11618, *D*, 2004, 824, concl. F. Cavarroc et 815, obs. P. Courbe ; *JCP G*, 2004, II, 10128, note H. Fulchiron ; Cass. 1re civ., 3 janv. 2006, *Boulaarassi c/ Maktoubi*,

*Dr. fam.*, 2006-4, Comm. 103, M. Farge). La Cour européenne approuve implicitement cette solution (*D. D. c/ France*, 8 nov. 2005, radiation du rôle). Le principe de l'article 5 du Protocole 7 déploie cependant pleinement ses effets dès lors que la femme est de nationalité française, alors même que les époux sont domiciliés au Maroc (Cass. 1re civ., 10 mai 2006, n° 04-19-444).

La Cour de cassation mobilise directement l'exception d'« ordre public européen » (*supra*, n° 357) pour procéder, au profit de la loi nationale, à l'éviction de la loi étrangère normalement applicable en vertu de la règle de conflit du for et juge que l'article 5 du Protocole 7 s'oppose à l'application d'une loi suisse imposant une discrimination à l'encontre de la seule épouse dans la liquidation et le partage des biens de l'union conjugale (Cass. 1re civ., 24 févr. 1998, n° 95-18646, *Mmes V c/ G*, *JCP G*, 1998, II, 10175, note T. Vignal).

## II | Le droit au respect de la vie familiale

**500** Du fait de l'interprétation dynamique à laquelle se livre le juge européen [1], le champ d'application du droit au respect de la vie familiale est en constante évolution (A). Le droit au respect de la vie familiale, au sens de la Convention européenne des droits de l'homme, s'articule autour de trois axes principaux – la reconnaissance de la vie familiale (B), les relations parents-enfants (C), l'égalité des droits des enfants (D).

### *A – Champ d'application*

**501** Évolution. — 1° Comme l'énonce la Cour européenne dans son arrêt *Marckx c/ Belgique* du 13 juin 1979, « en garantissant le droit au respect de la vie familiale, l'article 8 présuppose l'existence d'une famille » (*GACEDH*, n° 51, § 31). Le seul désir de fonder une famille, notamment par la voie de l'adoption, n'est donc pas garanti par l'article 8 de la CEDH au titre de la vie familiale (*Fretté c/ France*, 26 févr. 2002, *JCP G*, 2002, II, 10074, comm. A. Gouttenoire-Cornut et F. Sudre).

1. Voir F. Sudre, La « construction » par le juge européen du droit au respect de la vie familiale, *in* F. Sudre (dir.), *Le droit au respect de la vie familiale au sens de la Convention européenne des droits de l'homme*, Némésis-Bruylant, « Droit et justice », n° 38, 2002, p. 11.

Cependant, le juge européen laisse entendre que l'évolution des législations internes pourrait le conduire à juger que le « droit d'adopter » relève des droits protégés par l'article 8 (E. B. c/ France, 22 janv. 2008, Gr. Ch., § 46, *JCP G*, 2008, II, 10071, note A. Gouttenoire et F. Sudre) et se prononce implicitement en ce sens dans son arrêt Schwitzgebel c/ Suisse (10 juin 2010, *JCP G*, 2010, act. 702, B, Belda).

Toutefois, la jurisprudence la plus récente peut s'analyser comme la reconnaissance, au titre de la vie privée et familiale, du droit au respect de la décision de devenir parent génétique (*Dickson c/ Royaume-Uni*, 4 déc. 2007, Gr. Ch., § 65, *JCP G*, 2008 I, 110, obs. F. Sudre ; *Evans c/ Royaume-Uni*, 10 avr. 2007, Gr. Ch., § 71, *RDSS*, 2007, p. 810 note D. Roman).

L'arrêt *S.H. c/ Autriche* (Gr. Ch., 3 nov. 2011), affirme que le choix d'un couple de concevoir un enfant et de recourir à cette fin à la procréation médicalement assistée « constitue une forme d'expression de la vie privée et familiale » (§ 2 ; aussi, *Costa et Pavan c/ Italie*, 28 août 2012, § 57, *JCP G* 2012, note 1148, C. Picheral). Dans l'affaire *Dickson*, la Cour considère que le refus d'autoriser le requérant détenu et son épouse à recourir à l'insémination artificielle, constitue une atteinte disproportionnée à leur droit au respect de leur vie privée et familiale. Par contre, dans l'affaire *S.H. c/ Autriche*, elle juge que l'interdiction par la loi autrichienne de recourir aux techniques hétérologues de procréation assistée est compatible avec l'article 8, au motif que le consensus européen en la matière n'est pas « suffisamment solide » (§ 106 ; *JCP G*, 2012, doctr. 87, F. Sudre).

**502** OBLIGATIONS POSITIVES. — D'une manière générale, le droit au respect de la vie familiale fait peser sur l'État une obligation de moyens. L'État, en effet, doit « agir de manière à permettre aux intéressés de mener une vie familiale normale » et de développer des relations effectives (*Marckx*).

La Cour énonce le principe que les obligations positives que l'article 8 fait peser sur les États parties en matière de respect de la vie familiale « doivent s'interpréter à la lumière de la Convention relative aux droits de l'enfant du 20 novembre 1989 » (*Wagner et J. M. W. L. c/ Luxembourg*, 28 juin 2007, § 120, *D*, 2007, 2700, note F. Marchadier). Ce faisant, elle incorpore la CIDE dans les sources du droit de la Convention et érige le principe de « l'intérêt supérieur de l'enfant » (art. 3, § 1 CIDE) en norme de référence (*infra*, n° 510 ss.).

**503** PROTECTION CATÉGORIELLE. — 1° Selon la « norme de tolérance » propre à la société démocratique, un détenu continue de jouir de tous les droits garantis par la Convention, à l'exception du droit à la liberté (*Hirst c/ Royaume-Uni*, 6 oct. 2005, Gr. Ch., *AJDA*, 2006, 475, chron. J.F. Flauss). Par son arrêt *Messina c/ Italie*, du 28 septembre 2000 (*JCP G*, 2001, I, 291, n° 34, chron. F. Sudre), la Cour européenne a clairement admis que le détenu, dans le cadre de sa privation de liberté, bénéficie du droit au respect de la vie familiale, même si toute détention régulière entraîne nécessairement une restriction à sa vie privée et familiale.

Au terme d'une évolution jurisprudentielle, la « vie familiale » reconnue aux détenus ne se réduit plus aux seuls liens du mariage et à la famille nucléaire (*Moisejevs c/ Lettonie*, 15 juin 2006 ; *Ciorap c/ Moldavie*, 19 juin 2007).

a) Reconnaissant la grande importance pour un détenu de pouvoir maintenir des liens personnels et affectifs avec sa famille (déc. 28 juin 2001, *Selmani c/ Suisse*, n° 70258/01), le juge européen apprécie la proportionnalité des restrictions aux visites familiales au regard, en particulier, de la durée et de la portée de celles-ci, précisant qu'une interdiction absolue de visites ne peut, « en tout état de cause », se justifier que « par des circonstances exceptionnelles » (*Lavents c/ Lettonie*, 28 nov. 2002, § 141, *JCP G*, 2003, I, 109, n° 18, chron. F. Sudre). Elle prononce ainsi une condamnation de principe du régime spécifique des restrictions générales des visites familiales pour les détenus à perpétuité (*Khoroshenko c/Russie*, 30 juin 2015, *JCP G* 2015, doctr. 65, obs. F. Sudre).

De même, nonobstant la marge d'appréciation dont dispose les États en la matière, le refus d'autoriser un détenu à assister aux funérailles de l'un de ses deux parents n'est compatible avec l'article 8 qu'à la double condition qu'il soit justifié par des « raisons impérieuses » et qu'il n'existe pas de solution alternative (*Ploski c/ Pologne*, 12 nov. 2002 ; *Feldman c/ Ukraine, n° 2*, 12 janv. 2012, *JCP G*, 2012, act. 80, F. Sudre).

b) Le refus d'autoriser des visites conjugales constitue une ingérence dans le droit au respect de la vie familiale du détenu, que la Cour juge justifiée (*Aliev c/ Ukraine*, 29 avr. 2003) – sous réserve qu'elle ne soit pas discriminatoire (*Varnas c/ Lituanie*, 9 juill. 2013) –, estimant que la Convention ne peut être interprétée comme faisant obligation aux États parties d'autoriser des visites conjugales.

Par contre, la détention après condamnation ne saurait emporter automatiquement la perte du « droit au respect de la décision de devenir parents génétiques » (*Dickson c/ Royaume-Uni*, 4 déc. 2007, Gr. Ch., § 66 : refus d'autoriser un détenu à accéder à l'insémination artificielle).

c) Tout en rappelant que la convention n'accorde pas aux détenus « le droit de choisir le lieu de leur détention » et que la séparation et l'éloignement de leurs familles constituent des conséquences inévitables de la détention, la Cour européenne admet que le fait de détenir une personne dans une prison si éloignée de sa famille que toute visite en devient difficile, voire impossible, peut, dans des circonstances exceptionnelles, emporter violation du droit au respect à la vie familiale du détenu (*Vintman c/ Ukraine*, 23 oct. 2014).

* Si le Conseil d'État analyse également la suspension ou la suppression des permis de visite accordés aux membres de la famille d'un détenu comme une ingérence dans le droit au respect de la vie familiale garanti par l'article 8, il se borne à constater qu'elle ne porte pas une atteinte excessive à ce droit (CE, 13 févr. 2002, *Aït-Taleb*, req. n° 221913). Il en va, par contre différemment, de l'interdiction faite au personnel pénitentiaire d'entretenir des relations avec des anciens détenus (CE, 11 juill. 2012, *Section française de l'OIP*, n° 347148).

Dans la ligne de la jurisprudence européenne, le Conseil constitutionnel juge que l'absence de délai imparti au juge d'instruction pour répondre à une demande de permis de visite d'un membre de la famille d'une personne en détention provisoire prive « de garanties légales la protection constitutionnelle du droit au respect de la vie privée et du droit de mener une vie familiale normale » (déc. n° 2016-543 QPC, 24 mai 2016, Section française de l'OIP).

2° Le champ d'application du droit au respect de la vie familiale couvre, par ailleurs, les mesures d'éloignement des étrangers (reconduite à la frontière, rétention, expulsion, extradition) en ce qu'elles entraînent une séparation des familles (cette question est examinée plus loin dans le cadre de l'étude des droits des étrangers, *infra*, n° 631 ss.), mais aussi des mesures exceptionnelles, tels la destruction de maisons d'habitation par les forces de sécurité (*Mentes et al. c/*

*Turquie*, 28 nov. 1997, Gr. Ch. ; *Selçuk et Asker c/ Turquie*, 24 avr. 1998), des déplacements de personnes engendrant la séparation continue des familles ainsi que des restrictions diverses affectant les conditions de vie quotidiennes des chypriotes grecs vivant dans le nord de Chypre et interdisant à ceux-ci de mener une vie privée et familiale normale (*Chypre c/ Turquie*, 10 mai 2001, Gr. Ch., § 281-301, *RTDH*, 2002, 807, obs. P. Tavernier).

### *B – Reconnaissance de la vie familiale*

**504** NOTION DE « VIE FAMILIALE ». — La « vie familiale », au sens de la Convention, reçoit une acception matérielle et désigne une relation caractéristique d'un « lien constitutif d'une vie familiale ». Deux « modèles » contemporains de « vie familiale » sont ainsi dessinés par la jurisprudence européenne.

**505** PARENTÉ ET EFFECTIVITÉ. — La notion de vie familiale est entendue comme un lien de parenté auquel s'ajoute une relation effective (*Marckxc/ Belgique,* 13 juin 1979, *GACEDH*, n° 51). Le lien de parenté, s'il n'est pas à soi seul suffisant, demeure en principe néanmoins nécessaire pour constater l'existence d'une « vie familiale ».

1° La nature du lien de parenté – compris comme un lien de filiation ou d'alliance – est appréciée avec souplesse par le juge européen. La « famille », au sens de l'article 8 de la CEDH, ne se borne pas aux seules relations fondées sur le mariage, et le droit au respect de la vie familiale vaut pour la famille « naturelle » comme pour la famille « légitime », dès lors qu'il existe une *vie familiale effective* (*Marckx*, préc., § 31 : « vie familiale » d'une mère célibataire et de sa fille naturelle). Chaque famille se voit reconnaître un droit égal au respect de la famille et, dans cette logique, la protection du droit au respect de la vie familiale bénéficie également à l'enfant adultérin (*Johnston c/ Irlande*, 18 déc. 1986 ; *Kroon c/ Pays-Bas*, 27 oct. 1994, A. 297 C) et s'étend naturellement aux relations entre enfant adopté et parent adoptif, la filiation adoptive étant constitutive de la vie familiale (*Pini et Bertani et al. c/ Roumanie*, 22 juin 2004, § 140, *JCP G*, 2004, I, 161, n° 9, obs. F. Sudre)[1].

La parenté sur laquelle repose la vie familiale est comprise largement et ne se limite pas aux relations père/mère – enfants.

Elle englobe les rapports entre proches parents, notamment entre grands-parents et petits-enfants (*Bronda c/ Italie*, 9 juin 1998 ; *Manuello et Nevi c/Italie, 20 janv. 2015*), voire, même, entre oncle et neveu (*Boyle c/ Royaume-Uni*, 28 févr. 1994, A. 282-B, Com., Rapp. 9 févr. 1993) ou entre beau-père et gendre (*Mallah c/ France*, 10 nov. 2011, *JCP G*, 2011, act, 1364, C. Picheral). En matière d'éloignement des étrangers, la Cour semble cependant restreindre la « vie familiale » des étrangers à la seule famille nucléaire (*Slivenko c/ Lettonie*, 9 oct. 2003, Gr. Ch., *JCP G*, 2004, I, 107, n° 16, obs. F. Sudre).

La vie familiale peut également être fondée sur un lien d'alliance (*Beldjoudi c/ France*, 26 mars 1992 : « vie familiale d'époux »).

De même, selon le CDH le mot « famille » « désigne non seulement le foyer familial durant le mariage ou le fait de cohabiter avec un ou une compagne, mais aussi les relations, en général, entre parents et enfants » (n° 417/1990, *Balaguer Santacana c/ Espagne*, déc. 15 juill. 1994, *A/49/40*, vol. II, p. 109) ; de surcroît, le CDH se refuse à adopter une définition uniforme de la famille et considère comme « famille », au sens des articles 17 et 23 du Pacte, « toutes les personnes qui composent la famille telle qu'elle est perçue dans la société de l'État partie concerné » (obs. gén. 16 (32) sur l'article 17, *Manuel*..., p. 80, § 5). Le CDH estime en conséquence que les traditions culturelles – tels des sites de sépulture ancestraux – doivent être prises en considération pour définir la « famille » : la construction d'un complexe hôtelier sur des lieux de sépulture traditionnels à Tahiti constitue une ingérence dans « la vie de famille et la vie privée » des requérants (CDH, n° 549/1993, déc. 29 juill. 1997, *F. Hopu et T. Bessert c/ France,RUDH*, 1998, 27).

2° L'effectivité du lien interpersonnel est le critère déterminant de la « vie familiale ». La cohabitation est en principe une condition

1. Signalons que le Conseil d'État juge que les relations nées d'une décision marocaine de *kafala* (qui s'apparente à une tutelle mais ne crée pas de lien de filiation) entre l'enfant et celui, ou celle, qui s'en est vu conférer la responsabilité relève de la « vie familiale » au sens de l'article 8 de la CEDH (CE, 24 mars 2004, *ministre des Affaires sociales c/ Mme Boulouida*, *AJDA*, 2004, 1425, note A.-M. Tournepiche) ; dans le même sens, la Cour européenne juge que l'article 8 ne fait pas obligation à l'État d'assimiler la *kafala* à une adoption (*Harroudj c/ France*, 4 oct. 2012, *D* 2012, 2947, note P. Hammje).

décisive de l'effectivité du lien « familial » (*Marckx*, préc. ; *Elsholz c/ Allemagne*, 13 juill. 2000, Gr. Ch. : le père naturel d'un enfant avec lequel il a vécu, en compagnie de la mère, depuis sa naissance et pendant dix-huit mois, peut se prévaloir d'une « vie familiale » au sens de l'article 8). Il faut préciser, toutefois, que lorsque sont en cause des rapports entre parents et enfants adultes, la « vie familiale » est subordonnée à « l'existence d'éléments supplémentaires de dépendance autres que les liens affectifs normaux » (*Wagner et J. M. W. L. c/ Luxembourg*, 28 juin 2007, § 35 ; Comm., déc. 10 déc. 1984, *S. c/ Royaume-Uni*, n° 10375/83, *D. et R.*, 40, 196).

La vie familiale peut néanmoins exister en l'absence de cohabitation. Un divorce ou la fin d'une vie commune ne met pas fin en soi au maintien d'un lien de « vie familiale » entre un parent et son enfant (*Berrehab c/ Pays-Bas*, 21 juin 1988, A. 138), pas plus que le défaut de vie commune entre les parents au moment de la naissance de l'enfant ne fait obstacle à la formation de ce « lien familial », dès lors qu'il a existé à un moment donné une « vie familiale » entre les parents de l'enfant.

Affirmant le principe que « dès l'instant et du seul fait de sa naissance » il existe entre l'enfant et ses parents un lien constitutif de « vie familiale », la Cour fait preuve de beaucoup de souplesse dans l'appréciation de l'effectivité des liens familiaux de l'enfant.

Cela ne va pas sans une certaine confusion. Tantôt la Cour considère qu'un simple lien de filiation entre un enfant et son père naturel en l'absence de toute autre relation entre eux, est un lien constitutif d'une vie familiale – permettant alors au père de s'opposer à l'adoption de l'enfant décidée par la mère (*Keegan c/ Irlande*, 26 mai 1994, A. 290, § 44, *JCP G*, 1995, I, 3823, n° 32, chron. F. Sudre ; *Görgülü c/ Allemagne*, 26 févr. 2004) –, tantôt elle affirme clairement que le lien biologique n'est pas suffisant pour créer une vie familiale *de facto* (*Lebbink c/ Pays-Bas*, 1er juin 2004, § 37). La tendance dominante de la Cour paraît cependant être d'admettre qu'il y a « vie familiale » en l'absence d'effectivité dès lors qu'il y a une volonté contrariée du père ou de la mère d'établir un lien avec son enfant et qu'une « relation potentielle » aurait pu se développer (*Todorova c/ Italie*, 13 janv. 2009, *Dr. fam.*, 2010-1, étude 1, § 9, A. Gouttenoire).

De même, la Cour sacrifie le critère de l'effectivité du lien interpersonnel au bénéfice du simple lien juridique né d'une adoption légale lorsqu'elle estime, en l'absence de tout lien concret entre un enfant adopté et les parents adoptifs, qu'un jugement d'adoption est constitutif à soi seul d'une « vie familiale » au sens de l'article 8 (*Pini et Bertani et al. c/ Roumanie*, 22 juin 2004, préc.).

**506** Effectivité sans parenté. — Le juge européen, en l'absence de lien de parenté, reconnaît l'existence d'une « vie familiale » fondée sur le seul critère de l'effectivité de la relation.

1° Il en va ainsi pour *les relations familiales de l'enfant*. L'arrêt *Söderbäck c/ Suède*, du 28 octobre 1998, ébauche cette jurisprudence en faisant prévaloir sur le lien de filiation entre l'enfant et son père naturel l'effectivité des « liens familiaux » unissant cet enfant, depuis l'âge de huit mois, avec son père adoptif (*JCP G*, 1999, I, 105, n° 46, chron. F. Sudre). En d'autres termes, s'agissant de l'effectivité de la vie familiale, la vérité biologique ne saurait effacer la réalité des liens familiaux.

C'est surtout l'arrêt *X, Y et Z c/ Royaume-Uni* du 22 avril 1997 (*D*, 1997, 582, note S. Grataloup) qui marque un élargissement sensible du champ d'application de la « vie familiale », consacrant la reconnaissance sous ce titre de relations *de facto*, en dehors de tout lien de parenté.

La Cour européenne qualifie en effet de « liens familiaux *de facto* » les liens unissant un transsexuel né de sexe féminin, sa compagne, et l'enfant de cette dernière né par insémination artificielle par tiers donneur, se fondant à la fois sur l'effectivité des relations et sur les « apparences »[1], qui semblent suppléer l'absence de parenté. Cette reconnaissance d'une vie familiale entre un transsexuel et l'enfant de sa compagne n'est cependant pas suivie d'effet, puisque la Cour se fonde sur l'absence de norme européenne commune en matière d'octroi des droits parentaux aux transsexuels pour juger que l'article 8 ne fait pas peser sur les autorités nationales une obligation positive de « reconnaître officiellement comme le père de l'enfant une personne qui n'en est pas le père biologique » (*X, Y et Z*, préc., § 52). L'évolution de la jurisprudence européenne relative au transsexualisme (*C. Goodwin*, 11 juill. 2002, *supra*, n° 487) devrait logiquement conduire la Cour à revoir sa position.

Dans le même esprit, la Cour juge qu'un couple ayant accueilli un nouveau né pendant 19 mois, et dont la demande d'adoption a été rejetée, peut se prévaloir de « liens familiaux de facto » constitutifs d'une « vie

1. La Cour note que X « mène une vie sociale d'homme », assume « aux yeux de tous » le rôle de partenaire masculin, « se comporte à tous égards comme le » père « de Z » (§ 35-36).

familiale » (*Moretti* et Benedetti c/ Italie, 27 avr. 2010 ; aussi, *Kopf et Liberda c/ Autriche*, 17 janv. 2012, qualifiant de « vie familiale » le « lien émotionnel » établi entre une famille d'accueil et l'enfant provisoirement recueilli (*RTDH,* 2012, 987, note J.-P. Marguénaud).

Les parents d'intention et l'enfant né d'une GPA à l'étranger peuvent se prévaloir de « liens familiaux *de facto* » protégés par l'article 8 mais le droit au respect de la vie familiale n'ouvre pas aux parents d'intention un droit à la reconnaissance en droit interne du lien de filiation établi avec un enfant né d'une GPA à l'étranger ; c'est en effet sur le seul fondement du droit au respect de la vie privée de l'enfant que la Cour condamne le refus des autorités françaises de reconnaître la filiation des enfants à l'égard de leur « père d'intention » (*Mennesson c/France,* 26 juin 2014 ; *supra* n° 486). Cependant, la Cour semble vouloir infléchir cette position rigoureuse (*Paradiso et Campanelli c/Italie,* 27 janv. 2015, *JCP G* 2015, act. 194, F. Sudre).

L'existence de liens familiaux *de facto* est même susceptible de prévaloir sur l'application stricte de la règle de droit si celle-ci conduit à ne pas reconnaître juridiquement la « vie familiale ».

La Cour considère ainsi, en invoquant la primauté de l'intérêt supérieur de l'enfant, que le juge national, en refusant d'accorder l'exequatur d'un jugement étranger prononçant l'adoption plénière par la requérante d'une petite fille, au motif que le droit interne n'autorise pas l'adoption plénière par une femme célibataire, a ignoré la « réalité sociale » de la situation des personnes concernées et méconnu l'article 8 CEDH, car il ne pouvait « raisonnablement refuser la reconnaissance des liens familiaux qui préexistaient *de facto* entre les requérantes » (*Wagner et J. M. W. L. c/ Luxembourg*, 28 juin 2007, § 135 ; *Negrepontis-Giannisis c/ Grèce*, 3 mai 2011, *Dr. fam.*, 2012-1, étude 6, A. Gouttenoire).

2° *Couple homosexuel.* De même, la Cour admet, sur le seul critère de l'effectivité de la relation (cohabitation, projet de vie commune), que des relations de couple soient constitutives d'une « vie familiale ». Il en allait ainsi pour le couple non marié hétérosexuel (*Keegan*, préc. ; *Johnston*, préc.) mais non pour le couple homosexuel. Après avoir refusé de considérer qu'une relation homosexuelle durable relevait de la « vie familiale », au sens de l'article 8 (déc. 10 mai 2001, *Mata Estevez c/ Espagne*, *supra*, n° 231), le juge européen, faisant valoir, en s'appuyant sur l'évolution de la société, « qu'il n'existe pas seulement une façon pour un individu de mener sa vie privée ou familiale » (*Kosak c/ Pologne*, 2 mars 2010, § 98) et qu'il y a une tendance croissante en faveur de la reconnaissance juridique des couples homosexuels, reconnaît désormais le bénéfice du droit à une « vie familiale », au sens de l'article 8, au couple homosexuel entretenant une relation stable et effective (*Schalk et Kopf c/ Autriche*, 24 juin 2010, *JCP G*, 2010, act. 1013, H. Fulchiron ; *Gas et Duboisc/ France* 15 mars 2012, § 37, *JCP G*, 2012, note 589, A. Gouttenoire et F. Sudre ; *X et a. c/Autriche*, 19 févr. 2013, Gr. Ch., *JCP G 2013, doctr. 855, F. Sudre*).

En conséquence, revenant sur sa jurisprudence classique (Com., déc. 15 mai 1996, *Röösli c/ Allemagne*, *D. et R.*, 85 B, 149), la Cour juge que l'exclusion générale des couples homosexuels du droit à la transmission d'un bail ne peut passer pour nécessaire aux fins de la protection de la famille « au sens traditionnel » (*Kosak*, § 99), après avoir admis que le partenaire homosexuel peut invoquer le droit au respect du domicile pour obtenir, au décès de son compagnon le transfert à son profit du bail d'habitation (*Karner c/ Autriche*, 24 juill. 2003, *RDP*, 2004, 841, obs. M. Levinet). Voir aussi, *P.B. et J.S. c/ Autriche*, 22 juill. 2010 (extension au partenaire homosexuel de la couverture de l'assurance-maladie et accidents des fonctionnaires dont est titulaire l'autre membre du couple). *Supra*, n° 231.

La CJCE a une conception traditionnelle de la « vie familiale » et, dans une affaire où la requérante s'est vue refuser par la compagnie anglaise de chemins de fer qui l'emploie le bénéfice de réductions en matière de transport pour sa partenaire de sexe féminin, juge, en s'appuyant sur la jurisprudence CEDH, que « en l'état actuel de la Communauté, les relations stables entre deux personnes du même sexe ne sont pas assimilées aux relations entre personnes mariées ou aux relations stables hors mariage entre personnes de sexe opposé » (CJCE, 17 févr. 1998, *L.-J. Grant c/ South West Trains Ltd*, C-249/96, *DCDF* n° 38. Voir aussi, CJCE, 31 mai 2001, *D et Royaume de Suède c/ Conseil*, *supra*, n° 311).

* En droit interne, la loi du 15 novembre 1999 relative au pacte civil de solidarité, en consacrant le concubinage homosexuel (art. 515-8 C. civ ; CE, 4 mai 2001, *Assoc. « Promouvoir »*, *Dr. fam.*, 2001, comm. 68, note H. Lecuyer), a ouvert aux couples homosexuels le bénéfice du transfert du bail d'habitation, « cassant » en cela la jurisprudence antérieure contraire de la Cour de cassation (Cass. 3e civ., 17 déc. 1997, *Vilela c/ Mme Weil*, n° 95-20779, concl. J.F. Weber, D, 1998, 111, note J.L. Aubert). Voir aussi, CE, 24 févr. 2006, *Iswahyudi*, *infra*, n° 401.

3° *Statut légal pour les couples de même sexe.* Considérant que les couples homosexuels engagés dans des relations stables sont dans une situation comparable à celles des couples hétérosexuels engagés dans de telles relations et ont un besoin similaire de « reconnaissance juridique et de protection de relation de leur couple », la Cour a d'abord jugé qu'aucune « raison solide et convaincante » ne justifiait d'exclure les couples homosexuels d'un « pacte de vie commune », lorsque celui-ci a été institué en droit interne (*Vallianatos et a c/Grèce, 7 nov. 2013, Gr. Ch., § 79, JCP G* 2013, act. 1281, F. Sudre). Désormais, elle fait obligation à l'État partie de reconnaître juridiquement et de protéger l'union homosexuelle – sous réserve que la relation soit stable et effective –, considérant que l'union civile ou le partenariat enregistré constitue alors le « moyen le plus approprié » (*Oliari et a. c/Italie,* 21 juil. 2015, § 174, *D* 2015, 2160, note H, Fulchiron). Cependant, l'État conserve une certaine marge d'appréciation quant aux droits et obligations conférés par le statut légal aux couples de même sexe (*Chapin et Charpentier c/France*, 9 juin 2016, § 48). *Supra* n° 497.

### *C – L'égalité des droits des enfants*

**507** L'ÉTABLISSEMENT DE LA FILIATION. — La protection de la vie familiale suppose en premier lieu l'établissement des relations familiales par une reconnaissance juridique de celles-ci. Lorsque l'existence d'un lien familial avec un enfant est établie (*supra*, n° 314), le droit national doit offrir une protection juridique rendant possible dès sa naissance l'intégration de l'enfant dans sa famille, notamment par la possibilité d'établir sa filiation (*Markx c/ Belgique*, 13 juin 1979, § 31, *GACEDH*, n° 51).

Pour ce faire, la Cour n'hésite pas à faire prévaloir la vérité biologique sur la présomption légale de paternité, en mettant à la charge de l'État l'obligation de reconnaître le droit pour le père naturel de combattre cette présomption (*Kroon c/ Pays-Bas*, 27 oct. 1994, A. 297 C ; aussi, *Rozanski c/ Pologne*, 18 mai 2006) [1]. Lorsque le droit interne ne permet pas d'établir la paternité par des tests ADN, l'État a l'obligation – au titre de la « vie

1. Catherine Labrusse-Riou y voit le signe d'un « mépris pour la cohérence et l'organisation institutionnelle de la parenté, donc pour la sécurité du lien de filiation et l'harmonie de la famille » (Droits de la personnalité et de la famille, *in* M. Delmas-Marty et C. Lucas de Leyssac (dir.), *Libertés et droits fondamentaux. Introduction, textes et commentaires*, Le Seuil, « Points », 1996, p. 292).

privée » – de mettre en place « des moyens alternatifs permettant à une autorité indépendante de trancher la question de la paternité à bref délai » (*Mikulic c/ Croatie*, 7 févr. 2002 ; *supra*, n° 473).

Il est manifeste, par ailleurs, que, dans sa jurisprudence récente, le juge européen s'applique, par le recours à une interprétation évolutive et consensuelle, à réduire la « large » marge d'appréciation dont disposent en principe les États en matière d'adoption. La Cour relève ainsi que la reconnaissance de l'adoption plénière par les célibataires se situe « à un stade avancé d'harmonisation en Europe », la majorité des États membres autorisant sans limitation une telle adoption (*Wagner et J. M. W. L. c/ Luxembourg*, 28 juin 2007, § 129, *supra*, n° 506).

Plus spécialement, l'enfant naturel (ou adultérin) a droit, comme l'enfant légitime, à une vie familiale normale. La Cour européenne des droits de l'homme a élaboré, dans ses deux décisions *Markx* (préc., enfant né d'une mère célibataire) et *Johnston c/ Irlande* du 18 décembre 1986 (enfant adultérin), un véritable statut juridique de l'enfant né hors mariage, qui faisait défaut dans la Convention (seule la CADH énonce que « la loi doit reconnaître les mêmes droits aux enfants nés hors des liens du mariage qu'à ceux qui y sont nés », art. 17, § 5). Prenant appui sur la convergence en la matière des droits nationaux des États membres du Conseil de l'Europe et affirmant que l'État doit se garder de toute discrimination fondée sur la naissance (*supra*, n° 276), la Cour consacre le principe de l'égalité entre les enfants quelle que soit la nature de leur filiation (*Marckx*, préc. ; *Mazurek c/ France*, 1er févr. 2000, *GACEDH*, n° 54) et énonce deux règles essentielles.

**508** L'ÉGALITE DES ENFANTS DANS L'ÉTABLISSEMENT DE LA FILIATION. — Le droit d'établir sa filiation doit bénéficier à tous les enfants, qu'ils soient légitimes ou naturels.

1° Le principe d'égalité entre les enfants naturels et légitimes n'a pas la même portée selon qu'il s'agit d'établir la filiation maternelle ou paternelle. Pour la filiation maternelle, l'arrêt *Markx c/ Belgique* (13 juin 1979, § 36-37, *GACEDH*, n° 51) consacre l'adage *mater semper certa est*, en vertu duquel l'établissement de la filiation maternelle doit découler de la déclaration de naissance (le système belge qui impose à la mère une reconnaissance de maternité et à l'enfant une recherche de maternité pour établir sa filiation est ainsi condamné).

* Le Tribunal de grande instance de Brives (TGI Brives, 30 juin 2000, *Dr. fam.*, 2000, comm. n° 107, obs. P. Murat) a considéré que l'article 334-8 du Code civil en vertu duquel la filiation naturelle est établie par la reconnaissance volontaire ou la possession d'état n'était pas conforme à la jurisprudence de la Cour européenne et notamment à l'arrêt *Marckx*. Revenant sur sa jurisprudence antérieure (Cass. 1re civ., 14 juin 2005, *D*, 2005, IR, 825), la Cour de cassation s'est ralliée à cette solution (Cass. 1re civ., 14 févr. 2006, n° 05-13006, *D*, 2006, 1001, note G. Kessler), anticipant l'entrée en vigueur (1er juill. 2006) de l'ordonnance n° 2005-759 du 4 juillet 2005 portant réforme de la filiation qui, supprimant la distinction entre filiation légitime et naturelle, consacre l'établissement de la filiation par simple mention du nom de la mère dans l'acte de naissance de l'enfant (art. 311-25 C. ; sur la réforme, v. F. Granet et J. Hauser, Le nouveau droit de la filiation, *D*, 2006, 17).

L'établissement de la filiation paternelle, par contre, peut être soumis à des conditions différentes pour l'enfant légitime et l'enfant naturel, ce dernier devant seulement être placé dans une position voisine de celle d'un enfant légitime (*Johnston*, préc.). Par ailleurs, des distinctions peuvent être opérées entre les droits de la mère et du père dans les actions relatives à la filiation paternelle (*Rasmussen c/ Danemark* du 28 nov. 1984, A. 87). D'une manière générale, l'institution d'un délai pour l'engagement d'une action en « désaveu de paternité » est justifiée par la protection des intérêts de l'enfant, sous réserve que le droit interne offre la possibilité après l'expiration du délai légal de contester la présomption légale de paternité par des preuves biologiques (*Shofman c/ Russie*, 24 nov. 2005) ; *supra* n° 473.

* Fondée sur des considérations proximité, la décision de la Cour de cassation selon laquelle « une loi étrangère qui ne permet pas l'établissement d'une filiation naturelle n'est pas contraire à la conception française de l'ordre public international dès lors qu'elle n'a pas pour effet de priver un enfant de nationalité française ou résidant habituellement en France du droit d'établir sa filiation », apparaît peu compatible avec l'article 8 CEDH (Civ. 1re, 10 mai 2006, Jérome S. c/ Lynda B., n° 05-10-299, *Dr. fam.*, 2006-9, comm. 177 M. Farge).

2° S'agissant de la filiation adoptive, le juge européen considère que la différence de régime entre l'adoption de l'enfant du conjoint et l'adoption de l'enfant du concubin « n'est plus forcément pertinente de nos jours » et qu'il convient d'aller vers une adoption par le concubin du parent de l'enfant qui ne fasse pas perdre à ce dernier son statut juridique vis-à-vis de son enfant (*Emonet et al. c/ Suisse*,

13 déc. 2007, § 84, *JCP G*, 2008, I, 110, n° 9, obs. F. Sudre). Cette différence de régime est contraire à l'article 8 si l'adoption par le concubin emporte rupture du lien de filiation avec le parent d'origine (*Emonet)* mais non si elle ne touche que la dévolution de l'exercice de l'autorité parentale (*Gas et Dubois*, 15 mars 2012, § 72, solution implicite ; *JCP G*, 2012, note 589, A. Gouttenoire et F. Sudre).

Dans l'affaire *Emonet* est en cause la rupture du lien de filiation maternelle de la requérante résultant de son adoption par le concubin de sa mère en application de la loi suisse, qui ne maintient la filiation de l'adopté avec son parent d'origine que dans le cadre de l'adoption de l'enfant du conjoint.

Dans l'affaire *Gas et Dubois*, la Cour considère que le refus de l'adoption simple par une concubine de l'enfant de sa compagne fondé sur l'article 365 du Code civil, qui ne prévoit le partage de l'autorité parentale que dans le cas de l'adoption de l'enfant du conjoint, n'emporte aucune différence de traitement dans l'exercice du droit au respect de la vie familiale au détriment des couples homosexuels (*supra*, n° 188). Est par contre discriminatoire, l'exclusion des couples homosexuels de l'adoption coparentale lorsque celle-ci est ouverte aux couples hétérosexuels non mariés (*X et a. c/ Autriche*, 19 févr. 2013, Gr. Ch., préc. n° 287).

* L'arrêt *Gas et Dubois* conforte ainsi la solution retenue par la Cour de cassation. Celle-ci, de jurisprudence constante, juge que le transfert de l'exercice de l'autorité parentale à l'adoptant, au détriment du parent d'origine, qui résulterait de l'adoption par le concubin est contraire à l'intérêt supérieur de l'enfant et fait obstacle à l'adoption (Civ. 1re, 20 fév. 2007, n° 04-15.676, *Dr. fam.*, 2007, comm. n° 80, note P. Murat ; Civ. 1re, 19 déc. 2007, n° 06-21.369, *Dr. fam.*, 2008, comm. n° 28, obs. P. Murat). Elle précise que le refus d'adoption ne porte pas atteinte au droit au respect de la vie privée et familiale protégé par l'article 8 (Civ. 1re, 9 mars 2011, n° 10-10.385, *JCP G*, 2011, note 615, F. Boulanger) ; le Conseil constitutionnel se prononce dans le même sens (n° 2010-39 QPC, 6 oct. 2010, *JCP G*, 2010, note 1145, A. Gouttenoire et C. Radé).

**509** L'ÉGALITÉ DES DROITS PATRIMONIAUX DES ENFANTS. — La Cour prend en compte la dimension socio-économique du droit au respect de la vie familiale en affirmant que le domaine des successions et des libéralités est intimement associé à la vie « familiale » (aussi, *Vermeire c/ Belgique*, 29 nov. 1991, A. 214 C ; *Camp et Bourimi c/ Pays-Bas*, 3 oct. 2000). La vie familiale, ainsi entendue, « ne comprend pas uniquement des relations de caractère social, moral ou culturel » mais « englobe aussi des intérêts matériels » (*Markx c/ Belgique*, 13 juin 1979, § 52, *GACEDH*, n° 51)[1].

1° L'égalité des droits patrimoniaux des enfants issus du mariage et des enfants nés hors mariage implique la reconnaissance des droits successoraux de ces derniers, tant dans la succession de leurs père et mère (*Marckx*) que dans la succession des autres membres de leur famille et notamment leurs grands-parents (*Vermeire*). Elle exige en outre l'absence de réduction de leur part successorale en vertu de la nature de leur filiation.

La Cour européenne juge ainsi l'article 760 du Code civil, qui prévoyait une réduction de la part successorale de l'enfant adultérin en concurrence avec un enfant légitime issu du mariage, incompatible avec la Convention en ce qu'il est constitutif d'une discrimination dans l'exercice du droit de propriété et, implicitement, du droit au respect de la vie familiale (*Mazurek c/ France*, 1er févr. 2000, *GACEDH*, n° 54 ; *supra*, n° 193).

* La Cour de cassation méconnaissait ouvertement le droit de la CEDH en jugeant que l'article 760 du Code civil, n'est pas contraire à la Convention au motif que « la vocation successorale est étrangère au respect de la vie privée et familiale dont le droit est garanti par l'article 8 de la CEDH » (Cass. 1re civ., 25 juin 1996, n° 94-14858, *Claude M. c/ Alain R.*, *JCP G*, 1997, II, 22834, note P. Malaurie ; *RTD civ.*, 1996, 873, note J. Hauser). Pour une première application de l'arrêt Mazurek par le juge interne, TGI, Montpellier, 2 mai 2000, *Mme Thiery ép. Newby* (*Dr. fam.*, 2000, comm. n° 99, A. Gouttenoire-Cornut). La loi n° 2001-1135 du 3 déc. 2001 supprime toutes les dispositions du Code civil restrictives des droits successoraux de l'enfant adultérin (*JCP*, 2002, III, 20 000 ; Cass. 1re civ., 6 janv. 2004, n° 02-13901, *D*, 2004, 2338, obs. M. Nicod) ; l'interprétation restrictive faite par la Cour de cassation des dispositions transitoires de la loi est jugée contraire à l'article 14 de la Convention par la Cour EDH (*Fabris c/ France*, 7 févr. 2013, Gr. Ch., *JCP G* 2013, act. 242, F. Sudre).

Ce même principe d'égalité condamne également comme discriminatoire (mais sur le fondement du droit de propriété) la préférence accordée par la loi interne aux enfants légitimes en matière d'attribution préférentielle (*Inze c/ Autriche*, 28 oct. 1987, A. 126).

1. Le CDH a une conception similaire de la « vie familiale », puisqu'il sanctionne également une discrimination fondée sur la naissance (art. 26 PIDCP) en matière d'octroi de prestations aux personnes à charge survivantes (n° 976/2001, *Derksen c/ Pays-Bas*, déc. 1er mai 2004, *A/59/40*, vol. II, 2004, 184).

2° L'interdiction des discriminations entre enfants selon la nature de leur filiation s'applique également aux libéralités, qu'elles prennent la forme d'un testament ou d'une donation.

Sur le fondement des articles 14 et 8 (vie familiale), la Cour condamne l'interprétation faite par le juge interne d'une disposition testamentaire ayant pour objet d'exclure un enfant adopté de la succession de sa grand-mère au bénéfice des enfants biologiques (*Pla et Puncernau c/ Andorre*, 13 juill. 2004, *D*, 2005, 1832, note E. Poisson-Drocourt), de même que dans le prolongement de l'arrêt *Mazurek*, elle sanctionne les dispositions législatives limitant la capacité d'un enfant adultérin à recevoir à titre gratuit (*Merger et Cros c/ France*, 22 déc. 2004, *Dr. fam.*, 2005, n° 7-8, étude 12, S. Le Chuiton).

* La Cour de cassation fait une application remarquée de la jurisprudence européenne en jugeant que le refus de faire bénéficier l'enfant naturel de l'action en retranchement (art. 1527, al. 2, Code civil : l'action en retranchement permet de faire respecter la réserve héréditaire dont bénéficient les enfants du défunt lorsque les avantages matrimoniaux consentis au nouveau conjoint excèdent la quotité disponible) est contraire au « principe de non-discrimination selon la naissance édicté par la CEDH » dès lors que les enfants légitimes nés d'un précédent mariage et les enfants naturels nés d'une précédente liaison se trouvent « dans une situation comparable quant à l'atteinte susceptible d'être portés à leurs droits successoraux en cas de remariage de leur auteur sous le régime de la communauté universelle » (Cass. 1re civ., 29 janv. 2002, n° 99-21134, *Rolland c/ Fourtier*, *D*, 2002, jur., 1938, note A. Devers).

Mais elle juge que la différence de traitement fiscal entre l'adopté simple et les autres enfants du *de cujus* (art, 786 CGI) obéit à une justification objective et raisonnable et n'est pas discriminatoire au regard des articles 14 et 1 du Prot.1 (Cass. com, 15 déc. 2009, n° 08-19.406, *Popiel de Boisgelin*, *Dr. fam.*, 2010-4, comm, 60, P. Murat).

### *D – Les relations parents-enfants*

**510** PRINCIPES. — 1° L'effectivité de la vie familiale suppose que les rapports entre parents et enfants, bases de la vie familiale, soient protégés : comme le dit la Cour européenne, « pour un parent et son enfant, être ensemble représente un élément fondamental de la vie familiale » (*Olsson c/ Suède*, 24 mars 1988, § 59, *JDI*, 1989, 789, obs. P. Tavernier). De jurisprudence constante, la prise en charge de l'enfant par l'autorité publique comme les restrictions que les droits parentaux subissent à la suite du placement de l'enfant s'analysent en une ingérence dans le droit au respect de la vie familiale (cinq arrêts du 8 juill. 1987, *H, O, B, R et W c/ Royaume-Uni*, A. 120 et 121 ; *Olsson*, préc.). La jurisprudence européenne relative aux relations parents-enfants est guidée par la recherche d'un équilibre entre les nécessités de la protection de l'enfant et le respect des droits des parents. D'une manière générale, le droit au respect de la vie familiale fait peser sur l'État, en matière de séparation des parents et des enfants, l'obligation positive de prendre les mesures propres à réunir un parent à son enfant. Comme le martèle le juge européen, « le respect effectif de la vie familiale exige que les liens futurs entre parents et enfants ne soient pas déterminés par le simple écoulement du temps » (*W c/ Royaume-Uni*, 8 juill. 1987, A. 121, § 65 ; *Görgülü c/ Allemagne*, 26 févr. 2004, § 45).

2° L'appréciation par le juge européen des mesures prises par l'État, lorsque l'intérêt de l'enfant est confronté aux intérêts de son (ses) parent(s) est placée sous l'empire du *principe cardinal de l'intérêt supérieur de l'enfan*t, dont la Cour européenne, après en avoir relevé l'« importance particulière » (*Johansen c/ Norvège*, 7 août 1996, § 78, *JCP G*, 1997, I, 4000, n° 35, obs. F. Sudre), fait désormais application par référence expresse à l'article 3, § 1 de la Convention relative aux droits de l'enfant, du 20 novembre 1989, ainsi érigée en norme de référence (*Mubilanzila Mayeka et Kaniki Mitunga c/ Belgique*, 12 oct. 2006, § 83 ; *Wagner et J. M. W. L. c/ Luxembourg*, 28 juin 2007, § 120 ; *Maumousseau et Washington c/ France*, 6 déc. 2007, *GACEDH*, n° 52 ; *infra*, n° 516).

À cet égard, on notera que le juge européen souligne que l'« importance particulière » du principe de l'intérêt supérieur de l'enfant est accrue dans le cadre d'une relation fondée sur l'adoption (*Pini et Bertani et al. c/ Roumanie*, 22 juin 2004, § 155, *JCP G*, 2004, I, 161, n° 9-10, chron. F. Sudre : inexécution de jugements d'adoption dans le cadre d'une adoption internationale).

Dans une démarche identique, le CEDS interprète les dispositions pertinentes de la Charte sociale européenne à la lumière du principe de l'intérêt supérieur de l'enfant énoncé par la CIDE (récl. n°47/2008, *DEI c/ Pays-Bas*, déc. 20 oct. 2009, *RTDH* 2012-91, 567, chron. J.F. Akandji-Kombé).

### *1. Les mesures d'assistance éducative*

**511** LIGNES DIRECTRICES. — Dans l'exercice de son contrôle sur les ingérences dans le droit au respect de la vie familiale que constituent les mesures d'assistance éducative, la Cour met en balance, d'une part, l'intérêt de l'enfant à être protégé dans une situation tenue pour mettre sa santé ou son développement sérieusement en péril et, d'autre part, l'objectif de réunir la famille dès que les circonstances le permettent.

**512** INTÉRÊT DE L'ENFANT. — La mesure d'assistance éducative doit toujours être justifiée par un but légitime constitué par l'intérêt de l'enfant (pour un exemple topique, *Schmidt c/ France*, 26 juill. 2007, *JCP G*, 2008, I, 102, obs. A. Gouttenoire) [1].

1° La Cour exerce un contrôle minimum sur la décision même de placement, laissant aux États une large marge d'appréciation, favorisée par la diversité des solutions retenues en la matière par les droits internes des États parties (*Johansen*, préc. ; *K. A. c/ Finlande*, 14 janv. 2003). Néanmoins, pour passer pour « nécessaires » au sens de l'article 8, les mesures de prise en charge doivent répondre à des motifs pertinents et suffisants, justifiés par la considération de l'intérêt supérieur de l'enfant (elles doivent aussi avoir associé les parents au processus décisionnel, *infra*).

Ainsi, la Cour juge que la prise en charge d'un nouveau-né, réalisée sans que les parents en soient avertis et dès la naissance de l'enfant, constitue une ingérence extrême dans la vie familiale que seules des « raisons extraordinairement impérieuses » peuvent justifier (*K. et T. c/ Finlande*, 12 juill. 2001, § 58, *JCP G*, 2002, I, 105, n° 11, chron. F. Sudre ; *Haase c/ Allemagne*, 8 avr. 2004).

D'une manière générale, la Cour souligne que le rôle des autorités de protection sociale est d'assurer une protection accrue aux

1. Voir A. Gouttenoire-Cornut, La vie familiale à l'épreuve de l'assistance éducative, *in* F. Sudre (dir.), *Le droit au respect de la vie familiale au sens de la Convention européenne des droits de l'homme*, Némésis-Bruylant, « Droit et justice », n° 38, 2002, p. 287.

personnes vulnérables et considère que l'État partie a l'obligation de « déployer des efforts adéquats et suffisants » pour préserver le lien familial (*S.H. c/Italie*, 13 oct. 2015, § 58). Les autorités nationales ont ici l'obligation de rechercher s'il n'est pas possible de recourir à d'autres mesures moins radicales que le placement.

Ainsi, des conditions de vie insatisfaisantes ou une situation de précarité matérielle ne peuvent suffire à justifier une telle mesure dès lors que les capacités éducatives et affectives des parents ne sont pas mises en cause (*Wallovà et Walla c/ Rép. tchèque*, 26 oct. 2006 ; *R.M.S. c/ Espagne*, 18 juin 2013, *JCP G* 2013, act. 844, K. Blay-Grabarczyk). Il appartient alors aux autorités nationales de compenser la carence matérielle en cause à l'aide de moyens autres, moins attentatoires à la vie familiale, par exemple « au moyen d'une aide financière supplémentaire afin de couvrir les besoins primaires de la famille » (*Soares de Melo c/Portugal*, 16 févr. 2016).

2° Les modalités d'exécution de la mesure de placement, telles les restrictions ou interdictions de contacts entre parents et enfants (visite, correspondance), commandent un contrôle plus rigoureux en raison du risque de détruire les possibilités de réunion de la famille. Ce n'est que dans des circonstances exceptionnelles que de telles mesures, « si elles s'inspirent d'une exigence primordiale touchant à l'intérêt supérieur de l'enfant », seront justifiées au regard de l'article 8 (*Johansen*, préc. ; *Scozzari et Giunta c/ Italie*, 13 juill. 2000, *JCP G*, 2001, I, 291, n° 33, chron. F. Sudre). En toute hypothèse, la considération de l'intérêt de l'enfant est déterminante dans l'appréciation de la « nécessité » de la restriction à la vie familiale (par ex., *Rieme c/ Suède*, 22 avr. 1993, A. 226 B ; *Nuutinen c/ Finlande*, 27 juin 2000).

Une peine accessoire consistant en l'interdiction d'exercer les droits parentaux, applicable automatiquement et d'une manière absolue à toute personne qui exécute une peine de prison, viole le droit au respect de la vie familiale (*Sabou et Pircalab c/ Roumanie*, 28 sept. 2004).

**513** Réunion de la famille. — La mesure d'assistance éducative doit être vue en principe comme une mesure temporaire qui, sous réserve de l'intérêt supérieur de l'enfant, doit être levée dès que les circonstances le permettent, le but ultime étant de favoriser la réunion de la famille (*Andersson*, 25 févr. 1992, A. 226, *RTDH*, 1993, p. 549, note F. Tulkens). Cela implique, par exemple, de mettre fin à une mesure de placement de l'enfant à l'assistance lorsque la situation ayant conduit à la décision de placement s'est améliorée (*K. et T. c/ Finlande*, 12 juill. 2001, préc.). Les modalités d'exécution de la mesure de placement ne sont compatibles avec l'article 8 que si les autorités nationales se sont acquittées de leur obligation positive de prendre les mesures « adéquates et proportionnelles » que l'on pouvait raisonnablement exiger d'elles afin de faciliter la réunion de la famille (*Olsson c/ Suède*, 24 mars 1988, *Gnahoré c/ France*, 19 sept. 2000, *RDP*, 2001, 682, obs. A. Gouttenoire-Cornut). Tel n'est pas le cas lorsque les mesures prises (restrictions sévères au droit de visite des parents, interruption de tout contact pendant une longue période) compromettent les chances de regrouper la famille et comportent un risque réel de séparation irréversible du parent et de son enfant (*Scozzari et Giunta c/ Italie*, 13 juill. 2000, Gr. Ch., préc. ; *K. A. c/ Finlande*, préc.).

### *2. La séparation des parents*

**514** Principe. — Le principe du maintien des relations personnelles de l'enfant avec chacun de ses parents séparés est posé par la jurisprudence européenne. Celui des parents divorcés qui n'est pas investi de la garde de l'enfant a le droit de rendre visite à ce dernier et d'avoir des contacts avec lui, sauf si la protection des intérêts de l'enfant s'y oppose (Com., Rapp. 8 mars 1982, *Hendriks c/ Pays-Bas, D. et R.*, 29, p. 5 ; *Hokannen c/ Finlande*, 23 sept. 1994, A. 299-A ; *Fourchon c/ France*, 28 juin 2006, § 25).

Cela implique que les autorités internes ont l'obligation positive de fournir au requérant une assistance lui permettant d'exercer effectivement ses droits parentaux et son droit de visite (par ex., *Zawadka c/ Pologne*, 23 juin 2005), une exigence de célérité s'imposant en la matière car, comme le répète la Cour européenne, « le passage du temps » peut avoir des conséquences irrémédiables pour les relations entre l'enfant et celui des parents qui ne vit pas avec lui (*Maire c/ Portugal*, 26 juin 2003, § 74). L'inertie des autorités internes pour procéder à l'exécution forcée d'un droit de visite emporte alors violation de l'article 8 (*Reigado Ramos c/ Portugal*,

22 nov. 2005), sauf si elle est justifiée par l'intérêt supérieur de l'enfant, par exemple en cas de relations très conflictuelles entre l'enfant et le parent (*Volesky c/ République tchèque*, 29 juin 2004).

**515** ÉGALITÉ DES DROITS PARENTAUX. — D'une manière générale, tout parent qui ne vit pas avec son enfant a un droit à entretenir des relations avec lui. Le juge européen condamne alors toute différence de traitement entre les pères divorcés et les pères d'enfants nés hors mariage en matière de droit de visite (*Sahin et Sommerfeld c/ Allemagne*, 8 juill. 2003, Gr. Ch. (2 aff.), *JCP G* 2004, I, 107, chron. F. Sudre) ou de droit de garde (*Zaunegger c/ Allemagne*, 3 déc. 2009, *JCP G*, 2010, doctr. 399, F. Boulanger).

Les modalités d'exercice des droits parentaux après la séparation font également l'objet d'un contrôle au regard du principe d'égalité entre le père et la mère. Une décision relative à l'autorité parentale ne saurait être dictée pour l'essentiel par des considérations de religion ; ainsi, bien que motivé par l'intérêt de l'enfant, le retrait de l'autorité parentale dévolue à la mère, au motif que celle-ci est témoin de Jéhovah, constitue une violation de l'article 14 combiné avec l'article 8 de la Convention (*Hoffmann c/ Autriche*, 23 juin 1993, A. 255 C, *D*, 1994, 327, note J. Hauser ; dans le même sens, *Palau-Martinez c/ France*, 16 déc. 2003, *RDP*, 2004, 843, obs. G. Gonzalez).

* Par contre, la Cour de cassation nous semble faire une exacte application de la Convention en jugeant compatible avec l'article 8 une décision, fondée sur le seul intérêt des enfants, d'interdire à une mère de mettre ses enfants en contact avec une secte (Cass. 1re civ., 22 févr. 2000, n° 98-12338, *Mme X c/ M. Y*, *RTD civ.*, 2000, 559, obs. J. Hauser).

La Convention s'oppose également à l'exclusion par principe d'une personne de ses droits familiaux en raison de ses orientations sexuelles : la Cour européenne juge ainsi qu'on ne saurait poser en principe qu'un parent homosexuel ne peut se voir confier la garde de son enfant dès lors que l'intérêt de l'enfant est déterminant en matière d'attribution de la garde et doit s'apprécier *in concreto* (*Salgueiro Da Silva Mouta c/ Portugal*, 21 déc. 1999, *Dr. fam.*, mars 2000, comm. n° 45, note A. Gouttenoire-Cornut ; *RTD civ.*, 2000, p. 313, obs. J. Hauser).

Il en est de même pour un parent transsexuel (*P. V. c/ Espagne*, 30 nov. 2010, *D*, 2011, pan, 2000, A. Gouttenoire).

Le CDH estime également que l'article 23, § 4 du Pacte reconnaît, « sauf circonstances exceptionnelles, le droit à des contacts réguliers entre les parents et chacun des deux enfants lors de la dissolution du mariage » (n° 514/1992, *Sandra Frei c/ Colombie*, déc. 4 avr. 1995, *A/50/40*, vol. II, p. 81), et qu'en cas de séparation des parents, « l'article 17 garantit d'une manière générale une protection effective du droit d'un parent d'avoir des relations régulières avec ses enfants mineurs » (n° 946/2000, *Patera c/ République tchèque*, déc. 25 juill. 2002, *A/57/40*, vol. II, 280).

**516** DÉPLACEMENT ILLICITE D'ENFANTS. — En matière d'enlèvement d'enfants, le juge européen n'hésite pas à interpréter l'obligation positive précitée tant à la lumière de la Convention de La Haye du 25 octobre 1980 sur les aspects civils de l'enlèvement international des enfants que du principe de l'intérêt supérieur de l'enfant, énoncé par l'article 3 § 1 de la CIDE. L'emboîtement normatif est à double degré, la compatibilité avec l'article 8 de la CEDH d'une décision judiciaire se prononçant sur le retour d'un enfant auprès de l'un de ses parents étant subordonnée à une double condition cumulative.

En pratique, deux hypothèses doivent être distinguées, selon qu'est en cause l'absence de retour de l'enfant (la Cour est alors saisie par le parent dont l'enfant a été enlevé par l'ex-conjoint) ou le retour forcé de l'enfant (la Cour est saisie par le parent auteur de l'enlèvement d'enfant). Voir A. Gouttenoire, *RTDH* 2016-105, p. 61, *infra* n° 521.

En premier lieu, le respect des garanties de la Convention de La Haye – dont l'ensemble des dispositions sont incorporées à l'article 8 (*Carlson c/ Suisse*, 6 nov. 2008, *JCP G*, 2009, I, 104, obs. F. Sudre) –, notamment de son article 7 qui dresse la liste des mesures à prendre par les États pour assurer le retour immédiat des enfants. Sous la condition que l'enlèvement soit « illicite » (déc. 2 sept. 2003, *Guichard c/ France, Dr. fam.*, 2004, n° 98, 26, note A. Gouttenoire ; CE, 4 févr. 2005, *Karrer,* n° 261029, *Rec. Tab.*), les autorités nationales doivent « déployer des efforts adéquats et suffisants » pour exécuter une décision de justice ordonnant la restitution d'un enfant à l'un de ses parents (*Ignaccolo-Zenide c/ Roumanie*, 25 janv. 2000, *JCP G*, 2001, I, 291, n° 32, chron. F. Sudre).

Manque à cette obligation l'État qui a tardé à prendre une décision ordonnant le retour de l'enfant (*Maire c/ Portugal,* 26 juin 2003) ou qui n'a pas pris les mesures concrètes à l'exécution de la décision de retour (*Sylvester c/ Autriche*, 24 avr. 2003, *Dr. fam.*, 2003, chron. n° 26, H. Fulchiron et A. Gouttenoire). Cependant, la Cour considère que « l'intérêt supérieur des enfants s'oppose en règle générale à ce que des mesures coercitives soient prises à leur encontre » (*Raw et a. c/France,* 7 mars 2013, § 93).

En second lieu, le respect de l'intérêt supérieur de l'enfant, qui coiffe l'ensemble de la matière (*Maumousseau et Washington c/ France*, 6 déc. 2007, *GACEDH*, n° 52 ; *Carlson,* préc.) et peut faire obstacle au retour de l'enfant, notamment si ce dernier court un risque grave d'être exposé à un danger physique ou psychique (art. 13 b) de la Convention de La Haye). Revenant sur sa jurisprudence antérieure, la Cour se limite désormais à un contrôle procédural, excluant une appréciation au fond de la situation familiale (*X c/ Lettonie*, 26 nov. 2013, Gr. Ch., *JCP G* 2013, doctr. 78, F. Sudre ; dans le même sens, Cass. 1re civ., 13 févr. 2013, n° 11-28424 ; Cass. 1re civ., 20 mars 2013, n° 12-19.382, D 2013, 1520, note A. Boiché)

Alors que la Cour effectuait un contrôle au fond de la décision du juge ordonnant le retour, en exigeant de ce dernier qu'il ait procédé à un « examen approfondi de l'ensemble de la situation familiale » (*Neulinger et Shuruk c/ Suisse*, 6 juill. 2010, Gr. Ch., § 139, *JCP G*, 2010, act. 824, B. Belda ; *B. c/ Belgique*, 10 juill. 2012, § 61), l'arrêt *X c/ Lettonie* subordonne la compatibilité à l'article 8 de la décision du juge national ordonnant le retour à une « obligation procédurale particulière », à savoir l'examen effectif des « allégations défendables de "risque grave" pour l'enfant en cas de retour » et l'adoption à ce sujet d'une « décision spécialement motivée au vu des circonstances de l'espèce » (§ 107 ; aussi, *Rouiller c/ Suisse*, 22 juil. 2014).

La Cour vérifie notamment que le processus décisionnel ayant abouti à la décision ordonnant la restitution de l'enfant a satisfait aux exigences procédurales inhérentes à l'article 8 et a ménagé à l'enfant et à sa mère ou à son père un rôle suffisant pour protéger leurs intérêts. Elle s'assure aussi que l'enfant ou l'un de ses parents ne risque pas de subir dans l'État requérant un « déni de justice flagrant » (si les juridictions locales méconnaissent les garanties d'un procès équitable) ; si tel est le cas, la responsabilité de l'État requis est alors engagée sur le terrain de l'article 6 (déc. 6 déc. 2005, *Eskinazi et Chelouche c/ Turquie, Dr. fam.*, 2006-2, n° 44, note F. Sudre ; *Maumousseau et Washington*, préc., § 99).

Donnant à l'article 7 de la Charte des droits fondamentaux, « le même sens et la même portée que ceux conférés à l'article 8 § 1 de la CEDH, tel qu'interprété par la jurisprudence de la Cour EDH », la CJUE interprète le règlement 2201/2003 du Conseil, relatif à la compétence, la reconnaissance et l'exécution des décisions en matière matrimoniale et en matière de responsabilité parentale, au regard de l'article 7 de la Charte, lu à la lumière de l'obligation de prendre en considération l'intérêt supérieur de l'enfant (art. 24 § 2 Charte) (CJUE, 5 oct. 2010, *J. McB c/ L.E.*, C-400/10 PPU, Dr Fam, 2011-3, comm., n° 50, M, Farge ; CJUE, 23 décembre 2009, *Deticek c/ Sugeglia*, aff. C-403/09 PPU).

### 3. *La protection procédurale des droits parentaux*

**517** FONDEMENT. — La jurisprudence européenne procède à un encadrement des procédures en matière d'assistance éducative et d'autorité parentale, bien que l'article 8 ne contienne aucune condition explicite de procédure. En conséquence, le contrôle de la nécessité de l'ingérence dans le droit au respect de la vie familiale porte non seulement sur les mesures substantielles, mais aussi sur le respect des « exigences procédurales » découlant implicitement de l'article 8 (par ex., *Hoppe c/ Allemagne*, 5 déc. 2002).

Selon la Cour européenne, le processus décisionnel débouchant sur la mesure litigieuse doit être équitable et ménager aux parents un rôle respectant leurs intérêts (*W c/ Royaume-Uni*, 8 juill. 1987, A. 121 A). Par son arrêt *Mac Michael c/ Royaume-Uni*, du 24 février 1995, la Cour européenne consacre expressément l'autonomie de l'article 8 comme fondement de la protection des droits procéduraux des parents (A. 307 B, *D*, 1995, p. 449, note M. Huyette : impossibilité pour les parents, à propos d'une mesure de placement d'enfants, de consulter des rapports et documents confidentiels communiqués au tribunal de l'enfance).

Le caractère inéquitable d'une procédure d'assistance éducative, déjà sanctionné sur le terrain de l'article 6, peut emporter violation de l'article 8, d'autant que la garantie procédurale de l'article 8 s'avère plus large que celle de l'article 6, car elle couvre les procédures administratives aussi bien que judiciaires, y compris les modalités des expertises d'office (*Buscemi c/ Italie*, 16 sept. 1999), et vise l'objectif général du « juste respect » de la vie familiale (*McMichael*, préc. ; pour un exemple de violation en matière d'autorité parentale, *Elsholz c/ Allemagne*, 13 juill. 2000, Gr. Ch.).

La jurisprudence la plus récente témoigne néanmoins d'une tendance à l'« absorption » de l'article 6 par l'article 8 en matière de garanties procédurales, telle que le grief du défaut d'équité de la procédure (*Kutzner c/ Allemagne*, 26 févr. 2002 ; *Venema c/ Pays-Bas*, 17 déc. 2002 ; *X c/ Croatie*, 17 juill. 2008) ou de la durée déraisonnable de la procédure (*M. et M. c/ Croatie*, 3 sept. 2015) est examiné dans le seul cadre de l'article 8, sans pour autant que cela soit systématique (*Görgülü c/ Allemagne*, 26 févr. 2004, § 58 ; *Volesky c/ République tchèque*, 29 juin 2004 ; *Schmidtc/ France*, 26 juill. 2007, où, de manière originale, la Cour combine articles 6 et 13).

Le contenu de cette obligation procédurale a été précisé par le juge européen.

**518** ASSISTANCE ÉDUCATIVE. — 1° En la matière, la Cour européenne considère qu'il est essentiel qu'un parent puisse avoir accès aux informations invoquées par les autorités pour prendre son enfant à charge dans un but de protection et affirme avec netteté que « l'obligation positive qui pèse sur les États contractants de protéger les intérêts de la famille exige que ces éléments soient mis à la disposition du parent concerné, même s'il n'en fait pas la demande » (*T. P. et K. M. c/ Royaume-Uni*, 10 mai 2001, Gr. Ch., § 82, *JCP G*, 2001, I, 342, n° 18, chron. F. Sudre : mesure de placement et défaut de communication à la mère de preuves faisant état de sévices sexuels infligés par son compagnon à sa fille). C'est admettre que l'article 8 garantit un droit d'accès direct du parent au dossier dans une procédure d'assistance éducative.

* Au vu de l'arrêt *T. P. et K. M.*, l'incompatibilité de l'ex-article 1187, al. 2 du Nouveau Code de procédure civile, qui n'autorise la consultation du dossier que par l'intermédiaire d'un avocat, avec l'article 8 CEDH, est avérée. La Cour de cassation s'est prononcée en sens contraire, mais sur le terrain de l'article 6, § 1 (Cass. 1re civ., 8 juin 1999, n° 98-05044, *Dr. fam.*, 1999, comm. n° 135, P. Murat ; pour une solution différente, CA Lyon, 26 juin 2000, *D*, 2000, jur., 661, note M. Huyette), avant d'adopter une position plus nuancée (Cass. 1re civ., 3 avr. 2001, n° 00-05026, *Dr. fam.*, 2001, comm. n° 80, P. Murat). Le décret n° 2002-361 du

15 mars 2002 modifiant le Nouveau Code de procédure civile et relatif à l'assistance éducative réforme l'article 1187 NCPC de façon à permettre un accès direct au dossier par les parties. Sa compatibilité avec la CEDH reste néanmoins douteuse, l'article 1187 prévoyant que « en l'absence d'avocat » le juge puisse, sous certaines conditions, retirer certaines pièces du dossier (*Dr. fam.*, 2002, chron. n° 14, obs. A. Gouttenoire-Cornut), bien que la Cour de cassation juge en sens contraire (Civ. 1re, 28 nov. 2006, n° 04-05-095, *Dr. fam.*, 2007-2, comm. 34, P. Murat ; *D*, 2007, 552, note M. Huyette).

2° Le juge européen met aussi à la charge des autorités judiciaires des obligations positives spécifiques en matière d'assistance éducative, qu'il systématise dans sa décision *Scozzari et Giunta c/ Italie*, du 13 juill. 2000 (préc.) : obligation de veiller à « la mise en œuvre effective et cohérente » de leurs décisions tendant à favoriser les rencontres entre parents et enfants, et devoir de vigilance à l'égard des services sociaux afin que ces derniers ne fassent pas échec à ces décisions ; obligation d'information afin de fournir aux parents des « explications exhaustives et pertinentes » sur les mesures de placement décidées ; obligation de surveillance des personnes ou institutions à qui ont été confiés les enfants.

**519** AUTORITÉ PARENTALE. — En matière d'autorité parentale, les exigences procédurales de l'article 8 peuvent imposer, selon les circonstances particulières de chaque cause – notamment l'âge et la maturité de l'enfant –, que les tribunaux internes entendent l'enfant en audience ou sollicitent l'avis d'un psychologue, mais cette obligation ne saurait être systématique (*Sahin* et *Sommerfeld c/ Allemagne*, 8 juill. 2003, Gr. Ch. (2 aff.), préc. : refus du droit de visite au père naturel). Une jurisprudence récente, qui mériterait d'être confirmée, infléchit cette position.

Se fondant de manière inédite sur le droit à l'autonomie personnelle de l'enfant, la Cour incorpore aux exigences procédurales de l'article 8 l'article 12 de la CIDE, qui garantit à l'enfant « capable de discernement » le droit d'être consulté et entendu dans les procédures qui le concernent (*M. et M. c/ Croatie* 3 sept. 2015 ; *N.Ts. c/ Géorgie,* 2 févr. 2016).

La protection procédurale des parents n'est pas absolue, et une décision de prise en charge d'urgence peut être prise pour protéger un enfant sans qu'il soit possible d'associer au processus décisionnel les parents, à condition qu'il ait été procédé, avant la mise en œuvre de la mesure litigieuse, à une évaluation soigneuse de l'impact de celle-ci sur les parents et sur l'enfant et à la recherche de solutions alternatives (*K. et T. c/ Finlande*, 12 juill. 2001, préc. ; *Venema c/ Pays-Bas*, 17 déc. 2002). *Supra* n° 512.

## Pour aller plus loin

520 SUR LA PROTECTION DE LA VIE PRIVÉE. — Voir, en priorité, F. Sudre (dir.), *Le droit au respect de la vie privée au sens de la Convention européenne des droits de l'homme*, Bruylant-Némésis, « Droit et justice », n° 63, 2005. Consulter aussi O. de Schutter, La vie privée entre droit de la personnalité et liberté, *RTDH*, 1999, p. 827 ; F. Sudre, Les aléas de la notion de « vie privée » dans la jurisprudence de la Cour EDH, *Mélanges Pettiti*, Bruylant, 1999, p. 687 et La vie privée, socle européen des droits de la personnalité, *in* J.-L. Renchon (dir.), *Les droits de la personnalité*, Bruylant, 2009, p. 1-21 ; J.-C. Saint-Pau, *Droits de la personnalité*, LexisNexis, 2013.

*Sur le droit à l'autonomie personnelle*, voir H. Hurpy, *Fonction de l'autonomie personnelle et protection des droits de la personne humaine dans les jurisprudences constitutionnelles et européenne*, Bruylant 2015, et la bibliographie citée.

*Sur le droit au respect du domicile :* voir A. Mangiavillano, La Cour européenne et la garantie juridictionnelle de l'inviolabilité du domicile en matière fiscale, *RIDC*, 1-2009, 93 ; D. Maherzi, La visite domiciliaire en droit douanier français à l'épreuve de la CEDH : une réforme partielle, *RTDH*, 2011-85, 59 ; G. Gonzalez, Synergie de la Charte sociale et de la Convention européenne en matière de droit au logement, *RDSS* 2015-2, 269.

*Sur l'homosexualité et le transsexualisme :* J.M. Larralde, L'article 8 de la CEDH et la protection de l'identité sexuelle, *RTDH*, 2006, n° 65, 35 ; O. Dubos et J.-P. Marguénaud (dir.), *Sexe, sexualité et droits européens : enjeux politiques et scientifiques des libertés individuelles*, Pedone, 2007 ; H. Surrel, Les couples homosexuels, *R.A.E* 2014/2, 327.

521 SUR LA PROTECTION DE LA VIE FAMILIALE. — Voir, en priorité, F. Sudre (dir.), *Le droit au respect de la vie familiale au sens de la Convention européenne des droits de l'homme*, Némésis-Bruylant, « Droit et justice », n° 38, 2002. Consulter aussi : F. Vasseur-Lambry, *La famille et la Convention européenne des droits de l'homme*, L'Harmattan, « Logiques juridiques », 2000 ; M.-T. Meulders-Klein, Égalité et non-discrimination en droit de la famille. Le rôle du juge, *RTDH*, 2003, 1185 ; M. Levinet, La liberté matrimoniale au sens de la Convention européenne des droits de l'homme, *RTDH*, 2004, 889, et, La CEDH et le droit d'« avoir un enfant » ? Observations sur la jurisprudence récente de la Cour de Strasbourg, *in* H. Fulchiron (dir.), *Mariage-conjugalité. Parenté-parentalité*, Dalloz 2009, 134 ; A. Gouttenoire, La famille dans la jurisprudence de la Cour européenne des droits de l'homme, *Dr. fam.*, 2015-7/8, étude 2, p. 7 ; G. Willems, La vie familiale des homosexuels au prisme des articles 8, 12 et 14 de la CEDH : mariage et conjugalité, parenté et parentalité, *RTDH* 2013-93, 65

*Sur les droits de l'enfant*, voir A. Gouttenoire : La Convention internationale des droits de l'enfant dans la jurisprudence de la Cour européenne des droits de l'homme, *Mélanges*

*Jacques Foyer*, Economica, 2008, 495 ; Les mineurs et la CEDH, *in* C. Gauthier *et alii*, *Mineurs et droits européens*, Pedone, 2012, p.9 ; La consécration de l'intérêt supérieur de l'enfant dans l'Union européenne, in R. Tinière et Cl, Vial, *La protection des droits fondamentaux dans l'Union européenne, Entre évolution et permanence*, Bruylant 2015, p. 233 ; Les enlèvements internationaux d'enfants devant la Cour EDH : entre obligation positive et ingérence, *RTDH* 2016-105, 61. Aussi, C. Pettiti, La Convention relative aux droits de l'enfant au travers de la jurisprudence de la Cour EDH, *Mélanges Paul Tavernier*, Bruylant, 2013, p. 899 ; F. Sudre, De l'usage des sources externes du droit de la CEDH : quelques questions à propos des droits de l'enfant, *Mélanges Paul Tavernier*, Bruylant, 2013, p, 993.

**522** SUR LE DROIT À UN ENVIRONNEMENT SAIN. — Voir L. Robert (dir), *L'environnement et la CEDH*, Bruylant, 2013 ; D. Garcia San José, *La protection de l'environnement et la CEDH*, Éd. Conseil de l'Europe, 2005. Aussi, M. Dejeant-Pons, Les droits de l'homme à l'environnement dans le cadre du Conseil de l'Europe, *RTDH*, 2004, 861 ; M. Merino, Protection de l'individu contre les nuisances environnementales… de la jurisprudence de la Cour EDH au système juridictionnel national de protection, *RTDH*, 2006, n° 65, 55 ; J.F. Flauss, Le droit de l'homme à un environnement sain, entre juridicisation et justiciabilisation, *Annuaire international des droits de l'homme*, Bruylant, vol. I, 2006, 531.

# Chapitre 6

# Les libertés de la pensée

Les libertés de la pensée ont tant une dimension proprement individuelle (avoir des opinions et convictions) que sociale et politique (les manifester) et sont pleinement caractéristiques des droits de l'homme en société.

## Section I
## La liberté de pensée, de conscience et de religion

**523** ÉNONCÉ DU DROIT. — Affirmé de manière similaire par les textes internationaux (art. 18 DUDH, art. 18 PIDCP, art. 9 CEDH), le droit à la liberté de pensée, de conscience et de religion suppose le respect par les autorités publiques de la diversité des convictions, afin que soit garantie à l'individu une parfaite indépendance spirituelle. Le caractère fondamental de cette liberté est marqué, dans le PIDCP, par le fait qu'aucune dérogation ne peut y être apportée (art. 4, § 2), et est soulignée par la Cour européenne, dans son arrêt de principe *Kokkinakis c/ Grèce* (25 mai 1993, *GACEDH*, n° 56) : la Cour y voit « l'une des assises d'une "société démocratique" » (§ 31) et souligne combien la liberté religieuse participe du pluralisme inhérent à une telle société ; l'État grec ne saurait, en conséquence, imposer des conditions rigides ou mêmes prohibitives à l'exercice de certains cultes non orthodoxes, notamment celui des témoins de Jéhovah (*Manoussakis c/ Grèce*, 26 sept. 1996, *RTDH*, 1997, 536, note G. Gonzalez). La liberté de pensée, de conscience et de religion se décompose en deux éléments, obéissant à un régime juridique différent.

## I | Le droit d'avoir une conviction

**524** Objet du droit. — 1° Ce droit général protège le for intérieur, c'est-à-dire le domaine des convictions personnelles et des croyances religieuses, et est *insusceptible de limitations.* Le juge européen relève que la liberté religieuse est « un des éléments les plus vitaux contribuant à former l'identité des croyants et leur conception de la vie » (*Otto-Preminger-Institut c/ Autriche*, 20 sept. 1994, A. 295-A). Largement entendu par la Cour européenne et le CDH (obs. gén. 22 (48) sur l'art. 18, du 20 juill. 1993, *A/48/40*, 1993, vol. I, p. 239, § 2), ce droit bénéficie aux croyants aussi bien qu'aux « athées, agnostiques, sceptiques ou indifférents » (*Kokkinakis*, préc., § 31) et ne se limite pas aux religions et croyances « traditionnelles » (CDH, *ibid.*). Selon la Cour, « la conviction » (terme utilisé aussi dans l'art. 2 du Protocole 1, *infra*, n° 330) se distingue des simples « opinions » et « idées » et désigne « des vues atteignant un certain degré de force, de sérieux, de cohérence et d'importance » (*Campbell et Cosans c/ Royaume-Uni*, 25 févr. 1982, A. 48, § 36 ; *Hasan et Eylem Znegin c/ Turquie*, 9 oct. 2007).

Il en va de même pour le CDH : « Une croyance qui consiste essentiellement ou exclusivement dans le culte et la distribution d'un stupéfiant (la marijuana) ne saurait entrer dans le champ d'application de l'article 18 du Pacte » (n° 570/1993, *MAB et al. c/ Canada*, déc. 8 avr. 1994, *A/49/40*, vol. II, p. 390).

Le droit d'avoir des convictions concerne donc le fait de professer des convictions spirituelles ou philosophiques dotées d'un contenu formel identifiable (voir Com., déc. 15 mai 1980, *T. Mac Feeley c/ Royaume-Uni*, *D. et R.*, 20, p. 44).

Sont ainsi protégées par l'article 9 de la Convention comme « convictions philosophiques » les idées pacifistes (Com., Rapp. 12 oct. 1978, *Pat Arrowsmith c/ Royaume-Uni*, *D. et R.*, 19, p. 5) ou celles touchant à l'intégrité de la personne (refus des châtiments corporels à l'école, *Campbell et Cosans*, préc.), l'opposition éthique à la pratique de la chasse (*Chassagnou c/ France*, 29 avr. 1999, *GACEDH*, n° 69), mais non les préférences linguistiques ou culturelles (*Affaire linguistique belge*, 23 juill. 1968, *GACEDH*, n° 9).

Le droit d'avoir une conviction implique en conséquence le principe de neutralité de l'État envers les convictions morales et politiques. Ce devoir de neutralité exclut toute appréciation des autorités étatiques sur « la légitimité des croyances religieuses », comme sur les modalités d'expression de celles-ci (*Manoussakis*, 26 sept. 1996, § 47, préc.).

* Dans le même esprit, la Cour de cassation (Cass. crim., 30 juin 1999, nº 98-80501, *D*, 2000, jur., p. 655, note B. Giard) a sèchement dénié au juge du fond toute compétence pour attribuer la qualité de religion à un mouvement ou à une association (en l'espèce, l'Église de scientologie : CA Lyon, 28 juill. 1997, *ministère public c/ Veau et autres*, *JCP G*, 1998, II, 10025).

**525** ÉTENDUE DU DROIT. — Ainsi compris, le droit d'avoir une conviction revêt un triple aspect.

1° C'est d'abord la liberté pour toute personne d'avoir ou d'adopter une conviction ou une religion de son choix (*Ivanova c/ Bulgarie*, 12 avr. 2007, licenciement d'une salariée motivée par ses convictions religieuses).

Cette liberté ne signifie pas, toutefois, que chacun soit libre de refuser pour lui-même la validité de prescriptions législatives obligatoires en se fondant sur des objections tirées des convictions religieuses (voir Com., déc. 14 déc. 1962, *Église réformée X c/ Pays-Bas*, *Ann.*, 1962, p. 287 : refus de cotiser à un régime d'assurance vieillesse obligatoire).

Elle doit également se concilier avec l'obligation de loyauté spécifique pesant sur les personnes occupant des *emplois de tendance*, dont la Cour admet l'existence mais limite la portée par l'« effet horizontal » conféré à l'article 9 (*Siebenhaar c/ Allemagne*, 3 févr. 2011, *D* 2011, 1637, note J.-P. Marguénaud et J. Mouly).

Le juge européen s'assure, dans cette affaire, que l'État partie n'a pas manqué à son obligation positive de protéger le droit à la liberté de religion d'une salariée licenciée par son employeur (l'Église protestante) en raison de son engagement actif dans une autre communauté religieuse et, pour ce faire, vérifie que les juridictions du travail allemandes ont bien mis en balance les intérêts privés concurrents.

2° C'est ensuite la liberté de ne pas avoir de conviction ou de croyance religieuse. La liberté de religion a un volet négatif et implique la liberté « d'adhérer ou non à une religion et celle de la pratiquer ou de ne pas la pratiquer » (*Buscarini et a. c/ San Marin*, 18 févr. 1999, § 34 : obligation faite par la législation aux parlementaires de prêter serment sur les Évangiles, sous peine de déchéance de leur mandat).

Cette liberté « négative » suppose donc que l'individu a le droit « de ne pas être obligé à manifester sa confession ou ses convictions religieuses et de ne pas être obligé d'agir en sorte qu'on puisse tirer comme conclusion qu'il a – ou n'a pas – de telles convictions » (*Alexandridis c/ Grèce*, 21 févr. 2008, § 38 : avocat obligé de révéler qu'il n'était pas chrétien orthodoxe lors de la prestation de serment) et de ne pas divulguer sa religion ou sa conviction (*Sinan Isik c/ Turquie*, 2 févr. 2010, *JCP G*, 2010, act. 195, C. Picheral : mention obligatoire de la religion sur la carte d'identité ; *Wasmuth c/ Allemagne*, 17 févr. 2011, *JCP G*, 2011, act. 317, M. Levinet : obligation de faire connaitre aux autorités fiscales son appartenance ou non à une Église ou société religieuse habilitée à lever l'impôt cultuel).

L'individu est alors protégé contre « l'obligation qui pourrait lui être imposée de participer directement à des activités religieuses contre son gré, sans être membre de la communauté religieuse qui dirige ces activités » (Com., Rapp. 9 mai 1989, *Darby c/ Suède*, § 51 et Cour, 23 oct. 1990, *Darby*, A. 187, note J.F. Flauss, *RTDH*, 1992, p. 181 : obligation faite d'acquitter un impôt spécial à une Église d'État.).

3° C'est enfin la liberté de changer de conviction ou de religion sans subir de contrainte ou de préjudice.

Dans cet esprit, l'Assemblée générale des Nations unies a adopté, le 25 novembre 1981, la Déclaration sur l'élimination de toutes les formes d'intolérance et de discrimination fondées sur la religion ou la conviction qui interdit « toute distinction, exclusion, restriction ou préférence fondées sur la religion ou la conviction » (Rés. 36/55, *A/36/684*).

## II | Le droit de manifester ses convictions

**526** Diversité des manifestations. — Le droit garanti par l'article 9 suppose que toute personne, individuellement ou collectivement, en public ou en privé, puisse manifester ses convictions.

1° Manifestation, en premier lieu, par le culte et l'accomplissement des rites – notamment en prison (Com., déc. 5 mars 1976, *X c/ Royaume-Uni*, *D. et R.*, 5, p. 8 ; Cour, 29 avr. 2003, *Poltoraski c/ Ukraine* ; CDH, n° 721/1996, *Boodoo c/ Trinité et Tobago*, déc. 2 août 2002, *A/57/40*, vol. II, 66) et dans le cadre de son travail (Com., déc. 12 mars 1981, *X c/ Royaume-Uni*, *D. et R.*, 22, p. 27) –, et par « les pratiques ».

a) Celles-ci doivent exprimer directement, sous une forme quelconque, une conviction.

Si l'observation de règles alimentaires par un détenu est « l'expression directe de croyances », *Jakobski c/ Pologne*, 7 déc. 2010, § 45), des annonces relatives à une croyance religieuse mais à caractère purement commercial n'en sont pas, Com., déc. 5 mai 1979, *Church of Scientology c/ Suède*, *D. et R.*, 16, p. 68).

Selon le juge européen, l'abattage rituel est un « rite » relevant de la liberté de manifester sa religion mais le droit à la liberté religieuse garanti par l'article 9 n'englobe pas le droit de procéder personnellement à l'abattage rituel (*Cha'are Shalom Ve Tsedek c/ France*, 27 juin 2000, Gr. Ch., *RTDH*, 2001, 195, note J.F. Flauss).

* Le Conseil d'État juge également que « l'observation de prescriptions alimentaires [par un détenu] peut être regardée comme une manifestation directe de croyances et pratiques religieuses au sens de l'article 9 » de la CEDH (CE, 25 févr. 2015, 375724 ; CE, 10 févr. 2016, n° 385929).

b) La jurisprudence européenne rappelle cependant que dans un cadre professionnel les obligations liant des individus à leurs employeurs peuvent justifier des restrictions au droit de manifester ses convictions.

La Cour considère que l'obligation faite par un employeur à un employé revendiquant la jouissance d'un privilège spécial (s'absenter de son travail afin de célébrer une fête religieuse) de fournir une justification à cet égard ne revêt pas un caractère abusif et ne porte pas fondamentalement atteinte à la liberté de conscience (*Kosteski c/ « L'ex-République yougoslave de Macédoine »*, 13 avr. 2006). De même, le refus de l'autorité judiciaire de reporter, à la demande d'un avocat de confession juive, une audience fixée le jour d'une fête juive ne méconnaît pas l'article 9 (*Francesco Sessa c/ Italie*, 3 avr. 2012, *JCP G*, 2012, act. 526, H. Surrel). Par contre est disproportionnée et contraire à l'article 9, l'interdiction, sous peine de licenciement, faite à un salarié de porter un signe religieux (une croix) sur sa tenue de travail (*Eweida et a.* c/ Royaume-Uni, 15 janv. 2013, *RTDH* 2013, 975, note G. Gonzalez), sauf motifs de protection de la santé ou de la sécurité la justifiant (*Chaplin c/ Royaume-Uni*, 15 janv. 2013).

* Est surprenante la décision de la Cour de cassation jugeant que « la liberté religieuse, pour fondamentale qu'elle soit » doit s'incliner devant un règlement de copropriété (Civ. 3e, 8 juin 2006, *Amsellem (Épx) c/ Syndicat copropr. Les jardins de Gorbella*, n° 05-14774, *D*, 2006, 2887, note C. Atias : obligation d'enlever une cabane végétale édifiée sur le balcon d'un immeuble pour les fêtes juives). Par contre, semble compatible avec la jurisprudence européenne sa décision (Ass. Plén., 25 juin 2014, *Association Baby Loup*, n° 13-28369) validant le licenciement par une crèche privée d'une salariée ayant méconnu le règlement intérieur qui énonçait une interdiction générale de port des signes religieux sur le lieu du travail, en raison de la nature de l'activité en cause (voir déc. 15 févr. 2001 *Dalhab*, *infra* n° 527).

c) La liberté de circulation (*supra*, n° 349 ss.) est alors liée au droit de manifester ses convictions. Des restrictions à la liberté de circulation ayant pour effet de limiter l'accès aux lieux de culte et la participation à des cérémonies religieuses portent atteinte au droit garanti par l'article 9 (*Chypre c/ Turquie*, 10 mai 2001, Gr. Ch., *RTDH*, 2002, 807, obs. P. Tavernier).

2° Manifestation, aussi, par l'enseignement (*infra*, n° 531 ss.). La liberté de manifester sa religion inclut ainsi, selon la Cour européenne, « le droit d'essayer de convaincre son prochain », protégeant en conséquence le prosélytisme (*Kokkinakis*, préc., § 31).

**527** Restrictions au droit. — 1° Expression sociale de la liberté de pensée, de conscience et de religion, aux conséquences très diverses, le droit de manifester ses convictions peut faire l'objet des restrictions prévues par la clause d'ordre public (*supra*, nos 131 et s.).

La jurisprudence européenne fournit de nombreuses illustrations de limitations au droit de manifester ses convictions, justifiées par la protection de l'ordre (Com., déc. 19 mars 1981, *Swami Omkaranda et Divine Light Zentrum c/ Royaume-Uni*, *D. et R.*, 25, p. 105 : secte religieuse), de la santé (Com., déc. 12 juill. 1978, *X c/ Royaume-Uni, D. et R.*, 14, p. 234 : l'obligation du port du casque de motocycliste s'impose aux fidèles d'une religion qui prescrit le port du turban ; pour une décision similaire, CDH, n° 208/86, *Singh*

*Bhinder c/ Canada*, déc. 9 nov. 1989, *A/45/40*, p. 57), de la sécurité publique (Com., déc. 21 mai 1976, *X c/ Italie*, *D. et R.*, 5, p. 83 : répression pénale de menées tendant à reconstituer le parti fasciste ; Cour, déc. 11 janv. 2005, *Phull c/ France*, n° 35753/03, déc. 13 nov. 2008, *Mann Singh*, n° 24479/07 : obligation faite à un sikh d'enlever son turban à un contrôle de sécurité à l'aéroport ou de fournir une photo d'identité tête nue pour le permis de conduire).

La « protection des droits et libertés d'autrui », entendue comme le respect des exigences minimales du « vivre ensemble », peut également justifier une interdiction générale de porter dans l'espace public une tenue destinée à dissimuler son visage, le juge européen estimant que « la clôture qu'oppose aux autres le voile cachant le visage » peut être perçue « comme portant atteinte au droit d'autrui d'évoluer dans un espace de sociabilité facilitant la vie ensemble » (*SAS c/ France*, 1er juil. 2014, § 122).

* Pour une application fidèle de l'arrêt *S.A.S* en droit interne : Cass. crim, 9 déc. 2014, n° 14-80873.

La liste des motifs légitimes de restriction est exhaustive et d'interprétation stricte (la sécurité nationale n'en fait pas partie : *Nolan et K. c/ Russie*, 12 févr. 2009).

* La jurisprudence administrative rejoint celle de la Cour européenne quand le Conseil d'État juge que l'interdiction faite aux femmes de confession musulmane de porter le voile sur les photos nécessaires à la délivrance de la carte nationale d'identité (CE, 27 juill. 2001, Fonds de défense des musulmans en justice, req. n° 216903) ou du passeport (CE, 2 juin 2003, Mlle Aboutaher, req. n° 245321) ne méconnaît pas l'article 9 de la CEDH. De même, au visa de la décision d'irrecevabilité *Phull* (préc.), le juge des référés au Conseil d'État estime à juste titre que l'obligation de fournir une photo d'identité tête nue pour l'établissement ou le renouvellement d'un permis de conduire est compatible avec l'article 9 CEDH (CE, ord. 6 mars 2006, *Association United Sikhs et M. Shingara Mann Singh*, *JCP G*, 2006, II, 10054 ; dans le même sens, au fond, CE, 15 déc. 2006, *Association United Sikhs et al.*, *AJDA*, 2007, 313, concl. T. Olson).

Le CDH diverge de la Cour EDH et considère qu'une telle obligation enfreint l'article 18 du PIDCP (n° 1928/2010, *Shingara Mann Singh c/ France*, déc. 19 juill. 2013, *RTDH* 2014-98, 495, note E. Bribosia *et a.*).

Surtout, comme le souligne l'arrêt *Kokkinakis* (25 mai 1993, préc.), il peut se révéler nécessaire, « dans une société démocratique, où plusieurs religions coexistent au sein d'une même population », de limiter le droit de manifester ses convictions afin de « concilier les intérêts des divers groupes et d'assurer le respect de convictions de chacun » (§ 33).

2° La clause d'ordre public permet alors de protéger la liberté de pensée, de conscience et de religion d'autrui et de condamner le prosélytisme « de mauvais aloi », qui se caractérise par des pressions abusives prenant la forme d'un harcèlement ou d'un abus de pouvoir (*Larissis et autres c/ Grèce*, 24 févr. 1998).

Le juge européen estime ainsi compatible avec le droit à la liberté de conscience et de religion l'obligation pour le personnel militaire de renoncer à s'engager dans un mouvement de fondamentalisme islamique, un tel engagement portant atteinte au principe de laïcité (ainsi qu'à la discipline militaire, déc. 11 sept. 2001, Tepeli et autres c/ Turquie, *RUDH*, 2001, 274), ou encore l'interdiction pour une institutrice d'une école primaire publique de porter le foulard islamique pendant le service, le port d'un tel foulard se conciliant mal avec « le message de tolérance, de respect d'autrui et surtout d'égalité et de non-discrimination que dans une démocratie tout enseignant doit transmettre à ses élèves » (déc. 15 févr. 2001, Dalhab c/ Suisse, n° 42393/98, *AJDA*, 2001, 482, note J.F. Flauss ; dans le même sens, Trib. féd. suisse, 12 nov. 1997, X c/ Conseil d'État du canton de Genève, *RUDH*, 1998, 53).

3° Dans le même esprit, la protection du droit de l'enfant à l'instruction – qui, lorsqu'il entre en conflit avec le droit des parents au respect de leurs convictions religieuses, l'emporte sur ce dernier – justifie le refus d'accorder une dispense de fréquenter l'école le samedi pour un enfant dont les parents sont membres de l'Église adventiste du 7e jour (déc. 27 avr. 1999, *Martins Casimiro et Cerveira Ferreira c/ Luxembourg*, n° 44888/98 ; *infra*, n° 536).

**528** PRINCIPE DE LAÏCITÉ. – 1° Dans la ligne de cette jurisprudence, la Cour européenne, prenant appui sur l'absence d'une conception uniforme des pays européens en matière de réglementation du port des symboles religieux dans les établissements d'enseignement et sur le fait que « le sens ou l'impact des actes correspondant à l'expression publique d'une conviction religieuse ne sont pas les mêmes suivant les époques et les contextes », juge que la sauvegarde du principe de laïcité, ainsi que celui de l'égalité des hommes et des femmes, dans un pays dont la majorité de la population est de confession musulmane, justifie l'interdiction faite aux étudiants de l'Université de porter le foulard islamique (*Leyla Sahin c/ Turquie*, 10 nov. 2005, Gr. Ch., *AJDA*, 2006, 315, note G. Gonzalez ; aussi, Com., déc. 3 mai 1993, *Karaduman c/ Turquie*, *D. et R.*, 74, p. 93).

Une interdiction identique faite aux enseignants de l'Université est également justifiée par la nécessité de préserver le principe de laïcité et celui de la neutralité de la fonction publique, en particulier de l'enseignement public (déc. 24 janv. 2006, *Kurtulmus c/ Turquie*, n° 65500/01).

Comparer avec CDH, n° 931/2000, *Hudoyberganova c/ Ouzbékistan*, déc. 5 nov. 2004, qui juge une interdiction similaire non justifiée par les nécessités de la protection de l'ordre public et conclut à la violation de l'article 18, § 2 PIDCP (*A/60/40*, vol. II, 2005, 48).

* S'agissant du port par un enseignant dans l'exercice de ses fonctions d'un signe destiné à marquer son appartenance religieuse, le Conseil d'État considère, sans se référer à la CEDH, que le principe de laïcité fait obstacle à ce que les agents du service de l'enseignement public « disposent, dans le cadre du service public, du droit de manifester leurs croyances religieuses » (CE, Avis, 3 mai 2000, *Mlle Marteaux*, *AJDA*, 2000, p. 673, chron. M. Guyomar et P. Collin, p. 602) ; cette interdiction est étendue à tout agent du service public (TA Paris, 17 oct. 2002, *Mme Ebrahimian*, *AJDA*, 2003, 99 ; CAA Lyon, 19 nov. 2003, *Mlle Ben Abdallah*, *RFDA*, 2004, 588, concl, E. Kolbert).

2° Élargissant la portée de la jurisprudence *Leyla Sahin* au-delà du cercle des États ayant fait l'expérience d'un régime théocratique (*Dogru et Kervanci c/ France*, 4 déc. 2008, *RDP* 2009, 916, obs. G. Gonzalez), la Cour érige le principe constitutionnel de laïcité en valeur fondamentale de la « société démocratique » européenne, affirmant, dans une formulation solennelle, que « l'interdiction de tous les signes religieux ostensibles dans les écoles, collèges et lycées publics (…) motivée uniquement par la sauvegarde du principe constitutionnel de laïcité » répond à un objectif « conforme aux valeurs sous-jacentes à la Convention ainsi qu'à la jurisprudence en la matière » (déc., 30 juin 2009, *Aktas c/ France*, n° 43563/08, *AJDA*, 2009, 2077, note G. Gonzalez).

La décision *Aktas*, relative à l'interdiction de l'accès aux salles de cours et à l'exclusion définitive de l'établissement scolaire d'une élève qui a refusé d'ôter son voile, signe la conventionnalité de la loi du 15 mars 2004 interdisant le port de signes ou de tenues manifestant ostensiblement une appartenance religieuse dans les écoles, collèges et lycées publics (art. L. 141-5-1 C. éduc.). Le contrôle de la Cour s'efface derrière la marge d'appréciation reconnue à l'État, notamment quant à la proportionnalité des sanctions infligées (*infra*, n° 551) ; le CDH a une position contraire et estime qu'une telle exclusion est disproportionnée et méconnaît l'art. 18 du PIDCP (n° 1852/2008, *Bikramjit Singh c/ France*, déc., 1er nov. 2012).

* Le Conseil d'État fait une lecture plus généreuse de la liberté de conscience et de religion et, conformément à son avis du 27 novembre 1989 sur la laïcité de l'enseignement (*RFDA*, 1990, p. 6, obs. J. Rivero), juge, dans son arrêt de principe *Kherouaa et autres* du 2 novembre 1992, que le port, dans un établissement scolaire, par des élèves de signes religieux (tel le foulard islamique) « n'est pas en lui-même incompatible avec le principe de laïcité dans la mesure où il constitue l'exercice de la liberté d'expression et de manifestation de croyances religieuses » (*Rev. Administration*, 1993, p. 171, note E. Picard).

En jugeant que la circulaire du ministre de l'Éducation nationale du 18 mai 2004, prise en application de la loi du 15 mars 2004 sur la laïcité (*RTDH*, 2004, 575, comm. V. Fabre-Alibert) ne méconnaît pas l'article 9 de la CEDH dès lors que l'interdiction édictée ne porte pas à la liberté de religion « une atteinte excessive, au regard de l'objectif d'intérêt général poursuivi visant à assurer le respect du principe de laïcité dans les établissements scolaires publics », le Conseil d'État s'inscrit manifestement dans la jurisprudence *Leyla Sahin* (préc.) de la Cour européenne (CE, 8 oct. 2004, *Union française pour la cohésion sociale*, *RFDA*, 2004, 977, concl. Keller ; *AJDA*, 2005, 43, note F. Rolin ; dans le même sens, Cour EDH, déc. 30 juin 2009, *Aktas c/ France*, préc.). Le Conseil constitutionnel a sollicité, maladroitement, l'arrêt de chambre *Leyla Sahin* du 29 juin 2004 (*D*, 2005, 204, note G. Yildirim) pour établir, avec approximation, la compatibilité de l'article II-70 du traité établissant une Constitution pour l'Europe avec le principe de laïcité inscrit dans l'article 1 de la Constitution française (n° 2004-505 DC, déc. 19 nov. 2004, *RDP*, 2005, 19 et 59, obs. A. Levade et J. Roux ; *RFDA*, 2005, 37, obs. F. Sudre).

3° Le juge européen tend à promouvoir le modèle relationnel – fait de neutralité et d'impartialité – de l'État laïque avec les religions (*infra*, n° 529). En jugeant que l'interdiction du port d'un signe d'appartenance religieuse faite à tous les agents publics français dans l'exercice de leurs fonctions pour l'ensemble des services est compatible avec l'article 9, la Cour se prononce en faveur de la conventionnalité de l'exigence d'absolue neutralité religieuse de tous les agents publics et valorise le principe de neutralité-laïcité qu'elle fait prévaloir sur la liberté de manifester sa religion (*Ebrahimian c/*

*France,* 26 nov. 2015, *D* 2016, 192, obs. F. Dieu ; *JCP G* 2016, note 97, G. Gonzalez ; *AJDA* 2016, 528, note J. Andriantsimbazovina).

* Est en cause dans cette affaire le non-renouvellement d'un contrat de travail d'une assistante sociale dans un service de psychiatrie d'un établissement public hospitalier en raison de son refus d'ôter son voile. La Cour assoie sa motivation sur CE, avis 3 mai 2000, Mlle Marteaux, n° 217017.

4° Si elle permet de faire primer le respect de la neutralité religieuse sur le libre exercice du droit de manifester sa religion dans les établissements public, la finalité de la défense du principe de laïcité ne permet pas, en principe, de prohiber le port, en soi, de tenues religieuses par « de simples citoyens » dans « des lieux publics ouverts à tous comme les voies ou places publiques », dès lors que les intéressés n'ont pas cherché à promouvoir leurs convictions religieuses (*Ahmet Arslan et a. c/ Turquie*, 23 févr. 2010, § 48-49, *JCP G*, 2010, doctr. 514, G. Gonzalez). Néanmoins, c'est en se fondant sur la « protection des droits d'autrui » et non sur le principe de laïcité que la Cour se prononce en faveur de la conventionnalité de l'interdiction générale en France du port de la burqa dans l'espace public (*SAS c/ France*, 1er juil. 2014, préc. n° 527). Au nom du principe de subsidiarité, la Cour laisse à l'État une ample marge d'appréciation face à ce « choix de société ».

* Le Conseil constitutionnel avait jugé la loi conforme à la Constitution (n° 2010-763 DC, 7 oct. 2010, *Loi interdisant la dissimulation du visage dans l'espace public*).

**529** Obligations de l'État. — La liberté de manifester sa religion inclut la participation à la vie de la communauté religieuse et suppose que celle-ci « puisse fonctionner paisiblement sans ingérence arbitraire de l'État », notamment dans son organisation interne (*Hassan et Tchaoutch c/ Bulgarie*, 26 oct. 2000, § 78, *JCP G*, 2001, I, 291, n° 37, chron. F. Sudre : ingérence de l'État dans un conflit opposant deux chefs religieux revendiquant le titre de grand mufti).

1° Selon la jurisprudence européenne, l'État a un « rôle d'organisateur neutre et impartial de l'exercice des diverses religions, cultes et croyances ». Ce devoir de neutralité et d'impartialité « exclut toute appréciation de la part de l'État sur la légitimité des croyances religieuses ou sur les modalités d'expression de celles-ci » (*Manoussakis c/ Grèce*, 26 sept. 1996, § 47, ouverture de maisons de prière dépendant d'un avis du métropolite de l'Église chrétienne orthodoxe) et impose à l'État de s'assurer que des groupes opposés se tolèrent.

2° Il appartient à l'État de garantir non seulement le pluralisme entre religions, mais aussi le pluralisme interne à telle confession religieuse.

D'une part, l'État doit « concilier les intérêts des divers groupes » religieux (*Kokkinakis c/ Grèce*, 25 mai 1993, *GACEDH*, n° 56, § 33) et sauvegarder la paix sociale et l'entente entre les croyants (*Serif c/ Grèce*, 14 déc. 1999, § 55, condamnation d'un mufti pour avoir exercé frauduleusement les fonctions de ministre du culte). Dès lors, le rôle de l'État « ne consiste pas à supprimer la cause des tensions en éliminant le pluralisme, mais à veiller à ce que les groupes concurrents se tolèrent les uns les autres » (*Serif*, § 53 ; *Leyla Sahin*, 10 nov. 2005, Gr. Ch., § 107).

Ceci emporte l'obligation positive pour l'État de prendre les mesures nécessaires afin de protéger contre les manifestations d'intolérance des tiers le libre exercice du droit à la liberté de religion, qui, au sens de l'article 9, se voit ainsi doté d'un « effet horizontal » (*97 membres de la Congrégation des témoins de Jéhovah de Gldani et al. c/ Géorgie*, 3 mai 2007 : inaction des autorités policières face à des actes d'agression physique commis par des orthodoxes extrémistes à l'encontre de témoins de Jéhovah).

D'autre part, l'autonomie des communautés religieuses « est indispensable au pluralisme et se trouve donc au cœur même de la protection offerte par l'article 9 » (*Hassan et Tchaoutch*, préc., § 62), qui doit ici s'interpréter à la lumière de la liberté d'association (art. 11).

Cela suppose notamment que l'État s'abstienne d'arbitrer des conflits au sein d'une communauté religieuse en matière de rites (*Cha'are Shalom Ve Tsedek c/ France*, 27 juin 2000), d'intervenir en faveur de la direction unifiée d'une communauté religieuse (*Serif c/ Grèce*, 14 déc. 1999 ; *Agga c/ Grèce*, 17 oct. 2002) ou d'enregistrer un syndicat de prêtres en contrariété avec les statuts de leur Église (*Sindicatul « Pastoral Cel Bun » c/ Roumanie*, 9 juill. 2013, Gr. Ch., *JCP G* 2013, act. 919, G. Gonzalez).

3° La liberté religieuse s'interprète également à la lumière de l'article 6, ce qui implique que la communauté religieuse dispose de la possibilité d'assurer la protection juridictionnelle d'elle-même, de ses membres et de ses biens et, notamment, de la personnalité morale lorsqu'en vertu du droit interne seuls les cultes reconnus peuvent être pratiqués (*Église métropolitaine de Bessarabie et autres c/ Moldova*, 13 déc. 2001 : refus des autorités de reconnaître officiellement une Église).

La jurisprudence du CDH est similaire, qui estime que la liberté de manifester sa religion englobe « les actes indispensables au groupe religieux pour mener ses activités essentielles, tels que la liberté de choisir ses responsables religieux, ses prêtres et ses enseignants, et celle de fonder des séminaires ou des écoles religieuses » ; en conséquence le refus d'enregistrer une association religieuse, en ce qu'il interdit, par exemple, de créer des établissements d'enseignement, est une ingérence dans le droit garanti par l'article 18, § 1, PIDCP (n° 1207/2003, *Malakhovsky c/ Bélarus*, déc. 26 juill. 2005, *A/60/40*, vol. II, 2005, 250).

4° Soucieux de clarifier « la place qu'occupe la religion dans une société démocratique », le juge européen affirme avec force que le principe de non-discrimination s'oppose à l'instauration de tout système multi-juridique qui conduirait à une « catégorisation » des personnes, dans tous les domaines du droit public et privé, fondée sur leurs croyances religieuses et qui leur « reconnaîtrait des droits et libertés non pas en tant qu'individus, mais en fonction de leur appartenance à un mouvement religieux » (*Refah Partisi et al. c/ Turquie*, 13 févr. 2003, Gr. Ch., § 119, *GACEDH*, n° 57). Dans cette perspective, la *Charia* apparaît incompatible avec la Convention, tout comme l'est, plus généralement, un modèle d'État organisé selon des règles religieuses (*supra*, n° 139).

### III | Le droit à l'objection de conscience

**530** Reconnaissance du droit. — La liberté de pensée, de conscience et de religion est toujours invoquée à l'appui du droit à l'objection de conscience, qui peut être défini comme le droit pour un individu (ou pour un groupe) de se soustraire délibérément à ses obligations légales au nom d'une exigence supérieure qu'il perçoit dans sa conscience. Revêtant plusieurs formes (non-violence, témoins de Jéhovah, objection politique ou libertaire), l'objection de conscience se manifeste principalement à l'égard du service militaire.

1° Se prévalant d'une interprétation évolutive et du consensus existant au sein des États européens en faveur de la reconnaissance de l'objection de conscience, et notamment de l'article 10 de la Charte des droits fondamentaux de l'UE, la Cour européenne, par son arrêt *Bayatyan c/ Arménie* (Gr. Ch., 7 juill. 2011, *JCP G*, 2012, doctr. 87, F. Sudre), inscrit dans le corpus des droits protégés, au titre de la liberté de conscience et de religion, le droit à l'objection de conscience au service militaire, là où la Commission considérait qu'« aucun droit à l'objection de conscience ne figure au nombre des droits et libertés garantis par la Convention » (déc. 23 avr. 1965, *Grandrath c/ RFA*, *Ann.*, 1965, p. 507 ; déc. 7 mars 1977, *Groupe d'objecteurs de conscience c/ Danemark*, *D. et R.*, 9, p. 117). Encore faut-il, cependant, que l'objection de conscience soit fondée sur des convictions religieuses ou autres comportant « une objection ferme, permanente et sincère à une quelconque participation à la guerre ou au port des armes » (*Enver Aydemir c/Turquie*, 7 juin 2016, § 81).

La reconnaissance du droit à l'objection de conscience au service militaire obligatoire s'accompagne de l'obligation positive pour l'État d'offrir aux intéressés une procédure effective et accessible leur permettant de faire établir s'ils ont ou non le droit de bénéficier du statut d'objecteur de conscience (*Savda c/ Turquie*, 12 juin 2012).

À l'inverse de la Commission, la Cour délie l'interprétation de l'article 9 de celle de l'article 4 § 3 (*supra*, n° 330) pour affirmer, à juste titre, que cette clause vise seulement à préciser la notion de « travail forcé ou obligatoire » et ne saurait « servir à délimiter les droits garantis par l'article 9 » (§ 100). La Commission considérait, en effet, que, selon l'article 4, § 3 de la Convention, le service civil de remplacement du service militaire obligatoire ne pouvait être assimilé à un « travail forcé et obligatoire » (déc. 5 juill. 1977, *X c/ RFA*, *D. et R.*, 9, p. 196) et qu'en conséquence l'article 9 de la CEDH – lu à la lumière de l'article 4, § 3 – n'impliquait pas le droit d'être exempté d'un tel service civil lorsqu'un État reconnaissait comme légitime l'objection de conscience (déc. 14 oct. 1985, *Johansen c/ Norvège*, *D. et R.*, 44, p. 155).

* La Cour de cassation faisait, à notre sens, une application correcte de la jurisprudence de la Commission lorsqu'elle jugeait que, de la combinaison des articles 4, § 3, 9 et 14 de la Convention, « ne se déduit aucune interdiction d'imposer aux objecteurs de conscience un service de susbstitution dont la durée excède celle du service militaire obligatoire » (Cass. crim., 20 janv. 1993, n° 92-80568, *Bonnefoy-Cudraz*, *Bull.*, n° 33). Il en va de même du Comité européen des droits sociaux estimant, à la lumière de l'article 4, § 3 de la CEDH, que le service civil de remplacement ne peut être considéré comme un travail forcé contraire à l'article 1, § 2 de la CSE, qui garantit le « droit de gagner sa vie par un travail librement entrepris » (CEDS, n° 8/2000, déc. 25 avr. 2001, *Conseil Quaker pour les affaires européennes c/ Grèce*).

2° Le CDH, après avoir refusé de consacrer le droit à l'objection de conscience (n° 185/1984, L. T. K. c/ Finlande, déc. 9 juill. 1985, *Sélection...*, p. 65 ; n° 394/1990, C. B. D. c/ Pays-Bas, déc. 22 juill. 1992, *A/47/40*, p. 385, § 6. 3), estime qu'il « peut être déduit de l'article 18, dans la mesure où l'obligation d'employer la force au prix de vies humaines peut être gravement en conflit avec la liberté de conscience et le droit de manifester sa religion ou ses convictions » (obs. gén., préc., n° 152, § 11). De plus, il protège indirectement le droit à l'objection de conscience en acceptant de contrôler au regard de l'interdiction de la discrimination (art. 26 PIDCP, *supra*, n° 185) la durée du service de substitution au service militaire (n° 295/1988, *Järvinen c/ Finlande*, déc. 25 juill. 1990, *RUDH*, 1990, p. 452) [1] ou la différence de traitement accordé, en matière de service de remplacement, aux objecteurs de conscience selon la nature de leurs croyances (n° 402/1990, Brinkhof c/ Pays-Bas, *A/48/40*, 1993, vol. I, § 825).

Le Comité estime ainsi que la durée de vingt-quatre mois d'un service national de remplacement au lieu des douze mois requis par le service militaire constitue une discrimination ne reposant sur aucun critère raisonnable et objectif (n° 666/1995, Foin c/ France, déc. 3 nov. 1999, *A/55/40*, II, 31, *RTD civ.*, 2000, 951, obs. J.-P. Marguénaud ; n° 689/1996, Maille c/ France, déc. 10 juill. 2000, *A/55/40*, II, 65).

* À juste titre, le Conseil d'État juge que la différence de durée réduite à deux mois (décret du 28 août 2001) entre le service militaire et le service des objecteurs de conscience n'est pas dépourvue de fondement raisonnable et objectif mais dénie toute force aux constatations du CDH « organe non juridictionnel » (CE, Ord., 11 oct. 2001, Hauchemaille, *RFDA*, 2001, 1329).

1. La Commission européenne s'est engagée dans la même voie : déc. 6 décembre 1991, Autio c/ Finlande, *D. et R.*, 72, p. 245 (*supra*, n° 182).

## Section II
## Le droit à l'instruction et le droit des parents au respect de leurs convictions en matière d'éducation

**531** PARTICULARISME DE LA CEDH. — À l'inverse du PIDCP (art. 18, § 4) et de la CADH (art. 12, § 4), la Convention européenne n'inclut pas dans l'énoncé de la liberté de pensée, de conscience et de religion la liberté de conscience des parents dans le cadre de l'enseignement donné aux enfants. Le droit des parents d'assurer l'éducation de leurs enfants « conformément à leurs convictions religieuses et philosophiques » repose sur le principe, affirmé notamment par la Déclaration des droits de l'enfant du 20 novembre 1959 (Rés. 1386 XIV), que la responsabilité de l'éducation de l'enfant incombe en priorité aux parents qui doivent l'exercer dans l'intérêt supérieur de l'enfant ; il s'agit, particulièrement, de protéger les enfants contre l'embrigadement que les régimes totalitaires peuvent organiser à travers l'éducation.

Lors de l'élaboration de la CEDH, l'affirmation de ce droit à donné lieu à controverses entre adversaires et partisans de l'enseignement libre et n'a finalement été réalisée que dans le cadre de l'article 2 du premier Protocole additionnel à la Convention du 20 mars 1952 : cette disposition a fait l'objet de nombreuses réserves et déclarations interprétatives, par lesquelles la plupart des États (ainsi, l'Allemagne) tendent à exclure une quelconque obligation d'aide financière à l'égard des établissements privés d'enseignement.

Le droit des parents se greffe sur le droit à l'instruction et repose sur le principe du pluralisme éducatif, énoncé par la Cour.

### I | LE DROIT À L'INSTRUCTION

**532** PORTÉE DU DROIT. — Alors que le PIDESC, reprenant la formulation de la Déclaration universelle (art. 26), proclame que « toute personne a droit à l'éducation », qui permet le « plein épanouissement de la personnalité humaine », et en définit les modalités d'exercice (art. 13 ; *supra*, n° 263), la CEDH se contente d'affirmer que « nul ne peut se voir refuser le droit à l'instruction » (art. 2, Prot. 1).

Le juge européen s'est livré à une interprétation constructive de l'article 2 du Protocole 1, fondée sur la volonté d'assurer l'effectivité du droit garanti, pour en étendre la portée.

1° Malgré sa formulation négative, l'article 2 du Protocole 1 consacre un véritable droit, le droit à l'instruction (*Affaire linguistique belge*, 23 juill. 1968, *GACEDH*, n° 9). Mettant en exergue l'éminence du droit à l'instruction, « indispensable à la réalisation des droits de l'homme », la Cour affirme que ce droit occupe dans une société démocratique « une place si fondamentale qu'une interprétation restrictive de la première phase de l'article 2 ne correspondrait pas au but et à l'objet de cette disposition » (*Leyla Sahin c/ Turquie*, 10 nov. 2005, Gr. Ch., § 137).

Le droit à l'instruction s'analyse alors comme le droit de toute personne de bénéficier des moyens d'instruction existants à un moment donné ; pèse sur l'État la double obligation de garantir à tous et sans discrimination un droit d'accès effectif aux établissements scolaires existants et d'assurer la reconnaissance officielle des études accomplies afin de permettre l'utilisation des diplômes sur un plan professionnel. Ce « droit d'accès » aux établissements d'enseignement, qualifié d'« élément inhérent » au droit à l'instruction vaut en premier lieu pour les établissements de l'enseignement primaire et secondaire (*Aff. linguistique belge*, préc.). Considérant que « nulle cloison étanche » ne sépare l'enseignement supérieur du droit à l'instruction, la Cour élargit la portée de ce droit d'accès aux établissements d'enseignement supérieur (*Leyla Sahin*). En bref, si l'article 2 du Protocole 1 n'astreint pas l'État partie à organiser « un enseignement d'une forme ou à un échelon déterminé », il l'oblige, lorsque des établissements d'enseignement de quelque nature que ce soit ont été créés, à garantir le droit d'accès effectif à ceux-ci.

2° La Cour européenne a doté l'article 2 du Protocole 1 d'un effet « horizontal » (*supra*, n° 167), considérant que cette disposition fait peser sur l'État l'obligation générale de veiller à ce que les enfants, qu'ils soient dans l'enseignement public ou privé, puissent exercer leur droit à l'instruction dans le respect des convictions religieuses et philosophiques des parents et des autres droits garantis par la Convention (*Costello-Roberts c/ Royaume-Uni,* 25 mars 1993, A. 247-C, § 27, *JCP G* 1994, I, 3742, chron. F. Sudre). L'État ne saurait donc se soustraire à sa responsabilité en matière d'éducation en déléguant ses obligations à des organismes privés ou des particuliers et doit donc assurer la protection des droits garantis par la Convention contre les ingérences de simples particuliers.

L'État partie peut ainsi voir sa responsabilité engagée, au regard de la CEDH, par les actes du directeur d'une école privée (*Costello-Roberts*, préc ; violences physiques sur les élèves ; aussi, *O. Keeffe c/ Irlande*, 28 janvier 2014, *supra* n° 314).

3° Afin de corriger des « inégalités factuelles », la Cour fait désormais obligation à l'État partie de procéder à des « aménagements raisonnables » afin de garantir le respect effectif du droit à l'instruction au bénéfice d'enfants handicapés (*Cam c/Turquie*, 23 févr. 2016 : refus d'inscrire au conservatoire national une élève aveugle ; supra n° 280).

Se fondant notamment sur le principe de non-discrimination tel qu'interprété par la Cour EDH dans son arrêt *Thlimmenos* du 6 avril 2000 (*supra*, n° 280), le CEDS estime que la CSE révisée (art. 15, § 1 ; 17, § 1 et E) fait obligation à l'État partie de prendre des mesures concrètes afin d'assurer de manière adéquate la prise en charge de l'éducation des enfants autistes (récl. n° 13/2002, déc. 4 nov. 2003, *Autisme-Europe c/ France*).

**533** LIMITATIONS. — Tel qu'énoncé par la Convention, le droit à l'instruction n'est pas assorti de la clause d'ordre public autorisant les restrictions au droit garanti. Il n'est pas pour autant absolu et peut donner lieu à des « limitations implicitement admises ». Le juge européen laisse l'État libre d'exercer un droit de réglementation en la matière, sous réserve de ne pas porter atteinte à la substance même du droit à l'instruction. D'une manière générale, la définition et l'aménagement du programme des études comme l'administration des établissements relèvent en principe de la compétence des États.

1° Ainsi, la Convention n'impose pas d'obligation déterminée quant à la langue dans laquelle doit être dispensé l'enseignement (il suffit que l'État organise un enseignement dans la ou les langues nationales : *aff. linguistique belge,* préc.), elle n'impose ni ne prohibe la création d'écoles différentes pour des enfants en difficulté ou à la mise en place de programmes de formation spéciaux pour répondre à des besoins spéciaux (Comm., déc. 4 déc. 1989, *Simpson c/ Royaume-Uni, D. et R.*, 64, 188 ; *D. H. et al. c/ République tchèque*, 13 nov. 2007, Gr. Ch. ; *Orsus et a. c/ Croatie*, 17 juill. 2008, *supra*, n° 280).

2 ° La Convention ne fait pas non plus obstacle à l'usage de mesures disciplinaires, y compris de mesures d'exclusion temporaire ou définitive d'un établissement d'enseignement, dès lors que celles-ci ne portent pas atteinte à la substance même du droit ou n'entrent pas en conflit avec d'autres droits garantis par la Convention (*Leyla Sahin*, préc. ; *Temel et a. c/ Turquie*, 3 mars 2009).

3° Par contre, le refus d'admettre des enfants à l'école primaire pour un motif tenant au lieu de résidence des parents, en privant les enfants du droit à l'instruction reconnu par le droit interne, porte atteinte à la substance même du droit garanti par l'article 2 du Protocole 1 (*Timishev c/ Russie*, 13 déc. 2005) ; ou encore, la décision arbitraire des autorités universitaires de refuser à un étudiant l'accès à l'Université alors qu'il remplit les conditions requises porte atteinte au droit d'accès à l'enseignement supérieur (*Mürsel Eren c/ Turquie*, 7 févr. 2006). Inversement, l'instauration d'une sélection à l'entrée à l'université pour les filières « professionalisantes » n'excède pas la marge d'appréciation dont dispose l'État pour réglementer l'accès à l'instruction (*Tarentino et a. c/ Italie*, 2 avr. 2013, *JCP G* 2013, act. 450, K. Blay-Grabarczyk

Interprétant cette disposition à la lumière de l'article 9, la Cour juge, dans l'affaire *Leyla Sahin* (préc.) que l'interdiction d'accès aux cours et aux épreuves d'examen qui a été opposée par l'Université à une étudiante portant le voile islamique en méconnaissance d'une réglementation qui poursuivait le but légitime de « préserver le caractère laïque des établissements d'enseignement supérieur » (§ 158), ne méconnaît pas le droit à l'instruction de la requérante (*contra*, op. diss. F. Tulkens).

* De manière similaire, le Conseil d'État juge que l'exclusion définitive d'une élève d'un collège justifiée par la nécessité d'assurer le respect du principe de laïcité dans les établissements scolaires (*supra*, n° 528) ne méconnaît pas l'article 2 du Protocole 1 dès lors que l'intéressée peut bénéficier du droit à l'instruction selon d'autres modalités (CE, 5 déc. 2007, *Ghazal*, n° 295671, *JCP G*, 2008, IV, n° 1061).

## II | Le principe du pluralisme éducatif

**534** Champ d'application du principe. — Dans l'arrêt *Kjeldsen, Busk Madsen et Pedersen c/ Danemark*, du 7 décembre 1976 (*GACEDH*, n° 58 : introduction de l'éducation sexuelle obligatoire dans le programme des écoles primaires publiques danoises), la Cour européenne a affirmé que l'article 2 du Protocole 1 vise à « sauvegarder la possibilité d'un pluralisme éducatif, essentielle à la préservation de la » société démocratique « telle que la conçoit la Convention » (§ 50).

Ce principe s'impose à tous les secteurs du système éducatif qu'ils soient publics ou privés. Il suppose donc que les parents aient la liberté de choisir de placer leurs enfants dans des écoles privées plutôt que publiques – ce droit rejoint là la liberté de manifester ses convictions par l'enseignement –, sans pour autant que pèse sur les États une obligation de financement intégral des écoles privées ou de créer des moyens d'éducation spécifiques pour satisfaire telle ou telle conviction (Com., déc. 5 févr. 1990, *Graeme c/ Royaume-Uni*, *D. et R.*, 64, p. 158). Il implique surtout, « en raison du poids de l'État moderne », que l'enseignement public respecte cette exigence de pluralisme. L'obligation de pluralisme qui pèse sur l'État a un caractère très étendu puisqu'elle couvre l'ensemble des fonctions d'éducation et d'enseignement (ce qui inclut le contenu des programmes de l'enseignement mais aussi la gestion du système scolaire et les questions d'administration interne, telle la discipline), que la Cour définit dans sa décision *Campbell et Cosans c/ Royaume-Uni*, du 25 février 1982 (A. 48, § 33) : « L'éducation des enfants est la somme des procédés par lesquels, dans toute société, les adultes tentent d'inculquer aux plus jeunes leurs croyances, coutumes et autres valeurs, tandis que l'enseignement ou l'instruction visent notamment la transmission des connaissances et la formation intellectuelle » (aussi, *Valsamis et Efstratiou c/ Grèce*, 18 déc. 1996, *RUDH*, 1997, 35, obs. M. Levinet).

**535** Devoir de neutralité de l'État. — La liberté éducative des parents doit se concilier avec le principe cardinal du « pluralisme éducatif », qui impose à l'État un devoir de neutralité dans l'exercice des fonctions qu'il assume en matière d'éducation et d'enseignement et lui prescrit de veiller à ce que « les informations ou connaissances » figurant au programme de l'enseignement public soient « diffusées de manière objective, critique et pluraliste » et ne poursuivent pas « un but d'endoctrinement qui puisse être considéré comme ne respectant pas les convictions religieuses et philosophiques des parents. Là se place la limite à ne pas dépasser » (*Kjeldsen et al.,* préc., § 53).

1° Reposant sur une distinction, malaisée à appliquer, entre « doctrine » et simples « informations » – qui conduit la Cour à considérer que l'éducation sexuelle est une pure information biologique qui ne saurait porter atteinte aux convictions religieuses et philosophiques des parents (*Kjeldsen et al. ;* déc. 23 sept. 2011, *Dojan et a. c/ Allemagne*, n° 319/08) –, la jurisprudence européenne s'est montrée attentive à la compatibilité avec le pluralisme éducatif de l'enseignement religieux obligatoire, notamment dans les États confessionnels. Si l'État dispose d'une large marge d'appréciation pour définir et aménager le programme des études et, en conséquence, y introduire un enseignement religieux, il n'en va pas de même pour les modalités de cet enseignement qui doivent garantir l'impératif de neutralité religieuse et d'impartialité de l'État. Lorsque l'enseignement religieux dispensé marque la prépondérance d'une religion et crée un déséquilibre en faveur de l'enseignement de celle-ci au détriment d'autres religions, il ne pourra passer pour compatible avec le droit des parents au respect de leurs convictions qu'à la condition qu'existe un mécanisme de dispense globale ou de cours de substitution, qui n'oblige pas les parents à motiver leur demande en dévoilant leurs convictions religieuses ou philosophiques (*Folgero et al. c/ Norvège*, 29 juin 2007, Gr. Ch., *RTDH*, 2007-73, 251, note G. Gonzalez ; *Hasan et Eylem Znegin c/ Turquie,* 29 juin 2007).

Dans ces deux affaires, concernant un enseignement religieux au programme de l'enseignement primaire obligatoire, la Cour conclut à la violation de l'article 2 du Protocole 1, d'une part parce que l'enseignement privilégie une religion (le christianisme ; la conception sunnite de l'Islam) et d'autre part, en raison de l'insuffisance du mécanisme de dispense.

L'affaire norvégienne avait fait l'objet d'une décision du CDH, concluant à la violation de l'article 18, § 4 du PIDCP, au motif que l'enseignement obligatoire dans l'enseignement primaire d'une matière à caractère religieux « connaissance chrétienne et éducation religieuse et morale » ne répondant pas aux critères de neutralité et d'objectivité dans la façon dont il est dispensé viole la liberté éducative des parents (n° 1155/2003, déc. 3 nov. 2004, *Leirväg et al. c/ Norvège* ; *A/60/40*, 2005, vol. II, 214).

* Les conclusions de S. Boissard sur CE, 6 octobre 2000, Association Promouvoir et autres, *AJDA*, 2000, 1060 (distribution d'une brochure d'information sur la contraception auprès des élèves des lycées et des classes de 3e des collèges) s'inspirent du raisonnement suivi par la Cour européenne dans sa décision Kjeldsen et autres.

2° Le devoir de neutralité de l'État va au-delà des programmes d'enseignement et s'étend à l'aménagement de l'environnement scolaire, notamment à la présence de symboles religieux – tel le crucifix – dans les écoles publiques, mais l'État dispose d'une large marge d'appréciation dans le cadre de cette obligation (*Lautsi c/ Italie*, 18 mars 2011, Gr. Ch., *JCP G*, 2011, note 601, G. Gonzalez).

Faisant valoir qu'il n'y a pas de consensus européen en la matière, que la présence du crucifix dans les salles de classe est un symbole religieux « essentiellement passif », que la neutralité appelle une approche pluraliste et n'implique pas de faire prévaloir la laïcité, la Cour juge que l'exposition du crucifix dans les écoles publiques est compatible avec l'article 2 du Protocole 1 (*Lautsi*). Au nom du principe de subsidiarité, la Cour renonce ainsi à se faire juge des traditions nationales et à imposer à un État partie de renoncer à un élément de son identité culturelle au seul motif que celui-ci a une origine religieuse.

**536** CONFLIT DE DROITS. — De plus, le droit des parents au respect de leurs convictions s'incline devant le droit fondamental de l'enfant à l'instruction : « Lorsqu'au lieu de le conforter, les droits des parents entrent en conflit avec le droit de l'enfant à l'instruction, les intérêts de l'enfant priment » (Com., déc. 8 sept. 1993, *Bernard et autres c/ Luxembourg*, *D. et R.*, 75, p. 57 ; *supra*, n° 327).

Par exemple, la Cour juge que le choix de la scolarité obligatoire dans le primaire relève de la marge d'appréciation des autorités nationales, qui sont fondées à opposer un refus à la demande des parents de dispenser, pour des motifs religieux, leurs enfants de cette scolarité (déc. 11 sept. 2006, *Konrad c/ Allemagne*, n° 35504/03). De même, une réglementation qui subordonne à la possession d'un diplôme d'enseignement primaire l'inscription d'un enfant à une formation religieuse dans des cours coraniques vise à protéger les mineurs d'un éventuel endoctrinement et ne porte pas atteinte au droit à l'instruction (déc. 17 juin 2004, *Ciftçi c/ Turquie*, n° 71860/01).

## Section III
## La liberté d'expression

**537** SPÉCIFICITÉ DU DROIT. — Énoncée par l'article 19 de la Déclaration universelle, la liberté d'expression est un droit hors du commun : à la fois droit en soi et droit indispensable ou préjudiciable à la réalisation d'autres droits (ainsi, la liberté d'expression et d'information est nécessaire à la liberté de réunion mais constitue une menace au droit au respect de la vie privée) ; à la fois droit individuel, relevant de la liberté spirituelle de chacun, et droit collectif, ou plutôt convivial, permettant de communiquer avec autrui. Considérée comme l'« un des droits les plus précieux de l'homme » (art. 11 de la Déclaration de 1789), la liberté d'expression fait figure de droit démocratique par excellence : la Cour européenne a fortement souligné, dès sa décision *Handyside c/ Royaume-Uni* du 7 décembre 1976, qu'elle constituait « l'un des fondements essentiels d'une société démocratique, l'une des conditions primordiales de son progrès et de l'épanouissement de chacun » (*GACEDH*, n° 7, § 49 ; *Müller et autres c/ Suisse*, 24 mai 1988, *GACEDH*, n° 59, § 33 et 34). La place fondamentale reconnue à la liberté d'expression dans une société démocratique conduit le juge européen à affirmer qu'« il existe un net intérêt général » à autoriser des associations (*Vides Aizsardzibas Klubs c/ Lettonie*, 27 mai 2004) mais aussi des petits groupes militants non officiels et les particuliers à contribuer au débat public par la diffusion d'informations et d'opinions sur des sujets d'intérêt général, tels la santé et l'environnement (*Steel et Morris c/ Royaume-Uni*, 15 févr. 2005), et à les faire bénéficier du niveau élevé de protection qu'il accorde à la presse (*infra*, n° 544).

S'inspirant manifestement de la jurisprudence européenne, le CDH considère aussi que « liberté d'information et liberté d'expression sont les pierres angulaires de toute société libre et démocratique » (CDH, n[os] 422 à 424/1990, déc. 12 juill. 1996, *Adimo M. Aduayom et autres c/ Togo, A/51/40*, p. 18).

De même, la CJCE, se référant expressément à la jurisprudence de Strasbourg, relève, dans une affaire concernant l'interdiction promulguée par la loi autrichienne de vendre des périodiques contenant des jeux-concours dotés de prix, que le « pluralisme contribue à la sauvegarde de la liberté d'expression, telle qu'elle est protégée par l'article 10 de la CEDH » et considère que le maintien du pluralisme de la presse est susceptible de constituer une « exigence impérative » justifiant une restriction à la libre circulation des marchandises (CJCE, 26 juin 1997, *Vereinigte Familiapress*, C-368/95, *DCDF* n° 37). Sur la conciliation de la libre circulation des marchandises avec la liberté d'expression, CJCE, 12 juin 2003, *Schmidberger*, C-112/00, *supra*, n° 96.

La portée politique et sociale considérable de la liberté d'expression justifie que son exercice s'accompagne de devoirs et responsabilités propres : dans une démarche similaire, les textes internationaux (art. 19 PIDCP, art. 13 CADH, art. 10 CEDH) énoncent le droit à la liberté d'expression et les restrictions autorisées à ce droit.

Cependant, selon le Pacte, ces limitations ne sont possibles que pour la liberté d'information et non pour la liberté d'opinion (CDH, obs. gén. 10 (19), *Manuel*..., p. 82, § 1). Pour des exemples de violation de l'article 19 : CDH, n° 132/1982, *Monja Joana c/ Madagascar*, déc. 1er avr. 1985, *Sélection*..., p. 168 ; n° 314/1988, *Chiiko Bwalya c/ Zambie, A/49/40*, 1993, vol. I, § 819 ; n° 628/1995, *Tae Hoon Park c/ République de Corée, A/54/40*, 1999, vol. I, § 448.

**538** COMPOSANTES DE LA LIBERTÉ D'EXPRESSION. — Sous l'effet des transformations sociales et techniques la liberté d'expression a connu une évolution sensible, du droit d'exprimer une opinion individuelle au droit d'informer autrui.

1° *La liberté d'opinion* forme l'élément classique de la liberté d'expression et suppose que nul ne puisse être inquiété pour ses opinions. La possibilité pour chacun d'avoir et d'exprimer une opinion minoritaire est une composante essentielle de la société démocratique, qui repose sur « le pluralisme, la tolérance et l'esprit d'ouverture ». La pluralité d'opinions individuelles est à la source même de la liberté d'expression qui, selon la conception exigeante de la Cour européenne, « vaut non seulement pour les "informations" ou "idées" accueillies avec faveur ou considérées comme inoffensives ou indifférentes, mais aussi pour celles qui heurtent, choquent ou inquiètent » (*Handyside*, préc.).

* Le Conseil constitutionnel français a des formules similaires : « L'exigence du pluralisme des courants d'idées et d'opinions » constitue « une des conditions de la démocratie » (déc. 86-217, 18 sept. 1986, Liberté de communication, *Rec.*, p. 141) ou « le fondement de la démocratie » (déc. 89-271, 11 janv. 1990, *Rec.*, p. 21). Dans sa décision 93-345 DC, du 29 juillet 1994 (Emploi de la langue française), il qualifie la liberté de pensée et d'expression de « liberté fondamentale d'autant plus précieuse que son existence est une des garanties essentielles du respect des autres droits et libertés » (note P. Wachsmann, *AJDA*, 1994, p. 731) et précise, dans sa décision 2009-580 DC du 10 juin 2009 (déc. Hadopi), que « les atteintes portées à l'exercice de cette liberté doivent être nécessaires, adaptées et proportionnées à l'objectif poursuivi » (pt. 15). Tirant les leçons de l'arrêt de condamnation de la Cour EDH, *Mamère c/France* (7 nov. 2006), le Conseil exerce un tel contrôle entier dans sa décision n° 2011-131 QPC, du 20 mai 2011 (Exception de vérité des faits diffamatoires de plus de dix ans).

Cette liberté d'opinion est garantie à toute personne (y compris au détenu, *Yankov c/ Bulgarie*, 11 déc. 2003). Plus particulièrement, la Cour a précisé que les fonctionnaires, alors même qu'ils relèveraient d'un statut spécial, pouvaient s'en prévaloir (*infra*, n° 553).

Infirmant sa jurisprudence antérieure (*Glasenapp c/ Allemagne*, 28 août 1986, et *Kosiek c/ Allemagne,* même jour, A. 104 et 105), la Cour juge désormais qu'une mesure de révocation de la fonction publique fondée sur l'expression des convictions politiques de l'intéressé relève du champ de la liberté d'expression (*Vogt c/ Allemagne*, 26 sept. 1995, *GACEDH*, n° 61 : manquement à l'obligation de loyauté réclamée pour accéder à la fonction publique allemande). Par contre, le droit d'accès à la fonction publique n'étant pas garanti par la Convention, à la différence du PIDCP (art. 25), l'article 10 ne trouve pas à s'appliquer à la question de l'accès à la fonction publique (*Wille c/ Liechtenstein*, 28 oct. 1999).

* Le juge interne semble se livrer à un contrôle purement formel de la compatibilité avec l'article 10 CEDH des limitations à la liberté d'expression des détenus (CAA Lyon, 30 juin 2005, *ministre de la Justice c/ M. Hénaf*, *AJDA*, 2006, 313, note D. Besle).

2° *La liberté d'information* énoncée par l'article 10 de la CEDH vaut pour « toute personne », physique ou morale, et ne distingue pas d'après la nature lucrative ou non du but recherché (*Autronic Ag c/ Suisse*, 22 mai 1990, A. 178, § 47, *RUDH*, 1990, 313, note G. Cohen-Jonathan). Elle recouvre deux éléments constitutifs : la liberté de recevoir des informations et des idées et la liberté de les communiquer. La Convention européenne, à la différence du PIDCP [1] ou de la CADH, ne garantit pas la liberté de rechercher des informations et des idées.

Malgré l'évolution amorcée dans le cadre du Conseil de l'Europe en faveur de la reconnaissance du droit d'accès des particuliers à l'information détenue par les pouvoirs publics (législations nationales, Convention du 28 janv. 1981 pour la protection des personnes à l'égard du traitement automatisé des données à caractère personnel qui garantit dans son article 8 le droit à la personne concernée d'accéder à de telles données, *supra*, n° 475), la Cour européenne a refusé d'élargir la liberté de recevoir des informations au droit de rechercher des informations – « l'article 10 n'accorde pas à l'individu le droit d'accéder à un registre où figurent des renseignements sur sa propre situation, ni n'oblige le gouvernement à les lui communiquer » (*Leander c/ Suè*de, 26 mars 1987, A. 116, § 74) –, mais protège indirectement ce droit par le biais de l'article 8 (*Gaskin*, 7 juill. 1989, *supra*, n° 475 ; *Guerra*, 19 févr. 1998, *supra*, n° 493).

### I | Champ d'application de la liberté d'expression

Son extension est due, plus précisément, à la liberté d'information.

**539** Notion d'information. — La notion d'information est entendue largement par les organes de la CEDH et couvre une grande diversité de discours.

1° Le discours politique, en premier lieu, qui bénéficie d'une protection renforcée et ne peut être restreint « sans raisons impé-

1. Pour un exemple de violation de l'article 19 du Pacte : CDH, n° 633/1995, *Gauthier c/ Canada, A/54/40*, 1999, vol. I, § 449 (refus opposé à un journaliste non accrédité d'accéder aux installations de presse du Parlement).

rieuses » (*Brasilier c/ France*, 11 avr. 2006, § 41). Le juge européen souligne que la liberté d'expression est particulièrement précieuse pour un élu du peuple (*Castells c/ Espagne*, 23 avr. 1992, A. 236), pour un parti politique et ses membres actifs (*Incal c/ Turquie*, 9 juin 1998), pour un représentant syndical s'exprimant en qualité d'« acteur de la vie politique » (*Karkin c/ Turquie*, 23 sept. 2003), et il sanctionne l'État lorsque les propos tenus n'étaient pas de nature à inciter à l'usage de la violence. Il en va différemment si le discours politique incite à la discrimination ou à la haine raciale (*Feret c/ Belgique*, 16 juill. 2009, *RTDH*, 2010-82, 445, note G. Haarscher).

Néanmoins, l'État conserve une « certaine marge d'appréciation » pour restreindre, en période électorale ou préélectorale, la liberté de communiquer des informations aux électeurs afin de préserver « la libre expression de l'opinion du peuple » en matière électorale (*Bowman c/ Royaume-Uni*, 19 févr. 1998, *RUDH*, 2000, 54, obs. M. Levinet).

Dans le même esprit, une association qui descend « dans l'arène du débat public » et est active dans le domaine public doit faire preuve de tolérance à l'égard des critiques formulées par des opposants au sujet de ses objectifs et des moyens mis en œuvre dans le débat ; seuls des motifs impérieux pourront alors justifier la sanction de ces propos critiques, notamment s'ils ont été tenus par un élu dans une enceinte politique (*Jérusalem c/ Autriche*, 27 févr. 2001).

2° De plus, l'« information » vise non seulement les faits et les nouvelles bruts ou les questions d'intérêt général donnant lieu à un débat public par le moyen de la presse (par ex., *Oberschlick c/ Autriche*, 23 mai 1991, A. 204) ou d'Internet (*Yildirim c/ Turquie*, 18 déc. 2012, *JCP G* 2013, act. 59, H. Surrel), mais aussi les informations « produites » délibérément (tels programmes de radiotélévision, Com., déc., 12 oct. 1973, *Geillustreerde c/ Pays-Bas*, *D. et R.*, 8, p. 5, ou musique légère et messages publicitaires, *Groppera Radio AG c/ Suisse*, 28 mars 1990, A. 173, § 54), ainsi que le « discours commercial » destiné à promouvoir un produit ou un service (*Barthold c/ Danemark*, 25 mars 1985, A. 90), ou encore l'œuvre d'art, la liberté d'information incluant l'expression artistique (*Müller et al. c/ Suisse*, 24 mai 1988, *GACEDH*, n° 60, § 27).

Comme le précise la Cour, la liberté d'expression artistique « permet de participer à l'échange public des informations et idées culturelles, politiques et sociales de toute sorte » (*Müller*, préc. ; *Lindon, Otchakovsky-Laurens et July c/ France*, 22 oct. 2007, Gr. Ch., § 47, *JCP G*, 2007, II, 10193, note E. Derieux). Elle peut prendre des formes variées : tableau (*Müller*, préc) ; roman (*Alinak c/ Turquie*, 29 mars 2005, § 41) ; satire (*Alves da Silva c/ Portugal*, 20 oct. 2009).

Elle couvre aussi l'exercice par l'avocat des droits de la défense (*Nikula c/ Finlande*, 21 mars 2002, *JCP G*, 2002, I, 157, n° 16, chron. F. Sudre ; *infra*, n° 551), la liberté universitaire (*Sorguc c/ Turquie*, 23 juin 2009, *AJDA*, 2009, 1936, obs. J.F. Flauss ; *Lombardi Vallauri c/ Italie*, 20 oct. 2009, *AJDA*, 2010, 215, note F. Laffaille) ou encore la recherche de la vérité historique (*Chauvy et a. c/ France*, 29 juin 2004, § 69 ; Cass. 1re civ., 16 oct. 2013, n° 12-35.434, *JCP G* 2013, note 1372, E. Raschel).

Selon le CDH, la liberté d'expression s'étend à l'enseignement (n° 195/1985, *Delgado c/ Colombie*, déc. 12 juill. 1990, *A/45/40*, vol. II, p. 49).

**540** MODALITÉS. – 1° La liberté d'information sur le plan européen dépasse donc les bornes du domaine habituel de la liberté d'expression (discours politique, philosophique ou religieux) : elle ne se définit pas par le contenu de l'information, sa qualité ou son importance (il peut s'agir, par ex., de films vidéo pornographiques à usage de sex-shop pour homosexuels : Com., Rapp. 14 janv. 1993, *Scherer c/ Suisse*) mais par le mode de formulation de celle-ci et est en jeu dès lors que l'information, même si elle est de nature économique, professionnelle ou artistique, emprunte un support destiné à la rendre publique (*Müller*, préc., § 27). Ce critère formel d'applicabilité de l'article 10 est, de plus, singulièrement malléable, puisque la Cour n'hésite pas à voir une « information » dans une étude technique frappée du secret militaire et vendue frauduleusement par un officier à une société privée (*Hadjianastassiou c/ Grèce*, 16 déc. 1992, A. 252, § 39).

Le CDH définit de manière identique le champ de la liberté d'information comme « s'appliquant à toute idée ou opinion subjective (...) susceptible d'être communiquée à autrui, à toute nouvelle ou information, à toute forme d'expression ou annonce publicitaire, à toute œuvre d'art, etc. » (nos 359/1989 et 385/1989, *McIntyre et a. c/ Canada*, déc. 31 mars 1993, *RUDH*, 1993, § 11. 3 ; n° 926/2000,

*Shin c/ République de Corée*, déc. 16 mars 2004, *A/59/40*, vol. II, 2004, 127 : liberté d'expression artistique).

2° Ainsi comprise, la liberté d'information protège non seulement la substance des idées et des informations exprimées mais aussi leur mode de diffusion et garantit le droit pour le public de recevoir une information pluraliste. Elle suppose, tout d'abord, *la libre élaboration des messages* (informations, opinions, idées) : la Cour souligne ici que toute restriction préalable à la publication, si elle n'est pas interdite en soi par l'article 10 de la CEDH, s'avère très dangereuse pour la presse, car « l'information est un bien périssable » (*Observer et Guardian c/ Royaume-Uni*, 23 mai 1991, A. 216, § 60). De surcroît, la liberté d'information implique, sous réserve des limites autorisées par la Convention elle-même, le *libre accès du public à l'information* (par ex., à une œuvre d'art : *Müller*, préc., § 33 ; Com., Rapp. 14 janv. 1993, *Otto-Preminger-Institut c/ Autriche*, § 67) et *la libre circulation des supports de l'information* (paroles, écrits, sons, images). Selon les textes internationaux (dont l'art. 10), la liberté d'information est le seul droit proclamé à devoir être exercé « sans considération de frontières » (Com., déc. 2 mai 1978, *Bertrand Russel Peace Foundation c/ Royaume-Uni*, *D. et R.*, 14, p. 117) ; il en résulte que pèsent sur les États non seulement une obligation d'abstention (ne pas entraver la liberté de recevoir et de communiquer des informations), mais aussi une obligation d'action (assurer la libre circulation des informations).

Ce caractère « transfrontière » de la liberté d'information est mis en évidence par les affaires *Groppera* (préc.) et *Autronic* (22 mai 1990, préc.) : la diffusion de programmes d'une station de radio par voie hertzienne et leur retransmission par câble relève du droit consacré par l'article 10, de même que la réception au moyen de son propre équipement (antenne parabolique) d'émissions de télévision étrangère transmises par un satellite de télécommunication.

D'une manière générale, la liberté d'information doit être assurée pour tous les moyens techniques de communication, tant de transmission que de captage (*Autronic*, 22 mai 1990, préc., § 47), « moyens techniques existants » (presse, radio, télévision) ou « autres formes d'expression » (on songe aux médias électroniques), selon la formule « évolutive » de la Commission européenne (déc. 13 mai 1982, *X et Y c/ Belgique*, *D. et R.*, 28, p. 112) ; elle s'étend donc naturellement à l'accès à l'Internet (*Yildirim c/*

*Turquie*, 18 déc. 2012, préc. n° 539 ; *Ashby Donald et a. c/ France*, 10 janv. 2013, *JCP G* 2013, note 397 M. Afroukh ; *infra n° 552*).

* Contrairement au Conseil d'État (CE, 2 juin 1999, *Meyet*, *RFDC*, 2000, 359, note M. Verpeaux), la Cour de cassation est fidèle à l'esprit de la jurisprudence européenne lorsque, au seul visa de l'article 10 de la CEDH, elle conclut à l'inconventionnalité de l'article 1 de la loi du 19 juillet 1977 portant interdiction des sondages d'opinion pendant la semaine précédant un scrutin et écarte l'application de la loi (Cass. crim., 4 sept. 2001, *Amaury*, n° 00-85329, *JCP G*, 2001, II, 10623, concl. D. Commaret ; *RFDC*, 2001, 793, note M. Verpeaux).

Une législation similaire n'est pas jugée contraire à l'article 19 PIDCP par le CDH eu égard aux « particularités historiques récentes du processus politique démocratique de l'État partie » (n° 968/2001, *Jong-Cheol c/ République de Corée*, déc. 27 juill. 2005, *A/60/40*, vol. II, 2005, 64).

**541** EFFET HORIZONTAL. — Le droit à la liberté d'expression dispose d'une efficacité « horizontale » et est applicable aux relations interindividuelles (*supra*, n° 164). La liberté d'opinion protège un employé contre les exigences excessives de loyauté de son employeur (Com., déc. 6 sept. 1989, *Rommelfanger c/ RFA*, *D. et R.*, 62, p. 151 : médecin exerçant dans un hôpital catholique) ou un enseignant contre celles des autorités religieuses (*Lombardi Vallauri c/ Italie*, 20 oct. 2009 ; CDH, n° 195/1985, *Delgado c/ Colombie*, déc. 12 juill. 1990, *A/45/40*, vol. II, p. 49, § 5. 8) de même que la liberté d'information trouve à s'appliquer aux relations entre employeur et employé lorsque celles-ci relèvent du droit privé (*Fuentes Bobo c/ Espagne*, 29 févr. 2000, *D*, 2001, 574, note J.-P. Marguénaud et J. Mouly) ou entre bailleur et locataire (*Khurshid Mistafa et Tarzibachi c/ Suède*, 16 déc. 2008, *RDP* 2009, 918, obs. M. Levinet).

Dans la première affaire est en cause le licenciement d'une journaliste de télévision pour avoir tenu dans une émission de radio des propos tenus offensants pour les dirigeants de la chaîne de télévision., dans la seconde l'expulsion de locataires de leur domicile pour avoir installé une antenne parabolique afin de recevoir des programmes télévisés en arabe.

En conséquence, l'article 10 met à la charge de l'État une « obligation positive » (*supra*, n° 160) de protéger le droit à la liberté d'expression contre des atteintes provenant même de personnes privées, qui suppose la mise en œuvre de garanties procédurales adéquates (*Lombardi Vallauri*, préc.).

Par exemple, les autorités nationales sont tenues de prendre des mesures d'enquête ou de protection adéquates lorsque des actes de violence répétés (menaces, incendie criminel, agressions contre les journalistes) ont été perpétrés à l'encontre d'un journal (*Ozgür Gundem c/ Turquie*, 16 mars 2000). De même, la responsabilité de l'État peut être mise en jeu dès lors que le droit interne rend possible l'atteinte au droit à la liberté d'expression par des particuliers (*VGT Verein Gegen Tierfabriken c/ Suisse*, 28 juin 2001 : le refus de la société privée responsable de la publicité télévisée en Suisse de diffuser un spot publicitaire de l'association requérante trouve son fondement dans une disposition de la loi fédérale sur la radio et la télévision). La Cour se montre cependant, parfois, fort prudente, se retranchant derrière l'appréciation des autorités nationales (*Palomo Sanchez et a. c/ Espagne*, 12 sept. 2011, Gr. Ch., *infra* n° 552).

**542** LA CLAUSE D'AUTORISATION. — La Convention européenne (art. 10, § 1) présente la particularité de réserver aux États le droit « de soumettre les entreprises de radiodiffusion, de cinéma ou de télévision à un régime d'autorisation » (la CADH contient une disposition contraire, art. 13, § 3). La liberté d'information connaît donc, dans le cadre du Conseil de l'Europe, un aménagement substantiel affectant principalement les moyens de communication radiodiffusés, et doit alors être garantie par l'indépendance et l'autonomie, par rapport aux pouvoirs publics, des organismes de radiotélévision titulaires d'une autorisation. L'État est habilité à réglementer, par un système de licences, l'organisation de la radiodiffusion sur son territoire (« en particulier ses aspects techniques », *Groppera*, 28 mars 1990, préc., § 61), l'accès aux moyens radiodiffusés (déc. 12 juill. 1971, *X et Association Z c/ Royaume-Uni*, *Ann.*, 14, p. 538 : pas de droit général d'accès à l'antenne pour tout particulier ou toute organisation) et le contenu des informations (par ex., en matière d'annonces publicitaires, *Murphy c/ Irlande*, 10 juill. 2003 : interdiction de diffuser des publicités de nature religieuse à la TV et à la radio, afin d'en préserver la neutralité). En tout état de cause, une société démocratique suppose que soit assuré un véritable pluralisme dans le secteur audiovisuel, ce qui implique que les opérateurs potentiels aient un accès effectif à ce marché. Pèse alors sur l'État « l'obligation positive de mettre en place un cadre législatif et administratif approprié pour garantir un pluralisme effectif » (*Centro Europa 7 SRL et Di Stephano c/ Italie*, 7 juin 2012, Gr. Ch., § 134 ; aussi *Manole et a. c/ Moldavie*, 17 sept. 2009.

La clause d'autorisation n'exclut pas « comme tel, un monopole d'État » en matière de radiodiffusion (Com., déc. 7 févr. 1968, Suède, *Rec., Déc.*, 26, p. 71 ; aussi, plus nuancée, déc. 12 mars 1976, *Sacchi c/ Italie*, *D. et R.*, 5, p. 3), dont la Cour européenne note qu'il « peut contribuer à la qualité et à l'équilibre des programmes » (*Informationsverein Lentia et al. c/ Autriche*, 24 nov. 1993, A. 276, § 33, *RUDH*, 1993, 387 obs. M. Levinet : refus de licences d'exploitation de radios locales et de réseaux câblés de TV). Néanmoins, le juge européen estime que seule une « nécessité impérieuse » (qu'il ne perçoit pas dans l'arrêt précité) peut justifier un monopole public, qui « impose les restrictions les plus fortes à la liberté d'expression » (§ 39). Une telle décision va dans le sens de l'évolution de la technologie dans le domaine des médias (télédistribution par câbles et par fils, services électroniques) et du mouvement de déréglementation des vecteurs de communication de l'information que l'on peut observer en Europe.

La conformité à la Convention d'un régime d'autorisation est subordonnée, par ailleurs, au respect des conditions auxquelles sont soumises les restrictions possibles à la liberté d'expression (*Groppera*, préc., § 61 ; *Informationsverein Lentia*, préc., § 29).

Suivant une démarche calquée sur celle de la Cour EDH, la CJCE juge que les dispositions de la directive 89/552 du 3 octobre 1989 relative à l'exercice d'activités de radiodiffusion télévisuelle portant limitation des interruptions publicitaires constituent des restrictions à la liberté d'expression justifiées en vertu de l'article 10, § 2 de la CEDH (CJCE, 23 oct. 2003, *RTL*, aff. C-245/01, *RTDH*, 2004, 728, obs. C. Picheral).

## II | Les restrictions à la liberté d'expression

**543** Clauses de limitation. — 1° Précisons d'abord que le droit à la liberté d'expression trouve des limites spéciales dans deux dispositions particulières de la Convention. L'article 17, en premier lieu, dès lors que le discours litigieux vise à propager, inciter (à) ou justifier la haine fondée sur l'intolérance (*supra*, n° 130 ; aussi, Com., déc. 11 oct. 1979, *Glimmerveen et autres, D. et R.*, 18, p. 187, et déc. 12 mai 1988, *Kühnen c/ RFA*, *D. et R.*, 56, p. 205).

Selon le juge européen, « le simple fait de défendre la *charia*, sans en appeler à la violence pour l'établir, ne saurait passer pour un "discours de haine" », privé de la protection de l'article 10 (*Müslüm Gündüz c/ Turquie*, 4 déc. 2003, § 51 : propos violemment critiques à l'égard de la laïcité et de la démocratie tenus dans le cadre d'un débat télévisé sur le rôle de la religion dans la société). De même, la publication d'une caricature prônant la destruction de l'impérialisme américain n'est pas une apologie du terrorisme qui serait soustraite à la protection de l'article 10 (*Leroy c/ France*, 2 oct. 2008, *RTDH*, 2009-80, 1109, note B. Nicaud). En jugeant que des propos publics niant le génocide arménien de 1915 « n'étaient pas assimilables à un appel à la haine ou à l'intolérance » et ne pouvaient justifier des sanctions pénales – qui emportent violation de la liberté d'expression –, la Cour cantonne, de manière très contestable, l'incrimination pénale du négationnisme à la seule Shoah (*Perincek c/Suisse*, 15 oct. 2015, Gr. Ch., *JCP G* 2015, act. 1179, G. Gonzalez). Le Conseil constitutionnel a une position différente (déc. n° 2015-492 QPC, 16 oct. 2015, *Association Communauté rwandaise de France*).

En second lieu, l'article 16 (qui joue aussi pour la liberté de réunion et d'association), autorise l'État partie à « imposer des restrictions à l'activité politique des étrangers ». Cette disposition a été jugée inapplicable dans l'affaire *Piermont c/ France*, au motif que la requérante ne pouvait, du fait de sa double qualité de ressortissante d'un État membre de la Communauté européenne (l'Allemagne) et de parlementaire européen, être considérée comme une « étrangère » (26 avr. 1995, A. 314, § 64, *RTDH*, 1996, p. 364, note J.F. Flauss).

2° La réserve générale d'ordre public contenue dans l'article 10, § 2 de la CEDH (comme dans le Pacte et la CADH) organise le régime de principe des restrictions à la liberté d'expression. Trois catégories de restrictions à l'exercice de la liberté d'expression sont autorisées : pour protéger l'intérêt général, pour protéger d'autres droits individuels, pour garantir l'autorité et l'impartialité du pouvoir judiciaire.

La Cour européenne semble particulièrement exigeante dans l'examen des conditions que ces restrictions doivent remplir pour être compatibles avec la Convention (*supra*, n$^{os}$ 131 et s.). La liberté d'expression est un principe fondamental dans une société démocratique (*Handyside c/ Royaume-Uni,* 7 déc. 1976, *GACEDH*, n° 7), et les restrictions autorisées sont des exceptions qui appellent, en principe, une interprétation étroite (*Sunday Timesc/ Royaume-Uni,* 26 avr. 1979). Dans le cadre de son contrôle sur la nécessité des mesures restrictives (*supra,* n° 143 ss.), la Cour est censée rechercher un « juste équilibre » entre les intérêts en jeu et ne pas établir de hiérarchie entre les droits concurrents. La pratique jurisprudentielle paraît cependant mouvante et conduit à constater que le contrôle de la Cour est à géométrie variable, modulé en fonction du contenu des informations protégées, et dépend pour l'essentiel de ce que la liberté d'expression est exercée, ou non, par voie de presse.

### *A – Les limitations à la liberté de la presse*

#### *1. Lignes directrices*

Trois lignes principales se dégagent du droit européen, au terme d'une évolution jurisprudentielle récente (*Stoll c/ Suisse,* 10 déc. 207, Gr. Ch., *GACEDH*, n° 60).

**544** VALORISATION DE LA LIBERTÉ DE LA PRESSE. — La Cour souligne le « rôle éminent dans un État de droit » tenu par la presse (*Castells c/ Espagne,* 23 avr. 1992, A. 236, § 43). La presse a pour fonction « de communiquer des informations et des idées sur toutes les questions d'intérêt général. À sa fonction, qui consiste à en diffuser, s'ajoute le droit, pour le public, d'en recevoir » (*Jersild c/ Danemark,* 23 sept. 1994, § 31). Permettant le libre jeu du débat politique, la presse – qu'elle soit écrite ou audiovisuelle (*Jersild*) – joue le rôle de « chien de garde » [1] de la société démocratique (*Thorgeir Thorgeirson c/ Islande,* 25 juin 1992, A. 239, § 63).

1. La formule fait école puisqu'elle est reprise par le TPIY, qui se réfère de surcroît à la jurisprudence de la Cour EDH (TPIY, 11 déc. 2002, *Radoslav Brdjanin et Momir Talic, RGDIP*, 2003, 482, chron. P. Weckel).

Le juge européen semble vouloir assimiler les associations de défense de l'environnement à la presse en leur confiant pareillement le rôle de « chien de garde » de la protection de l'environnement, dont la tâche est de « divulguer des faits de nature à intéresser le public, à leur donner une appréciation et contribuer ainsi à la transparence des activités des autorités publiques » (*Vides Aizsardzibas Klubs c/ Lettonie*, 27 mai 2004, § 42 ; *supra*, n° 537).

1° Partant, la marge d'appréciation des autorités nationales est étroitement circonscrite par l'intérêt d'une société démocratique à permettre à la presse de jouer son rôle de « chien de garde ». Là où la liberté de la presse est en jeu, les autorités nationales ne disposent que d'une marge d'appréciation restreinte pour juger de la nécessité d'une limitation à la liberté de la presse. Comme l'affirme la Cour, l'article 10, § 2 « ne laisse guère de place pour des restrictions à la liberté d'expression dans le domaine du discours politique ou de questions d'intérêt général », telle, par exemple, la protection de l'environnement et de la santé publique (*Mamère c/ France*, 7 nov. 2006, *D*, 2007, 1704, note J.-P. Marguénaud). En bref, dès lors que la presse contribue à un « débat d'intérêt général », un degré particulier de tolérance s'impose.

Ces principes sont également applicables en matière de publication de livres ou d'écrits autres que ceux paraissant dans la presse périodique, dès lors qu'ils portent sur des questions d'intérêt général (telle la pratique de la torture et des exécutions extrajudiciaires lors de la guerre d'Algérie, *Orban c/ France*, 15 janv. 2009, § 45, *JCP G*, 2009, II, 10040, note E. Derieux).

2° En cette matière, la Cour pratique un contrôle entier, procédant à un examen particulièrement attentif des atteintes à la liberté de la presse, et n'hésite pas à substituer son appréciation à celle des juridictions nationales.

Le juge européen admet toutefois, à titre exceptionnel, que des restrictions peuvent être justifiées par les besoins de l'ordre public si les propos litigieux incitent à la violence (*Surek c/ Turquie*, 8 juill. 1999, § 62, *JCP G*, 2000, I, 203, n° 27, chron. F. Sudre ; *Karakoç et autres c/ Turquie*, 15 oct. 2002). Tel est le cas d'un dessin qui glorifie les attentats du 11 septembre 2001 (*Leroy c/ France*, 2 oct. 2008, *RTDH*, 2009-80, 1109, note B. Nicaud) ou d'un ouvrage qui vise à provoquer le rejet des immigrés et de l'Islam (*Soulas et a. c/ France*, 10 juill. 2008, *RDP* 2009, 920, obs. M. Levinet).

L'imprécision du critère de l'incitation à la violence est regrettable, même si la Cour européenne pondère ce critère par la prise en compte du public susceptible d'être touché par le message en cause et estime, par exemple, que l'impact potentiel d'un roman sur l'ordre public est limité (*Alinak c/ Turquie*, 29 mars 2005) et que celui d'un recueil de poèmes (*Karata c/ Turquie*, 8 juill. 1999) est moindre que celui d'une lettre d'un lecteur publié dans un journal (*Sürek*, préc.).

En conséquence, un régime de restrictions préalables à la publication n'est compatible avec l'article 10 que s'il s'inscrit « dans un cadre légal particulièrement strict quant à la délimitation de l'interdiction et efficace quant au contrôle juridictionnel contre les éventuels abus » (*Association Ekin c/ France*, 17 juill. 2001, § 58, *AJDA*, 2002, 52, note F. Julien-Laferrière).

Il n'en va pas ainsi du régime dérogatoire des publications de provenance étrangère (décret-loi du 6 mai 1939), en raison notamment de ce que le contrôle juridictionnel ne réunit pas les garanties suffisantes pour éviter les abus (contrôle *a posteriori*, durée de la procédure, conditions d'octroi du sursis à exécution...).

* Le Conseil d'État s'était cependant efforcé de mettre le contrôle qu'il exerce sur les interdictions de publications étrangères en adéquation avec le contrôle renforcé qu'implique l'exigence de proportionnalité posée par la Cour européenne et avait substitué un contrôle entier au contrôle restreint jusque-là pratiqué (CE, 9 juill. 1997, *Association Ekin*, *RDP*, 1998, 539, obs. P. Wachsmann). L'arrêt de la Cour *Association Ekin* (préc.) déborde le cas d'espèce et juge en soi inconventionnel le décret-loi du 6 mai 1939. Le Conseil d'État fait sienne cette solution et prescrit l'abrogation dudit décret (CE, 7 févr. 2003, *GISTI,AJDA*, 2003, 996, note F.J. Laferrière), ce qui sera chose faite (décret n° 2004-1044 du 4 oct. 2004, *JO*, 5 oct. 2004, 17032 ; *JCP G*, 2004, act. 556, obs. H. Moysan). Celle-ci n'a pas pour effet de remettre en vigueur les dispositions de la loi de 1881 (art. 14) dont le Conseil d'État admet qu'elles sont contraires à l'article 10 CEDH en ce qu'elles « instituent un pouvoir d'interdiction de caractère général et absolu et ne précisent pas les motifs pour lesquels ce pouvoir peut s'exercer » (CE, Avis, 10 janv. 2008, *RDP* 2009, 1299, note D. Chauvaux).

De même, l'interdiction d'exercer la profession de journaliste s'analyse comme une restriction préalable à l'activité de la presse qui ne peut se justifier que dans des circonstances exceptionnelles (*Cumpana et Mazare c/ Roumanie*, 17 déc. 2004, Gr. Ch.).

**545** PROTECTION DES SOURCES JOURNALISTIQUES. — La valorisation de la liberté de la presse conduit la Cour à accorder une protection quasi absolue aux sources journalistiques et à juger que l'article 10 garantit non seulement la confidentialité des sources journalistiques (seul « un impératif prépondérant d'intérêt public » peut justifier d'imposer à un journaliste de divulguer ses sources, *Goodwin c/ Royaume-Uni*, 27 mars 1996, *RTD civ.*, 1996, 1026, chron. J.-P. Marguénaud ; *Roemen et Schmit c/ Luxembourg*, 25 févr. 2003) mais aussi la liberté des journalistes de « décider s'il est nécessaire ou non de reproduire le support de leurs informations pour en asseoir la crédibilité » (*Fressoz et Roire c/ France*, 21 janv. 1999, *JCP G*, 1999, II, 10120, note E. Derieux : diffusion d'avis d'imposition).

Des perquisitions menées au domicile ou sur les lieux de travail de journalistes aux fins d'identifier les fonctionnaires ayant livré aux intéressés des informations confidentielles s'analysent alors en une ingérence dans le droit à la protection des sources journalistiques, garanti par l'article 10 § 1 (*Roemen et Schmit*, préc.), qui s'avère disproportionnée si d'autres mesures moins intrusives permettaient de rechercher s'il y avait eu violation du secret professionnel (*Martin c/ France*, 12 avr. 2012).

Pour être compatible avec l'article 10, toute atteinte à la protection des sources journalistiques doit être entourée de garanties procédurales. Cela implique la possibilité de faire contrôler la mesure par un juge (ou un autre organe décisionnel indépendant et impartial) investi du pouvoir « de refuser de délivrer une injonction de divulgation ou d'émettre une injonction de portée plus limitée ou plus encadrée » (*Sanoma Uitgevers B.V. c/ Pays-Bas*, 14 sept. 2010, Gr. Ch., § 92, *JCP G*, 2010, act. 951, G. Gonzalez).

* Le juge judiciaire semble moins libéral en la matière (Cass. crim., 19 juin 2001, *Dupuis et autres*, n° 99-85188, *D*, 2001, 2538, note B. Beignier et B. de Lamy, condamnation pour recel de violation du secret de l'instruction dans l'affaire des *Écoutes de l'Élysée*), mais admet « la production en justice des pièces litigieuses » si elle est « rendue nécessaire par l'exercice des droits de la défense » (Cass. crim., 11 juin 2002, n° 01-85237, *JCP G*, 2003, II, 10061, note E. Dreyer, journaliste condamné pour recel de violation de secret de l'instruction ; Crim., 11 févr. 2003, *D*, 2003, IR, 807).

L'influence européenne est manifeste sur la loi n° 2010-1 du 4 janvier 2010, relative à la protection du secret des sources journalistiques, qui introduit à l'article 2 de la loi du 29 juillet 1881 le principe que « le secret des sources journalistiques est protégé » et précise qu'il ne peut y être porté atteinte que « si un impératif prépondérant d'intérêt public le justifie et si les mesures envisagées sont strictement nécessaires et proportionnées au but légitime poursuivi » (*JCP G*, 2010, act. 40, E. Derieux). Jugeant qu'aucune disposition constitutionnelle ne consacre un droit au secret des sources des journalistes, le Conseil constitutionnel est très en retrait des exigences conventionnelles (déc. n° 2015-478 QPC, 24 juil. 2015, *Association French Data Network et a*).

On notera que le TPIY, s'appuyant sur la jurisprudence européenne, se prononce en faveur de la protection des sources d'information et estime que les journalistes ont le droit de ne pas être contraints de témoigner en justice sauf conditions particulières (TPIY, 11 déc. 2002, *Proc. c/ B*, *JCP G*, 2003, II, 10043, note E. Derieux).

**546** Devoirs de la presse. — L'exercice de la liberté de la presse comporte cependant des « devoirs et responsabilités » (art. 10, § 2) auxquels le juge européen est aujourd'hui plus attentif que par le passé (*infra*). Affirmant que les journalistes ne sont pas « en principe déliés, par la protection que leur offre l'article 10, de leur devoir de respecter les lois pénales de droit commun », la Cour énonce le principe que de nos jours, au regard du pouvoir qu'exercent les medias dans la société moderne, « le contrôle du respect de la déontologie journalistique revêt une importance accrue » (*Stoll*, préc. § 102 et 104). Les journalistes ne peuvent se prévaloir de la garantie de l'article 10 qu'à la condition d'agir selon les normes d'un « journalisme responsable » (*Pentikäinen c/Finlande*, 20 oct. 2015, Gr. Ch. ; *JCP G* 2016, doctr. 65, n° 23, F. Sudre ; *infra* n° 548). Il en va d'autant plus ainsi quand le moyen de diffusion a un impact potentiel considérable, tels les moyens audiovisuels.

*2. Contrôle de la nécessité des restrictions*

La Cour européenne organise son contrôle de la nécessité des restrictions à la liberté de la presse autour de trois paramètres principaux (*Stoll*, préc.).

**547** Les intérêts en présence. — La liberté de la presse doit se concilier avec d'autres intérêts légitimes, pris en compte par l'article 10, § 2, mais la Cour européenne a longtemps fait prévaloir la « contribution au débat d'intérêt général » apportée par la presse sur les autres intérêts en présence.

1° *Cet intérêt peut être de nature publique.* La défense de l'ordre (Castells, préc.) ou la protection du pouvoir judiciaire – notion « objective » qui laisse aux États une faible marge d'appréciation (*Sunday Times*, préc., § 59 ; *Observer* et *Guardian c/ Royaume-Uni*, 23 mai 1991, A. 216) – sont ainsi de peu de poids face aux intérêts de la libre discussion de questions d'intérêt public.

Par exemple, la Cour juge contraire à l'article 10 la condamnation pour diffamation prononcée à l'encontre de deux journalistes pour avoir publié une série d'articles qui, critiquant des décisions de justice, mettaient en cause l'impartialité des magistrats, accusés d'avoir favorisé, par amitié ou affinités politiques, l'une des parties à la procédure (*De Haes et Gijsels c/ Belgique*, 24 févr. 1997, *JCP G*, 1998, I, 107, n° 38, chron. F. Sudre). Une solution différente s'impose toutefois, si les critiques excessives avancées manquent de « base factuelle » (*Prager et Oberschlick c/ Autriche*, 26 avr. 1995, A. 313, *RUDH*, 1996, 20, obs. M. Levinet ; *Perna c/ Italie*, 6 mai 2003, Gr. Ch. ; *infra* n° 549).

De même l'obligation, en principe générale et absolue, au secret médical s'incline devant l'exigence de l'information du public (*Plon (Société) c/ France*, 18 mai 2004, *D*, 2004, 1838, note A. Guedj : interdiction de diffusion de l'ouvrage *Le Grand secret* du médecin personnel du président Mitterrand).

* La Cour de cassation semble à l'unisson de cette jurisprudence, qui juge contraire à l'article 10, par défaut de justification, l'interdiction de la publication d'un ouvrage pour assurer la poursuite loyale d'un procès (Cass. 1re civ., 14 juin 2005, *Joly (Mme) c/ Ordre des avocats à la cour d'appel de Paris*, n° 03-17730, *D*, 2005, IR, 1961).

Le délit d'offense publique à chef d'État étranger (art. 36 de la loi du 29 juill. 1881 sur la presse) comme le délit d'offense au Président de la République (art. 26 de la loi de 1881) ne sont pas conciliables avec une telle conception de la liberté de la presse. Le premier est expressément jugé contraire à l'article 10 de la Convention (*Colombani et a. c/ France*, 25 juin 2002, *D*, 2003, 715, note B. Beignier et B. de Lamy), le second implicitement (*Eon c/ France*, 14 mars 2013, *RFDA*, 2013, 594, note N. Droin). Est aussi inconventionnel un régime dérogatoire de protection soustrayant un monarque à la critique en raison de sa fonction ou de son statut (*Otegi Mondragon c/ Espagne*, 15 mars 2011).

* Statuant *in abstracto*, la Cour européenne, dans sa décision *Colombani*, relève que la loi de 1881 accorde aux chefs d'État étrangers un « statut exorbitant du droit commun », qui les soustrait à toute critique et interdit au journaliste, contrairement au droit commun de la diffamation, de prouver la véracité de ses allégations et juge que le délit d'offense ne répond à aucun « besoin social impérieux » et constitue en soi une violation de la liberté d'expression. La loi du 9 mars 2004 (n° 2004-204) portant adaptation de la justice aux évolutions de la criminalité (*JO*, 10 mars 2004, p. 4567) a abrogé l'article 36 de la loi de 1881.

L'arrêt *Eon* n'abord pas de front la conventionnalité du délit d'offense au président de la République mais condamne le principe même de la sanction pénale prononcée pour ce délit. Le délit d'offense au président de la République a été abrogé par l'article 21 de la loi n° 2013-711 du 5 août 2013.

2° *L'intérêt concurrent peut être de nature privée.* La Convention paraît opérer la « neutralisation » réciproque du droit à la liberté d'expression et du droit au respect de la vie privée (art. 8), en autorisant l'État à limiter le premier afin d'assurer la « protection de la réputation ou des droits d'autrui » (art. 10, § 2) [1].

Malgré ce, cette dernière s'incline généralement devant la liberté de la presse (*Barthold c/ Danemark,* 25 mars 1985, A. 90 ; *Thorgeirson*, préc. ; *Bergens Tidende c/ Norvège,* 2 mai 2000), et on regrettera ici que la Cour n'hésite pas à faire prévaloir la liberté de la presse sur « les droits d'autrui » à être protégé contre la discrimination raciale (*Jersild c/ Danemark*, 23 sept. 1994 : reportage télévisé ayant diffusé les propos racistes de jeunes extrémistes).

Comparer avec Com., déc. 6 sept. 1995, *Remer c/ Allemagne*, *D. et R.*, 82 B, p. 117, qui fait primer la nécessité de protéger la réputation et les droits de la communauté juive sur la liberté de diffuser des publications dénotant une discrimination raciale et religieuse. Dans le même sens, Cass. Ass. plén., 16 févr. 2007, *Consistoire central union des communautés juives de France c/ Dieudonné*, n° 06-81785 (*D*, 2007, 1822, obs. S. Ménotti).

Le même sort est réservé aux « droits d'autrui » à la présomption d'innocence (*Du Roy et Malaurie c/ France*, 3 oct. 2000, *RDP*, 2001, 687, obs. M. Levinet).

1. Seule la CADH, dans son article 14, garantit un droit de rectification et de réponse (voir CIADH, AC du 29 août 1986 sur l'opposabilité du droit de réponse ou de rectification, *Série A*, n° 7).

Le juge européen semble vouloir accorder une immunité pénale aux journalistes d'investigation en considérant qu'« il convient d'apprécier avec la plus grande prudence, dans une société démocratique, la nécessité de punir pour recel de violation de secret de l'instruction ou de secret professionnel des journalistes » qui participent à un débat public d'intérêt général (*Dupuis et al. c/ France*, 7 juin 2007, *D*, 2007, 2506, note J.-P. Marguénaud).

* Dans l'affaire *Du Roy et Malaurie*, la Cour considère qu'en raison de son caractère général et absolu, l'interdiction de la loi du 2 juillet 1931, sous peine d'amende, de publier avant décision judiciaire toute information sur des procédures pénales ouvertes sur plainte avec constitution de partie civile entrave de manière totale le droit de la presse à informer le public sur des sujets qui peuvent être d'intérêt public et constitue une violation de l'article 10. La Cour de cassation, qui en jugeait autrement (Cass. crim., 14 juin 2000, *D*, 2001, jur., 515, note P. Pradel), a fait sienne cette solution (Cass. crim., 16 janv. 2001, n° 00-83608, *D*, 2001, 1066, obs. J.F. Renucci). La loi du 2 juillet 1931 a été abrogée par l'article 53 de la loi du 9 mars 2004 (n° 2004-204, préc.).

Plus particulièrement, le juge européen considère que les limites de la critique admissible sont plus larges pour un homme politique, visé en sa qualité de personnage public, que pour un simple particulier (*Lingens c/ Autriche*, 8 juill. 1986, A. 103). Peu importe d'ailleurs la forme même de l'expression, fût-elle injurieuse (*Oberschlick c/ Autriche*, 1er juill. 1997, *RTDH*, 1998, 593, note S. Peyrou-Pistouley), sous réserve cependant que ces propos outranciers nourrissent un débat d'intérêt public et ne visent pas seulement la vie privée de l'homme public (*Tammer c/ Estonie*, 6 févr. 2001).

Si les fonctionnaires doivent être protégés contre des attaques verbales offensantes lorsqu'ils sont en service ou contre l'imputation diffamatoire de faits se rattachant à l'accomplissement de leurs missions (par ex., *Taffin et contribuables associés c/ France*, 18 févr. 2010), les limites de la critique admissible à leur égard dans l'exercice de leurs fonctions officielles peuvent néanmoins être plus larges que pour un simple particulier, notamment lorsque cette critique s'inscrit dans un débat d'intérêt général (*Mamère*, préc., § 27 ; *Thoma c/ Luxembourg*, 29 mars 2001, § 41, *RTDH*, 2002, 210, note D. Spielmann ; dans le même sens, Cass. crim., 12 mai 2009, n° 08-85.732, *JCP G*, 2009, n° 441, p. 54, obs. B, de Lamy).

Le « passage du temps » semble être pour le juge européen un instrument de mesure de la proportionnalité de l'ingérence. Si l'interdiction temporaire de diffusion prise en référé d'un ouvrage publié quelques jours après le décès d'un personnage public peut passer pour nécessaire à la protection des droits d'autrui, l'atteinte à la mémoire du défunt étant particulièrement forte, la mesure de maintien perpétuel de cette interdiction, intervenue plus de neuf mois plus tard, ne correspond plus à un « besoin social impérieux », la vivacité de l'atteinte s'étant estompée (*Plon (Société) c/ France*, 18 mai 2004, préc.).

3° *La conciliation des intérêts.* Une plus juste appréciation par le juge européen de la conciliation nécessaire entre la liberté d'expression, trop longtemps surprotégée, et le droit à la réputation – protégé au titre de la « vie privée » –, trop longtemps négligé, est aujourd'hui à l'œuvre. D'une part, en l'absence de contribution de la presse à un débat d'intérêt général, les exigences de la protection de la vie privée prévalent (*Von Hannover c/ Allemagne*, 24 juin 2004, *supra*, n° 473), sous réserve toutefois que les informations publiées ne soient pas de caractère exclusivement publicitaire (*Hachette Filipacchi Associés (« Ici Paris ») c/ France*, 23 juill. 2009, *JCP G*, 2010, doctr. 70, obs. F. Sudre).

Pour des exemples de protection de la vie privée : *Leempoel et SA ED Cine revue c/ Belgique*, 9 nov. 2006 ; *Standard Verlags GmbH c/ Autriche (n° 2)*, 4 juin 2009 ; *Krone Verlag GmbH c/ Autriche*, 19 juin 2012.

D'autre part, lorsqu'une question d'intérêt général est bien en cause, le rééquilibrage de l'analyse du juge européen en faveur d'une protection renforcée du droit à la réputation ou des droits d'autrui face aux excès de la liberté de la presse est manifeste, sans être systématique (*Dupuis et al.*, 7 juin 2007, préc.). En témoignent les arrêts *Tourancheau et July c/ France* (24 nov. 2005) et *Bedat c/Suisse* (29 mars 2016, Gr. Ch.), pour la protection de la présomption d'innocence, *Hachette Filipacchi Associés c/ France* (14 juin 2007), pour la protection de l'image, *Lindon, Otchakovsky-Laurens et July c/ France* (22 oct. 2007), pour la protection de la réputation d'autrui.

Dans le premier arrêt (*JCP G*, 2006, II, 10076, note E. Derieux ; *supra*, n° 414) la Cour juge que l'intérêt du public à recevoir des informations sur le déroulement d'une procédure pénale et la culpabilité des personnes mises en examen alors même que l'information judiciaire est en cours ne saurait l'emporter sur le droit à la présomption d'innocence ; il en va de même dans le deuxième, où la Cour insiste sur la nécessité d'assurer la protection du secret de l'instruction (aussi, *Ruokanen c/ Finlande*, 6 avr. 2010, *D* 2010, 2409, note L. François ; dans le même esprit, Cass. crim., 25 oct. 2005, n° 05-81457 ; Crim., 12 juin 2007, n° 06.87. 361, *JCP G*, 2007, II, 10159, note F. Fourment, C. Michalski, P. Piot). Dans le troisième (*D*, 2007, 2777, obs. C. Bigot), elle juge que, en publiant la photo du préfet Érignac assassiné, *Paris-Match* n'a pas fait « preuve de prudence et de précaution » et, avivant le traumatisme des proches de la victime, a porté atteinte à leur droit au respect de la vie privée (§ 48-49). Dans le dernier arrêt (*JCP G*, 2007, II, 10193, note E. Derieux), la Cour souligne que la réputation de l'homme politique, « fut-il controversé », doit bénéficier de la protection de la Convention et que l'on ne peut y porter atteinte par des déclarations diffamatoires ne reposant sur aucune base factuelle.

Voir aussi, dans la même ligne : *Egeland et Hanseid c/ Norvège*, 16 avr. 2009 (protection de l'image).

* La Cour de cassation souscrit, d'une manière générale, à cette jurisprudence. Ainsi, en jugeant qu'au regard de l'article 10 « la protection de la réputation d'un homme politique doit être conciliée avec la libre discussion de son aptitude à exercer les fonctions pour lesquelles il se présente au suffrage des électeurs » (allégations de torture en Algérie, Cass. Ch. mixte, 24 nov. 2000, n° 97-81554, *Bull. crim.*, n° 204) ou en vérifiant le caractère nécessaire et proportionné à l'impératif du droit au respect de la vie privée (Cass. crim., 5 déc. 2000, *Sté Agence A. et al.*, n° 00-85695, *JCP G*, 2001, II, 10615, note P. Conte ; dans le même sens, Cass. 1re civ., 30 mai 2000, *Sté Prisma presse*, n° 98-20633, *D*, 2001, 1571, note J. Ravanas) ou du droit à la présomption d'innocence (Crim. 30 oct. 2006, n° 06-85. 693, *D*, 2007, 1240, note A. Guedj), de perquisitions effectuées au siège d'une entreprise de presse et d'une agence photographique

Le juge judiciaire a manifestement bien intégré la technique de la « balance des intérêts en présence », particulièrement dans le cadre du contentieux de la protection des droits de la personnalité : « Les droits au respect de la vie privée et à la liberté d'expression, revêtant eu égard aux articles 8 et 10 de la Convention européenne et 9 du Code civil, une identique valeur normative, font ainsi devoir au juge saisi de rechercher leur équilibre et, le cas échéant, de privilégier la solution la plus protectrice de l'intérêt le plus légitime » (Cass. 1re civ., 9 juill. 2003, *SA Figaro et al. c/ V.*, n° 00-20289, *D*, 2004, 1633, obs. C. Caron ; aussi, Cass. 1re civ., 23 avril 2003, *SA Cogedipresse c/ Mme Grimaldi*, n° 01-01851, *JCP G*, 2003, I, 10085, note J. Ravanas ; Cass. 1re civ., 30 sept. 2015, n° 14-16273, *JCP G* 2015, note 1385, P, Ducoulombier).

Il en va de même de la notion de « contribution au débat d'intérêt général » qu'il utilise pour légitimer une atteinte au respect de la vie privée ou de la réputation (Cass. 1re civ., 24 oct. 2006, *Express-Expansion et al. c/ J. Copin et al.*, n° 04-

16. 706, *D*, 2007, 2776, obs. L. Marino ; Crim, 11 mars 2009, n° 06-84.712, *D* 2008, 2256, note J, Lapousterie) et favoriser le recul des limites posées à l'admission de l'excuse de bonne foi en matière de diffamation (Crim. 8 avr. 2014 n° 12-88095 et Crim, 6 mai 2014, n° 12-87789, *D.* 2014, 1423, obs. G. Barbier). Il est notable que la Chambre commerciale recourt à cette notion pour concilier la liberté d'expression avec l'obligation de confidentialité protégeant les procédures de mandat ad hoc et de conciliation (Com., 15 déc. 2015, n° 14-11500, JCP G 2016, 216, note G. Loiseau).

Se situe également dans l'esprit de la jurisprudence européenne, l'affirmation que la « liberté de communication des informations autorise la publication d'images des personnes impliquées dans un événement, sous la seule réserve du respect de la dignité de la personne humaine » (Cass. 1re civ., 20 févr. 2001, *Société Hachette Filipacchi associés*, n° 98-23471, *JCP G*, 2001, II, 10533, note J. Ravanas, publication de la photographie d'une victime de l'attentat du RER ; aussi Cass. 1re civ., 20 déc. 2000, *Sté Cogedipresse et al. c/ Mme Marchand, Vve Érignac*, n° 98-13875, *JCP G*, 2001, II, 10488, concl. J. Sainte-Rose, note J. Ravanas ; Cass. 2e civ., 4 nov. 2004, *Sté Hachette Filipacchi*, n° 03-15397, *D*, 2005, 696, note I. Corpart ; *supra*, n° 474).

Cependant, la grille de critères élaboré par la Cour européenne (*Von Hannover c/ Allemagne n° 2,* 7 févr. 2012, Gr. Ch., *Alex Springer AG c/ Allemagne*, 7 févr. 2012, Gr. Ch.) pour procéder à la mise en balance des intérêts concurrents – liberté de la presse/vie privée, liberté de la presse / présomption d'innocence (*Bedat c/Suisse*, préc.) – laisse aux autorités nationales une liberté d'appréciation qui ne semble guère protectrice des droits d'autrui dès lors que le juge européen a une conception fort laxiste de la notion de « débat d'intérêt général » (voir, *supra*, n° 474).

La Cour a énoncé six critères : *supra*, n° 474.

Selon elle, contribuent à un « débat d'intérêt général » la publication de photographies donnant à voir la maladie du prince Rainier de Monaco (1° arrêt), d'un article consacré à l'arrestation en public d'un acteur de télévision connu pour possession de cocaïne (2° arrêt) ou encore d'un article sur la tendance des personnes célèbres de mettre leur résidence de vacances en location (*Von Hannover c/ Allemagne n° 3*, 19 sept. 2013) !

**548** LE RESPECT DES RÈGLES DÉONTOLOGIQUES. — La prise en compte réelle (et novatrice) des « devoirs et responsabilités » inhérents à la liberté d'expression (*Hachette Filipacchi*, prec. ; *Lindon et al.*, préc.) conduit désormais le juge européen à placer l'exercice de mise en balance des intérêts en présence – liberté de la presse / intérêt public ou privé concurrent – sous l'empire du respect des normes du « journalisme responsable » (*Pentikäinen c/ Finlande*, 20 oct. 2015, Gr. Ch, *supra* n° 546).

1° Cette notion couvre d'abord le contenu des informations qui sont recueillies et/ou diffusées par des moyens journalistiques. Le journaliste doit agir « de bonne foi de manière à fournir des informations exactes et dignes de crédit dans le respect de la déontologie journalistique » (*Radio France c/ France*, 30 mars 2004, § 37 ; Stoll, préc. § 104).

Cela implique de formuler des jugements de valeur reposant sur une « base factuelle suffisante », de prendre une « certaine distance » avec les témoignages fournis, de ne pas dissimuler, modifier, déformer, tronquer ces témoignages, de fournir plusieurs points de vue, de ne pas chercher « à tromper le public » (*De Carolis et France Télévisions c/ France*, 21 janv. 2016, §§ 57-61 ; *JCP G* 2016, act. 166, H. Surrel).

La protection de la réputation et des droits d'autrui justifiera alors, au regard de l'article 10, la sanction des abus commis, sous forme, généralement, de condamnations pour diffamation (*Radio France c/ France*, 30 mars 2004 : diffusion « en boucle » d'une information inexacte imputant des faits d'une extrême gravité à un fonctionnaire ; aussi, *Pedersen et Baadsgaard c/ Danemark*, 17 déc. 2004, Gr. Ch. : allégations non étayées de deux journalistes TV selon lesquelles un commissaire de police aurait dissimulé des preuves dans une affaire de meurtre).

Le juge européen en vient, de manière novatrice, à exercer un contrôle sur la forme des publications (utilisation des citations, vocabulaire, mise en page, précision) et semble ainsi vouloir réduire la sphère d'impunité offerte à la liberté de la presse par l'article 10, qui, de jurisprudence constante, couvrait non seulement la substance des informations exprimées mais aussi « leur mode d'expression », incluant la forme même de l'expression (*Oberschlick*, préc.).

Dans l'affaire *Stoll* (préc.), la Cour considère que « la forme tronquée et réductrice des articles en question », de nature à induire en erreur les lecteurs, « a réduit considérablement l'importance de leur contribution au débat public » (§ 152). Pour une exemple contraire, voir *De Carolis* (préc.).

Cela suppose également que le mode d'obtention des informations ne soit pas contraire aux règles déontologiques de la profession (ainsi, pour l'utilisation d'une caméra cachée dans le cadre d'un reportage télévisé, *Haldimann et a. c/Suisse*, 24 févr. 2015).

2° La notion de « journalisme responsable » « englobe aussi, entre autres, la licéité du comportement des journalistes du point de vue notamment (...) de leurs rapports publics avec les autorités dans l'exercice de leurs fonctions journalistiques » (*Pentikäinen*, § 90). La Cour précise que le journaliste qui choisit de faire prévaloir son obligation professionnelle de recueillir et de diffuser des informations sur son devoir de respecter les lois pénales de droit commun « doit savoir qu'il s'expose à des sanctions juridiques, notamment pénales, s'il refuse d'obtempérer à des ordres légaux émanant entre autres de la police » (*Pentikäinen*, § 110 ; *Bedat c/ Suisse,* 29 mars 2016, Gr. Ch., § 50).

Ainsi, la Cour juge compatible avec l'article 10 une sanction pénale punissant la divulgation d'informations confidentielles protégées par le secret de l'instruction (*Bedat*, § 81, préc.).

**549** LES SANCTIONS. — Les sanctions frappant la presse doivent être rigoureusement proportionnées et centrées sur les affirmations ayant effectivement outrepassé les limites de la critique admissible. Il y a lieu de distinguer ici entre allégations de fait, dont la matérialité peut se prouver, et jugement de valeur qui, par définition, ne se prête pas à une démonstration de son exactitude. Les premières excèdent les limites de la critique admissible si l'existence des faits n'est pas établie, sous réserve que la personne poursuivie ait eu la possibilité de faire valoir l'*exceptio veritatis.* Le second doit bénéficier de la protection de l'article 10 dès lors qu'il n'est pas dépourvu de toute base factuelle (*Lingens*, préc.). D'une manière générale, les sanctions adoptées en droit interne pour protéger la réputation d'autrui ne doivent pas avoir un effet dissuasif propre à empêcher la presse de remplir son rôle « d'alerte du public », sauf à enfreindre l'article 10 CEDH. Cela implique que les indemnités octroyées pour diffamation par voie de presse ne soient pas disproportionnées au regard de l'atteinte causée à la réputation (*Tolstoy Miloslavskyc/ Royaume-Uni,* 13 juill. 1995, A. 323). *A fortiori*, une peine de prison, qui, par sa nature même, produit immanquablement « un effet dissuasif », n'est compatible avec la liberté d'expression journalistique que « dans des circonstances exceptionnelles », notamment lorsque d'autres droits fondamentaux ont été gravement atteints ; ce qui, manifestement, n'inclut pas, pour le juge européen, le droit à l'honneur mais semble concerner « la diffusion d'un discours de haine ou d'incitation à la violence » (*Cumpana et Mazare c/ Roumanie*, 17 déc. 2004, Gr. Ch.).

L'appréciation faite par la Cour du caractère disproportionné de la sanction semble, pour le moins, aléatoire puisqu'elle estime « dissuasive » la condamnation au civil pour délit de diffamation envers la communauté des chrétiens d'un journaliste à 1 F de dommages et intérêts et à la publication à ses frais dans un journal d'audience nationale d'un communiqué mentionnant le délit (*Giniewski c/ France*, 31 janv. 2006) mais non des dommages et intérêts d'un montant alloué trois fois supérieurs au montant le plus élevé jamais octroyé par le juge national dans des affaires comparables (*Independent News and Media PLC et al. c/ Irlande*, 16 juin 2005).

Le CDH prend aussi en considération l'« effet dissuasif » de la sanction (n° 909/2000, *Kankanamge c/ Sri-Lanka*, déc. 29 juill. 2004, *A/59/40*, vol. II, 2004, 77).

* De manière remarquable, au seul visa de l'article 10 de la CEDH, la Cour de cassation, infléchissant sa jurisprudence antérieure selon laquelle « les abus de la liberté d'expression prévus et réprimés par la loi du 29 juillet 1881 ne peuvent être réparés sur les fondements de l'article 1382 du code civil » (Ass. plén. 12 juillet 2000, n° 98-10.160 et 98-11.155, *D* 2000, 463, obs. P. Jourdain) évince totalement l'article 1382 et le jeu de la responsabilité civile de droit commun du champ de la liberté d'expression et juge que « la liberté d'expression est un droit dont l'exercice revêt un caractère abusif dans les cas spécialement déterminés par la loi » (Civ. 1re, 10 avr. 2013, n° 12-10177, *D* 2014, 131, note C. Bigot ; aussi, Civ. 1re, 22 janv. 2014, n° 12-35.264, *JCP G* 2014, note 384, E. Raschel). Ne visant plus la loi de 1881, la Cour de cassation substitue la notion d'abus de droit à l'article 1382 du code civil « comme moyen de limiter, par la responsabilité civile, l'exercice de la liberté d'expression » (G. Viney, La sanction des abus de la liberté d'expression, *D* 2014, 787).

### *B – Les limites aux autres aspects de la liberté de communiquer des informations et des idées*

**550** Quand la liberté de la presse n'est pas en cause, le contrôle de la Cour tend, au contraire, à se réduire devant la large marge d'appréciation reconnue aux autorités nationales, la Cour se contentant, en règle générale, de vérifier si est plausible ou raisonnable l'appréciation faite par ces dernières de la nécessité des restrictions, sous réserve que celles-ci soient bien « prévues par la loi ».

Tel n'est pas le cas dans *Yildirim c/ Turquie* (18 déc. 2012) : blocage total de l'accès à *Google Sites* (*JCP* G 2013, act. 59, H. Surrel).

**551** PROTECTION DE L'ORDRE PUBLIC. — 1° Il en va ainsi que ces restrictions soient fondées sur la protection de la sécurité nationale (Com., Rapp. 12 oct. 1979, *Arrowsmith c/ Royaume-Uni, D. et R.*, 19, p. 5 ; *Hadjianastassiou c/ Grèce*, 16 déc. 1992, A. 252, § 75), sur la défense de l'ordre (*Chorherr c/ Autriche*, 25 août 1993, A. 266 B, § 32 : arrestation et garde à vue d'une personne ayant distribué des tracts antimilitaristes pendant un défilé militaire) [1].

2° L'État dispose également d'une grande latitude en matière de protection de la morale. Le pluralisme interdit en effet de concevoir « une notion européenne uniforme de la morale », les exigences de la morale variant dans le temps et dans l'espace (*Handyside c/ Royaume-Uni*, 7 déc. 1976, § 48, *GACEDH*, n° 7 : saisie et destruction de livres pornographiques destinés à la jeunesse) [2], particulièrement en matière de morale sexuelle (*Müller et autres c/ Suisse*, 24 mai 1988, § 36, *GACEDH*, n° 59 : exposition de tableaux obscènes et confiscation). La Cour borne heureusement la marge d'appréciation de l'État par la notion de « patrimoine littéraire européen », considérant qu'un État ne saurait interdire « l'accès du public d'une langue donnée (…) à une œuvre figurant dans le patrimoine littéraire européen » (*Akdas c/ Turquie*, 16 févr. 2010, § 30).

1. Pour une ingérence non justifiée par la protection de la sécurité nationale, voir CDH, n° 518/1992, *Jong-Kyu Sohn c/ République de Corée*, déc. 19 juillet 1995 (*A/50/40*, vol. II, p. 104).
2. Voir l'interprétation similaire par le CDH de l'article 19 du PIDCP, n° 61/1979, *A/39/40*, § 617.

Était en cause dans cette affaire, l'ouvrage, jugé obscène par le juge national, d'Apollinaire, *Les onze mille verges.*

Dans sa décision *Open Door et a. c/ Irlande* du 29 octobre 1992, la Cour a, pour la première fois, sanctionné une ingérence à la liberté d'expression fondée sur la protection de la morale, abandonnant, à cette occasion, son habituel contrôle restreint (A. 246 A : interdiction faite à des associations de communiquer des informations sur les possibilités d'avortement à l'étranger ; *RFDC*, 1993, 216, note F. Sudre ; *RTDH*, 1993, 335, note F. Rigaux).

* En visant l'article 10 de la CEDH, le Conseil d'État juge que le film *Baise-moi* constitue « un message pornographique et d'incitation à la violence susceptible d'être vu ou perçu par des mineurs », justifiant son inscription sur la liste des *films X* (CE, 30 juin 2000, *Assoc. Promouvoir*, *RFDA*, 2001, 1311). Il juge également compatible avec l'article 10 le régime d'interdiction des films au moins de 18 ans (CE, 6 oct. 2008, n° 311017, *Société Cinéditions*, *AJDA*, 2009, 544, note M, Le Roy).

3° La protection de la bonne administration de la justice peut également justifier des restrictions à la liberté d'expression des avocats, dont la Cour note qu'ils occupent une « position centrale dans l'administration de la justice » et qu'ils peuvent se prononcer publiquement sur le fonctionnement de la justice, sous réserve que leur critique reste dans certaines limites (*Schöpfer c/ Suisse*, 20 mai 1998 : condamnation disciplinaire d'un avocat pour avoir tenu une conférence de presse dénonçant la violation des droits de l'homme par les autorités judiciaires locales). Mais il convient de distinguer selon que la liberté de parole de l'avocat s'exerce dans le prétoire ou hors du prétoire (*Morice c/ France*, 23 avr. 2015, Gr. Ch., *D* 2016, 230, obs, J-F. Renucci).

Dans le prétoire, le principe, énoncé par l'arrêt *Nikula c/Finlande* (21 mars 2002, n° 31611/96, cette chron., *JCP G* 2002, I, 157, n° 16, chron. F. Sudre ; *Steur c/ Pays-Bas*, 28 oct. 2003 ; *Kyprianou c/Chypre*, 15 déc. 2005, Gr. Ch ; *Bono c/France*, 15 déc. 2015, *JCP G* 2016, 238, note J.-P. Marguénaud), est que ce n'est que dans « des cas exceptionnels » qu'une restriction à la liberté d'expression d'un avocat de la défense peut passer pour nécessaire dans une société démocratique, la Cour faisant ici valoir que le principe de l'égalité des armes milite en faveur d'un libre débat entre les parties et que l'avocat de la défense a le devoir « de défendre avec zèle les intérêts de ses clients » (§ 54).

En dehors de l'audience, la Cour réserve l'hypothèse où les propos de l'avocat peuvent, dans certaines circonstances (intervention dans la presse, dans un journal télévisé), participer de la mission de défense du client et bénéficier d'une protection spécifique (*Mor c/ France*, 15 déc. 2011, *D*, 2012, 667, note L. François). Hors ce cas, elle refuse de faire bénéficier l'avocat d'une protection fonctionnelle renforcée, similaire à celle des journalistes et soumet alors la liberté d'expression de l'avocat exercée hors du prétoire au régime de droit commun. Il s'agit alors de savoir à titre principal si les propos tenus reposent sur « une base factuelle » suffisante et s'inscrivent dans le cadre d'un « débat d'intérêt général », sur le fonctionnement de la justice (*Morice*, préc.).

* Tel est le cas dans l'affaire *Morice,* où la Cour juge disproportionnée la condamnation pénale de l'avocat de la veuve du juge Borel pour complicité de diffamation du fait de graves accusations formulées dans un article publié dans *Le Monde* à l'encontre d'un juge d'instruction (pour un exemple contraire, *Peruzzi c/ France*, 30 juin 2015).

Est en phase avec cette jurisprudence la Cour de cassation jugeant que ne bénéficient pas de la protection de l'article 10, les propos d'un avocat *« ad nominem* et manifestant exclusivement une animosité personnelle, sans traduire une idée, une opinion ou une information susceptible d'alimenter une réflexion ou un débat d'intérêt général » (Cass. 1re civ., 28 mars 2008, n° 05-18.598, *JCP G*, 2008, II, 10123, note J. Lefèbvre ; Cass. 1re civ, 10 sept. 2015, n° 14-24208).

**552** PROTECTION DE LA RÉPUTATION ET DES DROITS D'AUTRUI. — 1° Le même raisonnement vaut s'agissant de la protection de la réputation et des droits d'autrui *en matière deconcurrence déloyale et de publicité commerciale* (*Markt Intern Verlag GmbH c/ Allemagne*, 20 nov. 1989, A. 165, § 33 ; *Casado-Coca c/ Espagne*, 24 févr. 1994, A. 285, § 50)[1].

Se prévalant du consensus européen en matière d'interdiction de la publicité en faveur du tabac, la Cour considère que les exigences de la protection de la santé publique justifient des restrictions à la liberté d'expression (*Hachette Filipacchi Presse Automobile et Dupuy c/ France*, 5 mars 2009). La Cour laisse à l'État une large marge d'appréciation pour réglementer l'affichage sur le domaine public, notamment lorsqu'est en cause le discours quasi-commercial d'un mouvement sectaire (*Mouvement raëlien c/ Suisse*, 13 juill. 2012, Gr. Ch., *JCP G* 2012, act. 971,

1. Le contrôle du CDH semble plus strict (n[os] 359 et 385/1989, *McIntyre et autres c/ Canada*, déc. 31 mars 1966, *RUDH*, 1993, p. 156, § 11 : interdiction, affectant les citoyens québécois anglophones, de l'affichage commercial extérieur dans une langue autre que le français).

La CJCE fait une application fidèle de la jurisprudence *Markt Intern Verlag* (CJCE, 25 mars 2004, *Karner*, C-71/02, *DCDF* n° 55).

* La Cour de cassation, étendant également à la publicité commerciale la protection de l'article 10, est arrivée à une conclusion similaire au terme d'une appréciation très sommaire de la nécessité de la mesure (Cass. crim., 19 nov. 1997, n° 96-82625, *D*, 1998, Jur., p. 613, note J.-C. Galloux ; Cass. crim., 18 mars 2003, n° 02-83015, *JCP G*, 2003, IV, 1907).

Il n'en va autrement dans ce dernier domaine jugé « complexe et fluctuant » que si le discours litigieux n'est pas strictement commercial mais participe d'un débat touchant à l'intérêt général, par exemple la santé publique (*Hertel c/ Suisse*, 25 août 1998, *D*, 1999, somm. 239, note M.-L. Niboyet), les nouvelles technologies médicales (*Stambuck c/ Allemagne*, 17 oct. 2002, *JCP G*, 2003, I, 109, n° 20, chron. F. Sudre), le débat historique (*Lehideux et Isorni c/ France*, 23 sept. 1998), ou la protection des animaux (*VGT Verein Gegen Tierfabricken c/ Suisse*, 28 juin 2001, § 51).

Dans l'arrêt *VGT*, la Cour juge disproportionné le refus, fondé sur l'interdiction législative de la publicité « politique » payante à la radio et la télévision, de diffuser le message publicitaire d'une association concernant la protection et les modalités d'élevage des animaux. Se prévalant de l'absence de consensus européen en la matière, son arrêt *Animal Defenders International c/ Royaume-Uni* revient fâcheusement sur cette solution dans une affaire semblable (Gr. Ch., 22 avr. 2013, *JEDH*, 2014, n° 1, p. 3, note P. Ducoulombier).

* D'une « conventionnalité » douteuse est l'arrêt de la Cour de cassation jugeant que la condamnation pour délit de provocation à la discrimination à raison de l'origine et de l'appartenance nationale d'un groupe de personnes – les producteurs et fournisseurs israéliens – (art. 24 al.8 de la loi de 1881) de manifestants appelant au boycott des produits venant d'Israël est une restriction à la liberté d'expression justifiée par l'article 10 § 2 au titre de la défense de l'ordre et de la protection des droits d'autrui (Crim., 20 oct. 2015, n° 14-80020 ; *JCP G* 2015, note 1356, F. Dubuisson et G, Poissonnier).

2° Une démarche similaire est suivie pour la protection de la réputation et des droits d'autrui *en matière de création artistique* et, plus précisément, pour la protection des convictions religieuses contre des attaques offensantes.

Voir : *Otto-Preminger-Institut c/ Autriche*, 20 sept. 1994, A. 295 A, *RUDH*, 1994, 441, obs. P. Wachsmann : saisie et confiscation d'un film dénigrant de manière injurieuse la religion catholique ; *Wingrove c/ Royaume-Uni*, 25 nov. 1996, *RTDH*, 1997, 713, note J.M. Larralde : vidéo à caractère pornographique censée s'inspirer de la vie de Sainte Thérèse d'Avila).

a) Le juge européen prend en compte, au titre des « droits d'autrui », « le droit pour les citoyens de ne pas être insultés dans leurs sentiments religieux », et met en balance deux libertés fondamentales, la liberté d'expression et la liberté de religion (aussi, *I. A. c/ Turquie*, 13 sept. 2005, *AJDA*, 2006, 472, chron. J.F. Flauss : roman injuriant la religion musulmane et le Prophète). Soulignant qu'« il n'est pas possible de discerner à travers l'Europe une conception uniforme de la religion dans la société » (*Otto-Preminger-Institut*, préc., § 50), il reconnaît à l'État une ample marge d'appréciation en la matière.

Compte tenu de la diversité des traditions culturelles et religieuses des États parties, on peut s'interroger sur la pertinence d'une telle démarche qui postule, implicitement du moins, une conception commune dans le domaine des croyances sur la vie humaine. De plus, il est également étonnant que la Cour ne prenne pas en considération, lorsque la protection des croyances religieuses est en cause, l'impact potentiel du message en fonction du support utilisé (film, cassette vidéo, roman) et le public susceptible d'être touché par celui-ci, ainsi qu'elle le fait lorsque la sécurité publique est en question (*supra*), pour apprécier la proportionnalité de la mesure.

* La position du juge interne, qui distingue entre injure (expression gravement offensante pour autrui) et blasphème et considère qu'il appartient à un État laïc de poursuivre l'injure mais non le blasphème, nous semble plus satisfaisante (Cass. 1re civ., 14 nov. 2006, *Sté GIP c/ Association Croyances et libertés et a*, n° 05-15822, *Gaz Pal.*, 10-12 déc. 2006, note G. Gonzalez : une affiche publicitaire parodiant la Cène ne constitue pas une injure faite aux sentiments religieux et à la foi des catholiques ; *contra*, CA Paris, 8 avr. 2005, *D*, 2005, 1326, note P. Rolland).

On notera, toutefois, que la satire bénéficie d'une protection particulière.

Selon le juge européen, « la satire constitue une forme d'expression artistique et de commentaire social qui, par l'exagération et la distorsion de la réalité, revêt un caractère délibérément provocateur », qui suppose d'examiner « avec un soin particulier » toute atteinte au droit d'un artiste de recourir à un semblable mode d'expression (*Vereinigung Bildender Künstler c/ Autriche,* 25 janv. 2007, § 33 : interdiction faite à une galerie d'art contemporain d'exposer un tableau qui était un collage de plusieurs personnalités publiques, mêlant hommes politiques autrichiens et personnages religieux, dont Mère Teresa, s'adonnant à des activités sexuelles ; aussi, *Alves da Silva c/ Portugal,* 20 oct. 2009).

* La Cour de cassation fixe les limites de l'expression satirique en considérant que celle-ci méconnaît le droit au respect de la vie privée d'un enfant, dès lors que celui-ci est identifiable, en exploitant sa filiation à des fins de caricature politique (Civ. 1re, 20 mars 2014, n° 13-16.829, *JCP G* 2014, note 579, A. Latil).

b) Il semble, d'une manière générale, que le juge européen voit dans une mesure d'interdiction absolue, interdisant tout accès à l'information litigieuse, une ingérence disproportionnée dès lors que ladite information n'est pas destinée au grand public.

En ce sens, *Open Door,* préc., § 73 et 75 ; Com., Rapp. 14 janv. 1993, *Scherer c/ Suisse,* § 65 ; *Vereinigung Bildender Künstler,* préc. ; *a contrario, Müller,* préc., § 36, *Otto-Preminger-Institut,* 20 sept. 1994, préc., où l'appréciation de la « publicité » de l'œuvre litigieuse est très contestable, § 54).

3° La large marge d'appréciation des autorités nationales est en principe de règle en matière de protection des droits d'autrui *dans le cadre des relations de travail.* La Cour européenne juge en effet que l'existence d'une question d'intérêt général pour les travailleurs de l'entreprise ne saurait justifier des expressions insultantes et injurieuses au sein du milieu professionnel (*Palomo Sanchez et a. c/ Espagne,* 12 sept. 2011, Gr. Ch., *JCP G,* 2011, act. 1050, G. Gonzalez).

En l'espèce, se rangeant derrière l'appréciation des juridictions nationales, la Cour estime que le licenciement définitif sans préavis de syndicalistes qui, dans le cadre d'un dur litige social, ont publié dans un bulletin d'information syndical des dessins et articles constituant des attaques offensantes et outrancières à l'égard du personnel de direction de l'entreprise, n'est pas « une sanction manifestement disproportionnée » (§ 76). Au vu de cette jurisprudence la liberté d'expression syndicale semble bien être une liberté de second rang (voir, cependant, *Vellutini et Michel c/ France,* 6 oct. 2011, *JCP G,* 2011, act. 1134, K. Grabarczyck).

Toutefois, le juge européen renforce la protection du salarié lorsque celui-ci a usé de sa liberté d'expression pour dénoncer, dans l'intérêt du public, les dysfonctionnements de son entreprise ou de son service (*Heinisch c/ Allemagne*, 21 juill. 2011, *JCP G*, 2012, doctr. 87, F. Sudre).

Faisant prévaloir la liberté d'expression du salarié sur la protection de la réputation de l'employeur, la Cour juge que le licenciement sans préavis d'une infirmière en gériatrie pour avoir dénoncé les carences des soins administrés constitue une violation de l'article 10 (voir, *mutatis mutandis*, *Guja c/ Moldavie*, 12 févr. 2008, *infra*, n° 553).

**553** INTERNET. — Prenant en considération « la nature particulière de l'Internet », dont elle estime qu'il constitue « un outil sans précédent d'exercice de la liberté d'expression », la Cour européenne considère que « les "devoirs et responsabilités" que doit assumer un portail d'actualités sur Internet aux fins de l'article 10 peuvent dans une certaine mesure différer de ceux d'un éditeur traditionnel en ce qui concerne le contenu fourni par des tiers » (*Delfi AS c/ Estonie*, 16 juin 2015, Gr. Ch., §§ 110 et 113, JCP G 2015, act, 798, K. Blay-Grabarczyk). La jurisprudence européenne met clairement en évidence une ligne de partage qui tient à la question de savoir si les commentaires laissés par les internautes véhiculent (*DelfisAS*, préc) ou non [1] un discours de haine et de violence, la responsabilité des portails d'actualité sur Internet ne paraissant pouvoir être engagée à raison du contenu mis en ligne par des tiers que lorsqu'ils ne prennent pas de mesures pour retirer les commentaires clairement illicites sans délai après leur publication.

La Cour analyse la condamnation en droit interne du portail d'actualité (pour diffamation, en règle générale) en une ingérence dans son droit de communiquer des informations, dont elle apprécie la proportionnalité au regard de trois critères : le contexte des commentaires, les mesures prises pour empêcher la publication des commentaires litigieux, les conséquences des commentaires et des sanctions pour chacune des parties.

1. *Magyar Tartalomszolgàltatok Egyesülete et Index.hu Zrt c/ Hongrie*, 2 févr. 2016.

**554** AGENTS PUBLICS. — La marge nationale d'appréciation est également substantielle quant aux restrictions à la liberté d'expression des fonctionnaires, le juge européen se montrant alors attentif aux « devoirs et responsabilités » particuliers de ces derniers (art. 10, § 2), notamment des hauts fonctionnaires dont le droit de critique à l'égard de leur administration est réduit (De *Diego Nafria c/ Espagne*, 14 mars 2002). Malgré cette obligation de discrétion, les fonctionnaires (y compris des magistrats) se voient reconnaître le droit, protégé par l'article 10, « de signaler des conduites ou actes illicites constatés par eux sur leur lieu de travail », eu égard à l'intérêt des citoyens de prendre connaissance de tels actes (*Guja c/ Moldavie*, 12 févr. 2008, Gr. Ch., *RTDH*, 2009-77, 227, note V. Junod ; *Kayasu c/ Turquie*, 13 nov. 2008). La Cour s'engage ainsi dans la voie de la protection des « lanceurs d'alerte » par le biais de l'article 10.

Ceci sous réserve de certaines conditions : absence d'autres moyens pour procéder à la divulgation ; intérêt public et authenticité des informations divulguées ; le poids respectif du dommage causé à l'autorité publique par la divulgation et de l'intérêt du public à l'obtenir ; bonne foi de l'intéressé ; sévérité de la sanction. Voir *Heinisch*, préc. ; *Bucur et Toma c/ Roumanie*, 8 janv. 2013, *RTDH* 2014-98, 459, note V. Junod ; *Görmüs c/Turquie*, 19 janv. 2016).

* Au visa de l'article 10, la Cour de cassation juge que le licenciement d'un salarié lanceur d'alerte, agissant de bonne foi, porte atteinte à sa liberté d'expression et est nul (Soc., 30 juin 2016, n° 15-10.557).

L'obligation de réserve imposée aux fonctionnaires s'analyse également comme une obligation de neutralité politique.

Le juge européen admet ainsi que l'État dispose d'une « certaine marge d'appréciation » pour réglementer l'activité politique de certaines catégories de fonctionnaires locaux dans le but d'assurer la neutralité politique de l'administration locale (*Ahmed et autres c/ Royaume-Uni*, 2 sept. 1998) ou encore des membres des forces armées (*Rekvenyi c/ Hongrie*, 20 mai 1999, Gr. Ch., *RTDH*, 2000, 107, note J. Callewaert). Il est regrettable que, dans cette décision, la Cour n'hésite pas à prendre en compte la situation particulière des anciens pays communistes pour juger que l'interdiction faite par la Constitution hongroise aux membres des forces armées, des services de police et de sécurité de se livrer à « des activités politiques » ne constitue pas une ingérence disproportionnée dans la liberté d'expression des policiers dans le « contexte historique précis » de la transition démocratique (§ 48).

C'est, plus généralement, une obligation de loyauté politique qui s'impose aux membres de la fonction publique, l'État démocratique étant en droit de faire respecter par ses fonctionnaires les principes de la démocratie et de l'État de droit (*Vogt c/ Allemagne*, 26 sept. 1995, § 59, *GACEDH*, n° 61).

La CJCE, se référant directement à la jurisprudence de la Cour de Strasbourg, fait application de ces principes aux fonctionnaires et agents des Communautés européennes, dont elle relève qu'ils doivent veiller à préserver « la relation de confiance » qui doit les unir à l'institution communautaire (CJCE, 6 mars 2001, Connolly c/ Commission, Aff. C-274/99, pt 43, *DCDF* n° 44 : révocation d'un haut fonctionnaire de la Commission, auteur d'un pamphlet virulent sur la conduite de la politique monétaire européenne).

## *Pour aller plus loin*

555 SUR LA LIBERTÉ DE PENSÉE DE CONSCIENCE ET DE RELIGION. — Sur la liberté religieuse, on consultera d'abord : G. Gonzalez, « La CEDH : développement jurisprudentiel d'une conception européenne de la liberté de religion », *in* F. Messner, P.-H. Prélot, J.-M. Woehrling (dir.), *Traité de droit français des religions*, LexisNexis, 2e éd., 2013, p. 483-524 ; G. Gonzalez (dir.), *Laïcité, liberté de religion et Convention européenne des droits de l'homme*, Bruylant-Némésis, « Droit et justice », 2006, n° 67. Voir aussi : C. Pettiti et T. Massias (dir.), *Liberté de religion et CEDH*, Bruylant, 2004 ; J.-F. Flauss, Laïcité et Convention européenne des droits de l'homme, *RDP*, 2004, 317 ; A. Debet, Signes religieux et jurisprudence européenne, *Archives de philosophie du droit*, La Laïcité, t. 48, 2005, Dalloz, p. 221 ; C. Ruet, Les droits individuels face au phénomène religieux dans la jurisprudence récente de la Cour EDH, *RTDH*, 2012-91, 507 ; G. Gonzalez, L'autonomie ecclésiale au risque relatif des droits de l'homme, *RTDH* 2014-100, 803 ; Y. Gaudemet, La laïcité, forme française de la liberté religieuse, *RDP*, 2015, 329 ; J. Andriantsimbazovina, La CEDH et la neutralité imposée aux agents publics, *AJDA* 2016, 528.

On se reportera utilement à Commission de Venise, Liberté confessionnelle, *Bulletin de jurisprudence constitutionnelle*, éd. spéciale, 2000.

556 SUR LE DROIT À L'INSTRUCTION. — Voir G. Gonzalez, Le droit à l'instruction au sens de la CEDH, *RFDA*, 2010, p. 1003. Aussi, G. Gonzalez (dir.), *Laïcité, liberté de religion et Convention européenne des droits de l'homme*, *op. cit.* ; M. Levinet, La conciliation du droit à l'instruction de l'enfant et de l'obligation de respecter les convictions religieuses des parents, à la lumière de la CEDH, *RTDH*, 2011-87, 481.

Se reporter à M. Levinet, CEDH. Droits garantis. Libertés de la pensée, *Jurisclasseur*. Europe Traité, fasc. 6522, 2011.

**557** SUR LA LIBERTÉ D'EXPRESSION. — P. Wachsman, Une certaine marge d'appréciation. Considérations sur les variations du contrôle européen en matière de liberté d'expression, *Mélanges Pierre Lambert*, Bruylant, 2000, p. 1017 ; V. Berger, Publicité professionnelle et liberté d'expression, *Mélanges R. Ryssdal*, Carl Heymanns Verlag, 2000, 103 ; J.-P. Marguénaud et D. Kuri, Le droit à la liberté d'expression des universitaires, *D* 2010, 2921 ; C. Ruet, L'expression artistique au regard de l'article 10 de la CEDH : analyse de la jurisprudence européenne, *RTDH*, 2010-84, 917 ; V. Guset, Le volet linguistique de la liberté d'expression selon la Cour EDH : le long chemin d'une consécration encore inachevée, *RTDH*, 2013-96, 811 ; S. Turgis, La coexistence d'internet et des médias traditionnels sous l'angle de la Cour EDH, *RTDH*, 2013-93, 17 ; B. Taxil, Internet et l'exercice des droits fondamentaux, in SFDI, *Internet et le droit international*, Pédone, 2014, p. 115-131 ; Fr. Krenk, La liberté d'expression vaut pour les p »propos que heurtent, choquent ou inquiètent ». Mais encore, *RTDH* 2016-106, 311.

Sur le négationnisme et le racisme, voir O. Œtheimer, La Cour EDH face au discours de haine, *RTDH*, 2007-69, 63 ; P. Wachsmann, Liberté d'expression et négationnisme, *in* Le droit face à la montée du racisme et de la xénophobie, *RTDH*, numéro spécial, 2001, n° 46, 585 ; J. Francillon, Les délits d'apologie de crimes de guerre et d'apologie du terrorisme à l'épreuve de la jurisprudence de la Cour EDH, *Rev. Sc. crim*, 2009, p, 124.

**558** SUR LA LIBERTÉ DE LA PRESSE. – J.M. Larralde, L'article 10 de la CEDH et la liberté de la presse, *RTDH*, 2007-69, 39 ; M. Afroukh, Les conflits entre la liberté d'expression et le droit à la réputation dans la jurisprudence de la Cour EDH, *ADE*, vol. VI, 2008, 94 ; R. Bismuth, Le développement de standards professionnels pour les journalistes dans la jurisprudence de la Cour EDH, *RTDH*, 2010-81, 39. K. Blay-Grabarczyk, Conciliation de la protection des droits d'autrui et de la liberté de la presse : un équilibre introuvable, *RTDH*, 2014-97, 237.

Sur les rapports de la CEDH et du droit interne : M. Œtheimer, *L'harmonisation de la liberté d'expression en Europe. Contribution à l'étude de l'article 10 de la CEDH et de son application en Autriche et au Royaume-Uni*, Pedone, 2001 ; S. Rabiller, *Les restrictions administratives à la liberté de la presse face aux exigences constitutionnelles et européennes*, Economica-PUAM, 2002. Aussi, E. Dreyer, La Cour de cassation et l'article 10 de la CEDH, *Mélanges G. Cohen-Jonathan*, Bruylant, 2004, 677 ; D. de Bellescize, La France et l'article 10 de la CEDH, L'emprise de la CEDH sur la jurisprudence et la législation française, *RTDH*, 2005, 225. B. Delaunay, Le contentieux français de la liberté d'expression devant la Cour EDH, *Mélanges Jean-Pierre Machelon*, LexisNexis, 2015, 283.

# Chapitre 7

# Les libertés de l'action sociale et politique

**559** Les libertés de la pensée trouvent un prolongement naturel dans les libertés de l'action sociale et politique qui permettent à l'homme, être social, d'exercer certaines activités au niveau du groupe et, d'une manière générale, de participer à la vie, tant politique qu'économique, de la cité. Ces libertés sont individuelles quant à leurs titulaires mais, à la différence des libertés précédemment étudiées, leur mode d'exercice est collectif ; ce sont des libertés de l'action collective.

## Section I
## Le droit à la liberté de réunion et d'association

**560** ÉNONCÉ DU DROIT. — Selon l'article 20 de la DUDH, « toute personne a droit à la liberté de réunion et d'association pacifiques ». Les textes conventionnels modernes (art. 21 et 22 du PIDCP[1] ; art. 15 et 16 de la CADH ; art. 11 de la CEDH) proclament à leur tour cette double liberté, sans pour autant la définir, en l'assortissant à la fois des restrictions légales habituelles, qui sont nécessaires dans une société démocratique, et de restrictions spécifiques quant à son exercice par les membres des forces armées et de

1. Pour un exemple de violation de l'article 21 du PIDCP, CDH, n° 412/1990, *Auli Kivenmaa c/ Finlande,* déc. 31 mars 1994, *A/49/40*, vol. II, p. 92.

la police, et, dans le cadre de la CEDH, également de l'« administration de l'État ».

La Cour européenne se prononce pour une « interprétation étroite » de la notion d'« administration de l'État », sans la préciser, par référence à un critère fonctionnel qui semble viser les fonctionnaires d'« autorité » (*Vogt c/ Allemagne*, 26 sept. 1995, *GACEDH*, n° 61 ; *Grande Oriente d'Italie di Palazzo Giustiniani c/ Italie*, 2 août 2001, *JCP G*, 2002, I, 105, n° 17, chron. F. Sudre).

## I | La liberté de réunion

**561** Champ d'application. — Le droit à la liberté de réunion pacifique, qui se traduit par la formation de groupes momentanés (réunion, manifestation), permet l'échange en commun d'idées et la manifestation collective de l'activité politique. La Convention ne vise que la liberté de « réunion pacifique », cette notion n'englobant pas « une manifestation dont les organisateurs et les participants sont animés d'intentions violentes » (*Stankov et Organisation macédonienne unie Ilinden c/ Bulgarie*, 2 oct. 2001, § 77, *JCP G*, 2002, I, 105, n° 18, chron. F. Sudre). Ainsi comprise, la liberté de réunion couvre les réunions privées comme les réunions sur la voie publique, ces dernières pouvant être soumises à un régime d'autorisation préalable (Com., déc. 10 oct. 1979, *Rassemblement jurassien c/ Suisse*, *D. et R.*, 17, p. 93 ; *Eva Molnar c/Hongrie*, 7 oct. 2008).

Constitue également une réunion pacifique protégée par l'article 11 l'occupation d'un lieu de culte par un groupe d'étrangers en situation irrégulière dès lors qu'elle ne trouble pas l'exercice du culte par les fidèles (*Cissé c/ France*, 9 avr. 2002, *JCP G*, 2002, I, 157, n° 18, chron. F. Sudre : aff. dite des « sans-papiers de Saint-Bernard »).

**562** Limitations. – 1° Le juge européen a bâti un régime très protecteur de la liberté de réunion, « élément essentiel » de la vie politique et sociale d'un pays (Com., *Affaire grecque*, *Ann.*, 1968, vol. XI).

a) En premier lieu, « la place éminente » de la liberté de réunion pacifique et son lien étroit avec la liberté d'expression (voir *Vogt*,

26 sept. 1995, préc.) [1] conduisent la Cour à une appréciation particulièrement rigoureuse de la « nécessité » des restrictions à ladite liberté, qui, de jurisprudence constante, doivent faire l'objet d'une « interprétation étroite ».

La Cour examine les griefs sous l'angle de l'article 11, qui est la *lex specialis* en la matière (*Baracco c/ France*, 5 mars 2009 ; Comm., déc. 17 oct. 1985, n° 10126/82, *Plattform « Arzte für das Leben » c/ Autriche*, *D* et *R* 44, p. 65), qu'elle envisage cependant à la lumière de l'article 10 (*Ezelin c/ France*, 26 avr. 1991, § 37, *GACEDH* n° 62).

Considérant que « l'essence de la démocratie réside dans sa capacité à résoudre les problèmes par le débat public », la Cour affirme que la contestation politique, par des moyens pacifiques, de l'ordre établi doit pouvoir s'exprimer par l'exercice du droit de réunion.

En conséquence, seul un risque réel et prévisible d'action violente, d'incitation à la violence ou de rejet des principes démocratiques de la part des intéressés peut justifier l'interdiction d'une réunion ou d'une manifestation (*Stankov et al.*, préc. ; *Güneri et al. c/ Turquie*, 12 juill. 2005).

Ainsi, l'interdiction d'organiser des marches et des manifestations en faveur des droits des homosexuels ne peut passer aujourd'hui pour nécessaire dans une société démocratique (*Alekseyev c/ Russie*, *JCP G*, 2010, act. 1125, C. Picheral).

Néanmoins, le juge européen reconnaît parfois à l'État un large pouvoir d'appréciation qui semble occulter le contrôle de proportionnalité qu'il est censé pratiquer. Ainsi, dans l'affaire *Cissé* (préc.), la Cour considère que l'évacuation de l'église par les forces de l'ordre ne constitue pas une atteinte excessive à la liberté de réunion de la requérante.

b) Une distinction doit être faite entre la gêne occasionnée par toute manifestation pacifique sur la voie publique, notamment par la perturbation de la circulation, que les autorités nationales doivent tolérer afin de ne pas vider de son contenu la liberté de réunion (*Baracco*, préc.), et son débordement que constituent les perturba-

1. Le Conseil constitutionnel marque également ce lien, dans sa décision 94-352 DC (18 janv. 1995, *supra*, n° 161), en désignant la liberté de manifestation comme « le droit d'expression collective des idées et des opinions », qu'il fait figurer parmi les « libertés publiques constitutionnellement garanties » (cons. 16).

tions intentionnelles par des manifestants de la vie quotidienne et des activités licites d'autrui – ainsi, l'obstruction complète de la circulation –, que les autorités peuvent réprimer, y compris par des sanctions pénales (*Kudrevicius et a. c/Lituanie,* 15 oct. 2015, Gr. Ch., *JCP G* 2016, doctr. 65, n° 25, chron. F. Sudre ; *supra* n° 141).

Ces débordements doivent être distingués d'une manifestation spontanée se justifiant par la nécessité de réagir immédiatement à un évènement (Eva Molnar, préc., § 38 ; *Kudrevicius et a,* § 153).

c) La liberté de participer à une manifestation autorisée ne saurait subir une quelconque limitation du seul fait que des violences se produisent au cours de la manifestation, dès lors que l'individu ne commet lui-même aucun acte répréhensible (*Ezelin*, préc. § 51 et s. : sanction disciplinaire infligée à un avocat pour avoir participé à une manifestation publique de protestation contre des décisions judiciaires).

En l'absence d'actes de violence de la part des manifestants, la dispersion par la force par la police d'une manifestation non autorisée qui ne présente pas de danger pour l'ordre public s'avère disproportionnée et contraire à l'article 11 (*Oya Ataman c/ Turquie*, 5 déc. 2006).

2° Liberté de circulation et liberté de réunion entretiennent également des rapports étroits, les entraves mises à la première pouvant emporter une violation de la seconde (*Djavit c/ Turquie*, 20 févr. 2003 ; *Güneri*, préc. ; *supra*, n° 351).

**563** OBLIGATIONS POSITIVES. — En second lieu, « une liberté réelle et effective de réunion pacifique ne s'accommode pas d'un simple devoir de non-ingérence de l'État » et fait peser sur l'État une obligation positive d'assurer le déroulement pacifique d'une manifestation licite : « Dans une démocratie, le droit de contre-manifester ne saurait aller jusqu'à paralyser l'exercice effectif du droit de manifester » (*Plattform « Arzte für das Leben » c/ Autriche*, 21 juin 1988, A. 139, § 32, *JDI*, 1989, 824, obs. P. Tavernier). La Cour transpose au domaine de la liberté de réunion le raisonnement suivi en matière de vie privée et familiale (*supra*, n° 456). La Convention est applicable dans les rapports entre particuliers et l'État doit assurer la protection de la liberté de réunion pacifique contre les ingérences des particuliers : l'article 11 « appelle parfois des mesures positives, au besoin jusque dans les relations interindividuelles » (§ 32 ; *Organisation macédonienne unie Ilinden et Ivanov c/ Bulgarie*, 20 oct. 2005). Pour ce faire, les États disposent d'un large pouvoir d'appréciation, l'obligation qui leur incombe au titre de l'article 11 étant une simple obligation de moyens et non de résultat.

Méconnaît ainsi l'article 14 combiné avec l'article 11 l'État qui n'a pas pris les mesures nécessaires pour qu'une manifestation anti-homophobie se déroule pacifiquement et protéger ses participants contre des contre-manifestants homophobes et violents (*Identoba et a. c/ Géorgie*, 12 mai 2015, *JCP G* 2015, act. 597, B. Pastre-Belda).

Néanmoins, l'interdiction inconditionnelle d'une contre-manifestation est une mesure radicale qui, sans justification particulière, s'avère disproportionnée (*Ollinger c/ Autriche*, 29 juin 2006).

## II | La liberté d'association

**564** Portée. — La liberté d'association suppose la constitution de groupes permanents.

1° Dans le souci d'assurer l'effectivité du droit garanti par l'article 11, la Cour européenne affirme que la notion d'association a une « portée autonome » : il s'agit d'éviter que les États ne commettent une « fraude à la Convention » en qualifiant à leur guise une association de « publique » ou de « para-administrative » afin de la faire échapper au champ d'application de l'article 11.

Doit être qualifiée de « publique » et échappant à l'emprise de l'article 11 toute entité qui remplit deux conditions – l'intégration aux structures de l'État et l'existence de prérogatives administratives, normatives et disciplinaires (*Mytilinaios et Kostakis c/ Grèce*, 3 déc. 2015, § 45). De jurisprudence constante, la Cour juge ainsi que les ordres des professions libérales sont des institutions de droit public, réglementés par la loi et poursuivant des buts d'intérêt général (*Le Compte, Van Leuven et De Meyere c/ Belgique*, 23 juin 1981, A. 43, § 64-65 ; déc. 6 nov. 2003, *Popov et al. c/ Bulgarie*, n° 48047/99). Par contre, elle qualifie d'« associations » au sens de l'article 11 les associations communales de chasse agréées créées par la loi « Verdeille » du 10 juillet 1964 (*Chassagnou c/ France*, 29 avr. 1999, *GACEDH*, n° 66).

Le CDH a la même approche (n° 1002/2001, *Wallmann et consorts c/ Autriche*, déc. 1er avr. 2004, *A/59/40*, vol. II, 2004, 195).

* Le juge interne n'ignore pas cette « autonomie » de la notion d'association ; la Cour de cassation juge ainsi que le Conseil interprofessionnel des vins d'Anjou et de Saumur, personne morale de droit privé, ne dispose pas quant à sa mission, sa composition et son fonctionnement, « de la latitude permettant de le tenir pour une association au sens de l'article 11 de la CEDH » (Civ. 1re, 9 mars 2004, *Gueffier c/ Cons. interprofessionnel des vins d'Anjou et de Saumur*, n° 99-19922 ; Civ. 1re, 14 janv. 2016, n° 14-26443).

2° L'article 11 est applicable également aux relations interindividuelles (*Young, James et Webster c/ Royaume-Uni*, 13 août 1981, A. 44, *supra*, n° 164 ; *Gustafsson c/ Suède*, 25 avr. 1996, *D*, 1997, J, 363, note J.-P. Marguénaud et J. Mouly ; *Chassagnou*, préc.). Les autorités nationales ont alors l'obligation de prendre les mesures qui s'imposent afin d'assurer le respect effectif de la liberté d'association contre des actes individuels qui pourraient l'entraver ainsi que de procéder à une enquête efficace (*Ouranio Toxo et al. c/ Grèce*, 20 oct. 2005 : actes de violence contre les membres et les locaux d'un parti politique).

Ainsi, le système juridique britannique, qui permet, en l'absence de garanties judiciaires, de licencier un salarié du fait de sa seule appartenance à un parti politique, est « potentiellement générateur d'abus et donc intrinsèquement déficient », en méconnaissance de l'article 11 de la Convention (*Redfearn c/ Royaume-Uni*, 6 nov. 2012, § 55, *JCP G* 2012, act. 1282, K. Blay-Grabarczyk).

Surtout, doté d'un « effet horizontal », l'article 11 garantit non seulement le droit d'adhérer à une association mais aussi celui de ne pas adhérer. D'abord reconnu en matière de liberté syndicale (*infra*, n° 568), ce droit d'association négatif a été consacré de manière générale par la décision *Chassagnou c/ France* (préc.), où la Cour, condamnant un système d'adhésion d'office à une association mis en place par la loi Verdeille (*infra*, n° 363), réalise un alignement du régime du droit d'association négatif sur celui du droit d'association positif (aussi, *Mytilinaios et Kostakis c/Grèce,* 3 déc. 2015, préc.).

* La loi Verdeille faisait obligation aux propriétaires de terrains d'une superficie inférieure à un certain seuil (20 ha en règle générale) de devenir membres de l'ACCA constituée dans leur commune et de lui faire apport de leurs fonds pour créer un territoire de chasse à l'échelle communale. Après avoir constaté que le « droit » de chasse ne fait pas partie de ceux reconnus par la Convention et rappelé que, lorsqu'une restriction à un droit n'a pas pour but de protéger des droits et libertés garantis par la Convention, « seuls des impératifs indiscutables sont susceptibles de justifier une ingérence dans la jouissance d'un droit garanti » (§ 113), la Cour juge que « contraindre de par la loi un individu à une adhésion profondément contraire à ses propres convictions et l'obliger, du fait de cette adhésion, à apporter le terrain dont il est propriétaire pour que l'association en question réalise des objectifs qu'il désapprouve » s'avère disproportionné au but poursuivi et constitue une violation de l'article 11 (§ 117). Cette décision a provoqué une réforme de la loi Verdeille par la loi du 26 juillet 2000, qui reconnaît, sous conditions, un droit d'objection de conscience « cynégétique » aux propriétaires d'un terrain compris dans le périmètre d'une ACCA (déc. 2000-434 DC, 20 juill. 2000, Loi relative à la chasse, *RFDC*, 2000, 833, note D. Ribes). Le nouveau dispositif est jugé compatible avec les articles 11 et 1 Protocole 1 CEDH (CE, 9 nov. 2007, *Lasgrezas et Assoc. pour la protection des animaux sauvages,* n° 296858).

La Cour de cassation française fait une application audacieuse du droit d'association négatif pour juger, au visa de l'article 11 de la CEDH et de l'article 4 de la loi du 1er juillet 1901, que « la clause d'un bail commercial faisant obligation au preneur d'adhérer à une association des commerçants et à maintenir son adhésion pendant la durée du bail est entachée d'une nullité absolue » (Cass. civ. 3e, *EURL Arlatex*, 12 juin 2003, n° 02-10778, *JCP G*, 2003, II, 10190, note F. Auque ; *RTD civ.*, 2003, 771, obs. J. Raynard ; Civ. 1re, 20 mai 2010, *Sté Sorfoval c/ Sté Secovalde*, n° 09-65.045, *JCP G*, 2010-38, note 925, F. Planckeel).

3° L'article 11 § 2 de la Convention autorise explicitement les États à apporter des restrictions à l'exercice du droit à la liberté de réunion et d'association par les membres des forces armées, de la police et de l'administration de l'État. Les États bénéficient en la matière d'une large marge d'appréciation pour adopter une réglementation visant à garantir la neutralité politique et l'impartialité des agents publics (*Strzelecki c/ Pologne*, 10 avr. 2012 : interdiction faite à un agent de garde municipale de s'affilier à un parti politique).

**565** PARTIS POLITIQUES. — La liberté d'association vaut, au premier chef, pour les partis politiques, dont la Cour européenne précise qu'ils apportent une contribution « irremplaçable » au débat politique et « essentielle » au bon fonctionnement de la démocratie (*Parti communiste unifié de Turquie c/ Turquie*, 30 janv. 1998, *GACEDH*, n° 63). La liberté d'association doit alors s'entendre non seulement comme le droit de fonder un parti politique mais aussi comme le droit pour ce dernier de « mener librement ses activités politiques » (*ibid.*, § 33), sinon la liberté d'association serait privée d'effectivité et se révélerait illusoire.

1° Caractéristique de la société démocratique, en ce qu'elle garantit le pluralisme, la liberté d'association des partis politiques bénéficie d'une protection particulière, les États ne disposant que d'une marge réduite dans l'appréciation de la nécessité des restrictions au droit garanti par l'article 11. Ainsi, une mesure aussi radicale qu'une dissolution définitive, ou que le refus d'enregistrement, d'un parti politique, à raison de son seul programme et avant même qu'il ait pu entamer ses activités, constitue en raison de son caractère disproportionné une violation de l'article 11 (*ibid., Yasar, Karatas, Aksoy et Parti du travail du peuple c/ Turquie*, 9 avr. 2002).

Une telle mesure revient en effet à sanctionner un comportement qui relève uniquement de l'exercice de la liberté d'expression, or, en la matière, l'article 11 doit être envisagé « à la lumière » de l'article 10 de la Convention (*Partidul Communistilor (Nepeceristi) et Ungureanu c/ Roumanie*, 3 févr. 2005). De même, l'interdiction faite à un parti politique d'exercer ses activités pendant un mois viole l'article 11 en raison de l'« effet inhibiteur » qu'elle produit sur la faculté pour ce parti d'exercer sa liberté d'expression et de poursuivre ses buts politiques (*Parti populaire démocrate-chrétien c/ Moldavie*, 14 févr. 2006).

La question du financement des partis politiques par des fonds étrangers relève de la marge d'appréciation « résiduelle » des États parties et l'interdiction faite à un parti politique de percevoir un financement de partis étrangers ne méconnaît pas l'article 11 dès lors qu'elle n'obère pas les capacités dudit parti à exercer une activité politique (*Parti nationaliste basque – Organisation régionale d'Iparralde c/ France*, 7 juin 2007, *D*, 2007, 3048, note Y. Lécuyer ; dans le même sens, CE, 8 déc. 2000, *Parti nationaliste basque Eri-PNB, RFDA*, 2002, 59, note M. Verpeaux).

2° La Cour européenne, par son arrêt de Grande Chambre *Refah Partisi (Parti de la Prospérité) et autres c/ Turquie*, du 13 février 2003 (GACEDH,n° 57 ; supra,n° 87) précise les limites dans lesquelles les partis politiques peuvent mener des activités bénéficiant de la protection de la Convention : les moyens utilisés doivent être légaux et démocratiques (ce qui exclut le recours à la violence) ; le projet politique doit respecter les règles de la démocratie et ne pas viser à la destruction de celle-ci et à la méconnaissance des droits et libertés qu'elle reconnaît (tels que la liberté de pensée, de conscience et de religion ou le principe de non-discrimination).

Par exemple, le fait que le programme politique d'un parti remette en cause le mode d'organisation actuel d'un État, en ce qu'il préconise l'autonomie, voire la sécession, d'une région donnée, ne le rend pas pour autant incompatible avec les règles et les principes de la démocratie (*Organisation macédonienne unie Ilinden-Pirin et al. c/ Bulgarie*, 20 oct. 2005). Inversement, un État partie peut, par la dissolution d'un parti politique, raisonnablement empêcher la réalisation d'un projet politique – telle l'instauration de la *Charia* en Turquie (*Refah Partisi*, préc.) ou le soutien au terrorisme (*Herri Batasuna et Batasuna c/ Espagne*, 30 juin 2009) – incompatible avec les valeurs démocratiques qui sous-tendent la Convention.

La théorie des « obligations positives », qui implique notamment que l'État protège les droits garantis contre des atteintes commises par des tiers (*supra*, n^os^ 165 et s.), est mobilisée de manière novatrice, puisque la Cour estime qu'un État contractant peut imposer aux partis politiques « le devoir de respecter et de sauvegarder les droits et libertés garantis par la Convention ainsi que l'obligation de ne pas proposer un programme politique en contradiction avec les principes fondamentaux de la démocratie » (§ 103).

**566** AUTRES BÉNÉFICIAIRES. — La liberté d'association bénéficie à d'autres organisations que les partis politiques. Le droit pour les citoyens d'établir une association afin d'agir collectivement dans un domaine de leur intérêt est, selon le juge européen, « un élément inhérent » au droit garanti par l'article 11, révélateur quant à ses règles et à leur application de l'« état de la démocratie » dans le pays en cause.

1° Dès lors, seules des raisons « impératives et convaincantes » – tenant à la contrariété aux valeurs démocratiques (par ex., déc. 11 déc. 2006, *Kalifatstaat c/ Allemagne*, n° 13828/04) – peuvent justifier le refus d'enregistrer une association, un tel refus ne devant pas porter atteinte à la substance même de la liberté d'association (*Sidiropoulos et al. c/ Grèce*, 10 juill. 1998 : association destinée à promouvoir la « civilisation macédonienne »). La liberté d'association est ainsi reconnue aux membres des minorités nationales et ethniques afin d'« exprimer et promouvoir l'identité d'une minorité » et, partant, de défendre ses droits (*Gorzelik et al. c/ Pologne*, 17 févr. 2004, § 93, *JCP G*, 2004, I, 161, n° 13, chron. F. Sudre ; *supra*, n° 65).

Le juge européen a fait aussi application de l'article 11 aux loges maçonniques (*NF c/ Italie*, 2 août 2001, *RTD civ.*, 2001, 984, obs. J.-P. Marguénaud ; *Maestri c/ Italie*, 17 févr. 2004, Gr. Ch.). Ainsi, l'obligation faite à des candidats à une charge publique régionale de déclarer leur non-appartenance à la franc-maçonnerie constitue une violation de l'article 11 en ce qu'elle tend à décourager les individus d'exercer leur droit d'association (*Grande Oriente d'Italie di Palazzo Giustiniani c/ Italie*, 2 août 2001, *JCP G*, 2002, I, 105, n° 17, chron. F. Sudre). Or, pour le juge européen, « la liberté d'association revêt une telle importance qu'elle ne peut subir une quelconque limitation, même pour une personne candidate à une charge publique, dans la mesure où l'intéressé ne commet par lui-même, en raison de son appartenance à l'association, aucun acte répréhensible » (§ 26).

* Dans l'esprit de la jurisprudence européenne, le Conseil d'État juge que l'article 79-I du Code civil local alsacien-mosellan « en tant qu'il prévoit la radiation du registre des associations inactives, au seul motif qu'elles n'ont plus d'activité ni de direction depuis plus de cinq ans et sans autre justification que la bonne tenue du registre, est incompatible avec l'article 11 de la convention » (CE, 16 juill. 2008, n° 300458, *Masson*, *AJDA*, 2008, 1466, obs. J.M. Pastor).

2° Insistant sur le fait que l'appartenance à des associations permet aux citoyens de participer au processus démocratique et favorise la cohésion sociale, la Cour souligne que l'obligation positive qu'a l'État de veiller au respect effectif de la liberté d'association (et de réunion) revêt une « importance particulière » pour les personnes ayant des opinions impopulaires ou appartenant à des minorités et particulièrement susceptibles d'être victimes de discriminations (*Baczkowski et al. c/ Pologne*, 3 mai 2007 : refus opposé à une association d'organiser une manifestation de défense des homosexuels).

### III | La liberté syndicale

**567** Énoncé du droit. — La liberté d'association est, par ailleurs, liée, dans une conception moderne, à la liberté syndicale : toute personne a le droit de constituer des syndicats et d'y adhérer pour la protection de ses intérêts. Droit ambivalent, énoncé pour la première fois dans le cadre de l'OIT (Charte constitutive et Convention n° 87 du 9 juill. 1948 concernant la liberté syndicale et la protection du droit syndical, Nations Unies, *Rec. des Traités*, vol. 68, p. 17) et formulé aussi bien par les textes à portée générale (art. 23, § 4 DUDH ; art. 12 CDFUE) que par les textes relatifs aux droits civils et politiques (art. 11 CEDH ; art. 22, § 1 du Pacte) ou ceux concernant les droits économiques et sociaux (art. 8 PIDESC ; art. 5 CSE), la liberté syndicale réalise l'interpénétration des droits considérés comme civils et politiques et des droits dits économiques et sociaux, en permettant à la démocratie de s'exercer dans les relations de travail. C'est notamment sous l'aspect de la liberté syndicale que la Cour européenne des droits de l'homme a eu à connaître du droit à la liberté de réunion et d'association, abandonnant progressivement son attitude de réserve initiale.

**568** Le droit d'adhérer ou de ne pas adhérer à un syndicat. — L'article 11 garantit le droit de fonder un syndicat, « qui comprend le droit pour les syndicats d'établir leurs propres règlements et d'administrer leurs propres affaires » (Com., déc. 7 mai 1990, *Johansson c/ Suède*, *D. et R.*, 65, p. 202), et celui d'adhérer à un syndicat.

La Cour juge que malgré « les particularités de leur situation, les membres du clergé accomplissent leur mission dans le cadre d'une relation de travail relevant de l'article 11 de la Convention » et bénéficient donc du droit de fonder un syndicat. Elle laisse à l'État une large latitude pour reconnaître ou non la liberté syndicale des ministres du culte (*Sindicatul « Pastoral Cel Bun » c/ Roumanie*, 9 juill. 2013,

Gr. Ch., § 148 et 171 ; *supra* n° 529) comme de toute autre catégorie professionnelle (*Manole et « Les cultivateurs directs de Roumanie » c/ Roumanie*, 16 juin 2015).

Mais, à la différence de la Déclaration universelle qui stipule que « Nul ne peut être obligé de faire partie d'une association » (art. 20, § 2 ; voir aussi l'art. 10, § 2 de la Charte africaine de 1981), l'article 11 ne dit mot du droit de ne pas adhérer à un syndicat.

1° Confrontée à la pratique des accords de monopole syndical à l'embauche (accord entre un employeur, ou un groupement d'employeurs, et un ou plusieurs syndicats déterminés comme condition d'emploi), la Cour a, tout d'abord, refusé de consacrer nettement la liberté « négative » de ne pas adhérer à un syndicat (*Young, James et Webster c/ Royaume-Uni*, 13 août 1981, A. 44 : pratique britannique du *closed shop*). Puis, s'appuyant sur la convergence des systèmes internes et du droit international et européen (CSE, Charte communautaire des droits sociaux fondamentaux), elle a reconnu formellement que « l'article 11 consacre un droit d'association négatif », sans toutefois décider si ce droit s'y trouve inclus « à l'égal du droit positif » (*Sigurdur A. Sirgurjonsson c/ Islande*, 30 juin 1993, A. 264, § 36, *D*, 1994, jur., 181, note J.-P. Marguénaud) et fait application en la matière de la théorie des « obligations positives » (*Gustafsson c/ Suède*, 25 avr. 1996, *JCP G*, 1997, I, 4000, obs. F. Sudre). S'appliquant aux relations interindividuelles, l'article 11 fait alors obligation à l'État d'adopter des « mesures raisonnables et appropriées afin d'assurer le respect effectif du droit à la liberté de ne pas se syndiquer » (*Gustafsson*, § 45).

« L'effet horizontal », tant de l'article 14 (*supra*, n° 271) que de l'article 11, autorise ainsi le contrôle de la compatibilité avec la Convention d'actes privés sources d'une différence de traitement en matière de liberté syndicale. Pèse donc sur l'État l'obligation d'assurer une protection contre « la discrimination anti-syndicat » d'origine privée, notamment en offrant aux victimes d'un traitement discriminatoire « une protection judiciaire claire et effective » (*Danilenkov c/ Russie*, 30 juill. 2009, § 124, *JCP G*. 2010, doctr. 70, F. Sudre).

Le juge européen consolide aujourd'hui la liberté syndicale en mettant l'accent, par référence à la notion d'« autonomie personnelle » (*supra*, n° 490), sur « la liberté de choix de l'individu », dont il estime qu'elle est « implicite dans l'article 11 » dans la mesure où l'un des objectifs de la liberté d'association est de protéger les opinions personnelles (*Sorensen et Rasmussen c/ Danemark*, 11 janv. 2006, *RTDH*, 2006, 787, note F. Krenc).

2° Cette nouvelle approche conduit à la Cour à revenir sur la compatibilité des accords de monopole syndical avec l'article 11 de la CEDH, qu'elle avait subordonnée à des conditions très strictes : la pratique du monopole syndical ne doit pas imposer une contrainte insupportable à l'individu (telle une menace de renvoi), doit préserver une véritable liberté de choix du syndicat et respecter la liberté de pensée, de conscience et de religion, sans quoi la liberté d'association serait atteinte dans « sa substance même » (*Young, James et Webster*, préc. ; aussi : *Sibson c/ Royaume-Uni*, 20 avr. 1993, A. 258 A). N'hésitant pas à se livrer à une interprétation évolutive pour apprécier l'utilité des accords de monopole syndical, qu'ils se situent avant ou après embauche, et prenant appui sur la Charte sociale européenne et le droit communautaire (Charte communautaire des droits sociaux fondamentaux, Charte des droits fondamentaux de l'UE, art. 12), la Cour européenne considère désormais que l'usage des accords de monopole syndical « n'est pas indispensable pour garantir la jouissance effective des libertés syndicales » (*Sorensen et Rasmussen*, préc., § 75).

Le CEDS considère en effet que les clauses de monopole syndical à l'embauche inscrites dans certaines conventions collectives « restreignent le libre choix des travailleurs d'adhérer ou non à l'un ou l'autre des syndicats existants ou de constituer des organisations syndicales distinctes » et touchent « à l'essence même » de la liberté syndicale (art. 5 CSE ; récl. n° 12/2002, déc. 15 mai 2003, *Confédération des entreprises suédoises (CES) c/ Suède*).

3° La liberté syndicale « négative » est réversible, en ce sens qu'elle implique aussi le droit pour un syndicat de ne pas admettre en son sein quiconque souhaite en devenir membre et, en conséquence, de choisir librement ses membres, en conformité avec les valeurs et idéaux politiques qu'il défend (*Associated Society of Locomotive Engineers et Firemen (ASLEF) c/ Royaume-Uni*, 27 févr. 2007 : impossibilité pour un syndicat d'exclure l'un de ses membres, adhérent à un parti politique défendant des idées contraires).

**569** CONTENU ORIGINAIRE DE LA LIBERTÉ SYNDICALE. — Le juge européen a initialement fait preuve en la matière d'une grande prudence, contrastant singulièrement avec l'audace manifestée dans d'autres domaines plus « classiques » où il s'efforce de donner un effet utile aux dispositions conventionnelles. Il a, dès l'origine, assigné à la liberté syndicale un rôle secondaire, tout en affirmant sa volonté, à l'occasion de quatre affaires syndicales (*Syndicat national de la police belge c/ Belgique*, 27 oct. 1975, A. 19 ; *Schmidt et Dahlström c/ Suède*, 6 févr. 1976, A. 21 ; *Syndicat suédois des conducteurs de locomotives c/ Suède*, 6 févr. 1976, A. 20, *JDI*, 1978, 685, note P. Rolland ; *Young, James et Webster c/ Royaume-Uni*, 13 août 1981, A. 44, *JDI*, 1982, 220, note P. Rolland), de faire application de la CEDH en matière de relations du travail, qu'il s'agisse des rapports de travail entre l'État et ses agents, fonctionnaires ou non (2e et 3e aff.), ou des rapports de travail purement privés, par le biais d'un contrôle exercé sur la législation nationale relative à la liberté syndicale (4e aff.).

En effet, la Cour européenne considère que la liberté syndicale est un droit dérivé de la liberté d'association et refuse de reconnaître la spécificité du droit syndical. L'article 11 consacre le droit syndical mais n'en fixe pas les modalités d'exercice, qui relèvent de la marge d'appréciation des autorités nationales. En conséquence, il « ne garantit pas aux syndicats, ni à leurs membres, un traitement précis de la part de l'État » (1re aff., § 38) ; par exemple, l'article 11 n'assure pas aux membres d'un syndicat le droit de ne pas être muté (*Akat c/ Turquie*, 20 sept. 2005). Il n'y a donc pas lieu, selon la Cour, de reconnaître d'« éléments nécessairement inhérents au droit syndical », d'autant que les dispositions pertinentes de la Charte sociale européenne (art. 5 et 6) sont souvent vagues et générales. La Cour exclut l'existence, dans l'article 11, d'un droit à la consultation syndicale (1re aff.), d'un droit à la négociation et à la conclusion des conventions collectives de travail (2e et 3e aff.), d'un droit au bénéfice de la rétroactivité d'avantages découlant d'une convention collective (2e aff.), ou encore d'un droit de grève (2e aff.), qui, aux yeux de la Cour, ne sont pas indispensables à l'exercice effectif de la liberté syndicale.

Plus particulièrement, le droit de grève, reconnu pour la première fois au plan international par la Charte sociale européenne du 18 octobre 1961 dans le cadre général du droit de négociation collective (art. 6 ; aussi CDFUE, art. 28), doit s'exercer dans le cadre de la réglementation de l'État, qui peut en limiter l'exercice (2e aff. ; l'art. 8, § 1 du PIDESC reconnaît aussi le droit de grève qui doit être « exercé conformément aux lois de chaque pays »).

Il faut souligner ici l'interprétation convergente du Comité des droits de l'homme, qui estime que « le droit de grève ne peut être considéré comme un élément implicite du droit de former des syndicats et de s'affilier à des syndicats » (no 118/1982, *J. D. B. c/ Canada*, déc. 18 juill. 1986, *Sélection*..., p. 36).

Cependant, il est clair qu'une certaine activité minimale doit être garantie à la liberté syndicale pour qu'elle soit utile concrètement. Une obligation de résultat pèse ainsi sur l'État partie à la CEDH : la seule chose qu'exige la Convention en matière de liberté syndicale est que « la législation nationale permette aux syndicats... de lutter pour la défense des intérêts de leurs membres » (1re aff., § 39) ; à cette fin, le syndicat a « le droit d'être entendu » (1re et 3e aff.) et de faire connaître ses revendications. Par ailleurs, l'absence de traitement précis garanti ne signifie pas l'absence de contrôle du traitement accordé. L'État a le libre choix des moyens pour assurer la liberté syndicale, mais les modalités d'exercice du droit syndical retenues (procédures de consultation, 1re aff. ; droit de négociation collective et droit de grève, 2e aff.) doivent respecter l'obligation de non-discrimination énoncée par l'article 14 de la Convention. En bref, l'article 11 ne garantit expressément que le droit de fonder un syndicat et celui d'adhérer au syndicat de son choix (*Schmidt et Dahlström*, préc., § 36).

L'obligation de non-discrimination couvre la totalité des modalités d'exercice de la liberté syndicale, y compris le droit de grève (*Danilenkov*, 30 juill. 2009, préc. no 568) ; *infra*, no 570, 2o.

**570** RÉÉCRITURE DE L'ARTICLE 11. — La Cour européenne s'est engagée dans la voie d'un élargissement progressif du contenu de la liberté syndicale, procédant, pour ce faire, à une réécriture de l'article 11.

1° L'extension de la liberté syndicale touche d'abord *le droit de négociation collective*. Procédant à l'élargissement des obligations positives à la matière de la liberté syndicale, le juge européen a d'abord admis implicitement que le droit de négociation collective est inhérent à la liberté syndicale, en mettant à la charge de l'État l'obligation de « veiller à ce que les membres d'un syndicat puissent recourir librement à celui-ci pour qu'il les représente afin de s'efforcer de réguler leurs relations avec leurs employeurs » (*Wilson et autres c/ Royaume-Uni*, 2 juill. 2002, § 46, *JCP G*, 2003, I, 109, n° 21, obs. F. Sudre).

Déjà, dans sa décision *Gustafsson* (25 avr. 1996, préc.), la Cour avait jugé que des mesures de rétorsion syndicale (boycott et blocus d'un restaurant) prises à l'encontre du requérant pour avoir refusé de souscrire à une convention collective dans le secteur de la restauration portaient atteinte à la liberté syndicale.

Puis, il l'a consacré expressément, en affirmant que le droit de négociation collective est « l'un des éléments inhérents au droit de mener des activités syndicales » garanti par l'article 11. La Cour considère que le droit de négocier et de conclure constitue pour un syndicat « un moyen essentiel de promouvoir et assurer les intérêts de ses membres » (*Demir et Baykara c/ Turquie*, 12 nov. 2008, Gr. Ch., § 155 et 157, *GACEDH*, n° 64).

Pour ce faire, la Cour se prévaut d'une interprétation évolutive et mobilise audacieusement la Charte sociale européenne révisée (art. 6 § 2, non accepté par la Turquie !) et l'avis du CEDS, ainsi que les conventions n° 98 et 151 de l'OIT. Toutefois, l'arrêt *National Union of rail, maritime and transport workers (R.M.T.) c/ Royaume-Uni* (8 avril 2014, *infra*) marque un net repli de la Cour dans l'usage des conventions OIT et de la CSE, dont la spécificité est soulignée (§ 106).

* Au visa de la CEDH, le Conseil d'État juge que les dispositions du Préambule de la Constitution de 1946 (6° alinéa) « impliquent notamment le droit, pour tout syndicat régulièrement constitué, de participer à des négociations collectives » (CE, 16 déc. 2005, n° 259584, *Syndicat national des huissiers de justice*, *Rec.*, 570).

2° Une démarche similaire est suivie en matière de *droit de grève*. Tout en rappelant que l'article 11 ne garantit pas expressément le droit de grève, la Cour européenne a néanmoins inclus le droit de faire grève dans la liberté syndicale. Considérant que la grève est un des moyens pour les syndicats de protéger les intérêts professionnels de leurs adhérents, elle affirme désormais que le droit de grève « représente sans nul doute l'un des plus importants des droits syndicaux » (*Satilmis et al. c/ Turquie*, 17 juill. 2007, § 68) et, prenant appui sur l'OIT et la Charte sociale européenne, l'intègre pleinement dans le *corpus* conventionnel (*Enerji Yapi-Sol Sen c/ Turquie*, 21 avr. 2009, *JCP G*, 2009, doctr. 143, F. Sudre). De plus, la Cour étend la liberté syndicale au droit de mener des actions secondaires, y compris la grève de solidarité (*National Union of rail, maritime and transport workers (R.M.T.)*, préc., § 76-77 ; *JCP G* 2014, act. 515, G. Gonzalez).

Une interdiction de faire grève s'analyse ainsi comme une ingérence dans l'exercice des droits garantis par l'article 11 (déc. 10 janv. 2002, *UNISON c/ Royaume-Uni*, n° 53574/99, *D*, 2003, 939, note J.-P. Marguénaud et J. Mouly ; déc. 27 juin 2002, *Federation of Offshore Worker's Trade Unions et autres c/ Suède*, n° 38190/97). La Cour précise que l'État dispose d'une marge d'appréciation plus restreinte quant il s'agit de limiter l'exercice du droit de grève et plus large pour les « aspects secondaires ou accessoires » de la liberté syndicale (*R.M.T.*, préc., § 87).

Une sanction disciplinaire infligée à un fonctionnaire pour avoir participé à une journée d'action du syndicat dont il était membre est de « nature à dissuader les membres de syndicats de participer légitimement à des journées de grève ou à des actions pour défendre les intérêts de leurs affiliés » et emporte violation de l'article 11 (*Karaçay c/ Turquie*, 27 mars 2007, § 37 ; aussi, *Satilmis*, préc. ; *Enerji Yapi-Sol Sen*, préc.).

La CJCE, en se fondant notamment sur la CSE (art. 6 § 4) et la convention n° 87 de l'OIT, a reconnu comme droit fondamental, en tant que principe général du droit communautaire, « le droti de mener une action collective, y compris le droit de grève » (CJCE, 11 déc. 2007, *Viking*, C-438/05, et 18 déc. 2007, *Laval*, C-341/05 ; *DCDF* n° 70).

3° Le juge européen affirme fortement que « les membres de l'administration de l'État » ne sauraient être soustraits du champ de l'article 11 (*Demir et Baykara*, § 107, préc. : interdiction absolue faite aux fonctionnaires par le droit turc de fonder des syndicats).

a) La portée de la clause spéciale de restriction à la liberté syndicale des membres des forces armées, de la police et de l'administration de l'État (art. 11, § 2) est limité étroitement (*Tüm Haber Sen et Cinar c/ Turquie*, 21 févr. 2006 : dissolution d'un syndicat d'agents du secteur public). D'une part, l'article 11 s'impose à l'« État employeur » et lui fait obligation de respecter la liberté d'association – et, partant, la liberté syndicale – des fonctionnaires et agents du secteur public, ce qui implique l'adoption des mesures positives nécessaires à l'exercice effectif du droit garanti. D'autre part, seules des raisons « convaincantes et impératives » peuvent justifier des restrictions à l'exercice des droits syndicaux dans la fonction publique – y compris le droit de négociation collective (*Demir et Baykara*, préc.) et le droit de grève (*Karaçay*, préc. ; *Satilmis*, préc.) –, les autorités nationales ne disposant en la matière que d'une marge d'appréciation réduite.

La Cour européenne peut se prévaloir ici de la Convention internationale du Travail n° 87 et de la CSE, telle qu'elle est interprétée par le CEDS, qui reconnaissent aux travailleurs, sans distinction entre la fonction publique et le secteur privé, le droit à la liberté syndicale.

b) S'agissant plus précisément de la liberté syndicale dans l'armée et la police, la Cour considère que les restrictions, prévues par l'article 11 § 2, ne sauraient vider de sa substance la liberté syndicale en affectant les éléments essentiels de celle-ci, dont font partie le droit de former un syndicat et de s'y affilier.

En conséquence, les dispositions du Code de la défense (art. L 4121-3 et L. 4121-4) qui interdisent purement et simplement la constitution et l'adhésion des militaires à un groupement professionnel constitué pour la défense de leurs intérêts professionnels et moraux tout groupement de nature syndicale sont incompatibles avec l'article 11 (*Matelly c/ France* et *Adefdromil c/ France*, 2 oct. 2014 ; en sens contraire, CE, 11 déc. 2008, n° 307405, Association de défense des droits des militaires, *AJDA*, 2009, 148, obs. S.-J. Lièber et D. Botteghi).

Notons que l'article 5 de la CSE ne s'oppose pas à la suppression intégrale de la liberté syndicale des membres des forces armées (CEDS, n° 2/1999, déc. 4 déc. 2000, *Fédération européenne du personnel des services publics c/ France* ; dans le même sens, n° 3/1999 (Grèce), n° 4/1999 (Italie) et n° 5/1999 (Portugal), même jour).

Cependant, l'interdiction du droit de grève à des fonctionnaires exerçant des fonctions d'autorité au nom de l'État est compatible avec le principe de la liberté syndicale, sous réserve que les catégories de fonctionnaires concernés soient définies « aussi clairement et étroitement que possible » (*Junta Rectora Del Ertzainen Nazional Elkartasuna (ER.N.E) c/Espagne*, 21 avr. 2015, § 33 : corps spécial de la police).

## Section II
## Le droit à des élections libres

**571** PORTÉE DU DROIT. — 1° Les instruments universels (art. 21 DUDH, art. 25 PIDCP) et régionaux (art. 23 CADH, art. 13, Charte africaine) énoncent en termes similaires les droits du citoyen, qui s'organisent en un triptyque constituant le fondement de la légitimité et de la légalité du pouvoir politique : droit de prendre part à la direction des affaires publiques, directement ou par l'intermédiaire de représentants librement choisis ; droit de vote et d'être élu dans le cadre d'élections libres au suffrage universel ; droit d'égal accès aux fonctions publiques de son pays. Ces droits, comme l'affirme le CDH, sont étroitement liés à la liberté d'expression et à la liberté des partis politiques : ils « englobent la liberté de se livrer individuellement ou dans le cadre de partis politiques à des activités politiques, la liberté de débattre des affaires publiques, et celle de critiquer le gouvernement et de publier des documents à teneur politique » (CDH, déc. 12 juill. 1996, *Adimayo M. Aduayom*, § 7. 5, préc., n° 158 ; voir aussi obs. gén. n° 25 sur l'art. 25, du 12 juill. 1996, *A/51/40*, vol. I, 1997, 99).

Selon le CDH, le droit de prendre part à la direction des affaires publiques ne signifie pas que tout citoyen ou tout groupe peut fixer lui-même les modalités de cette participation ; c'est au système juridique et constitutionnel de l'État partie de le faire (n° 205/1986, *Société tribale micmaque c/ Canada*, déc. 4 nov. 1991, *A/47/40*, p. 203, § 5. 4 à 6). Le Comité a adopté le 12 juillet 1996 une observation générale sur l'article 25 (*CCPR/C/21/Rev 1/Add.7*). Le principe d'égal accès à la fonction publique implique l'absence de discrimination fondée sur des opinions politiques ou l'expression d'opinions politiques et « vaut *a fortiori* pour les personnes en poste dans la fonction publique » (CDH, déc. 12 juill. 1996, *Adimayo M. Aduayom*, préc., n° 158). Pour des exemples de violation de l'article 25 du Pacte, voir CDH : n° 138/1983, *Mpandanjila c/ Zaïre*, déc. 26 mars 1986 (*Sélection...*, p. 172, interdiction faite à des parlementaires d'occuper des fonctions officielles pendant cinq ans), n° 314/1988, *Chiiko Bwalya c/ Zaïre* (*A/48/40*, 1993, vol. I, § 822, interdiction de solliciter un mandat parlementaire), n° 906/2000, *Chira Vargas c/ Pérou*, déc. 22 juill. 2002 (*A/57/40*, vol. II, 217, révocation de la police nationale). Le droit d'accès à la fonction publique n'est pas garanti par la Convention (*Vogt c/ Allemagne*, 26 sept. 1995, *GACEDH*, n° 61, *supra*, n° 538).

2° Seule la Convention européenne ne participe pas à cette proclamation. La « clause politique » contenue dans l'article 3 de son 1er Protocole additionnel énonce, dans une formulation restrictive, l'obligation des États parties d'organiser des élections législatives libres. La Cour européenne, dans le premier arrêt rendu sur l'article 3 du Protocole 1 – *Mathieu-Mohin et Clerfayt c/ Belgique*, du 2 mars 1987 (A. 113, *JDI*, 1988, 849, obs. P. Rolland), confirmé par *Gitonas et autres c/ Grèce*, 1er juill. 1997, *RFDA*, 1998, 1007, note M. Levinet) – a sensiblement élargi, à la suite de la Commission, la portée de cette clause. L'« importance capitale » du droit à des élections libres est soulignée : il s'agit d'un « principe caractéristique » d'un régime véritablement démocratique, essentiel aussi bien pour la constitution des États que pour la garantie des droits et libertés individuels (§ 47). Si la « coloration interétatique » (« Les HPC s'engagent ») de l'article 3 du Protocole 1 met l'accent sur l'obligation première des États « d'adopter des mesures positives pour » organiser « des élections démocratiques », elle ne fait aucunement obstacle à ce que cette disposition donne directement naissance à des droits et libertés individuels – comme l'attestent les décisions du Conseil constitutionnel français, rendues dans le cadre du contentieux électoral (21 oct. 1988, *Val-d'Oise*, et 8 nov. 1988, *Seine-Saint-Denis*, *Rec.*, p. 183 et 196, note P. Wachsmann, *AJDA*, 1989, p. 129) – et, de ce fait, soit soumise au jeu du droit de recours individuel (§ 48 à 50).

Cette solution de principe, selon laquelle l'article 3 du Protocole 1 est une clause normative de même nature que les autres clauses conventionnelles est, cependant, remise en cause par l'arrêt de Grande Chambre, *Znadoka c/ Lettonie* (16 mars 2006,

*GACEDH*, n° 65), qui met l'accent sur la spécificité de la disposition, libellée « en des termes collectifs et généraux ». Deux séries de droits, de nature différente, sont ainsi garanties par le droit européen des droits de l'homme.

## I | Un droit « institutionnel » à l'organisation d'élections libres

**572** Type d'élections. — L'article 3 garantit aux citoyens le droit à l'organisation par les autorités publiques d'élections d'un certain type.

1° Cette « garantie institutionnelle » (Com., déc. 18 sept. 1961, *X c/ Belgique*, *Ann.*, 4, p. 339) ne vaut que pour l'élection du « corps législatif ».

Par voie de conséquence, l'article 3 ne concerne pas les organes dépourvus de caractère législatif (tel le chef de l'État, Com., déc. 14 déc. 1989, *Habsbourg-Lothringen*, *D. et R.*, 64, p. 210) et ne s'applique pas aux élections présidentielles (déc. 2 sept. 2004, *Boskoski c/ l'ex-république yougoslave de Macédoine*, n° 11676/04 ; *Sedjic et Finci c/ Bosnie-Herzégovine*, 22 déc. 2009, Gr. Ch.) ; il ne garantit aucun droit général de consultation populaire ni de droit à référendum (Com., déc. 10 juill. 1975, *X c/ RFA*, et déc. 3 oct. 1975, *X c/ Royaume-Uni*, *D. et R.*, 3, p. 98 et 165).

L'expression « corps législatif » doit être interprétée en fonction de la structure constitutionnelle de l'État en cause, et ne se limite pas alors nécessairement au seul Parlement national.

La qualité de « corps législatif » est ainsi reconnue : dans un régime fédéral, aux deux niveaux législatifs (Conseils régionaux belges dans l'arrêt préc., § 53) ; aux conseils régionaux italiens (*Santoro c/ Italie*, 1er juill. 2004) ; au Congrès de la Nouvelle-Calédonie, qui joue un « rôle déterminant » dans le processus législatif, suivant les questions à traiter (*Py c/ France*, 11 janv. 2005.

Le respect de la garantie énoncée par l'article 3 du Protocole 1 suppose donc, au premier chef, l'organisation d'élections et l'existence d'un corps législatif.

Dans *l'affaire grecque* (*supra*, n° 174), la Commission estime que la suppression des élections législatives et l'absence de Parlement, dès lors qu'elles ont un caractère durable, violent cette obligation (Rapp. 5 nov. 1969, *Ann.*, 12, p. 180).

Manque à son obligation positive d'organiser des élections, l'État qui ne prend aucune mesure afin d'assurer la participation matérielle des électeurs de plusieurs circonscriptions aux élections législatives (*Parti travailliste géorgien c/ Géorgie*, 8 juill. 2008).

2° Par une audacieuse interprétation évolutive prenant en compte les « changements structurels » de nature constitutionnelle ou parlementaire résultant des traités communautaires, la Cour européenne élargit sensiblement le champ de l'article 3 du Protocole 1 en considérant que cette disposition ne vise pas seulement les élections aux assemblées législatives nationales ou locales mais s'applique aussi aux organes représentatifs supranationaux (*Matthews c/ Royaume-Uni*, 18 févr. 1999, *RTDE*, 1999, 637, obs. G. Cohen-Jonathan et J.F. Flauss).

Contrairement à la Commission (Com., déc. 9 déc. 1987, *Tete c/ France*, et déc. 10 mars 1988, *Fournier c/ France*, *D. et R.*, 54, p. 52 et 55, p. 130), la Cour, eu égard au rôle qu'il joue dans le processus législatif communautaire et dans le contrôle démocratique du système communautaire, qualifie le Parlement européen – de manière discutable à notre sens – de « corps législatif » et juge l'article 3 du Protocole 1 applicable aux élections européennes.

En jugeant que le droit communautaire ne s'oppose pas à ce que le Royaume-Uni octroie le droit de vote et d'éligibilité aux élections au Parlement européen à des ressortissants d'États tiers résidant sur son territoire, la CJCE tire les conséquences de l'arrêt *Matthews,* auquel elle se réfère (CJCE, 12 sept. 2006, *Espagne c/ Royaume-Uni*, C-145/04, *DCDF*, n° 65).

**573** Modalités. — S'agissant des modalités des élections législatives, la Cour européenne, compte tenu de la diversité des systèmes politiques nationaux, reconnaît avec réalisme aux États une large marge d'appréciation en la matière (*Mathieu-Mohin et Clerfayt*, 2 mars 1987, préc., § 54). La Convention n'impose donc pas aux États l'obligation d'adopter un système électoral déterminé, tel le scrutin proportionnel ou le scrutin majoritaire, et s'accommode de la variété des systèmes électoraux européens : l'article 3 ne garantit pas une juste représentation (« aucun système ne saurait éviter le phénomène des “voix perdues” », § 54).

La Cour européenne contrôle néanmoins la compatibilité des lois électorales nationales avec la finalité de ce droit « institutionnel » – assurer « la libre expression de l'opinion du peuple sur le choix du corps législatif ». Le droit au respect des élections libres suppose :

1° Qu'il ne soit pas fait obstacle au « souci de maintenir l'intégrité et l'effectivité d'une procédure électorale visant à déterminer la volonté du peuple par l'intermédiaire du suffrage universel » (*Yumak et Sadak c/ Turquie*, 8 juill. 2008, Gr. Ch., § 65, *RFDC* 2009-78, 423, note M, Levinet).

En pratique, le contrôle de la Cour s'efface devant l'ample marge d'appréciation reconnue à l'État partie, lorsque la Cour juge qu'un seuil électoral anormalement élevé en Europe (10 % des suffrages exprimés au niveau national pour l'obtention d'un siège aux élections législatives) n'entrave pas la libre expression du peuple (*Yumak et Sadak*, préc.).

2° Qu'une certaine stabilité temporelle des « éléments fondamentaux du système électoral » soit assurée (*Ekoglasnot c/ Bulgarie*, 6 nov. 2012, § 69).

La Cour se réfère au Code de bonne conduite en matière électorale adopté par la Commission de Venise en 2003 et vise le mode de scrutin, la composition des commissions électorales, le découpage des circonscriptions électorales et les conditions de participation aux élections imposées aux formations politiques.

3° Que le système électoral choisi respecte les conditions de procédure de l'article 3, qui prescrit des élections « libres », se déroulant « au scrutin secret » et « à des intervalles raisonnables ». Cela implique, dans la conception de la démocratie pluraliste, la liberté de candidature et, donc, la liberté des partis politiques (la suppression des partis politiques est contraire à l'art. 3, *Affaire grecque*, préc., p. 179 ; *supra*, n° 565) ainsi que la liberté du choix électoral entre, au moins, deux candidatures.

Sur ce point, le juge européen précise que le droit de vote comporte deux aspects, « la liberté de se former une opinion et la liberté d'exprimer cette opinion » (*Parti conservateur russe des entrepreneurs c/ Russie*, 11 janv. 2007, § 71). La première implique une obligation de neutralité des autorités nationales, notamment dans l'utilisation des médias, la seconde suppose un strict respect des procédures de vote.

Le CDH considère, par exemple, qu'un découpage des circonscriptions électorales tel qu'il existe des différences importantes entre le nombre d'habitants ou d'électeurs inscrits par siège, en dépit d'une loi électorale qui exige que le nombre de sièges soit proportionnel au nombre d'habitants, porte atteinte à l'égalité des droits électoraux garantis par l'article 25 (n° 923/2000, *Matyus c/ Slovaquie*, déc. 22 juill. 2002, *A/57/40*, vol. II, 245, § 9. 2).

## II | Des droits subjectifs de participation

**574** Régime général. — Alors que le suffrage universel est absent du texte de l'article 3, la Commission (déc. 6 oct. 1967, *X c/ RFA*, *Ann.*, vol. 10, p. 339) puis la Cour ont jugé que le droit à l'organisation d'élections libres impliquait la reconnaissance du suffrage universel. Par voie de conséquence, des droits subjectifs de participation sont reconnus aux individus dans le cadre de l'article 3 : le droit de vote et le droit d'être candidat aux élections législatives (*Mathieu-Mohin et Clerfayt*, 2 mars 1987, préc., § 51). Ayant « découvert » ces droits, la Cour en fixe le régime juridique (on sait, par ailleurs, que ces droits civiques ne sont pas des droits « de caractère civil » au sens de l'article 6 de la CEDH, *supra*, n° 369).

Le principe est posé dès le départ. Les droits civiques ne sont pas des droits absolus (ou intangibles). N'étant pas reconnus expressément par le texte conventionnel, ils peuvent faire l'objet de « limitations implicites » quant à leurs modalités d'exercice (§ 52). Les États disposent en conséquence d'une large marge d'appréciation pour réglementer les droits de vote et d'éligibilité et les assortir des conditions et limitations habituelles, relatives à la nationalité, à l'âge, à la résidence (par ex., Com., déc. 21 mai 1997, *E. Luksch c/ Allemagne, D. et R.*, 88 A, 175 ; Cour, déc. 6 févr. 2007, *Doyle c. Royaume-Uni*, n° 30158/06 ; *Shindler c/ Royaume-Uni*, 7 mai 2013) ou encore à la situation pénale (*infra*).

Se fondant sur cette ample marge d'appréciation et sur l'absence de consensus dans la pratique des États membres du Conseil de l'Europe (alors que 37 des 47 États parties autorisent le droit de vote à l'étranger !), la Cour juge, de manière contestable, que l'article 3 du Protocole 1 ne peut être interprété comme imposant à la charge des États « l'obligation d'instaurer un système permettant l'exercice du droit de vote à l'étranger pour les citoyens expatriés » (*Sitaropoulos et Giakomopoulos c/ Grèce*, 15 mars 2012, Gr. Ch., § 70).

La CJCE, se référant à la jurisprudence de la Cour EDH, reprend à son compte la notion d'ample marge d'appréciation (CJCE, 12 sept. 2006, *Espagne c/ Royaume-Uni*, pt 94, *supra*, n° 572 ; CJCE, 12 sept. 2006, *Eman et Sevinger*, aff. C-300/04).

**575** RESTRICTIONS AUX DROITS. — Le régime des restrictions aux droits subjectifs a fait l'objet d'un affinement. S'appuyant sur la spécificité de l'article 3 du Protocole 1 (*supra*, n° 571), et infléchissant sa jurisprudence antérieure (*Mathieu-Mohin*, préc.), le juge européen estime désormais que ces restrictions, non expressément prévues par le texte, ne peuvent obéir aux mêmes critères que les ingérences autorisées par la clause d'ordre public de la Convention (*supra*, n° 131 ss.) et doivent bénéficier d'un régime plus souple (*Znadoka c/ Lettonie*, 16 mars 2006, Gr. Ch., *GACEDH*, n° 65). D'une part, l'absence d'une énumération exhaustive des « buts légitimes » laisse ici à l'État une plus grande latitude, bien que celle-ci ne soit pas totale.

Ainsi, la suspension des droits électoraux du failli pendant la durée de la procédure de faillite a une finalité essentiellement afflictive, visant à dévaloriser le failli en tant qu'individu indigne et à lui infliger un blâme moral, et ne poursuit pas un objectif légitime (*Campagnano c/ Italie*, 23 mars 2006).

D'autre part, les critères traditionnels de « nécessité » dans une société démocratique ou de « besoin social impérieux » ne trouvent pas à s'appliquer et la compatibilité avec la Convention d'une ingérence dans le droit garanti s'apprécie alors au regard de deux critères.

1° En premier lieu, le caractère arbitraire de la mesure ou le défaut de proportionnalité, précision faite que la mesure législative restreignant le droit individuel garanti par l'article 3 du Protocole 1 n'a pas besoin d'atteindre le degré d'individualisation requis lorsqu'est en cause l'un des droits visés par les articles 8 à 11. Cela suppose que les droits civiques ne soient pas atteints « dans leur substance même » et privés de leur effectivité.

Par exemple, une mesure de radiation des listes électorales ne peut passer pour « nécessaire dans une société démocratique » et constitue une violation de l'article 3 du Protocole 1 lorsqu'elle frappe une personne qui a été acquittée de l'accusation d'appartenir à la mafia (*Labita c/ Italie*, 6 avr. 2000) ; pareillement, dans l'affaire *Matthews c/ Royaume-Uni* (18 févr. 1999, préc.) le refus des autorités britanniques d'inscrire la requérante sur les listes électorales de Gibraltar pour les élections européennes, au motif que l'Acte de 1976 portant élection des représentants du Parlement européen au suffrage universel direct limitait l'organisation des élections au seul Royaume-Uni, a privé l'intéressée de toute possibilité d'exprimer son opinion sur le choix des députés européens et porté atteinte à « l'essence même du droit de vote » (§ 65). Sur les suites communautaires de cet arrêt, CJCE, 12 sept. 2006, *Espagne c/ Royaume-Uni*, pt 94, *supra*, n° 572).

La compatibilité avec l'article 3 du Protocole 1 des restrictions des droits civiques en raison de la situation pénale de la personne est strictement encadrée.

Une déchéance des droits électoraux infligée à un individu ayant « commis de graves abus dans l'exercice de fonctions publiques ou dont le comportement a menacé de saper l'état de droit ou les fondements de la démocratie » ne serait pas incompatible en soi avec l'article 3 du Protocole 1 s'il existe un « lien discernable et suffisant » entre la sanction et le comportement de la personne touchée et si la suppression des droits civiques est prononcée par un tribunal indépendant appliquant une procédure contradictoire. Mais, se réclamant d'une interprétation évolutive, le juge européen estime que le principe même d'une interdiction générale, automatique et indifférenciée du droit de vote imposée à tous les détenus condamnés indépendamment de la nature ou de la gravité de l'infraction excède les limites d'une marge d'appréciation nationale acceptable, malgré l'absence de consensus au sein des États parties en la matière, et, « à l'heure actuelle », n'est plus tolérable dans une société démocratique (*Hirst c/ Royaume-Uni*, 6 oct. 2005, Gr. Ch., *AJDA*, 2006, 475, chron. J.F. Flauss, *supra*, n° 247 ; *Frodl c/ Autriche*, 8 avr. 2010 ; *Scoppola c/ Italie (n° 3)*, 22 mai 2012, Gr. Ch.).

Le Comité des droits de l'homme se prononce dans le même sens (n° 1410/2005, *Yevdokimov et Rezanov c/ Fédération de Russie*, déc. 21 mars 2011).

2° « En second lieu, l'atteinte éventuelle à la libre expression de l'opinion du peuple », qui apparaît comme le « noyau dur » de l'article 3 du Protocole 1. L'aménagement des droits civiques doit garantir « la libre expression de l'opinion du peuple », ce qui implique l'égalité de traitement de tous les citoyens dans l'exercice de leurs droits civiques. Toute limitation arbitraire ou discriminatoire au droit de vote et au droit d'être candidat est donc interdite (*Aziz c/ Chypre*, 22 juin 2004, impossibilité pour un Chypriote turc de s'inscrire sur la liste électorale pour voter aux élections législatives) ; de même, le CDH considère que les restrictions au droit d'être élu ne doivent pas être « discriminatoires ou déraisonnables » (n° 500/1992, *Debreczeny c/ Pays-Bas*, déc. 3 avr. 1995, *CCPR/C/53/D/500/1992*).

La Cour européenne, juge compatible avec la Convention une condition de résidence restreignant le droit de vote aux élections territoriales en Nouvelle-Calédonie, se fondant curieusement sur les « nécessités locales » tenant au statut actuel de ce territoire (*Py c/ France*, 11 janv. 2005, *supra*, n° 141 : refus d'inscription sur les listes électorales). La Cour s'appuie sur la décision *Gillot* du CDH, qui prend en compte les dispositions de l'article 1 du Pacte (droit des peuples à disposer d'eux-mêmes) dans l'interprétation de l'article 25 (ainsi, les critères de définition du corps électoral néocalédonien appelé à participer aux élections territoriales ne sont pas contraires à l'article 25 ; n° 932/2000, *Gillot et al. c/ France*, déc. 15 juill. 2002, *supra*, n^os^ 63).

**576** DROIT D'ÊTRE CANDIDAT. — 1° Distinguant selon l'aspect « actif » (droit de vote) ou « passif » (droit d'être candidat) des droits individuels garantis, la Cour considère que le droit d'être candidat peut être encadré par des « exigences plus strictes » que le droit de vote et fait preuve d'une grande prudence dans l'appréciation des restrictions (*Znadoka*, § 115).

Pour un exemple : de limitation arbitraire au droit d'être candidat, *Parti conservateur russe des entrepreneurs c/ Russie*, 11 janv. 2007 ; de restriction discriminatoire, fondée sur l'origine ethnique, au droit d'être candidat, *Sedjic et Finci c/ Bosnie-Herzégovine*, 22 déc. 2009, Gr. Ch.

Elle reconnaît aux États parties la plus grande latitude pour fixer les critères d'inéligibilité des parlementaires, sous réserve, toujours, de ne pas porter atteinte à la substance même du droit (*Mathieu-Mohin*, préc.).

Porte atteinte à la substance même du droit d'être éligible le régime – qui « fait figure d'exception en Europe » – d'inéligibilité définitive et irréversible qui frappe un président de la république destitué de ses fonctions (*Paksas c/ Lituanie*, 6 janv. 2011, Gr. Ch., § 106, *JCP G*, 2011, act. 123, G. Gonzalez).

Le juge européen est ici attentif aux facteurs historiques et politiques propres à chaque État et interprète la législation électorale en cause « à la lumière de l'évolution politique du pays » (*ibid.*, § 54).

Cela le conduit parfois à s'engager dans la voie discutable du « double standard » lorsqu'il juge qu'une clause d'inéligibilité qui ne serait guère admissible dans une « vieille » démocratie peut être jugée acceptable dans une « jeune » démocratie, confrontée à la menace éventuelle de la restauration d'un régime totalitaire, alors même que le comportement individuel de l'intéressé n'apparaît pas susceptible de mettre en péril l'ordre démocratique (*Zdanoka*, préc. : inéligibilité permanente au Parlement letton frappant une personne en raison de ses activités passées au sein du Parti communiste letton).

Par contre, le contexte particulier de l'évolution politique en Moldavie ne saurait justifier que les ressortissants moldaves ayant une autre nationalité soient inéligibles à la charge de député (*Tanase c/ Moldavie*, 27 avr. 2010, Gr. Ch., *JCP G*, 2010, act. 577, L. Milano).

Le constat d'inéligibilité doit cependant remplir des « conditions d'équité procédurale et de certitude légale », afin d'éviter tout abus de pouvoir des autorités compétentes (*Podkolzina c/ Lettonie*, 9 avr. 2002, *RFDC*, 2003, 425, note M. Levinet : membre de la minorité russophone rayée de la liste des candidats pour insuffisante maîtrise de la langue officielle ; dans le même sens, CDH, n° 884/1999, *Ignatane c/ Lettonie*, déc. 25 juill. 2001, *RUDH*, 2002, 6).

2° L'article 3 du Protocole 1 garantit non seulement le droit d'être candidat aux élections législatives mais encore, « une fois élu, d'exercer son mandat » (*Selim Sadak et al. c/ Turquie*, 11 juin 2002, § 33). La déchéance automatique du mandat parlementaire, qualifiée de « sanction d'une extrême gravité » (*Ilicak c/ Turquie*, 5 avr. 2007), porte atteinte à la substance même de ce droit ainsi qu'au « pouvoir souverain de l'électorat » (*SelimSadak*, § 40).

Déchéance résultant du fait de la seule appartenance à un parti politique dissous (*Selim Sadak ; Ilicak*) ou de l'application immédiate d'une nouvelle règle d'incompatibilité, qui privent les électeurs du candidat qu'ils avaient élu « en méconnaissance du principe de la confiance légitime » (*Lykourezos c/ Grèce*, 15 juin 2006).

Le droit à des élections libres bénéficie d'un régime juridique cohérent, de création prétorienne. À l'évidence, la Cour européenne s'est plus intéressée, à l'origine, aux droits du citoyen qu'à ceux du travailleur (*supra*, n° 569).

### *Pour aller plus loin*

**578** SUR LES LIBERTÉS DE L'ACTION SOCIALE ET POLITIQUE. — Voir P. Wachsmann, Participation, communication, pluralisme, in *AJDA*, Les droits fondamentaux. Une nouvelle catégorie juridique ?, numéro spécial, 1998, 165. Aussi, M. Kaiser, Le droit à des élections libres… L'application timide d'une disposition ambitieuse, *Mélanges Pierre Lambert*, Bruylant, 2000, p. 435 ; J. Andriantsimbazovina, Les droits politiques selon la Cour EDH, *Mélanges J.C. Gautron*, Pedone, 2004, 3 ; P. Lambert (dir.), *Les partis liberticides et la CEDH*, Bruylant-Némésis, « Droit et justice », n° 62, 2005, 115 ; V. Natale, Le droit à des élections libres ou la construction d'un véritable ordre démocratique européen, *RTDH*, 2006-68, 939 ; Y. Lécuyer, *Les droits politiques dans la jurisprudence de la Cour EDH*, Thèse dact., La Rochelle, 2007, 683 p ; K. Lucas, La liberté de réunion pacifique, *ADE,* vol. VII, 2009, 653 ; Y. Lécuyer, *Le droit à des élections libres,* Éd. du Conseil de l'Europe, 2014.

J.-P. Marguénaud et J. Mouly, Les incursions de la Cour EDH en droit du travail : une œuvre encore en demi-teinte, *Rev. de dr. du travail*, 2008-1, 16 ; Merino, Le renforcement de la protection de la liberté syndicale par la Cour EDH, *RTDH*, 2007-70, 463 ; F. Lambinet et S. Gilson, La liberté d'expression syndicale, *RTDH,* 2013-94, 351 ; G. Gonzalez, Du bon usage de la synergie des sources dans la construction, par la Cour EDH, du droit à la liberté syndicale, *RTDH* 2015-103, 589.

# Chapitre 8
# Le droit de propriété

579 ÉNONCÉ DU DROIT. — Le droit de propriété est un droit contesté dans sa nature même : droit économique pour les uns, droit civil pour d'autres, son caractère même de droit de l'homme prête à discussion selon que l'on considère, ou non, que la propriété privée est essentielle à l'existence de l'individu. Le sort du droit de propriété dans le corpus international reflète cette incertitude. Sur le plan universel, le droit de propriété, après avoir été reconnu par la Déclaration universelle dans une disposition ambiguë (art. 17 : « Toute personne, aussi bien seule qu'en collectivité, a droit à la propriété »), reprise par la Convention de 1965 sur l'élimination de toutes les formes de discrimination raciale (l'art. 5, al. *d* inclut le droit de propriété dans les droits civils), ne figure plus dans la proclamation conventionnelle opérée par les deux pactes de 1966.

Saisi sur le fondement d'une violation du droit de propriété, le CDH « rappelle que le droit de propriété n'est pas garanti par le Pacte » (par ex., n° 520/1992, *E et AK c/ Hongrie*, déc. 7 avr. 1994, *A/49/40*, vol. II, p. 357). Le CDH, cependant, garantit le droit à la non-discrimination en matière de droit de propriété (*supra*, n° 274).

De plus, la tendance qui prévaut à l'ONU semble considérer que la propriété individuelle est dépassée et absorbée par la propriété des peuples, proclamée comme intangible par l'article 47 du PIDCP. Sur le plan régional, exception faite de la Charte africaine (art. 14), le droit de propriété est énoncé dans des formes telles qu'il apparaît comme un droit mineur. La CADH affirme le « droit à la propriété privée » mais condamne « l'usure ainsi que toute autre forme d'exploitation de l'homme par l'homme » (art. 21), alors que la

Convention européenne n'énonce pas, à l'origine, le droit de propriété parmi les droits garantis. Le droit de propriété, assorti des restrictions d'usage tenant à l'intérêt général, sera reconnu par le 1er Protocole additionnel à la Convention dans une formulation très laconique : « Toute personne physique ou morale a droit au respect de ses biens » (art. 1).

**580** Reformulation du droit. — La Cour européenne a reformulé le droit protégé par l'article 1 du Protocole 1. La Convention garantit bien *le droit de propriété* car, selon la Cour, le droit de disposer de ses biens constitue « un élément traditionnel fondamental » du droit de propriété (*Marckx c/ Belgique*, 13 juin 1979, *GACEDH*, n° 51, § 63). Dans une jurisprudence substantielle ouverte par l'arrêt *Sporrong et Lönnroth c/ Suède*, du 23 septembre 1982 (*GACEDH*, n° 67), la Cour a conforté la place du droit de propriété au sein de l'ensemble des droits garantis par la Convention – accentuant ainsi la singularité du droit européen des droits de l'homme au regard de la proclamation universelle –, élargissant son champ d'application et encadrant ses limitations.

## Section I
## Le champ d'application du droit de propriété

**581** Extension. — L'extension du champ d'application du droit de propriété résulte de deux mouvements complémentaires qui portent, l'un, sur l'applicabilité de l'article 1 du protocole 1, l'autre, sur la portée du droit garanti.

### I | L'applicabilité de l'article 1 du protocole 1

**582** La notion de « biens ». — La notion de « biens » commande l'applicabilité de l'article 1 du Protocole 1.

* Il entre donc dans l'office du juge interne, saisi de conclusions relatives à l'atteinte au droit au respect de ses biens, de se prononcer en premier lieu sur

l'existence d'un « bien » au sens de la CEDH afin de vérifier l'applicabilité de l'article 1 du Protocole 1 au litige : CE, 2 juin 2010, Fondation de France, n° 318014, (*Dr. fisc.*, 2010, 428, concl. N. Escaut ; *AJDA*, 2010-32, 1828, note D. Bailleul) ; CE, Ass., 13 mai 2011, Mme M'Rida, n° 316734, *RFDA*, 2011, 789, concl E. Geffray, *AJDA*, 2011, 1136, chron. X. Domino et A. Bretonneau ; Cass. soc., 21 mars 2012, n° 04-47.532).

Dotée d'une portée autonome (*Gasus Dosier und Fördertechnik GmbH c/ Pays-Bas*, 23 févr. 1995, A. 306 B, § 53) la notion de biens est comprise largement par le juge européen puisqu'elle peut désigner « certains droits et intérêts constituant des actifs » (*Oneryildiz c/ Turquie*, 30 nov. 2004, Gr. Ch., § 124, *GACEDH*, n° 67) et a été étendue à la notion d'« intérêt substantiel ».

Selon la Cour, « ce qui importe est de rechercher si les circonstances d'une affaire donnée, considérées dans leur ensemble, peuvent passer pour avoir rendu le requérant titulaire d'un intérêt substantiel protégé par cette disposition » (*Hamer c/ Belgique*, 27 nov. 2007, § 75, *D.* 2008, 884, note J.-P. Marguénaud).

La « portée économique et patrimoniale » qui s'attache à l'article 1 du Protocole 1 interdit en conséquence de qualifier de « bien » l'embryon humain (*Parrillo c/Italie,* 27 août 2015, Gr. Ch., § 215, *JCP G* 2015, note 1187, G. Loiseau).

Ainsi entendue, la notion de « biens » permet d'étendre la protection du droit de propriété dans quatre directions principales.

**583** Les biens incorporels. — La protection de l'article 1 du Protocole 1 ne se limite pas aux biens corporels mais couvre tous les biens à valeur patrimoniale, ce qui inclut les biens incorporels, Sont ainsi qualifiés de « biens » : une clientèle (*Van Marle c/ Pays-Bas*, 26 juin 1986, A. 101) ; les intérêts économiques liés à l'exploitation d'un débit de boissons (*Tre Traktörer Aktielobag c/ Suède*, 7 juill. 1989, A. 159), d'une gravière (*Fredin c/ Suède*, 18 févr. 1991, A. 192 ; *RUDH*, 1992, 8, chron. F. Sudre) ou à un projet immobilier (*Pine Valley c/ Irlande*, 29 nov. 1991, A. 222) ; des parts sociales (Com., déc. 11 déc. 1986, *Sté S et T c/ Suède, D. et R.*, 50, p. 121 ; *Sovtransavto Holding c/ Ukraine*, 25 juill. 2002, *JCP G*, 2003, I, 109, n° 24, chron. F. Sudre) ; des droits sur les biens successoraux (dès lors que la succession est ouverte, *Inze c/*

*Autriche*, 28 oct. 1987, A. 126 ; *Mazurek c/ France*, 1er févr. 2000, *GACEDH*, n° 54) ; une sûreté (*Gasus Dosier*, préc.). De même, « la propriété intellectuelle en tant que telle » bénéficie de la protection de l'article 1 du Protocole 1. Ainsi, une marque commerciale constitue un « bien », à compter de son enregistrement définitif selon les règles en vigueur dans l'État en cause (*Anheuser-Busch Inc. c/ Portugal*, 11 janv. 2007, Gr. Ch., *JCP E*, 2007, 1409, note A. Zollinger), tout comme une œuvre de l'esprit, protégée par le droit d'auteur (*Balan c/ Moldavie*, 29 janv. 2008, *JCP G* 2008, I, 158, n° 1, obs. C. Caron).

* Le juge interne n'ignore pas cette jurisprudence. Par exemple, sont qualifiés de « biens », par le Conseil d'État, les parts sociales d'une SCP de notaires (CE, 24 nov. 2003, *Le Floch*, n° 235238), la clientèle d'un cabinet d'avocat (CE, 28 juin 2004, *Bessis*, n° 251897, *Rec. Tab.*) ou le droit de présentation des commissaires priseurs (CE, 19 nov. 2004, *Sarget*, n° 262298), et, par la Cour de cassation, les objets des droits de propriété intellectuelle (Cass. 1re civ., 13 nov. 2003, n° 01-14385, *Propr. Intell.*, 2004, n° 10, p. 549, note A. Lucas ; Cass. 1re civ., 2 oct. 2007, n° 05-14.928).

**584** LES CRÉANCES. — En ce qu'elle s'analyse en « une valeur patrimoniale », une créance bénéficie également de la qualification de « bien ». Il en va ainsi si elle est constituée (*Raffineries grecques Stran et Stratis Andreadis c/ Grèce*, 9 déc. 1994, A. 301 B, § 59 : créance contractuelle reconnue par une sentence arbitrale définitive et obligatoire). Une créance simplement virtuelle – puisque n'ayant été ni constatée ni liquidée par une décision judiciaire – mérite aussi la qualification de « bien » dès lors que l'intéressé a une « espérance légitime » de voir concrétiser sa créance (*Pressos Compania Naviera SA et al. c/ Belgique*, 20 nov. 1995, A. 332 : créance en réparation d'un dommage).

Voir *Richet et le Ber c/ France*, 18 nov. 2010 (*D* 2011, 2302, obs. B, Mallet-Bricout) : « espérance légitime » des requérants de pouvoir exercer le droit de construire dont ils étaient titulaires aux termes d'un acte de vente passé avec l'État.

1° *Notion d'espérance légitime.* Le critère décisif d'une « espérance légitime » protégée par l'article 1 du Protocole 1 réside dans l'existence d'une « base suffisante en droit interne tel qu'interprété par les juridictions internes pour que l'on puisse qualifier la créance du requérant de "valeur patrimoniale" aux fins de l'article 1 du Protocole 1 » (*Kopecky c/ Slovaquie*, 28 sept. 2004, Gr. Ch., § 54, *JCP G*, 2005, I, 103, n° 18, obs. F. Sudre). En conséquence, un revirement de jurisprudence peut « vider de toute substance l'espérance légitime des requérants » de se voir reconnaître une créance (*Mottola et a. c/ Italie*, 4 févr. 2014, § 58). En revanche, l'existence d'une « contestation réelle » ou d'une « prétention défendable » ne suffit pas à établir une « espérance légitime » (déc. Gr. Ch., 2 mars 2005, *Von Maltzan et al. c/ Allemagne*, n° 71916/01).

Voir *SA Dangeville c/ France*, 16 avr. 2002 (*RFDA*, 2003, 953, obs. B. Dufourcq) : une société, qui avait indûment payé la TVA en violation d'une directive communautaire, tire de la « norme communautaire parfaitement claire, précise et directement applicable » un droit de créance sur l'État qui s'analyse en un « bien ». Aussi, *Centro Europa 7 SRL et Di Stephano c/ Italie*, 7 juin 2012, Gr. Ch. : une société titulaire d'une concession pour la radiodiffusion télévisuelle au niveau national par voie hertzienne a une « espérance légitime », qui constitue un « bien », de se voir octroyer des radiofréquences d'émission, sans lesquels elle ne peut exploiter un réseau de télévision analogique (§§ 177-179).

2° *Lois rétroactives*. Parce qu'elles mettent fréquemment en jeu des droits patrimoniaux les lois rétroactives sont susceptibles de porter atteinte au droit de propriété. La notion d'« espérance légitime » fonde l'applicabilité de l'article 1 du Protocole 1 et ouvre la voie du contrôle de la compatibilité de ces lois avec cette disposition (*supra*, n° 382).

Deux exemples significatifs peuvent être donnés, relatifs à l'affaire dite du « tableau d'amortissement » et à celle de la loi dite « anti-Perruche ». Dans le premier cas, la Cour juge que la déchéance du droit du prêteur aux intérêts de leur prêt que les requérants pouvaient légitimement espérer, au vu d'une jurisprudence de la Cour de cassation (Cass. 1re civ., 16 mars 1994, n° 92-12239, *Bull. civ.*, I, n° 100) contrariée par une loi de 1996, présente un intérêt patrimonial qui a le caractère d'un « bien » au sens de l'article 1 du Protocole 1 (*Lecarpentier et al. c/ France*, 14 févr. 2006 ; *contra*, Cass. 1re civ., 20 juin 2000, Lecarpentier, n° 97-22394, *D*, 2000, *Cahier Droit des affaires, Jur.*, 699, note M.-L. Niboyet ; *supra*, n° 252). Dans le second, elle considère que les parents d'un enfant né avec un handicap non décelé pendant la grossesse à la suite d'une faute médicale disposaient, en vertu de la jurisprudence du Conseil d'État (CE, 14 févr. 1997, *Quarez*, *Rec.*, 44), d'une créance – s'analysant en un « bien » – en vertu de laquelle ils pouvaient légitimement espérer obtenir réparation du préjudice résultant des « charges particulières » découlant du handicap de leur enfant, que la loi du 4 mars 2002 a supprimée (*Draon c/ France et Maurice c/ France*, 6 oct. 2005, Gr. Ch., *JCP G*, 2006, I, 109, n° 16, chron. F. Sudre, *RTDH*, 2006-67, 667, obs. F. Bellivier).

Dans les deux cas, la Cour analyse l'intervention du législateur ayant pour effet de priver les intéressés de leur « créance » en une privation de propriété au sens de l'article 1 du Protocle 1 (pour un autre exemple, *Aubert et al.* c/ France, 9 janv. 2007).

* Le Conseil constitutionnel adapte manifestement son contrôle de la constitutionnalité des lois de validation à cette exigence (déc. n° 2005-531 DC, 29 déc. 2005, Loi de finances rectificative pour 2005, *RFDA*, 2006, 497, note M. Disant).

3° *Limites.* La notion d'« espérance légitime » a cependant des limites. Selon une jurisprudence bien établie (*Marckx*, préc.), l'article 1 du Protocole 1 ne vaut que pour les « biens actuels » et ne garantit pas un droit à devenir propriétaire d'un bien et, notamment, à acquérir un bien par voie de succession *ab intestat* ou de libéralités (*Merger et Cros c/ France*, 22 déc. 2004, *Dr. fam.*, 2005, étude 12, S. Le Chuiton).

La Cour européenne a ainsi borné strictement le jeu des « espérances légitimes » dans le cadre du contentieux de la restitution des biens confisqués par les régimes communistes. Ni « l'espoir de voir reconnaître la survivance d'un ancien droit de propriété qu'il est depuis bien longtemps impossible d'exercer effectivement », ni « une créance conditionnelle s'éteignant du fait de la non-réalisation de la condition » ne peuvent être considérés comme un « bien » au sens de l'article 1 du Protocole 1 (déc. 13 déc. 2000, Gr. Ch., *Malhous c/ République tchèque* ; *Mosteanu et al. c/ Roumanie*, 26 nov. 2002).

Elle en limite également le jeu au nom de l'effet utile des mesures de protection de l'environnement (*Hamer c/ Belgique*, 27 nov. 2007), posant « le principe suivant lequel la notion d'espérance légitime ne peut être invoquée pour faire obstacle aux atteintes irréversibles au droit de propriété qui sont les seules concevables pour restaurer l'intégrité environnementale des lieux ».

4° *Droit interne.* Le juge interne reprend à son compte, pour l'essentiel, la conception européenne de la créance comme « bien » au sens de l'article 1 du Protocole 1.

* Le Conseil d'État, après avoir implicitement admis, dès lors que la créance est suffisamment certaine, de considérer comme des « biens » les créances détenues sur l'État par un organisme de gestion d'un établissement scolaire privé au titre des cotisations sociales dues pour ses agents (CE, Avis, 5 déc. 1997, OGEC de Saint-Sauveur-le-Vicomte, *Rec.*, 464, concl. L. Touvet), qualifie expressément les ressources des caisses de retraite provenant des cotisations des assurés de « biens au sens des stipulations » de l'article 1 du Protocle 1 (CE, 12 juin 2002, Caisse autonome de retraite des médecins de France, *JCP G*, 2003, II, 10028, concl. S. Boissard). Il juge également que les créances constituées par des intérêts moratoires contractuels dans le cadre des marchés publics sont des « biens » au sens de l'article 1 du Protocole 1 (CE, 5 juill. 2004, Société sud parisienne de construction, *AJDA*, 2004, 2216, note J.-P. Markus ; confirmé par Cour EDH, Sud parisienne de construction c/ France, 11 févr. 2010, *JCP G*, 2010, act. 262, G. Gonzalez).

Le Conseil d'État consacre expressément la notion d'« espérance légitime », énonçant « qu'à défaut de créance certaine, l'espérance légitime d'obtenir la restitution d'une somme d'argent doit être regardée comme un bien, au sens (des) stipulations » de l'art. 1 du Protocole 1 (CE, 19 nov. 2008, Société Gétécom, n° 292948, *Dr. fisc.* 2009-6, n° 179, concl. N. Escaut, note P. Fumenier ; aussi, CE, 2 juin 2010, Fondation de France, n° 318014, préc.). Il juge ainsi que l'espérance légitime de bénéficier d'un crédit d'impôt institué pour une durée limitée, avant la suppression de ce dispositif, constitue un bien au sens de l'article 1 du Protocole 1 (CE, plén., fisc., 9 mai 2012, *Ministre du Budget c/ Sté EPI,* n° 308996). Mais, logiquement, le Conseil d'État considère qu'un contribuable ne peut se prévaloir d'une espérance légitime au maintien d'un régime de non-imposition (CE, 21 nov. 2012, *Daumen (M. et Mme)*, n° 347223) ou d'une exonération fiscale non limitée dans le temps (CE, 22 janv. 2013, *Fédération nationale indépendante des mutuelles*, n° 355844 ; *Dr. fisc.* 2014-10, p. 111, chron. L. Ayrault).

La Cour de cassation est sur la même ligne (par ex., Soc. 24 nov. 2010, n° 08-44.181, qualifiant de « bien » « l'intérêt patrimonial qui constitue une "espérance légitime" de pouvoir obtenir le paiement de rappel de salaires » prévus par un accord collectif ; aussi Soc. 21 mars 2012, n° 04-47.532).

Le Conseil constitutionnel accueille implicitement, au titre de la « garantie des droits » découlant de l'article 16 de la Déclaration de 1789, la notion d'« espérance légitime » en affirmant que le législateur ne saurait « sans motif d'intérêt général suffisant, ni porter atteinte aux situations légalement acquises, ni mettre en cause les effets qui peuvent légitimement être attendus de telles situations » (déc. n° 2013-682 DC, 19 déc. 2013, Loi de financement de la sécurité sociale pour 2014, pt 14) mais il semble avoir une conception plus étroite que la Cour EDH du champ d'application du droit de propriété (déc. n° 2013-346 QPC, 11 oct. 2013, *Société*

*Schuepbach Energy LLC*, *Les Nouveaux cahiers du Conseil constitutionnel*, 2014, n° 43, 213, chron. H. Surrel).

Le juge interne s'est montré plus réticent à considérer comme un « bien » une créance en réparation susceptible de naître d'une jurisprudence établie. Il en a été ainsi dans l'affaire du « tableau d'amortissement » (Cass. 1re civ., 20 juin 2000, n° 97-22394, préc.) comme dans celle de la loi « anti-Peruche », où le Conseil d'État, après avoir adopté une position différente (CE, Ass., Avis, 6 déc. 2002, *Draon* (M. et Mme), *AJDA*, 2003, 283, chron. F. Donnat et D. Casas ; *Dr. fam.*, 2003, chron. 2, p. 8, A. Debet), s'est rallié à la jurisprudence européenne (CE, 24 févr. 2006, *Levenez*, n° 250704, *Rec.*) ; la Cour de cassation a fait de même (Cass. 1re civ., 24 janv. 2006, *CPAM de Loir-et-Cher c/ Sté Le Sou médical et al.*, n° 02-12260, *JCP G*, 2006, II, 10062, note A. Gouttenoire et S. Porchy-Simon).

Toutefois, le Conseil d'État reçoit implicitement la notion de « base suffisante en droit interne » en jugeant que la notion d'espérance légitime ne peut s'appliquer aux droits ouverts aux contribuables par une décision du Conseil d'État revenant rétroactivement sur une règle issue d'une jurisprudence ancienne et constante (CE, 19 nov. 2008, n° 292948, *Société Gétécom*, préc. ; CE, 2 juin 2010, n° 318014, *Fondation de France*, préc.). Il juge, par ailleurs, que l'existence d'une « espérance légitime » ne fait pas de doute, lorsque le législateur vient remettre en cause rétroactivement l'application d'une jurisprudence constante, quel que soit le délai dans lequel le législateur intervient pour remettre en cause cette jurisprudence (CE, 21 oct. 2011, *SNC Peugeot Citroën Mulhouse*, n° 314767, *Rev dr. fisc* 2011-50, n° 630, concl. Cl, Legras, note O. Fouquet). Le Conseil constitutionnel se prononce dans le même esprit (déc. n° 2010-78 QPC, 10 déc. 2010, *Société Imnoma*). Cependant, le Conseil d'État semble considérer que l'espérance légitime invoquée ne peut résulter uniquement d'un arrêt de la Cour EDH qui ne saurait alors faire office de « base suffisante en droit interne » (CE, 1er févr. 2012, n° 339387, *Sté des logements modulaires*, *Dr. fisc.*, 2012-17, n° 279, concl. N. Escaut, note S. Detraz).

**585** LES PRESTATIONS SOCIALES. — Aux fins d'une application dynamique du droit à la non-discrimination (art. 14 ; *supra*, n° 270), le juge européen considère également qu'une prestation sociale se situe dans le champ de l'article 1 du Protocole 1 au seul motif qu'est en jeu un « droit patrimonial » (*Gaygusuz c/ Autriche*, 16 sept. 1996, § 41, *D*, 1998, p. 438, note J.-P. Marguénaud et J. Mouly, allocation d'urgence à un chômeur arrivé en fin de droit ; *Willis c/ Royaume-Uni*, 11 juin 2002, allocation de veuve ; *Büchen c/ République tchèque*, 26 nov. 2002, allocation de retraite). Peu importe que soit en cause une prestation contributive ou non contributive (*Stec et al. c/ Royaume-Uni*, 6 juill. 2005, Gr. Ch., *RTDH*, 2006-67, 647, obs. A. Simon). De même une obligation de verser une cotisation sociale rentre dans le champ d'application de l'article 1, § 2 du Protocole 1 au titre du « paiement des impôts ou d'autres contributions et amendes » (*Van Raalte c/ Pays-Bas*, 21 févr. 1997).

* Le juge national s'est rallié à l'interprétation de la Cour européenne (*Gaygusuz*, préc.) pour admettre que des prestations sociales, même à caractère non contributif, telles l'allocation supplémentaire du Fonds national de solidarité (Cass. soc., 14 janv. 1999, *Bozkurt c/ CPAM de Saint-Étienne,* n° 97-12487, *JCP*, 1999, II, 10082, note F. Sudre) et les allocations familiales (CE, Ass., 5 mars 1999, *Rouquette*, *RFDA*, 1999, p. 357, concl. C. Maugüe), sont des « biens » au sens de l'article 1 du Protocole 1 ; il en est de même du droit au RSA (CE, 10 juill. 2015, n° 375887). Le Conseil d'État juge également que les pensions civiles et militaires de retraite (CE, 30 nov. 2001, *Diop*, *AJDA*, 2001, 1039, chron. M. Guyomar et P. Collin ; *supra*, n° 270) comme les primes de qualification et de service que perçoivent les militaires (CE, Ass., 11 juill. 2001, *Préaud*, *RFDA*, 2001, 1047, concl. C. Bergeal ; *supra*, n° 365) « constituent des créances qui doivent être regardées comme des biens au sens des stipulations de l'article 1 du Protocole 1 ». Avec audace (voir, toutefois, *Azinas c/ Chypre*, 20 juin 2002), le Conseil d'État juge que la suspension des droits à pension (analysés classiquement comme des « biens »), dont a été assortie la révocation d'un fonctionnaire, a un caractère disproportionné, « en tant qu'elle l'a privé de toute ressource », et doit être regardée « comme ayant porté une atteinte excessive au droit de l'intéressé au respect de ses biens » (CE, 7 janv. 2004, *Colombani*, n° 232465, *Rec.* ; dans le même sens, CE, 7 janv. 2004, *Greselle*, *AJDA*, 2004, 1653, note A. Dord).

Topique : Cass. 2e civ., 21 déc. 2006, *CRAMA c/ Germenot*, n° 04-30586, qui fait application de la Convention « telle qu'interprétée par la Cour EDH » (*Dr. fam.*, 2007-6, com., 137, A. Devers : pension de retraite ; aussi, Cass. 2e civ., 19 févr. 2009, n° 07-20.668, *CRAM des Pays de la Loire c/ Kierkowski*, *Dr. fam.*, 2009-5, comm. 61, C. Bidaud-Garon).

**586** L'ABSENCE DE TITRE JURIDIQUE. — 1° Le juge européen retient une acception très large du droit de propriété en admettant que le « droit au respect de ses biens » peut être invoqué alors même que l'existence d'un titre de propriété sur un bien corporel ne peut être établie. Après avoir considéré que la clientèle d'un exploitant d'un cinéma de plein air expulsé par la municipalité du terrain qu'il louait était un « bien » (*Iatridis c/ Grèce*, 25 mars 1999), la Cour européenne juge qu'une habitation de fortune construite en toute illégalité dans un bidonville à proximité d'une décharge d'ordures et le fait d'y demeurer avec sa famille représentaient « un intérêt économique substantiel » constituant en un « bien » au sens de l'article 1 du Protocole 1 (*Oneryildiz*, préc.,

§ 129). Pour ce faire, la Cour semble analyser la tolérance implicite des autorités, qui a nourri l'espérance du requérant « que la situation demeurât ainsi pour lui et sa famille », comme une reconnaissance *de facto* de l'intérêt patrimonial du requérant tenant à son habitation de fortune (aussi, *Osman c/ Bulgarie*, 16 févr. 2006).

2° De même, le fait que le droit interne ne reconnaisse pas un intérêt particulier comme « droit » ou comme « droit de propriété » ne fait pas obstacle à ce que l'intérêt en question passe pour un « bien ».

Ainsi, malgré le principe d'imprescriptibilité du domaine public et l'impossibilité en droit interne d'établir des droits réels sur le domaine public, la Cour juge néanmoins que le renouvellement répété d'une autorisation d'occupation d'une maison d'habitation édifiée sur le domaine public maritime « a fait naître l'existence d'un intérêt patrimonial des requérants à jouir de la maison », qui constitue un « bien » (*Brosset-Triboulet et a. c/ France*, 29 mars 2010, § 71, et *Depalle c/ France*, 29 mars 2010, *JCP G*, 2010, act. 451, G. Gonzalez).

3° Dans la ligne de son arrêt *Oneryildiz* (préc.), le juge européen pénètre sur le terrain des droits économiques et sociaux et considère, en l'absence de titres de propriété, que « les ressources économiques et les revenus » que les intéressés tirent de l'« ensemble (de leurs) activités économiques » (maisons construites sur les terres de leurs ascendants, cultures de ces terres, droits sur les terres communales du village, activités de bûcheron et d'élevage...) constituent des « biens » au sens de l'article 1 du Protocole 1 (*Dogan et al. c/ Turquie*, 29 juin 2004, § 139, *JCP G*, 2004, I, 161, n° 16-17, chron. F. Sudre ; *infra*, n° 590).

La tendance de la jurisprudence européenne à la « socialisation de la notion de » biens « » (J.-P. Marguénaud, in *GACEDH*, n° 66) est manifeste dans les arrêts *Moskal c/ Pologne* (15 sept. 2009) et *Apostolakis c/ Grèce* (22 oct. 2009), où la Cour fait un pas supplémentaire dans la protection du droit de bénéficier de ressources financières minimales assurant les moyens de subsistance (privation d'une pension de retraite).

Il est significatif que le CEDS reprenne à son compte le raisonnement de la Cour dans *Oneryildiz* (récl. n° 31/2005, Centre européen des droits des Roms c/ Bulgarie, déc. 18 oct. 2006, fond, § 54).

## II | Portée du droit garanti

**587** Droit à indemnité. — Alors même qu'en droit interne comme en droit international la garantie effective du droit de propriété s'accompagne d'un droit à indemnité, l'absence de toute disposition relative à indemnisation dans le texte européen rendait illusoire la protection du droit de propriété en cas d'atteinte à ce droit (*James c/ Royaume-Uni*, 21 févr. 1986, *GACEDH*, n° 68, § 54). Le juge européen a complété le texte de l'article 1 en incluant dans le droit de propriété le droit à indemnité : « L'obligation d'indemniser découle implicitement de l'article 1 du Protocole 1 pris dans son ensemble » (*Lithgow c/ Royaume-Uni*, 8 juill. 1986, A. 102, § 109, *CDE*, 1988, 481, obs. G. Cohen-Jonathan ; *infra*, n° 601).

**588** Obligations positives. — Le champ de protection de l'article 1 du Protocole 1 a, par ailleurs, été sensiblement élargi par le jeu des « obligations positives » (*Oneryildiz c/ Turquie*, 30 nov. 2004, Gr. Ch., *GACEDH*, n° 66).

1° La Cour européenne estime que la protection effective du droit de propriété peut exiger des mesures positives de protection et qu'une telle obligation positive « s'impose notamment là où il existe un lien direct entre les mesures qu'un requérant pouvait légitimement attendre des autorités et la jouissance par ce dernier de ces biens » (§ 134).

Pèse alors sur l'État l'obligation positive de protéger le droit au respect des biens contre les risques résultant d'activités industrielles dangereuses (*Oneryildiz*, préc.), qui se confond pratiquement avec celle tirée du droit à la protection de la vie (*supra* n° 305).

La Cour analyse dans cette affaire les négligences des autorités turques, qui n'ont pas pris les mesures nécessaires pour prévenir une explosion de gaz méthane dans le dépôt d'ordures ayant entraîné l'ensevelissement sous une montagne d'ordures du taudis du requérant comme une ingérence dans le droit au respect de ses biens (aussi, *Kolyadenko et a. c/ Russie*, 28 févr. 2012). Dans la même ligne, *Budayeva c/ Russie*, 20 mars 2008, *JCP G*, 2008, I, 167, n° 21, obs. F. Sudre : obligation de protection du droit au respect des biens contre des risques naturels.

Manque ainsi à cette obligation positive l'État qui, en l'absence de justification d'intérêt général, refuse d'apporter le concours de la force publique pour exécuter une décision ordonnant l'expulsion des occupants de la propriété du requérant (*Matheus c/ France*, 31 mars 2005, *Europe*, 2005, 33, obs. N. Deffains ; *Sud Est réalisations c/ France*, 2 déc. 2010, *JCP G*, 2011, doctr. 323, H. Perinet-Marquet).

* Le Conseil d'État s'inscrit dans une perspective similaire lorsqu'il juge, à propos d'un référé-liberté, que le refus du préfet de prêter son concours à l'exécution d'une décision judiciaire d'expulsion porte une atteinte grave et illégale au droit de propriété, qui a « le caractère d'une liberté fondamentale » (CE, ord. 29 mars 2002, *SCI Stephaur et al.*, *AJDA*, 2003, 345, note P. Grosieux ; aussi, au visa de la CEDH, CE, ord. 11 août 2005, *Maingueneau*, n° 283462).

2° Nonobstant le silence de l'article 1 du Protocole 1, la jurisprudence européenne confirme l'existence d'une exigence procédurale inhérente à cette disposition, telle que le processus décisionnel débouchant sur la mesure portant atteinte au droit de propriété doit être équitable et offrir à la personne concernée une occasion adéquate d'exposer sa cause aux autorités compétentes afin de contester effectivement ladite mesure (*Agosi c/ Royaume-Uni*, 24 oct. 1986, A. 108, § 55 ; *Jokela c/ Finlande*, 21 mai 2002, § 45 et 55 ; *Grande Stevens et a. c/ Italie*, 4 mars 2014, § 191).

S'agissant d'une procédure d'expropriation, la Cour constate que cette exigence procédurale est respectée, les requérants pouvant, dans le cadre de leur recours contre l'arrêté de cessibilité, obtenir un contrôle juridictionnel de l'acte fondant l'expropriation litigieuse et faire ainsi obstacle, le cas échéant, au transfert de propriété (*Maupas et al. c/ France*, 19 sept. 2006, *AJDA*, 2007, 180, note R. Hostiou).

Il est remarquable que la CJCE applique expressément la jurisprudence de la Cour EDH selon laquelle l'exigence d'un processus décisionnel équitable est « inhérente à l'article 1 du Protocole 1 » (CJCE, 3 sept. 2008, *Kadi et Al Barakaat Foundation* (*DCDF*, n° 73).

* Le Conseil d'État juge, à propos de l'approbation de la carte d'urbanisme de St-Barthélémy, que le défaut de « procédure spécifique destinée à toute personne intéressée de faire connaître ses observations » porte au droit de propriété une atteinte contraire, ensemble, à la Constitution (art. 17 Déclaration 1789) et à

l'article 1 du Protocole 1 (CE, 23 mai 2008, n° 312234, *M. et Mme A.*, *RFDA*, 2008, 843).

**589** EFFET HORIZONTAL. — Dans la logique de cette construction jurisprudentielle, le juge européen a également reconnu l'« effet horizontal » du droit de propriété, en affirmant que la Convention fait peser sur l'État partie l'obligation positive d'adopter les mesures nécessaires pour protéger le droit de propriété « même dans les cas où il s'agit d'un litige entre des personnes physiques ou morales » (*Sovtransavto Holding c/ Ukraine*, 25 juill. 2002).

Manque à cette obligation l'État qui ne veille pas à ce que les banques aient l'obligation de tenir informé le titulaire d'un compte bancaire inactif de l'approche de la fin du délai de prescription (*Zolotas c/ Grèce (n° 2)*, 29 janv. 2013, *JCP G* 2013, act. 181, G. Gonzalez) ou dont les services sociaux n'ont pas pris les mesures nécessaires pour protéger les intérêts patrimoniaux de deux enfants à l'occasion d'une transaction immobilière qui les lèse (*S.L et J.L c/ Croatie*, 7 mai 2015).

Il s'agit plus précisément d'une obligation procédurale de fournir une procédure judiciaire permettant aux tribunaux de « trancher efficacement et équitablement tout éventuel litige entre des personnes privées » (§ 96 ; *Anheuser-Busch Inc. c/ Portugal*, 11 janv. 2007, Gr. Ch., § 83 ; *Zehentner c/ Autriche*, 16 juill. 2009).

**590** DÉPLACEMENTS FORCÉS. — Aux confins du droit de propriété, et par une interprétation particulièrement constructive, la Cour européenne prohibe les déplacements forcés et garantit à toute personne le droit de vivre dans sa communauté et son foyer, rejoignant ici la jurisprudence internationale (TPIY, 17 sept. 2003, *Krnojelac, RGDIP*, 2003, 994, obs. P. Weckel).

Analysant la mesure de déplacement imposée aux habitants d'un village, qui s'en sont vus refuser l'accès pendant près de neuf ans, comme une ingérence dans le droit de propriété des requérants, en ce qu'elle les a privés « de toutes les ressources qui constituent leur gagne-pain » et de la possibilité de disposer de leurs biens (§ 143), le juge européen affirme, sans toutefois mobiliser expressément la technique des « obligations positives », que les autorités nationales ont l'obligation « d'assurer les conditions, et de fournir les moyens » permettant aux personnes déplacées de « regagner de leur plein gré, en sécurité et avec dignité leurs domiciles ou lieux de résidence habituels, ou de s'installer volontairement dans une autre région du pays » (*Dogan et al. c/ Turquie*, 29 juin 2004, *JCP G*, 2004, I, 161, n° 16-17, chron. F. Sudre, § 154 ; aussi, *Chiragov et a. c/Arménie*, 16 juin 2015, Gr. Ch.).

## Section II
## Les limitations au droit de propriété

**591** Réécriture. — Le droit de propriété n'est pas un droit absolu et le Protocole 1, dans une disposition familière aux droits internes, autorise deux types de limites : la privation de propriété (art. 1, § 1) et la réglementation de l'usage de la propriété (art. 1, § 2). Ces limitations, dont la détermination concrète relève de la libre appréciation des États, sont subordonnées à des conditions prévues par le texte, afin de protéger les individus contre des atteintes arbitraires au droit de propriété. À ces limites textuelles s'ajoute une limite « découverte » par la Cour, dans son arrêt de principe *Sporrong et Lönnroth c/ Suède* (23 sept. 1982, *GACEDH*, n° 67), qui est l'atteinte à la substance du droit de propriété. Selon cette réécriture du texte, l'article 1 du Protocole 1 contient trois normes distinctes mais complémentaires, les deux normes spécifiques énoncées par le texte- la privation de propriété et la réglementation de l'usage des biens – s'interprétant à la lumière de la première norme, d'« ordre général », qui énonce le principe du respect de la propriété (*James c/ Royaume-Uni*, 21 févr. 1986, *GACEDH*, n° 68, § 18).

**592** Principe de proportionnalité. — Dans sa décision *Sporrong et Lönnroth* (préc.), la Cour énonce, au-delà des textes, une exigence générale de proportionnalité en matière de limitations au droit de propriété : un juste équilibre doit être maintenu entre les exigences de l'intérêt général de la communauté et les impératifs de la sauvegarde de l'intérêt individuel (§ 69). L'appréciation de cet équilibre prend évidemment en compte les conditions de dédommagement, le droit à indemnité étant un élément constitutif du droit de propriété (*James*, § 54, préc.). Le juge européen incorpore également dans son contrôle de proportionnalité la dimension procédurale de l'article 1 du Protocole 1 (*supra*, n° 588), vérifiant l'existence d'une protection procédurale adéquate du droit de propriété dans le système juridique national concerné (atteinte à la substance du droit de propriété : *Jokela c/ Finlande*, 21 mai 2002 ; privation de propriété : *Maupas c/ France*, 19 sept. 2006). La Cour module le contrôle qu'elle exerce sur la proportionnalité selon la nature de l'atteinte au droit de propriété.

## I | L'ATTEINTE À LA SUBSTANCE DU DROIT DE PROPRIÉTÉ

**593** NOTION. — La Cour, dans son interprétation de l'article 1, recourt à une « norme floue » – le « principe du respect de la propriété » (§ 61) – qui lui permet de contrôler toutes les atteintes au droit de propriété non susceptibles d'être considérées comme privation de propriété ou réglementation de l'usage des biens mais affectant la « substance » du droit de propriété (*Sporrong et Lönnroth,* § 63).

**594** SITUATION JURIDIQUE INCERTAINE. — Selon la Cour, il y a atteinte à la substance du droit de propriété lorsque le droit de propriété, quoique juridiquement intact, est rendu précaire par les limitations apportées et, en raison de l'incertitude permanente affectant la situation juridique du bien, est en quelque sorte, vidé de son contenu. Alors même qu'il n'y a pas de transfert de propriété, il convient, souligne le juge européen, « de regarder au-delà des apparences et d'analyser les réalités de la situation litigieuse » (*Sporrong et Lönnroth,* § 63).

1° Constituent ainsi une atteinte à la substance du droit de propriété : une interdiction de construire et un permis d'exproprier frappant des propriétés immobilières mais non exécutés pendant une vingtaine d'années (*Sporrong et Lönnroth*, préc. ; *Phocas c/ France*, 23 avr. 1996) ; une procédure de remembrement avec un transfert « provisoire » des terres ayant duré quinze ans et neuf ans (*Erkner et Hofauer c/ Autriche*, 23 avr. 1987, *Poiss c/ Autriche*, 23 avr. 1987, A. 117, *Wiesinger c/ Autriche*, 30 oct. 1991, A. 213) ; l'exercice par l'État de son droit de préemption sur la vente d'une œuvre d'art dix ans après la réalisation de celle-ci (*Beyeler c/ Italie*, 5 janv. 2000) ; une expropriation de fait qui, en l'absence d'une expropriation formelle, prive néanmoins les biens de toute disponibilité (*Papamichalopoulos c/ Grèce*, 24 juin 1993, A. 260 B, § 41 et 43, *JCP*, 1994, I, 3742, n° 35 : occupation continue depuis 1967 de terrains individuels par la Marine nationale grecque ; aussi, *Karagiannis c/ Grèce*, 16 janv. 2003) ; une « confiscation de fait » d'objets de valeur saisis illégalement par la police (*Vasilescu c/ Roumanie*, 22 mai 1998).

Ces deux dernières affaires, où la qualification de privation de propriété aurait pu être retenue (*Fredin c/ Suède*, 18 févr. 1991, A. 192, § 42), comme l'affaire *Katte Klitsche de la Grange c/ Italie* (27 oct. 1994, A. 293 B), qui aurait pu être qualifiée de réglementation de l'usage des biens (est en cause une interdiction de construire résultant de l'adoption d'un POS), montrent que la frontière entre les trois normes utilisées par le juge européen reste toutefois incertaine (voir aussi *Mellacher*, *supra* n° 391).

2° Précisons que l'incertitude affectant la situation du bien peut aussi trouver sa source dans « un obstacle de fait » dont la Cour européenne précise qu'il « peut enfreindre la Convention à l'égal d'un obstacle juridique » (*Loizidou c/ Turquie*, 18 déc. 1996 : la requérante ne peut accéder à ses biens du fait de l'instauration d'une « zone-tampon » interdisant la libre circulation des personnes entre la zone nord de l'île de Chypre, occupée par l'armée turque, et le reste de l'île ; *Dogan et al. c/ Turquie*, 29 juin 2004, *supra* n° 586, impossibilité pour les requérants d'accéder à leur village pendant neuf ans).

Cette incertitude semble pouvoir également résider dans la réalisation hypothétique d'un risque naturel. La Cour analyse la destruction par une coulée de boues de maisons d'habitation situées dans une zone à risques comme une atteinte à la substance du droit de propriété (*Budayeva c/ Russie*, 20 mars 2008, *JCP G*, 2008, I, 167, n° 21, obs. F. Sudre).

**595** Exigence de légalité. — L'atteinte au principe du respect de la propriété doit également être prévue par la « loi » pour être compatible avec l'article 1 du Protocole 1, car, comme le souligne la Cour, « la prééminence du droit est inhérente à l'ensemble des articles de la Convention » (*Iatridis c/ Grèce*, 25 mars 1999, § 58).

Cela conduit la Cour européenne, selon une jurisprudence récente, à lier intimement droit à l'exécution des décisions de justice (*supra*, n° 410) et respect du droit de propriété.

Elle analyse ainsi en une atteinte à la substance du droit de propriété des intéressés : le refus de l'Administration d'exécuter un arrêt définitif de la Cour des comptes constatant la créance du requérant (*Georgiadis c/ Grèce*, 28 mars 2000) ; le refus d'une municipalité d'exécuter pendant quatorze ans un jugement ordonnant la destruction d'un immeuble privant partiellement de vue et de lumière la maison de la requérante (*Antonetto c/ Italie*, 20 juill. 2000) ou d'exécuter un jugement d'expulsion de locataires d'un appartement en raison de la pénurie de logements de remplacement (*Prodan c/ Moldavie*, 18 mai 2004) ; l'inexécution de décisions judiciaires octroyant des prestations en nature, tels logements, services d'entretien et de réparation, fourniture d'une voiture, à une personne handicapée (*Gerasimov et a. c/ Russie*, 1er juil. 2014).

Dès lors l'ingérence dans le droit de propriété résultant de l'inexécution d'une décision de justice s'avère contraire au principe de la prééminence du droit, qui implique selon le juge européen le devoir de l'État ou d'une autorité publique de se plier à un jugement ou un arrêt rendus à leur encontre : partant, une telle ingérence est privée de toute légalité et constitue une violation de l'article 1 du Protocole 1 (*Katsaros c/ Grèce*, 6 juin 2002) (*supra*, n° 410)

Un raisonnement similaire conduit aussi à un constat de violation lorsque l'État partie manque, pendant de longues années, à concrétiser un droit à indemnisation conféré au requérant par la législation nationale, en rendant ce droit inexécutable et inutilisable sur le plan concret par les pratiques administratives et réglementaires (*Broniowski c/ Pologne*, 22 juin 2004, Gr. Ch., *GACEDH*, n° 74).

**596** PROPORTIONNALITÉ. — La Cour exerce en principe le contrôle le plus rigoureux lorsqu'il y a atteinte à la substance du droit de propriété : la majorité des violations de l'article 1 sont relevées ici. Se reconnaissant le pouvoir de faire, après les autorités nationales, la balance des intérêts en cause la Cour en arrive à substituer son appréciation à celle des autorités nationales (non seulement administratives mais aussi législatives) et à exercer un contrôle de l'opportunité de la mesure incriminée : sensible à la « rigidité » de la législation nationale, qui empêche de modifier les opérations engagées, la Cour juge que le juste équilibre est rompu et que les requérants ont supporté une « charge spéciale et exorbitante » ou « disproportionnée » (*Sporrong et Lönnroth*, *Erkner et Hofauer*, *Poiss*, préc., n° 594). La jurisprudence de la Cour manque cependant de constance, certaines décisions traduisant un assouplissement du contrôle (*Katte Klitsche de La Grange*, préc., n° 594 ; *Phocas,* préc. n° 594 ; *Cooperative La Laurentina c/ Italie*, 2 août 2001) et d'autres un regain de sévérité (voir *Vasilescu* et *Beyeler*, préc., n° 594 ; *Tsirikakis c/ Grèce*, 17 janv. 2002 ; *SA Dangeville c/ France*, 16 avr. 2002).

Dans ce dernier arrêt (*supra*, n° 584), la Cour juge l'atteinte au principe général du respect de la propriété disproportionnée, du fait à la fois du « refus du Conseil d'État de tirer les conséquences d'une norme de droit communautaire directement applicable » (§ 56) et du défaut d'intervention du législateur pour mettre le droit interne en conformité avec une directive communautaire (§ 57). Par contre, faisant valoir que l'État dispose d'une ample marge d'appréciation quant à la mise en œuvre d'une politique d'aménagement du territoire, la Cour juge que le refus d'indemnisation de la perte de valeur (de l'ordre de 20 à 40 %) de la partie non expropriée d'une propriété – un château inscrit à l'inventaire des monuments historiques et ses dépendances – du fait de la construction d'une autoroute passant à 250 mètres en face du château, n'a pas fait subir au propriétaire une charge spéciale et exorbitante (*Couturon c/France*, 25 juin 2015).

## II | La privation de propriété

### *A – Modalités*

**597** Notion. — Sans avoir été expressément définie par le juge européen, la notion de « privation de propriété » implique, selon la jurisprudence européenne, un transfert de propriété, résultant d'une dépossession formelle de l'objet de propriété (*Sporrong et Lönnrothc/ Suède*, 23 sept. 1982, § 63, *GACEDH* n° 67). Pour être conforme à la CEDH, une privation de propriété doit poursuivre un but d'utilité publique et avoir lieu dans les conditions prévues par la loi et les principes généraux du droit international.

**598** BUT D'UTILITÉ PUBLIQUE. — La notion d'« utilité publique » est entendue largement par la Cour. Un transfert de propriété répond à l'« utilité publique » non seulement s'il est effectué au bénéfice de l'ensemble de la collectivité mais même si la collectivité dans son ensemble ne se sert ou ne profite pas elle-même du bien dont il s'agit, lorsqu'il est opéré dans le cadre d'une « politique légitime d'ordre social économique ou autre » et notamment d'une politique de « justice sociale » (*James c/ Royaume-Uni*, 21 févr. 1986, § 42 et 45, *GACEDH*, n° 68).

Poursuit un but d'« utilité publique » : la législation britannique sur le bail emphytéotique et expropriation (*James*) ; loi britannique de 1977 sur la nationalisation des industries aéronautiques et navales (*Lithgow*, 8 juill. 1986, préc) ; une politique de remembrement, qui vise à la rationalisation de l'agriculture (*Haranksson et Sturesson c/ Suède*, 21 févr. 1990, A. 171) ; une politique de prévention de la fraude fiscale fondant le droit de préemption de l'Administration fiscale (*Hentrich c/ France*, 22 sept. 1994, A. 296 A, *JCP G*, 1995, II, 22374, note J.-P. Le Gall et L. Gérard) ; une politique de protection du patrimoine culturel et historique (*Kozacioglu c/ Turquie*, 19 févr. 2009, Gr. Ch.).

En la matière, la Cour laisse au législateur national le soin de définir les impératifs de l'« utilité publique », sous réserve que son jugement ne soit pas « manifestement dépourvu de base raisonnable » (*James*, § 46). Par le moyen de la notion d'appréciation raisonnable, dont on conçoit mal toutefois qu'elle puisse être appliquée au législateur en matière d'utilité publique, le juge européen se ménage la possibilité de faire porter son contrôle sur la nécessité même de la privation de propriété (voir F. Sudre, La protection du droit de propriété par la Cour européenne des droits de l'homme, *D*, 1988, chron., p. 75).

Ainsi, le choix du législateur italien de « privilégier l'intérêt de la collectivité » (en permettant la construction d'immeubles destinés à des personnes défavorisées) dans des cas d'expropriations ou d'occupations illégales de terrains par l'Administration semble « raisonnable » (*Zubani c/ Italie*, 7 août 1996, § 49). La Cour européenne juge aussi que les lois de restitution adoptées dans les PECO visent l'objectif légitime d'atténuer certaines atteintes au droit de propriété causées par le régime communiste mais qu'elles ne doivent pas pour autant créer « de nouveaux torts disproportionnés » (en raison, notamment, des modalités d'indemnisation des biens restitués ; *Pincova et Pinc c/ République tchèque*, 5 nov. 2002).

Par contre l'« utilité publique » d'une loi rétroactive n'obéissant pas à un impérieux motif d'intérêt général est douteuse aux yeux de la Cour (*Lecarpentier et al. c/ France*, 14 févr. 2006, § 49 ; *Aubert et al. c/ France*, 9 janv. 2007, § 85 ; *supra*, n° 584).

* Doit être relevée la décision, fortement motivée, du Conseil d'État jugeant compatible avec l'article 1 du Protocole 1 le dispositif mis en place en vue d'assurer la conservation et la restitution des œuvres d'art qui ont fait l'objet de spoliations ou de ventes forcées pendant l'occupation allemande, l'objectif de restitution des œuvres d'art contribuant « au regard de ses motifs, à la mise en œuvre de la convention… » (CE, Ass, 30 juil. 20014, *Kadric et Heer*, n° 349789, § 11 ; *JCP G* 2014, note 995, S. Biagini-Girard).

**599** Renvoi à la loi et aux principes du droit international. – 1° Ce renvoi suppose, d'abord, l'existence de normes de droit interne suffisamment accessibles, précises et prévisibles (*supra*, n° 134) et implique donc que la loi interne définisse avec une précision suffisante les conditions et les modalités de la privation de propriété. La Cour européenne peut ainsi juger que le principe jurisprudentiel de l'expropriation indirecte, dégagé par la Cour de cassation italienne et selon lequel le propriétaire du terrain occupé par l'administration perd automatiquement la propriété du terrain au moment de l'achèvement de l'ouvrage public, est incompatible avec le principe de légalité au sens de la CEDH (*Belvedere Alberghia S.r.l. c/ Italie*, 30 mai 2000 ; *Giacobbe et al. c/ Italie*, 15 déc. 2005).

Un tel mécanisme, souligne la Cour, « permet à l'Administration de passer outre les règles fixées en matière d'expropriation avec le risque d'un résultat imprévisible ou arbitraire pour les intéressés » et n'est pas apte à assurer un degré suffisant de sécurité juridique (*Scordino c/ Italie n° 3*, 17 mai 2005, § 92). Il en est de même d'une expropriation de fait, bien qu'entérinée juridiquement par les juridictions nationales (*Sarica et Dilaver c/ Turquie*, 27 mai 2010).

*Faisant référence à la notion de « loi » au sens de la jurisprudence de la Cour, le Conseil d'État juge que le pouvoir d'astreinte en matière de contravention de grande voirie reconnu aux juges administratifs « a le caractère d'un principe général » et, en conséquence, est bien « prévu par la loi » au sens de l'article 1 du

Protocole 1 (CE, 6 mai 2015, *Torcheux,* n° 377487, *AJDA* 2015, 1698, note C. Braud).

2° Ce renvoi soulève surtout le problème de savoir si l'article 1 étend aux nationaux l'exigence, posée par le droit international, d'une indemnisation prompte, adéquate et effective des étrangers privés de leur propriété. Par ses arrêts *James* et *Lithgow* (préc.), la Cour exclut les nationaux du champ d'application des principes généraux du droit international relatifs à l'indemnisation, considérant que ces principes ne valent pas pour la dépossession par un État de ses propres ressortissants. Cependant, le contrôle de proportionnalité exercé par la Cour en matière de privation de propriété permet de gommer cette différence de traitement entre étrangers et nationaux expropriés (*infra*).

Ajoutons que, s'agissant du droit de propriété des ressortissants étrangers, en cas de nationalisation, le droit international, qui assure aux actionnaires étrangers une indemnisation intégrale, offre une protection supérieure à celle de la Convention qui prévoit seulement le versement d'une indemnité appropriée.

### *B – Contrôle de proportionnalité*

**600** Rapport raisonnable. — En matière de privation de propriété, qu'il s'agisse d'expropriation simple ou de nationalisation, la Cour assouplit l'exigence du « juste équilibre » inhérent au principe de proportionnalité par la notion de « raisonnable » : le rapport de proportionnalité entre les moyens employés et le but visé doit être seulement raisonnable (*James c/ Royaume-Uni* 21 févr. 1986, § 50, *GACEDH*, n° 68).

* Le Conseil constitutionnel exerce un contrôle restreint, limité à l'erreur manifeste d'appréciation, sur les privations de propriété opérées par la loi (déc. n° 81-132 DC, 16 janv. 1982, Nationalisation, *Rec.* p. 18). Notons que, prenant appui sur une décision du Conseil constitutionnel (déc. n° 2011-151 QPC, 13 juillet 2011), la Cour juge que l'absence de choix dans les modalités d'exécution de la prestation compensatoire due par l'un des époux consécutivement à un divorce (art. 274 Code civil) fait supporter à ce dernier « une charge spéciale et exorbitante » et emporte violation du droit de propriété (*Milhau c/France,* 10 juil. 2014).

**601** INDEMNISATION. — La Cour fait application de ce critère en matière d'indemnisation, considérant que sans une indemnisation raisonnable une privation de propriété constitue normalement une atteinte excessive au droit de propriété. Le dédommagement raisonnable est celui qui remplit deux conditions.

1° D'une part, il doit être en rapport avec la valeur du bien, précision faite que l'article 1 ne garantit pas le droit à une compensation intégrale et que le niveau d'indemnisation nécessaire peut différer en fonction de l'objectif légitime d'« utilité publique » poursuivi. De plus, les autorités nationales se voient reconnaître une « ample latitude » pour fixer le niveau de l'indemnisation (*James*, § 54, *Lithgow*, 8 juill. 1986, préc., § 121 et 122 ; *Les Saints Monastères c/ Grèce*, 9 déc. 1994, A. 301 A, § 71).

Dans sa décision *Hentrich* (22 sept. 1994, *supra*, n° 388), la Cour élargit le champ de son contrôle de proportionnalité, en sus des conditions de dédommagement, à la possibilité pour l'Administration d'utiliser d'autres moyens (que le droit de préemption) de prévention de la fraude fiscale et aux caractères de la procédure mise en œuvre pour conclure que la requérante a supporté « une charge spéciale et exorbitante » (§ 49).

* Selon la Cour de cassation, l'exigence d'« une indemnisation raisonnablement en rapport avec la valeur des biens expropriés » n'implique pas l'indemnisation du préjudice moral cause aux expropriés par la perte forcée de leurs biens (Cass. 3° civ., 16 mars 2011, n° 09-69.544, *D* 2011, 948, obs. G. Forest). Le Conseil constitutionnel juge également que « l'exclusion de la réparation du préjudice moral ne méconnaît pas la règle du caractère juste de l'indemnisation pour cause d'utilité publique » (déc. n° 2010-87 QPC, 21 janv. 2011, *Seguier d'Agoult*, *AJDA*, 2011, 447, note R. Hostiou).

Au nom de l'effectivité des droits garantis par la Convention, certains biens bénéficient d'une protection renforcée ; ainsi, lorsque le bien exproprié est l'« outil de travail » de l'intéressé, l'indemnisation doit couvrir cette perte spécifique (*Lallement c/ France*, 11 avr. 2002 : expropriation d'une superficie importante d'une exploitation agricole).

La CJCE se démarque de cette jurisprudence et refuse de consacrer l'existence d'un « principe général qui imposerait l'octroi d'une indemnisation en toutes circonstances », laissant au législateur communautaire un large pouvoir d'appréciation en la matière (CJCE, 10 juill. 2003, *Booker Aquaculture Ltd*, C-20/00 et C-64/00, pt 85, *JDI*, 2004, 548, obs. R. Mehdi : obligation pour un producteur de saumons de détruire, sans indemnisation, une partie de son élevage pour cause de maladie en application de directives communautaires).

En toute hypothèse, un manque total d'indemnisation ne saurait se justifier que dans des « circonstances exceptionnelles » (*Ex-roi de Grèce et autres c/ Grèce*, 23 nov. 2000).

Cette affaire, relative à la confiscation par voie législative de tous les biens meubles et immeubles de l'ex-roi de Grèce et de la famille royale et au transfert de la propriété des biens confisqués à l'État grec, fournit l'exemple d'un défaut de telles circonstances (voir aussi, *Zvolsky et Zvolska c/ République tchèque*, 12 nov. 2002). À l'inverse, soulignant la très grande complexité du règlement de la question du droit de propriété dans le cadre du passage d'un système socialiste de la propriété vers un système d'économie de marché, la Cour européenne qualifie « le contexte unique de la réunification allemande » de « circonstances exceptionnelles » et juge que l'obligation faite à certains des héritiers des bénéficiaires de la réforme agraire de rétrocéder leurs terrains sans indemnité aux autorités fiscales n'emporte pas violation de l'article 1 du Protocole 1 (*Jahn et al. c/ Allemagne*, 30 juin 2005, Gr. Ch., *RDP*, 2006, 815, obs. H. Surrel).

* À juste titre, le Conseil d'État juge inconventionnelle la loi de 2001 relative à l'archéologie préventive qui n'offre pas au propriétaire du sol « une juste compensation de la privation de propriété » des vestiges archéologiques eux-mêmes (CE, 24 avr. 2012, *Ministre de la culture et de la communication c/ M. Mathé-Dumaine*, n° 346952, *AJDA* 2012, 1345, note R. Hostiou).

2° D'autre part, l'indemnisation doit intervenir dans un délai raisonnable (pour des exemples de violation : *Guillemin c/ France*, 21 févr. 1997 ; *Piron c/ France*, 14 nov. 2000). De surcroît, un retard anormalement long, imputable à la seule lenteur de l'administration, dans le paiement d'une indemnité d'expropriation aggrave la perte financière de la personne expropriée et s'analyse en une atteinte au principe général du respect de la propriété, distincte de celle constituée par l'expropriation, qui, altérant le caractère adéquat de l'indemnisation, rompt le « juste équilibre » devant être maintenu entre les exigences de l'intérêt général et la sauvegarde du droit de propriété (*Akkus c/ Turquie*, 9 juill. 1997) ; il en est de même en matière de nationalisation (*Almeida Garrett, Mascarenhas*

*Falacao et autres c/ Portugal*, 11 janv. 2000 ; *Jorge Nina Jorge et al. c/ Portugal*, 19 févr. 2004).

Le principe de l'indemnisation raisonnable trouve également à s'appliquer lorsque la privation de propriété résulte de la suppression d'une créance en réparation du fait de l'intervention d'une loi d'application rétroactive.

* En ne permettant pas une indemnisation adéquate des charges particulières découlant du handicap de l'enfant, la loi « anti-Perruche » a fait supporter aux intéressés « une charge spéciale et exorbitante » qui, rompant le « juste équilibre » devant régner entre les exigences de l'intérêt général et la sauvegarde de l'intérêt individuel, emporte violation de l'article 1 du Protocole 1 (*Draon c/ France et Maurice c/ France*, 6 oct. 2005, Gr. Ch.) ; la Cour de cassation (Cass. 1re civ., 24 janv. 2006, *CPAM de Loir-et-Cher c/ Sté Le Sou médical et al.*, n° 02-12260) et le Conseil d'État (CE, 24 févr. 2006, *Levenez*) ont immédiatement repris cette solution pour écarter l'application de ladite loi aux instances en cours (*supra*, n° 584). Le Conseil constitutionnel a également jugé que l'application de la loi « anti-Perruche » aux instances en cours était contraire à la Constitution (déc. n° 2010-2 QPC, 11 juin 2010).

Voir aussi, *Lecarpentier et al. c/ France*, 14 févr. 2006, *Aubert et al. c/ France*, 9 janv. 2007 (*supra*, n° 584).

**602** EXPROPRIATION ET SERVITUDE. — Le juge européen a fait un usage dynamique du contrôle de proportionnalité en la matière. Il n'hésite pas à considérer comme « manifestement dépourvu de base raisonnable » en raison de sa « rigidité excessive » un système de présomptions légales irréfragables interdisant au propriétaire de démontrer qu'il ne tirerait pas avantage de l'amélioration publique en vue de laquelle il avait été exproprié (*Katikaridis c/ Grèce*, 15 nov. 1996 ; *Papachelas c/ Grèce*, 25 mars 1999)[1]. Il encadre également strictement la technique de la création d'une réserve foncière par la voie de l'expropriation.

Si l'usage de cette technique n'est pas en soi contraire à l'article 1 du Protocole 1 et relève de la marge d'appréciation reconnue aux États dans

1. Bien que le juge grec ait, suite à ces arrêts, considéré que les propriétaires pouvaient faire évaluer par le juge l'avantage qu'ils tirent ou non de l'expropriation, le juge européen estime néanmoins que cette obligation faite au propriétaire exproprié de multiplier les procédures pour obtenir une juste indemnité s'avère disproportionnée et emporte violation de l'article 1 du Protocole 1 (*Biozokat A. E. c/ Grèce*, 9 oct. 2003, *AJDA*, 2003, 1844, note Y. Jegouzo, qui voit dans cette décision une remise en compte du « principe de prise en compte dans l'indemnité de la plus-value générée par les équipements »).

le cadre de la mise en œuvre de politiques sociales ou d'urbanisme, le juge européen limite cette marge d'appréciation et estime que l'article 1 du Protocole 1 « oblige les États contractants à prémunir les individus contre le risque d'un usage de la technique des réserves foncières autorisant ce qui pourrait être perçu comme une forme de spéculation foncière à leur détriment » (*Motais de Narbonne c/ France*, 2 juill. 2002, § 21, *AJDA*, 2002, 1226, note R. Hostiou ; Cass. 3° civ., 28 janv. 2009, n° 07-20.353, *Laurent c/ Établissement public foncier de Normandie*, *JCP G*, 2009-15, II, 10064, avis O. Guérin). En conséquence, la non-réalisation pendant « un laps de temps notable » du projet d'utilité publique fondant la privation de propriété, constitue, en privant l'ancien propriétaire de la plus-value engendrée par le bien exproprié, « une charge additionnelle » contraire aux exigences de l'article 1 du Protocole 1 si elle n'est pas justifiée par l'utilité publique (aussi, *Beneficio Cappella Paolini c/ San Marin*, 13 juill. 2004).

* Le Conseil d'État refuse de transposer la solution issue de l'arrêt Motais de Narbonne à l'hypothèse de la constitution des réserves foncières par l'utilisation par les personnes publiques de leur droit de préemption (CE, 10 mars 2010, n° 323081, *Levy*, *AJDA*, 2010, 1098, note R. Hostiou).

Afin de rendre la loi nationale compatible avec la CEDH, le Conseil d'État s'est manifestement inspiré de la jurisprudence de la Cour européenne (y compris dans ses termes) pour procéder à une interprétation constructive de l'article L. 160. 5 du Code de l'urbanisme, qui pose le principe de non-indemnisation des servitudes d'urbanisme. Relevant que l'article 1 du Protocole 1 laisse au législateur « une marge d'appréciation étendue, en particulier pour mener une politique d'urbanisme », le Conseil d'État juge que l'article L. 160. 5 n'est pas incompatible avec la disposition conventionnelle dès lors qu'il prévoit une indemnisation dans le cas exceptionnel où le propriétaire dont le bien est frappé d'une servitude supporte « une charge spéciale et exorbitante, hors de proportion avec l'objectif d'intérêt général poursuivi » (CE, 3 juill. 1998, *Bitouzet*, *RFDA*, 1998, 1243, concl. R. Abraham ; *RFDA*, 1999, p. 841, obs. D. de Béchillon). Cette indemnisation ne paraît cependant devoir jouer que dans des cas exceptionnels (CE, 2 juill. 1999, *Mme Valentin*, *D*, 2000, somm., p. 257, obs. P. Bon et D. de Béchillon ; CE, 7 janv. 2000, *Sté Lady Jane*, *D*, 2000, jur., p. 301, obs. H. Charles) et sa conventionnalité reste douteuse.

La « solution Bitouzet » est étendue aux servitudes créées par un plan de prévention des risques naturels prévisibles (art. L. 562-1 s. C. environnement) par CE, 29 déc. 2004, *Société d'aménagement des coteaux de Saint-Blaine* (*AJDA*, 2005, 423, chron. C. Landais et F. Lenica) et aux servitudes de la bande des 100 m du rivage (CE, 27 juin 2007, *Mielle*, n° 280693, *AJDA*, 2007, 1328). Aussi, CE, 11 févr. 2004, *Schiocchet*, *infra*, n° 607.

Le Conseil constitutionnel en reprend l'économie à propos du transfert de propriété des voies privées ouvertes à la circulation publique (art. L. 318-3 du Code de l'urbanisme ; déc. n° 2010-43 QPC, 6 oct 2010, *AJDA*, 2011, 223, note J. Trémeau).

## III | La réglementation de l'usage des biens

### *A – Modalités*

603 Notion. — L'article 1, § 2 du protocole 1 reconnaît aux États le droit de réglementer l'usage des biens, soit afin de satisfaire à « l'intérêt général », soit « pour assurer le paiement des impôts ou d'autres contributions ou des amendes ». Selon la jurisprudence européenne, la notion de « réglementation de l'usage des biens » s'entend d'une mesure qui, n'emportant pas transfert de la propriété, vise à « limiter ou contrôler » l'usage de la propriété (*Sporrong et Lönnroth*, 23 sept. 1982, *GACEDH*, n° 67, § 65, préc. ; *Mellacher et al. c/ Autriche*, 19 déc. 1989, A. 169, § 44, *RTDH*, 1990, 387, note J.F. Flauss).

La frontière avec la privation de propriété est cependant ténue, puisque la Cour européenne considère curieusement qu'une confiscation, qui est une mesure privative de propriété, relève de la réglementation de l'usage des biens dès lors qu'elle est prévue par la loi et qu'elle poursuit un but d'intérêt général (*Handyside c/ Royaume-Uni*, 7 déc. 1976, § 63, *GACEDH* n° 7 ; *Air Canada c/ Royaume-Uni*, 5 mai 1995, A. 316, § 34 ; *D*, 1996, Somm. comm., 202, obs. N. Fricero ; *Bowler International Unit c/ France*, 23 juill. 2009 : art. 323 § 2 et 414 du Code des douanes).

604 But d'intérêt général. — Pour être conforme à la Convention, la réglementation de l'usage des biens doit répondre à un but d'intérêt général, mais l'article 1, § 2 du Protocole laisse aux États la latitude de définir ce « qu'ils jugent nécessaire » pour ladite réglementation.

La Cour considère que le législateur doit jouir d'une grande latitude pour se prononcer tant sur l'existence d'un problème d'intérêt général appelant une réglementation que sur le choix des modalités d'application de cette dernière.

1° Il en va particulièrement ainsi pour la mise en œuvre de politiques sociales et économiques. La Cour exerce alors un contrôle réduit sur la légalité et la finalité de la restriction.

De fait, elle se contente de constater que l'organisation d'une profession important à l'ensemble du secteur économique (*Van Marle c/ Pays-*

*Bas*, 26 juin 1986, A. 101, § 43), l'interdiction d'importer des pièces d'or (*Agosi c/ Royaume-Uni*, 24 oct. 1986, A. 108, § 52), l'aménagement urbain (*Allan Jacobsson c/ Suède*, 25 oct. 1989, A. 163 : interdiction municipale de construire), la politique du logement – qu'il s'agisse d'une législation imposant des réductions de loyers (*Mellacher*, préc.) ou plafonnant strictement le montant des loyers (*Hutten-Czapska c/ Pologne*, 19 juin 2006, Gr. Ch., *RTDciv* 2006, 719, obs, J.-P. Marguénaud) ou d'une législation interdisant à un propriétaire d'obtenir l'exécution d'une décision d'expulsion d'un locataire (*Spadea et Scalabrino c/ Italie*, 28 sept. 1995, A. 315 B) –, la saisie d'un bien en possession d'une débitrice du fisc puis la vente de ce bien afin de purger une dette fiscale (*Gasus Dosier*, préc.) ou la saisie par les douanes d'un avion ayant servi à l'importation de drogue (*Air Canada*, préc.), relèvent de l'intérêt général.

Par exemple, la Cour juge que l'obligation faite par la loi « Verdeille » aux petits propriétaires, opposants éthiques à la chasse, de faire apport aux associations communales de chasse du droit de chasse sur leur fonds constitue une réglementation de l'usage des biens qui poursuit bien un but d'intérêt général, à savoir éviter une pratique anarchique de la chasse et favoriser une gestion rationnelle du patrimoine cynégétique (*Chassagnou c/ France*, 29 avr. 1999, Gr. Ch., *GACEDH*, n° 69). Ou encore, que l'art. L. 411-64 al. 3 du Code rural qui entraîne l'impossibilité pour le bailleur de recouvrir l'usage de son bien à l'échéance du bail est une réglementation de l'usage des biens qui poursuit bien un but d'intérêt général, « garantir au locataire exploitant la sécurité du maintien dans les lieux pour rentabiliser ses investissements » et « soutenir les exploitations agricoles moyennes comme modèle de développement de l'agriculture française, en facilitant la transmission familiale » (*Gauchin c/ France*, 19 juin 2008, § 61).

2° Une jurisprudence constante reconnaît aux États une grande marge d'appréciation en matière de protection de l'environnement (*Fredin c/ Suède*, 18 févr. 1991, A. 192 : décision de retrait d'un permis d'exploitation d'une gravière) mais doit être soulignée l'insistance mise aujourd'hui par la Cour sur l'importance de la protection de l'environnement, qui « constitue une valeur dont la défense suscite dans l'opinion publique et, par conséquent auprès des pouvoirs publics, un intérêt constant et soutenu » et est susceptible de prévaloir sur certains droits fondamentaux (*Hamer c/ Belgique*, 27 nov. 2007, § 79, *D* 2008, 884, note J.-P. Marguénaud). La Convention assure ainsi une protection « en creux » de l'environnement au titre des motifs d'intérêt général pouvant justifier, notamment, une restriction au droit de propriété, bien qu'elle ne contienne pas de disposition « spécialement destinée à assurer une protection générale de l'environnement » (*Turgut et a. c/ Turquie*, 8 juill. 2008, § 90 ; *Brosset-Triboulet et a. c/ France*, 29 mars 2010, *supra*, n° 586).

La Cour souligne que « selon une jurisprudence constante, l'article 1er ne garantit pas, en principe, le droit au maintien des biens dans un environnement agréable » (*Flamenbaum et a. c/ France*, 13 déc. 2012, § 184 ; Comm. déc., 17 mai 1990, n° 13728/88, *S. c/ France*, *DR* 65, p. 250).

3° Pour un État à la fois partie à la Convention et membre de l'Union européenne, l'intérêt général pris en compte peut être de nature communautaire. Dans son important arrêt *Bosphorus Airways c/ Irlande*, 30 juin 2005, Gr. Ch., *GACEDH*, n° 71, *supra*, n° 213), la Cour analyse la saisie par les autorités irlandaises d'un avion d'une compagnie aérienne, effectuée en application d'un règlement communautaire, comme une réglementation de l'usage des biens poursuivant un « important intérêt général » résidant dans l'exécution par l'État partie de ses obligations communautaires (§ 150).

La CJCE fait un usage de la notion de « réglementation de l'usage des biens » fidèle à la jurisprudence européenne (CJCE, 12 mai 2005, *Regione autonoma Friuli-Venezia Giula et Agenzia regionale per lo sviluppo rurale (ERSA)*, C-347/03, pts 125 et 131 : réglementation de l'appellation de vins italiens).

**605** PAIEMENT DES IMPÔTS. — Selon le texte de l'article 1 du Protocole 1, la réglementation de l'usage des biens inclut l'obligation de payer l'impôt (*Darby c/ Suède*, 23 oct. 1990, A. 187 ; *Gasus Dosier und Fördertechnik GmbH c/ Pays-Bas*, 23 févr. 1995, A. 306 B) ou d'autres amendes ou contributions.

Des frais de justice (*Perdigào c/ Portugal*, 16 nov. 2010, Gr. Ch.) ou une pension alimentaire due pour subvenir aux besoins de ses enfants (*J.M. c/ Royaume-Uni*, 28 sept. 2010) sont des « contributions » au sens de l'article 1 du Protocole 1.

* Pour des applications en droit interne de cette disposition : CE, 25 avr. 2001, *Société Parfival, RFDA*, 2002, 991, obs. J. Clerckx ; Cass. com., 25 janv. 2005, *Imbert de Tremiolles*, n° 03-10068.

Mais on doit relever que le juge européen a tendance, en matière fiscale, à délaisser la norme technique de la « réglementation de l'usage des biens » au bénéfice de la norme générale du « principe du respect de la propriété » (*supra*, n° 593). Ainsi, la Cour analyse sous l'angle de l'atteinte à la substance du droit de propriété le retard mis par l'administration fiscale dans le remboursement à la requérante de crédits d'impôts (*Buffalo SRL en liquidation c/ Italie*, 3 juill. 2003, *RDP*, 2004, 850, obs. H. Surrel), le refus de l'État de verser des intérêts moratoires sur une somme indûment payée au titre de l'impôt (*Eko-Elda Avee c/ Grèce*, 9 mars 2006) ou une taxation confiscatoire d'une indemnité de licenciement versée à un fonctionnaire (*N.K.M. c/ Hongrie*, 14 mai 2013, *JCP G* 2013, act. 651, H. Surrel).

### *B – Contrôle de proportionnalité*

**606** CONTRÔLE EFFECTIF. — Le contrôle de la proportionnalité en matière de réglementation de l'usage des biens semble *a priori* inconciliable avec le Protocole 1 (art. 1, § 2) qui stipule que seul l'État évalue la nécessité de la mesure. De fait, l'exigence de proportionnalité est longtemps restée purement formelle et le contrôle de proportionnalité réduit à néant par l'importante marge d'appréciation reconnue aux États (par ex., *Agosi*, § 52 et 54, *Mellacher*, § 45, préc. n° 604).

1° Par sa décision *Chassagnou c/ France*, du 29 avril 1999 (*GACEDH*, n° 69, *supra*, n° 604), le juge européen soumet la réglementation de l'usage des biens au jeu normal du principe de proportionnalité et vérifie, comme en matière de privation de propriété, que l'appréciation portée par le législateur n'est pas manifestement dépourvue de base raisonnable. Ainsi la Cour juge-t-elle que la loi « Verdeille » (*supra*, n° 564) rompt « le juste équilibre » à préserver entre la sauvegarde du droit de propriété et les exigences de l'intérêt général et fait peser une « charge démesurée » sur les petits propriétaires (§ 85).

* L'arrêt *Chassagnou* de la Cour européenne (préc.) a apporté un démenti cinglant au Conseil d'État, qui estimait, d'une part, que le moyen tiré de l'article 11

de la CEDH était inopérant (*supra*, n° 564) et, d'autre part, que les limitations au droit d'usage du propriétaire par la loi « Verdeille » n'étaient « pas disproportionnées par rapport à l'objectif d'intérêt général poursuivi » (CE, 3 févr. 1995, *Mme Godard, Rec. tables*, p. 657 ; CE, 10 mai 1995, *Montion, Rev. dr. rur.*, 1996, p. 208 ; CE, 30 déc. 1998, *ministre de l'Environnement c/ Association de chasse de Haute-Jarrie*, req. n° 160676), et forcé ce dernier à s'incliner (CE, 27 oct. 2000, *Mme Vignon, RFDA*, 2000, p. 1374). Cependant, le Conseil d'État estime que le moyen tiré de l'inconventionnalité de la loi « Verdeille » « n'est pas, eu égard à l'office du juge des référés, de nature à faire naître un doute sérieux quant à la légalité de la décision » dont la suspension est demandée (CE, 30 déc. 2002, *ministre de l'Aménagement du territoire et de l'environnement c/ Carminati, AJDA*, 2003, 1065, note O. Le Bot). Le Conseil d'État (CE, 16 juin 2008, n° 297568, *ACCA de Louin*) comme la Cour de cassation (Cass. 3° civ., 9 déc. 2009, n° 09-11.333 *ACCA de Petit Bornand les Glières*, D 2010, 94, obs. G. Forest) jugent le nouveau régime des ACCA, issu de la loi du 26 juillet 2000 (*supra*, n° 564) compatible avec l'article 1 du Protocole 1. La Cour européenne se prononce dans le même sens (*A.S.P.A.S et Lasgrezas c/ France,* 22 sept. 2011, *AJDA*, 2012, 53, note M. Cresp ; *Chabauty c/ France*, 4 oct. 2012, Gr. Ch., *supra* n° 276).

2° Désormais, la réglementation de l'usage des biens poursuivant un but d'intérêt général peut emporter violation de l'article 1 du Protocole 1 parce qu'elle est disproportionnée et fait subir au propriétaire une « charge spéciale et excessive », comme le confirme la jurisprudence ultérieure.

Il en va ainsi d'une législation plaçant un propriétaire dans l'impossibilité d'obtenir l'expulsion d'un locataire de son appartement pendant onze ans (*Immobiliare Saffi c/ Italie*, 28 juill. 1999, *JCP G*, 2000, I, 203, n° 33, chron. F. Sudre), de la durée d'une procédure de faillite ayant eu pour conséquence d'interdire, pendant quatorze ans, au failli d'administrer ses biens et d'en disposer (*Luordo c/ Italie*, 17 juill. 2003, *RDP*, 2004, 852, obs. H. Surrel), d'une réglementation des loyers qui ne permet pas aux propriétaires de couvrir les frais d'entretien de leur appartement et leur interdit de « tirer un profit de leurs biens » (*Hutten-Czapsa c/ Pologne*, 19 juin 2006, Gr. Ch., *RTD. civ.*, 2006, 719, obs, J.-P. Marguénaud), d'une réglementation qui interdit aux propriétaires ayant obtenu la restitution d'un immeuble confisqué par le régime communiste d'obtenir pendant cinq ans l'expulsion de locataires qui refusent de signer un nouveau contrat de bail et de payer leur loyer (*Radovici et Stanescu c/ Roumanie*, 2 nov. 2006), de la sanction de l'art. 465 ancien du Code des douanes pour non-déclaration d'une somme d'argent au passage de la douane qui cumule la confiscation de la totalité de la somme non déclarée et une amende (*Grifhorst c/ France*, 26 févr. 2009, *JCP G*, 2009, II, 10075, note J. Pannier).

Pour des exemples contraires de « réglementation de l'usage des biens » respectant l'exigence de proportionnalité : *Almeida Ferreira et Melo Ferreira c/ Portugal*, 21 déc. 2010 (interdiction automatique de résilier un bail de longue durée, *JCP G*, 2011, doctr. 94, F. Sudre) ; *Chagnon et Fournier c/ France*, 15 juill. 2010 (abattage du bétail pour lutter contre la fièvre aphteuse, *JCP G*, 2010, act. 854, H. Surrel).

* Le contrôle du Conseil constitutionnel sur les limitations apportées à l'exercice du droit de propriété est fluctuant mais semble être un contrôle restreint à l'« atteinte manifestement disproportionnée » (déc. n° 2015-727 DC, 21 janv. 2016, Loi de modernisation de notre système de santé). Voir V. Goesel-Le Bihan, *Contentieux constitutionnel*, Ellipses, 2e éd., 2016, n° 177.

L'inspiration européenne est manifeste lorsque la Cour de cassation juge que les dispositions du Code de commerce relatives au renouvellement du bail commercial combinées avec l'art. 1 du Protocole 1 réalisent « un équilibre entre les exigences de l'intérêt général et les impératifs des droits fondamentaux de la personne » (Cass. 3e civ., 4 févr. 2009, n° 08-11.433, *Monti c/ SCI SIP*, *JCP G*, 2009, IV, 1401).

**607** DÉFAUT D'INDEMNISATION. — En principe, l'existence d'une compensation financière n'est une condition au respect du « juste équilibre » requis entre l'intérêt général de la collectivité et l'intérêt individuel que pour la seule privation de biens et non en cas de réglementation de l'usage des biens (*J. A. Pye (Oxford) LTD c/ Royaume-Uni*, 30 août 2007, Gr. Ch., § 79 : système de prescription acquisitive), où l'absence d'indemnisation ne saurait constituer à elle seule une mesure disproportionnée (*Brosset-Triboulet et a. c/ France*, 29 mars 2010, § 94, *JCP G*, 2010, act. 451, G. Gonzalez). Néanmoins, dans certaines circonstances, le non-respect de l'exigence de proportionnalité peut résider dans le défaut d'indemnisation de l'atteinte aux biens (*Athanasiou et al. c/ Grèce*, 9 févr. 2006 : refus d'indemnisation de la dépréciation substantielle de la valeur de biens non expropriés situés à proximité d'une voie pour TGV).

Le juge européen sacrifie son contrôle de proportionnalité à une application stricte des principes de la domanialité publique en jugeant que l'obligation faite aux propriétaires d'une maison d'habitation édifiée sur le domaine public maritime et ayant bénéficié d'une autorisation préfectorale d'occupation renouvelée pendant près de 90 ans de démolition de leur maison sans indemnisation ne leur fait pas supporter une « charge spéciale et exorbitante » (*Brosset-Triboulet*, *supra* n° 604, § 95).

* Les dispositions du Code de l'urbanisme (art. L. 332-6 et L. 332-6. 1) relatives à l'obligation, incluse dans un permis de construire, de cession gratuite d'une bande de terrain nécessaire à l'élargissement d'une voie publique, font l'objet d'une « réécriture » par le Conseil d'État qui mérite d'être relevée (CE, 11 févr. 2004, *Schiocchet*, *AJDA*, 2004, 1102). Le Conseil d'État analyse ces dispositions comme visant à « réglementer le droit de construire », qui « relève de l'usage d'un bien au sens » du Protocole 1, et juge qu'elles ne sont pas incompatibles avec les stipulations de l'article 1 du Protocole 1, notamment parce qu'elles ne font pas obstacle à ce que le propriétaire puisse prétendre à une indemnisation dans le cas où il supporterait une « charge spéciale et exorbitante hors de proportion avec l'objectif d'intérêt général poursuivi ». La parenté de solution avec l'arrêt *Bitouzet* du 3 juillet 1998 est notable (*supra* n° 602).

**608** MATIÈRE FISCALE. — La perception d'un impôt ou d'une autre contribution paraît en théorie susceptible de violer l'article 1 du Protocole 1 quand elle impose à l'intéressé une charge intolérable ou bouleverse sa situation financière (Com., déc. 2 déc. 1985, *Svenska Managementgruppen AB c/ Suède*, *D. et R.*, 45, p. 211).

1° En pratique, la Cour européenne fait cependant la part belle aux intérêts du fisc. En règle générale, elle estime, eu égard à la « large marge d'appréciation » dont dispose l'État quand il élabore et met en œuvre une politique en matière fiscale (notamment de répression de la fraude fiscale ; *Dukmedjian c/ France*, 31 janv. 2006), que la législation en cause n'est pas « dépourvue de base raisonnable » et ménage l'équilibre entre la protection du droit individuel de propriété et l'intérêt général commandant d'assurer le paiement des impôts.

Elle considère ainsi qu'une disposition législative rétroactive ayant pour effet d'éteindre les créances des requérants en restitution de sommes versées, en application de dispositions fiscales invalidées, à l'administration fiscale ne constitue pas une violation de l'article 1 du Protocole 1 (*National et Provincial Building Society et autres c/ Royaume-Uni*, 23 oct. 1997 ; aussi, *Gasus Dosier*, préc. n° 605).

Plus largement, la Cour, de jurisprudence constante, considère que « l'application rétroactive d'une loi fiscale n'est pas interdite en tant que telle par l'article 1 du Protocole 1 » (*Arnaud et a. c/ France*, 15 janv. 2015, § 24 ; déc. n° 27793/95, 10 juin 2003, *M.A et a. c/ Finlande*).

2° Cependant, le contrôle de la Cour se fait plus strict lorsqu'elle se place sur le terrain de la norme générale du principe du respect de la propriété (*Buffalo SRL en liquidation c/ Italie*, 3 juill. 2003 ; *N.K.M. c/ Hongrie*, 14 mai 2013 ; *supra*, n° 605).

Dans la première affaire, la Cour juge que le retard mis par l'administration fiscale dans le remboursement de crédits d'impôts à une société constitue, en raison de son impact important sur la situation financière de la requérante, une atteinte disproportionnée au principe général du respect de la propriété, laisse entrevoir une évolution possible. Dans la seconde, elle estime que le taux d'imposition applicable n'est pas déterminant en soi, eu égard à la marge d'appréciation importante dont jouissent les autorités nationales en matière d'imposition, elle juge néanmoins qu'une taxation à 98 % d'une indemnité de licenciement fait subir à l'intéressé une charge excessive du fait qu'elle a été appliquée à des revenus liés à des activités antérieures à l'année fiscale à un taux trois fois plus élevé que celui de l'imposition du revenu.

3° Par ailleurs, le juge européen sanctionne un régime fiscal discriminatoire par application combinée de l'article 1 du Protocole 1 et de l'article 14 (*Darby c/ Suède*, 23 oct. 1990, A. 187, *RTDH*, 1992, p. 181, note J.F. Flauss).

* Le Conseil d'État intègre le principe d'égalité devant l'impôt dans le contrôle de conventionnalité de la loi et juge que les dispositions combinées de l'article 14 et de l'article 1 du Protocole 1 « peuvent être utilement invoquées pour soutenir que la loi fiscale serait à l'origine de discriminations injustifiées entre contribuables » (CE, Ass., Avis, 12 avr. 2002, *SA financière Labeyrie*, *supra*, n° 279). Il juge incompatible avec ces dispositions l'article L. 206 du Livre des procédures fiscales en raison de la différence de traitement existant entre les contribuables ayant constitué des garanties et les contribuables qui ne l'ont pas fait au regard des intérêts moratoires dus en cas de retard dans le paiement de l'impôt (CE, 10 août 2005, *Sarteur*, n° 259741 ; CE 10 février 2006, *Galvaire*, n° 270255). Par contre ces dispositions sont « sans portée dans les rapports institués entre la puissance publique et un contribuable à l'occasion de l'établissement et du recouvrement de l'impôt » (CE, 17 juill. 2013, *Sté coopérative Bresson*, n° 352273 et n° 352636, *Dr. fisc.* 2013-49, note L. Ayrault, p. 41 : conformité à l'article 1 du Prot. 1 de la prescription quadriennale des dettes de l'État).

En généralisant le contrôle de proportionnalité, le juge européen a sans conteste renforcé la protection du droit de propriété. Droit de « caractère civil » de par sa nature personnelle et patrimoniale (*supra*, n° 361), le droit de propriété peut aussi se réclamer de manière efficace de la protection de l'article 6, § 1 (voir *Allan Jacobsson c/ Suède*, 25 oct. 1989, *Hakansson et Sturesson c/ Suède*, 21 févr. 1990, *Fredin c/ Suède* 18 févr. 1991), comme l'attestent les développements jurisprudentiels sur le droit à l'exécution des décisions de justice (*supra*, n° 410-411).

## *Pour aller plus loin*

**609** SUR LE DROIT DE PROPRIÉTÉ. — Voir IDHAE, *La protection du droit de propriété par la Cour EDH*, Bruylant 2005 ; S. Pavageau, *Le droit de propriété dans les jurisprudences suprêmes françaises, européennes et internationales*, LGDJ 2006 ; J-B. Walter, *L'espérance légitime*, LGDJ, Fondation Varennes, 2011. Aussi : F. Sudre, La protection du droit de propriété par la Cour EDH, *D*, 1988, chron., p. 71 ; L. Sermet, La CEDH et le droit de propriété, Conseil de l'Europe, *Dossiers sur les droits de l'homme*, 1998, n° 11 rev ; S. Marcus-Helmons, Le droit de propriété est-il un droit fondamental au sens de la CEDH ?, in *UAE*, Les nouveaux droits de l'homme en Europe, Bruylant, 1999, p. 193 ; R. Hostiou, La Cour EDH et la théorie de l'expropriation indirecte, *RTDH*, 2007-70, 385 ; R. Ergec, Fiscalité et droit de propriété sous l'angle de la CEDH, *RUDH*, 2011-87, 457 ; C. Nivard, Le régime du droit de propriété, *RFDA*, 2012-4, p. 632 ; K. Blay-Grabarczyk, Le droit de propriété, un droit fondamental comme les autres ?, *Europe* 2014-6, étude, p.4 ; Y. Saccucci, La réception de la notion de bien, au sens de l'article 1 du premier protocole de la CEDH, par le juge administratif, *RDP* 2014-6, 1591 ; C. Blanc-Fily, La notion conventionnelle d'espérance légitime : convergences et divergences entre appréhensions prétoriennes nationale et européenne, *RFDA* 2015-3, 527.

*Pour les rapports du droit interne et de la CEDH*, voir A.-F. Zattara, *La dimension constitutionnelle et européenne du droit de propriété*, LGDJ, Bibliothèque de droit privé, t. 351, 2001 ; *AJDA*, 2003, n° 40, p. 2123 et s., Les incidences de la CEDH sur le droit administratif des biens ; J.-C. Bonichot, Convention européenne des droits de l'homme et droit de l'urbanisme, *Mélanges G. Cohen-Jonathan*, Bruylant, 2004, p. 283 ; R. Hostiou, Une tentative de « conventionnalisation » du Code de l'expropriation, *AJDA*, 2005, 1382 ; J-F de Montgolfier, « Le Conseil constitutionnel et la propriété privée des personnes privées », *Les Nouveaux Cahiers du Conseil constitutionnel*, 2011-31, 35 ; P. Wachsmann, La transposition en droit constitutionnel français de l'économie de l'article 1 du 1° Protocole, *Mélanges Vincent Berger*, Wolf legal publishers, Oisterwijk, 2013.

# Chapitre 9

# Les droits des étrangers

**610** Bien que la Convention européenne, dans son texte originaire, ne contienne pas de disposition particulière relative à la situation des étrangers, le juge européen a pris en compte les droits des étrangers et réalisé une extension de la protection conventionnelle.

**611** VIDE NORMATIF PARTIEL. — 1° Sous réserve des limitations qui peuvent être apportées à leur activité politique (art. 16, *supra*, n° 543), les étrangers (ressortissants d'un État non partie à la Convention, réfugiés, apatrides) peuvent se prévaloir des droits et libertés énoncés par la CEDH. La Convention, par son article 1, reconnaît en effet ces droits à toute personne, sans considération de nationalité, dès lors qu'elle relève de la juridiction de l'un des États membres. Mais le droit d'entrer, de demeurer ou de s'établir sur le territoire de l'un des États contractants n'est pas, comme tel, garanti ; de plus, le droit des étrangers à la liberté de circulation est strictement encadré (*supra*, n° 350). La protection accordée aux étrangers par la Convention est alors doublement lacunaire au regard des instruments internationaux comparables. D'une part, le droit d'asile, proclamé par l'article 14 de la DUDH, n'est pas reconnu par la Convention de Rome (ni par le PIDCP) : seule la CADH protège ce droit, à la fois sous la forme du droit de rechercher et de recevoir asile (art. 22, § 7 ; aussi art. 12, § 3 de la Charte africaine) et du droit de ne pas être refoulé vers un pays où l'individu craindrait pour sa vie et sa liberté (art. 22, § 8). D'autre part, la CEDH, à la différence du PIDCP (art. 13), de la CADH (art. 22,

§ 6) ou de la Charte africaine (art. 12, § 4), ne contient à l'origine aucune disposition régissant l'expulsion.

2° Ce vide normatif originaire est partiellement comblé, dans la seule matière de l'expulsion, par les stipulations additionnelles des Protocoles 4 (art. 4) et 7 (art. 1), dont la portée pratique est restée réduite jusqu'à présent (*supra*, n° 353-354).

L'acquis jurisprudentiel vient, à titre principal, pallier les défaillances du dispositif conventionnel.

**612** La protection par ricochet. — Le mécanisme, de création purement prétorienne, de « protection par ricochet » permet aux organes de la CEDH d'étendre la protection de certains droits garantis par la Convention à des droits non expressément protégés par elle. Cette technique a permis de pallier les insuffisances les plus criantes de la CEDH à l'égard des étrangers, catégorie de personnes particulièrement vulnérables.

Le mécanisme de la « protection par ricochet » a également joué en faveur des détenus. Bien que la Convention ne garantisse pas le droit à des conditions de détention déterminées, le juge européen a, dans un premier temps, admis que les conditions de détention pouvaient néanmoins tomber sous le coup de l'article 3 de la Convention avant de consacrer le droit à des conditions de détention conformes à la dignité humaine (*supra*, n° 322).

L'économie de cette « protection par ricochet » tient en trois propositions.

D'abord, la Convention ne régit pas « la matière de l'extradition, de l'expulsion et du droit d'asile » (déc. 16 oct. 1986, *Lukka c/ Royaume-Uni*, *D. et R.*, 50, 268) et, comme le rappelle régulièrement la Cour, l'État dispose, « en vertu d'un principe de droit international bien établi », du « droit de contrôler l'entrée, le séjour et l'éloignement des non-nationaux » (*Chahal c/ Royaume-Uni*, 15 nov. 1996, § 73 ; *JCP G*, 1997, I, 4000, n° 9, chron. F. Sudre).

Ensuite, si l'État partie possède un pouvoir discrétionnaire en matière de police des étrangers, il n'est pas affranchi pour autant du respect de la Convention de sauvegarde ; dans un État de droit, l'ordre public national ne saurait justifier l'arbitraire ou l'inhumain. Selon la jurisprudence européenne, les États contractants ont

« accepté de restreindre le libre exercice des pouvoirs que leur confère le droit international général (…) dans la mesure et la limite des obligations qu'ils ont assumées en vertu de la Convention » (Com., déc. 30 sept. 1974, *X c/ RFA*, *D. et R.*, 1, p. 73).

En conséquence, l'État, dans l'exercice de ses pouvoirs en matière de police des étrangers, ne doit pas porter atteinte aux droits garantis à l'intéressé par la Convention (voir, par ex., Com., déc. 17 déc. 1976, *Agee c/ Royaume-Uni*, *D. et R.*, 7, p. 184). En bref, la décision d'éloignement d'un étranger ne peut être la cause de la violation d'un droit (de ne pas être expulsé ou extradé) qui n'est pas garanti par la Convention mais elle peut être la cause de la violation d'autres droits protégés par la Convention et, à ce titre, soumises au contrôle des organes de la CEDH. L'important arrêt *Soering c/ Royaume-Uni*, du 7 juillet 1989 (*GACEDH*, n° 16), a consacré cette construction prétorienne qui suppose donc que l'étranger allègue que la mesure incriminée (refoulement, éloignement) est susceptible de violer l'un de ses droits protégés par la Convention pour bénéficier de cette protection indirecte.

Le droit à ne pas subir de traitements inhumains et dégradants et le droit au respect de la vie privée et familiale sont les vecteurs principaux mais non exclusifs de cette protection, qui ne saurait cependant jouer automatiquement pour toutes les dispositions de la Convention, car on ne saurait exiger d'un État partie qu'il ne renvoie un étranger que dans un pays où la situation est pleinement conforme à chacun des droits garantis par la CEDH.

Il en va notamment ainsi pour la liberté religieuse (art. 9) : ce n'est que dans des circonstances exceptionnelles, en cas de persécution religieuse, que la responsabilité de l'État pourra être engagée pour violation de l'article 9 si la personne éloignée court en raison de l'exercice de sa liberté de religion dans son pays d'origine, un risque réel d'être soumis à des traitements ou à des peines inhumains ou dégradants (déc. 28 févr. 2006, *Z. et T. c/ Royaume-Uni*, n° 27034/05 ; *F.G. c/Suède*, 23 mars 2016, Gr. Ch., *JCP G*, 2016, act. 439, G. Gonzalez). La CJUE fait une analyse similaire (CJUE, 5 sept. 2012, *Bundesrepublik Deutschland c/ Y et Z*, aff. C-71/11 et C-99/11, *RDP* 2013, 707, note A. Schahmaneche).

## Section I
## Le droit de ne pas subir des mauvais traitements contraires à l'article 3

### I | L'APPLICABILITÉ DE L'ARTICLE 3 AUX MESURES D'ÉLOIGNEMENT DES ÉTRANGERS

613 PRINCIPE. — Le système européen de protection des droits de l'homme est mis en harmonie, par la voie prétorienne, avec la Convention des Nations Unies contre la torture du 10 décembre 1984 dont l'article 3, § 1 prévoit qu'« Aucun État partie n'expulsera, ne refoulera, ni n'extradera une personne vers un autre État où il y a des motifs sérieux de croire qu'elle risque d'être soumise à la torture » (sur la jurisprudence du CCT en la matière, *supra*, n° 328). Systématisant la jurisprudence de la Commission, la Cour européenne, dans sa décision *Soering* du 7 juillet 1989 (*GACEDH*, n° 16, § 88-91), juge que l'État partie se rend coupable d'un traitement inhumain, en violation de l'article 3 de la Convention, lorsqu'il prend consciemment une décision d'éloignement du territoire à l'encontre d'un étranger qui a pour résultat direct d'exposer l'individu à la torture ou à des traitements inhumains ou dégradants dans le pays de destination. Que la mesure en cause soit une extradition (vers les États-Unis : *Soering*, préc.), une expulsion (vers le Chili : *Cruz-Varas c/ Suède*, 20 mars 1991, A. 201, *RUDH*, 1991, 205, note G. Cohen-Jonathan) ou un refoulement (vers le Sri Lanka : *Vilvarajah c/ Royaume-Uni*, 30 oct. 1991, A. 215, *RTDH*, 1993, 411, obs. M. Bossuyt et I. Lammerant) – consécutif, notamment, à un rejet de demande d'asile – ou encore une mesure de « remise extraordinaire », entendue comme le transfert extrajudiciaire « à des fins de détention ou d'interrogatoire en dehors du système juridique ordinaire » (*El Masri c/ « l'ex-république yougoslave de Macédoine »*, 13 déc. 2012, Gr. Ch, § 221, *JCP G* 2013, doctr. 64, F. Sudre ; *Al Nashiri c/ Pologne*, 24 juil. 2014 ; *Nasr et Ghali c/Italie*, 23 févr. 2016, Gr. Ch.).

* La Cour de cassation juge que le respect tant de l'article 3 CEDH que de la Convention de Genève du 28 juillet 1951 (statut des réfugiés et apatrides) impose de subordonner la remise d'un réfugié politique à une autorité étrangère dans le cadre d'un mandat d'arrêt européen à des garanties suffisantes, obligeant l'État d'émission à s'engager sur le sort de la personne dont il sollicite la remise (Crim. 21 nov. 2007, n° 07-87. 499, *D*, 2008, 20, obs. C. Girault).

**614** FONDEMENT. — Le fondement de la « protection par ricochet » de l'article 3 se situe dans l'engagement général des États parties de reconnaître les droits définis par la Convention à « toute personne relevant de leur juridiction » (art. 1). C'est l'acte d'éloignement du territoire qui fonde la responsabilité de l'État partie au regard de la Convention lorsque cet acte a pour résultat direct d'exposer une personne à une violation de ses droits protégés par la Convention. Néanmoins, la garantie de l'article 3 porte ses effets dans l'État de destination, qui peut être un État tiers à la Convention, et a pour conséquence, d'une part de conduire le juge européen à apprécier le droit de cet État à l'aune des exigences de la Convention – qui produit ainsi un effet extra-territorial – et, d'autre part, s'agissant d'une extradition, à contraindre l'État partie à écarter les obligations d'un accord international d'extradition au bénéfice de la Convention. C'est ici la confirmation du caractère « objectif » de la Convention et de sa spécificité « de traité de garantie collective des droits de l'homme » (*Soering*, § 87 ; *supra*, n° 35). Cela aboutit à dégager de l'article 3 une obligation implicite pour l'État partie de ne pas éloigner l'étranger vers un pays où il court un risque de subir des traitements contraires à l'article 3.

**615** VICTIME POTENTIELLE. — La protection offerte à l'étranger resterait inefficace si elle était subordonnée à une mesure d'éloignement exécutée (Com., déc. 11 oct. 1973, *Amekrane*, *Rec. Déc.*, 44, p. 101 : réfugié politique remis par le Royaume-Uni au Maroc, condamné à mort et exécuté). À la suite de la Commission (déc. 3 mai 1983 et Rapp. 7 mars 1984, *Altun c/ RFA*, *D. et R.*, 36, p. 209 et 236), la Cour européenne retient l'hypothèse d'une violation virtuelle de la Convention (*supra*, n° 203) : une décision d'éloignement du territoire prise (voir *Vijayanathan et Pusparajah c/ France*, 27 août 1992, A. 241 B, § 46) mais non exécutée peut constituer une violation de l'article 3 (*Soering*, § 90 ; *Chahal*, préc.). Le souci d'assurer l'effectivité des droits protégés a heureusement conduit la Cour européenne à renverser sa jurisprudence *Cruz-Varas* (préc., § 97) et à juger que le non-respect par l'État des mesures provisoires prescrites par les organes de contrôle (par ex., surseoir à l'exécution d'une décision d'extradition) enfreint la Convention (*Mamatkulov et Askarov c/ Turquie*, 4 févr. 2004, Gr. Ch. ; *supra*, nº 198).

**616** ÉTAT DE DESTINATION. — Paradoxalement, la garantie de l'article 3 ne jouait pas quand le pays de destination était un État partie à la CEDH ayant reconnu le droit de recours individuel, le juge européen présumant alors que les droits individuels étaient respectés (déc. 2 déc. 1986, *K. et F. c/ Pays-Bas*, *D. et R.*, 51, p. 272 ; *a contrario*, déc. *Altun*, préc.). La Cour européenne a heureusement abandonné cette solution et levé l'immunité dont bénéficiait l'État partie. L'article 3 est désormais applicable non seulement lorsque l'État de destination est un État tiers à la Convention mais également quand il s'agit d'un État partie (déc., 7 mars 2000, *TI c/ Royaume-Uni*, nº 43844/98 : renvoi d'un demandeur d'asile sri-lankais vers l'Allemagne, où l'asile lui avait été initialement refusé ; *Chamaïev et a. c/ Géorgie et Russie*, 12 avr. 2005).

* Le juge national était moins frileux et acceptait de faire jouer l'article 3 lorsque la Turquie était en cause (CE, 21 févr. 1997, *Préfet des Hauts-de-Seine c/ M. Aktas*, nº 171933 : mesure d'expulsion ; CE, 9 juin 1999, *Préfet de la Haute-Garonne c/ M. Kaya*, nº 199882 : reconduite à la frontière) : il est remarquable que, en matière d'extradition, le Tribunal fédéral suisse, s'appuyant sur la qualité d'« instrument constitutionnel de l'ordre public européen » reconnu à la CEDH par la Cour (*Loizidou c/ Turquie*, 23 mars 1995, A. 310, § 75, *GACEDH*, nº 1), juge que l'acceptation par la Turquie du droit de recours individuel et de la juridiction obligatoire de la Cour ne saurait « décharger la Suisse de la tâche de vérifier si, dans un cas concret, la remise d'une personne dont l'extradition est demandée par un État partie à la CEDH expose cette personne au risque visé par l'article 3 de la CEDH » (Trib. féd. suisse, 1re Cour de droit public, 11 sept. 1996, *X c/ Office fédéral de la police*, *RUDH*, 1997, 118).

Par le biais de la protection du traitement inhumain, le droit d'asile bénéficie, en quelque sorte, d'un « effet réflexe » de la Convention européenne.

Le CDH, dans le cadre du Pacte, adopte une solution de principe identique (n° 470/1991, *Kindler c/ Canada*, déc. 30 juill. 1993, *RUDH*, 1994, p. 165, § 13. 1 et 2 ; n° 1222/2003, *Byahuranga c/ Danemark*, déc. 1er nov. 2004, *A/60/40*, vol. II, 260).

**617** PROTECTION DIRECTE. — On réservera l'hypothèse, exceptionnelle, où l'article 3 déploie une protection directe, lorsqu'une mesure d'éloignement d'un étranger du territoire constitue un traitement inhumain en soi et non en raison des risques de mauvais traitements encourus dans le pays d'origine. Ainsi, du refoulement d'une enfant âgée de 5 ans, en raison de l'extrême angoisse qui lui a été causée et d'un « manque flagrant d'humanité envers sa personne » (*Mubilanzila Mayeka et Kaniki Mitunga c/ Belgique*, 12 oct. 2006, § 69, *RTDH*, 2007-71, 823, note B. Masson ; *Popov c/ France*, 19 janv. 2012, *JCP G*, 2012, act. 221, F. Sudre).

De plus, cette mesure constitue un manquement aux « obligations positives » de l'État belge, qui s'est abstenu de prendre les mesures et précautions nécessaires afin que l'enfant soit accompagnée en avion par une personne adulte et qu'elle soit prise en charge effectivement à son arrivée au Congo.

## II | LES CONDITIONS D'APPLICATION DE L'ARTICLE 3 AUX MESURES D'ÉLOIGNEMENT DES ÉTRANGERS

**618** INTERDICTION ABSOLUE. — Le « caractère absolu » de l'interdiction des mauvais traitements énoncée par l'article 3 (*supra*, n° 310) vaut aussi pour les mesures d'éloignement du territoire frappant les étrangers. En conséquence, la protection de l'article 3 ne saurait être modulée en fonction du caractère plus ou moins dangereux de la personne considérée ou de la menace qu'elle représente pour la sécurité nationale (*Chahal c/ Royaume-Uni*, 15 nov. 1996, préc. : arrêté d'expulsion vers l'Inde d'un défenseur notoire de la cause du séparatisme sikh ; *Chamaïev et al. c/ Géorgie et Russie*, 12 avr. 2005 : extradition vers la Russie de « terroristes » tchétchènes). Les agissements, quels qu'ils soient, de la personne concernée (tel un terroriste) sont donc sans pertinence sous l'angle de la protection de l'article 3, la Cour refusant catégoriquement de mettre en balance le risque de mauvais traitements et la dangerosité de l'individu pour la collectivité (*Saadi c/ Italie*, 28 févr. 2008, Gr. Ch., *JCP G*, 2008, I, 167, n° 6, obs. F. Sudre).

Pour un exemple de violation de l'article 3, à propos de l'expulsion vers l'Algérie d'un individu condamné pour acte terroriste : *Daoudi c/ France*, 3 déc. 2009, (*JCP G*, 2009, act. 596, obs. B. Belda).

**619** PROTECTION PROCÉDURALE. — Pour être compatible avec l'article 3, le droit interne doit offrir des garanties de procédure effectives afin de protéger un étranger contre une mesure d'expulsion arbitraire vers un État où il serait exposé à des risques sérieux de traitements contraires à l'article 3. Ces garanties renvoient à l'existence d'un recours effectif, au sens de l'article 13, contre les expulsions vers des pays à risque (*supra*, n° 438). En bref, l'État méconnaît l'article 3 si, d'une part, il n'a pas apprécié le risque de mauvais traitements encourus dans l'État d'accueil au regard tant de la situation générale dans ce pays et des circonstances propres à l'individu et, d'autre part, s'il n'offre pas les garanties requises par l'article 13 de la Convention, à savoir un examen rigoureux et approfondi par les autorités nationales saisies des allégations de risques de mauvais traitements et un effet suspensif systématique de la mesure d'éloignement (*MSS c/ Belgique et Grèce*, 21 janv. 2011, *RTDH*, 2011-88, 1023, note C. Raux ; *Auad c/ Bulgarie*, 11 oct. 2011 ; *V.M. et a. c/Belgique*, 7 juil. 2015).

La protection procédurale de l'article 3 dans le cadre de l'examen d'une demande d'asile fait obligation aux autorités nationales de faire une évaluation d'office complète et *ex nunc* de tous les éléments portés à leur connaissance – notamment « les activités sur place » – avant de se prononcer sur l'expulsion de l'intéressé (*F.G. c/Suède*, 23 mars 2016, Gr. Ch., préc. n° 612). Elle suppose également que le demandeur d'asile dispose d'un délai suffisant pour déposer sa demande, que la décision d'expulsion soit susceptible d'un recours juridictionnel, que le contrôle du juge ne se borne pas à un contrôle de la légalité formelle de l'expulsion (*Jabari c/ Turquie*, 11 juill. 2000, § 40 ; *Müslim c/ Turquie*, 26 avr. 2005, § 75).

**620** RISQUE RÉEL DE MAUVAIS TRAITEMENTS. — La mise en jeu de l'article 3 est subordonnée à la condition qu'il y ait des « *motifs sérieux* » de croire que l'étranger court un « *risque réel* » de traitements contraires à l'article 3 dans le pays de destination (§ 91 ; dans le même sens, CDH, n° 291/1988, *M. I. Torres c/ Finlande*, déc. 2 avr. 1990, *A/45/40*, vol. II, p. 109).

Pour admettre l'existence de « *motifs sérieux* », la Cour recourt au critère de la preuve « au-delà de tout doute raisonnable » mais elle ne fait plus peser la charge de la preuve sur le requérant et n'hésite pas à demander à l'État partie de lui fournir des « assurances » que la sécurité de l'intéressé sera assurée dans le pays de destination (*Chahal c/ Royaume-Uni*, 15 nov. 1996 ; *Chamaïev et a. c/ Géorgie et Russie*, 12 avr. 2005). En leur absence, et en s'appuyant au besoin sur des sources extérieures (Nations Unies, ONG), la Cour considère « comme établi » le risque réel de traitements contraires à l'article 3 (*ibid.* ; *Saïd c/ Pays-Bas*, 5 juill. 2005).

Pour un exemple de non-violation de l'article 3 résultant des garanties obtenues de l'État de destination dans le cadre d'une extradition (*Olaechea Cahuas c/ Espagne*, 10 août 2006, § 43). Le CDH a une position identique (par ex., n° 1461/2006, *Maksudov et a. c/ Kirghizistan*, *A/63/40* vol. II, 2008).

La jurisprudence européenne a sensiblement élargi la notion de « risque » pris en compte, du risque de torture par les forces de police au risque de mourir du Sida dans un pays pauvre. L'article 3 est désormais susceptible de jouer dans trois hypothèses, qu'il convient de distinguer selon l'origine du risque encouru de mauvais traitements.

### *A – Risque émanant des autorités de l'État de destination*

Le risque de traitements contraires à l'article 3 implique une responsabilité directe des autorités de l'État de destination.

**621** ACTES DES AUTORITÉS DE L'ÉTAT DE DESTINATION. — Le risque est constitué par les actes intentionnels des autorités publiques du pays de destination : la nature du régime politique fait craindre que « des droits humains fondamentaux » soient « grossièrement violés » ou « entièrement supprimés » (par ex., pratique de la torture des opposants politiques par la police ; voir Com., déc.

26 mars 1963, *Kuzbari c/ RFA*, *Rec. Déc.*, 10, p. 26 ; *Cruz-Varas*, préc. ; *Hilal c/ Royaume-Uni*, 6 mars 2001 ; *H.R. c/ France*, 22 sept. 2011).

Le risque réel de traitements contraires à l'art. 3 peut aussi résider dans les pratiques utilisées par les autorités américaines pour interroger des personnes soupçonnées de terrorisme international (*El Masri c/ « l'ex-république yougoslave de Macédoine »*, 13 déc. 2012, GC, § 220 ; *supra* n° 613).

* Selon le Conseil d'État français, les principes généraux du droit de l'extradition interdisent une extradition en direction d'un pays où n'est pas assuré le respect « des droits fondamentaux de la personne humaine » (Ass., 26 juin 1984, *Lujambio Galdeano*, *Rec.*, p. 308 ; Ass., 1er avr. 1988, *Bereciartua Echarri*, *Rec.*, p. 135). En dégageant, dans son arrêt d'assemblée *Moussa Koné* du 3 juillet 1996 « un principe fondamental reconnu par les lois de la République, selon lequel l'État doit refuser l'extradition d'un étranger lorsqu'elle est demandée dans un but politique », le Conseil d'État se reconnaît compétent pour interpréter une norme conventionnelle à la lumière d'un principe de rang constitutionnel et, partant, écarter l'application de la première au bénéfice du second (*RFDA*, 1996, 870, concl. J.M. Delarue ; obs. L. Favoreu, P. Gaïa, H. Labayle, P. Delvolvé, *ibid.*, p. 882 et s).

**622** SITUATION LOCALE. — Le risque résulte d'une situation gravement troublée dans le pays de destination (troubles, désordres civils), telle qu'y règne une insécurité générale due principalement aux agissements de forces de sécurité (disparitions, exécutions extrajudiciaires, torture…) et à l'impunité dont bénéficient ces dernières (*Vilvarajah c/ Royaume-Uni*, 30 oct. 1991 : persécution de la communauté tamoule par les forces de sécurité au Sri-Lanka ; *Chahal*, préc. : agissements des forces de sécurité du Pendjab contre les militants sikhs).

Longtemps subordonnée à l'individualisation du « risque réel » de mauvais traitements contraires à l'article 3 encourus par la personne expulsée – que la Cour évaluait au cas par cas en se fondant sur l'examen des « facteurs de risques » présentés par l'intéressé (*N.A. c/ Royaume-Uni*, 17 juil. 2008), la condition de mise en jeu de l'article 3 a été assouplie par le juge européen.

Par exemple, cette condition n'est pas réunie pour un membre de la communauté tamoule, à raison de la situation générale de celle-ci au Sri-Lanka (*Vilvarajah*, préc., § 111 ; l'appréciation du Conseil d'État est similaire : CE, 8 juill. 1998, *Préfet de Police c/ Mme Vaithy*, n° 187639).

Ce dernier admet désormais non seulement qu'une situation générale de violence peut, dans des circonstances exceptionnelles, par son intensité même exposer toute personne qui retourne dans le pays à un risque réel de mauvais traitement (*Sufi et Elmi c/ Royaume-Uni*, 28 juin 2011, § 218, *JCP G*, 2011, doctr. 914, F. Sudre : expulsion vers la Somalie) mais encore que le risque réel de traitements contraires à l'article 3 peut résider dans l'appartenance même à un groupe minoritaire particulièrement menacé – ainsi « une minorité ethnique victime de persécutions répetées » (*A.A. c/ France*, 15 janv. 2015 : expulsion vers le Soudan) – ou à une catégorie de personnes – telle que les demandeurs d'asile (*M.S.S. c/ Belgique et Grèce*, 21 janv. 2011) – particulièrement vulnérable. C'est conférer une dimension « collective » à la protection de l'article 3 (*supra* n° 60 ; *infra* n° 626).

En soulignant que l'article 3, ainsi interprété, offre une protection comparable à celle de l'article 15 al. c) de la directive 2004/83 CE relative aux conditions que doivent remplir les ressortissants des pays tiers pour pouvoir prétendre au statut de réfugié, la Cour EDH aligne « à la hausse » son standard de protection sur celui de la CJUE, qui joue ici un rôle bénéfique d'entraînement (*Sufi et Elmi*, préc.).

En effet, tout en énonçant que « le droit fondamental garanti par l'article 3 de la CEDH fait partie des principes généraux du droit communautaire » dont elle assure le respect (pt. 28), la CJCE se prononce en faveur d'une protection subsidiaire communautaire accordée aux réfugiés propre et plus étendue que la protection conventionnelle, au terme d'une interprétation autonome de la directive 2004/83/CE, dont elle précise qu'elle est « pleinement compatible avec la CEDH, y compris la jurisprudence de la Cour EDH relative à l'article 3 de la CEDH » (pt. 44 ; CJCE, 17 févr. 2009, *Elgafaji*, C-465/07, *AJDA*, 2009, 1321, note L. Burgorgue-Larsen).

* Le Conseil d'État n'ignore pas cette hypothèse d'applicabilité de l'article 3 : en application de l'article 27 *bis* de l'ordonnance du 2 novembre 1945 qui dispose qu'« un étranger ne peut être éloigné à destination d'un pays s'il établit que sa vie ou sa liberté y sont menacés ou qu'il y est exposé à des traitements contraires à l'article 3 », est annulée une décision de reconduite à la frontière d'un responsable intégriste du culte islamique, fixant l'Algérie comme pays de renvoi, aux motifs que

le retour du requérant en Algérie « comportait pour lui un risque grave lié à ses activités politiques » (CE, 22 janv. 1997, *M. Nafa*, req. n° 163690) ; en application directe de l'article 3, est annulée une décision de reconduite vers l'Angola d'une jeune femme ayant antérieurement subi des sévices de la part de soldats angolais et qui « courrait des risques graves pour sa vie ou sa sécurité en cas de retour dans son pays d'origine » (CE, 15 mars 2000, *Préfet de l'Essonne*, n° 211321).

**623** SYSTÈME JURIDIQUE DE L'ÉTAT DE DESTINATION. — Le risque tient au système juridique interne de l'État de destination, en raison d'une législation prévoyant une peine incompatible avec l'article 3, et au fait que l'individu y encourt ladite peine. Outre la peine perpétuelle qui est incompatible avec l'article 3 si elle est incompressible ou si elle est « nettement disproportionnée » au crime commis (*Vinter et a.* 9 juill. 2013, *supra* n° 322 ; *Babar Ahmad et a. c/ Royaume-Uni*, 10 avr. 2012 GC ; *Trabelsi c/Belgique*, 4 sept. 2014 ; CE, 9 nov. 2015, n° 387245), sont ici principalement en cause les peines corporelles prévues par le droit pénal musulman et, surtout, la peine de mort (*Soering*, préc.).

1° La Cour européenne juge les premières contraires à l'article 3, car portant atteinte à la dignité et à l'intégrité tant physique que psychique de la personne, soulignant ainsi l'incompatibilité de certaines dispositions de la loi islamique avec les valeurs fondamentales de la CEDH (lapidation pour adultère, *Jabari c/ Turquie*, 11 juill. 2000, *JCP G*, 2001, I, 291, n° 5, obs. F. Sudre ; flagellation pour fornication, *D. et al. c/ Turquie*, 22 juin 2006 ; *supra*, n° 87).

* La Cour de cassation paraît également considérer qu'une peine corporelle, telle la peine de l'amputation prévue par la charia en vigueur dans les Émirats arabes unis, est une « peine contraire à l'ordre public français » (Cass. crim., 29 oct. 2008, n° 08-85.713).

2° La CEDH n'interdisant pas l'imposition de la peine capitale (*supra*, n° 307), la Cour européenne a jugé, dans son arrêt de principe *Soering* (7 juill. 1989, § 103 ; aussi Com., déc. 12 mars 1984, *Kirkwood c/ Royaume-Uni*, *D. et R.*, 37, p. 156), que si la peine de mort n'est pas par elle-même une peine inhumaine ou dégradante, contraire aux articles 3 de la CEDH, « les circonstances entourant une sentence capitale », peuvent, elles, constituer un traitement inhumain (*supra*, n° 327). Cette jurisprudence est désormais dépassée par la lecture résolument évolutive des articles 2 et 3 de la Convention faite par la Cour dans ses arrêts *Öcalan c/ Turquie*, du 12 mai 2005 (Gr. Ch., *GACEDH*, n° 13) et *Al-Saadoon et Mufdhi c/ Royaume-Uni*, du 2 mars 2010 (*RTDH*, 2010-84, 959, note P. Frumer ; *supra*, n° 230). D'une part, la Cour analyse en un traitement inhumain une condamnation à mort prononcée à l'issue d'un procès inéquitable. D'autre part, elle juge que la peine de mort en temps de paix comme en temps de guerre est de nos jours une « sanction inacceptable » prohibée par l'article 2 et considère, au vu de la pratique étatique, que l'exécution de la peine de mort, en toutes circonstances, constitue dorénavant un traitement inhumain et dégradant contraire à l'article 3. Cela conduit la Cour à reconnaître que l'extradition (ou l'expulsion) d'une personne vers un pays où elle encourt la peine capitale enfreint, en soi, l'article 3 (*Al-Saadoon et Mufdhi* ; *Al Nashiri c/ Pologne*, 24 juil. 2014).

Au demeurant, un État partie au Protocole 6 abolissant la peine de mort peut voir sa responsabilité engagée au titre de ce Protocole s'il extrade une personne vers un État où elle risque sérieusement d'être condamnée à mort et exécutée (Com., déc. 20 janv. 1994, *Aylor-Davis c/ France, D. et R.*, 76-A, 164 ; Cour, déc. 14 déc. 2000, *Nivette c/ France*, n° 44190/98 ; déc. 5 juill. 2005, *Al-Shari et al. c/ Italie*, n° 57/03).

* Conformément à sa jurisprudence *Fidan* (27 févr. 1987, concl. J.-C. Bonichot, *D*, 1987, 305 ; aussi, *Gacem*, 14 déc. 1987, *Rec.*, tables, p. 733) le Conseil d'État juge, dans sa décision *Joy Davis-Aylor* (Ass., 15 oct. 1993, concl. C. Vigouroux, *RFDA*, 1993, p. 1166 et obs. H. Labayle, *RFDA*, 1994, p. 21) que l'extradition d'une personne passible de la peine de mort sur le territoire de l'État requérant « serait contraire à l'ordre public français », sauf à ce que les autorités françaises obtiennent de la partie requérante des « assurances suffisantes » que la peine ne sera pas appliquée (aussi, CE, 8 avr. 1998, *Stacy*, n^os^ 186510 et 186539).

L'évolution de la jurisprudence du Comité des droits de l'homme converge avec celle de la Cour européenne. Par une décision du 5 août 2003, *Judge c/ Canada*, le CDH, faisant également état d'un « consensus international grandissant en faveur de l'abolition de la peine de mort » et se prévalant du caractère évolutif du PIDCP, revient sur une jurisprudence bien établie (n° 470/1991, *Kindler c/ Canada*, déc. 30 juill. 1993, *RUDH*, 1994, 165) pour considérer qu'un État abolitionniste partie au Pacte – mais non partie au 2^e^ Protocole facultatif abolissant la peine de mort – se rend coupable d'une violation du droit à la vie (art. 6) s'il extrade une personne vers un pays où elle risque de subir la peine capitale, sans obtenir l'assurance qu'elle ne sera pas exécutée (n° 829/1998, Judge c/ Canada, déc. 5 août 2003, § 10. 6, *RGDIP*, 2003, 969, chron. P. Weckel).

Le Comité admet par ailleurs qu'un État partie au Protocole 2 au Pacte qui abolit la peine de mort violerait à la fois l'article 6 du Pacte (droit à la vie) et le Protocole s'il exécutait une mesure d'expulsion qui aurait « pour conséquence nécessaire et prévisible » la condamnation à mort de l'intéressé (n° 706/1996, *T. c/ Australie*, 4 nov. 1997, *A/53/40*, vol. II, 193, § 8. 4).

Le Comité avait déjà relevé, dans l'affaire *Kindler* (préc., § 14. 3 ; obs. W. Schabas, *RUDH*, 1992, p. 65), qu'un État partie au Pacte se rendrait coupable d'une violation du droit à la vie (art. 6) en cas de décision d'extradition vers un État où l'individu courrait un risque réel de se voir imposer une peine de mort prononcée dans des conditions contraires à celles prévues par l'article 6 (*supra*, n° 203 ; n° 692/1996, *A. R. J. c/ Australie*, 28 juill. 1997, *A/52/40*, vol. II, p. 230).

**624** CONDITIONS DE DÉTENTION. — L'inclusion des conditions de détention ou des conditions d'accueil dans un camp de réfugiés ou de migrants dans la notion de « risque de traitements contraires à l'article 3 » pris en compte pour faire jouer la protection de l'article 3 en cas d'extradition (*Garabaïev c/ Russie*, 7 juin 2007 ; *Aswat c/ Royaume-Uni,* 16 avr. 2013, *JCP G* 2013, act. 577, F. Sudre) ou d'expulsion (*MSS c/ Belgique et Grèce*, 21 janv. 2011, *RTDH*, 2011-88, 1023, note C. Raux ; *Sufi et Elmi c/ Royaume-Uni*, préc.) marque un élargissement notable de cette protection. Dans la ligne de sa jurisprudence sur les conditions de détention (*supra*, n° 322), le juge européen subordonne la compatibilité d'une mesure d'éloignement avec l'article 3 au respect de conditions d'existence conformes à la dignité humaine dans l'État d'accueil (*infra*, n° 628).

Soulignant qu'un demandeur d'asile appartient à un « groupe de la population particulièrement défavorisée et vulnérable qui a besoin d'une protection spéciale » (*M.S.S*, § 251), la Cour juge, dans ses arrêts *M.S.S* (accueil des demandeurs d'asile en Grèce), *Sufi et Elmi* (camp de réfugiés en Somalie), *V.M. et a. c/Belgique* (7 juil. 2015 : transfert « Dublin » de la Belgique vers la France), que des conditions d'accueil objectivement inacceptables, ne permettant pas à la personne de subvenir à ses besoins essentiels, constituent un traitement contraire à l'article 3.

La CJUE, s'appuyant sur la jurisprudence de la Cour EDH, subordonne désormais l'exécution d'un mandat d'arrêt européen à la condition qu'il n'y ait pas des motifs sérieux et avérés de croire que la personne objet du mandat courra à la suite de sa remise dans l'État membre d'émission un risque réel, apprécié « de manière concrète et précise », de subir des conditions de détention constitutives d'un traitement inhumain ou dégradant, en violation de l'article 4 de la Charte des droits fondamentaux (CJUE, 5 avr. 2016, *Pál Aranosi et Robert Caldararu*, C-404/15 et C-659/15, § 94, *supra* n° 324).

**625** UNION EUROPÉENNE. — L'État membre de l'Union européenne – et partie à la CEDH – faisant application du règlement 343/2003 « Dublin » sur la détermination de l'État en charge de l'examen d'une demande d'asile au sein de l'Union n'est pas dispensé de ses obligations conventionnelles. Au terme de l'arrêt *MSS c/ Belgique et Grèce*, du 21 janvier 2011 (préc. ; aussi, *Sharifi et a. c/Italie et Grèce*, 21 oct. 2014, *supra* n° 353), l'État qui décide du transfert d'un demandeur d'asile en application du règlement Dublin vers un autre État membre de l'Union ne peut plus se contenter de la présomption selon laquelle cet État respectera ses obligations en matière de procédure et d'accueil des demandeurs d'asile mais doit s'assurer à la fois que la procédure d'asile du pays intermédiaire offre des garanties suffisantes protégeant le demandeur d'asile contre un refoulement vers un pays où il encourrait des risques de traitements contraires à l'article 3 (*supra*, n° 619) et que le demandeur d'asile n'encourt pas directement de tels risques dans l'État membre vers lequel il est transféré pour l'examen de sa demande d'asile en l'exposant à des conditions de détention et d'existence constitutives de traitement dégradants, du fait soit de défaillances systémiques de l'État de renvoi dans l'accueil des demandeurs d'asile (*MSS*), soit d'un risque individualisé de mauvais traitements encouru par le demandeur d'asile (*Tarakhel c/ Suisse*, 4 nov. 2014, Gr. Ch. *JCP G* 2014, act. 1222, C. Picheral). Dans ce dernier cas, la situation de vulnérabilité accentuée par la présence d'enfants mineurs emporte une présomption de risque réel de traitements contraires à l'article 3 (*Tarakhel*, § 119 ; *V.M. et a. c/Belgique*, 7 juil. 2015 ; a contrario, *A.S. c/Suisse*, 30 juin 2015 ; déc. 5 févr. 2015, n° 51428/10, *A.M.E c/Pays-Bas*).

La CJUE transpose exactement dans l'ordre juridique communautaire la solution *MSS*, jugeant que le droit de l'Union s'oppose à l'application d'une « présomption irréfragable » de respect des droits fondamentaux par les États membres (pt. 105) et que le transfert d'un demandeur d'asile vers l'État membre responsable de la demande d'asile doit être refusé lorsqu'il existe « des motifs sérieux et avérés de croire que le demandeur court un risque réel d'être soumis à des traitements inhumains ou dégradants » au sens de l'article 4 de la CDFUE (pt. 106 ; CJUE, 21 déc. 2011, *N. S.*, C-411/10, *Europe*, 2012-3, étude 4, F. Gazin).

Le CDH adopte une démarche similaire à celle de l'arrêt *M.S.S* (préc) : CDH, déc. 22 juil. 2015, *Warda Osman Jasin c/Danemark*, *RGDIP* 2016, 137, obs. N. Aloupi.

### *B – Risque émanant de tiers*

**626** DÉFAUT DE PROTECTION. — Le risque invoqué par le requérant ne provient pas des autorités publiques mais de tiers, plus précisément de groupes organisés indépendants, contre lesquels les autorités publiques du pays de destination ne protègent pas l'individu. La défaillance de ces dernières, incapables d'assurer la protection de la personne contre des traitements prohibés par l'article 3, réalise le risque pris en compte (*H. L. R. c/ France*, 29 avr. 1997, *RUDH*, 1997, 347, note N. Chauvin : mesure d'expulsion vers la Colombie prise, mais non exécutée, à l'encontre d'un trafiquant de drogue, qui prétend risquer d'être assassiné à son retour par le cartel de la drogue). Le risque réel de traitements contraires à l'article 3 peut tenir aussi bien à la situation personnelle de l'intéressé (pour une violation, *N. c/ Finlande*, 26 juill. 2005) qu'à l'appartenance même à un groupe minoritaire particulièrement menacé (*Salah Sheek c/ Pays-Bas*, 11 janv. 2007 ; *Sultani c/ France*, 20 sept. 2007 ; *supra*, n° 622).

De plus, la Cour étend le jeu de l'article 3 à l'hypothèse où le risque émane de simples particuliers, que soient en cause des mutilations génitales féminines (déc., 8 mars 2007, *Collins et Akaziebie c/ Suède*, n° 23944/05 ; *Sow c/Belgique*, 19 janv. 2016, *JCP G* 2016, act, 167, L. Milano : expulsion vers le Nigeria et la Guinée) ou des violences domestiques à l'égard des femmes (*N. c/ Suède*, 20 juill. 2010 : expulsion vers l'Afghanistan).

* La jurisprudence du Conseil d'État est d'inspiration similaire (CE, 10 mai 1996, *Préfet de la Drome c/ Consorts Sellami*, req. n° 162409, *Rec. Tab.*). Le Conseil d'État juge que l'article 27 *bis* de l'ordonnance de 1945 (préc.) et l'article 3 de la CEDH font obstacle à une mesure d'éloignement vers un pays où il y a un « risque réel » de mauvais traitements « du fait de personnes ou groupes de personnes ne relevant pas des autorités publiques, dès lors que (...) les autorités de l'État de destination ne sont pas en mesure de parer à un tel risque par une protection appropriée » (CE, 1er déc. 1997, *Kechemir*, n° 184053 : annulation d'une ordonnance de reconduite vers l'Algérie, où la vie du requérant est menacée par le FIS ; aussi, CE, 17 déc. 1997, *Préfet de Police*, n° 187280 ; CE, 14 juin 2000, *Préfet du Val-de-Marne c/ M. Benmouhoub*, n° 211532 ; CE, 15 sept. 2004, *Préfet de police c/ M. Merad Boudia*, n° 244713, *Rec. Tab.*). Avant le juge européen, le juge administratif a fait application de l'article 3 au risque de mauvais traitements par de simples particuliers (TA Lyon, 12 juin 1996, *Mariama Condé*, *RTDH*, 1996, 695, note M. Levinet, et, pour une application implicite, CE, 20 déc. 2000, *Préfet de l'Essone c/ Mme Minata Ouattara*, n° 202505 : risque d'excision dans le pays d'origine ; CE, 28 avr. 2004, *Préfet de Police c/ M. Boubkari*, *RFDA*, 2004, 639 : transsexuel menacé par sa propre famille). Le Conseil d'État juge que le fait pour un enfant ou une adolescente née en France d'encourir un risque de mutilation sexuelle dans le pays dont elle a la nationalité lui ouvre droit au statut de réfugié (Ass, 21 déc. 2012, *Mme Fofana*, n° 332491, *RFDA* 2013, 565, concl. E. Crepey).

**627** LIMITES. — Toutefois, la portée pratique de l'élargissement de l'applicabilité de l'article 3 aux relations interindividuelles (*supra*, n° 314) est limitée par la difficulté d'établir l'existence de risques « sérieux » (*Aoulmi c/ France*, 17 janv. 2006, § 66 ; *Collins et Akaziebie*, *Sow*, préc. n° 626), que la Cour s'efforce de pallier en recourant aux statistiques et aux rapports internationaux (*N. c/ Suède*, 20 juill. 2010).

De plus, la Cour réduit l'effectivité de la protection offerte lorsqu'elle considère que la mesure d'éloignement du territoire ne viole pas l'article 3 si les intéressés ont la possibilité raisonnable de s'installer dans l'État de destination dans une autre région que dans leur région d'origine où ils courent un risque réel d'être soumis du fait de tiers à des traitements contraires à l'article 3 (*D.N.M. et a. c/ Suède*, 27 juin 2013 ; *W.H. c/ Suède*, 27 mars 2014).

On notera que le Comité contre la torture (*supra*, n° 328), après avoir considéré que l'article 3 de la Convention des Nations Unies contre la torture (préc.) ne s'appliquait pas à un risque de torture émanant d'une entité non étatique (contrôlant d'importantes parties du Pérou : n° 83/1997, déc. 15 mai 1998, *G. R. B. c/ Suède*, § 6. 5 ; n° 49/1996, déc. 15 mai 2001, *S. V. et consorts c/ Canada*, A/56/44,

93), a nuancé sa position, considérant que « dans des circonstances exceptionnelles caractérisées par l'absence totale d'une autorité étatique », la définition de « torture » pourrait englober les actes des groupes exerçant « une autorité quasi gouvernementale » (n° 177/2001, *H. M. H. I. c/ Australie*, déc. 1er mai 2002, *A/57/40*, 163).

### *C – Risque résultant de facteurs objectifs*

**628** NOTION. — Le risque de mauvais traitements résulte de facteurs purement objectifs, indépendants des autorités ou du droit interne de l'État de destination, et n'implique plus une quelconque responsabilité du gouvernement de ce dernier État. Ainsi, la Cour européenne juge que l'exécution de la mesure d'expulsion d'un requérant, en phase terminale du Sida, vers son pays d'origine (Saint-Kitts), constituerait un traitement contraire à l'article 3 dès lors qu'aucun traitement médical approprié ne pourrait lui être administré dans son pays, où il se trouverait, de surcroît, dans une situation de solitude ou de misère (*D. c/ Royaume-Uni*, 2 mai 1997, *JCP G*, 1998, I, 107 n° 10, chron. F. Sudre) [1]. Dans cette hypothèse, l'acte d'éloignement du territoire fonde la responsabilité de l'État partie parce que, en soi, indépendamment du comportement de l'État tiers, il exposera l'individu à une situation s'apparentant à un traitement inhumain. Ainsi appliqué, l'article 3 remplit une fonction objective de principe directeur de l'activité de l'État et cette décision paraît bien consacrer implicitement l'obligation de ne pas procéder à l'éloignement d'un étranger qui exposerait ce dernier à des conditions de vie contraires à la dignité humaine (voir aussi *supra*, n° 624).

**629** LIMITES. — Cependant, le juge européen prend soin de préciser que la mise à exécution de la décision d'éloigner un étranger n'est susceptible d'emporter violation de l'article 3 que dans des « circonstances très exceptionnelles », en raison de « consi-

1. Voir aussi, Com., DR, 19 mai 1994, *Tanko c/ Finlande* (*D. et R.*, 77 B, 133 : expulsion d'un grand malade vers un pays où il ne pourrait bénéficier de soins convenables), et Com., Rapp. 10 mars 1994 *Nasri c/ France* (expulsion vers son pays d'origine d'un étranger sourd-muet de naissance vivant dans le pays d'accueil depuis l'âge de 4 ans ; la Cour, 13 juill. 1995, A. 320 B, n'examinera pas le grief tiré de l'article 3).

dérations humanitaires impérieuses », qu'il va entendre très étroitement (*Bensaid c/ Royaume-Uni*, 6 févr. 2001, § 40, *JCP G*, 2001, I, 342, n° 6, chron. F. Sudre).

Mettant l'accent sur « le niveau élevé » du seuil de gravité requis pour qu'il y ait violation de l'article 3, la jurisprudence postérieure s'applique à réduire l'avancée réalisée par la solution retenue par l'arrêt *D.* et retient une approche restrictive de la question de l'accessibilité effective à des soins médicaux adéquats dans le pays d'accueil. Considérant que l'article 3 ne saurait faire obligation à l'État partie de pallier les disparités existant entre les pays en matière de soins médicaux « en fournissant des soins de santé gratuits et illimités à tous les étrangers dépourvus du droit de demeurer sur son territoire », la Cour juge que la réduction significative de l'espérance de vie en cas d'expulsion, due notamment à la difficulté matérielle d'accéder à un traitement médical adéquat dans le pays d'origine, n'est pas « en soi » suffisante pour emporter violation de l'article 3 (*N. c/ Royaume-Uni*, 27 mai 2008, Gr. Ch., § 42-44, *RTDH*, 2009, 261, note F, Julien-Laferrière). Il en va *a fortiori* de même de la seule détérioration des conditions de vie (*S.H.H. c/ Royaume-Uni*, 29 janv. 2013, *JCP G* 2013, doctr. 855, F. Sudre). C'est, en fait, limiter la protection de l'article 3 à la seule hypothèse d'une maladie incurable en phase terminale (déc. 27 sept. 2005, *Hukic c/ Suède*, n° 17416/05 ; *Aoulmi c/ France*, 17 janv. 2006 ; *Y. c/ Russie*, 4 déc. 2008). Ce qui semble impliquer pour la Cour que le malade soit dans « un état critique » et inapte à voyager (*N*, préc. ; *Yoh-Ekale Mwanje c/ Belgique*, 20 déc. 2011, § 83) !

Pour des exemples de décision d'irrecevabilité : déc. 24 juin 2003, *Arcila Henao c/ Pays-Bas*, n° 13669/03 ; déc. 7 oct. 2004, *Dragan et al. c/ Allemagne*, n° 33743/03 ; déc. 25 nov. 2004, *Amenigan c/ Pays-Bas*, n° 25629/04. Et de non-violation : *Josef c/ Belgique*, 27 févr. 2014, (*JCP G* 2014, act. 312, L. Milano).

**630** DROIT INTERNE. — La jurisprudence administrative est dans le même sens, qu'elle se fonde sur l'article 3 en matière de reconduite à la frontière (TA Versailles, 26 sept. 1996, Bamba Bamba, concl. J. Krulic, *RFDA*, 1997, 315 ; CE, 27 nov. 1996, Laloui, req. n° 158182 ; CE, 8 oct. 1997, Mlle Ndjowe Bedimo, n° 186452), ou, s'agissant d'une extradition, soit sur les principes généraux du droit applicables à l'extradition (CE, 13 oct. 2000, Kozirev, n° 212865) soit, à la fois, sur les exigences de l'ordre public international français et sur l'article 3 (CE, 24 oct. 2005, Deville, n° 276685, *Rec. Tab.*).

L'article L. 511-4 10°CESEDA (ex art. 25 de l'ordonnance du 2 novembre 1945, issu de la loi du 11 mai 1998, *infra*, n° 640), qui interdit la reconduite à la frontière de « l'étranger résidant habituellement en France dont l'état de santé nécessite une prise en charge médicale dont le défaut pourrait entraîner pour lui des conséquences d'une exceptionnelle gravité, sous réserve qu'il ne puisse effectivement bénéficier d'un traitement approprié dans le pays de renvoi », intègre désormais les exigences de l'article 3 (CE, 17 mai 1999, *Préfet de police c/ Mme Damba*, n° 199859 ; CE, 31 janv. 2000, *Préfet d'Ile-et-Vilaine*, n° 207768 ; CE, 30 juin 2003, *Préfet de police c/ M. B.*, n° 252621, *AJDA*, 2003, 2207, concl. P. Fombeur, traitement médical du transsexualisme ; CE, 14 févr. 2007, *M. H.*, n° 281220, *AJDA*, 2007, 1135, note C. Cournil).

Allant au-delà de la jurisprudence européenne, le Conseil d'État interprète cette disposition comme nécessitant la vérification non seulement de la disponibilité sur place du traitement approprié mais aussi de l'effectivité de l'accès de l'intéressé à ce traitement dans le pays de renvoi (CE, 7 avr. 2010, n° 301640, *Ministre de l'intérieur et de l'aménagement du territoire*, *JCP G*, 2010, note 673, N. Guimezanes). Cependant, la loi n° 2011-672 du 16 juin 2011 désavoue cette interprétation et modifie dans un sens restrictif l'article L. 511-4 10°CESEDA, et rend possible l'éloignement en cas de simple existence (et non plus d'accès effectif) d'un traitement approprié dans le pays de renvoi, « sauf circonstance humanitaire exceptionnelle ».

## Section II
## Le droit au respect de la vie privée et familiale

**631** PRINCIPE. — Bien que la Convention européenne des droits de l'homme ne réglemente pas l'entrée, le séjour et la sortie des étrangers, l'étranger bénéficie de la « protection par ricochet » du droit au respect de la vie familiale, garanti par l'article 8 de la convention (*supra*, n° 612). Sur cette base, la Cour européenne a affirmé le principe que le refoulement ou l'éloignement d'un étranger d'un pays où vivent des membres proches de sa famille peut porter atteinte à son droit à la vie familiale et constituer une violation de la CEDH dans son article 8 (*Abdulaziz, Cabales et Balkandali c/ Royaume-Uni*, 28 mai 1985, A. 94 ; *Berrehab c/ Pays-Bas*, 21 juin 1988, A. 138 ; aussi, pour le CDH, n° 35/1978, *A/39/40*, § 614).

**632** NOTION DE VIE FAMILIALE. — L'article 8 garantit seulement l'exercice du droit au respect d'une vie familiale « existante ».

Au regard du droit des étrangers, la vie familiale « se limite normalement au noyau familial » (*Slivenko c/ Lettonie*, 9 oct. 2003, Gr. Ch., *RDP*, 2004, 829, obs. M. Levinet) et l'identification d'une vie familiale au sens de la CEDH ne présente guère de particularités (*supra*, n° 504). La « vie familiale » ne se borne pas à la famille fondée sur le mariage et inclut le « lien constitutif de "vie familiale" » qui se crée entre l'enfant et ses parents « dès l'instant et du seul fait de sa naissance » (*Gül c/ Suisse*, 19 févr. 1996, § 32, *JCP G* 1997, I, 4000, chron. F. Sudre) ; elle bénéficie également au couple homosexuel (*Pajic c/Croatie*, 23 févr. 2016, *JCP G* 2016, act. 300, A. Schahmaneche).

La jurisprudence européenne est toutefois approximative en ce qu'elle mêle « vie privée » et « vie familiale ». Ainsi la Cour européenne admet que la vie familiale se réduise à la seule « vie familiale d'époux », s'agissant d'un couple marié sans enfants (*Beldjoudi c/ France*, 26 mars 1992, § 76) ou encore qu'un étranger célibataire adulte sans enfant, ayant développé depuis son installation dans le pays d'accueil de nombreux liens sociaux (présence des parents et de la fratrie, scolarité, amis, vie professionnelle), puisse se prévaloir du droit au respect de la « vie privée » (*Chorfi c/ Belgique*, 7 août 1996, *JCP G*, 1997, I, 4000, n° 37, chron. F. Sudre) ou, plus globalement, de la « vie privée et familiale » (voir *Bouchelkia c/ France*, 29 janv. 1997, *JCP G*, 1997, II, 22924, note M. Levinet ; *El Boujaïdi c/ France*, 26 sept. 1997 ; *Boujlifa c/ France*, 21 oct. 1997)

La Cour effectue rarement un examen séparé au titre de la « vie privée » (*Slivenko*, préc. : l'expulsion de « citoyens de l'ex-URSS » de la Lettonie où, sans interruption depuis la naissance, ils avaient noué des « relations personnelles, sociales et économiques » constitue une ingérence dans la vie privée des intéressés (§ 96).

L'article 8 déploie ses virtualités protectrices moins en matière de droit d'entrée et de séjour que d'éloignement du territoire.

## I | DROIT D'ENTRÉE ET DE SÉJOUR

633 LIEU D'EXERCICE DE LA VIE FAMILIALE. — L'article 8 et ne garantit pas aux étrangers le droit de choisir l'implantation géographique de leur vie familiale. L'État n'est donc pas tenu

de laisser un étranger pénétrer sur son territoire pour y créer des liens familiaux nouveaux. Selon la Cour européenne, l'article 8 « ne saurait s'interpréter comme comportant l'obligation générale de respecter le choix, par des couples mariés, de leur domicile commun et d'accepter l'installation de conjoints non nationaux dans le pays » (*Abdulaziz, Cabales et Balkandali c/ Royaume-Uni,* 28 mai 1985, § 68). De jurisprudence constante, il ne saurait y avoir violation de l'article 8 par une mesure de refoulement ou d'éloignement si l'unité de la vie familiale peut se reconstituer ailleurs (*Cruz Varas et a. c/ Suède*, 20 mars 1991, A. 201, § 68 ; *Josef c/ Belgique*, 27 févr. 2014).

**634** REGROUPEMENT FAMILIAL. — La jurisprudence européenne a longtemps fait céder le droit au respect de la vie familiale de l'étranger devant les nécessités du contrôle de l'immigration.

1° S'agissant des « immigrés établis » – à savoir « des personnes auxquelles il a déjà été accordé officiellement un droit de séjour dans le pays d'accueil » (*Jeunesse c/Pays-Bas,* 3 oct. 2014, Gr. Ch. *§ 104, JCP G 2014*, act. 1084, obs. C. Picheral) –, la Cour européenne a d'abord jugé sévèrement que, « en matière d'immigration », l'article 8 n'emporte pas l'obligation générale pour l'État de « permettre le regroupement familial sur son territoire » (*Gül c/ Suisse*, 19 févr. 1996, préc.). Confrontée au refus des autorités nationales d'accorder un titre de séjour à de jeunes enfants afin qu'ils puissent rejoindre leurs parents installés régulièrement dans l'État d'accueil, la Cour européenne faisait ainsi prévaloir l'intérêt de l'État à maîtriser les flux migratoires (*Gül*, préc. ; *Ahmut c/ Pays-Bas*, 28 nov. 1996, *RUDH*, 1997, 26, obs. M. Levinet).

L'arrêt *Sen c/ Pays-Bas* marque une évolution heureuse, puisque la Cour admet que l'article 8 fait peser sur l'État l'obligation positive d'autoriser l'enfant à résider avec ses parents, afin de permettre aux intéressés de « maintenir et de développer » une vie familiale sur son territoire et renonce à « analyser la question du seul point de vue de l'immigration » pour se livrer à un véritable contrôle de proportionnalité qui la conduit à un constat de violation (21 déc. 2001, *JCP G*, 2002, I, 105, n° 14, chron. F. Sudre). La jurisprudence postérieure confirme ce mouvement et semble admettre que l'article 8 garantit désormais, au moins implicitement, le droit des étrangers mineurs au regroupement familial (*Tuquabo-Tekele et al. c/ Pays-Bas*, 1er déc. 2005), mettant l'accent sur le principe de l'intérêt supérieur de l'enfant (*Senigo-Longue et a. c/ France*, 10 juil. 2014).

Voir aussi : *Mubilanzila Mayeka et Kaniki Mitunga c/ Belgique*, 12 oct. 2006, *RTDH*, 2007, 823, note B. Masson ; *Mengesha Kimfe c/ Suisse*, 29 juill. 2010, *JCP G*, 2010, act. 904, F. Sudre ; *Osman c/ Danemark*, 14 juin 2011).

La solution européenne ne s'oppose plus ainsi à celle du droit communautaire (CJCE, 18 mai 1989, *Commission c/ RFA*, aff. C-249/86, *Rec.*, 1263 ; CJCE, 11 juill. 2002, *Carpenter*, aff. C-60/00, *DCDF* n° 47) et du droit interne (CE, Ass., 8 déc. 1978, *GISTI*, *GAJA*, 19e éd., 2013, n° 86). La convergence normative entre la CEDH et le droit de l'UE est flagrante dès lors que la CJCE interprète la directive 2008/86/CE relative au droit au regroupement familiale par référence aux obligations positives de l'article 8 et à l'arrêt Sen de la Cour EDH (CJCE, 27 juin 2006, *Parlement européen c/ Conseil de l'Union européenne*, aff. C-540/03, *DCDF*, n° 62).

2° C'est aussi au nom de ce principe, que la Cour étend le bénéfice du regroupement familial à des étrangers en situation irrégulière, considérant que, lorsque la poursuite de la vie familiale dans l'État d'accueil s'inscrit dans le cadre d'un séjour irrégulier, la prise en compte insuffisante de l'intérêt supérieur des enfants est constitutive de « circonstances exceptionnelles » telles que « l'éloignement du membre de la famille ressortissant d'un pays tiers emporte violation de l'article 8 » (*Jeunesse c/ Pays-Bas*, 3 octobre 2014, Gr. Ch. § 108).

3° Le bénéfice du droit au regroupement familial est également étendu, via l'article 8, aux réfugiés (*Tanda-Muzinga c/France*, 10 juil. 2014, *JCP G* 2014, act. 872, C. Picheral) et indirectement, par le vecteur du droit à la non-discrimination, au conjoint (*Hode et Abdi c/ Royaume-Uni*, 6 nov. 2012 ; *JCP G* 2012, act. 1281, C. Picheral ; *Biao c/Danemark*, 24 mai 2016, Gr. Ch.) ou au partenaire homosexuel (*Pajic c/Croatie*, 23 févr. 2016 ; *Tadeucci et McCall c/Italie*, 30 juin 2016).

La Cour considère ainsi que « l'unité de la famille est un droit essentiel du réfugié et que le regroupement familial est un élément fondamental pour permettre à des personnes qui ont fui des persécutions de reprendre une vie normale » (*Tanda-Muzinga*, § 75, préc. ; aussi, *Mugenzi c/France*, 10 juil. 2014). Elle juge, dans son arrêt *Pajic* (*supra* n° 632), qu'aucune

« raison solide et convaincante » ne justifie d'exclure une personne en couple homosexuel, engagée dans une relation stable, du bénéfice de l'octroi d'un permis de séjour dans un pays donné pour regroupement familial afin de pouvoir mener la vie familiale de son choix (§ 83).

* Pour une décision de refus de regroupement familial jugé contraire aux articles 14 et 8 de la Convention, CE, 15 févr. 2016, n° 387977.

4° Le juge européen applique au regroupement familial les exigences procédurales de l'article 8 (*supra* n° 517) et fait peser sur l'État partie l'obligation positive de garantir un processus décisionnel équitable assurant la protection des intérêts des membres de la famille (*Tanda-Muzinga c/ France*, préc.).

Cela implique que « les demandes de visas soient examinées rapidement, attentivement et avec une diligence particulière » (§ 73) et, particulièrement, que soit pris en compte le statut de réfugié.

**635** RESSORTISSANTS DE L'UNION EUROPÉENNE. — La Cour européenne est attentive à la spécificité de l'ordre juridique communautaire, notant que « les États membres de l'Union européenne forment un ordre juridique spécifique, ayant instauré de surcroît une citoyenneté propre » (*Chorfi c/ Belgique*, 7 août 1996, § 38, préc.).

Elle estime en conséquence que le traitement préférentiel réservé aux ressortissants desdits États en matière d'expulsion repose sur « une justification objective et raisonnable » et n'est pas constitutif d'une discrimination fondée sur la nationalité (*Chorfi* ; *Moustaquim c/ Belgique,* 18 févr. 1991, A. 193, *RTDH*, 1991, 377, note P. Martens).

Ainsi, alors que de jurisprudence constante l'article 8 ne garantit pas le droit d'une personne d'entrer ou de résider dans un État dont elle n'a pas la nationalité (*Abdulaziz et al.,* préc.), la Cour européenne retient « une approche différente » de la question du droit de séjour, fondée sur la qualité de ressortissant communautaire (*Aristimuno Mendizabal c/ France*, 17 janv. 2006). Constatant qu'un ressortissant communautaire « tire directement du droit communautaire » le droit de séjourner dans un État membre de l'Union européenne et de se voir délivrer une carte de séjour, la Cour considère que « l'article 8 doit être interprété à la lumière du droit communautaire et en particulier des obligations imposées aux États membres quant aux droits d'entrée et de séjour des ressortissants communautaires » (§ 69).

L'arrêt *Aristimuno Mendizabal* marque la réception du droit de séjour du ressortissant de l'Union européenne au titre du droit au respect de la vie privée et familiale mais introduit, aussi, une dualité de standards. L'étranger non communautaire reste en effet soumis au droit commun de l'article 8, qui ne garantit pas le droit à un type particulier de titre de séjour – permanent, temporaire ou autre –, ce choix relevant de l'appréciation souveraine des autorités nationales (déc. 29 avr. 2003, *Dremlyuga c/ Lettonie*, n° 66729/01 ; *Syssoyeva et al. c/ Lettonie*, 15 janv. 2007, Gr. Ch.).

## II | Éloignement du territoire

**636** Dualité initiale de protection. — Dans le cadre des restrictions autorisées au droit garanti (art. 8, § 2), ce droit de l'étranger au respect de sa vie privée et familiale connaît une sérieuse limite : il s'efface devant les nécessités du contrôle de l'immigration et, plus généralement, de la protection de l'ordre public. La Cour rappelle, depuis sa décision de principe *Abdulaziz et autres* (préc.), qu'« il incombe aux États contractants d'assurer l'ordre public, en particulier dans l'exercice de leur droit de contrôler, en vertu d'un principe de droit international bien établi et sans préjudice des engagements découlant pour eux des traités, l'entrée, le séjour et l'éloignement des non-nationaux » (*Beldjoudi c/ France*, 26 mars 1992, *RTDH*, 1993, 449, note J.-Y. Carlier).

En l'absence de jurisprudence européenne vraiment pertinente (Com., déc. 9 déc. 1980, *X c/ Suisse*, *D. et R.*, 24, p. 205 : la Commission examine le grief tiré de l'article 8), la question de l'applicabilité de l'article 8 à une mesure d'extradition reste ouverte. La logique même d'entraide judiciaire qui est au fondement de l'extradition semble interdire que l'article 8 puisse faire obstacle à une mesure d'extradition, ainsi qu'en juge le Conseil d'État (CE, 11 juin 1997, *Booker*, *Rec.*, p. 224 ; CE, 13 déc. 2002, *Dos Santos Jorge*, *Rec.*). Cependant, le Tribunal fédéral suisse a jugé qu'une mesure d'extradition peut, à raison de circonstances exceptionnelles (fragilité psychique de la compagne, jeune âge des enfants…) constituer une ingérence disproportionnée dans le droit au respect de la vie familiale de l'intéressé et violer la CEDH (Trib. féd., 1er nov. 1996, *S c/ Office fédéral de la police, ATF*, 122, II).

Sur cette base, la Cour européenne a développé une jurisprudence distinguant, à l'origine, la situation des « immigrés de la deuxième génération » (ou « de longue durée ») de celle des étrangers « ordinaires ».

1° La tendance dominante – malgré une décision isolée (*Berrehab*, 21 juin 1988, préc.) [1] – a longtemps été d'admettre de manière systématique que l'expulsion d'un étranger, dès lors qu'elle ressort de la mise en œuvre d'une politique de contrôle d'immigration, est nécessaire à la défense de l'ordre public ou du bien-être économique du pays (par ex., Comm., déc. 16 oct. 1986, *Lukka c/ Royaume-Uni*, *D. et R.*, 50, p. 268). L'État partie se voit *a fortiori* reconnaître la faculté d'éloigner les étrangers délinquants.

Néanmoins, le juge européen s'assure que la mesure d'éloignement du territoire – qu'il s'agisse d'une mesure d'éloignement forcé (*Beldjoudi c/ France*, 26 mars 1992, préc), d'un refus d'entrée (*Yilmaz c/ Allemagne,* 17 avr. 2003*)* ou d'une mesure d'interdiction définitive du territoire *(Mehemi c/ France,* 26 sept. 1997, *JCP G* 1998, I, 107, n° 37, chron. F. Sudre) – respecte un juste équilibre entre le maintien de l'ordre public et la sauvegarde de la vie familiale de l'étranger.

2° Ceci a conduit la Cour européenne, dans un premier temps, à accorder aux « immigrés de la deuxième génération » (étrangers nés sur le territoire de l'État d'accueil ou, par extension, qui y sont entrés très jeunes) une protection renforcée contre les mesures d'éloignement du territoire. Dans ses décisions de principe, *Moustaquim c/ Belgique* (18 févr. 1991, A. 193, *RTDH*, 1991, 377, note P. Martens) et *Beldjoudi c/ France* (préc.), elle se montre particulièrement attentive au fait que l'étranger a sa vie familiale effective dans l'État d'accueil et n'a avec son État d'origine, hors le lien de nationalité, aucun lien réel, et analyse la mesure d'expulsion – source de déracinement et perturbation grave de la vie familiale –

1. Le refus de prolonger l'autorisation de séjour d'un étranger divorcé d'une Hollandaise et père d'une fillette vivant aux Pays-Bas constitue une ingérence disproportionnée dans le droit au respect de la vie familiale ; aussi, *Rodrigues Da Silva et Hoogkamer c/ Pays-Bas*, 31 janv. 2006.

comme une atteinte « disproportionnée » au droit au respect de la vie familiale (voir aussi *Nasri c/ France*, 13 juill. 1995, A. 320 B).

Dans un second temps, la Cour a pondéré sa jurisprudence, en procédant, en premier lieu, à un examen plus équilibré de l'intérêt général et de l'intérêt individuel (*Boughanemi c/ France*, 24 avr. 1996 ; *Chorfi c/ Belgique*, 7 août 1996, préc.), puis, en second lieu, en alignant la situation des étrangers "ordinaires" sur celle des « immigrés de la deuxième génération » (*Boultif c/ Suisse*, 2 août 2001, *RTDH*, 2002, 483, note H. Mock).

La jurisprudence du Comité des droits de l'homme, quoique peu fournie (n° 538/1993, C. Steward c/ Canada, 1er nov. 1996, *A/52/40*, 53 ; n° 558/1993, Giosue Canepa c/ Canada, 3 avr. 1997, *A/52/40*, vol. II, p. 128) est similaire à la jurisprudence européenne initiale (voir cependant pour un constat de violation des articles 17, § 1 et 23 du Pacte, n° 930/2000, Winata c/ Australie, déc. 26 juill. 2001, *A/56/40*, vol. II, 206).

**637** UNITÉ DE RÉGIME. — L'identité de traitement des immigrés « de longue durée » et des étrangers ordinaires au regard de l'article 8 de la Convention est solennellement confirmée par l'arrêt *Üner c/ Pays-Bas*, du 18 octobre 2006 (Gr. Ch. ; *GACEDH*, n° 55), qui témoigne d'une attention plus grande aux impératifs de la souveraineté territoriale de l'État partie. Il est clairement affirmé qu'on ne saurait tirer de l'article 8 un droit à la non-expulsion au bénéfice des immigrés de longue durée, dont la situation ne peut être mise « sur le même pied » que celle d'un national et, en conséquence, ne saurait, en soi, faire obstacle à une mesure d'éloignement en cas d'atteintes à l'ordre public (§ 55-56).

La « nécessité » de l'ingérence dans le droit au respect de la vie privée et familiale est désormais appréciée, pour tous les étrangers, selon les critères communs fixés par l'arrêt *Boultif* (2 août 2001, préc.), que la CJUE reprend à son compte

Voir : CJCE, 23 sept. 2003, *Akrich*, C-109/01, *RTDH*, 2004, 726, obs. C. Maubernard ; CJCE, 29 avr. 2004, *Orfanopoulos et Oliveri*, C-482/01 et C-493/01, *DCDF* n° 56.

**638** CRITÈRES D'APPRÉCIATION. — 1° Sept critères sont mis à jour par la jurisprudence Boultif : nature et gravité de l'infraction, le juge européen attachant une importance particulière au trafic de stupéfiants, qualifié de longue date de véritable « fléau » pour les sociétés européennes (*Baghli c/ France*, 30 nov. 1999, *RTDH*, 2000, 293, obs. M. Levinet) ; durée du séjour dans le pays d'accueil ; réalité de la vie familiale ; naissance d'enfants ; difficultés pour le conjoint de vivre dans le pays d'origine de son époux ou de son épouse (par ex., *Boultif*, préc. § 48 ; *Amrollahi c/ Danemark*, 11 juill. 2002, *JCP G*, 2003, I, 109, no 19, chron. F. Sudre) ; intérêt et bien-être des enfants (notamment, difficultés pour ceux-ci de vivre dans le pays d'origine de leur père ou mère, *Keles c/ Allemagne*, 27 oct. 2005) ; liens d'intégration avec le pays d'accueil et nature des liens existants avec le pays d'origine (par ex : *Jakupovic c/ Autriche*, 6 févr. 2003).

2° Le deuxième critère permet de tenir compte de la situation particulière des immigrés de longue durée et d'apprécier la solidité des liens sociaux, culturels et familiaux avec le pays hôte. L'arrêt *Üner* précise que « la totalité des liens sociaux entre les immigrés installés et la communauté dans laquelle ils vivent font partie intégrante de la notion de "vie privée" au sens de l'article 8 » (§ 59 ; *Hasanbasic c/ Suisse*, 11 juin 2013, § 48), confirmant que si l'immigré de longue durée n'a pas une « vie familiale », l'article 8 lui offre, en toute hypothèse, une protection contre une mesure d'éloignement du territoire au titre du droit au respect de la « vie privée » (*Chorfi c/ Belgique*, 7 août 1996, *supra* n° 632).

3° L'application de ces critères par la Cour dénote, cependant, une certaine « surpondération » du critère de la nature et de la gravité de l'infraction commise et une marginalisation relative des autres critères – réserve faite du critère de l'intérêt supérieur de l'enfant –, qui montre que la grille jurisprudentielle de critères laisse aux États une large marge d'appréciation.

Dans l'affaire *Üner*, la grille de critères « *Boultif* » aurait dû jouer en faveur du requérant : dix-sept ans de séjour aux Pays-Bas avant l'expulsion, vie de couple avec une Néerlandaise ayant commencé sept ans avant l'expulsion, deux enfants mineurs de nationalité néerlandaise, absence totale de liens des enfants et de leur mère avec la Turquie… Or la Cour considère que l'expulsion du requérant et son interdiction du territoire s'avèrent proportionnées au but poursuivi et n'emportent pas violation de l'article 8.

Cependant, le critère de l'intérêt supérieur de l'enfant peut, comme en matière de regroupement familial (*supra* n° 624), s'avérer décisif. Dans son arrêt *Maslov*, la Cour énonce le principe que seules de « très solides raisons » peuvent justifier l'expulsion d'un immigré de longue durée en raison d'infractions commises alors qu'il était mineur, dès lors que ces infractions ne sont pas à caractère très violent (*Maslov c/ Autriche*, 23 juin 2008, Gr. Ch., *RTDH*, 2009-80, 1091, note G. de Beco ; *Mutlag c/ Allemagne*, 25 mars 2010).

L'affaire *Nunez c/ Norvège* (28 juin 2011) témoigne aussi du poids de la notion d'intérêt supérieur de l'enfant en matière d'expulsion : la Cour juge que l'expulsion d'une ressortissante étrangère méconnaîtrait, en violation de l'article 8, l'intérêt supérieur de ses enfants – dont la garde et l'autorité parentale exclusive ont été confiées à leur père – à maintenir des relations avec leur mère (voir aussi, *M.P.E.V. c/ Suisse*, 8 juill. 2014).

Surtout, la compatibilité d'une mesure de placement d'une famille d'étrangers dans un centre de rétention est appréciée par la Cour non seulement au regard de l'article 3 (*supra*, n° 313) et de l'article 5 § 1 (*supra*, n° 343) mais aussi de l'article 8 (*Popov c/ France*, 19 janv. 2012, *JCP G*, 2012, act. 221, F. Sudre). Le contrôle du juge européen sur la proportionnalité de la mesure d'enfermement au but légitime poursuivi de la lutte contre l'immigration clandestine est tout entier placé sous l'emprise du principe de l'intérêt supérieur de l'enfant, qui implique un durcissement des exigences conventionnelles. Le maintien de l'unité familiale ne suffit pas à garantir le droit au respect de la vie familiale dans l'hypothèse de la détention de famille accompagnée d'enfants, il faut aussi que les autorités mettent en œuvre « tous les moyens nécessaires afin de limiter autant que faire se peut » cette détention « et préserver effectivement le droit à une vie familiale » (*Popov*, § 147).

**639** PROTECTION PROCÉDURALE. — Par ailleurs, après avoir accepté de faire application des principes classiques relatifs aux exigences procédurales de l'article 8 en matière d'autorité parentale (*supra*, n° 517 ss.) pour mieux garantir la vie familiale des étrangers (*Ciliz c/ Pays-Bas*, 11 juill. 2000) [1], la Cour européenne fait bénéficier l'étranger des garanties essentielles du procès équitable en jugeant qu'une mesure d'expulsion (motivée par la sécurité nationale) n'est pas « prévue par la loi » – et emporte donc violation de l'article 8 – si elle ne peut faire l'objet d'un contrôle, dans le respect du contradictoire, « par un organe indépendant et impartial, habilité à se pencher sur toutes les questions de fait et de droit pertinentes, pour trancher sur la légalité de la mesure et sanctionner un éventuel abus des autorités » (*Kaya c/ Roumanie*, 12 oct. 2006, § 41).

Cette protection procédurale est cependant source de confusion des droits car les garanties procédurales de l'article 8 (il en va de même pour l'article 3) se confondent assez largement avec celle du droit à un recours effectif (art. 13), réserve faite que l'article 13 exige un contrôle de proportionnalité de l'ingérence dans le droit au respect de la vie privée et familiale, et de l'article 1 du Protocole 7 (*supra*, n° 354). Par exemple, l'arrêt *C.G. et a. c/ Bulgarie* (24 avr. 2008) sanctionne les défaillances de la procédure de contrôle judiciaire au titre des articles 8, 13 et 1 du Protocole 7.

**640** Droit interne. — 1° La jurisprudence européenne a profondément influencé le droit français [2], conduisant le Conseil d'État, dans sa décision Beldjoudi du 18 janvier 1991 (*Rec.*, p. 18, concl. R. Abraham), à abandonner sa jurisprudence antérieure de refus d'applicabilité de l'article 8 à la matière de l'éloignement des étrangers pour, dans ses arrêts d'Assemblée Belgacem et Babas du 19 avril 1991 (*RFDA*, 1991, p. 497, concl. R. Abraham), faire application de la Convention et procéder à un contrôle de proportionna-

1. En l'espèce, la Cour juge que le refus des autorités nationales de proroger le titre de séjour d'un étranger et de l'expulser vers la Turquie, alors que l'assistance publique était toujours en train d'examiner la question de son droit de visite à son fils, n'a pas permis au requérant, après son divorce, d'entretenir des liens familiaux avec son fils et porte atteinte au droit au respect de la vie familiale de l'intéressé.
2. Voir notamment la circulaire du ministère de l'Intérieur du 25 octobre 1991 relative à l'éloignement des étrangers et aux conséquences à tirer de la jurisprudence européenne (*RFDA*, 1992, p. 527). Dans sa décision n° 93.325 DC du 13 août 1993, le Conseil constitutionnel érige le droit des étrangers de « mener une vie familiale normale » en liberté « de valeur constitutionnelle » (*RFDA*, 1993, 871, note B. Genevois). On notera que, dans sa décision 97-389 DC du 22 avril 1997, Loi portant diverses dispositions relatives à l'immigration, le Conseil constitutionnel se réfère, dans une formulation inspirée de la jurisprudence européenne, au « droit de l'intéressé au respect de sa vie familiale et privée » (*AJDA*, 1997, 524, note F.-J. Laferrière). Dans sa décision 2005-528 DC, du 15 décembre 2005, le Conseil constitutionnel est particulièrement attentif à la conformité de la procédure de regroupement familiale au droit de mener une vie familiale normale.

lité à propos d'une décision d'expulsion et d'une mesure de reconduite à la frontière.

L'extension de cette jurisprudence aux décisions d'entrée (CE, 10 avr. 1992, Akyan, *RFDA*, 1993, p. 541, concl. M. Denis-Linton : refus de délivrance de visa) et de séjour (CE, 10 avr. 1992, Marzini, *ibid.* : refus de délivrance d'un titre de séjour) tout comme son application dans le cadre de la procédure du référé-liberté (CE, 30 oct. 2001, Mme Tliba)[1], ne doit cependant pas laisser penser que la Haute Assemblée juge « disproportionnée » toute atteinte à la vie familiale (par ex., CE, 23 avr. 2009, n° 297638, *M. A.*, *JCP G*, 2009, doctr. 174, note U. Ngampio-Obélé-Bélé). La gravité du comportement délictueux ou l'absence de « communauté de vie effective avec son épouse » (CE, 29 déc. 1997, *Raik*, req. n° 165022 ; CE 23 nov. 2005, *Mme Onur*, n° 246924) fournissent des motifs habituels pour juger que la mesure d'éloignement du territoire ne porte pas une atteinte excessive à la vie privée et familiale du requérant.

Pour des exemples du premier cas de figure : CE, 30 juill. 1997, *Abaidia*, req. n° 163710 ; CE, 11 juin 1999, *ministre de l'Intérieur c/ M. El Mouhadem*, *AJDA*, 1999, p. 840 et 789, chron. P. Fombeur et M. Guyomar : viol ; CE, 8 juill. 1998, *Grini*, req. n° 150072 ; CE, 11 juin 1999, *Cheurfa*, *AJDA*, 1999, p. 841, chron. préc. : trafic de drogue, proxénétisme ; CE, 3 mai 2004, *Azdad*, req. n° 253589, *Rec. Tab.* : actes de barbarie ; CE, 18 mai 2005, *Sahel*, n° 256017, *Rec. Tab.* : vol avec violence et trafic de drogue ; CE, 15 mai 2013, n° 344716, travail forcé.

Le Conseil d'État juge également que l'article 8 de la CEDH est un motif de dérogation légitime à la règle de non-admission de l'étranger ne remplissant pas les conditions fixées par la convention de Schengen du 19 juin 1990 (art. 5, § 1 et 2 ; CE, 25 oct. 2000, *Mme Cucicea-Lamblot*, *AJDA*, 2001, 284, concl. C. Maugüe ; CE, 20 déc. 2000, *Mme El Abd*, *RFDA*, 2001, 267 ; CE, 30 juill. 2003, *Sankaya*, req. n° 223074).

La CJCE adopte une solution similaire (CJCE, 31 janv. 2006, Commission des CE c/ Royaume d'Espagne, C-503/03, *RTDE*, 2006, 559, note S. Martin).

Dans le même esprit, on notera également que la Cour de cassation exige des chambres de l'instruction qu'elles vérifient si la remise d'une personne en exécution d'un mandat d'arrêt européen ne porte pas une atteinte disproportionnée au droit au respect de sa vie privée et familiale garanti par l'article 8 de la CEDH (Cass. crim., 12 mai 2010, n° 10-82.746 ; Crim, 12 avr. 2016, n° 16-82175).

1. Le Conseil d'État reconnaît le droit de mener une vie familiale normale comme « liberté fondamentale » au sens de l'article L. 521-2 du Code de justice administrative.

2° Le Conseil d'État n'hésite pas à faire une application dynamique de l'article 8.

Il est particulièrement remarquable qu'il ait accepté d'étendre le bénéfice du droit au respect de la vie privée et familiale à un étranger célibataire (CE, 17 déc. 1997, *Préfet de police c/ M. Kingue Moussinga*, req. n° 185751 ; CE, 30 juill. 2003, *Benhamou,* req. n° 245345) ou à la compagne (et mère de ses enfants) d'un homme vivant au domicile de celui-ci en présence de son épouse (CE, 8 juill. 2005, *Préfet de la Seine-Saint-Denis c/ Mlle B.*, *AJDA*, 2005, 1967), et qu'il admette que la reconnaissance de la qualité d'apatride à un enfant mineur est susceptible de faire obstacle à la mesure d'éloignement du parent en cas de rupture des liens familiaux (CE, 9 nov. 2007, *Mme Cheglali*, *AJDA*, 2007, 2371, obs. J. Boucher et B. Bourgeois-Machureau). De même qu'il reconnaît le droit au respect de la vie privée à un étranger homosexuel vivant en couple (CE, 28 avr. 2000, *Préfet des Alpes-Maritimes c/ M. Maroussitch* ; CE, 29 juin 2001, *Préfet de la Haute-Garonne c/ M. Zahri*, req. n° 224166, *Rec.*, application au « PACS ») et qu'il admet, bien avant le juge européen (*supra*, n° 505) qu'un couple d'homosexuels peut se prévaloir du droit au respect de la vie privée et familiale, au sens de l'article 12 *bis* de l'ordonnance du 2 novembre 1945 (*infra*) et au visa de la Convention (CE, 24 févr. 2006, *Iswahyudi*, *AJDA*, 2006, 824, concl. Y. Aguila).

Le Conseil d'État a également retenu une conception large de la vie familiale afin de faire bénéficier du regroupement familial, malgré l'absence de filiation (art. 15 de l'ordonnance du 2 novembre 1945), un enfant ayant fait l'objet d'une décision marocaine de *kafala* (CE, 24 mars 2004, *ministre des Affaires sociales c/ Mme Boulouida*, *supra*, n° 506).

Voir, également, parmi d'autres, les décisions suivantes du Conseil d'État accueillant le moyen tiré de l'article 8 de la CEDH : 26 juillet 1991, *Haddad*, req. n° 123507 ; 22 mai 1992, *Zine El Khalma*, *RDP*, 1992, p. 1794, concl. R. Abraham ; 30 avril 1993, *Mlle Bah*, req. n° 117822 ; 23 juillet 1993, *Mlle Et Touil*, req. n° 143779 ; 20 novembre 1995, *M. et Mme Abasse*, req. n° 157085 ; 4 mars 1996, *Mme Belal*, req. n° 162497 ; 19 mars 1997, *Soudani*, req. n° 139786, au titre de la vie privée ; 2 févr. 1998, *Cherchour*, req. n° 188208 ; 21 avr. 2000, *Mme Sba*, req. n° 137287, *Rec. Tab.* ; 6 déc. 2002, *Mlle Lukundu*, req. n° 200991, *Rec.* ; CE, 19 mars 2003, *Ascone*, req. n° 235605, *AJDA*, 2003, 1055, concl. M. Guyomar ; CE, 25 nov. 2003, *Arayik Nikoghosyan*, *AJDA*, 2004, 1198, note S. Giogowski ; CE, 23 juin 2004, *Mme Kaya*, n° 246827, *Rec. Tab.*).

3° Par ailleurs, la loi n° 98-349 du 11 mai 1998 relative à l'entrée et au séjour des étrangers en France et au droit d'asile inscrit le droit au respect de la vie privée et familiale des étrangers dans l'Ordonnance du 2 novembre 1945 (art. 12 *bis*), créant une carte de séjour temporaire portant la mention « vie privée et familiale » dont l'objet est de mettre en œuvre les stipulations de l'article 8 (*RCDIP*, 1998, 489, obs. D. Turpin, p. 521).

Cela a conduit le Conseil d'État, après avoir jugé que le moyen tiré de l'article 8 de la CEDH était inopérant à l'encontre d'un refus d'un titre de séjour « spécialisé » – « étudiant » (CE, 15 avr. 1996, Rakotomavo, *Leb.*, p. 935), « commerçant » (CE, 20 juin 1997, Rezli, *AJDA*, 1997, p. 621, concl. D. Piveteau, note D. Chauvaux et T. X. Girardot) –, à considérer que les étrangers, qui, du fait de leur situation familiale, peuvent se prévaloir de l'article 8, tirent de cette disposition un droit au séjour impliquant désormais l'obligation pour l'administration de délivrer la carte de séjour prévue à l'article 12 *bis* de l'Ordonnance de 1945 (art. L. 313-11 CESEDA ; CE, Avis, 30 nov. 1998, M. Berrad, *RFDA*, 1999, p. 511, concl. F. Lamy, et p. 520, note C. Guettier ; CE, Avis, 11 oct. 2006, M. et Mme Lamzi, *RFDA*, 2006, 1281). Cette carte de séjour va au-delà des exigences de l'article 8 de la CEDH en ce qu'elle « donne droit à l'exercice d'une activité professionnelle ».

## Section III
## Le droit à des garanties procédurales en matière d'expulsion et d'extradition

**641** Droit à un recours effectif. — 1° La Cour européenne des droits de l'homme, à la suite de la Commission, a reconnu à l'étranger sous le coup d'une mesure d'éloignement le droit à un recours effectif, au sens de l'article 13, devant une instance nationale, précisant qu'un recours non suspensif ne saurait en effet être considéré comme efficace dans le cas où une violation de l'un des droits garantis par la Convention serait consommée par la mise à exécution de ladite mesure (*Chahal*, 15 nov. 1996 ; se reporter *supra*, n° 438).

* Il en allait ainsi du recours devant le juge administratif français à fin de sursis à exécution d'un arrêté d'expulsion (Com., déc. 13 déc. 1984, *M c/ France, D. et R.*, 41, p. 104 ; *Bozano c/ France*, 18 déc. 1986, A. 111, § 48 à 50, *RGDIP*, 1987, 548, note F. Sudre) ; cette anomalie est corrigée par la loi du 10 janvier 1990 relative aux conditions d'entrée et de séjour des étrangers, qui prévoit que l'arrêté de reconduite à la frontière peut faire l'objet d'un recours suspensif devant le président du

tribunal administratif (Com., Rapp. 5 sept. 1991, *Vijayanathan et Pusparajah*, § 114 et s. ; en sens contraire, n° 17262/90, déc. 27 févr. 1991, O. A. c/ France).

Cette protection procédurale se confond largement avec celle que l'article 3 ou l'article 8 de la Convention doit offrir, lorsque cette disposition est en jeu (*supra*, n° 619 et 639). Comme le précise la Cour, à propos d'un demandeur d'asile débouté, il s'agit « de savoir s'il existe des garanties de procédure effectives, de quelque type que ce soit, qui protègent le requérant contre un refoulement arbitraire » vers un État tiers (*Müslim c/ Turquie*, 26 avr. 2005, § 72 ; déc. T. I. c/ Royaume-Uni, 7 mars 2000, n° 43844/98).

**642** Droit à la liberté et à la sûreté. — 1° En premier lieu – il s'agit là d'un droit directement reconnu à toute personne par la Convention –, l'étranger arrêté ou détenu au titre du contrôle de l'entrée sur le territoire ou dans le cadre d'une procédure d'expulsion ou d'extradition (art. 5, § 1 *f*, *supra*, n° 338) a droit à un contrôle juridictionnel rapide de la légalité de la détention (art. 5, § 4), assurant le bénéfice d'une procédure contradictoire (*Sanchez-Reisse c/ Suisse*, 21 oct. 1986, A. 107, extradition) et offrant des garanties suffisantes contre l'arbitraire (*Chahal*, préc.).

La Cour européenne encadre strictement la compétence discrétionnaire reconnue à l'État en matière d'entrée et de séjour des étrangers sur son territoire ; ainsi, le juge européen précise que le maintien d'étrangers dans la zone internationale d'un aéroport « n'est acceptable que pour permettre aux États de combattre l'immigration clandestine » et qu'à la condition que les demandeurs d'asile ne soient pas privés de la protection accordée par la Convention de Genève de 1951 sur le statut des réfugiés et la CEDH (*Amuur c/ France*, 25 juin 1996, *supra*, n° 339). Cela implique que le maintien en zone de transit ne se prolonge pas « de manière excessive » – la prolongation nécessitant « le contrôle non tardif du juge » – et « avant tout et surtout » qu'il ne prive pas le demandeur d'asile « du droit d'accéder effectivement à la procédure de détermination du statut de réfugié » (§ 43). Le contrôle du juge doit, par ailleurs, être « assez ample » pour vérifier tant le respect des normes de fond et de procédure de la législation nationale que la conformité de la détention au but de l'article 5, à savoir protéger l'individu contre l'arbitraire (*Chahal*, préc.). Systématisant sa jurisprudence, la Cour précise qu'une mesure de détention d'un étranger opérée dans le cadre de l'article 5, § 1 *f*) doit, pour ne pas être arbitraire, répondre aux conditions suivantes : être mise en œuvre de bonne foi ; être étroitement liée au but poursuivi ; le lieu et les conditions de détention doivent être appropriés ; la durée de la détention ne doit pas excéder le délai raisonnable nécessaire pour atteindre le but poursuivi (*Saadi c/ Royaume-Uni*, 29 janv. 2008, Gr. Ch, § 74, *supra,* n° 338), la détention ne se justifiant « qu'aussi longtemps que la procédure d'expulsion est en cours et qu'il y a une perspective réelle d'exécuter la mesure » (*Nabil et a. c/ Hongrie*, 22 sept. 2015, § 38).

La CJUE se réfère à la jurisprudence précitée (*Saadi*, *Nabil*) pour interpréter le dispositif de rétention de la directive 2013/33/UE (CJUE, 15 févr. 2016, *J. N. c/ Staatssecretaris van Veiligheid en Justitie*, C-601/15, *supra* n° 343).

On sait de surcroît, que la Cour vérifie la conformité de la privation de liberté à la norme européenne.

Par exemple, dans l'affaire *Bozano* (préc. n° 641), les autorités françaises ont eu recours à une « extradition déguisée » et se sont rendues coupables d'une ingérence arbitraire dans la liberté individuelle ; dans l'affaire *Amuur*, la privation de liberté constituée par le maintien en zone internationale n'est pas « régulière » dès lors qu'elle n'est pas prévue par une « loi » au sens de la Convention (*supra*, n° 338) ; il en va de même, pour le même motif, de la rétention de migrants dans l'île de Lampedusa (*Khlaifia et a. c/Italie*, 1 sept. 2015, *supra* n° 322).

2° De surcroît, la responsabilité de l'État peut également être engagée au titre de l'article 5 de la Convention s'il renvoie une personne vers un État où elle court un risque réel de violation flagrante du droit à la liberté et à la sûreté ; il en est ainsi en cas de « remise extraordinaire » qui implique une détention en dehors du système juridique ordinaire, en violation flagrante de l'État de droit (*El Masri c/ « l'ex-république yougoslave de Macédoine »*, 13 déc. 2012, Gr. Ch., § 239, *JCP G* 2013, doctr. 64, F. Sudre ; *Al Nashiri c/ Pologne*, 24 juil. 2014 ; *Nasr et Ghali c/Italie*, 23 févr. 2016, Gr. Ch.).

**643** DROIT À UN PROCÈS ÉQUITABLE. — 1° Une décision d'éloignement du territoire est également susceptible d'engager la responsabilité de l'État requis sur le terrain de l'article 6, au cas où l'individu aurait subi ou risquerait de subir « un déni de justice flagrant » dans l'État requérant. Par « déni de justice flagrant », il faut entendre une méconnaissance des garanties fondamentales du procès équitable telle que ce droit est atteint dans sa substance même (*Othman c/ Royaume-Uni*, 17 janv. 2012, § 260, *JCP G*, 2012, act. 222, L. Milano).

Après une période d'incertitude (Com., déc. 2 déc. 1986, *K. et F. c/ Pays-Bas*, D. et R., 51, p. 272 ; *Soering*, 7 juill. 1989, préc., § 113), le juge européen s'est clairement prononcé en ce sens (Com., déc. 20 janv. 1994, *Joy Aylor-Davis c/ France*, D. et R., 76 A, 164 ; Cour, déc. 16 oct. 2001, *Einhorn c/ France*, *RTDH*, 2002, 709, obs. M. Puéchavy ; *Mamatkulov et Askarov c/ Turquie*, 4 févr. 2004, Gr. Ch., § 90-91) et constate pour la première fois une violation de l'article 6 § 1 dans l'arrêt *Othman* (préc.) du fait de la probabilité de recours à des preuves obtenues par la torture au cours d'un procès pénal (aussi, *Al Nashiri c/ Pologne*, 24 juil. 2014, à propos d'une « remise extraordinaire ») ; *supra*, n° 416.

* Le Conseil d'État accepte également de connaître d'un moyen tiré de la violation de l'article 6 à l'appui d'un recours en annulation contre un décret d'extradition (CE, 11 déc. 1998, *Knock*, req. n° 195432 ; CE, 12 juill. 2001, *Einhorn*, n° 227747 ; CE, 27 juill. 2005, *Braslasiu*, n° 269768).

Voir aussi, s'agissant de la procédure par contumace, CE, Ass., 18 mars 2005, *Battisti,supra*, n° 421.

2° Il faut, par contre, souligner que, de jurisprudence constante, les procédures relatives à la police des étrangers (octroi de l'asile politique, expulsion, extradition…) ne relèvent ni de la matière « civile » (déc. 16 oct. 1986, *S. Lukka c/ Royaume-Uni, D. et R.*, 50, p. 268) ni de la matière « pénale » (déc. 11 mars 1989, *Whitehead c/ Italie, D. et R.*, 60, p. 272) au sens de l'article 6 de la Convention, et, dès lors, ne sont pas soumises aux exigences du procès équitable (*supra*, n° 368).

Cependant, le juge européen réintroduit les garanties du procès équitables par le biais de l'article 8 (*Kaya c/ Roumanie*, 12 oct. 2006, *supra*, n° 639).

## ***Pour aller plus loin***

**644** SUR LES DROITS DES ÉTRANGERS. —Voir en priorité H. Fulchiron (dir.), *Les étrangers et la Convention européenne de sauvegarde des droits de l'homme et des libertés fondamentales*, LGDJ, 1999. Puis, parmi les études les plus récentes : J. Andriantsimbazovina, Le maintien du lien familial des étrangers, *in* F. Sudre (dir.), *Le droit au respect de la vie familiale au sens de la Convention européenne des droits de l'homme*, Némésis-Bruylant, « Droit et justice », n° 38, 2002, p. 211 ; M. Puéchavy, L'extradition et les risques de violation des articles 3 et 6 de la Convention par ricochet, *RTDH*, 2002, 709 ; M. Bossuyt, Les incidences de la CEDH sur l'application de la Convention relative au statut des réfugiés, *Mélanges Silvio Marcus Helmons*, Bruylant, 2003, p. 11 ; M. Levinet, Droit au respect de la vie familiale des étrangers et CEDH, *AJ Famille*, 2004/11, 380 ; C. Nivard, L'évolution récente de la protection accordée par la CEDH aux étrangers, *ADE*, vol. VI, 2008, 931 ; A. Fornerod, L'article 3 de la CEDH et l'éloignement forcé des étrangers : illustrations récentes, *RTDH*, 2010-82, 315 ; S. Platon, Droits européens et mineurs étrangers, in C. Gauthier, M. Gautier, A. Gouttenoire (dir.), *Mineurs et droits européens*, Pedone, 2012, p. 77 ; C. Teigen-Colly : La protection des étrangers, *in* C. Teitgen-Colly (dir.) *La CEDH, 60 ans et après ?*, LGDJ, 2013, p. 41 ; F. Langrognet, L'intérêt supérieur de l'enfant lors de l'éloignement des étrangers, *RFDA* 2014-6, 1131.

Dans le cadre de l'UE, H. Labayle, Le droit des étrangers au regroupement familial, regards croisés du droit interne et du droit européen, *RFDA*, 2007, 101 ; P. Dollat, Le droit de vivre en famille et le regroupement familial en droit international et européen, *RFDA*, 2009-4, 689 ; H. Labayle, Droit d'asile et confiance mutuelle : regard critique sur la jurisprudence européenne, *CDE* 2014-3, 501, et La politique d'asile de l'Union européenne, de la crise à la mutation, *JCP G* 2015, doctr, 1190.

# Index des matières[1]



1. Les index renvoient aux numéros de paragraphes.

# Index de la jurisprudence citée[1]



## I. Jurisprudence internationale

### 1. *CPJI*



### 2. *CIJ*



1. L'index renvoie aux numéros des paragraphes. N'y figurent que les principales décisions, classées par ordre alphabétique ; les décisions concernant la France sont en italique. Il a paru indispensable de mentionner dans la « jurisprudence » européenne les décisions du Comité européen des droits sociaux, bien qu'elles ne soient pas dotées de l'autorité de la chose jugée.

3. *Sentences arbitrales*



4. *Tribunal pénal international pour l'ex-Yougoslavie*



5. *Tribunal pénal international pour le Rwanda*



**II. Jurisprudence interaméricaine (CIADH)**

**III. Jurisprudence communautaire**

1. *Cour de justice de l'Union européenne*

2. *Tribunal*

**IV. Jurisprudence de la Cour européenne des droits de l'homme**

**V. Jurisprudence du comité européen des droits sociaux**

### VI. Jurisprudence nationale

1. *Conseil constitutionnel*

2. *Cour de cassation*

*Assemblée plénière*

*Chambre commerciale*

*Chambre sociale*



*Chambre criminelle*

*Chambre mixte*



3. *Conseil d'État*

*4. Tribunal des conflits*

# Table des matières

## DROIT FONDAMENTAL

MANUELS

| | |
|---|---|
| D. Alland | Manuel de droit international public (3ᵉ éd. mise à jour) |
| F. Bluche | Manuel d'histoire politique de la France contemporaine (3ᵉ éd.) |
| J. Boudon | Manuel de droit constitutionnel. Tome 1 : Théorie générale – Histoire – Régimes étrangers |
| J. Boudon | Manuel de droit constitutionnel. Tome 2 : La Vᵉ république |
| J.-M. Carbasse | Manuel d'introduction historique au droit (6ᵉ éd. mise à jour) |
| F. Chaltiel | Manuel de droit de l'Union européenne |
| T. Fleury-Graff | Manuel de droit international public. Tome 2 |
| J. Morange | Manuel des droits de l'homme et libertés publiques |
| B. Pacteau | Manuel de contentieux administratif (3ᵉ éd. mise à jour) |
| A. Sériaux | Manuel de droit des obligations (2ᵉ éd.) |
| P. Serrand | Manuel d'institutions administratives françaises (5ᵉ éd.) |
| P. Serrand | Droit administratif. Tome 1 : Les actions administratives |
| P. Serrand | Droit administratif. Tome 2 : Les obligations administratives |
| F. Zenati-Castaing, T. Revet | Cours de droit civil. Successions |
| F. Zenati-Castaing, T. Revet | Cours de droit civil. Obligations. Régime |
| F. Zenati-Castaing, T. Revet | Cours de droit civil. Sûretés personnelles |
| F. Zenati-Castaing, T. Revet | Manuel de droit des personnes |
| F. Zenati-Castaing, T. Revet | Cours de droit civil – Contrats. Théorie générale – Quasi-contrats |
| F. Zenati-Castaing, T. Revet | Cours de droit civil – Contrats. Vente (Droits communs français et européen) – Échange |

CLASSIQUES

| | |
|---|---|
| D. Alland | Droit international public |
| G. Antonetti | Histoire contemporaine politique et sociale (9ᵉ éd.) |
| C. Autexier | Introduction au droit public allemand |
| G. Bigot | Introduction historique au droit administratif depuis 1789 |
| J.-M. Carbasse | Histoire du droit pénal et de la justice criminelle (3ᵉ éd. mise à jour) |
| J.-M. Carbasse | Manuel d'introduction historique au droit (4ᵉ éd. refondue) |
| G. Druesne | Droit de l'Union européenne et politiques communautaires (8ᵉ éd. mise à jour) |
| P.-Y. Gautier | Propriété littéraire et artistique (9 éd. entièrement revue) |
| S. Goyard-Fabre | Philosophie politique (XVIᵉ-XXᵉ siècle) |
| J.-L. Halpérin | Histoire du droit privé français depuis 1804 *(réédité en « Quadrige »)* |
| J.-L. Harouel, J. Barbey, É. Bournazel et J. Thibaut-Payen | Histoire des institutions, de l'époque franque à la Révolution (11ᵉ éd.) |

| | |
|---|---|
| J. Hilaire | Introduction historique au droit commercial *(épuisé)* |
| F. Julien-Laferrière | Droit des étrangers |
| T. Lambert, J.-J. Bienvenu | Droit fiscal (4e éd.) |
| Ph. Lauvaux, A. Le Divellec | Les grandes démocraties contemporaines (4e éd. mise à jour) |
| B. Mathieu, M. Verpeaux, F. Chaltiel | Droit constitutionnel |
| J.-P. Massias (dir.) | Droit constitutionnel des États d'Europe de l'Est (2e éd. entièrement revue) |
| Y. Mayaud | Droit pénal général (5e éd. mise à jour) |
| J. Morange | Droits de l'homme et libertés publiques (5e éd.) |
| S. Neuville | Droit de la banque et des marchés financiers |
| B. Pacteau | Contentieux administratif (7e éd. refondue) |
| S. Regourd | Droit de la communication audiovisuelle |
| J.-P. Royer, J.-P. Jean, B. Durand, N. Derasse et B. Dubois | Histoire de la justice en France (4e éd. revue et mise à jour) |
| A. Sériaux | Droit canonique |
| D. Simon | Le système juridique communautaire *(épuisé)* |
| F. Sudre | Droit européen et international des droits de l'homme (12e éd.) |
| F. Zenati-Castaing, T. Revet | Les biens (3e éd.) |
| E. Zoller | Droit constitutionnel (2e éd.) |
| E. Zoller | Grands arrêts de la Cour suprême des États-Unis |
| M. Verpeaux | Droit constitutionnel français (2e éd. mise à jour) |

TRAITÉS

| | |
|---|---|
| D. Alland, C. Teitgen-Colly | Traité du droit de l'asile |
| G. Couturier | Traité de droit du travail, t. 2 : Les relations collectives de travail (2e éd.) |
| J.-P. Fradin, J.-B. Geffroy | Traité du droit fiscal de l'entreprise |
| V. Harouel-Bureloup | Traité de droit humanitaire |
| B. Pacteau | Traité de contentieux administratif |
| J.-H. Robert, H. Matsopoulou | Traité de droit pénal des affaires |

Cet ouvrage a été mis en page par
Pixellence/Meta-systems
59100 Roubaix

Achevé d'imprimer en septembre 2016 sur rotative numérique Prosper
par Soregraph à Nanterre (Hauts-de-Seine).

Dépôt légal : septembre 2016
N° d'impression : 15420

*Imprimé en France*